出雲大社の建築考古学

浅川滋男
島根県古代文化センター 編

同成社

発掘された本殿遺構と往時を窺わせる古図

出雲大社本殿（国宝）

大型本殿遺構検出状況（南から）

（1 ～ 3 頁の写真は出雲大社提供）

大型本殿の心御柱

大型本殿の南東側柱出土状況

大型本殿の心御柱南西材直下の板材

大型本殿の宇豆柱出土状況（上面から）

慶長度本殿遺構

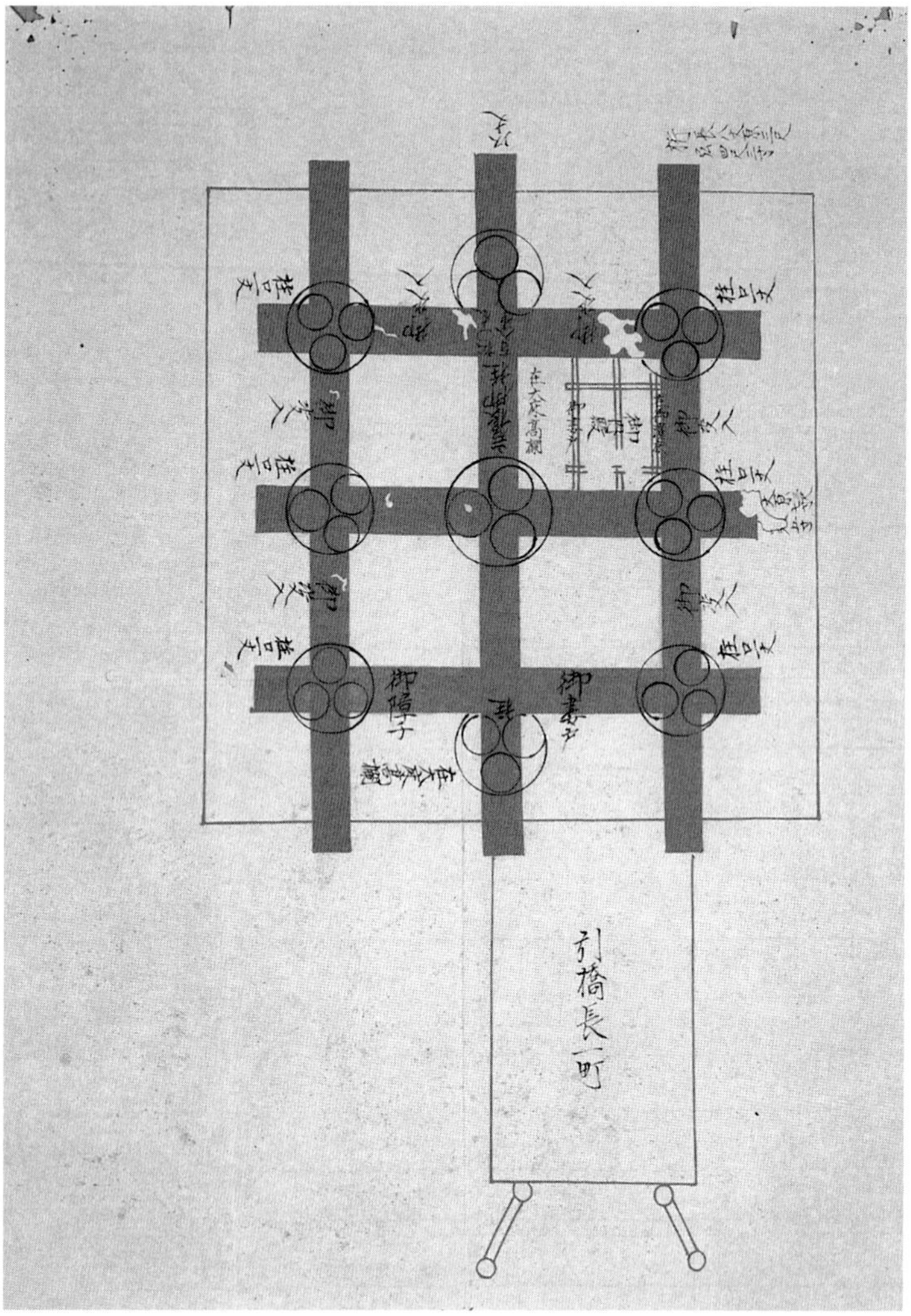

金輪御造営差図（千家尊祐氏蔵）

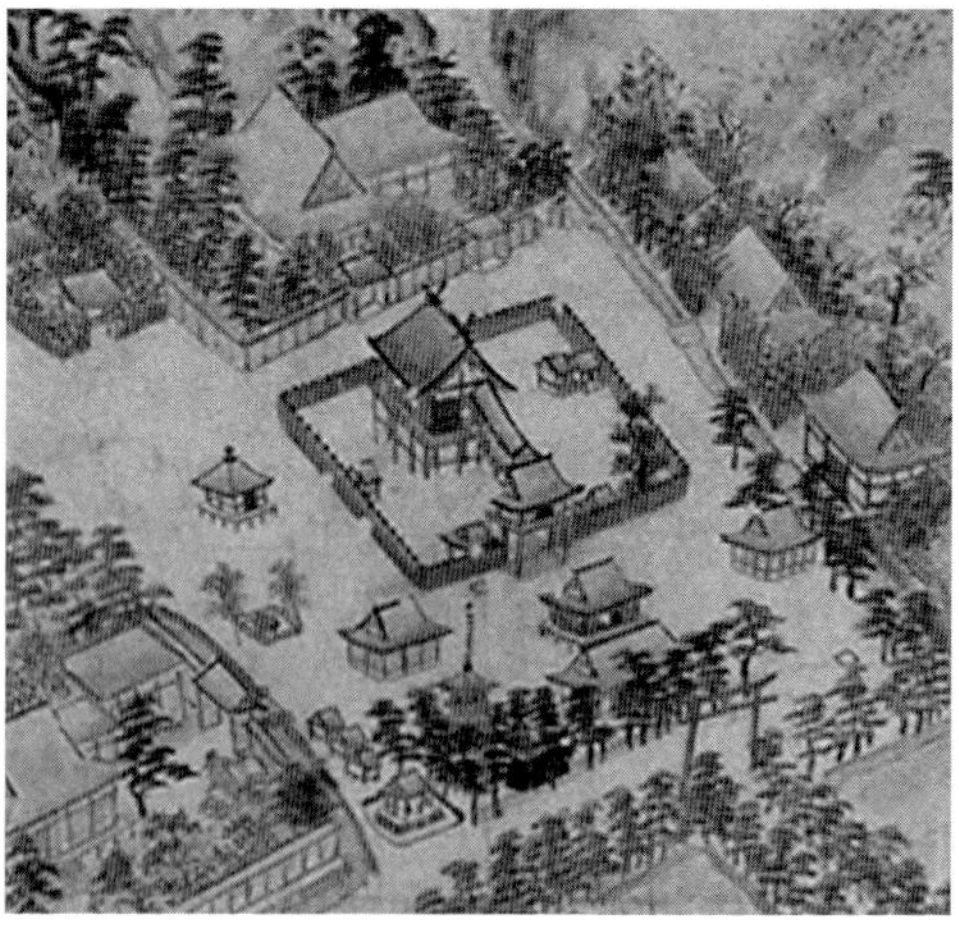

紙本著色杵築大社近郷絵図（部分）
（北島建孝氏蔵）

絹本著色出雲大社并神郷図（部分）
（千家尊祐氏蔵）

まえがき

島根県教育庁文化財課長・元島根県古代文化センター長　松本岩雄

島根半島の西端部、出雲市大社町杵築東に鎮座する出雲大社は、大国主神を祭神とし、縁結びの神、福の神として崇敬を集めひろく親しまれている。かつては杵築大社《きずきおおやしろ》や天日隅宮《あまのひすみのみや》とも称され、創建の伝承は記紀の「国譲神話」に代表されるように奈良時代に記された神話上で語られる。また、『日本書紀』斉明天皇五年（六五九）には、「是歳、命出雲国造。修厳神之宮」とみえるように、日本ではもっとも古い記録をもつ神社の一つとされる。

現在の本殿は延享元年（一七四四）に建てられた高さ八丈（約二四メートル）の大きな社殿であり、建築史学では「大社造」と呼ばれる形式で、神明造・流造・春日造などと並ぶ神社本殿の有力な類型の一つである。「大社造」は九本の柱が田の字形に配置され、側柱が桁を支え、棟持柱（出雲大社では宇豆柱《うずばしら》）が棟木を支える切妻造妻入の屋根形式である点に大きな特徴がある。この形式の社殿は全国的に分布しているわけではなく、出雲を中心にした地域に限られている地域色の強い社殿形式でもある。

出雲大社宮司家である千家家に、『金輪御造営差図』という往古の神殿を平面的に描いたとされる古い図面が伝えられている。神殿を構成する九本の各柱はいずれも三本の材を金輪で一つに束ねて一本の柱として描かれており、建築史の常識からみると異例のものである。しかも、三本束ねの柱径は一丈（約三メートル）、階の長さは一町（約一〇九メートル）と記されており、規模においても尋常なものではない。この図面については特異な構造であること、規模があまりにも巨大であること、製作年代に関する記述がないことなどから、単なる想像・理想上の伝承図と言われてきた。

平成十一年（一九九九）九月、地下祭礼行事準備室建設に先だって出雲大社境内遺跡の発掘調査が開始された。翌年二月になると幅三メートル、長さ四メートル以上におよぶ礫群が二列あらわれた。一見排水溝のようにもみえるが、地形の低い南側が途切れているので溝ではない。これまでみたこともない奇怪な遺構である。発見された場所が境内地のほぼ中央であることを考慮すれば、神社建築に関わる遺構の可能性が高いものと思われたので、二つの礫群の距離を測ってみると約六メートル。

とすれば、あの『金輪御造営差図』に描かれた柱間隔に近いのではないか。にわかにこの礫群は本殿の柱掘形の中に詰め込まれた石の可能性が高いのではないかということになり、この地区を集中的に調査した。その結果、現地表面から一・四メートル掘り下げた地点で、平成十二年（二〇〇〇）四月五日に直径約一・三メートルのスギ材を三本組にした巨大な柱が出現した。出土状況は『金輪御造営差図』に描かれたものに類似しており、出雲大社本殿の三本束ねの柱遺構が考古学的に確認された瞬間であった。

「大社」造本殿の柱は田の字状に配された九本で構成されているが、限定された調査範囲であったため、そのうち三ヵ所の柱が明らかにされた。本殿中央の心柱（岩根御柱）、その南にある棟持柱（宇豆柱）、その東にある南東側柱の三本である。柱の掘形は、八・五×六メートルあまりの倒卵形を呈し、一方向にスロープを有するもので、その柱穴に一本ずつ材を立てて三本一組で一つの柱とし、周囲に多量の礫を詰め込んで強固に固定されていた。柱周辺から赤色顔料（ベンガラ）が出土したことから、柱は赤く塗られていたものとみられる。

巨大柱の周辺からは鉄製品と土器が出土した。土器は柱状高台付坏と呼ばれる土師質土器で、十二世紀後半から十三世紀代のものと考えられるものであった。また、宇豆柱材の放射性炭素による年代測定結果は、一二一五～一二四〇年（九五％信頼限度）であった。一方、心柱下方に置かれていた礎板（スギ）の年輪年代測定の結果、残存最外年輪は一二二七年とされ、残存辺材が五・〇センチであったことから、残存最外年輪の数年後に伐採された可能性が高いとされた。出雲大社・千家国造家・北島国造家に所蔵されている古文書によると、宝治二年（一二四八）に大きな遷宮が行われており、宝治度遷宮の材木の伐り出しが始まったのが寛喜元年（一二二九）とされている。土器・放射性炭素・年輪・文献などの示す年代を総合的に斟酌すると、発見された遺構は宝治二年（一二四八）の本殿である可能性が高いものと推測された。

「大社造」という社殿形式がいつごろどのように成立し、どのような変遷過程を経て現在に至っているのであろうか。これまで、建築史や文献史学からの研究はさまざまなかたちで進められてきた。今から約一〇〇年前、明治四十一年（一九〇八）から翌年にかけて出雲大社本殿の高さをめぐって、建築学者の伊東忠太博士と歴史学者の山本信哉博士の論争があった。伊東博士が「三二丈や一六丈の建築があったはずがない、金輪図は馬鹿馬鹿しいもの」と述べたことに反発し、山本博士は「三二丈はないにしても一六丈はありうる」と考えた。山本博士は東大寺大仏殿の高さが一五丈六尺であることから、『口遊《くちずさみ》』（九七〇年）の解釈を踏まえて一六丈が穏当であるとしたのである。その後、建築史学者の福山敏男博士が昭和十一年（一九三六）に高さ一六丈の本殿復元図を作成したものの、賛意を表する学者は皆無であった。そして長い間、『金輪図』『口遊』は建築史・歴史学の俎上にのることはなかった。研究はもっぱら現在の本殿建造物をもとに建築史の立場から論じられることが多く、幾多の論文や書籍が公にされてきたが、考古学的なアプローチはほとんどなかった。ただし、出雲大社境内においては昭和三十二年（一九五七）の拝殿建設工事で基礎を打設するために掘削されたところ、寛文度以前の遺構があらわれた。建設工事中という悪条件下であったが、急遽福山敏男博士を団長として山本清・金正基氏等による発掘調査が実施された。その調査の記録がこのたびの平成十二年の発掘調査において大いに役立ったことは特筆すべきことといえよう。

ところで、寺院建築の場合、飛鳥時代以降の建造物が現存するのをはじめ、廃寺になっても基壇、礎石、瓦などの考古資料が多く残されており、これまであまたの研究蓄積がある。これに対して神社建築は、数十年ごとに遷宮が行われることが多いことから奈良時代の建造物は皆無であり、平安時代のそれもきわめて少ない。さらに地下遺構も痕跡を留めにくいうえ、仮に遺構が検出されたとしても、何をもって神社建築と判断するのか、その認定がきわめて困難である。このため、神社遺構に関してはほとんど考古学的な研究蓄積がない。これまで神社建築遺構と推定されている事例もないわけではない。たとえば、松野遺跡（五世紀末　神戸市）、鳥羽遺跡（九世紀　前橋市）、西本6号遺跡（七世紀後半　東広島市）などが神社遺構と推測されているが、いずれも単発的であり、遺構から系統的に研究できる状況にないのが実情である。一方、弥生時代以降にみられる独立棟持柱をもつ掘立柱建物は、神明造と平面的に類似していること、類例が少ないという特殊性があること、集落遺跡の中心に位置するものが多いこと、銅鐸絵画などに描かれていることなどから、後の「神殿」につながるものとの解釈がなされている。これに対して集落内の社殿遺構とされるものは古代祭祀の通念から著しく外れるものとして反論も提出されている（この論争については本書第七章第一節に詳しく述べられている）。

そのような中、出雲大社境内の発掘調査によって平成十二年に明確な本殿遺構が確認され、神社を考古学的に考察する端緒となった。近年、山陰地域では注目すべき考古学的成果が急速に集積され、「大社造」の生成や変容の解明に新たな知見をもたらしていることに鑑み、総合的な調査研究を企画することになった。

研究にあたっては浅川滋男（鳥取環境大学）を研究代表者に「大社造の起源と変容に関する歴史考古学的研究―出土新資料の分析を中心に―」とするテーマを設定して、科学研究費補助金（基盤研究C：二〇〇四～〇五年）の交付を受けて進めることになった。本研究は既往研究が届かなかった実証的側面を新発見の考古資料によって検証しようとする試みである。したがって、山陰における九本柱建物跡もしくは柱列、その祖形となる五本の柱列といった考古資料の分析から、以下の二点の解明に焦点を絞ることとした。

① 五本柱列と九本柱列の遺構を中心に、弥生時代から中世に至る山陰地域の掘立柱建物跡を網羅的に集成し、その構造と性格の変遷を読み取ることによって、大社造神社本殿の成立過程を明らかにする。

② 出雲大社境内で発掘された巨大本殿遺構の歴史的意味について再考を加え、巨大本殿の規模や柱配置が、他の九本柱遺構や現存本殿といかに相関し、いかに異なるのかを明らかにするとともに、その特異性の背景についても考察する。

上記の課題設定のもとに資料を収集し、そのデータを踏まえて二回のシンポジウムを開催し、研究内容を深めることとした。初年度（二〇〇四年）は、大社造社殿の起源を探るため、山陰地域の弥生～古墳時代の掘立柱建物についてひろくデータを収集することに主眼をおいた。そして、第一回目のシンポジウムは「山陰地方の掘立柱建物―弥生・古墳時代―」というテーマで、平成十六年（二〇〇四）十一月四日～五日に鳥取環境大学において開催した。平成十七年度（二〇〇五）は初年度の成果を踏まえ、古墳時代以降の五本柱・九本柱建物跡の特徴を整理したうえで、大社造社殿の起源と変容に関する新しい解釈を求めて検討を加えた。第二回は「大社造シンポジウム」というタイトルのもと島根県古代文化センターと共催とし、平成十七年（二〇〇五）九月二十日～二十一日に「タウンプラザしまね」で開催した。

本書はこの二年度にわたるシンポジウムの内容を基調とし、一部新たな研究項目を加えてまとめたものである。このたびの研究は、新発見考古資料の分析を中軸に、建築史学・文献史学などの視点も十分加味している。神社総体にわたる研究はさまざまな視点があろうが、構成要素の重要な側面ともいえる神社建築に関して「建築考古学」という特殊なスタイルでアプローチしたものはこれまでなかったと自負している。初めての試みであるから、不備な点も多々あろうかと思われるが、爾後の研究に示唆を与えるものであれば、編者にとってこれに優る喜びはない。

幾多の曲折を経たものの、ここにようやく刊行できたのは、出雲大社をはじめご寄稿いただいた諸氏、シンポジウムに参加された方々、資料集成にご協力を賜った方々の熱心なお力によるところが大であり、深く感謝申し上げる次第である。

目次

第一部　山陰地方の掘立柱建物Ⅰ〈弥生・古墳時代〉

第一章　総論Ⅰ　山陰地方の掘立柱建物と集落遺跡

第一節　山陰の掘立柱建物
――類型と変遷――

増田浩太

一、はじめに

近年、大山山麓や出雲南部の山間地で発掘調査が盛んに行われている。こうした中で、弥生時代の集落の様相も、以前にくらべ多くの情報が得られるようになってきた。ここではそうした事例をもとに、山陰地域の集落遺跡から数多く検出されている掘立柱建物について、その特徴と変遷をまとめていきたい。

二、山陰地域の掘立柱建物

山陰地域は、全国的にみても弥生時代の掘立柱建物が多いといわれている。たとえば、鳥取県内の出土例に限っても六〇〇棟を越える検出例が報告されている。島根県内の場合は、集落の一部を調査するような断片的な発掘調査であることが多いため数はやや少ないが、およそ二〇〇～三〇〇棟が検出されている。山陰両県で八〇〇棟を上回る膨大な数の掘立建物がみつかっていることになるが、この地域における個々の集落規模や遺跡数を考えれば、その多さは傑出しているといってよい。

山陰地域で弥生集落を調査する場合、掘立柱建物はごく当たり前のように検出される。とくに中期以降の集落遺跡調査においては、必ずといっていいほど小型の掘立柱建物がみつかることは、発掘調査担当者ならば誰しも思い当たることだろう。こうした掘立柱建物は、一般に「倉庫」などと呼ばれることが多い、一間×二間、あるいは一間×一間の建物がその主体となっており、床面積では概して一〇平方メートル以内に収まるものが多い。集落内においては、数棟がまとめて配置されていることが特徴である。そして、小規模集落においては数棟の竪穴住居とセットとなって集落の根幹をなし、中規模以上の集落遺跡においては、このセットが集落を形成する小単位として複数存在するというのが、基本的なあり方と考えられる。「倉庫」という呼称が妥当かどうかはさておき、竪穴住居との密接な関係を考慮すると、床面積が一〇平方メートル程度に収まる小型掘立柱建物は、日々の生活に密着した機能を有する建物として位置づけられていたことが明らかである。

次にこうした小型掘立柱建物の範疇から外れるものについてみていきたい。まず床面積が二〇～三〇平方メートル程度の掘立柱建物については一定数の存在が確認できる。しかしこのクラスの掘立柱建物は、必ずしも集落ごとに恒常的に存在するものではないようである。また、柱配置や柱間距離も一定の規律にとらわれない様相がみて取れることから、その性格や位置づけが難しい。こうした、いわば「中型掘立柱建物」ともいうべき微妙なサイズの建物は、弥生時代中期から古墳時代を通して少ないながらも使われ続けており、おそらくは小型の建物とは別の目的で建てられたと考えられるだろう。**表1**には二〇平方メートルを超える掘立柱建物をまとめた。近年の調査で若干増加してはいるものの、弥生時代ではわずか三〇例ほどにすぎない。同時期の集落数に対し数自体が限られることからも、ある程度特殊な用途や性格を考慮せざるをえないだろう。

一般に弥生時代から古墳時代の大型掘立柱建物といえば、池上曽根遺跡の独立棟持柱をもつ建物のように、床面積が四〇～五〇平方メートルを超える建物を指す場合が多いであろう。こうした建物は地域の拠点的な集落において、シンボリックに存在する。しかし山陰地域にはこうした大型掘立柱建物はごく特殊な数例が当てはまるだけであり、単に床面積だけを考慮しても実態をつかめないと考えられる。山陰地域の場合は、むしろ規模自体は二〇～四〇平方メートル程度に収まり、さほど大規模と言えない掘立柱建物の中に、シンボリックな建物が存在するのである。これらは建物自体の構造が他の建物と明らかに異なっていることが大きな特徴であり、集落内の他の建物とは一線を画するものである。独立棟持柱を

表1　山陰地域の主要な掘立柱建物（弥生時代）

旧国名	遺跡名	建物名称	梁間	梁間長(m)	桁行	桁行長(m)	床面積(㎡)	時期	類型	備考
伯耆	茶畑第1	掘立柱建物1	2	3.70	6	8.30	30.71	中期後葉	①	独立棟持柱建物
伯耆	茶畑第1	掘立柱建物12	2	4.80	6	11.90	57.12		①	独立棟持柱建物
伯耆	茶畑山道	SB-05	1	3.02	4	8.62	26.03	Ⅲ－1～2	①	独立棟持柱建物
伯耆	長山馬籠	SB-08	2	4.84	6	12.80	61.95	Ⅳ－2	②	片庇付建物
伯耆	大山池	SB-08	2	3.85	3	6.48	24.95	Ⅳ－2	②	両庇付建物
伯耆	松尾頭	SB-41	3	4.80	4	6.40	30.72	後期前葉	②	両庇付建物
伯耆	上中ノ原	SB-02	2	3.70	6	8.50	31.45	Ⅲ－2・Ⅳ－1	②	片庇付建物
伯耆	茶畑山道	SB-23	2	3.22	5	8.13	26.18	Ⅲ－1	③	
伯耆	茶畑山道	SB-13	2	3.54	5	7.43	26.30	Ⅲ－2	③	
伯耆	下山南通	SB-01	2	2.88	5	7.86	22.64	Ⅲ－1	③	
伯耆	茶畑山道	SB-11	3	3.71	5	6.67	24.75	Ⅳ－1	③	
伯耆	大山池	SB-02	2	3.60	3	5.80	20.88	Ⅳ－2	③	
伯耆	青木	DSB-01	2	3.85	3	6.43	24.76	Ⅳ－2	③	
伯耆	青木	JSB-07	2	3.50	7	8.70	30.45	中期後葉	③	
伯耆	久末	SB-01	1	3.57	4	12.00	42.84	中期後葉	③	
伯耆	青木	JSB-12	1	3.40	7	8.80	29.92	中期後葉	③	
伯耆	青木	JSB-16	1	3.00	5	8.15	24.45	中期後葉	③	
伯耆	青木	JSB-21	2	3.24	5	7.94	25.73	中期後葉	③	
伯耆	青木	JSB-23	2	3.35	5	6.82	22.85	中期後葉	③	
伯耆	青木	JSB-37	2	3.14	7	9.12	28.64	中期後葉	③	
出雲	田和山	FSB-02	2	3.85	6	9.60	36.96	弥生中期後半	③	
伯耆	茶畑六反田	SB-08	2	4.00	3	7.40	29.60	中期後葉?	③	
伯耆	青木	JSB-01	2	4.60	4	10.90	50.14	後期中葉	③	
伯耆	青木	FSB-24	1	4.03	3	6.12	24.66	後期末	③	

もつものや庇付の掘立柱建物などその形態はさまざまであるが、こうした建物が近畿地方をはじめとする他地域における大型掘立柱建物に近い性格をもつものと考えられるだろう。したがって、ここではそうした意味合いも含めつつ、これらの建物を「大型掘立柱建物」の範疇に含めることとしたい。

三、掘立柱建物の変遷

次に山陰地域の掘立柱建物の変遷についてまとめておきたい。そもそも柱穴以外に明確な遺構を残さないことが多い掘立柱建物は、その配置や規模を把握し、時期を押さえること自体に課題が多い。したがって、山陰地域における掘立柱建物の初現をどこに置くかについても難しい問題をはらんでいるといえる。現状で言えることは、明確な柱穴を残す掘立柱建物で、弥生時代前期に位置づけられる可能性がある例は、管見に触れる限りごくわずかだということである。その中には、田和山遺跡の山頂部で検出された五本の柱穴をもつ遺構が含まれており、後に触れる九本柱建物の起源の問題とともに、この地域における掘立柱建物の成立と定着について検討するうえでも注目される事例である。

弥生時代中期以降になると小型掘立柱建物が増加をはじめ、集落の構成要素として定着していく。こうした傾向は若干の濃淡はあるものの、山陰全域でみられる傾向である。近年の発掘調査で様相が明らかになりつつある、島根県の中山間地域や石見地域においては、時期的に若干遅れるようであるが、同様の傾向がみて取れる。隠岐地域については、調査例が限られることもあって実体が不明であるが、この時期の集落のあり方に目立った独自性が認められないことを考慮すれば、他地域と同様に小型掘立柱建物が導入・定着していても不思議ではない。

小型掘立柱建物は、古墳時代に入っても集落内に一定数を維持しながら推移していく。たとえば、丘陵上の比較的広範囲を調査している鳥取県米子市百塚遺跡群についてみると、各時代ごとの建物配置や数に微妙な変化はみられるものの、古墳時代を通して小型掘立柱建物のあり方自体には顕著な変化は認められないように思われる。

では、これを超える大きさの建物はどうであろうか。中型・大型掘立柱建物は、弥生時代中期中葉から徐々にみられるようになる。鳥取県大山町の茶畑山道遺跡SB-05は、床面積こそ二五平方メートルをわずかに超える程度であるが、独立棟持柱建物であり、中期後葉に位置づけられる茶畑第1遺跡の掘立柱建物1も独立棟持柱建物である。これらの建物は一間×四間、二間×六間と縦横比が大きい、いわば長棟構造である点も注目すべき特徴である。中期のこうした建物は、床面積の比較では中型掘立柱建物の範疇に入ってくるものであるが、同一集落内の他の掘立柱建物が一〇平方メートル前後であることや、その特徴的な上屋構造を考慮すれば、一般的な中型掘立柱建物とは一線を画する建物と判断できよう。この時期のこうした特殊な上屋構造をもつ掘立柱建物は、竪穴住居と小型掘立柱建物を中心とする、いわば日常生活の空間に対して隣接するように建てられており、集落あるいは居住単位内の象徴的な存在と考えられる。

弥生時代後期に入ると、鳥取県伯耆町長山馬籠遺跡SB-08のような五〇平方メートルを超えるような建物が出現してくるものの、山陰全域で数例があるにすぎない。また両庇付建物である鳥取県大山町妻木晩田遺跡松尾頭SB-41のように、中型の範疇に入る建物も依然として集落の中心的な建物として使われている。形態上の特徴としては、柱配置に若干の変化がみられ、平面形の縦横比が中期よりも小さくなる傾向がみられる点も注目される。妻木晩田遺跡において顕著にみられるように、こうした特殊な上屋構造をもつ掘立柱建物は、大規模な集落において集落内の特定の居住単位に付随して配置されるようになるのがこの時期である。

古墳時代に入ると二五~四〇平方メートル程度までに収まる中型掘立柱建物の一群と、それを超える大型掘立柱建物の二極化が進み、わずかではあるが一〇〇平方メートルを超える例も出現してくる。全体の傾向としては、床面積に大きな差異はないものの、梁間三間あるいは四間といった建物が主体となっていく点も特徴と言える。

以上のように、小型掘立柱建物は弥生時代前半期から古墳時代にかけて集落内で普遍的にみられ、一方で弥生時代中期中葉に出現する、構造的にも規模的にもそれと異なる掘立柱建物は、集落あるいは居住単位内での中心的建物として成立し、発展していくと考えられる。

四、掘立柱建物の地域性

こうした掘立柱建物の展開に地域性はみられるだろうか。小型掘立柱建物については、山陰全域で大きな差異はみられないと考えてよい。山間部においては弥生集落自体が小規模であったり、時期的に限定されるといった諸条件はあるものの、掘立柱建物は集落を構成する主要な建物の一つとして各地で定着していたことがわかる。近年ダム工事に伴って調査された斐伊川中流から上流域の弥生集落では、雲南市の北原本郷遺跡や垣ノ内遺跡にみられるように、中期中葉から後葉の時点で竪穴住居と掘立柱建物のセットが成立していることが明らかになっている。鳥取県内においては伯耆地域の検出数が顕著であるが、因幡の集落遺跡においても小型掘立柱建物の検出例は多い。石見地域、隠岐地域においては、まだ限られた検出数にとどまるが、調査数が限られることも影響していると考えられる。二〇平方メートルを超えるような弥生時代の中型・大型建物の分布状況を**図1**に挙げている。これをみても明らかなように、二、三の例外はあるものの、伯耆地域一帯、とくに西伯耆地域に集中する非常に偏った分布を示すことが指摘できる。特徴的なのは、松江以西の出雲地域に皆無である点であろう。たしかに出雲地域、とくに青銅器の大量埋納や四隅突出型墳丘墓の存在から「弥生王国」などと呼ばれることすらある出雲平野部において、この時期の集落の実態がいま一つわかっていないという点に、本質的な問題があるのかもしれない。斐伊川の下流域は、後世の堆積作用によって分厚い砂をかぶっており、集落全体を調査した例が少なく、断片的な情報から当時の集落像を描かねばならないという資料上の制約がある。湧水と格闘しながら調査をしたとしても、柱穴の検出すらおぼつかない状況では、掘立柱建物の検出にも自ずと限界があるのが実情であり、結果として出土遺物は多いが、遺構は実態がつかめないという遺跡が多い。これに対し西伯耆地域では、とくに比較的遺構検出に向いた大山山麓の台地上に展開する集落の調査が進んだことで、こうした特徴的な掘立柱建物が続々と発見されるに至ったといえるかもしれない。しかし出雲地域においては、斐伊川下流域の平野部に限らず、宍道湖南岸から安来にかけての出雲東部においても、発見例が皆無である点に留意しておく必要がある。この一帯は、高速道路の建設に伴って、弥生時代後期から古墳時代初頭の集落が数多く調査されており、それぞれの規模は大山山麓の集落に及ばないものの、竪穴住居と小型掘立柱建物を主体とする典型的な集落が丘陵ごとに展開していることがわかっている。にもかかわらず、これらの集落に独立棟持柱建物や庇付建物はまったく存在しな

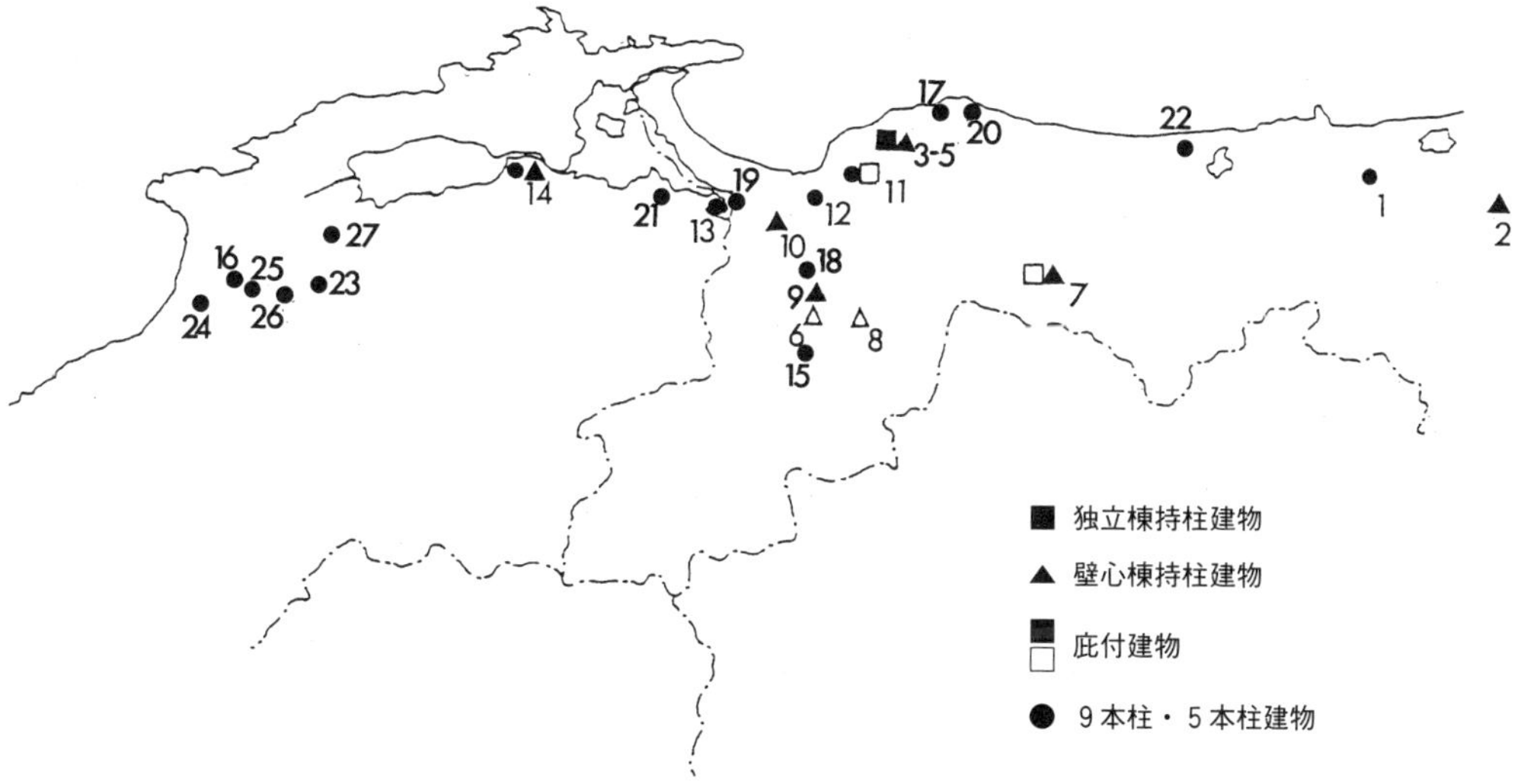

1：柄杓目II　2：久末　3：茶畑第1　4：茶畑山道　5：茶畑六反田　7：長山馬籠　7：大山池
8：上中ノ原　9：下山南通　10：青木　11：妻木晩田　12：百塚遺跡群　13：陰田第6　14：田和山
15：代　16：下古志　17：細工塚　18：越敷山　19：長砂第3　20：八橋　21：渋山池
22：長瀬高浜　23：菅原川　24：浅柄　25：古志本郷　26：三田谷I　27：尾田瀬II

図1　弥生時代から古墳時代の主要な掘立柱柱建物の分布

い。この地域を代表する遺跡である安来市の塩津丘陵遺跡群では、その集落規模にもかかわらず掘立柱建物の九割以上を小型が占め、他には布掘り建物が数棟存在するだけである。これらの布掘り建物は規模的にはわずかながら一〇平方メートルを超えており、遺跡の最高所に位置することから、象徴的な建物として存在した可能性も否定できない。しかし柱穴のサイズや構造的な特徴は、この時期の建物として必ずしも際立ったものとは言いがたく、西伯耆の掘立柱建物とは大きな隔たりがあると考えられる。

五、掘立柱建物の形態

西伯耆地域を中心に展開する特徴的な掘立柱建物群は、形態的に三分類することができる。

1 独立棟持柱建物

独立棟持柱をもつ掘立柱建物は、唐古・鍵遺跡で検出された二間×四間の総柱建物や池上曽根遺跡、武庫庄遺跡の巨大な建物が知られており、その分布域はもっぱら近畿地方を中心としている。西伯耆地域の例では、倉吉市大山池遺跡SB-09や大山町茶畑山道遺跡SB-05、茶畑第1遺跡掘立柱建物1、12が挙げられる。床面積は近畿地方のそれに遠く及ばないものであるが、茶畑山道遺跡SB-05は柱穴径が〇・八～一・四メートル、深さ一メートル前後と同遺跡の中では突出した規模をもち、発掘調査報告書においても高層建築の可能性が指摘されている。茶畑第1遺跡の掘立柱建物12は、二間×六間の掘立柱建物の一方に、半戸外空間としてもう一間分が伸びている特徴的な構造をもつ建物として復元されている。全体としては二間×七間の平面をもつものの、内部に棟持柱と戸柱と考えられる柱が配置されているため、これより東側の一間分が張り出した構造として解釈されている。この張り出しを支える棟持柱は、両側の柱よりも突出した位置に配置された独立棟持柱と想定されており、片側のみに独立棟持柱をもつ個性的な外観をもっていたと考えられている。

2 庇付建物

庇をもつ掘立柱建物は、壁心棟持柱もしくはそれに近い配置の棟持柱をもち、弥生時代中期以降登場する。山陰地域の弥生時代の掘立柱建物では最大級の床面積をもつ伯耆町長山馬籠遺跡SB-08は、二間×六間の壁心棟持柱建物で、片側に庇用の柱列を置く特徴的な柱穴配置をもっている。室内の土坑からは、赤く彩色された台付き甕や高坏などが出土しており、祭祀空間としても用いられていた平地式建物と考えられている。上中ノ原遺跡SB-02は、床面積こそ三一平方メートルと弥生時代中期の掘立柱建物として突出したものではないが、長山馬

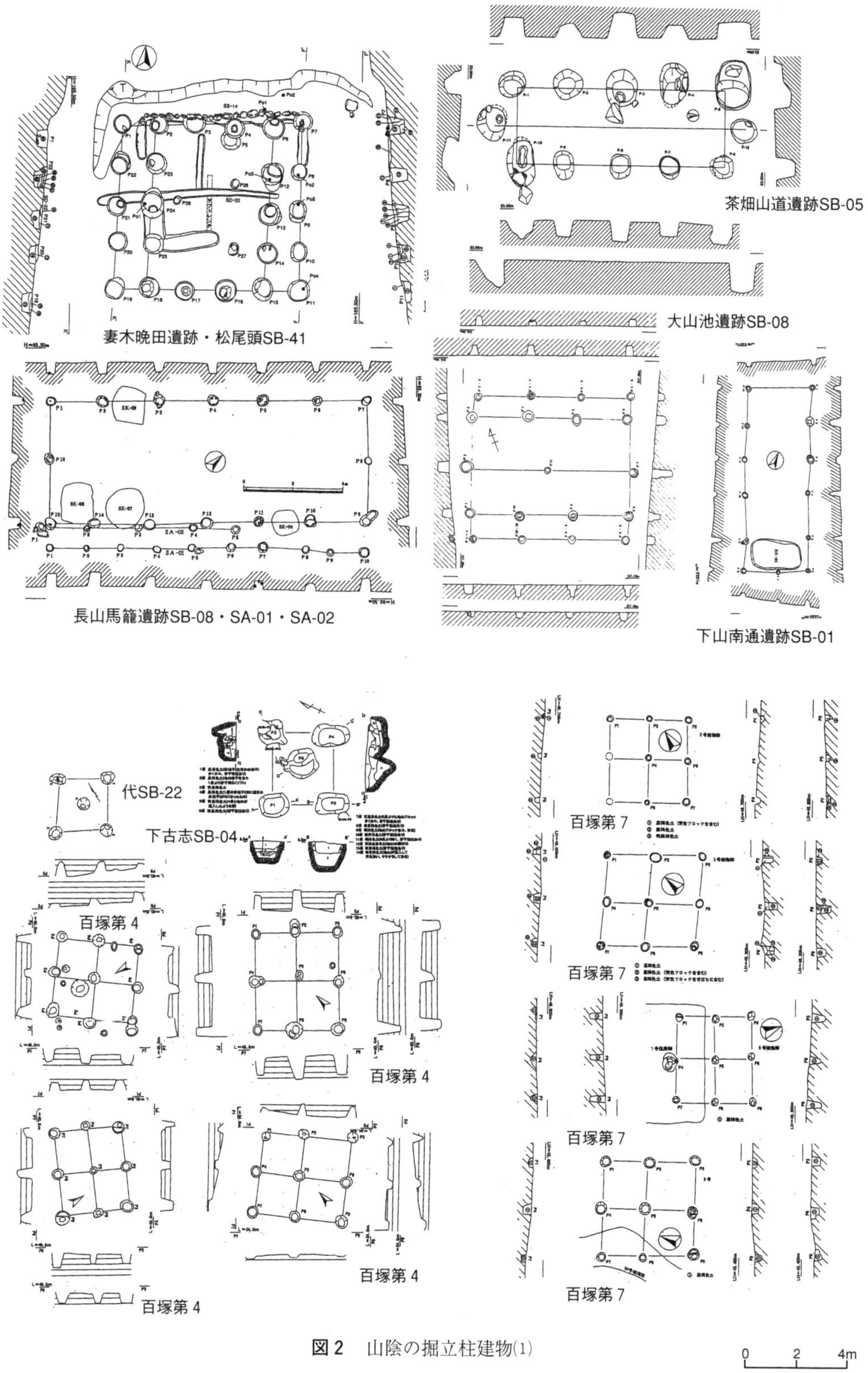

図2　山陰の掘立柱建物(1)

籠遺跡と同様に室内に土坑を伴っており、何らかの祭祀的な要素をもつ平地式の建物と考えられる。両遺跡は大山西側の中山間部に位置する遺跡で、遺跡規模もさほど大きなものではないと考えられるが、こうした祭祀的な構造物を備える掘立柱建物を配しているという点で注目される。

倉吉市大山池遺跡ＳＢ-08は、床面積二五平方メートル、二間×三間の両庇付建物であるが、前記の独立棟持柱建ＳＢ-09が隣接していることも特筆される。両者が併存した期間は明確ではないが、仮に一時期であったとしても両者が並んで建っていた時期があったことは確実であり、それぞれの建物の性格を考えるうえでも興味深い。妻木晩田遺跡松尾頭地区ＳＢ-41は、東西に庇のつく両庇付建物である。この建物は床面中央に配置された小柱穴が特徴で、三本の柱穴が三角形の頂点をなすように配置されており、発掘調査報告書では柱材を据える際に用いた三股の設置跡と推定している。

3　中型以上の規模をもつ長棟建物

床面積が二〇平方メートルを超える中規模の掘立柱建物のうち、長棟建物の一群もまとまった数が存在している。これらの建物は構造上はさほど特徴が認められないものであるが、弥生時代中期における一間×数間の長屋形態の建物が古墳時代には梁行二間を主体とする建物へと発展したように見受けられる。また、梁行三間をこえる建物も出現し、結果として時代を経るごとに縦横比が小さくなってくる傾向がある。

茶畑山道遺跡においては、弥生時代中期にＳＢ-23→ＳＢ-13→ＳＢ-11の三つの建物が順に建てられており、発掘調査報告書によれば同規模の独立棟持柱建物ＳＢ-05と対になって用いられていたと考えられている。米子市青木遺跡では、Ｆ区・Ｊ区を中心に複数の建物が検出されているが、梁行一間の長屋形態の建物と、梁行二間の建物が並存しており、こうした中型掘立建物の多様な様相が垣間見られる。建物の機能に起因する差異であるかどうかは不明であるが、柱穴の規模が全体に小型であることから、いずれも平地式建物と考えられる。

六、九本柱建物の分布と変遷

弥生時代から古墳時代の掘立柱建物のうち、実数は限られるものの二間×二間の総柱建物が存在している。仮に「九本柱建物」と呼称するが、近年とくに神社建築のうち大社造との関連が注目されている遺構である。またこれに付随する問題として、五本柱の遺構の存在も無視できない。すでに浅川滋男氏が提示されているように、五本の柱をもつ「建物」なのか、心柱を囲む四本の柱なのか、また上屋構造の有無など、この「建物」は多方面

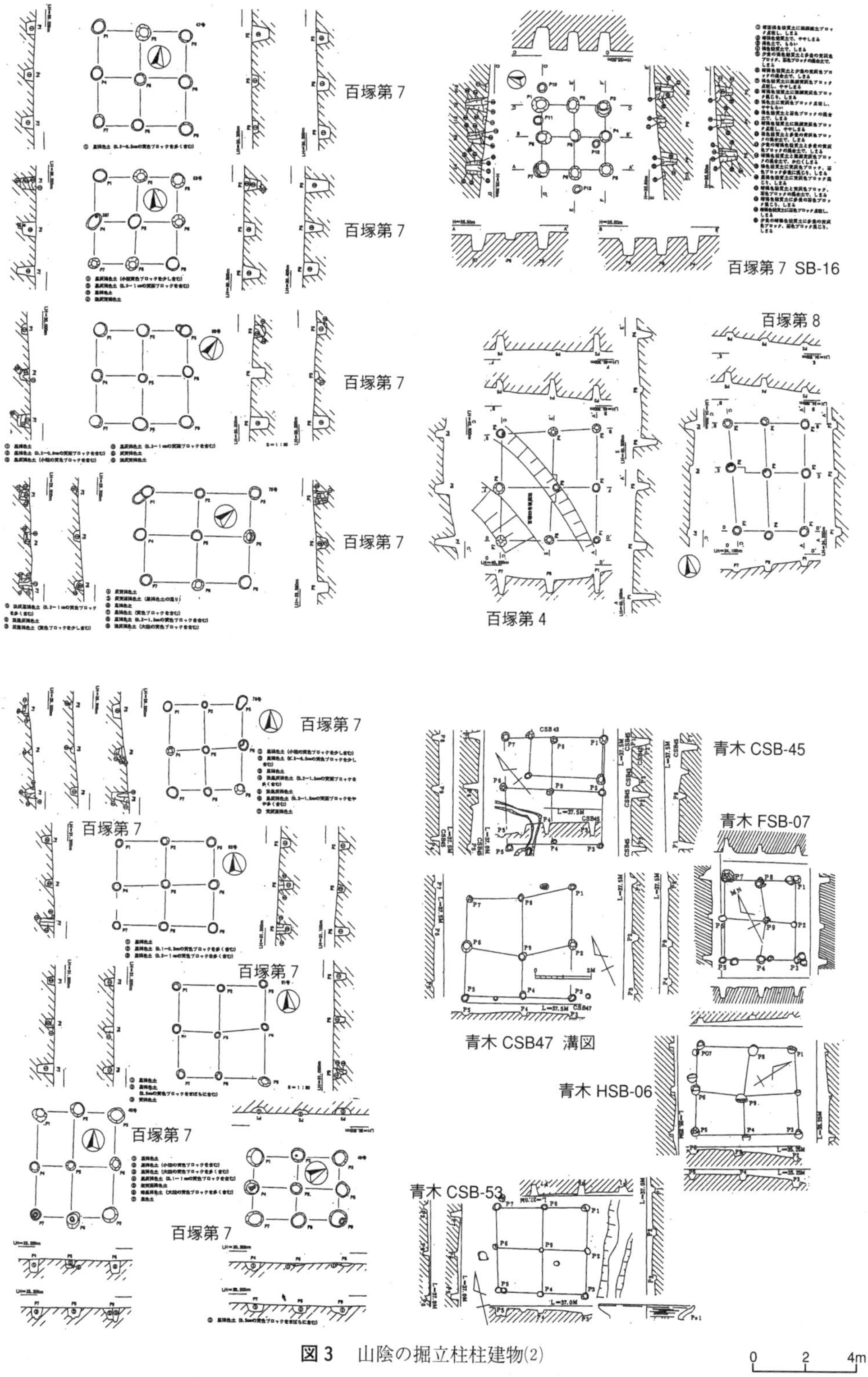

図３　山陰の掘立柱柱建物(2)

から議論すべき問題をはらんでいる。筆者はこの遺構を五本柱の建物とすることにいささか抵抗があるのだが、ここでは「九本柱建物」に対応するものとして、仮に「五本柱建物」と呼称することとしたい。

弥生時代から古墳時代を中心とする九本柱建物については、**表2**に山陰両県における検出例の集成を掲載している。管見にふれる限り掲載したつもりであるが、多少の漏れはあるかと思われる。また岡山県教育委員会の米田克彦氏の協力により、岡山県内の検出例も集成することができたので、**表3**も参照いただきたい。

これらの集成をみてもわかるとおり、九本柱建物は、すでに述べてきた小型掘立柱建物と同規模の床面積一〇平方メートル以下のものが大多数である。妻木晩田遺跡の各地区で検出されている九本柱建物は、その規模や平面形にかなりばらつきがみられる点を考慮する必要があるが、主柱穴間に小柱穴をもつMNSB77を除き、他の遺跡で検出されている九本柱建物と基本的には同規模と判断してよいと思われる。

ここで九本柱建物の中央柱穴と周囲の柱穴の規模の差異について検証しておきたい。中央の柱の意味、あるいはこの中央の柱をもつ建物の成立経緯を考えるにあたり、他の柱とどの程度差異があるのかが一つのポイントと考えられるからである。仮に中央の柱が何らかの特別な意味をもち、それが弥生時代・古墳時代の五本柱建物や九本柱建物においても重要視されていたのであれば、その遺構においても何らかの特質を見出せる可能性が高い。考古学的な立場から検証するのであれば、柱穴径や深さ、抜き取り痕から推測される柱径などが判断材料となる。しかしこの時期の掘立柱建物は平地につくられるだけでなく、斜面に直接、あるいは斜面に造成された小規模な平坦面につくられることが多いため、単純に柱穴の規模、とくに深さについて数字上で比較してもあまり意味をなさない。また集落の調査ではままあることだが、対応する位置の柱穴が一つ二つ検出できない場合や、斜面において谷側の柱穴列だけが流失してしまっていることもある。柱穴自体の検出がおぼつかない状況では、柱痕跡あるいは抜き取り痕跡については推して知るべしと言えよう。これらの情報に欠ける資料が多い点も、より比較を困難にしている。したがって個々の事例について総合的な判断をせざるをえないが、そうした諸所の問題を念頭に検出例をみると、中央の柱だけが著しく規模が大きいあるいは小さい、柱穴が深いもしくは浅いという例は意外にもそう多くないことがわかる。つまり、多くの場合中央の柱だけを特別視していた様子は、遺構をみる限りでは認められないと言える。

注目されるのは、前記の田和山遺跡ＳＢ-02である

表2　弥生時代から古墳時代の主な5・9本柱建物

旧国名	市町村(旧市町村)	遺跡名	遺構名	梁行	(m)	桁行	(m)	床面積(㎡)	時期	中央柱穴	備考
出雲	松江市	田和山	SB-02	2	1.70	2	2.30		弥生前期末	深い	5本柱
伯耆	伯耆町(溝口町)	下山南通	SB12	2	2.70	2	3.00	8.10	弥生中期後半	浅い	
出雲	松江市	田和山	SB-01	2	3.30	2	3.80	12.54	弥生中期後半		
伯耆	大山町(名和町)	茶畑第1	掘立柱建物5	2	2.70	2	3.50	9.45	弥生中期後半		
伯耆	大山町(名和町)	茶畑第2	掘立柱建物6	1	4.40	2	6.10	26.84	弥生中期後半	中心に柱穴	5本柱
伯耆	米子市(淀江町)	妻木晩田	洞ノ原SB11	2	6.38	2	6.36	40.58	弥生中期後葉以降		
出雲	出雲市	下古志	SB04	1	2.60	1	2.20	5.72	弥生後期初頭から中葉	2段堀り	5本柱
伯耆	伯耆町(溝口町)	代	SB22	1	1.78	1	1.85	3.29	弥生後期から古墳前期	浅い	5本柱
因幡	鳥取市(鹿野町)	柄杓目Ⅱ	SB-38	2	2.60	2	3.36	8.74	弥生後期		
伯耆	伯耆町(岸本町)	越敷山	SB-03	2	2.60	2	2.80	7.28	弥生後期?		
伯耆	伯耆町(岸本町)	越敷山	SB-06	2	2.30	2	2.60	5.98	弥生後期?		
伯耆	米子市	陰田第6	SB01	2	3.20	2	3.30	10.56	弥生後期		
伯耆	湯梨浜町(羽合町)	長瀬高浜	SB19	2	3.40	2	4.30	14.62	古墳前期	浅い	
因幡	米子市(淀江町)	妻木晩田	新山SB1	2	5.45	2	4.50	24.53	古墳前期以降		
因幡	米子市(淀江町)	百塚第7	53号	2	1.92	2	3.04	5.84	5世紀後半	やや浅い	
因幡	米子市	青木	CSB45	2	3.85	2	3.52	13.55	古墳中期	やや浅い	
因幡	米子市	青木	CSB53	2	3.26	2	3.14	10.24	古墳中期	同様	
出雲	出雲市	古志本郷	SB05	2	3.30	2	4.50	14.85	古墳中期		
出雲	出雲市	菅原Ⅲ	建物2	2	3.20	2	4.00	12.80	~6世紀後半		
出雲	出雲市	浅柄	SB01	2	2.20	2	2.70	5.94	古墳後期		
因幡	米子市(淀江町)	妻木晩田	妻木山SB167	2	4.97	2	4.50	22.37	古墳後期		
因幡	米子市(淀江町)	百塚第4	4号	2	3.00	2	3.40	10.20	主軸方向は6世紀前葉の遺構と同一	浅い	
因幡	琴浦町(東伯町)	八橋第8	SB3	2	2.40	2	3.20	7.68	6世紀中葉から後葉か?	浅い	
出雲	出雲市	三田谷Ⅰ	SB07	2	3.24	2	3.63	11.76	6世紀後半以降		
出雲	出雲市	三田谷Ⅰ	SB10	2	3.26	2	3.35	10.92	6世紀後半以降		
出雲	出雲市	三田谷Ⅰ	SB03	2	2.80	2	3.16	8.85	6世紀後半以降		
因幡	米子市(淀江町)	百塚第4	3号	2	2.80	2	2.80	7.84	主軸方向は6世紀末葉の遺構と同一	浅い	
因幡	米子市(淀江町)	百塚第4	5号	2	2.40	2	3.00	7.20	主軸方向は6世紀末葉の遺構と同一	同様	
因幡	米子市(淀江町)	百塚第4	13号	2	3.00	2	3.00	9.00	主軸方向は6世紀末葉の遺構と同一	やや浅い	
出雲	斐川町	尾田瀬Ⅱ	92-1SB01	2	3.00	2	3.20	9.60	6世紀末	浅い	
出雲	斐川町	尾田瀬Ⅱ	92-2SB01	2	3.70	2	4.20	15.54	6世紀末	浅い	
出雲	出雲市	古志本郷	KSB11	2	4.00	2	5.30	21.20	古墳後期以降		
因幡	大山町(中山町)	細工塚	SB-05	2	3.72	2?	4.00	14.88	古墳時代末	同様	
出雲	安来市	渋山池	SB-17	2	2.90	2	2.90	8.41	7世紀前半	同様	
因幡	米子市	長砂第3	SB-06	2	3.15	2	3.25	10.24	古墳時代	同様	
因幡	米子市(淀江町)	百塚第7	2号	2	2.90	2	3.00	8.70	古墳時代	同様	
因幡	米子市(淀江町)	百塚第7	3号	2	3.30	2	3.50	11.55	古墳時代	同様	
因幡	米子市(淀江町)	百塚第7	5号	2	2.74	2	3.08	8.44	古墳時代	同様	
因幡	米子市(淀江町)	百塚第7	9号	2	3.32	2	3.36	11.16	古墳時代	同様	
因幡	米子市(淀江町)	百塚第7	40号	2	2.80	2	3.70	10.36	古墳時代	やや浅い	
因幡	米子市(淀江町)	百塚第7	47号	2	3.10	2	3.32	10.29	古墳時代	やや浅い	
因幡	米子市(淀江町)	百塚第7	48号	2	2.20	2	3.00	6.60	古墳時代	同様	後世の削平多
因幡	米子市(淀江町)	百塚第7	69号	2	3.22	2	3.22	10.37	古墳時代	浅い	
因幡	米子市(淀江町)	百塚第7	75号	2	3.10	2	3.62	11.22	古墳時代	同様	
因幡	米子市(淀江町)	百塚第7	76号	2	2.60	2	3.00	7.80	古墳時代	浅い	
因幡	米子市(淀江町)	百塚第7	82号	2	3.00	2	3.50	10.50	古墳時代	浅い	
因幡	米子市(淀江町)	百塚第7	91号	2	3.02	2	3.20	9.66	古墳時代	同様	
因幡	米子市(淀江町)	百塚第8	17号	2	3.35	2	3.37	11.29	古墳時代	同様	
因幡	米子市(淀江町)	百塚第8	23号	2	2.40	2	3.80	9.12	古墳時代		
因幡	米子市(淀江町)	百塚第4	16号	2	3.00	2	3.00	9.00	不明	同様	
因幡	米子市(淀江町)	百塚第4	17号	2	2.80	2	3.20	8.96	不明	同様	
因幡	米子市(淀江町)	百塚第7	SB16	2	2.80	2	2.80	7.84	不明	浅い	
因幡	米子市(淀江町)	妻木晩田	妻木山SB45	2	3.02	2	2.28	6.89	不明		
因幡	米子市(淀江町)	妻木晩田	妻木山SB83	2	4.10	2	3.43	14.06	不明		
因幡	米子市(淀江町)	妻木晩田	妻木山SB91	2	9.82	2	8.54	83.86	不明		
因幡	米子市(淀江町)	妻木晩田	妻木山SB123	2	3.83	2	3.38	12.95	不明		
因幡	米子市(淀江町)	妻木晩田	妻木山SB169	2	4.41	2	3.81	16.80	不明		
因幡	米子市(淀江町)	妻木晩田	新山SB67	2	4.16	2	2.82	11.73	不明		
因幡	米子市(淀江町)	妻木晩田	新山SB70	2	6.02	2	5.48	32.99	不明		
因幡	米子市(淀江町)	妻木晩田	新山SB77	2	9.50	2	7.25	68.88	不明		
因幡	米子市(淀江町)	妻木晩田	新山SB83	2	5.54	2	3.54	19.61	不明		
因幡	米子市(淀江町)	妻木晩田	小真石清水	2	5.89	2	3.41	20.08	不明		
因幡	伯耆町(岸本町)	越敷山	SB-02	2	1.80	2	2.30	4.14	不明	同様	
因幡	米子市	青木	CSB47	2	3.70	2	3.60	13.32	不明	同様	
因幡	米子市	青木	FSB07	2	2.91	2	2.61	7.60	不明	不明	
因幡	米子市	青木	HSB06	2	3.80	2	3.10	11.78	不明	同様	

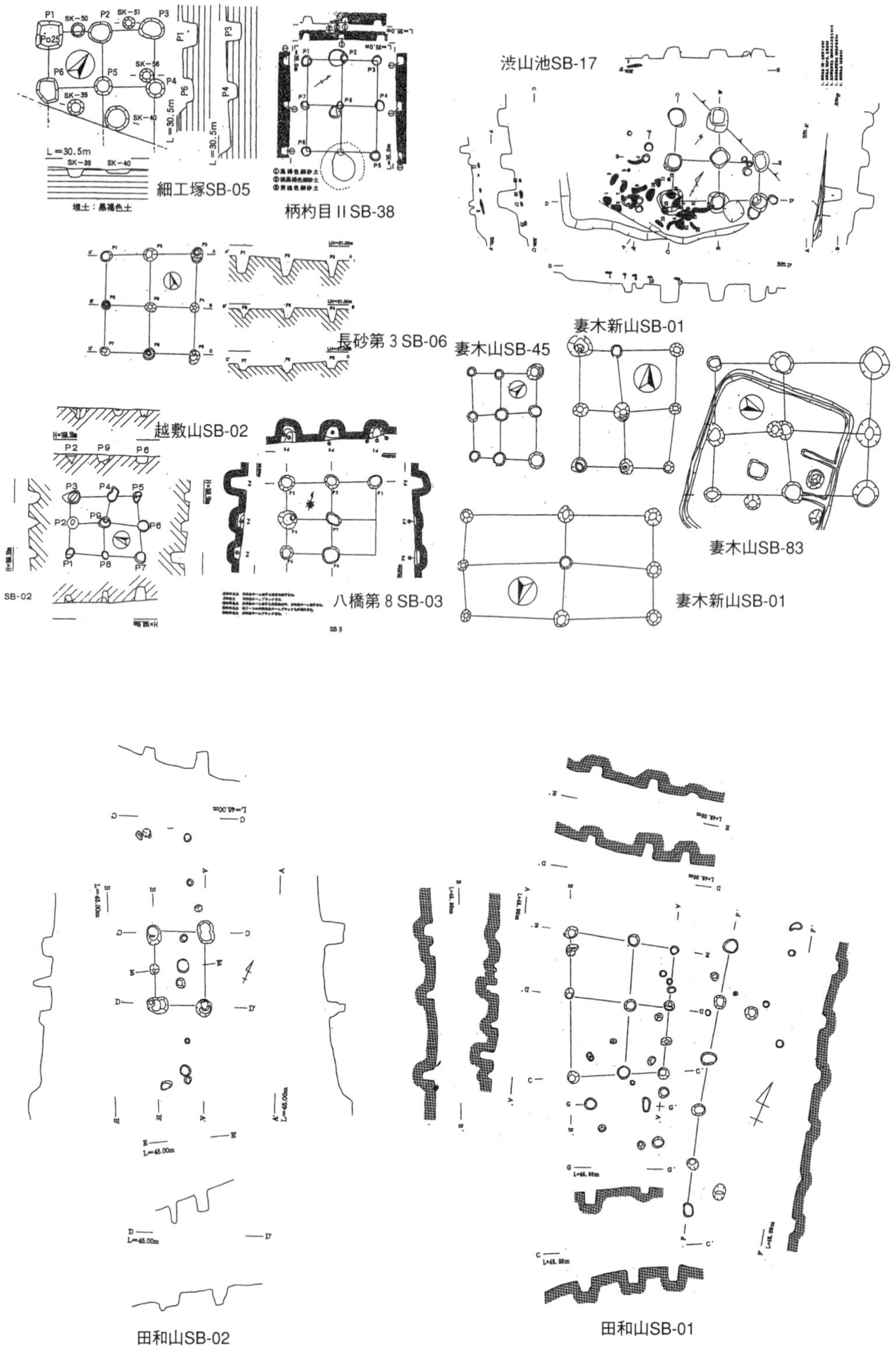

図4　山陰の掘立柱柱建物(3)

（山頂部ＳＢ-02とも呼称されているので注意を要する）。この五本柱の遺構は、中央部の柱穴が他の四穴と比較して明らかに深く掘り込まれており、直径も二回りは小型である。発掘調査報告書によれば弥生時代前期末から中期初頭とされている。田和山遺跡でしばしば指摘されるように、この遺跡の代名詞ともいえる三重環濠とその内側の山頂部の建物は、弥生時代を通して存在したわけでなく、この時期まだ確立していない。まだ谷部に切られた濠があるだけであって、環濠として山頂部を取り囲んではいない状況だったと考えられている。全体の遺構図面をみると、最頂部の平坦地ではなく南西隅の傾斜地際にＳＢ-02を建てていることが確認できる。この時期のまとまった柱穴群はＳＢ-02のみであることを考慮すれば、何らかの特殊な性格の構造物と考えざるをえないであろう。斜面の傾斜は一五度近くあるが、柱穴の状況をみると、四隅の柱穴は一回り径が大きく、垂直断面の形状も階段状になっているようである。一方、中央の柱穴はやや規模が小さく、段がつくこともない。断面の土層が不明であるため判断が難しいが、両者の差異を積極的に読み取るならば、何らかの理由で中央の柱のみ規模がやや小さかったと推定することもできなくはない。

この田和山遺跡ＳＢ-02が突出して古いもので、他の事例は弥生時代中期以降である。

田和山遺跡ＳＢ-01は中期中葉に位置づけられる九本柱建物で、三重環濠のめぐる山頂部の最高所に柵列とともに建てられている。それぞれの柱穴の状況をみると、まず径に大きな差異はみられない。また深さや垂直断面の形状についても顕著な差を認めることができないため、中央の柱の特徴は明確ではない。ところで、この建物は平面形がかなり歪んでおり、柱間距離も統一性に欠け、柱穴規模は同時期の小型掘立柱建物と大差ないなど、建物構造の評価が難しい事例と言える。現段階でも筆者自身、解釈がまとまっていないが、あえて柱穴間隔がこれほど異なる構造物を想定する必要があるのか、他の柱穴と対応する可能性がないのかなど気になる点が多い。調査状況を現地で確認しておらず、誤解もあるかもしれないが、まずは二間×二間の柱配置自体にも検討の余地があるように思えてならない。

九本柱建物も五本柱建物も弥生時代の検出例は少なく、他には西伯耆の各遺跡で検出されている九本柱建物と、出雲市下古志遺跡ＳＢ-04、伯耆町代遺跡ＳＢ-22の五本柱建物が後期に位置づけられる程度である。下古志遺跡については、図面をみると中央の柱穴に段がつくようであるが、土層の切り合いに矛盾点があるようなので再検討の余地があるかもしれない。弥生時代の建物は、床面積では妻木晩田遺跡洞ノ原ＳＢ-11が傑出して大きいのを除けば、田和山SB-01が一二平方メートルとわずかにはみ出るものの、ほぼ一〇平方メートルまでに収まり、規模自体は通常の小型掘立柱建物と同様である。出土例が限られるため分布傾向はつかみがたい状況であるが、田和山遺跡SB-02が唯一前期まで遡り、中期以降においてもやや西伯耆に例が多い程度で、散漫な分布を示している。

ところで、1棟だけ東に外れたところに、倉吉市柄杓目Ⅱ遺跡SB-38という事例があり、報告書によれば弥生時代後期とされている。しかしこの九本柱建物の周囲には古墳時代の掘立柱建物が何棟か建てられており、建物の向きもそれらと大きく矛盾しない。目立った出土遺物も報告されていないため、弥生時代まで遡るのかどうか再検討の余地があると考えている。

九本柱建物は、古墳時代に入っても形態的に大きな変化はなく、一〇平方メートルが基本的なサイズのまま残っていく。妻木晩田遺跡の遺構にみられたような、極端に規模の異なるものは消え、全体として統一感が出て来るのも古墳時代に入ってからである。**表2**をみると、百塚遺跡群の事例が突出して多くあるが、他の事例をみても分布は大山北麓から西麓の一帯が中心となっていると考えられる。全体として西伯耆に中心的な分布があると言える。

一方、出雲は意外なほど検出例が少なく、出雲西部に位置する浅柄、菅原Ⅲ遺跡など数ヵ所で、単独で検出されているのみである。いずれも柱間距離が不均等で、平面形が歪んでいる。これらは古墳時代中期頃にまとまっており、西伯耆とは比較にならないものの、無視できない分布である。一方で、出雲東部は完全な空白地帯となっており、安来市渋山池遺跡SB-17だけである。これが古墳時代でも末葉に位置づけられることから、弥生時代後期以降の出雲地域、とくに出雲東部においては九本柱建物が長期間抜け落ちてしまい、古墳時代後期後半になって再び用いられはじめるという状況がみて取れる。

さて、百塚遺跡群の九本柱建物の様相をみてみると、規模的に比較的バラつきが少なく、非常によくまとまっている。また、中央の柱穴が他と比較して特異な規模や垂直断面形をもつということはなく、古墳時代を通してそれが大きく変化するということもないようにみえる。やや飛躍するかもしれないが、こうした状況をみる限り、古墳時代を通じて中央の柱に特別な意味を見出すことは難しく、またそうした意味づけが大きく変化することもなかったと想定してもいいのではないかと考える。百塚遺跡群は、その時期が古墳時代全般にわたっているが、独立棟持柱建物と隣接するものや柵に囲まれたものなど、九本柱建物の性格も一定でない可能性があるだろう。

しかし九本柱建物の形態は一〇平方メートル前後にきれいに統一されており、集落の中でこのサイズの建物が基本フォーマットとして確立していたことが想定されるのである。

それでもなお、九本柱建物にある種の変化が起きた時期を求めるとすれば、古墳時代後期後半、六世紀後半を考える必要がある。空白期を経て出雲に再び九本柱建物が現れる時期である。三田谷Ⅰ遺跡の一連の九本柱建物や、渋山池ＳＢ-17の中央柱穴は、他の八本の柱穴と同様の形態を取り、後の時代の総柱建物に続くものとして再出現する。弥生時代からの断絶を経て現れたこれらの九本柱建物は、柱間距離の不均等な弥生時代のそれとは一線を画するものであり、旧来の掘立柱建物の延長上に生まれたのではなく、新たな建物として導入されたと考える方が自然であろう。

最後に岡山県下の九本柱建物について触れておきたい。岡山県内では確実に弥生時代まで遡る例はなく、わずかに弥生時代後期の可能性があるものとして、岡山市津寺遺跡の九本柱建物が挙げられる。古墳時代においても出土例は五棟にすぎない。奈良時代以降では二十数例みられるが、これらは総柱建物の範疇に含まれるものであって、山陰地域にくらべ

表3　岡山の９本柱建物（弥生時代～古墳時代）

	遺跡名	建物名称	梁間	梁間長（m）	桁行	桁行長（m）	床面積（㎡）	時　期
総社市	窪木薬師	掘立柱建物 11	2	3.1	2	3.3	6.6	古墳後半期
岡山市	百間川原尾島	建　物 43	2	3.6	2	3.9	7.8	古墳後期
山陽町	斎富	掘立柱建物 8	2	4.14	2	4.68	9.36	古墳後半期
		掘立柱建物 41	2	3.66	2	3.84	7.68	6世紀中頃
		掘立柱建物 47	2	3.3	2	3.48	6.96	7世紀前半

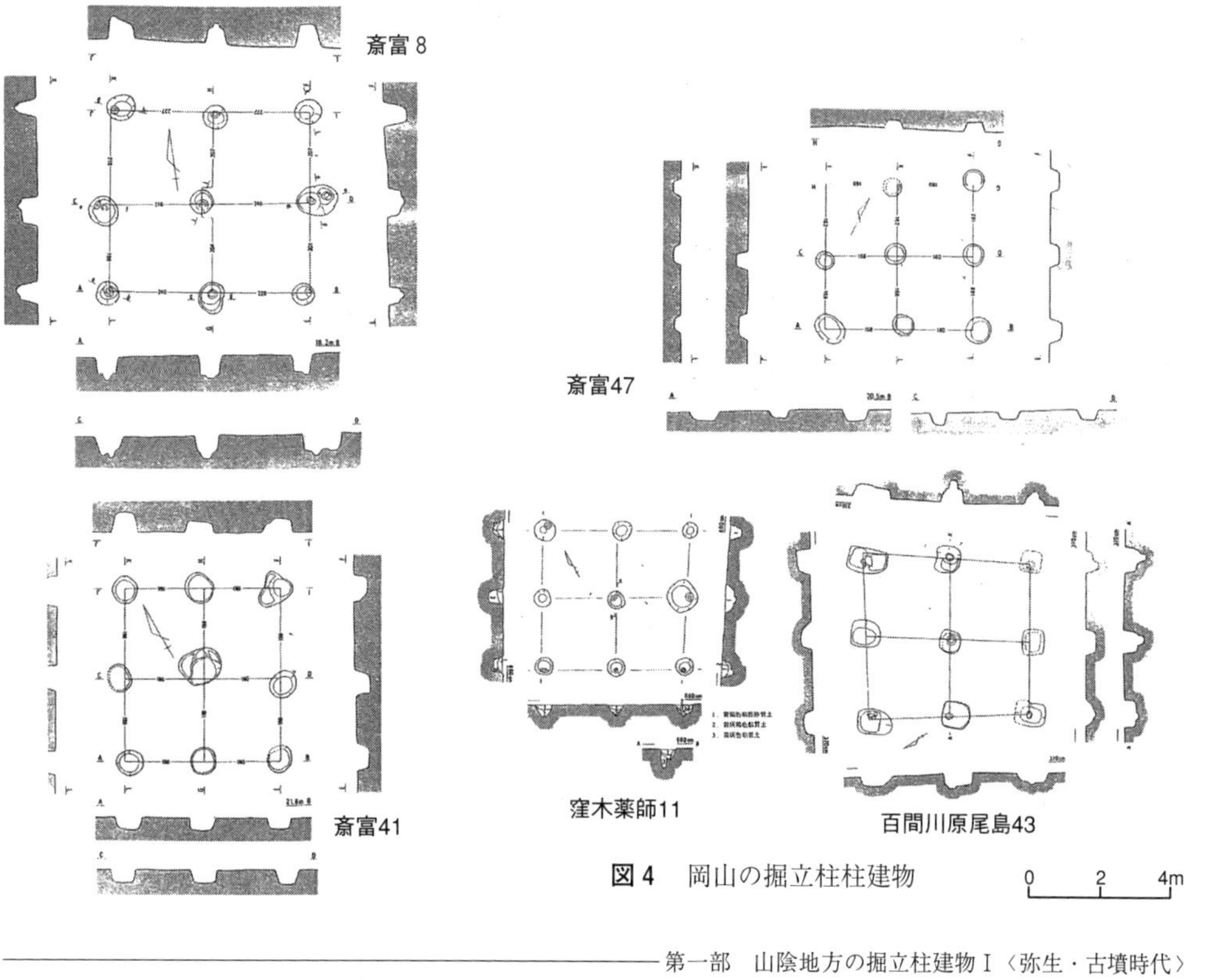

図4　岡山の掘立柱柱建物

古墳時代までの検出例の少なさは明らかである。その分布を概観すると、全体的に南に偏っており、伯耆や出雲に近い県北部にはわずかに一例だけとなっている。津山の北に位置する久田原遺跡は、縄文時代から中近世に至る複合遺跡であるが、ここで一例だけ九本柱建物が検出されている。時期的に山陰地域と比較しうる資料に乏しい状況だが、全体の傾向としてはむしろ南の平野部に分布すると考えてよいだろう。したがって、山陰の九本柱建物の影響が岡山県の北部に及んだことで、九本柱建物を採用する地域が拡散していく、というような簡単な構図にはなり難い状況と言える。

七、まとめにかえて

以上、簡単に掘立柱建物の傾向と変遷をまとめてきたが、山陰地域の特色が顕著に現れている興味深い遺構と言える。庇付建物や独立棟持柱建物などの特徴的な建物の存在は、西伯耆にその分布が集中していることから考えて、山陰地域全体というよりはこの地域独自で展開する事象ととらえるのが現実的であろう。同様の構造をもつ建物が知られている近畿などとの何らかのコネクションをもつことで、こうした建物が導入される契機が生まれたのではなかろうか。今後は他の遺物や遺構を視野に入れつつ、そうしたコネクションの実態を探っていくこともできるのではないだろうか。

また五本柱建物・九本柱建物については、依然として検出例が限られる点に限界を感じざるをえない。田和山SB-02が飛び抜けて古い点を重視すれば、出雲東部で五本柱建物・九本柱建物の系譜がはじまると考えることも不可能ではないが、以降古墳時代後期に至るまでまとまった検出例がなく、西伯耆のように集落内で定着しない事実をいかに理解するかがポイントとなりそうである。

九本柱建物については、その拡散についても議論の余地がある。出雲中心に分布する大社造の本殿をもつ社の分布と絡めて、九本柱建物も出雲地域から周辺にひろがっていくという漠然としたイメージがあるが、古代の九本柱建物の変遷と分布状況からは、そうした傾向を読み取ることはできない。一〇平方メートル前後にサイズがまとまってくる古墳時代の九本柱建物は、その画一化された様相からも、特殊な性格の建物ではなく、集落内で一般的な存在として想定する方が妥当と考えられる。一方で、古墳時代後期以降に出現する新たな九本柱建物群は、柱の配置や柱径に明確な統一感をもつようになり、構造の特殊な建物というより、総柱建物としての機能を強く印象づけるものとなる。

さて、古代の九本柱建物の中央の柱に、大社造におけ

表4　古代の9本柱建物

岡山市	足守川矢部遺跡	掘立柱建物　9	
岡山市	津寺遺跡	掘立柱建物　1	西川地区
		掘立柱建物　25・27・30・33	中屋地区
		掘立柱建物　8・10	高田地区
総社市	高塚遺跡	掘立柱建物 15・17・18	
岡山市	中撫川遺跡	掘立柱建物　2・4・10	
奥津町	久田原遺跡	掘立柱建物 18・19・29・31・39・42・43・44・47・57	

る心柱のような、何らかの特別な意味を求めることができるであろうか。少なくとも古墳時代以降の九本柱建物に、そうした意味を見出すことは困難であろう。仮に中央の柱が特別な意味合いをもっていた時期があるとすれば、平面形や規模が定型化する以前の、弥生時代前期末から後期の五本柱建物や九本柱建物までと考えたい。しかし一方で、そうした事例は数自体非常に少ないことも、すでに言及してきたところである。遺構から推し量る限り、中央の柱を特別視する九本柱建物は、この時代においても特異な存在であり、ごく限られたものであったと考えられるのである。

＊本稿は、浅川滋男氏のコーディネートにより行われた第五回弥生文化シンポジウム「弥生時代の住まい―生活空間と建築技術―」（平成十六年九月、鳥取県教育委員会）で「弥生時代の掘立柱建物について―山陰地域の概要―」と題して発表したものをもとに、古墳時代の例を補足しつつ再構成したものである。

主要参考文献

浅川滋男『出雲大社』日本の美術四七六号、至文堂、二〇〇六。

「五本柱と九本柱―大社造の起源と巨大本殿の復元・序説」『文化財講座』特集号、二〇〇二。

鳥取県教育委員会『第五回弥生文化シンポジウム・弥生のすまいを探る』二〇〇四。

濵田竜彦「伯耆地域における弥生時代中期から古墳時代前期の集落構造」『弥生の大型建物とその展開』サンライズ出版、二〇〇六。

奈良文化財研究所編『出雲大社　社殿等建造物調査報告』二〇〇三。

椙山林継ほか『古代出雲大社の祭儀と神殿』学生社、二〇〇五。

その他、各遺跡調査報告書より図版等を引用した。

第二節　伯耆大山山麓地域における弥生時代中期の集落と掘立柱建物跡

濵田竜彦

一、はじめに

掘立柱建物跡は弥生時代の集落を構成する主要な遺構であり、集落構造を読み解く鍵として注目されてきた(1)。たとえば、大阪府池上曽根遺跡における独立棟持柱を伴う大型掘立柱建物跡の発見は、首長居館、神殿、祭殿といった機能に関する言及にとどまらず、都市の問題も含む集落論が展開される契機となった(2)。近年は山陰地方でも、鳥取県大山町茶畑山道遺跡(3)、妻木晩田遺跡(4)、島根県松江市田和山遺跡(5)などで、独立棟持柱や庇を伴う掘立柱建物跡、心柱を伴う梁間二間×桁行二間といった掘立柱建物跡が検出されている(6)。

そこで本稿では、山陰地方における弥生時代中期の集落跡を概観し、掘立柱建物跡のあり方を通じて集落構造について検討を行うこととする。検討対象地域は、鳥取県西部、伯耆大山山麓地域とし(7)、必要に応じて、中海・宍道湖沿岸の遺跡を取り上げる。なお、ここでは弥生時代中期を前葉、中葉、後葉に大別、前葉をⅡ期、中葉をⅢ期、後葉をⅣ期と呼称し、Ⅲ期とⅣ期をそれぞれ三小期に細別する(8)。

二、伯耆大山山麓にみる弥生時代中期の掘立柱建物跡

伯耆大山山麓地域の弥生時代中期の遺跡には、多様な形態の掘立柱建物跡がある。ここでは、掘立柱建物跡を側柱の梁間数、棟持柱・庇・心柱の有無で大別しながら特徴を概観する。なお、掘立柱建物跡には遺物を伴わないものも多く、ここで取り上げるものには、その他の遺構との関係から弥生時代中期に帰属する可能性が高いものが含まれている。

梁間一間建物跡　各遺跡にもっとも一般的に認められる掘立柱建物跡である。平面積一〇平方メートル前後のものには桁行一間ないし二間のものが多い。平面積一〇平方メートル以上、二〇平方メートル未満

には、桁行一、二間に加え、三間以上のものが含まれる。平面積が二〇平方メートルを超えるものは、おおむね桁行四間以上となる。ただし、全体としては桁行一、二間が主体を占め、三間以上のものは希少である。ここでは、桁行三間以上のものを長棟建物と呼ぶ。

梁間二間建物跡　桁行二間のものにも散見されるが、床面積二〇平方メートル前後、桁行三間以上の長棟建物に多く認められる。茶畑山道遺跡のSB-23（**図2**Ⅲ期中葉）や下山南通遺跡のSB-14（**図6**北部遺構群）などがある。

独立棟持柱付建物跡　妻側の側柱を結ぶ線より外に棟持柱を伴う掘立柱建物跡。大山町茶畑山道遺跡SB-05[9]（**図2**Ⅲ期中・後葉）、大山池遺跡SB-09[10]（**図4**）がある。桁行は三間以上、床面積は二〇～二五平方メートル程度のものが認められる。

庇付建物跡　平側に庇を伴う建物跡。大山池遺跡SB-08[11]（**図4**）、長山馬籠遺跡SB-08[12]（**図7**）などがある。桁行は三間以上、床面積は二〇平方メートル以上のものが認められる。なお、長山馬籠遺跡SB-08は当該地域最大の掘立柱建物跡で、桁行六間、床面積は六〇平方メートルを超える。片側にのみ庇がとりつくもの（長山馬籠遺跡SB-08）と、両側に庇がとりつくもの（大山池遺跡SB-08）がある。

心柱付の掘立柱建物跡　建物跡の中央部に心柱を伴う建物跡。鳥取県日野郡伯耆町下山南通遺跡のSB-12[13]（**図5**）は梁間一間×桁行二間の掘立柱建物跡で、中央部に心柱とみられる柱穴が検出されている。また、島根県松江市田和山遺跡の丘陵頂部に位置するSB-01[14]は梁間二間×桁行二間で平面形が「田」字形を呈す9本柱の建物跡である。

さて、梁間一間×桁行一、二間の掘立柱建物跡にくらべて、梁間一間×桁行三間以上の長棟建物跡、独立棟持柱付建物跡、庇付建物跡、心柱を伴う掘立柱建物跡は検出棟数が少ない。これらは山陰地方に点在する弥生時代中期の集落において、小規模で単純な構造の掘立柱建物とは異なる機能をもつものであった可能性がうかがわれる。米子市淀江町稲吉角田遺跡から出土した大型壺の頸部に描かれた祭祀の一場面とみられる情景には、その主要な構成要素として、楼観と思しき高層建物などが表現されている[15]（**図1**）。近畿地方や瀬戸内地域でも、切妻や寄棟の高床建物や独立棟持柱付建物などが描かれた土器が出土するが、この中には司祭の場と推測されるものがある[16]。大山山麓地域の弥生時代中期集落に散見される希少な構造の建物跡の中には、絵画土器に描かれているような建物の下部構造が含まれているかもしれない。つ

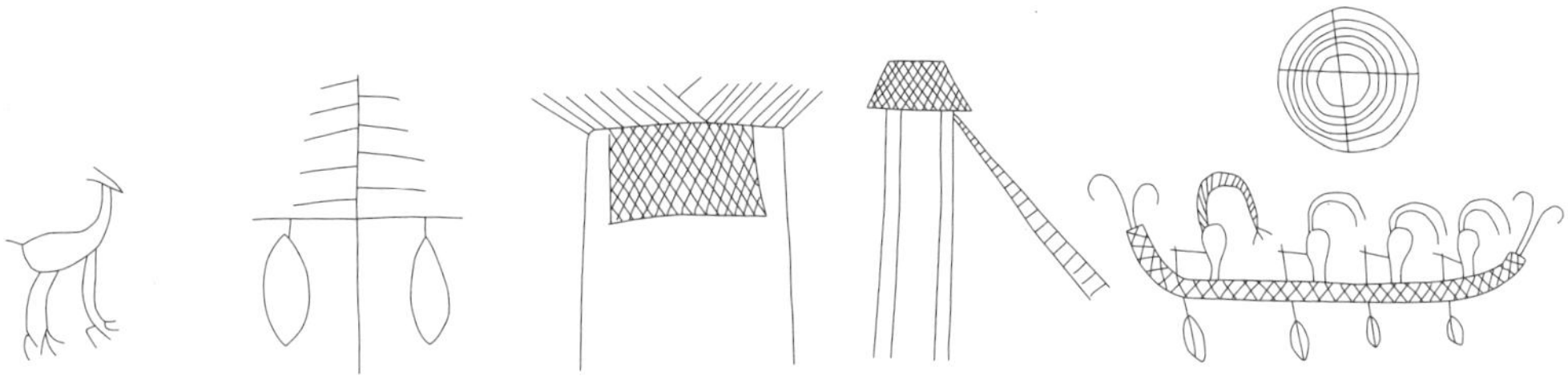

図1　大型壺の頸部に描かれた祭祀の一場面（稲吉角田遺跡）

まり、集落跡を構成する掘立柱建物跡に関する検討は、弥生時代の集落構造、集落景観を見通すうえで有意義な作業といえよう。

弥生時代の掘立柱建物跡については、建物の平面規模などに着目した分析がこれまでにも行われている。兵庫県下の掘立柱建物跡を検討し、集落の類型と首長権力、社会構造について言及した岸本道昭氏は、床面積一〇～二〇平方メートルの建物跡を小型（A類建物）、A類建物の桁行を大きくしたもので床面積二五平方メートル程度の建物を大型（B類建物）に分類している[17]。本稿では、大山山麓地域に点在する弥生集落に認められる掘立柱建物跡の平面規模を相対的に把握するために、床面積一〇平方メートル未満を小型、二〇平方メートル未満を中型、二〇平方メートル以上を大型に分類する[18]。次に各遺跡のおける掘立柱建物跡のあり方をみていく。

三、弥生時代中期の集落跡と掘立柱建物跡

中期前葉（Ⅱ期）以前については、鳥取県東伯郡湯梨浜町長瀬高浜遺跡（前期前半）[19]、鳥取県東伯郡琴浦町上伊勢第1遺跡（前期末）[20]、鳥取県西伯郡大山町大塚岩田遺跡（前期末）[21]などで集落の様相を断片的に知ることができる。いずれも一時期に一、二棟の竪穴住居で構成される小規模な集落であったと推測されるが、集落の全容がわかる遺跡はない。掘立柱建物跡の検出例もないので、ここでは、中期中葉（Ⅲ期）、中期後葉（Ⅳ期）の集落と掘立柱建物跡のあり方を概観する。

1　茶畑山道遺跡

鳥取県西伯郡大山町に所在する弥生時代中期の遺跡である。Ⅲ-2期～Ⅳ-2期の掘立柱建物跡、土坑、土器溜まりなどの遺構が検出されている。竪穴住居跡は検出されていない。ここではⅢ期の遺構を取り上げる（**図2**）[22]。

当該期のものとして注目されるのは、調査区西端で検出された独立棟持柱付の掘立柱建物跡（SB-05）である。梁間一間、桁行四間、床面積約二六平方メートルを測る大型の建物跡で、直径一メートルを超える柱穴で構成されている。柱穴からはⅢ-3期の土器が出土しているが、建て替えの痕跡が確認されており、Ⅲ-2～3期にかけて存続した可能性が指摘されている。この建物跡の西側と北西側には、多数の土器や大型の礫などが廃棄された土抗（SK-82・97）があり、その周囲からは銅鐸形土製品や分銅形土製品といった祭祀関連遺物が出土している。

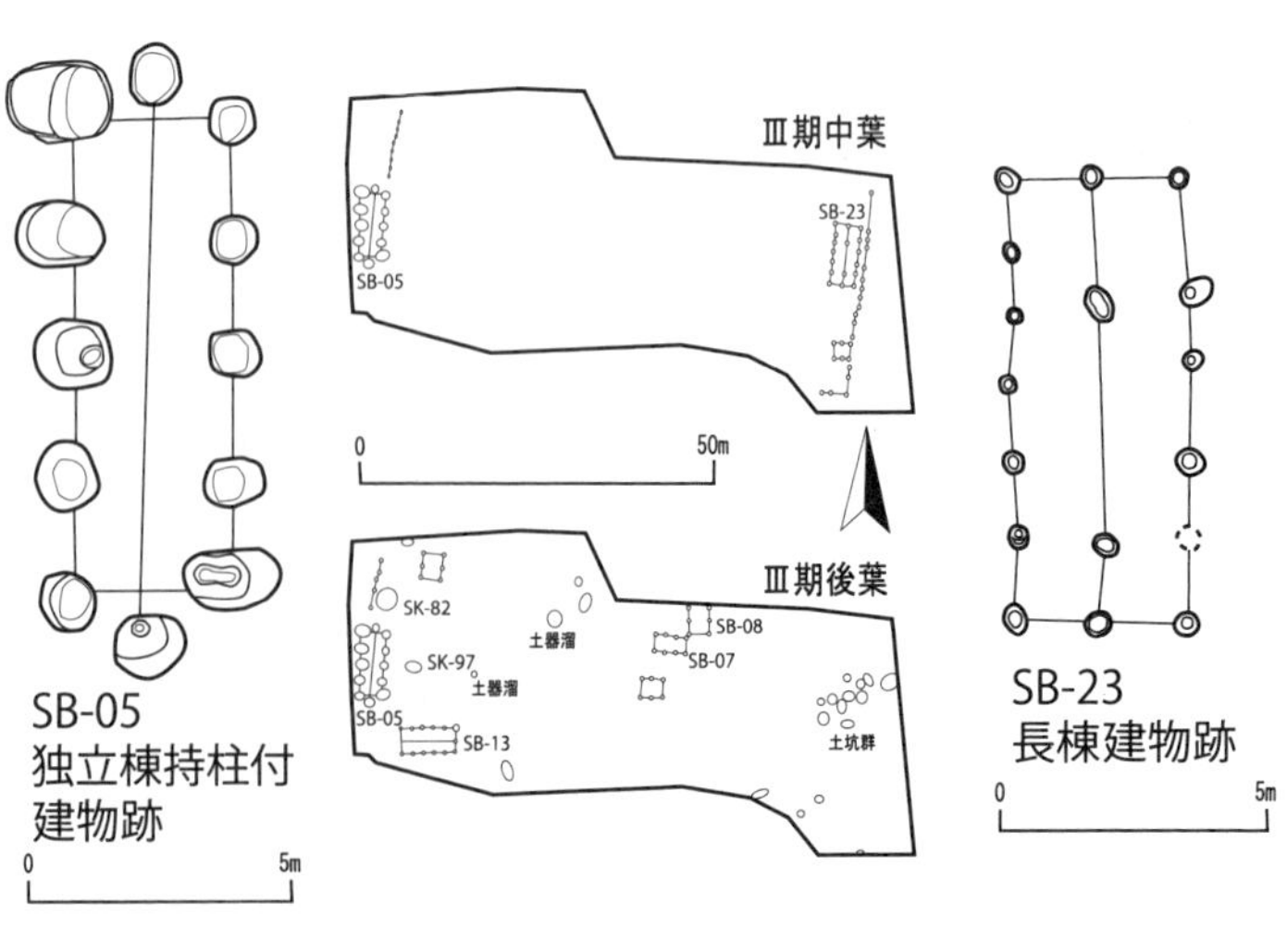

図2　茶畑山道遺跡

調査区東端には梁間二間の掘立柱建物跡（ＳＢ-23）がある。桁行六間、床面積約二六平方メートルを測る大型の長棟建物跡で、屋内に二本の棟持柱跡を伴う。土坑との切り合い関係からⅢ-3期以前のものと考えられる。ＳＢ-05とＳＢ-23は対照的な位置にあり、規模的に近似する。しかし、ＳＢ-23を構成する柱穴は五〇センチ前後で、独立棟持柱を伴うＳＢ-05よりも華奢な建物であったと想定される。

また、Ⅲ-3期には、ＳＢ-23の跡地に土抗群、ＳＢ-05のすぐ南東側には、床面積約二六平方メートルの大型掘立柱建物跡（ＳＢ-13）が造られたようだ。ＳＢ-13は、東側の梁間が二間、西側の梁間が一間、桁行五間の大型の長棟建物跡で、ＳＢ-05に直行する方向に建つ。五〇センチ前後の柱穴で構成され、東の妻側にのみ棟持柱がとりつく。

このように、Ⅲ-2期～Ⅲ-3期の茶畑山道遺跡には大型掘立柱建物跡が複数存在している。この中で、柱穴の規模が大きく、建て替えの痕跡が認められるＳＢ-05は、他よりも長期的に固定された施設であった可能性が高い。ＳＢ-23、ＳＢ-13といった主要な掘立柱建物跡や土抗などのあり方もＳＢ-05を意識した配置にあり、それらはＳＢ-05と一定期間、併存していた可能性を想定しておきたい。すべての遺構が同時に機能していたわけではなかろうが、独立棟持柱付建物跡ＳＢ-05を核にして、その他の建物や土坑が、茶畑山道遺跡の集落景観を形成していたと考えられよう。

2　青木遺跡

鳥取県米子市にある複合遺跡。日野川支流の法勝寺川左岸の台地上に、弥生時代中期以降の集落が営まれており[23]、Ｆ・Ｊ地区にⅣ-2・3期の竪穴住居跡や掘立柱建物跡が集中的に分布している（**図3**）。当該期の遺構の分布はこの地区に限定的で、Ⅳ-2・3期の居住域はほぼ全体が調査の対象となっている。ただし、当該期のものとみられる掘立柱建物跡の多くは時期が限定できず、一時的な集落景観を描きにくいが、その分布に着目すると、遺構の累積結果に二つの空間が抽出できる。

一つは梁間一間を主体とする小・中型掘立柱建物跡が散在する空間（以下、空間ａと仮称）、一つは梁間一間を主体とする中・大型の長棟建物跡が群集する空間（以下、空間ｂと仮称）である（**図3**）。いずれにも竪穴住居跡が含まれており、ある時期には居住の場であったと考えられる。空間ｂにも小・中型掘立柱建物跡が含まれており、空間ｂから大型掘立柱建物跡を差し引けば、遺構のあり方は空間ａも空間ｂも相似的である。

また、本来、竪穴住居には、竪穴部の周囲に、竪穴掘削時に生じた土などを盛り上げた断面蒲鉾状の土手（周堤）が存在していた可能性が高い。しかし、周堤は竪穴住居廃絶時に突き崩されたり、埋没過程で自然流出、または削平されたりしているので、周堤が良好に認められる竪穴住居跡はまれであるが、本来二〜三メートルの周堤が存在していたものと推測される。[24]

そこで、竪穴住居跡の周囲に三メートル程度の周堤帯を想定して、空間a・bにある竪穴住居跡と掘立柱建物跡の位置関係を確認すると、空間bには竪穴住居跡に近接する長棟建物跡が多く認められる。検出された竪穴住居跡の竪穴部と三メートル未満の距離で並び合う長棟建物跡は、周堤帯を考慮すると原則的に併存を考えにくい。対して、空間a・bともに小型の掘立柱建物跡には竪穴住居跡と適当な距離を保つものが多く、両者は同時併存可能な距離にある。つまり、空間bには竪穴住居と小・中型掘立柱建物で構成された建物群と、長棟建物を主体に構成された建物群が、時間的な前後関係をもって重層していると理解できる。ただし、多くの掘立柱建物跡はⅣ-2・3期の時期幅の中に位置づけることしかできないから、竪穴住居跡と掘立柱建物跡の共時関係を把握することは難しい。ここでは、青木遺跡F・J地区に長棟建物を主体に構成される空間が存在した可能性を確認しておきたい。

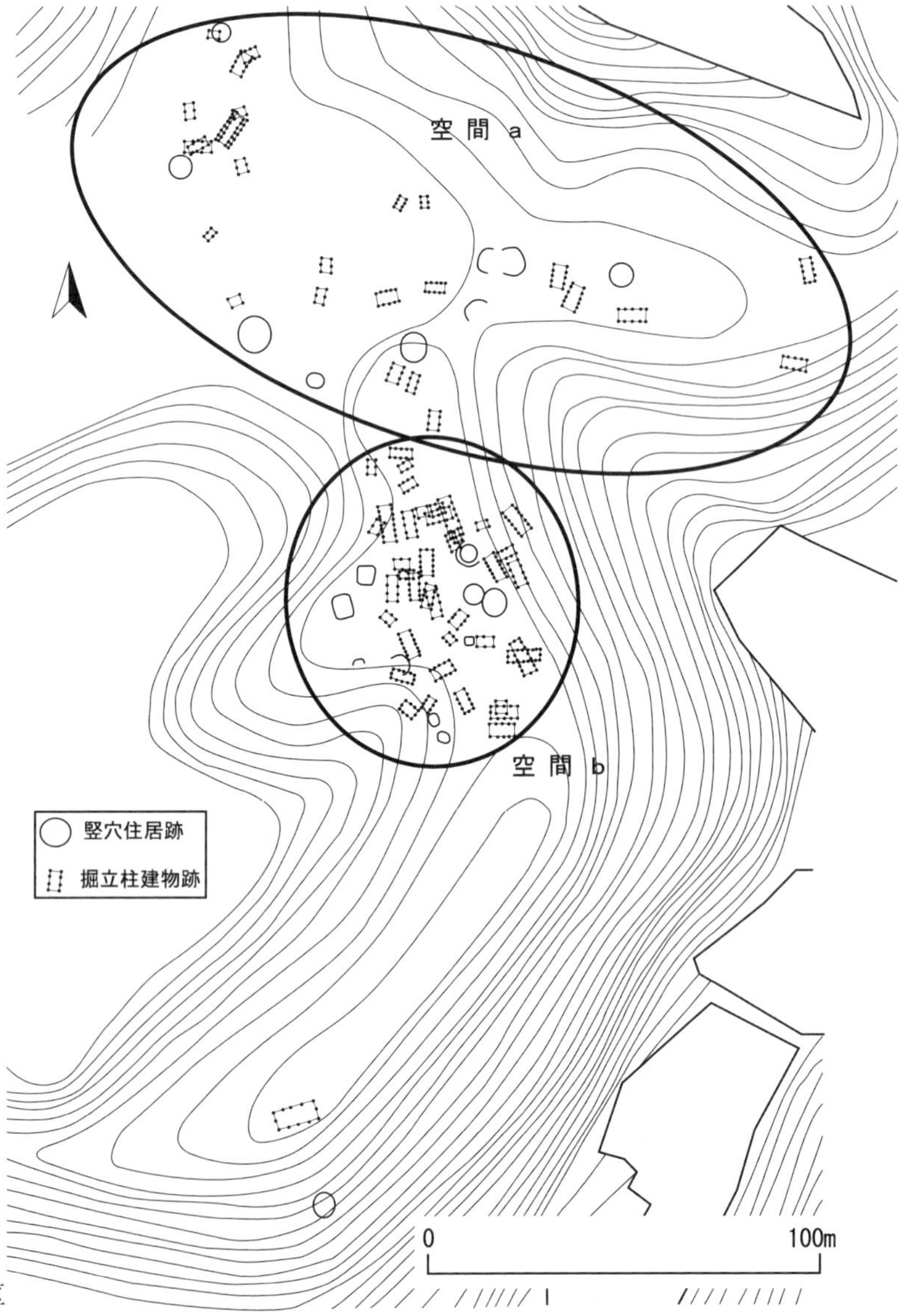

図3　青木遺跡F・J地区

3　大山池遺跡（Ⅳ-3期）

倉吉市関金町にある弥生時代中期の集落遺跡である。Ⅳ-3期の竪穴住居跡や掘立柱建物跡が検出されている。[25]青木遺跡と対照的に、遺構の重複が少なく、集落の単純相が把握できる（**図4**）。

大山池遺跡では、調査区北西側に竪穴住居跡と小型の掘立柱建物跡が点在する。そして、調査区南側には両庇付建物跡、独立棟持柱付建物跡を含む相対的に大型の掘立柱建物跡が分布している。こうした建物跡のあり方は、集落を二分する分節構造の存在を示唆している。ここでは、前者を空間A、後者を空間Bと仮称しておこう（**図4**）。

空間Aには各二棟の竪穴住居跡と掘立柱建物跡がある。掘立柱建物跡SB-06・07は、いずれも梁間一間、桁行一間の小型建物跡である。

一方、空間Bは中・大型の掘立柱建物跡を主体に構成されており、竪穴住居跡を含まない。掘立柱建物跡は計九棟あり、その内訳は、梁間一間建物跡三棟（SB-03・05・10）、梁間二間建物跡二棟（SB-01・04）、独立棟持柱付建物跡二棟（SB-02・09）、両庇付建物跡一棟（SB-08）、不明一棟（SB-11）である。なお、梁間一間のSB-05、SB-10は桁行一間の建物跡であるが、空間Aに含まれるSB-06・07よりも一回り大きく、その規模は同じ空間Bにある桁行三間の梁間二間建物跡SB-04とくらべても遜色ない。SB-09には、梁間一間×桁行三間の身舎《もや》に独立棟持柱が伴う。梁間一間×桁行一間のSB-05や、梁間二間×桁行三間のSB-04よりも、さらに一回り規模が大きい。また、遺跡内最大の建物跡であるSB-08は、両庇を伴う梁間二間、桁行三間の建物跡で、その中心部に棟持柱を伴っている。このほか大型の建物跡にSB-02がある。東妻側にのみ独立棟持柱を伴う建物跡である。このように独立棟持柱や庇を伴う建物跡の規模は、他の掘立柱建物跡とは一線を画している。

なお、空間Aに点在する竪穴住居跡には拡張の痕跡や重複が認められない。調査区内には、他の時期の竪穴住居跡も認められないので、空間A・Bにある掘立柱建物跡は二棟の竪穴住居跡に伴い、いずれもⅣ-3期の時間幅におさまる蓋然性が高い。空間bを構成する掘立柱建物跡にも複雑な切り合いや重層はみられない。その大半は同時併存可能な距離

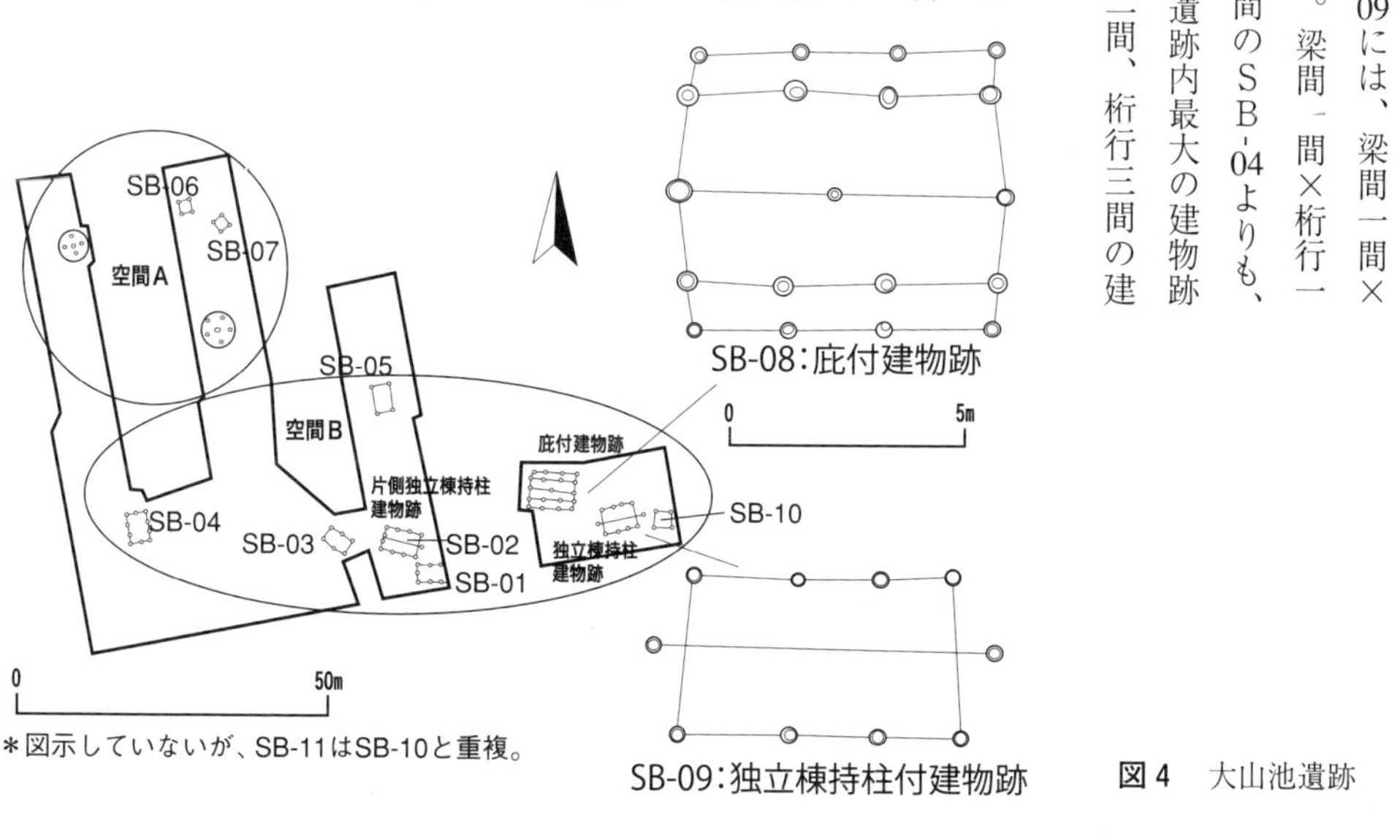

＊図示していないが、SB-11はSB-10と重複。

図4　大山池遺跡

にあることも、Ⅳ-3期の時間幅の中におさまることについて肯定的である。独立棟持柱付建物、庇付建物など、それぞれに形態の異なる建物群が、ある一時期の空間Bを構成していたとみたい。ただし、隣り合う空間Aと空間Bを分かつ境界として視覚的に顕在化した遺構は認められない。

四、大山山麓地域にみる中期集落の構造

大山池遺跡には、竪穴住居跡と小型掘立柱建物跡で構成される空間Aと、独立棟持柱付建物跡や庇付建物跡を含む中・大型掘立柱建物跡で構成される空間Bが認められる（**図4**）。中・大型掘立柱建物跡群が検出された茶畑山道遺跡は竪穴住居跡を伴わないことから空間Bが調査の対象となっている可能性が高い（**図2**）。青木遺跡F・J地区にも、竪穴住居跡と小・中型掘立柱建物跡で構成される遺構群と、中・大型掘立柱建物跡で構成される建物群の存在が推測できる。遺構の重層によって、集落の一時的な景観を復元しにくいが、青木遺跡において空間bと仮称した領域には竪穴住居跡と小・中型の掘立柱建物跡で構成される遺構群と、中・大型の掘立柱建物跡で構成される遺構群が重複しているのではないかと考えた（**図3**）。検討の余地はあるが、空間bには大型掘立柱建物跡が偏在しており、青木遺跡F・J地区にも分節構造の存在がうかがわれる。大山池遺跡を参考にするならば、空間a≒空間A、空間b≒空間Bと考えることができよう。

ところが、大山池遺跡の空間Bと青木遺跡F・J地区に認められる空間bには、空間を構成する要素（建物跡の内容）に大きな違いがある。中・大型の掘立柱建物跡で構成されるという点は相似しているが、大山池遺跡では独立棟持柱付建物跡や庇付建物跡を含む掘立柱建物跡が核となっているのに対し、青木遺跡では長棟建物跡が主体をなし独立棟持柱付建物跡や庇付建物跡などが含まれない。建物の種類が機能・性格の違いを反映しているのならば、大山池遺跡の空間Bと青木遺跡の空間bを同一視することはできないだろう。しかし、独立棟持柱付建物跡や庇付建物跡を含む空間と、長棟建物跡を主体に構成される空間が、一つの遺跡の中で個別のまとまりとして認められる事例をいまのところ確認できないので、その細別にはこだわらず、建物の選択に集落の個性が反映されているものと考え、以下、中・大型の掘立柱建物跡で構成される空間を空間Bと総称する。

一方、中・大型掘立柱建物跡群が竪穴住居跡と混在する遺跡もある。Ⅳ-3期の集落跡である西伯郡南部町鶴田合清水遺跡(26)や下山南通遺跡南部遺構群(27)では、竪穴住居跡とともに、長棟建物跡を含む掘立柱建物跡が検出され

ている。鶴田合清水遺跡では空間Bの構成要素である長棟建物跡が空間Aの中に混在しているし（図5）、下山南通遺跡北部遺構群では谷地形を介して空間Aの中に竪穴住居跡群と掘立柱建物跡群があり、長棟建物跡と心柱を伴う掘立柱建物跡（図6、SB-08）が小型の掘立柱建物跡と混在している。これらは、空間分節が未発達な集落における空間Bの構成要素のあり方を示すものと考えられる。空間Bが調査区外に存在するかもしれないが、当該期の集落には規模の大小などによって分節構造の現れ方に差異があることも想定できよう。大山山麓地域の弥生時代中期集落には、中・大型掘立柱建物跡で構成される空間と居住域が分離した「空間分節を視認できる集落」と、中・大型掘立柱建物跡が居住域に混在する「空間分節の未発達な集落」が存在することも推測しておきたい。

五、空間分節と掘立柱建物跡

空間Aは竪穴住居跡を主たる構成要素としており、日常生活の場と考えられる。ここに含まれる小型掘立柱建物跡は貯蔵施設や簡易な作業小屋などであろうか。大山池遺跡では空間A内に貯蔵穴が認められないので、ここに点在する小型掘立柱建物跡は貯蔵施設の類と考えておく(28)。

空間Bは中・大型の掘立柱建物跡を主たる構成要素とする。居住域とは分離した状態にあり、一つの集落を構成する人々が共有・共用する公共的な空間とみたい。独立棟持柱付建物跡や庇付掘立柱建物跡などは、上屋の構造にとどまらず、平面的な規模においてもその他の建物

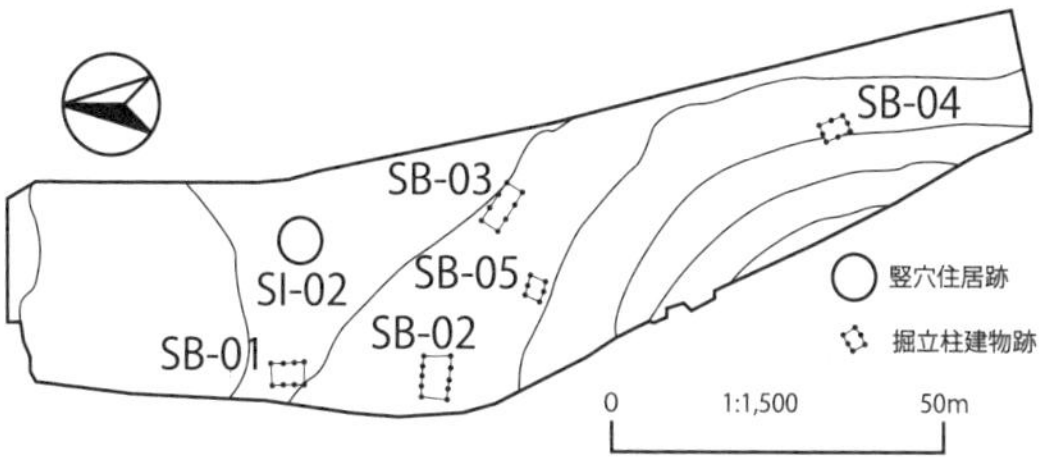

図5　鶴田合清水遺跡

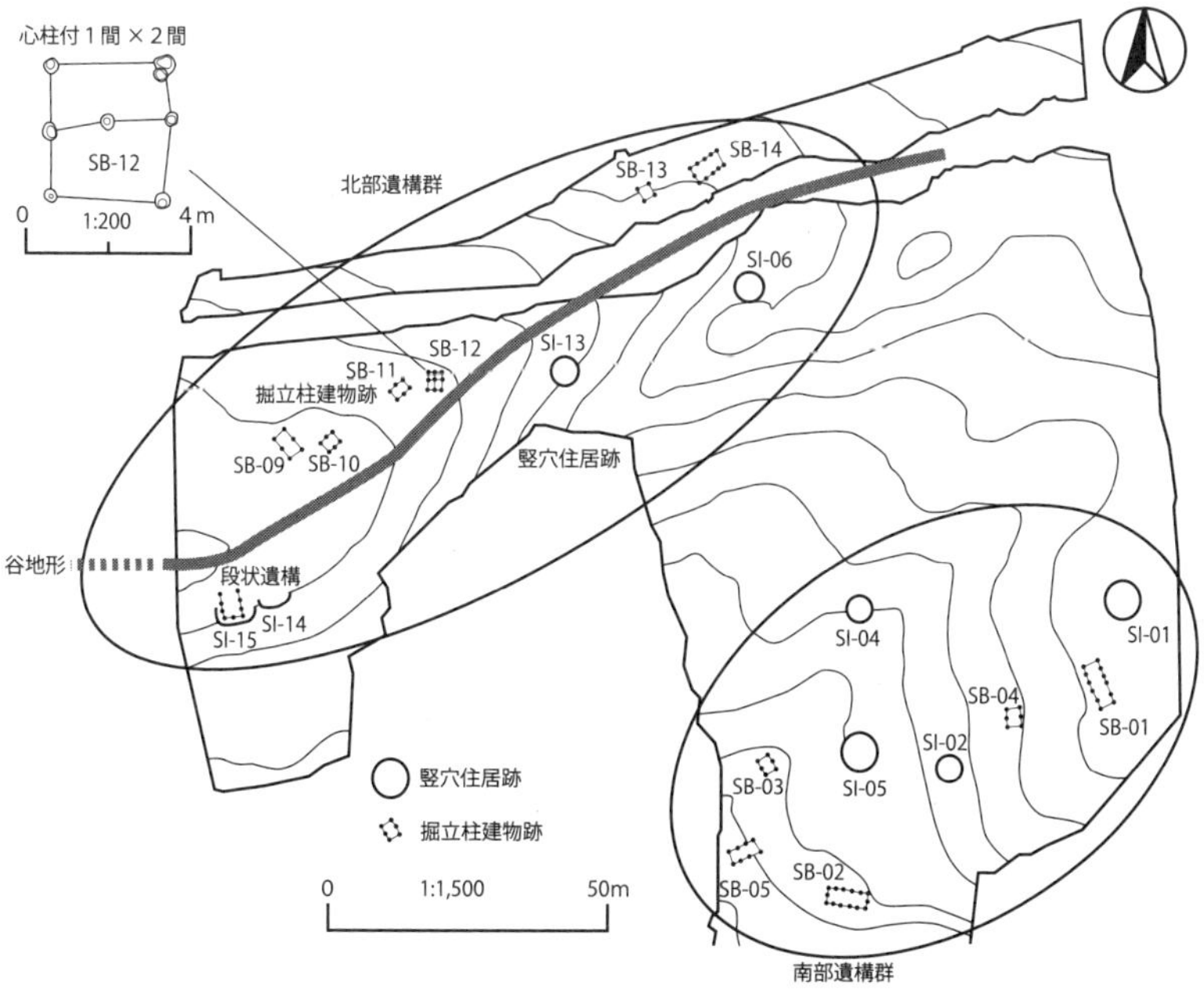

図6　下山南通遺跡北部遺構群

跡とは一線を画している。これらは空間Bの中核的な建物であり、集落を象徴する施設であったと考えられる。茶畑山道遺跡では、独立棟持柱付建物跡（SB-05）の傍に赤色塗彩されたり、外来系の土器を伴う土坑が点在している。建物跡の周辺からは銅鐸形土製品や分銅形土製品も出土しており、SB-05の周囲には祭祀に関連する遺構・遺物の分布が濃厚である。

ところが、茶畑山道遺跡では石斧・石包丁・砥石・石錘などの石器や、石器の原材料とみられる黒曜石・サヌカイトの原礫、さらに石器未製品なども出土している。つまり、茶畑山道遺跡で検出された空間Bは、祭祀に限定された空間ではなく、生産活動の場という側面を併せもつ。生活と祭祀が混然とした空間であった可能性が高い[29]。また、大山池遺跡では空間Aと空間Bの間に明瞭な境界となりうる遺構が認められない。その間に生じた空閑地が空間AとBを分かつならば、生活にかかわる空間Aと祭祀との関連がうかがわれる空間Bはゆるやかに分離した状態にあったと考えられよう。

また、日野郡溝口町長山馬籠遺跡では、中期後葉の竪穴住居跡や小型掘立柱建物跡とともに庇付の大型掘立柱建物跡が検出されている（**図7**）[30]。庇付建物跡（SB-08）の平面積は約六二平方メートルで、鳥取県内では最大規模の建物跡である。建物跡に伴う可能性のある土抗からは、丹塗りの高坏・台付甕・壺など、祭祀色の強い土器類が出土している。庇付建物と土坑が同時に機能していなくても、これらが同一地点に重複していることには意味があろう。そして、庇付建物跡SB-08から一〇メートルほど距離を隔てた場所に一棟の竪穴住居跡がある。この竪穴住居跡からは漆塗・丹塗土器など、祭祀色の強い土器などが出土している。土器類は床面に意図的に放置された状況で出土しており、竪穴住居跡の廃絶時に一括廃棄された可能性が高い。もとより、祭祀にかかわることを前提に建設された竪穴住居だったのかもしれない。こうした様相は、独立棟持柱付建物跡の周辺に祭祀に関連した遺構・遺物が点在する茶畑山道遺跡にも相通じる。長山馬籠遺跡は、祭祀施設を含む空間Aとみるよりも、竪穴住居跡を伴う空間Bの一類型とみるのが妥当である[31]。

なお、Ⅲ期～Ⅳ期の田和山遺跡には、環濠に囲繞された丘陵頂部に心柱を伴う掘立柱建物跡と柵状の柱穴列がある。環濠外の斜面地には複数の加工段があり、竪穴住居跡や掘立柱建物跡が検出されているので、環濠に囲繞された空間の周囲に居住域が展開していたことがうかが

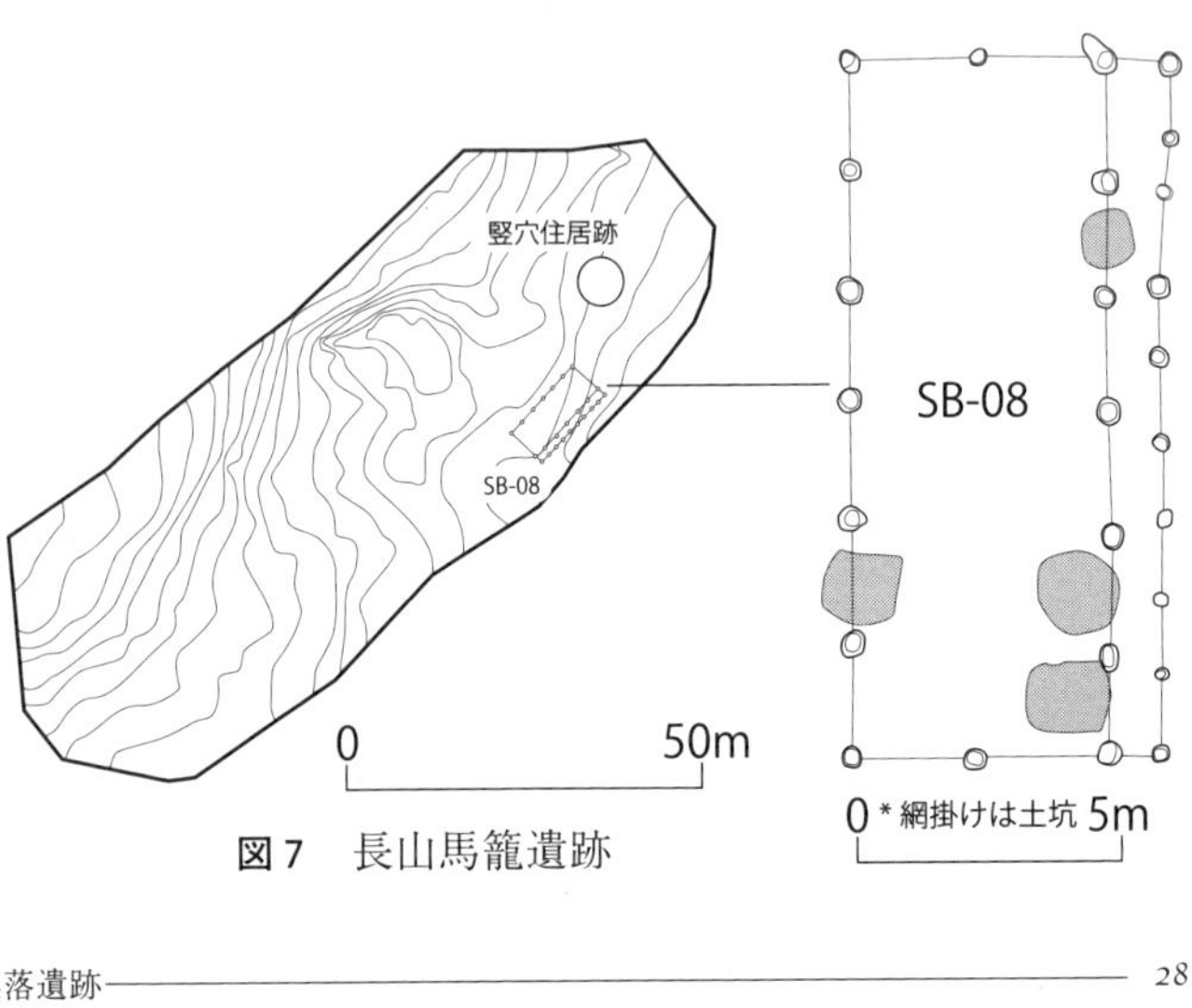

図7　長山馬籠遺跡

われる。環濠が丘陵頂部と居住域を分ける明瞭な境界として機能していると考えれば、田和山遺跡は、環濠によって区画された丘陵頂部（空間B）と、その周囲を取り巻く居住域（空間A）によって構成されているとみることができる。しかし、環濠外に展開する居住域の中には、梁間二間×桁行六間などの長棟建物跡などが散見できる。このことは、田和山遺跡に分節構造の未発達な一面があることを示唆している。この場合、環濠という外周施設を伴う九本柱建物が、分節構造の未発達な集落の中心かつ最高所に立地していることになろう[32]。いずれにしても、環濠によって囲繞された丘陵頂部が、他に類をみない特異な空間として顕在化していることだけは間違いない。

六、おわりに

大山山麓地域の弥生時代中期の集落遺跡には、空間を二分する構造のみえる事例がある。大山池遺跡では、竪穴住居跡と小型掘立柱建物跡で構成される空間(空間A)と、中・大型掘立柱建物跡を主体に構成される空間（空間B）によって集落が構成されている。空間Aは家屋とみられる竪穴住居跡と倉庫などの小型掘立柱建物跡で構成される生活の空間であり、中・大型掘立柱建物跡で構成される空間Bは、空間Aに暮らす複数世帯が共有する公共的な空間と考えられる。こうした分節構造の成立は、Ⅲ-2期に遡る可能性が茶畑山道遺跡にうかがわれる。

また、大山池遺跡や茶畑山道遺跡では、独立棟持柱付建物跡や庇付建物跡が空間Bの核となっており、その周囲に祭祀的色彩の強い遺構・遺物などを伴う事例があることを確認した。ところが、茶畑山道遺跡では石器の製作などを示唆する遺物も出土していることから、必ずしも祭祀に特化した空間とは言い難い。大山池遺跡では空間Aと空間Bが空閑地を介して緩やかに分離しているにすぎない。こうした状況も茶畑山道遺跡の空間Bが祭祀に特化した空間ではないことと整合的で、空間Bは、空間Aに近接し緩やかに分節化することで、空間Aと不分の関係にあるといえよう。鶴田合清水遺跡のように空間Bが未発達な集落跡や、下山南通遺跡北部遺構群のように空間Aが竪穴住居跡群と小型掘立柱建物跡群によって構成される集落跡もある。集団・集落規模の違いによるものとみられるが、分節構造のあり方、その発達の度合いは一様ではなく、各集落跡ごとに異なる様相が認められる。

註

（1）埋蔵文化財研究会編『弥生時代の掘立柱建物』第二九回埋蔵文化財研究集会、一九九一。

(2) 摂河泉地域史研究会・乾哲也編『よみがえる弥生の都市と神殿』批評社、一九九九。広瀬和雄編『日本古代史 都市と神殿の誕生』新人物往来社、一九九八。秋山浩三『弥生実年代と都市論のゆくえ』新泉社、二〇〇六など。

(3) 辻信広編『茶畑山道遺跡』名和町教育委員会、一九九九。

(4) 松本哲他編『妻木晩田遺跡発掘調査報告書Ⅰ～Ⅳ』大町教育委員会・大山スイス村発掘調査団、二〇〇〇。岩田文章他編『妻木晩田遺跡』淀江町教育委員会、二〇〇〇。

(5) 松江市教育委員会編『田和山遺跡』二〇〇一。

(6) 鳥取県内では既に一九七〇年代にも注目すべき発掘が行われている。大規模な団地造成に起因して行われた青木遺跡の発掘調査である。丘陵上に立地する弥生時代中期～後期の集落跡の全貌が明らかになり、竪穴住居跡とともに多数の掘立柱建物跡が検出された。とくに、弥生時代中期後葉の居住域がみつかった青木遺跡F・J地区では、竪穴住居跡に混在する掘立柱建物跡の中に、桁行三間以上の長棟の掘立柱建物跡が多数含まれており、その上屋の構造・性格について考察も行われている。青木遺跡発掘調査団編『青木遺跡発掘調査報告書Ⅰ』鳥取県教育委員会、一九七六。小原貴樹「山陰の掘立柱建物跡」『弥生時代の掘立柱建物跡―本編―』第二九回埋蔵文化財研究集会、一九九一。

(7) この地域では、広い範囲が調査の対象となり、集落の全体像をとらえやすい遺跡が多い。

(8) 清水真一「因幡・伯耆」『弥生土器の様式と編年 山陽・山陰編』木耳社、一九九二。辻信広「弥生時代中期中葉～後葉の土器について」『茶畑山道遺跡発掘調査報告書』名和町教育委員会、一九九九。濵田竜彦「山陰地方における弥生文化成立期の様相―山陰地方東部を中心に―」『弥生文化の成立―各地域における弥生文化成立期の具体像―』二〇〇〇。濵田竜彦「鳥取県西部地域の弥生時代後期土器―甕と壺を中心に―」『立命館大学考古学論集Ⅲ』二〇〇二。

(9) 註3(辻 一九九九)

(10) 景山和雄編『大山池遺跡(上野辺地区)・大坪古墳群発掘調査報告書』関金町教育委員会、一九八五。

(11) 註10(景山 一九八五)。

(12) 益田晃他編『長山馬籠遺跡』溝口町教育委員会、一九八九。

(13) 中原斉編『下山南通遺跡』鳥取県教育文化財団、一九八六。

(14) 註5(松江市 二〇〇一)

(15) 佐々木謙「鳥取県淀江町出土弥生式土器の原始絵画」『考古学雑誌』67-1、一九八一。

(16) 弥生土器に描かれた情景は、単に身近な風景を描いたものではなく、絵画の構図や、その中に描かれた人物像から弥生時代の祭や精神世界を表現したものと考えられている。金関恕「呪術と祭」『岩波講座 日本考古学』4 集落と祭祀、岩波書店、一九八六。春成秀爾「描かれた建物」『弥生時代の掘立柱建物跡―本編―』第二九回埋蔵文化財研究会、一九九一。藤田三郎「土器に描かれた弥生の建物」『第5回弥生文化シンポジウム 弥生のすまいを探る―建築技術と生活空間―』鳥取県教育委員会、二〇〇四。

(17) 岸本道昭「掘立柱建物からみた弥生集落と首長―兵庫県と周辺の事例から―」『考古学研究』第44巻第4号 考古学研究会、一九九八。

(18) 森岡秀人氏は、大型建物の定義は難しく、客観的な基準は出せないこと、注目すべきは、個性豊かな集落に存在する遺構群の中での位置や立地に関する比較検討であることを指摘している。森岡秀人「大型建物と方形区画からみた近畿の様相」広瀬和雄・伊庭功編『弥生の大型建物とその展開』サンライズ出版、二〇〇六。

(19) 鳥取県教育文化財団編『長瀬高浜遺跡発掘調査報告書Ⅲ』鳥取県教育文化財団調査報告書8、鳥取県教育文化財団、一九八一。鳥取県教育文化財団編『長瀬高浜遺跡発掘調査報告書Ⅳ』鳥取県教育文化財団調査報告書11、鳥取県教育文化財団、一九八二。鳥取県教育文化財団編『長瀬高浜遺跡発掘調査報告書Ⅴ』鳥取県教育文化財団調査報告書12、鳥取県教育文化財団、一九八三。鳥取県教育文化財団編『長瀬高浜清輝発掘調査報告書Ⅵ』鳥取県教育文化財団報告書14、鳥取県教育文化財団、一九八三。

(20) 玉木秀幸ほか編『上伊勢第1遺跡　三保第1遺跡』鳥取県教育文化財団調査報告書96、鳥取県教育文化財団、二〇〇五。

(21) 西川徹他編『大塚岩田遺跡　大塚塚根遺跡』鳥取県教育文化財団調査報告書七一　鳥取県教育文化財団、二〇〇一。

(22) 掘立柱建物跡の時間的位置づけは原則として報告書（註3＝辻 一九九九）に従う。

(23) 註6青木遺跡発掘調査団編、一九七六。

(24) 大山山麓では、妻木晩田遺跡洞ノ原地区のDH8号住居（註4＝岩田 二〇〇〇）や住居2（濵田竜彦編『史跡妻木晩田遺跡第4次発掘調査報告書―洞ノ原西側丘陵の発掘調査―』鳥取県教育委員会、二〇〇二）など、後期の竪穴住居跡に周堤の幅を示す事例が数例知られている。

(25) 註10（景山 一九八五）

(26) 西川徹編『鶴田東山遺跡　鶴田合清水遺跡』鳥取県教育文化財団、一九九五。

(27) 註13（中原一九八六）

(28) 下山南通遺跡北部遺構群（図6）では、竪穴住居跡で構成される空間と小型掘立柱建物跡が群集する空間が、谷地形を介して分離している。調査区の制約により大山池遺跡の空間Aは内部の様子が判然としないが、梁間一間×桁行一間の掘立柱建物跡が竪穴住居跡とは少し距離を置いて分布している。大山池遺跡の空間Aも、みかけの上では下山南通遺跡と同様に、小型の掘立柱建物跡が小群を形成しているようにみえる。

(29) 調査担当者の辻信広も報告書中で類似の指摘をしている（註3＝辻 一九九九）。

(30) 註12（益田 一九八九）

(31) こうした建物跡の組み合わせは青木遺跡にも認められる。青木遺跡では先に検討した遺構群とは距離をおいて、さらに南側に竪穴住居跡と遺跡最大規模の大型掘立柱建物跡がある（**図3**）。竪穴住居跡は中期末前後に位置づけられる。掘立柱建物跡の時期は定かでないが、この一組の建物跡が集落の南端に独立して存在することは無視できない。祭祀に関連する遺物を伴わず、短絡的に長山馬籠遺跡例に結びつけることは難しいが、長山馬籠遺跡の類例として注意しておきたい。

(32) 田和山遺跡の環濠と建物跡については浅川滋男氏の興味深い指摘がある。田和山遺跡にはⅢ・Ⅳ期の環濠に先行して、Ⅰ・Ⅱ期にも丘陵頂部を画す壕があり、丘陵頂部の南側に五本柱の建物跡が検出されている。浅川氏は、Ⅰ・Ⅱ期の濠と五本柱建物跡について配置関係が不自然であるとし、その共時性に疑問を呈す。そして、五本柱建物の段階には、まだ環濠は掘られていなかった可能性があるとし、環濠を伴わない五本柱建物から、環濠を伴う九本柱建物跡というマクロな変遷を想定した。五本柱建物跡のうち、心柱を衣代、四本の側柱を衣代を囲う標杭と考え、標杭と注連縄によって聖域の標示ができるので、結界としての環濠はなくともよいとし、九本柱の段階に至り、心柱に覆屋が設けられ、衣代を覆う建築物を囲う結界として環濠が掘削されたのではないかとみる。つまり、丘陵部に樹立された衣代の結界が、標杭から環濠へと姿を変えながら、その到達点として、建築化した九本柱建物と三重環濠の組み合わせが成立したという仮説である。この環濠の系譜が標杭による聖域表示にはじまるものか、考古学的に検証することは難しいが、田和山遺跡の特異性を語るには魅力的な仮説である。浅川滋男「大社造りの起原と巨大神殿の復元・序説」『島根県文化財所有者連絡協議会文化財講座特集号』島根県文化財所有者連絡協議会、二〇〇三。

第三節　伯耆大山山麓地域における弥生時代後期の集落と掘立柱建物跡

――妻木晩田遺跡を中心に――

濵田竜彦

一、はじめに

鳥取県西部、大山の山麓では、弥生時代中期末から後期初頭にかけて墓制や集落遺跡のあり方に大きな変化が生じている。墓制においては、弥生時代後期初頭を前後する時期に墳丘墓の造営が開始されており、その顕在化によって当時の社会に有力集団が台頭していたことがうかがわれる。そして、こうした動きと軌を一にして、複数の小集団の集合と理解できる大規模な集落が形成される。妻木晩田遺跡は、こうした大規模集落の典型であり、最盛期には二〇以上の居住の単位が丘陵上に展開していた。一つの居住単位は二、三の竪穴住居に暮らす世帯によって構成されていたとみられるが、その規模は中期の大山山麓にごく一般的な一集落規模に相当しており、後期以降の妻木晩田遺跡には、墳丘墓に象徴される有力集団を紐帯に複数の小集団が結節された集団社会が形成されていたと考えられる。本稿では、妻木晩田遺跡における大型掘立柱建物跡について分析を行い、弥生時代後期以降の大規模集落について若干の考察を試みたい。なお、ここでは、弥生時代後期をV期、終末期をⅥ期と呼称し、V期を三小期に細分する。

二、妻木晩田遺跡の概要

1　妻木晩田遺跡の立地

妻木晩田遺跡は鳥取県米子市と大山町に所在する遺跡である。大山の寄生火山である孝霊山から北西に派生する丘陵にあり、平野部からの比高差七〇～一五〇メートルを測る丘陵尾根部に弥生時代中期後葉以降の建物跡などが分布している。その中心をなすのは後期（V期）・終末期（Ⅵ期）・古墳時代前期前半のもので、集落規模が最盛期を迎える弥生時代後期後半には、およそ一六〇ヘクタールの範囲に居住域が展開していたと考えられる。

また、妻木晩田遺跡が立地する丘陵は、海浜部に向かって八つ手葉状に延びる複数の尾根からなる。谷地形によって分けられる尾根には、それぞれ松尾頭地区、妻木新山地区、妻木山地区、洞ノ原地区、仙谷地区、松尾城地区という名称が便宜的に与えられており[1]、遺跡の全体像を整理するのに便利なので、ここでもこの地区名称を使用する（**図1・図2**）。

さて、妻木晩田遺跡は、南西は淀江平野（旧淀江潟）、西は海浜部に面し、北は阿弥陀川の扇状地を望み、平野部をよく見通す高所にある。こうした地勢的特徴にあることから、妻木晩田遺跡が社会的な緊張関係を背景に成立した大規模な高地性集落であるという評価もなされている[2]。たしかに当該地域では中期から後期にかけて丘陵部に立地する集落遺跡の増加が顕著である。こうした高所に集落を誘引する一つの要因には、社会的緊張関係も考慮しなければならない。ただ、当該地域における弥生時代集落の高所立地は弥生時代を通じて長期的かつ段階的に顕在化していて、その背景に社会的緊張を読み取りにくい。弥生時代を通じての長期的な遺跡の立地傾向をふまえるならば、大山の山麓における高所立地の顕在化は、日常の生活レベルの動機、生業的側面も加味して理解した方がよいのではなかろうか。妻木晩田遺跡の丘陵周辺には水田の経営に適した平野や扇状地がある。さらには、海岸線にもほど近く、十分に漁撈活動なども行う

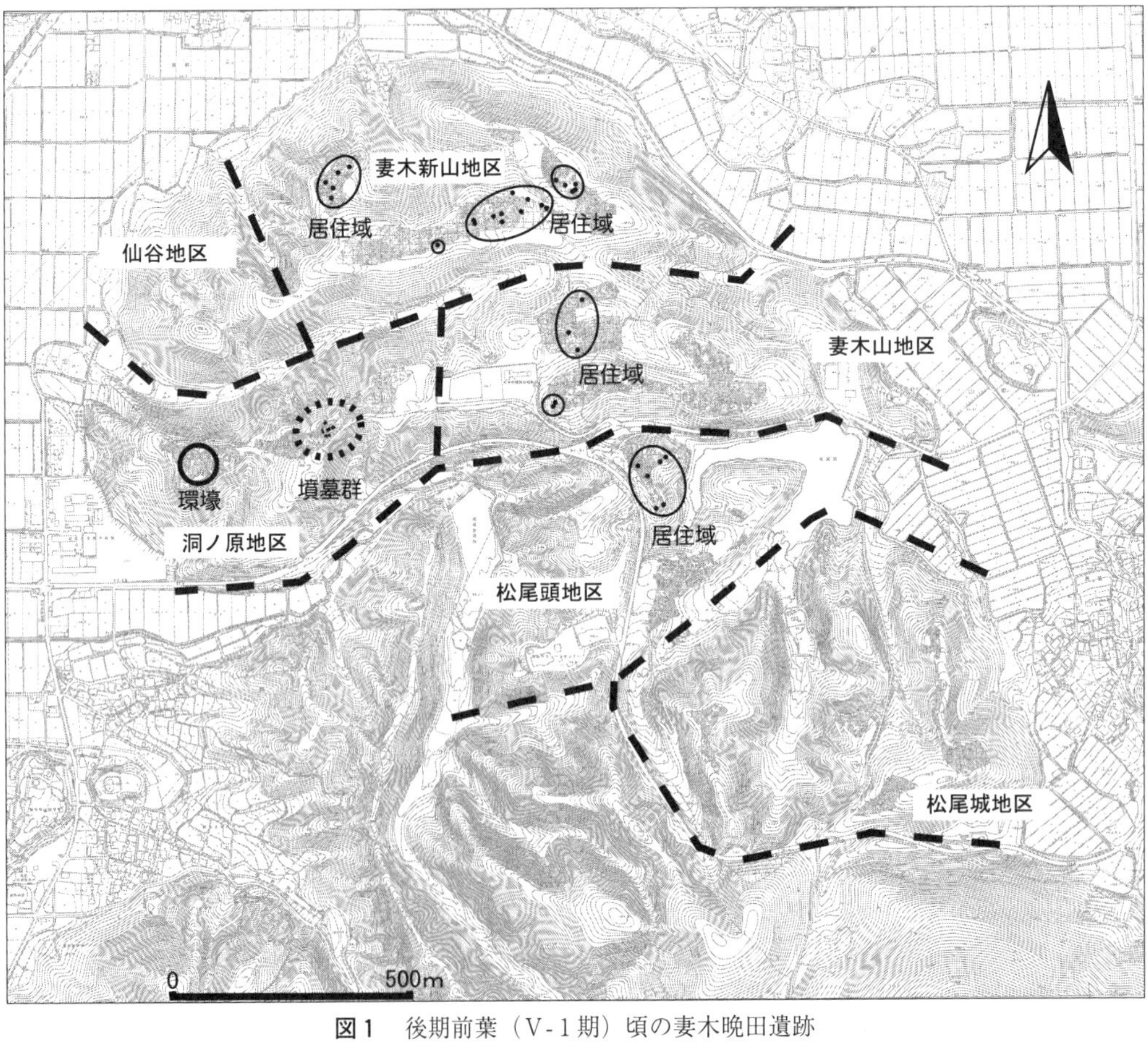

図1　後期前葉（V-1期）頃の妻木晩田遺跡

ことが可能である。大規模な集住を支える多様な生活戦略が展開できる環境にあることも重視したい。

2　妻木晩田遺跡における弥生集落の展開

松尾頭地区1区・3区や妻木山地区1区・2区では中期後葉の遺構が検出されている[3]。松尾頭地区では竪穴住居跡も検出されており、後期（V期）以降に顕在化する大規模集落へと連続する集落の形成がこの頃にはじまることがうかがわれる。

後期前葉（V-1期）には洞ノ原地区東側丘陵に洞ノ原墳墓群が造営される。居住空間は松尾頭地区1区・3区、妻木山地区1区・2区・3区・4区・5区、妻木新山地区1区・2区・3区にあり[4]、十数個の小集団が丘陵の東側に点在していたと考えられる。また、洞ノ原墳墓群に隣接する洞ノ原地区西側丘陵には環壕が掘削される。環濠に囲繞された丘陵部は空閑地であった蓋然性が高く[5]、隣接する洞ノ原地区東側丘陵にある洞ノ原墳墓群に伴う象徴的な空間であったと思われる（**図1**）。

その後、後期中葉（V-2期）以降は、さらに居住空間の分布範囲が拡大し、松尾城地区、洞ノ原地区東側丘陵にも竪穴住居跡が形成される。また、洞ノ原墳墓群の造営が終了すると、次に仙谷地区で仙谷墳墓群の造営が開始される。集落規模がピークを迎える後期後葉（V-3期）には二〇以上の小集団が遺跡内の各所に点在していたと考えられる（**図2**）。そして、終末期（Ⅵ期）以降は緩やかに集落規模の縮小がはじまり、古墳時代前期

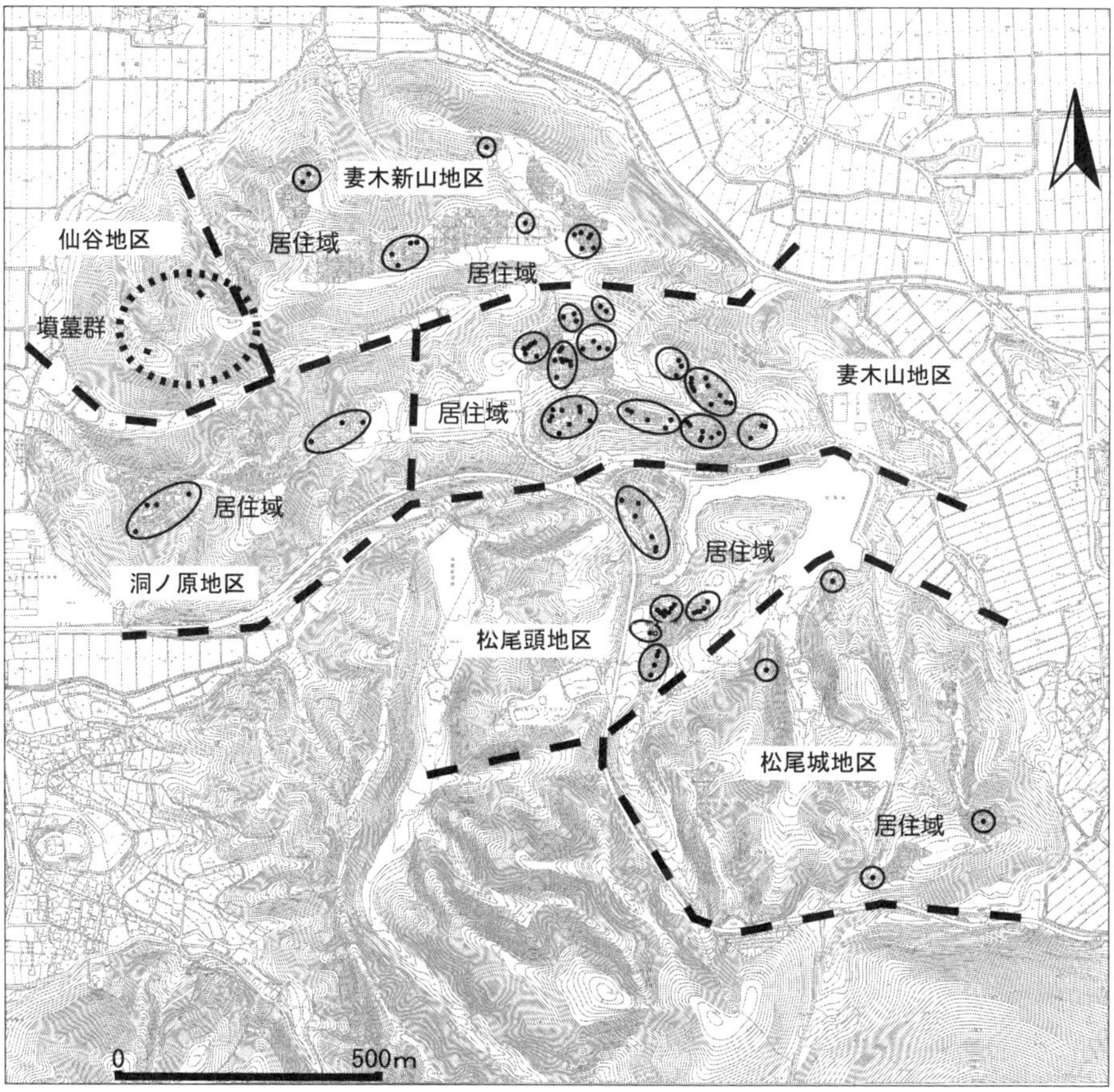

図2　後期後葉（V-3期）頃の妻木晩田遺跡

前半をもって小集団の集合体として顕在化した大規模な集落の営みは途絶える。
　なお、ここでは竪穴住居跡、掘立柱建物跡、貯蔵穴など、主に居住に関係するとみられる遺構が分布する領域を居住域または居住空間とし、さらに居住域を構成する遺構のうち、とくに竪穴住居跡の累積による視覚的まとまりを居住単位と呼ぶ。各居住単位にはおおむね五棟未満の竪穴住居が同時併存していた可能性が高い。

三、妻木晩田遺跡の掘立柱建物跡

　妻木晩田遺跡では、これまでに四八三棟の掘立柱建物跡が報告されている(6)。しかしながら、柱穴内埋土に含まれる土器や、時期の特定できる遺構との切り合い関係などから、柱穴の埋没時期や掘立柱建物跡の存続期間を絞り込める事例は少ない。したがって、掘立柱建物跡の多くは弥生時代後期～古墳時代前期前半に及ぶ時間幅の中でしか理解ができないものが大半である。そこで、時期については厳密な位置づけにこだわらず、掘立柱建物跡を類型化し、その分布状況の把握を優先する。以下、梁間の間数により掘立柱建物跡を大別し、桁行の間数やその他の属性をもとに細別を試みる。なお、妻木晩田遺跡における掘立柱建物跡の規模を相対化するための分類基準として、床面積一〇平方メートル未満を小型掘立柱建物跡、一〇平方メートル～二〇平方メートル未満を中型掘立柱建物跡、二〇平方メートル以上を大型掘立柱建物跡とする。また、分析の対象とするのは四二〇棟の掘立柱建物跡である。これまでに報告されている掘立柱建物跡の中には柱穴の配置がばらついていて建物跡と認定しがたいものなどがあり、ここでは柱穴の底面のレベルが著しく異なるものや柱穴の配置が不整なものは検討の対象から除外した。

1　梁間一間の掘立柱建物跡

　桁行一間～三間のものがある。中期の集落跡に散見された桁行四間以上の長棟建物跡や独立棟持柱付建物跡は確認できない(7)。

桁行一間の掘立柱建物跡（図3、梁一間×桁一間）　総数二二五棟以上が報告されている。全掘立柱建物跡の五割を占める。梁間一・六～二・七メートル、桁行二～三・八メートルに規模的なまとまりが認められる。中型掘立柱建物跡も含むが、主体は小型掘立柱建物跡である。松尾頭地区に三七棟、妻木山地区に六八棟、妻木新山地区に九九棟、洞ノ原地区東側丘陵に一棟、洞ノ原地区西側丘陵に一三棟、松尾城地区に七棟が報告されている。妻木新山地区にもっとも多い。妻木新山地区はV-1・2期の竪穴住居跡が多く検出されており、後期前半の中心的な居住域であったと考えられる。当類型の掘立柱建物跡が妻木新山地区に多いことは、このことと無関係ではないだろう(8)。

桁行二間の掘立柱建物跡（図3、梁一間×桁二間）　総数一六四棟が報告されている。全掘立柱建物跡の四割を占める。梁間一・八～二・五メートル、桁行三～四メートルに規模的なまとまりが認められる。主体を占めるのは小型掘立柱建物跡であるが、当然のことながら、桁行一間の掘立柱建物跡よりも中型掘立柱建物跡が多い。松尾頭地区二六棟、妻木山地区で八三棟、妻木新山地区で三九棟、洞ノ原地区東側丘陵で二棟、洞ノ原地区西側丘陵で六棟、松尾城地区で八棟が検出されている。時期的な傾向はつかめないが、妻木山地区に多い。妻木山地区でV-3期以降の竪穴住居跡がもっとも多く検出されていることと相関的な関係にあるだろう(9)。

桁行三間の掘立柱建物跡（図3、梁一間×桁三間）　松尾頭地区に一棟、松尾城地区に二棟、妻木山地区に九棟、妻木新山地区に二棟、総数一四棟が報告されている。梁間二・一～三メートル、桁行四～五・五メートルにまとまりがあり、中型掘立柱建物跡を主体とする。梁間一間×桁行二間の掘立柱建物跡と同様の理由で、妻木山地区に多いものと考えられる。

2　梁間二間の掘立柱建物跡

桁行二間の建物跡、同じく桁行二間の建物跡に心柱を伴い、柱穴間を結んだ平面形が「田」の字を呈す九本柱建物跡、さらに片方の平側に庇を伴うもの（庇付建物跡）が認められる。

桁行二間の掘立柱建物跡（図3、梁二間×桁二間）　妻木山地区に一棟が報告されている（妻木山SB-72）。

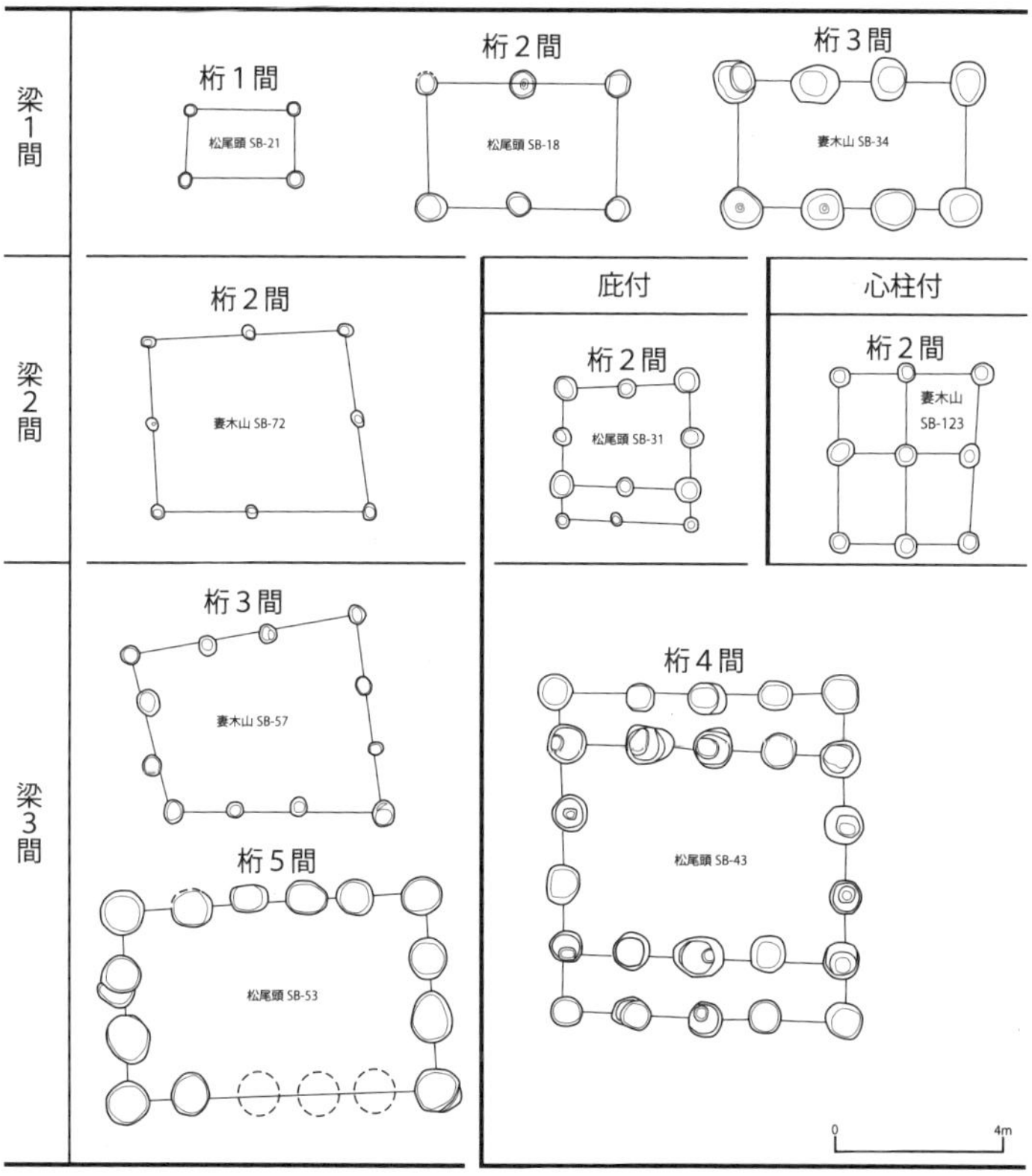

図3　妻木晩田遺跡の掘立柱建物跡

平面規模は四・三×五・二メートル。床面積は二二・三平方メートルを測る大型掘立柱建物跡である。

庇を伴う桁行二間の掘立柱建物跡　松尾頭地区3区にある。身屋は梁間二間×桁行二間、平面規模は二・四×三メートル、床面積七・二平方メートル、片方の平側に庇を伴う小型の掘立柱建物跡（松尾頭SB-31）である（**図3**、庇付・梁二間×桁二間）。南面する緩傾斜を段状に造成した平坦面にある。

心柱を伴う桁行二間の掘立柱建物跡　心柱を伴い、柱穴が「田」の字形に配置された九本の柱で構成される掘立柱建物跡である（**図3**、心柱付・梁二間×桁二間）。妻木山地区に五棟、妻木新山地区に五棟、洞ノ原地区西側丘陵に一棟、総数一一棟が報告されている（**図7**）。妻木新山地区や妻木山地区に多いのは、これらの地区がV-1期やV-3期以降の中心的な居住域であることと関係しているのだろう。また、梁間三・二～四メートル、桁行四～五・六メートルに規模的なまとまりがあり、中型掘立柱建物跡を主体とする。大型掘立柱建物跡も散見されるが、平面規模の大小にかかわらず、梁間と桁行の比率に一定の企画性のあるものが多い(10)。

3　梁間三間の掘立柱建物跡

三棟が報告されている。いずれも床面積二〇平方メートルを超える大型建物である(11)。

桁行三間の掘立柱建物跡　妻木山地区1区に、梁間三間×桁行三間の大型掘立柱建物跡（妻木山SB-57）がある（**図3**、梁三間×桁三間）。床面積は二二平方メートルである。平面形状はやや不整で、柱穴の配置も微妙にばらついている。

桁行五間の掘立柱建物跡　松尾頭地区3区に、梁間四・五×桁行七・三メートル、床面積三二・八平方メートルを測る梁間三間×桁行五間の大型掘立柱建物跡（妻木山SB-53）がある（**図3**、梁三間×桁五間）。南面する丘陵斜面を段状に造成した平坦地にあり、建物跡の平面形状は後述する両庇付建物跡（松尾頭SB-43）の身屋とよく似ている。複合口縁を呈す土器片が柱穴埋土中から出土しているが、時期の特定は難しい。

両庇を伴う桁行四間の掘立柱建物跡　松尾頭地区3区にある。母屋の平面規模は梁間三間×桁行四間、平面規模は五×六・二メートル、床面積三一・五平方メートルをはかる大型掘立柱建物跡（松尾頭SB-43）である（**図3**、庇付・梁三間×桁四間）。両方の平側に庇を伴い、南面する緩斜面を浅く段状に造成した平坦面にある。柱穴埋土中からV-3期の土器片が出土している。

四、妻木晩田遺跡における各掘立柱建物跡の分布とその特徴

妻木晩田遺跡などの大規模集落が成立する以前の弥生時代中期の大山山麓には、竪穴住居跡と小・中型掘立柱建物跡で構成される居住空間（空間A）と、庇付建物跡、独立棟持柱付建物跡、長棟建物跡などの中・大型掘立柱建物が群集する空間（空間B）の認められる集落が存在した。その典型である大山池遺跡[12]では、空間Aにある竪穴住居跡と小型掘立柱建物跡が数的に対をなしており、居住施設である竪穴住居跡に対し、小型掘立柱建物跡には高床倉庫や小規模な作業小屋といった機能が想定される。一方、空間Bにみられる独立棟持柱付建物跡や庇付建物跡には祭祀に関連する遺構・遺物を伴う事例が茶畑山道遺跡などに認められる。これらは祭祀にかかわる施設であった可能性がうかがわれ、その他の長棟建物跡などは倉庫、作業場、集会場といった機能を有す多様な建物であったと考えられる。

また、小規模で分節構造が未発達な中期の集落跡には、竪穴住居跡と小・中型掘立柱建物跡で構成される居住空間の中に、長棟や心柱を伴う掘立柱建物跡が認められることがある。これは空間Bの構成要素たる建物跡が居住空間（空間A）の中に混在する状況とみてよかろう。ただいずれにせよ、中期の集落跡の多くが、何らかの形で中・大型掘立柱建物跡を伴っていることは重要である。こうした建物跡は、集落構成員が共有する公共的な施設であり、集落を象徴する建物であったと考えたい。

では、後期を代表する大規模集落である妻木晩田遺跡には、こうした建物跡がどのような形で存在しているのだろうか。いくつかの掘立柱建物跡ごとに、その様相を概観する。

1　梁間一間×桁行一、二間の小・中型掘立柱建物跡

数も多く、実態としては小型と中型を明瞭に区別できないので、梁間一間×桁行一、二間の小・中型掘立柱建物跡を一括する。この建物跡本来の機能を示す事例はないが、中期以来、もっとも一般的な掘立柱建物跡であることから、高床倉庫や小型の作業小屋といった性格を考えておきたい。妻木晩田遺跡にも梁間一間×桁行一、二間の小・中型掘立柱建物跡（以下、小・中型掘立柱建物跡）が多数存在しており、そのあり方には次の二つ類型が認められる。

類型1　ゆるやかに起伏した丘陵の頂部付近に空閑地があり、その周囲に竪穴住居跡や掘立柱建物跡が点在するもの。小・中型掘立柱建物跡は竪穴住居跡と

混在する。妻木晩田遺跡では、妻木山地区1区や2区東側に典型的な類型1が認められる（**図4**）。竪穴住居跡などの埋没時期がV-3期に限られるきわめて単純な集落遺跡で、約三〇〇〇平方メートルの空間に三棟の竪穴住居跡が点在しているコザンコウ遺跡（倉吉市）では、[13]各竪穴住居跡が二〇～四〇メートルの距離をおいて分布しており、その間には溝や柱穴列がある（**図5**）。溝や柵とみられる柱穴列は、各竪穴住居に暮らす世帯が占有する空間を明示する境界とみられ、この中にはそれぞれ高床倉庫とみられる小型掘立柱建物跡や貯蔵穴が伴っている。これらは各竪穴住居跡に付帯する貯蔵施設と推測されるが、[14]この各種遺構が同時に併存していたとみるならば、このコザンコウ遺跡にみられる遺構のありかたは、妻木晩田遺跡に認められる類型1の一時的な建物の組み合わせを示すものと考えられよう。妻木山地区1区（**図4**）などは、こうした組み合わせにある遺構の長期的な累積として理解できる。

類型2　ゆるやかに起伏する丘陵頂部や尾根筋に、空閑地、竪穴住居跡群、掘立柱建物跡群という空間分節が認められるもの。妻木山地区2区中央、松尾頭地区3区などを典型とする（**図6・図7**）。妻木山地区2区中央（**図6**）では、居住単位の西端に小・中型掘立柱建物跡が群在しており、その東側に空閑地、尾根頂部の北側縁辺部に沿って竪穴住居跡群が東西に長く連なる。また、松尾頭地区3区（**図7**）では、丘陵東側の緩斜面に小・中型掘立柱建物跡群、丘陵頂部に空閑地、その北側に竪穴住居跡群がある。こうした居住の単位には、竪穴住居跡と掘立柱建物跡の配置について長期的な空間認識が存在したものと推測される。

ところで、コザンコウ遺跡（**図5**）のように、類型1には、小・中型掘立柱建物跡と竪穴住居跡が対をなす事例がある。こうした事例は、小・中型掘立柱建物跡には個々の竪穴住居に暮らす世帯によって所有・管理されたものが存在したことを示唆するものだろう。一方、類型2は掘立柱建物跡群と竪穴住

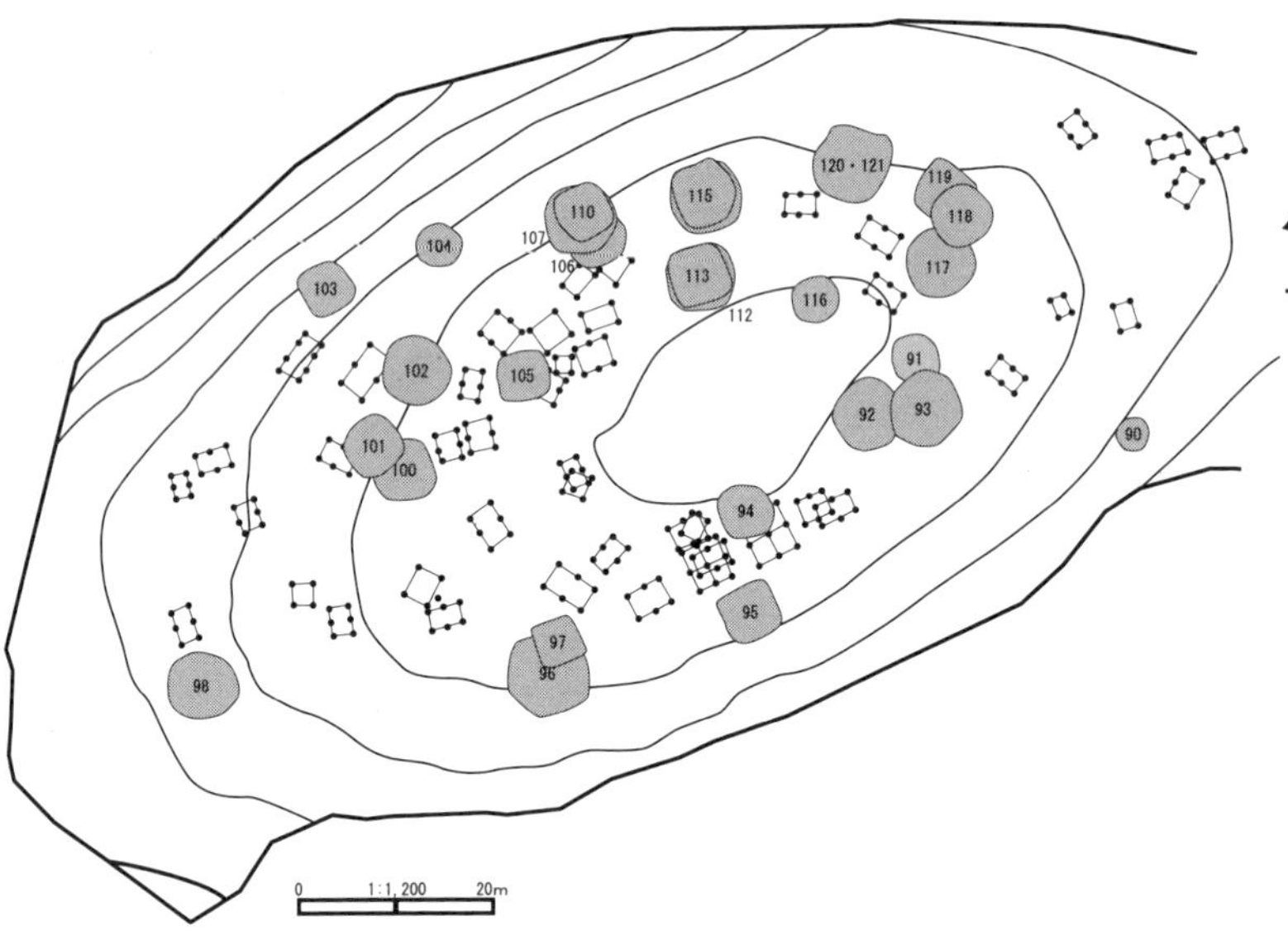

図4　類型1の典型：妻木山地区1区

居跡群が対応関係にあって、個々の竪穴住居跡と掘立柱建物跡の間に対応関係はみえない。複数の掘立柱建物は生活空間を共有する複数の世帯によって管理されていたと考えられる。

　こうした状況は中期後葉にも認められる。青木遺跡(15)などにみられる居住空間には、竪穴住居跡と小・中型掘立

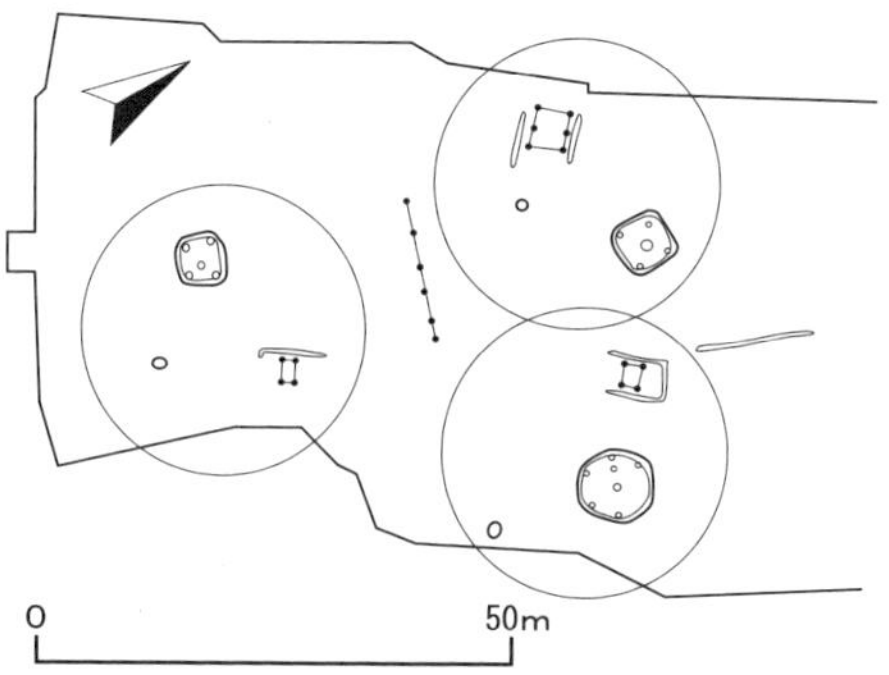

図5　コザンコウ遺跡

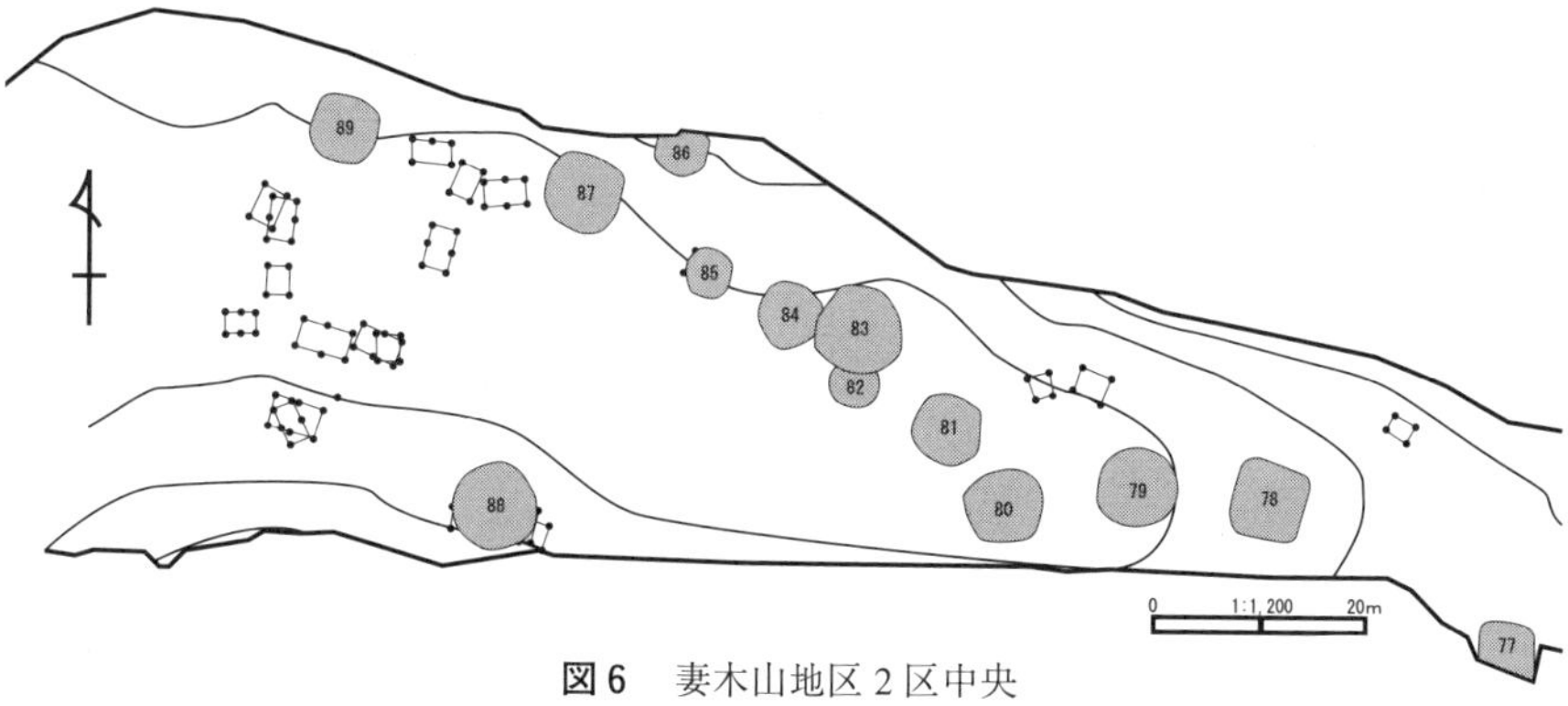

図6　妻木山地区２区中央

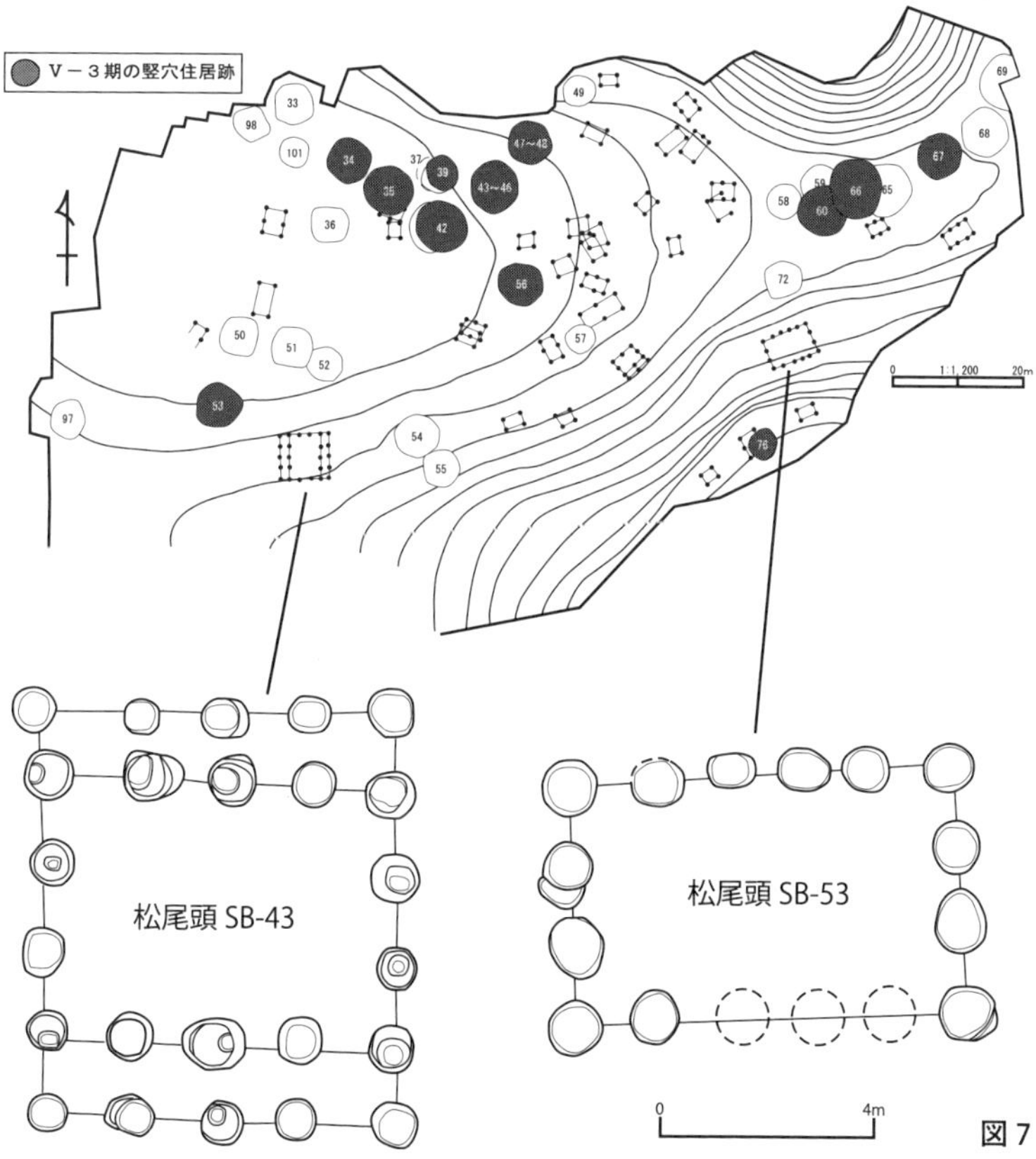

図7　松尾頭地区３区

柱建物跡が混在している。これらは類型1に対比できよう。また、下山南通遺跡北部遺構群(16)では、竪穴住居跡と掘立柱建物跡がそれぞれ小群を形成しており、類型2に対比できる。妻木晩田遺跡の中に認められる小・中型掘立柱建物跡のあり方（類型1・2）は、いずれも中期に遡って、その系譜をたどることができそうである。

なお、類型1・2には小・中型掘立柱建物跡のあり方以外に大きな違いは見出せず、小・中型掘立柱建物跡の所有形態の違いが、大規模集落を構成する小集団間の階層的な差異を表象しているとは言いがたい。

2　梁間一間×桁行三間の中型掘立柱建物跡

各居住単位に一般的に認められる梁間一間×桁行一、二間の小・中型掘立柱建物跡とは異なり、梁間一間×桁行三間の中型掘立柱建物跡は希少な建物跡である。その系譜は中期に盛行する桁行三間以上の長棟を呈す中・大型掘立柱建物跡にあるだろう(17)。また、妻木晩田遺跡における梁間一間×桁行三間の中型掘立柱建物跡のあり方は、中期後葉の青木遺跡や鶴田合清水遺跡例(18)に近似しており、梁間一間×桁行三間の中型掘立柱建物跡が、竪穴住居跡や梁間一間×桁行一、二間の小・中型掘立柱建物跡ともに、類型1に分類される居住空間を構成している。

ただし、桁行以外に、梁間一間×桁行一、二間の小・中型掘立柱建物跡と異なる特徴はなく、この建物跡の機能や性格を直接示唆する事例もない。しかし、各居住単位に必ず付帯する建物ではなく、特定の居住単位に偏在する傾向が認められることから、もっとも一般的な梁間一間×桁行一、二間の小・中型掘立柱建物跡とは区別して考える必要性のある建物跡と言えよう。中期の事例を参考にするならば、茶畑山道遺跡(19)などには、梁間一間×桁行三間の中型掘立柱建物跡が空間Bの中に認められる。妻木晩田遺跡に散見される梁間一間×桁行三間の中型掘立柱建物跡も、何らかの象徴的な性格が付与された建物であった可能性を考えておきたい。

3　心柱を伴う桁行二間の掘立柱建物跡

心柱を伴う建物跡も中期の集落跡に散見される。下山南通遺跡北部遺構群には梁間一間×桁行一間で心柱を伴う五本柱の小規模な建物跡が居住空間に存在している。また島根県の田和山遺跡のように、環濠に囲繞された特異な環境に存在する九本柱建物跡もある。田和山遺跡の居住域は環濠外に展開しており、丘陵頂部は日常の生活空間とは切り離されている。この心柱を伴う桁行二間の掘立柱建物跡は、集落を象徴する特異な施設であったとみてよかろう。

一方、妻木晩田遺跡では、妻木山地区と妻木新山地区に各五棟、洞ノ原地区西側丘陵に一棟の九本柱建物跡が検出されている。その分布には、梁間一間×桁行三間の中型掘立柱建物跡と同様、ある特定の居住単位に偏在する傾向が見出せる（図8）。それらは、いずれも居住域の中にあり、その他の小・中型掘立柱建物跡と混在している。そのあり方は中期後葉の下山南通遺跡北部遺構群に近い。時期を絞り込めるものが少なく、建物の機能も判然としないが、中期の事例と遺跡内での希少性を考慮するならば、やはり象徴的な性格が付与された建物だった可能性が高い(20)。

4 庇を伴う大型掘立柱建物跡

庇を伴う掘立柱建物跡も中期に遡って系譜がたどれる。長山馬籠遺跡にみられる中期後葉の例では、片側に庇を伴う長棟の大型掘立柱建物跡が、赤色顔料に彩られた土器類が廃棄された土抗と重複するように検出されており、祭祀に関連する施設であった可能性がうかがわれる。また、大山池遺跡では、居住空間とは別に中・大型の掘立柱建物跡が群在する空間

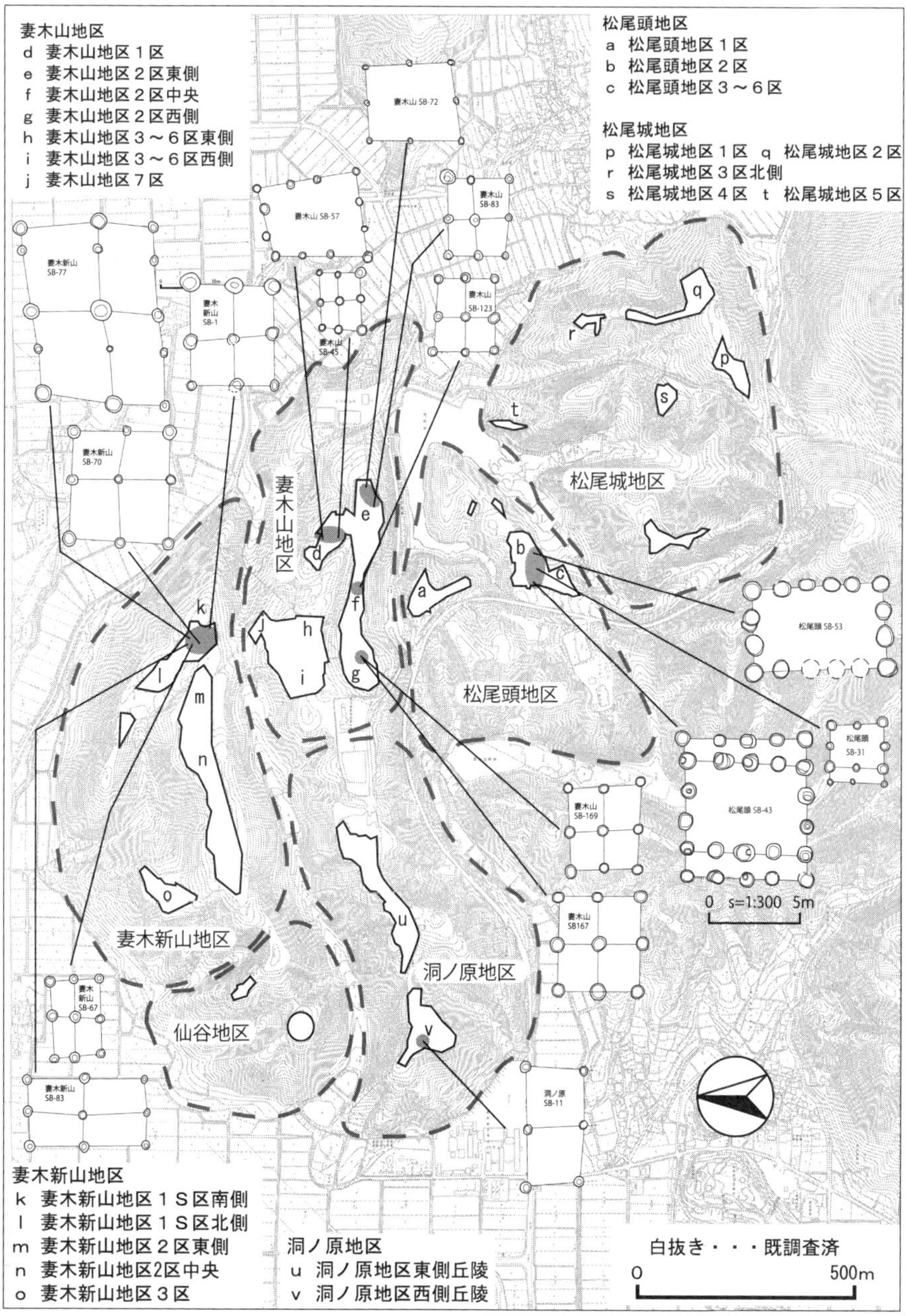

図8 妻木晩田遺跡の九本柱建物跡と大型掘立柱建物跡の分布

があり、その中核的な位置に庇を伴う掘立柱建物跡が配置されている。

妻木晩田遺跡では松尾頭地区3区に片庇付の小型掘立柱建物跡SB-31や両庇付の大型掘立柱建物跡SB-43、そして庇は伴わないが、梁間三間×桁行五間の大型掘立柱建物跡SB-53がある。こうした建物跡の存在は松尾頭地区3区に限定されており、現状では他には認められない。中期からの系譜下にあることを考慮するならば、松尾頭地区3区にある両庇付掘立柱建物跡SB-43なども祭祀に関連したり、集落を象徴する建物だったと推測される。

ところが、中期には非居住空間（空間B）に存在した庇付建物跡が、妻木晩田遺跡では特定の居住空間の中にあることには注意が必要である。このことは、祭祀などに関連するとみられる庇付建物が、妻木晩田遺跡を構成する複数の小集団がどれも等質的にかかわりをもつ、または共有するような性格のものではなかったことを示している。妻木晩田遺跡では、特定の小集団が祭祀に関連する施設を保有していた可能性がうかがわれる。

なお、松尾頭地区3区にあるSB-43やSB-53などの大型掘立柱建物跡は、一見、竪穴住居跡や梁間一間×桁行二間の小型掘立柱建物跡と混在しているようにみえる。しかし、子細にみると、大型掘立柱建物跡と竪穴住居跡の間にはわずかに空閑地が生じており、さらに小・中型掘立柱建物跡と混在しない状況にあることは看過できない（**図7**）。このように、この二つの大型掘立柱建物跡は、長棟や九本柱の中型掘立柱建物跡のように、竪穴住居跡や小・中型掘立柱建物跡と混在しないことから、その他の掘立柱建物跡とは明らかに一線を画した位置付けにある。

五、妻木晩田遺跡の集落構造と中・大型掘立柱建物跡

妻木晩田遺跡には、弥生時代後期から古墳時代前期前半に至る遺構が累積した居住の単位が存在する。その一時的な姿は数棟の竪穴住居と掘立柱建物跡によって構成されていたと考えられ、その規模は中期に一般的な一集落に相当する。各居住の単位で生活を営む小集団は、それぞれが高床倉庫とみられる数棟の小・中型掘立柱建物跡を保有し、生産・消費の側面で自立していた蓋然性が高そうである。[21] 弥生時代後期に大規模な集落を構成する妻木晩田遺跡の実態は、中期の一集落に相当し、単独でも自立可能な小集団の集合体と理解できよう。

ところで、大山山麓地域に典型的な中期の集落には、竪穴住居跡と小・中型掘立柱建物跡で構成される空間Aと、竪穴住居跡を含まない中・大型掘立柱建物跡で構成

される空間Bという空間分節が認められた。しかし、妻木晩田遺跡には、中期の空間Aに相当する居住空間の集合体として大規模な集落を構成しており、中・大型掘立柱建物跡だけで構成される空間Bに相当する空間は確認できていない。こうした状況は他の後期の集落遺跡においても同様である。

そして、中期には空間Bの中核的な施設であった庇付の大型掘立柱建物跡が、妻木晩田遺跡では特定の居住単位の中にある。このことは、大規模集落が形成される過程で空間Bが消失し、空間Bの構成要素であった建物が特定の居住空間に取り込まれ、特定の集団によって所有・管理されている状態を示唆しているのではないか。桁行三間以上の長棟や九本柱の掘立柱建物跡も特定の居住単位に偏在する傾向にある（**図8**）。妻木晩田遺跡の中に偏在する中・大型掘立柱建物跡は、弥生時代後期の集団社会を構成する小集団間の関係を読み解く鍵となろう。

妻木晩田遺跡を構成する居住の単位は、中・大型掘立柱建物跡の有無によって次のように分類できる。

①庇付建物跡などの大型掘立柱建物跡を伴う居住単位。

②長棟や九本柱の中型掘立柱建物跡を伴う居住単位。

③上記の建物跡を伴わない居住単位。

①のようなあり方は松尾頭地区3区にのみに認められる。この地区からは舶載鏡（破鏡）も出土しており、妻木晩田遺跡に集住する諸集団の中に、遺構・遺物のあり方によって他よりも優位な立場にあると推測される集団の存在がうかがわれる。梁間三間×桁行四間の庇付大型掘立柱建物跡や、梁間三間×桁行五間などの大型掘立柱建物跡は有力集団とのかかわりにおいて理解できるものと考えたい[22]。

ところで、中期の集落遺跡には、庇付建物跡などの大型掘立柱建物跡が、居住施設を含まない空間Bの中核的な位置にあり、特定の居住施設との対応関係は不明瞭である。また、祭祀に関連する遺構・遺物を付近に伴う事例もあり、こうした大型掘立柱建物跡は祭祀にかかわる集落の公的施設であった可能性が高い。一方、妻木晩田遺跡では、庇付の大型掘立柱建物跡が、有力集団の存在がうかがわれる特定の居住空間に付随するように存在している。後期に成立した大規模な集落では、祭祀に関連する可能性の高い施設を特定の有力集団が所有・管理している状況にあると考えられ、象徴的な大型掘立柱建物を有した有力集団の居住空間は、小集団の複合体として現象した大規模集落の中枢として機能したものと推測される。

②については、時期の特定できない建物が多く、評価

が難しい。ここでは、これらがすべて同時併存しないだろうことを前提に、妻木山地区や妻木新山地区に偏在する傾向を積極的に評価してみたい。集落存続期間を通じて、この両地区に長棟や九本柱の中型掘立柱建物を有す集団が一つ程度の存在であったとするならば、こうした建物は、妻木晩田遺跡に大規模な集落を営んだ集団社会の内部を分割するまとまりに対応する形で存在した可能性がある。(23)

③はもっとも一般的な居住のあり方を示すものであり、長期に竪穴住居跡が累積するにもかかわらず、中・大型掘立柱建物跡が一度も出現していない居住単位である。このことは、集落存続期間を通じて中・大型掘立柱建物跡を保有しない小集団が存在したことを示唆しており、長棟や九本柱の中・大型掘立柱建物跡が特定箇所に偏在する傾向にあることと整合的で、中・大型掘立柱建物跡の所有に反映された①—②—③という重層的な構造がうかがわれる。

六、おわりに

妻木晩田遺跡では、特定の居住単位に中・大型掘立柱建物跡が偏在する傾向があることを指摘し、中期以来、祭祀との関連が想定される庇付の大型掘立柱建物跡などが特定の居住空間に存在することを、大規模集落における有力集団の顕在化に関連する事象ととらえた。また、集落の存続期間を通じて、一度も中・大型掘立柱建物跡を有さない居住の単位が存在していること、長棟や九本柱の中型掘立柱建物跡も特定の居住単位に偏在する傾向にあることから、大規模集落を構成する集団社会を分割するいくつかのまとまりがあり、その紐帯となる小集団が中型掘立柱建物跡を所有していた可能性がうかがえる。ただし、中・大型掘立柱建物跡は偏在傾向にあるが、その出現箇所が厳密に特定の居住単位に限定されているわけではなさそうである。松尾頭3区における庇付の大型掘立柱建物跡のあり方も長期に及ぶものではない。一度もそうした施設が現れない居住単位もあることから、その移動はある程度限定された集団間において成立していたと考えられるが、中・大型掘立柱建物跡の所有は完全に固定化されておらず、集落の存続期間を通じて、集団間を移動していた可能性が想定されよう。(24)

註

(1) かつては、それぞれの地区が個別の遺跡と認識されており、松尾頭遺跡、妻木新山遺跡、妻木山遺跡、洞ノ原遺跡、仙谷遺跡、松尾城遺跡と呼ばれていた。

(2) 丹羽野裕「塩津丘陵遺跡群の性格について」『塩津丘陵遺跡群』島根県教育委員会、一九九八。同「山陰地方の高地

性集落」『月刊文化財』第四七〇号、二〇〇二。寺澤薫『三井岡原遺跡—弥生時代後期低丘陵性集落の調査』橿原考古学研究所、二〇〇三。

（3） 松本哲他編『妻木晩田遺跡発掘調査報告書Ⅰ～Ⅳ』大山町教育委員会・大山スイス村発掘調査団、二〇〇〇。

（4） 岩田文章他編『妻木晩田遺跡』淀江町教育委員会、二〇〇〇。

（5） 濵田竜彦編『史跡妻木晩田遺跡第4次発掘調査報告書—洞ノ原西側丘陵の発掘調査—』鳥取県教育委員会、二〇〇三。環濠下層の堆積にはⅤ-1期の土器が包含されているが、その量は極少量である。環濠の上層には竪穴住居跡が認められるⅤ-3期以降の堆積があり、多量の土器が包含されているのとは対照的なあり方をしている。環濠の堆積に含まれる各種遺物が、埋没過程にある環濠内に廃棄されたり、周辺から流入した生活残滓であると考えるならば、Ⅴ-1期の洞ノ原地区西側丘陵では、日常的な居住が行われていなかった可能性が高く、出土遺物量が急激に増加するⅤ-3期に至り居住の場として利用されはじめたと考えられる。

（6） 平成十八年三月段階の棟数である。掘立柱建物跡としての認定に疑問があるものも含む。

（7） 桁行四間の掘立柱建物跡（SB-148）が妻木新山地区に一棟報告されている（註3前掲書）。しかし、平面形に歪みがあり、柱穴の底面レベルにもばらつきがある。ここでは掘立柱建物跡としての認定に問題があると考え、取り上げていない。

（8） なお、梁間一間×桁行一間建物跡には、他の類型に比べ、平面形に歪みのあるものが少なくない。たまたま方形に結ばれる位置関係にある四基の小土坑を一連の柱穴ととらえ、掘立柱建物跡として報告されることも想定される。したがって、平面的には歪みがなくとも、柱穴の底面レベルに高低のばらつきがあるものなどを含め、掘立柱建物跡としての真偽に注意が必要である。

　当類型が多く報告されている妻木新山地区1s区には、掘立柱建物跡としての認定にやや疑問なものも多くあるように思われる。図上の作業でも認定が容易であり、実在する以上にカウントされている可能性が懸念される。

（9） 当類型にも掘立柱建物跡としての認定に問題があるとみられるものがあるが、四本柱で構成される梁間一間×桁行一間の掘立柱建物跡に比べて、六本の柱で構成される当類型は誤認の割合は低いと考えられる。

（10） 妻木山地区のSB-91も同類の建物跡として報告されているが、平面規模が不自然に大きい。平面形も歪んでおり、柱穴も浅いことから、ここでは検討の対象としていない。

（11） 妻木山地区に梁間三間×桁行三間の掘立柱建物跡（SB-57）がある。しかし、柱の配置にばらつきがみられ、平面形が大きく歪んでいることから、ここでは分析の対象としない。

（12） 景山和雄編『大山池遺跡（上野辺地区）・大坪古墳群発掘調査報告書』関金町教育委員会、一九八五。

（13） 竹中孝浩「弥生時代の集落」『新編倉吉市史』第一巻、新編倉吉市史編集委員会、一九九六。

（14） 小原貴樹「山陰の掘立柱建物跡」『弥生時代の掘立柱建物跡—本編—』第二九回埋蔵文化財研究集会、一九九一。高田健一「妻木晩田遺跡における弥生時代集落像の復元」『妻木晩田遺跡発掘調査研究年報二〇〇二』鳥取県教育委員会、二〇〇三。高田はコザンコウ遺跡を構成する竪穴住居跡がそ

れぞれ掘立柱建物跡と貯蔵穴を有すことから、竪穴住居に暮らす各世帯が消費の基礎単位であると指定している

(15) 青木遺跡発掘調査団編『青木遺跡発掘調査報告書Ⅰ』鳥取県教育委員会、一九七六。

(16) 中原斉編『下山南通遺跡』鳥取県教育文化財団、一九八六。

(17) ただし、妻木晩田遺跡をはじめ、後期の遺跡では桁行四間以上の長棟建物跡は一般的でない。後期以降、長棟建物跡は衰退傾向にある。妻木晩田遺跡に散見される梁間一間×桁行三間建物跡は形骸化した長棟建物跡と考えられよう。

(18) 西川徹編『鶴田東山遺跡 鶴田合清水遺跡』鳥取県教育文化財団、一九九五。

(19) 辻信広編『茶畑山道遺跡』名和町教育委員会、一九九九。

(20) 中原斉「妻木晩田遺跡における掘立柱建物跡（1）—9本柱掘立柱建物跡を中心に—」『妻木晩田遺跡 発掘調査研究年報二〇〇一』鳥取県教育委員会、二〇〇二。中原斉「妻木晩田遺跡にみる弥生の国邑—九本柱掘立柱建物の問題を中心に—」『建築雑誌』Vol.117、二〇〇二。

(21) 高田 二〇〇三（註13前掲書）

(22) 佐原眞や宮本長次郎も破鏡が出土した大型竪穴住居跡との組み合わせから、松尾頭地区3区に首長の存在を指摘する。佐原眞「卑弥呼は竪穴住居に住んでいた」『海と山の王国—妻木晩田遺跡が問いかけるもの—』海と山の王国刊行会、一九九九。宮本長二郎「妻木晩田遺跡の建物」『海と山の王国—妻木晩田遺跡が問いかけるもの—』海と山の王国刊行会、一九九九。

(23) 妻木晩田遺跡の竪穴住居跡を詳細に分析した馬路晃祥も複数の小集団が包括する上位のまとまりを想定している。ただし、掘立柱建物跡を中心に集落構造を分析する筆者と竪穴住居跡のあり方から集落構造を分析する馬路との間には、結論に至る過程が一致していない。また、筆者は小集団間に明瞭な階層差を想定しないが、馬路は階層差を認めるなど、その認識には違いがある。馬路晃祥「竪穴住居跡からみた妻木晩田遺跡の集落構造」『史跡妻木晩田遺跡妻木山地区発掘調査報告書—第8・11・13次調査—』鳥取県教育委員会、二〇〇六。濵田竜彦「伯耆地域における弥生時代中期～古墳時代前期の集落構造」『日本考古学協会二〇〇三年滋賀大会資料集』日本考古学協会二〇〇三年滋賀大会実行委員会、二〇〇三。いずれにせよ、妻木晩田遺跡の集落構造については、さらに多角的な分析と検討が必要である。

(24) 首長権の移動については松井潔が指摘しており、「妻木山・松尾頭地区」、「妻木新山地区」、再び「妻木山・松尾頭地区」が交互に首長を輩出していたという見解が示されている。松井潔「因幡・伯耆・出雲の墓制」『季刊考古学』第六七号、雄山閣、一九九九。

第四節　古墳時代集落と掘立柱建物

高田健一

一、はじめに

筆者に与えられたテーマは、山陰の古墳時代集落の中で掘立柱建物がどのように存在するか、とりわけ大型のものや特徴的な構造をもつものについて整理することである。本書の趣旨に照らせば、大社造建築が登場する前史に、いかなる類型の建物群がこの地域に存在したかを実際の発掘調査資料にもとづいて検討することであろう。

しかし、上部建築が失われた状態で、柱の設置痕跡のみを手がかりとせざるをえない多くの遺跡では、柱配置の類型をもってしか建築構造に迫りえない場合が多い。また、浅川滋男氏も指摘するように、掘立柱建物という用語には平地式か高床式かの区別が含まれず、建築類型を問題にする場合に障害となる(1)。本来は、地上建築を考慮に入れた用語を考案すべきだろうが、それは調査時の遺構認識にまで遡る問題をはらんでいて、すぐに解決できるものではない。小論では「掘立柱建物」の用語を踏襲しつつ、筆者の能力が及ぶ限り建築の上部構造を視野に入れていくが、推測による部分も大きい。

ここでは、便宜的に床面積二〇平方メートル以上のものを大型として取り扱う。これは、弥生時代中期を中心にみられる大型建物が床面積二〇平方メートル以上のものが多く、ごく一般的な高床倉庫と認識されている遺構とは容易に区別がつくことから設けた基準である。ただし、この基準が通時代的に適用できるかどうかは別問題であり、機械的な数値区分では遺跡ごとの個性を見誤る可能性もある。床面積規模は参考値とし、個別の集落構造の中で大型・小型の区別を考える視点も併用すべきだろう。

また、柱間で建物規模を表現する場合は、基本的に短辺側を梁、長辺側を桁としたうえで、梁行、桁行の順に一間×二間などと表現する。辺長は、原則として柱（穴）心心間の距離である。なお、年代や規模・形態に不確定な要素が強いものは、考察の対象からはずした。

二、弥生時代後期~終末期の大形掘立柱建物

古墳時代にも通ずる大形掘立柱建物の出現の画期は弥生時代後期にある。中期後半までに存在した一、二間×五~七間のいわゆる長棟建物（以下、Ⅰ類建物とする）は影を潜め、梁行三間以上のものが登場する（以下、Ⅱ類建物とする）。Ⅰ類建物は、梁行と桁行の長さの比（以下、長幅比）が一:二~一:三と細長い長方形の平面プランをなし、一部の事例を除いて二〇平方メートル台に収まる規模のものが多いが、弥生時代後期に登場するⅡ類建物は、長幅比一:二以下で、桁行が梁行の一・二倍程度となる長方形をなし、三〇平方メートルを超える。このⅡ類建物の平面比率は、その後古墳時代を通じて踏襲されていくものである。これらは高床式ではなく、平地式建物と解釈できるものが多い。

米子市（旧淀江町）大山町妻木晩田遺跡松尾頭地区SB41は、三間×四間（五・〇×六・五メートル）の身舎の東西に庇がつく弥生時代後期後葉のⅡ類建物である。(2)身舎の床面積は三二・五平方メートルを測る（**図1-1**）。これは、宮本長二郎氏、浅川氏らによって上部構造が復元されている。宮本氏は、軸組を柱、梁、桁の順に組む折置組とし、梁上に棟束を立てて寄棟造茅葺の屋根とする。板葺の庇を東西につけ、四周の壁を横板落込の壁で囲った建物として復元している。(3)これに対し浅川氏らは、柱位置を厳密に検討した結果、折置組は適切でないとし、軸組を柱、桁、梁の順に組む京呂組、小屋組にオダチ鳥居組を採用した切妻造茅葺の身舎とする。庇を重量のかからない樹皮葺とし、四周の壁も鳥取市（旧青谷町）青谷上寺地遺跡出土建築部材を参考に、横板の綴じ合わせとして復元している。また、柱間の長短の分析によって建物の南西部と北東部に入口が存在すること、縁石状の石列の解釈から東側庇柱筋外面にも壁があり、屋内空間となることなどを指摘した。(4)

同松尾頭地区SB53は、梁行三間×桁行五間（四・三×七・二メートル）のⅡ類建物である（**図1-2**）。床面積は三一・〇平方メートルを測る。柱穴埋土から複合口縁をもつ弥生土器片が出土していること、古墳時代後期末の竪穴住居跡に切られていること、平面形や柱穴の掘形がSB41と類似していることなどから総合的に判断して、弥生時代後期の掘立柱建物と推定されている。ただし、このSB53が立地する松尾頭3区の南東斜面には、古墳時代後期の竪穴住居跡が複数存在する。後述するように、古墳時代後期にはⅡ類が建物様式の中で一般化しはじめると考えられる。その場合、このSB53の平面形や規模に類似したものが多い。柱穴から出土した弥生土

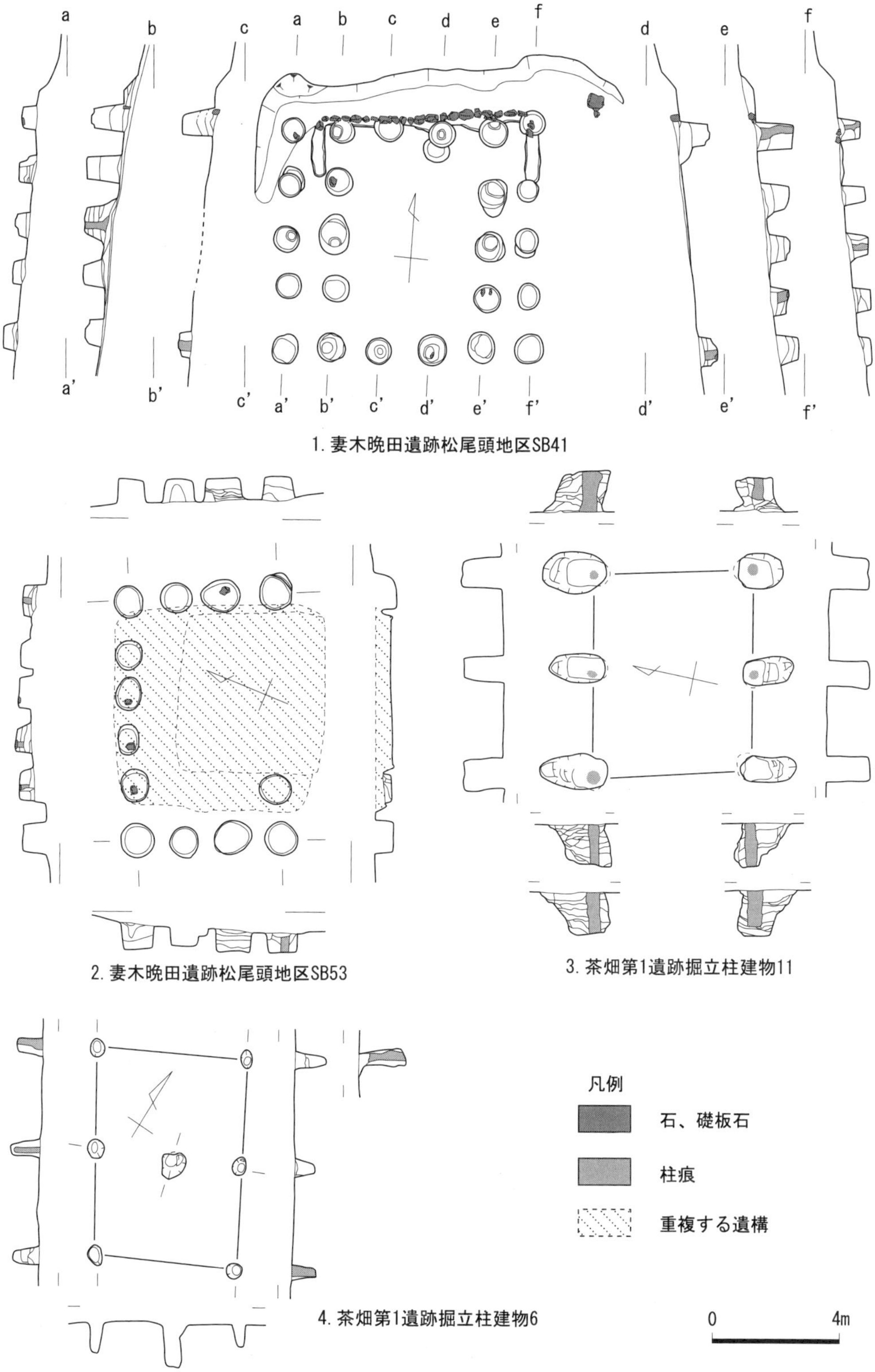

図１　弥生時代の大型建物実測図(1)（S＝1/200）

器片が著しく摩滅して図化できなかったことや、柱穴埋土が古墳時代後期の竪穴住居埋土の土色と共通点が多いことなどを考え合わせると[5]、このSB53が古墳時代後期頃まで下る可能性も捨てきれない。

床面積が二〇平方メートルを超える大型建物は、弥生時代後期のたしかな例は妻木晩田遺跡以外にみつかっていない。終末期の段階では、島根県安来市塩津丘陵遺跡群（柳遺跡）に営まれた掘立柱建物群の中に大型のものがある。斜面に営まれた加工段25にはSB30（二〇・〇平方メートル）、SB31（二五・八平方メートル）という二棟の存在が考えられているが、いずれも柱間が一定でなく、柱穴の深さにも統一性がないことから、耐久力のある構造的な建築物とは考えがたく、加工段に設置された覆屋状の簡便な施設と認識されている[6]。

また、布掘り状の溝内に複数の柱を据える掘立柱建物（以下、Ⅲ類建物とする）も後期以降明確化してくると考えられる。これは、各柱の根元あるいは根元からやや上の位置で横木を入れ、柱同士の連結、固定を図る技術と考えられ、従来この地域になかった新しい建築構法と言える。Ⅲ類建物の平面形は、Ⅱ類建物と同様に一・二以下のものが多いが、それより細長いものも若干存在する。いくつかの細分類型があると考えられるが、大型のものは少ない。これらは、柱元の安定を図る構造からみて、高床建物である可能性が高い。

琴浦町（旧東伯町）笠見第3遺跡では、SB04、SB21が存在する（**図2**）。前者は後期中葉と推定され、床面積一四・三平方メートル（一間×四間、二・八×五・一メートル）、後者は後期前葉と推定され、床面積一八・四平方メートル（一間×三間、三・四×五・四メートル）である。いずれも大型とは言えないが、溝内の堆積の観察から桁行の柱同士を連結する横木の存在が推測された[7]。平面規模に比して、柱の根固めを厳重に行うべき建物と考えられ、高床であった可能性が高いと言えよう。

大山町（旧名和町）茶畑第1遺跡の掘立柱建物10はⅢ類建物の可能性が考えられる[8]。

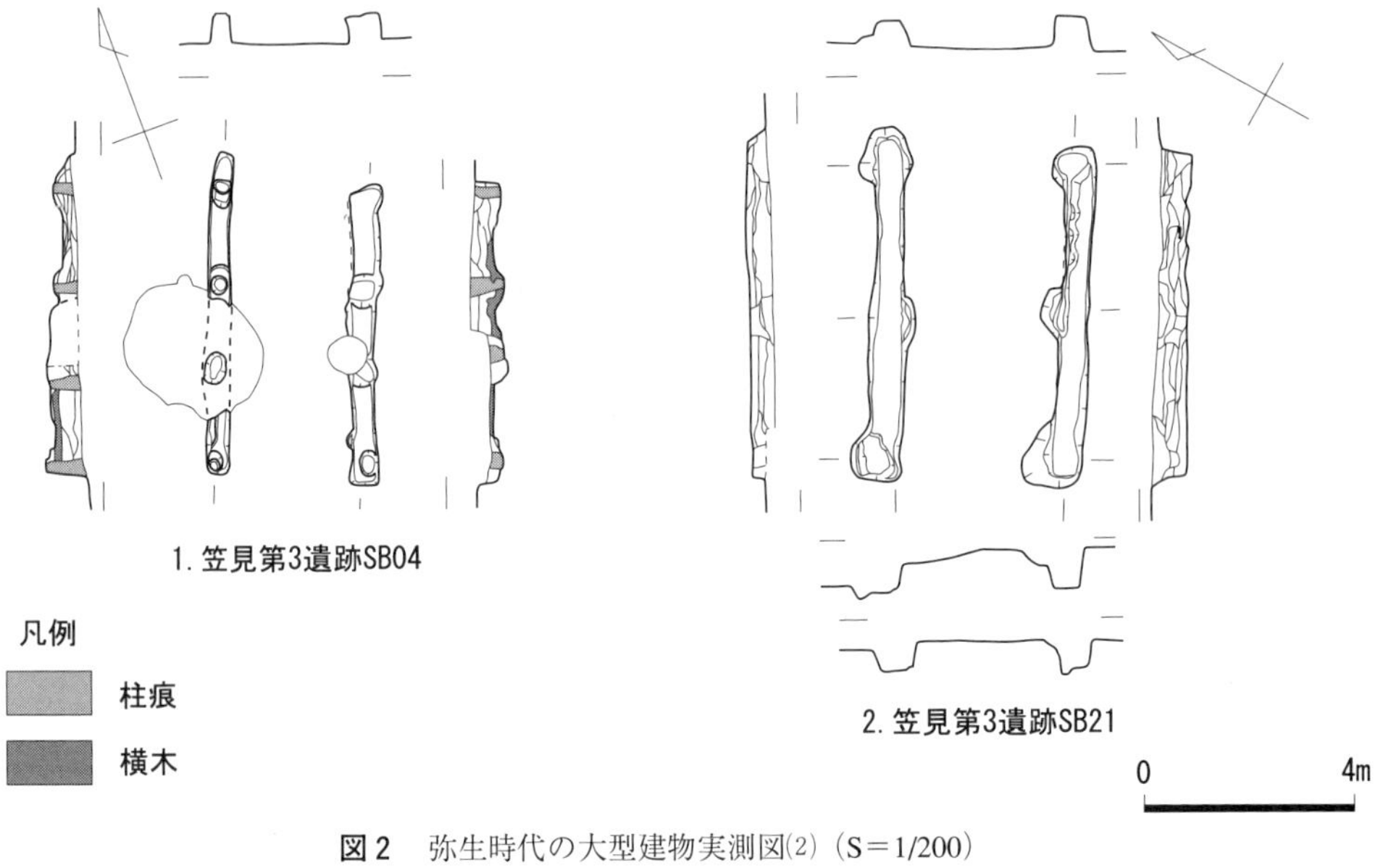

図2　弥生時代の大型建物実測図(2)（S＝1/200）

ただし、「溝」の平面プランはいびつであり、とくに西側は複数の柱穴掘形が重複した結果、溝状を呈したと考える余地がある。「溝」内には複数の柱設置痕がみつかっており、その位置関係や柱通りを考慮すると、数種類の柱配置が考えられそうだ。東側の「溝」の底面レベルがそろっていることは、単に柱穴の重複では考えにくいから、復元できる建物のいずれかはⅢ類建物であった可能性がある。遺構内埋土から弥生時代中期後半の土器片が出土しており、終末期後半の竪穴住居に切られていることから、弥生時代中期後半～終末期後半の時間幅で存続した建物である。[9]

塩津丘陵遺跡群（柳遺跡）では、丘陵の高所平坦面部で多数の掘立柱建物が検出されている。その中にⅢ類建物が複数あり、大型のものはＳＢ01の二六・八平方メートル（四・七×五・七メートル）、ＳＢ02の二五・九平方メートル（四・七×五・五メートル）であった。削平を受けているためにいずれも溝は浅く、柱配置や笠見第3遺跡で観察されたような横木の存在は明らかでない。両者はほぼ同一場所に重複して建つが、溝の切り合い関係からＳＢ02が新しい。後期後半～終末期の遺構と考えられている。[10]

上記の柱配置以外に、一間×二間ながら大径材を用いて大規模な建築となるものがある。茶畑第1遺跡の掘立柱建物11は、長軸二メートル、短軸一メートルほどの大規模な柱穴を有し、直径五〇センチほどの柱材を使用する大型建物である（**図1-3**）。梁行は一間ながら五メートルあり、桁行は二間で六メートルに達する。床面積はほぼ三〇平方メートルである。柱穴埋土から弥生時代中期後半の土器片が出土しているが、柱穴や柱の規模が類似する掘立柱建物10と同様に、弥生時代中期後半～終末期後半の時間幅で評価すべき遺構であろう。梁行五メートルはかなりひろい部類に入るが、推測される柱径が五〇センチであるから、貫構造によって梁を渡すことも可能であろう。柱穴掘形に斜路が設けられている点をみても長大な部材を使用していると考えられるから、高床式構造であり、丈の高い建物を想定しておきたい。なお、先述の掘立柱建物10の復元パターンの中には、これと同様の柱配置、規模に復元できるものがある。

また、これと類似した規模をもつが、柱材は径二〇センチ程度の普通サイズとなるのが掘立柱建物6である（**図1-4**）。床面積は二七・三平方メートル（一間×二間、四・四×六・二メートル）となって、大型の部類に入る。[11] この遺構の中央には、側柱とは異なって径三〇センチほどの太い柱を据えたピットが存在し、一連の遺構と考えられている。このピットは検出面から約一・三メートルの深さがあり、側柱よりもかなり深い。この中央柱が床束となる高床建築とも考えうるが、径二〇センチ程度の柱材で四メートル以上の柱間の架構を受けるのは安定性に欠けると思われる。屋内棟持柱とすれば、長辺側を妻側とする平地式建物とも考えられる。この建物の時期も不明な点が多いが、弥生時代後期以降の建物と考える余地がある。

大社造建築の源流を探る中で注目されるのは、二間×二間で総柱となる九本柱建物である。弥生時代も含めて、通時代的な分析は筆者が別に述べているので（本書第二部第五章第一節）、ここでは若干触れる程度にとどめる。弥生時代例では、妻木晩田遺跡妻木山ＳＢ167が床面積二二・五平方メートルあり（四・五×五・〇メートル）、大型である。中央の柱は床束と考えられるから、高床の建物であろう。これよりやや小規模で、棟方向を揃えるＳＢ169（三・八×四・一メートル）は時期不明であるが、中原斉氏は、相前後して同一場所で建て替えられるような踏襲性の高い建物であった可能性を示唆している[12]。しかし、これ以降九本柱建物は小型化し、古墳時代の後半以降には床面積一〇平方メートル前後のものが一般的となる。

三、古墳時代前期の大型掘立柱建物

古墳時代になると床面積三〇平方メートルを大きく超えるものも出現し、大型化の画期を迎えると考えられる。分析の中心となる湯梨浜町（旧羽合町）長瀬高浜遺跡は、当該期の集落が広域に調査された事例であり、小論でもその評価を避けて通れない。ところが、個々の遺構について詳細をみると、過去の調査の再解釈が必要なものも少なくない。前方後円墳出現期の特殊な建物とみられてきた大型建物の数々は異彩を放っており、大社造建築の源流と目されているものもある。従来、これらの建物群は、その前後の時期との系譜関係を検討されてこなかったが、大規模な調査から四半世紀を経た現在、近年の調査成果を踏まえた再検討が必須の課題といえよう。小論の目的を達成するためには、まずこの点を個々の遺構から行わなければならない。

1　長瀬高浜遺跡ＳＢ30の再検討

長瀬高浜遺跡ＳＢ30は、弥生時代終末期〜古墳時代初頭の大型掘立柱建物として著名であり、多くの研究者がこの地域の首長居館や祭礼用建物として評価している[13]（**図3**）。報告書によってその構造を整理すると、まず柱穴Ｐ1〜Ｐ8によって構成される二間×二間の身舎がある。規模は梁行七・三メートル、桁行九・〇メートルに達し、床面積六五・七平方メートルある。東西の桁側柱筋より内側には、それぞれ六つの小柱穴によって構成される柱列Ｐ13〜Ｐ18、Ｐ19〜Ｐ24が存在する。報告書で

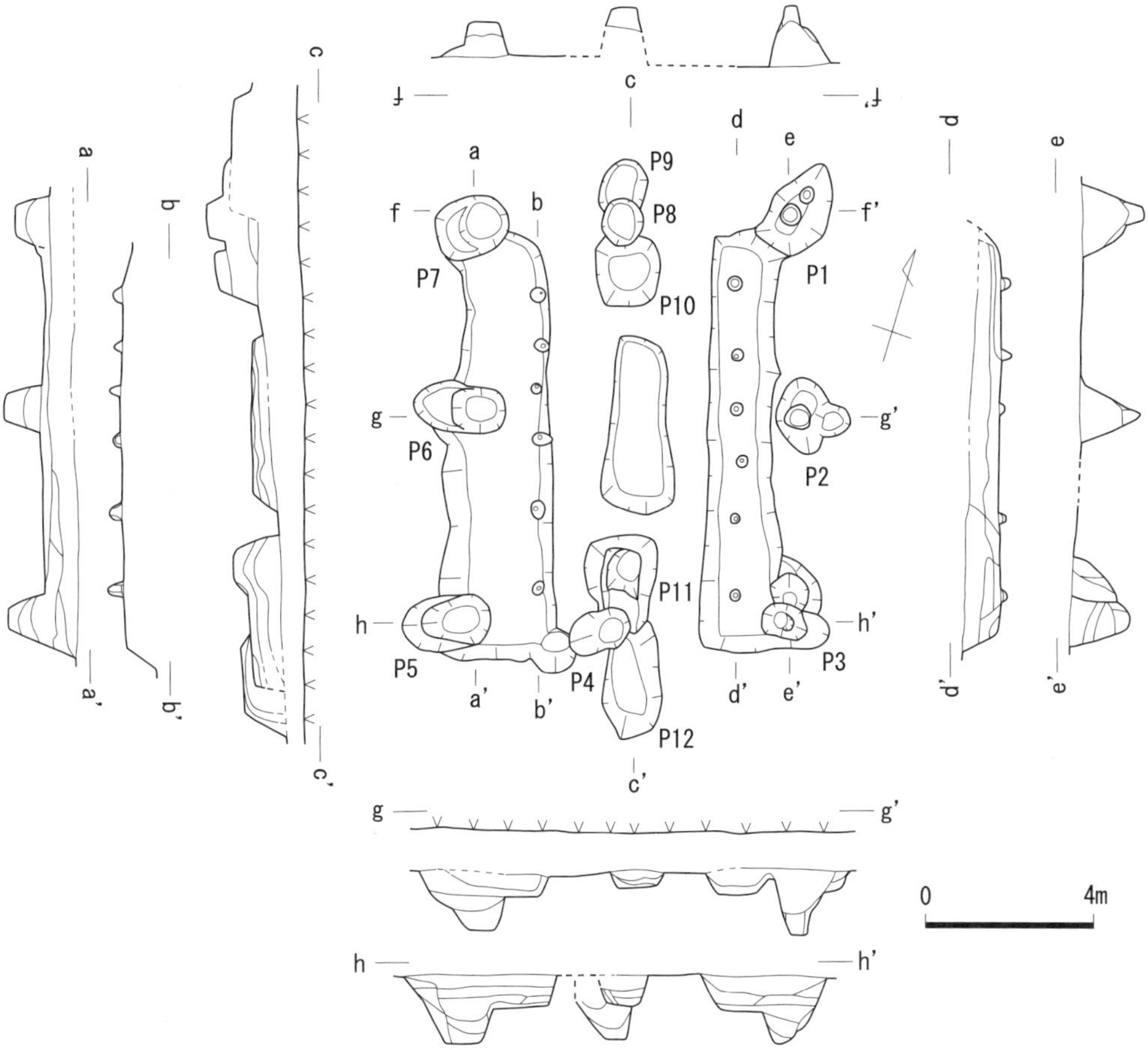

長瀬高浜遺跡SB30

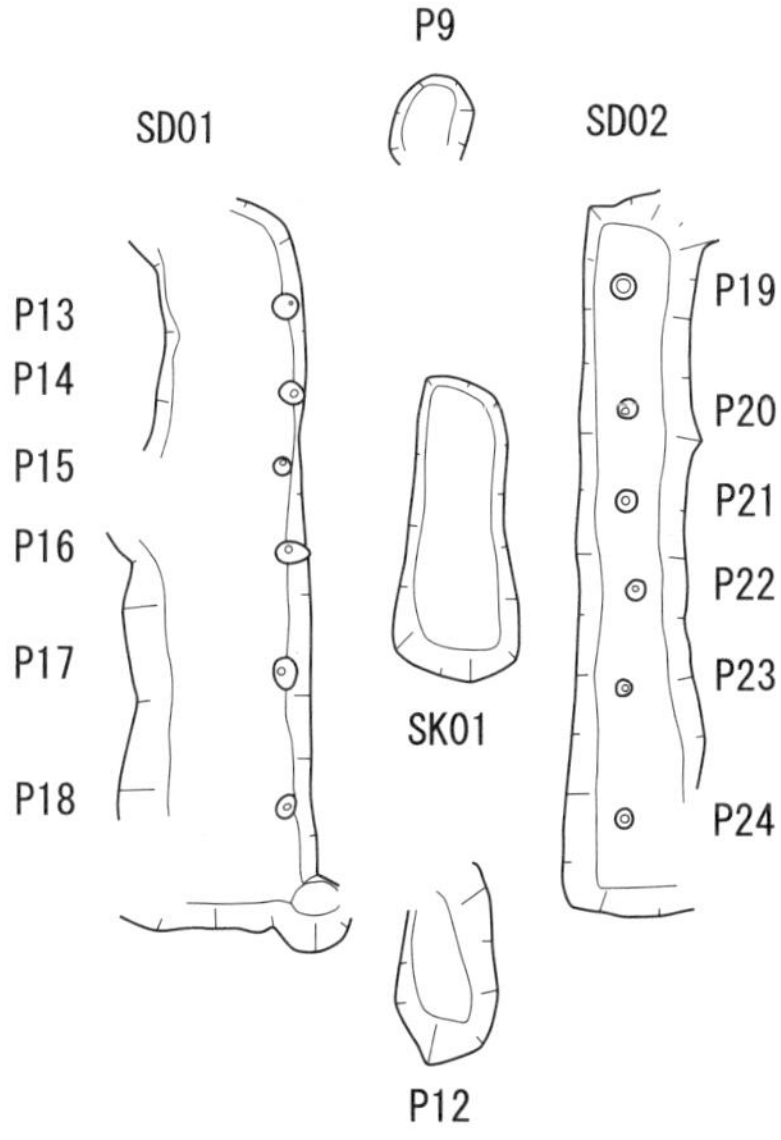

長瀬高浜遺跡SB30a

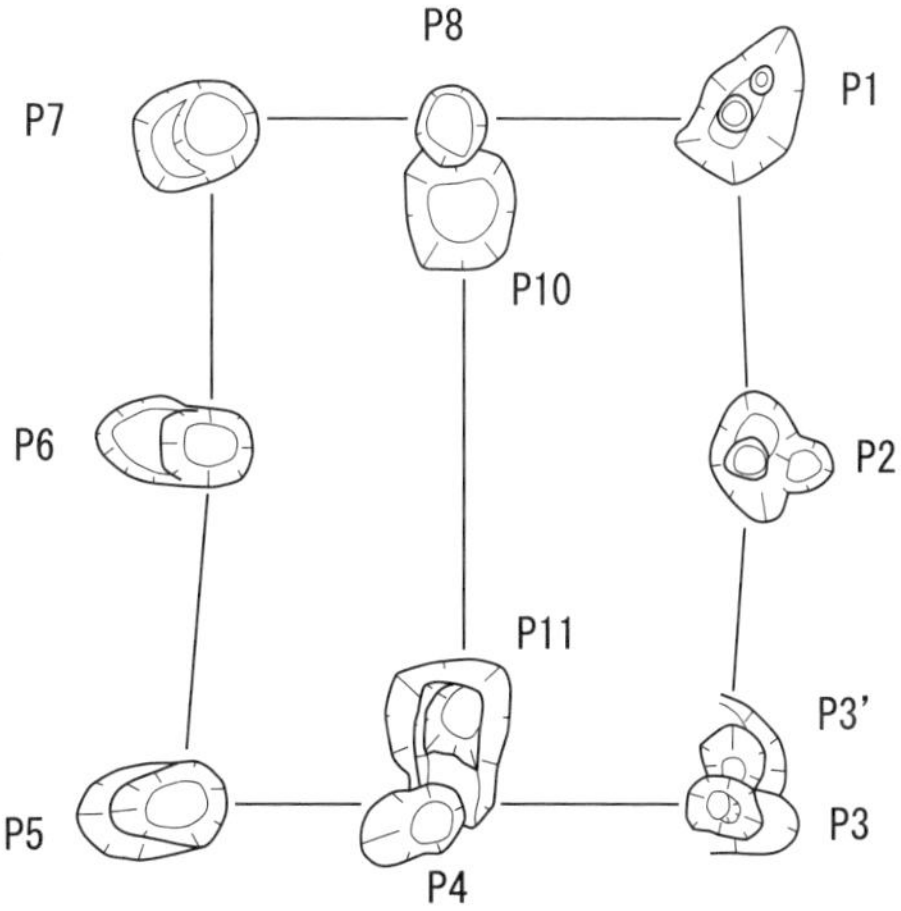

長瀬高浜遺跡SB30b

図3　長瀬高浜遺跡SB30遺構図（S＝1/200）

はこれを床束ないし柵列とみているが、辰巳和弘氏は高床建物の床下空間を遮蔽する壁状の施設とみている[14]。妻柱となるＰ４、Ｐ８の南北には、掘形が切り合う形でそれぞれＰ11・Ｐ12、Ｐ９・Ｐ10が存在する。妻柱より外側にあるＰ12とＰ９は棟持柱、内側にあるＰ11とＰ10は南北方向の根太を支える柱、つまり添束という。

このように、報告書では、検出された柱穴全体で一つの建物が構成され、高床建物と考えられている。そして、東西の桁側の柱穴に一部重複しつつ存在し、小柱穴が検出された溝ＳＤ01とＳＤ02は、建物解体時に設けられた柱抜き取り用の溝と解釈されている。

しかし、南北の両妻側にある柱穴掘形は互いに切り合っており、とくに南側のＰ11とＰ12は断面図でみると大きく重複している。添束とされたＰ11、Ｐ10は、妻柱から一メートル以上も内側にあるうえに妻柱同士を結ぶ軸上からはずれていることから、その解釈には疑問が残る。また、柱抜き取り用の溝と解釈された二つの溝のうち、西側のＳＤ01はたしかに柱列にかかっているが、東側のＳＤ02は柱列にかかっていないから、この解釈は成立しがたい。さらに、西側柱列とＳＤ01の長軸断面ａ-ａ'をみると、柱穴Ｐ７が溝を切っているとする表現があるから、遺構の前後関係は逆の可能性がありうることとなる。

平面図、断面図ともに報告書で示された見解を統一的に理解することは困難であるが、ここでは以上の疑問をもとに、同一場所で建て替えられた複数の建物として解釈してみよう。まず、二間×二間の建物以前に、ＳＤ01とＳＤ02を布掘り掘形とするⅢ類建物が存在すると考えられる（**図3**、ＳＢ-30ａ）。妻側にそれぞれ三つの柱穴が存在するから、そのうちもっとも古いと考えられる外側の柱穴Ｐ９、Ｐ12を独立棟持柱とすると、梁行四・五×桁行七・一メートル程度の建物が復元できる。溝内で検出された柱穴Ｐ13～Ｐ18、Ｐ19～Ｐ24は、検出面で径三〇～四〇センチ程度の規模をもつ。通有の掘立柱建物と同様の規模だから、これを柱とみた場合には身舎一間×五間で独立棟持柱をもつ建物となる。

あるいは、時期も地域も異なるが、溝内の小柱穴は、兵庫県尼崎市武庫庄遺跡ＳＢ６と類似した下部構造である可能性もある。すなわち、武庫庄遺跡ＳＢ６は、一間×四間以上とみられる独立棟持柱をもつ弥生時代中期の掘立柱建物であるが、布掘り状の掘形内に径五〇センチの大型の柱が設置されており、その根元近くで、桁行柱列の内側をつなぐように板材が存在した（**図4-1**）。そして、それぞれの柱間には、その板材を固定するための小規模な円柱があったという[15]。ＳＤ01内の柱穴Ｐ13～Ｐ18が東側に大きく偏っていることを重視するならば、これらは武庫庄遺跡ＳＢ６でみられたような横木を設置するための小柱ないしは杭の痕跡と理解できよう。そして、本来の柱痕は、抜き取りなどのために検出できなかったとみるのである。小柱の中間に構造柱が東西五本ずつ存在するとみれば、身舎一間×四間となる。

長瀬高浜遺跡ＳＢ30の初期段階をⅢ類建物とみたが、その参考となるのが笠見第3遺跡ＳＢ20である（**図4-2**）。これは、古墳時代前期前葉（天神川編年Ⅱ期）以降の建物であり、長瀬高浜遺跡ＳＢ30と比較的時期が近い[16]。一間×三間（三・一×六・八メートル）で、床面積は二一・一平方メートルある。建物内部に土坑ＳＫ87が存在し、ＳＢ20の平面プランによく収まることから一連の遺構と推測されるが、その中央に柱痕があった。同様の土坑は長瀬高浜遺跡ＳＢ30にもあり（ＳＫ01）、やはりその中央に柱が存在した可能性がある。これを床束とみるべきかどうかだが、笠見第3遺跡ＳＢ20の場合は、桁方向の柱と関連した位置になく、土坑自体柱穴とするには大きすぎる。構造上無関係な床束とすれば、長瀬高浜遺跡ＳＢ30に関して辰巳氏が述べているように、「伊勢神宮正殿に残る『心の御柱』のようなもの」であろうか。高床構造であった可能性が高いと言えよう。

一方、ＳＢ30ａを切る新しい柱穴を抽出すると、Ｐ1～Ｐ8によって構成される二間×二間（七・三×九・〇メートル）の建物が浮かび上がる（**図3**、ＳＢ-30ｂ）。床面積は六五・七平方メートルとなって、同時期でも隔絶した規模となる。柱径は五〇センチ前後で、柱間は三・五～四・八メートルに達する。高床構造と考えることも可能だが、柱配置を復元すると柱筋に乗ってこない柱もあるから、平地式建物とみる余地がある。Ｐ3に切られた柱穴（Ｐ3´）が存在することなどから、この建物は部分的に修繕されつつ一定期間存続した建物と考えられよう[17]。構造柱の

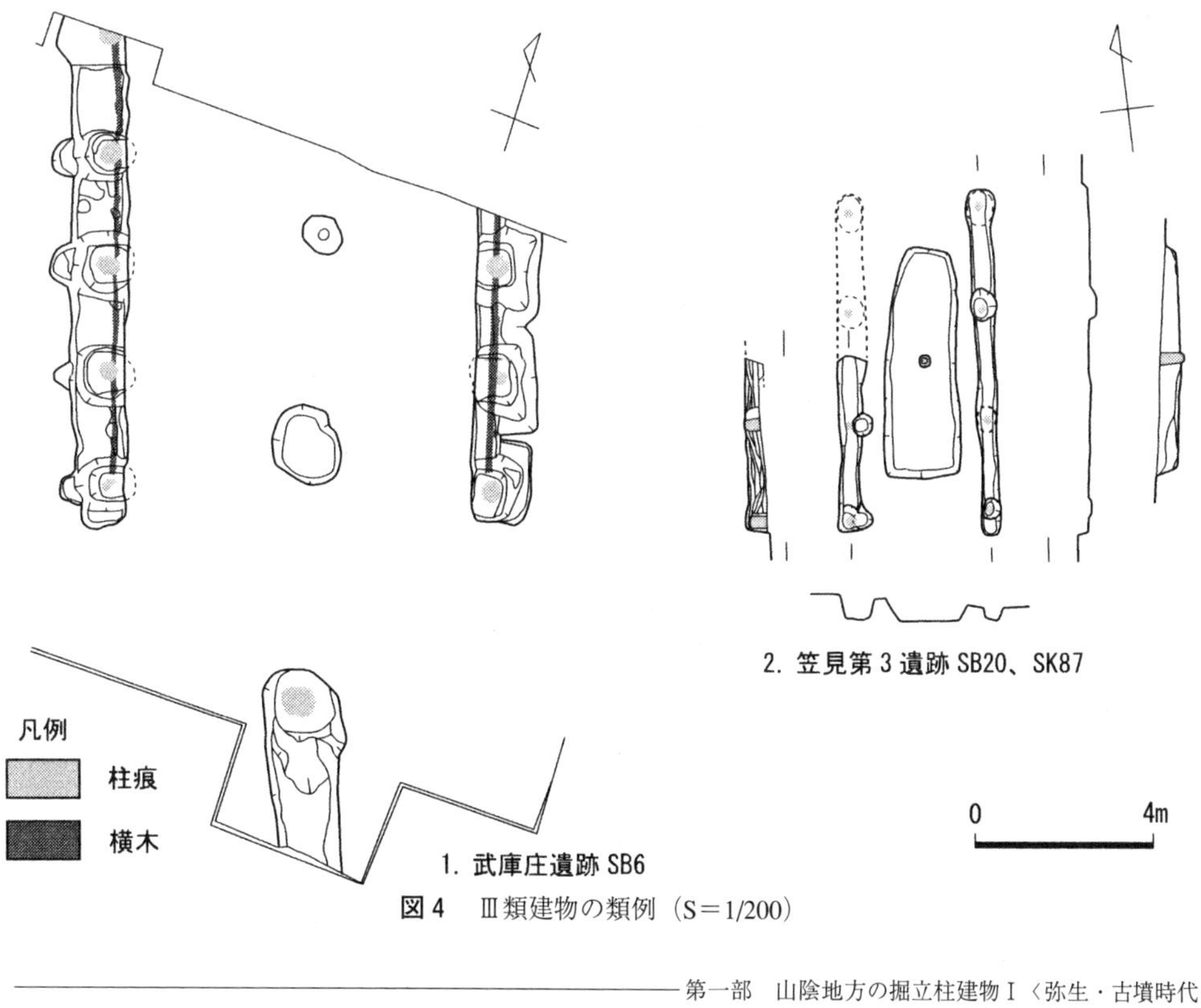

図4　Ⅲ類建物の類例（S＝1/200）

部分補修が可能な点からみても、貫構造で固められた高床建物よりも平地式建物を想定したい。P10、P11は妻柱であるP4、P8に切られているから、工程上最初に設置された屋内棟持柱と考えられる。屋内棟持柱の存在がただちに屋根の形状と結びつくわけではないだろうが、寄棟あるいは入母屋の屋根をもった可能性がある。

以上のように、長瀬高浜遺跡SB30を二種類の建物に分解して理解したが、この見方によれば、特異で複雑な構造の一棟の建物を想定するよりも解釈が簡単であり、古墳時代以前に存在した建物形式からの連続性をたどることができる。SB30aの上部構造の詳細は他のⅢ類建物と同様に不明な点も多いが、切妻形の屋根をもつ高床倉庫ないしは屋根倉と考えておきたい。

一方、SB30bには、湯梨浜町（旧東郷町）藤津出土の家形土器[18]に表現されるような平地式住居を想定しよう（**図5**）。藤津出土の家形土器は、入口が表現された平側の一面は三間となるが、基本的に二間×二間の柱配置を表現しており、構造が類似する。単独で出土したため共伴遺物による検証はできないが、軒や裾周りにみえる貝殻腹縁の圧痕を連続させる手法は、弥生時代後期後葉～終末期の台付鉢形土器などの装飾として発達するものである。西日本の家形土器は有力者の居宅を写したものとされているが、やはり寄棟や入母屋造が多い[19]。弥生時代終末期までには、同様の屋根構造をもつ平地式住居が首長層の居宅として採用され、SB30bはその延長上にあると考えられる。

同一場所で形式の異なる建物が造りかえられた意味はどのように解釈できるだろうか。SB30aは弥生時代終末期（天神川編年Ⅰ期）の建物であり、周辺に展開する同時期の竪穴住居四、五棟で構成される集落（居住単位）の一角に存在することとなる。同様の集落構造は、笠見第3遺跡でもみられるところであって、各時期のⅢ類建物は、やはり居住域に近接して存在する。複数の住居の住人が共同使用する倉庫などの施設と考えておきたい。

ところが、長瀬高浜遺跡では、古墳時代前期前葉（天神川編年Ⅱ期）に後述するSB40のような大型建物が単独で存在する空間が現れ、一般的な竪穴住居が距離を置いてその空間を取り巻く構造へと変化する。濵田竜彦氏は、そのような集落構造の変革を古墳時代にはじまる社会構造の変化と連動した動きとし、弥生時代後期以降に進展した首長層の隔絶化が一層発達した姿と考える[20]。SB30bとした平地式建物は、集落内に大型建物を中心とする空間が現れる直前段階、あるいはそれと一定期間併行して存在する可能性があろう。同一場所で建て替えられたSB30aからSB30bへの変遷が認められるならば、共同体が管理する高床倉庫の建っていた場所が、首

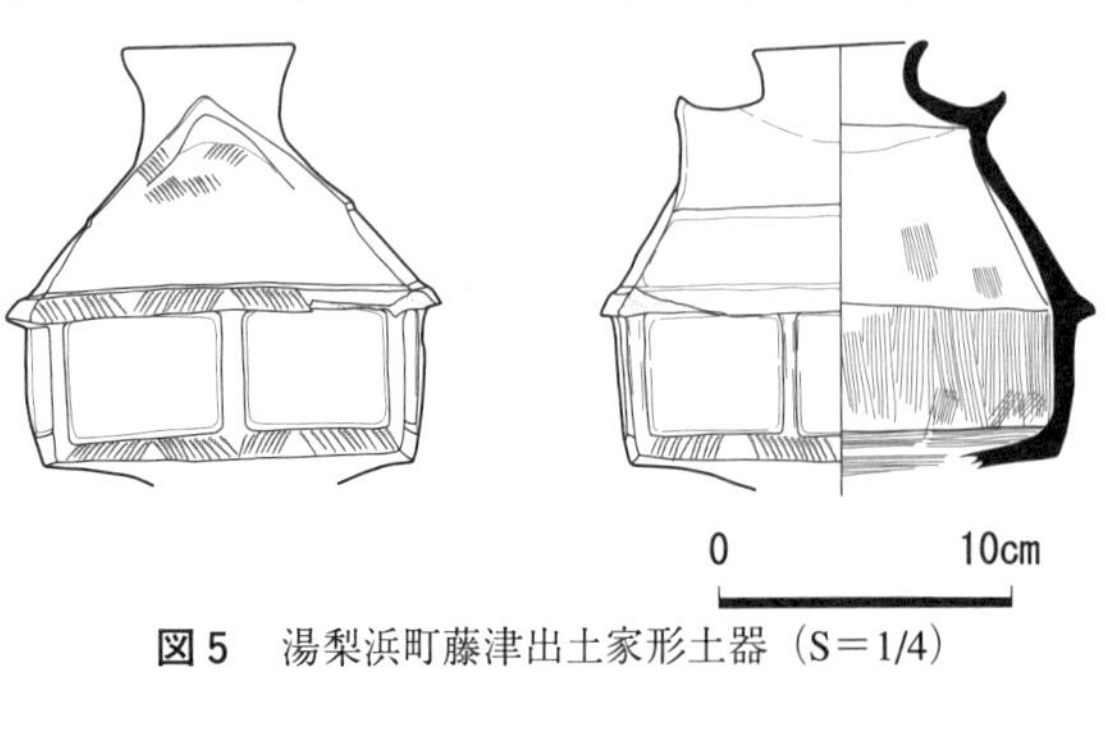

図5　湯梨浜町藤津出土家形土器（S＝1/4）

長の居宅へと変貌していく過程を示していると解釈することが可能である。

2　長瀬高浜遺跡ＳＢ40の再検討

ＳＢ30の次に登場する大型建物はＳＢ40である。前方後方形の囲郭の中に営まれた特殊な構造は、巨大な高層建築とされ、ＳＢ30と同様に多くの研究者がこの地域の祭礼用建物と考えてきた。その構造は、一辺一二・六メートルの方形竪穴内に径五〇センチの大径材を用いた四本の柱を五メートル間隔にたて、それらによって支えられる高層の高床建物とされる。その高床部には縁が取り巻き、梯子や階段が設置されていたというのが一般的な見解であろう。この建築像に原初的な大社造建築のイメージを重ねる論も多いから、筆者に与えられたテーマとも密接な関係をもつ。

まず、報告書によってその構造を整理すると、ＳＢ40の平面プランは大きく六つの遺構群で構成されている（**図6**）。Ａ：掘形径二・五メートルの柱穴四個（Ｐ1～Ｐ4）。Ｂ：掘形の長辺が一メートル程度の方形の柱穴一四個（Ｐ5～Ｐ18）。Ｃ：Ａ・Ｂの外縁を方形にめぐり、竪穴住居状の掘り込みとされる遺構。Ｄ：Ｃの東辺と南辺に重複する平面が「逆Ｌ字状の溝」。Ｅ：Ｃの内側にあって四隅の柱（Ｐ19～Ｐ22）を伴う溝。Ｆ：これらの遺構の外側をめぐり、平面が前方後方形をなす溝、の六種類である。報告書では、竪穴住居状の遺構Ｃ内部に四本柱の高床建築（遺構Ａ）が構築された後、遺構Ｂ、遺構Ｅが構築されたと考えられている。それらは、高床建築の周囲にある「縁（束）」「軒先柱とその支柱」「屏」「壁」と解釈され、一つの建築物を構成する部分と考えられている。遺構Ｆは、建築物全体を囲う柵であり、遺構Ｄは建物完成後に、その東辺と南辺に掘削された溝とされ、最新の遺構という。

しかし、そうだろうか。報告書の遺漏を突くのが目的ではないが、断面図には不可解な点や矛盾が多く、必ずしも記述どおりには理解できない。すべての遺構を同時に機能したものとみなすのは困難で、建築工程上の仮設物の遺構ないしはＳＢ30と同様に複数の遺構が切り合った結果と解釈せざるをえないのである。

たとえば、遺構Ｂの一部（Ｐ7、Ｐ16）は、遺構Ａ（Ｐ3、Ｐ1）によって切られている（k-k′断面）。一方、Ｐ1とＰ15の切り合い関係を示すf-f′断面によれば、遺構Ｂ（Ｐ15）の方が新しい。このことからすると、遺構ＡとＢは並行しながら構築されたと考えるべきである。したがって、遺構Ｂを「縁束」や「軒先の支柱」など主柱よりも後に付加される構造とは考えられない。むしろ、主柱穴と並行しながら構築されていること、いずれも柱痕が残存しておらず堆積が単純なこと、建物の四

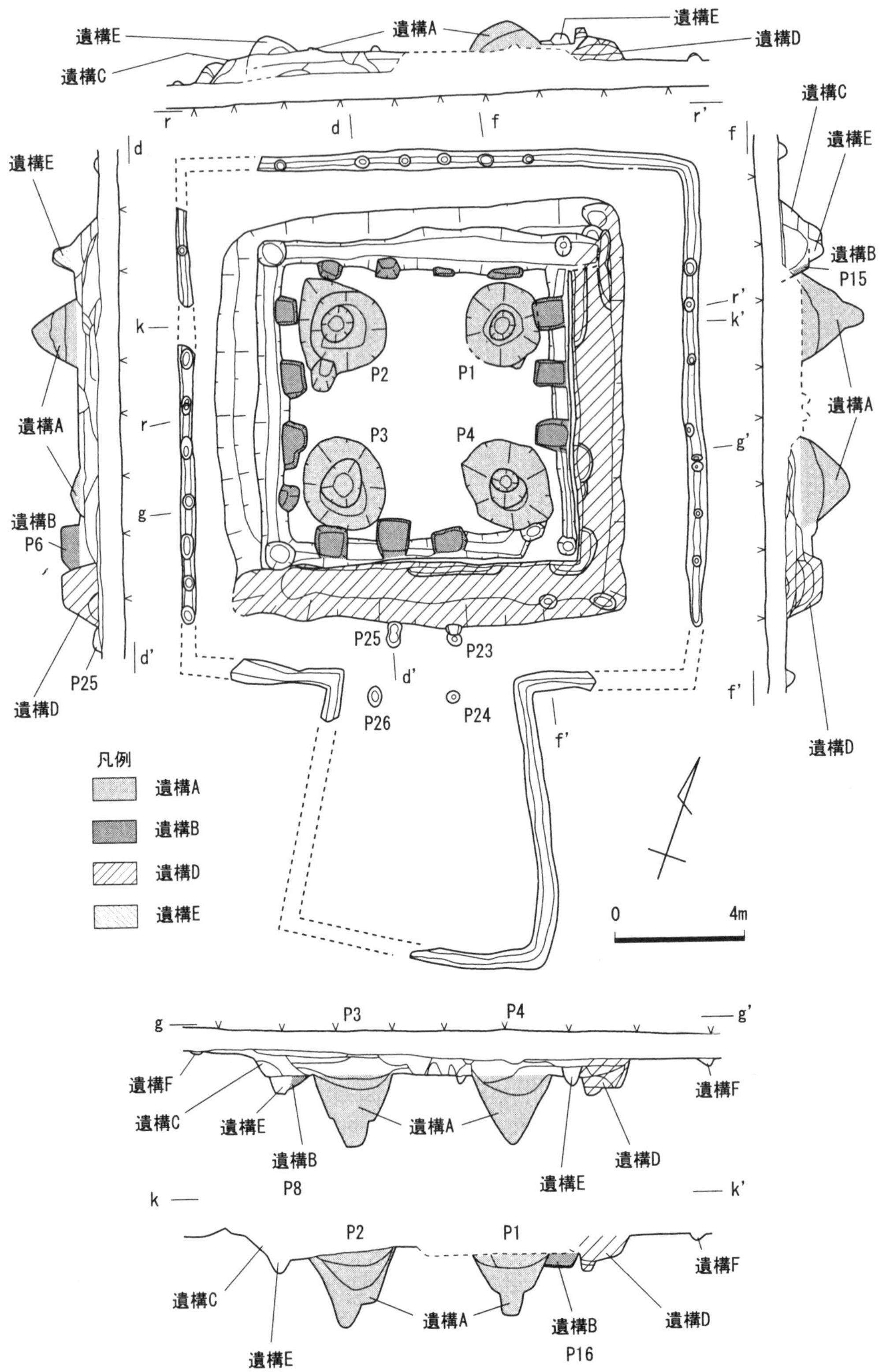

図6　長瀬高浜遺跡SB40遺構図（S＝1/200）

隅には存在しないことなどを勘案すると、建築過程で設けられた足場など仮設物の遺構とも考えうる。

また、竪穴住居状の掘り込みとされる遺構Cは、f-f′断面によれば、その埋土が遺構Eに切られている。つまり、建物の「屏」「壁」などと考えられている遺構Eが設置される段階では、遺構Cは埋没しているのであり、同時には機能していないことになる。では、そもそも遺構Cは何のために掘り込まれたのだろうか。埋没させることに意義がある遺構とすれば、掘り込み地業のような構造が考えうるが、仏教寺院の堂塔のように、巨大かつ重量のある建築に用いられる土木技術が、この時期に用いられているとする判断は躊躇せざるをえない。

さらに、遺構Cの東辺と南辺に掘削された溝という遺構Dは、遺構Cとプランが合致するうえに、f-f′断面やg-g′断面などによれば底面レベルが同じである。したがって、遺構Cの埋没後に掘削された別の遺構とは考えにくい。建物の東辺と南辺にのみ溝を掘る意味が不明であり、理解しがたいという点は措くとしても、g-g′断面によれば、遺構Dの埋土を切って遺構Eが掘削されている。遺構EをSB40の一部とみるならば、遺構Dは、報告書がいうように建物完成後に掘られた溝ではなくなる。このようにみてくると、遺構CとDは本来同一の遺構であった可能性が高いのではないだろうか。遺構C・Dが方形にめぐる幅二メートルほどの溝であり、内側の立ち上がりの北辺と西辺部分が遺構Eによって切られたため消失したと考えれば、複雑な構築過程を考えるよりも説明が容易である。

すべての遺構を一棟の建築物を構成する要素とみて、以上の各遺構の関係を統一的に説明する方法は困難であるが、大きく矛盾しない解釈の一例は以下のとおりである。まず、方形の柱穴（遺構B）の一部が掘削され、その後四本柱（遺構A）が立てられる。主柱の設置後、さらに遺構Bの一部が追加された。遺構Aの構築面は標高五メートル前後にあって、他の遺構群よりも検出レベルが低いと読み取れるから(21)、数十センチの盛土が追加された後、一辺一二・六メートルの方形に取り囲むように溝（遺構C・D）が掘削される。溝の埋没後、一部それと重複するように再び同様な溝（遺構E）が掘削され、その四隅に柱が立てられた、というものだ。しかし、この解釈は、遺構A、Bとそれ以外の遺構の掘り込み面が異なることを盛土で解決し、機能のよくわからない溝（遺構C・D）を掘削し、それを埋め戻したうえにさらに再掘削（遺構E）するという、何重もの不可解な仮定を介して初めて成り立つ。

別の見方は、これらを異なる時期に営まれた遺構の重複によって説明しようとするものである。まず、四つの大型柱穴（遺構A）の埋土は、柱抜き取り後の窪地が自然に埋没したような堆積状況を示しており、これが完全に埋没した後に構築されたその他の遺構とは無関係に存在しうる。遺構C・Dなどの掘り込み面よりも下位のレベルで検出されていることも、時期的に分別しうる根拠となろう。あるいは、本来は竪穴内に掘り込まれたが、竪穴部の掘形が遺構C・Dのような溝によって消失したという事情を反映している可能性もある。いずれの場合でも、遺構Bは足場など仮設の遺構として理解が可能だ。したがって、これらの遺構群は、少なくとも遺構A、Bによって成り立つ段階と、遺構C・Dによって成り立つ段階、遺構Eが造られる段階の大きく三段階に分けて考えなければならない。遺構A、Bが下層の遺構面に存在したとすれば、このほかにも同様な遺構が検出されてもよいはずであるが、そうではないようだ。数十センチのレベルの差は、一段低くなった竪穴内に掘り込まれた結果と考えることが妥当だろう。とすれば、遺構A、Bによって構成される建築物は、大規模な竪穴住居を想定すべきことになろう（SB40a）。遺構C・Dによって竪穴部掘形が消失しているとすれば、床面積一〇〇平方メートルを超える規模になると予想される。柱穴の深さや巨大さは建築の安定性と関連するが、砂丘遺跡という特性を考慮すれば、必ずしも高層建築の裏づけとはならないだろう。

その埋没後に掘削された方形にめぐる溝である遺構C・D、E（SB40b、c）の性格は不明と言わざるをえないが、類似した遺構として倉吉市夏谷遺跡で検出された1号大壁住居状遺構がある。[22]時期は、古墳時代中期後半と考えられている。一辺一二メートルの範囲を方形に囲んだ溝で、規模や構造が類似する。溝底部にピットが存在する点も共通するといえよう。これらが真に大壁（あるいは真壁）住居であるか否かは、類例と比べても突出して巨大であり、長瀬高浜遺跡の場合は時期が古すぎるから基本的な再検討を要するが、何らかの建物遺構である可能性はある。少なくとも、夏谷遺跡例と比較することによって、孤立した資料ではなくなる。

前方後方形の柵列とみられる遺構Fは、どの段階の遺構とも並存可能であるが、遺構C・DあるいはEに伴う垣とみておきたい。これは、遺構Fの埋土が褐色砂や暗褐色砂であり、遺構C・D、Eの埋土上層と共通していることによる推測である。

遺構Aの時期は、柱穴P4の埋土上層から出土した土器群によって古墳時代前期前葉（天神川編年Ⅱ期）と知れるが、これは廃絶時期の下限を示す。そうすると、南側に存在したSB30と並存する可能性も否定できなくなってくる。SB30bとした平地式建物と超大型竪穴住居であるＳＢ40ａが並存し、首長層の居宅を構成したととらえるならば、従来とはまったく異なる集落像となろう。[23]

３　その他の大型掘立柱建物

上述した茶畑第1遺跡には、古墳時代と考えられる大型建物も存在する。掘立柱建物1、掘立柱建物12は、いずれも二間×六間の長棟の身舎をもつⅠ類建物である。掘立柱建物1は三・七×八・三メートル（三〇・五平方メートル）の規模で、両妻側に独立棟持柱をもつ。掘立柱建物12は、三・七×八・三メートル（三〇・五平方メートル）の規模を有し、東側妻柱の外側にはさらに一間分の柱があり、その面にのみ独立棟持柱があるという特異な構造である。妻柱よりも外側にある桁柱の部分は、半屋外空間と考えられている。

これらは、その平面形から弥生時代中期に一般的なⅠ類建物と考えられるが、掘立柱建物12は隅丸方形のプランをもつ竪穴住居19に重複して建てられており、これより新しい。竪穴住居19の所属時期は不明だが、隅丸方形のプランが弥生時代後期後葉以降一般化することを考えれば、掘立柱建物12の時期はそれ以降と推測できる。一方、掘立柱建物1は、古墳時代後期の竪穴住居18に切られているというから、これより古い。

従来Ⅰ類建物は弥生時代後期の確例がなく、もっぱら弥生時代中期に一般的な類型とみられてきた。別に岡野雅則氏が述べているように（本書第一部第二章第二節）、時期比定には限界があるものの、遺構の切り合い関係が確かならば、空白期を埋める資料となろう。後述するように、古墳時代後期以降には、再び長棟建物がみられるようになる。茶畑例が確かであれば、Ⅰ類建物が大型建物類型の系譜として古墳時代後期まで連続している可能性もある。今後類例の蓄積や既存資料の再検討が必要である。

４　小　結

個別遺構の解釈が煩瑣となったので、ここで古墳時代前期までのまとめを行っておきたい。

弥生時代後期以降に新たに出現する大型建物には、梁行三間の平地式建物（Ⅱ類）がある。これは、それ以前に存在したⅠ類建物とは平面プランを大きく異にする。Ⅰ類の長幅比が一：二～一：三と細長い長方形であるのに対して、新たに登場するⅡ類のプランは一：二以下である。この平面プランは以後の大型建物に一般的であるが、これは桁行が短くなるのではなく、梁行の長さが四メートル以上になることによってもたらされたものだ（**図7**）。

このことは、単に規模が大きくなるのではなく、構造面の革新があったと考えられる。弥生時代中期に主流であったⅠ類建物は、向かい合う柱同士を比較的短い梁で結び、その単位を桁行方向に連続させることで大型建物を実現していた。対面する桁方向の柱間距離に似たものが多いのは、そうした軸組に主因があると考える。これに対して新たに登場するⅡ類建物は、より複雑な構造によって大型建築を可能にする技術的な発展を示す(24)。梁行三間の場合には、棟木の支持方法に単純な棟持柱だけを想定できないし、梁行も従来の一・五倍近くになっているから、小屋組は大型化した屋根を支えるために複雑になると考えられる。妻木晩田遺跡松尾頭地区SB41で想定されたオダチ鳥居組はその一端を示していると言えよう。

なお、建築技術の画期を考えるうえで、後期後葉～終末期に一般化する隅丸方形の竪穴住居では、柱間がひろくなる傾向が観察される点にも注意が必要だ(25)。ひろがった柱間の中間に補助柱を設ける例が増えるが、これは桁材を二材継いだ場所を支持すると考えられ、継手や仕口加工の多様化を反映している可能性がある。建築技術の革新は、竪穴住居建築にも及んでいた可能性があろう。

また、規模の面からみれば、弥生時代には床面積三〇平方メートル台がもっとも大きな建物であるのに対し、古墳時代前期では六〇平方メートルを超える突出した規模のものも現れる。これ以降、三〇平方メートル台のものが一般的に存在するようになり、それを超えるものも散見される。さらに、弥生時代後期以降に類例が増加するⅢ類建物の基礎構造は、新たな建築技術体系の導入を物語る。掘立柱建物の大きな転換は弥生時代後期にはじまり、古墳時代前期に一つのピークを迎えるといえよう。

長瀬高浜遺跡の大型建物について、根本的に再検討した見解を述べた。その一つは、終末期の段階にⅢ類建物であったSB30aが古墳時代前期に平地式建物SB30bへと変わるというものだ。SB30aは弥生時代中期に大型の類例がみつかっている独立棟持柱をもつ建物と共通点が多い。山陰では、弥生時代後期に独立棟持柱をもつ確かな事例がみつかっていないから、やや奇異な感じを受ける。しかし、Ⅲ類建物は後期から終末期にかけ

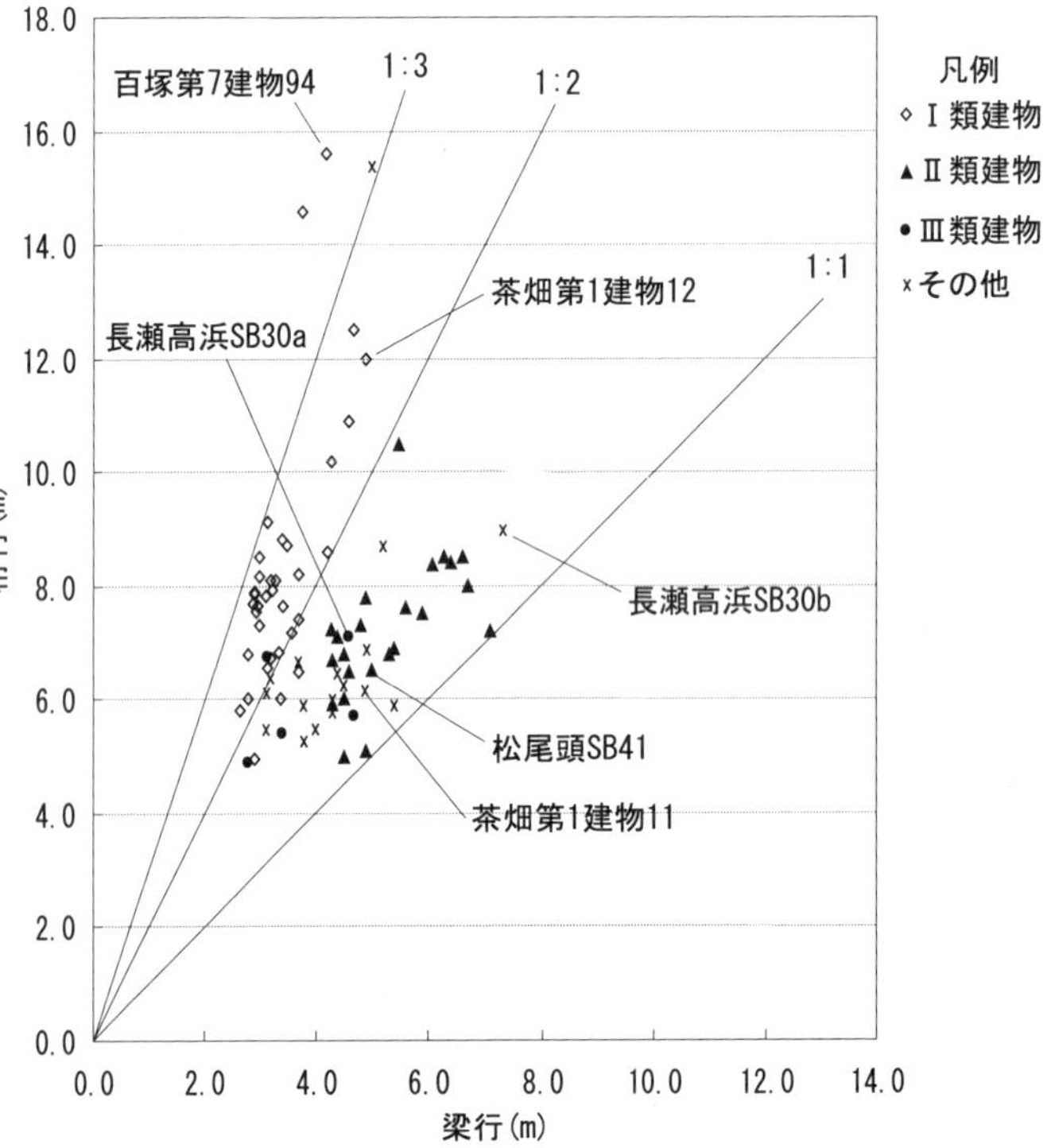

図7　大型建物の平面規模

て現れ、古墳時代前期に継続すると考えられる。遺構認定でさまざまな不安を残すものの、茶畑第1遺跡の掘立柱建物10が弥生時代後期以降の例であり、復元パターンのうちのいずれかが独立棟持柱をもつとすれば、欠落期を埋める資料となりうる。

長瀬高浜遺跡ＳＢ30ｂは平地式建物であり、弥生時代終末期までに成立した首長の居宅にかかわる施設と考える。竪穴住居から脱した首長の新たな政治拠点となった可能性も考えられるが、再検討したＳＢ40ａが超大型竪穴住居であると考えられ、平地式建物ＳＢ30ｂと並存していた可能性を考慮すると、首長の日常の住まいとしての竪穴住居が存続したとも考えられる。

四、古墳時代中期以降の大型掘立柱建物

古墳時代中期以降の集落で大型掘立柱建物が良好に把握できる事例はそれほど多くないが、Ⅱ類建物が一般的にみられるようになるのは確実である。Ⅲ類建物は、長瀬高浜遺跡のＳＢ35が前期〜中期と推測されるのを最後に、以後みられなくなる。(26) なお、中期前半では長瀬高浜遺跡、中期後半以降は米子市（旧淀江町）百塚遺跡群や北栄町（旧大栄町）由良遺跡などが主な検討対象となる遺跡である。いずれも遺構単体の時期比定が困難な遺跡が多いため、中期以降を一括して取り扱う。場合によっては古墳時代以降のものを含んでいる可能性も否定できないため、ここでの検討は今後の手がかりを得るための試論と位置づけたい。

1　平地式住居の一般化

中期前半の長瀬高浜遺跡では、住まいの遺構としては竪穴住居がほとんどで、大型の掘立柱建物はごく少ない。(27) わずかにＳＢ36が中期に位置づけられる可能性があるが、建築構造は不明な点が多い。中期中葉以降、長瀬高浜遺跡は居住域が縮小し、古墳群へと姿を変えていく。大型掘立柱建物があるとすれば、これまでの調査区外にあると考えられる。

これとは異なって、大規模な面積が調査された中期後半〜後期後半にかけての百塚遺跡群では、掘立柱建物の比率が高い。(28) 竪穴住居に比して掘立柱建物は時期比定困難なものが多いが、Ⅱ類建物とした梁行三間以上となる平地式建物が一定数存在する。梁行二間ながら、Ⅱ類と平面形の比率が類似し、床面積が二〇平方メートルを超えるものも平地式建物とみてよければ、さらに多い。丘陵上平坦面部が広く調査されている百塚第7遺跡、第8遺跡を取り上げて、その集落像を概観しよう（**図8**）。

まず、竪穴住居や掘立柱建物などの居住関連遺構は調査区内に満遍なく存在するのではなく、分布に偏りがある。そして、それらが集中する範囲には小規模な溝がめ

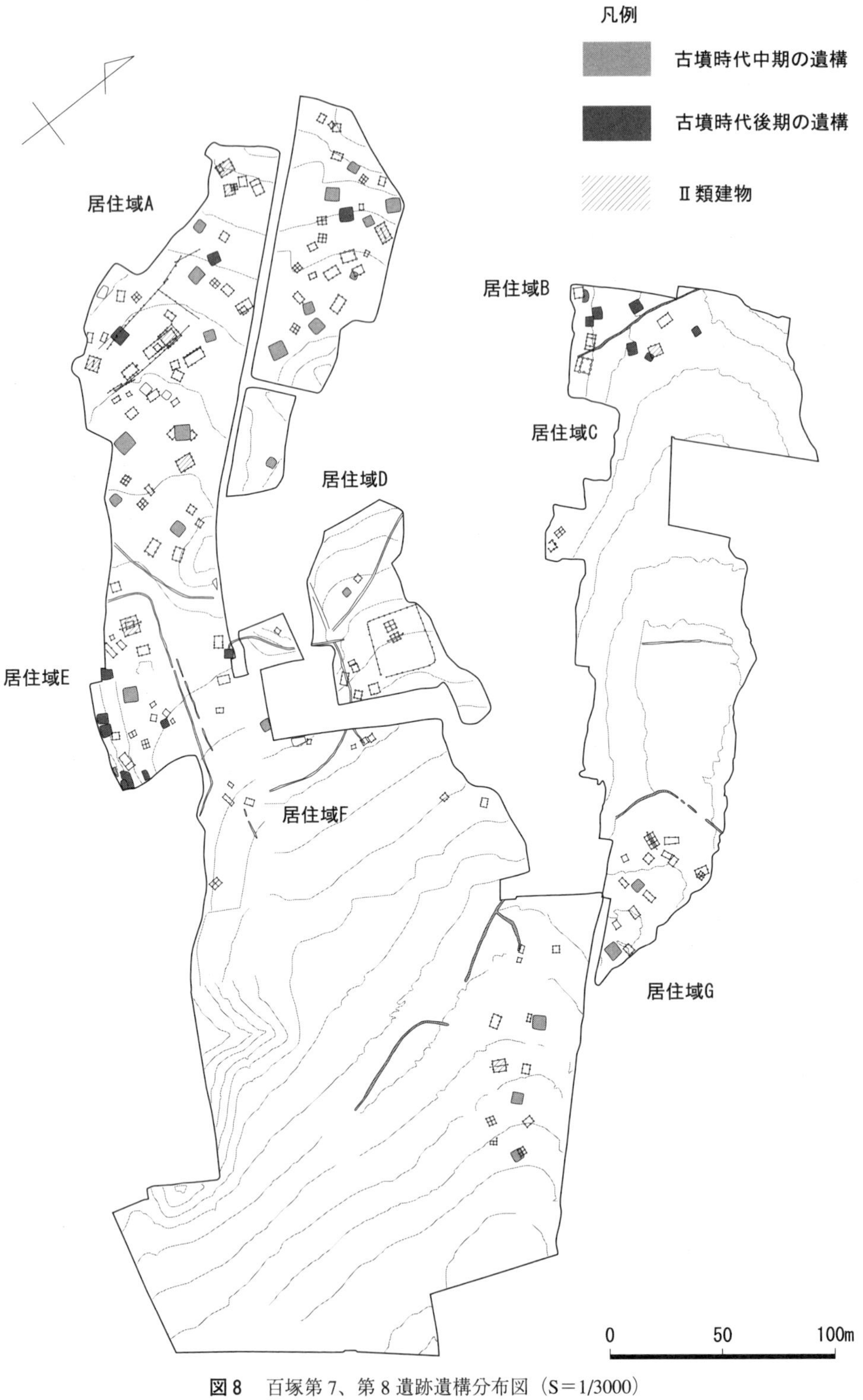

図8　百塚第7、第8遺跡遺構分布図（S＝1/3000）

ぐっている。溝と居住遺構の同時性は必ずしも明らかでない場合もあるが、この溝は居住域を区画する溝とみてよかろう。調査区の制約によって、居住域内部の様子が判明する度合いはさまざまであるが、溝の存在によって居住域をA～Gまでの七つに区分しうる。このうち、もっともひろく調査されて内容がよくわかる居住域Aに注目すると、中期後半に一六棟の竪穴住居跡があったが、後期段階になると三棟だけになっている。一方、この居住域では時期不明な掘立柱建物が多数検出されており、床面積三〇～五〇平方メートルのⅡ類建物が六棟存在するほか、梁行二間ながら床面積が二〇平方メートル以上で平地式建物とみられるものが八棟ある。これらが既存の竪穴住居の床面積と類似した大きさであることを勘案すると、後期段階の平地式住居である可能性がある。居住域Aでは、早ければ中期後半に、より確実には後期段階に竪穴住居から平地式住居への転換があったと考えられよう。ただし、居住域Bなどでは、竪穴住居が主体となっており、平地式住居への転換は、集団ごとに時期差があった可能性が考えられる。

同様な状況は由良遺跡でもみられ、竪穴住居から平地式住居への転換が後期に起こっている可能性がある。[29] 竪穴住居は、中期後半～後期にかけて存続するようであるが、掘立柱建物がそれらを切っている。島根県域では、掘立柱建物が主体となる集落が早い遺跡では中期後半から出現するとみられており、後期にはその傾向が顕著になるという。[30] 竪穴住居が激減して、多くの遺跡で平地式住居に転換するのは七世紀代とみられるが、そのような動きは山陰全般で古墳時代後期のうちにはじまっているといえよう。

そうした状況の中で、Ⅱ類建物に格差が生じているようである。由良遺跡では、梁行三間で床面積三〇平方メートル前後のものと梁行四間で床面積五〇平方メートル前後のものが比較的明瞭に分かれ、同時に並存していると考えられる（**図9**）。同様な状況は古墳時代後期末の大山町（旧名和町）名和飛田遺跡でも読み取れる。掘立柱建物1は四間×五間で、由良遺跡で大型としたものと同じ規格の建物

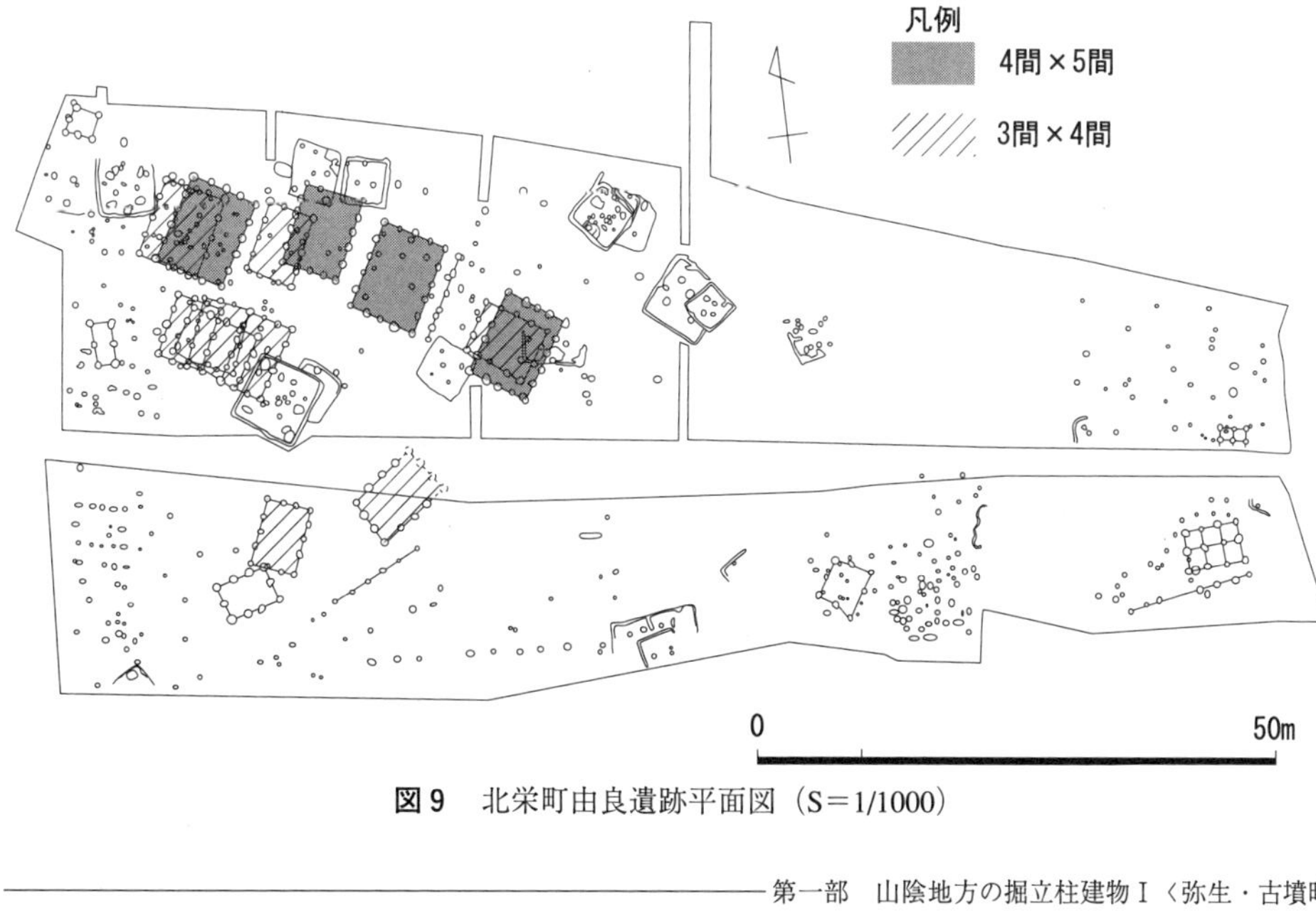

図9　北栄町由良遺跡平面図（S＝1/1000）

であり、床面積五〇・七平方メートルある。大部分が調査区外になるが、掘立柱建物1と並存しているとみられる掘立柱建物2は、梁行三間でやや小さい[31]。住居規模の差がそのまま住人の階層差を反映するとは限らないものの、比較的明瞭に二分できるあり方は、竪穴住居の規模の差以上に明確な違いとして認識できたはずである。

2　特殊な構造をもつ大型建物

名和飛田遺跡の掘立柱建物4は、やや特殊な構造をもつ大型掘立柱建物と理解されている。それは、四間×三間以上の身舎の外周に柱穴列が伴うもので、調査区内で検出された身舎の規模から推定して、最小に見積っても床面積が五七・七平方メートルになると考えられている。報告者の日置智氏は、この遺構を近年各地で類例が増加している四面庇付建物の類例としてとらえ、首長居館の可能性が高いとした[32]。身舎の隅柱の一つが検出されないなど建築構造に疑問があるし、囲郭施設が存在しない点で首長居館との性格づけにも異論があるかもしれない。ただし、古墳時代後半期に明確な首長層の居住域が知られていない現状では注目すべき遺構であろう。

一方、倉吉市不入岡遺跡では、八世紀以降の古代の建物群とは主軸を異にするSB30をはじめ、四棟の大型掘立柱建物群が七世紀代、あるいは古墳時代に遡るかもしれないと報告されている[33]。SB30は、梁行五間×桁行五間の総柱建物で、一〇・八×一一・四メートルの規模をもつ。方形の掘形をもつ外周柱穴に対して、内部の柱穴は円形の掘形でやや小さいことから、これらが床束となる高床の建物と考えられる。報告書は詳細に述べないが、この建物に伴う屋内棟持柱と思われる方形の柱穴があり、これが認められるならば、柱配置や規模は古墳時代中期の大阪府豊中市蛍池東遺跡建物3などと類似する[34]。蛍池東例が同じ類型の建物が棟筋をそろえて並ぶ倉庫群であるのに対して、不入岡例は一棟しか存在しない点に違いがあるが、平面形の類似性をもって古墳時代中期に遡りうる大型倉庫とみておこう。

また、古墳時代後期には、二間×八間といった長棟の建物が再びみられるようになる。百塚94号建物はその一例であるが、類例として米子市（旧淀江町）上淀廃寺の先行建物群[35]や琴浦町（旧東伯町）八橋第8・9遺跡の大型掘立柱建物がある[36]。上淀廃寺の先行建物群は、向山古墳群を築いた首長の居館関連遺構と想定されているものである。史跡指定に伴う限定された面積の調査のため全容は不明な点が多いが、SB117、SB119などがみつかっており、古墳時代後期とされる。八橋第8・9遺跡のSB4、SB6は後期末以降と考えられるもので、調査者は竪穴住居廃絶後の七世紀後半代に位置づけるが、集落存続期間の中で考えても矛盾はない。

これらは平面形からみれば、弥生時代中期にみられたⅠ類建物とよく似ている。しかし、桁行の柱間をみると、向かい合う柱間が著しく異なるものや柱数が合わないものがあり、Ⅰ類がそのままの姿で存続しているわけでもなさそうだ。柱間や柱数の不統一は、折置組よりも京呂組に適した構造であるから、古墳時代後期以降の長棟建物には新しい構法が採用されている可能性もある。茶畑第1遺跡の掘立柱建物1、掘立柱建物12は、従来Ⅰ類建物がないと考えられてきた時期のものと考えられるが、柱間は比較的そろっており、折置組に復元される点は弥生時代中期の状況を引継いでいると言えようか(37)。

五、おわりに

大型掘立柱建物の各類型の消長をみると、大きく二つの変化が指摘できる（**図10**）。すなわち、弥生時代後期～終末期にかけての時期は、従来にない新たな建築類型の成立をみることができる。梁行三間以上となる平地式建物であるⅡ類が出現し、布掘り掘形をもつ高床建物であるⅢ類が出現する。これらは、新たな建築、架構技術を反映したものであると考えられる。後期～終末期にかけては、鉄器化の進展が著しい時期であり、針葉樹が一定量用いられるようになることが焼失竪穴住居の用材から知られる。建築技術の革新の背景には、より複雑な継手や仕口を可能にする鉄製加工具の普及や用材の変化があったものと考えられよう。

古墳時代中期後半～後期には、第一の変化期に登場したⅡ類建物が一般化する。一方、Ⅲ類建物は遅くとも中期には姿を消すようだ。類型化しうるほど資料に恵まれないが、名和飛田遺跡や不入岡遺跡などでは、近畿地方を中心に類例が散見されるような建物が存在した可能性がある。Ⅰ類建物は弥生時代中期から系譜が存続するのか、似て非なる新たなものなのかは定かでないが、古墳時代後期以降の集落の中で散見される。

中期～後期以降の掘立柱建物の諸例から気づくことであるが、弥生時代後期～古墳時代前期に比して柱穴掘形が概して小さく、柱も大径材と呼びうるほどのものは少ない。柱筋が直線的に並ばないものも散見され、遺構だけをみると前代に比べて見劣りする。しかし、建築規模は全体的に大型のものが増えている。これは、効率的な用材や架構技術の発達により、大径材を用いなくとも大規模な建築が可能になったことの反映とみるべきだろう。

建物類型を平面形だけで追究することは限界が多い。柱間や柱配置の分析からどのような軸組・小屋組みが考えうるか、今後は上部構造を可能な限り検討したうえで類型化を図るべきだろう。それには建築部材の分析も欠

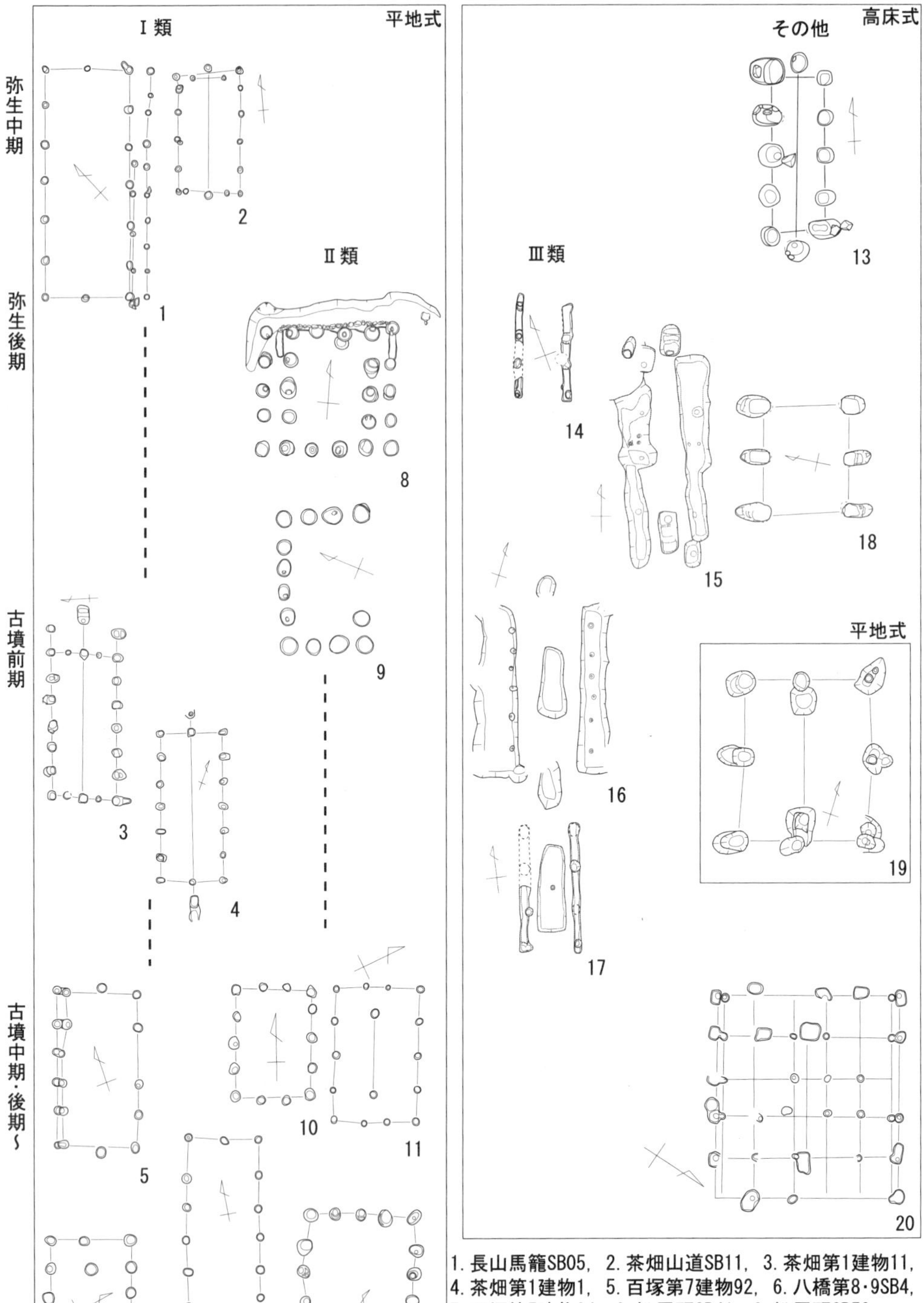

1. 長山馬籠SB05, 2. 茶畑山道SB11, 3. 茶畑第1建物11, 4. 茶畑第1建物1, 5. 百塚第7建物92, 6. 八橋第8・9SB4, 7. 百塚第7建物94, 8. 松尾頭SB41, 9. 松尾頭SB53, 10. 由良SB01, 11. 百塚第7建物68, 12. 名和飛田建物1, 13. 茶畑山道SB05, 14. 笠見第3SB4, 15. 茶畑第1建物10, 16. 長瀬高浜SB30a, 17. 笠見第3SB20, 18. 茶畑第1建物11, 19. 長瀬高浜SB30b, 20. 不入岡SB30

図10　各建物類型の消長（S＝1/400）

かせない。所期の目的を果たせたとはいえないが、今後の課題としておきたい。

註

（1）浅川滋男「シンポジウムの趣旨と概要」『先史日本の住居とその周辺』同成社、一九九八。

（2）松本哲他『妻木晩田遺跡発掘調査報告』Ⅰ～Ⅳ、大山スイス村埋蔵文化財発掘調査団・大山町教育委員会、二〇〇〇。

（3）宮本長二郎「妻木晩田遺跡の建物」佐古和枝編『海と山の王国―妻木晩田遺跡が問いかけるもの―』「海と山の王国」刊行会、一九九九。宮本文献では、妻木晩田遺跡の建物群について、氏自身による復元的なイメージ画が掲載されている。この中で松尾頭地区ＳＢ41の壁の詳細は描かれていない。妻木晩田遺跡展示室のオープンにあたってＳＢ41の建築模型が制作されたが、その指導にあたったのが氏であった。そして模型の際には壁が横板落込とされている。なお、ＳＢ41は、宮本の文献でＳＢ01とされるが、これは発掘調査当時の遺構名である。

（4）浅川滋男他「ＭＧＳＢ-41の復元的考察」『仮設構法による巨大露出展示空間の創造―妻木晩田遺跡環境整備のための基礎的研究(2)―』鳥取環境大学浅川研究室、二〇〇五。

（5）マンセル記号などが用いられていないため客観的な比較はできないが、弥生時代の遺構埋土は「茶褐色」「黄褐色」などの褐色系の土色が多く観察されているのに対して、古墳時代の遺構では「黄灰色」「暗灰色」などの表現が散見される。

（6）丹羽野裕他『塩津丘陵遺跡群（塩津山遺跡・竹ヶ崎遺跡・柳遺跡・附亀ノ尾古墳）』建設省松江国道工事事務所・島根県教育委員会、一九九八。

（7）牧本哲雄他『笠見第3遺跡』財団法人鳥取県教育文化財団・国土交通省倉吉河川国道事務所、二〇〇四。

（8）西川徹他『茶畑遺跡群（第一分冊）茶畑第1遺跡』財団法人鳥取県教育文化財団・国土交通省倉吉河川国道事務所、二〇〇四。

（9）シンポジウムでの発表時には、茶畑山道遺跡ＳＢ-05との類似性から中期の建物と考えたが、むしろそれ以降の集落構造の中で理解すべき建物であろう。

（10）註6文献に同じ。

（11）報告書では、梁行三・六メートルと記すが、図面上では四・四メートルある。桁行の寸法は記述と図面に矛盾はないから、誤記であろう。仮に三・六メートルとしても、径二〇センチほどの柱の場合に柱間一間としてはひろすぎるように思われる。

（12）中原斉「妻木晩田遺跡における掘立柱建物跡について(1)―9本柱掘立柱建物跡を中心に―」『妻木晩田遺跡発掘調査研究年報二〇〇一』鳥取県教育委員会、二〇〇一。中原斉「妻木晩田遺跡にみる弥生の国邑―九本柱掘立柱建物の問題を中心に―」『建築雑誌』Vol.117、No.1488、二〇〇二。

（13）西村彰滋他『長瀬高浜遺跡発掘調査報告書Ｖ』財団法人鳥取県教育文化財団、一九八三。

（14）辰巳和弘『高殿の古代学―豪族の居館と王権祭儀―』白水社、一九九〇。

（15）半澤幹雄他「武庫庄遺跡」『平成八年度国庫補助事業 尼崎市内遺跡復旧・復興事業に伴う発掘調査概要報告書』尼崎市教育委員会、一九九九。

(16) 長瀬高浜ＳＢ30は古墳時代初頭とされるが、筆者は天神川編年Ⅰ期を弥生時代終末と考えている。布留式系の土器群が器種構成に組み込まれる天神川編年Ⅱ期をもって古墳時代とみなす。

(17) あるいは、平面図にみられる他の柱穴状のピットを評価して、第三の建物遺構を想定する余地もある。シンポジウム当日は第三案も提示したが、まったく同一場所での建て替えとするよりは、部分的な柱の差し替えと解釈する方が現実的であろう。

(18) 山陰考古学研究所『山陰の前期古墳文化の研究Ⅰ—東伯耆Ⅰ・東郷池周辺』一九七八。

(19) 鈴木敏則「弥生時代の家形土器—静岡県浜松市鳥居松遺跡出土例を中心に—」『地域と古文化』、『地域と古文化』刊行会、二〇〇四。

(20) 濵田竜彦「伯耆地域における弥生時代中期～古墳時代前期の集落構造」『日本考古学協会二〇〇三年度滋賀大会資料集』日本考古学協会二〇〇三年滋賀大会実行委員会、二〇〇三。

(21) ただし、遺構Ａの埋土が柱穴外にはみ出して堆積しているように描かれた断面図が多いことから（ｄ-ｄ′、ｆ-ｆ′、ｇ-ｇ′断面）、本来の検出面は二〇センチほど上であった可能性も読み取れる。その場合、遺構Ｂの一部は、完全に異なる遺構面に掘り込まれたものとなるため、同時に検討する意味はなくなる。

なお、報告書の平面図は完掘後にとられたようである。断面図から論理的にたどると、報告書に示された平面プランとは異なるプランも指摘できる。さらに、今回遺構Ａ、Ｂなど一連のものとしてまとめた遺構群も、じつは個別に累積した結果である可能性すら読み取りうる。しかし、もはや検証はかなわない。報告書に記載された調査時の認識を極力尊重した。

(22) 森下哲哉他『夏谷遺跡発掘調査報告書』倉吉市教育委員会、一九九六。

(23) シンポジウム当日は、ＳＢ40が複数の遺構の累積と理解できる点を指摘するにとどまった。しかし、本稿では、その後の検討結果もふまえて四本柱のみを古段階として取り出し、大型竪穴住居に復元する案を採っている。

(24) 同様の変遷観はすでに青木遺跡の発掘調査報告書の中で示されている。ただし、この時点では弥生時代後期～古墳時代前期の大型建物が不明確であり、Ｃ・Ｄ地区の状況をもって古墳時代中期後半に画期が設けられていた。青木遺跡発掘調査団『青木遺跡発掘調査報告書Ⅱ—Ｃ・Ｄ地区—』鳥取県教育委員会、一九七七。

(25) 馬路晃祥・濵田竜彦「妻木晩田遺跡における竪穴住居跡調査方針（案）」『妻木晩田遺跡発掘調査研究年報二〇〇二』鳥取県教育委員会、二〇〇三。

(26) 西村彰滋他『長瀬高浜遺跡発掘調査報告書Ⅵ』財団法人鳥取県教育文化財団、一九八三。

(27) 註26に同じ。

(28) 百塚遺跡群に関する文献は、以下のものがある。
角田徳幸『百塚第1遺跡発掘調査報告書』淀江町教育委員会、一九八八。

中山和之『百塚53・105・106・107号墳、百塚第1遺跡、原田遺跡発掘調査報告書』淀江町教育委員会、一九八九。

中山和之『百塚第1遺跡』淀江町教育委員会、一九八九。

中山和之『百塚古墳群発掘調査報告書Ⅰ』淀江町教育委員会、

一九九二。

岩田文章他『百塚遺跡群Ⅱ』淀江町教育委員会、一九九三。

岩田文章他『百塚遺跡群Ⅳ』淀江町教育委員会、一九九五。

原田雅弘他『百塚第5遺跡、小波狭間谷遺跡、泉上経前遺跡』財団法人鳥取県教育文化財団、一九九五。

仲田信一他『百塚第7遺跡（8区）』鳥取県教育文化財団、一九九五。

岩田文章他『百塚遺跡群Ⅴ』淀江町教育委員会。一九九六。

岩田文章他『百塚遺跡群Ⅵ』淀江町教育委員会、一九九六。

岩田文章他『百塚遺跡群Ⅶ』淀江町教育委員会、一九九七。

岩田文章他『百塚遺跡群Ⅷ』淀江町教育委員会、一九九九。

岩田文章他『百塚遺跡群Ⅸ』淀江町教育委員会、二〇〇二。
（29）竹歳勉他『由良遺跡発掘調査報告』大栄町教育委員会、一九七八。ただし、由良遺跡からは奈良時代～平安時代までの土師器も出土しており、掘立柱建物の時期は下る可能性もある。
（30）池淵俊一「柳Ⅱ遺跡」『柳Ⅱ遺跡・小久白墳墓群・神庭谷遺跡』建設省松江国道工事事務所・島根県教育委員会、一九九六。池淵俊一他『石田遺跡Ⅲ』島根県教育委員会・建設省松江国道工事事務所、一九九八。
（31）北浩明他『名和飛田遺跡』財団法人鳥取県教育文化財団、二〇〇五。
（32）日置智「大形建物をもつ古墳時代後期の名和飛田集落について」『名和飛田遺跡』財団法人鳥取県教育文化財団・国土交通省倉吉河川国道事務所、二〇〇五。
（33）竹宮亜矢子他『不入岡遺跡発掘調査報告書―不入岡遺跡・沢ベリ遺跡二次調査』倉吉市教育委員会、一九九六。
（34）大阪文化財センター『宮の前遺跡・蛍池東遺跡・蛍池遺跡・蛍池西遺跡』一九九四。
（35）中原斉『上淀廃寺』淀江町教育委員会、一九九五。
（36）小口英一郎他『八橋第8・9遺跡』財団法人鳥取県教育文化財団・国土交通省倉吉河川国道事務所、二〇〇四。
（37）浅川滋男他「茶畑第1遺跡掘立柱建物12の復元設計―片側に独立棟持柱をもつ特殊な大型掘立柱建物」『茶畑遺跡群（第三分冊）古御堂笹尾山遺跡・古御堂新林遺跡』財団法人鳥取県教育文化財団・国土交通省倉吉河川国道事務所、二〇〇四。

第二章　遺跡各論Ⅰ　伯耆の弥生集落と掘立柱建物

第一節　茶畑山道遺跡

辻　信広

一、はじめに

近年、山陰自動車道建設に伴う大規模発掘調査が当該遺跡を含む茶畑・押平地区で実施されてきた。これにより、この地区に展開する弥生時代の拠点集落の実態が明らかになり出した。今回はそういった成果をふまえつつ、この大集落の中で当遺跡が果たした役割や意義を述べる。そこで、弥生時代前期をⅠ期、中期前葉をⅡ期、中期中葉をⅢ期、中期後葉をⅣ期、後期をⅤ期、終末期をⅥ期、古墳時代前期をⅦ期とし、これまでに発掘調査を行った各遺跡を総括的に一集落ととらえた場合、便宜的に「茶畑遺跡群」、発掘調査を行った箇所を「地区」という用語を使って述べる。

二、立地する環境

茶畑遺跡群が立地するのは、中国地方の最高峰大山の北麓であり、海岸線より一・五キロ内陸に入った標高五〇～六〇メートルに立地している。当遺跡から北方を望むと、美保関から大きく弧状にひろがる日本海を望むことができ、晴れた日にはその向こうに隠岐島が望める。南方には大山北壁、西方には孝霊山が間近に聳え、その裾野には妻木丘陵がひろがり、国史跡・妻木晩田遺跡が所在している。当遺跡からは約三キロの距離である。付近には大山から源を発する阿弥陀川と名和川水系・蛇川が流れている。前者は火砕流堆積の崖錐となる広大な扇状地形を形成し、後者はその東縁辺部を区切るようにして流れ、谷地形を形成している。この谷を境にして、東側は大山を給源とする名和火砕流(約一〇万年前噴出)によって形成される台地状の尾根が、東西に幾本も連なる(**図1**)。

茶畑遺跡群はこの二つの地形に跨って立地し、茶畑山道地区は扇状地の東縁辺部、茶畑第1地区は台地状の尾根に、各々立地している。この阿弥陀川右岸の扇状地には、昭和二十九年まで庄内村が存在していた。この村名は良好な庄内米を産出することに由来し、他所と比べて一町あたりの収穫高が高い土壌豊かな土地であったが、水利が悪い所でもあった。このような扇状地が本格的に開発され出したのは、茶畑六反田遺跡や押平弘法堂遺跡が成立する平安中期以降のことである。とくに茶畑六反田遺跡では灰釉陶器や緑釉陶器を伴う数本の溝が検出され、それらから条里が復元できるという[1]。さらには、「茶畑」という地名も藤原氏のお茶を産出する荘園があったからという地名説話が残っている。このように古代後半頃から灌漑用水路の開削に伴って扇状地中央部の開発がなされ、中世まで継続する集落が誕生し、それ以前においては水利の比較的よい縁辺部でしか土地利用はされなかった。茶畑山道地区や茶畑六反田地区はこのような立地に該当し、両者の範囲は蛇の川に沿って扇状地東縁に細長く伸びている。また、押平弘法堂遺跡ではⅣ期後半の土壙墓群が検出されており、集落域の外れに墓域を営み、扇状地を巧みに利用していることがうかがわれる。

三、茶畑遺跡群について（**図4**）

まず、これらの遺跡の調査史について述べる。これらの発掘調査の歴史は古く、昭和四十七年に茶畑第2遺跡が発掘調査され、Ⅴ～Ⅵ期を中心とする竪穴住居跡が一六基検出された。次に平成二年、東高田遺跡発掘調査では、その西側の台地を調査し、Ⅴ～Ⅶ期にかけての竪穴住居が二〇基検出された。そして、平成九年度茶畑山道遺跡の発掘調査が行われ、弥生中期の拠点集落が存在することが明らかになった。この時点では、それぞれの発掘調査を別々の遺跡としてとらえており、茶畑山道地区で検出した大型掘立柱建物群の意味合いやその規模などが十分に評価できなかった。しかし、平成十二年度以降山陰自動車道建設工事に伴う大発掘調査により、弥生時代中期から古墳時代後期までほぼ連続する一つの集落遺跡の実態が明らかになり出した。それが茶畑遺跡群である。

茶畑遺跡群の範囲としては、西は阿弥陀川右岸の押平弘法堂地区、東は古御堂新林地区、南は東高田地区、北は文珠領地区付近であり、その規模はおよそ一キロ四方になると考えられる（**図1**）。

次に当遺跡群について、その変遷を述べる（**表1**）。

Ⅰ期前半、当該遺跡群が所在する先述の尾根の最先端部の文珠領地区において、小集落が出現し、Ⅲ期前半まで徐々に発展しながら存続する。また、茶畑山道地区や茶畑六反田地区から少量のⅠ期の土器片が出土しているので、その周辺にも小集落が営まれていたと推測される。

さらに、北西約一・五キロの日本海に面した台地上に所在する大塚岩田遺跡がⅠ期後半の集落であり、そういった小集落がⅢ期頃に再編され、大集落として発展すると推測される。その起点となるのが茶畑山道地区でありⅣ期中葉まで存続するのだが、その期間に一般的な竪穴住居などは営まれず、掘立柱建物を主体として構成する特徴から、当遺跡群の中枢部としての役割を果たすと考えられる。この時期の居住域は南約二〇〇メートルに位置する茶畑六反田地区や蛇の川対岸の茶畑第1地区などであり、茶畑第1地区では五〜六棟を一単位集団とする竪穴住居群を検出しており、集落域は蛇の川の両岸に展開していたと考えられる。その後、茶畑第1地区はⅣ期後葉に劇的な変化を迎え、その尾根を区画溝5で分断し、内部には大型掘立柱建物群（掘立柱建物1、10、11）が建てられ、中枢部が茶畑山道地区から茶畑第1地区に移行すると考えられる(2)。しかし、その中枢部は長期間存続しないようで、Ⅴ期には廃れてしまう。なお、この時期（Ⅳ期後葉）の居住域は押平尾無地区へと拡大する。さらに、Ⅴ期後葉を迎え茶畑遺跡群は集落域を大きくひろげ、古御堂新林地区、茶畑第2地区、東高田地区、押平笹尾山地区、押

凡例　遺跡範囲　発掘調査範囲

図1　茶畑遺跡群分布図

平尾無地区、茶畑六反田地区など、主に蛇の川より東の台地上に展開する。なお、この時期の大型掘立柱建物群はいまのところ検出されておらず、中枢部のあり方は不明である。

Ⅵ期に入ると、もっとも集落範囲が拡張しその内容も充実する時期であり、再び茶畑第1地区において、大型掘立柱建物12と大型竪穴住居16などが有機的な配置関係をもって検出されており、特殊な空間が出現する。(3) その後、Ⅶ期に下ると集落範囲およびその質も縮小傾向にあり、押平笹尾山地区、押平尾無地区、茶畑第1地区、東高田地区、茶畑山道地区などに展開し、前段階中枢部を構成していた茶畑第1地区もベッド状遺構を伴う特殊な竪穴住居14が存在し、それに隣接するように方形周溝墓のような方墳が検出されている。以後、この地区は古墳時代後期まで空白期を迎え、当遺跡群自体も古墳時代中期以降は集落範囲を縮小させて押平笹尾山地区周辺に展開し、奈良期まで断続的に続いていくとみられる。

以上、まとめると、Ⅰ期前半に文珠領地区において小集落が出現し、Ⅲ期に茶畑山道地区において掘立柱建物群で構成する中枢部が出現し、それを核として蛇の川両岸に集落が展開し、Ⅴ期後半～Ⅵ期にかけてその範囲は頂点に達し、Ⅶ期に入ると集落域とその内容を縮小させつつ、古代まで断続的に集落が営まれた。そして、それらは地形に合わせてまとまりが認められ、そのまとまりが集まって一集落を形成すると考えられる。この様相は妻木晩田遺跡や越敷山遺跡群などの大型集落にもあてはまり、集落全体を壕で囲む環濠集落とは異なり、いまのところ西伯耆特有の集落構造といえるものである。そして当遺跡群内のどの地区にも特殊な建物群のみで構成された空間があるわけではなく、大半の地区は普遍的な竪穴住居と小規模掘立柱建物の組み合わせ（単位集団）のひろがりにすぎず、それは一般的な集落構成員の居住空間を表しており、特定の場所にのみ、この中枢部とも言える特殊な建物群で構成された空間は存在し、遺跡群内でも質的な格差が認められる。そしてこのような特殊な空間は、時期によって場所を移動すると推察でき、いまのところⅢ期からⅣ期前葉までは茶畑山道地区、Ⅳ期後葉頃に茶畑第1地区、Ⅵ期後葉～Ⅶ期前葉に再び茶畑第1地区への移動が確認でき、居住域になったり特殊な空間になったりと、集落内におけるその地区の役割の変化が認められる。さらにⅥ期の中枢部（茶畑第1地区）のあり方は大型竪穴住居

表1　茶畑遺跡群集落消長表

地区名	Ⅰ期	Ⅱ期	Ⅲ期	Ⅳ期	Ⅴ期	Ⅵ期	Ⅶ期	備考
文珠領								掘立柱建物群
茶畑山道								大型掘立柱建物群
茶畑第1								大型掘立柱建物群
茶畑六反田								調査区東側のみ弥生時代の遺構確認
茶畑第2								竪穴住居群
東高田								竪穴住居群
押平尾無								竪穴住居群
押平笹尾山								以後古墳時代後期まで存続。竪穴住居群
古御堂新林								竪穴住居数棟
押平弘法堂								土壙墓群
原屋敷								散布地

凡例
- 遺物のみ若干出土
- 遺構、遺物ともに出土　一定量の遺物出土
- 特殊な遺構、遺物出土

16と大型掘立柱建物12が並立するようにみえ、大型住居に住んだ世帯の大型掘立柱建物との密接なかかわりが認められそうであり、そこに大型建物の専有化を推測することも可能であり、豪族層出現の予兆をも連想させる。いまのところⅣ期までは特殊掘立柱建物のみで構成されていたと考えられる中枢部が、Ⅵ期では大型竪穴住居と大型掘立柱建物が並立するというように、厳然と区画された内部に大型掘立柱建物群のみ存在するあり方が、有力な世帯の居住域に隣接して大型建物が存在するというあり方に変化し、そこには集落社会の構造の変化を読み取ることも可能である。この変化がいつ頃まで遡りえるのかが今後の課題となろう。

四、茶畑山道遺跡について（**図2**、**図3**）

以上、茶畑山道遺跡を取り巻く遺跡群の全貌を述べてきたが、次に拠点集落としての体裁を発現する茶畑山道地区について詳述していきたい（**図2**）。

Ⅲ期中～後半に、掘立柱建物（ＳＢ-05）が建てられる。それ以前は、Ⅰ期の土器片が若干出土しているものの、遺構などは確認されておらず、あまり土地利用されていない所にいきなり大型建物が出現する。この建物の構造は梁間一間、桁行四間で、両妻側の中心から外側に約七〇センチ出た位置に棟を支える柱をもつ、いわゆる独立棟持柱付掘立柱建物と呼ばれるものである（以後、独立棟持柱建物と呼称する）。規模は梁間三メートル、桁行八・六メートル、床面積二五・八平方メートル、棟長一〇・五メートルを測り、屋根は転びの強い切妻造りと推定される（**図3**）。当建物の各柱穴の形状や深さにはばらつきがあり、楕円形を呈する柱穴と比較的円形に近い、もしくは隅丸方形を呈する柱穴の二種類に分けることができ、前者は長径一八六～一九八センチ、短径一一〇～一五〇センチを測る大型の平面プランをもち、深さは五四～七二センチ（検出面から）を測る。その特徴は、平面プランに比して柱穴の深さが浅いということである。また、柱穴内の外端には径八〇センチ前後ある巨大な岩礫を設置しており（Ｐ5、10）、これらの岩礫は柱が暴れるのを防ぐためのものか、あるいはそれを支点にして柱材を建てるなど、建築にかかわる遺構ではないかと推測される。後者の特徴は直径九六～一五六センチ、深さは五八～一二〇センチを測り、平面プランに比して深く、掘形も垂直に掘り込まれ、棟持柱穴がもっとも深かった。また、一度建て替えを行っており、楕円形の大型柱穴になった理由もこのことに関係すると思われる。柱材は大半が抜かれていたが、一部柱痕を確認できたものもあり（Ｐ12）、それらから直径四二～四五センチの柱材を使用したと推定される。以上のことから、大きな柱材を使用し、さらに梁間が桁行に比して狭く長棟の建物であることから、高床建物であった可能性が高い。

一方、独立棟持柱建物（SB-05）の東方約六五メートルの位置には、空閑地を挟んで向かい合うように掘立柱建物（SB-23）が建っていた。両建物とも方位を意識して、南北方向に棟を合わせて建てられていたようにみえる。その構造は、梁間二間、桁行六間の長棟の掘立柱建物であり、屋内にも二本の屋内棟持柱かあるいは床束と考えられる柱穴が存在し、規模は梁間三・二メートル、桁行八・一メートル、床面積は二五・九平方メートルを測る（**図3**）。床面積はSB-05とほとんど同じであるが、柱穴はどれも直径四〇センチ前後、深さも二〇～三〇センチぐらいの小さなものばかりであり、柱材も細いものを使用したと考えられることから、上部構造はまったく異なったものであり、平地式建物か高床建物であってもSB-05ほどの高さはないと推測される。

次にⅢ期後半に下ると、SB-05がほぼ同じ位置に建て替えられ、SB-23は廃絶し、その箇所に集中して土坑群が掘削される。代わってSB-05の南東約五メートルの位置に、棟方向を約九〇度回転させてL字型の配置で長棟建物（SB-13）が出現する。SB-13は梁間一間、桁行五間の建物であり、東妻側のみ中央に壁心棟持柱をもつ構造で、規模は梁間三・五メートル、桁行七・四メートル、床面積二五・九平方メートルを測る建物であり、SB-23同様、床面積はほぼ同じであるけれども、柱穴規模が小さくやや梁間の広い建物であることから、平地式建物であったと推測される。また、調査区の中央付近には普遍的な掘立柱建物群が建てられ、それらとSB-05、13に囲まれた中には空閑地がひろがっていたと考えられる。

Ⅳ期前半に下るとSB-11が出現し、地区の東側を中心に多くの掘立柱建物群が雑然と建てられる。その時期に中心となる建物の一つがSB-11であり、南北方向に棟を合わせて建てられており、構造は梁間一間、桁行五間で、梁間中央には棟持柱、両側柱に寄った箇所に補助柱がある（**図3**）。また、南側棟持柱は壁心を通り、北側棟持柱のみやや外側に突出し、平面プランが舟形を呈する。規模は梁間三・七メートル、桁行六・七メートル、床面積二四・八平方メートルを測り、棟長は七・二メートルを測る。この建物も梁間がひろく、柱穴規模が小さく、多くの側柱をもつという他の建物群と同じ特徴をもつが、北側の妻柱のみ突出するという特異な構造を呈しており、これがこの地区で最後に建てられた大型掘立柱建物である。その他の建物はすべて普遍的な掘立柱建物になるので、この地区の性格もこれを境に変化し、Ⅳ期後葉以降はほとんど遺構は検出されない。

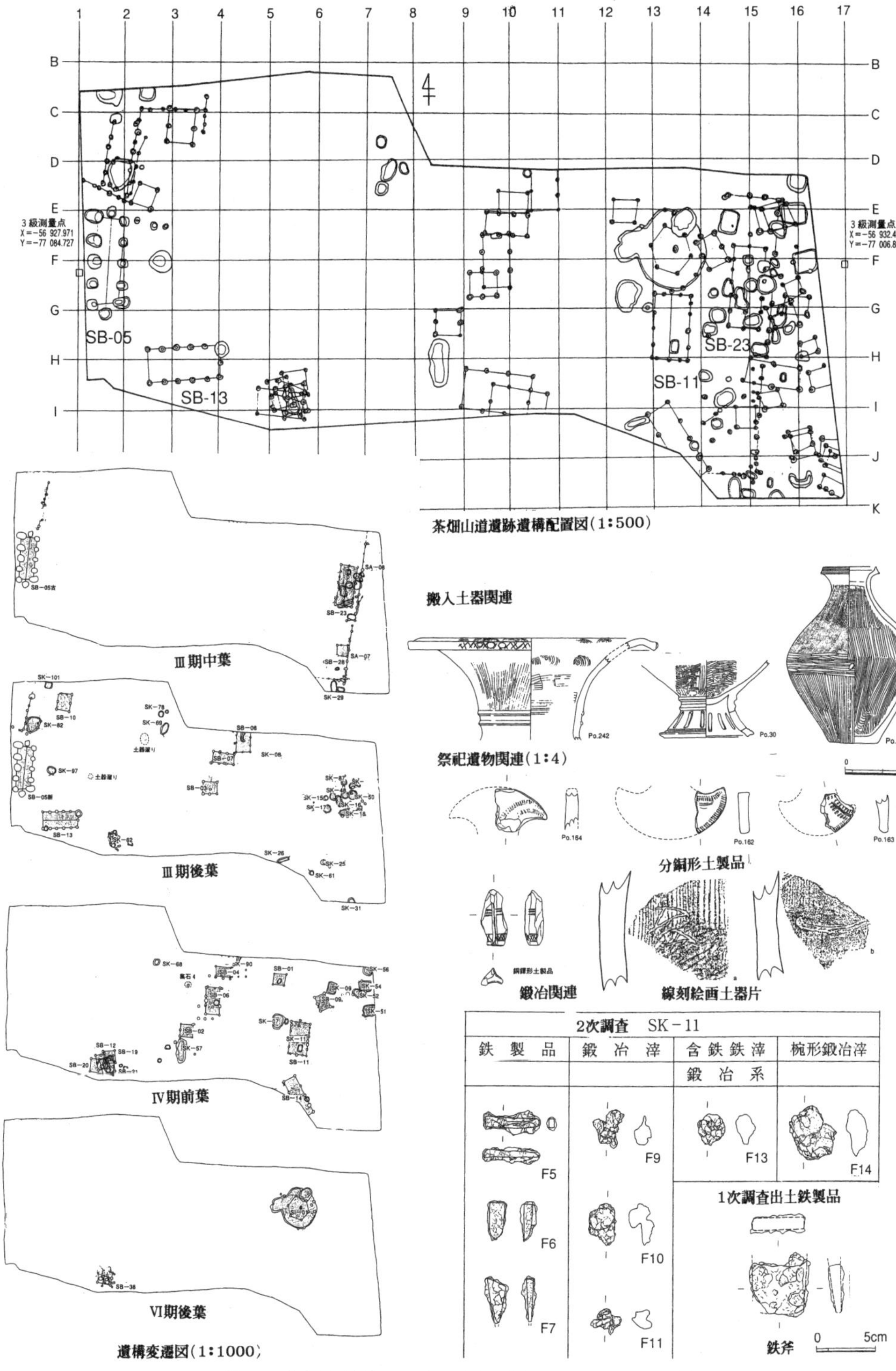

図2　茶畑山道遺跡1次調査区平面図および出土遺物図

最後にⅦ期前葉に竪穴住居（ＳＩ-01）が造られるが、その規模は直径八・五メートルの六角形を呈する大型のものであり、管玉製作に使用されたとみられる原石（S.172）が出土していることから、玉造り工房であった可能性も考えられる。そして、これを最後に、この地区は集落として使用されなくなる。

次に、この地区が特殊な空間を形成していたⅢ期中葉～Ⅳ期前葉までの間、遺物はどのようなものが出土しているかを述べる（**図2**）。

まず祭祀遺物では、Ⅲ期後半では空閑地の東側部分で線刻絵画土器片が出土している。器種は大型壺の口縁部であり、そこには魚などが描かれていた。ほかにもⅢ～Ⅳ期に空閑地の西側部分（ＳＢ-05周辺）から分銅形土製品が六個体以上、銅鐸形土製品一個が出土した。また、交易を示す遺物としては、鉄斧や搬入土器が出土した。搬入土器は細頸壺（Po.138）や低脚高坏（Po.30）は芦田川水系をはじめとする備後・備中周辺、広口壺（Po.242）は丹後半島あたりから運ばれてきたと推定される。そして、これらの土器の年代はⅢ期後葉～Ⅳ期前葉に収まるものであり、ちょうど茶畑山道地区が中枢部として繁栄していた時期に重なり、その時期に各地と活発な交易を行っていたと考えられる。ほかにも、石斧、石包丁、砥石、石錘などの生産道具や隠岐島産黒曜石の原礫、石刃の未成品など石器生産に関わる遺物や磨製石剣（サヌカイト製）、石鏃、環状石斧未成品などの武器類などさまざまな石器が出土していることから、日常的な生活空間でもあったようであり、祭祀にのみ特化された空間ではなかったようである。また、注目すべきこととして当調査区の北側約五〇メートルの調査区において、Ⅳ期前葉の建物から鉄滓や鉄製品が一四点出土しており（**図2**）[4]、このことから小鍛冶を行っていたことがうかがわれ、当時においては最先端技術を有していたことになる。このことが茶畑遺跡群を大集落にしたのではなかろうか。さらに、中枢部に隣接する箇所で鍛冶を行っていたことは、いかにそれが重要であったかをうかがい知ることができる。

この茶畑山道地区の性格としては、竪穴住居などがないことから特定世帯が占有した空間とは考えにくく、集落にとっての共有空間であり、日常的な生産活動が行われたと同時に、時には祭祀にも使用された空間であったと考えられる。ゆえに、これらの施設は集落の結束力となったものであり、求心的な役割を果たした重要な場所であったと考えられる。

最後に、この地区を構成した建物群についての性格について述べる。独立棟持柱建物（ＳＢ-05）は、伊勢神宮を代表とする神明造りの原形となる建物であり、集落

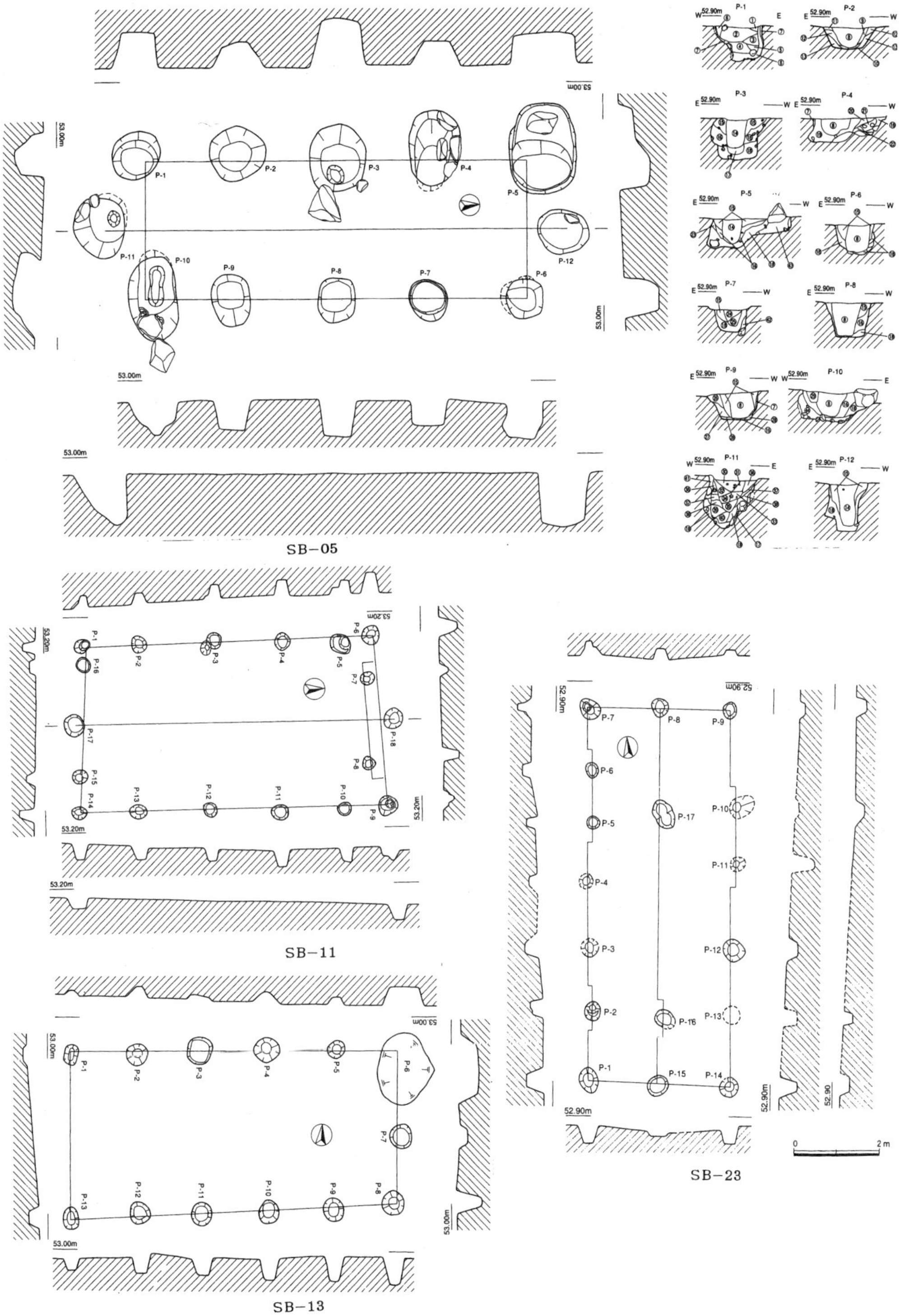

図 3　茶畑山道遺跡建物図

内では背の高い象徴的な建物であったはずである。その機能からは高床倉庫であったと想定されるが、前述の空閑地に面し、祭祀遺物が周辺から多く出土していることから、時にはカミの依り代となるクラであったと推測される。最後に、空閑地に面して建つ長棟建物群ＳＢ-23、13、11は各々時期を違えるが、大型建物とセットで建てられていた可能性が高く、使用されている柱材からは平地式建物で、しかも使用耐久年数も長期間の使用に耐えうるものではなく、恒常的な住居とはならなかったと思われる。やはり、空閑地での共同体の活動に密接にかかわった施設であると考えるのが妥当であろう。

五、まとめ

以上のように、茶畑山道遺跡は茶畑遺跡群の拠点集落として大型化する起点となった地区であり、その時期はⅢ期中葉～Ⅳ期前葉までであり、大型掘立柱建物をはじめとする特殊な建物群と空閑地が方位に載って整然と組み合わされた計画性の高い集落配置をとり、他の地区と比べ、明瞭に特異性を認めることができた。このことは、遺物からも同様のことがいえ、搬入土器や祭祀遺物の出土が目立つ傾向が認められることから、茶畑山道地区がこの時期の遺跡群全体の中枢部であり、そこに建てられた独立棟持柱建物（ＳＢ-05）は集落全体の生産物を管理する重要な倉庫であり、その空閑地では、時にはそれらに対しての祭祀が行われたり、平時においては石器生産や交易などの生産活動や経済活動も行われていたと考えられる。また、大型建物に付随するように長棟建物（ＳＢ-11、13、23）が対になるように建てられていることから、そういった生業に関して大型建物との補完的な役割があったと考えられる。

次に、茶畑山道地区と茶畑第1地区とのつながりを建物からみてみたい。まずＳＢ-11であるが、これは片側の棟持柱が出ることと、梁間が広く側柱を多く使用することなどの特徴が、茶畑第1地区の大型掘立柱建物12に類似することから、この遡源となりえるものである。そして、茶畑遺跡群独自の建築様式でもあり、時期とともに発展させていった可能性がある。また、ＳＢ-5は掘立柱建物10bと、規模や平面プランおよび柱痕の径が似ており、両地区の関連性は非常に強くあると考えられる。

以上、両地区のつながりを述べてきたが、茶畑遺跡群は各時期にわたって大型掘立柱建物群をはじめとする特殊な建物群で構成される中枢部をもつ可能性が高く、その中枢部の移動を確認することができる稀少な集落であるとともに、大半の集落はこういった構造をもたないという点からは、その優位性を認めることができる。そして、こういった大型建物を建てるには、高度な技術力の集約性と共同作業を円滑に進める組織力およびそれらをまとめる求心性、そしてどの位置にどのように建てるかという集落設計のような計画性を必要とし、そこからは高度な技術や社会性を有した共同体であったということがうかがえる。また、中枢部を建て替えながら移動するという現象からは、こういった行為を繰り返すに従い、首長権を顕在化させる一つの仕組みともなっていたと推測される。そして、このような仕組みを日常的に維持するためには、空閑地での大型建物群を中心とした祭祀を行い続けることにより、よりいっそうの求心性を高めることができたであろう。そういったことから、中枢部の移動・再建と祭祀こそが、この集落の結束力となっていたと考える。これらの首長層の顕在化を示す中枢部は茶畑遺跡群においてはⅢ期から認められることであり、大山北麓の弥生の集落の中では、先進的であったと考える。

最後に、この地域でもっとも調査が進み、集落構造の解明が進んでいる妻木晩田遺跡と比較すると、地形的にまとまった五～六軒の竪穴住居を一居住単位とし、その単位の集合体として把握されており、その単位同士は等質的で並立的な構造をとるようであり(5)、求心的な構造をもつ茶畑遺跡群とは対照的なあり方をしている。このことは集落内における階層性の発達など、社会構造の差につながるものと考えられる。

また、当遺跡群から東約二〇キロに所在する梅田萱峯遺跡では、Ⅳ期後葉において、独立棟持柱建物と墳丘墓が対になって検出されており、このようなあり方は当遺跡群においても十分考えられることであり、大型建物と併行する時期の墳丘墓がどこにあるのかが課題となる。さらに、このような拠点集落同士がどのようにつながり、どんな相関性をもつのか、そのネットワークの復元が、大山北麓の新たな弥

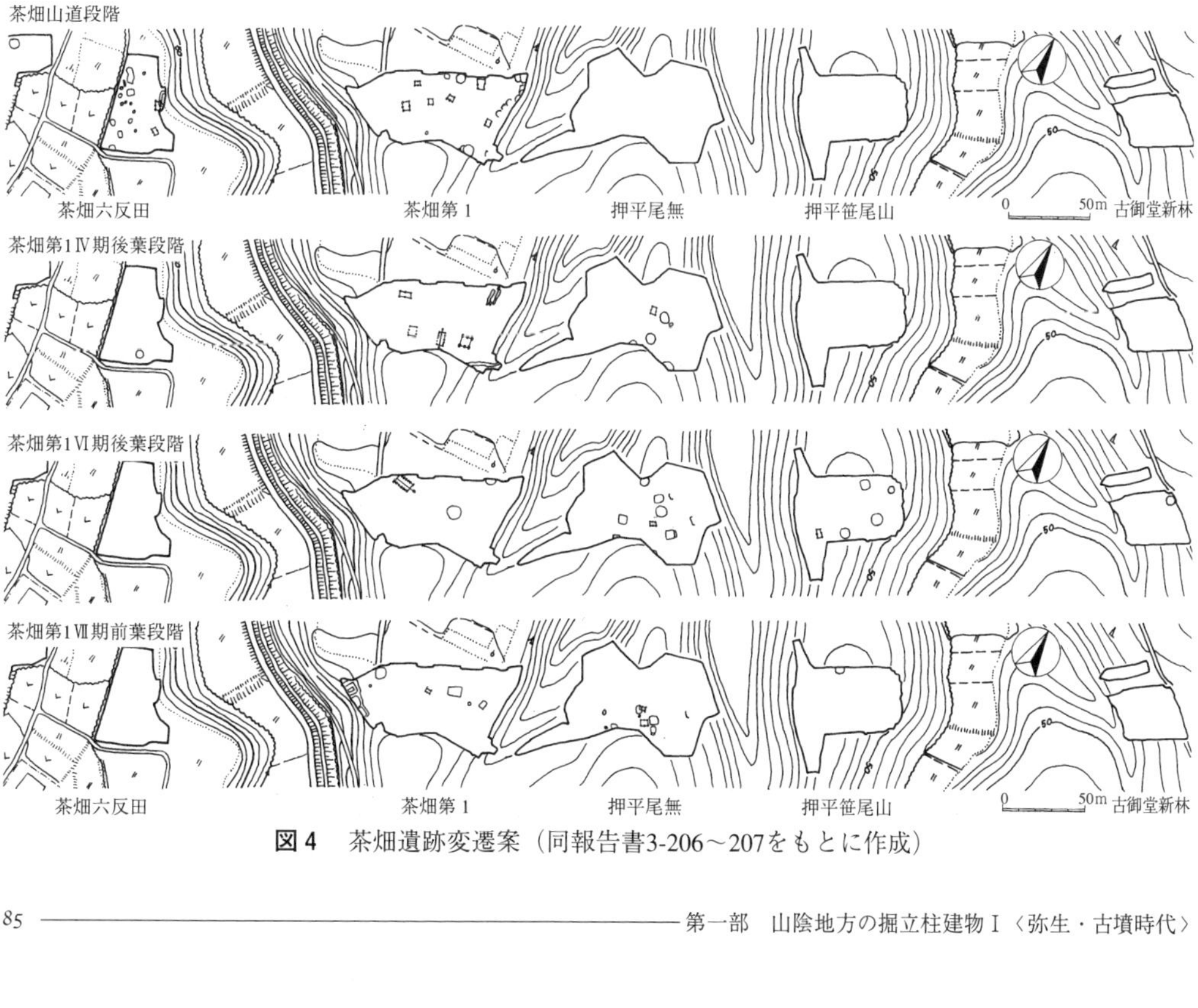

図4　茶畑遺跡変遷案（同報告書3-206～207をもとに作成）

生社会像を展開させると考える。

註

（1） 鳥取県教育文化財団『茶畑六反田・押平弘法堂・富岡播磨洞・安原溝尻遺跡』二九二〜二九四頁、二〇〇一。

（2） 建物番号は調査報告書に従っており、その詳細については、岡野雅則氏が茶畑第1遺跡について詳述されるので、ここでは図面などは省略し、そちらの方を参照していただきたい。また、調査では中期の竪穴住居が数棟検出されているが、そこから出土している土器は口縁端部があまり拡張しないこと、凹線文が積極的に施されていないこと、刻み目や櫛書き文などの施文があり装飾性が高いことからⅢ期後葉から出現し、もっとも新しい竪穴住居もⅣ期中葉以降には下らない住居群であると考えられる。また、問題の大型掘立柱建物10からは七点のⅢ〜Ⅳ期の土器片が出土しており、そのうちもっとも新しいものは（336）や（332）であり、Ⅳ期中〜後葉にあたるので、それ以降の時期の建物であり、さらにはⅥ期の竪穴住居15に切られていることから、それ以前と限定できるが、やはりⅥ期の遺物が混じらないことから、Ⅳ期後葉頃に属する建物である可能性が高いと考える。また、掘立柱建物11からは疑凹線文を口縁端部に施した甕口縁が出土しており、疑凹線文が施されるのはⅣ期末以降であることからそれ以降の建物跡であるといえ、この調査ではⅤ期の遺物・遺構はあまり出土しておらず、その時期を外すとⅣ期かⅥ、Ⅶ期の可能性が残るが、もしⅥ期ならば大型竪穴住居16との並存は空間的に無理があるので、可能性としてはⅦ期に建てられたベッド状遺構をもつ竪穴住居14との並存は十分にある。しかし、掘立柱建物10と棟を直交させて建て、空間的にもよい配置を取っているので、Ⅳ期後葉頃の建物の可能性が一番高いと考える。これらのことから、同じⅣ期に竪穴住居群と大型掘立柱建物群が並立しているようにみえるが、実際には前半に住居群、後半に大型掘立柱建物群が建ち、両者の並存はなかったと考えられる。また、区画溝5の時期であるが、これもⅣ期の大型掘立柱建物群に伴うものなのか、Ⅵ期の大型竪穴住居16や大型掘立柱建物12に伴うものなのか議論が分かれるところではあるが、私はその溝からⅥ期の遺物が出土していないことと、そこから出土している土器がⅣ期後葉〜Ⅴ期初頭のものなので、Ⅳ期中葉の竪穴住居8〜10と関連性も低く、やはりその時期に建てられていた大型掘立柱建物群を区画するための溝であると考えている。

（注3） 報告書では掘立柱建物12を時期不明としているけれども、方形プランの竪穴住居19（時期不明）を切っており、この平面プランの竪穴住居はⅥ期には出現していることから、その時期以降の建物であると考えられ、調査区の建物配置でも竪穴住居16と向き合って建てられており、偶然の一致とみるよりは、同時期に対になって建てられていたとみる方が妥当であると考える。

（4） 名和町教育委員会「押平弘法堂遺跡　押平天王屋敷遺跡　茶畑山道遺跡」二〇〇三。

（5） 高田健一「妻木晩田遺跡における弥生時代集落像の復元」『妻木晩田遺跡発掘調査研究年報二〇〇二』鳥取県教育委員会、二〇〇三。

参考文献

名和町教育委員会『茶畑山道遺跡』一九九九。

財団法人鳥取県教育文化財団『茶畑六反田遺跡・押平弘法堂遺跡・富岡播磨洞・安原溝尻遺跡』二〇〇一。
財団法人鳥取県教育文化財団『茶畑遺跡群』二〇〇四。
財団法人鳥取県教育文化財団『茶畑六反田遺跡（〇・五区）』二〇〇四。

第二節　茶畑第1遺跡

岡野雅則

一、はじめに

茶畑第1遺跡は、鳥取県西部の低丘陵上に位置する弥生時代中期から古墳時代後期の集落遺跡である。細長い開削谷を挟む周辺の丘陵にもほぼ同時期の集落跡が東西九〇〇×南北一一〇〇メートル程度の範囲に展開しており、八遺跡を総称して茶畑遺跡群と呼んでいる。集落構造を解明するうえでカギとなるのは茶畑山道遺跡と茶畑第1遺跡で検出された大型建物跡である。両遺跡とも、その規模や一般的な竪穴住居、掘立柱建物が少ないエリアに建てられていることから、居住域とは異なる一区画と考えられる。弥生時代から古墳時代の集落構造や掘立柱建物の展開を考えるうえではきわめて重要な遺構であるが、発掘調査報告書（西川編　二〇〇四）のデータを整理・検討する作業が充分に行われていないため適切に評価しにくい現状がある。茶畑山道遺跡については別稿が用意されているので、本稿では、茶畑第1遺跡の大型掘立柱建物跡について、既刊の報告書のデータをもとに検討をおこなう[1]。

検討の方法は、まず建物の構造についての情報整理を行い、次にこれをもとに周辺の遺跡を含めた集落構造の検討を行い時期比定につなげたい。

二、大型掘立柱建物跡の規模と構造

茶畑第1遺跡では四棟の大型掘立柱建物跡が検出されている。

〈掘立柱建物1〉

妻側両端部に独立棟持柱をもつ建物跡である。規模は、桁行六間×梁間二間（八・三×三・七メートル）で、屋内面積は約三〇・五㎡である。柱間距離は、桁行方向で一・二～一・五メートル、梁行方向で一・八～一・九メートルである。独立棟持柱の柱径はP19に残る土層断面の痕跡からみて二七センチ前後である。その他の柱は抜き取られたため柱の痕跡はみられない。

〈掘立柱建物10〉

柱の位置と掘形の形状からみて、三回程度の建て替えを経ており、「ピット状の柱穴」から「布掘」へ変遷したと考えられる。この点については発掘調査報告書（西川編　二〇〇四）とは解釈が異なるので、やや詳細に述べたい。

この建物の場合、柱配置を推定する際に検討すべき材料は、①柱当たり痕跡、②柱間距離、③布掘の形状、④柱痕の残存状況、⑤独立棟持柱の位置、である。柱当たりとは、柱の重量により掘形底面の一部が硬化・変色または沈下した部分のことを指す。

こうした検討材料をもとに、三段階の柱配置を復元してみよう。

まず建物Aは桁行二間（五・二メートル）×梁間一間（三・二メートル）と考えられる。柱1～柱6の六本による。柱間距離は桁行二・六メートル、梁間三・二メートルである。

建物Bは、桁行三間ないし四間×梁

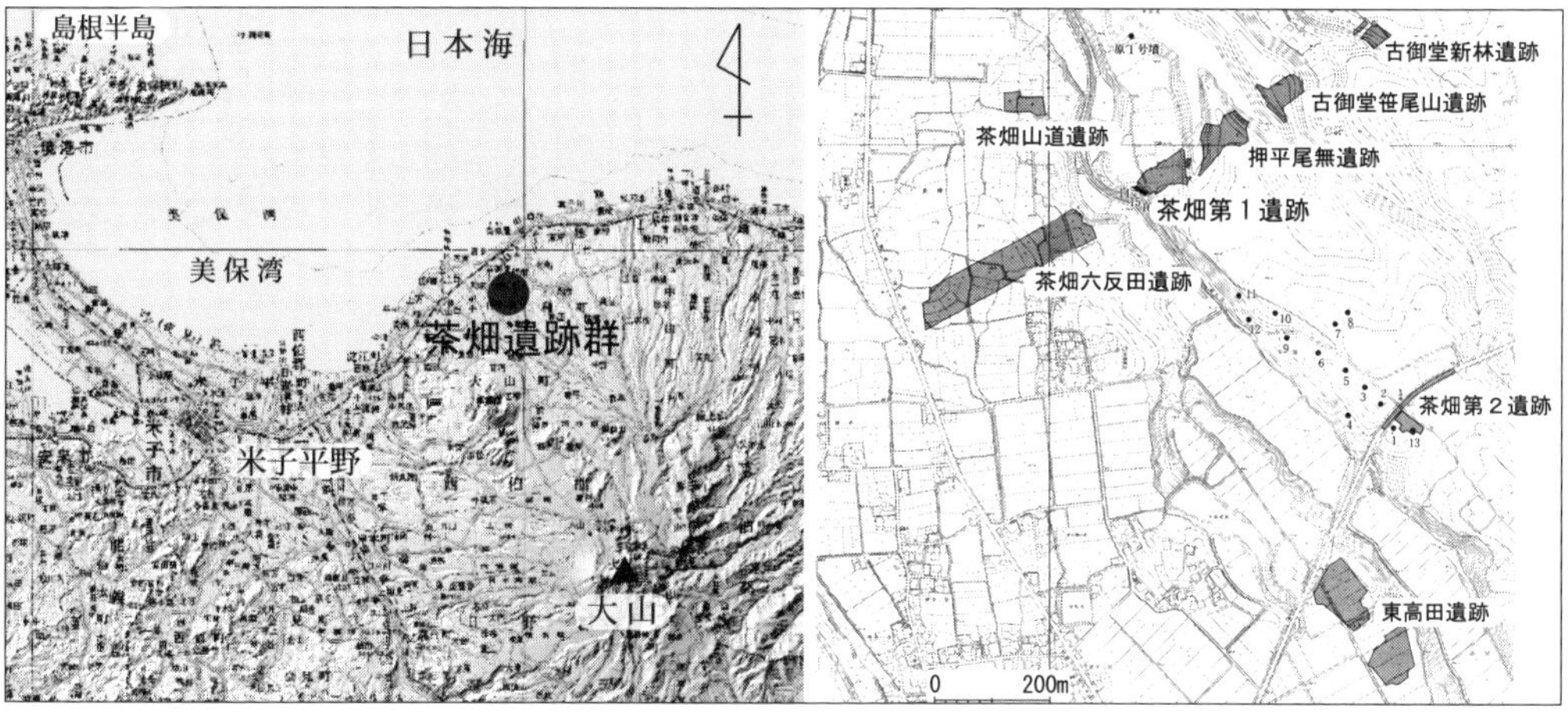

図１　遺跡位置図

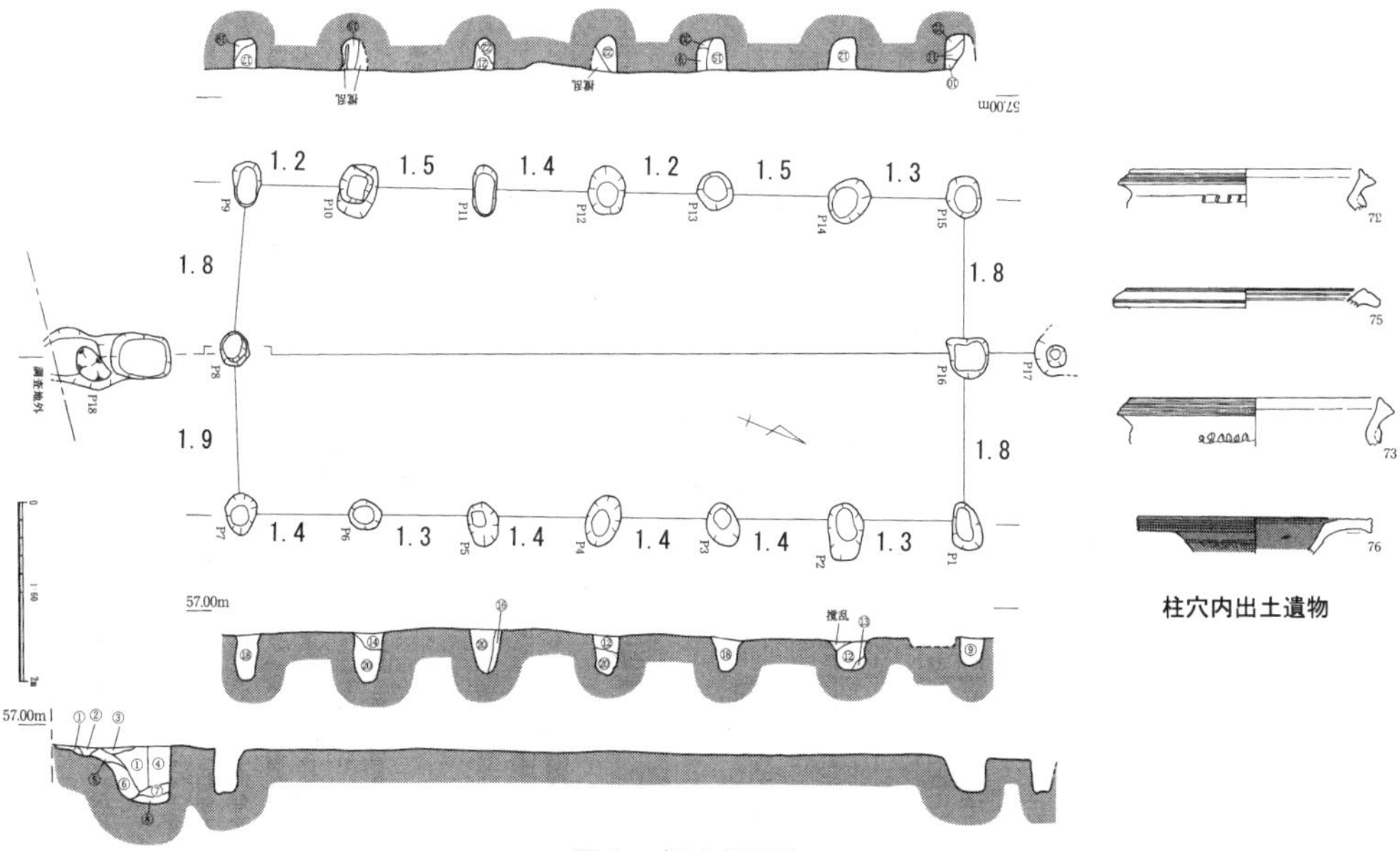

図２　掘立柱建物１

間一間と考えられる。掘形底面に残る柱当たり痕跡の位置がほぼ直線上にある柱1～柱3・7は、東側で対応する柱5、柱10と合わせて理解すると桁行三間×梁間一間の柱配置となる。また、南側の柱9の存在からは、柱8・9を含めた桁行四間×梁間一間の建物も推定できる。この場合、南側の一間のみは柱間が二・三メートルとやや短くなる。柱4・6・8では柱当たり痕跡が検出されていないため推定の位置である。柱の直径は、土層断面の痕跡や柱当たり痕跡の径からみると二五～三〇センチ程度であろう。独立棟持柱の柱11と12の帰属は明らかでないが、柱11は建物Aもしくは B、柱12は建物Bに伴うと考えられる。なお、建物A・Bのうち、一部の柱穴はピット状であったと推定している。これは、柱1、柱9の掘形が布掘ではなくピット状であることや、柱2・3・4の布掘平面に不自然なふくらみがみられること、さらに柱2・3周辺の布掘の底面にも顕著な凹凸がみられる状況から判断される。

建物Cは、建物A・Bから7度西へ振る主軸をもつ布掘の建物である。建物Cの存在を想定する根拠は、布掘の掘形が建物Aの主軸とずれていること、および柱21・22に柱当たり痕跡や柱痕がみられることである。東側の布掘の延長からみて桁行九メートル、梁間三・二メートル程度の規模であったと推測される。建物A・Bについての前後関係はわからないが、柱5に柱痕がなく柱22にはみられることから、「建物A・B」→「建物C」であったと思われる。独立棟持柱に柱痕が残存するのは、地表面上で切断された結果であろう。

発掘調査報告書では、南北における布掘り幅の違いを二棟の布掘建物の重複と理解しているが、本稿では桁行規模や主軸の異なる三棟の建物が変遷した結果として理解したのである。

〈掘立柱建物11〉

桁行二間×梁間一間（六・〇×四・九メートル）の建物跡である。建物の特徴は、①柱間距離が桁行方向で二・八～三・一メートル、梁行方向で四・九～五・〇メートルとかなりひろいこと、②柱穴が大きく斜路をもつこと、③残存している柱痕からみて三〇～四二センチの太い柱材の使用が認められること、④底面には建物加重により硬化・変色した

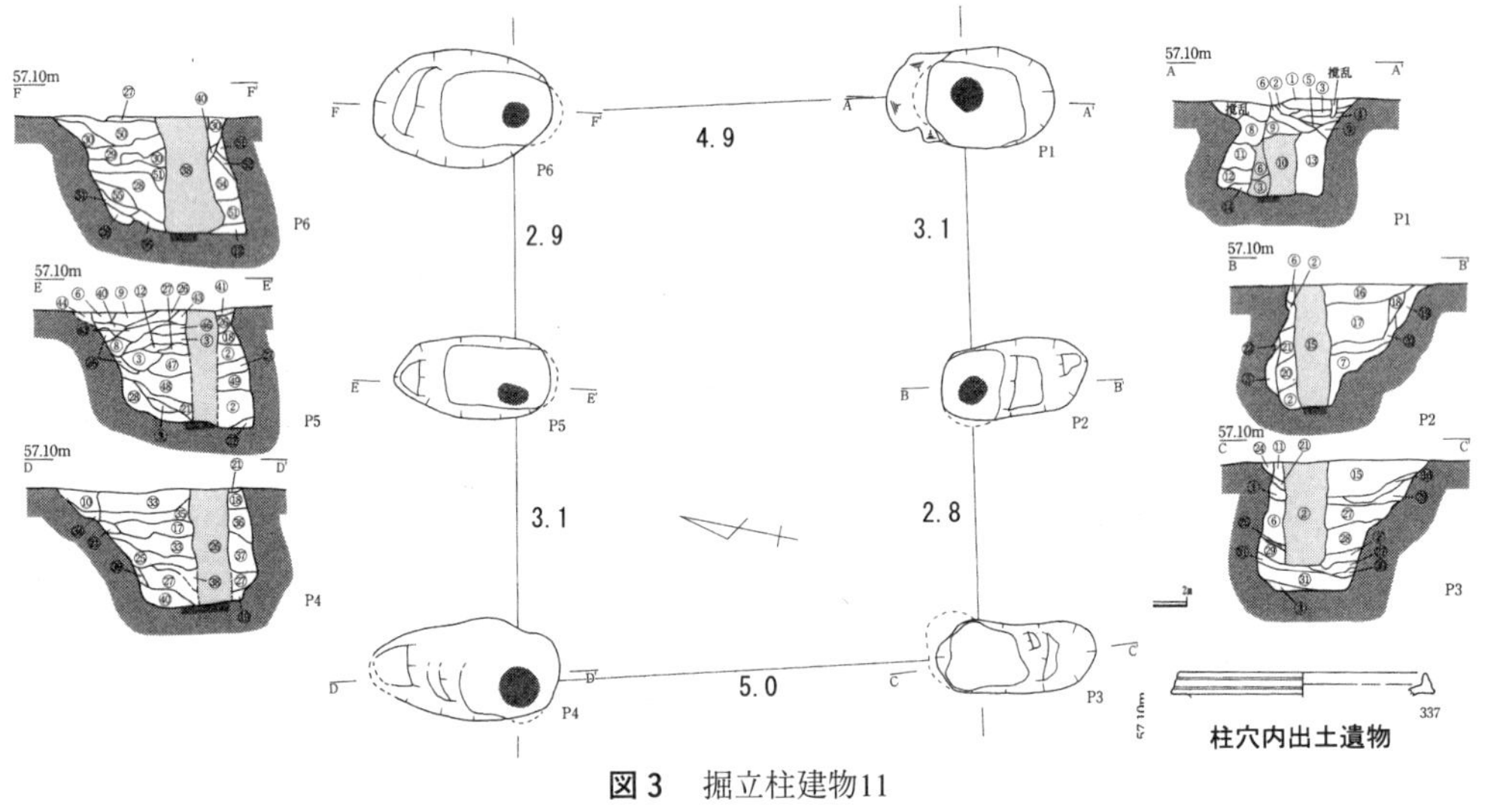

図3　掘立柱建物11

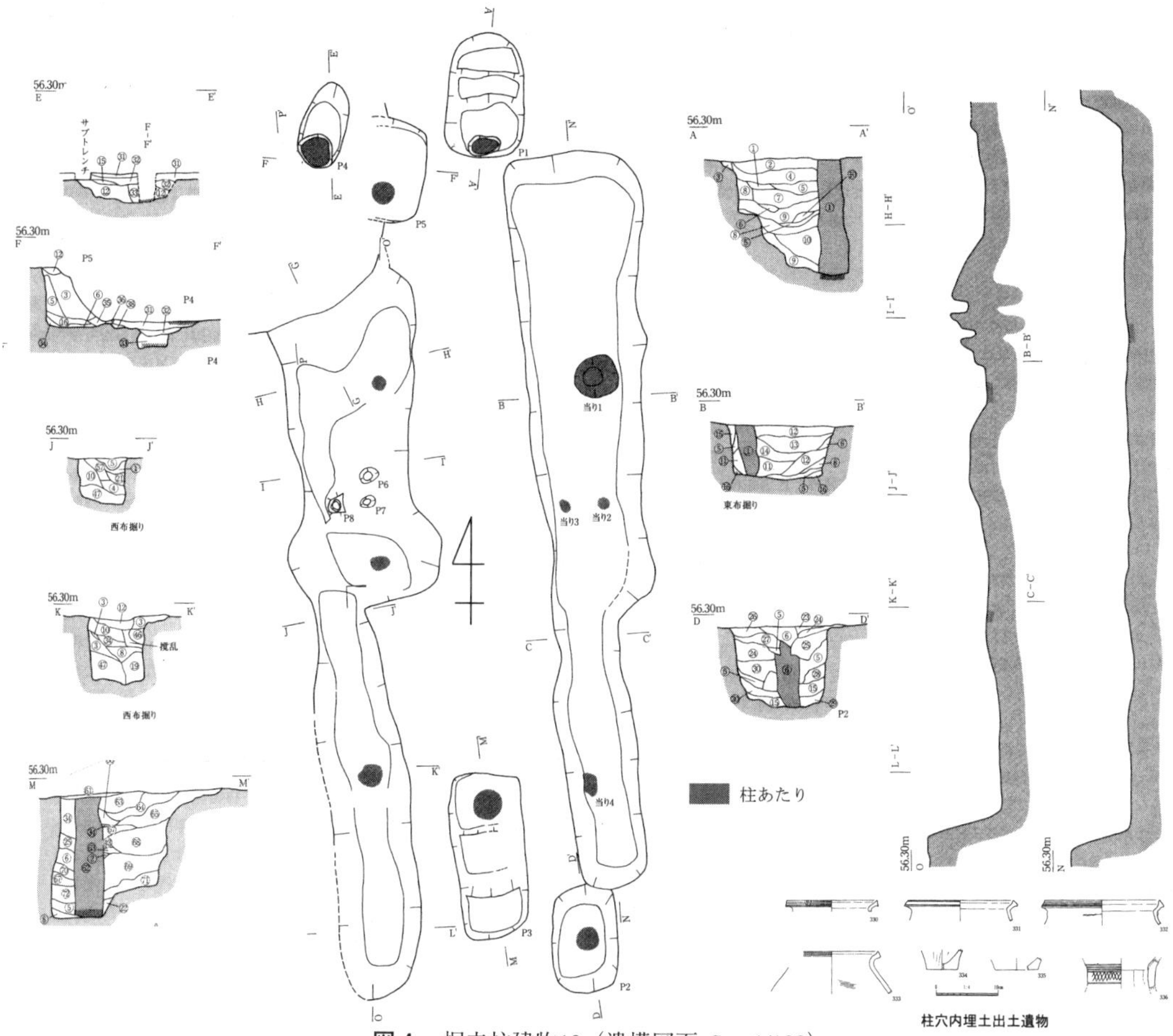

図４　掘立柱建物10（遺構図面 S＝1/120）

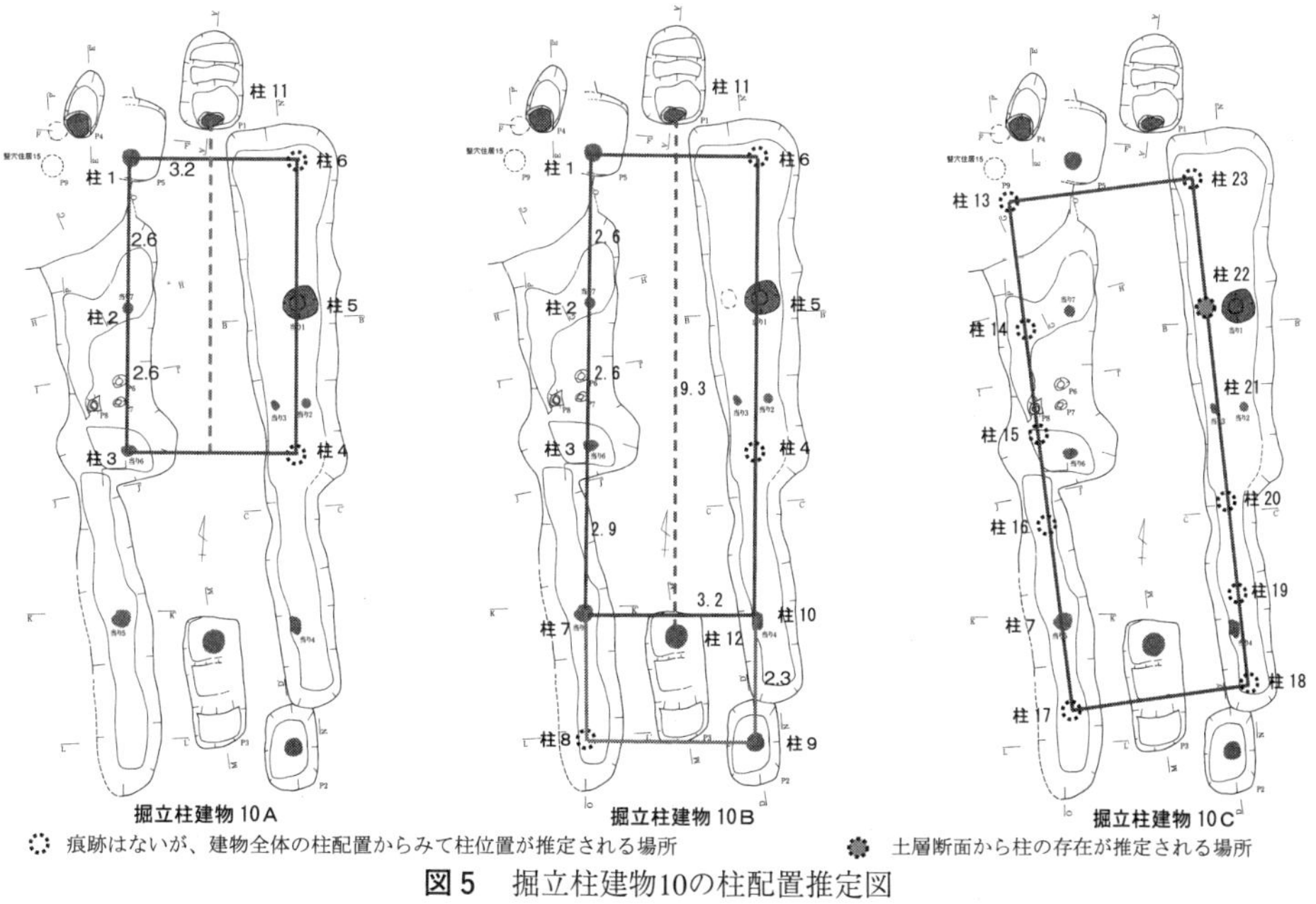

図５　掘立柱建物10の柱配置推定図

いわゆる柱当たり痕跡がみられること、である。こうした仕様からはかなりの高さのあるがっしりとした構造がうかがえる。物見櫓的な建物であろうか。屋内面積は約二九・五平方メートルである。

〈掘立柱建物12〉

桁行七間×梁行二間の東西棟で、桁行約一二・〇メートル、梁間約四・九メートルを測る建物跡である。両妻面のうち東側一方のみに独立棟持柱をもつ点が特徴的である。東側の一間にみられる棟持柱（P21）と戸柱（P20、P22）の存在から、西側の桁行六間×梁間二間が屋内空間（約四九・二平方メートル）と考えられるが、屋内に柱穴は存在しない。桁行方向の柱間距離は約一・五～一・八メートルであるが、屋内空間の両端部の側柱のみややひろい。梁行方向では、戸柱とみられる小穴を含めて約一・一～一・五メートルである。独立棟持柱の柱径は、底面に硬化・変色した範囲として残る柱当たりや土層の柱痕跡からみて直径三〇～四〇センチ、側柱は柱痕跡が確認できないものの、抜き取り痕とみられる痕跡から判断すると、二五センチ前後と推測される。建物解体の際に側柱のみ抜き取り、地中深く埋置されていた独立棟持柱は地表面上で切断したのであろう。

構造上の主な特徴を整理すると、①片側のみに独立掘立柱をもつこと、②東側の一間を除く六間×二間の範囲が屋内空間とみられること、③屋内に床束または棟持柱とみられる柱穴が存在しないこと、④側柱の柱間寸法のうち屋内領域の両端部のみややひろいこと、である。こうした特徴から、棟に反りをもち、東側の一間をピロティー風の半戸外空間とする土間式の建物として解釈されている（浅川・竹中 二〇〇四）。

以上、各建物ごとの特徴を述べたが、これらの建物を大別すると、①棟が長い長方形プランに独立棟持柱がつくもので、桁行の柱間距離が一・二メートル～一・八メートルと比較的短いもの（掘立柱建物1、12）、②正方形に近いプランをもち、柱間距離が二・六メートルから三・二メートルと比較的ひろいもの（掘立柱建物11）、③柱の掘形が壺掘か布掘で、独立棟持柱の有無を含めて数回の建て替えを経ているもの（掘立柱建物10）の三種類があり、建物ごとに異なった仕様が推定される。しかし、掘立柱建物1と10が屋内領域においてほぼ相似形をなすことや、独立棟持柱など一部の柱穴に柱を落とし込むための二段掘りの斜路を有すること、掘立柱建物1と10の主軸がほぼ直交関係をなすことなど、建物相互の関係を探るうえで無視できない点もある。決定的な証拠はないものの、これら四棟の建物は比較的近い時期の建物と考えておきたい。

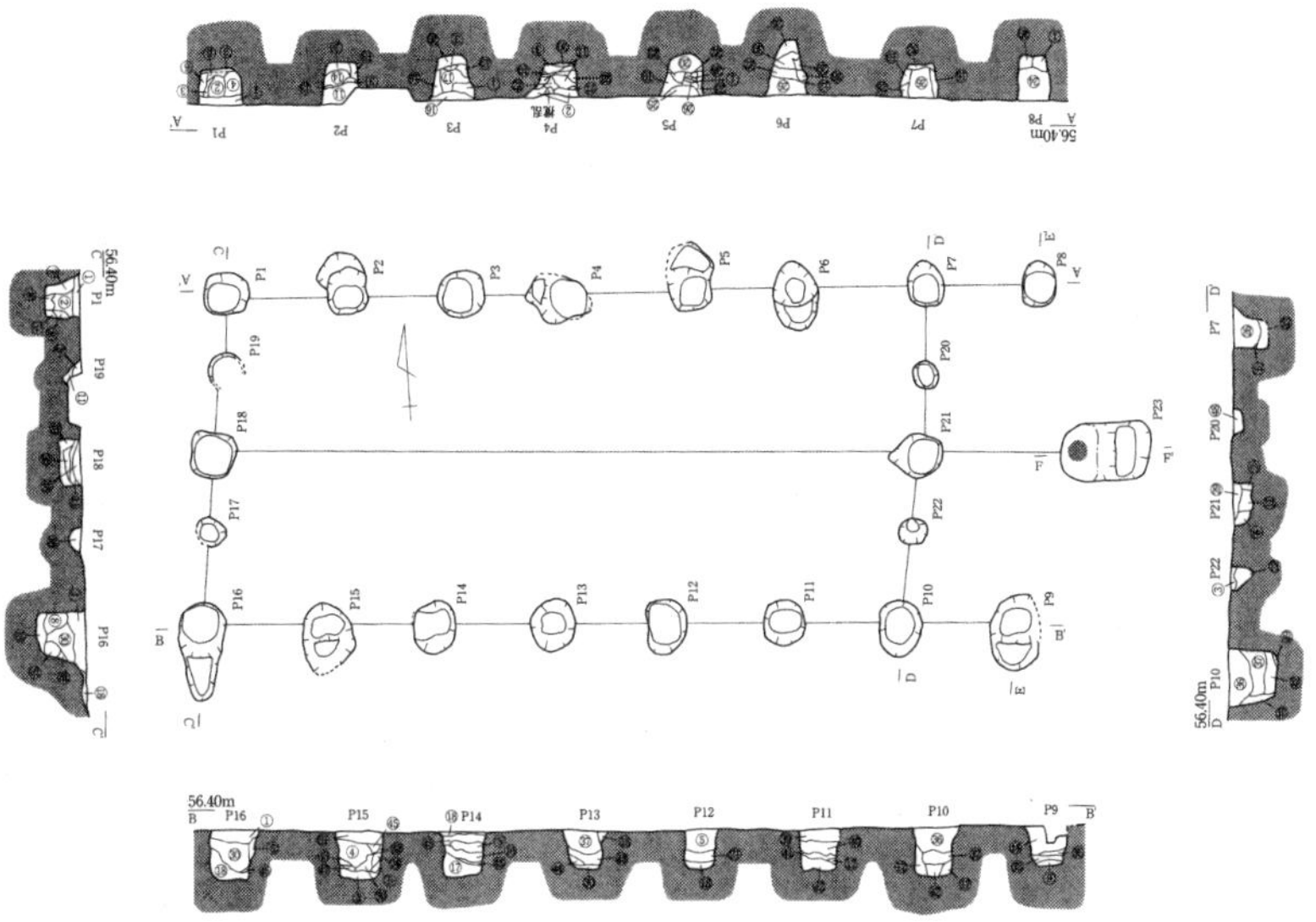

遺構図（S＝1/180）

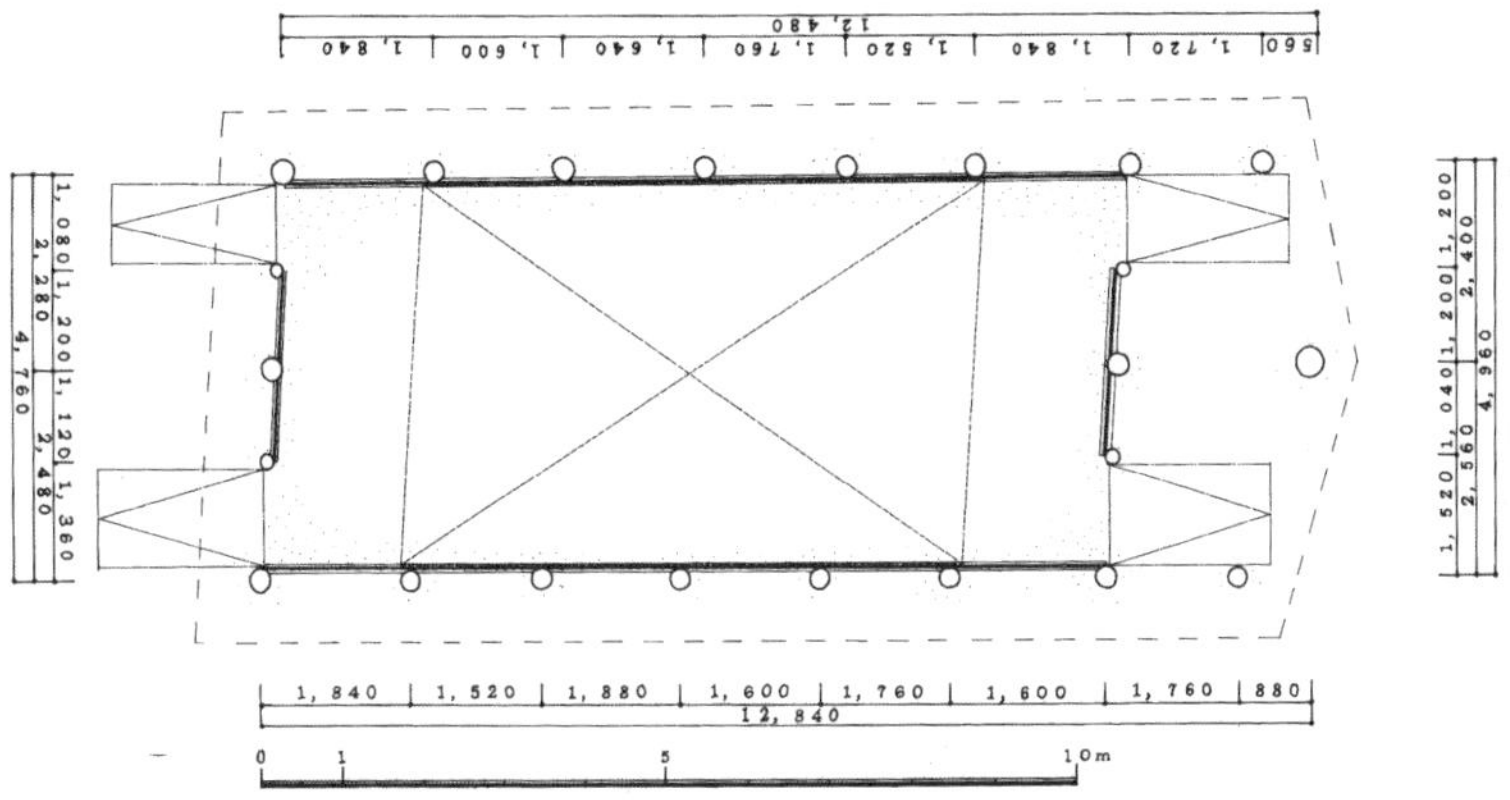

復元平面図（S＝1/180）

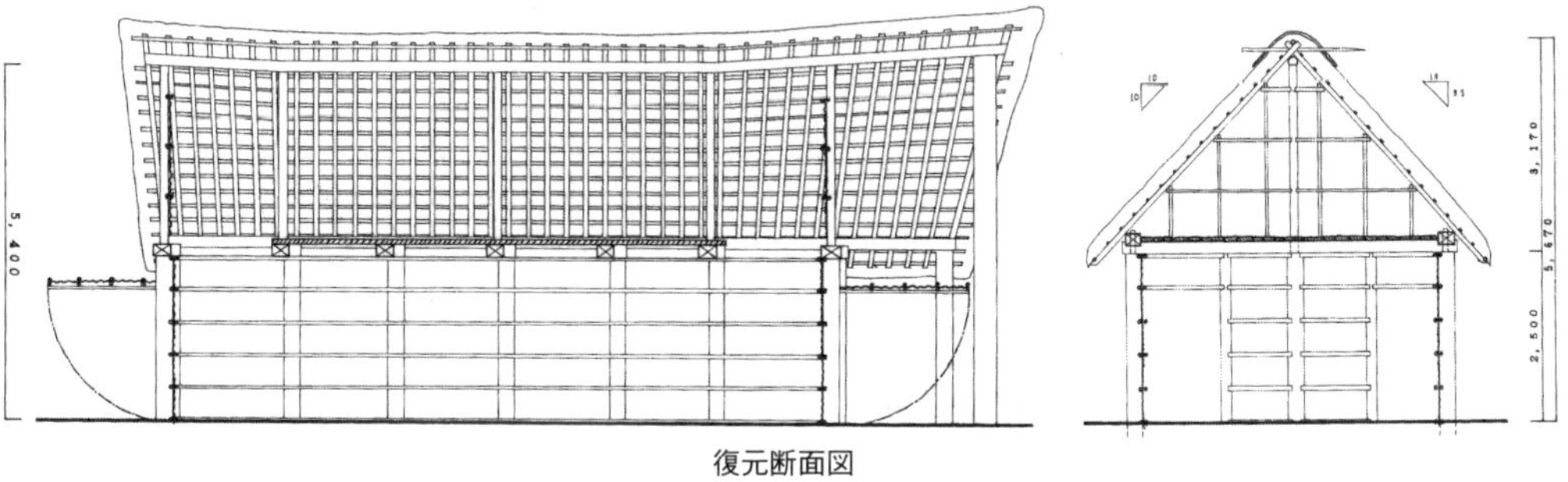

復元断面図

図6　掘立柱建物12（復元平面図・断面図は浅川研究室制作）

三、集落構造からみた茶畑第1遺跡と大型掘立柱建物

1　茶畑遺跡群の変遷

これまで、大型掘立柱建物の構造について述べてきたが、ここでひとまず茶畑遺跡群の集落変遷を概観し、ややマクロな視野から大型掘立柱建物について考えてみたい。

茶畑遺跡群の集落は、弥生時代中期中葉から奈良時代に至るまで断続的に形成されているが、そのうち集落規模が拡大するのは、「弥生時代中期後葉」「弥生時代後期後葉から終末期後葉」「古墳時代中期末から後期」である。以下、時期別に集落構成の概要をまとめてみる。

〈弥生時代中期後葉〉

集落変遷上の第一のピーク期であり、遺跡群全体で一九棟の竪穴住居跡が確認されている。うち一三棟が茶畑第1遺跡でみつかっており、周辺の茶畑六反田遺跡や押平尾無遺跡にもひろがる。一方、南側三〇〇メートル程度離れた茶畑山道遺跡では、中期中葉から後葉にかけて、独立棟持柱をもつ大型建物など掘立柱建物のみで構成される集落域が形成される。

〈弥生時代後期前葉から中葉〉

後期に入ると、一転して居住域の形成は進展しない。一方、南側の茶畑第2遺跡や東高田遺跡で後期前葉から中葉の竪穴住居跡が各期四～五棟みられることから、居住域は南側に大きく移動したものとみられる。中期に存在した大型建物のみで構成される集落域はみつかっていない。

〈弥生時代後期後葉から終末期後葉〉

集落変遷上、第二のピークにあたる。後期後葉に検出されている竪穴住居跡は一二棟であるが、茶畑第2遺跡や古御堂笹尾山遺跡など丘陵のひろい範囲に拡散しており、終末期にかけて大規模な居住域が展開していたと推測される。茶畑第1遺跡周辺では、東側尾根の押平尾無遺跡や古御堂笹尾山遺跡が中心であり、茶畑第1遺跡では終末期に三棟みられるのみである。終末期後葉には茶畑山道遺跡（ＳＩ01、床面積四一・五㎡）と茶畑第1遺跡（ＳＩ16、床面積五二・四㎡）で大型竪穴住居が出現する。

〈古墳時代前期〉

遺跡群全体でも四棟のみであり、それまでとは一転して居住が低調化する。茶畑第1遺跡では、終末期の大型竪穴住居に引き続いて竪穴住居14が建てられている。平面が歪んだ長方形を呈する床面積四〇・八㎡の住居跡であり、床面にベッド状の高まりや周壁溝に壁板の痕跡を残すなど、一般的な竪穴住居とは異なる可能性が高い。

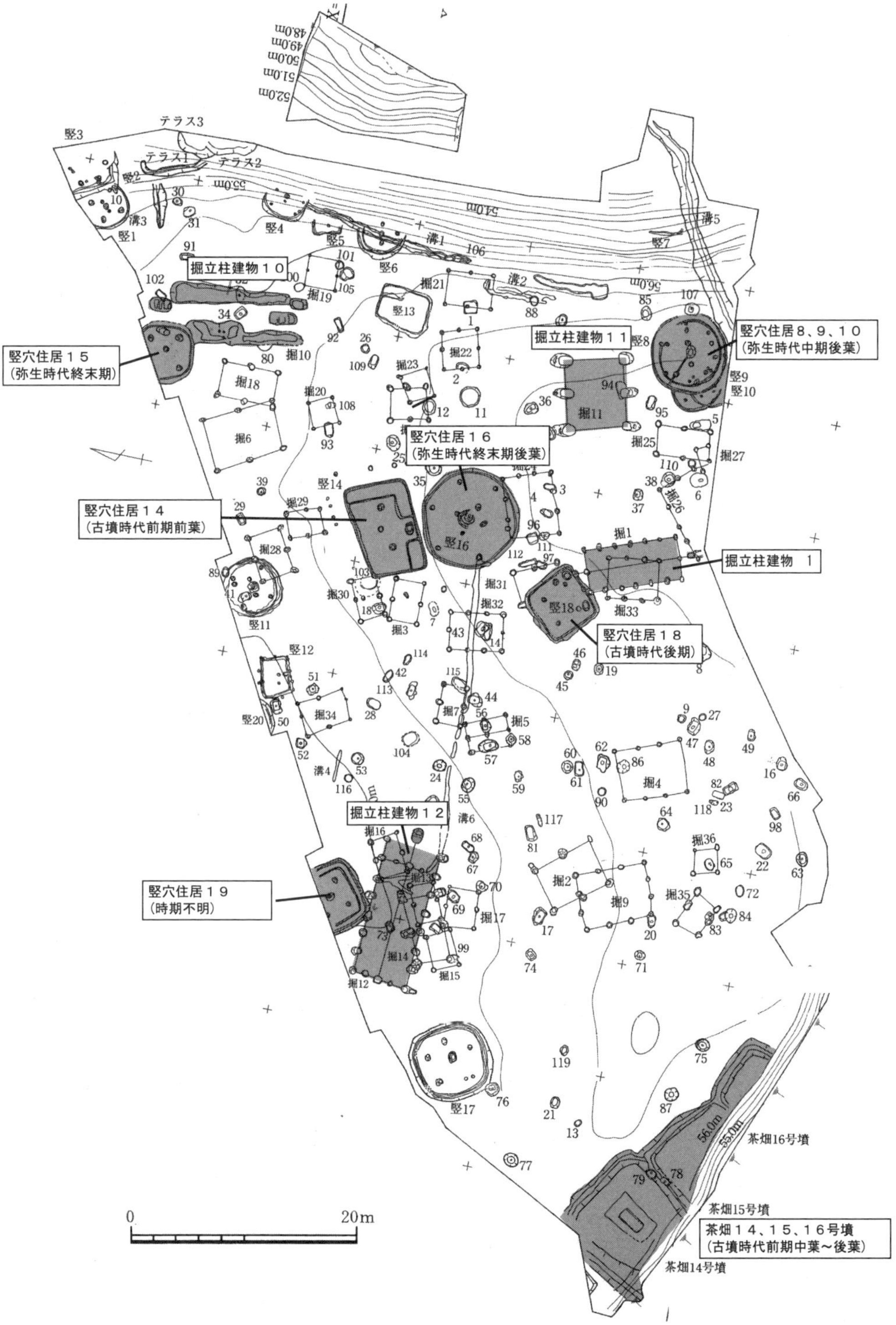

図７　茶畑第１遺跡遺構分布図

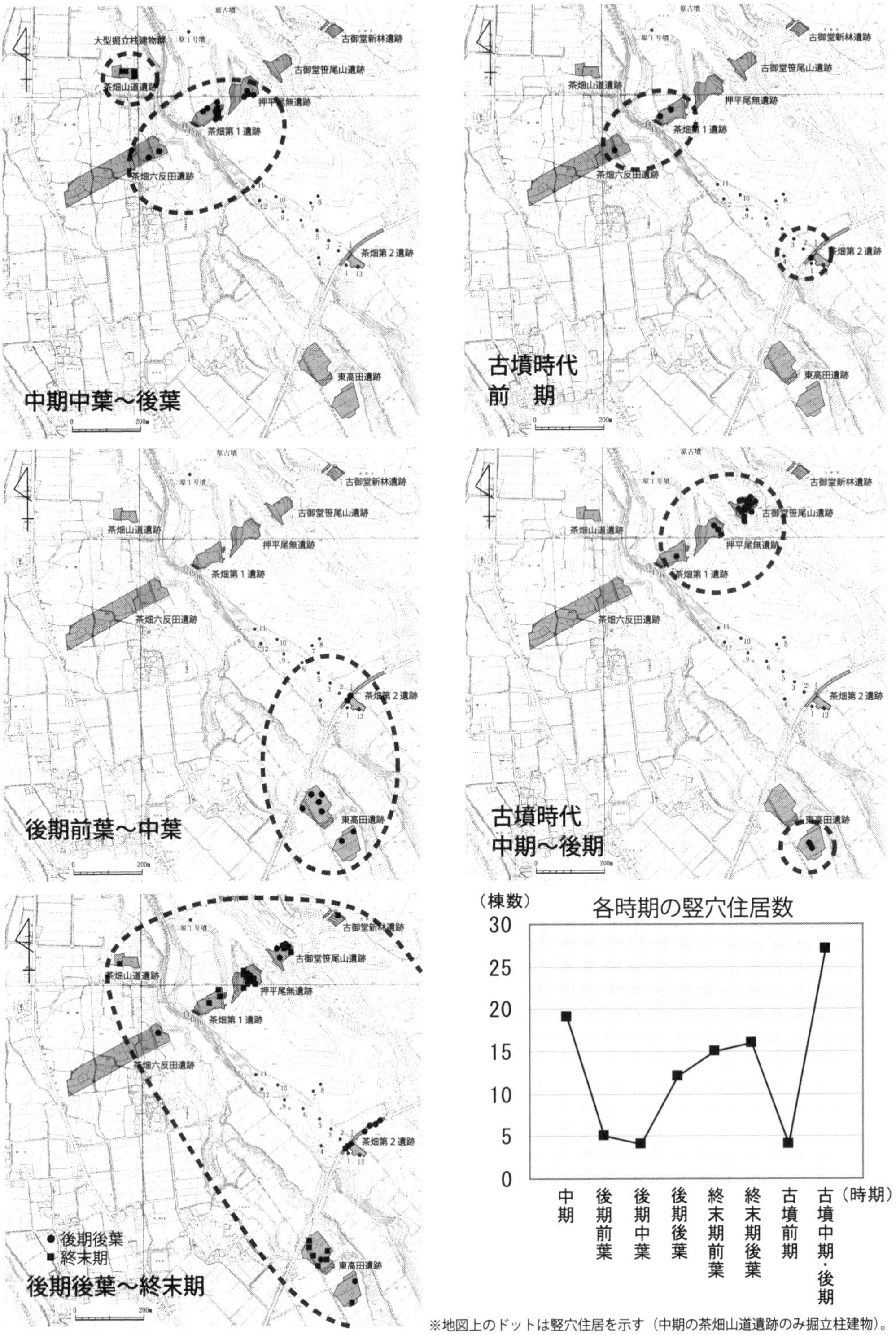

※地図上のドットは竪穴住居を示す（中期の茶畑山道遺跡のみ掘立柱建物）。

図8　茶畑遺跡群の変遷

この後は居住が途絶え、丘陵縁辺部には方墳三基からなる墓域が形成される。

〈古墳時代中期から後期〉

第三のピークにあたり、後期後葉にかけて二七棟の竪穴住居がみられる。居住域の中心は押平尾無遺跡や古御堂笹尾山遺跡、東高田遺跡周辺であり、茶畑第1遺跡では竪穴住居跡一棟と掘立柱建物が検出されている。

2　周辺遺跡の大型掘立柱建物と大型竪穴住居

こうした集落変遷の中で重視すべきは、中期中葉から後葉にかけての茶畑山道遺跡である。周囲に同時期の竪穴住居がなく、掘立柱建物で構成される区域の存在は濵田竜彦のいう空間Bに該当するものであるが（濵田 二〇〇三）[2]、ここに独立棟持柱をもつ棟方向が長い建物が存在する点は重要である。次項でも触れるが、琴浦町梅田萱峯遺跡でも独立棟持柱をもつ棟方向の長い建物ＳＢ１がみつかっており、中期にこうした建物が各大規模集落に存在していたことが考えられる。

さらに、茶畑第1遺跡でみられる大型竪穴住居にも注目しておきたい。

妻木晩田遺跡など周辺の大規模集落遺跡では、弥生時代中期から後期における竪穴住居の平均的な床面積は二〇㎡程度である。住居群の中には、床面積三〇㎡程度のやや大型の住居をもつものもあるが、五〇㎡を超える超大型ともいうべきものは、中期と終末期に存在する。中期後葉のものは、琴浦町梅田萱峯遺跡ＳＩ37（床面積五三・七㎡）や米子市青木遺跡F区ＳＩ15（五四㎡）のほか、琴浦町笠見第3遺跡など該期の大規模集落で検出されており、現状ではみられない茶畑遺跡群でも調査区外に存在する可能性が高い。注目されるのは、梅田萱峯遺跡において大型竪穴住居とほぼ同時期の可能性がある大型掘立柱建物ＳＢ１が検出されていることである。このＳＢ１は、桁行三間（七・一メートル）×梁間一間（二・八メートル）の建物で両妻面に独立棟持柱をもつ。出土遺物はないが、周辺の遺構が中期後葉段階に限定されており、ほぼ同時期の遺構の可能性が高い。茶畑第1遺跡の掘立柱建物1や12と同様の棟の長い建物が中期後葉の集落内に存在していることは重要である。

一方、終末期の大型竪穴住居には、越敷山遺跡19ａ区ＳＩ01（七〇㎡、終末期後葉）や青木遺跡H区ＳＩ43（五〇・二㎡、終末期前葉）、妻木晩田遺跡松尾頭地区ＳＩ119（約五五㎡、終末期後葉）などがあり、こちらも大規模集落で検出例が多い。越敷山遺跡19ａ区ＳＩ01では、丘陵頂部にある住居跡周囲に柵列が存在していた可能性がある。茶畑第1遺跡の竪穴住居16（五二・四㎡、終末期後葉）もこうした大規模集落に出現する大型竪穴住居の一つであり、集落の重要な機能を果たした建物と考え

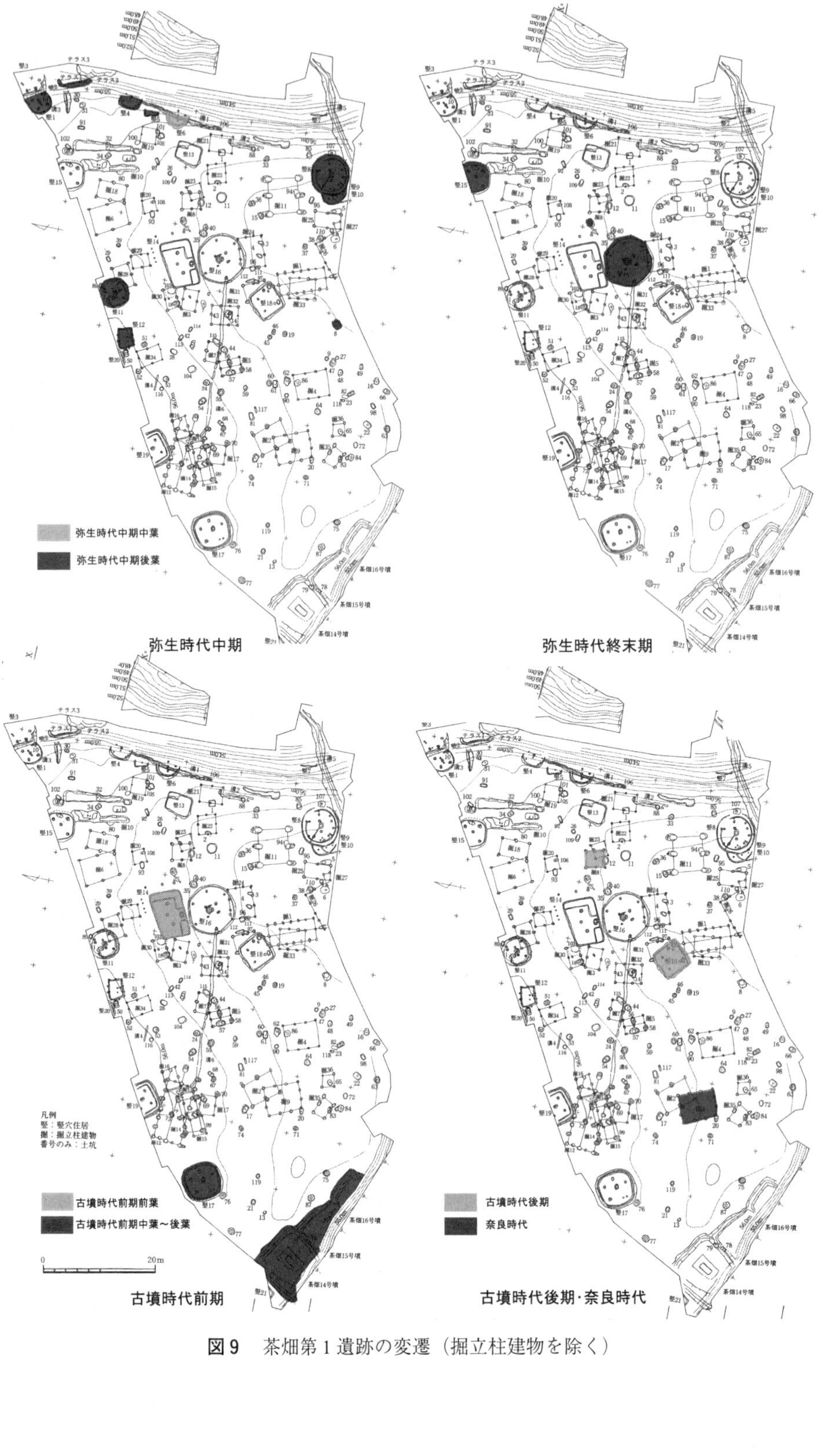

図９　茶畑第１遺跡の変遷（掘立柱建物を除く）

られる。

　これら大型竪穴住居跡周囲では、越敷山遺跡群19ａ区ＳＩ01や笠見第3遺跡Ｄ区ＳＩ9のように、隣接して同時期の竪穴住居跡が検出されている場合があるが、周堤の存在を考慮すると併存はありえず、隣接地への建替えとみられる。このため、概して大型竪穴住居周辺における同時期の遺構密度は低い。また、終末期の大型竪穴住居跡の周辺には、大型の掘立柱建物を伴うものがない。大型竪穴住居のあり方については今後検討すべき課題も多いが、ここでは、とりわけ終末期の大型竪穴住居に大型掘立柱建物が伴わないことを重視して、茶畑第1遺跡の大型竪穴住居と大型掘立柱建物は併存しないと考えておく。

3　大型掘立柱建物の時期比定

　以上、建物遺構と集落の変遷について、他遺跡との比較をを含めて検討した。この結果と次に述べる考古学的な所見を踏まえたうえで、大型掘立柱建物の時期について考えてみよう。

　通常の発掘調査では、掘立柱建物跡を認定するのは柱列のみであるから、竪穴住居跡床面直上のように、建物の廃棄時期を示唆する状況で遺物が出土することは少ない。多くの場合は、少量の土器片と遺構相互の重複関係、あるいは周辺の遺構分布状況といった不確定な状況証拠の積み上げで時期を推定することになる。

　茶畑第1遺跡の大型掘立柱建物の時期比定に際して、まずは考古学的に認めうる時間幅について建物ごとに検討してみよう。

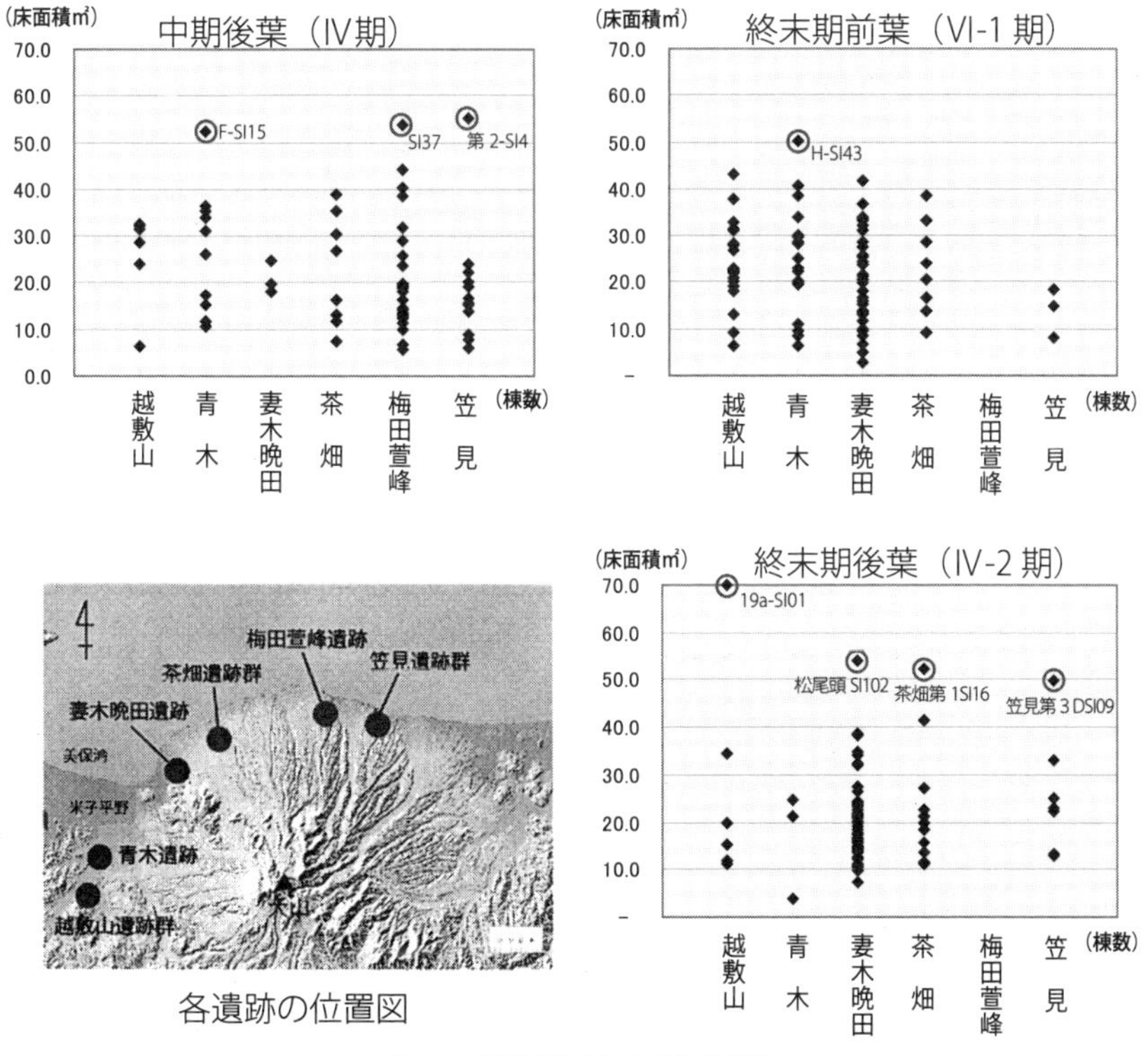

図10　竪穴住居跡の床面規模

掘立柱建物1は、柱穴が古墳時代後期の竪穴住居跡18に切られていること、柱穴から出土した土器五点が弥生時代中期後葉のものであることからみて、時期的な上限は弥生時代中期後葉、下限は古墳時代後期である。

掘立柱建物10は、独立棟持柱の掘形および布掘から出土した弥生時代中期後葉の土器八点が時期的な上限となる。また、弥生時代終末期後葉の竪穴住居15に切られるため、下限は終末期後葉である。

掘立柱建物11は、P3から弥生時代中期後葉の土器片一点が出土しているが、南東側約二メートルには中期後葉の竪穴住居跡8～10がある。住居跡の周堤幅を二～三メートル程度かそれ以上（高田　二〇〇二）と見積もれば柱穴と周堤がほぼ重なることになり、両者の併存は考え難いことになる。掘立柱建物11は、竪穴住居8～10が廃絶した後の建物であろう。上限は弥生時代中期後葉で、下限は限定できない。

掘立柱建物12でも、柱穴から中期後葉の土器片が出土している。発掘調査報告書では、隣接する竪穴住居19を掘立柱建物12の柱穴が切ると報告されており、竪穴住居19の時期が問題となるが、床直遺物がないため判断ができない。床面形状が後期以降に一般化する隅丸方形を呈する点が気にはなるが、切り合い部分がきわめてわずかであることや周辺集落の事例などからみて、現状ではこの切り合いを過大評価しない方が適切と考えている。上限は中期後葉としておきたい。下限は限定できない。

ここで前項まで検討結果を整理すると、①四棟の大型掘立柱建物は近い時期に存在した可能性があること、②独立棟持柱をもつ棟通りの長い建物が中期後葉の大規模集落に存在した可能性があること、③中期後葉の集落内に大型竪穴住居と大型掘立柱建物が推定できる例がある一方、終末期の大型竪穴住居ではこうした推定がまったくできないこと、④出土遺物や遺構同士の関係から推定できる時間幅の上限は中期後葉、下限は弥生時代終末期、古墳時代後期、限定できないものの三つがあること、である。

上記の所見を総合的にみて、茶畑第1遺跡の大型掘立柱建物群の時期を中期後葉頃と推定しておき

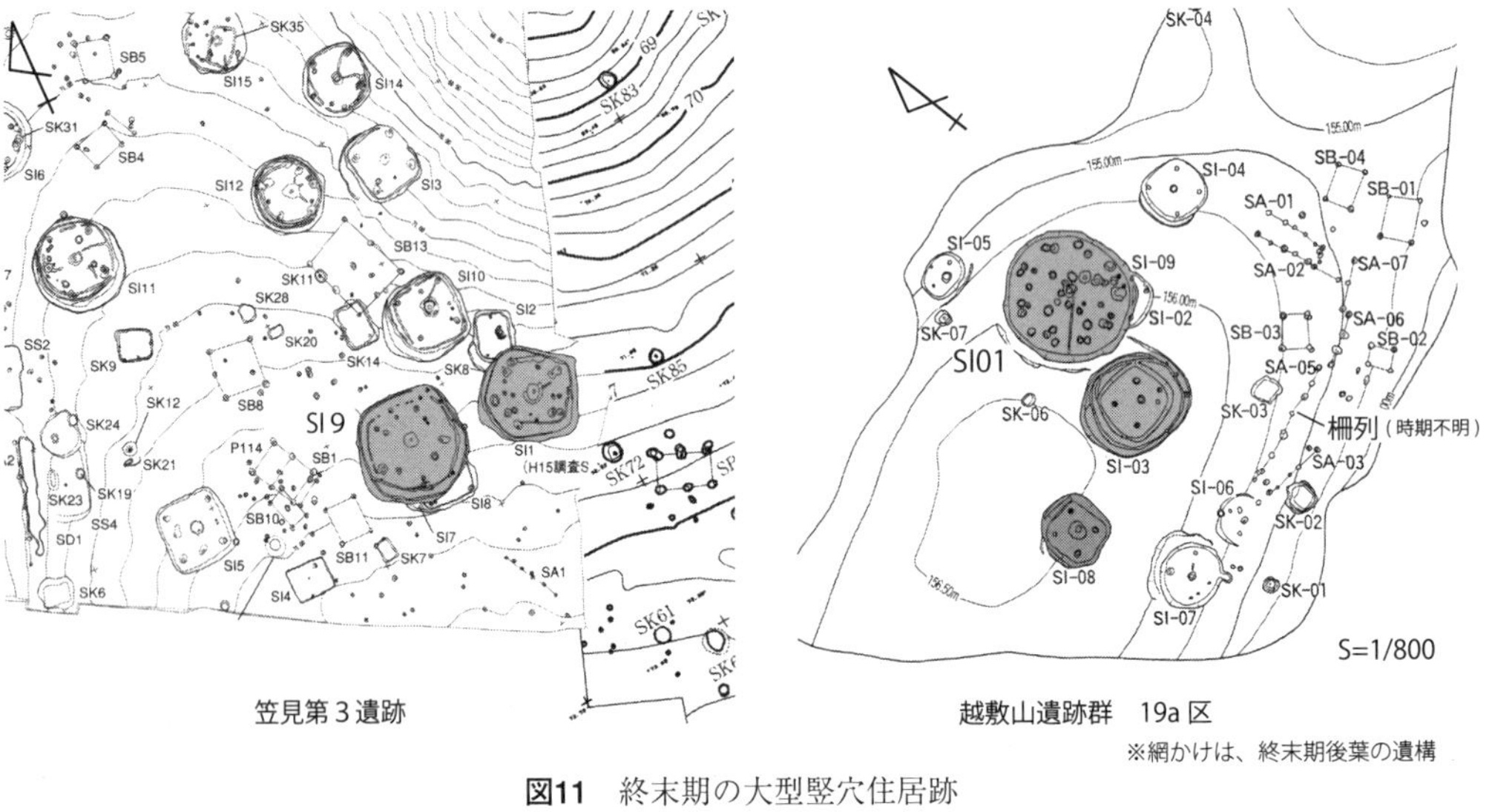

図11　終末期の大型竪穴住居跡

たい。

四　まとめ

右に考察したこの時期比定が妥当であるなら、茶畑第1遺跡の大型掘立柱建物群は、中期中葉から後葉の茶畑山道遺跡を引き継いで、大型掘立柱建物による区域を形成していたことになる。茶畑第1遺跡では同時期の竪穴住居が周囲に存在するが、掘立柱建物11が隣接する中期後葉の竪穴住居8～10と併存しえないこともあり、現状ではこれらの竪穴住居の廃絶直後に大型掘立柱建物群が形成されたと考えておきたい。つまり、濵田竜彦のいう空間Bが茶畑第1遺跡にも継承されたととらえるのである。

本稿では、茶畑第1遺跡の大型掘立柱建物群の空間構造と時期について検討を試みた。その結論は、柱穴出土の土器片の示す中期後葉との判断であり、まわり道をしただけの感なきにしもあらずだが、柱穴出土遺物は、柱穴の掘削または建物の廃棄に伴い偶発的に混入した結果であるものがほとんどで、わずかな土器片のみで時期を比定するのは危険であろう。とりわけ、今回の大型掘立柱建物のような「特殊な建物」については、出土遺物や周辺遺構との重複関係のみならず、周辺遺跡を含めたマクロな視点による分析を経ることで、初めて年代比定の蓋然性を高めることができる。今回の作業も状況証拠の積み上げであり、粗い議論の部分も少なくない。今後の検証作業の必要性を痛感する次第である。

〔付記〕

本稿は二〇〇四年十一月四、五日に開催されたシンポジウム「山陰地方の掘立柱建物―弥生・古墳時代―」での発表をもとにいったん原稿を提出したが、二〇〇九年に大改稿したものである。シンポジウム当日の発表では十分検討できていなかった大型掘立柱建物の時期比定やそこからみえる集落構造などについて、ご出席の方々からいただいた批評を素直に受け入れ、根本的な再考察に取り組んだ。その結果、シンポジウム当日の発表内容とは異なる結論になったことや、付加した検討内容があることをお断りしておく。とりわけ大型掘立柱建物群の時期比定について、当初は古墳時代中期までの時間幅で考えていたが、本稿では弥生時代中期後葉の蓋然性が高いという結論に至っている。

最後になりましたが、シンポジウム参加者の方々、そして発表の機会を与えてくださった浅川滋男教授に深く感謝いたします。

註

（1）　分析を進める過程において、発掘調査報告書に記載されている遺構の時期やその解釈をめぐって異なる見解を得た箇所があり、本稿では筆者の見解に従って記載している。
なお土器の編年観は、弥生時代中期を辻編年（辻　一九九九）

後期を濵田編年（濵田 二〇〇三）、終末期から古墳時代中期を牧本編年（牧本 一九九九）に従う。ただし、牧本編年のうち時代区分は、天神川Ⅰ期を弥生時代終末期後葉、天神川Ⅱ期を古墳時代前期前葉、天神川Ⅲ期を古墳時代前期中葉として理解している。

（2） 濵田竜彦は、弥生時代中期には一居住単位に相当する規模の集団により一集落が構成され、その内部には原則的に居住空間（空間A）と祭儀的側面をもつ空間（空間B）が認められるが、後期以降になると居住単位が複数集合することで大規模集落が形成されるようになり、空間Bの存在を明確にとらえられなくなるという（濵田 二〇〇三）。

参考文献

浅川滋男・竹中千恵「茶畑第1遺跡掘立柱建物12の復元設計―片側に独立棟持柱をもつ特殊な大型掘立柱建物―」『古御堂笹尾山遺跡・古御堂新林遺跡』鳥取県教育文化財団発掘調査報告書93（第三分冊）、鳥取県教育文化財団、二〇〇四。

家塚英詞編『越敷山遺跡群 荻名第3遺跡』鳥取県教育文化財団調査報告書63、二〇〇〇。

高尾浩司・大川泰広編『笠見第3遺跡Ⅱ』鳥取県埋蔵文化財センター調査報告書14、鳥取県埋蔵文化財センター、二〇〇七。

高田健一「妻木晩田遺跡における弥生時代集落像の復元」『妻木晩田遺跡発掘調査研究年報二〇〇二』鳥取県教育委員会、二〇〇二。

辻信広編『茶畑山道遺跡』名和町文化財発掘調査報告書第24集、名和町教育委員会、一九九九。

中原斉編『越敷山遺跡群』会見町教育委員会、岸本町教育委員会、一九九二。

中森祥編『茶畑六反田遺跡（0・5区）』鳥取県教育文化財団発掘調査報告書94、鳥取県教育文化財団、二〇〇四。

西川徹編『茶畑第1遺跡』鳥取県教育文化財団発掘調査報告書93（第1分冊）、鳥取県教育文化財団、二〇〇四。

濵田竜彦「伯耆地域における弥生時代中期～古墳時代前期の集落構造」『日本考古学協会二〇〇三年滋賀大会資料集』日本考古学協会二〇〇三年滋賀大会実行委員会、二〇〇三。

濵田竜彦「大山北麓地域における弥生時代後期土器の編年」『史跡妻木晩田遺跡第4次発掘調査報告書』鳥取県教育委員会、二〇〇三。

船越元四郎ほか編『青木遺跡発掘調査報告書Ⅲ』青木遺跡発掘調査団、一九七八。

牧本哲雄「古墳時代の土器について」『長瀬高浜遺跡Ⅷ、園第6遺跡』鳥取県教育文化財団調査報告書61、鳥取県教育文化財団、一九九九。

湯川善一編『押平尾無遺跡』鳥取県教育文化財団発掘調査報告書93（第二分冊）、鳥取県教育文化財団、二〇〇四。

湯村功・小口英一郎ほか『梅田萱峯遺跡Ⅱ』鳥取県埋蔵文化財センター調査報告書16、鳥取県埋蔵文化財センター、二〇〇七。

第三節　日野地方の掘立柱建物

―下山南通遺跡・長山馬籠遺跡の長棟掘立柱建物を中心に―

中原　斉

一、はじめに

ここで扱う日野地方とは、中国山地の標高一一四二メートルの船通山に源流を発し、下流域に米子平野を形成する鳥取県西部の主要河川である日野川の中・上流域の地域を指す。古代律令制下では伯耆国日野郡にあたり、それは平成の市町村合併以前の鳥取県日野郡まで引き継がれていた地域である(1)。日野地方は、日野川中・上流域とその支流域に形成されたわずかな平野・盆地を除けば、その多くは急峻な山地形で占められ、中流域の日野川右岸は中国山地最高峰の大山山麓から続く高原地帯となっている山間地域である。

遺跡の分布は、早期段階から認められる縄文時代遺跡の分布にくらべて、初期農耕文化である弥生時代遺跡の存在はあまり顕著ではない。さらに古墳時代になっても、盆地状の小平野ごとに小規模な前方後円墳が造営される日南町域を除けば、古墳の分布も比較的疎な地域といえる。農耕を主たる生産基盤に据える場合、農耕適地の少ない山間地域である日野地方の社会的発展は自ずと限界があったものといえよう。日野地方が脚光を浴びるのは、花崗岩や閃緑岩に含まれる良質な砂鉄を資源とする近世以降のたたら製鉄の振興によるものであり、山容を変えるほどのカンナ流しの痕跡が現在も至るところに残されている。しかし、この鉄生産が近世以前のいつまで遡るのかは、まだ明らかにはなっていない。

平野部に比べると開発行為が比較的少ない山間部であったため、考古学的な調査所見が著しく少なかった西伯耆の日野地方においても、一九八〇年代になると中国横断自動車道建設等の道路事業に伴う発掘調査が行われ、徐々に弥生集落遺跡の存在とその様相が知られるようになった。ここでは日野川右岸の大山西麓にあたる日野郡旧溝口町にあって、この地方を代表する弥生集落遺跡である下山南通遺跡・長山馬籠遺跡他を取り上げ、特徴的に認められる長棟掘立柱建物(2)を中心に紹介することとする。

二、上中ノ原遺跡（伯耆町大滝）

一九七九年に県道工事に伴い発掘調査された縄文時代早期から中世までの遺跡。竪穴住居跡一、掘立柱建物跡三、溝状遺構、木棺墓などが確認されており、Ⅲ～Ⅳ（Ⅲ-2、Ⅳ-1）様式を中心とする遺物が出土している。掘立柱建物跡は三棟が検出されている。二棟は一間×二間の小規模な掘立柱建物であるが、注目されるのはSB02である。規模は二間×六間（三・七×八・五メートル、三一・五平方メートル）を測る近接棟持柱を伴う長棟掘立柱建物で、北東側に五〇～七〇センチ離れて桁行に平行する柵列（SA01）を伴うと報告されている（益田ほか一九八三、**図2**）。SA01は溝中に掘られた柱間隔が不揃いで柱位置は桁行柱位置と一致していないが、後述する長山馬籠遺跡SB08と類似しており、これを布掘り柱掘形による庇とみることもできよう（**図1**）。SB02の桁行柱間は一ヵ所だけ狭くなっており、構造上の特色となっている。また、SB02に隣接して主軸が直交する関係にあるSB03（一間×二間、三・〇×四・五メートル、一三・五平方メートル）は同時並存した建物である可能性が高い。調査範囲が狭いため断定はできないが、竪穴住居と小規模掘立柱建物と長棟掘立柱建物が居住単位となっている可能性を指摘しておく。

三、下山南通遺跡（伯耆町金屋谷）

一九八五年に中国横断自動車道の建設に伴い発掘調査された縄文時代早期から平安時代までの遺跡。このうち弥生時代の竪穴住居跡一五、掘立柱建物跡一四、貯蔵穴や性格の不明な土壙一二一が確認されている。広範囲な発掘調査区内で確認された弥生時代の集落遺構には、北

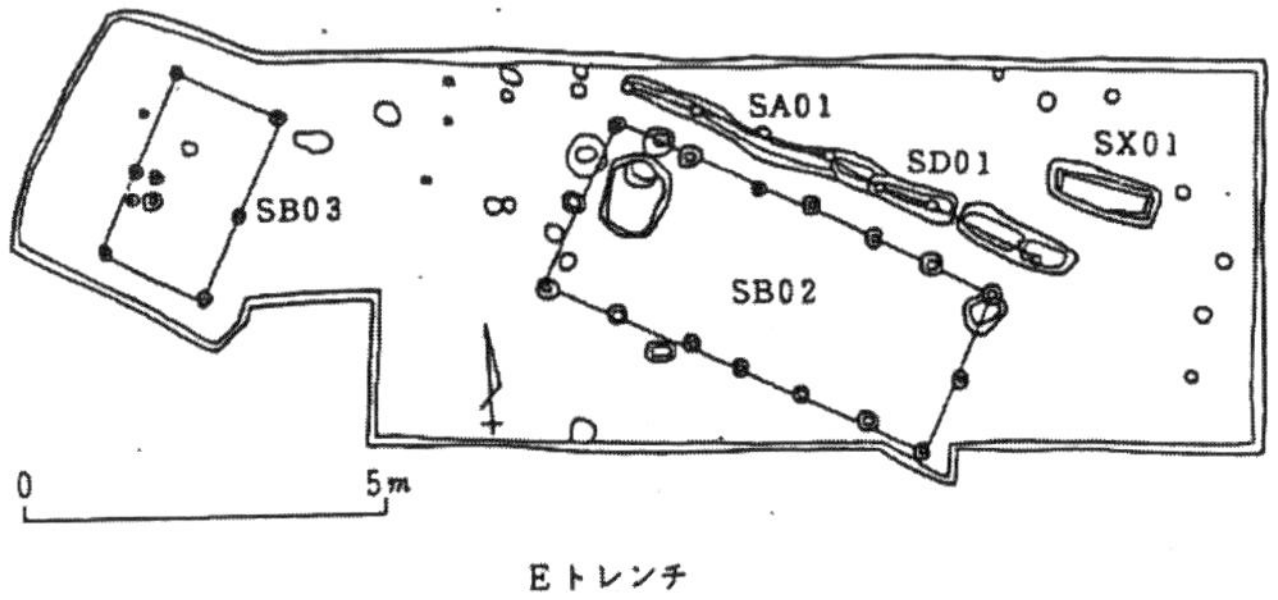

図1　上中ノ原遺跡遺構配置図

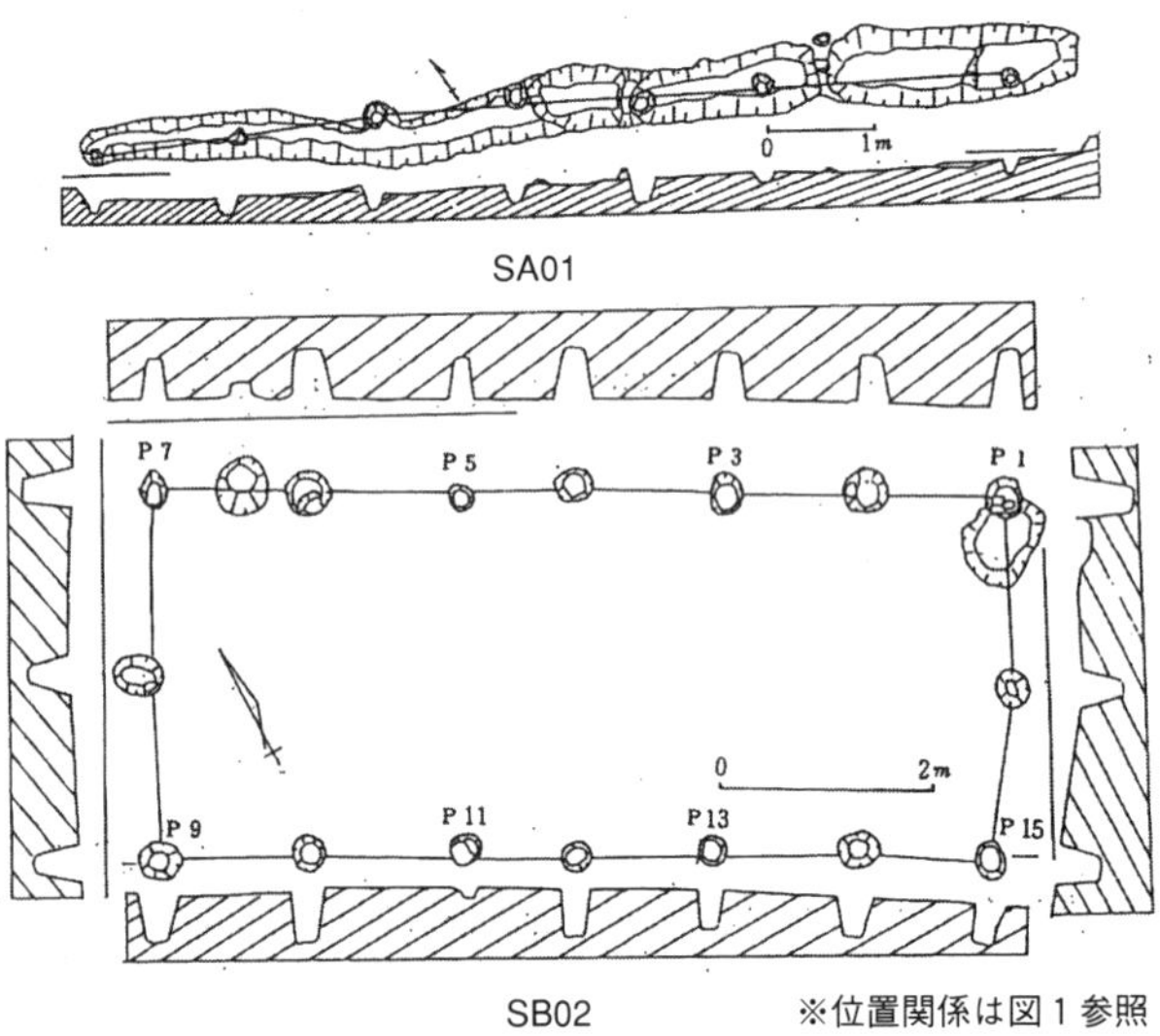

図2　上中ノ原遺跡SB02・SA01

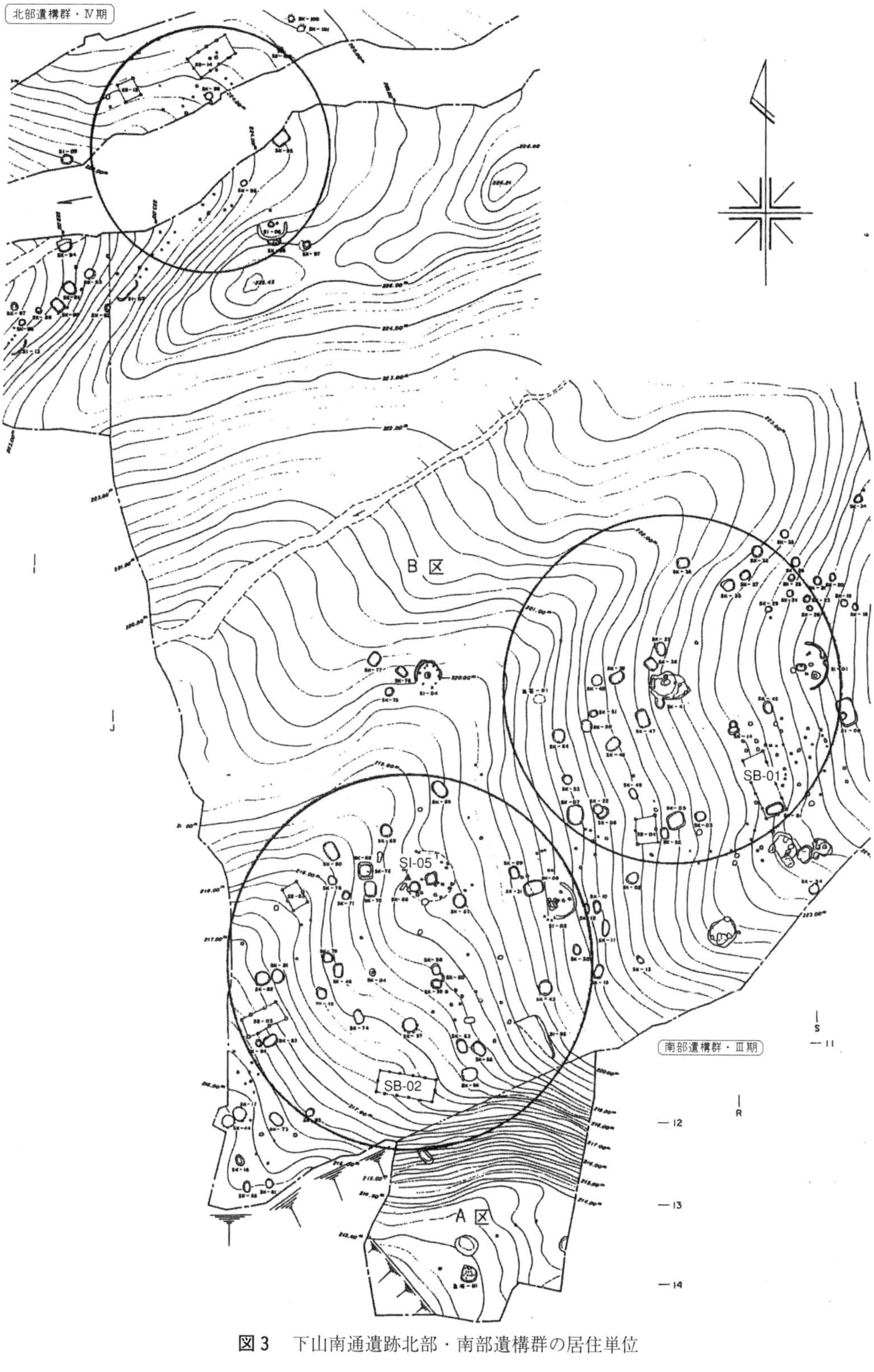

図 3　下山南通遺跡北部・南部遺構群の居住単位

部遺構群と南部遺構群があり、北部遺構群は出土遺物の時期差から二時期に分かれ、大きくは中期中葉と後葉、後期中葉の三時期の集落の存在が認められる（中原ほか一九八六、**図3**）。

このうち南部遺構群はⅢ様式（Ⅲ-1・2）段階の集落と考えられ、二本柱系竪穴住居（松菊里系）と大小数棟の掘立柱建物、さらに多数の土壙からなる二つの居住単位が認められる。掘立柱建物跡のうち、東側の居住単位に属するSB-01は規模が二間×五間（二・八八×七・八六メートル、二二・五八平方メートル）を測る長棟掘立柱建物で、建物内に隅丸長方形の土壙（SK-01）を伴っている。南側の梁間は二間だが、北側の梁間には中央柱（棟持柱）がない構造をとる。桁行は一ヵ所だけ柱間が他よりもひろくなっている（**図4**）。また、西側の居住単位に属するSB-02も二間×五間（二・八四×七・二九メートル、二〇・五七平方メートル）を測る長棟掘立柱建物である。長棟掘立柱建物以外は一間×二間ないし一間×三間の小規模な掘立柱建物である。なお、住居跡では西側居住単位のSI-05の規模が突出しており、建て替えも認められることから、南部遺構群・弥生集落の中心的な住居と考えられる。

これに続く北部遺構群はⅣ様式およびⅤ-2段階の集落である。Ⅳ様式段階では南部遺構群同様、小規模な竪穴住居に長棟掘立柱建物（二間×四間、三・一〇×五・八六メートル、一七・一六平方メートル）と小規模掘立柱建物（一間×一間、二・三八×二・二四メートル、五・二五平方メートル）からなる居住単位が認められる。なお、遺存状態はよくないが、九本柱掘立柱建物の可能性をもつSB-12（Ⅳ様式か）があり、日野地方では唯一の例である。Ⅴ-2段階には掘立柱建物跡は確認できていない。

四、長山馬籠遺跡（伯耆町長山）

一九八七～一九八八年にかけて、県道事業に伴い発掘調査された縄文時代早期から古墳時代の遺跡。竪穴住居跡六、掘立柱建跡物一三、土坑、集石遺構などが確認されており、Ⅳ様式（Ⅳ-2）を中心とする遺物が出土している。掘立柱建物跡の中には古墳時代の遺構も含まれている（中原ほか 一九八九、**図5**）。

建物規模は一間×一間、一間×二間の小規模な建物が多くを占めるが、注目されるのはSB08である。規模は二間×六間（四・八×一二・八メートル、六二平方メートル）を測る長棟掘立柱建物で、南東側には桁行に対応する庇を伴う山陰地方で最大の掘立柱建物であるが、

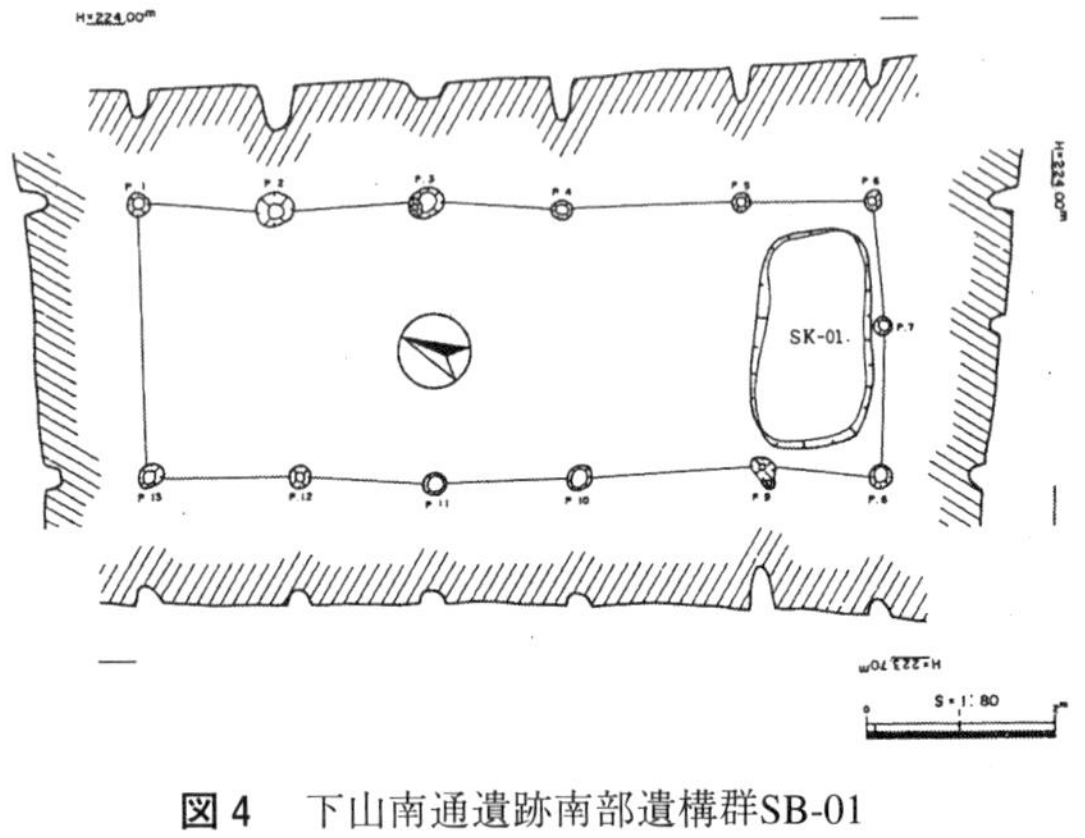

図4　下山南通遺跡南部遺構群SB-01

個々の柱掘形は格別大きなものではない。庇の柱間は狭く、桁行柱位置と一致していない。この点は上中ノ原遺跡SB02・SA01と共通点が認められる。南側の土壙（SK07・08）は建物に伴う可能性がある。なお、妻側内部に遺構検出面より一五センチ程度高い位置に硬化面が認められる。これがSB08に伴うものとすれば、土間構造の平地式建物と考えるべきであろう（**図6**）。なお、SB08に隣接するSI01は、径六・三〇×五・九二メートル、床面積三一平方メートルの大型竪穴住居で、朝鮮半島製と推定される大型の板状鉄斧・袋状鉄斧が出土しており、日野川筋が山陰地域における鉄器文化伝播ルートの一つであったことをうかがわせている（高尾　二〇〇〇）。

五、霞の要害跡（日南町霞）

一九九九～二〇〇〇年にかけて、日野川上流域で国道事業に伴い発掘調査された弥生時代と中世・近世の遺跡。弥生時代後期の遺構は中世以降の造成により削平を受けているが、竪穴住居跡三、掘立柱建物跡一、土坑六、テラスが確認されており、水系をみおろす比高差四〇メートルの緩斜面に営まれた高地性集落と考えられている。V様式（V-2）を中心とする遺物が出土しており、一部に吉備系土器も出土している（中森・濱ほか　二〇〇一）。

掘立柱建物跡1は二間×二間（二・八×三・六メートル、一〇平方メートル）の小規模な建物で、建物の中央部には焼土のひろがりが認められることから平地式建物

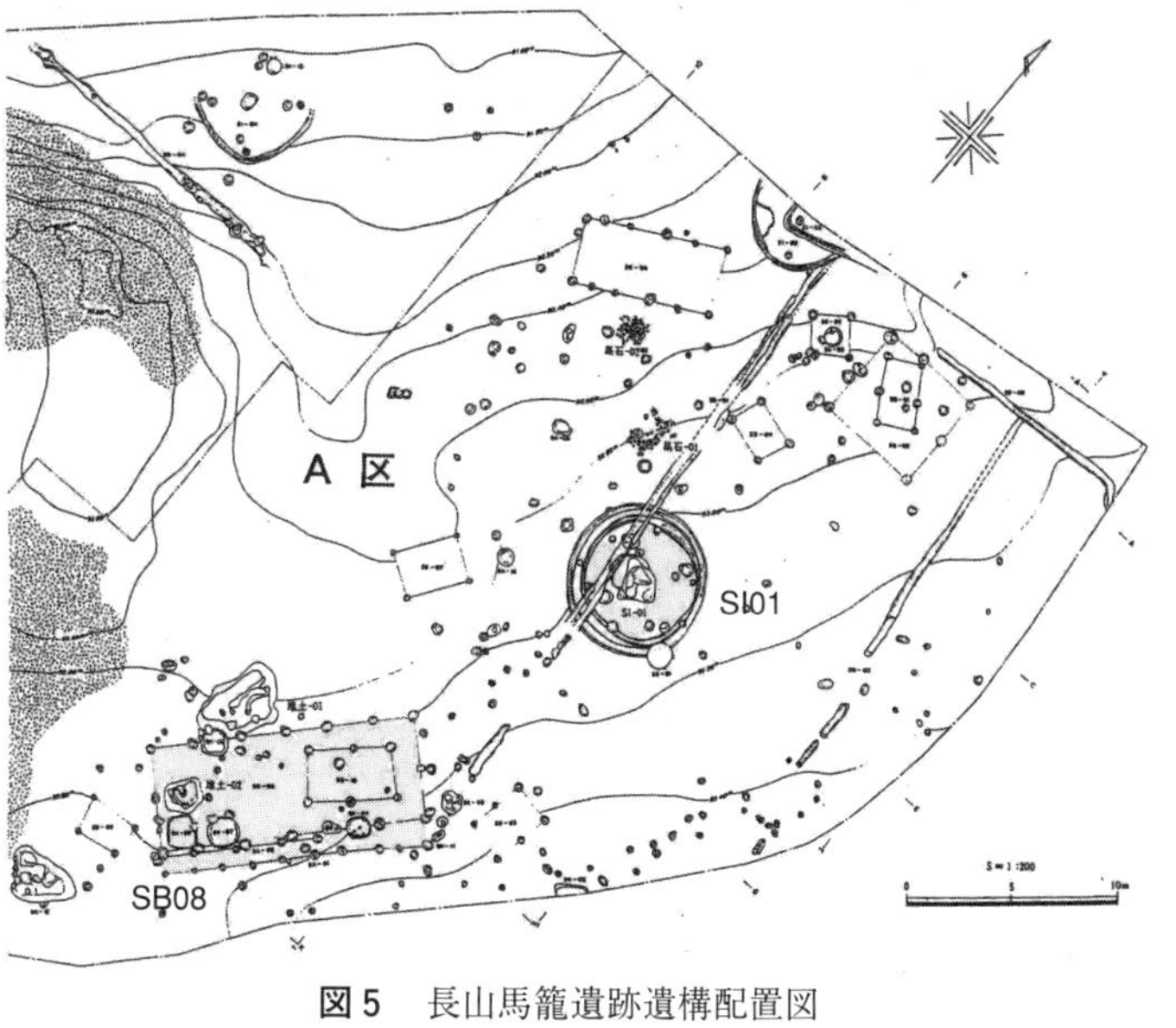

図5　長山馬籠遺跡遺構配置図

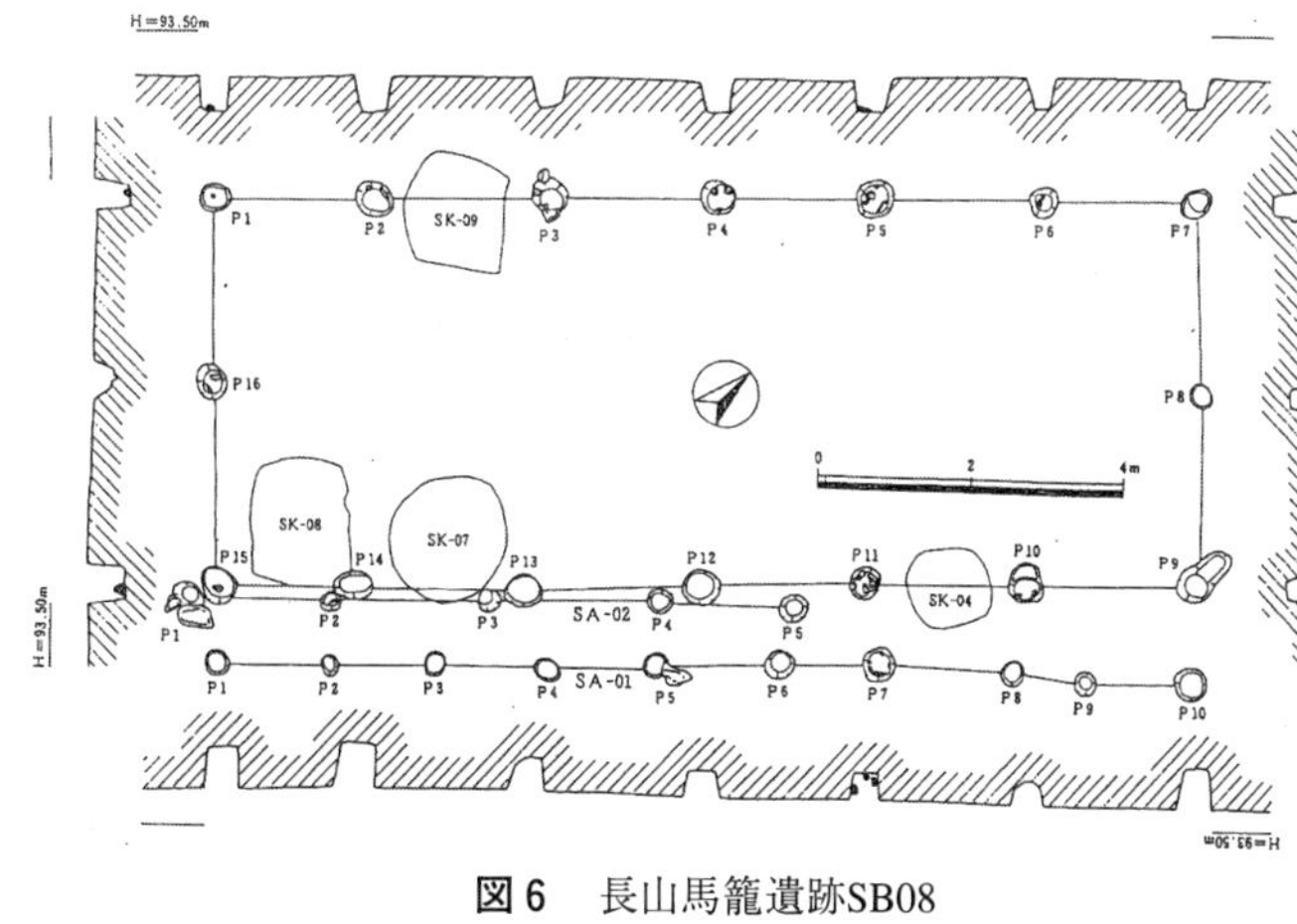

図6　長山馬籠遺跡SB08

と考えられる。時期は隣接する竪穴住居跡と同じV-2段階のものと考えられ、竪穴住居・貯蔵穴とともに小規模な掘立柱建物が一つの居住単位を形成していたものと思われる。

六、結　語

日野地方の弥生時代掘立柱建物に特徴的な長棟掘立柱建物は、米子市・青木遺跡の調査以来類例が増加しており、大山山麓の上中ノ原遺跡・下山南通遺跡・長山馬籠遺跡などでも顕著に認められた。これらは一間×一間、一間×二間の倉あるいは付属屋と推定される小規模な建物とは、規模の面で明らかに区別されるもので、竪穴住居・小規模掘立柱建物群とともにⅢ～Ⅳ様式段階（中期中葉～後葉）の弥生集落における居住単位を形成していることがうかがえた。では、こうした長棟掘立柱建物は集落内でどのような性格・機能を有していたのだろうか。

まず、集落あるいは居住単位内において隔絶した位置などにはなく、さらに建物内に貯蔵施設と思われる土坑を伴うなど、祭祀行為のような日常生活からかけ離れた機能をもっぱらとした祭殿的な施設とは考えにくい(3)。また、構造的にみると、長山馬籠遺跡SB08の場合、山陰地方最大の六二平方メートルと平面的にはかなり突出した規模を有するものの、ほぼ同時期に営まれた大山町・茶畑遺跡群の独立棟持柱建物などにくらべると個々の柱掘形は小さく、上屋を支えるための堅牢な柱構造や独立棟持柱を備えた高殿的な建物とは区別されよう。さらに、土間と推定される硬化面の存在からは、高床ではなく土間構造の平地式建物であったと推定される。

ここで取り上げた日野地方の長棟掘立柱建物は、桁行方向に建物を長くすることで、平面的に広い内部空間を確保しようとしたものであり、庇状の施設を付加してまで屋内空間を拡張する意図がみられるようである。そうした広い空間をもち、日常生活に密着して使用される長棟掘立柱建物の性格としては、集落あるいは居住単位内での共同作業や集落構成員等が参集するための共有空間を提供する施設と想定しておきたい(4)。また、九本柱建物については、日野地方では下山南通遺跡で一棟だけ推定されているが、遺構の残りが悪く、その時期も併せて当地方における九本柱建物の存在を確定するに至っていないのが現状である。

また、日野地方におけるV様式（後期）段階の弥生集落は調査例が少なく、その様相は明らかになっていないが、霞の要害跡・丸山大洞遺跡などでは、前段階に顕著にみられた長棟掘立柱建物は居住単位の中から姿を消しており、中期から後期という段階でやはり集落構造が大きく変容したことが推定される。

なお、長山馬籠遺跡の朝鮮半島製鉄器や霞の要害跡の吉備系土器にみられるように、日野川中・上流域に位置する弥生集落は、吉備地方をはじめとする他地域とも交流を行っていたことがうかがえることから、下流域の日本海沿岸以外の地域からの影響にも注意を払っていかなければならないであろう。

註

（1）日野郡日南町、日野町、江府町と、西伯郡旧岸本町と合併して伯耆町となった日野郡旧溝口町が日野地方にあたり、周囲を山地に囲まれた日野川中・上流域で完結する地域である。

（2）ここでいう「長棟掘立柱建物」について厳密な定義はないが、梁間が一間ないし棟持柱を伴う二間なのに対して、桁行を四間以上にとって長軸方向に伸ばすことにより、建物規模を大きくしているものを指している。

（3）濵田竜彦氏はシンポジウムの中で、長山馬籠遺跡ＳＢ08について、丹塗りの高坏・台付甕・壺などを含む完形の土器が多数出土している土坑群がＳＢ08に伴うものとして、その祭祀的性格を示唆された。たしかにこれらの土坑には、祭祀に用いられた土器が廃棄されたものが認められるが、柱列ラインと重複する土坑もあり、祭祀土坑がすべてＳＢ08にの伴うものとは言えないと判断している。ただし、集落構成員等が参集した共有空間で、時に祭祀的行為が行われたことをも否定するものではない。

（4）シンポジウムの総合討論では、浅川滋男氏からオセアニアにひろく分布する、男性が寝泊りして作業などを行う空間である「大きな家」との類似性を示唆された。

参考・引用文献

高尾浩司「鳥取県における弥生時代鉄器の様相」『月刊考古学ジャーナル』№467、二〇〇〇。

中原斉ほか『下山南通遺跡』鳥取県教育文化財団、一九八六。

中原斉ほか『長山馬籠遺跡』溝口町教育委員会、一九八九。

中森祥・濵隆造ほか『霞遺跡群』鳥取県教育文化財団、二〇〇一。

益田晃ほか『上中ノ原・井後草里遺跡発掘調査報告書』溝口町教育委員会、一九八三。

増田浩太「弥生時代の掘立柱建物について―山陰地域の概要―」『第５回弥生文化シンポジウム　弥生のすまいを探る』鳥取県教育委員会、二〇〇四。

第四節　長瀬高浜遺跡とその周辺

牧本哲雄

一、はじめに

古墳時代の拠点集落である長瀬高浜遺跡は、大規模な集落とともに超大型掘立柱建物の存在が知られている。これら大型建物の性格については、すでに辰巳和弘氏等が祭祀施設として指摘し（辰巳　一九九〇）、おおむね定説として認知されていると考える。その後、筆者は当遺跡の発掘調査にかかわることができ、土器編年について私案を提示した（牧本　一九九九）。それにもとづき遺構の時期を判断すると、従来の遺構群の時期と若干の相違が指摘できる。ここでは、時期ごとの集落の変遷における、建物配列の変化を検討しながら論を進めることとする。

二、遺跡の立地・地形

長瀬高浜遺跡は、鳥取県中部の湯梨浜町にある東郷池の北西側に位置する（**図1**）。現在、遺跡の西側を流れる天神川は、江戸期に付け替えがあり現在の河道となったが、それ以前は東郷池方向に流れ込んでいた。したがって、当時にあっては遺跡の南側に河道があったものと考えられる。また、一九九八年の調査で検出された遺跡東側の自然河川は、旧天神川の支流である可能性があり、当遺跡は河川のごく

図1　東郷池周辺遺跡分布図（鳥取県教育文化財団調査報告書61より一部転載・改変）

近辺の微高地上のクロスナが発達した砂丘地に展開したものといえる。

集落が立地する場所は当時から起伏が認められ、標高一〇メートル前後の丘陵部に囲まれた標高約六メートル前後の低地部にある。居住区は、クロスナの範囲からA地区からD地区に分けることができる（**図2**）。

なお現在、クロスナ層上に約六メートル前後の白砂が堆積しているが、この白砂は、およそ十五世紀以降に堆積したものと推定されている。[1]

三、長瀬高浜遺跡の集落変遷と祭祀空間

長瀬高浜遺跡の集落の出現は、弥生時代前期前葉に遡るが、この時期の集落造営期間は短期間で、調査された範囲内では弥生中期から後期にかけては集落が営まれていない。その後出現するのは、天神川Ⅰ期になってからである。なお、天神川Ⅰ期については、異論もあると思うが、古墳時代前期前葉、いわゆる布留0式期併行と考える。[2] 集落の造営は、古墳時代前期前葉から中期後葉にかけてで、まとめると**表1**のようになる。集落変遷については、すでに報告されてはいるが（岡野　一九九九）、改めて検討し直すこととする。

天神川Ⅰ期には、竪穴建物[3]一五基、掘立柱建物五基、井戸一基など、弥生中期の中断以降、かなり大きな集落

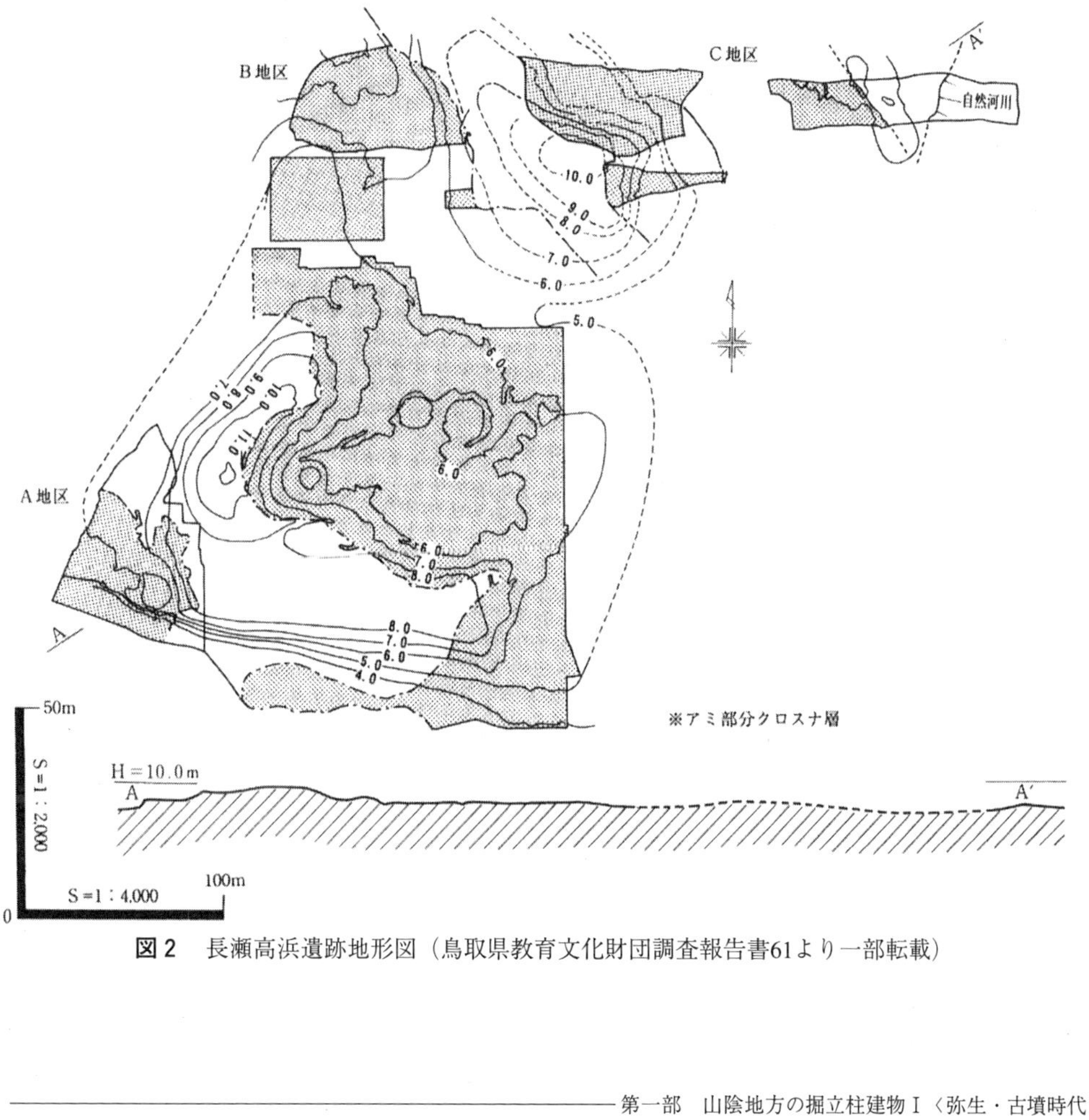

図2　長瀬高浜遺跡地形図（鳥取県教育文化財団調査報告書61より一部転載）

として再出現している（**図3**）。居住空間にはすでに「居住単位」が形成され、少なくとも五単位以上出現している現象を読みとることができる。この時期、居住単位を構成する住居は二～三棟である。とくにB区には、平面が六角形を呈し床面積が四四平方メートルと、この時期では最大規模を測る竪穴建物SI142があり、首長層の居宅の可能性があると考える。この居住単位には掘立柱建物SB04および近接する素掘り井戸SE04が近接している。SB04とSE04はセットとしてとらえることが可能で、SB04は単に倉庫的なものではなく、祭祀的な一面をもたせることも可能と思われる。後述するSB29・30とは時期差か祭祀の意味合いの違い（居住単位内での祭祀にかかわる可能性）が考えられる。また、倉庫的な性格が考えられる小型掘立柱建物SB06もこの居住単位に含まれる。

表1　長瀬高浜遺跡時期別遺構数（主なもの）

	竪穴住居	掘立柱建物	井戸	古墳
天神川Ⅰ期	15	5	1	—
天神川Ⅱ期	54	3	3	—
天神川Ⅲ期	58	1	2	—
天神川Ⅳ期	61	1	3	—
天神川Ⅴ期	37	2	2	1
天神川Ⅵ期	5	1	—	4
天神川Ⅶ期	2	—	—	5
天神川Ⅷ期	—	—	—	5
天神川Ⅸ期	1	—	—	7

さて、この時期SI142を含むグループに近接して、大型掘立柱建物のSB29、SB30が八メートルの間隔をもち隣接して出現している（**図4**）。SB29は東西辺に棟持柱をもつ、およそ東西方向に主軸をもつものと考えられ、SB29・30の主軸はそれぞれが直行方向となる位置関係であると理解した方がよいと思われる。切り合い関係は不明ではあるが、この二つの建物が同時期に並存していた可能性も捨てきれない。この建物周辺は、祭祀遺物と考えられる雛形品である剣先形鉄製品、小型素文鏡

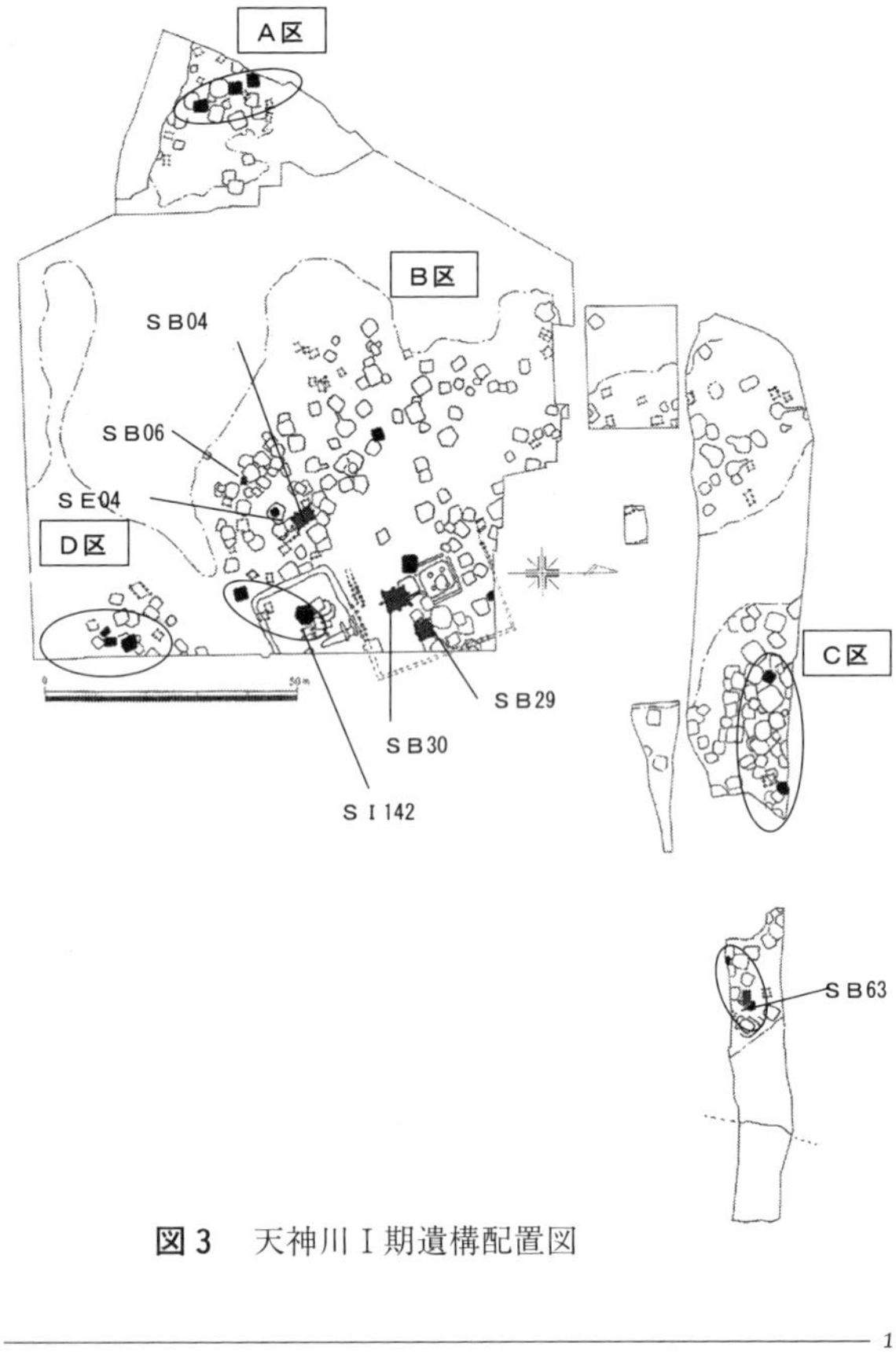

図3　天神川Ⅰ期遺構配置図

などが集中してみられる地区になっており、祭祀的な意味合いの強い建物群であると考えられる。また、この大型掘立柱建物に隣接してＳＩ124がある。規模的には通常の竪穴建物と変わりないが、出土遺物には祭祀的な雛形品の剣先形鉄器が出土しており、祭祀的な意味合いが強いものと推定され、ＳＢ29・30、ＳＩ124が一群として祭祀空間を形成していたものと理解できるのではないかと思う。これらの建物群は、その突出する規模から集落全体にかかわる祭祀施設とすることも可能と思われる。

ここで、辰巳氏が指摘した二重の柵列について触れてみたい。この柵列は、およそ方形に柵がめぐらされているものと推察され、東西辺の規模は不明であるが、南北辺は約五七メートルを測る。南辺は二重の柵列が互い違いになる「門」が、また北東辺にも一間四方の「門」が形成されている。出土遺物には、天神川Ⅰ期の甕片がある。この柵列に囲まれた区画内に上述の大型掘立柱建物群が存在することになるが、この柵列については、出土遺物からⅠ期以後に出現しており、後述する天神川Ⅱ期のＳＢ40をほぼ中央に配置していることから、Ⅱ期に機能していたものと考えたい。

天神川Ⅱ期では、集落に関しては竪穴建物五四基、掘立柱建物三基、井戸三基などがみられる。この時期から集落は急激に拡大傾向を示している（**図５**）。居住単位の数は九単位以上になり、前時期にくらべると大幅に増加している。居住単位を構成する住居の数も増加するようにみえるが、それぞれが近接しすぎたり切り合い関係をもつものが多いことからすると、居住単位が形成する住居は、同時並存するものは三棟前後と前時期と変わらないものと考えられ、竪穴建物が一時期内に建て替えを頻繁に行わなければならない理由があったものと推察さ

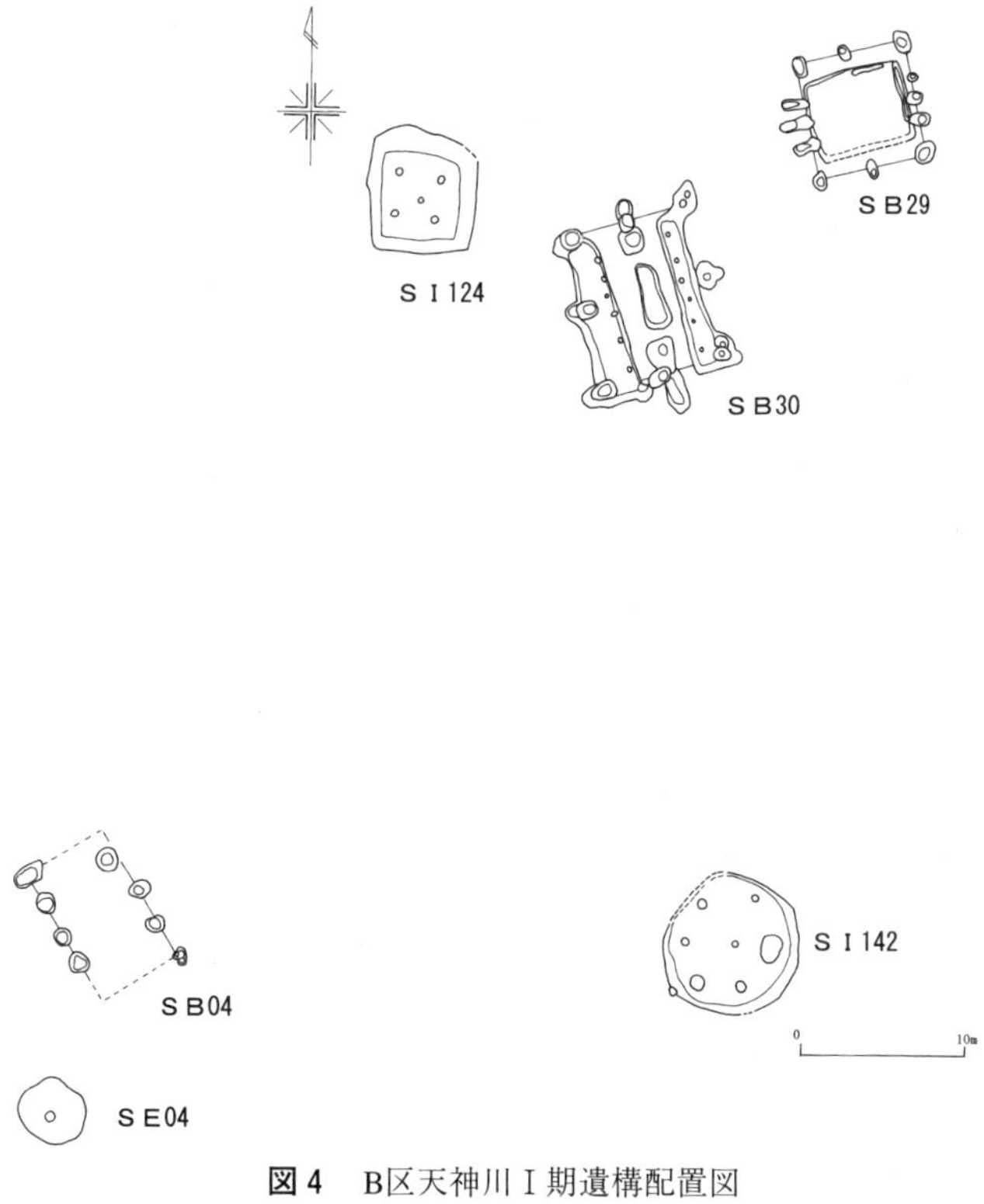

図４　B区天神川Ⅰ期遺構配置図

れる。[4]この時期、小型掘立柱建物は各居住単位の中に一棟以下の割合で認められている。

さて、この時期の首長層の居宅と考えられるものは、SI145と重複するSI144である。SI144は平面五角形を呈し、床面積四五・七平方メートルを測る大型竪穴建物で、この時期遺跡内では最大規模を測る。仮にSI144が首長居宅だった場合、天神川I期とは異なり、居住単位からは独立した形で居宅が存在することとなり、この時期に首長層の独立が明確になるものと想定される。

さらに、超大型掘立柱建物SB40が出現している。この建物を取り囲むように塀状の遺構が前方後方状にめぐっている。さらにその周囲には、前述した二重に取り囲む柵列または塀（SA01～07）を伴い、しかも南側入口は互い違いになり、直接内部がみられない構造となっている（**図6**）。出土遺物には、素文鏡・剣先形鉄器などの祭祀遺物が集中し、こうした閉じた空間の中で祭祀が行われていたものと考えられる。この閉じた空間の中には、SI126・132・138といった竪穴建物があるが、剣先形鉄器などの雛形品が出土しており、いずれも祭祀にかかわる建物と考えることができよう。しかし、SI126・138

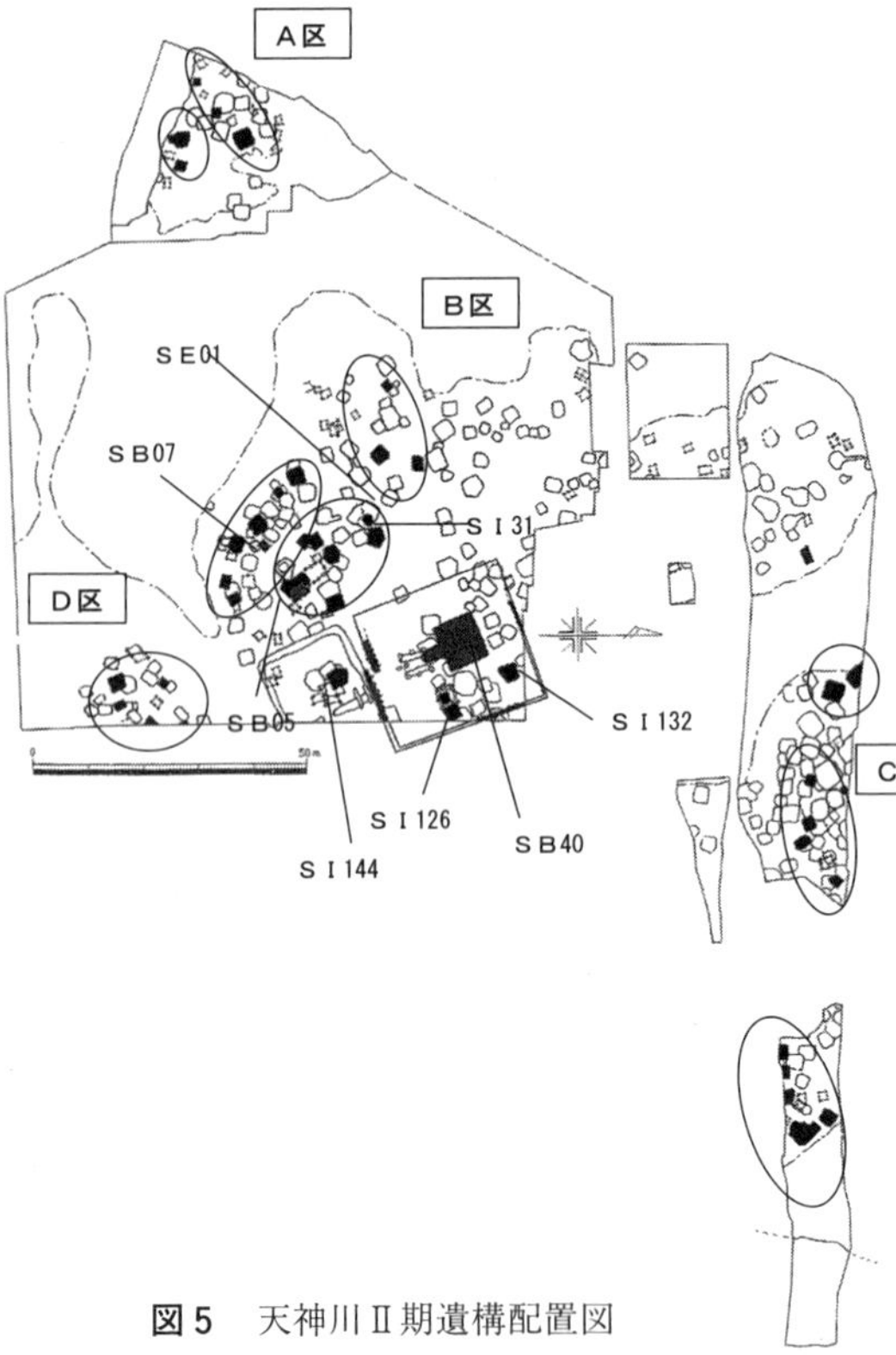

図5　天神川Ⅱ期遺構配置図

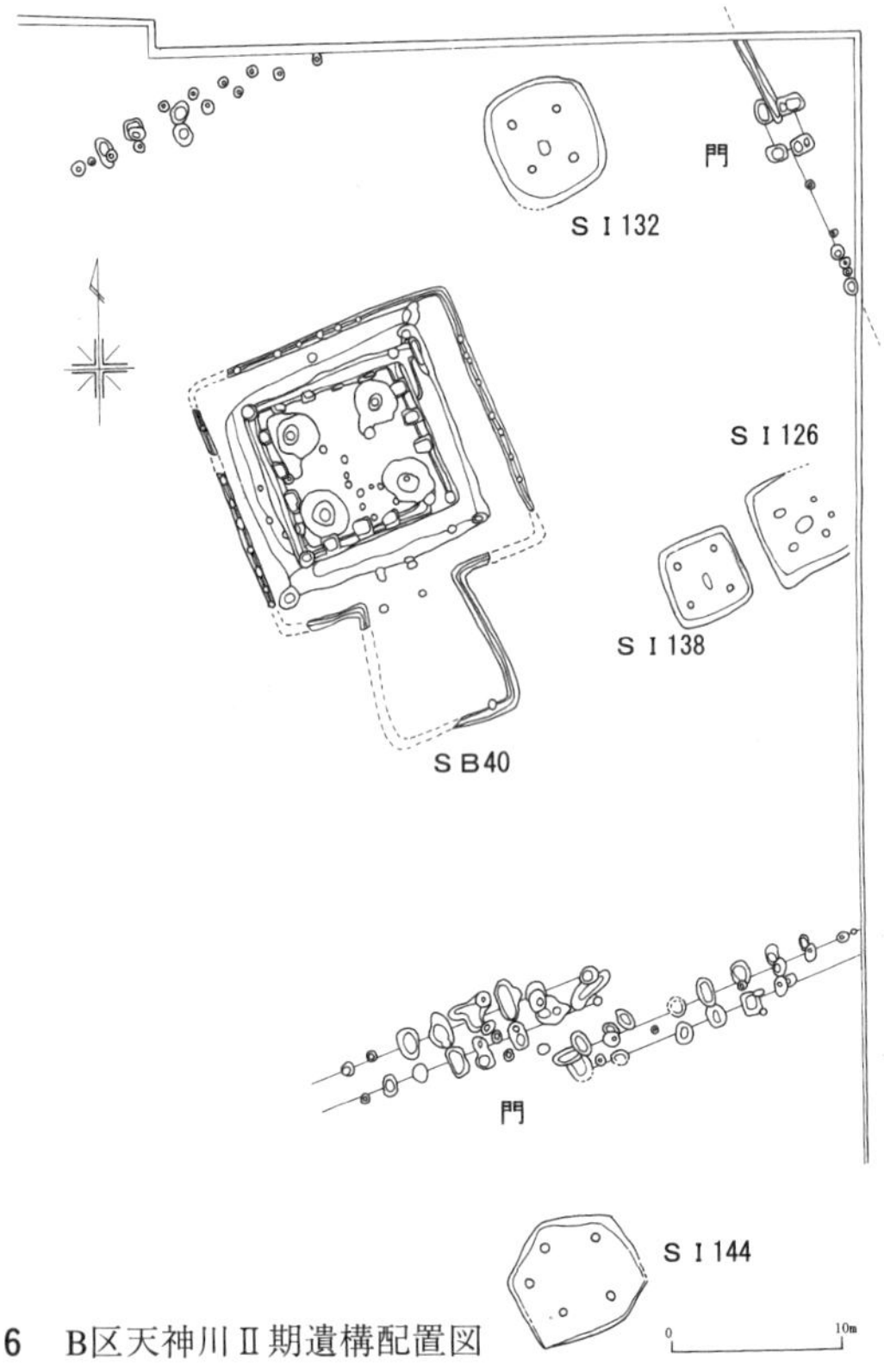

図6　B区天神川Ⅱ期遺構配置図

は近接しすぎており、同時期には並存していないものと考えられる。

天神川Ⅰ・Ⅱ期では、祭祀空間の前面に首長居宅があるという同様の位置関係が指摘でき、祭祀空間と首長居宅との親縁性がうかがわれる。

天神川Ⅲ期になると、前時期までのような方形区画内の祭祀空間が崩壊して、集落に変わっていく（**図7**）。竪穴建物五八基、掘立柱建物一基、井戸二基など、長瀬高浜では最大規模の集落になる。この時期においても一居住単位は三棟前後で変化はない。しかし一四単位以上に増加している。各居住単位には規則的な配列は認められず、散在した状態である。また、それぞれの竪穴建物の規模自体も大きくなる特徴がある。四〇平方メートル以上の竪穴建物はＳＩ29の五八平方メートルを筆頭に六基認められ、大型竪穴建物が目立つ。このうち、ＳＩ127では、埋土中から小銅鐸が出土しているほか、剣先形鉄器などの祭祀遺物も目立つ。これらの遺物は、廃絶時に廃棄されたものと考えられるが、ＳＩ127の位置は、前時期において祭祀空間が形成されていた場所であることは重要であろう。この時期には、前時期までのような高層建物による祭祀施設は認められないが、各居住単位の中の大型竪穴建物が、その代わりをなしたものと考えることも可能である。

天神川Ⅳ期では、竪穴建物六一基、掘立柱建物一基、井戸三基などと集落規模は最大を保っている（**図8**）。居住単位は、やはり一単位二～三棟ぐらいで寄せ集まっている状況がうかがわれる。各居住単位は列状に配列された状態である。ただし、Ⅲ期とくらべると、竪穴建物の規模自体は小さくなる傾向にあり、祭祀空間も認められない。

天神川Ⅴ期は、集落規模は、竪穴建物三七基、掘立柱建物二基、井戸二基と、この時期から下降していく（**図**

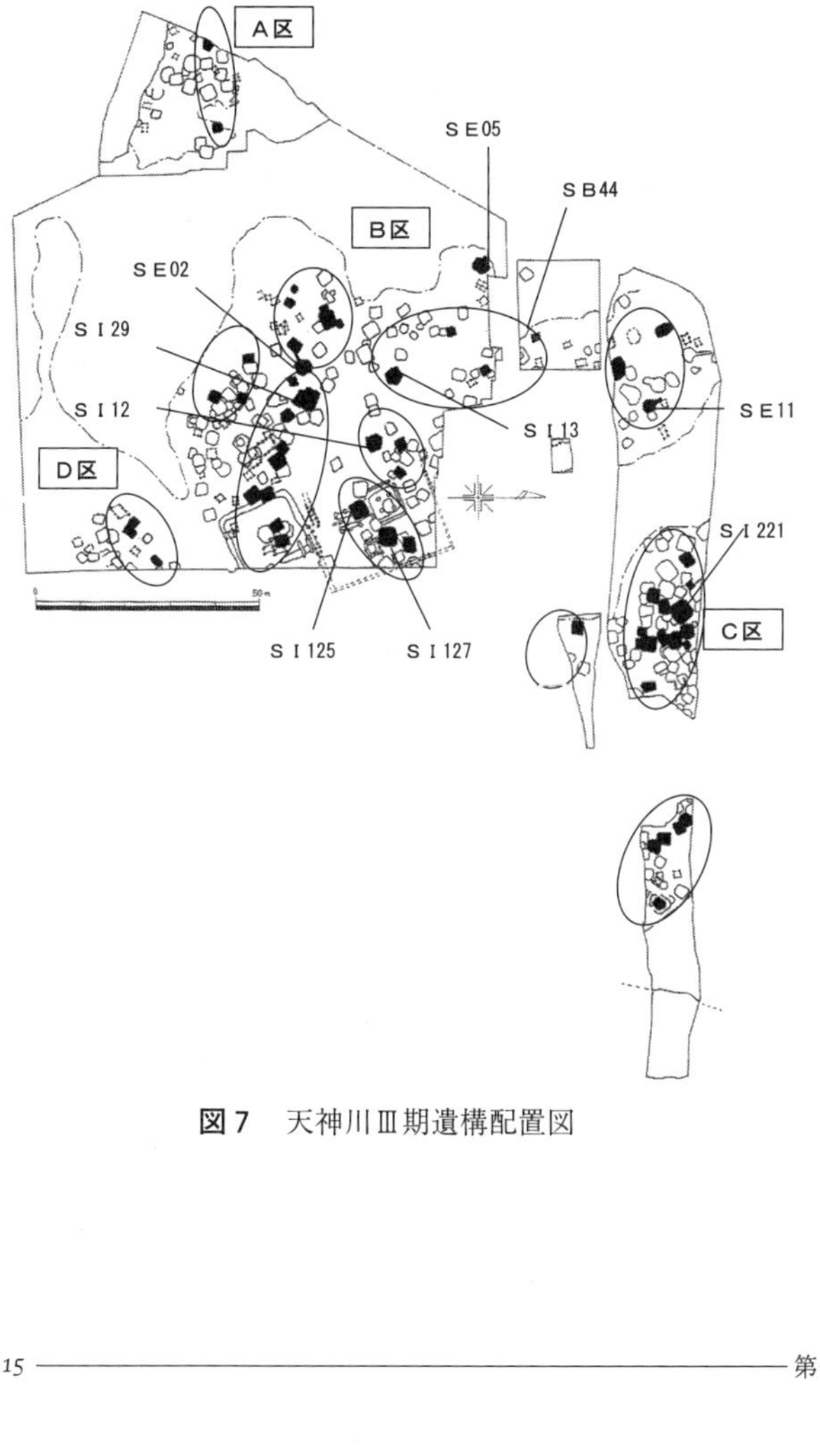

図7　天神川Ⅲ期遺構配置図

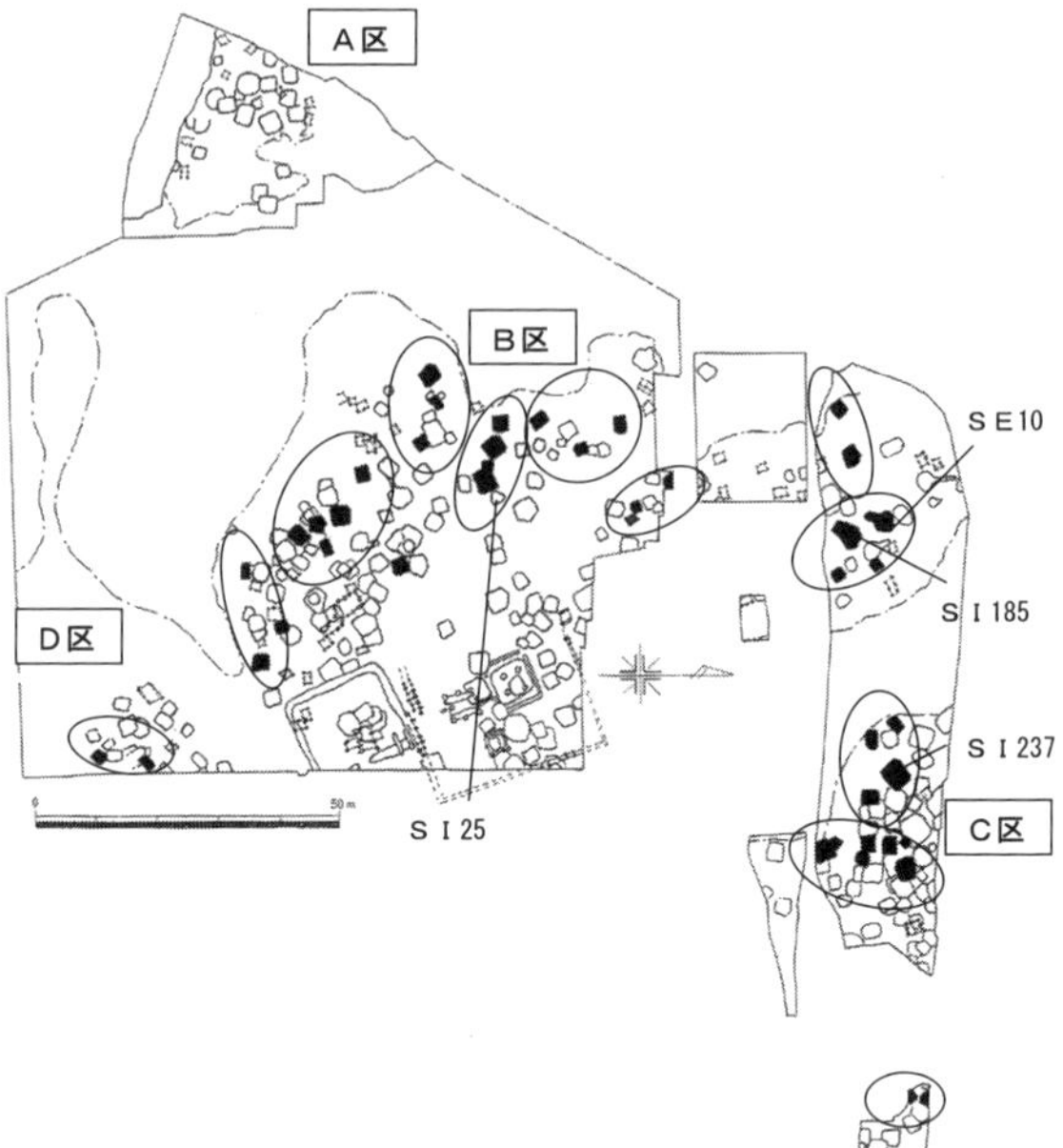

図８　天神川Ⅳ期遺構配置図

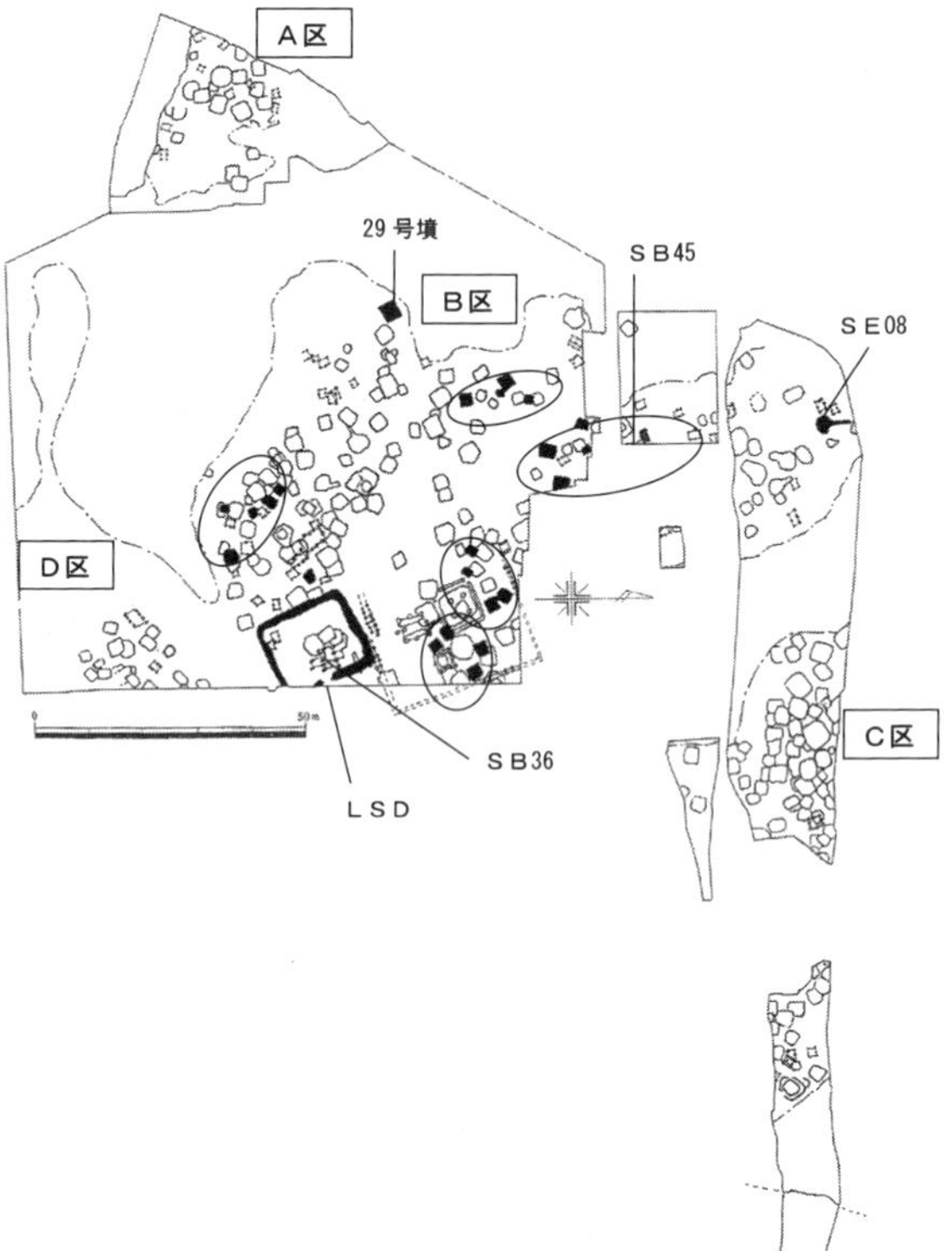

図９　天神川Ⅴ期遺構配置図

９）。この中では、Ｂ区でＬＳＤが出現する。幅約二・八メートル、深さ一メートル、東西三二メートル、南北三七メートルの方形にめぐる溝に囲まれた方形区画である（**図10**）。東辺は中央部で溝が途切れ陸橋部となる。この区画内の施設は明確ではないが、可能性としては掘立柱建物ＳＢ33・36が伴うものと思われる。突出した規模の竪穴建物ではなく、祭祀遺物も認められないが、このＬＳＤに囲まれた方形区画が首長居宅の空間の可能性がある。

　この時期には遺構内に古墳が出現しており、この時期を境に墓地に変化していくようになる。

　天神川Ⅵ期以降になると（**図11・図12**）、ほとんどが集落としては退廃し、古墳群に変化していくというのが、長瀬高浜遺跡の集落変遷である。

四、長瀬高浜遺跡の掘立柱建物と方形区画

　長瀬高浜遺跡の掘立柱建物をみると、おおむね一間×二間程度の小型のもの、一間×三～四間の中型のもの、非常に大型のものに分けることができる。

　大型掘立柱建物のうち、古墳時代前期初頭（天神川Ⅰ

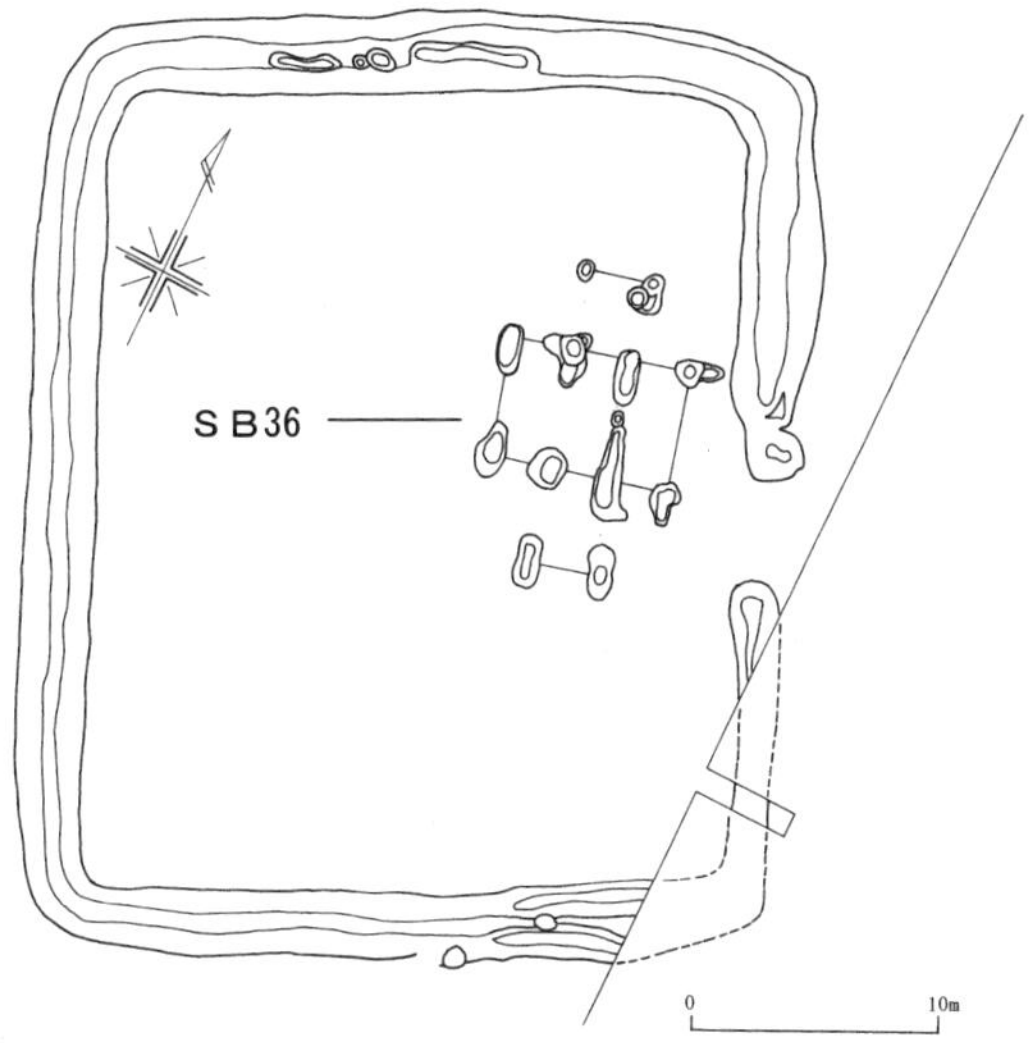

図10　LSD遺構図

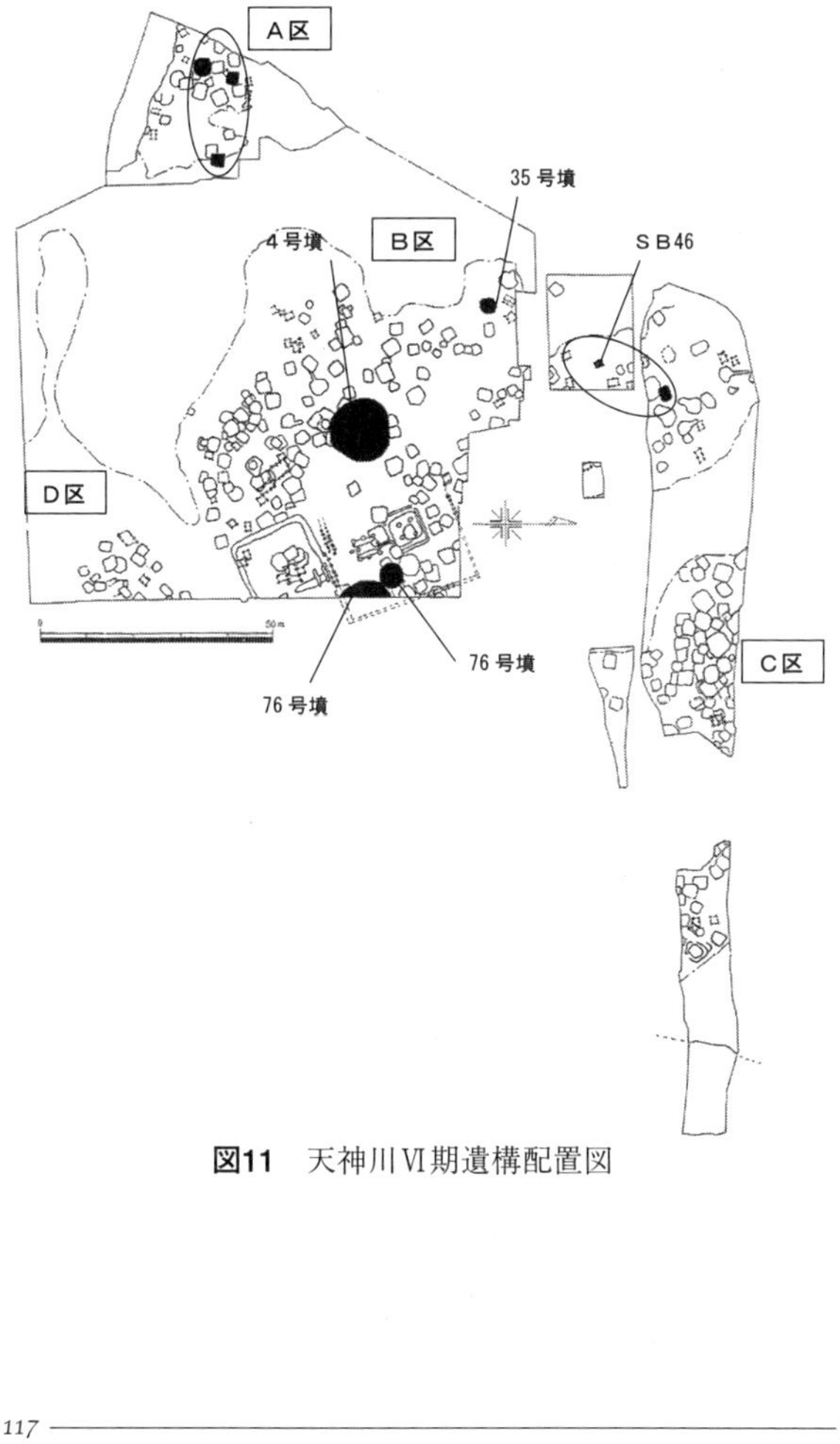

図11　天神川Ⅵ期遺構配置図

期）のＳＢ29・ＳＢ30は、柱径が四〇～五五センチと推定され、通常の掘立柱建物よりかなり高層の建物であったものと推定される。

前期前葉（天神川Ⅱ期）のＳＢ40は、非常に大きな約一二・六メートル四方の竪穴状の掘り込みの中に、長軸約四メートル、深さ約二メートルもある大柱穴が掘られ、柱間が約五メートルの規模にもなる。柱径は不明であるが、柱穴の規模からすると相当の高層建物を考えてよいであろう。その他のピットについても、構造にかかわる可能性があり、報告書どおりに読み取ると、ＳＢ40は土器一型式内に機能していたものと理解してよいと思う。さらに、天神川Ⅱ期の段階に、ＳＢ40を取り囲むように方形区画が出現し、祭祀空間と居住空間を明瞭に区画し、この時期に祭祀空間が完成されたものと考えてよいであろう。

ところで、前述したように天神川Ⅱ期以降、竪穴建物は頻繁に建て替えが行われているが、これらシンボリックな掘立柱建物については建て替えが行われた形跡はみられず、土器一型式期ごとに新たに築造されている状況がある。このことは、単に使用木材の耐久性の問題だけではなく、首長層の交代などによる政治的ないしは祭儀的な要因によるものと考えた方がよいであろう。

また、中規模のＳＢ04は、一間×四間、床面積四七・四平方メートルのやや長尺の建物である。前述したように井戸が近接しており、居住単位内の祭祀にかかわる可能性がある。掘立柱建物と井戸の位置関係については、井戸の構造は異なるものの池上曽根遺跡、雁屋遺跡、四つ池遺跡、梶子遺跡のものと類似する面があり（森岡二〇〇六）、祭祀建物と井戸の関連性を考えるうえでも興味深いものである。

古墳時代中期（天神川Ⅴ期）になり、祭祀空間以外に方形区画ＬＳＤが現れる。この区画内に伴うと推定されるＳＢ36は、一間×三間、床面積三六・五平方メートルを測る。柱径も四〇センチ前後と大型で、高床建物であった可能性がある。遺物がほとんどなく性格は明確にできないが、祭祀遺物は認められないことから居住用である可能性がある。現状では、天神川Ⅲ期以降隔絶された祭祀空間は崩壊している状況がうかがわれ、ＬＳＤ・ＳＢ36は、方形区画に営まれた首長居宅と考えてもよいのではないだろうか。

これに対し、各時期において、一間×二間程度の小型掘立柱建物は、居住空間の中に並存しており、一般的な倉庫としての用途が推定できる。調査が及んだ範囲内では、時期は特定できないものを含め古墳時代と考えられる小型掘立柱建物五〇基に対し、竪穴建物は二六二基で、単純に換算すると掘立柱建物一基に対し竪穴建物五基強となり、各居住単位内に一棟未満の割合であることから、居住単位内での共同管理された施設と考えることができよう。

五、長瀬高浜遺跡以前の掘立柱建物の様相

さて、長瀬高浜以前の遺跡については、東郷池周辺では代表的なものに南谷大山遺跡がある（**図-1**参照）。こ

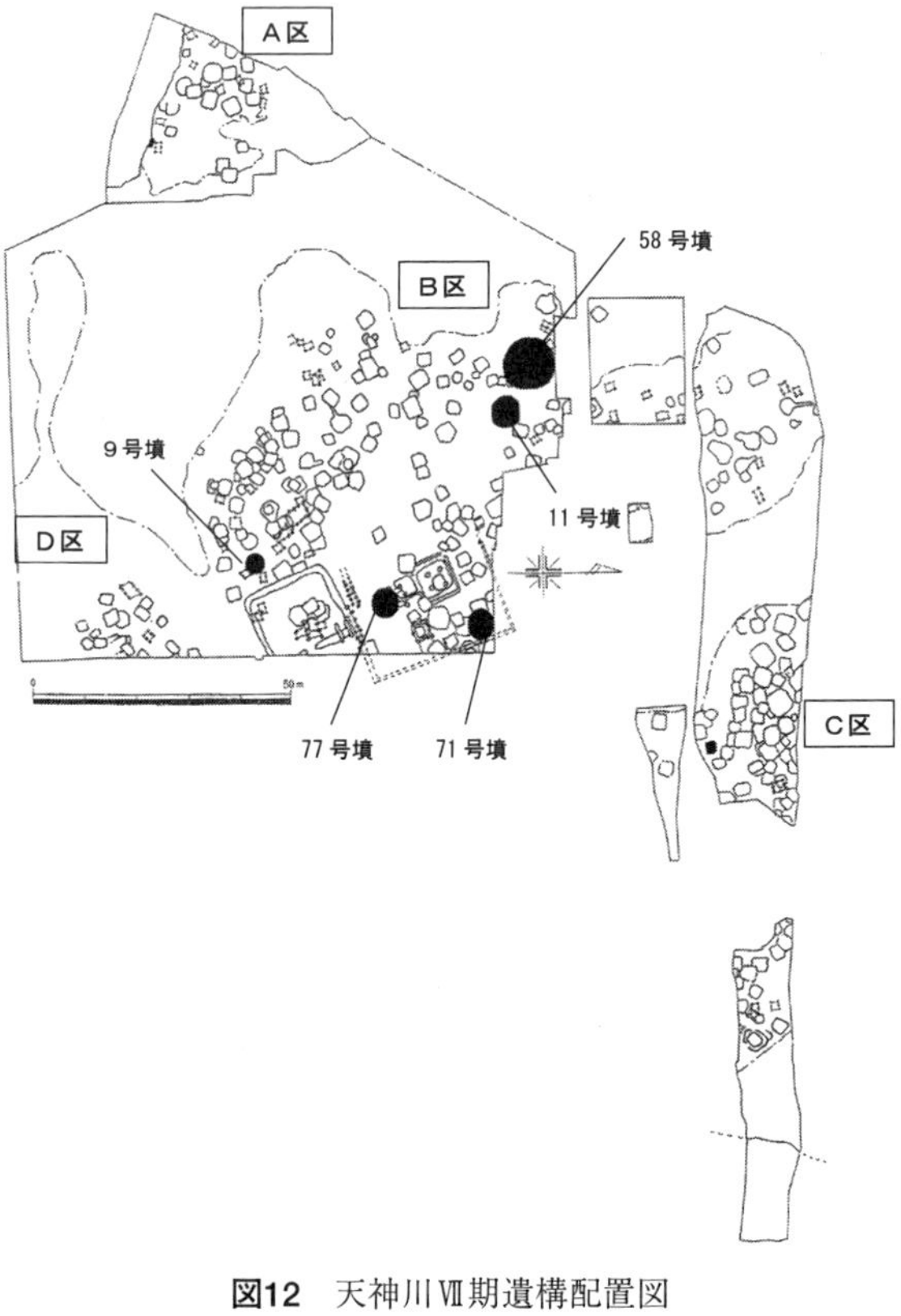

図12　天神川Ⅶ期遺構配置図

の遺跡は、弥生時代から古墳時代中期にかけて、標高九〇メートル前後の丘陵上に営まれた集落遺跡で、眼下に東郷池を見下ろすロケーションである。とくに弥生時代後期段階の集落は、東郷池周辺の拠点集落の一つと考えられている。後葉（Ⅴ-3期）にCSB1・2という掘立柱建物が検出されているが、いずれも居住単位に近接して造られており、一間×二間の小規模なもので倉庫的な用途であったものと推察される。それ以降の掘立柱建物は、可能性としては古墳時代前期初頭（天神川Ⅰ期）のBSB01～03まで見当たらない。

この遺跡では、弥生終末（南谷大山Ⅲ期・Ⅵ-1期）になると、BSI21という平面六角形、床面積八二平方メートル以上を測る大型竪穴建物がみられる。居住単位から独立して立地しており、首長居宅あるいは作業場、祭祀関連といったシンボリックな建物の可能性もある（**図13**）。

南谷Ⅳ期・Ⅵ-2期にも、SI26という平面五角形、床面積五七平方メートルを測る大型の竪穴建物がある。やはり、居住単位からは独立しており、性格的にはBSI21と同様のものと考えられる（**図14**）。

弥生時代後期段階では、東郷池周辺では拠点的な集落遺跡においても大型掘立柱建物は出現しておらず、祭祀的でシンボリックな建物は、大型竪穴建物が担っていた可能性がある。

六、まとめ

東郷池周辺では、弥生時代後期段階では、大型の竪穴建物が祭祀的な役割をもっていたものと考えられる。この時期においては、拠点集落と考えられる遺跡においても掘立柱建物には大型のものや独立棟持柱をもつ祭祀的なものはなく、倉庫的な性格しかもちえていないものと思われる。こうした状況は、妻木晩田遺跡など県西部の状況とは異なり、東郷池周辺の特徴の一つといえる。

しかし、古墳時代になり長瀬高浜遺跡が砂丘地に出現すると、祭祀的な性格をもつ施設として大型掘立柱建物が造営される状況がうかがわれる。この祭祀的な建物に関しては、土器一型式ごとに建て替えが行われ、非常に短期間に建て替えが行われているといえる。これは、首長層などの世代交代などによる政治的・祭儀的な要因で建て替えが行われているのではないかと思われる。

また、古墳時代前期を通じて首長居宅と考えられる竪穴建物は、集団成員の居住単位からは距離が置かれ、規模が大きく、多角形を呈すものと考えられるが、祭祀空間のように明確に区画されたものは出現していない。方形区画として隔絶するのは、古墳時代中期前葉（天神川Ⅴ期）であり、それは祭祀空間同様、短期間の造営に留まっているのが特徴である。

鳥取県内では、弥生時代中期から古墳時代にかけての掘立柱建物や方形区画について検討されている（濵田　二〇〇三・二〇〇六）。濵田氏が指摘するように、弥生時代後期以降は、弥生時代中期のように「空間A」と「空間B」が明瞭に区別される状態ではなくなっている。ただし、方形区画については、祭祀空間と首長居宅（居館）の空間を分けて考える必要があり、今後さらに検討しなければならないであろう。長瀬高浜遺跡に限ってみると、祭祀空間としての方形区画は古墳時代前期前半期にならなければ出現しておらず、首長居住空間としては古墳時代中期にならなければ出現していない。

　また、シンボリックな大型掘立柱建物以外の小型掘立柱

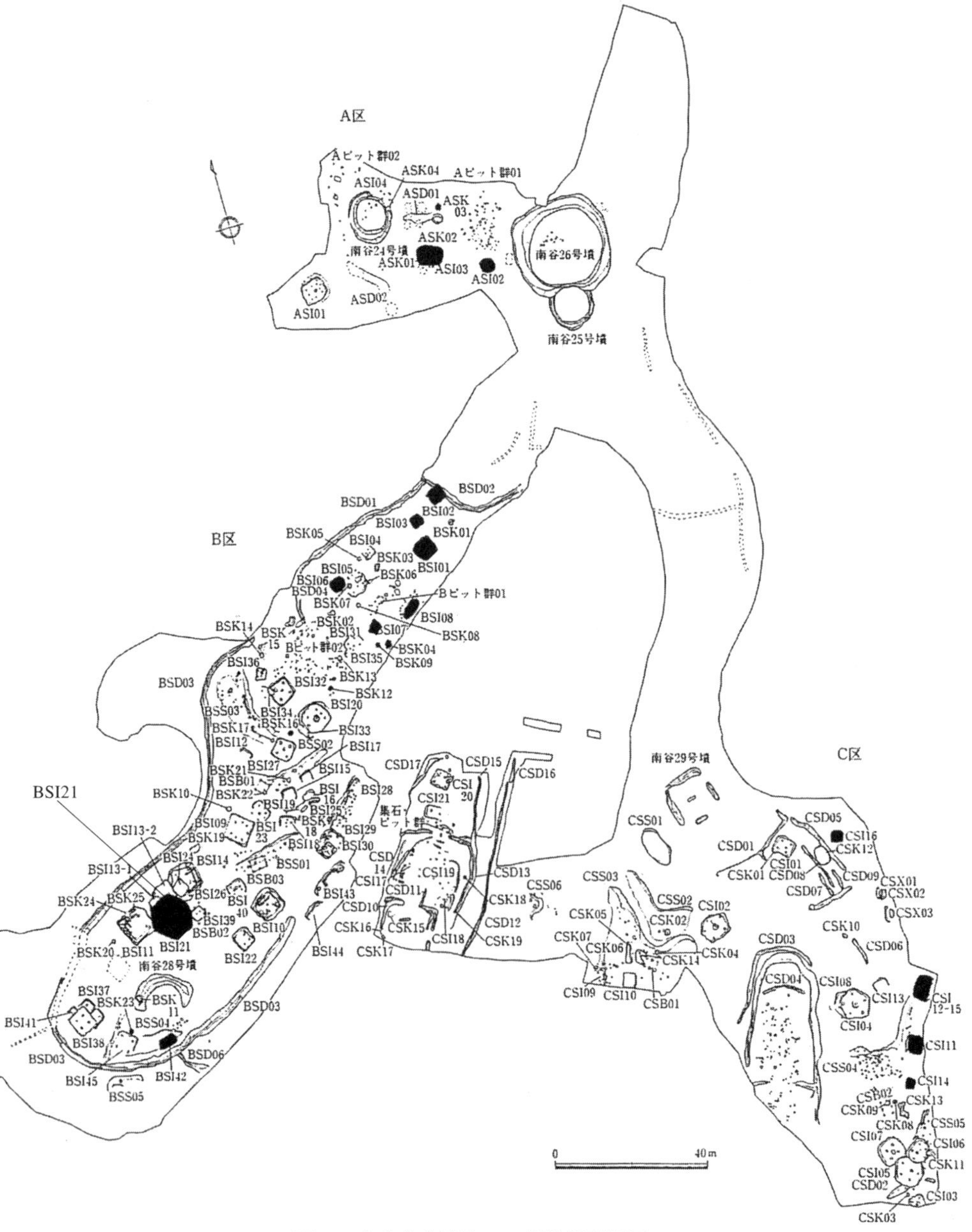

図13　南谷大山遺跡Ⅵ-1期遺構配置図

建物については、おおむね倉庫的な性格が与えられようが、弥生時代後期の居住単位のモデルとして、しばしば取り上げられる倉吉市コザンコウ遺跡などのような「一住居一倉庫」の単位集団の構造をもつ遺跡は、類例としては少なく、大規模に調査された琴浦町笠見第3遺跡、久蔵峰北遺跡、三林遺跡など大半の遺跡をみると、必ずしも「一住居一倉庫」の構造をとってはおらず、複数の竪穴建物に対し一棟程度の割合で掘立柱建物をもつ形態となっている。この状況は、古墳時代の長瀬高浜遺跡においても同様で、遺跡ごとで所有・貯蔵の形態が異なっていることに起因するのではないかと思う。この点については、さらに遺跡ごとでの詳細な各変遷過程にお

図14　南谷大山遺跡Ⅵ-2期遺構配置図

ける居住単位の検討が必要になってこよう。

本題からは外れるが、古墳時代前期から中期の拠点集落である長瀬高浜遺跡の集落の内容が、他の遺跡と比較しても非常に特異であること、在地産ではあるが畿内系土師器に強い影響を受けた土器が大量に出土していることからも、畿内勢力との強い結びつきがあったものと考えられる。また、当遺跡が最盛期を迎える時期に、遺跡北東側丘陵上に大型前方後円墳を含む橋津（馬ノ山）古墳群が形成されており、長瀬高浜遺跡と橋津古墳群との密接な関連が想定でき、今後、集落遺跡と古墳群の関係を探るうえでのモデルケースとなりえるであろう。

この文章は、二〇〇四年十月に行われた「山陰地方の掘立柱建物Ⅰ」の中で発表した「長瀬高浜遺跡とその周辺」をもとに、大幅に加筆修正したものである。当時の発表内容と大きく異なる部分があるが、文意としてはほぼ変わりないことをご承知願いたい。

註

（1）白砂下に形成された粘土層の14C年代測定の結果、十五世紀代の年代が得られ、白砂の堆積はそれ以降活発化したものと推測される。牧本哲雄「長瀬高浜遺跡の古環境復元」『長瀬高浜遺跡Ⅷ　園第6遺跡』鳥取県教育文化財団調査報告書61、一九九九。

（2）松井潔、濵田竜彦は、天神川Ⅰ期併行を弥生終末期ととらえている。松井潔「東の土器、南の土器―山陰東部における弥生時代中期後葉～古墳時代初頭の非在地系土器の動態―」『古代吉備』第19集、一九九七。濵田竜彦「伯耆地域における弥生時代中期～古墳時代前期の集落構造」『日本考古学協会二〇〇三年度大会 研究発表要旨』二〇〇三。

（3）一般に竪穴住居と呼ばれたものに相当するが、用途については住居以外の使用も考えねばならず、工楽善通が指摘するように竪穴建物と呼ぶこととする。工楽善通「コメント 竪穴建物の機能」『奈良国立文化財研究所シンポジウム報告 先史日本の住居とその周辺』浅川滋男編、同成社、四一～四九頁、一九九八。

（4）要因としては、集団成員の人口増加が考えられる。その結果集落周辺の植生変化が変化し、南谷大山遺跡や笠見第3遺跡などの焼失住居の炭化材樹種同定によって確認されたように、弥生時代の構造材はクリ・スダジイが主であったものが、古墳時代前期では前述のものに加え、カシ類・ヤマグワ・ヤマザクラ・ヤブツバキなどの照葉樹林が切り開かれた後に出現する雑多の二次林の樹種を使用（古川 一九九三・一九九四・二〇〇四）せざるをえなかった可能性がある。

参考文献

岡野雅則「古墳時代集落について『長瀬高浜遺跡Ⅷ園第6遺跡』鳥取県教育文化財団調査報告書61、一九九九。

清水真一「因幡・伯耆地域」『弥生土器の様式と編年 山陽・山陰編』木耳社、一九九二。

高田健一「妻木晩田遺跡における弥生時代集落像の復元」『妻

木晩田遺跡発掘調査研究年報二〇〇二』二〇〇二。

辰巳和弘『高殿の古代学―豪族の居館と王権祭儀』白水社、一九九〇。

鳥取県教育文化財団『長瀬高浜遺跡発掘調査報告書Ⅰ』鳥取県教育文化財団調査報告書5、一九七八。

鳥取県教育文化財団『長瀬高浜遺跡発掘調査報告書Ⅱ』鳥取県教育文化財団調査報告書7、一九八一。

鳥取県教育文化財団『長瀬高浜遺跡発掘調査報告書Ⅲ』鳥取県教育文化財団調査報告書8、一九八一。

鳥取県教育文化財団『長瀬高浜遺跡発掘調査報告書Ⅳ』鳥取県教育文化財団調査報告書11、一九八二。

鳥取県教育文化財団『長瀬高浜遺跡発掘調査報告書Ⅴ』鳥取県教育文化財団調査報告書12、一九八三。

鳥取県教育文化財団『長瀬高浜遺跡発掘調査報告書Ⅵ』鳥取県教育文化財団調査報告書14、一九八三。

鳥取県教育文化財団『長瀬高浜遺跡Ⅶ』鳥取県教育文化財団調査報告書49、一九九七。

鳥取県教育文化財団『長瀬高浜遺跡Ⅷ　園第6遺跡』鳥取県教育文化財団調査報告書61、一九九九。

鳥取県教育文化財団『南谷大山遺跡　南谷ヒジリ遺跡　南谷22・24～28号墳』鳥取県教育文化財団調査報告書32、一九九三。

鳥取県教育文化財団『南谷大山遺跡　南谷二九号墳』鳥取県教育文化財団調査報告書36、一九九四。

鳥取県教育文化財団『笠見第3遺跡』鳥取県教育文化財団調査報告書86、二〇〇四。

鳥取県教育文化財団『久蔵峰北遺跡　蝮谷遺跡　岩本遺跡』鳥取県教育文化財団調査報告書89、二〇〇四。

鳥取県教育文化財団『三林遺跡　井図地頭遺跡』鳥取県教育文化財団調査報告書88、二〇〇四。

濵田竜彦「伯耆地方における弥生時代中期から古墳時代前期の集落構造」『弥生の大型建物とその展開』日本考古学協会二〇〇三年度滋賀大会シンポジウム1、二〇〇六。

羽合町教育委員会『長瀬高浜遺跡緊急発掘調査報告書―一般国道9号（北条道路）改築工事に伴う埋蔵文化財試掘調査―』羽合町文化財調査報告書第11集、一九八三。

古川郁夫他「南谷大山遺跡住居跡出土木材炭化物の樹種構成」『南谷大山遺跡　南谷ヒジリ遺跡　南谷22・24～28号墳』鳥取県教育文化財団調査報告書32、一九九三。

古川郁夫他「南谷大山遺跡集落住居跡から出土した炭化物の樹種」『南谷大山遺跡Ⅱ　南谷二九号墳』鳥取県教育文化財団調査報告書36、一九九四。

古川郁夫他「笠見第3遺跡焼失住居跡から出土した炭化材の樹種」『笠見第3遺跡』鳥取県教育文化財団調査報告書86、二〇〇四。

牧本哲雄「古墳時代の土器について」『長瀬高浜遺跡Ⅷ　園第6遺跡』鳥取県教育文化財団調査報告書61、一九九九。

森岡秀人「大型建物と方形区画の動きからみた近畿の様相」『弥生の大型建物とその展開』日本考古学協会二〇〇三年度滋賀大会シンポジウム1、二〇〇六。

第五節　大栄町と倉吉市の集落

根鈴智津子

一、はじめに

鳥取県中部の倉吉市と旧大栄町の遺跡から、弥生・古墳時代の集落で時間軸の限定できる事例を紹介する。その中で属性を抽出することができないものだろうか。弥生・古墳時代の掘立柱建物を概観すると、当該地域においては、一間×一間、もしくは一間×二間の規模に限られているようである。

さて、住居遺構の機能的な具体性を無視して、集落跡の各遺構を立地状態で数棟の単位に分解していても実証性を欠くものとなってしまう。まずは、竪穴式住居の個別形態を、そして検出された遺構から掘立柱建物を含めた領域「屋敷地」を押さえておきたい。

二、〈方形原理〉の竪穴式住居

竪穴式住居には、平面形から「曲線的壁面・壁際中央ピットなし」「直線的壁面・壁際中央ピットあり」の二タイプがある。前者を〈求心原理〉、後者を〈方形原理〉と呼び分けることにしよう。前者が先行し、後者に移行していく。前者は主に弥生時代、後者が古墳時代後半期に属している。この原理は、単に一住居の構造だけでなく、遺構間の配置、そして集落全体の形態的特徴にも反映しているのではないかと推測している。その仮説を軸に住居と集落をみていくこととしたい。

まず、〈方形原理〉の竪穴式住居について、簡単に特徴を述べると、主柱は二本か四本のいずれかで、中央には浅い土壙と地床炉であったことを示す焼土面がある。主柱と主柱を結ぶ線分を二分して直交する壁際中央に、必ず方形のピットを備える。〈方形原理〉の竪穴式住居を同位置に建て替えしても、改めて必ず設けられる壁際中央の方形ピットについては、住居に不可欠の出入口の構造体、具体的には梯子穴にかかわるものと推定されるが、発掘調査では梯子そのものは検出できていない。

三、〈求心原理〉の竪穴式住居

次に〈求心原理〉の竪穴式住居であるが、主柱は二本から八本程度までみられる。中央ピットを有し、主柱と主柱の間の中央部寄りに焼土面が複数ある。平面形や主柱の並びには、図形として整った方向性があり、これについて、周堤と出入口とコンパス設計という三点から述べる。

1 周堤

周堤を検出した竪穴式住居として、夏谷遺跡30号住居址[1]がある。この住居は発掘調査前には直径約一〇メートルの窪地として識別され、埋没していなかった。床面積五七・九平方メートルの大型住居である。時期は古墳時代前期で、丘陵の高い位置に立地し、同時期の住居址群から孤立していた。この住居址から南側には遺構はまったく検出されていない。周堤の上面幅は一・三～一・七メートル、住居床面から周堤上面までの高さは南側で一・七四メートルを測り、遺存度は良好である。

東側周堤が調査区外にかかり、全容は不明ながら、図上で周堤上面に網掛けをすると、周堤に南北方向の対称軸があることに気づく。周堤の形は単純に周壁溝に沿わず、南側が張り出してその部分の周堤は住居側にゆるやかになっている。数字で示すならば、床面縁から周堤上面肩部までの図上での距離は、北部で二・二メートル、南部で三・七メートル、実際には斜距離でもっと差が開くことになる。

住居平面形もそのラインに対称軸があるという眼でみていくと、一見、いびつにみえた多角形の平面形が左右対称の整ったものとして理解される。図示したように、主柱穴六本はほぼ同一円上にあり、中央ピットあたりに円の中心がある。床の半径をrとすると、周堤の範囲は二rの円として描くことができる。この二rの正円と周堤とを比較すると、周堤の南側は住居の中心よりもずいぶん離れていることが確かめられる。一般に、「周堤の範囲はどのくらいをみればよいか」という問題があるが、この事例のみからみれば、床面の半径rに対して二rという数値が得られ、一住居が占める範囲を具体的に知ることができる。周堤の形が周壁に沿わない理由はいろいろ考えられるところであるが、屋根構造とともに出入口に起因していると推側される。

2 出入口

夏谷遺跡30号住居址遺構図に、出入口と推測されるところ三ヵ所に矢印を付した。周壁溝が途切れている南北二ヵ所と、調査区外にかかる周堤部分一ヵ所である。周堤の南東部がもともと途切れているのであれば、出入口と判断しうる。それを考慮しつつも、出入口の可能性の高いのは、三ヵ所のうち北側と考えられる。主柱穴と周壁との距離が他に比して長いからである。この理由の根拠となる住居址が猫山遺跡2号住居址(2)である。

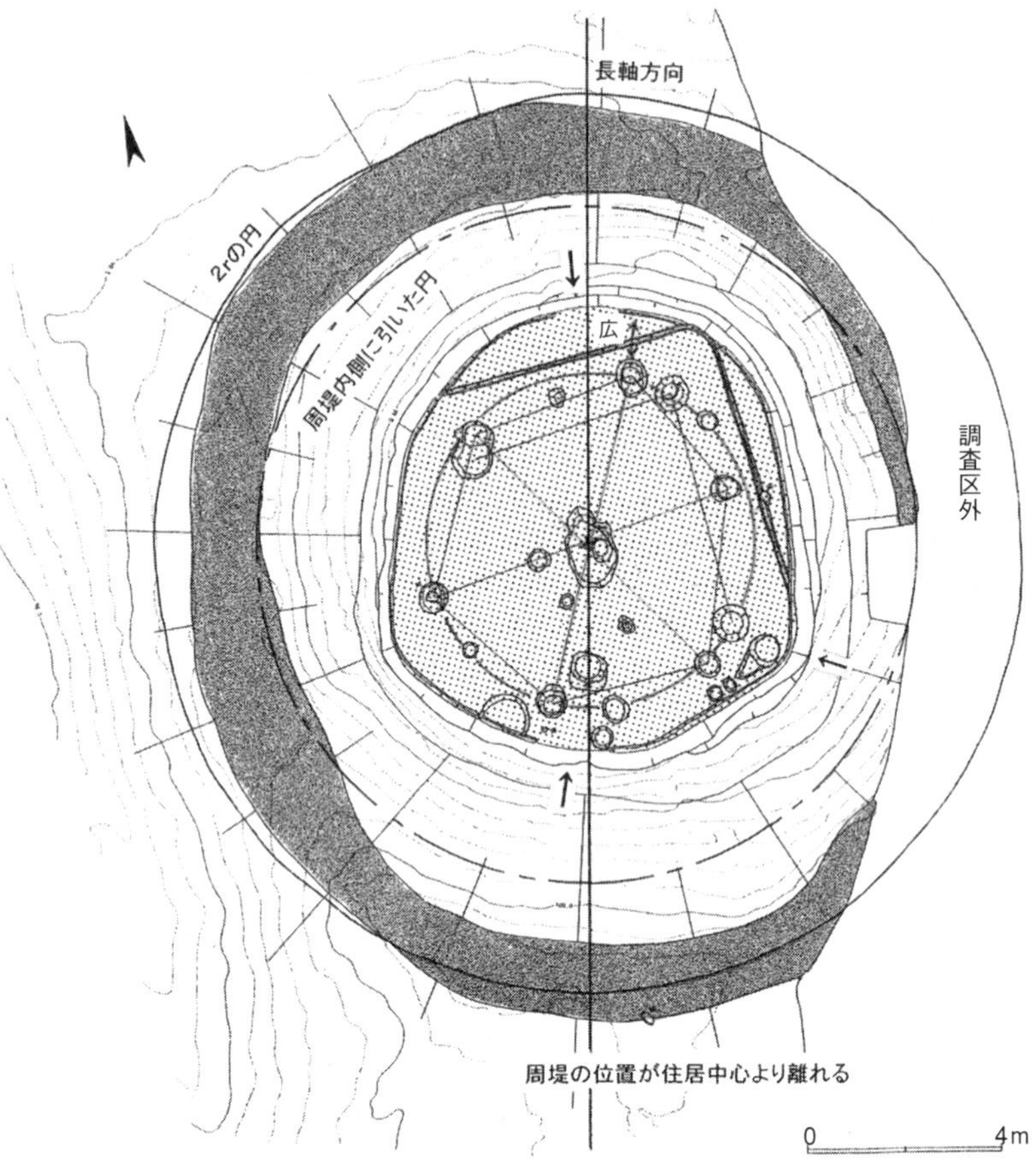

図1　夏谷遺跡30号住居址の周堤と対称軸（「夏谷遺跡発掘調査報告書」倉吉市教育委員会 1996）

猫山遺跡2号住居址は、床面積約一六平方メートルの平均的サイズの竪穴で、時期は古墳時代前期。丘陵平坦面の南側に位置していた。この住居址から出入口が二ヵ所検出された。出入口は地山を穿ち階段状に構築したものである。この出入口二ヵ所が同時に使用されていたかどうかについては決め手を欠くが、竪穴式住居は出入口が一ヵ所とは限らず、この例では二ヵ所設け、しかも地形の高い方から降りて入ることがわかった。階段状の出入口があること以

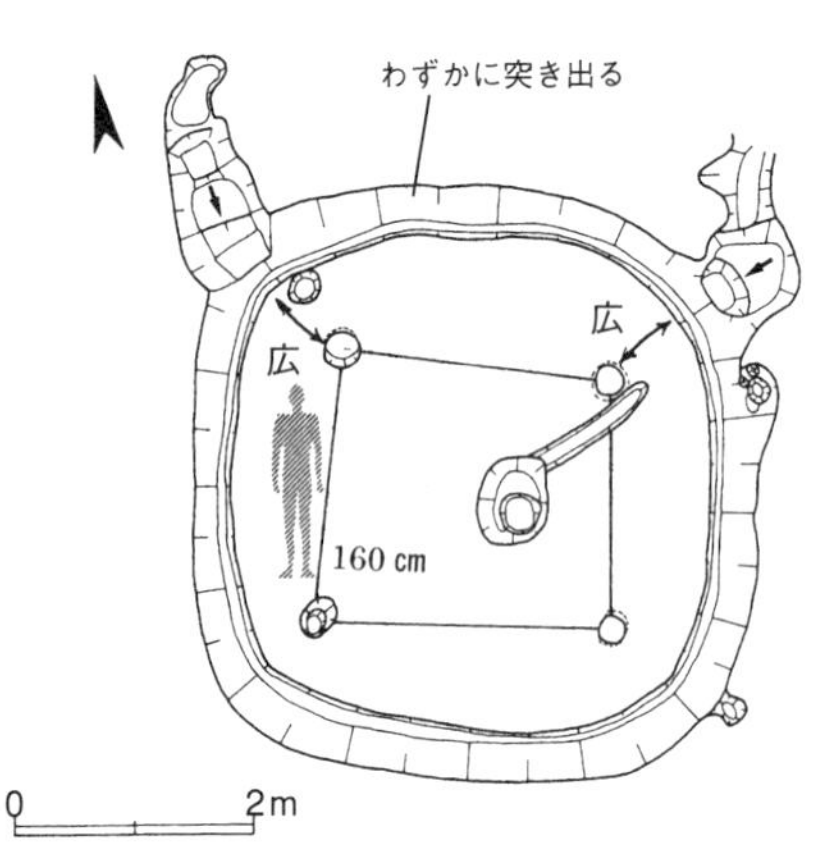

図2　猫山遺跡2号住居址（「猫山遺跡」—第3次発掘調査概報、倉吉市教育委員会 1985）

外は一般的な住居址と変わらない。

ここで注目されるのは、出入口が主柱と主柱との間ではなく、隅部にあったことである。そして隅の出入口部から主柱までの距離が長いことに着眼したい。すなわち、各主柱穴から周壁までの距離を比較しもっとも距離のある主柱付近に出入口がある可能性を想定できる。さらに、この住居を丹念にみると、出入口部に小ピットがある。さらに西北隅の出入口では周壁溝がわずかに外側に突き出ていることもわかる。

さらに竪穴式住居の出入口について他遺跡の観察・検討を重ねてきた結果、出入口にかかわる可能性のある要素を整理して列記してみよう。

①出入口部の主柱穴と周壁との距離が他に比して長い。

②出入口辺りの周壁溝が外側に突き出ることがある。

③主柱と主柱のほぼ中央に設けられる間柱の柱穴が、出入口部から遠い側に片寄る。

④台形プランの住居の場合は、出入口部は下辺側にある。

＊①～④は、出入口部により広い空間を確保しようとしたことを示している。

⑤出入口周辺には作業用の台石が置かれたままである。

⑥出入口周辺の両脇には道具類が置かれることが多い。

⑦出入口周辺には上屋構造にかかわらない小ピットが多い。

＊⑤～⑦は出入口周辺が屋内作業場所であったことをうかがわせ、よりひろい空間を要したこともうなずける。

⑧出入口部の周壁溝が途切れる場合がある。壁体の造り方が他の場所とは異なるのだろう。

⑨出入口部から遠い側に焼土面がある。焼土面は明かり取りの痕跡ともみられる。

⑩出入口部から遠い側に中央ピットがある。

⑪中央ピットには、削出しや二段掘りなどの方向に正面性がある。

これらの要素を総体的に判断して、各住居址の出入口を推定しうるのである。

3 コンパス設計

大仙峯遺跡1号住居址[3]を例に取り上げて、竪穴式住居の設計について述べる。当住居址は、床面積約八・三平方メートルの小型のもので、時期は弥生時代後期である。大山から伸びる丘陵の平坦地に営まれた遺跡で、弥生時代後期と縄文時代の二時期の遺構しかない。大型の土壙は縄文時代の土壙である。この遺跡では、竪穴式住居とともに掘立柱建物もみつかっている。竪穴式住居と掘立柱建物の床面積の規模は、ほぼ同じくらいである。

竪穴式住居は、主柱間を結んだ線で作る四角形はゆがんでいても、主柱は中央ピットあたりを中心とする円周上に連なる、という好例である。主柱穴とは関係なさそうにみえるピットP６・P７の位置も、同一の円周上に並ぶ。主柱P２をP６・P７が両側で支えている形である。住居の設計は、おそらく現地で円を描きながら行われている。これをコンパス設計と呼んでおく。

主柱P１と周壁との距離があり、P５のあたりで周壁溝が突き出ている。また、この住居は焼失住居であるが、北側中央は焼土や炭の出土量が少ない。これらから総合的に判断して主柱P１あたりを出入口と推定したい。

竪穴式住居の高所側の一五メートル南に掘立柱建物が二棟ある。竪穴式住居の出入口からみると、反対の遠い側に掘立柱建物が位置する。この位置関係は後に述べるコザンコウ遺跡と同じである。掘立柱建物はいずれも一間×一間であるが、桁行寸法に差がある。竪穴式住居は出土遺物からみて短期間で放棄された住居のようで、掘立柱建物は並列して同時存在した可能性もある。竪穴式住居の中心から二つの掘立柱建物の中心までの距離は等しい。すなわち、竪穴式住居の中心を円の中心とする円周上に、掘立柱建物1号・2号の中心がのってくるので

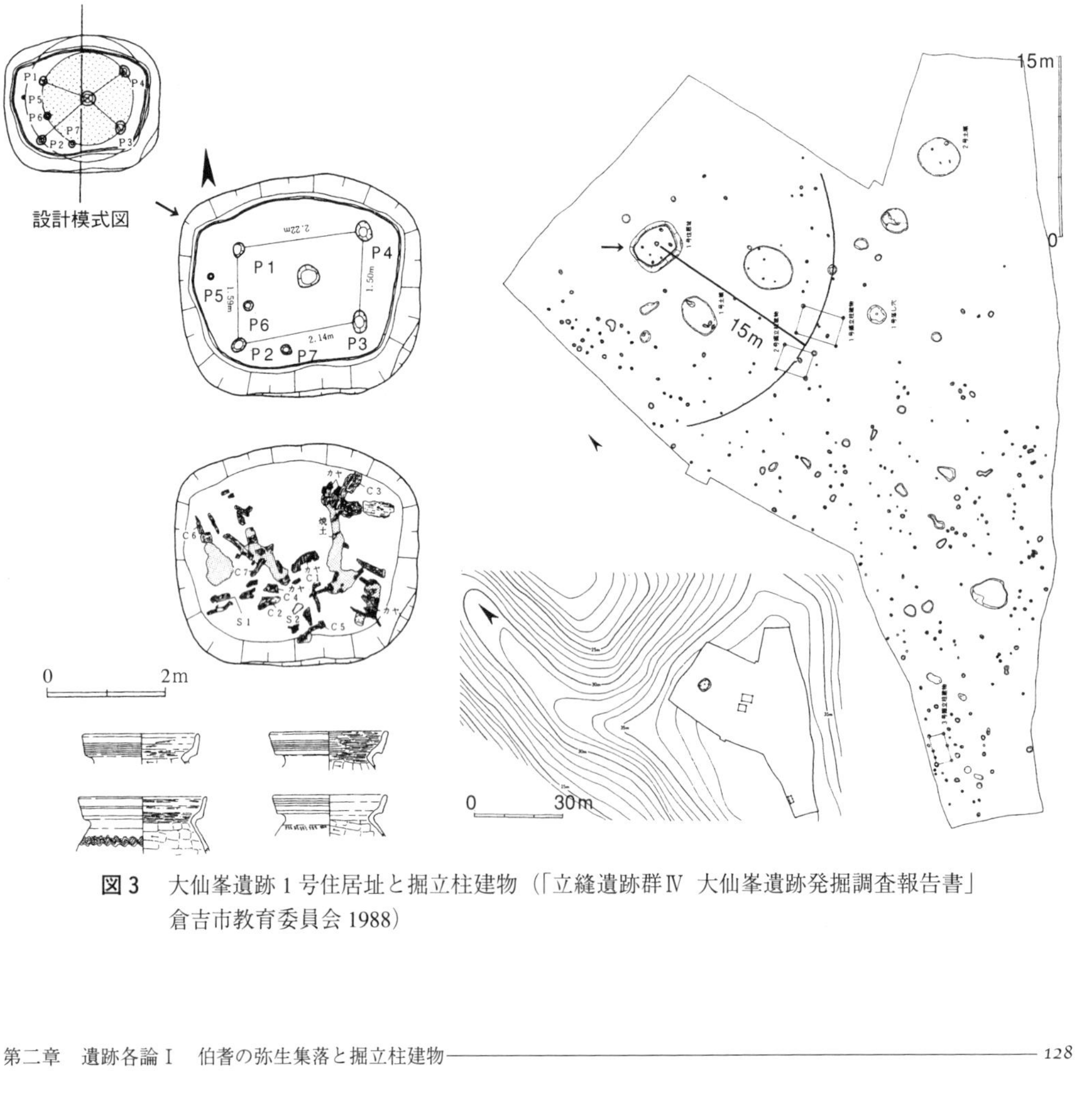

図3　大仙峯遺跡１号住居址と掘立柱建物（「立縫遺跡群Ⅳ　大仙峯遺跡発掘調査報告書」倉吉市教育委員会 1988）

ある。これは、遺構間のコンパス設計である。

掘立柱建物は丘陵の高い位置、風通しのよいところに立地し、竪穴式住居は斜面側に立地する。

四、住居群の事例

1　住居間距離

それでは、周堤と出入口とコンパス設計をもとに、個々の住居址だけでなく住居群をみていこう。観音堂遺跡[4]は台地上の平坦面に営まれた弥生時代から奈良時代の複合遺跡である。北側に国府川が流れ、遺跡の下流一キロには四隅突出型墳丘墓群である国史跡阿弥大寺古墳群がある。長期にわたって居住域として利用された地である。大型住居をもたない比較的均質な住居群であることに特徴がある。各住居の出入口と推定されるところは図示している。

〈求心原理〉による円形プランの住居址は弥生時代後期の遺構で、丘陵南側斜面に占地する。竪穴式住居7号は時期が異なるので別として、後期の住居の中心を線で結んでみると、直線距離にしておおよそ二〇メートル間隔で建てられていることがわかる。それぞれに周堤を想定すると、距離があるようでも住居間は六～九メートル程度しか離れていないことになる。出入口の位置や方向はさまざまで規則性はない。

〈方形原理〉の方形プランの住居址が、古墳時代末期で丘陵北斜面にもひろがり全域を占地する。同様に住居の中心を線で結んでみると、距離にして約三〇メートル間隔で建てられていることがわかる。住居の平面形はいびつな方形で、周壁は直線的ではなく、主柱穴の位置は周壁の形に沿っていない。壁際中央ピットの替わりに小ピットが一対ある。これを梯子穴ととらえて出入口に推定したい。

観音堂遺跡では、竪穴式住居の平面形には円形と方形の違いがみられたが、住居の配置関係はほぼ一定の距離をもつということで基本的に変わってはいない。注目されるのは、同じ立地条件でありながら弥生時代後期と古墳時代末期では一住居の占める領域に差があり、いわゆる屋敷地というものが古墳時代末期にはひろがったことがわかる。

掘立柱建物は、弥生時代に多い一間×一間もしくは一間×二間のものはみられない。出土遺物から奈良時代の掘立柱建物を含んでいることは確認できる。古墳時代の方形プランの住居址に伴う掘立柱建物がないかと、配置関係から検討を試みたが、わずかな柱穴出土遺物で建物時期を特定することは無謀で、ここでは控えたい。いずれにせよ、奈良時代に観音堂遺跡は、竪穴式住居群から掘立柱建物群を主体とする集落址へ変わったものと推定

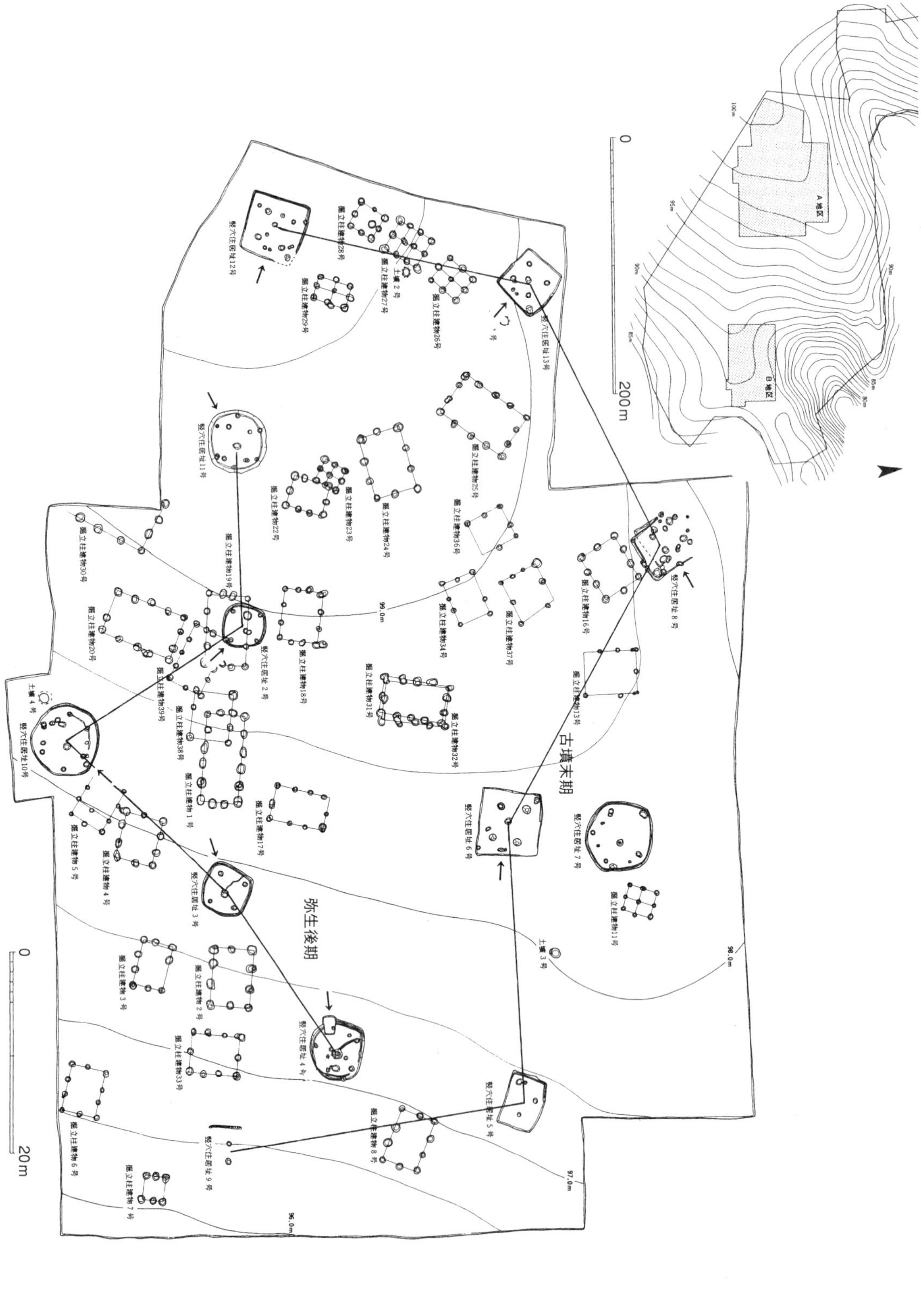

図４　観音堂遺跡の住居間距離（「観音堂遺跡発掘調査報告書」倉吉市教育委員会 1986）

される。

観音堂遺跡は、竪穴式住居の二時期において、竪穴式住居を等間隔に設置した均質な住居群で、居住域を分割する集落設計がうかがわれる。

2 時期別単位群

時期別のまとまりが明瞭な住居群として上種第6遺跡[5]をあげることができる。まず、調査地南側にある5号住居・8号住居・9号住居の三棟の竪穴式住居は、集合して一つのまとまりを有している。竪穴式住居の個々の平面形、規模、出入口方向にはまったく統一性はない。三棟は二rの周堤が不可能なほどに近接している。周堤を共有することは可能である。平面形は〈求心原理〉の住居のようにみえるが、三棟とも壁際中央ピットをもっており、〈求心原理〉から〈方形原理〉に住居址プランが変わっていく、ちょうど過渡期の住居ではないかと考えている。9号住居には屋内貯蔵穴二基が出入口部より遠い側にある。

それに対して、〔2号住居・4号住居〕〔3号住居・6号住居・7号住居〕〔12号住居・13号住居〕の〈方形原理〉の住居群は、二~三棟を一単位として、それぞれ出入口方向を定め、正面性・主軸の統一がなされているうえ、各グループが類似した住居プランをもっている。上種第6遺跡は、〈方形原理〉の住居群に明らかに配置の主軸方向の規制が見受けられる一例である。

さて、調査区中央あたりに掘立柱建物が三棟集合している。各方向を向いた掘立柱建物群が、〈方形原理〉の住居群に伴うとするにはアンバランスであり、〈求心原理〉の住居群に伴うものとする方がより自然であろう。竪穴式住居三棟に面して掘立柱建物が三棟、対をなすように群を形成しているものと理解される。規模は、竪穴式住居の方が掘立柱建物よりも大きい。

3 掘立柱建物との規模・位置関係

竪穴式住居・掘立柱建物・地下式貯蔵穴を基礎単位とする集落で〈求心原理〉の好例としてコザンコウ遺跡[6]がある。時期は弥生時代後期の一時期で、全体では三つのまとまりで構成される丘陵平坦面に営まれた遺跡である。遺構配置図に書き入れた円は直径三〇メートルの円で、単に大きさを比較するためのものである。多角形プランの2号住居址の規模が他にくらべて大きいが、三つの屋敷地の広さに著しい差はみられない。三棟の掘立柱建物に雨落溝が検出されている。何よりも単位間に柵列や溝といった境界施設で屋敷地が仕切られているのが、この集落の大きな特徴である。

当遺跡では、竪穴式住居に二rの周堤を想定することは可能である。竪穴式住居の出入口部と推定されるところに矢印を入れてみると、出入口部は居住域の外縁側に

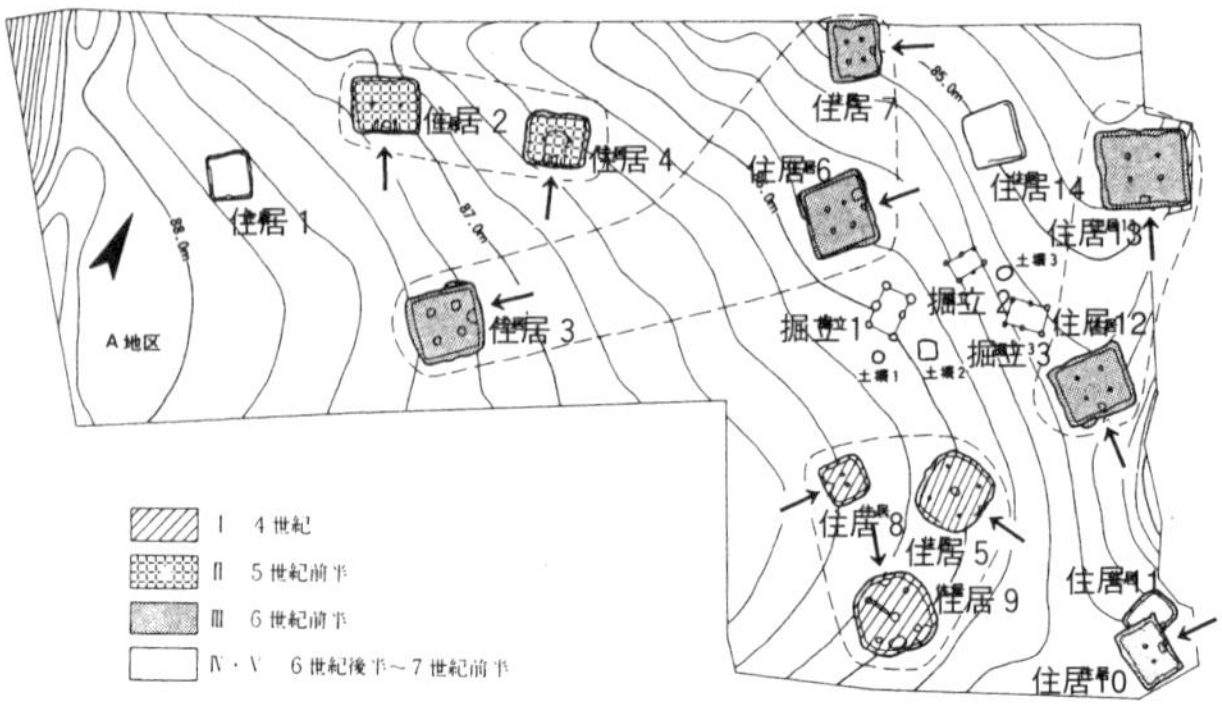

1:1000
0 20m （「上種第6遺跡発掘調査報告書」大栄町教育委員会 1985）

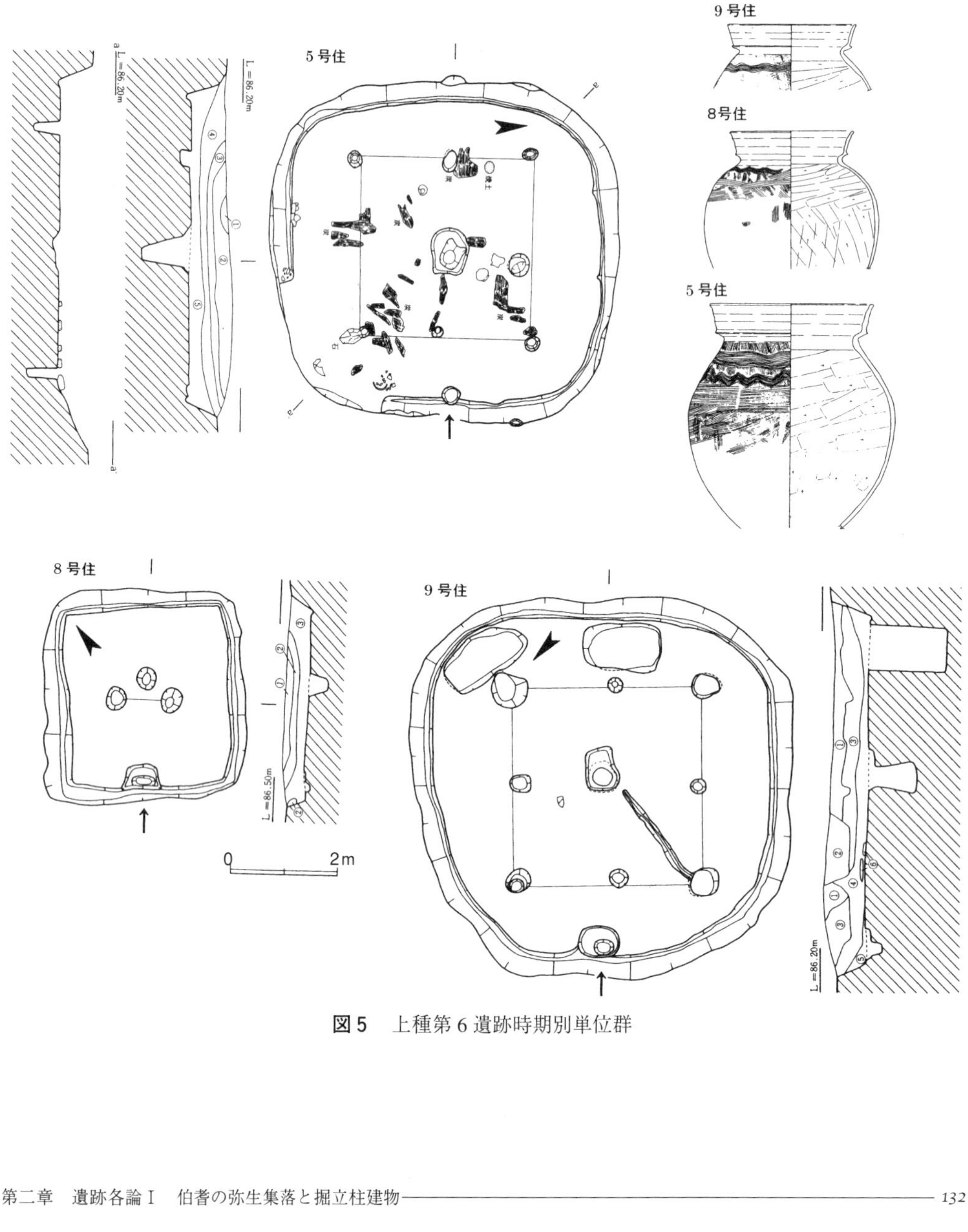

図5 上種第6遺跡時期別単位群

あり、いわば各単位が背中合わせ状態の集落である。出入口の考察をしないと、居住域の中央に共同利用の広場があって、住居の出入口がそれに面しているというような逆の集落構造を復元しかねない。掘立柱建物・貯蔵穴はいずれも竪穴式住居の出入口方向の奥、反対側に位置している。これも上種第6遺跡9号住居の屋内貯蔵穴でみられた貯蔵施設と同様の現象として理解されよう。

貯蔵穴は、掘立柱建物よりも竪穴式住居から比較的近い位置にある。単位三群について各遺構の配置を視覚的にとらえるため、竪穴式住居の中心と掘立柱建物の中心と貯蔵穴を結んで三角形を描いてみると、1号住居址は直角三角形に、2号住居址は鈍角の二等辺三角形に、3号住居址は正三角形に近いものとなり、当然ながらそれぞれ異なる形をとる。つまり、各施設の配置位置や単位内での建物方位はさまざまなのである。ところが驚くことに、竪穴式住居中心から貯蔵穴までの距離は約一二メートルとほぼ等しい。集落内での均一な機能的配置を裏づける事象である。

屋敷地の境界について、集落設計が認められるので記しておく。1号住居址の中心と3号住居址の中心を結ぶ線分を二分した位置に、ちょうど柵列がある。1号住居址の中心と2号住居址の中心を結ぶ線分を二分した点をAとすると、そこには1号掘立柱建物が位置するが、境界となる溝を南側に延長すると点Aを通るのである。集落の形成において、竪穴式住居の位置が基準となると同時に境界の施設も造られているのである。

〈求心原理〉のこの集落は、単位内の建物の方向の正面性や統一性はみられない。竪穴式住居と掘立柱建物との規模は同等であり、各竪穴式住居に掘立柱建物は付属している可能性もあるだろう。

夏谷遺跡54号住居(1)は、弥生時代後期の竪穴式住居・掘立柱建物・門で構成される「単位」が判明した遺跡で、丘陵尾根部に配置されている。「門」と報告された遺構が門であるか否か不確実としても、屋敷地に含めて考えることには変わりがない。

ここは二rの周堤は不可能で、周堤内に掘立柱建物がかかってしまう。周堤のない構造の竪穴式住居であったか、時期差を想定せざるをえない。この掘立柱建物は一間×二間で、桁行柱間は二・二メートル、一ヵ所だけ二・四メートルとひろい所があり、出入口部の可能性がある。

コザンコウ遺跡と違い、竪穴式住

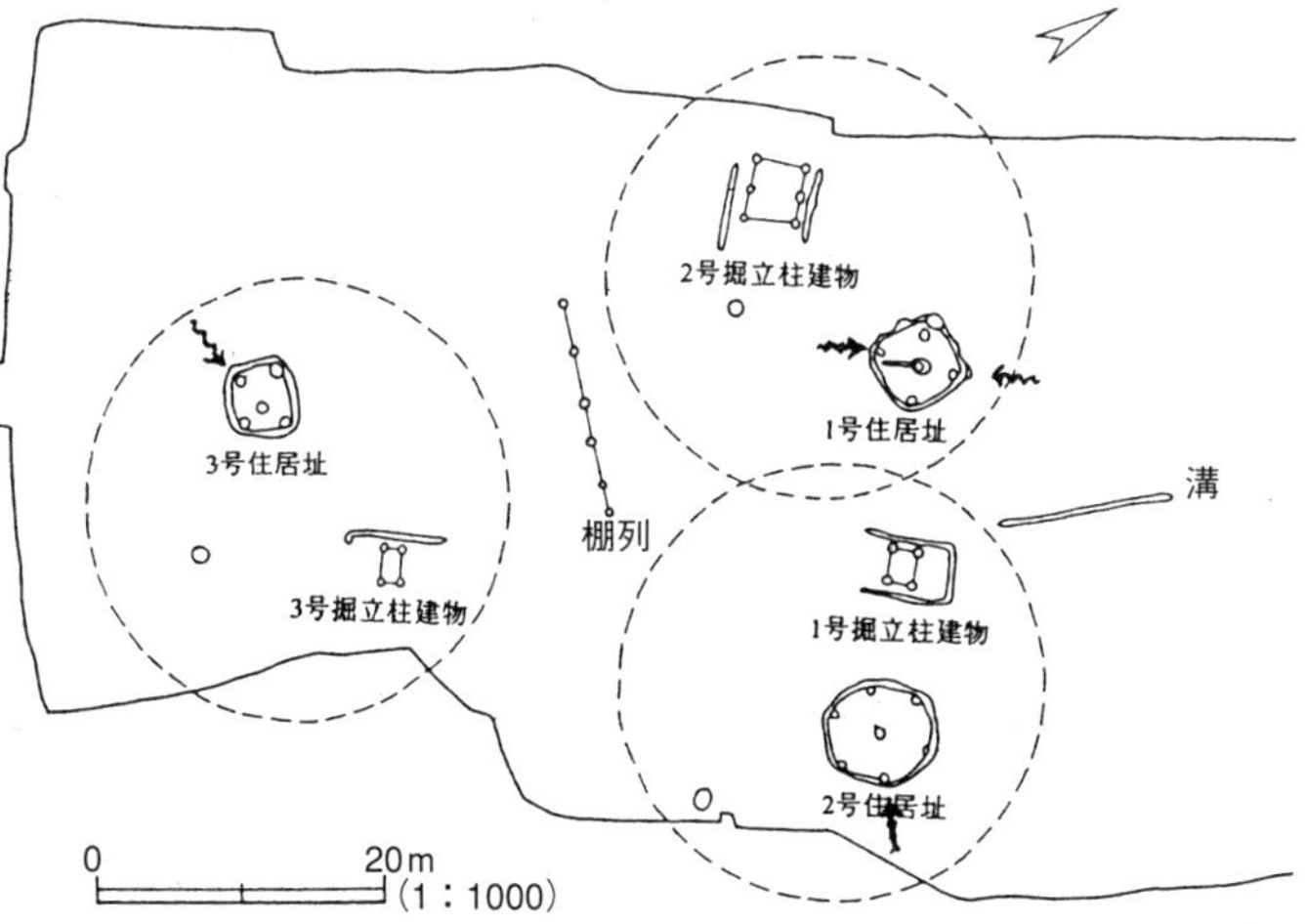

図6　コザンコウ遺跡の3単位（1986発掘、『新編倉吉市史 第1巻』倉吉市 1996）

居と掘立柱建物が近接している。竪穴式住居の床面積二二・七平方メートルに対して、掘立柱建物は一一・二八平方メートルで、半分しかない。三つの施設の主軸方向は厳密には不統一であるが、ほぼ揃っている〈求心原理〉の一例である。

頭根後谷遺跡[7]は、古墳時代初頭の〈求心原理〉の隅丸方形の住居である。調査区内に方形プランの竪穴式住居が六棟検出されているが、それらに伴う掘立柱建物などの他の施設は見当たらない。

ここで取り上げる4号住居址は、小型住居と掘立柱建物とを対称的に並置した一つの単位が明瞭にわかる事例である。竪穴式住居は丘陵平坦面縁辺部に、付随する小型住居と掘立柱建物は丘陵の高所側に立地する。竪穴式住居と小型住居の中心間距離は約一三・五メートル、掘立柱建物との中心間距離は約一一メートルである。竪穴式住居に二rの周堤は可能である。

竪穴式住居の床面積は三八・三平方メートルとやや規模が大きく、屋内貯蔵穴を三基もっている。小型住居の床面積は八・二平方メートル、掘立柱建物の床面積は七・三平方メートル、一間×二間で、竪穴式住居は掘立柱建物の五倍の面積を有す。規模のうえでも明らかに小型住居と掘立柱建物は竪穴式住居に付随する。竪穴式住居の出入口は小型住居側で、竪穴式住居の前面に小型住

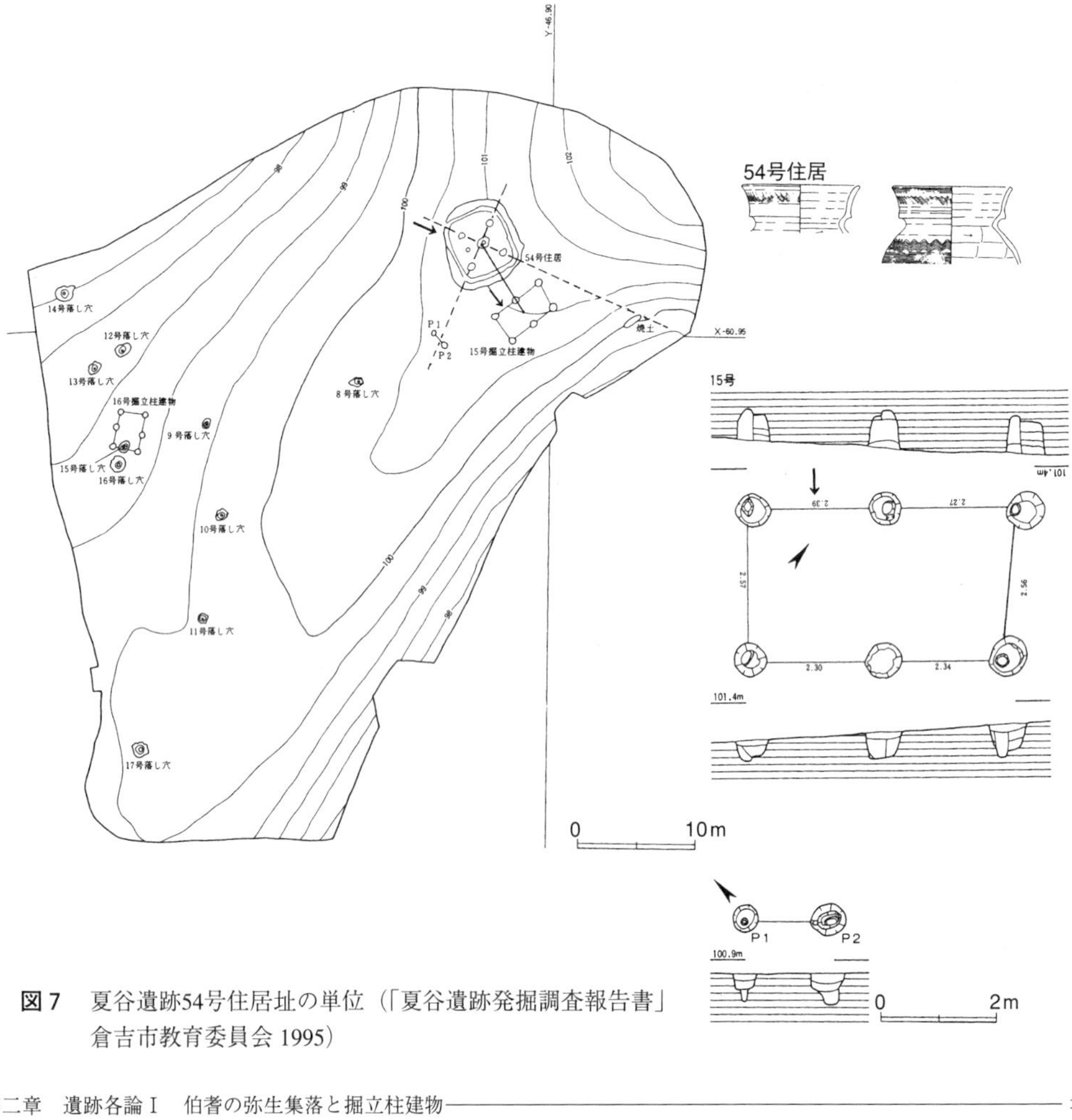

図7　夏谷遺跡54号住居址の単位（「夏谷遺跡発掘調査報告書」倉吉市教育委員会 1995）

居と掘立柱建物を配置させている。これらを包括する統一された主軸方向はないが、小型住居と掘立柱建物を一線上に配置しようとした可能性はある。夏谷遺跡54号住居と同様、施設間の主軸方向が統一されていない〈求心原理〉の一例である。

大山遺跡(9)は弥生時代後期と古墳時代はじめの二時期に限定される遺跡で、検出した遺構をどちらかの時期に分けることができうる。竪穴式住居を対称中心として、付随する複数の遺構の対称の配置

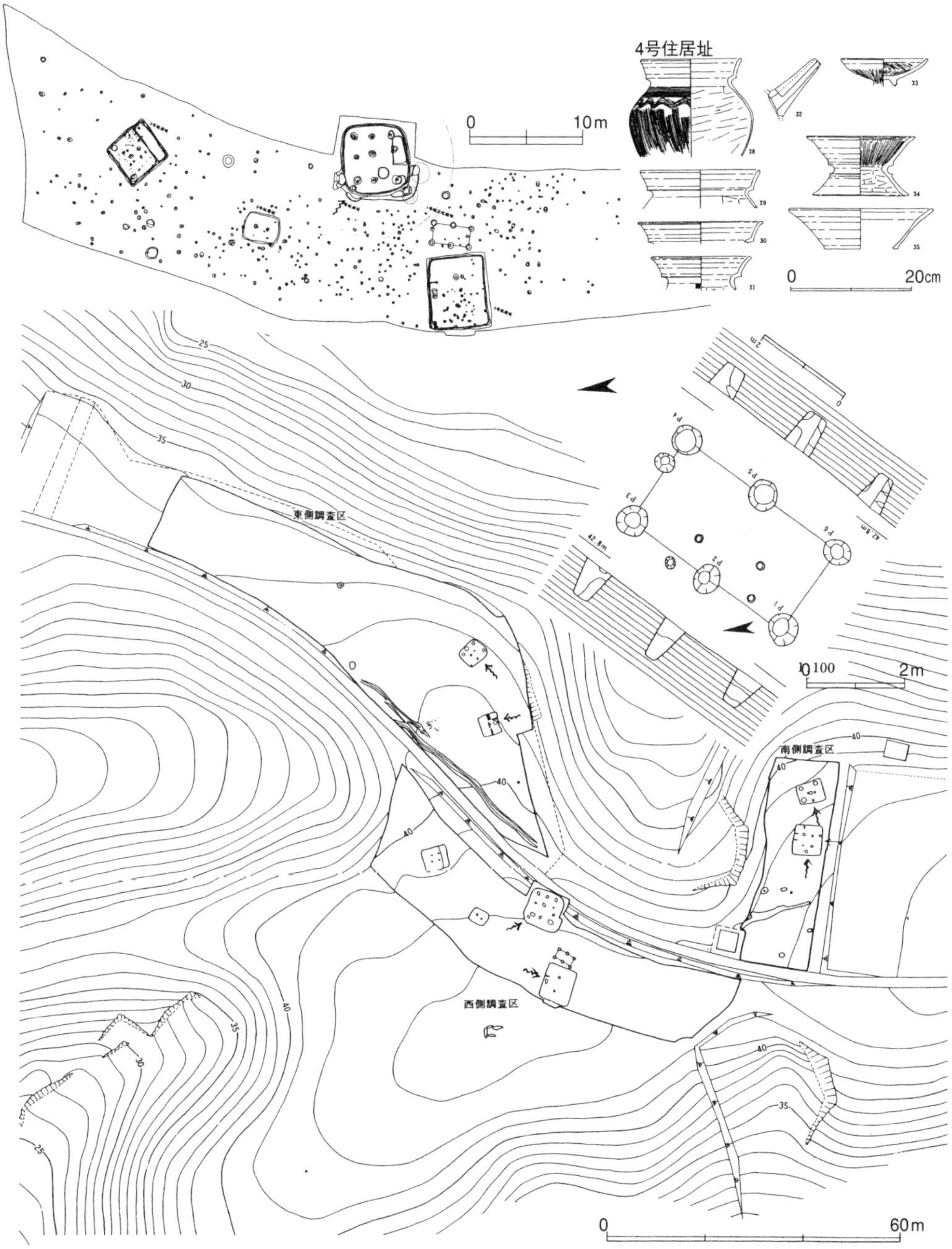

図8　頭根後谷遺跡4号住居址の単位（「立縫遺跡群Ⅳ 頭根後谷遺跡発掘調査報告書」倉吉市教育委員会 1991）

をみることができる事例である。一時期の領域は長さ八〇メートルにも及ぶ広大な範囲である。古墳時代はじめの時期には祭祀場も検出されている。

規模や形態の類似する遺構があると、それを一時期にまとめるか二時期に分けるのか、意見の分かれるところだが、同様のものは同時期ととらえてよいと私は考えている。たとえば類似する遺構をあげれば、調査区北側には5号掘立柱建物と6号掘立柱建物があり、これは一間×一間の床面積約五平方メートルの小型の掘立柱建物でほぼ縦列に並ぶ。調査区南側にある2号土壙と5号土壙は、南北方向に主軸をそろえ同規模である。1号土壙と3号土壙は、主軸を東西方向にそろえ二段掘りである。そして、1号掘立柱建物と3号掘立柱建物は、丘陵頂部を少し外したところにある一間×二間の細長い建物である。それに対して、梁行の長い2号掘立柱建物と4号掘立柱建物がある。

出土遺物から検討を加えると、弥生時代後期が1号住居址で古墳時代はじめが2号住居址である。近距離にあるこの二住居は同時存在しえない。2号住居の新しい時期に伴うものが2号掘立柱建物である。2号掘立柱建物と類似する4号掘立柱建物を同時期に比定すると、2号住居址の中心を通る軸を対称軸として、等距離に2号掘立柱建物と4号掘立柱建物が線対称として位置することに気づく。2号住居址と掘立柱建物の中心間距離は約二〇メートルである。さらに、小型の住居状遺構である3号住居址と4号住居址も2号住居址を対称中心として線対称にある。ただし対称軸は方向を変えている。2号住居址と住居状遺構との中心間距離は約三〇メートルである。

このように、屋敷内の遺構の配置には、竪穴式住居を中心とする対称的配置、言い換えればコンパス設計でみたような距離を重視する〈求心原理〉が働いているのではないかと考えている。1号掘立柱建物と3号掘立柱建物は1号住居址よりも2号住居址の方が線対称となり、可能性は高い。2号住居址に付属する施設は合わせて六基となる。

それでは、1号住居址に伴う付属施設はどうなのかというと、同手法を使えば、1号住居址から等距離となる2号土壙と5号土壙がある。中心間距離は約三六メートルである。ただし、この場合は線対称とはなっていない。それ以外では、1号住居址の中央ピットは東を正面とし、その方位で主軸を設けると、柵列の方向、5号掘立柱建物と6号掘立柱建物の長軸方向の三つはそろっている。1号住居址に伴う施設は柵列を別とすれば四基となり、仮に1号土壙・3号土壙を加えるなら、合わせて六基となる。住居址プランが円形から多角形に建て替えられた

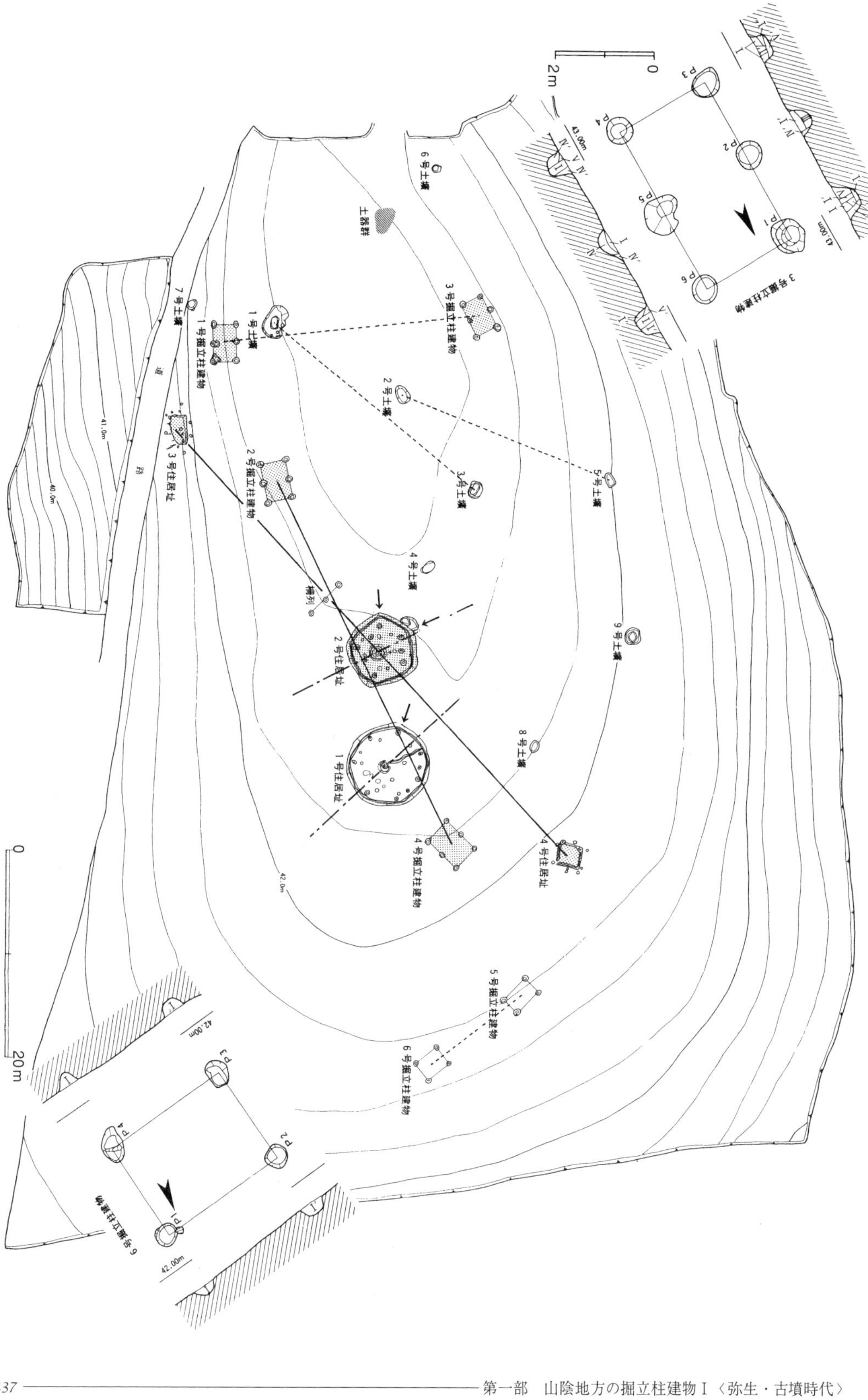

図9　大山遺跡の遺構配置（「立縫遺跡群Ⅳ　大山遺跡発掘調査報告書」倉吉市教育委員会 1988）

際、貯蔵用施設も地下式土壙から住居状遺構あるいは掘立柱建物へと変換していったものと推定される。大山遺跡は、広大な敷地に計画的に施設を配置したことのわかる面白い遺跡である[8]。類例として上種第5遺跡がある[9]。

横谷遺跡[10]は旧関金町と倉吉市の境界部にある遺跡で、〈方形原理〉の竪穴式住居である。時期は七世紀前葉である。竪穴式住居の中心と掘立柱建物の中心が同一ライン上にあり、並置しているのが特徴である。それは地形に沿った主軸方向ではなく、屋敷地としての正面性を重視した建物配置とみることができる。測量・建築技術者の存在をうかがい知るものといえよう。

建物面積を比較すると、掘立柱建物の規模は三間×四間で面積三七・七平方メートル、竪穴式住居の床面積約一六平方メートルの二倍以上を有している。ここに建物規模の逆転現象の起きたことが確かめられる。また、建物間の距離は七メートルを測り、先にみた夏谷遺跡54号住居の建物間の距離二メートルにくらべると、大変ひろくなっている。54号住居の場合は、近接した掘立柱建物でさえ建物主軸は統一されていなかったが、横谷遺跡では同一方位にある。

竪穴式住居の壁際中央ピット、すなわち出入口部は掘立柱建物側にある。掘立柱建物の柱間を比較検討してみると、二ヵ所について柱間がひろいところがあり、他と異なる壁体構造の復元されるものとして出入口の矢印を付した。竪穴式住居と掘立柱建物の出入口部は向かい合う形態をとるものと推定される。

さて、竪穴式住居のプランは台形プランである。出入口方向を歪めるかのようになぜ台形プランをとらなければならないか。それを考えたときに、大山からの卓越風が思い浮かぶ。南西方向から卓越風が絶えず吹き降ろす立地であれば、その対策としてこの風の抵抗を受けない形態構造をとったのではないか。竪穴式住居の台形でいえば上底部分、西壁の周壁溝に小ピットが多数みられるのも、壁体を強固にした痕跡なのかもしれない。先述した同じ台形プランの大仙峰1号住居址と同様の説明がつくのである。

五、おわりに

検出された遺構の範囲内で各遺跡を検討しながら、集落内の竪穴式住居と掘立柱建物にかかわるいくつかの規則的配置を明らかにすることができた。

観音堂遺跡では、時代によって領域である屋敷地がひろがっていくものと理解される。観音堂遺跡の独立的に存在する竪穴式住居に対して、上種第6遺跡では、竪穴式住居が複数隣接し、共有的に存在する竪穴式住居群・掘立柱建物群がみられた。実年代とは異なるが、上種第

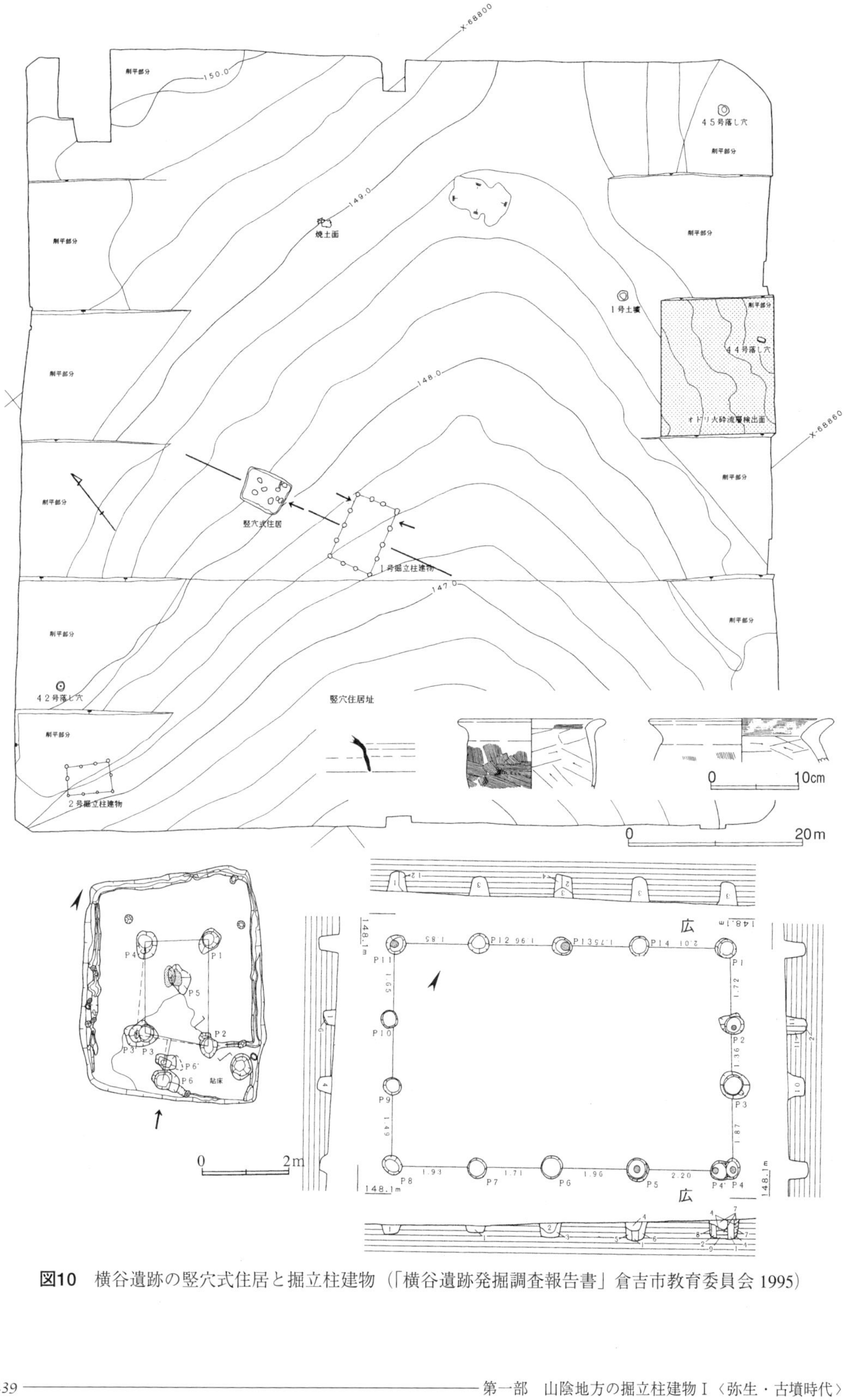

図10　横谷遺跡の竪穴式住居と掘立柱建物（「横谷遺跡発掘調査報告書」倉吉市教育委員会 1995）

6遺跡の方が先行する集落形態である。

掘立柱建物の規模は、弥生時代は基本的に一間×一間、ないし一間×二間である。掘立柱建物が竪穴式住居より大きくなる、すなわち規模の逆転現象が起こる時期は、横谷遺跡の七世紀前葉を押さえておくことができる。

そして、竪穴式住居にみる〈方形原理〉いわゆる正面性・統一性の認められる事例として、上種第6遺跡と横谷遺跡の二例をあげた。

〈求心原理〉の竪穴式住居の集落では、遺構中心間の距離に重点が置かれる。とくに竪穴式住居は配置の中心的建物であり、集落設計の基本となっている。掘立柱建物と出入口が面しないのは自然発生的な屋敷地のあり方である。大山遺跡は、竪穴式住居を対称中心として、付属する遺構が面対称の配置となり、偶然では片づけられない事象と思われる。これまで想像されている以上の集落設計が存在している。

今回取り上げた集落は大山火山灰台地上の山間の集落がほとんどで、しかも重複していない単純な遺構を取り上げた。一般には複雑に切り合う集落址が多く、何より支配者層の居住域と推定される沖積地の集落址がほとんどわかってはいない。集落研究には豪族居館を含めて、沖積地の集落の実態が鍵になってくるものと考えている。

註（引用・参考文献）

(1) 加藤誠司他「夏谷遺跡発掘調査報告書」倉吉市教育委員会、一九九六。
(2) 眞田廣幸「猫山遺跡―第三次発掘調査概報」倉吉市教育委員会、一九八五。
(3) 根鈴輝雄・根鈴智津子他「立縫遺跡群Ⅴ 大仙峯遺跡発掘調査報告書」倉吉市教育委員会、一九八八。
(4) 根鈴輝雄「観音堂遺跡発掘調査報告書」倉吉市教育委員会、一九八六。
(5) 根鈴智津子他「上種第6遺跡発掘調査報告書」大栄町教育委員会、一九八五。
(6)「新編 倉吉市史 第一巻」倉吉市、一九九六。
(7) 根鈴輝雄他「立縫遺跡群Ⅳ 頭根後谷遺跡発掘調査報告書」倉吉市教育委員会、一九九一。
(8) 眞田廣幸・根鈴智津子他「立縫遺跡群Ⅲ 大山遺跡発掘調査報告書」倉吉市教育委員会、一九八八。
(9) 根鈴智津子他「上種第5遺跡発掘調査報告書」大栄町教育委員会、一九八五。
(10) 根鈴智津子・加藤誠司「横谷遺跡発掘調査報告書」倉吉市教育委員会、一九九五。

鳥取県の家形埴輪

東方仁史

屋根付きの建物をかたどった「家形埴輪」は、鶏形埴輪とともにもっとも早く古墳時代前期中頃には出現し、後期後半まで古墳に樹立され続けた。家形埴輪は形象埴輪群の中心であり、欠くことのできないものであった。全高一六〇センチを超えるものから一五センチ程度のものまで存在するが、いずれにせよ実際の建物より大幅に縮小して製作される。また、一古墳に複数ある場合は、屋根や側廻りがさまざまな形態であることが多い。家形埴輪は形状が複雑で個体差が大きく、破片から全体を復原するのが難しい。そのため、器財埴輪などにくらべ埴輪自体の研究があまり進んでいない。本稿では鳥取県の家形埴輪について、特徴的な資料を取り上げて検討していく。

家形埴輪の地域分布と年代幅

鳥取県内で埴輪が出土した古墳・遺跡は約二五〇ヵ所を数える。県内の古墳は約一万三六〇〇基が知られるが、埴輪が出土した古墳は一・八%と非常に少ない。家形埴輪が出土した古墳となるとさらに少なく、出土情報のみで確認できる古墳を含めても二〇ヵ所にすぎない（**表1**）。旧国別でみると、因幡（鳥取県東部）が四ヵ所、伯耆（鳥取県中西部）が一六ヵ所で、圧倒的に伯耆での出土が多く、その中でも東伯耆（鳥取県中部）に多いのが注目される。古墳自体、伯耆の方が多く、埴輪出土古墳も多いということを差し引いても、東伯耆の数は際立っ

表-1　家形埴輪出土古墳

旧国	古墳名	所在地	墳形	規模	家	円筒	器財	人物	動物
因幡	古郡家1号墳	鳥取市古郡家	方円	90	3～	普、朝、因幡			
因幡	六部山古墳群	鳥取市久末	？	？	1				
因幡	里仁32号墳	鳥取市里仁	方	14	1	普、鰭、朝、因幡、壺			
因幡	御建山古墳	八頭町久能寺	造円？	25	1	普		1	馬1
伯耆	北面古墳	倉吉市北面	円	12	○				
伯耆	西山8号墳(上神133号墳)	倉吉市上神	円	12	○	普		○	馬
伯耆	沢ベリ5号墳	倉吉市不入岡	帆立	20	○	普、壺			
伯耆	沢ベリ7号墳	倉吉市不入岡	帆立	17	○	普、壺		2	
伯耆	家ノ上1号墳	倉吉市志津	帆立	33	2～	壺		1	不明1
伯耆	不入岡3号墳	倉吉市不入岡	円	13	1	普、壺			
伯耆	馬ノ山4号墳	湯梨浜町橋津	方円	100	1	普			
伯耆	長瀬高浜1号墳	湯梨浜町長瀬	円	24	1	普、朝			
伯耆	長瀬高浜26号墳	湯梨浜町長瀬	方方	30	1	普			
伯耆	長瀬高浜58号墳	湯梨浜町長瀬	円	14.4	1	普			
伯耆	長瀬高浜埴輪集積	湯梨浜町長瀬	—	—	5	普、朝	盾3、蓋10、甲3、大刀、鞆		
伯耆	北山古墳	湯梨浜町野花・長和田	方円	110	1？	普	盾1、甲冑1		鶏1
伯耆	土下211号墳	北栄町土下	円	16.5	1	普、壺		○	鹿2
伯耆	別所1号墳	米子市別所	方円	27	○	普		盾持	馬
伯耆	上ノ山古墳	米子市淀江町福岡	円	30	2	普	盾1		
伯耆	坂ノ上1号墳	米子市淀江町中間	円	24	1	普、朝	盾？		

凡例
・墳形／方円：前方後円墳　方方：前方後方墳　造円：造り出し付円墳　帆立：帆立貝式前方後円墳
・円筒／普：普通円筒埴輪　朝：朝顔形円筒埴輪　因幡：因幡型円筒埴輪　壺：壺形埴輪
※○は数量が不明なもの

ている。

古墳の時期は前期後葉から後期後葉まで幅広いが、中期の例が多い。前期~中期前葉までは大型古墳での出土が大半で、中期中葉以降は中小古墳での出土もみられるようになる。なお、因幡では前期から中期に出土例が限られるのに対し、伯耆では前期から後期までの広がりをみせる。この点も両地域の違いとして指摘できる。一古墳での出土数は、長瀬高浜遺跡埴輪集積遺構を例外として、一個体の例が大半であり、多くても三個体である。いわゆる「豪族居館」の構成を復元できるような多数個体の出土例は確認できない。また、その他の形象埴輪が共伴する例もそれほど多くない。しかし、盗掘を受けて墳頂が攪乱された古墳、あるいは墳丘が削平され周濠のみが確認された古墳や全体に調査が及んでいない古墳も多いことから、そうした傾向があることを指摘するにとどめる。

前期の家形埴輪

前期まで遡る資料は、鳥取市古郡家1号墳出土例である。前期に位置づけられるものとして、他に湯梨浜町馬ノ山4号墳からの出土情報があるが、詳細は不明である。

古郡家1号墳は全長九〇メートルを測る鳥取平野最大級の前方後円墳で、前期末の築造と考えられる。家形埴輪は後円部頂で出土したもので、いまのところ他に形象埴輪は確認されていない。当古墳からは三個体以上の家形埴輪が出土し、うち二個体は入母屋造であることを確認している。一個体は入母屋下屋根の隅棟および上屋根と下屋根の境界に鰭状飾りをつける。大棟にも鰭状飾りが存在した可能性が高い。同様の家形埴輪は奈良県室宮山古墳例、同寺口和田1号墳例などが知られるが、類例は少ない。側廻りの詳細は不明であるが、高床の可能性もある。もう一個体は上述の個体より大型の高床建物で、床下・床上部とも吹き放ちである。高床建物を表現した家形埴輪は、県内では他に知られていない。

中期の家形埴輪

中期には米子市淀江町上ノ山古墳、同坂ノ上1号墳、倉吉市沢ベリ古墳群、湯梨浜町長瀬高浜遺跡などの出土資料が知られ、もっとも数量が多い。上ノ山古墳は直径三〇メートルの円墳で、中期前葉に位置づけられる。墳頂から家形埴輪二個体が出土しており、いずれも入母屋造である。一個体は基部から棟までが残り、完全な形に復元されている（**図1**）。

図1　上ノ山古墳出土の家形埴輪（米子市教育委員会提供）

上屋根はあまり大きく誇張せず、下屋根との境界とともに中央付近に横方向の押縁突帯をつける。切妻造であれば同様の表現は多いが、入母屋造では珍しい。また、上屋根内側の妻壁を完全には塞がない点も興味深い。側廻りは平側に縦長の入口と横長の窓がある。柱となるべき部分には綾杉文が線刻されるが、部分的に鉛直方向の綾杉文もみられる。本資料は家形埴輪の作り方から大きく外れる点はなく、製作は丁寧で構造を知ったうえで作られるが、同時期の家形埴輪にあまりみられない表現があることは注目される。

長瀬高浜遺跡は天神川河口近くの砂丘上に営まれた古墳時代前期の集落であり、中期以降に多くの古墳が営まれる。埴輪は古墳には樹立されておらず、「埴輪集積遺構」から一四〇個体以上が出土したほか、古墳の周辺埋葬などでみつかっている。家形埴輪は埴輪集積遺構から五個体以上が確認されているほか、古墳群からも三個体の破片がみつかっている（**図2**・**図3**）。全体が復元されたものは四個体、ある程度形態がわかるものは二個体ある。屋根の形は入母屋造二、寄棟造三、切妻造一で、切妻造の埴輪はいわゆる「屋根倉」を表現する。同じ寄棟造でも形態に差異が認められるが、造形はおおむね共通する。屋根は軒先が屋根の傾きより反る形状を呈する。側廻りでは、四隅や各面中央に壁面から突出するようにして円柱状部材を貼り付け、柱を表現する。全体的に器壁が厚く、鋸歯紋などの線刻を多用するのも当遺跡の家形埴輪の特徴といえる。また、入母屋造では破風板と破風内部の妻壁が一体化しており、妻壁をもたない。家形埴輪を含め、本遺跡の埴輪は近隣に類似例がなく、その系譜が判然としないが、表現や構造・形態など非常に独特なものである(1)。

坂ノ上1号墳例は中期後葉と考えられる。入母屋造に復原され、屋根や側廻りに鉛直方向の綾杉文を線刻する。側廻りに綾杉文を線刻するものは、家形埴輪出現当初

図2　長瀬高浜遺跡出土の家形埴輪
（湯梨浜町教育委員会提供）

図3　長瀬高浜遺跡出土の家形埴輪（同図2）

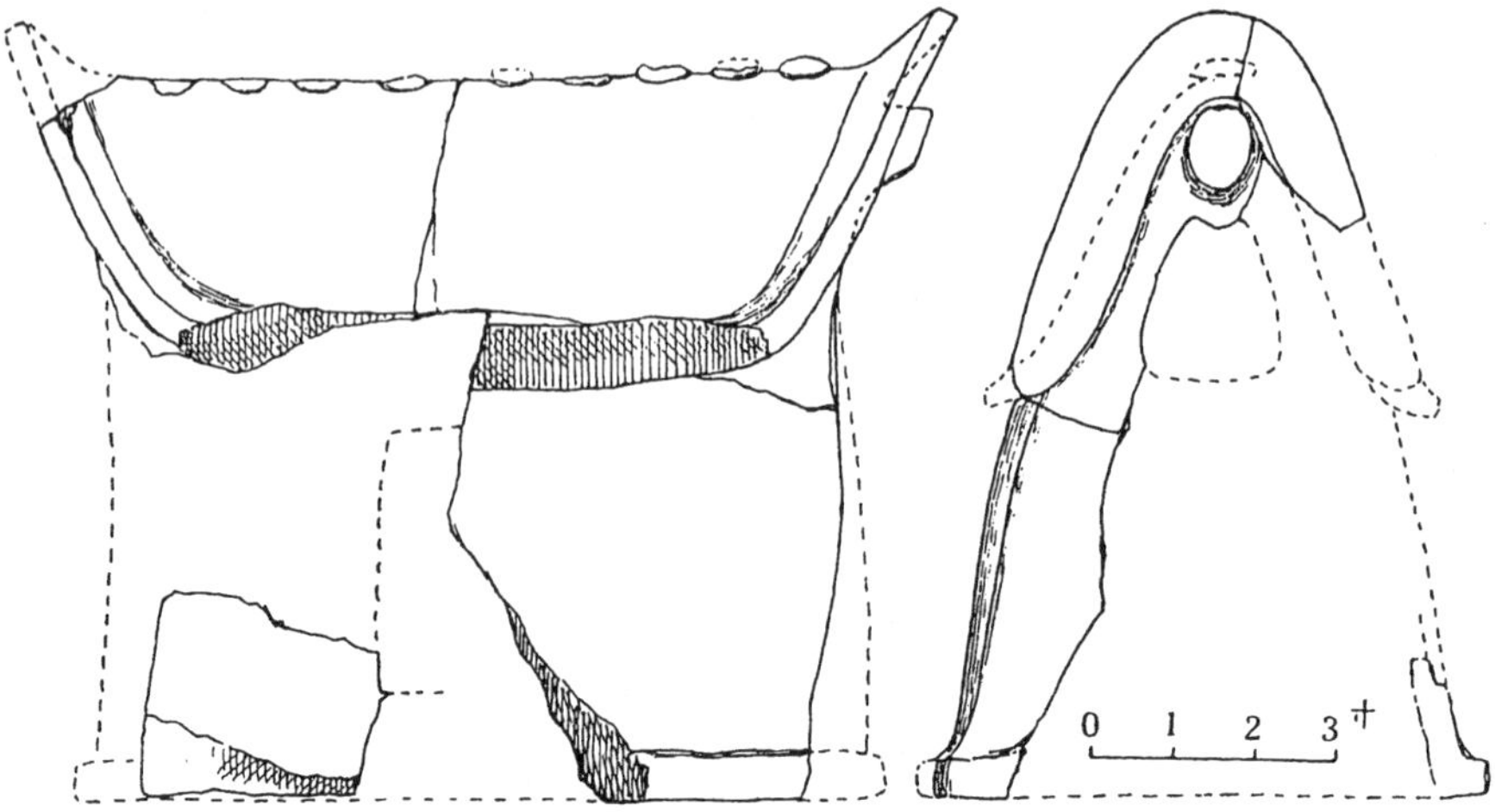

図4　北栄町土下211号墳出土の家形埴輪

から各時期を通じてみられるが、通常は水平方向であり鉛直方向の綾杉文はほとんどない。側廻りに鉛直方向の綾杉文をもつ例として、前述の上ノ山古墳例や鳥取市六部山古墳群例などがあり、いずれも入母屋造である（六部山古墳群例は推定）点も共通する。

後期の家形埴輪

後期では、北栄町土下211号墳、倉吉市北面遺跡、同家ノ上1号墳などで出土している。土下211号墳は古く出土した鹿形埴輪と人物埴輪が有名であるが、同時に家形埴輪もみつかっている（**図4**）。軸部の断面が楕円形となり、屋根はかろうじて切妻造であることがわかるものの、軒先は突帯状で、破風板もようやくそれとわかる程度であり、かなり退化した形態といえる。

県内の家形埴輪で早い段階の例である古郡家1号墳例や上ノ山古墳例は、当時の中心地である畿内と遜色ない造形の家形埴輪である。この段階では大型古墳からの出土が大半であり、地域を代表する首長のみに埴輪樹立が可能だったのだろう。そうした段階では、家形埴輪だけでなく埴輪製作すべてが畿内の影響のもとにあったと考えられる。その中で、上ノ山古墳例は他にあまり類例のない表現も多く、その製作者を考えるうえで興味深い。

中期中葉以降の坂ノ上1号墳例や長瀬高浜遺跡例は、地域性ともいうべき特徴や、独特の表現を有する。家形埴輪を樹立する古墳が増加し、伯耆では「伯耆型壺形埴輪」と呼ぶ特徴的な埴輪が出現するなど、独自の埴輪文化ともいうべきものがあったのであろう。そうした独自性がいかなる背景から生じたかについては、今後解明すべき課題である。

註

（1）本遺跡例はこれまで中期中葉に位置づけられてきたが、中期後葉～後期前葉に位置づけるのが適切である。

第三章　遺跡各論Ⅱ　出雲・石見の弥生集落と掘立柱建物——

落合昭久

第一節　田和山遺跡

田和山遺跡は、島根県松江市の中心部から南へ三キロほど離れた独立丘陵に位置する弥生時代～古代にわたる複合遺跡である。遺跡の最高地点は標高四五メートル、独立丘陵下にひろがる氾濫原との比高差は三九メートルを測る。

遺跡の南東には『出雲国風土記』にも記載のある茶臼山（神名樋野）、中国山脈最高峰の大山（火神岳）、また北西には眼下に宍道湖、その向こうには島根半島を形成する北山がみわたせる。

遺跡の北側二〇〇メートルほどのところからは、石鏃の出土する土壙が多数検出され、戦士の墓とも称される弥生前期～後期の友田遺跡が存在する。その他、周囲には弥生時代～古代の土器を包含する欠田遺跡、弥生中期～後期の遺構が確認され、分銅形土製品などが出土する門田遺跡、玉作遺跡として知られる福富Ⅰ遺跡などが知られる。

遺跡は市立病院造成工事に伴い、平成九年～十二年に調査を行った。弥生前期末～中期後葉の環壕や、弥生時代～古代の多数の建物跡などが検出されている。

本稿はこれら遺構のうち、弥生期の環壕

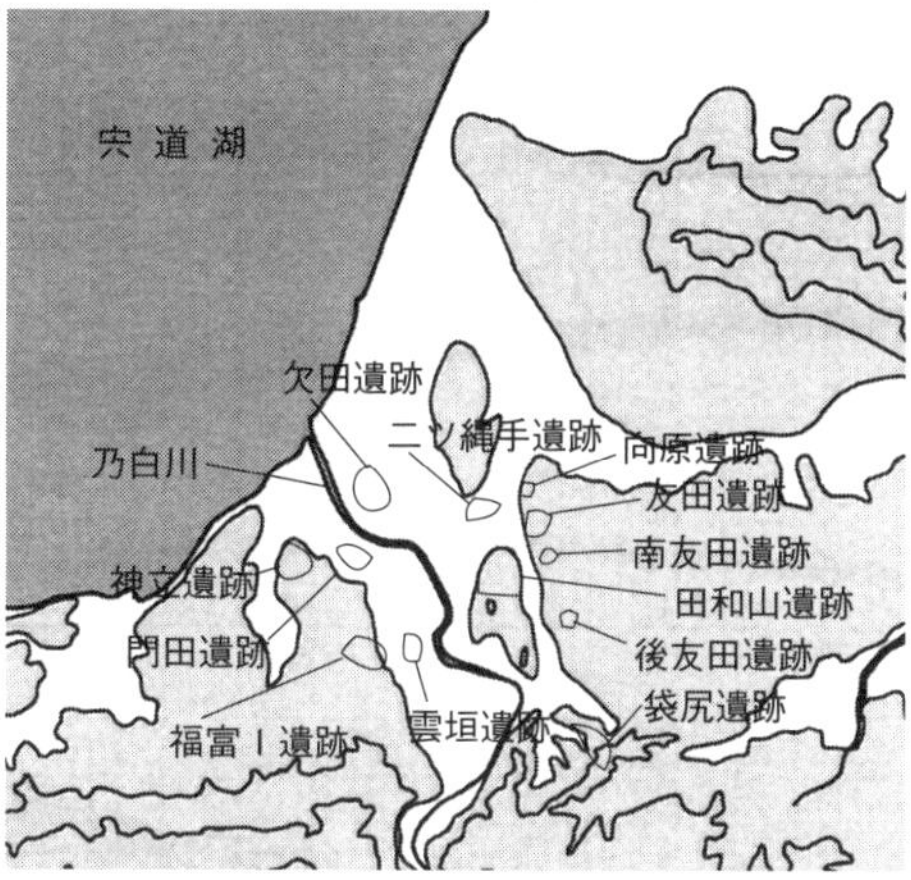

図1　周辺の弥生遺跡（S＝1/70000）

写真1　田和山遺跡の位置

遺跡に絞って述べていくことにする。

一、 遺跡の概要

田和山遺跡は東西約一〇メートル、南北約三〇メートルの痩せた尾根状の独立丘陵を三重の環壕が囲繞し、その外側斜面に建物跡がひろがる弥生前期末～中期後葉の遺跡である。近年、同様に空閑地を囲繞する環壕の発掘事例が報告されているが、発掘当時は、弥生時代の環壕

写真 2　田和山遺跡

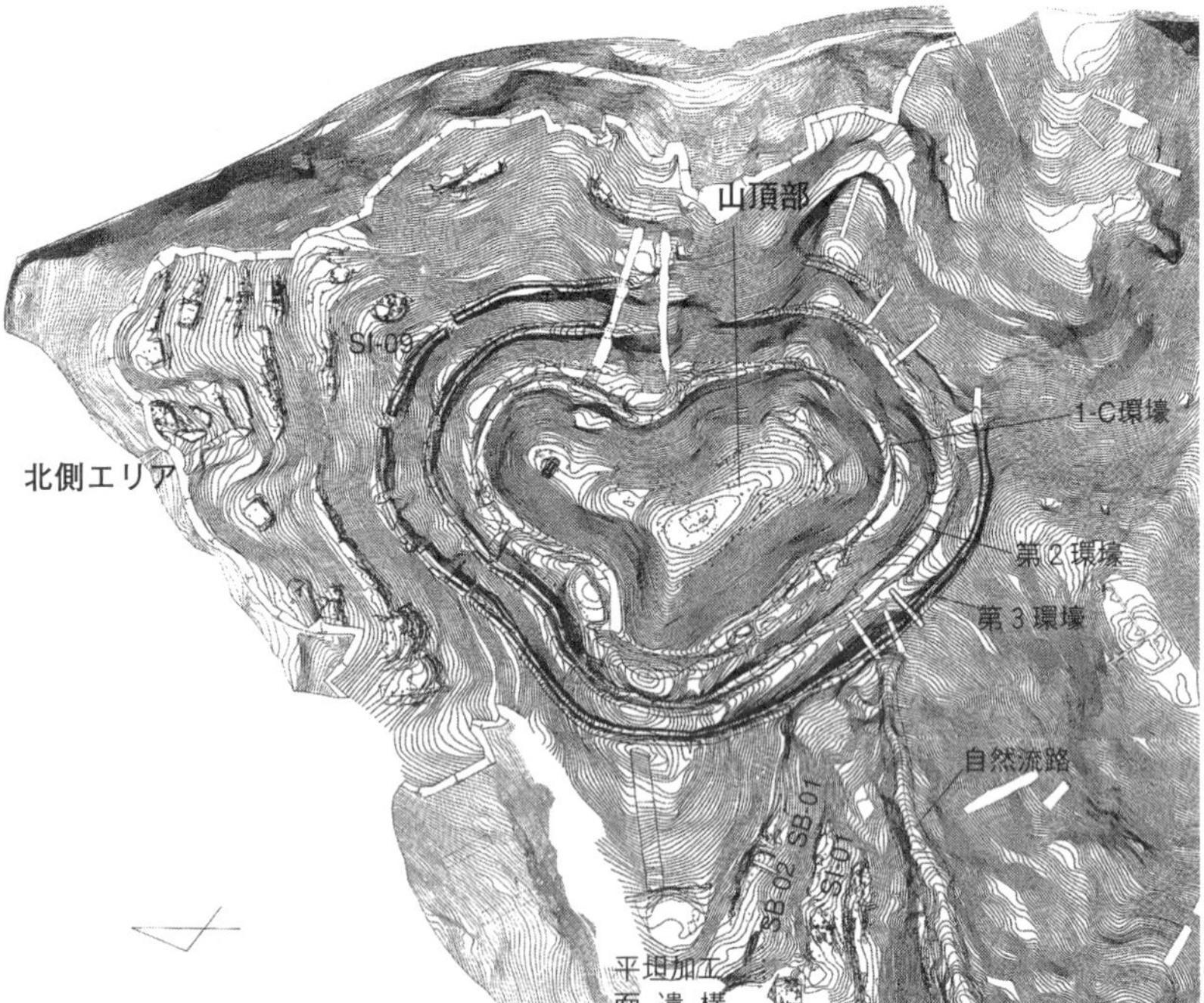

図 2　田和山遺跡全体図（S＝1/2000）

集落における「ムラ」を守るための環壕といったイメージではとらえきれないその特異構造が注目を浴び、平成十三年八月十三日に国の史跡に指定された。

遺構の空間構成は、環壕が囲繞する「山頂部」と、山頂部を囲繞する「環壕部」、独立丘陵の裾にもあたる環壕の外側斜面に造られた建物跡群の「環壕外側遺構」に分けることができる。そして、弥生前期末～中期初頭（Ⅰ-4～Ⅱ-1様式）【A期】と弥生中期中葉～中期後葉（Ⅲ-1～Ⅳ-2様式）【B期】の二時期の大きく変貌した遺跡の様相がうかがえる。

以下、これら大別される三つの空間エリアの概要を順に述べたうえで、遺跡の全体像を考察してみたい。

1 山頂部

山頂部は単独丘陵の頂部に位置し、環壕がめぐらされた中心部分となる。標高は四五メートル、平地である氾濫原との比高差は三九メートルを測り、東西約一〇メートル、南北約三〇メートルの遺構面からは、柵跡、柱穴（ランダムに存在する柱穴）、三日月状加工段、五本柱遺構、九本柱遺構、柱穴列を検出している。

このうち、A期の遺構は三日月状加工段、五本柱遺構であり、ランダムに配置される柱穴も出土遺物の状況より、A期にあたる可能性が高いと考えられる。三日月状加工段は山頂部の南東端に位置し、南東側を背にする形の三日月状を呈するものである。柱穴などは伴わず、遺構内からは焼土跡のみが検出されている。この南東側斜面下には後述するA期の1-a環壕が造られていないことから「壕」の代わりに設けられた施設との見解もある。(1)

五本柱遺構は三日月状加工段に近い斜面との傾斜変換点付近から検出された。一間×一間の平面に心柱をもつ遺構である。面積は約三平方メートルを測り、柱穴の形状からは、柱穴を掘り直し柱を立て直した形跡が認められる。その他、先述のランダムに配された柱穴が山頂部の中心～南東で多数検出されている。この柱穴群の中には大型の柱穴もみられることから、ある程度大きな柱状のものがそこに立てられていたことは間違いないが、建物などの配列をみない

写真1　田和山遺跡山頂部

ことから、柱のみで成立した遺構であった可能性も考えられる。

Ｂ期の遺構としては柵跡、九本柱遺構、柱穴列が検出されている。柵跡は山頂部遺構面のゆるやかな平坦地から環壕に下りる斜面の傾斜変換点付近に山頂部を囲むように並んでいる。柱穴の径は小型のものが多数を占め、数回の作り替えが認められる。九本柱遺構は山頂部の標高四六メートルの頂部にあり、二間×二間の平面で、中心に心柱の柱穴を伴う。面積は一二平方メートルを測る。平面形状は歪な「田」の字を呈し、柱間隔の均等な規格性はみられない。平面形が出雲大社の本殿に類似することから、大社造の原型をこれに求める声も聞かれる。なお、この九つの柱穴によって構成される遺構は、一間×一間もしくは一間×二間の遺構が重複する可能性も考えられたが、柱穴内埋土が同一なことや柱穴の法量がほとんど似通っていることなどから、九つの柱穴で構成された遺構と判断

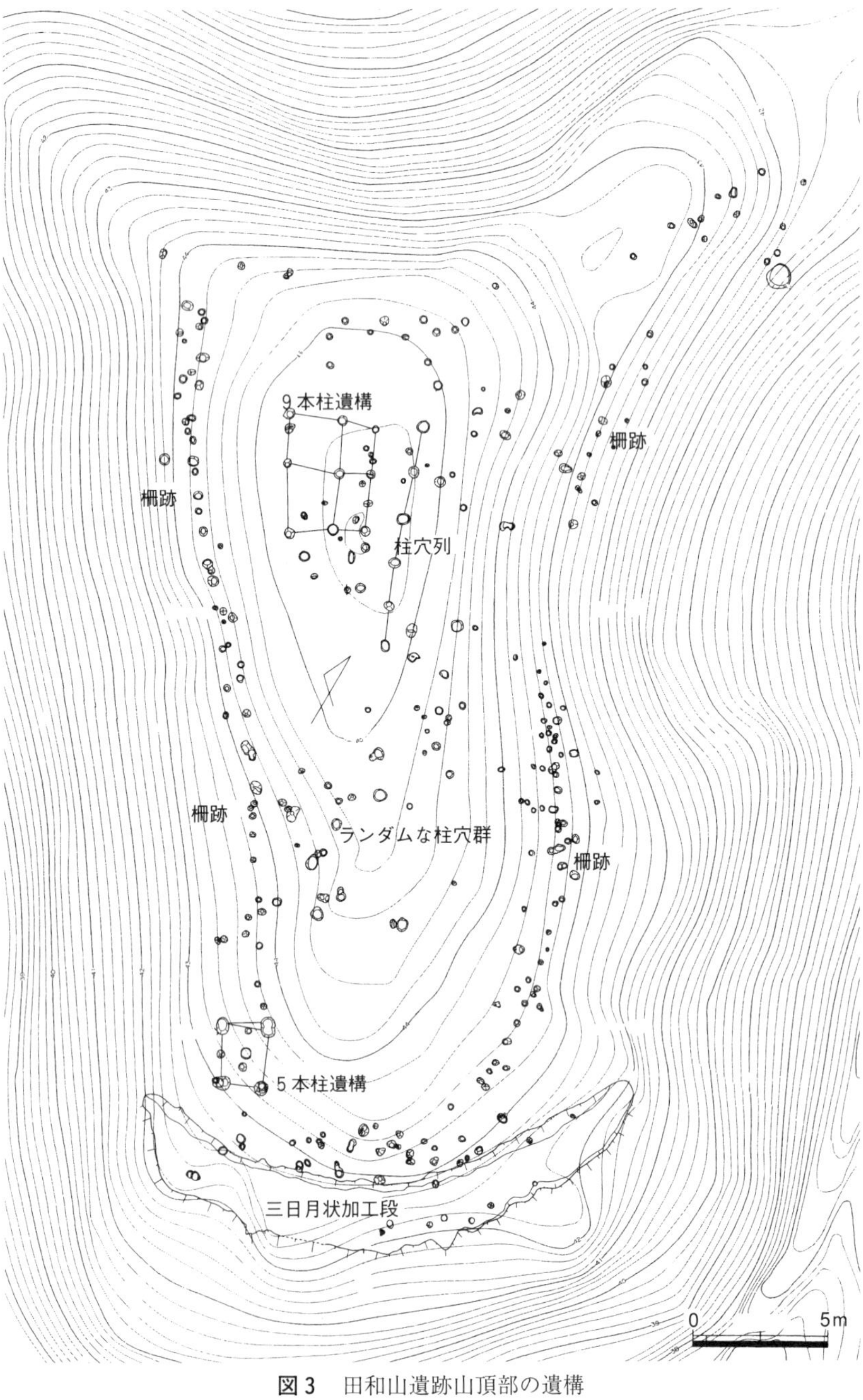

図3　田和山遺跡山頂部の遺構

している。また、九本柱遺構の北側に六つの柱穴が直線状に並ぶ。九本柱遺構に並列しており、両者は併存した可能性が高いと推察される。

2　環壕部

山頂部を囲む単独丘陵の斜面で検出した環壕（壕）の部分である。山頂部を区画・防御するために造られたものと考えられる。

A期の壕：1-a環壕は山頂部下斜面のうち、ゆるやかな谷状を呈する東部、南西部、北西部の三方のみに造られた途切れた環壕で、掘削されなかった独立丘陵から派生する尾根部分には柵などの防御施設がみつかっていないことから、尾根伝いに容易に山頂部へと入れた状況がうかがえる。また、この1-a環壕は山頂部下斜面の谷地形を有する部分のうち、南東側のみ造られていないことがわかっている。この掘削されなかった場所については、他の場所と同様な地形状況を呈し、特別掘削作業が困難であったとは思えないことから、地形に制約されたものではなく、何らかの意図的な要因で造られなかった可能性も考えられよう。なお、この1-a環壕はA期において全面的に造り直されていることが認められる。ひろくゆるやかな曲線状の断面から狭くある程度深さのある断面へと変化させている状況がうかがえるのである（1-b環壕）。この造り直された1-b環壕の平面形態は、1-a環壕と同様に尾根部を掘らない途切れた形状を呈している。また、1-a・1-b環壕の壕外側の肩部は、土塁状に盛られて造られている。壕内からは壺・甕などの土器（Ⅰ-4～Ⅱ-1様式）のほか、磨製石剣、黒曜石・サヌカイト製の打製石鏃や遺跡内に存在する岩脈から採取された飛礫とみられる石が出土している。その他、特筆する遺物として1-a環壕内の堆積土から「石版状石製品」と仮称する楽浪郡の石硯に似た石片が出土している。この石製品が出土した堆積土は、後述するB期段階の壕の1-c環壕が造られた後に堆積したものであることがわかっていることから、混入時期はB期段階の弥生中期中葉～中期後葉間と推測される。

B期の壕：A期1-a・1-b環壕の形態から大きく変わり、それまで掘削されることがなかった尾根部を貫通させ、山頂部下斜面をほぼ全周する形で造られている。壕の数も三重の壕と変わり防御的な要素が強く感じられる。これら三重の壕はそれぞれ山頂部側から、1-c環壕・第2環壕・第3環壕と呼称している。もっとも山頂部寄りの1-c環壕は1-b環壕埋没後、その位置をやや山頂部側に移し造られた。断面形は比較的平らな逆台形状を呈している。総長は二〇九メートルを測り、平面形態は山頂部を一周する。平面形態は違うとはいえ、基本的には1-b環壕を造り直したものと考えられるが、1-

c環壕の壕底付近の出土土器にA期遺物がみられないことから、1-b環壕→1-c環壕には一定の時間幅があった可能性もあるだろう。壕内からは壺・甕・鉢・高坏・台形土器などの土器（Ⅲ-1～Ⅳ-2様式を中心とする）や土玉、磨製石剣、黒曜石・サヌカイト製の打製石鏃、環状石斧、石斧、石包丁のほか、本遺跡西側の眼下に流れる忌部川から採取されたと思われる飛礫石約二〇〇〇個が壕内から満遍なく出土している。また、特筆遺物として、良質な頁岩を用いて作られた黒色の銅剣形石剣（有樋式磨製石剣）や1-a環壕内堆積土からも出土している石板状石製品が一片ずつみられる。

第2環壕は1-c環壕の外側八～一〇メートルのところに1-c環壕の平面とほぼ相似をなして造られている。東側においては途切れる範囲が一部みられるが、地滑りによって滑落した痕跡が認められるので、本来は全周していたことがわかる。総長は二四〇メートルを測り（地滑りで消滅している範囲は含まない）、断面は幅広な逆台形状や鋭いV字状を呈するところなど、一定ではない。壕内からは壺・甕・鉢・高坏の土器（Ⅲ-1～Ⅳ-2様式を中心とする）や土玉、黒曜石・サヌカイト製の打製石鏃、環状石斧、石斧、石包丁のほか、1-c環壕と同様、本遺跡西側を流れる忌部川から採取されたと思われる飛礫石が約六〇〇個出土している。

第3環壕は第2環壕の外側、八メートルのところに第2環壕の平面と相似形をなして造られている。断面はU字状・V字状を呈し、総長は二四三メートルを測る（地滑りで消滅している範囲は含まない）。第2環壕同様、東側の一部は本来存在した環壕が地滑りによって滑落している箇所が認められるほか、前述の山頂部で触れたとおり南東側の二八メートルにわたる範囲で環壕が造られなかった範囲が存在する。この環壕を通さなかった範囲については、当初、山頂部へと上がる通路もしくは施設が存在する可能性が考えられたが、調査の結果、そのような痕跡はみつかっていない。この付近は地滑り地帯であったことが確認されていることから、環壕掘削が断念されたとの解

写真4　1-c環壕の遺物（飛礫石）出土状況

釈も成り立つけれども、意図的に環壕を造らず、いわば解放した可能性が高いと考えられる。また、この環壕の南側は山頂部丘陵と対向する南丘陵にまで及んで造られている。これは山頂部丘陵の斜面に従って造られている他の壕とは様相を異にし、三重環壕の平面形態にかかわる意図が感じられるものである。壕内からは壺・甕・鉢・高坏の土器（Ⅲ-1～Ⅳ-2様式を中心とする）や土玉、黒曜石・サヌカイト製の打製石鏃、石斧、石包丁や本遺跡西側に流れる忌部川から採取されたと思われる飛礫石が約一〇〇個出土している。

その他、B期環壕の一部も1-a・1-b環壕と同様、環壕外側肩を土塁状の盛土によって造っている。これはその場所が谷部地形を成す場所であったことから、盛土で構築しなければ環壕形を造り出せなかったことに起因すると考えられるが、このような大土木工事を必要とする環壕構築法は当期において類例をみないものである。また、壕内出土遺物が山頂部寄りの1-c環壕→第2環壕→第3環壕と減少していくことや各環壕出土の土器様式、土器が接合した事実などから、同時期に存在し埋没していったものと考えられる。

3　環壕外側遺構

環壕外側の斜面からは弥生時代～中世の建物跡が多数みつかっている。このうち検出した弥生期の遺構は竪穴住居跡九棟・掘立柱建物跡一六棟（加工段状遺構で、その可能性があるものを含む）・平坦加工面遺構一ヵ所・小ピット群二ヵ所を数え、環壕や建物跡などから転落してきた遺物を含む自然流水路跡も確認されている。遺構の時期はすべてがB期にあたり、A期に属するものはまったくない。また、これら遺構は散在するのではなく、南西側と北側のエリアに分かれて存在している。このうち南西側エリアには竪穴住居跡一棟と掘立柱建物跡五棟と平坦加工面遺構が存在する。このエリアで一棟のみ存在する竪穴住居跡（SI-01）は東西八メートル、南北六・六メートルを測る七本主柱穴の円形住居で、遺跡中最大の床面積を誇るものである。このエリア唯一の竪穴住居跡となることやその大きさから、特別な人物が住んだ住居であったのかもしれない。また、掘立柱建物跡（SB-01）は雨落ち溝があるべき場所に一段高い段が設けられ、検出できた三つの柱穴のうち一穴の底からは甕がほぼ完形でみつかる異質な建物跡であった。この建物跡は他の掘立柱建物跡とは明らかに様相を違えることから、特異な性格をもつ建物であったとも考えられる。その他、このエリアでは遺跡中最大規模の掘立柱建物跡（SB-02）もみつかっている。桁行六間（九・八五メートル）×梁間二間（三・五五メートル）、建物内面積三五平方メートルのこの建物は、遺構面から焼土跡が検出されていることから平地式の建物と考えられ、その焼土跡近くの遺構面からは当該地域ではまれな遺物である台形土器が出土している。この建物跡は前述のＳＢ‐01に近接すること、またＳＢ‐01から出土した土器の時期差などから、ＳＢ‐01→ＳＢ‐02と造り替えられたものと考えられる。平坦加工面遺構はＳＢ‐02の北西側の斜面上方にて造られた円形のテラス状の遺構である。遺構面からは焼土跡が二ヵ所確認されているが、そのほか人為的な痕跡はみられない。これより上方に遺構はなく、尾根を伝って環壕・山頂部へと向かうことができることから、山頂部へと向かうまでの行程で何らかの行為を行う広場のような場所であったとも考えられる。なお、この遺構付近では黒曜石の原石や黒曜石・サヌカイトのチップが集中して検出されるポイントが確認されており、石鏃などの石器が製作されていたことも示している。

南西側エリアでは本遺跡最大の竪穴住居跡・掘立柱建物跡が存在し、掘立柱建物跡五棟に竪穴住居跡が一棟のみという構成や建物跡の特異な様相から、北側とは異なる特別な性格を有するエリアであったとみなせよう。

北側エリアでは竪穴住居跡八棟、掘立柱建物跡一一棟、小ピット群二ヵ所が検出されている。竪穴住居跡、掘立柱建物跡ともに建て替えの状況がうかがわれ、竪穴住居跡のいくつかからは黒曜石・サヌカイトのチップが出土し、石器が製作されていたことがわかっている。その中で特筆すべき遺構として焼失した竪穴住居跡（ＳＩ‐09・旧名ＳＩ‐13）があげられる。この焼失住居跡は土屋根で覆われていたことがわかっている。炭化した垂木は丸木を半裁してその平らな面に茅を葺いた状況がうかがえる。建築部材はスダジイなどのシイ属が多く認められており、当時の建築部材の使用状況がわかる貴重な資料となりえるものである。また、壺が三個体ほぼ完形で出土しており、そのうち一個体は口縁を下にする状態でみつかっている。焼失住居は近年、実際の火災実験から不慮の火災ではなく故意に焼却されたとの解釈も示されている[2]。それは竪穴住居内の湿度が高く簡単には燃えひろがらないことなどの実験の事実からである。ＳＩ‐09の屋根は土葺きの屋根であったことは調査結果において明らかであ

写真５　南西側エリア（SB-02）から山頂部を望む

り、外からの出火はまず考えられないことから、出火地は屋内であろうことはほぼ間違いない。また、屋内からの出火で燃えひろがるには時間を要すると考えられるから、住居内の生活具は容易に搬出できたものと推測される。実際のＳＩ-09はこれら状況に反し、壺三個体をその場に残した状態であった。このような状況から、ＳＩ-09は故意に焼却したものだが、壺は住居に対する儀礼的な要因で残されたものとも推測できよう。

確認できた北側エリアの遺構は前述のとおり竪穴住居跡八棟、掘立柱建物跡一一棟、小ピット群二ヵ所であるが、本丘陵下部は国道九号線バイパスによって切削されていることから、これ以上の遺構が当時、丘陵裾部にひろがっていたものと考えられる。

二、遺跡像の考察

環壕集落はこれまで、竪穴住居を中心とした生活の場や掘立柱建物・貯蔵施設といった遺構がもつ不動産的富を環壕が囲繞し堅固するものとされてきた。しかし、本遺跡環壕内のその狭隘な空間においては生活臭が薄く、不動産的富を推測させる遺構は見当たらない。このような特異な形態をもつ本遺跡はいかなる性格を有したものと解釈できるのであろうか。

Ａ期（弥生前期末～中期初頭）の山頂部には南東端に三日月状加工段が造られ、これと同時もしくは前後して北西端に五本柱遺構が造られる。また、建物に復元できないランダムに散在する柱穴のいくつかもこれらと前後して機能していたものと考えられる。壕（１-ａ環壕）については東部・南西部・北西部の三方の谷部のみに掘削・造成されており、丘陵から裾に延びる四方の尾根は開放された形をとっている。環壕外側には建物などの遺構は存在しない。遺物は土器のほか、石鏃・飛礫石もみられる。

この期の田和山遺跡は壕が切れていることから、山頂部に対する「人」の侵入の遮断には主眼がおかれなかったものと推測でき、その主たる目的は「防御」ではなく「区画」であったと思われる。出土遺物の中には石鏃・飛礫石など、戦闘を想像させるものもみられるが、仮に戦闘が背景にあったとすれば、壕は防御施設として山頂部を一周させるのが自然であろう。しかし、壕はあくまでも尾根部を開放する形をとっている。この状況も、壕の「区画」という性格を後押しするものである。では、この壕によって区画された山頂部はどのようなものであったのか。この期に存在する遺構は前述のとおり三日月状加工段と五本柱遺構、それとランダムに散在する柱穴のみである。三日月状加工段の確たる必要性についてはいまだ判然としないが、これが立地する斜面下には谷部地形で唯一壕が造られていないことを合わせみると、壕に代わるものとしてこの加工段が造られた可能性が高いと思われる。また、一間×一間で心柱をもつ五本柱遺構は山頂部の南側縁辺部にあたるきわめて不安定な場所に立地することや、面積三平方メートルという規模からみて、建物跡など居住に関する施設とは考え難いものである。五本柱遺構は居住・倉庫などの建物ではなく、柱のみで構成される構築物であったとも考えられる。

このほか、A期に存在する可能性がある遺構としてはランダムに存在する柱穴がある。この柱穴の中には五本柱遺構にみられるような大型の柱穴もいくつか認められるが、建物と想定できる規格性は認められない。これら柱穴の性格については推測の域を出ないが、ある程度大きな柱がそこに立っていたことは明らかである。現段階では建物などの施設ではなく、独立した柱がある意味をもってそこに立っていたものと想像する。

A期に存在する遺構は以上のとおりであるが、これらの遺構はすべて山頂部の南東側に位置しており、当該期に属すⅠ-4～Ⅱ-1様式の遺物も山頂部南東側の範囲で多く認められている。これらのことから、A期山頂部の主たる活動範囲は南東側であったと考えられる。A期においては南東方向が特別な意味をもっていたものと推測できよう。

A期の田和山遺跡は、「防御」いうよりも「区画」の性質をもった壕によって、外界から隔絶された山頂部の空間に「柱」が立っていたという状況がうかがわれるのである。

B期（弥生中期中葉～中期後葉）はA期から様相を大きく変える。

B期の山頂部においては、それまで存在した三日月状加工段・五本柱遺構とランダムに散在する柱穴の多くが埋没し、代わって山頂部縁辺部を一周する柵と九本柱遺構・柱穴列が造られる。壕はA期に開放していた尾根部を掘削し山頂部を一周させて、さらにその外側には二本の壕が造られている。山頂部に柵をめぐらし、その外側の斜面に三重の環壕を囲繞させたその姿は「防御」色が濃いものなっている。また、環壕外側の斜面には竪穴住居や掘立柱建物などが造られ、A期の山頂部のみにみられたヒトの活動範囲が丘陵裾部にまで拡大する状況がうかがえる。遺物の出土状況は時期が違うだけで基本的にはA期と同様であるが、土器・石器・石鏃・飛礫石など、その量は格段に増える。器種は銅剣形石剣・土玉・分銅形土製品などの祭祀遺物が新たにみられ、これらは環壕外側の住居群からも出土している。

B期の田和山遺跡山頂は三重の環壕によって守られる防御色の強いものへと大きく変化するが、依然、山頂部の空間には住居跡は存在していない。この期の山頂部には前述のとおり九本柱遺構・柱穴列と山頂部空間を一周する柵のみの存在しか認められない。九本柱遺構は二間×二間の真中に心柱をもつ遺構で、本遺跡の最高所に位置している。この遺構は「田」の字がいびつに変形した平面形を呈することから掘立柱建物跡と想定し難く、先の五本柱遺構と同様、建物とは相違する施設であった可能性を否定できない。また、九本柱遺構の北側に並列する柱穴列は九本柱遺構に付随するこの遺構を遮断する目的で作られた目隠しの柵であったとも考えられる。その他、山頂部を一周する柵は防御を目的とした施設のほか、山頂部空間を隠す遮断施設の性格も併せもったものではないかと推測する。以上の考察から、B期の山頂部は柵によって囲繞された空間に目隠しの柵を伴う九本柱遺構のみが存在した様子をうかがうことができ、A期と同様、居住・貯蔵などにかかわる遺構は皆無である。環壕に至っては、全周する三重環壕へと移り変わり、防御性格を強めている。これは当該期に戦さがあったことを示唆させるもので、壕内で出土した遺物に多くの石鏃や飛礫石が含まれることも、このような状況を裏づけている。しかし、これを否定しうる他の状況もいくつか認められている。一つは飛礫石の出土状況である。本遺跡から出土する飛礫石は大半が環壕内において土器・石器と混在しており、山頂部からの落下物であることは明らかである。この山頂部から落下もしくは投げられた飛礫石は、山頂部を一周する環壕から万遍なく出土することがわかっている。このような状況から、本遺跡に実際戦さがあったことを前提として考察すると、まず山頂部に向かって敵が攻め上がってくるのに対して飛礫石が投石された状況がうかがえよう。

このとき、敵は一番攻めやすい場所に集中して攻め上がるのが自然である。急傾斜地を避け、緩斜面などの地形的にクリアしやすい場所であるとか、守護する者たちが手薄になった場所を集中して攻めたであろう。これに対し、実際の飛礫石の出土状況は壕内からほぼ平均的に万遍なくみられている。これは通常考えうる実戦よりも、飛礫を用いた模擬戦などの祭祀を想像させる出土状況と言えるかもしれない。二つ目は、三重

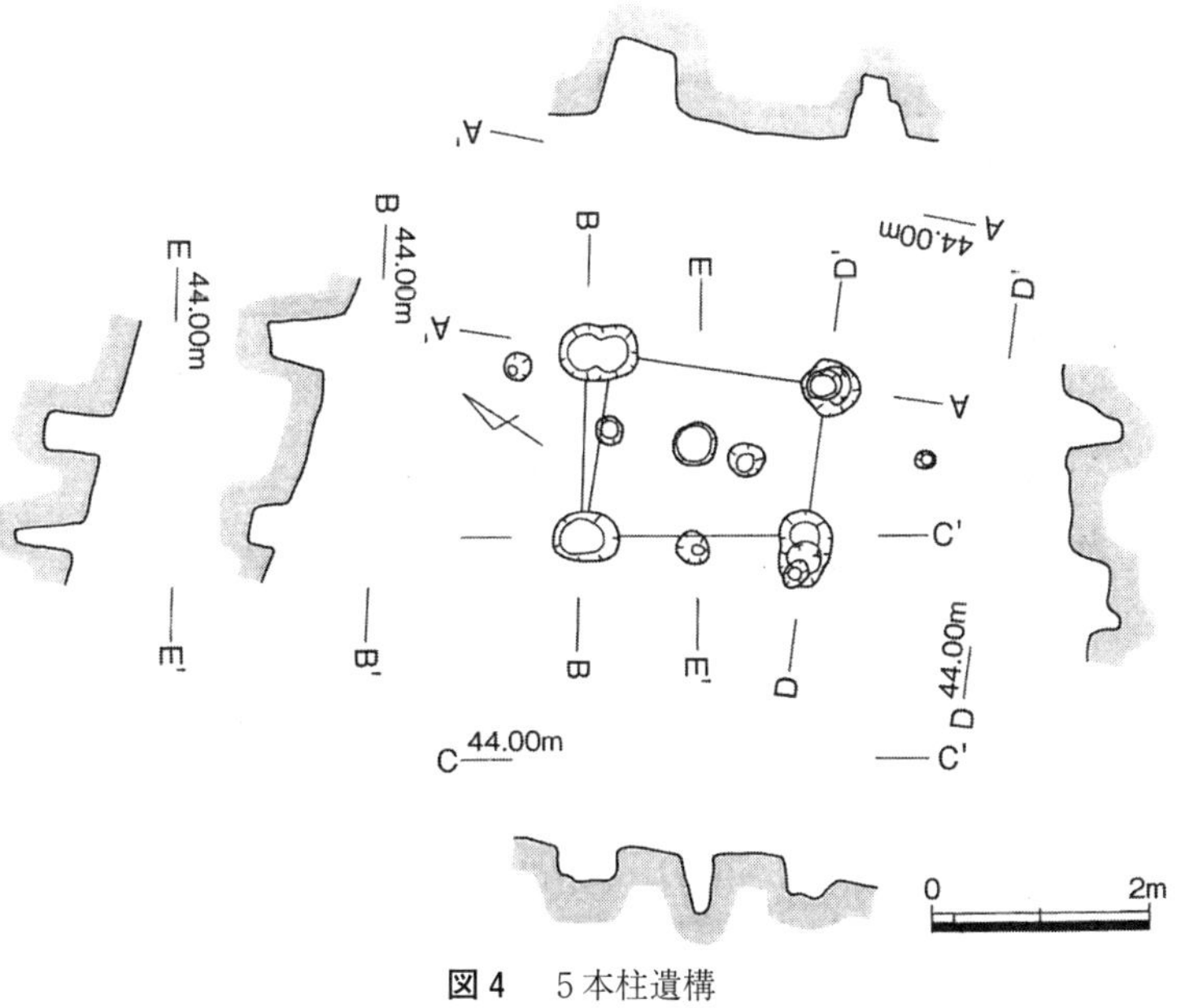

図4　5本柱遺構

環壕の外側に位置する第3環壕が山頂部丘陵と対向する南丘陵にも及んで造られている事実である。環壕を人的防御の目的のみでとらえるなら、この南丘陵にまで延長して環壕を造る防御的必要性を見出すことはできない。山頂部丘陵と南丘陵は第2環壕によって谷状に大きく掘られていることから、防御的要素はこの第2環壕で成就できているからである。このような状況においても南丘陵に環壕を通したのは、視覚的または精神的な要因による結果と解釈できるのではないだろうか。

以上からみて、B期の環壕は防御としての機能のほか、A期の壕から踏襲した外界との区画といった機能を色濃く残した壕であったと考えられよう。

環壕外側に存在する住居群はB期段階で初めて造られている。その存続期間は三重の環壕と同様で、中期後葉に機能を停止する。また、住居群の位置は先述のとおり、南西側エリアと北側エリアに分かれており、意図的に区分けされたものと思われる。南西側エリアは山頂部への唯一の進入経路と推定される西側尾根ルートが所在するうえ、本遺跡最大の竪穴住居と掘立柱建物など特殊な遺構が集中して認められている。また、この南西側エリアに存在する遺構は環壕外側で確認されている住居などの遺構全一八所に対し、七所とその数は少ない。北側エリアに関しては後の道路開発によって消滅したと考えられ

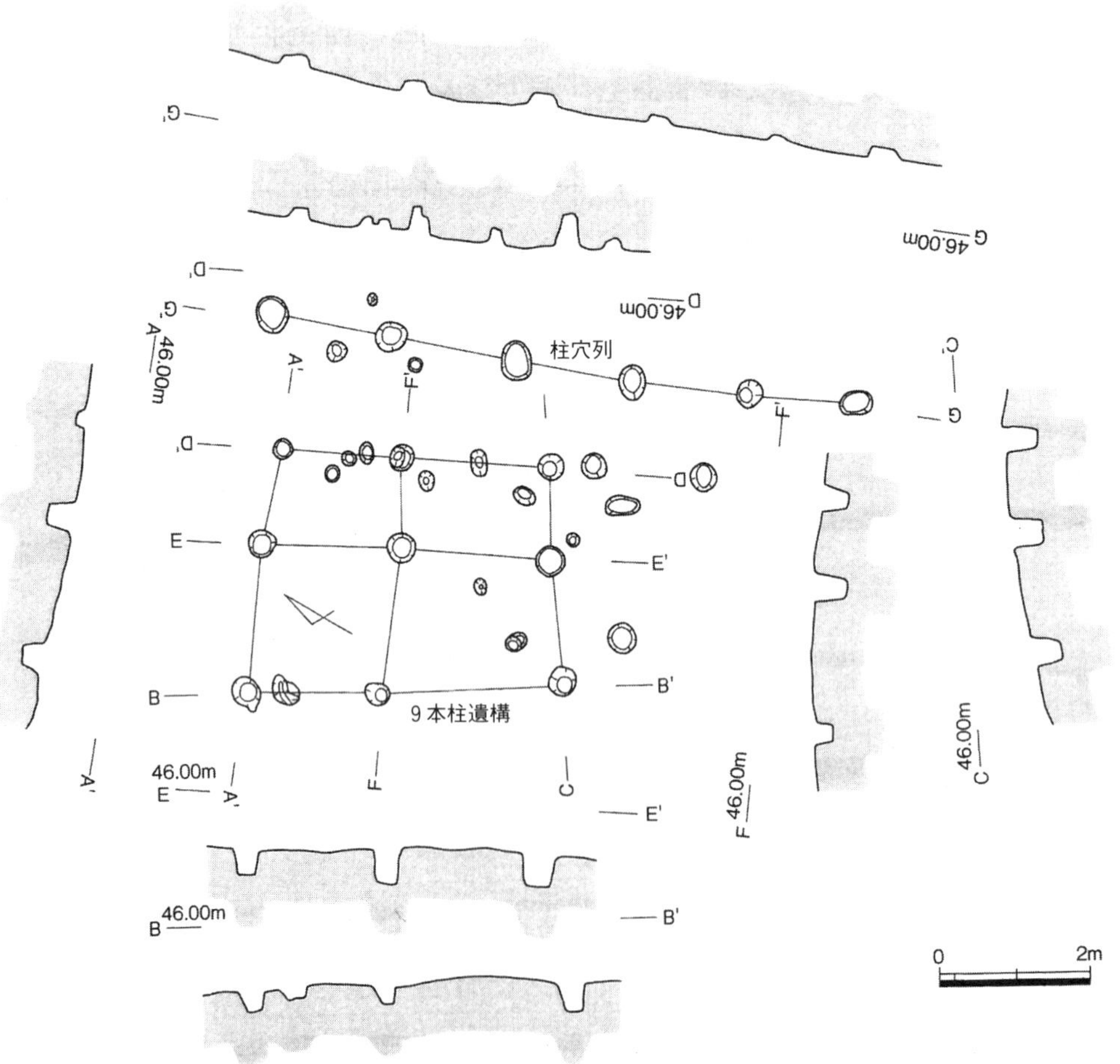

図5　9本柱遺構

る遺構も相当数が見込まれることから、南西側を多く上回ることは明らかである。このように数が少なく特殊性が認められる南西側エリアの遺構は山頂部へと上がることのできた者の住居、または祭祀の建物群であったとも推測できよう。南西側エリアからは山頂部を眺望でき、北側エリアからはこれをみることができないといった視覚的な事実も、この推測の裏づけになるかもしれない。

三、五本柱遺構・九本柱遺構の解釈

本遺跡のA期五本柱遺構・B期九本柱遺構が存在した山頂部空間の状況は、それぞれ時期・立地は異なるけれども、二時期とも住居・倉庫（貯蔵）などは存在しない。また、これら遺構が住居・倉庫に成りうるものとは理解し難い。このような様子は、あたかも一般の民を排除した非日常的な空間を想定させる。山頂部からは祭祀遺物とされる土玉が出土し、かつ環壕内からは同祭祀に用いられたと考えられる銅剣形石剣などの出土がみられる。このような状況から五本柱遺構・九本柱遺構は精神的な依りどころとなる宗教的・祭祀的な要素をもった施設であったとも推測できよう。

古代史学の立場から岡田精司氏は、古代の祭場について「はじめは特に建造物は作らず、祭場の一角に神霊をむかえるための盤座やヒモロギ＝神木があるだけの、簡素なもの」と推論している(3)。

原始信仰の対象物として、古代から依代・ヒモロギというものがある。神霊が現れるときの媒体となるもの、神宿る木とされるものである。

弥生時代の祭祀形態は、農耕儀礼・太陽信仰・地母信仰など、多種多様なものが想像されているが、いずれにしても理念達成のために頼り願う対象としての「カミ」といった概念があったことは想像に難くない。この「カミ」概念にもとづく祭祀を考えると、その祭場に依代・ヒモロギのようなものがあったと仮定することは何ら不自然なものではない。

五本柱遺構・九本柱遺構（目隠し柵含む）は前述のとおり、特殊な立地状況、祭祀系遺物の出土などから聖性の強い施設であったと推測する。そのうえでこれらの遺構は、五本柱遺構＝四本の杭によって囲まれた依代、九本柱遺構＝八本の杭によって囲まれた依代といったものであったと現時点では解釈しておきたい。

四、まとめ

田和山遺跡は、それまでの環壕集落が内部にもつ第一義的な要素としての住居が環壕内にはなく、環壕外に存在する。これは明らかにこれまでの環壕集落の定義から外れるものであり、その環壕によって守られたものは何であったのかが、この遺跡を理解するうえでの最大のキーポイントとなる。

これまでみてきたとおり、外から守護された山頂部のそこには弥生前期末～中期初頭は五本柱遺構、弥生中期中葉～後葉は九本柱遺構といった宗教・祭祀的要素の強い依代のようなものがそれぞれの時期に遺跡の「核」として存在していた。このことは人々の精神的支柱のみを守るといった当時の状況が想像できうる有益な資料ともなりえよう。

山陰では稀少ではあるけれども、壕に囲繞された空間に居住・貯蔵施設が見当たらない田和山遺跡に類似する遺跡が存在する。島根県雲南市三刀屋町の要害遺跡は尾根状の狭い空間を一重の壕がめぐるもので、壕の内側の空間には遺構が一切確認されていない(4)。また、同県安来市伯太町の経塚鼻遺跡も完全なる姿はみないが一重の壕がめぐり、その内側の空間には壕と同時期の遺構はないようである(5)。これら遺跡は、その前に遮る物はなく、見晴らしが大変よい場所に立地する共通性がみられる。田和山遺跡も同様で、眼下に湖水域や平野を遠くまでみることができる。裏を返せば、下から見上げるとランドマーク的存在に映るわけで、これらの遺跡は本遺跡同様、宗教・祭祀的要素が濃い遺跡の可能性が高いものと考えられよう。その他、鳥取県においても壕が囲繞する空間に何もない遺跡が数例存在する。また、兵庫県和田山町の大盛山遺跡も同様の状況を示す遺跡として知られる(6)。このような田和山型ともいえる環壕遺跡（環壕集落）は他地域にも散在するものなのか、山陰などのある種限定された地域の産物なのか、今後の調査事例を待つと同時に、類似する遺跡のさらなる検証に期したい。

註

（1）松木武彦「田和山遺跡鑑定書」二〇〇一。
（2）浅川滋男「焼失住居の構造復原」『竪穴住居の空間と構造』日本文化班資料集2、二〇〇一。
（3）岡田精司「日本の神と社」『神社の古代史』大阪書籍、一九八五。
（4）「熊谷遺跡・要害遺跡発掘調査報告書」島根県教育委員会、二〇〇一。
（5）「経塚鼻遺跡発掘調査概要」現地説明会資料、安来市教育委員会、二〇〇四。
（6）「大盛山遺跡」和田山町文化財調査報告書第七集、和田山町教育委員会、一九九五。

第二節　下古志遺跡の掘立柱建物

米田美江子

下古志遺跡が所在する出雲平野は、南北を中国山地と島根半島に、東西を宍道湖と日本海に囲繞され、中国山地に源流をたどる斐伊川、神戸川の沖積作用によって形成された平野である。その南西部に位置する下古志遺跡は、神戸川が山間丘陵部から平野部へ流れ出た左岸の自然堤防上に立地する低地集落で、古志本郷遺跡、田畑遺跡、知井宮多聞院遺跡などとともに古志遺跡群を形成する遺跡の一つである。

現在の下古志遺跡の周辺景観は、北部は旧山陰道が走っているため、近世から町屋が発展し、今日に至っており、その集落までの間には水田がひろがっている。南部は田畑遺跡までの間に分散した屋敷が存在し、間は水田である。田畑遺跡の南方は、南丘陵に沿って近世に開削された十間川までの間に広範囲で水田がひろがっている。この範囲は神戸川の支流が流れていた可能性が高く、田畑遺跡・下古志遺跡の水田地帯であったと考えることも可能である。

下古志遺跡は一次調査として平成七年（一九九五）～九年度（一九九七）にかけて、L字状を呈する総延長約七二〇メートル、幅一〇メートル強の調査区を、西から北東へA～G区と便宜上区分けして調査を行った。調査区内の遺構検出面標高は七・八～九・二メートル内で、F区の標高がもっとも高かった。その後、平成十一年度（一九九九）に二次調査として環濠状の大溝の範囲確認トレンチ調査を行ったが、建物跡は検出されなかった。

下古志遺跡と古志本郷遺跡は、その境界に自然地形の小谷（低湿地）の存在が予想され、下古志遺跡G区では、北東に向かうにつれ地山の標高が下がってきていることがわかっている。

下古志遺跡の南東に位置する田畑遺跡は、従来から周知されてきた遺跡であるが、小規模なトレンチ調査などが行われていたにすぎず、遺跡としての規模・性格などは正確には把握されてはいなかった。この遺跡も平成十年（一九九八）に歩道設置工事に伴い、東西六〇〇メー

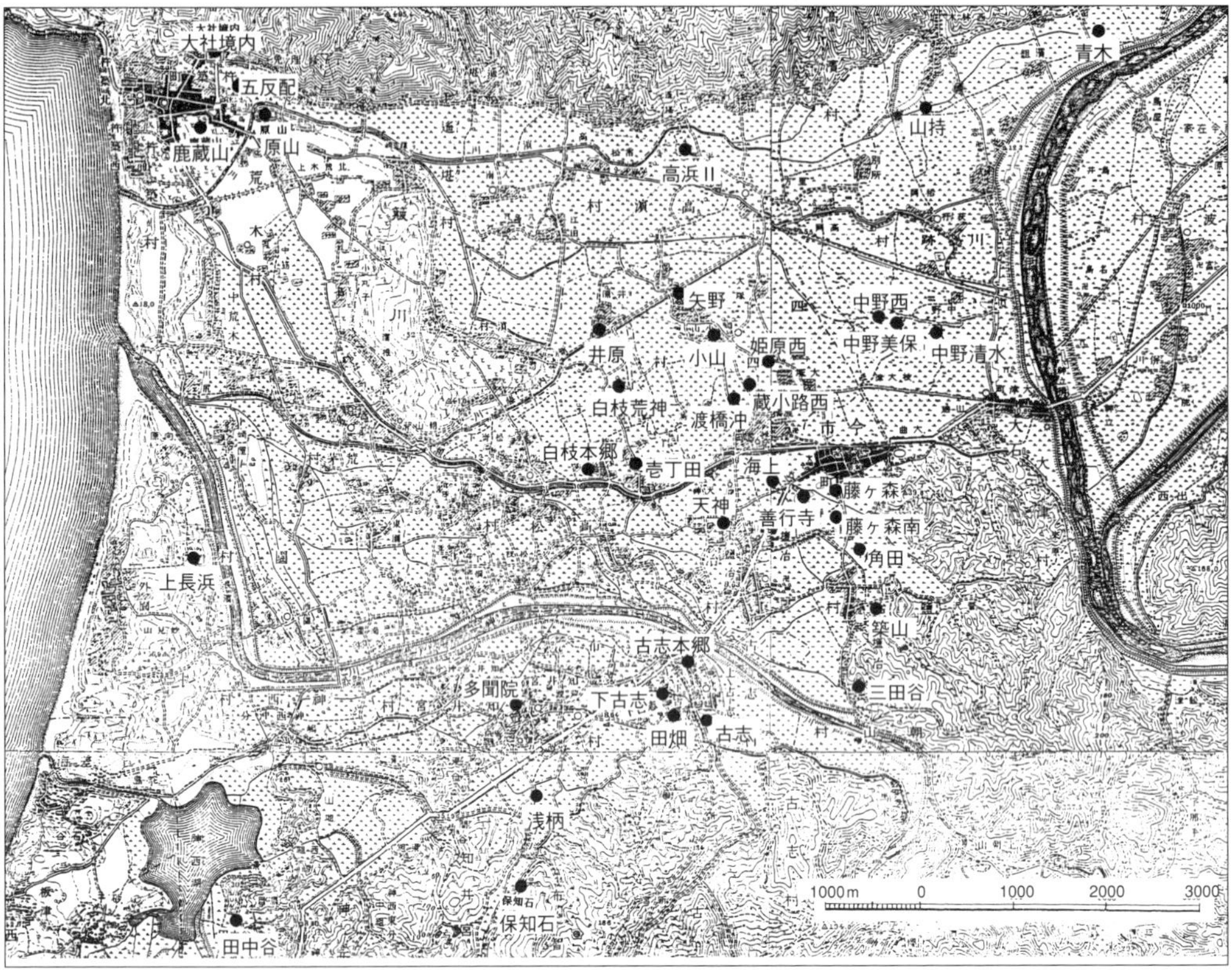

図1　出雲平野の主要遺跡分布図（明治24年作成図上）

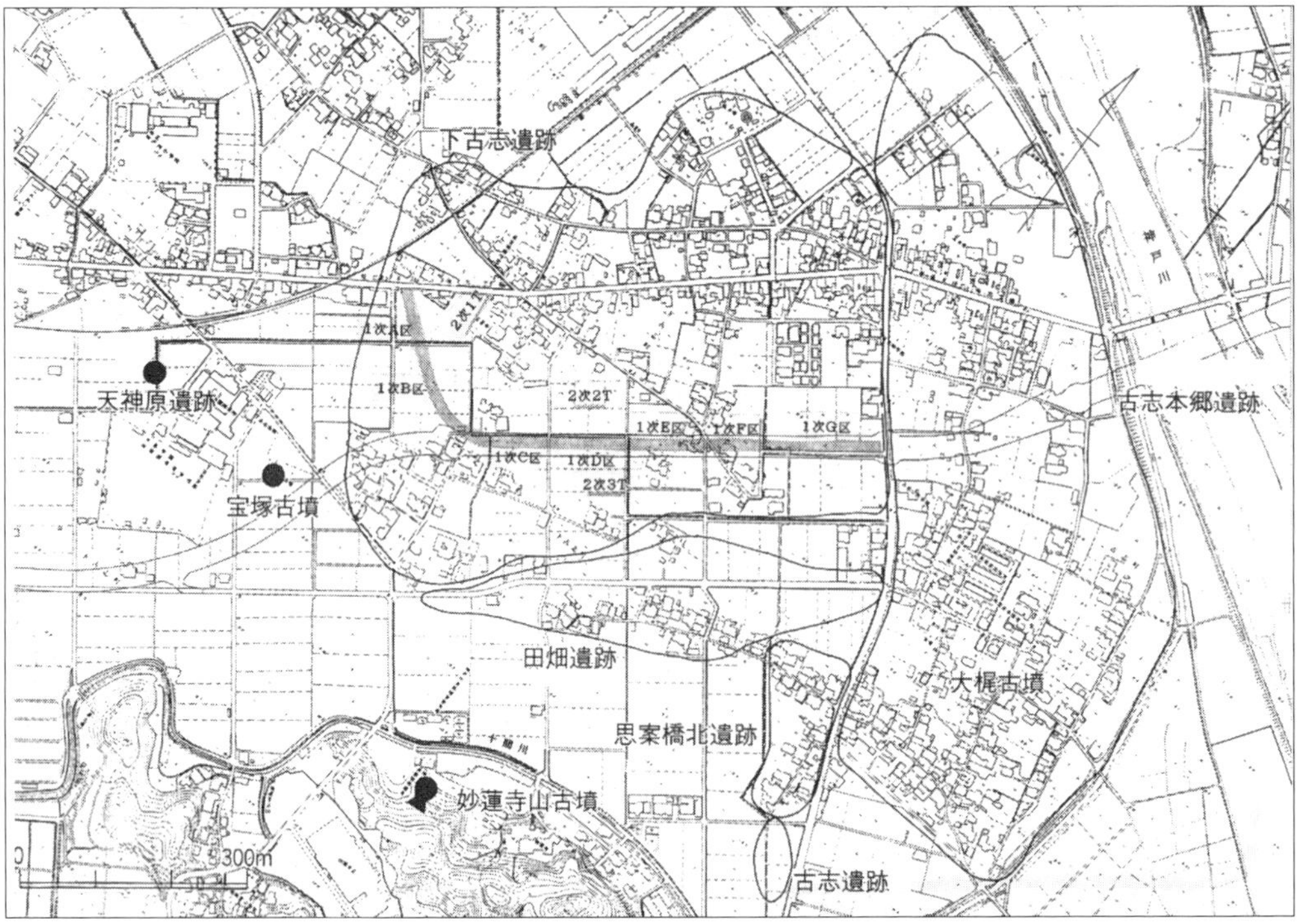

図2　下古志遺跡と周辺遺跡

トル長、幅五メートルのトレンチ状の発掘調査が行われた。その結果、下古志遺跡と同様弥生時代の大きな溝状遺構が下古志遺跡方向へ何条も延びていることが判明した。そのため田畑遺跡と下古志遺跡は大規模な同じ集落となる可能性がかなり高いが、現段階では面的な調査が進んでいないため、積極的に同一遺跡ととらえることは避けておく。

●

下古志遺跡は、弥生時代の遺構配置の検討により、三期（1期—弥生時代中期後葉、2期—弥生時代後期初頭～後葉、3期—弥生時代終末～古墳時代初頭）に遺構の継続する時期が分かれることを指摘してきた。各期それぞれに掘立柱建物跡は検出されているが、時期ごとにその特徴を違えている。

以下は、各期ごとの概要を記する。

1　1期（弥生時代中期後葉）

1期は下古志遺跡の中央部から北東にかけてのC区からG区西側で遺構が集中している。大溝以外の遺構から出土する土器は、白枝2、3期（白枝1期新相の土器破片がDSD05〈遺構名の最初のアルファベットは一次調査の区をさす〉から一点出土）のものがほとんどで、後期初頭からあとへ継続するものは少ない。

C区からG区西端四〇〇メートルの範囲に環濠状の大溝4条（DSD05・D大溝・ESD04・ESD13）が環濠帯を形成し、その両側に遺構が構築されている。環濠帯の両側には墓域が形成され、その両外側に居住域を確保する。DSD06に囲まれた西側の墓域（円形周溝墓状を呈する）のさらに西側には竪穴住居一棟CSI01とピットの集中箇所、集水施設CSK18と焼成土坑CSK19と土壙墓CSK09が各一基ずつ検出されている。東側の墓域のさらに東には区画溝を伴う掘立柱建物二棟GSB04・GSB05、貯蔵穴GP2649と井戸GSK02と土壙墓GSK03とが一基ずつ検出されている。1期に検出された掘立柱建物は縦列するGSB04とGSB05のみで、ともに約六・八平方メートルの小型の建物である。接するように貯蔵穴が存

写真1　西からみた下古志遺跡（調査地はA・B区）

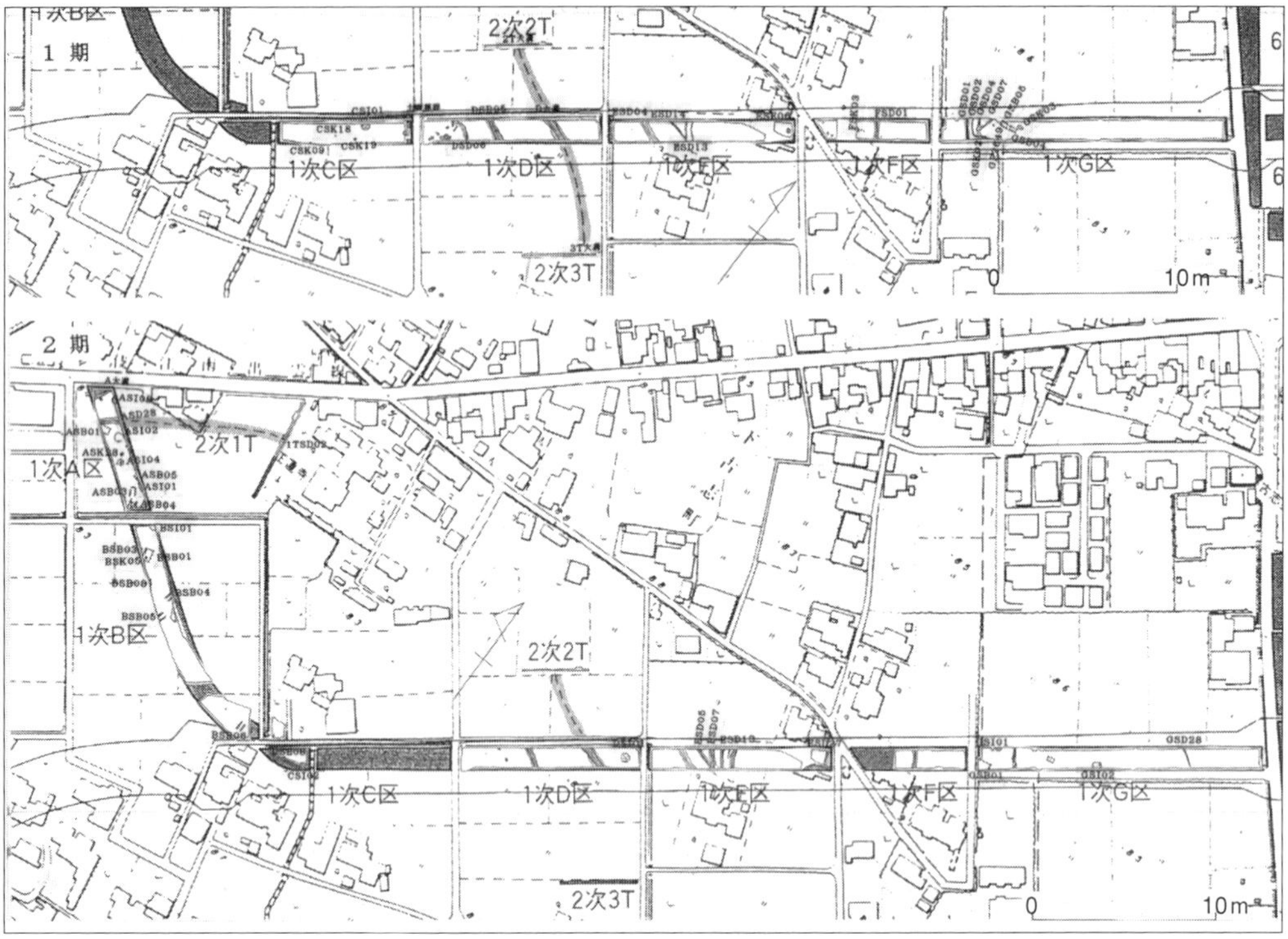

図 3　1 期・2 期の遺構配置図

写真 3　1 期～ 2 期：GSB04

写真 4　1 期：GSB05

写真 2　1 期：GSB04・GSB05

在するため、この二棟は住居と考えられる。

東西二ヵ所の遺構集中箇所はそれぞれ居住域の可能性が高いが、中心は調査区外にあると思われる。遺構数のわりには、大溝などの遺構から出土する遺物の量が多く、このことからも中心は近辺にあると考えられる。

また1期には、搬入土器（須玖式土器・塩町式土器）および分銅形土製品などが出土しており、単なる一村とは考えられない要素を有している。

2　2期（弥生時代後期初頭～後葉）

2期は下古志遺跡内にもっとも広範囲に遺構がひろがる時期である。A・B区を中心に遺構が集中し、1期で集中していたF・G区にも遺構が残存する。大溝以外の遺構から出土する土器は、白枝4～6期のものがほとんどで、後期内に収まる。

2期の初現は中期末からで、後期へと遺構が継続している。1期では構築されていないA・B区へ遺構が構築されはじめ、拡張期であるかのような集落の広がりをみることができる。

新たにA区の北西端に環濠状の大溝2条A大溝・ASD28が構築される。ASD28は1TSD02（1Tは二次調査のトレンチ名）とつながりDSD05へと連続することが想定され、いわゆる内濠と考えられる。

写真5　2～3期：ASB01

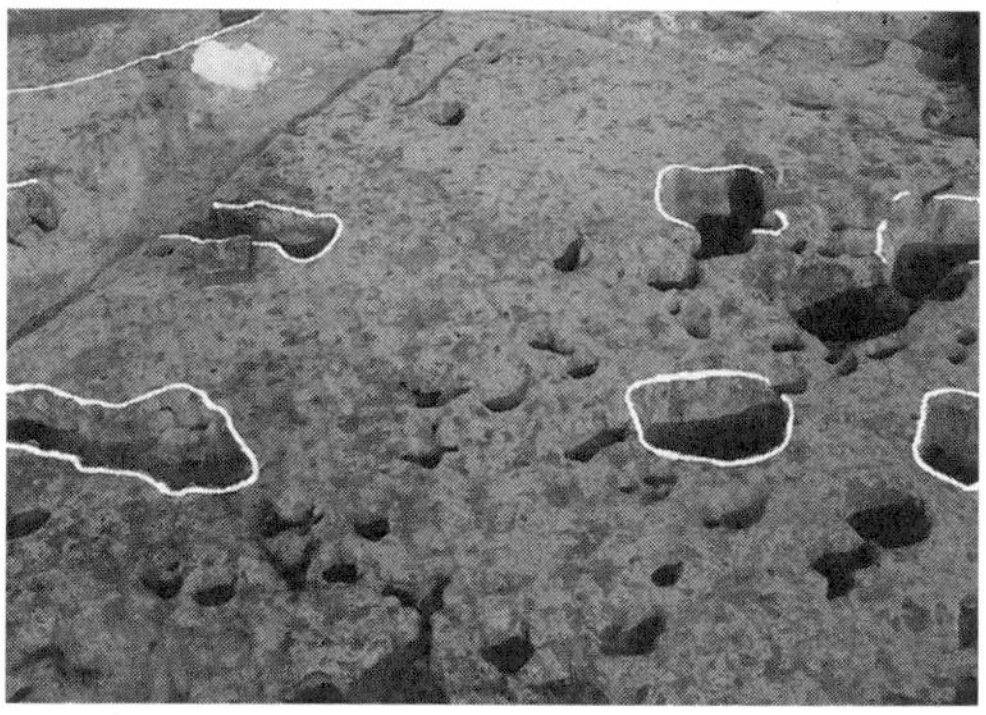

写真6　2期：ASB03・ASB04

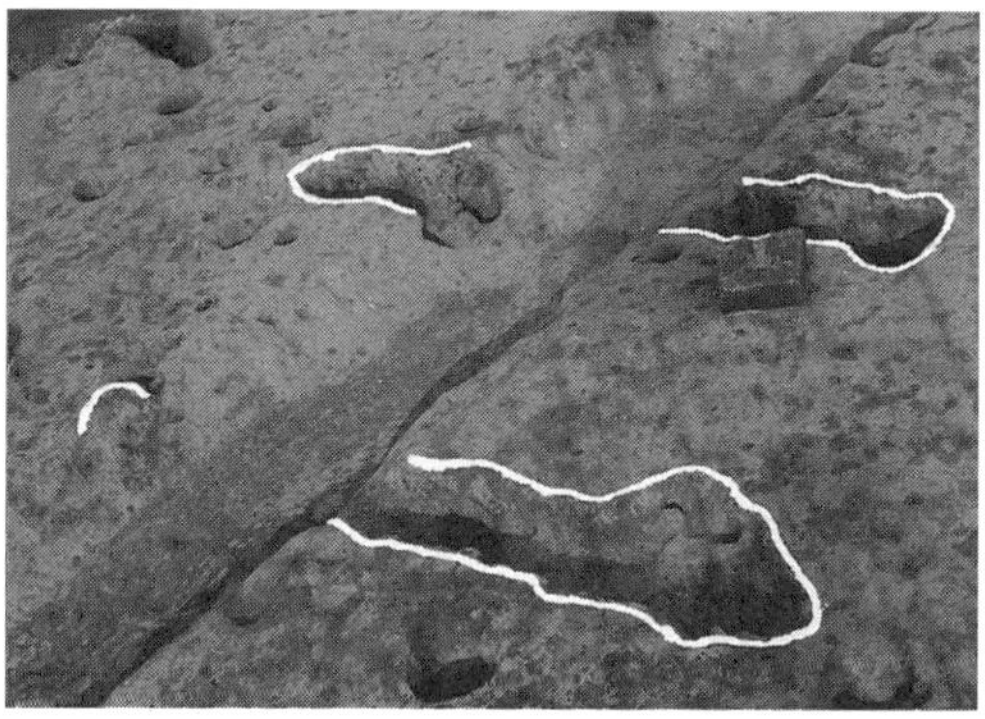

写真7　2期：ASB03

写真8　2期：ASB04

A区の環濠内を中心に住居が多く築かれている。竪穴住居が六棟ASI01～04・BSI01・CSI02、掘立柱建物が四棟ASB01・04・05・BSB01、布掘り状の掘立柱建物が六棟ASB03・BSB03～06・08で、その面積は二五平方メートル以下のもので構成され、現時点では大型の建物（面積五〇平方メートル以上）は確認されていない。またその配置には、A区に竪穴住居が、B区に布掘り状の掘立柱建物が若干偏る傾向を示すが、竪穴住居と掘立柱建物などが関連性を示すことなく、ランダムに配置されているように見受けられる。また、現状で完結すると考えられるASB04は中央ピットを有し大型長方形柱穴で構成される掘立柱建物であり、布掘り状の掘立柱建物ASB03とセットをなすと考えられる配置状況を呈している。

写真9　2期：BSB01

写真10　2期：BSB03

写真11　2期：BSB04・BSB05

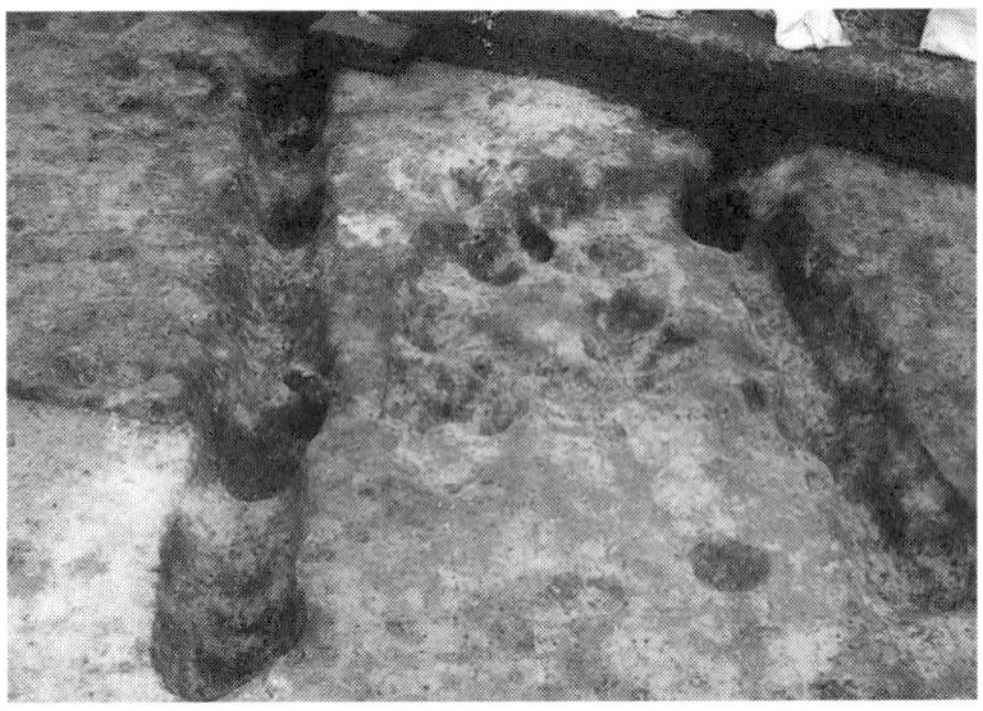
写真12　2期：BSB04

写真13　2～3期：BSB05

写真14　2期：BSB06

A区の環濠帯には竪穴住居一棟ASI03と土坑一基が、D・E区の環濠帯には竪穴住居一棟DSI01が構築されている。

そのD・E区の環濠帯の北東側にも若干の遺構が築かれている。区画溝GSD04・28を伴う竪穴住居二棟GSI01・02、掘立柱建物二棟GSB01・04であるが、A区からC区にかけて遺構が密集して居住域を形成しているのと比較すると、1期から住み着いていた人々がこの地に分村として留まった状況がうかがわれる。

また2期には、外部との接触を思わせる遺物は出土しておらず、地域性の強い時期と言えよう。

3　3期（弥生時代終末～古墳時代初頭）

3期は下古志遺跡弥生集落の最終段階である。2期の遺構集中箇所を踏襲しながらも、1～2期に遺構を検出していたF・G区からは遺構が完全に姿を消し、下古志遺跡西部に遺構が形成される。大

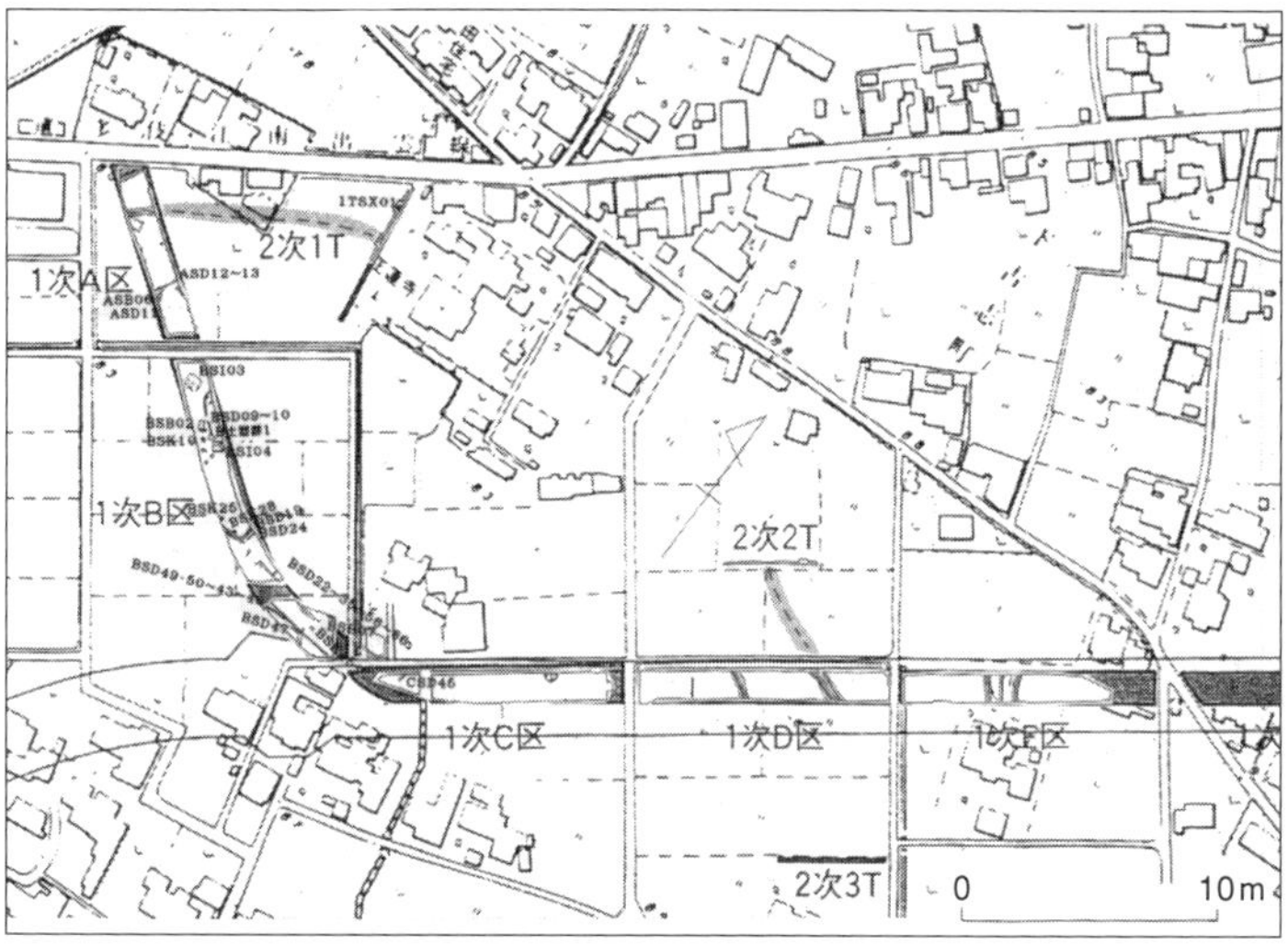

図4　3期の遺構配置図

写真15　2期：BSB08

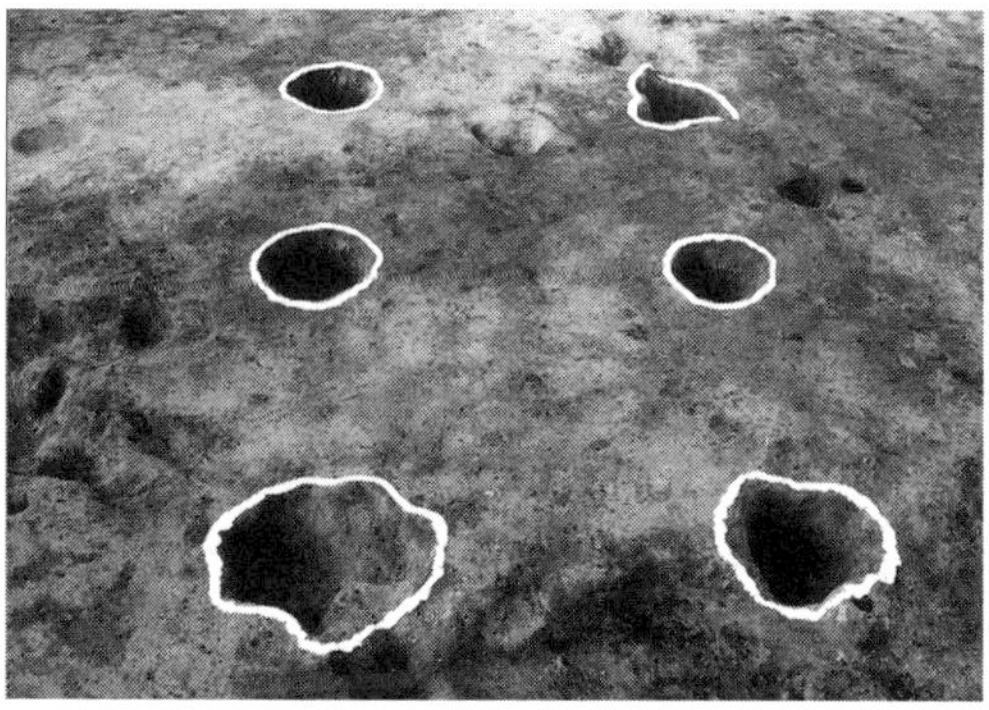

写真17　3期：BSB02

写真16　2期：GSB01

表1　土器編年対応表

中期中葉	中期後葉		後期前葉	後期中葉	後期後葉	終末期		古墳初頭	古墳前期
白枝1期	白枝2期	白枝3期	白枝4期	白枝5期	白枝6期	白枝7期	白枝8期	白枝9期	
松本Ⅲ	松本Ⅳ-1	松本Ⅳ-2	草田1期	草田2期	草田3期	草田4期	草田5期	草田6期	草田7期

溝以外の遺構から出土する土器は、白枝7～草田7期のもので、白枝7・8期から新たに遺構を構築し、白枝9期に安定するにもかかわらず、遅くとも草田7期段階で完全に下古志遺跡は廃棄されている。

3期は2期で形成された居住域をほぼ踏襲しており、A区環濠帯からD・E区環濠帯の内濠であるASD28～1TSD02～DSD05の内側に遺構が形成され、D・E区環濠帯の北東側では遺構が廃絶される。よって、下古志遺跡で初めて環濠集落の様相を呈すこととなる。

居住域は2期のそれとは若干移動し、A区からB区内に中心を移したようである。小規模な溝状遺構で区画された様相を呈しており、L字状に屈曲するBSD09～10

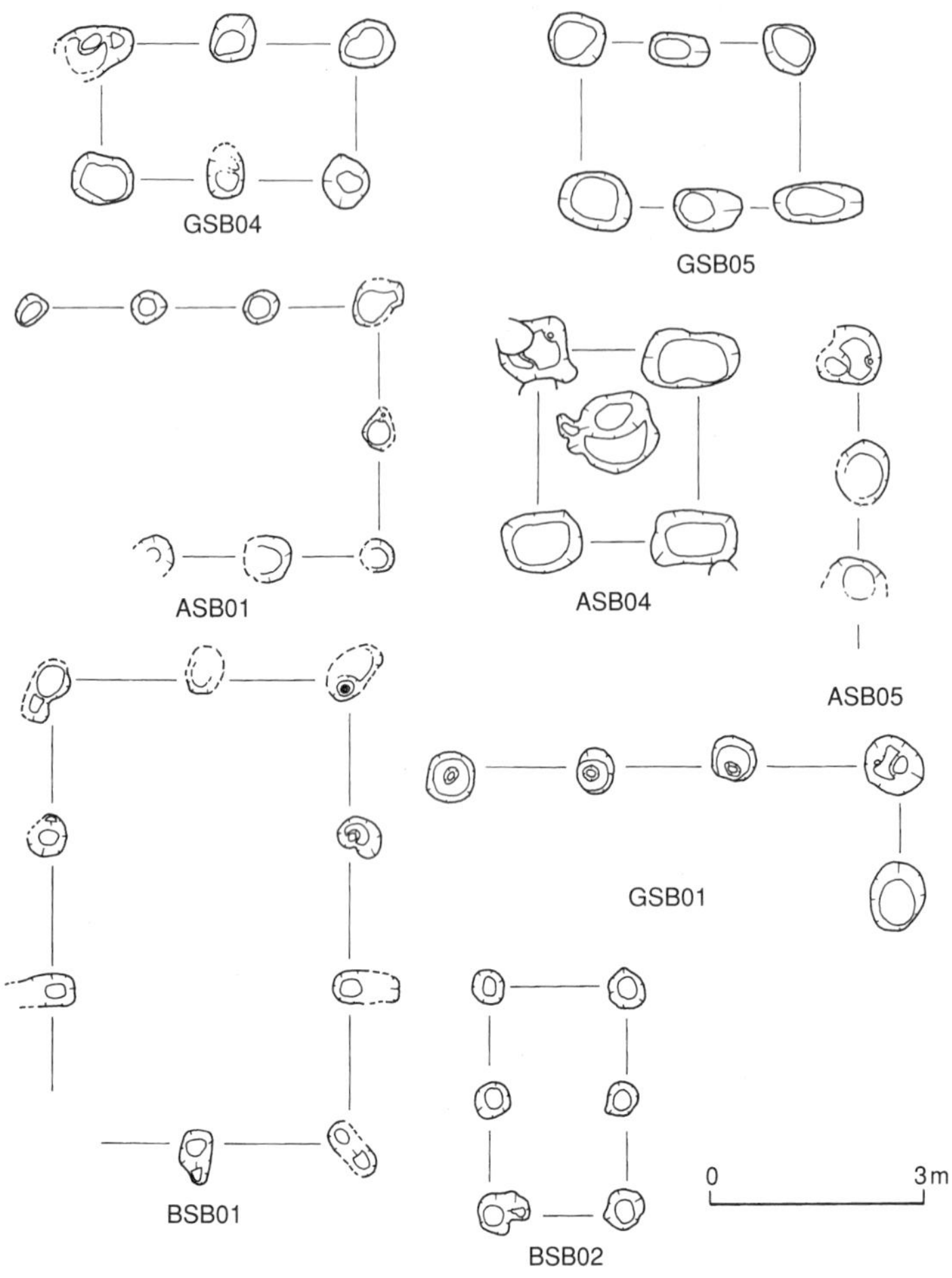

図5　下古志遺跡の掘立柱建物

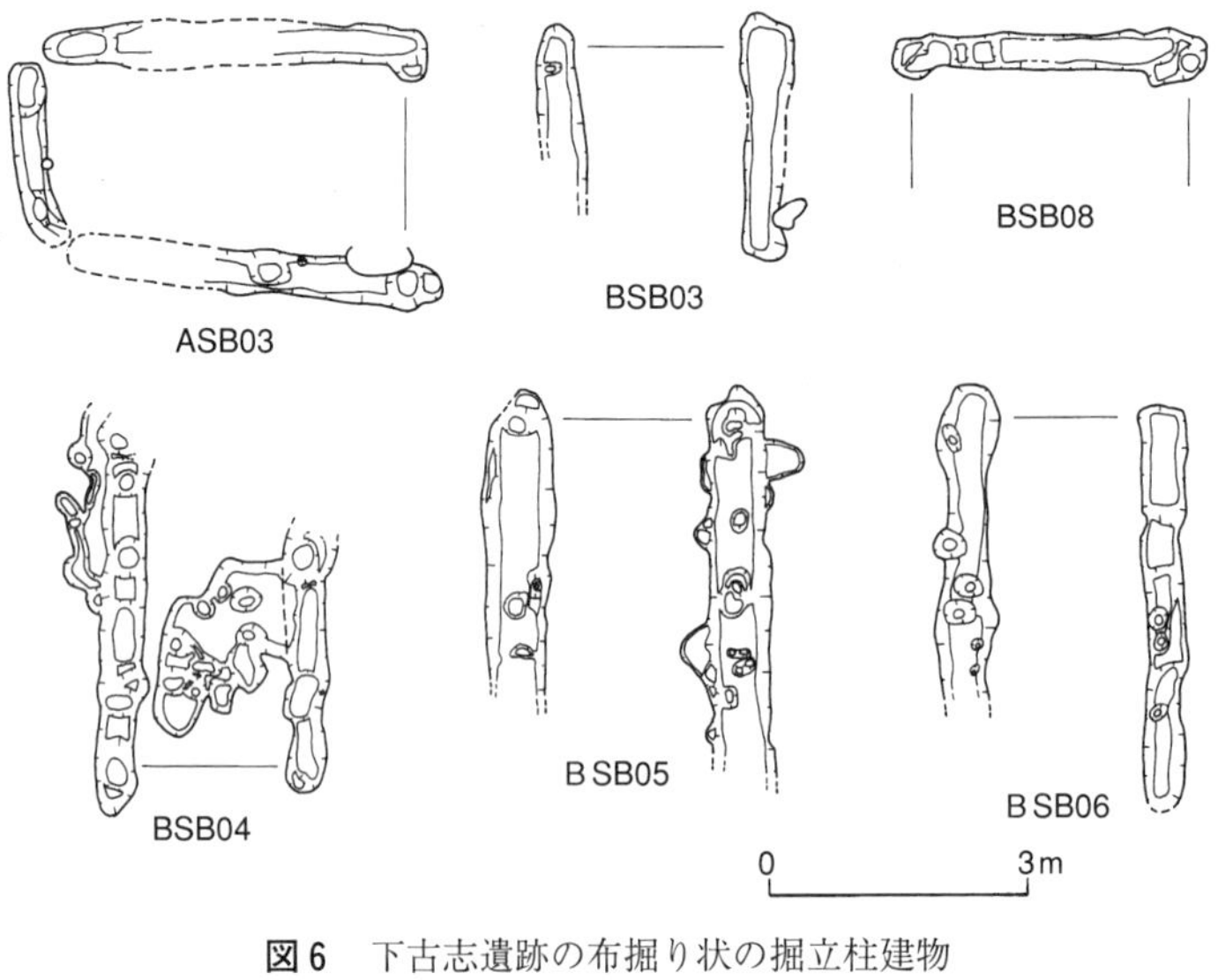

図6　下古志遺跡の布掘り状の掘立柱建物

はその内部を外部と区画するための溝と考えられ、BSD19もL字状に屈曲する溝状遺構で、BSD22～35～56～66とBSD49・50～43～40は道路状遺構の側溝とも考えられる。

これより、3期は前期に比較すると計画性をもった村造りが行われたことが想像される。

また、布掘り状の掘立柱建物は消え、掘立柱建物だけが残る。竪穴住居と掘立柱建物は面積二〇平方メートル以下のもので構成され、2期の

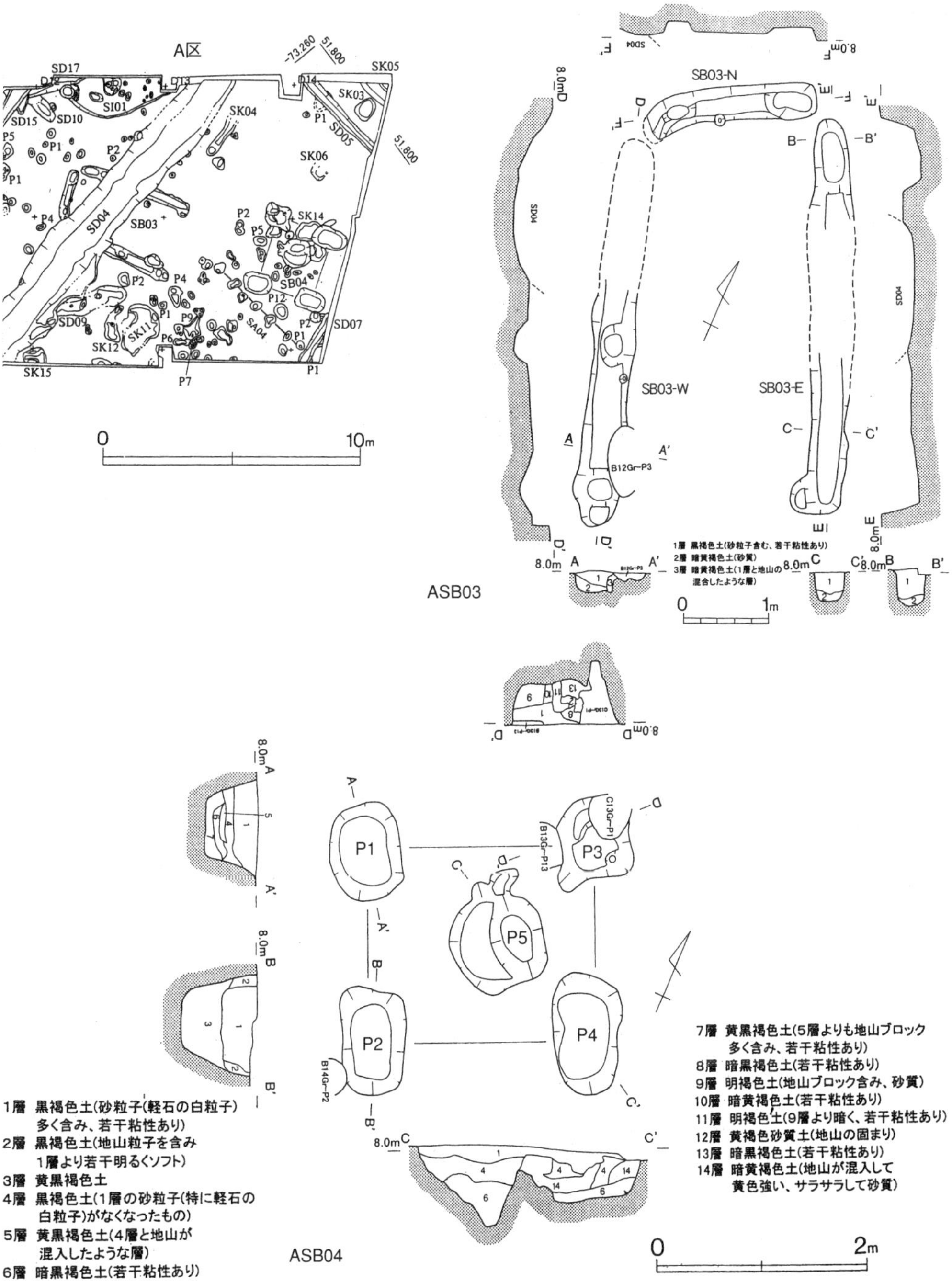

図7　ASB03・ASB04遺構図

ものより小型化している。その配置は、2期と同様ランダムに配置されているように見受けられる。

●

以上のように、下古志遺跡は弥生時代中期後葉から古墳時代初頭にかけて連綿と集落が継続しているが、D・E区に位置する環濠帯を軸に居住域が三期にかけて移動している様相がわかった。

これらの環濠状の大溝からの出土遺物はほとんどが土器であり、外敵から身を守るような鏃・つぶて石などの遺物の出土はみられなかった。これにより下古志遺跡における環濠は、土塁を築いていた可能性もあるが、当該集落（村）を他の集落と区画する大きな意味での区画溝、あるいは低地に所在するために築かれた排水用の溝、またESD13のように、幅七～八メートルも測る箱掘り状のもので一部に丸木舟程度の舟置き場のようなステップをもち運河のような様相を呈する溝もある。また環濠とはしているが、集落を囲繞していると現在みられるのは内濠ととらえられるASD28～1TSD02～DSD05のみで、これでも遺跡南東側では連続するかどうかは未確認で、囲繞しているかは現時点でも不明である。自然河道（低湿地）を利用してつながっている可能性も考えられる。

下古志遺跡では、居住域と中期には集落内に墓域をもつことは確認できた。後期になると集落内に墓域がみられず、居住域から隔離した未調査地に存在する可能性が高い。集落に付随する墓域は、中期には居住域に取り込まれているが、後期になるとある程度居住域から隔離されるようになり、墳丘墓として確立していくと思われる。居住域と墓域の関係においては、時期的なものと、そこには集落内の身分の格差が徐々に整い、埋葬形態に差異が生じてきたと考えられる。

しかし、集落を維持していくための生産の場である遺構・遺物は検出されていない。それらが下古志遺跡の未調査域に存在するのか、周辺の古志本郷遺跡・田畑遺跡などに依存または共用しているため、下古志遺跡では検出されなかったのかは、今後の調査を待たなければならない。

出雲平野では、低地に立地する弥生時代から続く集落である古志本郷遺跡・天神遺跡・小山遺跡・中野清水遺跡などで、古墳時代初頭に環濠と考えられる大溝に土器一括廃棄行為を行ったのちに集落を廃絶しており、下古志遺跡も同様古墳時代初頭に環濠に土器一括廃棄行為を行ったのちに集落を廃絶している。これらの廃棄行為が行われた一括土器には以前にはみられない器種が混在していることがわかっている。それは当該期に西日本一帯にひろまる布留系といわれる土器にみられる器種である。前記した四遺跡の土器は器種・器形は布留系のものであるが、胎土・焼成が在地の土器と同じものが多くみられ、搬入品のほか、当概地で製作されたものが多数を占めている。しかし、下古志遺跡の土器一括廃棄行為を行った環濠からは布留系の土器はみられず、みられるのはB区内のBSI03・BSI04・BSK25・BSD49からの出土にすぎない。しかしその中にあって、BSI04は在地の土器が他の三遺構より古い様相を呈しており、三遺構出土の布留系土器の胎土・焼成が前記した四遺跡と同様に在地の土器と遜色ない状況を呈しているのとは違い、BSI04出土のものは、胎土・焼成に違いをみせ、搬入品と考えられるが、搬入先は不明である。

表2　下古志遺跡掘立柱建物時期別一覧表

1　期

遺構名	継続期間	方　位	規　模	平面形態	断面形態
《住　居》 GSB04	中期後葉～後期前葉	N-80°-E	1間(1.8m)×2間(3.8m) 各柱穴:長径70~110cm 深さ31~48cm	各柱穴 不整円形 or 楕円形	
GSB05	中期後葉	N-84°-E	1間(2.2m)×2間(3.1m) 各柱穴:長径81~123cm 深さ46~52cm	各柱穴 不整円形 or 楕円形	

2　期

遺構名	継続期間	方　位	規　模	平面形態	断面形態
《住　居》 ASB01	後期(前半～古墳初頭)	N-84°-E	2間(3.8m)×2間(3.7m) 各柱穴:直径35~75cm 深さ20~40cm	各柱穴 円形 or 不整円形	
ASB03	後期初頭~中葉	N-34°-W	梁間2.7m 桁行き4.5m W:現存長2.8m 幅45~55cm 深さ25~40cm E:長さ4.45m 幅40~45cm 深さ35~45cm N:長さ2m 幅40cm 深さ10~15cm	布掘り	
ASB04	後期初頭~中葉	N-34°-W	1間(2.2m)×1間(2.6m) 各柱穴:長辺約1.1m 短辺約80cm 深さ50~90cm	各柱穴 長方形	
ASB05	後期中葉～終末期	N-73°-W	柱穴間1.5m 各柱穴:直径約80cm 深さ20~50cm	各柱穴 不整円形	
BSB01	後期中葉	N-12°-W	2間(4.2m)×3間(6.2m) 各柱穴:直径40~90cm 深さ24~50cm	各柱穴 長楕円形	
BSB03	後期前半	N-19°-W	梁間2.4m 桁行き2.4m W:現存長1.8m 幅30cm 深さ30cm E:長さ2.7m 幅30~60cm 深さ38cm	布掘り	
BSB04	後期前半	N-13°-E	梁間2.2m 桁行き3.8m以上 W:現存長4.5m 幅40~90cm 深さ22~45cm E:現存長3m 幅34~60cm 深さ22~45cm	布掘り	
BSB05	後期前葉	N-17°-E	梁間2.5m 桁行き4m以上 W:現存長3.4m 幅62~85cm 深さ35~40cm E:現存長4.4m 幅70~80cm 深さ30~44cm	布掘り	
BSB06	後期前葉	N-1°-E	梁間2.2m 桁行き4.1m W:現存長3.5m 幅40~70cm 深さ20~45cm E:長さ4.6m 幅40~50cm 深さ20~55cm	布掘り	
BSB08	中期末～後期前葉	N-48°-W	梁間1m以上桁行き3..2m E:長さ3.6m 幅35~60cm 深さ12~35cm	布掘り	
GSB01	後期前半	N-82°-E	1間(1.8m)×3間(6.3m)以上 各柱穴:直径54~94cm 深さ48~64cm	各柱穴 不整円形 or 楕円形	
GSB04					

3　期

遺構名	継続期間	方　位	規　模	平面形態	断面形態
《住　居》 ASB01	終末期～古墳初頭		2間(3.8m)×3間(4.8m)		
ASB05					
BSB02	終末期	N-28°-W	1間(1.9m)×2間(3.1m) 各柱穴:直径約50cm 深さ24~42cm	各柱穴 円形	

・「継続期間」は時期区分を表記。「～」は連続することを表し、「~」は遺物の出土量がわずかであり連続するか不連続かの不明なもの。
・「方位」は北を基準にする。
・「規模」は幅とのみ記してあるものは検出面幅である。
・先期から構築された遺構は概期の表には遺構名は明記するが、詳細は略す。
・布掘り状の規模欄の「W」は西に位置する側を指す。

これらは出雲平野での布留系土器の初現とみられ、ここから他遺跡に布留系土器が導入されたものと現時点では考えている。

　下古志遺跡の掘立柱建物は二五平方メートル以下の中型から小型のサイズのもので構成されているが、２期に特徴的な様相を呈している。建物を強化させると考えられている布掘りの掘立柱建物が２期の掘立柱建物の半数（調査区内において）を占めていること、五本柱と考えることも可能である建物が大型長方形の柱穴で構成されていること、である。布掘り状の掘立柱建物は２期にのみ存在し中核をなしている。ピットが列を成す形状のもの（掘立柱建物）と溝状の掘り込み二条がある程度の間隔を保って併走する形状のもの（布掘り状の掘立柱建物）とどのような性格の違いがあろうか。布掘り状の掘立柱建物の方が建物を強化させるといわれており、倉庫などの性格づけがなされている。しかし、当該期には竪穴住居九棟に対して掘立柱建物一二棟（うち布掘り状のもの六棟）が造られており、掘立柱建物の方が多い。低地に位置する当該集落は湿気が多く季節的に竪穴住居に住みづらくなる時期があり、掘立柱建物に移り住む人が増えるため、より強度の高い布掘り状の掘立柱建物の必要性が生じたのかもしれない。しかし２期のみにしか存在しないこと、また出雲平野の他の遺跡からは検出されないことを考慮すると、それ以外の理由が存在するものと思われる。また大型柱穴から構成されるＡＳＢ04は、その中心から五〇メートル内（調査区内に置いて）に建物が集中することを考慮すると、下古志遺跡の最盛期におけるシンボル的建物ではなかったかと想定される。あるいはＡＳＢ04の東側には現在水路が走っているが、この水路を造るときに東側が壊されたと想定し、元来はまだ東へ延びていたとすると中央ピットの存在は否定的となるが、各柱穴自体は大きいので他の掘立柱建物とは一線を引いた建物であることは否定できない。

参考文献

米田美江子「下古志遺跡の再検討—周辺集落との比較検討をとおして—」『島根考古学会誌』第20・21集、合併号島根考古学会、二〇〇四（主に当論文を参照に本文章を構成している）。

米田美江子「遺跡分布から見た出雲平野の形成史」『島根考古学会誌』第23集、島根考古学会、二〇〇六。

松本岩雄「出雲・隠岐」『弥生土器の様式と編年　山陰・山陽編』木耳社、一九九二。

表-3　下古志遺跡掘立柱建物消長表

<table>
<tr><th></th><th>中期後葉</th><th>中末</th><th>後期前葉</th><th>後期中葉</th><th>後期後葉</th><th>終末</th><th>古初</th></tr>
<tr><td>ASB01</td><td></td><td></td><td colspan="3">2間×2間</td><td colspan="2">2間×3間</td></tr>
<tr><td>ASB03</td><td></td><td></td><td colspan="2">布掘り</td><td></td><td></td><td></td></tr>
<tr><td>ASB04</td><td></td><td></td><td colspan="2">1間×1間</td><td></td><td></td><td></td></tr>
<tr><td>ASB05</td><td></td><td></td><td></td><td colspan="3">掘立</td><td></td></tr>
<tr><td>BSB01</td><td></td><td></td><td></td><td>2間×3間</td><td></td><td></td><td></td></tr>
<tr><td>BSB02</td><td></td><td></td><td></td><td></td><td></td><td>1×2間</td><td></td></tr>
<tr><td>BSB03</td><td></td><td></td><td colspan="2">布掘り</td><td></td><td></td><td></td></tr>
<tr><td>BSB04</td><td></td><td></td><td colspan="2">布掘り</td><td></td><td></td><td></td></tr>
<tr><td>BSB05</td><td></td><td></td><td>布掘り</td><td></td><td></td><td></td><td></td></tr>
<tr><td>BSB06</td><td></td><td></td><td>布掘り</td><td></td><td></td><td></td><td></td></tr>
<tr><td>BSB08</td><td></td><td colspan="2">布掘り</td><td></td><td></td><td></td><td></td></tr>
<tr><td>GSB01</td><td></td><td></td><td colspan="2">1間×3間 以上</td><td></td><td></td><td></td></tr>
<tr><td>GSB04</td><td colspan="3">1間×2間</td><td></td><td></td><td></td><td></td></tr>
<tr><td>GSB05</td><td colspan="2">1間×2間</td><td></td><td></td><td></td><td></td><td></td></tr>
</table>

赤澤秀則「南講武草田遺跡」『講武地区県営圃場整備事業発掘調査報告書5』鹿島町教育委員会、一九九二。

米田美江子「白枝荒神遺跡編年案」『市道松寄下小山線改良工事に伴う埋蔵文化財発掘調査報告書　白枝荒神遺跡』出雲市教育委員会、一九九七。

出雲市教育委員会『一般県道多伎江南出雲線改良工事に伴う埋蔵文化財発掘調査報告書　下古志遺跡―本編―』二〇〇一。

出雲市教育委員会「下古志遺跡―考察編―」『出雲市埋蔵文化財発掘調査報告書　第一二集』二〇〇二。

出雲市教育委員会『平成一一年度古志遺跡群範囲確認調査報告書　古志本郷遺跡　下古志遺跡』二〇〇二。

出雲市教育委員会『古志地区遺跡分布調査報告』一九九八。

出雲市教育委員会「古志公民館移転改築に伴う古志本郷遺跡発掘調査報告書」『出雲市埋蔵文化財発掘調査報告書　第四集』一九九四。

島根県教育委員会「古志本郷遺跡　Ⅰ～Ⅵ」『斐伊川放水路建設予定地内埋蔵文化財発掘調査報告書』二〇〇〇～二〇〇三。

出雲市教育委員会「田畑遺跡範囲確認発掘調査」『神門地区遺跡詳細分布調査報告書』一九八九。

出雲市教育委員会『市道浅柄古志線歩道設置工事に伴う埋蔵文化財発掘調査報告書　田畑遺跡』二〇〇〇。

出雲市教育委員会『出雲市駅付近連続立体交差事業地内　天神遺跡第7次発掘調査報告書』一九九七。

出雲市教育委員会『市道山陰本線北沿線設置予定地内埋蔵文化財発掘調査報告書　天神遺跡第10次発掘調査』二〇〇二。

出雲市教育委員会『平成一二年度市道四絡30号外1線道路改良工事に伴う小山遺跡第3地点発掘調査報告書（第3次発掘調査）』二〇〇二。

出雲市教育委員会『平成一二年度四絡幼稚園改築工事に伴う小山遺跡第3地点発掘調査報告書（第4次発掘調査）』二〇〇二。

内田律雄「中野清水遺跡」『一般国道九号出雲バイパス建設予定地内埋蔵文化財発掘調査報告書5』島根県教育委員会、二〇〇四。

久保田一郎「中野清水遺跡(2)」『一般国道九号出雲バイパス建設予定地内埋蔵文化財発掘調査報告書6』島根県教育委員会、二〇〇五。

角田徳幸「中野清水遺跡(3)」『一般国道九号出雲バイパス建設予定地内埋蔵文化財発掘調査報告書7』島根県教育委員会、二〇〇六。

第三節　島根県から出土した建築部材

中川　寧

本論では島根県から出土した弥生・古墳時代の建築材について概観し、それを通して当時の竪穴住居や掘立柱建物を考えるための資料を提供する。

島根県では一九七〇年代後半以降、西川津遺跡やタテチョウ遺跡など、多くの木製品を出土した遺跡がある。その中で松江市上小紋遺跡の報告書では、宮本長二郎氏が出土した建築材から建物の構造を復元している。上小紋遺跡の調査以降も島根県では木製品が出土した遺跡があるが、出土した建築材から建物構造を検討したものはこれが唯一の例である。なお、島根県では、富山県小矢部市のシンポジウム資料（『出土建築材資料集』）や県内出土の木製品の集成（『島根県における弥生時代・古墳時代の木製品集成』）があり、後者の中で建築部材について言及している。

縄文時代の埋没林が大田市や出雲市でみつかっているほか、縄文時代の木製品には丸木舟や櫂、杭があるが、建築材は現在までみつかっていない。

弥生時代前期〜中期の建築材として、松江市西川津遺跡の河川堆積層から出土した資料がある。これには**図1**-1、2のように頂部が二股になる材や3〜7、16、17の貫穴のある材がある。1、2は竪穴住居の柱、3〜7は掘立柱建物の柱材と考えられる。貫穴の寸法は縦横比が二：一に近く、後述する**図9**-4のような角材が入る可能性がある。3〜5は現長が三メートル以上で貫穴から頂部まで二メートル以上あることから、高床建物の柱と考えられる。8〜12は垂木と考えられるが、このうち8、9は両端に取っ手状の加工がある。加工が丁寧であることから、「棚」のような、建物内部の施設材の可能性がある。同様のものに**図9**-15、16がある。13、14は頂部がY字状になる。土坑ＳＫ01の上部構造材と考えられている。15は梯子である。15〜17の樹種はスギである。

弥生中期の出土建築材として、出雲市の海上遺跡を挙げる。**図2**-1は長い板材の一端がひろがり、方形の穴

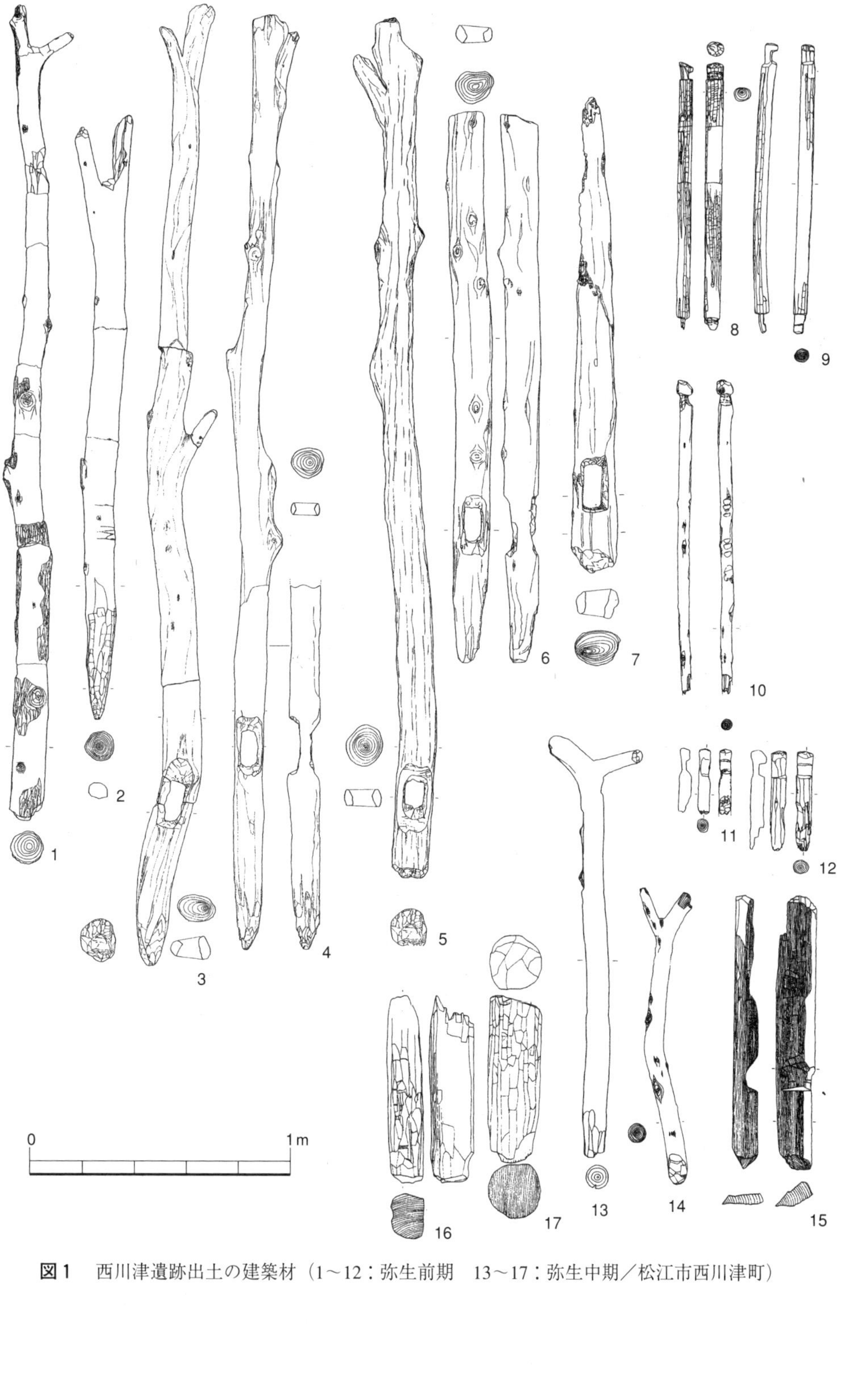

図１　西川津遺跡出土の建築材（1〜12：弥生前期　13〜17：弥生中期／松江市西川津町）

がある。高床建物の台輪の可能性がある。図2-2は径約一五センチの円形の穴がある。通柱式高床建物の床材の可能性がある。3、4、25は報告書では断定していないが、材に厚さがあるので床材の可能性が考えられる。5は垂木の可能性がある。23、24は角柱で、頭部を円形に加工している。7、8、10～15、29は板材で短辺側に小さな穴が施されている。床材と比べると、厚さが比較的薄いこと、14のよ

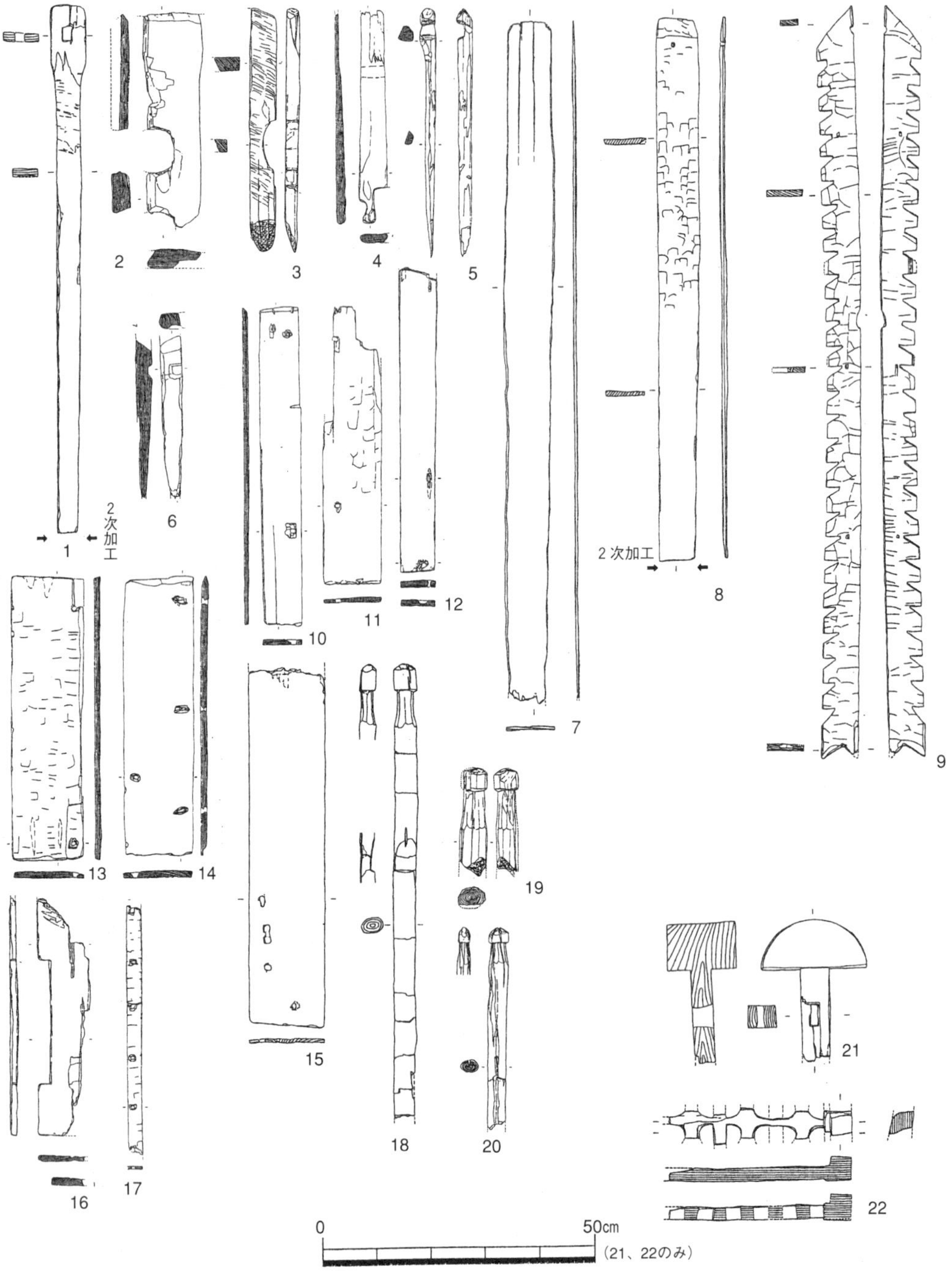

図2　海上遺跡出土の建築材（弥生中期中葉～後期初頭／出雲市塩冶町）

うに壁同士を接合するときの穴と考えられるものがあることから、壁材と考えた。また、9、22のように装飾のある材も出土している。とくに9は長さ三メートル近い一端を鋸歯状に加工した材であり、報告書では破風板の可能性を指摘している。22のように装飾的な文様をもつものもある。21のような大型の木栓は掘立柱建物に使われたと考えられる。

弥生時代後期から古墳時代前期については資料が増える。松江市上小紋遺跡で出土した材は、集水遺構に転用されているが、宮本長二郎氏によると、横板壁落込の溝をもつ円柱材**図4**-58や62が出土したことから、高床建築を復元して大引貫式に相当するとしている。ほかには角柱材や桁材66が出土しており、復元した建物を**図4**の右下に載せている（宮本　一九九七、一七七頁）。62は側面に幅約二センチの溝がある。溝が柱にあることから、壁板を落とし込む部分であると考えられる。

松江市にある田中谷遺跡からは、**図5**-1のように断面が半円形で中ほどに欠き込みがある。この部分の形が**図3**-23に似ており、高床建物の柱材の可能性がある（宮本　二〇〇七、二〇頁）。また、松江市鹿島町稗田遺跡では、**図5**-2のような扉のまぐさ材が出土している。軸受けの穴が一ヵ所なので片扉と考えられ

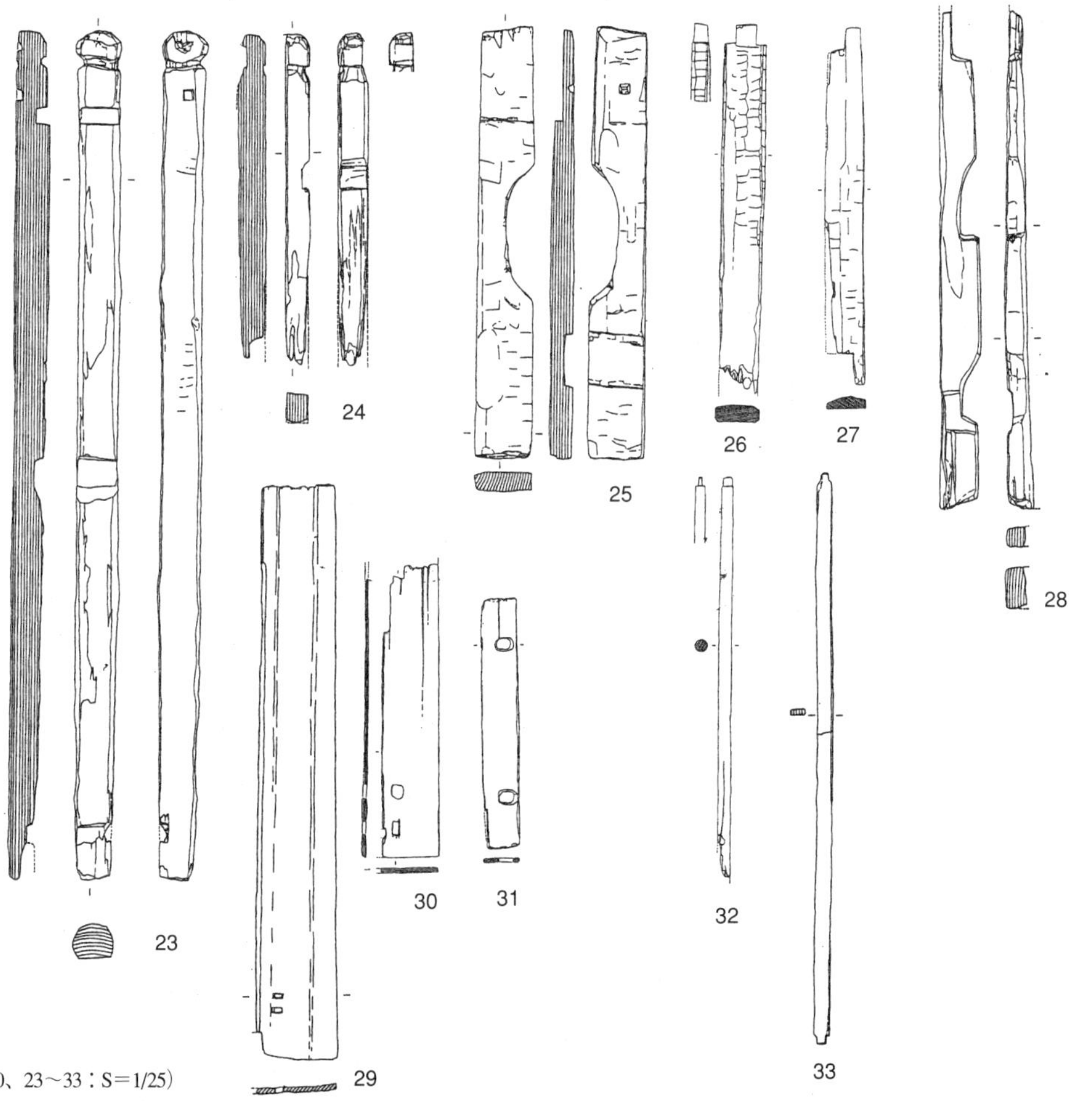

(1～20、23～33：S＝1/25)

図3　海上遺跡出土の建築材（弥生後期／出雲市塩冶町）

る。また、5のように、片側に鋸歯状の加工する材も出土している。これが建築材かどうか疑問もあるが、他の遺跡からも出土している（**図7-31**、**図8-6**）。**図5-7**は円形の板材の中央に円形の穴が開いている。厚みがあることから鼠返しの可能性がある。なお、山陰ではこのほかに類例を確認できていない。鼠返しが組み合わせ式のような、他の地域とは異なる形であった可能性が強い(1)。

図6、**7**は出雲市大社町の五反配遺跡の建築材である。多数の建築部材が水田構築材や畦畔に転用されていた。**図6-1**、2は高床建物の造り出し柱の床の部分と考えられる。4～8は他の材に比べて厚みをもつので床材と判断した。9～15は水平構造材で、

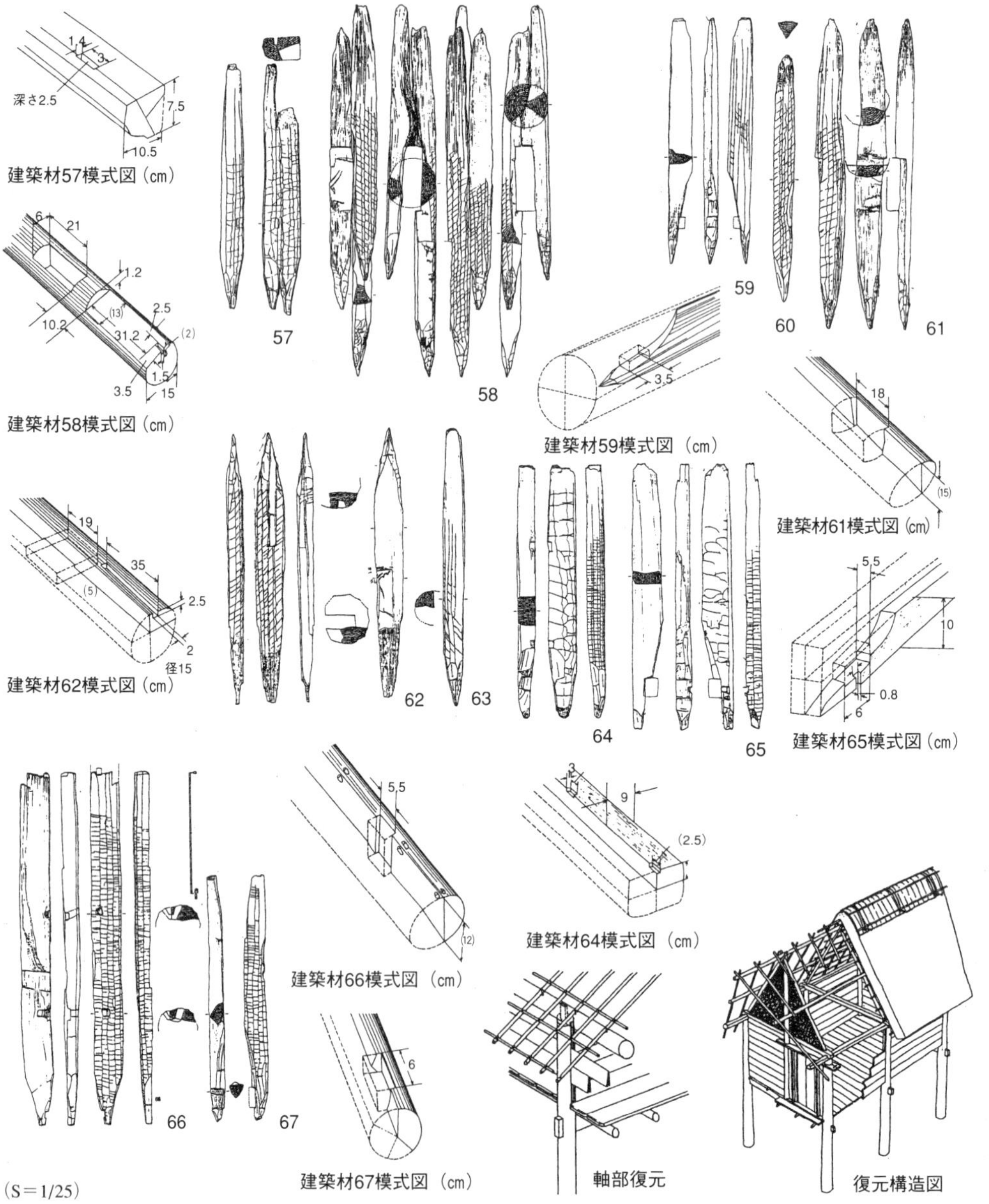

58～63：円柱材　57・64：角柱材？　65・66：桁材

図4　上小紋遺跡出土の建築材と復元（弥生後期／松江市竹矢町）

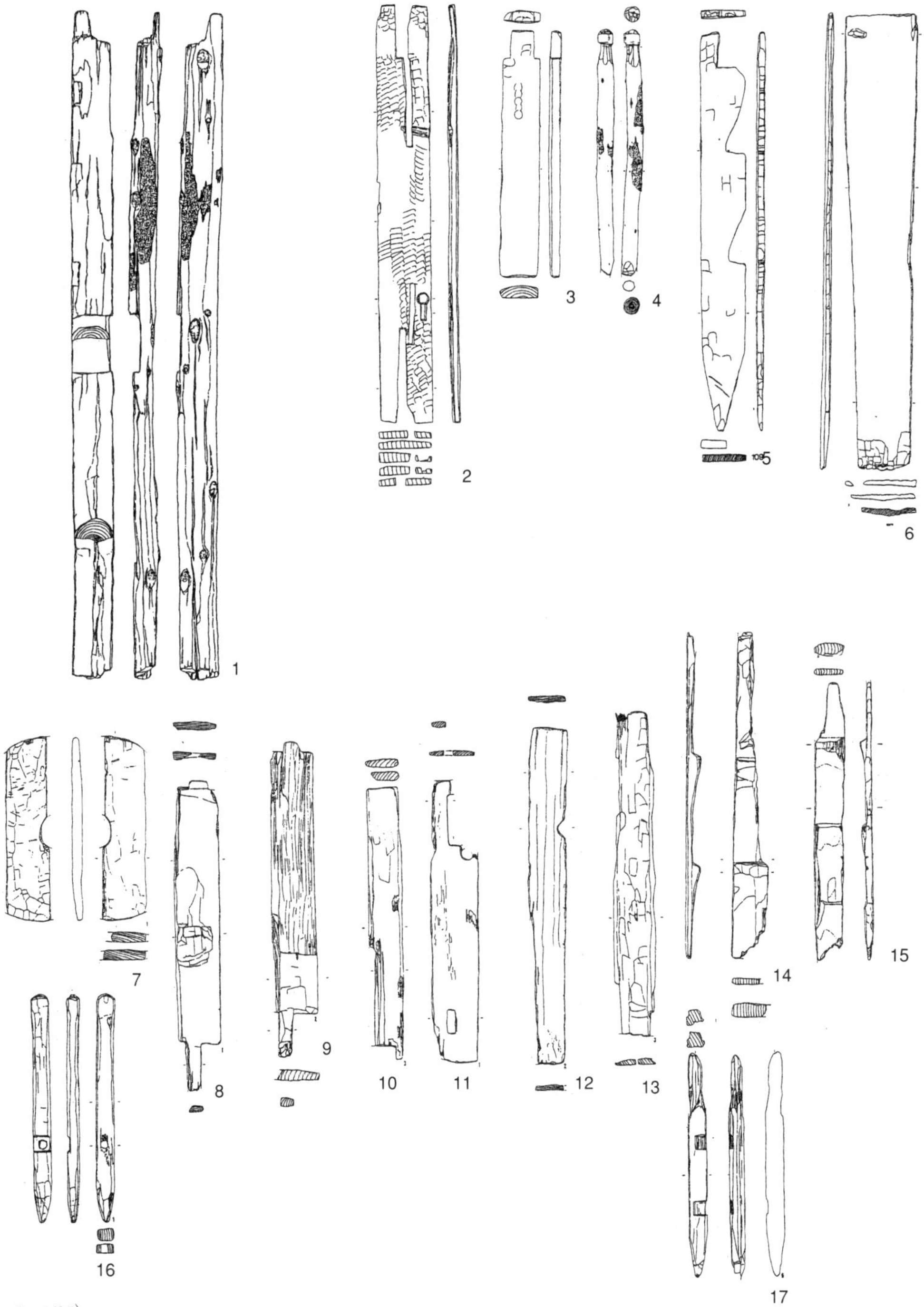

S＝1/25）

1：田中谷遺跡　2〜6：稗田遺跡　7〜17：古八幡付近遺跡

図５　田中谷遺跡（弥生後期／松江市法吉町）・稗田遺跡（弥生後期／松江市鹿島町）・古八幡付近遺跡（弥生後期〜古墳前期／江津市敬川町）出土の建築材

寸法は約一七〇センチ前後のものと、9のように約二五〇センチあるものがある。9は両端付近にコ字状の切り欠きがある。切り欠き同士の間隔が約二・一メートルあり、厚みが約九センチあることから、根太または床梁の可能性がある。13〜15は長さ一メートル程度である。24は断面が三角形であり、三角形の内側の面には加工痕を残す。内側が丁寧に加工されているので、建築部材ではない可能性があ

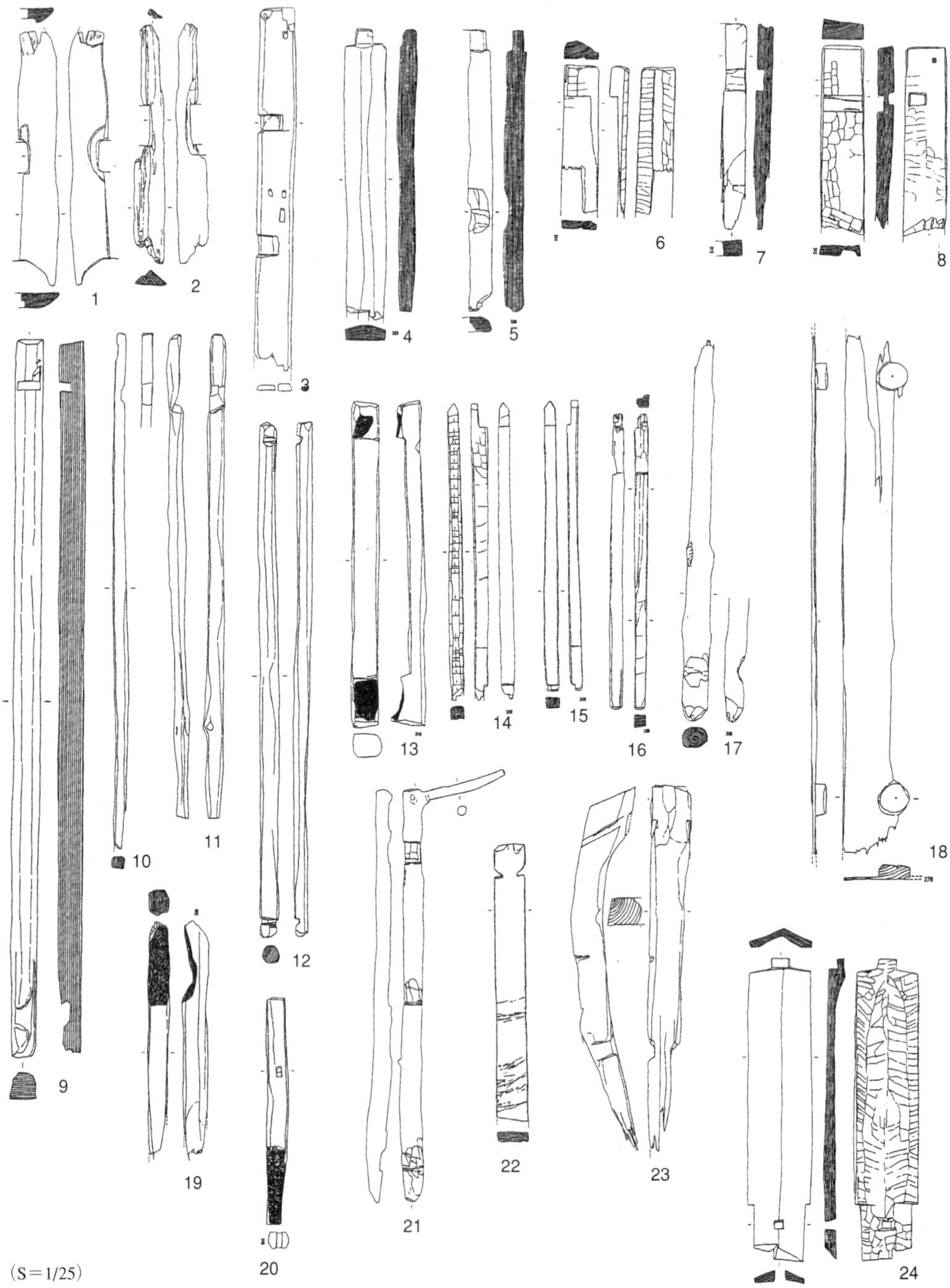

図6　五反配遺跡出土の建築材（弥生後期〜古墳前期／出雲市大社町）

る。図7はホゾ穴のある部材を集めたものである。この中には建築材のほかに施設材や器具材が入っている可能性もあるが、参考のために掲載した。このうち33～40は壁材の可能性がある。41、42は梯子である[2]。図8、9は古墳時代中期・後期の資料である。図8-1は報告書では「梯子」として復元しているが、実物を観察すると梯子の段に相当する部分の盛り上がりが弱い。さらに広葉樹であること

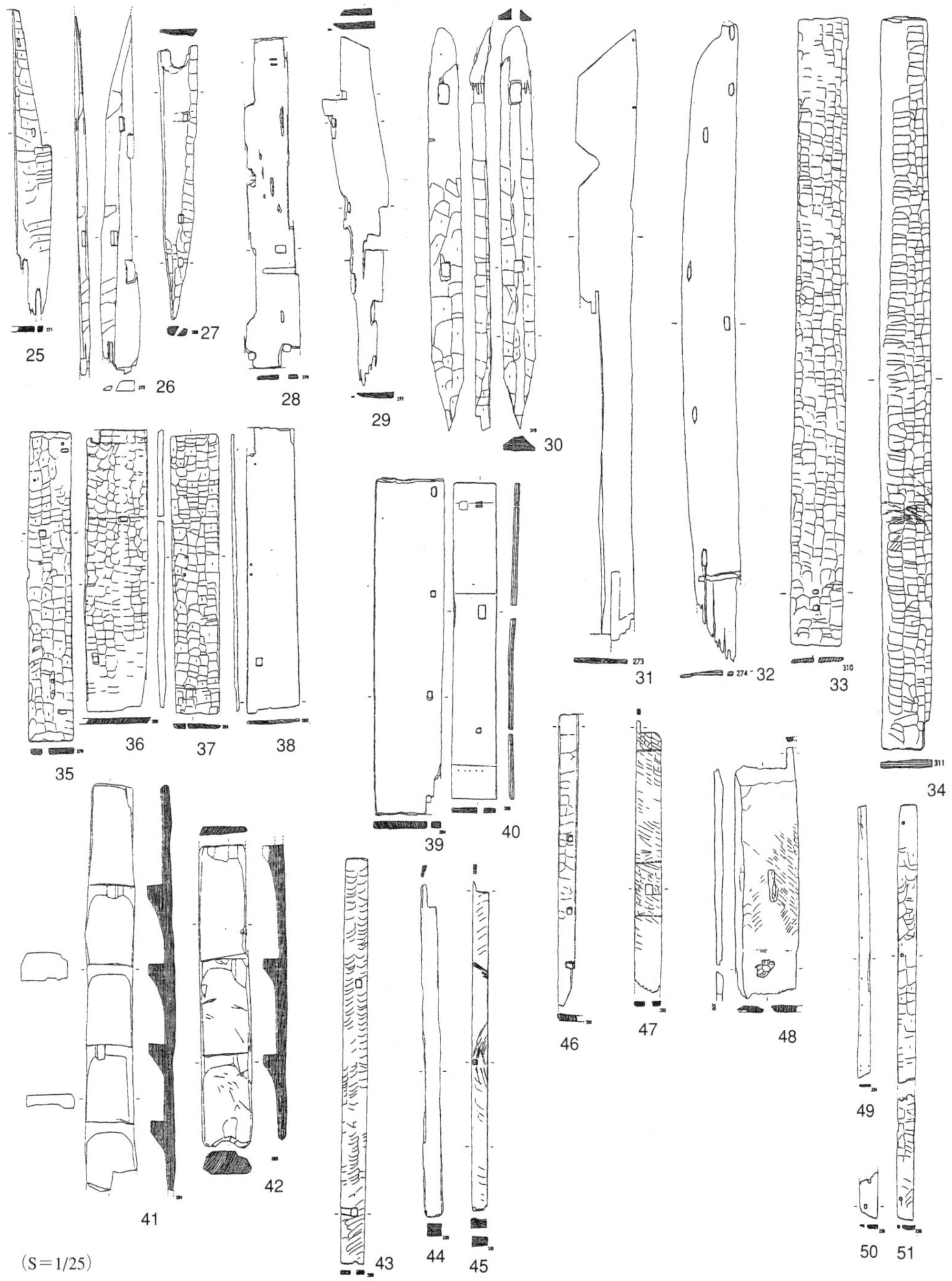

図7　五反配遺跡出土の建築材（弥生後期～古墳前期／出雲市大社町）

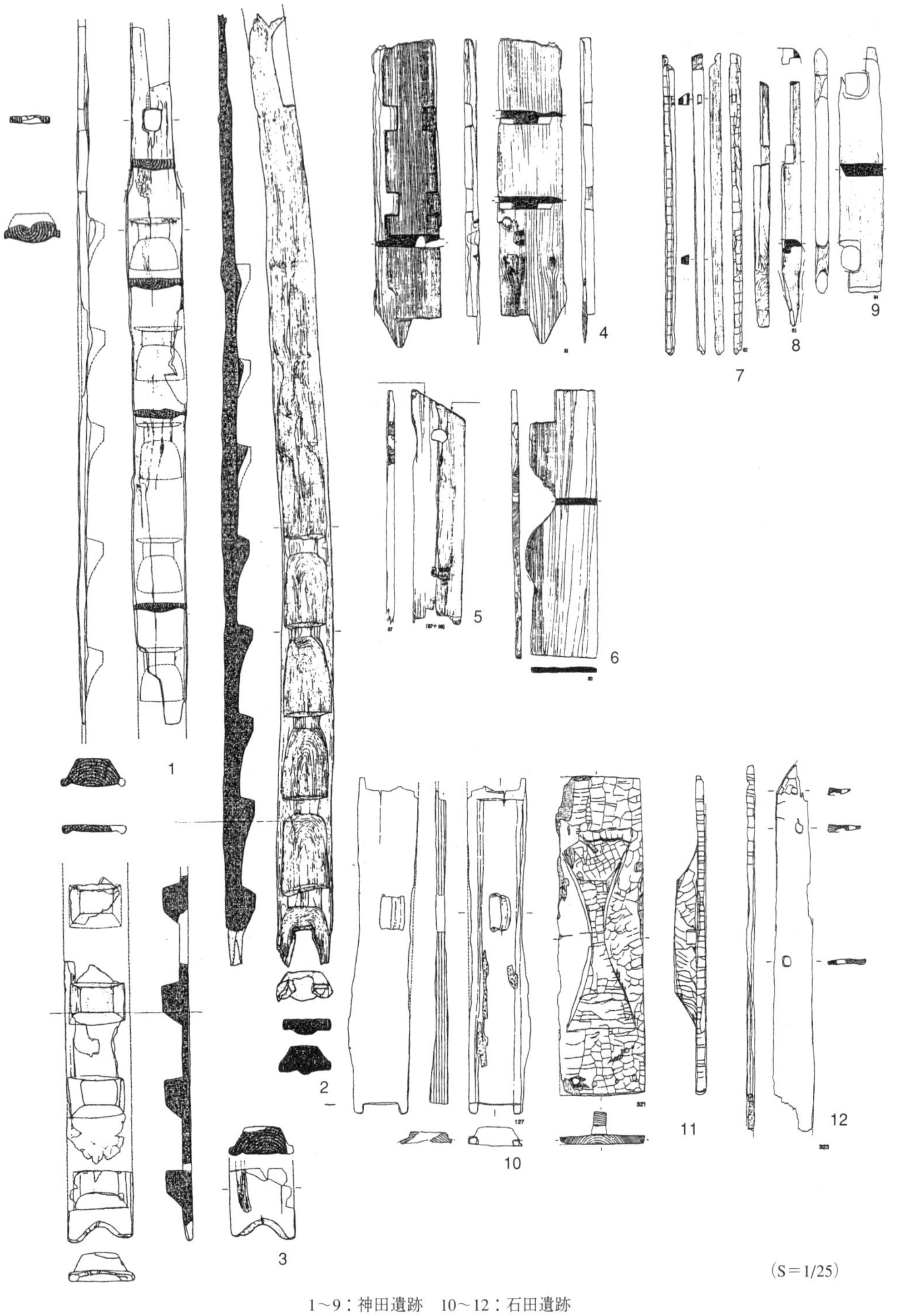

1～9：神田遺跡　10～12：石田遺跡

図8　神田（かんでん）遺跡（古墳中期／松江市竹矢町）・石田遺跡（古墳中期／松江市浜佐田町）出土の建築材

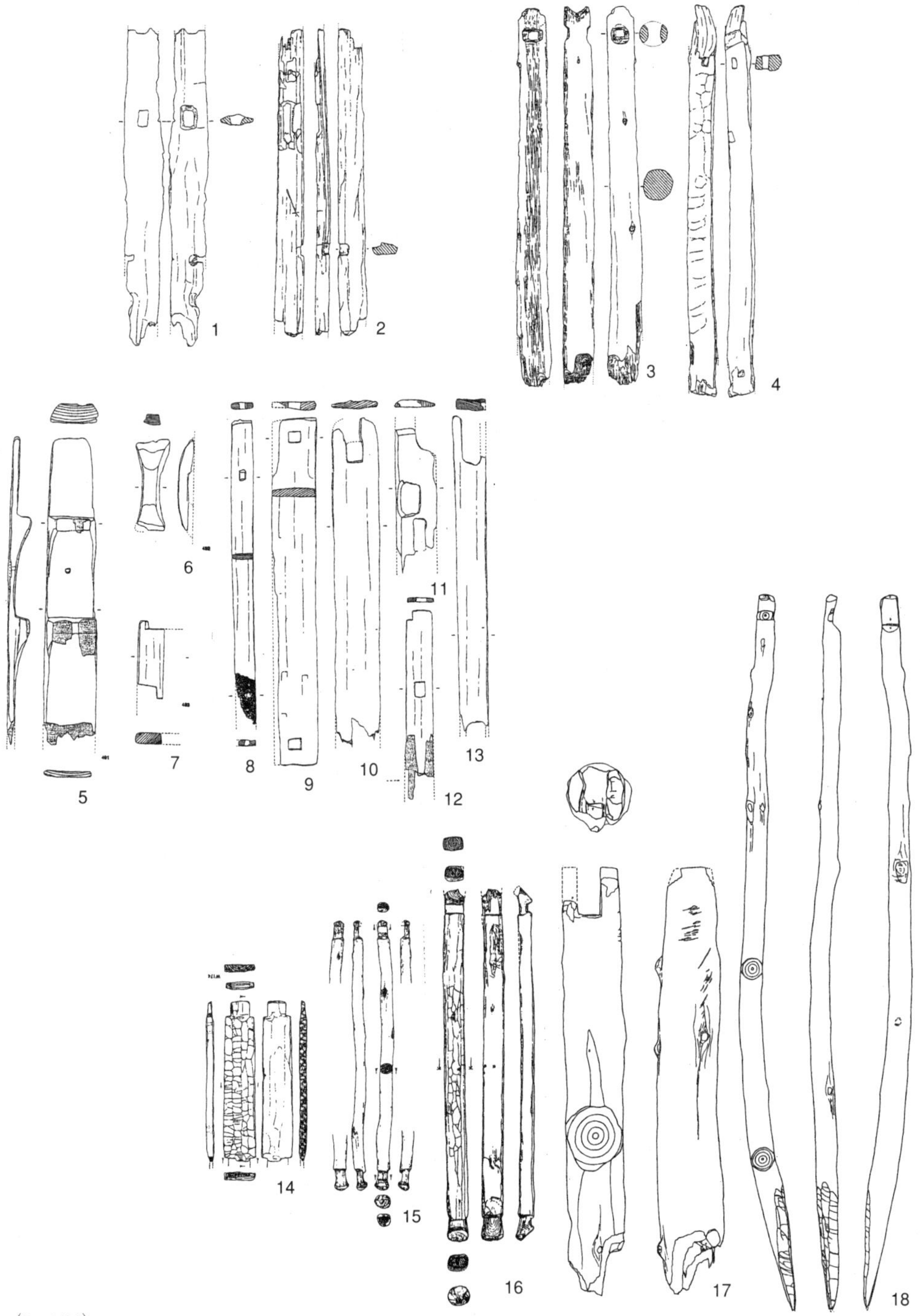

（S＝1/25）

1～4：夫手遺跡　5～13：前田遺跡　14～18：タテチョウ遺跡

図9　夫手（それて）遺跡（古墳中期／松江市手角町）・前田遺跡（古墳後期／松江市八雲町）・タテチョウ遺跡（弥生～古墳時代？／松江市西川津町）出土の建築材

から梯子とは考えにくく、『考古資料大観8』ではまぐさ材に比定している。2の梯子は長さが約三五〇センチある長いものである。神田遺跡の資料には集水遺構に転用された部材があるが、5は転用した部材同士が接合したものである。これは短辺が斜めにカットされた、径六センチの孔をもつ部材である。この中で、4のような厚みをもってコの字状に加工した材がある。コの字状の部分に、**図3**-26や**図5**-3のように厚みをもって凸状の突起をもつ部材と組み合う可能性がある。(3)

図8-10～12は松江市石田遺跡の資料である。10は板材の長軸に直交して斜めに孔の開く部材である。桁材の可能性がある。11は扉材である。**図9**は、松江市夫手《それて》遺跡である。出土した柱材のうち3は頭部を切り欠き、その下にホゾ穴を対角線状にもつので、隅柱と考えられる。なお、この遺跡では掘立柱建物の柱根が七点確認されており、樹種は三点がクリ、四点がモミである。

図10・11は出雲市三田谷Ⅰ遺跡の建築材である。奈良時代以降に属する可能性もある。**図10**-2、3は**図8**-10と似た、板材の長軸に対して横の方に斜め方向にホゾ穴が開く材である。1のように、長軸方向に斜めに孔の開く材もあるので、1のような材が梁材、2、3のような材が桁材になるのではないかと考えられる。9、10は長方形の連続して欠き込みのある比較的厚い材である。10は変形しており両端の加工が不明であるが、大引の可能性がある。この遺跡からは扉材がセットで出土しており、14のまぐさ材、15の蹴放し材、20・22の扉材が出土している。これは片開きの扉材である。17は細長いホゾ穴をもつ板材に、長方形の木栓が差し込まれる。この木栓には円孔が開いているので、19や21を板蔀とする蔀窓を構成する部材と考えられる。また、24や26は側面に別材を入れる「雇いざね接ぎ」がみられる。

建築材の樹種について述べる。掘立柱建物ではスギやヒノキなどの針葉樹のほか、クリやシイ属などの広葉樹が用いられる。古墳時代以降はクリなどの広葉樹が多い傾向にある。竪穴住居の桁や梁、垂木などの構造材には一部に針葉樹がみられるものの、大部分はクリやシイ属、クワ属などの広葉樹である。

写真1は松江市布田遺跡から出土した組み合わせ材である。この材は棒の上に桟のような細い材が一九本組み合わさっている。棒の上に細い材を置いた形なので、紐で縛っていたと考えられる。この材の横幅は約一メートルあるが、小松市八日市地方遺跡で出土した「枠組み材」と呼ばれている組み合わせの部材とほぼ同じ長さであるほか、鳥取市青谷上寺地遺跡でも複数出土している（財団法人鳥取県教育文化財団編 二〇〇二、第三章四五六～四六七頁）。また、田中谷遺跡では河道内から長さ約

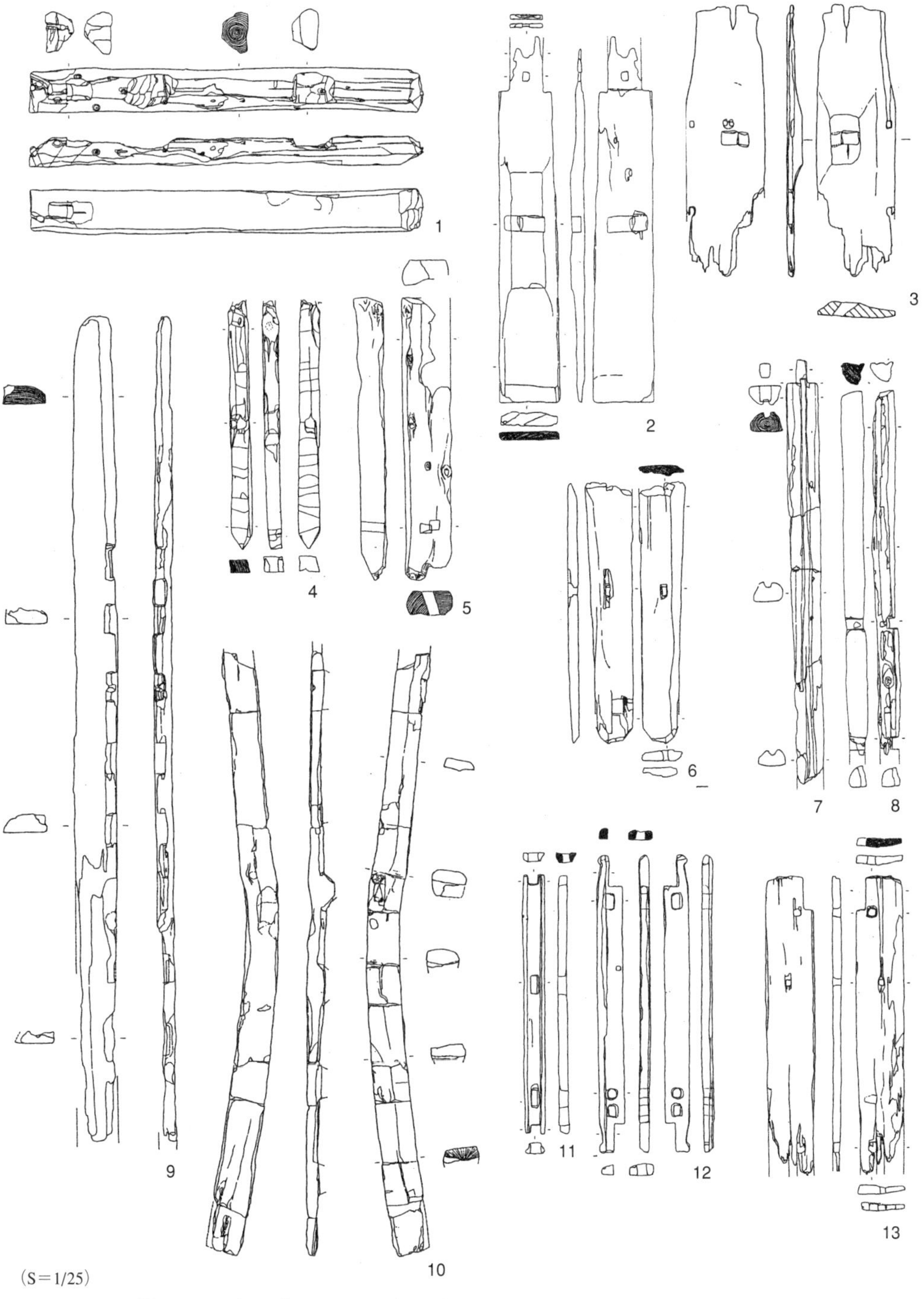

図10　三田谷Ⅰ遺跡出土の建築材（古墳時代～奈良時代／出雲市塩冶町）

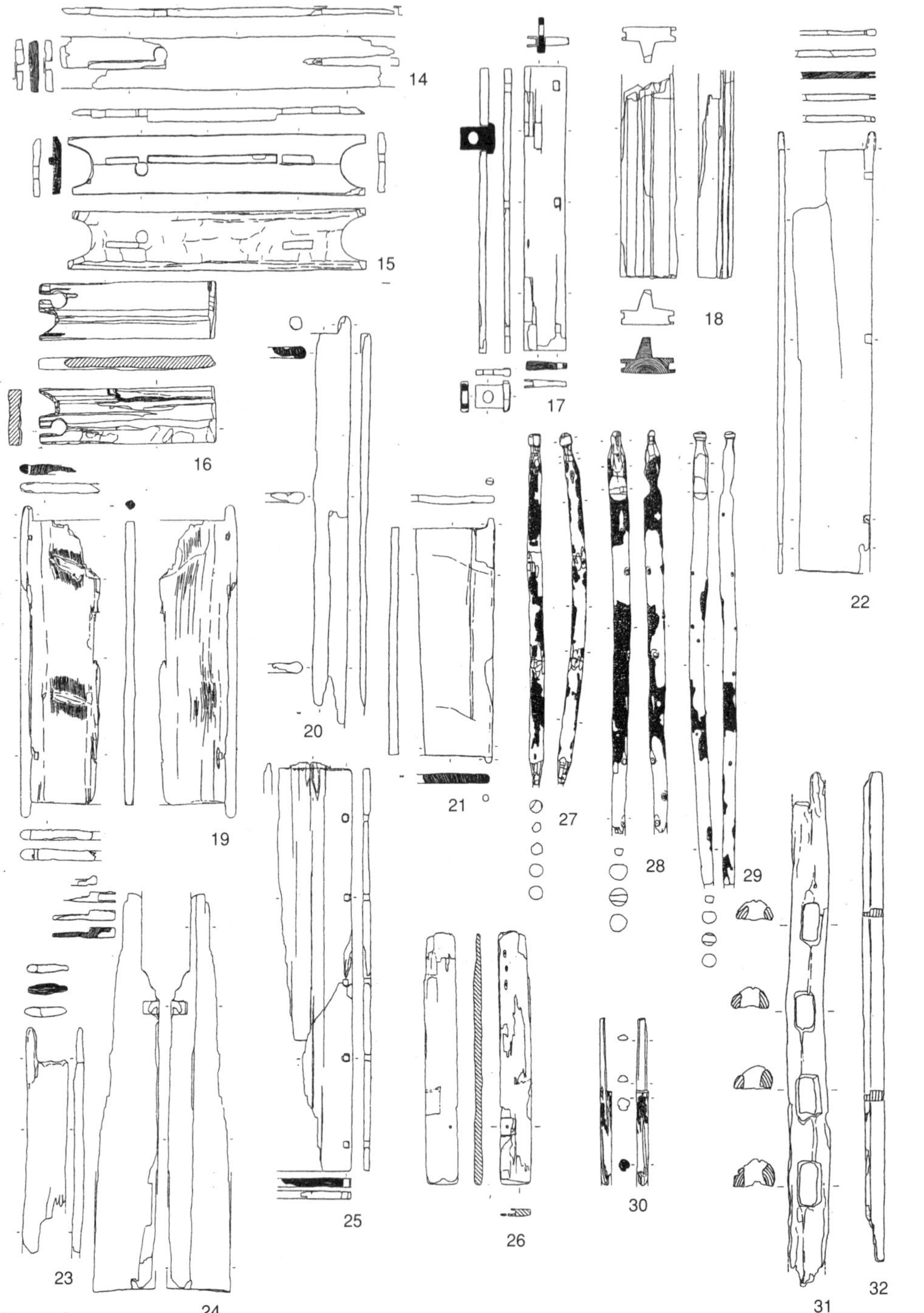

（S＝1/25）

図11　三田谷Ⅰ遺跡出土の建築材（古墳時代～奈良時代／出雲市塩冶町）

写真2　田中谷遺跡出土の細い板材（弥生後期）

写真1　布田遺跡出土の組み合わせ材
（弥生中期後葉／松江市竹矢町）

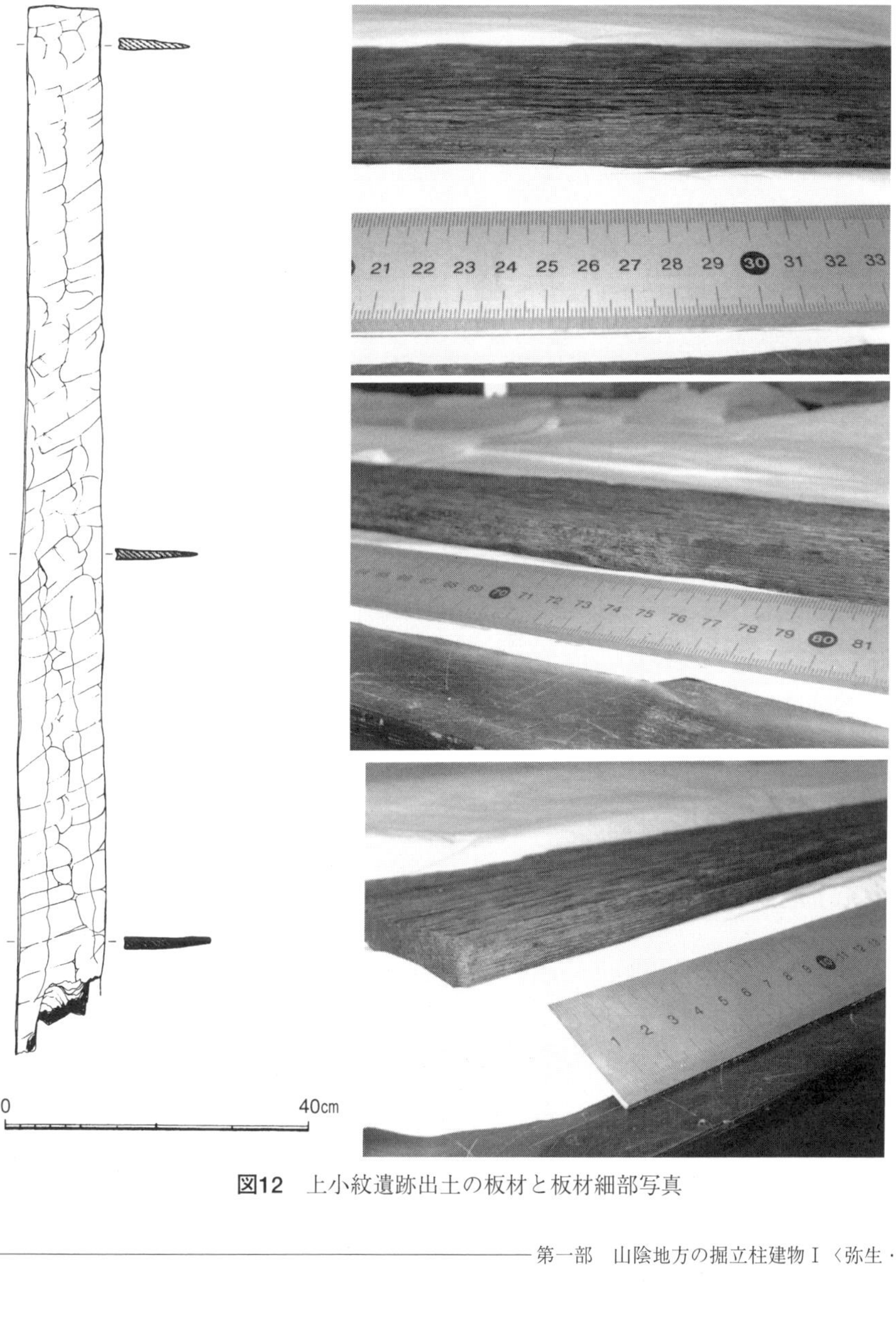

図12　上小紋遺跡出土の板材と板材細部写真

六〇センチ、幅約一センチの細長いヒノキの材が三〇点以上出土した（**写真2**）。ところどころ凹んでいる部分があり紐で結んでいた可能性があることから、簾状のものであった可能性を指摘している。建物に付属する施設材として取り上げた。

最後に、討論の際に指摘のあった、松江市上小紋遺跡出土の板材について報告したい。**図4**復原図で横板落とし込みの壁板として用いられている材は**図12**と考えられる。この板材は現存長一三四センチ、現存幅一一センチ、最大厚一・五センチの長方形の材である。断面は二等辺三角形をしているが、三角形の底辺に相当する部分、「左木端面には断面コ字状の浅い溝が走る」と報告されている（島根県教育委員会編　一九八七、八九～九〇頁）。これにより弥生時代後期の「樋布倉矧《ひぶくらはぎ》」の例として取り上げられていた（たとえば渡邉　二〇〇四、六一～六二頁）。しかし現状では保存処理のためか、浅い溝を確認することは難しい状態にある（**図12**写真参照）。

註

（1）背景として、山陰中部ではスギの大径材が少なく、大きな板を取りにくい環境にあったことによる可能性がある。スギの樹径と板材については山田昌久氏から指摘を受けた。

（2）**図6**-18は円形の作り出した部分があることから扉と判断していたが、厚みがないことから大型の容器の底部の可能性があることを山田昌久氏から指摘を受けた。

（3）方立の可能性を指摘する意見がある。松岡良憲「和歌山県鳴神遺跡出土の『屋根型木製品』について」『光陰如矢 荻田昭次先生古稀記念論集』『光陰如矢』刊行会、一六五～一七五頁、一九九九。

引用文献

宮本長二郎『日本原始古代の住居建築』中央公論美術出版、一九九七。
宮本長二郎『日本の美術』四九〇、至文堂、二〇〇七。
渡邉晶『日本建築技術史の研究―大工道具の発達史』中央公論美術出版、二〇〇四。

写真出典

写真1・写真2：島根県教育庁埋蔵文化財調査センター提供
図12の写真：筆者撮影

第四節　順庵原B遺跡と馬場山遺跡の掘立柱建物跡

森岡弘典

島根県邑智郡邑南町は、島根県のほぼ中央部、邑智郡南部に位置する。南西には標高六〇〇～一二〇〇メートルの中国脊梁山地が連なり、山地を境として広島県と接している。邑南町は平成十六年十月に旧瑞穂町、石見町、羽須美村が合併し誕生した町域四一九・二二平方キロメートル、町域の八六・八％を山林で占める典型的な中山間地域である。

瑞穂・羽須美地域には出羽川、石見地域には濁川が貫流し、それぞれ江の川に合流している。これらの流域を中心に、旧石器時代から近代までの多くの遺跡が所在する。

今回報告をする順庵原B遺跡と馬場山遺跡は、邑南町（旧瑞穂町）下亀谷一一七八番地1外に所在する弥生時代を中心とする集落跡と掘立柱建物跡群である。これらの遺跡の西側に隣接して、一九六八年の調査により国内初の発見例となった四隅突出型墳丘墓の順庵原遺1号墓が所在する。これらの遺跡は出羽川により形成された河岸段丘上にあり、集落跡、掘立柱建物跡群、墳丘墓がセットで存在する邑南地域最大級の遺跡の一つである。

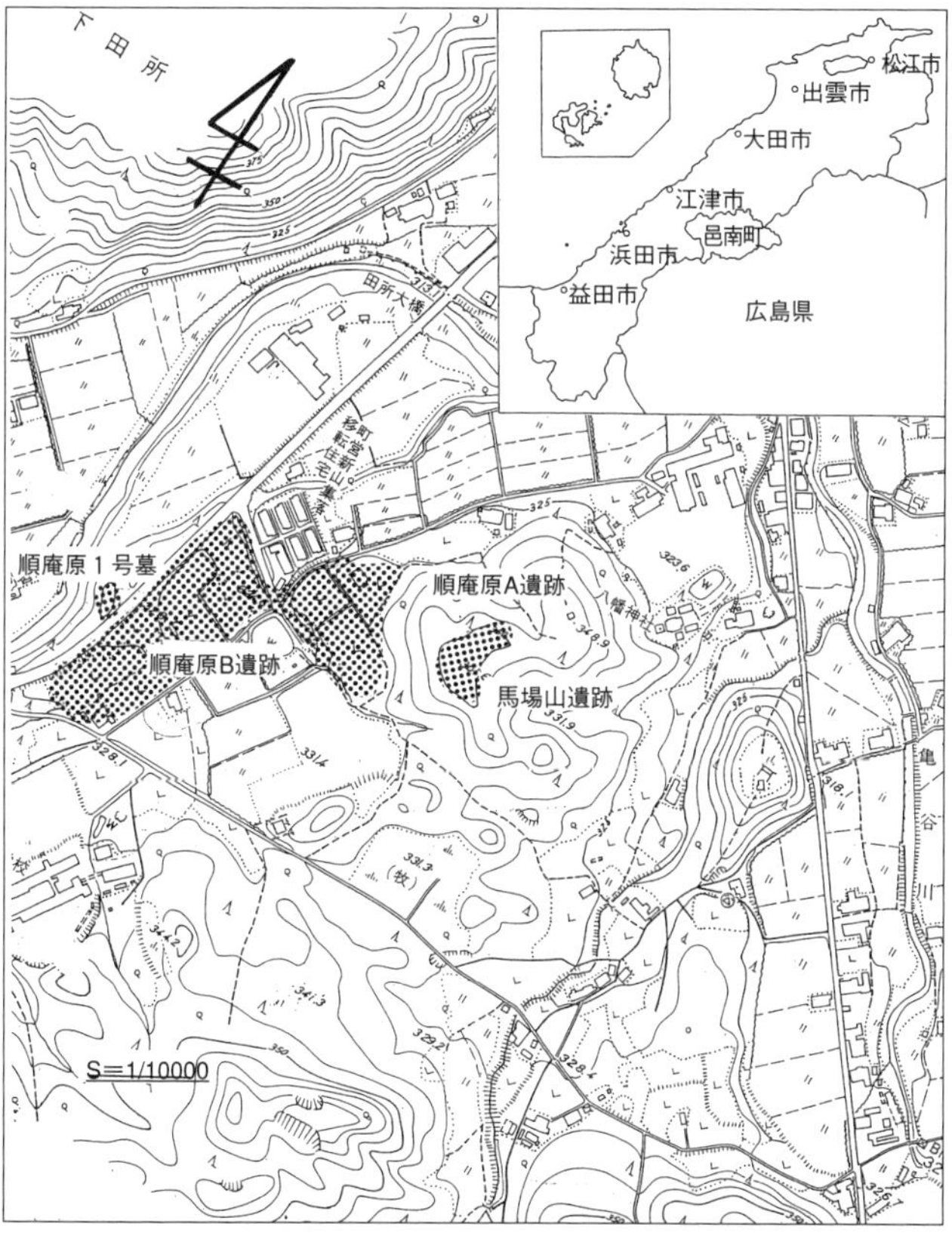

図1　順庵原A遺跡・順庵原B遺跡・馬場山遺跡位置図

さて、島根県は律令制のもと、出雲と石見、隠岐の三国に分けられ、邑南町は石見国に属し、今日でも石見部、石見地域などと呼ばれている。石見部では弥生時代の掘立柱建物跡建物跡の発見例は少なく、邑南町以外では大田市の鳥居南遺跡、江津市の古八幡付近遺跡の二遺跡のみである。鳥居南遺跡では、日本海を望む標高約一〇〇メートルの丘陵のほぼ頂上部分に二間×一間の掘立柱建物跡が検出されている。また、江津市の古八幡遺跡では標高六〇メートルの丘陵に掘立柱建物跡と推定される柱穴が検出されている。遺構の半分が失われており正確な規模は不明であるが、三間×二間以上が想定されている。

今回報告する順庵原遺跡、馬場山遺跡の掘立柱建物跡はこれらとは立地が異なり、中国脊梁山地に囲まれた山間部の河岸段丘上に位置する。

一、順庵原B遺跡の掘立柱建物跡

順庵原B遺跡は出羽川により形成された標高約三三〇メートルの段丘上に位置し、以前から弥生土器や石包丁などが採集され、邑智郡南部最大級の弥生集落跡として知られていた。一九九五年に道路改良工事に先立ち約一四〇〇平方メートルを調査し、竪穴住居跡（SI）四棟と掘立柱建物跡（SB）二棟、土抗などが検出されている。また、一九九八年の発掘調査では一九九五年の調査区から約一〇〇メートル北側で、掘立柱跡と同時代の直径九メートルの当地方では最大級の竪穴住居がみつかっている。この竪穴住居は順庵原1号墓の東側四〇メートルに位置し、1号墓と何らかの関係があるのではないかと指摘されている。

さて、一九九五年の調査で調査区の中央部からやや西よりに掘立柱建物跡が二棟検出された。

1　SB-1

SI-3の東側に位置し、二間×

写真1　順庵原B遺跡空中写真

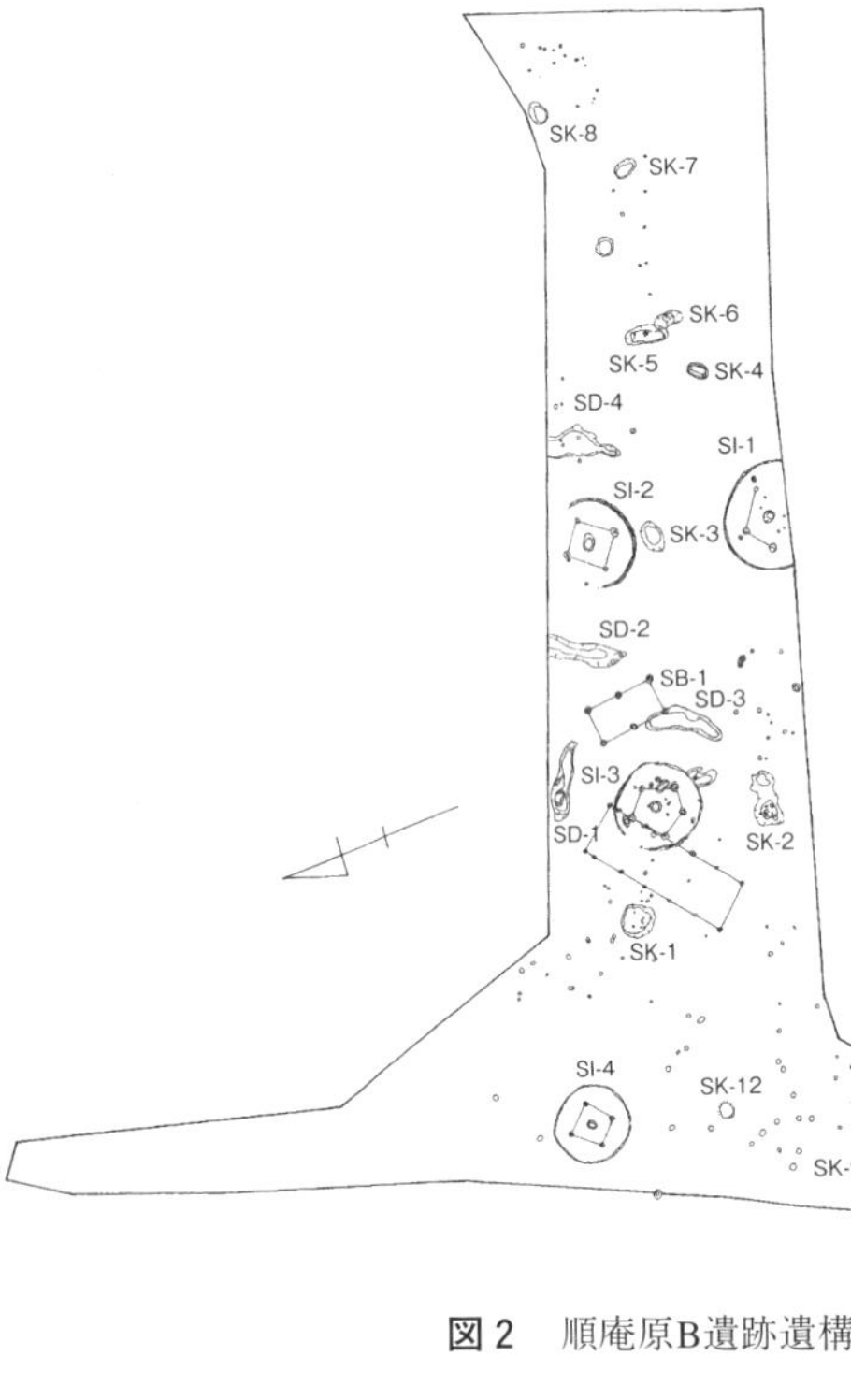
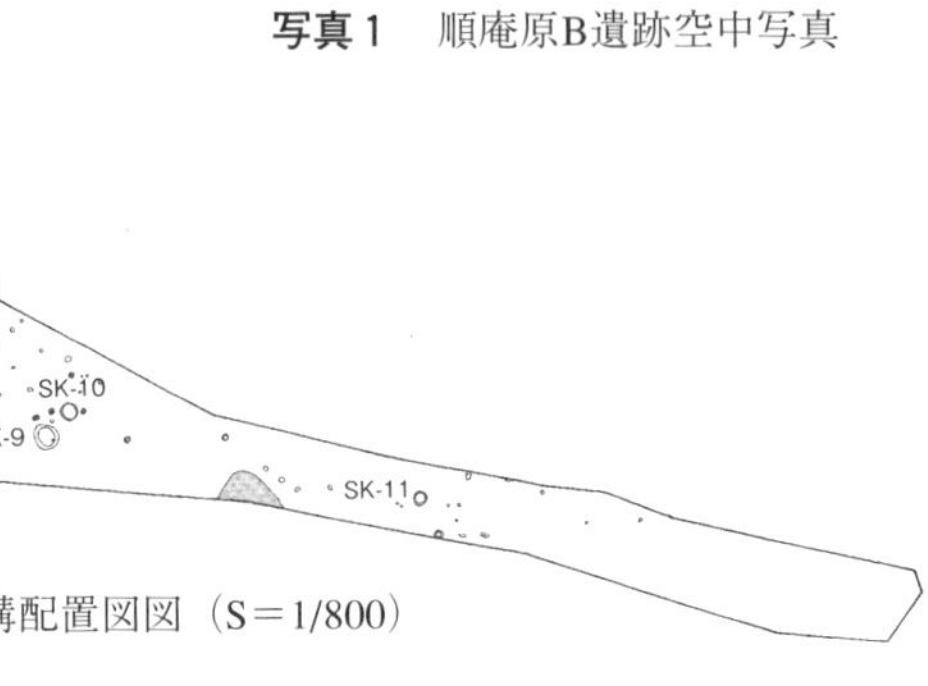

図2　順庵原B遺跡遺構配置図図（S＝1/800）

一間（四×二メートル）の建物で面積は八平方メートルである。長軸はほぼ南北を向き柱穴は六本で、柱穴の規模の平均値は上幅三三センチ、底幅二〇センチ、深さ五三センチである。SB-1とSD-3は切り合い関係にあり、SD-3は出土遺物などから弥生時代後期前半V-1～2期と考えられ、柱穴の検出状況からSB-1がSD-3より古く、後期前半かそれ以前の遺構であると考えられる。

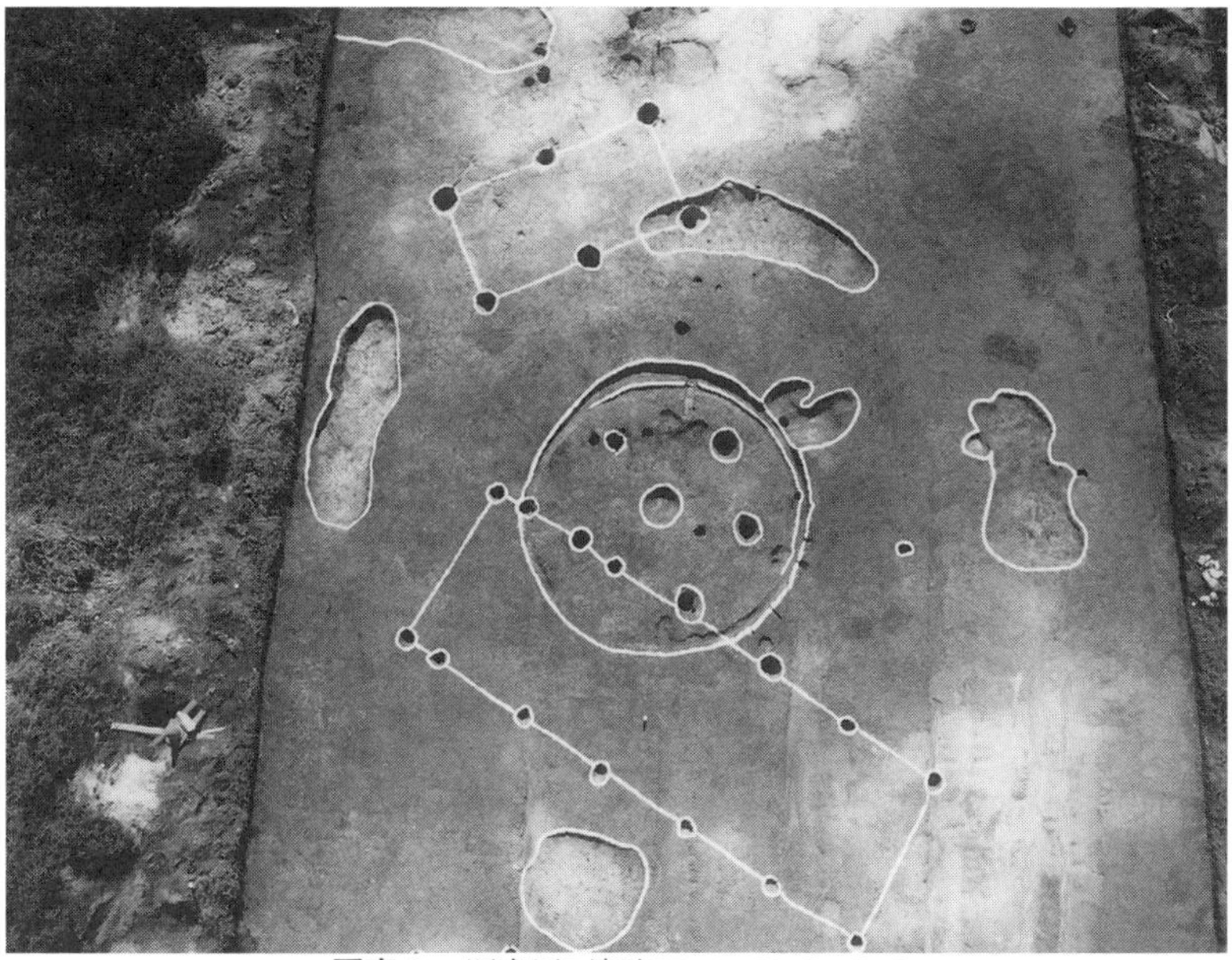

写真2　順庵原B遺跡SB-1・SB-2・SI-3

2　SB-2

SB-1の西約五メートルのところに位置し、SI-3と切り合い関係にある。規模は五・五間×一間（九×二・九メートル）で弥生時代における石見部最大級の掘立柱建物跡である。柱穴は一四本で長軸は北東を向いており、五・五間×一間で面積は二六・一平方メートル、北東妻先半間のところに柱穴があり、庇が設けられていたと推定される。柱穴の規模の平均値は上

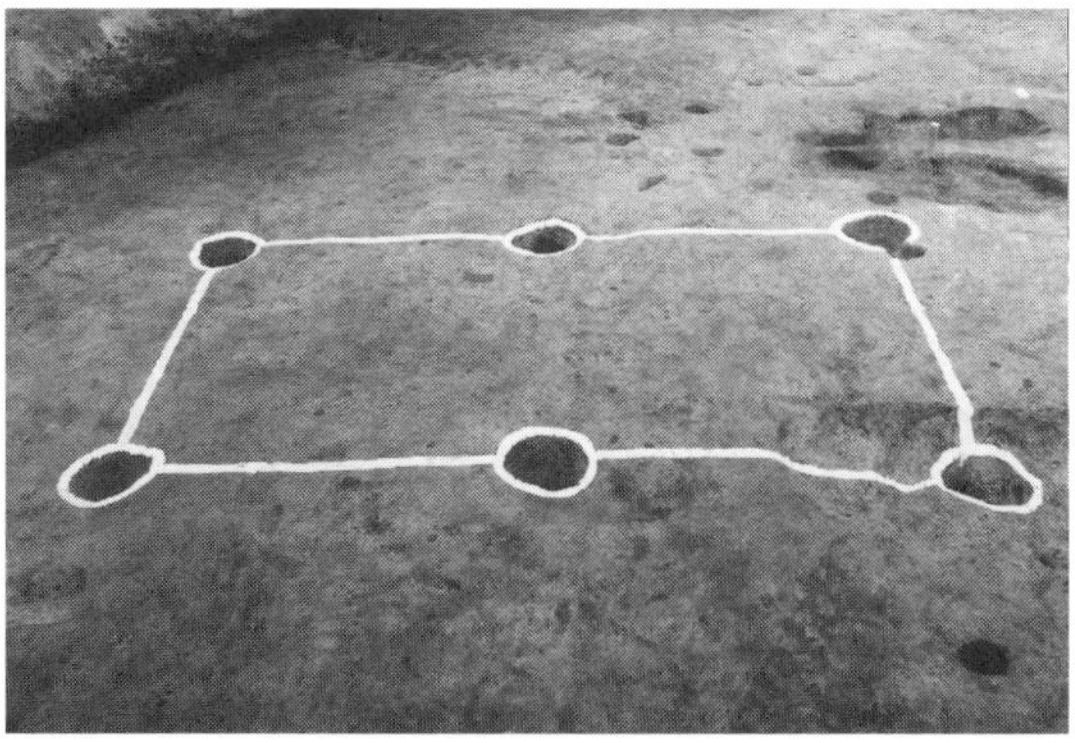

写真3　順庵原B遺跡SB-1

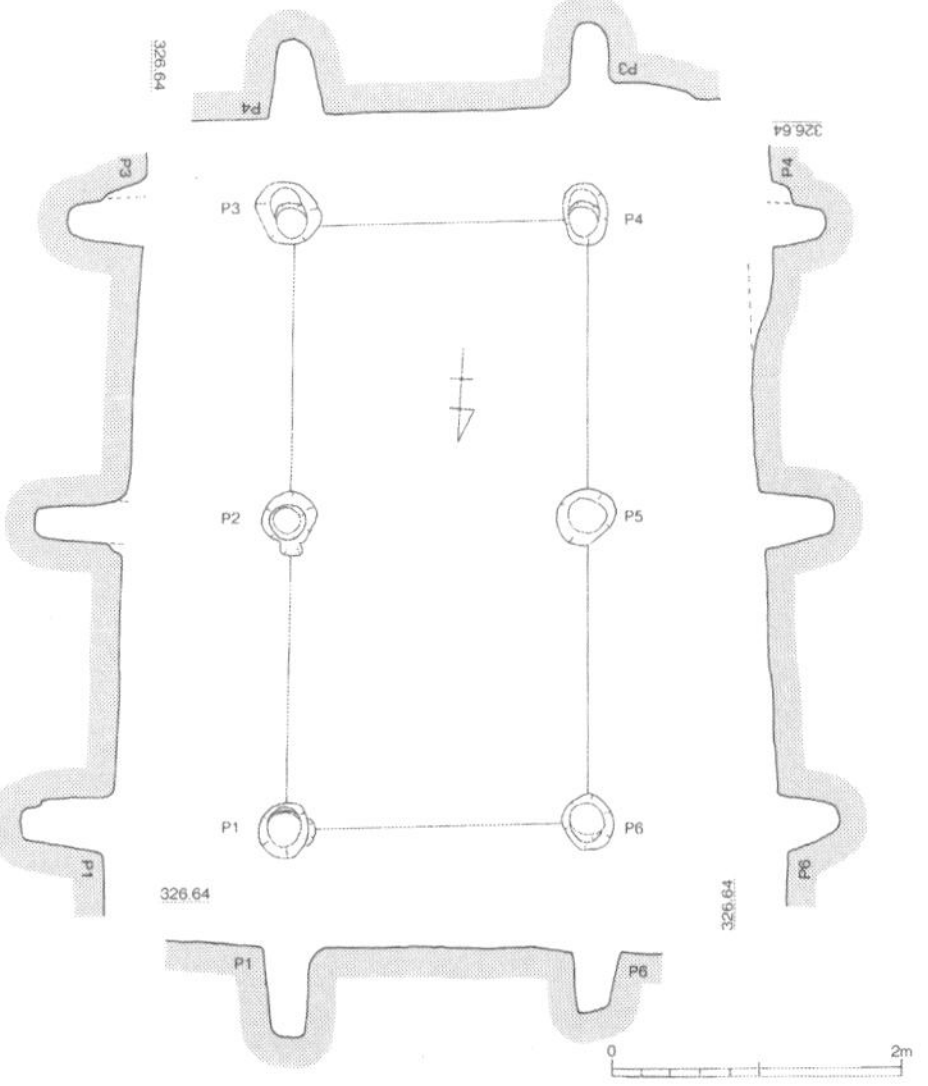

図3　順庵原B遺跡SB-1

幅二八センチ、下幅一六センチ、深さ二九センチである。弥生時代後期前半の竪穴住居跡SⅠ-3と切り合い関係にあり、SⅠ-3の貼床を除去後SⅠ-3のP12を検出しており、SⅠ-3より古く弥生時代後期前半かそれ以前まで遡ると考えられる。

〈SB-1計測値〉

柱穴　六本

柱穴の規模

P1：径三四～三六センチ　深さ六二センチ
P2：径二六センチ　深さ六二センチ
P3：径三三～四〇センチ　深さ五四センチ
P4：径二九～三〇センチ　深さ五五センチ
P5：径三四～四〇センチ　深さ五五センチ
P6：径三五～三六センチ　深さ四二センチ

柱穴間距離

写真4　順庵原B遺跡SB-2

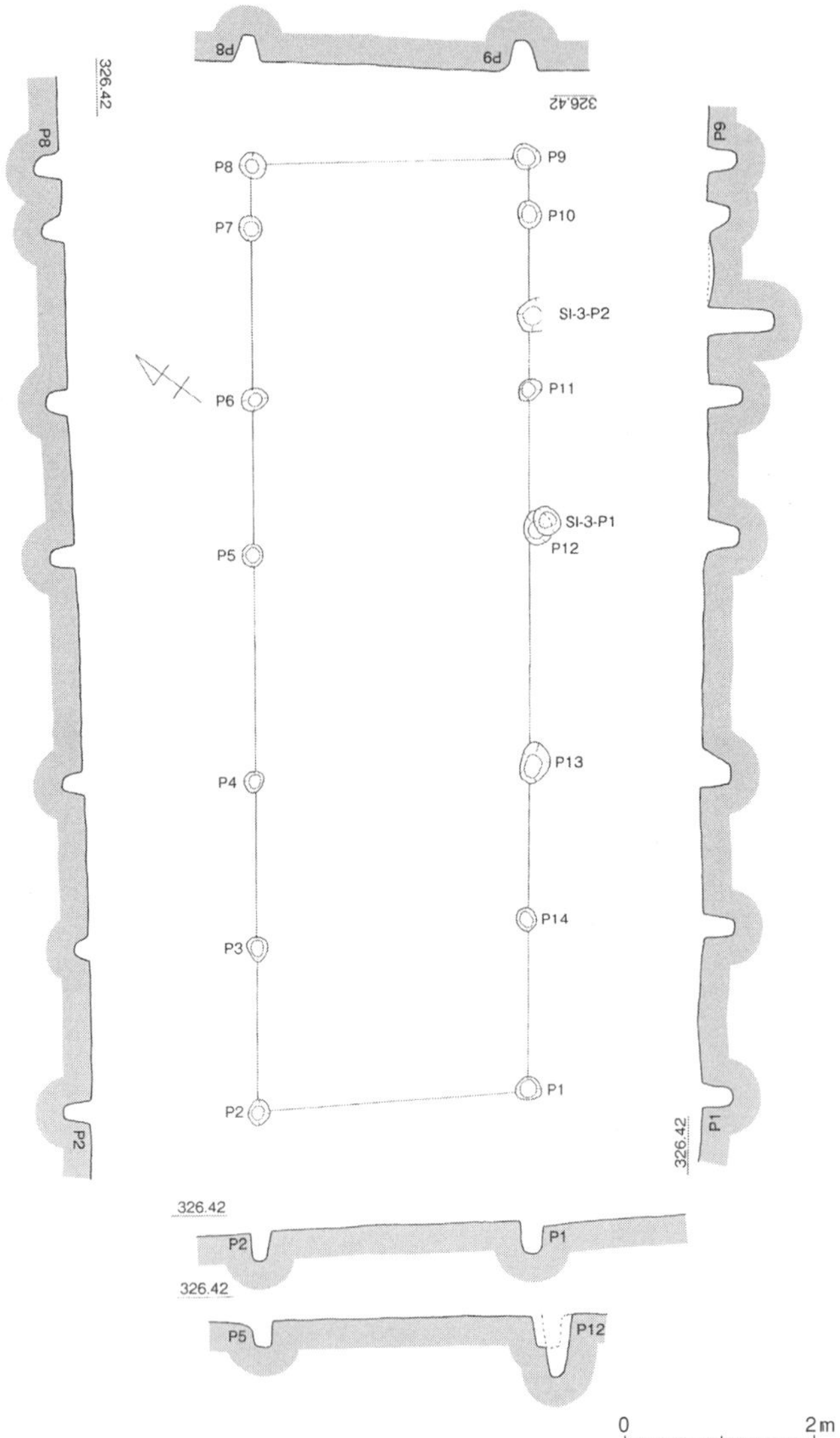

図4　順庵原B遺跡SB-2

P1〜P2：二・〇メートル
P2〜P3：二・〇メートル
P3〜P4：二・〇メートル
P4〜P5：一・九メートル
P5〜P6：二・〇メートル
P6〜P1：二・一メートル

〈SB-2計測値〉

規　模　五・五間×一間（九×二・九メートル）

柱　穴　一四本

柱穴の規模

P1：径二五センチ　深さ三四センチ
P2：径二四〜二五センチ　深さ三一センチ
P3：径二四〜二五　深さ一六センチ
P4：径二五センチ　深さ二六センチ
P5：径二五センチ　深さ二七センチ
P6：径二七〜三〇センチ　深さ二五センチ
P7：径二五〜二七センチ　深さ二〇センチ
P8：径二九〜三〇センチ　深さ二九センチ
P9：径二六〜三〇センチ　深さ三〇センチ
P10：径二五〜三二センチ　深さ三〇センチ
P11：径二五センチ　深さ三五センチ
P12：径三〇〜三五センチ　深さ三六センチ
P13：径三四〜四〇センチ　深さ三三センチ
P14：径二五〜二六センチ　深さ三六センチ

柱穴間距離

P1〜P2：二・九メートル
P2〜P3：一・七メートル
P3〜P4：一・七メートル
P4〜P5：一・七メートル
P5〜P6：一・六メートル
P6〜P7：一・八メートル
P7〜P8：〇・六メートル
P8〜P9：二・九メートル
P9〜P10：〇・六メートル
P10〜P11：一・八メートル
P11〜P12：一・五メートル
P12〜P13：一・八メートル
P13〜P14：一・六メートル
P14〜P1：一・七メートル

二、馬場山遺跡の掘立柱建物跡

馬場山遺跡は、順庵原A・B遺跡の西側に隣接する標高三五〇メートルの馬場山頂上付近に所在する遺跡である。神社建設工事に先立って、一九九一年に約一三〇〇平方メートルの範囲を発掘調査し掘立柱建物跡七棟と多くのピットを検出したが、掘立柱建物跡以外の弥生時代の遺構は検出されていない。出土遺物は少量で、弥生時代後期前半（V-2）を中心とする土器一六四点が出土した。

1　SB-1

調査区内でもっとも南西側に位置する。規模は一間×一間（二・七×二・三メートル）で柱穴四本で平面形はほぼ正方形である。床面積は六・二平方メートル、柱穴の規模の平均値は上幅二一センチ、下幅一七センチ、深さ五四センチで、七棟のうちでもっとも規模の小さい掘立柱建物跡である。

2　SB-2

SB-1の北四メートルに位置する。規模は二間×一間（三・五×二・二メートル）で柱穴は六本、平面形は長方形で床面積は七・七平方メートル、柱穴の規模の平均値は上幅二一センチ、下幅一四センチ、深さ五〇センチである。

3　SB-3

SB-2の北東に近接して位置し、建物間距離は一メ

写真5　馬場山遺跡遠景

写真6　馬場山遺跡

ートルである。規模は二間×一間（四・二×二・三メートル）で柱穴は六本、床面積は九・七平方メートル、柱穴の規模の平均値は上幅二八センチ、下幅一九センチ、深さ七六センチである。

4 SB-4

SB-2の南東側九メートルに位置する。規模は二間×一間（四・八×二・三メートル）で柱穴は六本、平面形は柱穴間がP3～P4に比べP5～P6が約八〇センチ広く、梁行もP1～P2に比して、P4～P5間がやや狭い長方形で床面積は一一平方メートル、柱穴の規模の平均値は上幅二五センチ、下幅一八センチ、深さ五六センチで

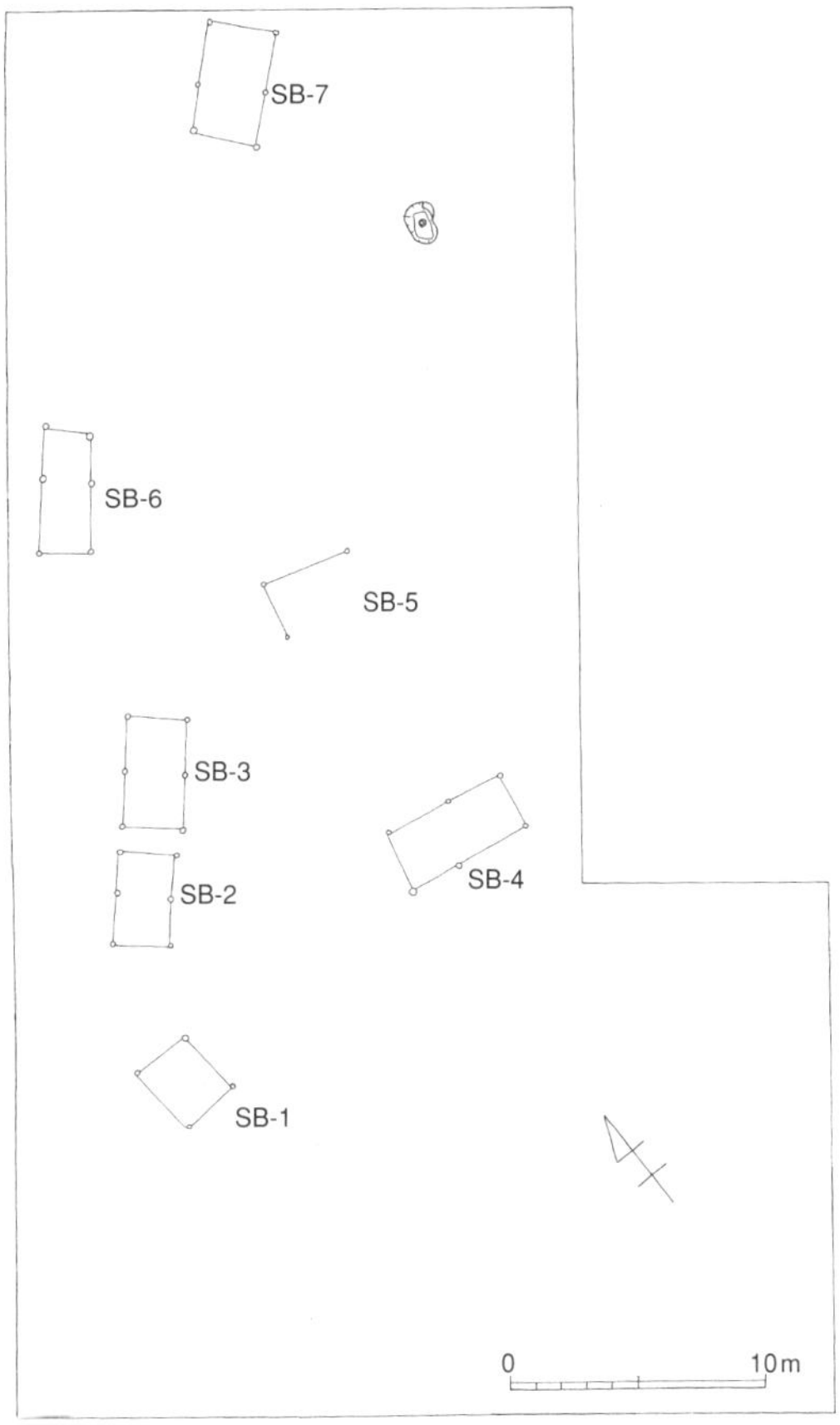

図5　馬場山遺跡遺構配置図

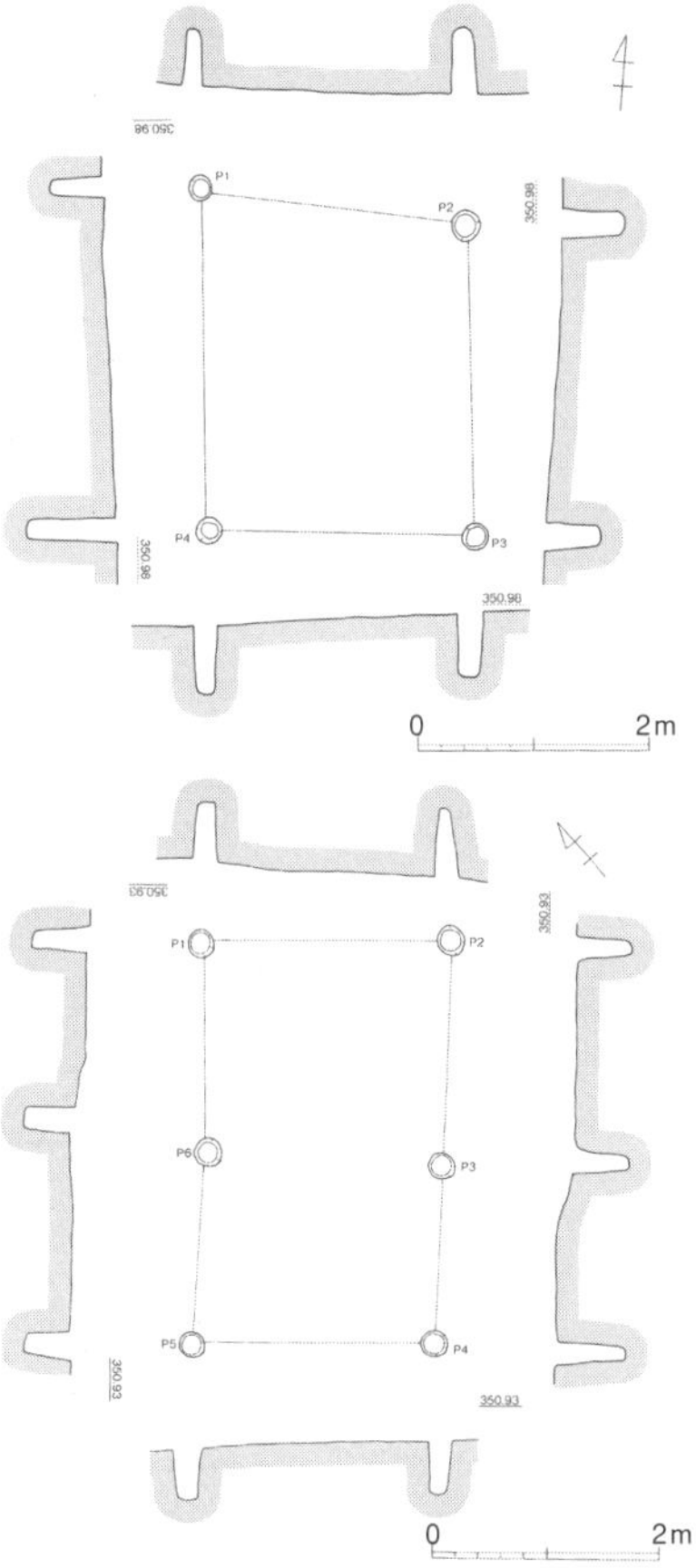

図6　馬場山遺跡SB-1（上）・SB-2（下）

写真7　馬場山遺跡SB-1

写真8　馬場山遺跡SB-2

ある。

5　SB-5

調査区のほぼ中央部に位置し、SB-4の北側八メートルに位置する。調査では三本の柱穴を検出したが、建物の規模は不明である。他の掘立柱建物跡の例から一間×一間、または二間×一間の建物が想定される。柱穴の規模の平均値は上幅二二センチ、下幅一五センチ、深さ五七センチである。

6　SB-6

SB-3の北七メートルに位置する。規模は二間×一間（四・六メートル×一・九メートル）で柱穴は六本、平面形はややいびつな長方形である。床面積は八・七平方メートルで、柱穴の規模の平均値は上幅二九センチ、下幅一九センチ、深さ六二センチである。

7　SB-7

SB-6との建物間距離は一二メートルで、調査区のもっとも北側に位置する。建物間距離も他の掘立柱建物にくらべて離れている。規模は二間×一間（四・五×二・二メートル）で柱穴は六本。床の面積は九・九平方メートルである。検出された掘立柱建物で二番目の規模で、

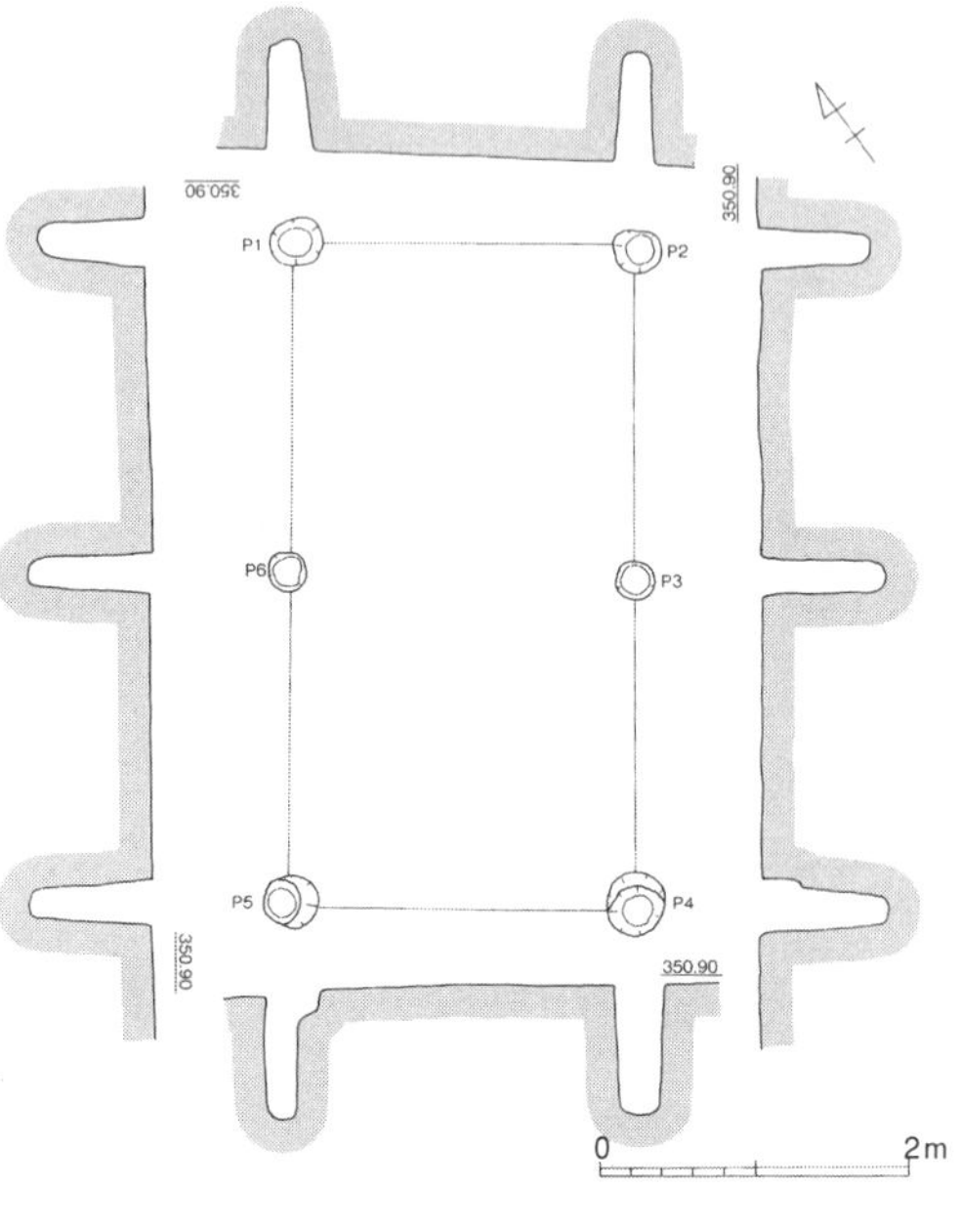

図7　馬場山遺跡SB-3

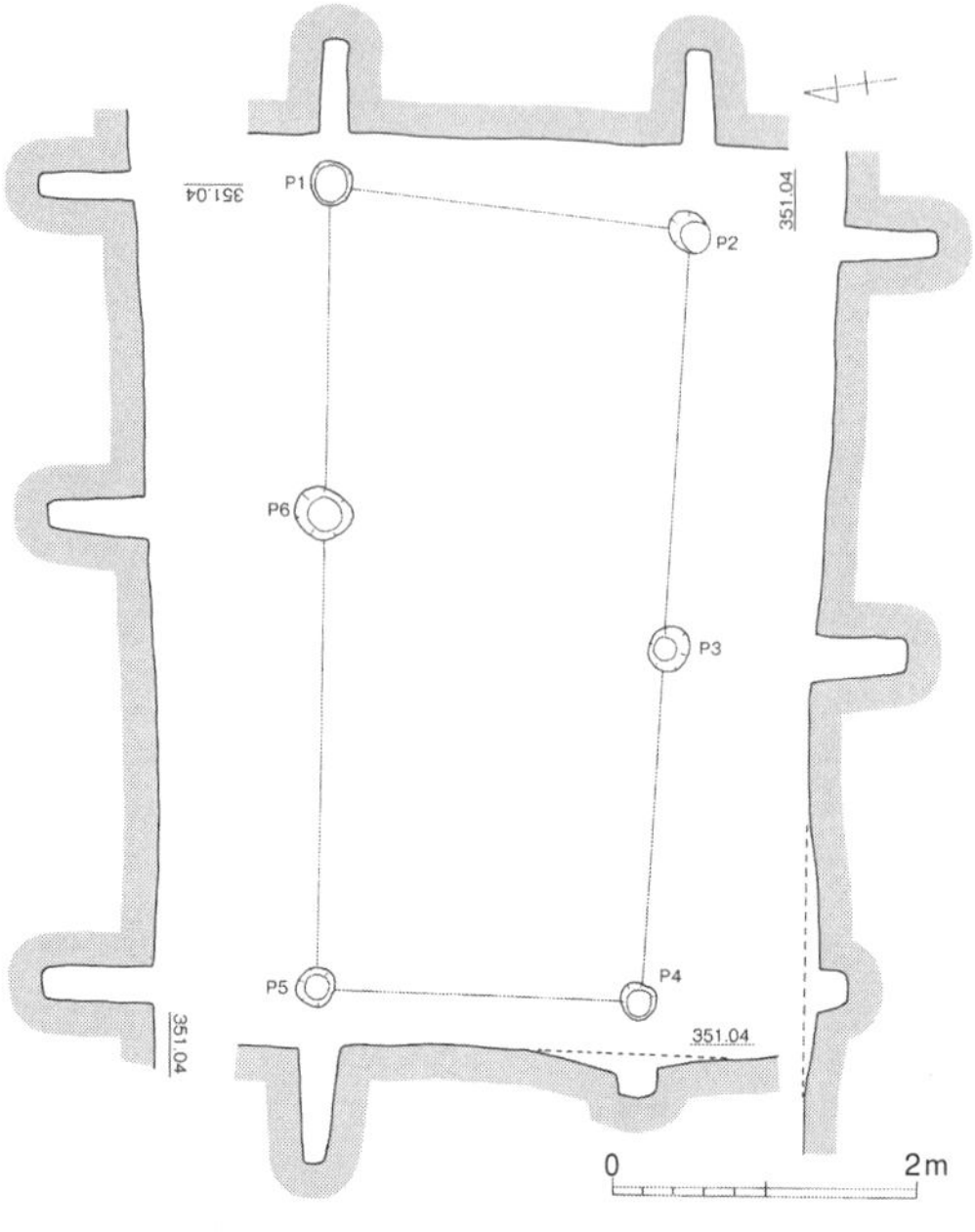

図8　馬場山遺跡SB-4

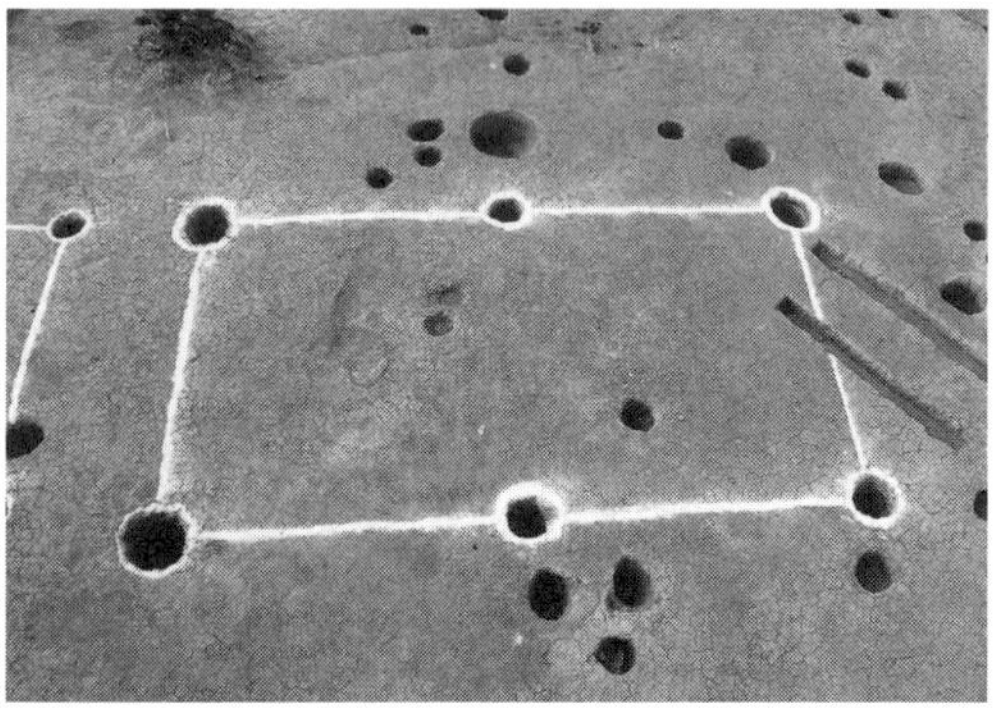
写真9　馬場山遺跡SB-3

写真10　馬場山遺跡SB-4

柱穴の平均値は上幅二四センチ、下幅一六センチ、深さ四九センチである。

〈SB-1計測値〉

規　模　一間×一間（二・七×二・三メートル）

柱　穴　四本

柱穴の規模

P1：径二〇〜二一センチ　深さ四六センチ

P2：径二五センチ　深さ五四センチ

P3：径二二〜二三センチ　深さ五一センチ

P4：径二一〜二五センチ　深さ五九センチ

柱穴間距離

P1〜P2：二・三メートル

P2〜P3：二・六メートル

P3〜P4：二・三メートル

P4〜P1：二・八メートル

〈SB-2計測値〉

規　模　二間×一間（三・五×二・二メートル）

柱　穴　六本

柱穴の規模

P1：径二二〜二四センチ　深さ四九センチ

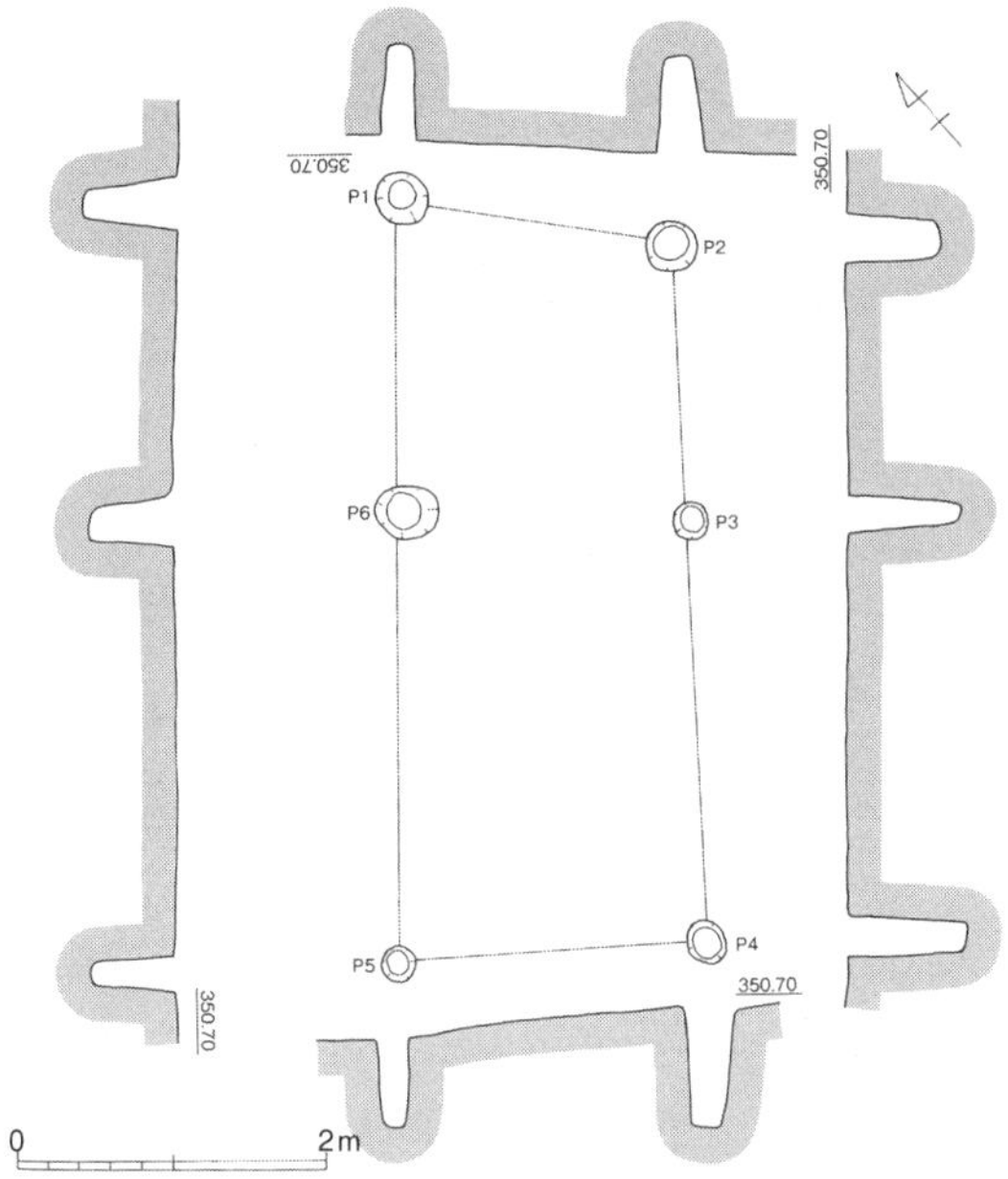

図10　馬場山遺跡SB-6

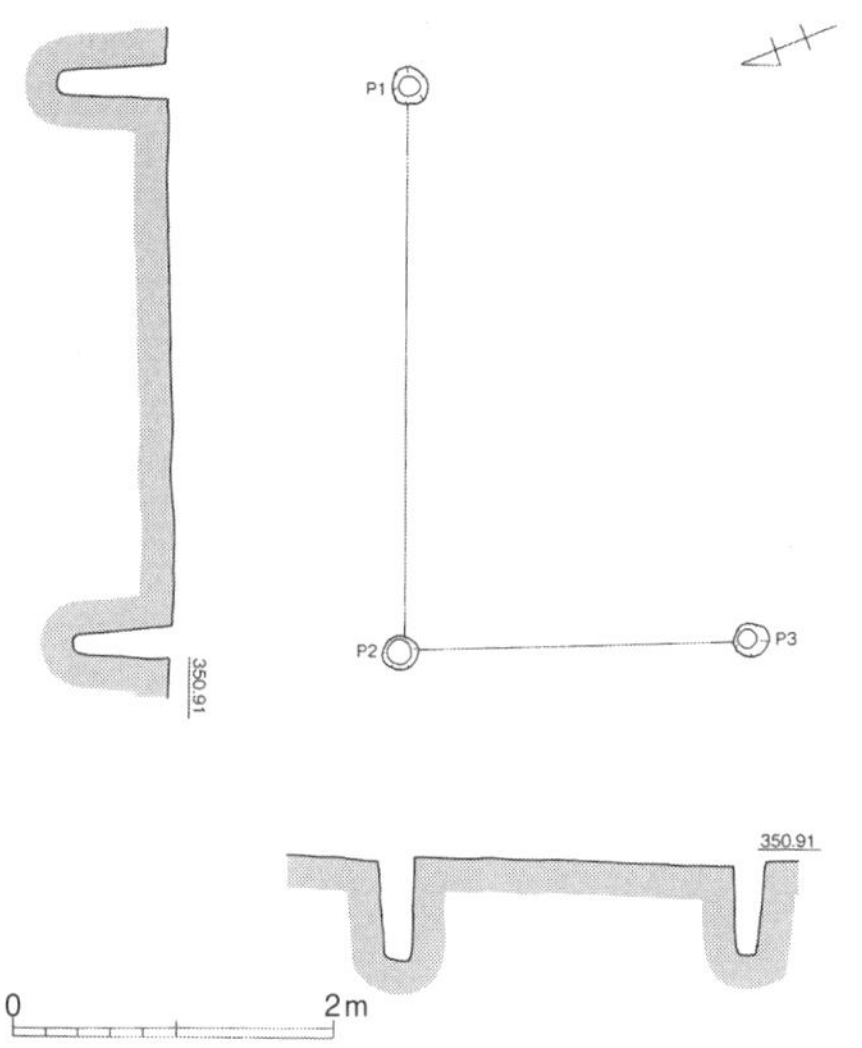

図9　馬場山遺跡SB-5

写真12　馬場山遺跡SB-6

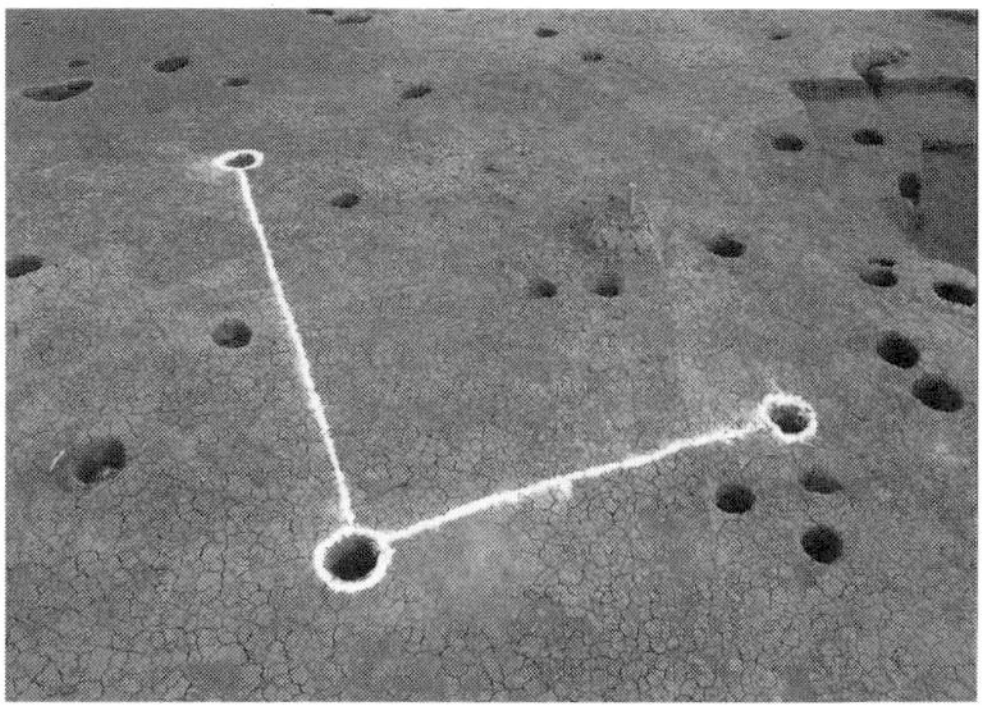

写真11　馬場山遺跡SB-5

P2：径二二～二五センチ　深さ六〇センチ
P3：径二一～二三センチ　深さ五〇センチ
P4：径二三センチ　深さ四九センチ
P5：径二三センチ　深さ四二センチ
P6：径二三～二四センチ　深さ四四センチ
柱穴間距離
P1～P2：二・二メートル
P2～P3：一・九メートル
P3～P4：一・五メートル
P4～P5：二・一メートル
P5～P6：一・七メートル
P6～P1：一・八メートル

〈SB-3計測値〉
規　模　二間×一間（四・二×二・三メートル）
柱　穴　六本
柱穴の規模
P1：径三〇～三五センチ　深さ六九センチ
P2：径二六～三三センチ　深さ七一センチ
P3：径二三～二五センチ　深さ八〇センチ
P4：径三一～三五センチ　深さ八一センチ
P5：径二四～二八センチ　深さ七八センチ
P6：径二五センチ　深さ七八センチ
柱穴間距離
P1～P2：二・三メートル
P2～P3：二・一メートル
P3～P4：二・一メートル
P4～P5：二・三メートル
P5～P6：二・一メートル
P6～P1：二・一メートル

〈SB-4計測値〉
規　模　二間×一間（四・八×二・三メートル）
柱　穴　六本
柱穴の規模
P1：径二八～二九センチ　深さ六〇センチ

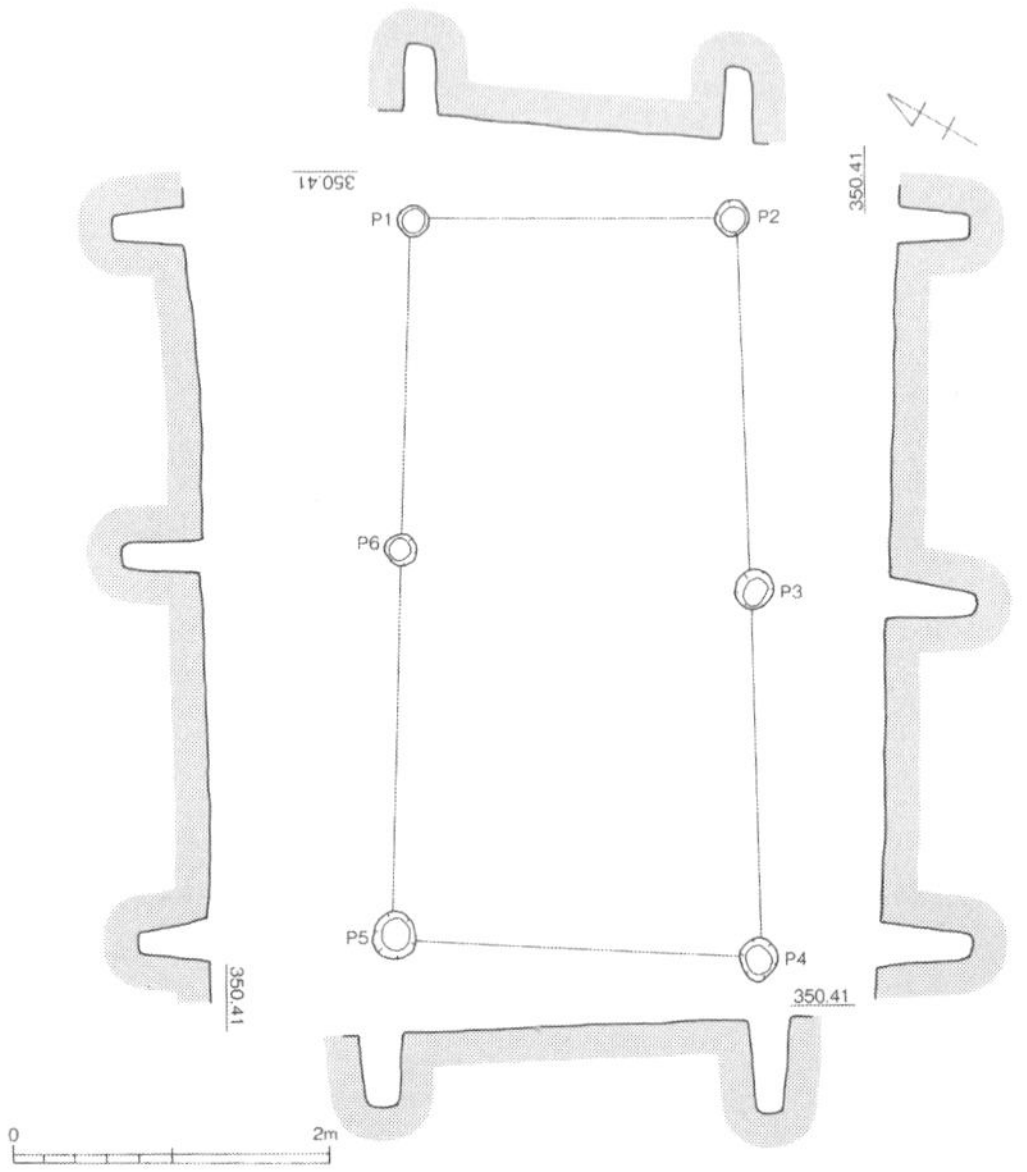

図11　馬場山遺跡SB-7

写真13　馬場山遺跡SB-7

P2：径二〇～二三センチ　深さ六一センチ
P3：径三〇～三五センチ　深さ五二センチ
P4：径二五～二七センチ　深さ三〇センチ
P5：径二五～二六センチ　深さ六二センチ
P6：径三三～三九センチ　深さ五三センチ
柱穴間距離
P1～P2：二・四メートル
P2～P3：二・六メートル
P3～P4：二・二メートル
P4～P5：二・一メートル
P5～P6：三・〇メートル
P6～P1：二・一メートル

〈SB-5計測値〉
規　模　一間×一間？（三・四×二・二メートル）
柱　穴　三本
柱穴の規模
P1：径二二～二五センチ　深さ六七センチ
P2：径二二～二三センチ　深さ六一センチ
P3：径二一～二四センチ　深さ五五センチ
柱　穴　間
P1～P2：三・四メートル
P2～P3：二・二メートル、

〈SB-6計測値〉
規　模　二間×一間（四・六×一・九メートル）
柱　穴　六本
柱穴の規模
P1：径三三～三四センチ　深さ五二センチ
P2：径三一～三三センチ　深さ五八センチ
P3：径二二～二五センチ　深さ七二センチ
P4：径二五～二八センチ　深さ八五センチ
P5：径二一～二二センチ　深さ五五センチ
P6：径三三～四〇センチ　深さ五五センチ
柱穴間距離
P1～P2：一・八メートル
P2～P3：一・七メートル
P3～P4：二・七メートル
P4～P5：二・〇メートル
P5～P6：二・八メートル
P6～P1：二・〇メートル

〈SB-7計測値〉
規　模　二間×一間（四・五×二・二メートル）
柱　穴　六本
柱穴の規模
P1：径二〇～二一センチ　深さ四二センチ
P2：径二〇～二二センチ　深さ四五センチ
P3：径二五センチ　深さ五四センチ

P4：径二六～二七センチ　深さ五九センチ
P5：径二三～二七センチ　深さ四六センチ
P6：径一九～二〇センチ　深さ四二センチ

柱穴間距離
P1～P2：二・一メートル
P2～P3：二・三メートル
P3～P4：二・三メートル
P4～P5：二・三メートル
P5～P6：二・四メートル
P6～P1：二・〇メートル

三、まとめ

以上、順庵原B遺跡、馬場山遺跡の弥生時代掘立柱建物跡を紹介した。順庵原B遺跡で検出した掘立柱建物跡は二棟で、SB-2は石見地域最大規模の掘立柱建物跡である。北東側妻に庇がつくと推定されるが、南西側妻に庇があったか不明である。SB-1にくらべると柱穴の深さが平均で二四センチと浅く、柱穴の規模もやや小さいが、戦後の開墾などにより削平されているのがその原因であると考えられる。時期は、SB-1、SB-2とも切り合い関係にあるSD-3やSI-3の出土遺物から弥生時代後期前半頃と推定されるが、SB-1の長軸が南北方向で、SB-2は長軸が北東方向であることや規模が大きく異なることなどから、時期に差異があると考えられるが、先後関係は不明である。

馬場山遺跡では掘立柱建物跡七棟を検出したが、遺構周辺の出土土器から弥生時代後期前半の掘立柱建物群と考えられる。掘立柱建物群以外には、縄文時代の落し穴が一つ検出されただけで、他の時代の遺構は確認されていない。調査が馬場山頂上付近の限られた場所であるため、調査区外の様相は不明であるが、その他の遺構の存在を否定できない。

検出された七棟は、軸線の方向から二つのグループに分けることができ、SB-1、SB-4、SB-5はほぼ東西方向（A群）で、SB-2、SB-3、SB-6、SB-7が北東方向（B群）である。柱穴の規模もB群の方が少し大きいようであり、時期差あるのではないかと思われるが、先後関係は不明である。

限られた発掘調査の成果から順庵原B遺跡周辺を概観すると、遺跡西側の段丘縁辺部に位置する首長墓の順庵原1号墓から約四〇メートル東側には、1号墓や首長との関係を予見させる当地方最大級の直径約九メートルの竪穴住居がある。その周辺には直径四～五メートルの竪穴住居が散在し、五間×一間の長大な掘立柱建物跡があり、東側の馬場山頂上付近には掘立柱建物群が立ち並ぶ。このように順庵原B遺跡や馬場山遺跡は、石見部中山間地域の弥生時代集落の原風景を体感することができる貴重な遺跡の一つであるといえる。

（追補）

脱稿後、石見地方で新たに弥生時代の掘立柱建物跡が三遺跡で確認されている。浜田市の道休畑遺跡は標高約九〇メートルのなだらかな丘陵に所在し、竪穴住居跡一六棟とともに二間×一間の規模を中心とする掘立柱建物跡二二棟以上検出されている。益田市の堂ノ上遺跡は標高約三〇メートルの久城台地に所在し、竪穴住居跡五棟とともに二間×一間の掘立柱建物跡二棟を検出している。中小路遺跡は高津川左岸標高約一二メートルの安富平野に所在し、一五棟の竪穴住居跡とともに二間×一間の掘立柱建物跡二棟を検出している。

参考文献

邑南町教育委員会『馬場山遺跡・順庵原B遺跡・長尾原遺跡発掘調査報告書』二〇〇五。
大田市教育委員会「平成九年度第五回埋蔵文化財専門研修資料　大田市鳥居南遺跡発掘調査」一九九七。
島根県教育委員会『神主城跡・室崎商店裏遺跡・古八幡付近遺跡・横路古墓―一般国道九号線江津道路建設予定地埋蔵文化財発掘調査報告書Ⅲ―』二〇〇〇。
瑞穂町教育委員会『町内遺跡発掘調査等報告書』二〇〇〇。

第四章　総合討論　山陰地方の掘立柱建物Ⅰ〈弥生・古墳時代〉

司会・浅川滋男

〈討論参加者〉（所属は当時）

浅川　滋男（鳥取環境大学）
辻　信広（大山町教育委員会）
濵田　竜彦（鳥取県教育委員会）
根鈴智津子（倉吉市教育委員会）
岡野　雅則（鳥取県教育委員会）
高田　健一（鳥取大学）
牧本　哲雄（鳥取県埋蔵文化財センター）
小原　貴樹（米子市教育委員会）
茶谷　満（鳥取県埋蔵文化財センター）
増田　浩太（島根県古代文化センター）
下高　瑞哉（米子市教育委員会）
工楽　善通（大阪府立狭山池博物館長）
落合　昭久（松江市教育文化振興事業団）
眞田　廣幸（倉吉市教育委員会）
中原　斉（鳥取県教育委員会）
米田美江子（出雲市文化観光部）
平川　誠（鳥取市教育委員会）
中川　寧（島根県埋蔵文化財調査センター）

初年度は各セッションごとの「討論」と全セッション終了後の「総合討論」にわけてディスカッションしたが、本書ではここに一括掲載する。

九本柱の大小と深さ

浅川　増田さんの発表（第一章第一節）についてお聞きします。まず今回の報告で、九本柱（建物）の柱径とか、柱間寸法とか、心柱の深さとかの基礎データの分析がなかったのですが、それについて補足していただけませんか。

増田　九本柱については、一覧表の中に、中央の柱穴がほかに対して深いのか浅いのかを示すデータを載せています。じつは最初、数値を入れていたのですが、なかなかわかりにくいだろうと思ったので、こういう並べ方になりました。非常にバラつきがあって、特別深いという例はありませんけれども、心柱については、他の8本にくらべて若干浅い、あるいは同様という例がほとんどです。特別浅いというのも、じつは数が少ないのです。それからもう一つ、これは以前に浅川さんがご指摘されていますが、下古志の五本柱に関しては、中央柱穴の様相が他の四本とは違って、段がつくような傾向があります。他の例に違いがあるかというと、顕著な違いは、どうもないのかなと思っています。田和山とか個別でみると違いはあるのですが、普遍的な傾向があるとは言い切れないようです。

浅川　わかりました。一つ確認しておきたいのですが、田和山は心柱が深いのですよね。違いましたっけ。

落合　側柱に比べて、心柱だけが深いというわけではありません。

浅川　柱痕跡から柱径は読み取れましたか。

増田　そこまで明確にわかる例というのはほとんどありません。

浅川　断面には出てこないのですか。

増田　百塚第7遺跡のSB16の断面をみると柱痕跡がわかるのですが、ほかにはあまり柱径を推定できる例はないですね。

九本柱の機能

浅川　岡山にも九本柱が分布しているということは、やはり特殊な機能ではなくて、倉庫のような機能を当然考えなくてはならないのですが、機能比定した例はどれくらいありますか。

増田　機能について断定的に書いてあるのは、私のみた限りありませんでした。とくに百塚の場合は、田和山的な特別な用途を意識して書いているところはありませんね。

浅川　もう一つだけ確認させて下さい。渋山池と渋山池以前で時期的な断絶があると思っていたのですが、どうでしょうか。

増田　例が少ないということもあるのですが、渋山池は、古墳時代の一番後ぐらいに納まるんだろうと思うのです。九本の柱穴が比較的しっかりとした形のものになっています。九本がそれぞれほぼ同じような特徴をもつ建物になってくる。というような認識で、浅川さんも書いておられたと思うのですが。そういった意味からいうと、田和山など古い時代の例と比較すると、三田谷遺跡のような新しい傾向が渋山池の段階で出てきているのは間違いないだろうと思っています。

浅川　渋山池とその前の段階とでは、どれくらい時間差がありますか。たしか大きくあくように思ったのですが。

増田　出雲に関していえば、そこは大きく間があくだろうと思います。百塚などの場合は六世紀末ということで、非常に時間の幅がひろいので、そこまではっきりと言えるかどうか、西伯耆に関してはわからないです。

高床か土間か

浅川　茶畑山道のＳＢ５とＳＢ11の比較を辻さんはされたわけですけれども（第二章第一節）、たしかに、梁間は違うし柱穴の大きさも違うから、高床か土間か、どう考えましたか。

辻　ＳＢ５に関しては梁間が非常に狭くて掘形も深いので、高床の建物であると考えています。ＳＢ11は非常に小さい柱材を使っていて、この細い柱では高床は構造的に難しいだろうということで、これは平地土間式でいいのではないかなと思っています。ＳＢ23についても微妙なところで、真中に屋内棟持柱があるので高床でいいんだろう。ただ、建物の高さ自体はそんなに高いものではないんだろうと思います。

浅川　屋内棟持柱と高床の複合性は強いとは言えませんね。床束があれば高床ですが、屋内棟持柱の有無で高床か否かを判定できない。ＳＢ５については、やっぱり外の集石が気になりますね。あれは、高床建物のまわりに礫敷きがあったのがはがれて部分的に残っている可能性があるのかなと思いました。一方、柱穴の中の石は、やはり太い柱を固めたり転がしたりするのに使ったものではないでしょうか。やはり高床なのだろうと私も思いました。

茶畑第1遺跡掘立柱建物12の年代比定

下高　茶畑第1遺跡の掘立柱建物12ですけれども、気にはなっていたとのことなのですけれども、以前は弥生時代の建物だということでしたね。弥生時代終末期～古墳時代前期あたりで逃げておられたと思うのですけれども、今回、岡野さんが再考されて（第二章第二節）、古墳時代前期中葉以降に比定されました。調査担当者と相談されて時期を導き出されたと解釈していいのですか。私もよくわからなくて、いつの時期かと思っていたのです。

岡野　掘立柱建物の時期については、報告書をまとめる段階でもいろいろ話はしたのですが、報告書のデータが、当時話していたデータと若干齟齬がありまして、それが矛盾の生じた大きな要因です。発表で取り上げた小型丸底壺にしても、検討段階ではあがっていませんでした。あくまで終末期の土器が出ているということで話を進めていましたので、そのあたりで調査担当者と話がすれ違ってしまいました。古墳時代前期の中頃という年代については、小型丸底壺がどこから出たのかというデータがなくて、調査担当者自体、竪穴住居の埋土の中から出ていることは間違いないのだけれども、どの辺からなのかわからないというのです。このあたりはグレーがかった世界になってしまうことは確かですね。ただ、あの住居は平面が方形を呈していて、少なくとも弥生中期後葉に遡る代物ではないと考えられます。妻木晩田遺跡の調査研究成果からも、弥生終末期から古墳前期くらいに隅丸方形の住居が多くなる状況がうかがわれます。掘立柱建物がこの住居を切っているのですから、古墳時代前期中葉以降という年代観は、それほど間違いではないのかなと考えています。

浅川　建物が切るって？

岡野　掘立柱建物が竪穴住居を切っています。私が直接現場をみているわけではありませんので、担当者に何度も確認したのです。三名担当者がいるのですが、三人とも、切っていることは間違いないと言います。報告書に写真が掲載されていまして、私自身も切っていると判断したので、こういう解釈をしました。

下高　岡野さんがやられたような反復的な考察は非常に大事なことだと思うのです。報告書を書いたら書きっぱなしで、その中身がそのまま一人歩きをしてしまう。これがいまの趨勢なので、その点を考えると、調査担当者ではない第三者の方が検討されて別の解釈をされることは大事なことじゃないかなと思うのです。それが正しいとか間違っているとかは別問題ですけれども。

濵田　古墳時代前期中葉以降に下るという話があったのですが、二、三確認したいことがあります。まず、小型丸底壺の土器小片がよくわからない。埋土から出たんだろうということで、床面から出てないことは間違いないと思うのです。集落変遷を考えてみると、どうも古墳時代前期前葉くらいで竪穴住居の建設は終わっていますから、しばらく空白期間があると思うのですけれども、妻木晩田なんかみてみると、古墳時代前期前葉ぐらいの集落の一番最後の竪穴住居というのが完全に断面を割り切ってないものが大多数で、くぼみの状態で残っているのですから、この小型丸底壺というのがどこから出たのかわからない状態では、埋まりきっていない竪穴住居のくぼみに後から入っている可能性があります。時期決定の根拠には厳しいのかなというのが一つ。それと、古墳時代前期中葉に西側に古墳が造られているけれども、ほんとに古墳と竪穴住居がこの近接した距離で同時併存するのか、という問題もあるかと思います。さらに、古墳時代前期中葉以降、中期から後期にかけて集落があるなら、百塚の例をみると、もっと密に遺構があってもいいかと思うのですが、そのあたりも希薄ですので、いま、こういった検討をされているのは大事だと思うのですが、これを古墳時代前期中葉以降、中期、後期の可能性があると決めるのはちょっときついのかなと思います。逆に、竪穴住居の検討をもう少し深めて、場合によっては、古墳時代前期前葉以内で収まる可能性も考えてみる必要があるのではないかと思うのですが。

浅川　濵田さんは妻木晩田でたくさん竪穴住居をみてきたわけですが、ほんとに隅丸方形は弥生にないって言えますか。

濵田　そんなことはないです。

浅川　これは危ないですね。建築の立場からみて、この建物は弥生の可能性が捨てきれない。端の間が長いでしょ。池上曽根でも田和山でも、中期の大型掘立柱建物は端の間が長いのですよ。掘立柱建物12と同じ傾向を示しています。辻さんが紹介された茶畑山道のSB11の柱配列と掘立柱建物12の屋内部分の柱配列は非常によく似ています。SB11の前に独立棟持柱をはり出したら、掘立柱建物12の平面になるのです。ちょっと心配ですね。再検討するのは大事なことだけれども、工楽さんいかがでしょう。

工楽　この建物の年代を小型丸底の土器で決めるというのは、出土状況を聞きますと、難しいかなと思います。それと竪穴住居の平面だけではちょっと厳しい。

浅川　布掘りのとらえ方にも意見があります。幅広布掘りの桁行柱間が二・六メートル×二間の等間で収まっているでしょ。布掘りの肩が出て丸くなっています。肩が出ているんだから、二間×一間の建物を想定すべきじゃないでしょうか。ほかの柱間寸法は二・九メートル、二・二メートルになるのですよ。いきなり三間×一間とか四間×一間を想定するのではなくて、二間×一間の建物を原型として考えることはできないのでしょうか。私は支持できませんね、岡野さんの遺構変遷の考え方を。

［編者註］ここでの議論成果を活かし、岡野氏の論文（第二章第二節）は全面的に書き改められた。

隅入の住居

浅川　猫山遺跡2号住居址（第二章第五節）で竪穴の入口がエッジにあるというのは、建築的にみるときわめて設計しにくいことなのですけれども、大阪の八尾南遺跡でも隅に梯子が残っていたそうですね。

工楽　実際に丸太を削り出した柱そのものが残っていました。地下鉄、谷町線終点の八尾南駅の南方にあります。そこで大阪府埋蔵文化財センターが去年も今年も発掘しました。

浅川　猫山遺跡の場合、あえて難点を言わせていただきます。高い方から住居に入ってくると、雨が降ったら水もザーッと入ってくる可能性があるわけですよ。普通、竪穴住を復元する場合、私たちは、逆に下から上がって入っていくパターンに復元します。雨は下に流れていくので雨仕様にはこの方が都合がよいのです。

工楽　八尾南の場合、方位でいえば東南の隅に梯子があります。

浅川　どっちが高いですか。

工楽　いやあ、ほとんど平坦で高低はないです。

浅川　時期はどうですか。

工楽　弥生中期後半。

［編者註］隅入の竪穴住居は、その後、倉吉市のクズマ遺跡（五世紀）でもみつかり、浅川研究室が復元模型を制作した（**写真1・写真2**）（横田・浅川 二〇〇八）。

中央ピットの構造と機能

浅川　八尾南の中央ピットの中に木枠がはまっていて、灰が溜まっていたとか。

工楽　焼けた跡はなかったようです。そして、その中央の穴から周堤の下を抜けて、周堤の外にいくとオープンカットの溝があって、そこへ向けて排水するようになっています。この中央の穴から外へ出ていくには、木彫りの細い溝があって、溝に木蓋がしてあります。住居址の周囲にも溝があって、溝の上に割材がさしかけてあり蓋をしております。一〇センチぐらい貼床があって、貼床の下に梁材が入っています。

根鈴　灰が入っていた木枠ですけれども、どんな形なのですか。

工楽　長方形に板で囲ってありまして、底にも板が敷いてあります。内部には土が詰まっていて、灰や炭化物などはなく、火床ではありません。ここから屋外へ丁寧に造られた排水溝が通じていますが、住居址の中央で何の目的に使われたのかはよくわかっていません。

浅川　水さらしというか、あく抜きとは関係ないのですか。

工楽　ないでしょうね。立派な排水溝まで設けていますから。

浅川　妻木晩田で濵田さんが掘った住居もそうなんです。すごいんですよ、中央ピットと排水溝が。

濵田　酸化したからす山椒が木枠に残っていました。妻木晩田で私が掘った排水溝も中央ピットに灰が入った可能性が高いのではないかと思います。

浅川　中央ピットの機能については議論が分かれていますね。

周堤―小屋組の基礎

浅川　周堤の盛り上がりはどうでしょう。

工楽　いま残っているのが三〇～四〇センチぐらいの周堤の高さです。

浅川　周堤が当初の形を残しているとみているのですか。一般的に削られていることが多いですが。

工楽　これは断面を切って調査していますから、ほぼ当初の形としてみていいでしょうね。

浅川　やはり垂木の差込はないですか。

工楽　ありません。

浅川　垂木を置いてから周堤の土をかぶせている可能性が高いですよね。その場合、垂木尻の差込痕跡は残らない。私が黒井峯（群馬県）でみた例は、周堤に埋めた垂木が、跳ねて倒れて、その溝が残っていました。ただ、妻木晩田の周堤は五〇センチくらいの高さでしたけれども、そこにも垂木の差込穴

写真1　倉吉市クズマ遺跡5号住居（1/20）復元模型正面

写真2　倉吉市クズマ遺跡5号住居（1/20）復元模型背面（1・2とも浅川研究室制作）

はないし、八尾南のように残りのいい周堤でも垂木の差込がない。垂木を置いてから周堤の土を両側から盛っているとみなさざるをえないですね。周堤を小屋組の基礎にしている証拠だと思います。

工楽　土の重みで固定できるのですね。

田和山の環濠について

浅川　田和山遺跡の環濠ですが、前期末頃に尾根で三つに分断されています（第三章第一節）。環壕というのは、分断されているけれども、防御性はあるのですか。

落合　三方の尾根が残っています。それで防御と考えるならば、この三方の尾根を切断しないといけませんね。簡単に上がれるような状態ですから。壕の形態も船底状のようなゆるやかな浅いものですから、防御性を考えて造ったものとは考え難いと思います。

浅川　この時期に三本に切断された壕があるのは間違いないのですか。

落合　間違いないです。遺物などからも証明されています。

浅川　はい、わかりました。

（二〇〇四年十一月四日「討論」の記録）

弥生・古墳時代の集落像

浅川　それでは総合討論に移ります。濵田さんから、出雲の古墳時代集落と掘立柱建物について概要をうかがいたい、との質問です。

増田　概要というほどわかっている遺跡がないのですが、弥生時代もそうなのですけれども、面的に掘っている遺跡が古墳時代は少なくて、とくに集落の全容がわかる遺跡がありません。掘立柱建物の数も鳥取にくらべると非常に少ないですから、なかなか関係を言うのは難しいと思います。

浅川　残念ながら、概要を話せる段階にないということですね。次に、茶畑第1遺跡の集落像について、やはり濵田さんから質問です。

濵田　昨日の議論で建物の具体的な姿がみえてきたかなと思うのですが、一方、茶畑第1遺跡を集落としてどう評価できるのか、また、その周辺にも弥生時代の遺跡が点在しているので、そういう場所を遺跡群としてどういうふうな理解をしたらいいのか、岡野さんにちょっとお話をうかがって集落像を深めることができればと思います。

岡野　茶畑第1遺跡の全体的な集落像というのは難しいですね。この集落の立地するところが茶畑第1遺跡、となりの尾根が押平尾無遺跡、そのとなりが古御堂笹尾山遺跡ということで、小さな谷をまたいで連続する尾根上に展開する集落でして、周辺の尾根を歩くと土器が落ちていることもあり、おそらく妻木晩田遺跡のようにひろい集落上に展開する遺跡の一部分を発掘調査で抜いたような状態かなと理解しています。そういった中で、茶畑第1遺跡の評価になるのですけれども、時期の若干流動的な部分もありますが、掘立柱建物跡が弥生時代の後半から古墳時代の前半という時間幅の中で展開したことは考えられるわけです。そういったことから集落像をみていくと、まず茶畑第1遺跡の中期後葉は、円形の竪穴住居が何とか七～八棟分布するような状況なのです。ところが、それ以降は竪穴住居の分布する密度が非常に低い。これが大きな特徴です。一棟ないしは二棟の竪穴住居がぽつぽつと連続するような状況があって、中に掘立柱建物がかんでくるような状況です。そして、となりの遺跡が押平尾無、そのとなりが笹尾山なのですけれども、両方とも竪穴住居の密度が非常に高い。この広い平坦な尾根にある茶畑第1遺跡は、竪穴住居の密度が非常に低く、かつ掘立柱建物の中で特殊なものが何棟か存在するということで、大きな集落の中でもやはり一般居住域とは異なったエリアとして認識をされていたんだろうと考えています。

浅川　その場合、やっぱり問題になるのは、濵田さんのいう「空間A」「空間B」の仮説（第一章第二節）ですね。昨日、岡野さんは、要するに大型建物が併存しないと結論したわけです。そうすると、「空間B」みたいな構成にならないということになる。私は岡野さんの結論にいくつか疑問を抱いています。まず、大型竪穴住居と大型掘立柱建物を「大型建物」と一括して変遷模式図を提示しても、いまひとつ説得力がない。大型竪穴住居と大型掘立柱建物は、とりあえず別個に考えてみなくてはならないでしょう。主に居住性能を担う建物と、そうでないであろう建物を一括して、A期、B期、C期……と並べても意味がない。濵田さん、そのあたりですよね、聞きたいのは？

濵田　そうです。

岡野　たしかに、掘立柱建物から竪穴住居に変わって、また掘立柱建物に戻るというような変遷は少し難しいかなとも思いました。実際、掘立柱建物が併存しているということもまったくありえないわけではない。ただその中でも、遺構の重複関係からみると、時間的な差異があるだろうと考えています。

浅川　濵田さんの仮説と岡野さんの結論で、齟齬が生じているわけですね。

濵田　まず一つ気になるのは集落の変遷の中で、日常的な生活の場となっているところと、そうでないところがあるのかについて、少し整理してみないといけないのかなと思うのです。私の考えている「空間Ａ」「空間Ｂ」が、茶畑第1遺跡にも応用可能であれば、大型建物がある時期に、それに隣接して竪穴住居があるというのは不都合なわけです。必ずしもそうならなければならないとは思いませんけれども、そういうモデルに対して、どういう解釈ができるのか気になるところですね。

空間Aと空間B

浅川　眞田さんから濵田さんに質問がきています。「空間Ａ」と「空間Ｂ」の出土遺物の差は、鉄器以外であるのかどうか。

眞田　昨日の説明で、鉄器が多い少ないという話がありましたが、ＡとＢの遺物の組成の差で何か言えますか。

濵田　じつは遺物も検討の対象にしていたのですけれども、青木遺跡、大山池遺跡など、私がモデルとしている遺跡では、「空間Ａ」の方が良好な遺物があまり出土しません。大山池遺跡は、ほぼ削減された状態で建物跡しか残っていない。青木遺跡も決して遺物の出土状況はよくなくて、青木遺跡の中で「空間Ａ」「空間Ｂ」で遺物差があったかどうかわからない。ただし、「空間Ｂ」の典型になると思える茶畑山道遺跡では、大型建物の周辺から銅鉾型土製品とか分銅型土製品が出土しています。今後、こういう遺物が「空間Ａ」「空間Ｂ」でどういう違いがあるのか、課題にしていきたいと思います。

浅川　要するに、建築物は違うけれども、出土遺物の差はまだはっきりわからないということですね。

濵田　茶畑山道遺跡では、どうやら「空間Ｂ」の中でも石器を製作したり、生業活動を行っているようですので、建物の配置からみる空間分節はあるのかもしれませんが、生活の中で「空間Ａ」「空間Ｂ」をどれだけ明瞭に区別していたのかは、また別次元の話なのかなと思っているところがあります。

浅川　茶畑第1遺跡と茶畑山道遺跡は、Ａ・Ｂ理論に即してみれば、ゾーニングとしてはどういう位置づけが可能なのでしょうか。役割分担でもいいですが。

辻　やはり時期が違います。濵田さんがいっておられる「空間Ｂ」が茶畑山道であり、茶畑第1です。茶畑第1のＢ期は弥生終末期以降、茶畑山道は弥生中期中葉から後半です。

岡野　茶畑山道は、ある程度掘立柱建物の時期が特定できますけれども、茶畑第1は難しい。さきほど濵田さんが言われたように、掘立柱建物と竪穴住居が共存するかどうかを検討していかないといけませんね。ただ、現段階でみる限り、周辺の遺跡とくらべると、「空間Ｂ」的なあり方は茶畑第1にあるだろうと考えています。

辻　濵田さんが岡野さんに質問されたこととかなりかぶるのですけれども、茶畑第1遺跡には、じつは大きな環壕か溝となる遺構が検出されています。それがどういった性格をもつものであって、建物がどういったものであるのか、聞いてみたかったのです。

岡野　茶畑第1遺跡の区画溝なのですけれども、遺構の全体図の右上の右端のところにかかっている溝でして、断面V字形で、深さが一・五メートルあったかと記憶しています。溝5です。尾根を切断する方向に伸びている溝です。この溝の時期がわかりません。土器は出ているのですが、その溝の左側に円形の竪穴住居がかかっていまして、これが弥生の中期後葉です。この付近から土器は出ているけれども、ちょっと信用できないので、基本的にはこの溝の時期はわかりません。ただ、この集落が「空間Ｂ」的な様相を呈していることからみて、その尾根を切断する方向で、空間を分節する溝が存在したと十分に考えられると思います。

浅川　辻さんは、これが空間を分節する溝で、それによって方形区画に近い領域が造られているとお考えですか。

辻　方形区画とはいいませんが、そういう集落の中枢部を区画する溝ではないか。それと、高田さんが長瀬高浜の首長居館について、集落内部の特定の部分を区画するのは古墳時代の前期になってからだとおっしゃいましたが、もうちょっと遡ってもいいのではないかなと思うのです。

高田　弥生時代終末期とか古墳時代初

頭ぐらいになってくると、尾高城跡の方形区画と考えられているものもあるのですが、中に突出した建物があるかというと、明確ではありません。遺構として、柵列なり何なりしっかりしたものに囲まれて、その中にちょっと特殊な大型の掘立柱建物が入ってくるというのは、確実には長瀬高浜遺跡だろうという程度の意味で発言したのです。それが遡っていっても、事実であれば、そう評価していくしかないと思っています。

浅川　「空間A」「空間B」というのは中期に顕著だというわけですが、後期はどうなのですか。

濵田　後期は結局、本来「空間B」にあったような建物が居住単位の中に取り込まれていくのではないか、と思っていて、中期にみられた集落空間分析というのが後期にはなくなってきているというふうにみています。

浅川　集落の中に入っていくって、九本柱建物のほかに何かあるのですか。

濵田　松尾頭の一居住単位の中にある庇付きの大型建物などは、中期段階では「空間B」の中にあるのですけれども、後期になって複数の居住単位が集住するようになると、特定の居住単位の中に取り込まれていって、そういったところに首長層の存在が推定できるとも思っているのですけれども。

浅川　松尾頭の庇付き建物のゾーンがもう一つ弱いなぁというのが、正直、私の感想です。

濵田　そうですね。そういった建物が、弥生時代の後期から終末期を通じて、妻木晩田の中で確認できるかといえば、じつは松尾頭に庇付きの建物が二棟あるくらいで、各時期に認められるわけではありません。じつは、自分でもまだ弱いところがたくさんあると思っている次第です。

九本柱と環濠

浅川　妻木晩田の場合、九本柱建物というのは、集落に混入していくという認識はもっていいのですか。

濵田　はい、そうです。その後に鍵をにぎっているのが田和山遺跡と、中期まで遡るかわかりませんが、下山南通遺跡にある建物です。居住単位の中に「空間B」はないのですが、九本柱があって、それが中期段階でそういうあり方をしているのであれば、後期になっても「空間A」と理解できるよう居住単位の中に九本柱建物が残っていっていいのかなと思っているのです。時期決定が難しいので、そのあたりについても、もうちょっと資料が増えないと何とも言えないなというのが正直なところです。

浅川　九本柱は後にまわして、妻木晩田から何とか田和山につないでいきたいので、落合さんの質問を取り上げます。妻木晩田の環壕の時期についてです。以前、中期の環壕が妻木晩田から出ていると聞いたので、もし中期ならば、その環壕と併存する遺構が知りたい、という質問です。

濵田　環壕の調査を平成十二～十三年度に担当しました。当初は、中期に遡る認識で掘りはじめたのですが、実際掘りはじめてみると、環壕の堆積の中に中期の土器はほとんど入っていない。まったくないわけではないのですけれども、最下層に入ってくる遺物というのは、基本的にV-1期。非常に量が少ないです。環壕に囲まれる空間の中にV-1期の遺構があるかといえば、じつは私が調査した中からはみつかっていない。たぶん淀江町の調査の中でも、明確にV-1期に位置づけられるものはみつかっていないです。V-2期になるくらいに埋没しているのはわかっています。なおかつ、環壕は居住域を囲むのではなくて、空閑地を囲んでいるのではないか、と考えています。基本的には、中期には遡らない。厳密にいえば、いつから埋没しているかというのは調査でわかるのですが、いつ掘削しているかというのは厳密にとらえられません。遺物の出方とかそういうものを加味した状況証拠からの推測です。

落合　V-1様式くらいで埋没しているとき、溝をまわしているという話でしたっけ。中に建物遺構はないということですね。

濵田　丘陵頂部を直径六〇メートルの範囲をぐるりと溝は一周しているのですけれども、V-1期以降、徐々に埋没がはじまって、何回か掘り直して環壕の形を維持している部分もあるのですが、V-2段階まではほぼ埋まっています。V-2期以降は、環壕埋没後に居住域に変わっていくので、V-2期では竪穴住居はみつかっていませんが、V-3期以降は三棟から五棟の竪穴住居が洞ノ原西側丘陵の上に古墳時代前期の前半くらいまで存続しています。

落合　環壕があったときの姿は、何もない空間のまわりを環壕がめぐっていると解釈してもよろしいですか。

濵田　そうです。仮に環壕の中で日常の生活が行われていれば、環壕の中にそれなりの遺物が転落していてもいいのではないかと思うのですが、そういった状況は私が掘った中ではまったく見受けられなかったので、そういうふうに理解しています。

浅川　九本柱があった可能性もあるのでしょう。古墳がかぶっているから、九本柱かどうかわからない遺構があるのです。掘立柱建物というのが単独で存在した場合、時期決定はできないですからね。併存しているか単独か、なかなかわからないですから。逆に、濵田さんから落合さんに質問があるようです。田和山遺跡について、弥生前期末以降、中期末まで間断なく営みがあるのか。そのあいだ環壕は常にオープンの状態だったのか。環壕が空閑地を囲んでいたことも想定できるのではないか。要するに、何もなかった時期があるといいたいわけですね。

濵田　前期の末から中期の末まで、すごく長いあいだ環壕があるのですけれども、建物は二棟しかみつかってないのですよね。切り合い関係はないと思うのですが、そのあいだ建物がずっと建っているわけはないと思うのです。その長い期間、環壕の姿も変わるし、その中の空間の状況も変わっていると思いますが、そのあたりをどう整理されているのかと思いお聞きしました。

落合　いま言われたとおり、山頂部に明確なのが五本柱と九本柱です。五本柱の方は、柱穴の中から一片だけ土器片が出てきていまして、小さい破片ですので明確には言えませんが、貼土だけでみると前期末のようです。山頂部に柱穴が結構あるのですが、建物想定が全然できない。田和山が祭祀的な空間だったならば、五本のような祭祀的なものがあったり、九本のような祭祀的なものであったり、そのあいだで柱一本のヒモロギのようなものが建ってたりというのも想定できるのではないかと私は考えています。

浅川　一本柱に注意してほしいと、以前、落合さんにお願いしたことがありましたね。数字の一、五、九は、ほとんど同じ意味だと私は思っているのです。二も非常に重要な数字だと思っています。男と女ですから。象徴的二元論で、男柱、女柱になりますから。一、二、五、九はシンボリックな数字だと思います。だから、五本柱や九本柱だけでなく、一本柱に注意を払わなければなりません。集落の中で、九本柱がある場合とそうでない場合があると言われたんだけれども、どうですか、一本深い柱が妻木晩田の集落の中にはありませんか。

高田　妻木晩田ではないですけれども、茶畑第1の中には一間×二間の建物の中央に非常に深い柱穴があって、七本柱になるのがあります。

浅川　あら、悩ましいですね。次に工楽さんから田和山遺跡に関しての質問です。濠を掘り上げた残土の処理の痕跡はありますか、濠底には遺構など何もありませんか。

落合　前期末の頃も、濠を掘った残土で一部盛り土をして、外側に土塁のような高まりを若干造っています。

工楽　フラットな場所を造って、ひょっとしたら柱穴があったけれども、流れてしまってというようなことが考えられないか、ということをちょっと聞きたかったのですが。

落合　それはみつかっていませんね。

百塚第7遺跡の方形区画

浅川　次に辻さんからの質問です。方形区画は古墳時代からはじまるということでしたが、百塚第7遺跡のものについて、その年代の根拠は何か。また、この区画の機能は何か。長瀬高浜遺跡で古墳時代から溝で明確に区画するというが、茶畑第1遺跡にも区画溝の可能性のあるものが検出されていて、弥生終末からそういったものは現れはじめるのではないのか。また、その性格について、内部にあった建物群をからめて議論してほしい、とのご質問です。

高田　まず、百塚第7遺跡の方形区画の方ですけれども、これは報告書では柵列と考えられています。柵列の一部のピット内から弥生中期後半の土器が出たので、その中にある竪穴住居と九本柱の掘立柱建物を取り囲む区画だと考えられたのです。しかし、竪穴住居と掘立柱建物は、切り合い関係があります。また、九本柱や柵列の時期を弥生時代中期後半の閑散とした集落構造の中で考えるよりも、同じ平面形態の建物がいくつもある古墳時代中期・後期の集落像の中で考えた方が理解しやすいのではないか。弥生時代でなく、古墳時代中期以降で考えるべきではないかと思っているところです。柵列については、あまり明確な考え方をもっていません。

　九本柱の建物で、そんなに多くないのですが、二棟が並列して棟を並べて一対になって並び立つという類例が何例かあります。そういうものを囲んでいる柵列が考えられるのかなと思うのですが。九本柱の掘立柱建物がすべてそういうあり方をしているわけではないので、これについてはよくわからないというのが正直なところです。

濵田　補足してよろしいですか。私の資料08に示した百塚第7遺跡の方形区画なのですが、私も古墳時代以降だと思っています。報告書では、竪穴と掘立柱建物がセットになって、柵列で囲まれている首長居館のようなイメージで報告されているのですが、やはり遺構の重複関係をみると、掘立柱建物を囲んでいる柵列と考えるのが妥当なのではないかと思います。神戸市松野遺跡の場合、九本柱ではないのですが、総柱でSB05という棟持柱の建物、棟持柱のないSB06とセットになっていて、非常に百塚第7遺跡に似ているのではないかなと思うのです。また、百塚第7遺跡では、古墳時代中期以降に集落遺跡としてたくさんこういった建物がみつかっているので、中期の集落景観の中にこの建物を位置づけるよりも、古墳時代中期以降の施設としてとらえる方が理解しやすいのではないかと思っています。

浅川　百塚の竪穴2と書いてあるのは、柵とは関係ないということですね。

濵田　そうです。とくに、26号住居が周堤が幅二～三メートルと考えると、柵列に接するか柵列がのっかるか、非常に微妙なことになると思うのですよ。完全に否定はできないのですが、柵列に対してこんな寄ったところに住居を造るかなという素朴な疑問もありますし、竪穴住居はこの柵列の中に入ってないとみるのがいいのでないかと、個人的には思っています。

浅川　濵田さんは松野遺跡のような状態を方形区画の中で想定しています。高田さんもそれに近いということですか。

高田　松野遺跡の場合は建物規模が大きいのですが、百塚の場合は平面規模も小さいですし、人が住むような建物じゃないと考えています。それを、柵列で囲っていてもいいと思うのですが、ただ、建物と柵列が厳密には平行していないので、私はそこまで積極的には考えていません。

浅川　柵の中に竪穴住居があった可能性もあるということですか。

高田　竪穴と柵列が同時並存するということですか。それも考えていません。

浅川　全然イメージが違いますからね、竪穴が入るか入らないかで。

高田　柵列内の竪穴住居の規模は、一棟が他方よりも平面規模が大きい。百塚第8遺跡にある同時期の居住単位に目を向けると、やはり大きい竪穴住居が一棟あるのです。その他の竪穴住居は互いに似たような規模です。居住単位の中で一棟だけ大きな平面規模の竪穴住居があるというのは、後期でも普通の姿です。そういう視点でみていくと、この二棟だけ特別扱いする理由が何もない。したがって、柵列に囲まれている可能性は低いと思っています。

九本柱の規模と機能

浅川　はい、わかりました。五本柱、九本柱をじわじわと攻めていかないといけません。増田さんからの質問です。九本柱遺構の集成をみると、弥生～古墳時代では、せいぜい二〇平方メートル程度までのものが多い。一方、妻木晩田では面積が大きく、平均値からはずれるものを含んでいます。これらを同じ機能と考えてよいのか。田和山・百塚7・57・60号は柵や濠で区画されている点で、他例と区別できるように思うが、どうなのか。九本柱＝すべて特殊ともいい切れないのではないか、という質問です。

増田　以前に中原さんが集成をされていて（中原斉「妻木晩田遺跡における掘立柱建物跡(1)―9本柱建物を中心に」『妻木晩田遺跡発掘調査年報2001』鳥取県教育委員会）、集成(1)と書いてあったので、たぶん集成(2)が出るだろうと思って期待しているのです。現時点で、ああいったいろんな大きさの建物を、どういうふうに理解されているのかなというのを一つうかがいたいと思います。

中原　掘立柱建物の集成(1)・(2)ということですが、妻木晩田遺跡の中で掘立柱建物の時期の決定なり建物の認定なり、非常に問題があろうと考えて、そのとっかかりとして九本柱を取り上げたのが集成(1)です。いずれは集成(2)をと考えてはいるのですが、予定は未定です。九本柱については、正直なところ、建物の規模に伴う性格の違いを想定していません。桁外れに大きいのが一棟だけ報告されていまして、まずそれを排除することが必要だろうと考えました。妻木山地区の中に一つあるのですが、通常の柱を建てる構造物ではまずありえない。排除することを目的としたので、規模での差はいまのところ考えていません。規模の小さい九本柱が、「居住単位」の中で一棟程度含まれることに注目したという段階です。

増田　もう一つは、古墳時代に入る百塚の例なのですけれども、柵で囲んである領域が何と組み合うのか。私は、ぱっとみた途端、掘立柱建物と組み合うんだろうなと認識しました。だとすると、百塚からは、ほかにも非常にたくさん九本柱が出ています。これらと何が違うんだろうか。みなさん、どういうふうに考えておられるのか、と思って質問しました。すべて同じような建物で、同じような機能をもっているというふうに考えていいのだろうか、どうだろうか。みなさんのご意見をおうかがいしたかったということです。

高田　柵列と竪穴住居と九本柱建物は、別々の時期のものが、たまたま同じ空間で検出されたという考えです。これ以外の地区に存在する九本柱建物と平面プランもまったく同じようなものですので、これだけを特別扱いして、柵列で囲んでいるとみなす必要はないという考え方もできます。一方、先ほども言いましたが、二棟が棟方向をそろえて並ぶという類例が何例かあります。津山にも七世紀ぐらいの建物群が一例あります。同時併存して二棟並んでいるという姿が特別視されて柵列に囲まれているという考え方もありうると思います。その場合、独立棟持柱を伴っているので、普通の九本柱とは違うという考え方もできなくはないと思いますが、そうでないと考えることもできる。何か優柔不断ですけれども。

浅川　二棟が併存していたかどうか、わからないでしょ。建て替えかもしれないしね。大社造が成立するのは、心柱と高床構造が複合するのが第一段階で、独立棟持柱はたぶん伊勢神宮の影響でくっつくのだろうと思っていたのですが、こんな古い独立棟持柱の例を出されるとびっくりしますね。たぶん天武朝ぐらいに伊勢の影響が強くなって、もとの九本柱建物に独立棟持柱をバーンとつけたときに本格的な大社造が成立すると思っていたのです。

五本柱と九本柱

浅川　田和山の九本柱について、牧本さんが一間×二間じゃないかと質問されています。

牧本　前々から変だなと思っていたのですけれども、どうみても他の九本柱の建物とくらべると柱の配列が不規則ですよね。台形状になっているのと、柱間が等間隔でないという特徴があって、九本で何となく並びそうなのですけれども、無理して並べる必要はないのではないかという考えでして、一間×二間の建物を想定した方がより無難じゃないかなと思って質問させていただきました。

落合　それもたしかに否定できないのですよね。九本柱の柱穴の埋土が全部同じであるというわけでもなかったのです。たしかに「強引に九本にしなくてもいい」と言われると、実際、いま報告書を作っている段階なのですけれども、山頂部についてもいろいろ迷っています。そういう状態でして、それも否定できないという感じです。

浅川　あれが九本だとする場合、たとえば妻木晩田の九本柱と田和山の九本柱とは明らかに異なる。田和山の九本柱は、加工段ではあれだけしっかりした掘立柱建物が造れているのに、これだけ柱列が乱れているということは、やっぱり建築ではない可能性が高いのではないかと私は言いたかった。いまの発言では、田の字型じゃないというわけですか。加工段のしっかりした切妻造の大型建物が造れるのに、山頂の九本の柱の乱れはいったい何なのですか。同時併存しているとすれば、まともな建築ではないと思っていたのです。私自身、五本から九本への変化について書いていますが（講演記録＝浅川「五本柱と九本柱―大社造の起源と巨大本殿の復元・序説」『文化財講座』特集号、二〇〇三）、そうすると、下古志も重要になってくる。岡野さんから質問で、下古志遺跡について、検出した掘立柱建物（五本柱）の時期決定の根拠を教えて下さい、とあります。

米田　もともと土壙と思って調査していたのです。柱穴は頭にないまま、セクションの線引きをしていて、後からみにきた人たちから、大きく並んでいる柱の跡ではないかと言われて驚きました。私の知識の中に、こんな大きな柱穴があると思ってなかったので。心柱の穴は直径一メートルで、柱穴から出てきた遺物から時期決定しました。弥生と奈良・平安～中世の大きな複合遺跡だったもので、このあたりの埋土と遺物から時期決定しました。

浅川　ＡＳＢ04の年代は、結局どうでしたっけ。

米田　下古志遺跡の掘立柱建物消長表をみて下さい（第三章第二節一七〇頁表3）。

浅川　ＡＳＢ04が一間×一間で、後期初頭から後期中葉。もう一つありましたよね、五本柱が。

米田　昨日、初めてあれが五本柱にしてあるのを知りました。浅川さんの講演記録（前出一五一頁）で、下古志遺跡ＡＳＢ02って書いてあります。ＡＳＢ02ですが、私としては真ん中の柱穴はとらずに、一間×一間でしかとらえてなかったのです。

浅川　こちらの年代はどう考えておられるのですか。

米田　時期は、一応ＳＫ28が後期、私が2期とした時期でして、後期前葉からそれを引っ張っているので、それ以後としてみて下さい。

浅川　これを、ただの一間×一間と思っていたわけですね。五本柱とは限らないということですか。

米田　はい、さきほど説明しましたように、一六七頁図7左上に調査区の境界線を引いているのですけれども、右側の線にかすったように柱穴Ｐ４があるのです。その調査区外のところが近代の水路で壊されていまして、伸びていた可能性があるかもしれないということです。

九本柱の最古例

浅川　ということは、五本で一番古い可能性があるのがやはり田和山ですよね。九本で一番古いのは、鳥取では？

中原　下山南通で九本柱かどうか線を引いたのですが、柱穴が九ヵ所みつかっているわけではないので、確定はしていません。貯蔵穴と切り合っています。当時、遺構の重複関係がわからなかったので、貯蔵穴の方が新しいと断定できなかったのです。掘立柱建物を、当初、認識していませんでしたもので、私自身もその当時、Ｖ期の遺構に伴うものではないかという感触はもっていたのですが、報告書では時期を不明としています。これは、そこまで遡れるという自信がありません。弥生時代の中には収まるのですが。今日、報告した下山南通のⅣの段階の九本柱も、遺構群の近くにあるのですが、そこまで遡ることを断定できなくて、Ｖの段階に下る可能性もあるのではないかと思っています。これが一番古いと断定できるわけではありません。田和山の九本柱がほんとうに九本柱であるならば、一番古いということになります。

浅川　増田さんからの質問です。九本柱を、心柱とか柱径とか柱間とかで区分していけないかものかという質問。

増田　自分の気持ちとしては、そんなに区別ができないのかな、という感触が集成段階でありまして、その中から外れてくるのは、規模的にみたら妻木晩田だろうというところは思っていたのですけれども。

浅川　それは、平面規模でしょ。心柱は浅いもの、側柱と同規模のもの、もっと深いものと三つぐらいに分かれると思うのですが。

増田　厳密にいうと、分かれない。とくに深いというものが多いわけでないですし、浅川さんの講演記録（前出）で深い例をあげられていましたが、そういう例が古墳時代も多いかというと、そうでもない。深さからはそれを導き出すことはできないと思いました。あるいは柱穴の径ですよね、これが特別に違うということでもないという印象で考えていました。

浅川　そうですか。

米田　下古志のＡＳＢ04の図をみるのですが、浅川さんに逆に質問なのですけれども、同じような中央ピットというか心柱は、まわりの建物跡にはあのような大きさのサイズのものはないわけです。そうすると、やはり全体からみれば、いまのところ五本柱としていいものなのでしょうか。

浅川　思わせぶりなのですよ。Ｐ１・Ｐ２・Ｐ３・Ｐ４はやや浅めで、Ｐ５は二段掘りにして深くしているでしょう。たぶん旧地表面はもっと高いから、やっぱりＰ５というのは方形プランのちょっと奥向きにあるご神体柱のようなもので、それを標杭四本の結界が囲んでいるというイメージが湧いてくる。それと、さきほどのＳＢ02は平面が非常によく似ています。ここから展開していくと、田和山のあのいびつな九本柱も理解できないことはないのですよ。奥の方の片側に心柱が寄っているとみればいいのですから。心柱が奥側に偏っていて、それに間柱を合わせていったから、いびつな田の字形になったと理解できないこともない。反論もあるかもしれないですが。

　九本柱については、大きく分類するとどうなりますか。田和山のように象徴的な場所にある例、集落の中に混ざっている例、いくつか群をなす例。

高田　中央の柱穴がそんなに深くないもので、六世紀くらいのものは、規模でいうとだいたい一〇平方メートル前後に集約されてくるのですけれども、そういったものは倉庫と考えていいのではないかと考えています。

独立棟持柱付建物と長棟建物

浅川　わかりました。もう一つ知りたいのは、独立棟持柱が初現するのはどの時期なのでしょうか、伯耆で独立棟持柱が初現する時期が知りたい。

辻　いまのところ、わかっているのは茶畑山道のSB5です。

浅川　茶畑山道SB5が一番古い。あれは、高床の可能性も高く、非常に近畿っぽい匂いがしますね。時期は？

辻　中期中葉の終わりくらい。Ⅲ様式の終わりからⅣ様式のはじめ。

浅川　独立棟持柱建物と長棟建物との時期差はどうなのですか。

中原　下山とか長山でいえば、時期的に両者は平行しています。下山南通の南部の遺構群は中期中葉の時期と重なるのですが、時期的にはⅢ様式の古い段階からあると考えているので、長棟建物が若干先行するかもしれません。

浅川　わかりました。牧本さんから濵田さんに質問です。弥生時代中期以前の掘立柱建物が長棟となる例が多く、それ以降は特殊なもの以外は短棟になるのは、機能差を考えてよいのかどうか。

濵田　厳しい質問で大変つらいのですが、基本的には機能差だと思っています。小型の一間×一間ないしは一間×二間なんていうのはおそらく高床倉庫、長棟については共同作業場のような機能を考えてみる必要があるのかなと思っています。どういうふうに裏づけていくのかが課題です。

浅川　小原さんから中原さんに質問です。高床式か平地式かを判断する決め手となる遺構例はほかにないのか。また、屋根が地上まで葺きおろしの構造は考えられないか。

小原　青木遺跡で、長棟建物の復元を考えたとき、米子高専（当時）の鈴木充先生だったと思いますが、葺きおろしのロングハウスみたいなイメージでずっととらえられていたのです。ところが、現在、長棟建物は葺きおろしじゃなくて、壁立ちのイメージでとらえられています。集落の中の公共的な建物だとか、祭祀的な匂いがする建物のイメージですね。これが葺きおろしだと、イメージが全然違ってくるわけです。

中原　そういう上部構造について、長棟の建物について考えたことは正直言ってありません。たしかに青木遺跡であるとか、県の埋文センターが『弥生時代の鳥取県』という本を作ったときにも、屋根を完全に三角形を葺きおろす形で復元したことがあるのですが、その根拠を私は知りません。

浅川　ちょっと、考えにくいのではないですか。竪穴じゃない掘立柱建物で、屋根を地面まで葺きおろす理由は何なのでしょうか。民族例にあるのですか。

小原　長山馬籠の例で、軒先に土壙を伴っていますね。土壙が側柱の外に出ていても、葺きおろしであれば屋内におさまりますね。

浅川　側柱列の真下にある土壙ですか。長棟と呼ばれている建物は、土壙を伴うとか、梁間が広いとか、やはり平地土間式の匂いがしているのですが、梁間が短くて独立棟持柱をもつ高床の祭殿っぽい建物とは機能差があるのですかね。「空間B」の中での機能差を考えなくてもよいのでしょうか。

濵田　「空間B」を完全に祭祀的な空間に特化しているわけではないので、独立棟持柱をもって高床の造りの建物が祭祀に関係ある建物であれば、その中に長棟の作業場的な建物が共存していてもいいのかなと思っています。

浅川　私が即興で仮説をいいますから叩いてください。モデルはオセアニアです。住居というか「家」は、煎じ詰めれば女性に象徴化される空間です。それに対して、集会所に似た「大きな家」という施設がオセアニアにはあって、そこは男たちの空間です。男たちは、普段、めったに家に帰らない。家で寝ないのですが、彼らは「大きな家」で寝たり作業をする。そこはカヌーの格納庫でもある。男たちの作業はここで行う。祭りも当然やります。「家」が女に象徴されて、「大きな家」は男に象徴される。こういう建物がオセアニアにはひろく分布している。長屋建物には、ちょっと「大きな家」に似た匂いがしますね。女に象徴される「家」に対して、男に象徴される「大きな家」が、伯耆地方では先行して存在した。そこに、近畿方面の新しい宗教施設として独立棟持柱が導入され、長棟建物と重層化する。こういうふうに思ったりしたのですけれども、長棟建物の方がより土着的な「男の空間」で、そこに独立棟持柱建物がかぶってくる。その結果、茶畑第1遺跡のような空間が生まれたのではないか。

中川　独立棟持柱建物に祭祀性が高いといっても、銅鐸形土製品であるとか分銅形土製品は、日常の集落でも出てきます。竪穴住居に住んでいる人たちが、日常の中での変化をもたらすときに使うものだから、祭祀という言葉にしたときのイメージとは違うという気がします。日常生活の中での祭祀という性格が強いのではないかとすれば、「空間A」「空間B」の分け方によって示されている。中身の機能的な部分がきっちり分けられるものではなくて、グレーゾーンを保ちながら、祭祀的な部分に移行していると思うのですけれども。そうなった場合、いまの浅川さんの話とどう組み合わせられるのか。ちょっと聞きたいなと思うのですが。

濵田　基本的には、中川さんと似たようなイメージで「空間A」「空間B」をとらえていて、たとえば大山池遺跡なんかは、明瞭に集落の姿を現していると思うのですが、きっちり線引きできるわけではないのです。日常生活空間があって公共的な空間がある。作業もできるし、祭りもする。線引きというのは非常に不明瞭で、グレーな状態だと思うのですよ。イメージとしては中川さんに近いです。浅川さんの仮説については答える力量がありません。

浅川　眞田さんから中原さんに、長棟建物の時期を決めた方法について、質問が来ています。

眞田　全体にいえることなのですけれども、掘立柱建物が出ている遺跡というのは、弥生時代から平安時代・中世まで遺物を含んでいると思うのですが、そういう中でどういうふうに年代決定をもっていっているのか、中原さんにお聞きしたいと思いました。

中原　掘立柱建物の年代決定は、正直難しいと思います。私自身も、妻木晩田遺跡の掘立柱建物の時期を考えたときに、年代決定が非常に難しいなと改めて思いました。長山とか下山南通を考えたときに、たとえば遺構の切り合い関係とかがあって時期決定できた例もありますが、その他のものになるとダイレクトに柱穴の中に土器片が入っていたという例はほとんどないように思います。ただ、たとえば下山南通の南部の遺構群は、竪穴住居と掘立柱建物と土壙のセットの中で判断をしてきたということころです。

眞田　予想していた答えですが、ただ時期決定というのがものすごく不安な材料になってくる。とくに長棟の建物や掘立柱建物は高いところにあるわけですよね、その中で、中世の遺物とか新しい遺物が入っている事例が多いのではないかと思います。それをどういうふうに私たちが判断していくのか、それぞれ調査担当者の判断によると思うのですが。

布掘りと建物

浅川　布掘りと普通の掘立柱建物の違いについても質問がきています。

米田　布掘りは掘立柱建物を強化するためにあるのかなと勝手に思ったりして。想像なのですが、低湿地の集落なもので、洪水とか排水を兼ねていると思っていました。洪水がおきたときに、掘立柱建物に住んでいた人たちが布掘りの高床の方に入ったのではないか。常時よりも人が増えるから、重さに耐えるため構造を強化したのではないか、という勝手な想像を報告書に書きました。

浅川　基礎が強固になりますね。布掘りに土台状の長い礎板をおくこともあります。不同沈下を防ぎたいのでしょう。布掘り建物は梁間が狭いので高床になる可能性が大と思っていました。

工楽　尼崎の武庫之庄遺跡の大型建物は典型的な弥生中期の布掘りで、しかも一つ一つの柱穴が大きいですから、これを連続して掘ると、一・五メートル角ぐらいの掘立柱掘形が出てきます。そうすると、ある程度まで布掘りで、布掘りの下にさらに柱の位置だけ穴を下げてるということになる。超大型で高床だと思うのですが。

浅川　出雲の方は梁間が三メートル以内に収まっている小さい建物で、床は上げやすい。布掘りは高床に復元できると思います。長瀬高浜についてコメントだけしておきます。

掘立柱建物と神社建築

浅川　最後に、森岡さんからの質問です。この五本柱や九本柱、あるいは掘立柱建物がのちの神社建築につながっていくのか、という質問ですが、これは来年の宿題に残しておきましょうか。今日は、大社造の起源についてはごまかしてしまいましたけれども、来年は何とかしたいと思います。

（二〇〇四年十一月四日「討論」および十一月五日「総合討論」の記録）

第二部　山陰地方の掘立柱建物Ⅱ〈歴史時代〉

第五章　総論Ⅱ　考古学からみた山陰地方の掘立柱建物跡

第一節　古墳時代までの九本柱建物
——山陰地方を中心に——

高田健一

一、問題の所在

弥生時代の九本柱建物（二間×二間の総柱建物）を単に倉庫ではなく、特別な性格をもった建物（あるいは柱列）とする考え方は、近年における山陰の発掘調査成果に刺激されながら生まれてきたといえる。すなわち、松江市田和山遺跡では一九九七年からはじまった発掘調査によって、三重の環濠と土塁（中期後半段階）に囲まれた丘陵頂部に柱穴跡のみが存在することが判明し、それらが九本柱建物跡やそれを遮蔽する柵跡と理解された(1)。特殊な立地や通常の環濠集落とは異なるあり方から、山頂部の建物遺構の性格に関心が寄せられるとともに、それが「田」字形のプランをもつ点や、九つの柱穴跡のうち中央のみ突出して深い点が大社造建築と関連して注目されたのである。同様な柱配置を採る遺構は、一九九九年に保存が決まった米子市淀江町・大山町妻木晩田遺跡でもみつかっており、やはり大社造建築との関連性が指摘されつつあった(2)。

続く二〇〇〇年には、出雲市出雲大社境内の発掘調査によって姿を現した鎌倉時代初期の本殿跡が話題を集めた。巨大なスギ材を三本束ねて一本の柱とする構造や朱塗りであることなどが、「金輪御造営指図」と一致することが注目されるとともに、大社造建築の起源を考古学的に検討する手がかりが得られた。すなわち、梁行一三・四メートル、桁行一一・六メートルの規模をもち、中央の心柱が他の柱よりも太いなどの平面的な情報のほかに、柱掘形や裏込めの方法などが調査された。遺構の年代から、しばしば転倒したと記録される平安時代の巨大本殿の最後の姿を伝えることが明らかとなり、文献に記載された古代の出雲大社像を彷彿とさせたのである(3)。

田和山遺跡や妻木晩田遺跡の九本柱建物の歴史的評価が要請される以上のような状況のもと、松本岩雄氏、中原斉氏、濵田竜彦氏らは、それらの「田」字形プランが大社造建築と共通する点も意識しつつ、その立地や集落構造の中での配置を分析して集団統合の象徴的施設とする考え方を示した(4)。

一方、建築史の立場からこの問題を追究する浅川滋男氏は、弥生時代～古墳時代の事例をもとに、神の依代としての心柱を囲む五本柱遺構から、それに覆屋をつけて建築化した九本柱建物へといった仮説を提唱し、弥生時代～古墳時代建築の中に大社造の源流が求められる可能性を示唆している(5)。

さらに、出雲市青木遺跡は大社造の起源への関心が高まっている好機に調査され、重要な知見をもたらした。すなわち、Ⅳ区ＳＢ03は三・三×三・一メートルの小規模ながら、上述した出雲大社本殿跡との共通性をよく示し、中央の心柱が他の柱に比して太く、かつ深く設置されていた。貼石を施した基壇や柵列のような囲郭施設を伴い、周辺からは火鑽臼、手捏土器、木製刀子、陽物状木製品など祭祀関連遺物が多数出土した。墨書土器などの文字資料から『出雲国風土記』にみえる「美談郷」に存在した「社」とかかわりの深さが読み取れるのである。八世紀中頃～九世紀前半にかけての大社造建築遺構の具体像を解明する重要な手がかりになると考えられよう(6)。

しかしながら、大社造建築の源流がさらに古い弥生時代～古墳時代の九本柱建物に遡るかどうかは、まだまだ考古学的な検証が必要な段階である。そもそも九本柱建物は山陰だけに分布するものではなく、ひろく一般的に存在し、通常は中央の柱を床束とする高床倉庫と考えられている。九本柱建物が大社造の建築的源流となったとしても、建物の機能や意味がそのまま遡れるわけではない。まずは、九本柱建物そのものの事例集成と個別の検討が必要であり、遺跡の中での位置づけを時間軸に沿って整理する作業が欠かせないだろう。筆者に与えられた課題は古墳時代までの九本柱建物であるが、その性格を追究するにあたっては、現状で最古の大社造建築遺構と

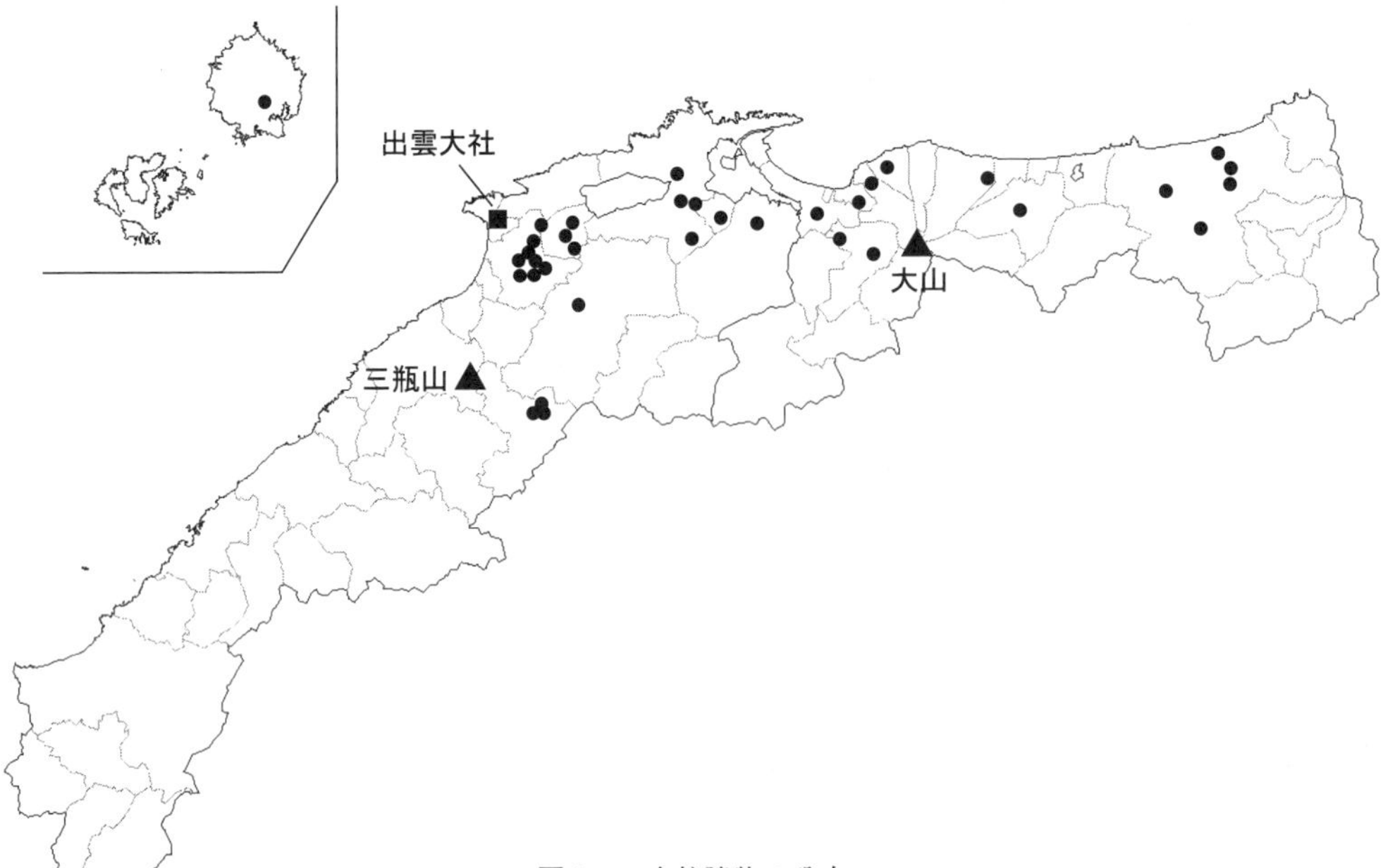

図1　9本柱建物の分布

目される青木遺跡でみられた属性がどこまで遡りうるかというアプローチが有効であろう。したがって、一部担当外の時代にまで踏み込みつつ、鳥取県、島根県の事例を中心に述べていきたい。

二、九本柱建物および関連遺構の具体像

1　資料の概要

鳥取県、島根県の事例を中心に事例集成を行った。九本柱、すなわち梁行二間×桁行二間の総柱建物と認識された遺構および五本柱、七本柱など関連する形態の建物遺構は一二〇例ある。時代は、弥生時代前期末から中世後半（十五、六世紀）までの時期に及ぶ。

時代別では、弥生時代二一例、古墳時代四七例、七世紀～八世紀前半一三例、八世紀後半～平安時代一一例、中世九例、不明一九例となり、古墳時代がもっとも多い。これは、米子市淀江町百塚遺跡群の二八例が大きく資料数を伸ばしているからである。最古のものは五本柱の田和山遺跡ＳＢ02で、弥生時代前期末とされる。集成中もっとも新しいものは、鳥取市河原町前田遺跡ＳＢ15で、柱穴出土遺物や建物方位から十五、六世紀と推測されている。

地域別でみると、出雲四九例、隠岐三例、伯耆六〇例、因幡八例となって、出雲、伯耆、とりわけそれぞれの西部域に分布するものが大半を占める。古墳時代以前では伯耆の占める比率が高いが、七世紀以降出雲の事例が多くなり、八世紀後半以降は出雲西部に集中する点が注目される（**図1**、**図2**）。

2　遺構の特徴

〈規　模〉

九本柱建物ないし柱列といっても、その規模はさまざまである。最大のものは床面積六八・九平方メートルを測る大規模なものである（妻木晩田遺跡妻木山ＳＢ77）。次に大きなものは、三九・七平方メートルを測る（妻木晩田遺跡洞ノ原ＤＨ11号建物）。このほか、比較的規模の大きなものは妻木晩田遺跡に集中するが、これらは統計的にみて異常な値となるものを含んでいる（**図3**）。大社造建築との関係が取りざたされた妻木山ＳＢ77は、規模のわりに柱列が不揃いであり、柱穴掘形も非常に浅いから、そもそも建築遺構とは考えられない[7]。洞ノ原ＤＨ11号建物は、検出された一間×二間分の柱穴のうち、東側中央の柱穴のみ浅いことからこれを心柱にあたるとし、東辺の側柱列を古墳周溝によって

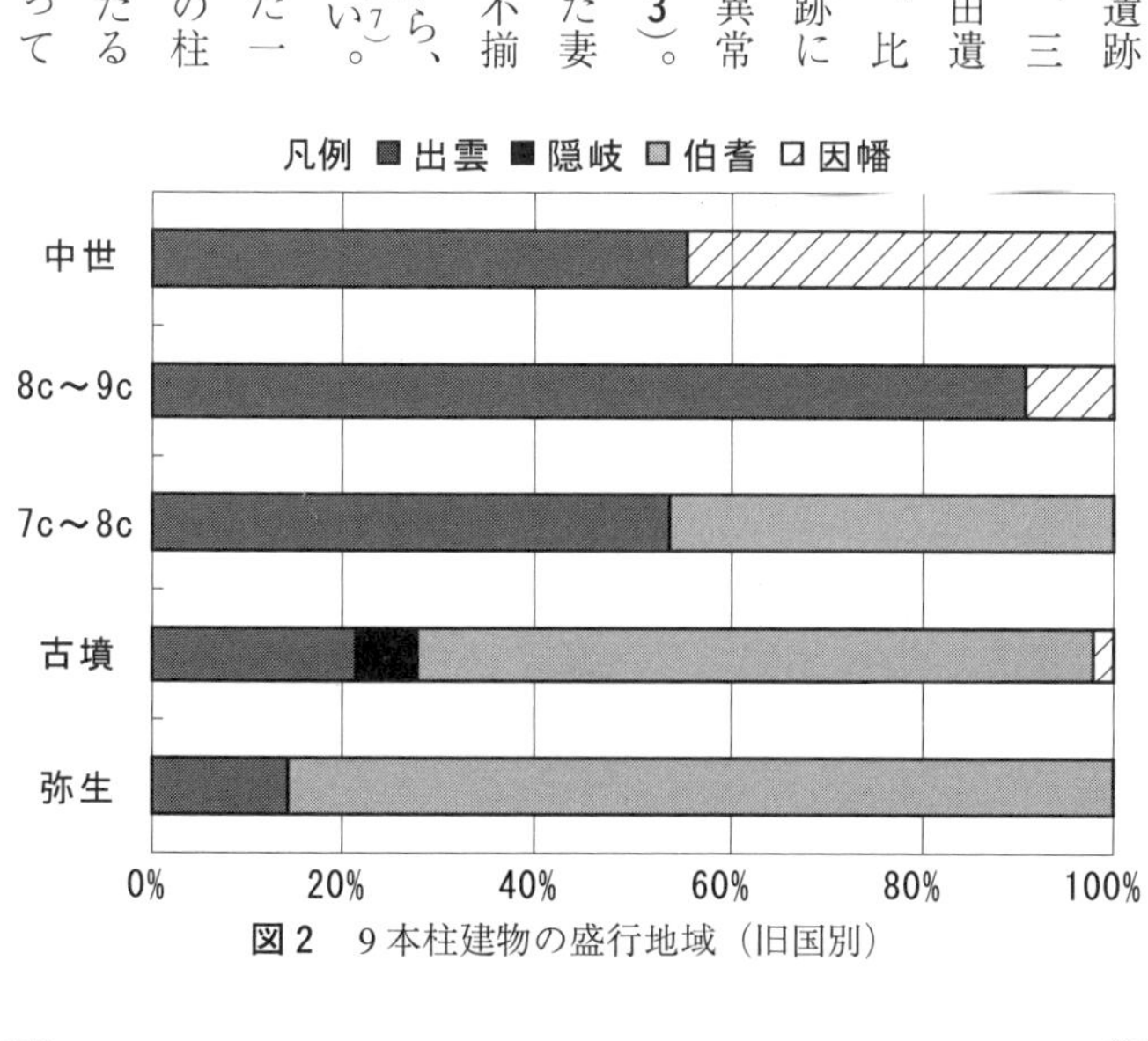

図2　9本柱建物の盛行地域（旧国別）

削平されたとみなして九本柱建物を復元したものであるから[8]、遺構認定に不安が残る。弥生時代、古墳時代を通じて床面積が二〇平方メートルを超える大型の例は、大山町茶畑第1遺跡掘立柱建物6[9]、出雲市古志本郷遺跡K区SB11[10]を除けば妻木晩田遺跡に七例が集中することも注意が必要である。大規模なものは遺構認定に不安を残すものが多いが、疑いなく九本柱建物として柱痕も確認された妻木山SB167は、床面積二二・五平方メートルあり、これは同時期の他の掘立柱建物の中でも大きな部類に入る。弥生時代の九本柱建物がそれ以降のものにくらべて大型であった可能性はある。また、個体差の大きなことが弥生時代の特徴ともいえようか。

古墳時代前期～中期前半はたしかな時期比定ができる資料が非常に少ないが、湯梨浜町長瀬高浜SB19[11]と妻木晩田遺跡妻木新山SB70が類例として挙げられる。前者の床面積は一四・六平方メートルで、後者の床面積が三三・〇平方メートルと個体差が大きい点は弥生時代の状況を受け継いでいるとみられる。

ところが、古墳時代中期後半以降の事例になると規模が縮小し、画一化が進むようだ。百塚遺跡群では、中期後半～後期後半と考えられる事例が多いが[12]、規模のばらつきは少なく、一〇平方メートル前後のものが多くなる。これは、時期が下るが、出雲市三田谷Ⅰ遺跡[13]など複数の九本柱建物が検出された遺跡でも同様の傾向がある。

七世紀～八世紀にかけての事例はさらに画一性が増し、床面積一〇平方メートル程度のものが主流となる。八世紀～九世紀、中世になると画一性は崩れてくるが、立地や出土遺物などの点で大社造神社建築の可能性が高いと考えられる青木遺跡Ⅳ区SB03、斐川町杉沢Ⅲ遺跡SB01[14]は、それぞれ床面積一〇・二平方メートル、九・三平方メートルであり、上記の傾向ときわめて調和的である。

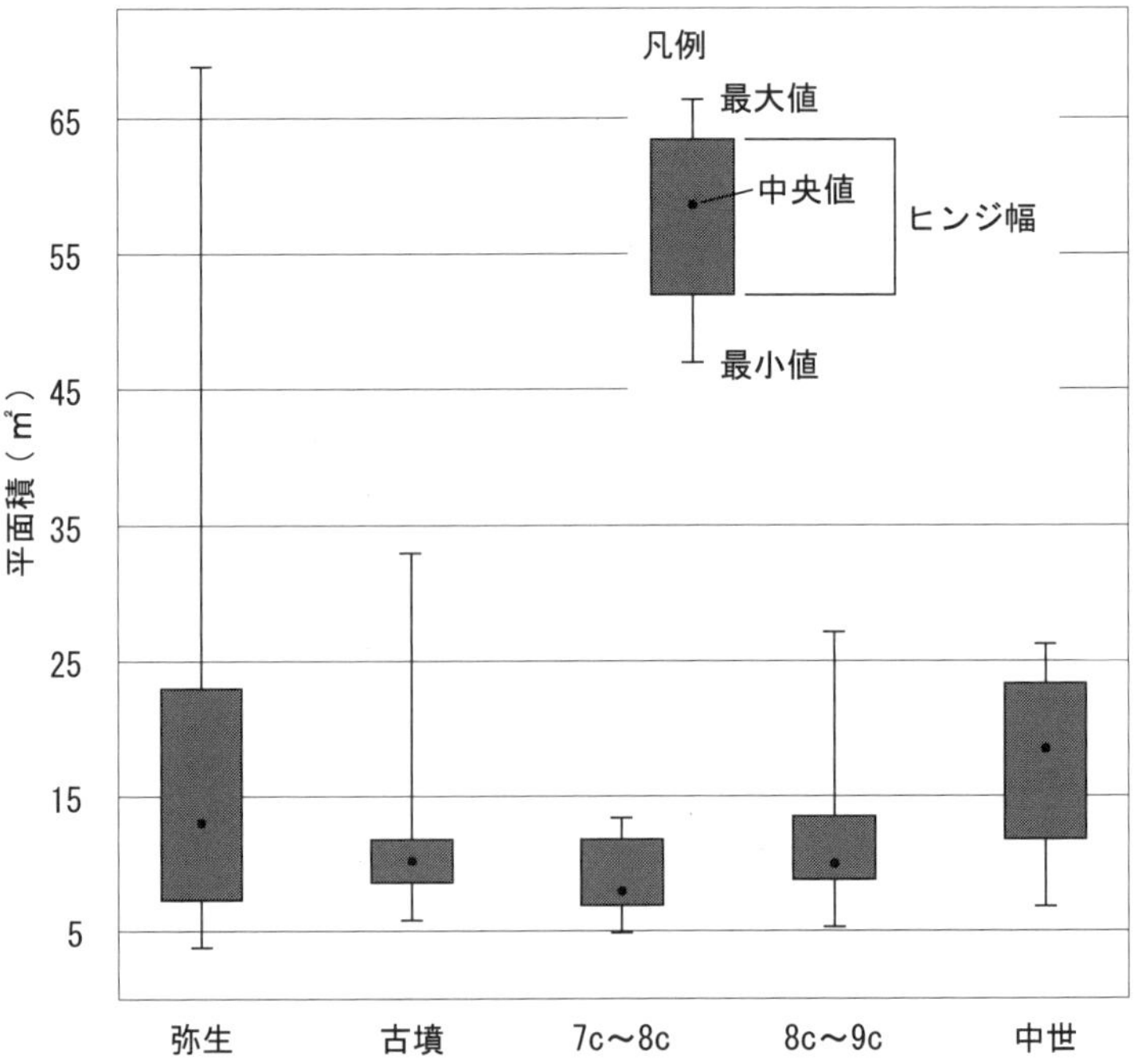

図3　9本柱建物の規模の変遷

〈構　造〉

中央柱に着目すると、他の柱よりも深く設置されたり、側柱列よりも掘形が大きく掘られたりするものは一〇例に満たず、各時代を通じて一般的ではない。逆に中央の柱穴が他の柱穴よりも浅いものが二八例あり、中央の柱穴のみ下層に土を敷く事例（妻木晩田遺跡妻木山ＳＢ123：**図5**-2、安来市五反田遺跡建物12：**図5**-6）を加えると、資料数の四分の一にあたる数の「心柱」は床束と考えるべきものである。他の多くは側柱列と大きな差を見出せないうえに、むしろ「心柱」が細い場合も散見される。これらのことから、九本柱建物の多くは、やはり総柱の高床建物とみるべきであろう。

平面の長幅比をみるとおおむね一：二に近いが、一辺がやや長く長方形を呈する事例が多い（**図4**）。七世紀～八世紀にかけてのものは長幅比のばらつきが少なく、単に面積だけでなく平面形のプロポーションも画一的である。また、心柱の深さ、掘形の大きさにかかわらず、九本柱建物に柵列や溝が伴うものがあり、他の掘立柱建物と離れた位置にあるなど、特殊な機能をもっていたことをうかがわせる資料もある。

建築の立体構造を推定しうる資料はごく少ない。古墳時代の百塚第7遺跡60号掘立柱建物は、唯一独立棟持柱が伴う事例である（**図5**-4）。これは、九本柱建物が切妻屋根であったことを物語る。四隅の柱と独立棟持柱の柱穴が深く、その他の柱穴は相対的に浅い。したがって、四隅の柱が通し柱として床上まで立ち上がると考えられ、その他の柱は床束であったと考えられる。独立棟持柱の出が一・八メートルと大きいことから、外転びの大きい際立った屋根形状を呈していたと考えられる。(15)

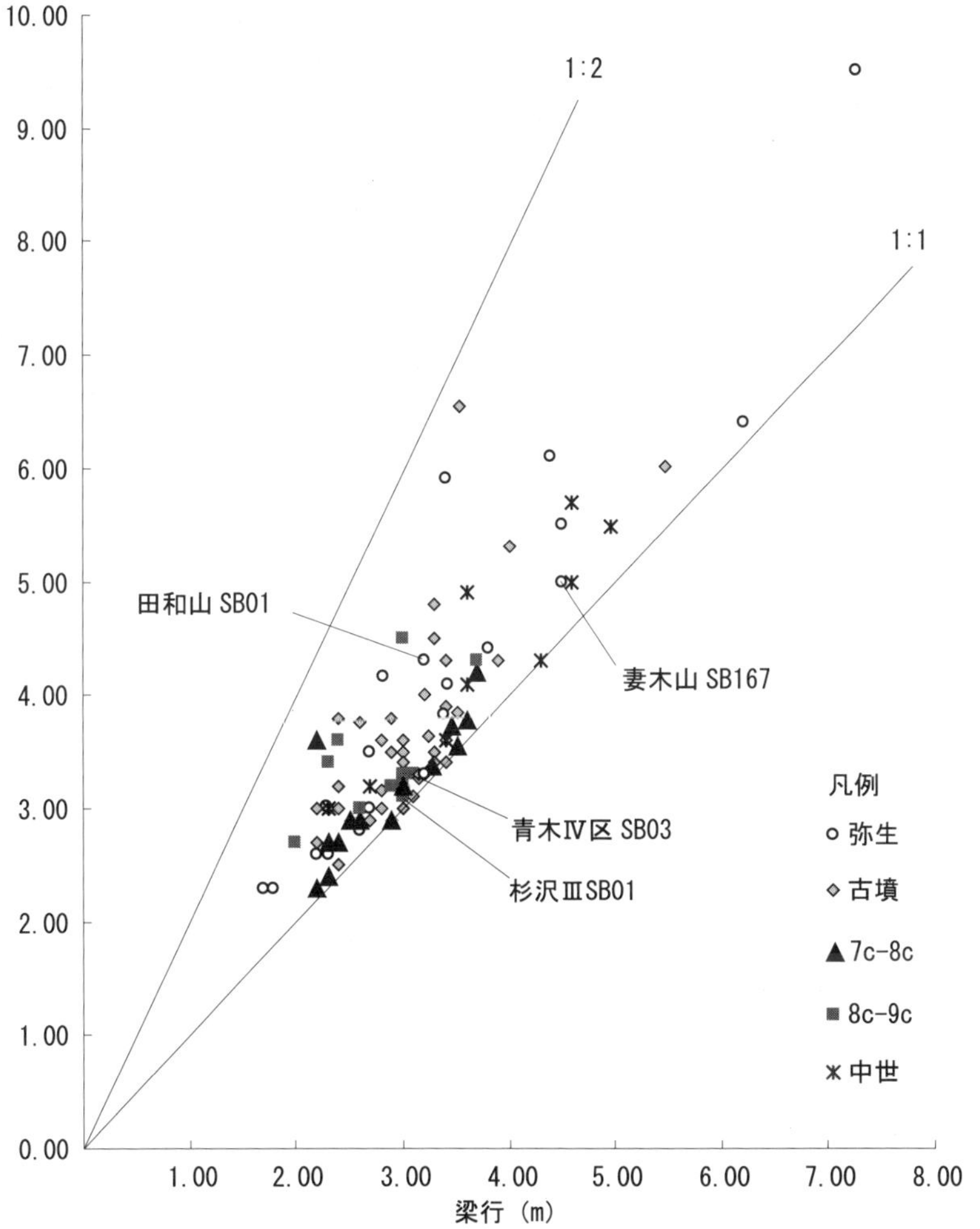

図4　9本柱建物の平面形

三、集落の中での位置づけ

1　弥生時代

山陰における弥生時代後期の集落構造は、竪穴住居数棟が一定の空間領域を占有して、継続的に居住域とする単位（居住単位）が多数集合した姿ととらえられる。これらの居住単位の内実は、竪穴住居一棟に住み暮す世帯が複数集まった世帯共同体と考えうるが、個々の外見は中期以来の伝統的な姿を保ちつつも、中期のように単独では存在しない点が重要である。集落構造の変容と四隅突出型墳丘墓の出現や鉄器の増加が一体的にみられる事実から、中期から後期にかけて集団関係の再編があったとみることができる(16)。

弥生時代集落における九本柱建物のあり方については、上述のように松本岩雄氏らがそれぞれ見解を述べている。松本氏は、田和山遺跡の評価を行う中で、環濠や柵列に取り囲まれた九本柱建物SB01（**図5-1**）を立地の特異性や同時期に展開する周辺の遺跡との関係から、地域社会統合の象徴的施設とみた(17)。また、同じ頃中原氏は、妻木晩田遺跡の掘立柱建物を分析する中で九本柱建物に注目し、一つの居住単位に一、二棟程度伴う可能性を指摘し、やはり集団関係を取り結ぶ施設と考えた(18)。これに対して濵田氏の見解は、弥生時代中期～古墳時代前期に至る集落構造の基本原理を見出し、掘立柱建物群がどのような配置をとるか検討した点が新しい。氏によれば、弥生時代中期段階における集落内部の構成は、竪穴住居とそれに伴う小規模な倉庫からなる空間Aと長棟建物や独立棟持柱建物などの掘立柱建物で構成される空間Bの二者からなり、一対で居住域を形成している。空間Aはごく日常的な生活空間であるが、空間Bでは祭祀的な遺物などが出土する場合があることから、一つの集落内で居住空間と祭祀空間が分節化していると述べた(19)。しかし、後期になるとそのような分節は解消し、空間Aが多数連接する構造となる。空間Bの系譜を引くと考えられる特殊な大型掘立柱建物が存在する領域は、ごく限られた居住域にしか存在しないから、集団の再編に伴って個々の世帯共同体がもっていた祭祀空間が首長層に統合されたと考えられている。一方、九本柱建物は、妻木晩田遺跡における分布が妻木山地区と妻木新山地区に集中する。中原氏の見解とは若干異なって、これを複数の居住単位が祭祀の対象とする施設とみて、首長層が関与する祭祀施設と重層しながら存在した可能性を説く(20)。

九本柱建物をめぐるこれらの見解はいわば試論の段階であり、遺構そのものに関する情報も他の掘立柱建物と共通して少ないのが現状である。とりわけ田和山遺跡の正式な発掘調査報告書が未刊であることから、山頂部遺

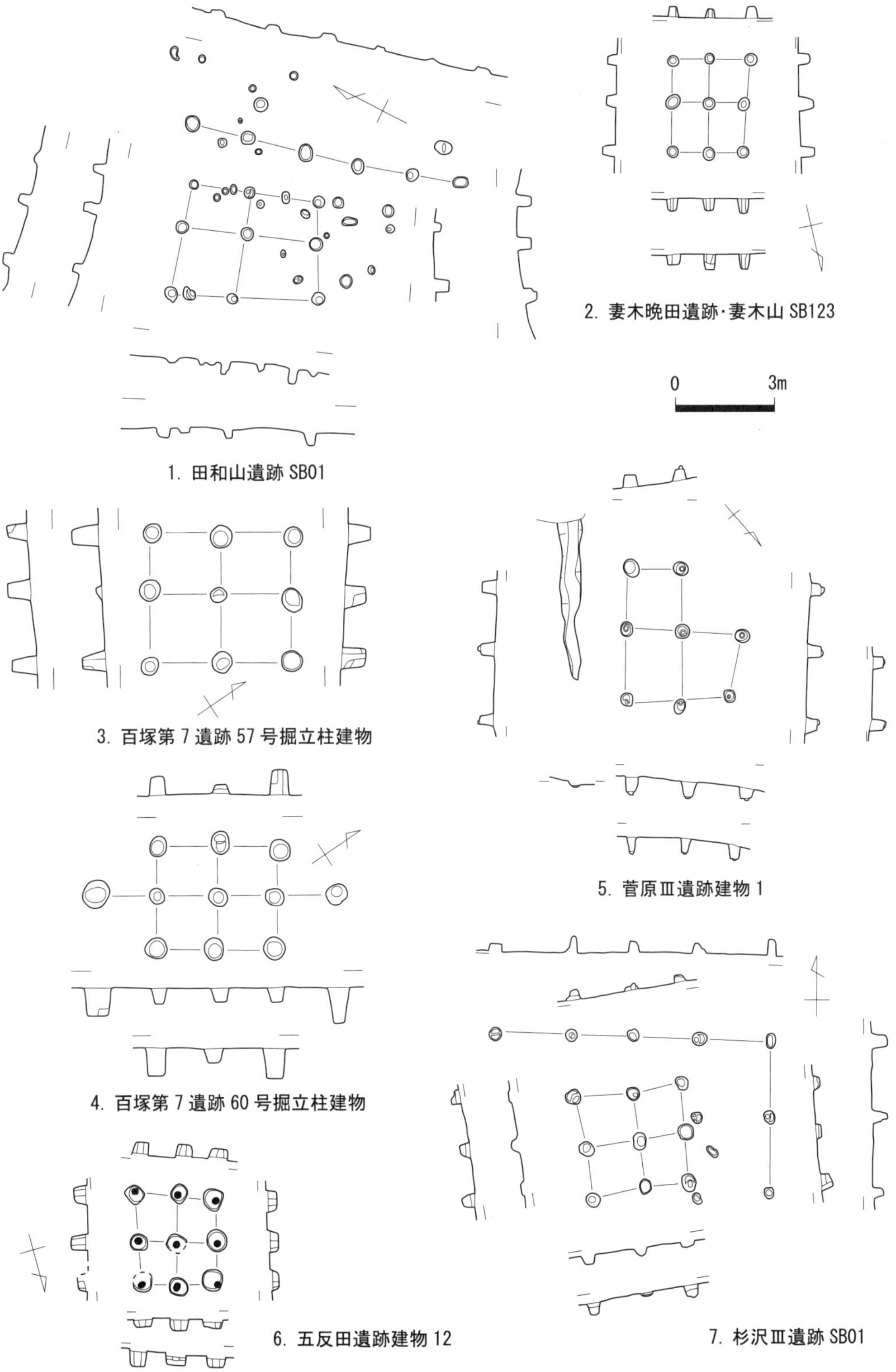

図 5　9 本柱建物の諸例（S＝1/200）

構の存続時期や環濠との並存関係など、遺構の性格を見極めるための基礎的な情報が不足している。したがって、今後さらに検討・検証を深める余地は大きいが、現状では三氏の見解を総合して以下のような見通しを示しておきたい。すなわち、九本柱建物は、集団統合の象徴となる性格を帯びた中期後半以前の段階から、後期に至って大きく変質した。集落内の祭祀形態が首長層の掌握する祭祀から世帯共同体群の執り行う祭祀にまで分解・重層化するなか、九本柱建物は中期後半以前にもっていた広範な共同性や聖性を失い、各居住域内での役割に埋没していった。

2　古墳時代

弥生時代に居住域内の施設として取り込まれた九本柱建物は、古墳時代前期～中期にも同様な施設として存続するようである。中期前半までの段階では、一遺跡に一、二棟存在する場合が多いようであるが、中期後半以降になると一遺跡で多数検出される事例がみられるようになる。百塚遺跡群では、百塚第7、8遺跡を中心に広範囲に発掘調査されており、集落全体の構造をみるのに適しているが、ここではじつに三〇棟もの九本柱建物が検出されている。うち二棟は、出土した土器によって七世紀代に位置づけうるもので、その他の二八棟は周辺に展開する竪穴住居跡によって古墳時代中期後半～後期の時間幅が与えられる。

それらの中でも注目されるのは、方形柵列内に存在する57号掘立柱建物と60号掘立柱建物である（図5-3・4、図6）。この遺構群は、従来、弥生時代の方形区画として注目されてきた。というのも、同じ柵列内には弥生時代中期後半の竪穴住居が二棟存在し、柵列の一部からも弥生時代中期の土器片が出土したからである。しかし、35号竪穴住居と60号掘立柱建物には切り合い関係があり、60号掘立柱建物の方が新しい。60号掘立柱建物と長軸方位をそろえる57号掘立柱建物も35号竪穴住居とは近接しており、同時並存とは考えにくいから、ここでの竪穴住居と掘立柱建物の新古関係は、掘立柱建物の方が新しいと考えられるのである。また、竪穴住居は普通サイズであり、特別な遺物をもつわけでもないから、同時期に展開する散在型の集落構造の中でこの竪穴住居群のみ柵列で囲まれる意味を理解しがたい。柵列跡は、竪穴住居との並存を考えるよりも掘立柱建物と一体的に理解すべきであろう。

そして、百塚遺跡群の集落構造全体の中で九本柱建物をみるならば、古墳時代中期後半以降の集落と一体的に理解する方が自然である。多くの九本柱建物は竪穴住居の分布と調和的であり、居住域に近接して、同時並存一、二棟の割合で存在すると考えられる。このようにみるな

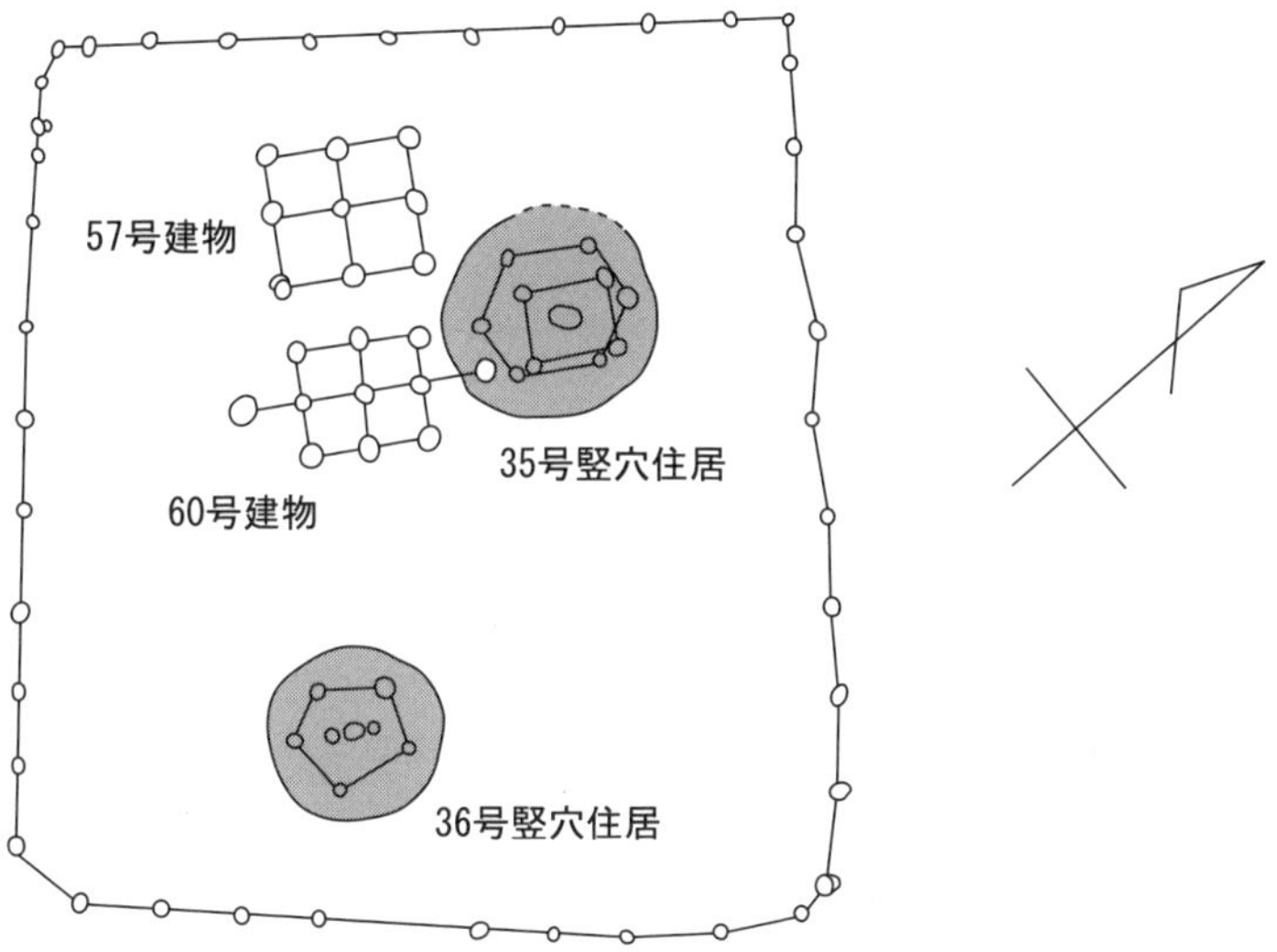

1. 百塚第7遺跡57号建物、60号建物と柵列遺構

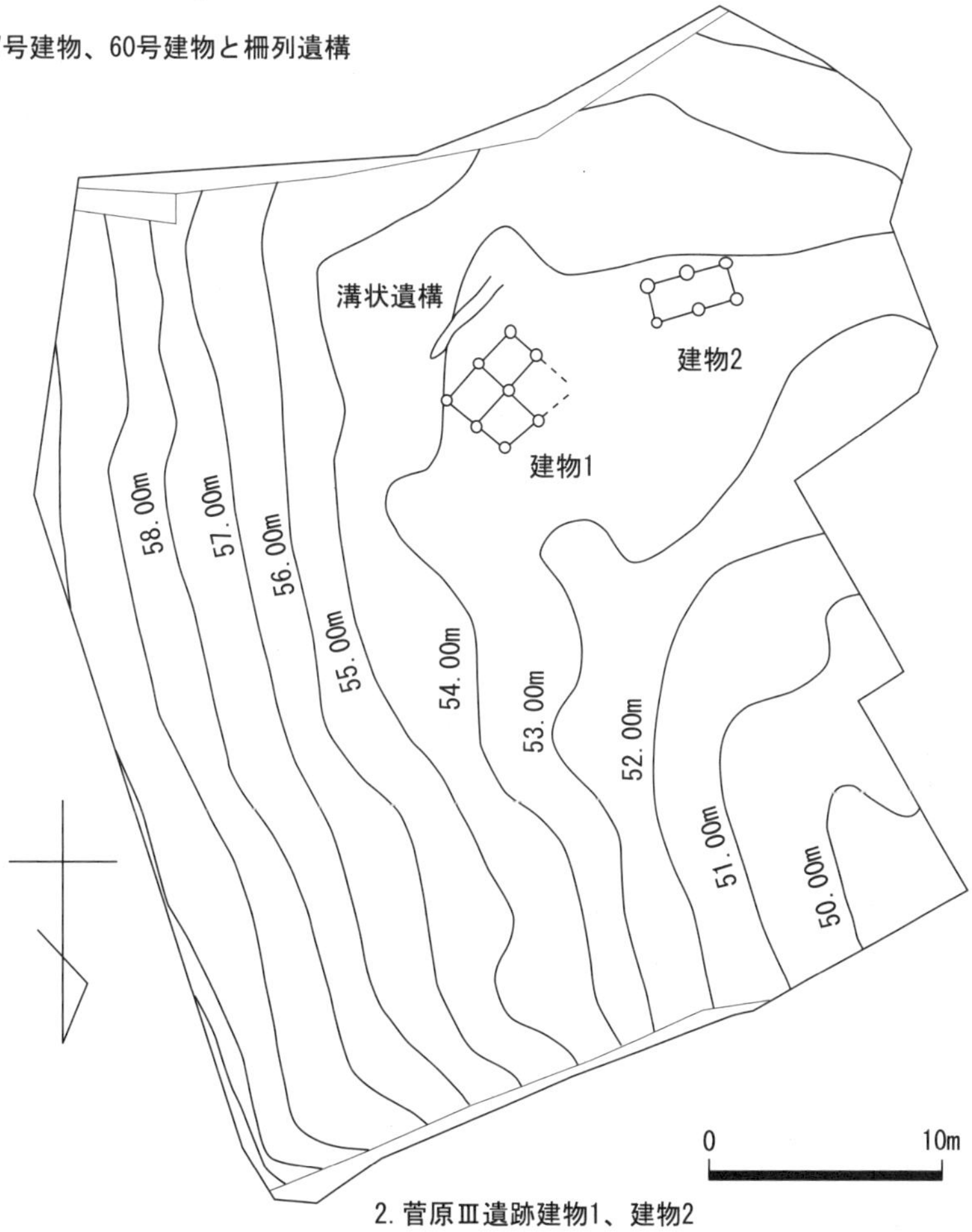

2. 菅原Ⅲ遺跡建物1、建物2

図6　特殊な立地・施設をもつ9本柱建物

らば、この時期の九本柱建物には柵列で囲まれ特別視されたものと各居住域に普遍的に存在するものの二者が存在すると考えるのが自然である。後者は弥生時代後期にみられた状況と共通する性格をもつと考えうるが、前者は弥生時代中期後半と同様な性格を継承しているとは考えにくい。どのように理解すべきだろうか。

ここで、ほぼ同じ時期で、やはり単独立地する九本柱建物がみつかった菅原Ⅲ遺跡に注目したい。[20] 九本柱建物の建物1は、南西隅の柱穴を古墳時代後期後半の土坑に切られることから、それ以前の遺構である（**図5-5**、**図6**）。湧水のある谷奥部に立地し、この地点の同一遺構面では、西側に一間×二間の掘立柱建物が一棟あるのみである。遺構に伴う遺物は出土していないが、立地からみてこれが通常の高床倉庫であったとは考えにくい。

四、まとめ

九本柱建物の存在形態を類型化すると、まず田和山遺跡のように居住域とは隔絶した立地をとるものが注目される。菅原Ⅲ遺跡建物1のように谷奥部の人目につきにくい立地もこれに該当しようか。この点では、七世紀代の五反田遺跡建物12のように谷底でみつかった遺構も類似した性格をもつ可能性がある。柵列や溝などによって囲まれ、他とは区別されたものもその亜類型とすると、百塚第7遺跡57、60号掘立柱建物や三田谷Ⅰ遺跡ＳＢ01が該当する。わけても、三田谷Ⅰ遺跡ＳＢ01は湧水点ＳＫ62からつながる溝ＳＤ06に面して存在し、菅原Ⅲ遺跡、五反田遺跡における立地環境と共通する点が興味深い。遺跡からは底部に「麻奈井」と墨書された須恵器坏が出土しており、湧水点ＳＫ62を指すと考えられている。[21] 谷部ではなく、丘陵上に立地している場合でも、御井神社の前身建物とみられている杉沢Ⅲ遺跡ＳＢ01（**図5-7**）のように丘陵下の井泉とかかわりをもつと考えられる事例もあるから、百塚遺跡群の事例もその評価に関しては周辺の地形環境を考慮していく必要があろう。

一方、居住域で竪穴住居に近接して存在する事例は多い。妻木晩田遺跡のように複数の居住単位が存在しながら九本柱建物の数が相対的に少なく、限定されるパターンのほかに、百塚遺跡群のように一つの居住単位に一、二棟の割合で存在するパターンもある。前者は広域に調査されていなければ認識しがたい類型であるが、弥生～古墳時代では、越敷山遺跡群や長瀬高浜遺跡が該当しよう。古志本郷遺跡や渋山池遺跡などもこの類型と考えられる。後者は、古墳時代中期後半以降顕著になると考えられ、七世紀後半～八世紀前半の倉吉市観音堂遺跡の九本柱建物も同じ範疇でとらえられよう。いずれにせよ、九本柱建物は居住域内に存在することがもっとも一般的な存在形態といえる。構造的な面からみても、中央柱を床束とする総柱の高床建物で、その機能はやはり倉庫であるものが多いといえよう。ごく普通の竪穴住居を日常生活の場とみるなら、その周辺で同時並存する九本柱建物も同様に日常生活にかかわる施設と考えざるをえない。建物構造が単一の機能や意味を象徴するのではなく、可変的な存在だとしても、考古学的な手法をもって建物がもつ意味を解読するのは難しい。

しかし、同じ平面形態をとりながら、祭祀的な意味合いの強い文脈で理解すべき事例が存在する点も無視できない。居住域から隔絶した立地をとる最古のものは田和山遺跡であるが、そのような事例は弥生時代後期～古墳時代前半期に影を潜める。古墳時代後期後半までに湧水点付近の谷奥部などに単独立地するものとの系譜関係は、現状では不明と言わざるをえないものの、九本柱構造が選択される建物の中にそのような事例が存在することは注意すべきだろう。また、古墳時代後半以降、奈良時代を通じて画一的な規模や形態に収斂していく点も見逃せない。これが機能や意味の安定や画一化を示すと単純に考えることはできないが、それとともに立地や付属建物などの諸要素が整備・統合され、やがて青木遺跡や杉沢Ⅲ遺跡のような大社造建築群に結びつくと考えるならば、その端緒は古墳時代後半期にあるとみることができよう。

今後、九本柱建物の性格を追究するにあたっては、上述した可能性を検討するための調査が求められる。和泉市池上曽根遺跡の大型建物1の性格を追究するために、細谷葵氏が行ったような植物遺体を丹念に集める調査は[22]、九本柱建物内に何が納められたか、その建物周辺でどのような行為が行われたかを検討するために必要な対応の一つと思われる。

〔補遺〕

脱稿後、田和山遺跡の発掘調査報告書（落合 二〇〇五）に接することができた。九本柱遺構（山頂ＳＢ01）、五本柱遺構（山頂ＳＢ02）の時期比定に関しては概報以上の情報はないが、遺構の機能は屋根や壁をもつ建物跡とは考えにくく、柱だけの施設と推測されている。特異な存在形態から、柱は聖性が宿る「依代」としての意味があったと解釈されている。

山頂部平坦面では、遺物量は少ないながら、前期末（Ⅰ-4期）～中期後葉（Ⅳ-1期）までの土器や石器が存在し、長期間にわたる空間利用が認められる。五本柱遺構、柵跡とされた柱穴には切り合い関係が存在して幾度かの設置、補修が推測できるが、九本柱遺構とそれに伴う柱列には再掘削の痕跡はない。規模からみて数百年存続したとは考えにくいから、これらの遺構群が実体をもって顕現していたのは限られた時間幅であろう。

注意すべきことの一つは、三重環濠の西側に接して検出された湧水点と自然流路で、遺跡と同時期にも機能していたようだ。

この自然流路に接する尾根は、山頂部への唯一の通路となりうる部分である。環濠外で尾根の北側には中期中葉以降竪穴式住居群が多数営まれているが、この居住域から山頂部は視認できない。一方、尾根の南側で自然流路に面する斜面部に営まれた少数の竪穴式住居や掘立柱建物が存在する居住域からは山頂部が視認できるので、この居住域の特殊性が説かれている。水源の一つでもある独立丘陵が平野部から神聖な意味合いをもって仰がれたことは想像に難くないし、水源としての象徴性をさらに高める効果をもったのが山頂部の遺構群であったと理解することは可能だろう。したがって、田和山遺跡の九本柱遺構に関しては、建物という理解は修正する必要があるものの、共同性や聖性を帯びた構造物との理解は今後も有効と考える。ただし、それが実体をもって存在していたのは、田和山遺跡の存続期間と等値ではなく、他の遺構群の形成過程と照らし合わせながら評価していく必要がある。

註

（1）　松江市教育委員会『田和山遺跡』二〇〇〇。

（2）　宮本長二郎「妻木晩田遺跡の建物」『海と山の王国―妻木晩田遺跡が問いかけるもの―』海と山の王国刊行会、一九九九。

（3）　大社町教育委員会『出雲大社境内遺跡』二〇〇四。

（4）　松本岩雄「田和山遺跡の空間構造―三重の環濠は何を守護していたのか―」『建築雑誌』Vol.117、No.1488、日本建築学会、二〇〇二。中原斉「妻木晩田遺跡における掘立柱建物跡（1）―9本柱掘立柱建物跡を中心に―」『妻木晩田遺跡発掘調査研究年報二〇〇一』鳥取県教育委員会、二〇〇二a。中原斉「妻木晩田遺跡にみる弥生の国邑―九本柱掘立柱建物の問題を中心に―」『建築雑誌』Vol.117、No.1488、日本建築学会、二〇〇二b。濵田竜彦「伯耆地域における弥生時代中期～古墳時代前期の集落構造」『日本考古学協会二〇〇三年滋賀大会資料集』日本考古学協会、二〇〇三。濵田竜彦「弥生時代の祭場　中・四国―日本海沿岸を中心に―」『季刊考古学』第八六号、雄山閣、二〇〇四。

（5）　浅川滋男「五本柱と九本柱―大社造りの起源と巨大本殿の復元・序説―（講演録）」『文化財講座特集号』島根県文化財所有者連絡協議会、二〇〇三。浅川滋男『出雲大社』日本の美術1・No.476、至文堂、二〇〇六。なお、大社造建築の起源として、心柱の覆屋を建築化したものとする見解は、すでに櫻井敏男氏が示している。

（6）　松尾充晶「奈良・平安初期の神社遺構―島根県青木遺跡―」『季刊考古学』第87号、雄山閣、二〇〇四。今岡一三他『青木遺跡Ⅱ（弥生～平安時代編）』島根県教育委員会、二〇〇六。

（7）　妻木山SB77が建物遺構となりえないことは、報告書でも指摘されている。松本哲他『妻木晩田遺跡発掘調査報告Ⅱ（妻木山地区）』大山スイス村埋蔵文化財発掘調査団・大山町教育委員会、二〇〇〇。

（8）　岩田文章他『妻木晩田遺跡―洞ノ原地区・晩田山古墳群発掘調査報告書―』淀江町教育委員会、二〇〇〇。

（9）　茶畑第1遺跡掘立柱建物6は、通常の一間×二間の柱列の中央に深い心柱をもつ事例である。梁行四・四メートル、桁行六・一メートルで平面規模は際立って大きくはないが、径二〇センチほどの側柱列に対して心柱は径三〇センチほどあり、検出面から一二八センチも深く設置されていた。弥生時代中期後半とされるが、時期比定に疑問が残る点は第一部第一章第四節の拙文で述べた。西川徹『茶畑遺跡群（第一分

冊）茶畑第1遺跡』財団法人鳥取県教育文化財団、二〇〇四。

（10）梁行四・〇メートル、桁行五・四メートルを測る。守岡利栄『古志本郷遺跡Ⅵ―K区の調査―』島根県教育委員会、二〇〇三。

（11）西村彰滋他『長瀬高浜遺跡Ⅳ』財団法人鳥取県教育文化財団、一九八二。

（12）百塚遺跡群に関する文献は、以下のものがある。
角田徳幸『百塚第1遺跡発掘調査報告書』淀江町教育委員会、一九八八。

中山和之『百塚53・105・106・107号墳、百塚第1遺跡、原田遺跡発掘調査報告書』淀江町教育委員会、一九八九。

中山和之『百塚第1遺跡』淀江町教育委員会、一九八九。

中山和之『百塚古墳群発掘調査報告書Ⅰ』淀江町教育委員会、一九九二。

岩田文章他『百塚遺跡群Ⅱ』淀江町教育委員会、一九九三。

岩田文章他『百塚遺跡群Ⅳ』淀江町教育委員会、一九九五。

原田雅弘他『百塚第五遺跡、小波狭間谷遺跡、泉上経前遺跡』財団法人鳥取県教育文化財団、一九九五。

仲田信一他『百塚第7遺跡（8区）』財団法人鳥取県教育文化財団、一九九五。

岩田文章他『百塚遺跡群Ⅴ』淀江町教育委員会、一九九六。

岩田文章他『百塚遺跡群Ⅵ』淀江町教育委員会、一九九六。

岩田文章他『百塚遺跡群Ⅶ』淀江町教育委員会、一九九七。

岩田文章他『百塚遺跡群Ⅷ』淀江町教育委員会、一九九九。

岩田文章他『百塚遺跡群Ⅸ』淀江町教育委員会、二〇〇二。

（13）熱田貴保『三田谷Ⅰ遺跡（Vol.2）』島根県教育委員会、二〇〇〇。

（14）陰山真樹『杉沢Ⅲ遺跡』斐川町教育委員会、二〇〇一。

（15）ただし、浅川滋男氏はこの独立棟持柱に関して否定的であり、註5の浅川（二〇〇六）文献では、本体と同時並存しない柱穴とみなしている。

（16）高田健一『妻木晩田遺跡』日本の遺跡16、同成社、二〇〇六。

（17）註4の松本（二〇〇二）文献。

（18）註4の中原（二〇〇二a、二〇〇二b）文献。

（19）註4の濵田（二〇〇三）文献。

（20）註4の濵田（二〇〇四）文献。

（21）川原和人『畑ノ前遺跡・菅原Ⅰ遺跡・クボ山遺跡・菅原Ⅱ遺跡・菅原Ⅲ遺跡・廻田Ⅴ遺跡・保知石遺跡・浅柄Ⅱ遺跡・桝ノ内Ⅰ遺跡』島根県教育委員会、二〇〇五。

（22）細谷葵「植物考古学からみた弥生階級制社会の成立と農耕サイクル―『弥生大型建物モデル』と大阪府池上・曽根遺跡―」『史観』第一四八冊、早稲田大学史学会、二〇〇三。細谷氏は、遺構埋土の丹念なフローテーションによって、池上曽根遺跡大型建物1の周辺で脱穀の際に排出されるイネの籾殻軸部が多量に存在することを示した。大型建物1が神殿というよりも、脱穀という食糧生産行為にかかわる作業を繰り返し行う場の象徴的施設である可能性を示している。

第二節　島根県の古墳時代末～鎌倉時代の掘立柱建物跡集成

—六世紀～十四世紀の様相を中心に—

岩橋孝典

一、はじめに

島根県内の掘立柱建物遺構について体系的にまとめられた研究は、古墳時代前半期以前の諸例を集成・検討した池渕俊一氏の業績があげられるが（池渕　一九九六）、古墳時代後期以降については検討例が少なく不明瞭な状況である。しかし、近年の発掘調査例の増加により調査事例は飛躍的に増加し掘立柱建物の集成・検討の可能性も挙げひろがっているように思える。資料の地域的な偏りはあるが、この機会に資料集成を行い、島根県内の掘立柱建物の変遷と地域性について概観してみたい。また現在、出雲地域に分布が集中する大社造社殿とその祖型と目される桁行二間×梁行二間の総柱掘立柱建物の関係性について、遺構の面から検討を試みる。

二、出雲地域の様相

出雲地域の沿岸部・平野部では六世紀末～七世紀初頭に竪穴建物が激減し、それ以降は桁行一～四間×梁行一～二間の側柱建物が建築の主体となる。竪穴建物は七～八世紀にも工人集団と関連する集落などで点的な造営が続けられるが、集落の主体となる建築は掘立柱建物で構成されている。なお、神戸川中上流域では隣接する石見国邑智郡と同様に七～九世紀にも竪穴建物が集落建築の主体となっている（岩橋　二〇〇三・二〇〇五）。

当地域の特色として、七～八世紀では棟持柱が直接棟木を受けない梁行三間の掘立柱建物が三〇例以上確認できる（**表3**）。梁行三間の掘立柱建物は近畿、瀬戸内地域では古墳時代以来の伝統的な建築とされているが、出雲地域では六世紀末～七世紀初頭（大谷4期）に初めて出現してくるため、在地の建築技術の中から発生してくるものではなく、外来的な建築様式だと考えられる。梁行三間建物は上部構造が複雑化するため、梁行二間建物より格が高いとされ（山本　二〇〇四）、出雲地域においても郡衙の主要建物や有力層居宅の主屋に採用されてい

表1　出雲地域の古墳～中世前半の建築遺構

	側柱建物 梁行1～2間・他	側柱建物 梁行3間	総柱建物 2×2間(9本柱)	総柱建物 梁行2間(桁行3間以上)	総柱建物 梁行・桁行3間以上
		庭反Ⅱ・建物Ⅱ	古志本郷A区SBO5		
5世紀	規模の大きいものを選択的に表示				
6世紀		石田Ⅰ-S区SB05	菅原Ⅲ・建物2 上ヶ谷SB01・尾田瀬SB01	石田Ⅲ区SB11・久傳SB03	← 中野清水6区13層4号
7世紀	原ノ後SB02(4×4以上) 勝負SB14(4×4)	原ノ後SB03・福富Ⅰ4B区12 本庄川流域条里SB03 渋山池SB31・芝原SB01.02 勝負SB14・古志本郷HⅡSB9 大倉ⅣSB03・古志本郷JSB1 芝原SB10.13.14・浅柄SB05	原ノ後SB1・古志本郷KSB11 渋山池SB17 田中谷SB07・大倉Ⅳ14.15 五反田・建物12.14,大倉Ⅳ4 浅柄SB06・門SB03	浅柄SB03 浅柄SB04.芝原SB05	岩屋口南SB17 芝原SB19
8世紀	門SB06(2×6四面庇) 九景川SB08・06 出雲国府大舎原1号・4号	古志本郷HⅡ区SB05 古志SB01 下黒田SB01・古志本郷JSB2 田中谷I区SB04 山代郷正倉SB11	森SB01 折原上堤東SB05 馬場・建物4.15 中野清水6区12層2号 杉沢ⅢSB01・矢野SB5	三田谷ⅠASB01.07・FSB04 古志本郷G区SB04.森SB03. 古志本郷G区SB09.14 中野清水5区12層1号 庭反Ⅱ建物Ⅳ(東柱).芝原SB7	古志本郷K区SB01 古志本郷G区SB06 古志本郷C区SB01. 天神SB1 古志本郷H区SB7.G区SB8.13 三〆田SB01.下黒田SB02 芝原SB04.後谷ⅤSB03.04 山代郷正倉SB1.5.12.13
9世紀	福富Ⅰ3C区SB16(2×3) 布田CSB01(2×3四面庇)	渋山池SB46	青木ⅣSB3.2.4. ⅠSB06.16 小山3次-4・SB1.2.4 正源寺SI05掘立柱建物	正源寺SI03掘立柱建物1	
10世紀	才の神SB03(1×3庇付)		中野美保・建物9	三田谷ⅠFSB01.03.07.10 三田谷ⅠASB9.FSB2.5.11.13 三田谷ⅠASB05・FSB06 三田谷ⅠA区SB04.18	
11世紀					
12世紀	大屋敷SB01(1×3) 天満谷SB01・02 馬場・建物21(2×5)	福富Ⅰ・2区SB02-3	角谷SB01	島田池5区SB01 青木Ⅰ区建物5	青木Ⅰ区建物4 (下谷SB03)
13世紀	蔵小路西・B1建物5(1×5) 古志本郷A区SB25(布掘) 渡橋沖SB01(1×5)		福富Ⅰ・3A区SB04 宮ノ前礎石建物 渡橋沖SB21		蔵小路西・B2区建物5
14世紀	蔵小路西・B1建物1(2×6) 蔵小路西・B1建物6(1×5) 本庄馬場SB01(2×6)				
時期不明	堤平・布掘建物(8～11C) 妙見山SB02・04(8～12C) 的場北SB04・09(中世?) 青木Ⅰ区建物7.8(12～13C) 青木Ⅱ区建物1(12～13C) 田中谷Ⅴ-E区SB21	古志本郷HⅡ区SB04 常楽寺SB01 的場南SB08(中世) 浅柄ⅡE区SB03(7～8C) 門SB04(7～8C)	陽徳SB01(9～12C) 的場北SB08 的場南SB04・11(中世) 福富Ⅰ・4B区SB13(古代) 福富Ⅰ・玉作SB05(古代) 青木Ⅱ区建物6.7.8(12～13C) 青木Ⅱ区建物14(12～13C)	堤平SB01(8～13C) 菅原Ⅲ・建物3(7C以降) 福富Ⅰ・6区SB06(古代)	青木Ⅱ区建物3(12～13C)

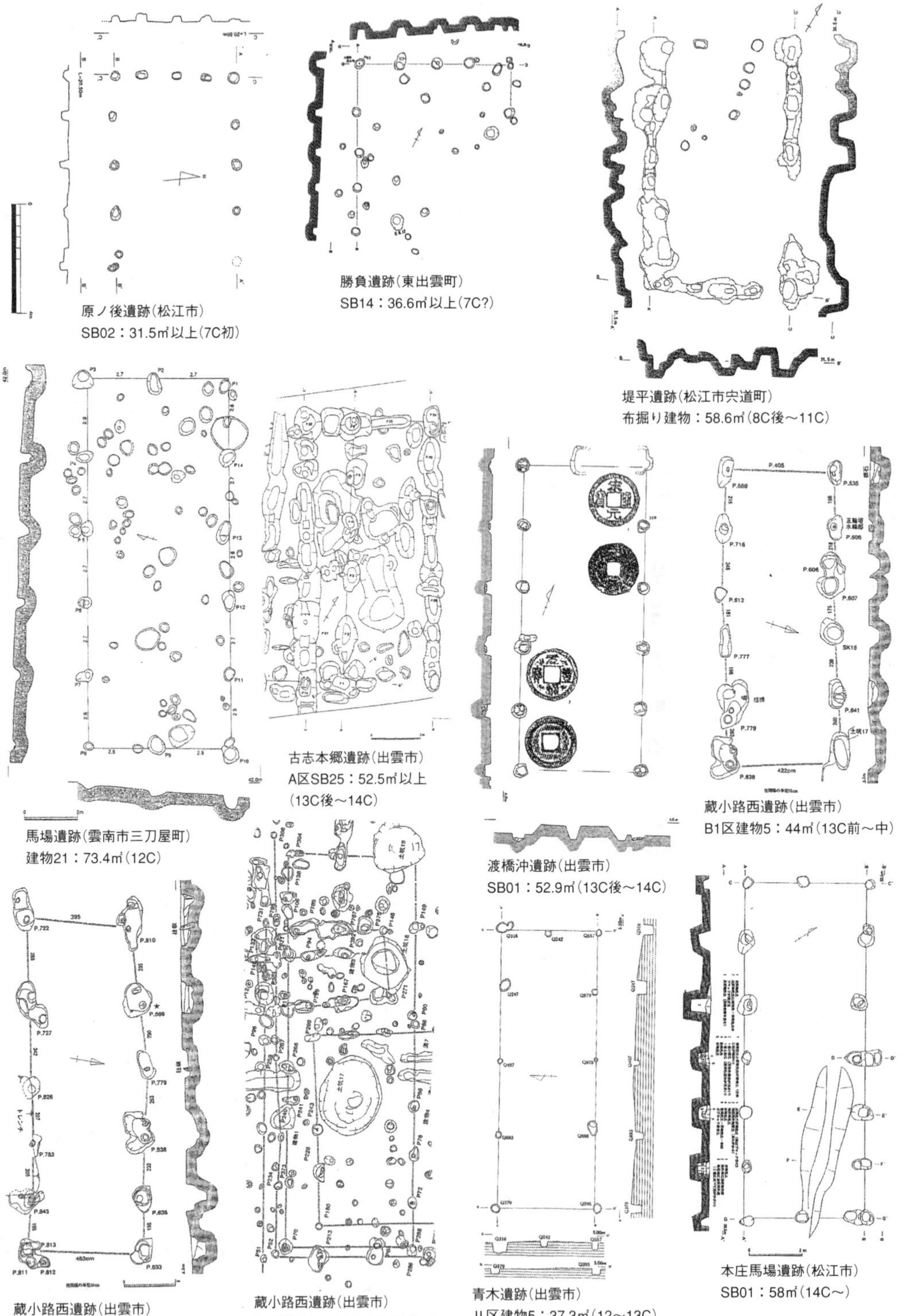
原ノ後遺跡(松江市)
SB02：31.5㎡以上(7C初)
勝負遺跡(東出雲町)
SB14：36.6㎡以上(7C?)
堤平遺跡(松江市宍道町)
布掘り建物：58.6㎡(8C後～11C)
馬場遺跡(雲南市三刀屋町)
建物21：73.4㎡(12C)
古志本郷遺跡(出雲市)
A区SB25：52.5㎡以上
(13C後～14C)
渡橋沖遺跡(出雲市)
SB01：52.9㎡(13C後～14C)
蔵小路西遺跡(出雲市)
B1区建物5：44㎡(13C前～中)
蔵小路西遺跡(出雲市)
B1区建物6：51.4㎡(14C中～)
蔵小路西遺跡(出雲市)
B1区建物1：86.4㎡(14C中～)
青木遺跡(出雲市)
II区建物5：37.3㎡(12～13C)
本庄馬場遺跡(松江市)
SB01：58㎡(14C～)

(S＝1/250)

図1　出雲地域の側柱建物遺構(1)（7～14世紀）

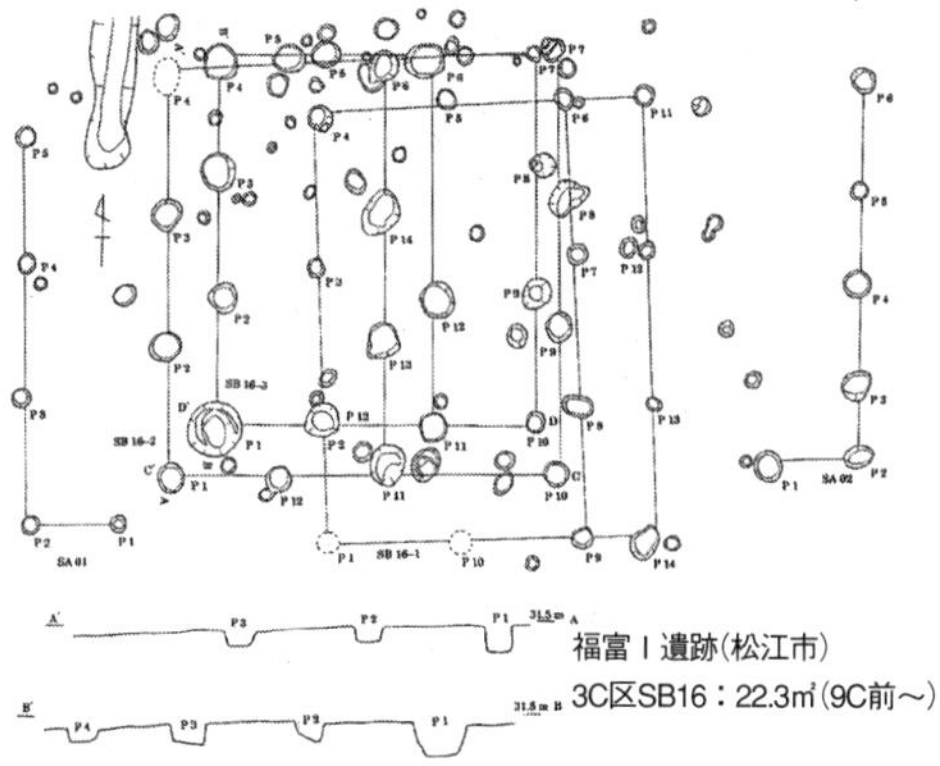

福富Ⅰ遺跡(松江市)
3C区SB16：22.3㎡(9C前～)

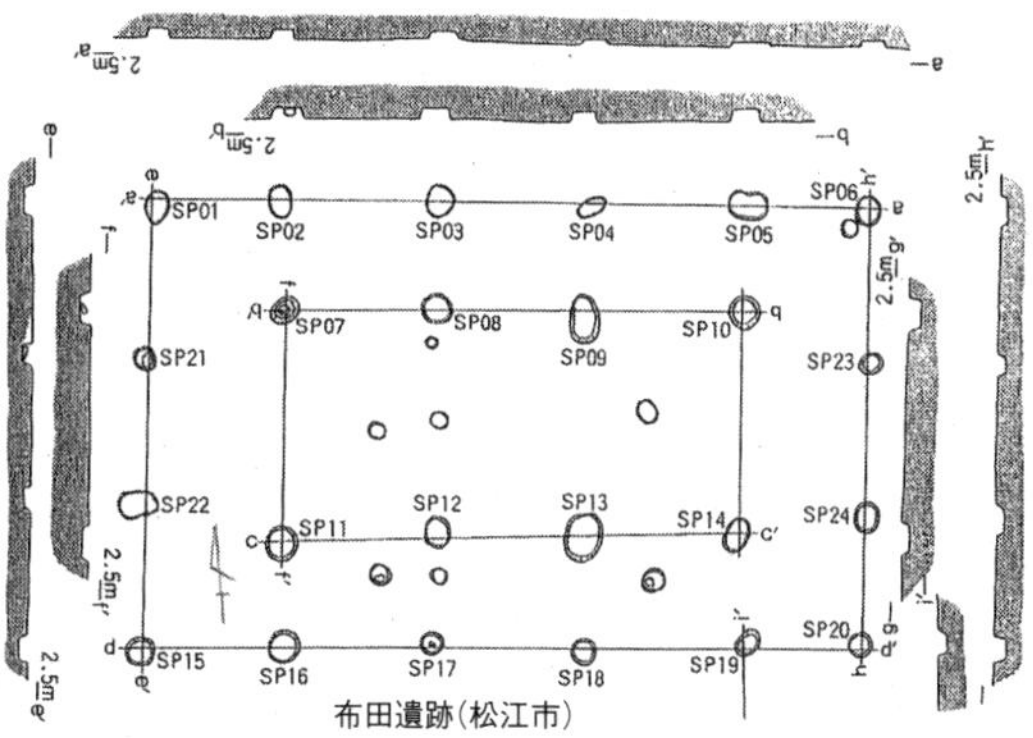

布田遺跡(松江市)
C区SB01：身舎26.7㎡(9C～)

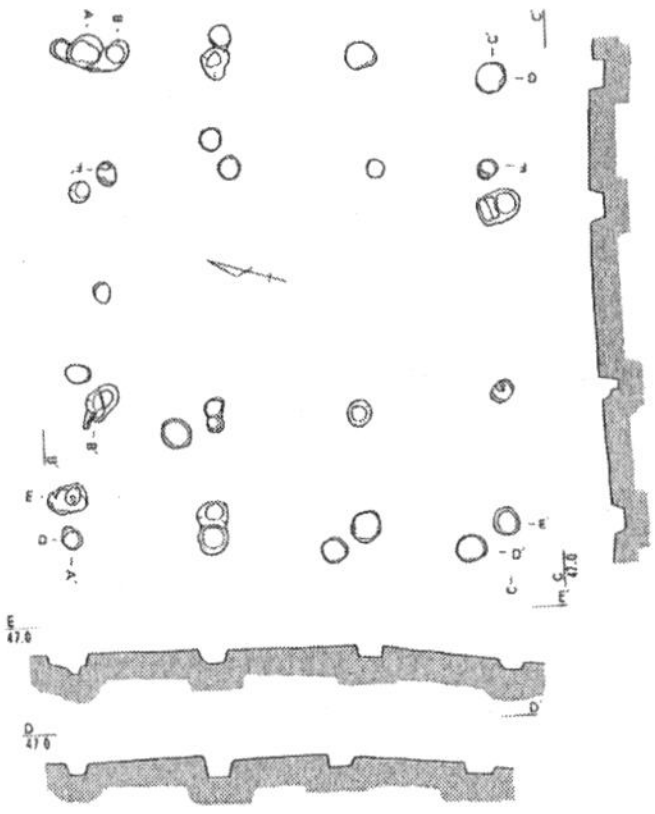

才ノ神遺跡(安来市)
SB3：身舎7.6㎡(10C中～)

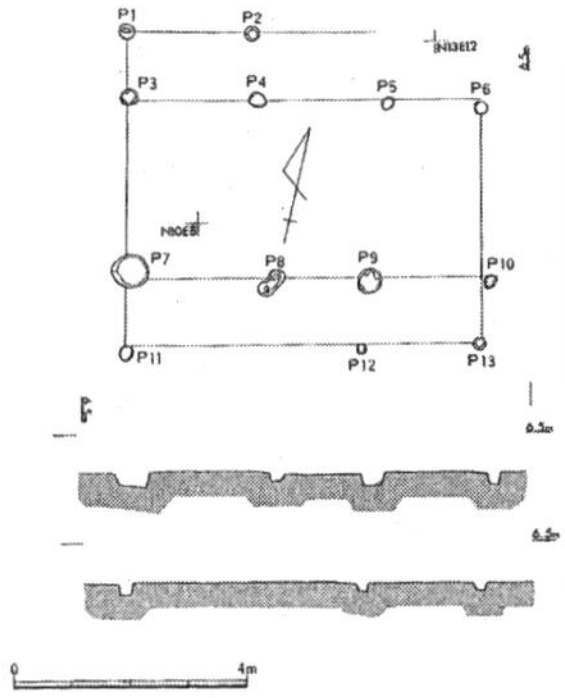

大屋敷遺跡(松江市)
SB01：身舎12.6㎡(11後～13C)

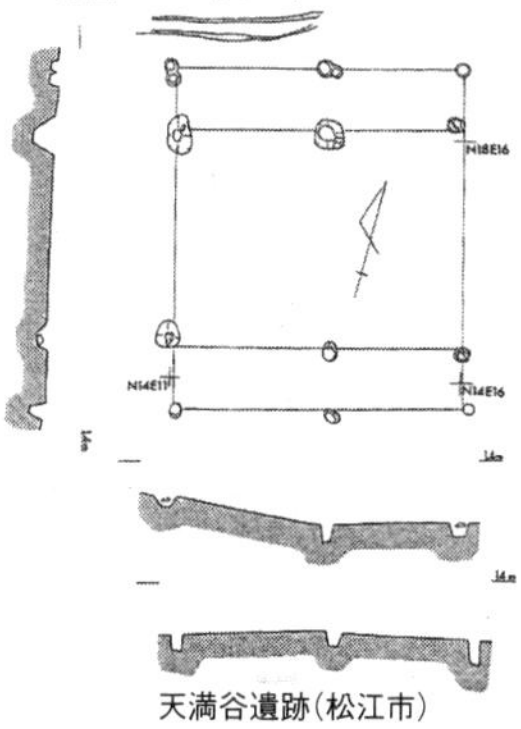

天満谷遺跡(松江市)
SB02：28.5㎡(12～13C初)

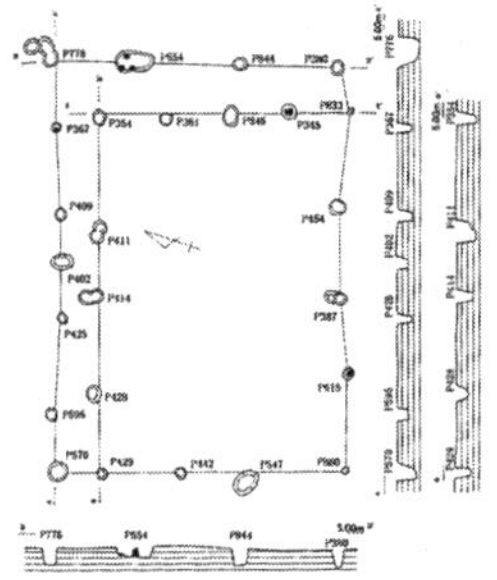

青木遺跡(出雲市)
Ⅱ区建物1：身舎25㎡(12～13C)

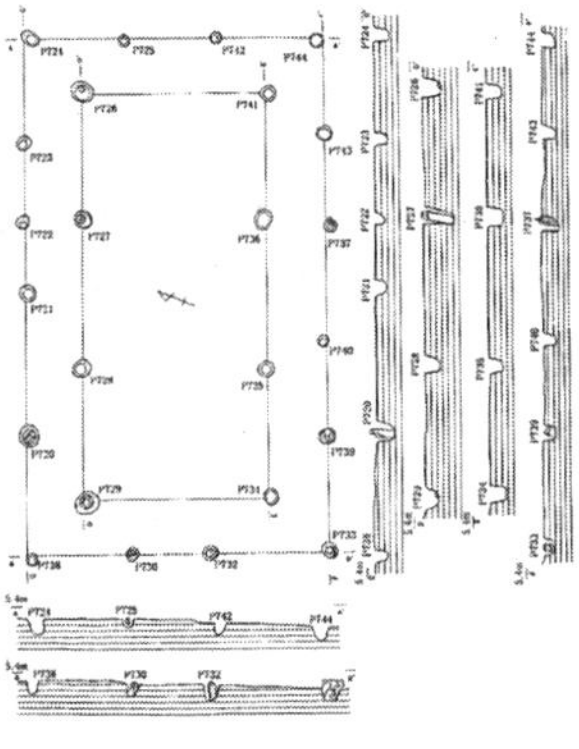

青木遺跡(出雲市)
Ⅰ区建物7：身舎21.4㎡(12～13C)

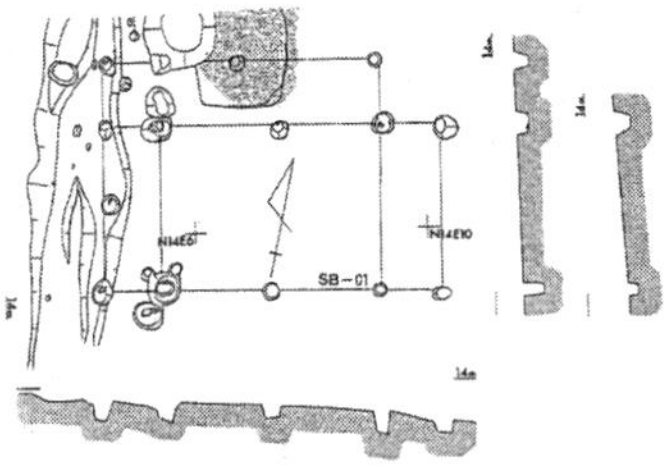

天満谷遺跡(松江市)
SB01：15.9㎡(12C)

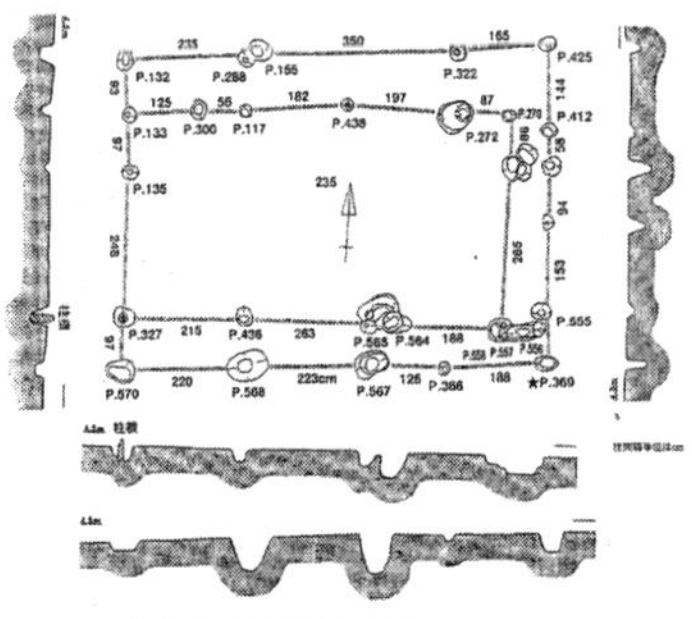

蔵小路西遺跡(出雲市)
B2区建物4：40㎡(13C前～中)

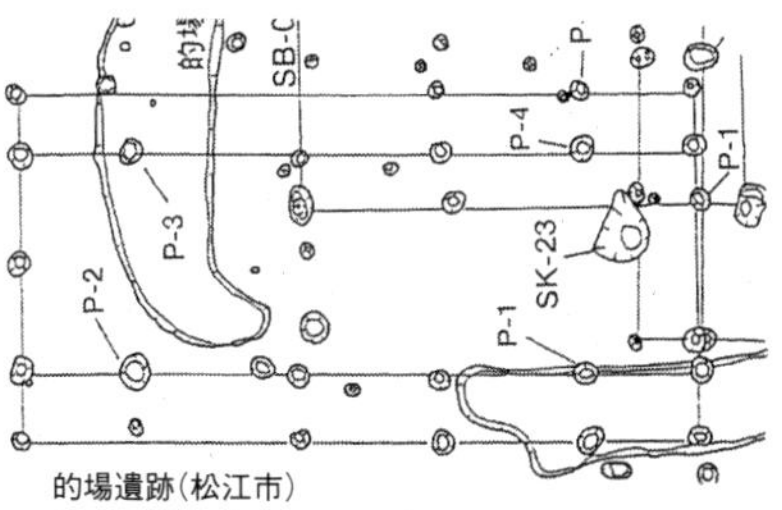

的場遺跡(松江市)
北区SB04：身舎45.2㎡(古代末～中世)

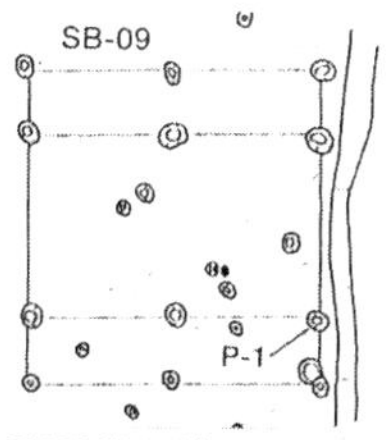

的場遺跡(松江市)
北区SB09：身舎15㎡(古代末～中世)

(S＝1/250)

図2　出雲地域の側柱建物遺構(2)（8～14世紀）

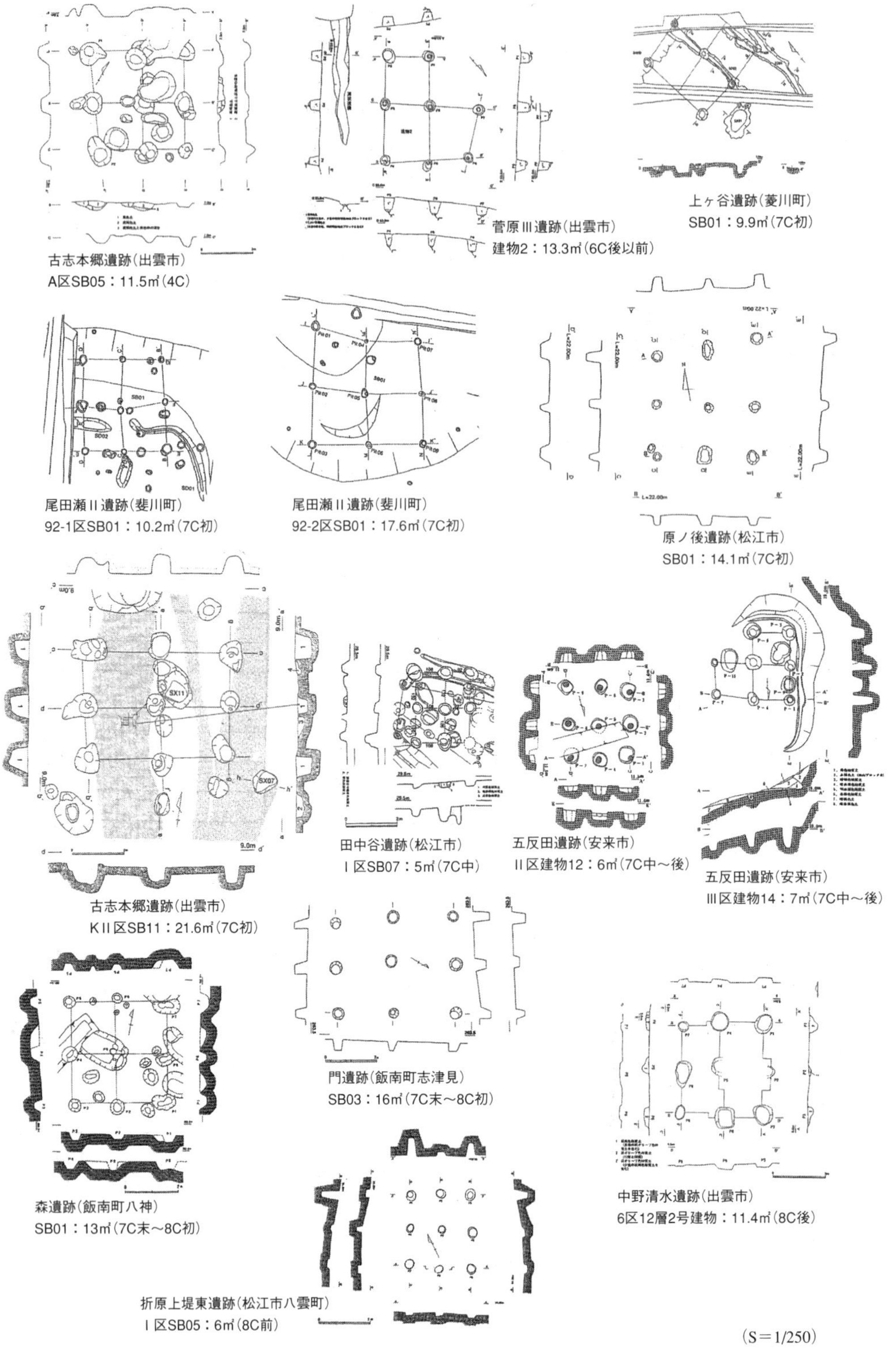

(S＝1/250)

図3　出雲地域の9本柱建物（2×2間総柱建物：7～8世紀）

る。しかし、出雲国府では主要建物に梁行二間四面庇付建物が採用され、梁行三間建物の採用はみられない（岩橋 二〇〇五）。また、出雲国に隣接する石見国内では飛鳥・奈良時代の梁行三間建物の確認例がなく、出雲地域と対照的な様相を呈している。

七～八世紀の官衙建築の影響を受けて、平安、鎌倉、南北朝期に居宅における主屋は桁行三～六間×梁行一～二間の側柱建物がその主体となる。平安時代では側柱建物に庇がつく主屋建物が比較的多くみられるが、鎌倉・南北朝期では庇のつく事例が相対的に減少し、桁行の長い長大な側柱建物が主屋となる例が増加する。たとえば出雲市渡橋町・蔵小路西遺跡は、十二世紀後半～十五世紀半ばまで存続する方一町居館と考えられ、在庁官人から在地領主化した朝山氏の館と推定されている。出雲国内でも有力な階層に属する朝山氏館においても、中心的建物は六間×二間のＢ区建物１（平面積八六・四平方メートル）、五間×一間のＢ１区建物６（平面積五一・四平方メートル）、五間×一間のＢ１区建物５（平面積四四平方メートル）であり、長大な側柱建物で構成されていることが知られている。

出雲市内においても、青木遺跡Ⅰ区建物４（三間×四間、平面積四〇・三平方メートル、十二世紀後半）、同遺跡Ⅱ区建物３（三間×三間、平面積三九・八平方メートル、十二～十三世紀）、蔵小路西遺跡Ｂ２区建物５（三間×三間、平面積三九・九平方メートル、十三世紀半ば）などは中世前半期の総柱建物例として知られるが、遺跡内部の建物の平面配置から、いずれも居宅の中心的建物ではないものと考えられる。

このような古代から継続する側柱建物が中世前半まで居宅の中核的建築として用いられることは出雲地域の特徴であり、石見地域ひいては近畿・瀬戸内地域との地域差を際立たせている。

三、石見地域の様相

石見地域では古代の集落遺跡調査例が少なく、明確な傾向を抽出することは困難であるが、七～十世紀では出雲地域と同様、官衙建築に影響を受けた桁行三～六間×梁行一～二間の側柱建物が有力層居宅の主屋となっている可能性が高い。しかし、出雲地域で三〇例以上確認された梁行三間建物は、十三世紀の横路遺跡原井ヶ市地区ＳＢＣ-01の出現まで確認されていない。

総柱建物は古八幡付近遺跡（江津市調査部分）で五世紀に属するとされているＳＢ01・02が報告されているが、類例が乏しく時期比定については疑問が残る。年代がほぼ確実な例として、古八幡付近遺跡から敬川を挟んで対岸の丘陵中腹に立地する横路古墳建物２（桁行二

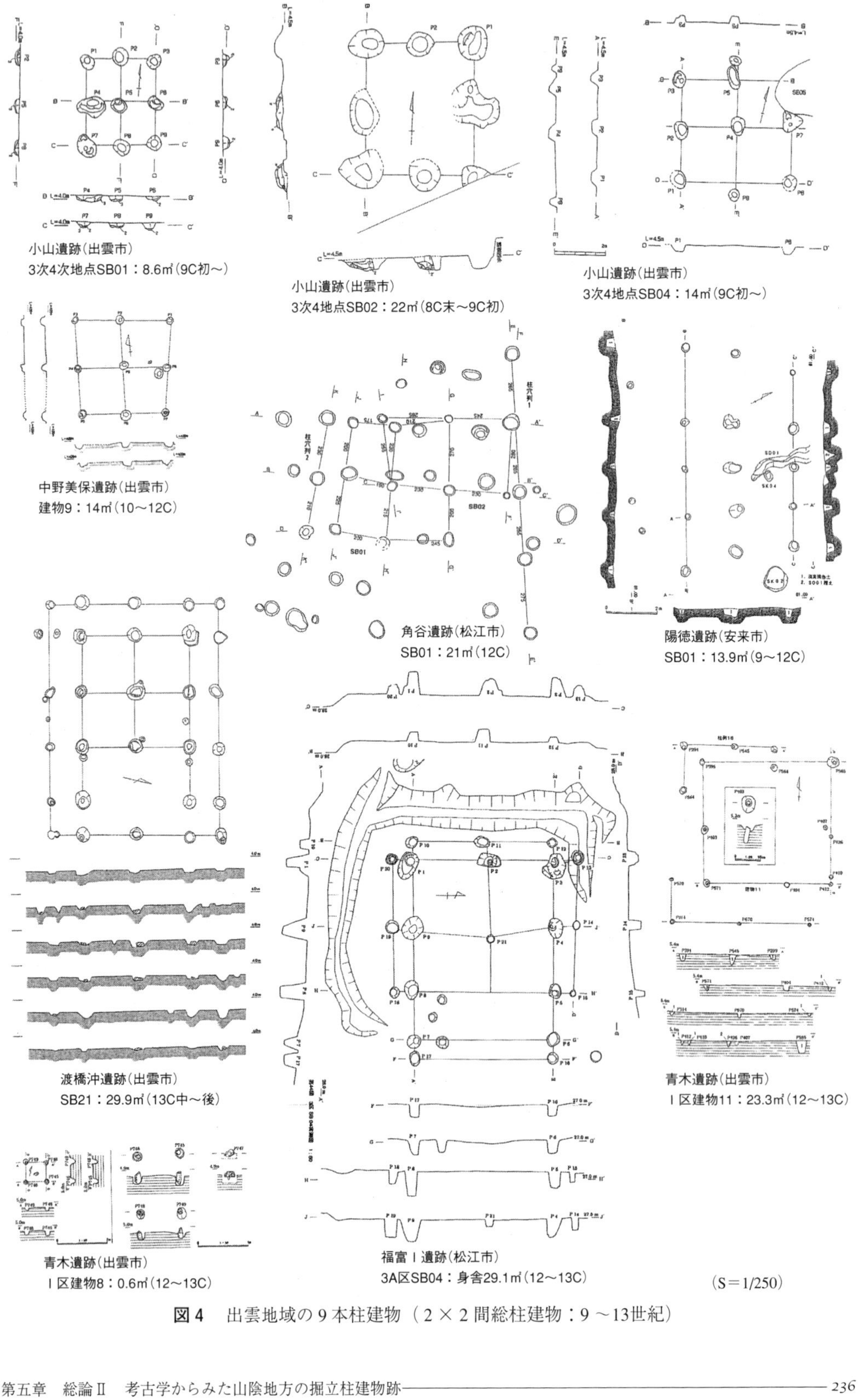

図4　出雲地域の９本柱建物（２×２間総柱建物：９～13世紀）

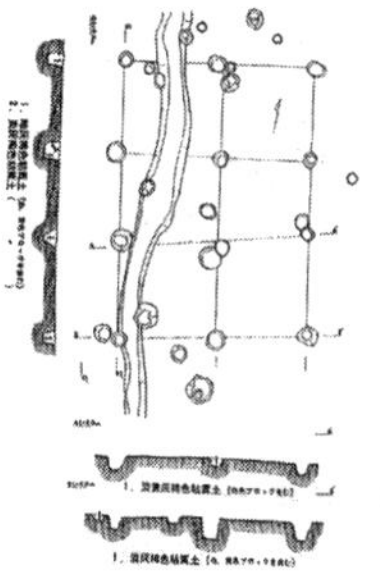

石田遺跡(安来市)
III区SB11：14.1㎡(7C前)

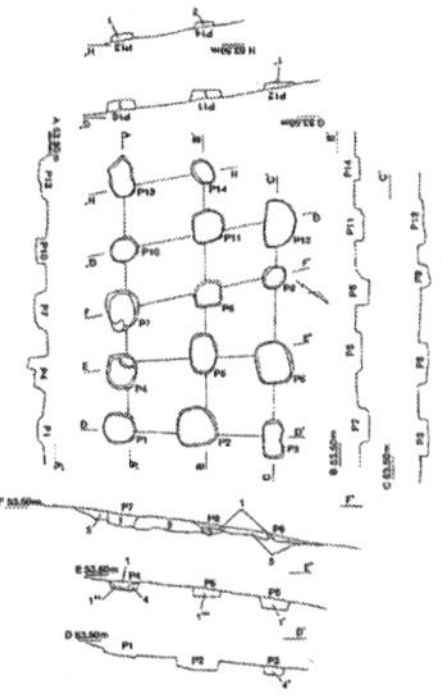

菅原III遺跡(出雲市)
建物3：10㎡(7C以降)

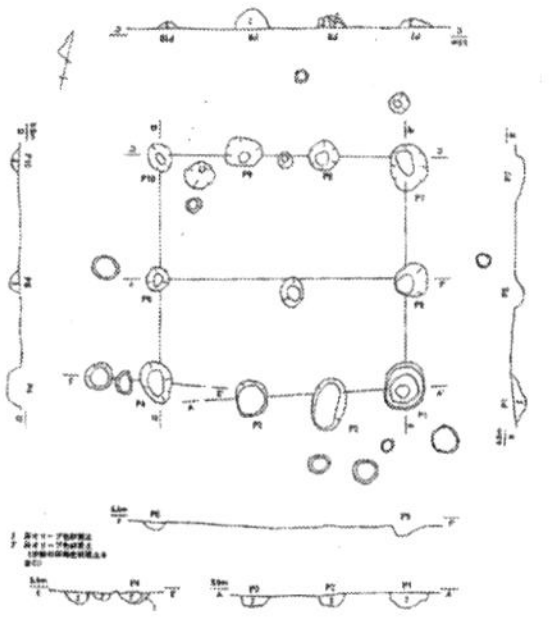

中野清水遺跡(出雲市)
6区12層3号建物：15.7㎡(8C後)

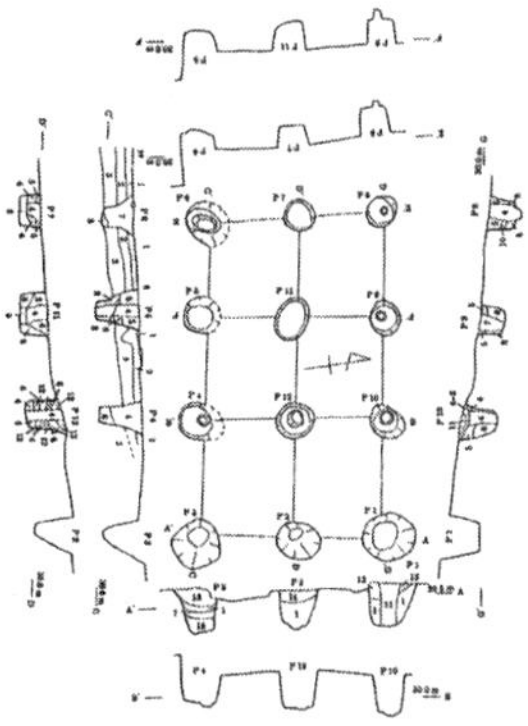

福富I遺跡(松江市)
6区SB06：16.2㎡(古代)

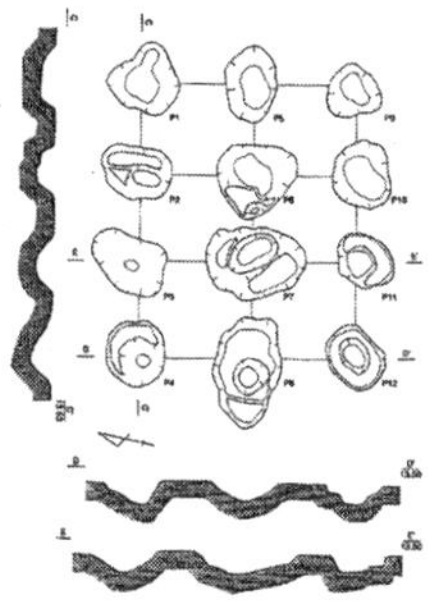

三田谷I遺跡(出雲市)
A区SB01：19㎡(8C)

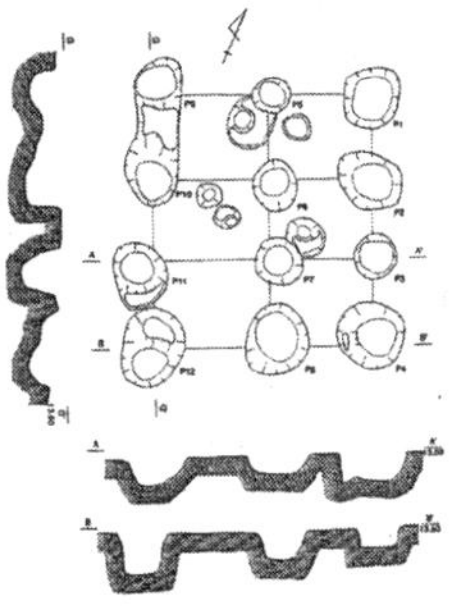

三田谷I遺跡(出雲市)
A区SB07：16㎡(8C)

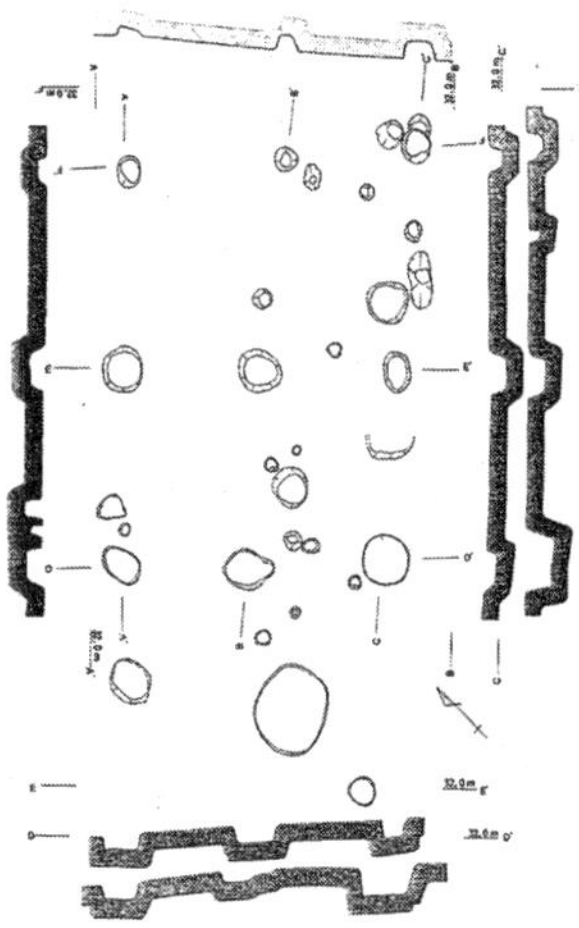

堤平遺跡(松江市宍道町)
SB01：43㎡(8C後～13C)

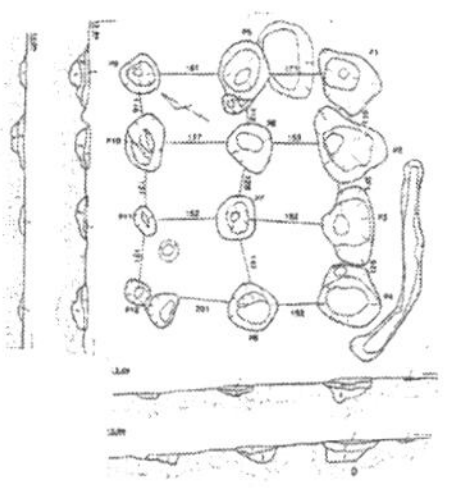

三田谷I遺跡(出雲市)
F区SB04：13.2㎡(8C)

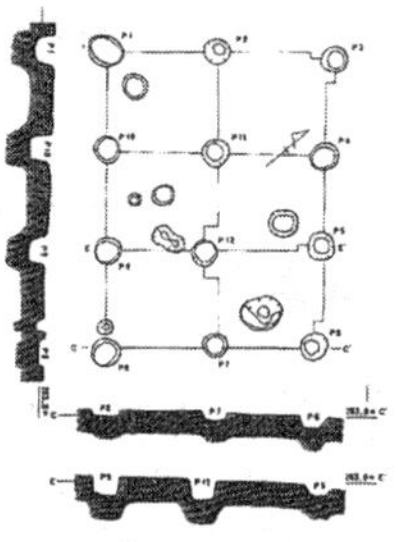

森遺跡(飯南町八神)
SB03：22.5㎡(7C末～8C前)

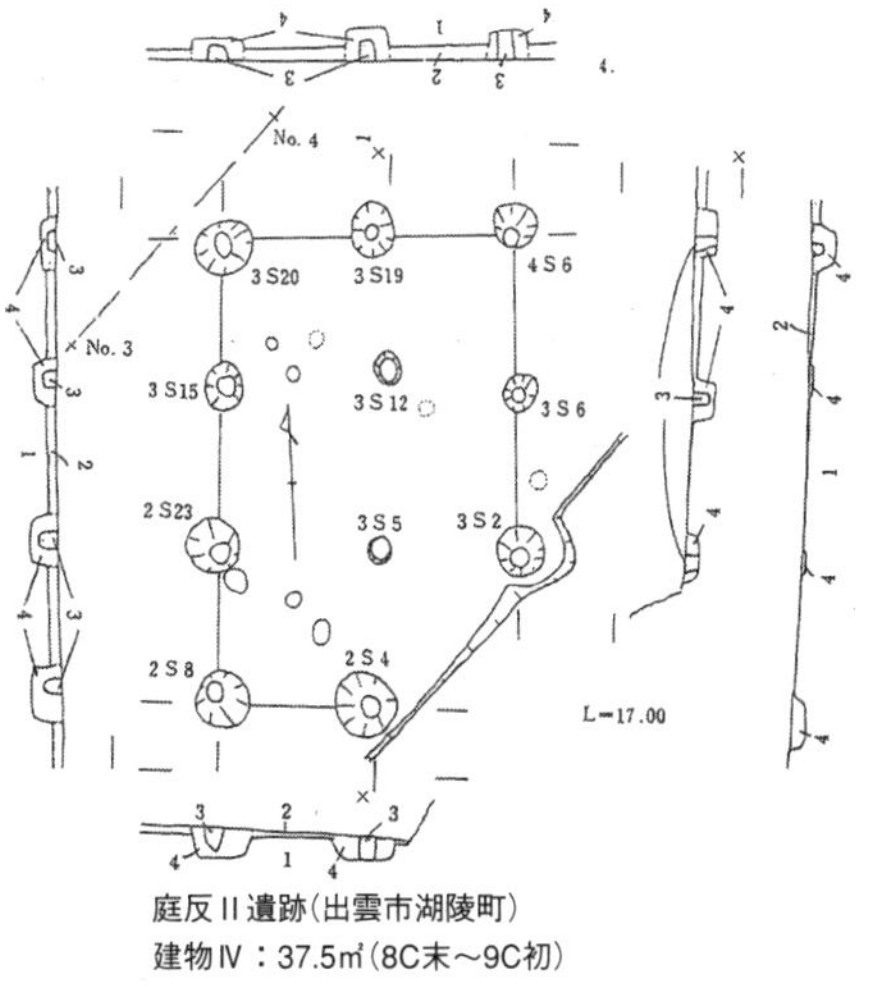

庭反II遺跡(出雲市湖陵町)
建物IV：37.5㎡(8C末～9C初)

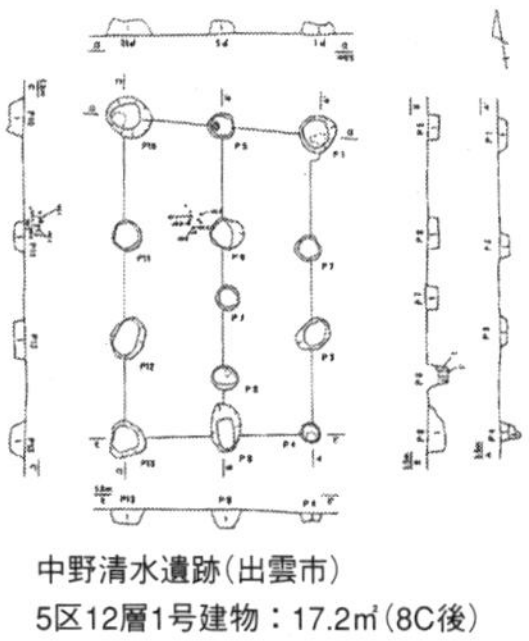

中野清水遺跡(出雲市)
5区12層1号建物：17.2㎡(8C後)

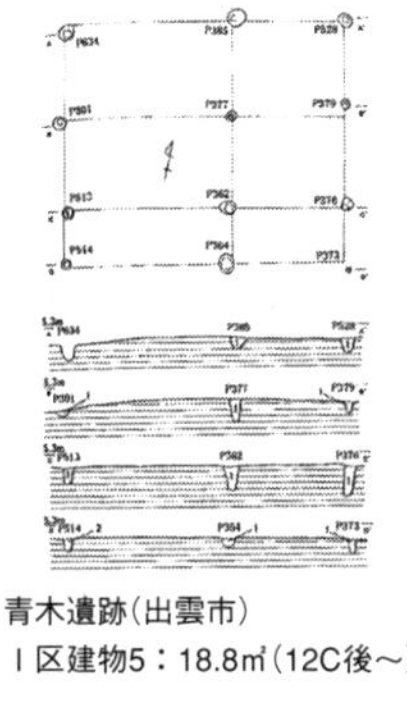

青木遺跡(出雲市)
I区建物5：18.8㎡(12C後～)

(S＝1/250)

図5　出雲地域の2×3間以上の総柱建物（6～13世紀）

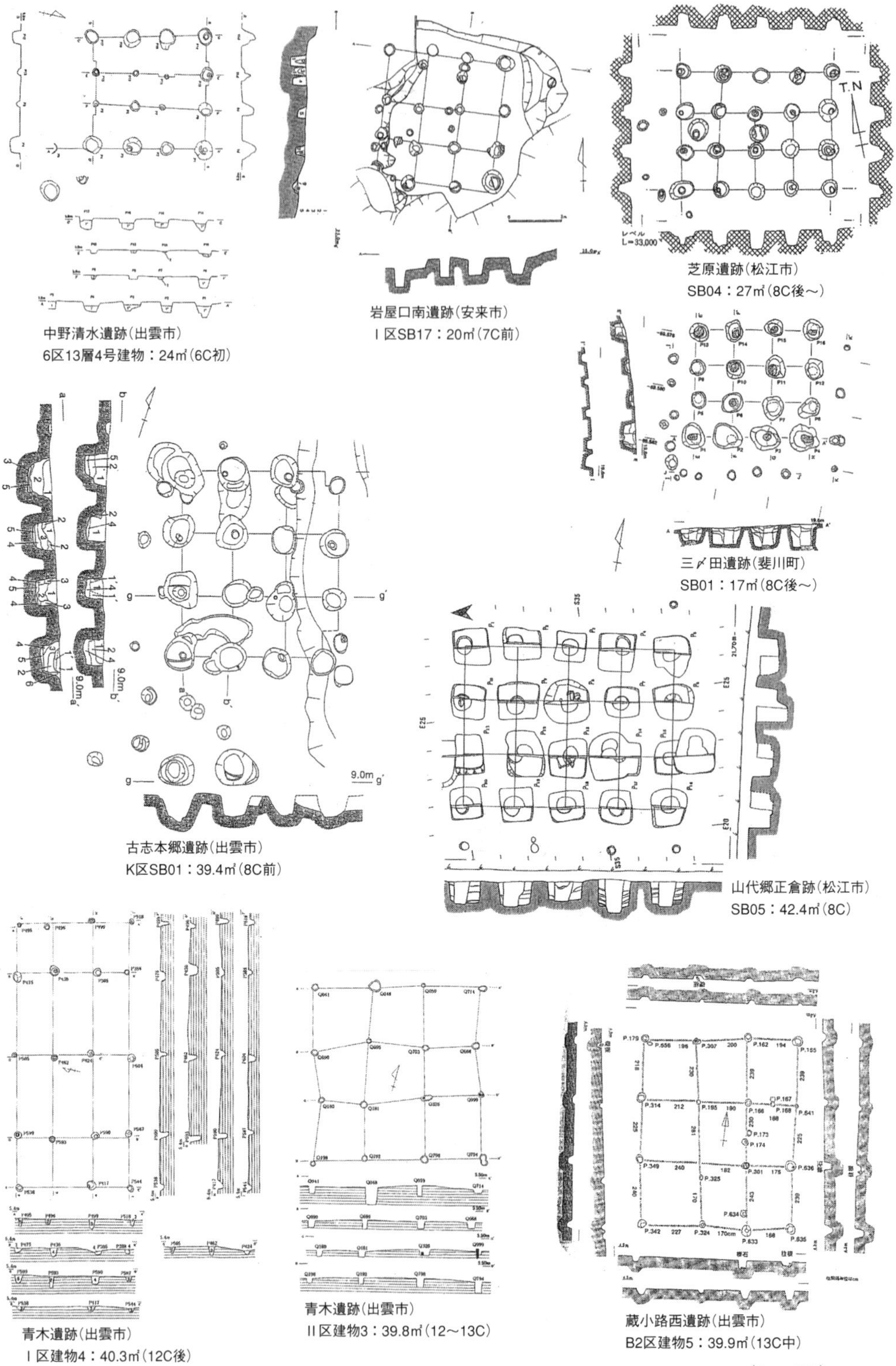

中野清水遺跡（出雲市）
6区13層4号建物：24㎡（6C初）

岩屋口南遺跡（安来市）
Ⅰ区SB17：20㎡（7C前）

芝原遺跡（松江市）
SB04：27㎡（8C後～）

三〆田遺跡（斐川町）
SB01：17㎡（8C後～）

古志本郷遺跡（出雲市）
K区SB01：39.4㎡（8C前）

山代郷正倉跡（松江市）
SB05：42.4㎡（8C）

青木遺跡（出雲市）
Ⅰ区建物4：40.3㎡（12C後）

青木遺跡（出雲市）
Ⅱ区建物3：39.8㎡（12～13C）

蔵小路西遺跡（出雲市）
B2区建物5：39.9㎡（13C中）

（S＝1/250）

図6　出雲地域の3×3間以上の総柱建物（6～13世紀）

間×梁行二間）があげられる。ここでは七世紀中葉の須恵器を伴っている。石見地域も、七世紀には総柱建物がある程度普及していることが推察される。しかし、石見地域では官衙遺跡の調査例が少ないことから、倉庫としての総柱建物の検出例も少なく、今後の資料の増加が望まれる。

浜田市下府地区で調査された中世石見府中と関連する市場や居宅遺構のほか、大田市仁摩町、津和野町でも有力層の居宅が調査され、十一世紀後半以降の資料は充実してきている。平安時代後期には住居主屋の総柱化と平面積の拡大がみられ、石見国府に近接すると考えられる浜田市・古市遺跡、横路遺跡のほか、石見東部の交易地として発展した仁摩平野の白石遺跡、清石遺跡でも総柱建物が居宅の主屋となっている。このような現象は石見地域の流通拠点が公的関係だけではなく、民間レベルでも近畿・瀬戸内地域と交流をもった結果と考えられる。

四、隠岐地域の様相

隠岐地域では隠岐の島町・尼寺原遺跡、同町・甲ノ原遺跡において六世紀末~九世紀の官衙・集落遺跡が検出されている。個々の遺構の時期は報告者も言及していないが、いずれも掘立柱建物のみで構成されており、当該期の竪穴建物を含まない点では出雲地域の様相と類似している。総柱建物は両遺跡で二間×二間が七棟、三間×二間が三棟確認されているが、いずれも床面積一〇平方メートル前後の小型建物である。尼寺原遺跡蔵見口地区A期の二間×二間建物は側柱建物も含めれば八棟確認されるが、雁行状に配置され、出雲市・三田谷I遺跡の総柱建物群と規模・配置に類似点がみられ注目される。

十二~十四世紀では隠岐の島町・東船遺跡で当該期の建築遺構群が検出されており、居宅主屋と考えられる建築には最大で四間×三間の総柱建物（SB10・11・13）が導入されている。中世前半期には重要物産である「鮑」の流通により、直接的に畿内や九州と交易が行われたとされ（錦織 二〇〇四）、出雲国とは異なり畿内・北陸・九州からの情報に基づく総柱建築が導入された可能性も推定できる。

五、居宅の総柱建物化と地域的様相

近畿地方の古代~中世期の掘立柱建物を検討した堀内明博氏によると、近畿地方では早いところで十一世紀には居宅建築に総柱建物が導入され、十二世紀代には居宅建築としては総柱建物が普遍化することを示している（堀内 二〇〇一）。また、北陸においても富山県の五社遺跡では十一世紀に総柱居宅建物の萌芽がみられ、十二世紀後半には北陸全体において普遍的な建築様式となる

表2　石見・隠岐地域の古墳〜中世前半の建築遺構

	側柱建物 梁行1〜2間・他	側柱建物 梁行3間	総柱建物 2×2間(9本柱)	総柱建物 梁行2間	総柱建物 梁行桁行3間以上
5世紀			古八幡付近(市)SB02	古八幡付近(市)SB01	
6世紀			**尼寺原SB47(SB48も?)**		
7世紀			**尼寺原蔵見口SB1・4・5** 横路古墓・建物2	**尼寺原**	
8世紀	寺の前10号・11号			←下多根SB08(束柱)	
9世紀	古八幡8区建物17(1×5)				
10世紀	大地ノ元SB03(礎石立)				
11世紀				横路原井ヶ市SBC-02	古市SB2022
12世紀			喜時雨3区SB5	横路土器土SB1・SB3 横路土器土SB7 清石SB02	横路土器土SB13 横路原井ヶ市SBB-01
13世紀		横路原井ヶ市SBC-01	喜時雨3区SB7	埋築・建物1/建物2 **東船SB12** 前立山SB01	前立山SB03 喜時雨1区-SB3
14世紀	コヲスミSB01(1×6)	横路原井ヶ市SBC-03	喜時雨3区SB11	白石SB02	白石SB01 喜時雨3区-SB3・SB8 埋築・建物5 **東船SB10・11**
時期不明	古八幡8区建物32(2×5) **尼寺原(7×5)**		高田R区SB6 **美田尻・建物3.5.6**	**東船SB14**	**東船SB13** 高田S区SB7

※太字体は隠岐の事例

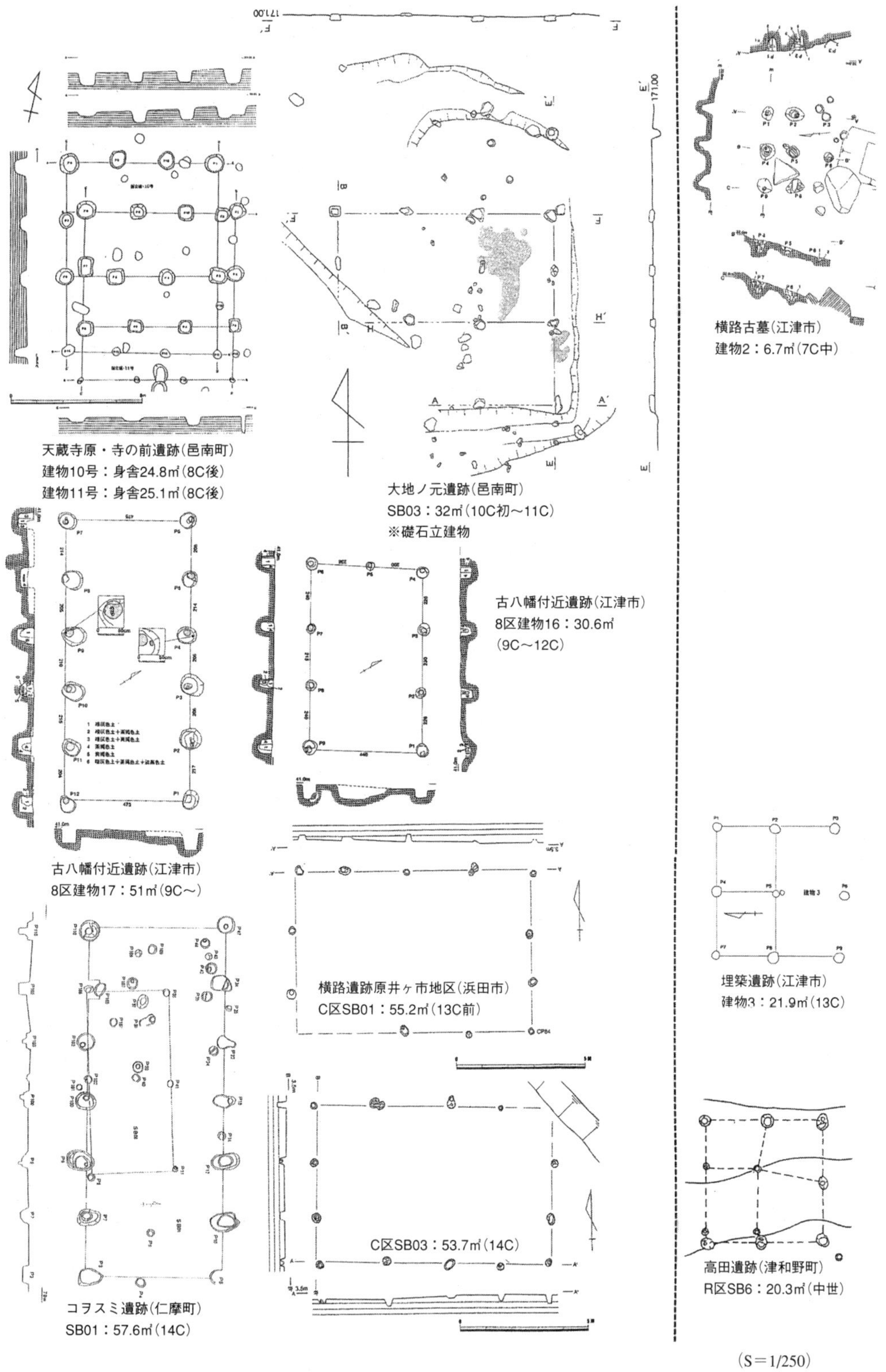

図7　石見地域の側柱建物遺構（9～14世紀）および9本柱建物（7～14世紀）

ことが知られている（河西　一九九三）。同様な現象は瀬戸内や鎌倉をはじめとした関東でも確認されている。

このように十一世紀後半～十四世紀前半に居宅建築が総柱化する現象は日本の広範囲にひろがっており、石見・隠岐地域はこの流れに準じているが、出雲地域にはその影響が及んでいないことが認められよう。

そして、畿内では十世紀後半には成立し、それ以降に瀬戸内東部・九州北部・北陸にも展開する「屋敷墓」が、横路遺跡や江津市・埋築遺跡、益田市・沖手遺跡でも確認されることは、石見地域と近畿・瀬戸内地域の関係を裏づけている（橘田　一九九一・二〇〇四）。

さらに、益田市を中心とした石西地域では十三～十四世紀の花崗岩製大型石塔（五輪塔・層塔）が四八個体以上確認されている。これらの石塔は西摂津の御影石とされ、瀬戸内から搬入されたことが確認されている（古川二〇〇三）。鎌倉時代において港津を拠点に教線を伸ばした大和西大寺流律宗は瀬戸内では各所に痕跡を残しているが、日本海側では丹後・但馬・因幡・伯耆で活動が知られるものの、出雲ではその活動は不明瞭である。しかし、浜田市三隅町の正法寺は明徳二年（一三九一）『西大寺諸国末寺帳』よると西大寺末寺となっていることが確認されることから、石西地域における花崗岩製石塔の造立の宗教的背景として、西大寺流律宗の影響を考慮する必要もあるであろう。

これに対して、出雲地域では「屋敷墓」は未発見であり、「花崗岩製石塔」も山間部を中心に中小型品が散在しているのみである。居宅主屋の「総柱建物」化がみられないことに加え、これらの点からも出雲地域と畿内・瀬戸内地域の相対的な交渉の少なさが確認され、それと対比されるように石見・隠岐地域が意外にも畿内・瀬戸内地域と交流が盛んであることが言えるのである。

また、津和野町の喜時雨遺跡では十三世紀代の方形環濠に囲繞された1-SB01・02（桁行三間×梁行一間、桁行三間×梁行二間）が廃絶した後、十三世紀末～十四世紀前半には桁行六間×梁行四間の総柱建物1-SB03（平面積一四四平方メートル）が主屋として出現している。この画期は、元寇への備えとして弘安五年（一二八二）に吉見氏が能登国から津和野に入部した事実にもとづくと報告されている（宮田　二〇〇〇）。十二世紀末～十三世紀の連続する国内政変による地域領主の交替も居宅建築の変化の原因の一つと考えられる。

六、九本柱総柱建物（大社造）の評価

弥生時代中期の松江市・田和山遺跡の事例の後、出雲地域で桁行二間×梁行二間の九本柱建物が再出現するのは六世紀末～七世紀初頭である。柱穴の埋土中の小土器

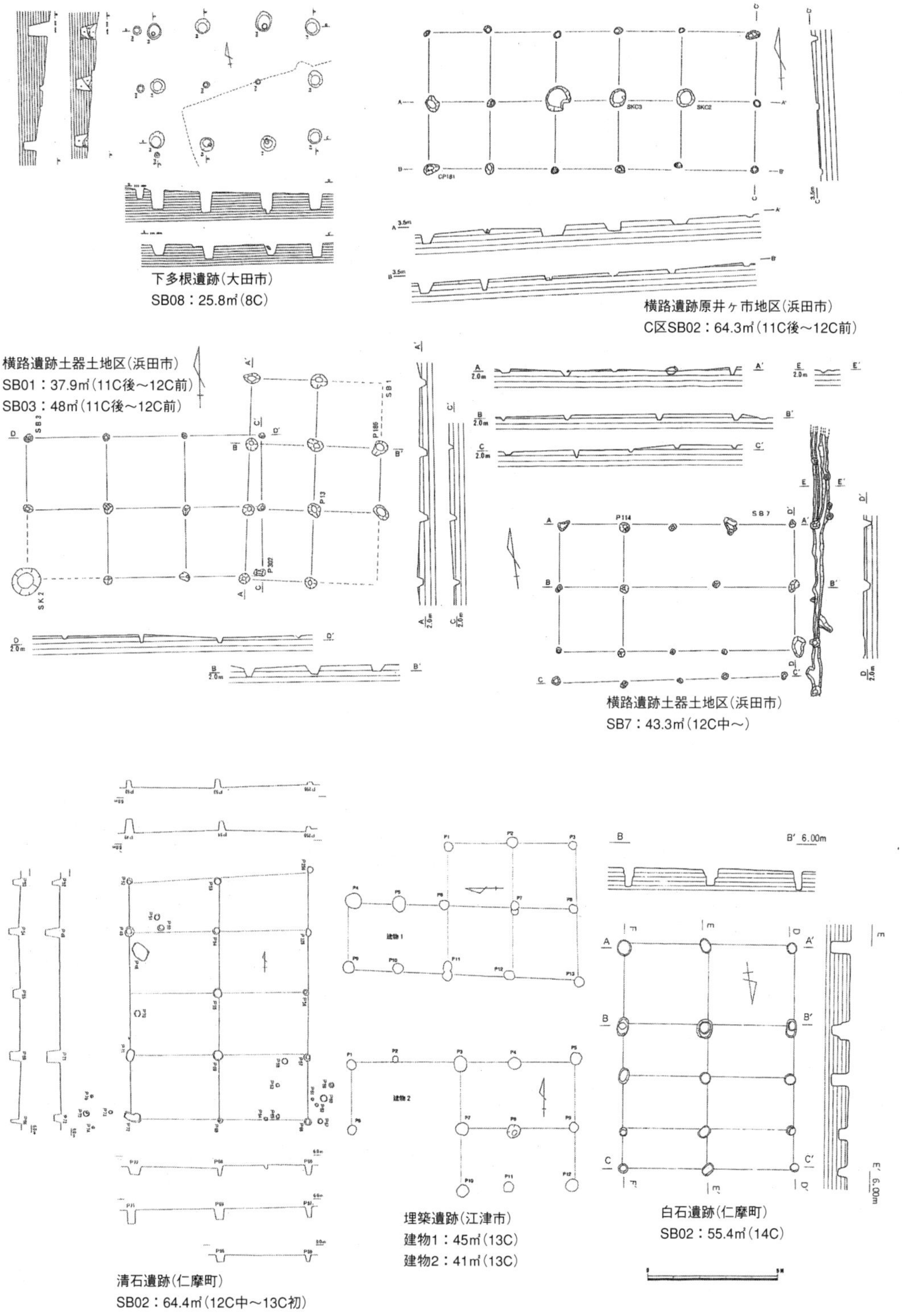

(S＝1/250)

図8　石見地域の2×3間以上総柱建物（8～14世紀）

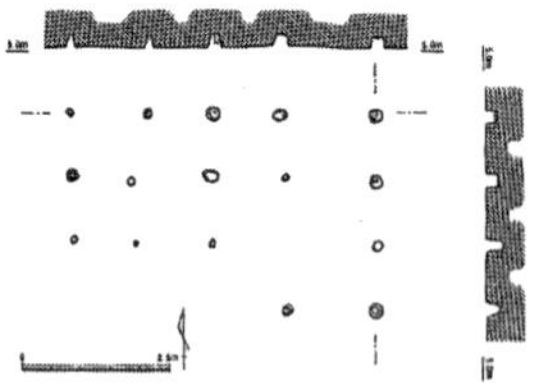

古市遺跡（浜田市）
SB2022：64.3㎡（11C後～12C前）

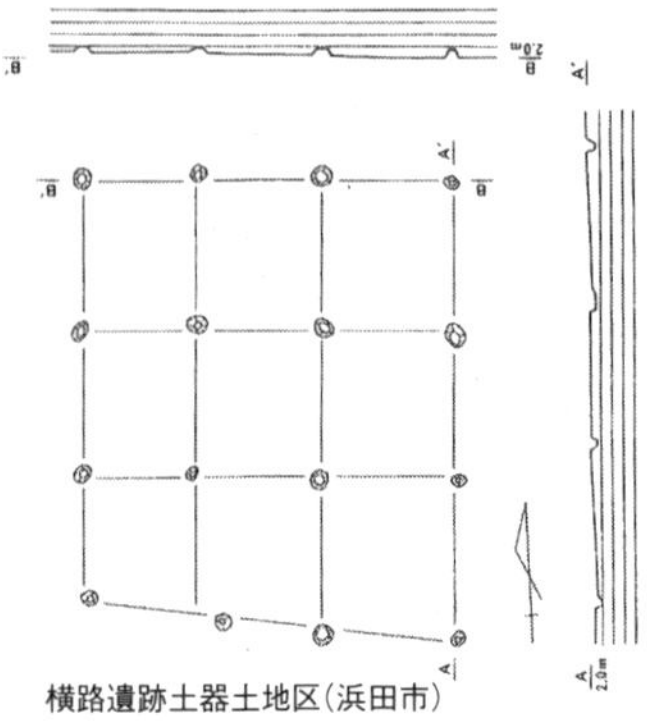

横路遺跡土器土地区（浜田市）
SB13：48.3㎡（11C後～12C前）

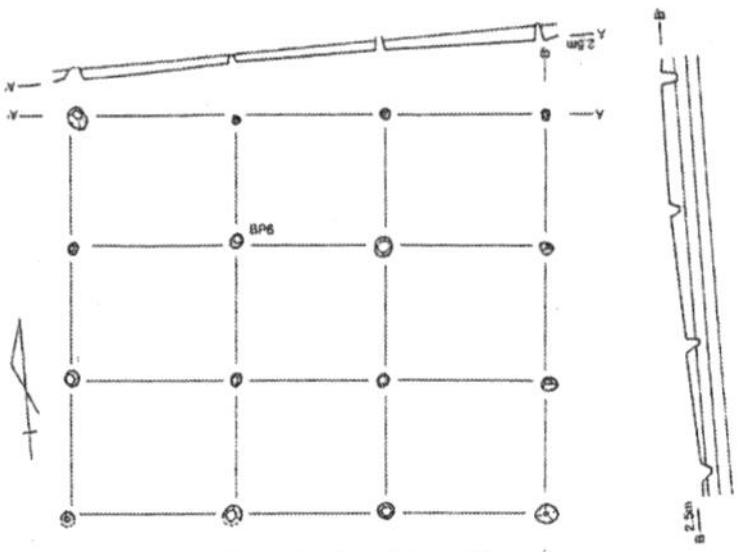

横路遺跡原井ヶ市地区（浜田市）
B区SB01：53.3㎡（12C中～後）

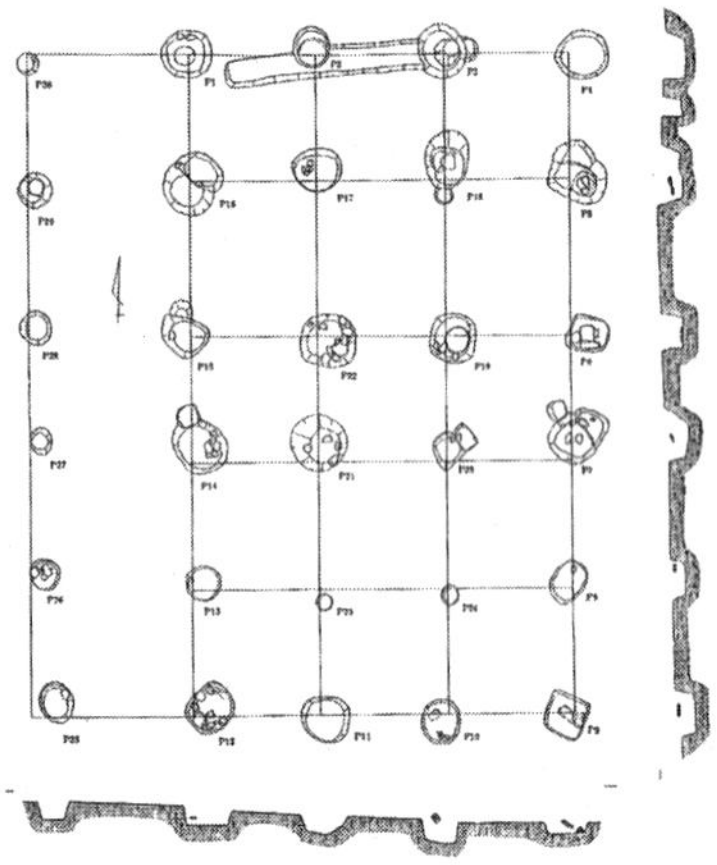

前立山遺跡（六日市町）
SB03：身舎70.8㎡（13～14C）

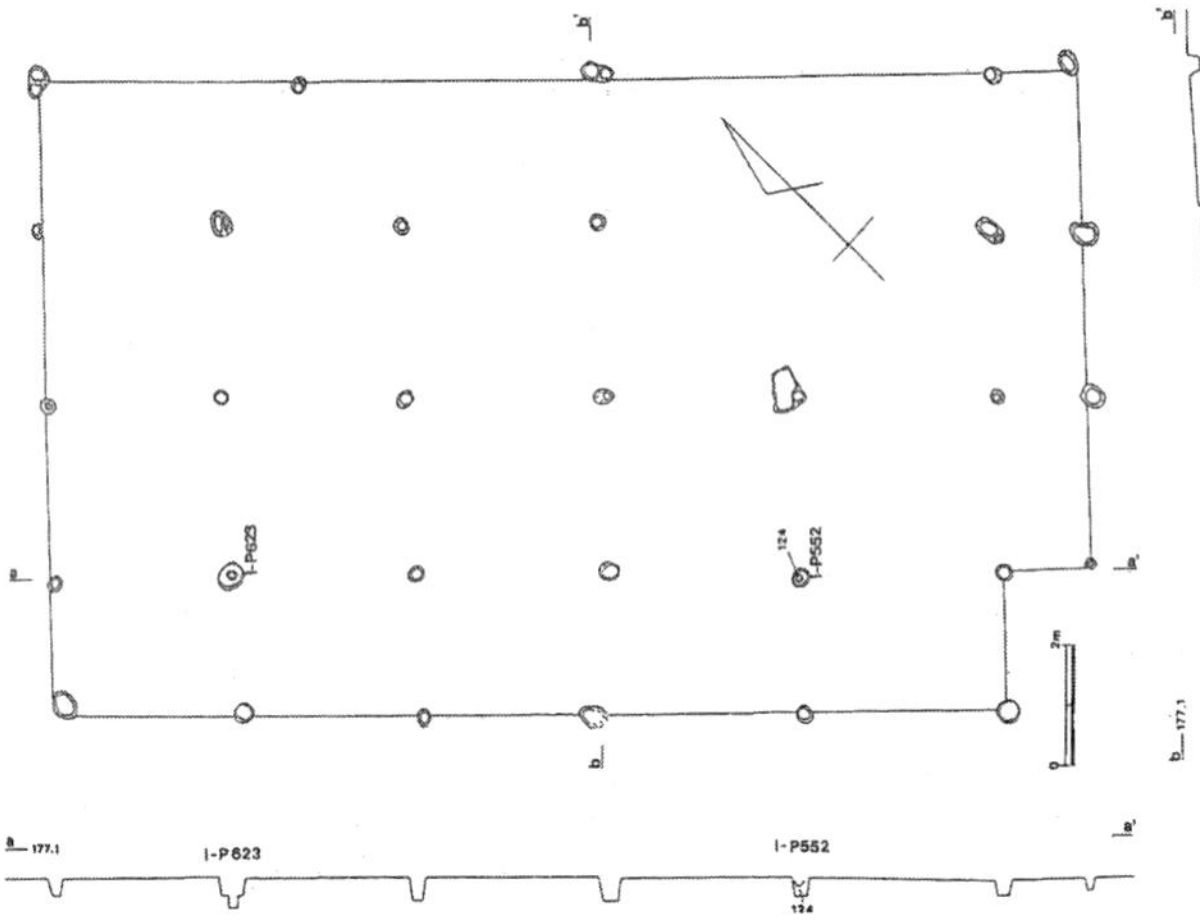

喜時雨遺跡（津和野町）
1区SB03：身舎144.3㎡（13C末～14C前）

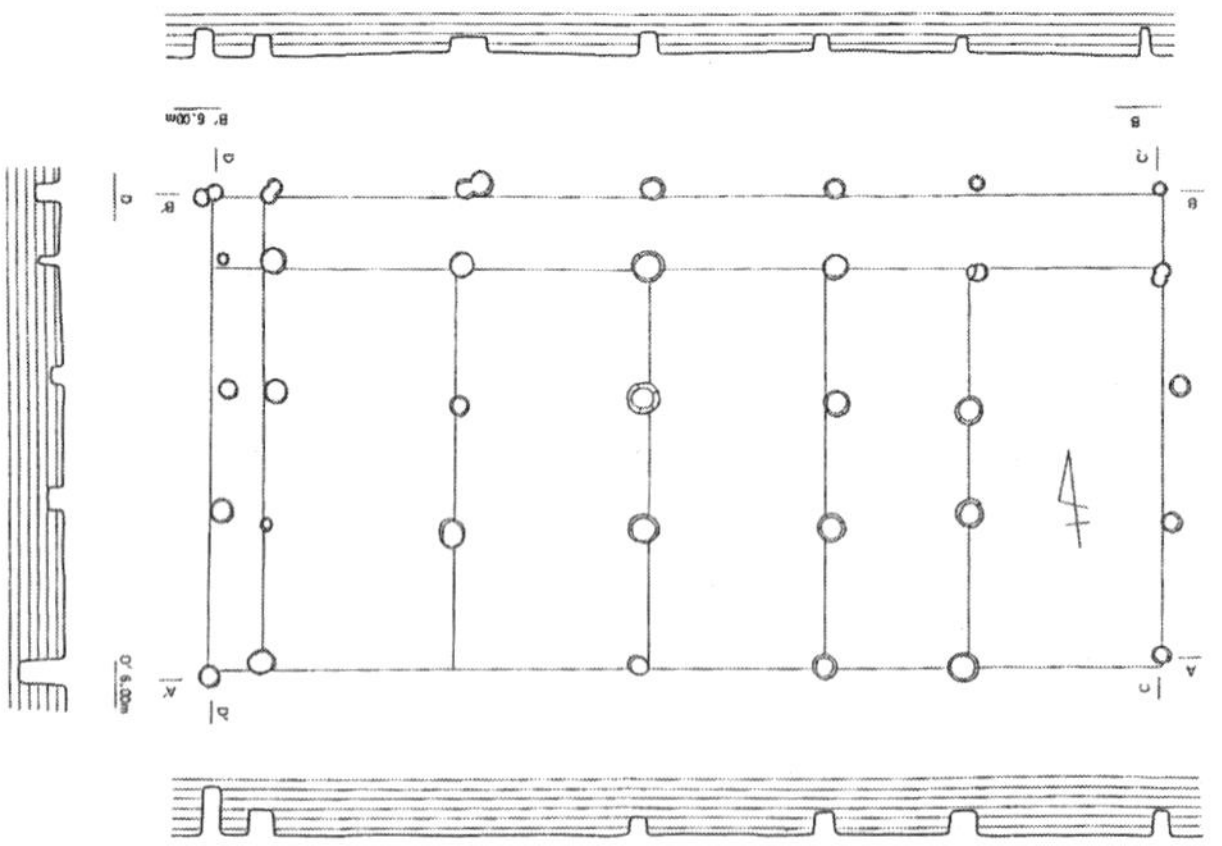

白石遺跡（仁摩町）
SB01：126㎡（14C）

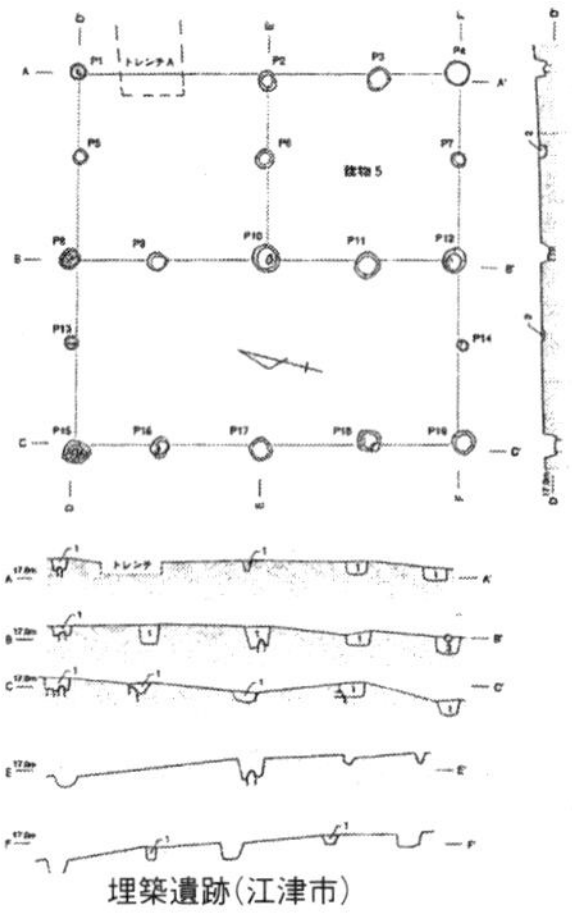

埋築遺跡（江津市）
建物5：41.5㎡（14～15C）

（S＝1/250）

図９　石見地域の３×３間以上の総柱建物（11～14世紀）

片から古墳時代前期と報告される出雲市・古志本郷遺跡A区SB05や、柱穴を被覆する埋土中に含まれる磨滅した土器片から六世紀中葉以前と報告される出雲市・菅原Ⅲ遺跡建物2は帰属時期の扱いが難しい資料であるが、ここでは位置づけを決しない。

七～八世紀に帰属する九本柱建物については、その性格を倉庫とする場合が多いが、立地や周囲の囲繞施設の有無、周辺からの出土遺物などから宗教的施設と目されるものも存在する。青木遺跡、杉沢遺跡、三田谷Ⅰ遺跡、渋山池遺跡の事例はそれに該当する可能性もあるが、詳細については個別報告に譲り、平安時代～鎌倉時代にかけての事例について紹介する。

まず、山頂や低丘陵の頂部に九本柱建物やそれに近い形態の建物が立地するものがある。八世紀では松江市・布志名大谷Ⅰ遺跡2区の標高三六メートルの丘陵頂部に立地するSB01（三間×一間）、SB02（二間×二間側柱建物）があげられる。十世紀中葉とされる安来市・才ノ神遺跡は標高四六メートルの丘陵端に立地し、SB03は三間×一間の身舎の両長辺に庇を有し、近隣からは瓦塔片も発見されている。安来市・陽徳遺跡は標高八〇メートルの急峻な山上にわずかに開けた平坦面にあり、中心的建物であるSB01（二間×二間、もしくは二間×五間）内側に位置する土坑SK04からは十二世紀代の土師器椀がまとまって出土している。近隣に天台宗・瑞光山清水寺があり、それに関連した山岳仏教系の施設と考えられる。松江市・角谷遺跡は標高六〇メートルの丘陵頂部に立地し、柵列を伴うSB01（二間×二間、十二世紀）が造られていた。このように、丘陵頂部にはしばしば宗教的な側面の強い小型の建築が設置される例があり、中でも二間四方を志向するものが多いという特徴がある。

次に、十二～十三世紀の宗教的施設とみられる松江市乃木福富町・福富Ⅰ遺跡3A区SB04と松江市玉湯町湯町・宮ノ前遺跡Ⅲ区礎石建物および出雲市渡橋町・渡橋沖遺跡SB21を紹介する。福富Ⅰ遺跡3A区SB04は標高二八メートルの丘陵頂部から東側斜面へ傾斜変換がはじまる地点に加工段を設け、さらに溝により囲繞された内側に造営されている。一見すると二間×三間にみえるが、東側の一間は庇と考えられ、身舎は西側二間分（五・七メートル×五・一メートル）である。身舎には西南北の三面に縁があり、東側が正面になるようである。心柱は側柱より小振りなもので束柱かもしれない。この遺構の周囲からはほとんど遺物が出土していないことから、調査者は清浄に保たれた宗教的な空間を想定している。

宮ノ前遺跡Ⅲ区礎石建物は花仙山から北に派生する丘陵西側の標高三四メートル付近に位置する。建物は西向きに開口する加工段（掘形上端で東西一〇・四メートル、南北一七メートル以上）内に配置されている。建物の平面形は二間×二間（五・三メートル×五・四メートル）の礎石総柱建物であるが、本体の南側二・四メートルの位置に付属施設と思われる礎石が二基存在する。あたかも前面に階段をもつ大社造の平面を思わせるが、この場合、建物の正面は斜面に向かって開口している西側ではなく南面となる。この加工段内からは建築に使用されていたと考えられる数十本の鉄釘のほか、十三世紀を下限とする土師器などが比較的多く出土している。

渡橋沖遺跡ＳＢ21は標高四メートルの低地に立地し、北および西側に柵列を伴っている。この建物も一見すると二間×三間にみえるが、東端の棟持柱はない。そして西側二間を構成する九個の柱穴中八個に柱穴内礎石があり、東端列の二個の柱穴にはそれがないことも、この建物が九本柱で構成される二間四方建物の東側に付属施設があることを示している。

この三例により、平安時代末～鎌倉時代前半には大社造の宗教的施設が存在した可能性が高いものと推察される。この三例は下部構造の特徴から掘立柱建物、柱穴内礎石建物、礎石建物に分かれるが、大社造建築の掘立柱から礎石建物への変化がこの時期にあること

表3　島根県内の古墳～南北朝時代の梁間3間建物一覧

遺跡名	所在地	旧郡名	建物名	時期	桁行	床面積	備考
石田遺跡	安来市吉佐町	意宇	I-S区SB05	大谷4～5期	3	38.58	
勝負遺跡	東出雲町字勝負	意宇	SB14	7世紀？	4以上	36.6以上	
渋山池遺跡	東出雲町渋山池	意宇	SB31	大谷6期前後	4以上	22.3以上	
渋山池遺跡	東出雲町渋山池	意宇	SB46	9世紀？	4以上	52.44以上	
山代郷正倉跡	松江市山代町	意宇	SB11	8C後半～9C初頭	8	232.7	官衙
下黒田遺跡	松江市山代町	意宇	SB01	8C中頃～8C後半	7	79.6	官衙
福富Ⅰ遺跡	松江市乃木福富町	意宇	2区SB02-3	12～13世紀	3	26.04	
福富Ⅰ遺跡	松江市乃木福富町	意宇	4B区SB12-1	大谷4～5期	5	36.9	居館？
福富Ⅰ遺跡	松江市乃木福富町	意宇	4B区SB12-2	大谷4～5期	5	32.6	居館？
本庄川流域条里遺跡	松江市上本庄町	嶋根	SB03	大谷5期	4	26.6	
的場遺跡	松江市上本庄町	嶋根	SB08	中世？	6	64.5	
原ノ後遺跡	松江市上本庄町	嶋根	SB03	大谷4期	4	28	
芝原遺跡	松江市福原町	嶋根	SB01	大谷5～6a期	4	30.2	居館？
芝原遺跡	松江市福原町	嶋根	SB02	大谷6b～6d期	5	41.8	居館？
芝原遺跡	松江市福原町	嶋根	SB10	大谷7～8期	4	23.8	居館？
芝原遺跡	松江市福原町	嶋根	SB13	大谷7～8期	2以上	17.3以上	居館？
芝原遺跡	松江市福原町	嶋根	SB14	大谷7～8期	7	55.2	居館？
田中谷遺跡	松江市法吉町	嶋根	Ⅰ区SB04	8C後半	4	46.2	居館？
大倉Ⅳ遺跡	斐川町学頭	出雲	SB03	大谷7～8期	3	39.2	居館？
中野清水遺跡	出雲市中野町	神門	6区13層4号建物	大谷1期前後	4	23.8	束柱あり
三田谷Ⅰ遺跡	出雲市上塩冶町	神門	Vol.2－SB16	7世紀？	3以上		四面庇
天神遺跡	出雲市天神町	神門	掘立柱建物Ⅲ	14世紀	3	14.1	
古志本郷遺跡	出雲市古志町	神門	HⅡ区SB04	7世紀	4	35.7	居館？
古志本郷遺跡	出雲市古志町	神門	HⅡ区SB05	8C前半？	4以上	？	官衙
古志本郷遺跡	出雲市古志町	神門	HⅡ区SB09	大谷6a期	7	60.9	居館？
古志本郷遺跡	出雲市古志町	神門	J区SB01	大谷7～8期	5	55.1	居館？
古志本郷遺跡	出雲市古志町	神門	J区SB02	8C後半	5	69	官衙
古志遺跡	出雲市古志町	神門	SB01	8C前半	5	42.2	居館？
浅柄遺跡	出雲市知井宮町	神門	ⅡW区SB05	大谷7～8期	3	28.5	居館？
浅柄遺跡	出雲市知井宮町	神門	ⅡE区SB03	7～8世紀	3	22.8	居館？
庭反Ⅱ遺跡	出雲市湖陵町常楽寺	神門	建物Ⅱ	弥生後期末～古墳初頭	3	32.16	
常楽寺遺跡	出雲市湖陵町常楽寺	神門	SB01	？	3	30.88	
門遺跡	飯南町頓原町志津見	飯石	SB04	7～8世紀	5	66.2	簡易建物
横路遺跡原井ヶ市地区	浜田市下府町	那賀	SBC-01	13世紀前半	4	55.2	
横路遺跡原井ヶ市地区	浜田市下府町	那賀	SBC-03	14世紀	4	53.7	

をうかがわせる事象である。出雲大社においては宝治二年（一二四八）造営の本殿遺構では掘立柱であったものが、十四世紀後半以降と推定される本殿遺構で柱穴内礎石が採用されている。出雲大社のように格式の高い神社では古態の踏襲という行為が重視されることを考慮すれば、大社造建築の下部構造は中世前半（十二～十四世紀）に掘立柱から柱穴内礎石を経て礎石建物に移行したものと考えられる。また、福富Ⅰ遺跡や渡橋沖遺跡の例により、大社造でも寺院などの影響を受け、庇や縁などの付属施設を伴った建築が中世前半期に存在した可能性も指摘できそうである。

七、小　結

出雲地域においては中世前半期（十～十四世紀）に居宅の総柱化が進行しない点を指摘した。それは近畿・瀬戸内地域との交流が他地域に比較して相対的に限定され、新様式の総柱住居建築の情報量が少なかった可能性がある一方、居宅建築＝側柱建物、宗教（神社）建築＝九本柱総柱建物という建物の性格による建築様式の区分や規制が厳然と存在し、住居の総柱建築を（地域の主体的な意志として）受容しなかった可能性も捨てきれない。日本海航路を重視する研究者には前者の見方に対して対論もあろうが、古代～中世の山陰海運の構造を分析した錦織によると、中世前半までの山陰航路は重要産物の希薄性から、瀬戸内海運や北陸海運などに比較して活発ではないと指摘している点は注目される。（錦織　二〇〇四）。

では、後者のように宗教建築の形態と住宅建築の形態は異なる様式で構成される可能性からみると、出雲国では上記のような区分が認められる一方、基本構造を側柱建築とする唯一神明造や側柱建築に庇を付帯させた春日造、流造が主体を占める地域においては、居宅の主屋建築において総柱建物が導入されるというパラレルな関係がみられる。遺跡・遺構からの分析から、中世前半期の出雲地域では大社造という特殊な宗教建築だけではなく、居宅建築も他地域とは異なる側柱建築を継続するなど特性をもつことが判明するのである。

参考文献

池渕俊一「古墳時代中期の掘立柱建物について」『柳Ⅱ遺跡・小久白墳墓群・神庭谷遺跡』島根県教育委員会、一九九六。

岩橋孝典「山陰地域の古墳時代後期～奈良時代の炊飯具について」『古代文化研究』11号、島根県古代文化センター、二〇〇三。

岩橋孝典「出雲地域における飛鳥・奈良時代集落について」『古代文化研究』13号、島根県古代文化センター、二〇〇五。

河西健二「越中における様相」『中世北陸の家・屋敷・暮らし

ぶり』北陸中世土器研究会、一九九三。

橘田正徳「屋敷墓試論」『中近世土器の基礎研究Ⅶ』日本中近世土器研究会、一九九一。

橘田正徳「中世前期の墓制」『考古学の語る「中世墓地物語」』大谷女子大学、二〇〇四
錦織勤「中世山陰海運の構造—美保関と隠岐の位置づけを中心に」『鳥取地域史研究』六号、鳥取地域史研究会、二〇〇四。

古川久雄「石材からみた益田市の中世石造物」『市内遺跡発掘調査報告書Ⅰ』益田市教育委員会、二〇〇三。

堀内明博「近畿地方における古代から中近世の掘立柱建物—京都府・滋賀県・兵庫県の場合」『埋もれた中近世の住まい』浅川滋男・箱崎和久編、同成社、二〇〇一。

宮田健一ほか『喜時雨遺跡』津和野町教育委員会、二〇〇〇。

山本忠尚「祭殿から内裏正殿へ」（上）（下）『古代文化』第56巻5号・6号　財団法人古代学協会、二〇〇四。

報告書等文献一覧

赤澤秀則『下谷遺跡・稗田遺跡』鹿島町教育委員会、一九九四。

足立克己他『国道九号線バイパス建設予定地内埋蔵文化財発掘調査報告書Ⅳ』島根県教育委員会、一九八三。

足立克己・丹羽野裕『高広遺跡発掘調査報告書』島根県教育委員会、一九八四。

足立克己・丹羽野裕『古曽志遺跡群発掘調査報告書』一九八九。

熱田貴保『三田谷Ⅰ遺跡Vol.2』島根県教育委員会、二〇〇〇。

熱田貴保・深田浩・東山信治他『田中谷遺跡・塚山古墳・下がり松遺跡・角谷遺跡』島根県教育委員会、二〇〇二。

伊藤徳広他『小丸遺跡』島根県教育委員会、二〇〇二。

石川崇『久米遺跡群発掘調査報告書』松江市教育委員会・財団法人松江市教育文化振興事業団、二〇〇〇。

石原聡・松尾充晶他『出雲大社境内遺跡』大社町教育委員会、二〇〇四。

池渕俊一『石田遺跡Ⅲ』島根県教育委員会、一九九八。

出雲市役所文化財課『矢野遺跡現地説明会資料』二〇〇六。

今岡一三・井上正志『一般国道九号安来道路建設予定地内埋蔵文化財発掘調査報告書Ⅲ島田南遺跡)』島根県教育委員会、一九九二。

今岡一三・梶田勝造『三田谷Ⅰ遺跡Vol.1』島根県教育委員会、一九九九。

岩橋孝典・丹羽野裕・深田浩他『石田遺跡・カンボウ遺跡・国吉遺跡』島根県教育委員会、一九九四。

岩橋孝典・深田浩『徳見津遺跡・目廻遺跡・陽徳寺遺跡』島根県教育委員会、一九九六。

岩橋孝典・大庭俊次・川原和人他『西Ⅰ遺跡・祇園原Ⅰ遺跡・石橋Ⅰ遺跡・高瀬城北遺跡』島根県教育委員会、二〇〇三。

上田俊雄・佐々木誠・田中義昭『神代屋遺跡』弥栄村教育委員会、二〇〇二。

内田律雄・卜部吉博・勝部昭他『中国縦貫自動車道建設に伴う埋蔵文化財発掘調査報告書』島根県教育委員会、一九八〇。

内田律雄『上久々茂土居跡』島根県教育委員会、一九九二。

内田律雄『門遺跡』島根県教育委員会、一九九六。

内田律雄『荒船古墳群・荒船遺跡・本庄川流域条里遺跡（二）』島根県教育委員会、一九九八。

内田律雄他『蟹谷遺跡・上沢Ⅲ遺跡・古志本郷遺跡Ⅲ』島根県教育委員会、二〇〇一。

内田律雄『大津町北遺跡・中野清水遺跡』島根県教育委員会、二〇〇四。

梅木茂雄『埋築遺跡』江津市教育委員会、二〇〇二。

梅木茂雄『堂庭遺跡』江津市教育委員会、二〇〇四。

梅木茂雄『高津遺跡』江津市教育委員会、二〇〇五。

卜部吉博『岩屋口南遺跡』島根県教育委員会、一九九六。

江川幸子『渋ヶ谷遺跡群発掘調査報告書』松江市教育委員会・財団法人松江市教育文化振興事業団、二〇〇六。

遠藤正樹『古志遺跡』出雲市教育委員会、二〇〇五。

大国晴雄・遠藤浩巳『大田市埋蔵文化財調査報告書・白坏遺跡発掘調査概報』大田市教育委員会、一九八九。

大国晴雄・中田健一『下多根・神田』大田市教育委員会、一九九九。

大庭俊次他『オノ神遺跡・普請場遺跡・島田黒谷Ｉ遺跡』島根県教育委員会、一九九五。

大庭俊次他『渡橋沖遺跡』島根県教育委員会、一九九九。

大庭俊次他『恵良遺跡・堂々炭窯跡・上条遺跡・水戸（三戸）神社跡・立女遺跡』島根県教育委員会、二〇〇一。

岡崎雄二郎・吾郷雄二・青木博・錦織慶樹他『芝原遺跡』松江市教育委員会、一九八九。

角矢永嗣『菅城遺跡』羽須美村教育委員会、一九九六。

角田徳幸他『板屋Ⅲ遺跡』島根県教育委員会、一九九八。

角田徳幸・守岡正司他『史跡出雲国府跡―1―』島根県教育委員会、二〇〇三。

角田徳幸『中野清水遺跡3・白枝本郷遺跡』島根県教育委員会、二〇〇六。

陰山真樹『杉沢Ⅲ遺跡』斐川町教育委員会、二〇〇一。

片岡詩子『蛇喰遺跡発掘調査報告書』玉湯町教育委員会、一九九九。

勝瀬利栄『四ッ廻Ⅱ遺跡・林廻り遺跡・受馬遺跡』島根県教育委員会、一九九六。

勝部昭『風土記の丘地内遺跡発掘調査報告書Ⅲ』島根県教育委員会、一九八四。

勝部智明『渋山池古墳群』島根県教育委員会、一九九八。

勝部智明『古志本郷遺跡Ⅱ』島根県教育委員会、二〇〇一。

勝部智明・柳浦俊一『県道浜乃木湯町線（湯町工区）建設に伴う埋蔵文化財発掘調査報告書』島根県教育委員会、二〇〇六。

金山正樹・飯塚康行他『松江北東部遺跡発掘調査報告書』松江市教育委員会・財団法人松江市教育文化振興事業団、一九九九。

神柱靖彦・野津弘『堤平遺跡』島根県教育委員会、一〇〇二。

川上稔『天神遺跡発掘調査報告書』出雲市教育委員会、一九八二。

川上稔・松山智弘『矢野遺跡第二地点発掘調査報告書』出雲市教育委員会、一九九一。

川上昭一『折原上堤東遺跡発掘調査報告書』八雲村教育委員会、一九九四。

川原和人・錦田剛志『荒畑遺跡・ラント遺跡・野田遺跡』島根県教育委員会、二〇〇一a。

川原和人他『中国横断自動車道尾道松江線建設予定地内埋蔵文化財発掘調査報告書5』島根県教育委員会、二〇〇一b。

木瀬一郎・横田登『甲ノ原遺跡発掘調査概報Ⅱ』隠岐島後教育委員会、一九八一。

木瀬一郎・金崎慎二・横田登『甲ノ原遺跡発掘調査概報Ⅲ』隠岐島後教育委員会、一九八二。

北浦弘人『高田遺跡Ⅱ　平成三年度高田遺跡発掘調査概報』津和野町教育委員会、一九九二。

吉川正『輪之内遺跡』羽須美村教育委員会、二〇〇四。

久保田一郎・渡邊富美子他『中野清水遺跡2』島根県教育委員会、二〇〇五a。

久保田一郎・川原和人他『畑ノ前遺跡・菅原Ⅰ遺跡・クボ山遺跡・菅原Ⅱ遺跡・菅原Ⅲ遺跡・廻田Ⅴ遺跡・保知石遺跡・浅柄Ⅱ遺跡・柳ノ内Ⅰ遺跡』島根県教育委員会、二〇〇五b。

榊原博英『古市遺跡発掘調査概報』浜田市教育委員会、一九九五。

榊原博英『横路遺跡（原井ヶ市地区）』浜田市教育委員会、一九九八。

榊原博英『横路遺跡（土器土地区）』浜田市教育委員会、一九九七。

坂本諭司『妙見山遺跡』木次町教育委員会、一九九五。

庄司健太郎・岡崎雄二郎・中尾秀信他『鉫田遺跡・朝酌荒神谷遺跡・イガラビ遺跡・イガラビ古墳群・池ノ奥古墳群・池ノ奥C・D遺跡』松江市教育委員会、一九九〇。

昌子寛光『下黒田遺跡発掘調査報告書』松江市教育委員会、一九八八。

島根県教育庁埋蔵文化財調査センター『水海のほとり 一般県道出雲インター線（知井宮工区・浅柄工区）建設に伴う発掘調査概報Ⅰ』二〇〇六。

宍道年弘『後谷Ⅴ遺跡』斐川町教育委員会、一九九六。

杉原清一・永塚久守『殿河内遺跡発掘調査報告書』三刀屋町教育委員会、一九八六a。

杉原清一『庭反Ⅱ遺跡 昭和60年度緊急発掘調査報告書』湖陵町教育委員会、一九八六b。

杉原清一他『庭反Ⅱ遺跡・他 昭和六一年度調査報告書』湖陵町教育委員会、一九八七。

杉原清一・卜部吉博『庭反Ⅱ遺跡・他 昭和61年度調査報告書』湖陵町教育委員会、一九八七。

瀬古諒子『黒田畦遺跡発掘調査報告書』松江市教育委員会・財団法人松江市教育文化振興事業団、一九九五。

瀬古諒子『石田遺跡発掘調査報告書』松江市教育委員会・財団法人松江市教育文化振興事業団、二〇〇四。

瀬古諒子『久傳遺跡』松江市教育委員会・財団法人松江市教育文化振興事業団、二〇〇六。

園山薫『浅柄遺跡』出雲市教育委員会、二〇〇〇。

園山薫『小山遺跡第三地点発掘調査報告書（第三次発掘調査）』出雲市教育委員会、二〇〇二a。

園山薫『小山遺跡第三地点発掘調査報告書（第四次発掘調査）』出雲市教育委員会、二〇〇二b。

田中迪亮・山崎順子・山崎修『的場尻遺跡・社日山城跡』頓原町教育委員会、一九九八。

田中義昭・大橋覚・原拓矢『天蔵寺・寺の前遺跡』石見町教育委員会、二〇〇四。

田原淳史他『神原Ⅱ遺跡—一九九七年度の調査成果—』島根県教育委員会、二〇〇二。

田原淳史『浜寄・地方遺跡』島根県教育委員会、二〇〇六a。

田原淳史『沖手遺跡 1区の調査』島根県教育委員会、二〇〇六b。

椿真治・林健亮『渋山池遺跡・原ノ前遺跡』島根県教育委員会、一九九七。

椿真治『山ノ神遺跡・五反田遺跡』島根県教育委員会、一九九八。

中川寧・林健亮『岸尾遺跡・島田遺跡』島根県教育委員会、一九九七。

中川寧『馬場遺跡』島根県教育委員会、二〇〇一。

中川寧他『宮ノ脇遺跡・家の後Ⅱ遺跡』島根県教育委員会、二〇〇五。

永見英「小久白遺跡詳細分布調査報告書」安来市教育委員会、一九八四。

長嶺康典『仁摩健康公園造成工事に伴う埋蔵文化財発掘調査報告書』仁摩町教育委員会、一九八九。

長嶺康典・新林尚美『清石遺跡外発掘調査報告書』仁摩町教育委員会、一九九八。

長嶺康典・新林尚美『五丁地区遺跡群発掘調査報告書』仁摩町教育委員会、一九九九。

長嶺康典・新林尚美『原田遺跡外発掘調査報告書』仁摩町教育委員会、二〇〇一。

仁木聡『中野美保遺跡』島根県教育委員会、二〇〇四。

西尾克己・熱田貴保『石見空港建設予定地内遺跡埋蔵文化財発掘調査報告書』島根県教育委員会、一九九二。

西尾克己他『家ノ脇Ⅱ遺跡・原田遺跡1区・前田遺跡4区』島根県教育委員会、二〇〇四。

錦織慶樹・今岡一三他『鷹沢A遺跡・鷹沢B遺跡・別所遺跡』松江市教育委員会、一九八八。

錦田剛志他『平ラⅡ遺跡・吉佐山根1号墳・穴神横穴墓群』島根県教育委員会、一九九五。

丹羽野裕・深田浩『陽徳遺跡・平ラⅡ遺跡』島根県教育委員会、一九九五。

丹羽野裕・広江耕史他『馬場遺跡・杉ヶ撓遺跡・客山墳墓群・連行遺跡』島根県教育委員会、二〇〇二。

萩雅人・八幡賢一『一般国道九号松江道路建設予定地内埋蔵文化財発掘調査報告書Ⅷ（布田遺跡）』島根県教育委員会、一九九一。

萩雅人・津森敏『一般国道9号松江道路建設予定地内埋蔵文化財発掘調査報告書ＸＩ（オノ峠遺跡）』島根県教育委員会、一九九三。

原拓矢『石見町文化財調査報告書第一七集　大地ノ元遺跡』石見町教育委員会、一九九九。

原田敏照・中川寧・丹羽野裕他『島田池遺跡・鶴貫遺跡』島根県教育委員会、一九九七。

原田敏照・伊藤徳広『東船遺跡』島根県教育委員会、二〇〇二。

東森晋・池田哲也『神主城跡・室崎商店裏遺跡・古八幡付近遺跡・横路古墓』島根県教育委員会、二〇〇〇。

東森晋・伊藤智他『青木遺跡（中近世編）』島根県教育委員会、二〇〇四。

東山信治・熱田貴保・深田浩他『田中谷遺跡・塚山古墳・下がり松遺跡・角谷遺跡』島根県教育委員会、二〇〇二。

東山信治・中川寧『北原本郷遺跡1』島根県教育委員会、二〇〇五。

平石充『古志本郷遺跡Ⅰ』島根県教育委員会、一九九九。

広江耕史・三宅博士他『北松江幹線新線工事松江連絡線新設工事予定地内埋蔵文化財発掘調査報告書』島根県教育委員会、一九八七。

広江耕史・萩雅人・藤井和久・津森敏『一般国道9号松江道路建設予定地内埋蔵文化財発掘調査報告書Ｘ』島根県教育委員会、一九九二。

広江耕史『一般国道9号江津道路建設予定地内埋蔵文化財発掘調査報告書Ⅰ』島根県教育委員会、一九九五。

深田浩『勝負遺跡・堂床遺跡』島根県教育委員会、一九九八。

藤田睦弘『沢陸遺跡発掘調査報告書』瑞穂町教育委員会、一九九八。

増田浩太他『家の後Ⅰ遺跡・垣ノ内遺跡』島根県教育委員会、二〇〇三。

間野大丞他『蔵小路西遺跡』島根県教育委員会、一九九九。

間野大丞・林健亮『史跡出雲国府跡—4—』島根県教育委員会、二〇〇六。

松江市教育委員会「中西遺跡発掘調査概要報告書」一九九七。

松尾充晶『古志本郷遺跡Ⅴ』島根県教育委員会、二〇〇三。

松本岩雄「隠岐国府について」『島前の文化財』10号　隠岐島前教育委員会、一九八〇a。

松本岩雄『尼寺原遺跡発掘調査報告書』島根県教育委員会、一九八〇b。

松本岩雄・池淵俊一『風土記の丘地内遺跡発掘調査報告Ⅸ—山代郷正倉跡・山代方墳—』島根県教育委員会、一九九三。

松本堅吾『荒神谷史跡公園整備に伴う尾田瀬Ⅱ・西谷Ⅱ・西谷遺跡発掘調査報告書』斐川町教育委員会、一九九九。

松本堅吾『ふるさと農道緊急整備事業有間農道改良工事に伴う上ヶ谷遺跡発掘調査報告書』斐川町教育委員会、一九九八。

松本堅吾・阿部賢治『杉沢Ⅲ・堀切Ⅰ・三井Ⅱ遺跡発掘調査報告書』斐川町教育委員会、二〇〇一。

松本哲・妹尾秀樹『シアケ遺跡発掘調査報告書』伯太町教育委員会、二〇〇二。

松本美樹『中小路遺跡』益田市教育委員会、二〇〇四。

水口晶郎・大塚充『小汐手遺跡・黒井田小林遺跡』安来市教育委員会、一九九九。

三宅博士・松本岩雄『団原遺跡発掘調査概報Ⅲ』島根県教育委員会、一九八一a。

三宅博士・松本岩雄他『史跡出雲国山代郷正倉跡』島根県教育委員会、一九八一b。

三宅博士・松本岩雄『風土記の丘地内遺跡発掘調査報告Ⅰ』島根県教育委員会、一九八二。

宮本徳昭『古八幡付近遺跡』江津市教育委員会、一九九二。

宮本正保『一般国道九号（安来道路）建設予定地内埋蔵文化財発掘調査報告書Ⅳ（越峠遺跡・宮内遺跡）』島根県教育委員会、一九九三。

宮本正保・林健亮『岩屋遺跡・平床Ⅱ遺跡』島根県教育委員会、二〇〇一。

宮田健一『喜時雨遺跡』津和野町教育委員会、二〇〇〇。

森岡弘典『いにしえの瑞穂　水明カントリークラブ内埋蔵文化財発掘調査概報』瑞穂町教育委員会、一九九五。

守岡正司『上久々茂土居跡・大峠遺跡』島根県教育委員会、一九九四。

守岡正司・林健亮他『史跡出雲国府跡—2—』島根県教育委員会、二〇〇四。

守岡利栄他『古志本郷遺跡Ⅵ』島根県教育委員会、二〇〇三。

森口正和他『キタバタケ遺跡発掘調査報告書』川本町教育委員会、一九九二。

柳浦俊一他『中国横断自動車道建設に伴う埋蔵文化財発掘調査報告書Ⅱ』島根県教育委員会、一九八五。

柳浦俊一『森遺跡・板屋Ⅰ遺跡・森脇山城跡・阿丹谷辻堂跡』島根県教育委員会、一九九四。

柳浦俊一・日高淳『福富Ⅰ遺跡・屋形1号墳』島根県教育委員会、一九九七。

柳浦俊一・足立克己・間野大丞他『布志名大谷Ⅰ遺跡・布志名大谷Ⅱ遺跡・布志名才の神遺跡』島根県教育委員会、一九九七。

柚原恒平『美田尻遺跡』西ノ島町教育委員会、二〇〇三。

横田登・野津研吾『森遺跡発掘調査報告書』隠岐島後教育委員会、二〇〇四。

横山純夫・卜部吉博・松本岩雄『天神遺跡』出雲市、一九七七。

四方田三己・松本堅吾・川吉謙二『大倉Ⅳ遺跡・綿田原Ⅰ遺跡』斐川町教育委員会、一九九七。

渡辺友千代『水田ノ上A遺跡・長グロ遺跡・下正ノ田遺跡』匹見町教育委員会、一九九一。

渡辺友千代・栗田美文『山根ノ下遺跡』匹見町教育委員会、二〇〇一。

第三節　鳥取県の古墳時代末～鎌倉時代の掘立柱建物跡集成

中原　斉

ここでの課題は、鳥取県における古墳時代末～鎌倉時代までの掘立柱建物跡集成であり、報告書の記載に基づき集成を行ったのが別添の**表2**である。ただし、掘立柱建物跡の宿命とも言える出土遺物の少なさや本県の当該期土器編年が完成されていない事情などから、個々の掘立柱建物跡の時期を出土遺物から決定することは困難な場合が多く、遺構の前後関係などで時期が限定される場合などを除いては、報告書では幅をもたせた時期が記載されることが多いのが現状である。このため個別の掘立柱建物跡を検討することは避け、主に掘立柱建物跡で構成され、個別建物の特徴をよく留めており、建物群構成の把握が比較的容易な集落遺跡調査例を鳥取県東・中・西部ごとに取り上げて以下に紹介することとしたい。

さらに、梁間×桁行の構造における掘立柱建物の代表的な遺構例を**図5**、**図6**に掲げ、とくに九本柱建物に着目して、集成図を作成して当該期の掘立柱建物を概観することとする。

一、掘立柱建物群で構成される集落遺跡の例

1　因幡地方（鳥取県東部）

(1)広庭遺跡（岩美町院内・**図1**）

小田川支流荒金川右岸の段丘上に営まれた古墳時代末から平安時代の集落遺跡。とくに七世紀後半～八世紀末の遺構として掘立柱建物跡九棟を検出している。九棟の掘立柱建物は、梁間・桁行の軸方向により数群に分けられ、切り合い関係・出土遺物などからの変遷が想定されている。三間×二間の建物がもっとも多いが、柱掘形も大きく、建物の踏襲性が高いことが特徴である。銅鉱山の管理にかかる官衙的な施設、または豪族居館としての性格も想定されている。九本柱建物はみられない（松本他一九八九）。

(2)柄勺目遺跡（鳥取市鹿野町・**図1**）

河内川支流水谷川右岸の段丘上に営まれた縄文時代から中世に至る複合遺跡。とくに八世紀末から九世紀前半

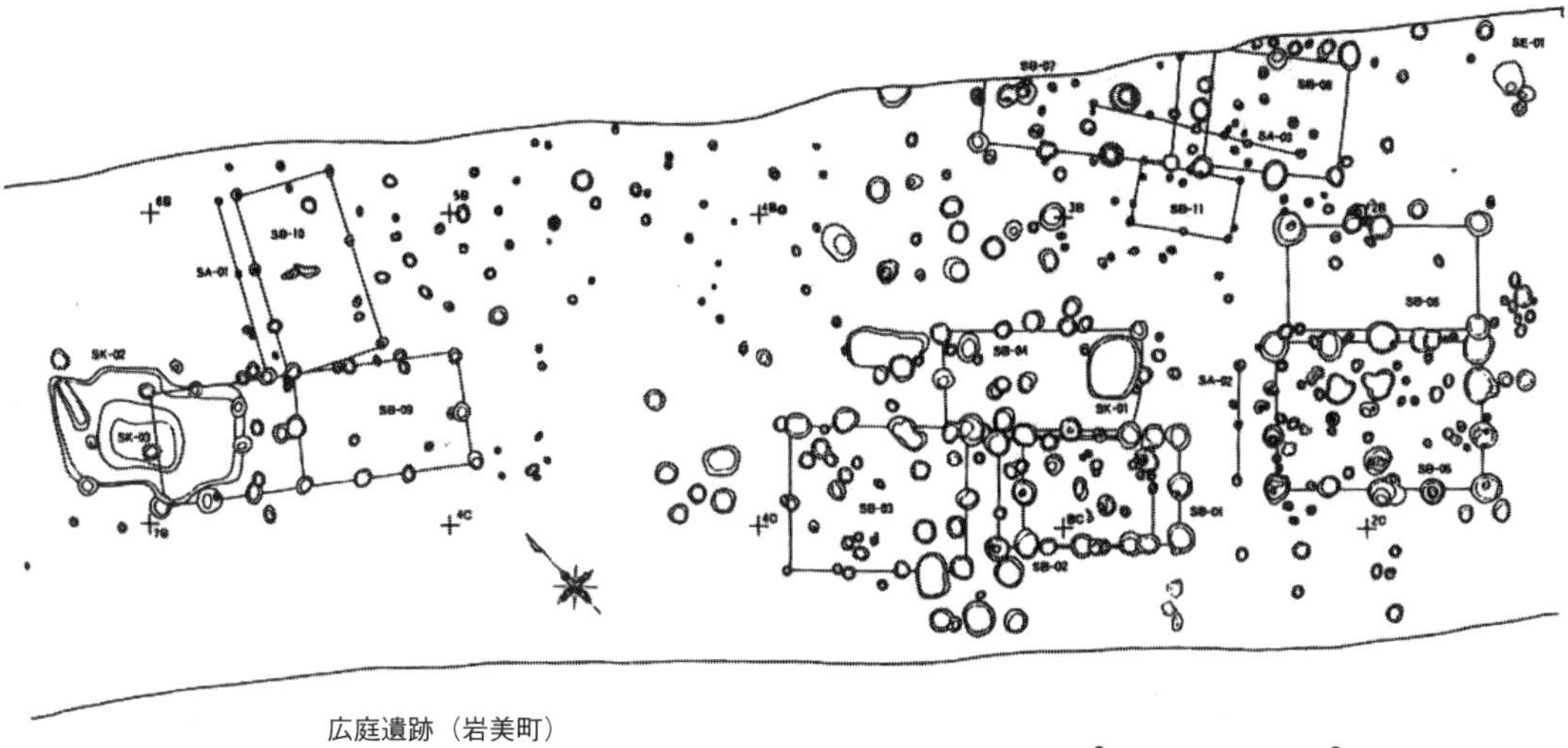

広庭遺跡（岩美町）

0　8m
（S＝1/375）

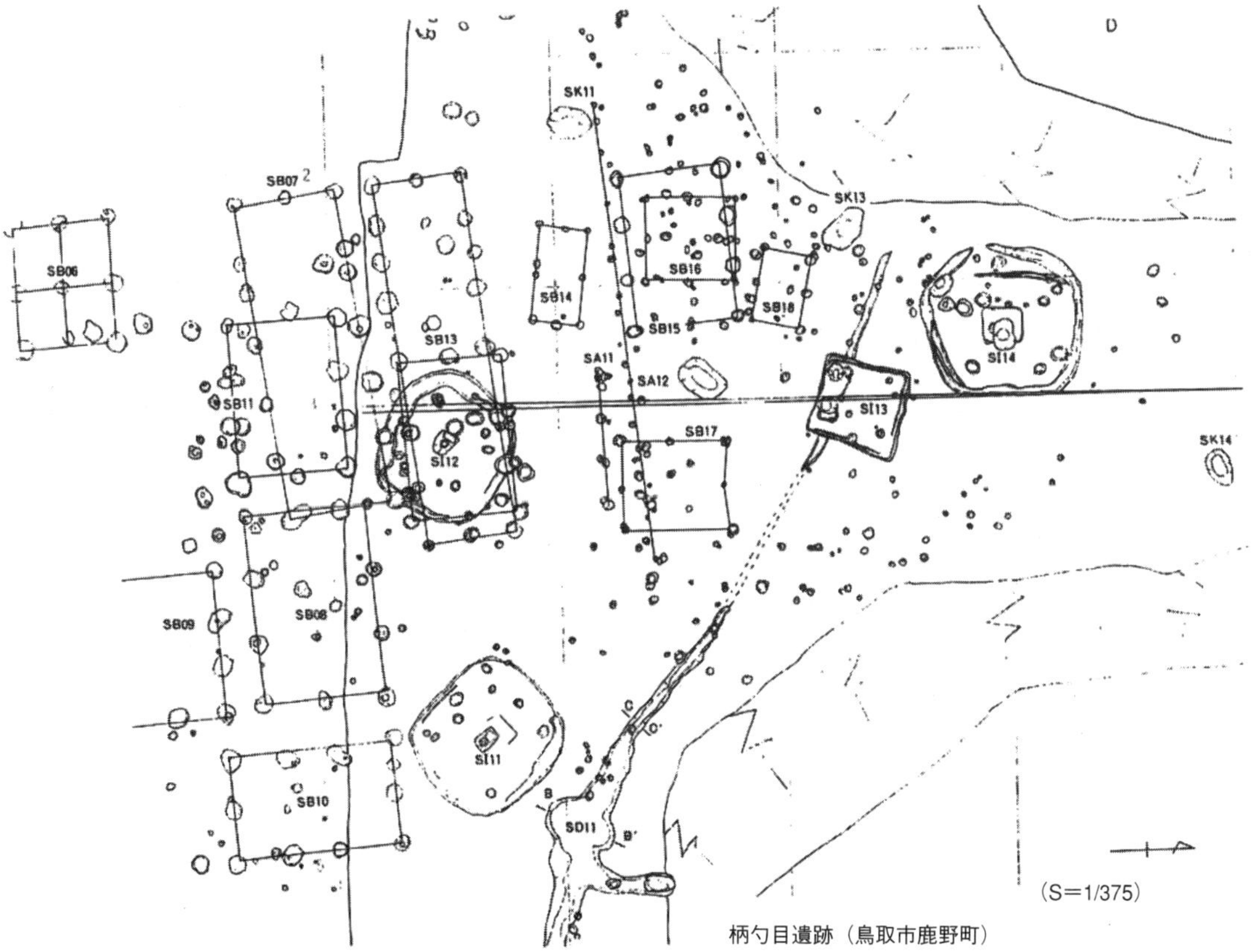

柄勺目遺跡（鳥取市鹿野町）

図1　掘立柱建物群で構成される集落(1)

の大型掘立柱建物跡を中心とする集落を確認している。掘立柱建物群の中には六間×二間、七間×二間の長大な建物も含まれ、柱掘形も大きく、建物配置に規則性もみられることから、豪族居館ないし官衙関連の遺跡とも推定されているが、約二キロ離れた戸島・馬場遺跡（正倉など）には規模などで及ばない。やや規模の大きな九本柱建物（二七・二平方メートル）が一棟みられる（清水他一九八九・一九九〇）。

2　東伯耆地方（鳥取県中部）

(1)観音堂遺跡（倉吉市上福田：図2）

大山山麓の久米ヶ原丘陵に営まれた弥生時代から奈良時代の集落遺跡。A地区において奈良時代の遺構として竪穴住居（建物）跡六棟、掘立柱建物跡三二棟を検出している。三二棟の掘立柱建物は、梁間・桁行の軸方向によりA～Dグループに分けられ、切り合い関係・出土遺物などから、A→B→C→Dグループの変遷が想定されている。二間×三間の建物がもっとも多く、二間×二間の総柱建物（九本柱）建物は五棟あり、いずれも床面積一〇平方メートル未満の小規模な建物である。このうち四棟はBグループに属して調査区西側に群集する傾向がみられる（根鈴輝他一九八六）。

(2)北栄・向野遺跡（北栄町亀谷：図2）

大山北東山麓の丘陵に営まれた七世紀～九世紀に至る集落遺跡で、四三棟の掘立柱建物が確認されている。調査区内において竪穴建物は確認されず、掘立柱建物のみで構成される集落と考えられる。二間×二間（二五％）および二間×三間（二二・五％）の建物で全体の半ばを占めている。このうち前者については、一間×一間の建物も含めて床面積一二平方メートル以下の小規模な建物で、「倉」と想定されている。梁間三間の比較的規模の大きい主屋と副屋または付属屋数棟で構成される小建物群が想定され、これに倉が含まれる場合がある。九本柱建物はみられない（根鈴智他一九八四）。

(3)八幡遺跡（琴浦町八幡：図3）

大山北東山麓の台地に営まれた七世紀～八世紀初頭に至る集落遺跡で、五棟の竪穴建物（住居）と一〇棟の掘立柱建物が確認されている。三回の建て替えが認められ、踏襲性の高いSB06～09をはじめとする三間×二間の掘立柱建物群と三間×三間の総柱建物SB-01（二七・八平方メートル）を竪穴建物（住居）が囲むように展開している。報告者は正倉並みの規模をもつ総柱建物と墨書土器・転用硯の存在から、官衙関連遺跡と捉えている。九本柱建物はみられない（野口他二〇〇五）。

(4)森藤第1・第2遺跡（琴浦町森藤：図3）

大山北東山麓の丘陵に営まれた八世紀末～十世紀初頭に至る集落遺跡で、四五棟の掘立柱建物が確認されてい

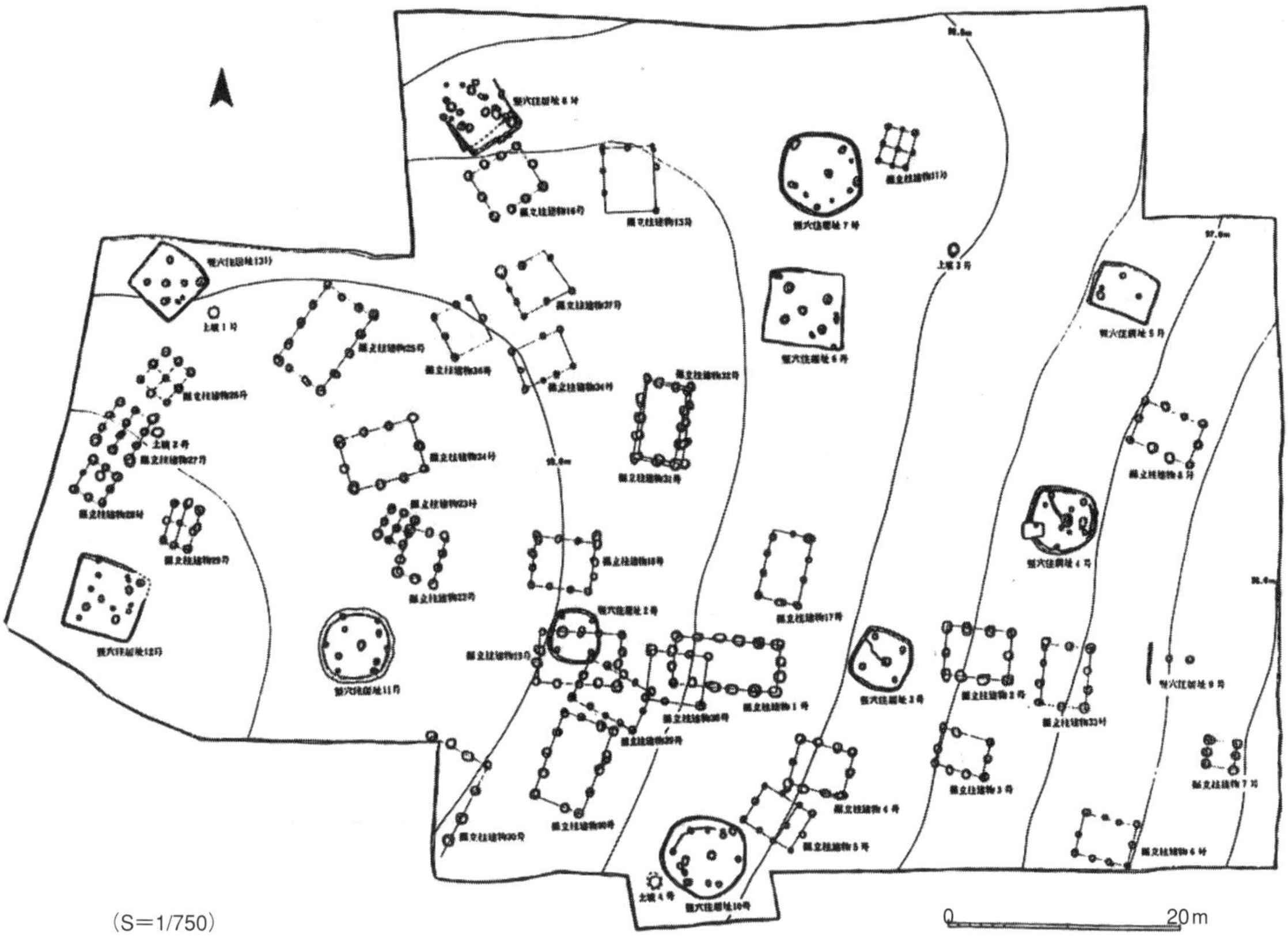

（S＝1/750）

0　20m

観音堂遺跡（倉吉市）

（S＝1/750）

北栄・向野遺跡（北栄町）

0　20m

図２　掘立柱建物群で構成される集落(2)

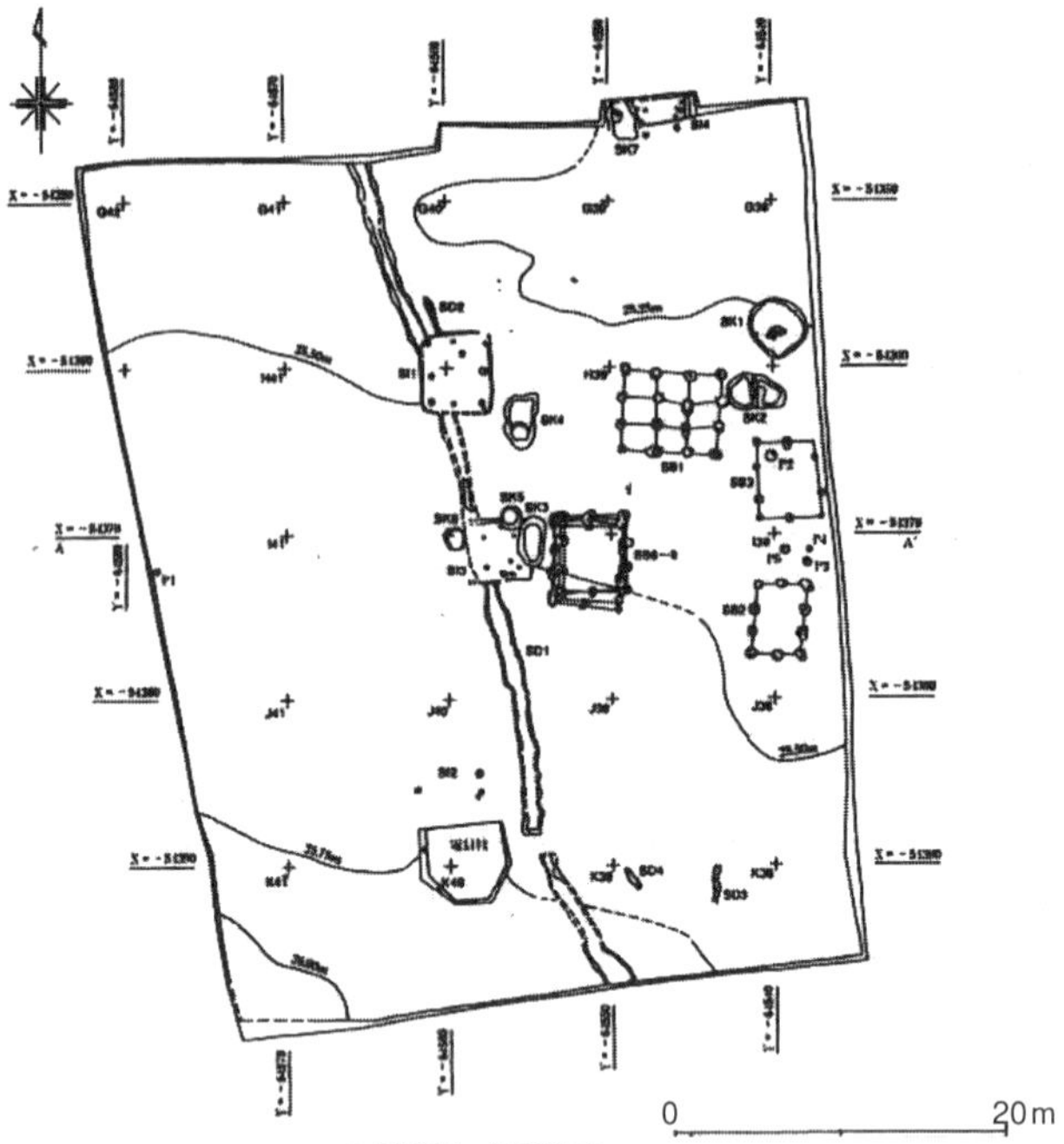

(S＝1/750)

八幡遺跡（琴浦町）

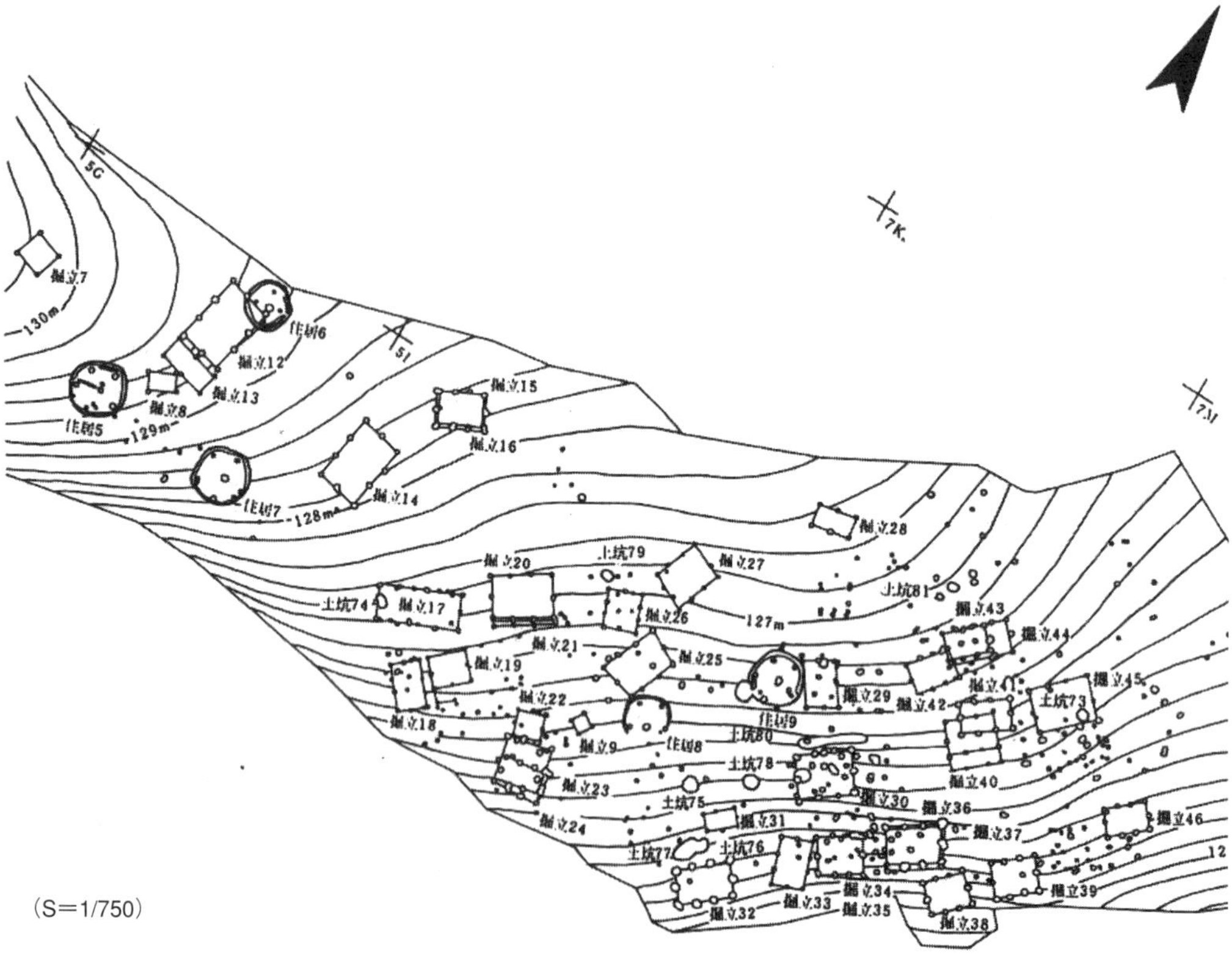

(S＝1/750)

森藤第１・第２遺跡遺跡（琴浦町）

図３　掘立柱建物群で構成される集落(3)

る。その性格は特定できないが、調査区内において二棟の竪穴建物があるものの、ほぼ掘立柱建物で構成される集落と考えてよい。三間×二間の建物が大半を占めており、床面積四二・一平方メートルでもっとも規模の大きな掘立柱建物12号（SB-12）も同様である。片面庇の付く建物が二棟あるが規模が小さく、顕著な存在ではない。また、二間×二間の小規模な建物が比較的まとまって数棟認められるが、九本柱建物はみられない（大賀他一九八七）。

3 西伯耆地方（鳥取県西部）

(1)茶畑六反田・押平弘法堂遺跡（大山町茶畑・押平：図4）

大山北西山麓の台地に営まれた弥生時代中期～近世に至る複合遺跡で、調査区としては約三〇〇メートル離れているが関連が深く、ともに鎌倉時代に集落が形成されている。茶畑六反田遺跡においては第1遺構面から三七棟、押平弘法堂遺跡の第1遺構面からは二六棟の掘立柱建物が確認されているが、両遺跡では建物の規模などにおいて差異が認められる。すなわち茶畑六反田遺跡は、一間×一間もしくは二間×一間の小規模な建物が散在するのに対して、押平弘法堂遺跡は、比較的規模の大きい主屋と考えられる掘立柱建物と付属の小規模な建物とで構成されるまとまりが顕著に認められる。九本柱建物はみられない（八峠他 二〇〇二）。

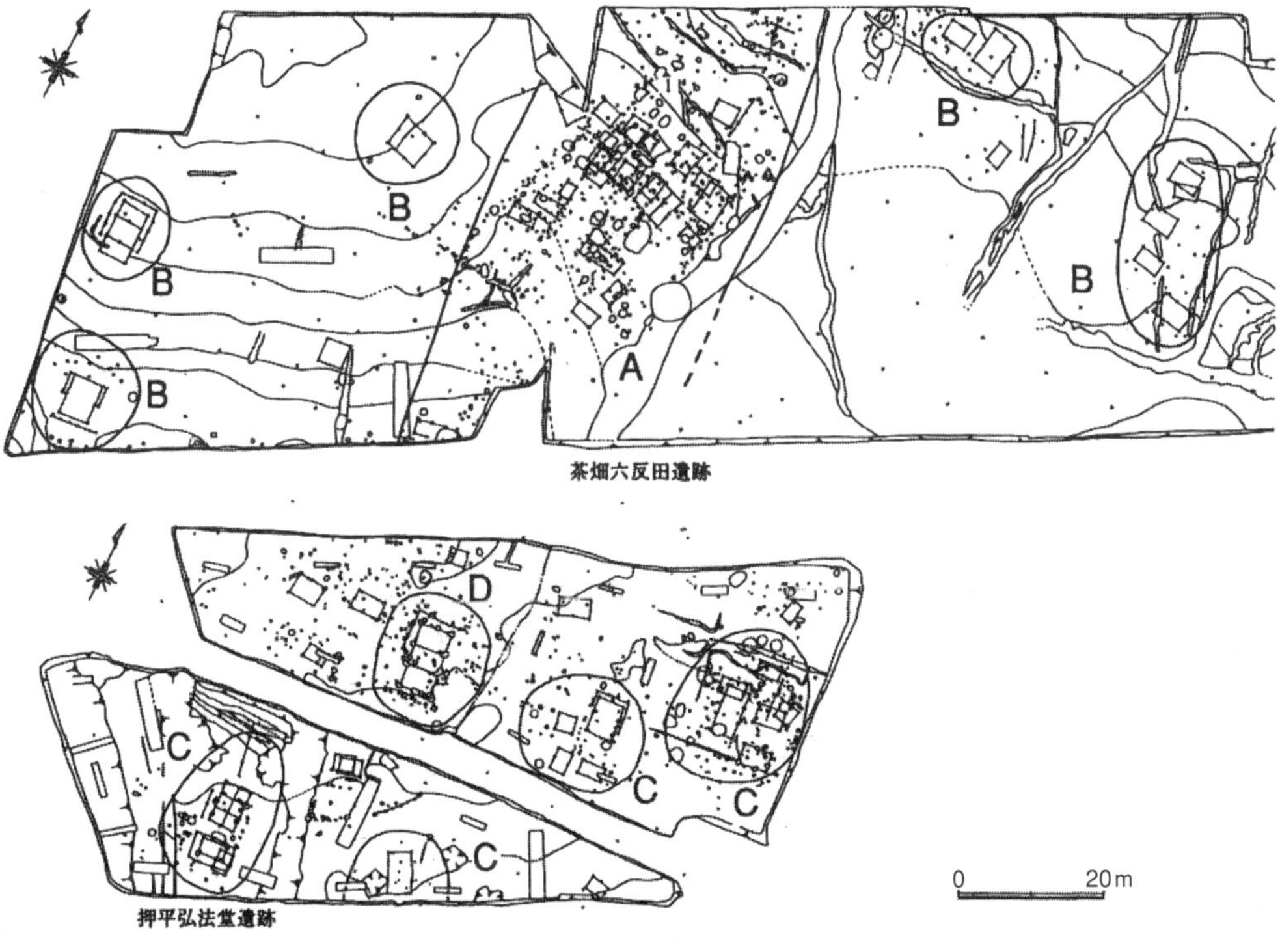

茶畑六反田遺跡・押平弘法堂遺跡（大山町）

図4 掘立柱建物で構成される集落(4)

(2)陰田遺跡群（米子市陰田町）

出雲国との国境にも近い低丘陵上に営まれた古墳時代末から奈良・平安時代の集落遺跡。陰田第6遺跡、陰田隠れが谷遺跡、陰田広畑遺跡など、丘陵ごとに斜面部に平坦面を造成して掘立柱建物を造っている。テラスの斜面側を流失している場合が多いため、各掘立柱建物の構造が明らかにならない場合が多いが、復元すれば三間×二間ないし四間×二間の建物が多くみられる集落と推定される。このうち、陰田第6遺跡では二間×二間の九本柱建物が三棟確認され、斜面地という限られた空間での踏襲性が認められる（**図7**）。報告者は墨書土器などの存在から「館」など官衙とのかかわりを想定しており、鍛冶関連遺構なども確認されている（北浦他　一九九六）。

二、掘立柱建物の様相（図5・図6）

古墳時代末～鎌倉時代までの掘立柱建物のうち、明らかに官衙・寺院と考えられる遺跡を除いた集落遺跡に限れば、梁間一間タイプの一間×一間、二間×一間（一間×二間）、三間×一間、梁間二間タイプの二間×二間（側柱・総柱）、三間×二間（側柱・総柱）、四間以上×二間、梁間三間タイプの三間×三間（総）、四間×三間の建物などが認められる。

広庭遺跡、観音堂遺跡、北栄・向野遺跡、森藤第1・第2遺跡、青木遺跡など、主に掘立柱建物跡で構成される集落をみると、面積が二〇平方メートル前後を測る三×二間（側柱）の平面プラン長方形建物が卓越しており、これらは建て替えもよく認められ、踏襲性も高いことがわかる。こうした三×二間（側柱）建物は、県内において地域を越えてもっとも普遍的にみられる存在であり、七世紀段階で竪穴建物が激減することをからすれば、竪穴建物に替わる住居（主屋）としての機能を果たしたと推定される。二間×一間、三間×一間の建物はこれに付随するものと考えられる。また、前記の集落の中には梁間三間の比較的規模の大きな建物が存在する場合があり、この場合は梁間三間の建物が主屋となるものと推定される。

さらに、一間×一間、二間×二間（側柱・総柱）の平面プラン方形建物が少なからず認められる。これらは柱間が狭いこと、床束の存在などから倉と考えられてきた。観音堂遺跡、北栄・向野遺跡、陰田第6遺跡では、こうした小規模建物が集落内に分散せず、特定の場所に集中する様相が認められる。

一方、三間×二間（側柱・総柱）、三間×三間（総）といった規模の大きな建物は、ごく限定的に存在するにすぎない。

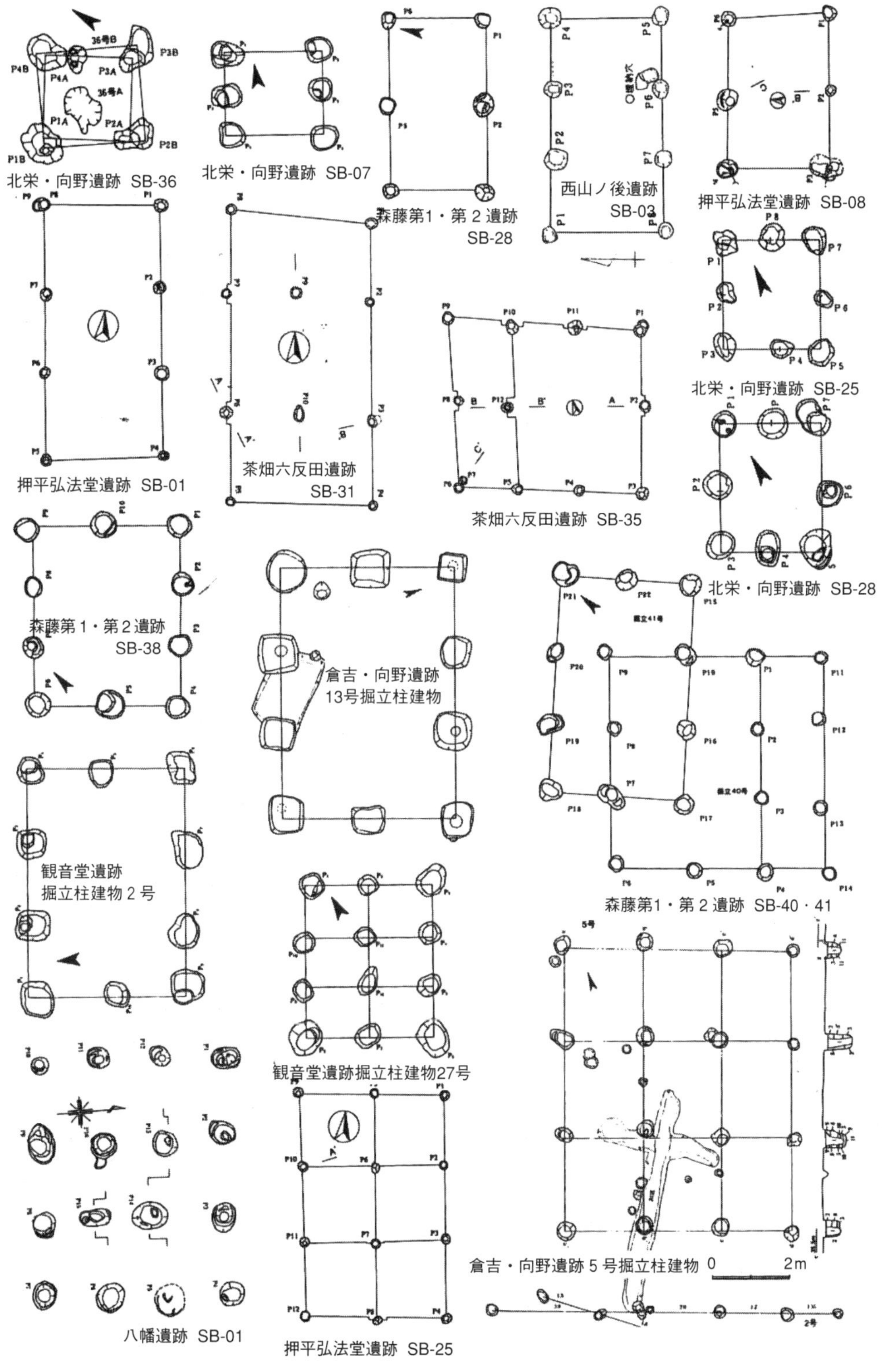

図5　古墳時代末～鎌倉時代の掘立柱建物(1)

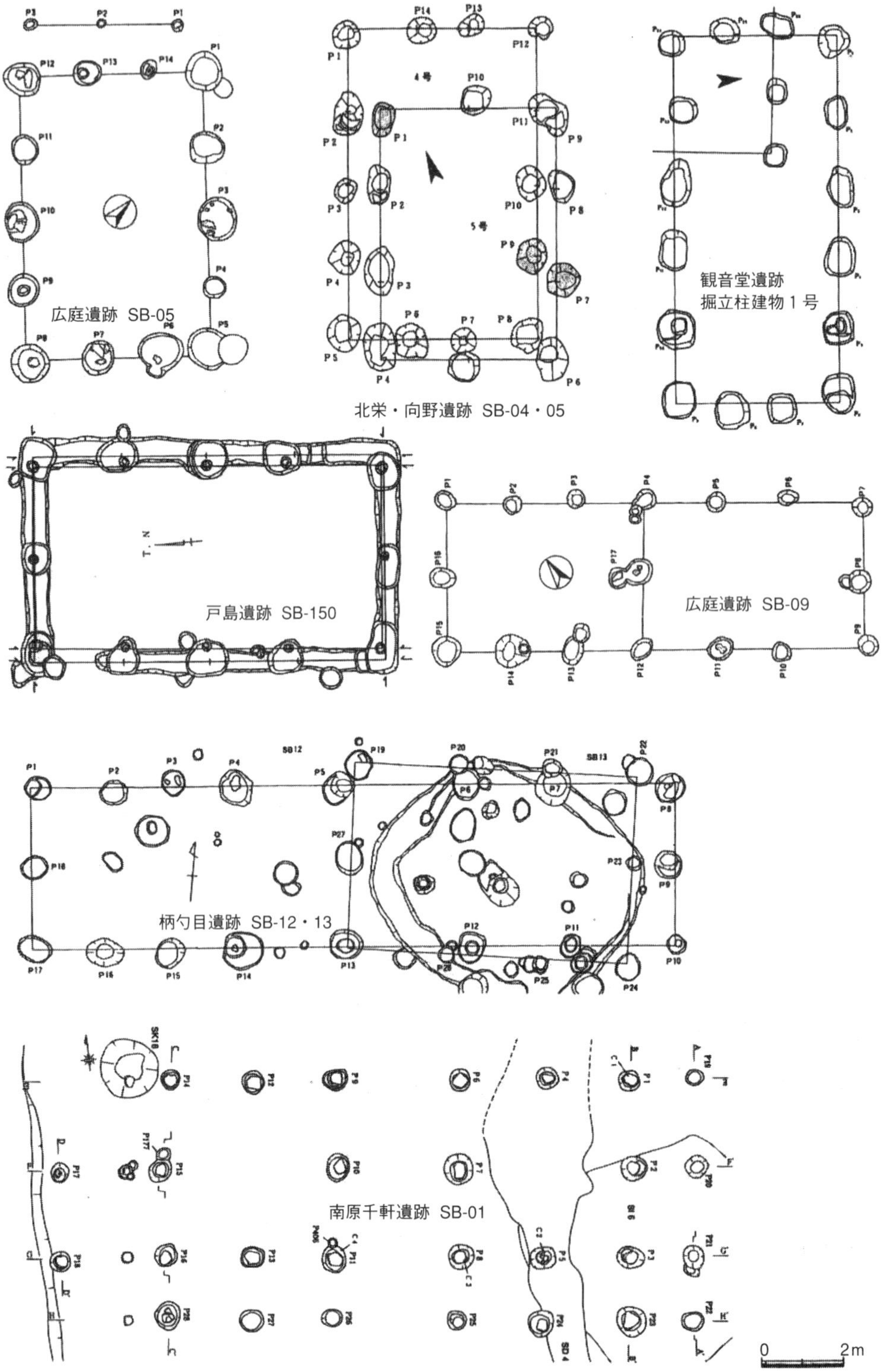

図６　古墳時代末～鎌倉時代の掘立柱建物(2)

三、九本柱建物について（図7）

二間×二間（総柱）の九本柱建物については、一〇遺跡一九棟を確認した。これによると、おおむね古代末～中世まで存続していることが明らかになったが、発掘調査区の制約を考慮したとしても当該期の集落に普遍的に存在するものではないように思われる。その場合でも、北栄・向野遺跡SB-25・28（図5）、森藤第1・第2遺跡SB-19のようなほぼ同規模の略方形プラン二間×二間の側柱建物が、九本柱建物と同様な機能を有していたことが推定される。また、これらの中には集落内に散在するのではなく、観音堂遺跡、北栄・向野遺跡でみられるように二～三棟の九本柱建物が遺構群の一画に規則的に並ぶ例がみられることは注目される。

次に建物の規模は一〇平方メートル未満のごく小規模なものから、二〇平方メートルを超えるものまでバラエティがあるが、平均すると一四・四平方メートルとなり、先に住居と推定した三間×二間（側柱）建物（二〇平方メートル前後）とくらべると小ぶりな建物といえる。構造的には掘形規模がやや大きい傾向はみられるものの、九本柱建物の中央柱掘形がとくに深いという例はなく、観音堂遺跡掘立柱建物26号や陰田第6遺跡SB-03のように側柱より浅い床束とみられる場合が少数ながらも認められる。

このように九本柱建物は、その規模・構造と規則性などからみて高床倉庫とするのが妥当と思われる。ただし、倉吉・向野遺跡にみられるような平面プランが長方形となる建物や長瀬高浜遺跡のような庇を伴う建物についても同様の機能と考えられるのか、現段階では類例が少なくて判断できない。

四、まとめ

鳥取県における古墳時代末～鎌倉時代における掘立柱建物は、集落遺跡に加えて国衙・郡衙・正倉などの官衙遺跡、寺院遺跡、生産

表1　鳥取県の古墳時代末～鎌倉時代までの9本柱掘立柱建物跡一覧

遺跡名	構番号	桁行（m）	柱間（m）	梁間（m）	柱間（m）	面積（㎡）	柱穴	柱穴径（cm）	柱痕跡（cm）	中央柱深	時期	備考	報告書
本高円ノ前遺跡	SB-02	4.8	207～246	3.54	150～188	17.0	円	20～40	11～18	同	（平安時代後半）	根石	藤本隆之2004
円護寺坂ノ下遺跡	SB-118	4.9	245	3.67	184	18.0	円	30前後		同	中世前期	鉄滓	谷口恭子他2000
	SB-124	4.15	208	3.69	185	15.3	円	30前後		同	中世前期	鉄滓	谷口恭子他 2000
	SB-125	4.62	231	4.3	215	19.9	円	30前後		同	（中世）		谷口恭子他 2000
	SB-204	5.47	274	4.39	220	24.0	円	30前後		浅	（中世）		谷口恭子他 2000
柄杓目遺跡	SB-06	5.48	246～302	4.96	242～250	27.2	円	52～96	18.0	同	平安時代		清水富和1989
観音堂遺跡	掘立柱建物11号	2.96	140～160	2.63	130	7.8	円	29～54		同	奈良時代		根鈴輝雄他1986
	掘立柱建物23号	2.42	120	2.31	110～120	5.6	円	41～74		同	奈良時代		根鈴輝雄他1986
	掘立柱建物26号	3.23	160～170	2.85	140	9.2	円	49～67		浅	奈良時代		根鈴輝雄他1986
	掘立柱建物29号	3.38	160～180	2.29	110～120	7.7	円	49～107		浅	奈良時代		根鈴輝雄他1986
長瀬高浜遺跡	SB-58	5.6		4.6		25.8					9世紀代	庇付総柱	牧本哲雄他1999
倉吉・向野遺跡	9号掘立柱建物	4.33	205～228	3.45	165～180	14.9	円	20前後		浅	平安時代中葉～後葉		岡平拓也2003
	10号掘立柱建物	4.96	232～264	3.23	160～163	16.0	円	20前後		浅	平安時代中葉～後葉		岡平拓也2003
青木遺跡	CSB-11	3		2.4		7.2	円			浅	奈良時代		清水真一他1977
陰田隠れが谷遺跡	SB-01	3.4	165～175	2.74	125～150	9.3	円	60～70		?	（7世紀後半から平安時代初期）	布掘り	高橋浩樹他1998
陰田広畑遺跡	SB-47	3.74	184～190	3.6	180	13.5	円	30～50		同	6世紀末から8世紀前葉	9テラス	高橋浩樹他1998
陰田第6遺跡	SB-03	3.2	120	3.1	100～110	9.9	円	60～90	20.0	浅	7世紀末から8世紀中葉	SS-20に伴う	北浦弘人他1996
	SB-04	3.45	135～140	2.9	115～125	10.0	円	45～70	18.0	浅	（8世紀代）	SS-20に伴う	北浦弘人他1996
	SB-05	3.9	160～170	3.7	130	14.4	円	50～85	25.0	同	8世紀後半	SS-20に伴う	北浦弘人他1996

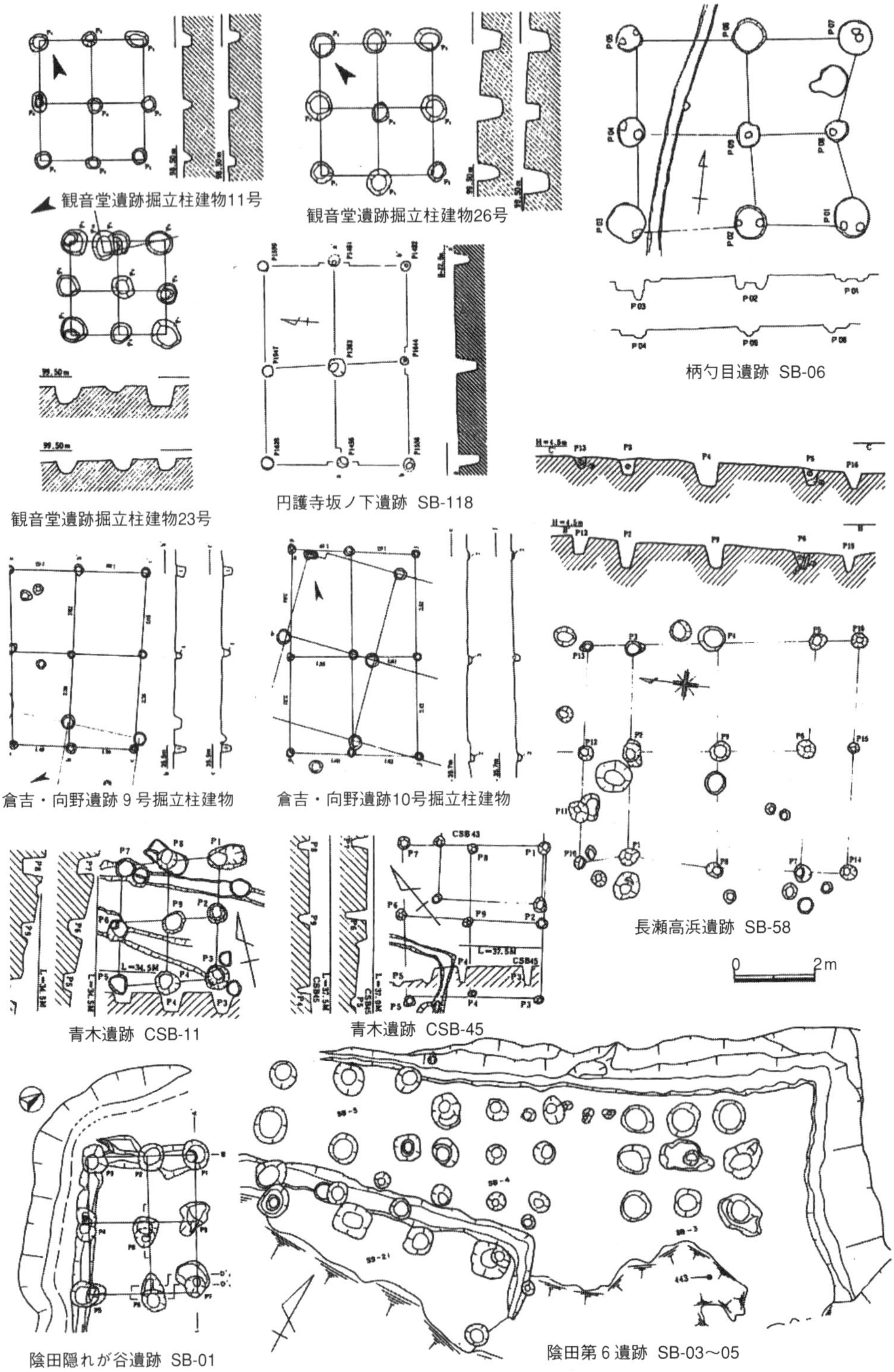

図７　古墳時代末～鎌倉時代の９本柱建物

遺跡などで確認される。このうち集落内の様相は、前代までの一般集落での竪穴住居（建物）を中心として掘立柱建物が付随するあり方から、七世紀に入ると近畿地方などの周辺地域の動向に合わせるように集落内建物の掘立柱建物化が顕著になり、やがてほとんどが掘立柱建物で構成されるようになる。ただし、竪穴建物については、八〜九世紀まで一部に存続するようであり、その性格については改めて検討が必要であろう。

　こうした掘立柱建物で構成される集落において、三間×二間（側柱）の平面プラン長方形建物に代表される、おおむね桁行四間までの建物が住居（主屋）ではないかと推測され、各住居間における格差は梁間の違いに現れている。一方、梁間一間の小規模な建物は付属屋あるいは倉と想定されるが、九本柱建物を含む二間×二間（側柱・総柱）は、集落全体に帰属する建物であり、その多くは高床倉庫と考えられる。

　鳥取県において九本柱建物が、弥生・古墳時代に引き続き奈良・平安時代まで継続的に営まれることが確認されたが、その性格として神社社殿とのかかわりを速断できるものは認められない。

発掘調査報告書一覧（**表2**に掲載した遺跡）

岩田文章他『福岡柳谷遺跡』淀江町教育委員会、二〇〇二。

大賀靖浩他『森藤第1・第2遺跡発掘調査報告書』東伯町教育委員会、一九八七。

太田正康他『福岡遺跡』鳥取県教育文化財団、一九九二。

岡野雅則他『坪田遺跡』鳥取県教育文化財団、二〇〇二。

岡平拓也『向野遺跡第2次発掘調査報告書』倉吉市教育委員会、二〇〇三。

小口英一郎他『八橋第8・9遺跡』鳥取県教育文化財団、二〇〇四。

加藤誠司他『史跡大原廃寺発掘調査報告書』倉吉市教育委員会、一九九九。

加藤誠司他『史跡伯耆国府跡法華寺畑遺跡環境整備事業報告書』倉吉市教育委員会、二〇〇一。

北浦弘人他『陰田遺跡群』鳥取県教育文化財団、一九九六。

鬼頭紀子他『高福大将軍遺跡』鳥取県教育文化財団、二〇〇二。

君嶋俊行他『中浜遺跡』鳥取県教育文化財団、二〇〇四。

君嶋俊行他『南原千軒遺跡』鳥取県教育文化財団、二〇〇五。

小原貴樹『諏訪遺跡群発掘調査報告書Ⅰ』米子市教育委員会、一九八一。

小原貴樹『諏訪遺跡群発掘調査報告書Ⅱ』米子市教育委員会、一九八二a。

小原貴樹『諏訪遺跡群発掘調査報告書Ⅲ』米子市教育委員会、一九八二b。

小原貴樹『諏訪遺跡群発掘調査報告書Ⅳ』米子市教育委員会、一九八三。

佐伯純也『吉谷銭神遺跡Ⅰ』米子市教育文化事業団、二〇〇一。

清水真一他『青木遺跡発掘調査報告書Ⅱ』鳥取県教育委員会、一九七七。

清水富和『柄杓目遺跡Ⅰ』鹿野町教育委員会、一九八九。

清水富和『柄杓目遺跡Ⅱ』鹿野町教育委員会、一九九〇。

杉谷愛象他『萱原・奥陰田Ⅰ』米子市教育文化事業団、一九九四。

高尾浩司他『中道東山西山遺跡』鳥取県教育文化財団、二〇〇五。

高橋浩樹他『萱原・奥陰田Ⅱ』米子市教育文化事業団、一九九八。

竹宮亜也子他『不入岡遺跡群発掘調査報告書』倉吉市教育委員会、一九九六。

谷口恭子他『西大路土居遺跡』鳥取市教育福祉振興会、一九九三。

谷口恭子他『山ヶ鼻遺跡Ⅱ』鳥取市教育福祉振興会、一九九六。

谷口恭子他『西大路土居遺跡Ⅱ』鳥取市教育福祉振興会、一九九七。

谷口恭子他『円護寺坂ノ下遺跡』鳥取市教育福祉振興会、二〇〇〇。

玉木秀幸他『中尾第1遺跡』鳥取県教育文化財団、二〇〇四。

玉木秀幸他『上伊勢第1遺跡・三保第1遺跡』鳥取県教育文化財団、二〇〇五。

富長源十郎他『長者原遺跡群発掘調査報告書』岸本町教育委員会、一九八二。

長岡充展他『上福万遺跡・日下遺跡・石州府第1遺跡・石州府古墳群』鳥取県教育文化財団、一九八五。

中野知照他『布勢遺跡発掘調査報告書』鳥取県教育文化財団、一九八一。

中原斉他『陰田』米子市教育委員会、一九八四。

中原斉他『下山南通遺跡』鳥取県教育文化財団、一九八六。

中原斉他『上淀廃寺』淀江町教育委員会、一九九五。

中村徹他『湖山第2遺跡発掘調査報告書』鳥取県教育文化財団、一九八二。

中森祥他『茶畑六反田遺跡（0・5区）』鳥取県教育文化財団、二〇〇四。

中森祥他『門前第2遺跡』鳥取県教育文化財団、二〇〇五。

西浦日出夫他『菖蒲遺跡』鳥取市教育福祉振興会、一九九四。

西川徹他『鶴田荒神ノ峯遺跡　鶴田堤ヶ谷遺跡　宇代横平遺跡　宇代寺中遺跡』鳥取県教育文化財団、一九九六。

西川徹他『御内谷遺跡遺跡群』鳥取県教育文化財団、一九九八。

西村彰滋他『長瀬高浜遺跡発掘調査報告書Ⅵ』鳥取県教育文化財団、一九八三。

根鈴智津子他『向野遺跡・後ろ谷遺跡発掘調査報告』大栄町教育委員会、一九八四。

根鈴輝雄他『観音堂遺跡発掘調査報告書』倉吉市教育委員会、一九八六。

野口良也他『八幡遺跡』鳥取県教育文化財団、二〇〇五。

濱隆造他『霞遺跡群』鳥取県教育文化財団、二〇〇一。

濱隆造他『吉谷遺跡群』鳥取県教育文化財団、二〇〇三。

原田雅弘他『湖山第1遺跡』鳥取県教育委員会・鳥取県教育文化財団、一九八九。

原田雅弘他『岡益廃寺』鳥取県埋蔵文化財センター、二〇〇〇。

樋口和夫他『殿屋敷遺跡発掘調査報告書第1集』北条町教育委員会、一九八八。

藤本隆之『本高円ノ前遺跡』鳥取市文化財団、二〇〇四。

藤本隆之『内海中寺ノ谷遺跡』鳥取市文化財団、二〇〇五。

藤本隆之『古市遺跡』鳥取市教育福祉振興会、一九九八。

藤本隆之『古市遺跡Ⅱ』鳥取市教育福祉振興会、一九九九。

藤本隆之他『秋里遺跡』鳥取市教育福祉振興会、一九九六。

前田均他『秋里遺跡発掘調査概要報告書』鳥取市教育委員会・鳥取市遺跡調査団、一九八三。

牧本哲雄他『桂見遺跡―八ツ割地区・堤谷東地区・堤谷西地区―』鳥取県教育文化財団、一九九六。

牧本哲雄他『西桂見遺跡　倉見古墳群』鳥取県教育文化財団、一九九六。

牧本哲雄他『石脇第3遺跡—森末地区・操り地区—石脇8・9号墳　寺戸第1遺跡　寺戸第2遺跡　石脇第1遺跡』鳥取県教育文化財団、一九九八。

牧本哲雄他『長瀬高浜遺跡Ⅷ　園第6遺跡』鳥取県教育文化財団、一九九九。

松本哲『荒田遺跡発掘調査報告書』大山町教育委員会、二〇〇五。

松本美佐子他『広庭遺跡』岩美町教育委員会、一九八九。

道谷冨士夫『大井家ノ下モ遺跡発掘調査報告書』佐治村教育委員会、一九九九。

森本倫弘他『長者原遺跡群発掘調査報告書』岸本町教育委員会、二〇〇六。

八峠興他『山ヶ鼻遺跡』鳥取市教育福祉振興会、一九九五。

八峠興他『長者屋敷遺跡　坂長下屋敷遺跡』鳥取県教育文化財団、一九九七。

八峠興他『長瀬高浜遺跡Ⅶ』鳥取県教育文化財団、一九九九。

八峠興他『茶畑六反田遺跡　押平弘法堂遺跡　富岡播磨洞遺跡　安原溝尻遺跡』鳥取県教育文化財団、二〇〇二。

八峠興他『名和衣装谷遺跡　古御堂金蔵ヶ平遺跡』鳥取県教育文化財団、二〇〇三。

山形顕應『万代寺遺跡発掘調査報告書』郡家町教育委員会、一九八三。

山田真宏他『岩吉遺跡Ⅳ』鳥取市教育福祉振興会、一九九七。

山中敏史他『上原遺跡群発掘調査報告書—古代因幡国気多郡衙推定地—』気高町教育委員会、二〇〇三。

吉村善雄他『上光遺跡群発掘調査報告書』気高町教育委員会、一九八八。

米田規人他『南谷ヒジリ遺跡　南谷夫婦塚遺跡　南谷19～23号墳　乳母ヶ谷第2遺跡　宇野3～9号墳』鳥取県教育文化財団、一九九一。

表2　鳥取県の古墳時代末～鎌倉時代までの 掘立柱建物跡一覧表

No	遺跡名	所在地	遺構番号	構造	規模(m)	時期	報告書
	秋里遺跡	鳥取市秋里	SB-05	2×3間	3.86×5.10	奈良時代前後	前田均他1983
1	秋里遺跡	鳥取市秋里	AⅠ区SB-01	1×(2)間	—×2.30	平安時代	藤本隆之他1996
			AⅠ区SB-02	1×(2)間	—×2.50	平安時代	
			AⅠ区SB-03	(1)×(1)間	—	平安時代	
			BⅠ区SB-01	1×(2)間	—×3.00	平安時代	
			BⅡ区SB-01	1×1間	2.56×4.00	鎌倉時代以降	
			DⅣ区SB-01	1×2間	2.25×3.90	鎌倉～室町時代	
			DⅣ区SB-02	1×(3)間	2.69×4.79	鎌倉～室町時代	
2	岩吉遺跡	鳥取市岩吉	SB-01			(奈良時代後半～平安時代)	山田真宏他1997
			SB-02			(奈良時代後半～平安時代)	
			SB-03			(奈良時代後半～平安時代)	
			SB-04			(奈良時代後半～平安時代)	
3	本高円ノ前遺跡	鳥取市本高	SB-01	3×4間(総)	7.52×7.04	平安時代後半	藤本隆之2004
			SB-02	2×2間(総)	4.80×3.54	(平安時代後半)	
			SB-03	1×2間	3.61×2.11	(平安時代後半)	
			SB-04	(3×4間)	10.37×9.65	(鎌倉時代末期)	
			SB-05	2×2間	4.93×4.70	(鎌倉時代末期)	
			SB-06	3×2間	7.40×4.70		
			SB-07	3×2間	5.03×	(鎌倉時代末期)	
			SB-08	3×2間	4.78×		
			SB-09	2×2間	3.89×		
4	桂見遺跡	鳥取市桂見	SB-02	(3×4間)	(5.50×2.75)	奈良時代	牧本哲雄他1996
			SB-03	2×1間	4.12×1.96	中世	
			SB-04	(4×2間)(総)	(6.70×4.15)	奈良～平安	
			SB-05	1×1間	2.0×1.6	奈良～平安	
			SB-06	(3×2間)	(5.0×3.3)	奈良～平安	
			SB-07	(3×2間)	(5.1×3.2)	奈良～平安	
			SB-08	4×2間	5.0×3.3	奈良～平安	
			SB-09	(2×3間)	(3.5×3.9)	奈良～平安	
			SB-10	(3×3間)	(3.2×4.1)	奈良～平安	
			SB-11	(4×3間)	(8.0×4.8)	平安	
			SB-12	(4×2間)	(9.0×4.8)	平安	
5	西桂見遺跡	鳥取市桂見	SB-02	(2×5間)(総)	(3.8×11.3)	中世	
6	山ヶ鼻遺跡	鳥取市古海	SB-06	1×2間	1.65×3.25	奈良・平安	八峠興他1995
7	山ヶ鼻遺跡	鳥取市古海	SB-01	(5)×2?間	(8.33)×4.38	(7世紀後半)	谷口恭子他1996
			SB-02	(3×2間)	(7.01×3.85)	7世紀中葉	
			SB-03	(3)×2間	(5.84)×4.61	(7世紀後半)	
			SB-04	(3×　)	(2.95×	7世紀中葉	
			SB-07	(4×1間)	(6.40×3.50)	7世紀後葉	
			SB-08	(1)×(1)間	(2.42)×—	(7世紀後半)	
8	菖蒲遺跡	鳥取市菖蒲	SB-01	3×3間(総)	(5.50×4.80)	8世紀後半	西浦日出夫他1994
9	西大路土居遺跡	鳥取市西大路	SB-03	4×2間(総)		中世	谷口恭子他1993
10	西大路土居遺跡	鳥取市西大路	SB-19	(5×1間)	(6.61×1.64)	中世	谷口恭子他1997
11	古市遺跡	鳥取市古市	SB-01	(3×3間)	(5.95×4.95)	7世紀末～8世紀前半	藤本隆之1998
			SB-02	(3×2間)	(5.39～5.66×2.82～3.	7世紀末	
			SB-02	3×2間	7.33×4.64	平安時代後半	
			SB-06	2×2間	2.88×2.26	奈良時代	
			SB-07	3×2間	7.25×4.19	奈良時代	
			SB-08	3×1間	6.69×4.06	平安時代前半	
			SB-09	3×1間	7.41×4.33	奈良時代	
			SB-10	2×1間	5.32×4.78	7世紀後半	
			SB-11	2×1間	4.81×3.25	奈良時代	
			SB-12	5×4間	(11.55×8.6)	奈良時代	
			SB-13	5×4間	8.65×8.25	7世紀後半	
			SB-14	(3×4間)	(8.52×8.39)	7世紀後半	
			SB-16	2×2間	5.55×3.89	7世紀後半	
			SB-17	2×2間	3.79×3.00	7世紀後半	
			SB-18	3×3間	3.76×3.53	奈良時代	
			SB-19	2×2間	5.48×3.70	奈良時代	
12	円護寺坂ノ下遺跡	鳥取市円護寺	SB-102	(3×1間)	(4.75×3.74)	6世紀末～7世紀前葉	谷口恭子他2000
			SB-104	(4×2間)	(5.25×3.96)	7世紀前半	
			SB-106	(4×1間)	(4.89×1.41)	7世紀前半	
			SB-115	3×2間	3.49×3.33	中世前期	
			SB-116	2×2間	3.04×2.64	中世前期	
			SB-117	3×2間(総)	7.25×4.09	中世前期	
			SB-118	2×2間(総)	4.90×3.67	中世前期	
			SB-119	4×1間	7.47×2.10	中世前期	
			SB-120	3×1間	5.69×2.13	中世前期	
			SB-122	2×1間	5.38×2.55	中世前期	
			SB-124	2×2間(総)	4.15×3.69	中世前期	
			SB-103	(4×2間)	(7.64×3.76)	(7世紀前半)	
			SB-105	(3×1間)	(6.54×1.90)	(6世紀末～7世紀前葉)	
			SB-107	(2×1間)	(3.10×1.55)	(11世紀後半)	
			SB-108	1×1間	2.87×1.70	(11世紀後半)	
			SB-109	(3×1間)	(5.87×2.24)	(11世紀後半)	
			SB-110	3×2間	4.71×2.23)	(中世前期)	
			SB-112	2×1間	3.02×1.43	(中世前期)	
			SB-113	2×1間	2.34×1.98	(中世前期)	
			SB-121	2×2間	3.35×1.46	(中世)	
			SB-123	2×1間	5.55×1.85	(中世)	
			SB-125	2×2間(総)	4.62×4.30	(中世)	

No	遺跡名	所在地	遺構番号	構造	規模(m)	時期	報告書
12	円護寺坂ノ下遺跡	鳥取市円護寺	SB-203	(2×1間)	(4.32×1.58)	(中世前期)	谷口恭子他2000
			SB-204	2×2間(総)	5.47×4.39	(中世)	
			SB-301	4×2間	6.45×2.50	(中世前期)	
			SB-302	3×1間	3.28×1.35	(中世)	
			SB-303	(3×1間)	(6.15×1.27)	(中世前期)	
			SB-304	(2×1間)	(2.84×1.16)	(中世前期)	
13	内海中寺ノ谷遺跡	鳥取市内海中		3×2間	8.05×5.28		藤本隆之2005
14	布勢遺跡	鳥取市布勢	SB-05	2×3間(総)	4.10×4.65	中世	中野知照他1981
			SB-06	2×3間	2.90×3.10	(中世)	
15	湖山第2遺跡	鳥取市湖山	SB-07	2×4間(総)	4.30×7.00	中世	中村徹他1982
			SB-08	2×4間	3.00×7.10	7世紀から8世紀	
16	湖山第1遺跡	鳥取市湖山	SB-01	2×3間	2.80×5.35	(平安時代末)	原田雅弘他1989
			SB-02	1×2間	2.85×5.80	中世	
			SB-03	1×2間	2.15×4.25	中世	
			SB-07	(3×5間)	(4.00×7.50)	平安時代末	
17	高福大将軍遺跡	鳥取市河原町高福	SB-01	1×2間	4.4×4.6	12世紀以降	鬼頭紀子他2002
			SB-02	1×3間	4.8×7.0	12世紀以降	
18	大井家ノ下モ遺跡	鳥取市佐治町大井	掘立柱倉庫跡	3×2間(総)	6.5×4.5	13世紀	道谷冨士夫1999
19	柄杓目遺跡	鳥取市鹿野町鹿野	SB-04	3×2間(総)	4.80×3.96	(平安時代)	清水富和1989
			SB-05	3×1以上	5.1×—	(平安時代)	清水富和1989
			SB-06	2×2間(総)	5.48×4.96	平安時代	清水富和1989
			SB-07	6×2間	13.8×4.7	平安時代	清水富和1989・1990
			SB-08	3×2	8.00×5.40	平安時代	清水富和1989・1990
			SB-09	3×1以上	6.22×—	平安時代	清水富和1989
			SB-10	3×2	7.20×4.60	平安時代	清水富和1989・1990
			SB-11	3×2	6.70×4.80	平安時代	清水富和1989・1990
			SB-12	7×2間	15.9×3.9	平安時代	清水富和1990
			SB-13	3×2間	6.9×4.5	平安時代	清水富和1990
			SB-15	3×2間	6.75×4.50	(平安時代)	清水富和1990
20	上原遺跡群 ※主要な建物のみ掲載	鳥取市気高町上原他	SB-040	3以上×2間	—×4.50	9世紀	山中敏史他2003
			SB-050A	7×3間	18.00×6.90	8世紀前葉	
			SB-052	4以上×3間	—×7.20		
			SB-053	4以上×3間	—×5.70		
			SB-070	6×3間	16.80×6.60	8世紀前葉	
			SB-073	5×3間	14.10×6.90		
			SB-077	3×2間	5.85×3.60	9世紀	
			SB-078	5×2間	11.55×4.50	9世紀	
			SB-095	6×3間	18.30×6.60		
			SB-096	3×2間	6.60×4.20	9世紀	
			SB-100	7×3間	18.30×5.70	8世紀前葉	
			SB-111	1以上×2間	—×3.60	9世紀	
			SB-120	7×4間	18.3×11.7	9世紀	
			SB-030	(7×2)間	20.50×7.00	8世紀前葉	
			SB-301	3×3間(総)	5.40×4.95		
			SB-302	3×2間	5.40×4.50		
			SB-501	11×3間	24.90×6.60		
			SB-502	12×3間	26.40×5.70		
			SB-510	7×3間	18.60×6.90		
			SB-515	1以上×2間	—×3.90		
			SB-610	9以上×3間	—×6.75		
			SB-611	3以上×3間	—×6.30		
			SB-660	5×3間	13.50×5.70		
			SB-661	4×3間	9.80×5.70		
21	戸島遺跡 ※考察に時期記載のある建物のみ掲載	鳥取市気高町	SB-120	4×2間	8.40×4.20	7世紀後半～8世紀初	吉村善雄他1988
			SB-122	3×2間	7.50×4.50		
			SB-124	4×2間	8.10×4.35	9世紀代？	
			SB-125	4×2間	8.60×4.30	7世紀後半～8世紀初	
			SB-127	3×2間	4.95×3.80		
			SB-128	5×2間	8.25×3.30		
			SB-129	4×2間	8.70×4.50	7世紀後半以前	
			SB-130	4×2間	8.40×3.90	7世紀後半～8世紀初	
			SB-132	3×2間	5.85×3.90	8・9世紀代	
			SB-135	4×2間	9.00×4.80	7世紀後半～8世紀初	
			SB-137	4×2間	8.40×4.20	8・9世紀代	
			SB-140	4×2間	8.40×4.20	7世紀後半～8世紀初	
			SB-144	3×2間	5.40×3.75		
			SB-145	4×2間	8.60×4.40	7世紀後半～8世紀初	
			SB-148	4×4間	9.30×7.80		
			SB-150	4×2間	8.60×4.40	7世紀後半～8世紀初	
			SB-155	4×2間	8.55×4.10	7世紀後半～8世紀初	
			SB-158	3×2間	6.90×3.90		
			SB-160	4×2間	8.40×4.20	7世紀後半～8世紀初	
			SB-165	4×2間	9.00×4.50	7世紀後半～8世紀初	
			SB-168	4×2間	8.40×4.50		
			SB-170	5×3間	9.50×4.86	7世紀後半～8世紀初	
			SB-172	5×3間	12.30×6.60		
22	馬場遺跡	鳥取市気高町	SB-301	6以上×3間	—×7.15	8世紀中葉～後半	吉村善雄他1988
			SB-302	10×3間	22.30×6.70	7世紀末～8世紀初	
			SB-303	7×3間	17.80×7.20	8世紀中葉～後半	
			SB-304	8×3間	23.00×6.60	9世紀後半～10世紀初	
			SB-305	7以上×2間	—×5.00		
			SB-307	3×3間(総)	4.50×4.50	8世紀中葉～後半	
			SB-308	3×3間(総)	4.90×4.95		

No	遺跡名	所在地	遺構番号	構造	規模(m)	時期	報告書
22	馬場遺跡	鳥取市気高町	SB-309	1×1間	3.00×3.00		吉村善雄他1988
23	広庭遺跡	岩美町院内	SB-01	2×3間	3.42×5.15	7世紀後半～8世紀末	松本美佐子他1989
			SB-02	2×3間	3.33×5.08	7世紀後半～8世紀末	
			SB-03	2×3間	4.70×5.74	7世紀後半～8世紀末	
			SB-04	2×3間	3.33×6.51	7世紀後半～8世紀末	
			SB-05	3×4間	4.58×6.93	7世紀後半～8世紀末	
			SB-06	1×2間	3.42×6.29	7世紀後半～8世紀末	
			SB-07	(2)×3間	3.40×6.42	7世紀後半～8世紀末	
			SB-08	2×2間	3.78×4.57	7世紀後半～8世紀末	
			SB-09	2×6間	3.63×10.29	7世紀後半～8世紀末	
			SB-10	2×3間	3.20×6.24		
			SB-11	1×2間	1.98×3.28		
24	岡益廃寺	鳥取市岡益	講堂	7×4間	11.0×9.2	8世紀前半	原田雅弘他2000
			SB-01	3×3間	6.0×6.0	9世紀前半代以降	
25	万代寺遺跡	八頭町万代寺	西官衙			奈良・平安時代	山形顕應1983
			中央官衙			奈良・平安時代	
			北官衙			奈良・平安時代	
26	大原廃寺	倉吉市大原	講堂	5×4間	14.3×9.6	7世紀後葉以降	加藤誠司他1999
27	観音堂遺跡	倉吉市上福田	掘立柱建物1号	3×5間	4.02×8.90	奈良時代	根鈴輝雄他1986
			掘立柱建物2号	2×3間	4.00×5.70	奈良時代	
			掘立柱建物3号	2×3間	3.12×4.45	奈良時代	
			掘立柱建物4号	2×3間	3.82×4.61	奈良時代	
			掘立柱建物5号	2×3間	3.52×4.70	奈良時代	
			掘立柱建物6号	2×3間	3.43×4.56	奈良時代	
			掘立柱建物7号	2×1間	2.08×2.51	奈良時代	
			掘立柱建物8号	2×3間	3.53×5.31	奈良時代	
			掘立柱建物11号	2×2間(総)	2.63×2.96	奈良時代	
			掘立柱建物13号	2×3間	4.42×5.27	奈良時代	
			掘立柱建物16号	2×3間	4.06×4.92	奈良時代	
			掘立柱建物17号	2×3間	3.43×5.67	奈良時代	
			掘立柱建物18号	3×3間	3.94×5.11	奈良時代	
			掘立柱建物19号	3×4間	4.14×6.83	奈良時代	
			掘立柱建物20号	3×4間	4.47×7.43	奈良時代	
			掘立柱建物22号	2×3間	3.07×3.80	奈良時代	
			掘立柱建物23号	2×2間(総)	2.31×2.42	奈良時代	
			掘立柱建物24号	2×3間	4.37×6.25	奈良時代	
			掘立柱建物25号	3×4間	4.59×7.38	奈良時代	
			掘立柱建物26号	2×2間(総)	2.85×3.23	奈良時代	
			掘立柱建物27号	2×3間(総)	3.26×3.83	奈良時代	
			掘立柱建物28号	2×2間(総？)	2.61×2.82	奈良時代	
			掘立柱建物29号	2×2間(総)	2.29×3.38	奈良時代	
			掘立柱建物30号	(3×3間)	5.35×(7.10)	奈良時代	
			掘立柱建物31号	3(2)×4間	3.83×6.50	奈良時代	
			掘立柱建物32号	3(2)×4間	4.12×6.35	奈良時代	
			掘立柱建物33号	2×3間	3.92×5.03	奈良時代	
			掘立柱建物34号	1×3間	3.21×4.45	奈良時代	
			掘立柱建物36号	3×2間	3.41×3.79	奈良時代	
			掘立柱建物37号	3×2間	3.91×4.42	奈良時代	
			掘立柱建物38号	1×3間	4.06×4.81	奈良時代	
			掘立柱建物39号	2×4間	3.73×6.19	奈良時代	
28	法華寺畑遺跡	倉吉市国府	SB-09	5×2間	15.0×5.4	奈良・平安時代	加藤誠司他2001
			SB-010	11×2間	24.8×4.2	奈良・平安時代	
			SB-015	4×2間	10.8×4.2	奈良・平安時代	
			SB-016	5×2間	15.0×5.4	奈良・平安時代	
			西門	1×2間	5.1×3.6	奈良・平安時代	
29	不入岡遺跡	倉吉市不入岡	SB-01	6以上×2以上		奈良・平安時代	竹宮亜也子他1996
			SB-02	11(10)×3間	24.6×6.0	奈良・平安時代	
			SB-03	3×2間	6.00×3.90	奈良・平安時代	
			SB-04	3×2間	6.00×3.60	奈良・平安時代	
			SB-05	12×3間	24.6×6.0	奈良・平安時代	
			SB-06	3×2間	6.30×3.90	奈良・平安時代	
			SB-07	3×2間	7.20×3.90	奈良・平安時代	
			SB-08	13×3間	23.1×6.3	奈良・平安時代	
			SB-09	5×2間	12.60×4.20	奈良・平安時代	
			SB-10	12×3間	24.90×5.70	奈良・平安時代	
			SB-11	3×2間	6.90×3.60	奈良・平安時代	
			SB-12	4×2間	7.5×4.2	奈良・平安時代	
			SB-13	8×3間	24.0×6.0	奈良・平安時代	
			SB-14	4×3間	11.1×5.4	奈良・平安時代	
			SB-15	4×2間	10.5×3.9	奈良・平安時代	
			SB-16	5×5間	8.1×7.4	奈良・平安時代	
			SB-17	3×2間	7.2×4.5	奈良・平安時代	
			SB-18	9(10)×3間	23.7×6.0	奈良・平安時代	
			SB-19	7×3間	14.1×5.1	奈良・平安時代	
			SB-20	4×2間	10.5×4.2	奈良・平安時代	
			SB-21	11×3間	24.0×6.3	奈良・平安時代	
			SB-22	10×3間	18.6×5.4	奈良・平安時代	
			SB-23	3×2間	6.30×3.6	奈良・平安時代	
			SB-24	3×2間	6.0×4.2	奈良・平安時代	
			SB-25	10×3間	20.1×6.3	奈良・平安時代	
			SB-26	2×2間	3.6×3.0	奈良・平安時代	
			SB-27	10×3間	23.7×5.7	奈良・平安時代	
			SB-28	5(4)×2間	10.2(10.8)×5.7	奈良・平安時代	

No	遺跡名	所在地	遺構番号	構造	規模(m)	時期	報告書
29	不入岡遺跡	倉吉市不入岡	SB-29	3×2間	4.5×3.6	奈良・平安時代	竹宮亜也子他1996
			SB-30	5×5間	11.4×10.8	奈良・平安時代	
			SB-31	3×1間	3.9×1.5	奈良・平安時代	
			SB-32	3×2間	8.4×4.8	奈良・平安時代	
			SB-33	3×2間	4.5×3.0	奈良・平安時代	
			SB-34a	3×2間	7.8×4.2	奈良・平安時代	
			SB-34b	4×2間	7.8×4.5	奈良・平安時代	
			SB-34c	4×2間	8.4×4.5	奈良・平安時代	
			SB-35	5×2間	10.5×4.5	奈良・平安時代	
			SB-36	4×2間	8.4×3.6	奈良・平安時代	
			SB-37	1×1間	3.0×2.7	奈良・平安時代	
			SB-38	2×2間	4.8×3.9	奈良・平安時代	
			SB-39	3×3間	7.5×6.9	奈良・平安時代	
			SB-40	3×3間	6.1×5.1	奈良・平安時代	
			SB-41	3×2間	5.8×3.5	奈良・平安時代	
			SB-42	—×2間	—×4.5	奈良・平安時代	
			SB-43	8×4間	15.9×10.8	奈良・平安時代	
			SB-44a	7×3間(総)	18.6×9.0	奈良・平安時代	
			SB-44b	7×3間(総)	18.9×9.0	奈良・平安時代	
			SB-45	13以上×2間	36.6以上×3.6	奈良・平安時代	
			SB-46	14×2間	36.0×3.9	奈良・平安時代	
			SB-47a	4×3間(総)	10.8×5.7	奈良・平安時代	
			SB-47b	6×4間(総)	16.5×8.1	奈良・平安時代	
			SB-47c	6×4間(総)	15.9×7.8	奈良・平安時代	
			SB-47d	6×4間(総)	16.2×8.1	奈良・平安時代	
			SB-48	5×2間	12.3×5.4	奈良・平安時代	
			SB-49	6×2間	14.7×6.0	奈良・平安時代	
			SB-50	—×2間	—×3.6	奈良・平安時代	
			SB-51	3×2間	6.9×4.2	奈良・平安時代	
			SB-52	3×2間	6.6×4.2	奈良・平安時代	
			SB-53	—×2間	—×4.2	奈良・平安時代	
			SB-54	2×1間	3.6×3.0	奈良・平安時代	
			SB-55	2×2間	4.5×3.0	奈良・平安時代	
			SB-56	4×2間	6.0×3.3	奈良・平安時代	
			SB-57	3×2間	6.0×4.2	奈良・平安時代	
			SB-58	3以上×2以上(総)		奈良・平安時代	
			SB-59	2×2間		奈良・平安時代	
			SB-60	2×2間		奈良・平安時代	
			SB-61	2×1間		奈良・平安時代	
			SB-62	2×2間		奈良・平安時代	
			SB-63	2×2間(総)		奈良・平安時代	
			SB-64	2×1間		奈良・平安時代	
			SB-66			奈良・平安時代	
			SB-71	6以上×1以上		奈良・平安時代	
			SB-72	—×2間	—×4.5	奈良・平安時代	
			SB-73	6×4間	14.1×8.1	奈良・平安時代	
			SB-74			奈良・平安時代	
			SB-75	3以上×2以上(総)		奈良・平安時代	
			SB-76			奈良・平安時代	
			SB-77			奈良・平安時代	
30	倉吉・向野遺跡	倉吉市大谷	1号掘立柱建物	3×2間	5.80×4.40	奈良時代後半～平安時代初頭	岡平拓也2003
			2号掘立柱建物	(3×—)	5.40×—	平安時代前葉	
			3号掘立柱建物	3×3間	5.00×3.60	奈良時代後半～平安時代初頭	
			4号掘立柱建物	2×1間	5.20×3.20	平安時代前葉	
			5号掘立柱建物	3×3間(総)	7.00×5.80	平安時代中葉～後葉	
			6号掘立柱建物	3×2間(総)	7.30×4.20	平安時代中葉～後葉	
			7号掘立柱建物	3×2間	7.40×5.00	平安時代前葉	
			8号掘立柱建物	1×1間	2.70×1.90		
			9号掘立柱建物	2×2間(総)	4.33×3.45	平安時代中葉～後葉	
			10号掘立柱建物	2×2間(総)	4.96×3.23	平安時代中葉～後葉	
			11号掘立柱建物	4×3間	7.42×4.72	平安時代前葉	
			12号掘立柱建物			(奈良時代後半～平安時代初頭)	
			13号掘立柱建物	3×2間	6.30×4.40	奈良時代後半～平安時代初頭	
			14号掘立柱建物	3×2間	5.80×5.10	平安時代前葉	
			15号掘立柱建物				
31	石脇第3遺跡	湯梨浜町石脇	SB-01	3×4間	4.4×7.0	奈良時代以降	牧本哲雄他1998
32	長瀬高浜遺跡	湯梨浜町長瀬	SB-58	2×2間(総)	4.6×5.6	9世紀代	牧本哲雄他1999
			SB-59	(1×3間)	(2.2×6.4)	(9世紀代)	
			SB-60	1×2間	3.9×5.7	(9世紀代)	
			SB-37	1×1間		8世紀後半以降	西村彰滋他1983
			SB-41	3×1間		8世紀後半以降	
			SB-42	1×			
			SB-55	(3×1間)(総)	(6.9×5.4)	(奈良・平安時代)	八峠興他1997
33	南谷ヒジリ遺跡	湯梨浜町	SB-01	2×1間	2.8×2.2	平安時代以降	米田規人他1991
			SB-02	2×1間	2.70×2.20	(平安時代以降)	
			SB-03	(3×2間)	6.5×4.2	奈良～平安時代	
34	殿屋敷遺跡	北栄町国坂	SB-01	7×3間	19.5×9.5	9世紀前後	樋口和夫他1988
			SB-02	—×3間	—×7.5	9世紀前後	
			SB-06	—×2間(総)	—×4.0		
			SB-07				
35	中浜遺跡	北栄町弓原	SB-01	2×1間		平安時代前期？	君嶋俊行他2004
			SB-02	2×2間	4.0×3.6	平安時代前期？	
			SB-03	(2×2以上・総？)		平安時代前期？	
			SB-04	3×—間	4.0×—	平安時代前期？	

No	遺跡名	所在地	遺構番号	構造	規模(m)	時期	報告書
35	中浜遺跡	北栄町弓原	SB-05	2×—間	4.6×—	平安時代前期？	君嶋俊行他2004
36	北栄・向野遺跡	北栄町亀谷	SB-01			7～9世紀	根鈴智津子他1984
			SB-02	—×3間	—×4.64	7～9世紀	
			SB-03	3×2間	5.42×2.86	7～9世紀	
			SB-04	4×3間	7.60×4.72	7～9世紀	
			SB-05	3×2間	6.12×4.36	7～9世紀	
			SB-06	3×3間	5.28×4.06	7～9世紀	
			SB-07	3×3間	6.52×4.48	7～9世紀	
			SB-08	3×2間	4.68×3.68	7～9世紀	
			SB-09	4×3間	7.60×4.98	7～9世紀	
			SB-10	5×3間	8.76×5.32	7～9世紀	
			SB-11	2×2間	3.08×2.92	7～9世紀	
			SB-12	2×2間	3.04×2.96	7～9世紀	
			SB-13	3×2間	4.08×3.26	7～9世紀	
			SB-14	3×3間	6.56×4.00	7～9世紀	
			SB-15	3(4)×2間	4.60(6.52)×3.92	7～9世紀	
			SB-16	3×3間	4.90×4.16	7～9世紀	
			SB-17	4×3間	7.28×3.80	7～9世紀	
			SB-18	3(2)×2間	5.04×3.52	7～9世紀	
			SB-19	—×3間	—×3.80	7～9世紀	
			SB-20	3×3間	5.36×4.50	7～9世紀	
			SB-21	3×3(2)間	4.42×3.60	7～9世紀	
			SB-22	4×3間	6.32×4.82	7～9世紀	
			SB-23	3×2間	5.36×4.14	7～9世紀	
			SB-24	5×3間	8.66×5.24	7～9世紀	
			SB-25	2×2間	2.76×2.52	7～9世紀	
			SB-26	2×2間	2.72×2.28	7～9世紀	
			SB-27	2×2間	2.92×2.68	7～9世紀	
			SB-28	2×2間	3.26×2.62	7～9世紀	
			SB-29	4×3間	6.28×4.28	7～9世紀	
			SB-30	2×2間	1.74×1.64	7～9世紀	
			SB-31	2×2間	4.54×3.78	7～9世紀	
			SB-32	3×1間	6.32×3.82	7～9世紀	
			SB-33	3×2間	4.94×3.56	7～9世紀	
			SB-34		3.88×—	7～9世紀	
			SB-35	—×3間	—×4.16	7～9世紀	
			SB-36	1×1間	2.60×2.36	7～9世紀	
			SB-37	1×1間	3.34×3.28	7～9世紀	
			SB-38	3×2間	4.70×3.48	7～9世紀	
			SB-39	1×1間	3.70×3.08	7～9世紀	
			SB-40	1×1間	2.48×1.80	7～9世紀	
			SB-41	2×2間	4.50×3.00	7～9世紀	
			SB-42	2×2間	3.52×3.20	7～9世紀	
			SB-43	3×1間	4.39×2.73	7～9世紀	
37	森藤第1・第2遺跡	琴浦町森藤	SB-10	3×2間	5.78×4.70	8世紀末～9世紀前半	大賀靖浩他1987
			SB-11	3×2間	5.84×5.00	8世紀末～9世紀前半	
			SB-12	3×2間	8.19×5.14	8世紀末～9世紀前半	
			SB-13	2×1間	5.75×2.49	8世紀末～9世紀前半	
			SB-14	3×2間	7.64×5.00	8世紀末～9世紀前半	
			SB-15	3×2間	4.92×3.56	9世紀前半	
			SB-16	3×2間	5.52×4.00	9世紀前半	
			SB-17	3×1間	9.21×3.92	9世紀前半	
			SB-18	3×2間	4.80×3.64	9世紀前半	
			SB-19	2×2間	4.28×3.48	9世紀前半	
			SB-20	3×2間	7.06×4.55	9世紀後半	
			SB-21	3×2間	7.06×4.97	9世紀後半	
			SB-22	2×1間	3.17×2.84	9世紀後半	
			SB-23	3×2間	5.74×5.04	9世紀前半	
			SB-24	3×2間	5.22×3.21	9世紀後半	
			SB-25	3×2間	6.74×4.39	8世紀末～9世紀初頭	
			SB-26	3×2間	4.20×3.84	9世紀代	
			SB-27	3×3間	5.68×4.71	8世紀末～9世紀初頭	
			SB-28	2×1間	4.32×2.48	9世紀代	
			SB-29	2×2間	5.13×3.60	9世紀前半	
			SB-30	3×2間	6.39×4.87	9世紀後半～10世紀初頭	
			SB-31	2×1間	3.67×2.04	9世紀後半	
			SB-32	3×2間	6.28×3.95	9世紀後半	
			SB-33	3×2間	5.19×3.60	9世紀前半	
			SB-34	3×2間	4.80×4.17	9世紀後半～10世紀初頭	
			SB-35	3×2間	4.80×4.26	9世紀後半～10世紀初頭	
			SB-36	3×2間	6.28×4.47	9世紀後半～10世紀初頭	
			SB-37	3×2間	6.20×4.30	9世紀後半～10世紀初頭	
			SB-38	3×2間	4.55×3.80	8世紀前半	
			SB-39	3×2間	4.79×3.92	9世紀後半～10世紀初頭	
			SB-40	3×2間	5.33×3.89	9世紀前半	
			SB-41	3×2間	5.48×3.44	9世紀後半	
			SB-42	3×2間	4.75×3.41	9世紀前半	
			SB-43	3×2間	4.63×2.96	9世紀後半	
			SB-44	3×2間	7.08×3.71	9世紀後半	
			SB-45	3×2間	6.58×4.84	9世紀後半～10世紀初頭	
			SB-46	3×2間	4.83×3.12	9世紀前半	
			SB-47	3×2間	4.55×3.41	9世紀後半	
			SB-48	3×2間	5.04×3.86	9世紀後半	
			SB-49	2×2間	2.80×2.72	9世紀後半	

No	遺跡名	所在地	遺構番号	構造	規模(m)	時期	報告書
37	森藤第1・第2遺跡	琴浦町森藤	SB-50	3×2間	3.46×2.80	9世紀後半	大賀靖浩他1987
			SB-51	3×2間	4.80×3.60	9世紀後半	
			SB-52	3×2間	4.59×3.16	9世紀後半	
			SB-53	2×1間	3.59×1.52	9世紀後半	
			SB-54	3×2間	4.73×3.84	9世紀後半	
38	南原千軒遺跡	琴浦町光	SB-01	5×2間		13世紀以降	君嶋俊行他2005
			SB-02	5×2間		13世紀以降	
39	八幡遺跡	琴浦町八幡	SB-01	3×3間(総)	5.8×4.8	8世紀前半	野口良也他2005
			SB-02	3×2間	4.3×3.0	8世紀前半	
			SB-03	(3×2間)	(4.6×3.8)	8世紀中頃～後半	
			SB-04	(2×2間)	3.40×3.30	(飛鳥・奈良時代)	
			SB-05	3×2間	4.50×3.00	(飛鳥・奈良時代)	
			SB-06～09	3×2間	4.2～5.0×3.8～4.3	7世紀末から8世紀	
40	中尾第1遺跡	琴浦町中尾	SB-01	5×1間	12.7×4.7	14世紀	玉木秀幸他2004
			SB-02	3×1間	7.01×3.74	(14世紀)	
			SB-03	2×2間	3.86×3.14	(中世)	
			SB-04	2×1間	5.97×4.44		
			SB-05	1×1間	3.00×2.10～2.50	(中世)	
41	八橋第8・9遺跡	琴浦町八橋	SB-02	(1×4間)	2.50×5.60	(7世紀以降)	小口英一郎他2004
			SB-04	3×7間	4.3×10.2	7世紀以降	
			SB-06	(3×5間)	(5.4×8.3)	7世紀後半以降	
			SB-07	1×4間	1.6×6.4	(7世紀後半以降)	
42	中道東山西山遺跡	琴浦町笠見	SB-03	3×2間	5.17×3.7	9世紀代	高尾浩司他2005
			SB-04	3×2間	4.8～4.9×3.4	9世紀代	
			SB-05	3×2間	6.2×3.75	9世紀代	
43	上伊勢遺跡	琴浦町上伊勢	SB-06	3×2間(総)	8.0×5.2	(中世)	玉木秀幸他2005
			SB-07	3×1間	8.4×4.3	(中世)	
44	門前第2遺跡	大山町門前	SB-02	2×1間	3.55×3。0	(中世前期)	中森祥他2005
			SB-03	2×1間	3.55×3.2	(中世前期)	
			SB-04	(2×1間)	(3.12×2.48)	(中世前期)	
45	坪田遺跡	大山町寺ノ前	SB-01	3×1間	8.50×4.20	13世紀から14世紀	岡野雅則他2002
			SB-02	2×2間	2.80×4.00	奈良時代から平安時代	
46	名和衣装谷遺跡	大山町衣装谷	SB-01	5×2間	10.6×4.20	(9世紀後半)	八峠興他2003
			SB-02	5×2間	10.3×4.20	10世紀前後	
47	押平弘法堂遺跡	大山町押平	SB-01	1×3間	6.52×3.04	鎌倉時代中期から後期	八峠興他2002
			SB-02	1×1間	3.36×2.24		
			SB-03	1×2間	3.08×1.84	鎌倉時代	
			SB-04	1×1間	2.44×2.36		
			SB-05	1×1間	2.80×1.56		
			SB-06	1×2間	7.76×2.56		
			SB-07	1×2間	2.96×1.88		
			SB-08	1×2間	3.92×2.68	鎌倉時代	
			SB-09	2×2間	4.80×3.60		
			SB-10	2×2間	4.16×6.50		
			SB-11	1×1間	2.52×2.24		
			SB-12	1×3間	8.56×4.20	鎌倉時代	
			SB-13	1×1間	3.76×2.80		
			SB-14	1×1間	2.40×2.08		
			SB-15	1×1間	3.00×1.88		
			SB-16	1×2間	3.44×1.92		
			SB-17	2×3間	4.48×2.56		
			SB-18	1×1間	2.68×1.88		
			SB-19	1×3間	5.68×7.24		
			SB-20	1×1間	3.08×2.12		
			SB-21	1×1間	2.72×2.20		
			SB-22	1×2間	2.96×1.96	平安時代から鎌倉時代	
			SB-23	2×3間	5.60×2.88	(平安時代から鎌倉時代)	
			SB-24	1×1間	3.52×2.04	(平安時代から鎌倉時代)	
			SB-25	3×3間(総)	5.76×4.88	鎌倉時代	
			SB-26	1×3間	5.60×2.64	鎌倉時代	
48	茶畑六反田遺跡	大山町茶畑	SB-02	1×1間	2.08×2.00	(平安から鎌倉、近世)	八峠興他2002
			SB-03	(2×4間)	(5.40×2.96)	(平安から鎌倉、近世)	
			SB-04	1×2間	3.32×1.92	(平安から鎌倉、近世)	
			SB-05	1×1間	2.96×1.80	(平安から鎌倉、近世)	
			SB-06	1×2間	5.48×2.92	(平安から鎌倉、近世)	
			SB-07	1×1間	2.60×1.16	(平安から鎌倉、近世)	
			SB-08	2×2間	4.92×4.56	(平安から鎌倉、近世)	
			SB-09	1×1間	2.96×2.12	(平安から鎌倉、近世)	
			SB-10	1×1間	3.16×2.72	(平安から鎌倉、近世)	
			SB-11	1×2間	3.32×2.28	(平安から鎌倉、近世)	
			SB-12	1×2間	3.56×1.56	(平安から鎌倉、近世)	
			SB-13	1×2間	3.84×2.80	(平安から鎌倉、近世)	
			SB-14	1×1間	2.16×1.64	(平安から鎌倉、近世)	
			SB-15	1×1間	2.86×2.76	(平安から鎌倉、近世)	
			SB-16	1×1間	2.36×2.96	(平安から鎌倉、近世)	
			SB-17	1×1間	3.20×2.60	(平安から鎌倉、近世)	
			SB-18	2×2間	4.80×3.48	(平安から鎌倉、近世)	
			SB-19	1×1間	2.84×2.56	(平安から鎌倉、近世)	
			SB-20	1×1間	2.92×1.88	鎌倉時代	
			SB-21	1×2間	2.84×2.56	(平安から鎌倉、近世)	
			SB-22	2×2間	5.16×3.32	(平安から鎌倉、近世)	
			SB-23	1×2間	3.60×2.44	(平安から鎌倉、近世)	
			SB-24	1×1間	3.92×2.72	(平安から鎌倉、近世)	
			SB-25	1×1間	3.12×1.88	(平安から鎌倉、近世)	

No	遺跡名	所在地	遺構番号	構造	規模(m)	時期	報告書
48	茶畑六反田遺跡	大山町茶畑	SB-26	1×2間	4.04×2.80	(平安から鎌倉、近世)	八峠興他2002
			SB-27	1×1間	3.56×2.16	(平安から鎌倉、近世)	
			SB-28	1×1間	4.60×2.96	(平安から鎌倉、近世)	
			SB-29	1×1間	2.84×1.92	(平安から鎌倉、近世)	
			SB-30	1×2間	5.32×3.80	(平安から鎌倉、近世)	
			SB-31	1×3間	7.36×3.68	(平安から鎌倉、近世)	
			SB-32	(1×2間)	(3.28×3.24)	(平安から鎌倉、近世)	
			SB-33	(1×3間)	(5.48×2.08)	(平安から鎌倉、近世)	
			SB-34	(2×2間)	(4.04×2.72)	(平安から鎌倉、近世)	
			SB-35	2×3間	4.84×4.28	(平安から鎌倉、近世)	
			SB-36	1×2間	3.68×2.04	(平安から鎌倉、近世)	
			SB-37	1×2間	3.68×1.64	(平安から鎌倉、近世)	
			SB-38	2×1間	2.04×2.94	(平安から鎌倉、近世)	
49	茶畑六反田遺跡O区	大山町茶畑	SB-01	2×3間		(中世前期)	中森祥他2004
			SB-02	1×1間		中世前期	
			SB-03	1×3間		(中世前期)	
50	荒田遺跡	大山町富長	SB-01	4×2間(総)	6.00×4.40	鎌倉時代	松本哲2005
			SB-02			中世	
51	長者屋敷遺跡	伯耆町坂長	南柱穴群	9×3間		奈良時代	富長源十郎他1982
			北柱穴群	9×3間		奈良時代	
			3H柱穴群			中世?	
			5H柱穴群	6×3間		中世?	
52	坂長下屋敷遺跡	伯耆町坂長	SB-01	1以上×2以上		8世紀	森本倫弘他2006
			SB-02	2以上×2間	4.0以上×4.5	8世紀後半～9世紀前半	
			SB-03	6×3間(西面廂)	12.3×3.9	8世紀後半～9世紀前半	
53	御内谷ガシン畑遺跡	南部町御内谷	SB-01	3×1間	6.0×3.8	奈良～平安	西川徹他1998
54	上淀廃寺	米子市福岡	SB-103	3×1間	6.60×4.30		中原斉他1995
			SB-104	5×3間	11.50×7.20	7世紀前葉?	
			SB-105	3×3間	4.95×4.20	8世紀	
			SB-111	—×2間	—×3.30		
			SB-133	3×2以上(総)	6.0×4.6以上		岩田文章2002
55	福岡遺跡	米子市福岡	SB-01	2×3間	4.38×7.66	中世	太田正康他1992
			SB-02	1×2間	2.30×3.90	中世	
56	樋ノ口第3遺跡	米子市諏訪	SB-01	3×2間	4.66×3.17	奈良時代	小原貴樹1981
			SB-02	3×2間	5.70×3.40	奈良時代	
			SB-03	3×2間	5.50×3.70	奈良時代	
			SB-04	3×2間	5.90×3.60	奈良時代	
			SB-08	3×2間	5.80×4.10	奈良時代	
			SB-11	3×—間	5.34×—	奈良時代	
			SB-13	3×2間	5.40×3.60	奈良時代	
			SB-14	2×2間	3.80×3.40	奈良時代	
			SB-15	2×2間	3.80×3.80	奈良時代	
57	樋ノ口第4遺跡	米子市諏訪	SB-01	3×2間	5.80×4.10	奈良時代	小原貴樹1981
			SB-02	3×2間	4.80×3.30	奈良時代	
			SB-03	3×2間	5.80×4.40	奈良時代	
58	青木遺跡	米子市永江	CSB-01	3×2間	4.78×3.90	奈良時代	清水真一他1977
			CSB-02	3×2間	6.35×4.02	奈良時代	
			CSB-04	2×2間	3.65×3.60	奈良時代	
			CSB-05	4×2間	5.70×3.60	奈良時代	
			CSB-06	2×—間	5.65×—	奈良時代	
			CSB-07	(3×2間)	—×5.27	奈良時代	
			CSB-08	(3×2間)	—×3.04	奈良時代	
			CSB-09	3×2間	5.46×3.60	奈良時代	
			CSB-10	2×2間	3.30×3.00	奈良時代	
			CSB-11	2×2間(総)	3.00×2.40	奈良時代	
			CSB-12			奈良時代	
			CSB-13			奈良時代	
			CSB-15	3×2間	5.60×3.85	奈良時代	
			CSB-29	2×1間	4.20×1.55	奈良時代	
			CSB-30	3×1間	6.90×1.45	奈良時代	
			CSB-32	3×1間	6.25×1.82	奈良時代	
			CSB-33	3×—間	5.93×—	奈良時代	
			CSB-40	2×1間	3.40×2.40	奈良時代	
			CSB-46	3×2間(総)	4.50×3.55	奈良時代	
			CSB-51	2×1間	3.41×2.25	奈良時代	
			CSB-52	(2×1間)	3.34×—	奈良時代	
			CSB-62	3×2間	6.60×3.32	奈良時代	
			CSB-65	1×1間	2.70×2.40	奈良時代	
			CSB-66	(2×2間)	4.15×3.45	奈良時代	
			DSB-02	3×2間	5.69×4.45	奈良時代	
			DSB-03	3×2間	4.50×3.00	奈良時代	
			DSB-04	3×2間	4.70×3.45	奈良時代	
			DSB-05	2×2間	5.80×4.02	奈良時代	
			DSB-06	2×2間	3.40×3.10	奈良時代	
			DSB-07	3×2間	4.95×3.64	奈良時代	
			DSB-08	2×2間	3.65×2.75	奈良時代	
			DSB-09	3×2間	6.85×4.07	奈良時代	
			DSB-10	3×2間	5.76×—	奈良時代	
			DSB-11	3×2間	5.35×3.70	奈良時代	
			DSB-12	3×2間	5.56×3.90	奈良時代	
			DSB-13	3×2間	5.04×3.66	奈良時代	
			DSB-14	3×2間	3.26×—	奈良時代	
			DSB-15	2×2間	4.03×2.96	奈良時代	
			DSB-16	2×2間	3.90×2.70	奈良時代	

No	遺跡名	所在地	遺構番号	構造	規模(m)	時期	報告書
58	青木遺跡	米子市永江	DSB-17	3×2間	2.85×—	奈良時代	清水真一他1977
			DSB-18	3×2間	5.07×—	奈良時代	
			DSB-19	3×—間	4.72×—	奈良時代	
			DSB-20			奈良時代	
			DSB-21	3×—間	5.76×—	奈良時代	
			DSB-22	2×2間	—×2.40	奈良時代	
			DSB-23	3×2間	4.70×3.70	奈良時代	
			DSB-24	1×1間	3.65×3.65	奈良時代	
			DSB-25	3×1間	4.80×2.70	奈良時代	
			DSB-26	3×2間	4.70×3.30	奈良時代	
			DSB-27	3×—間		奈良時代	
59	福市遺跡・吉塚地区A-3区	米子市福市	YA3SB-01	5×2間	10.15×4.65	奈良時代	小原貴樹1982a
			YA3SB-02	4×2間	8.20×4.95	奈良時代	
60	西山ノ後遺跡	米子市諏訪	SB-01	3×2間	5.93×3.58	奈良時代	小原貴樹1982b
			SB-02	2×1間	2.83×2.27	奈良時代	
			SB-03	3×1間	5.40×2.72	奈良時代	
			SB-04	3×1間	4.59×2.14	奈良時代	
61	諏訪遺跡群・別所上大辻地区	米子市別所	SB-03	4×2間	5.70×3.90	奈良時代	小原貴樹1983
62	吉谷銭神遺跡	米子市吉谷	SB-01	1×2間	2.2×3.7	(奈良時代後半～平安時代初頭)	佐伯純也2001
			SB-02	1×3間	1.7×5.4	(奈良時代後半～平安時代初頭)	
			SB-03	1×2間	1.7×4.3	(奈良時代後半～平安時代初頭)	
			SB-04	1×1間	2.0×2.2	(奈良時代後半～平安時代初頭)	
			SB-05	1×3間	2.0×4.3	(奈良時代後半～平安時代初頭)	
63	吉谷屋奈ヶ埒遺跡	米子市吉谷	SB-01	4×2間	7.3×3.6	7世紀中葉	濱隆造他2003
64	上福万遺跡	米子市上福万	SB-05	2×1間	3.10～2.90×1.85	古墳時代から鎌倉時代	長岡充展他1985
			SB-16	3×2間	6.60～6.52×4.20	奈良時代	
			SB-17	3×2間	5.68～5.76×3.58	奈良時代	
			SB-19	2×1間	3.84～3.88×3.32	古墳時代から室町時代	
65	陰田夜坂谷遺跡	米子市新山・陰田	SB-01	3×	3.8×	奈良時代以降	高橋浩樹他1998
			SB-02	(2×2間)		奈良時代以降	
66	陰田隠れが谷遺跡	米子市新山・陰田	SB-01	2×2間(総)	2.74×3.40	(7世紀後半から平安時代初期)	高橋浩樹他1998
			SB-02	×3間		(7世紀後半から平安時代初期)	
			SB-03	(1×3間)	(2.70×5.00)		
			SB-04	(2×3間)	(3.80×4.90)		
			SB-05	(2×4間)	(3.00×6.90)		
			SB-06	(1×3間)	(2.20×4.90)		
			SB-07	×3間	(×4.20)		
			SB-08	(1×3間)	(2.00×7.90)		
			SB-09	×3間	(×5.40)		
			SB-10	(1×3間)	(1.80×4.30)		
			SB-11	×2間	(×3.60)		
			SB-12	1×2間	(2.62×3.15)		
			SB-13	2×2間	3.80×3,90		
			SB-14	×2間	(×4.20)		
			SB-15	(1×3間)	(2.20×5.80)		
			SB-16	(2×3間)	(2.20×5.50)		
			SB-18	1×2間		(7世紀後半から平安時代初期)	
			SB-19	×3間	(×5.40)	(7世紀後半から平安時代初期)	
			SB-20	×3間	(×7.25)	奈良時代後半期	
			SB-21	(1×3間)	(1.50×4.00)		
			SB-22	(2×4間)	(2.60×7.10)		
			SB-23	2×3間	3.00×4.20		
			SB-24	2×3間	3.30×4.20		
			SB-25	(1×2間)	(3.30×3.45)		
			SB-26	(1×2間)	(2,75×7.10)		
67	陰田広畑遺跡	米子市新山・陰田	SB-01	3×3間(総)	4.1×3.1	(6世紀末から7世紀前葉)	高橋浩樹他1998
			SB-02	3×	4.8×	(6世紀末から7世紀前葉)	
			SB-03	3×	6.6×	(古墳時代後期から奈良時代)	
			SB-04	2×	4.5×	(古墳時代後期から奈良時代)	
			SB-05	3×	5.0×	(古墳時代後期から奈良時代)	
			SB-06	(1×1間)	(1.9×2.0)	(古墳時代後期から奈良時代)	
			SB-07	×4間	×5.0	(古墳時代後期から奈良時代)	
			SB-08	4×2間	8.9×4.1	(古墳時代後期から奈良時代)	
			SB-09	4×2間	4.9×2.9～2.7	(古墳時代後期から奈良時代)	
			SB-10	3×	4.1×	(古墳時代後期から奈良時代)	
			SB-11	3×	4.4×	(古墳時代後期から奈良時代)	
			SB-12	(3×2間)	(3.9×2.6)	(古墳時代後期から奈良時代)	
			SB-13	4×		(古墳時代後期から奈良時代)	
			SB-14	(2×2間)	4.1×3.4	(古墳時代後期から奈良時代)	
			SB-15	×2	×4.2	(古墳時代後期から奈良時代)	
			SB-16	3×2間	4.8×3.2	(古墳時代後期から奈良時代)	
			SB-17	×2間	×2.9	(古墳時代後期から奈良時代)	
			SB-18	×3間	×3.7	(古墳時代後期から奈良時代)	
			SB-19	×2間	×3.7	(古墳時代後期から奈良時代)	
			SB-20	3×		(古墳時代後期から奈良時代)	
			SB-21	3×	7.2×	(古墳時代後期から奈良時代)	
			SB-22	(3×2間)	5.8×	(古墳時代後期から奈良時代)	
			SB-23	4×2間	7.1×4.0	(古墳時代後期から奈良時代)	
			SB-24	×3間	×7.2	(古墳時代後期から奈良時代)	
			SB-25	4×2間	9.4×4.9	(古墳時代後期から奈良時代)	
			SB-26	3×2間	6.52×4.04	(古墳時代後期から奈良時代)	
			SB-27	×3間	×7.2	(古墳時代後期から奈良時代)	
			SB-28	3×2間	8.2×	(古墳時代後期から奈良時代)	
			SB-29	3×2間	6.8×4.5	(古墳時代後期から奈良時代)	

No	遺跡名	所在地	遺構番号	構造	規模(m)	時期	報告書
67	陰田広畑遺跡	米子市新山・陰田	SB-30	4×2間	9.68×	(古墳時代後期から奈良時代)	高橋浩樹他1998
			SB-31	×3間	×5.4	(古墳時代後期から奈良時代)	
			SB-32	3×2間	6.5×	(古墳時代後期から奈良時代)	
			SB-33	3×	6.62×	(古墳時代後期から奈良時代)	
			SB-34	3×	6.8×	(古墳時代後期から奈良時代)	
			SB-35	×4間	×5.88	(古墳時代後期から奈良時代)	
			SB-36	3×2間	6.54×	(古墳時代後期から奈良時代)	
			SB-37	3×	6.8×	(古墳時代後期から奈良時代)	
			SB-37	3×2間		(古墳時代後期から奈良時代)	
			SB-38	3×	4.7×	(古墳時代後期から奈良時代)	
			SB-39	3×	5.7×	(古墳時代後期から奈良時代)	
			SB-40	3×2間	6.18×3.97	(古墳時代後期から奈良時代)	
			SB-41	3×	5.6×	(古墳時代後期から奈良時代)	
			SB-42		6.1×	(古墳時代後期から奈良時代)	
			SB-43	2×	3.7×	(古墳時代後期から奈良時代)	
			SB-44	2×	3.0×	(古墳時代後期から奈良時代)	
			SB-45	3×2間	4.10×2.90	6世紀末から8世紀前葉	
			SB-46	3×2間	5.00×3.60	6世紀末から8世紀前葉	
			SB-47	2×2間(総)	3.74×3.60	6世紀末から8世紀前葉	
			SB-48	×2間	×3.24	6世紀末から8世紀前葉	
			SB-49	(2×2間)	(2.70×2.0)	(6世紀末から8世紀前葉)	
			SB-50	(2×2間)(総)	2.5～3.3×2.9～3.2)	(6世紀末から8世紀前葉)	
68	陰田宮の谷遺跡1区	米子市新山・陰田	SB-01	(1×2間)	(2.20×4.35)	(7世紀中葉)	高橋浩樹他1998
			SB-02	(1×2間)	(×5.00)	(7世紀中葉)	
			SB-03	(1×2間)	(2.45×5.50)	(7世紀中葉)	
			SB-04	(1×2間)	(×5.20)	(7世紀中葉)	
			SB-05	(2×2間)	(2.28×4.75)	(7世紀中葉)	
			SB-06	(1×2間)	(2.65×3.80)	(7世紀中葉)	
			SB-07	(1×2間)	(2.70×4.10)	(7世紀中葉)	
			SB-08	(1×3間)	(×5.15)		
			SB-09	(2×2間)	(1.50×3.60)		
			SB-10	(2×3間)	(2.80×3.52)		
			SB-11	(2×3間)	(3.64×4.90)		
			SB-12	(×3間)	(×3.60)		
69	陰田宮の谷遺跡2区	米子市新山・陰田	SB-01	(1×3間)	(2.40×5.20)		高橋浩樹他1998
			SB-02	(×3間)	(×2.84)		
			SB-03	(×2間)	(×2.02)		
			SB-04	(2×4間)	(4.05×5.45)		
			SB-05	(2×4間)	(1.10×6.92)		
			SB-06	(2×4間)	(1.60×6.72)		
			SB-07	(×3間)	(×3.20)		
			SB-08	(2×2間)	(1.30×3.85)		
			SB-09	(2×3間)	(1.72×4.80)		
			SB-10	(×2間)	(×4.72)		
70	陰田宮の谷遺跡3区	米子市新山・陰田	SB-01	4×2間	4.80×2.40		高橋浩樹他1998
			SB-02	1×1間	6.00×1.50		
71	陰田宮の谷遺跡4区	米子市新山・陰田	?			8世紀代	高橋浩樹他1998
			?			8世紀代	
			?			8世紀代	
			?			奈良時代以降	
72	陰田第1遺跡	米子市陰田	SB-01	3×2間	4.96×3.22	奈良時代	中原斉他1984
73	陰田第6遺跡	米子市新山・陰田	SB-03	2×2間(総)	3.10～3.10×2.80～3.2	7世紀末から8世紀中葉	北浦弘人他1996
			SB-04	2×2間(総)	3.10～3.45×2.80～2.9	(8世紀代)	
			SB-05	2×2間(総)	3.90～4.35×3.20～3.7	8世紀後半	
			SB-06	4×	9.00×	(8世紀代)	
			SB-07	3×	6.50×	(8世紀代)	
			SB-08	3×	6.50×	(8世紀代)	
			SB-09	4×	9.80×	7世紀後葉から8世紀後半	
74	陰田山田遺跡　2区	米子市新山・陰田	SB-01	1×	1.90×	(奈良時代)	杉谷愛象他1994
			SB-02	1×3間	(1.90×5.70)	(奈良時代)	
			SB-02	1×3間	(1.80×4.70)	(奈良時代)	
75	陰田砥石山遺跡1区	米子市新山・陰田	SB-01	(2×2間)	(3.00×4.70)	7世紀前葉から中葉	杉谷愛象他1994
			SB-02	(2×2間)	×4.45	7世紀前葉から中葉	
			SB-03	2×3間	3.40×5.30～5.60	7世紀前葉から中葉	
			SB-04	(2×3間)	(3.90×5.40)	7世紀前葉から中葉	
			SB-05	(2×3間)	3.60×6.00	7世紀前葉から中葉	
			SB-06			奈良時代から平安時代	
76	陰田下山遺跡	米子市新山・陰田	SB-01	(1×4間)	(3.70×5.40)	奈良時代後半期	杉谷愛象他1994
			SB-02	1×2間	3.80×6.30	奈良時代後半期	
			SB-03	2×3間	3.80×6.50	奈良時代後半期	
77	霞牛ノ尾遺跡A地区	日南町霞	SB-01	2×1間	1.6～1.8×3.2	古代	濱隆造他2001
78	下山南通遺跡	伯耆町	SB-07	1×1間		平安時代前期	中原斉他1986
79	宇代寺中遺跡	伯耆町町宇代	SB-02	4×1間	8.1～8.2×3.7～4.0	中世？	西川徹他1996

(1)本表は鳥取県における古墳時代末から鎌倉時代における掘立柱建物跡を報告書の記載に基づき一覧にしたものである。
(2)管見の及ぶ限りで網羅的に取り上げているが、見落とし等による欠落があると思われる。今後、補足・修正していきたい。
(3)集落遺跡の掘立柱建物に加えて官衙・寺院遺跡も取り上げている。
(4)因幡国府、伯耆国府をはじめ一部の遺跡については個別建物の掲載を省略した。
※本表の作成にあたっては、神谷伊鈴(鳥取市埋蔵文化財センター)・長尾かおり(鳥取県埋蔵文化財センター)の協力を得た。

第六章　遺跡各論Ⅲ　出雲の九本柱建物跡

第一節　渋山池遺跡

椿　真治

本報告は山陰自動車道（安来道路）建設に先立って、平成六年度に島根県教育庁埋蔵文化財調査センターによって発掘調査が実施された成果にもとづいている。なお、隣接する原ノ前遺跡は実態としては連続する一連の遺跡で、ここでは一部その成果も取り込んでいる。調査報告書は平成七年度に刊行されている。

一、遺跡の環境

渋山池遺跡は島根県東部、八束郡東出雲町揖屋に所在し、中海の南西部沿岸域に位置し、奈良時代の行政区分では意宇郡余戸里（神亀四年編戸）内に比定されている。この一帯は標高五〇メートル前後の南北に長い低丘陵が東西に連続する形となっており、丘陵北側は現在中海まで約二・五キロの平野となっているが、古代では中海が丘陵先端近くまで入り込んでいた可能性がある。こうした地形に位置するため、丘陵とその間にある谷部が一つの集落単位として把握できる環境といえる。谷自体の面積は狭い部分が多いが、須田地区や意東地区などのように比較的ひろい平野を形成している地区もある。古墳時代後期を例にとれば、本遺跡周辺のような狭い谷部には横穴墓群が、ひろい谷部では横穴墓のほかに横穴式石室墳がそれぞれみられることも、こうした環境と関連するものと考えてよいだろう。こうした地形は宍道湖中海沿岸では普遍的にみられ、その連続性を絶つ形で松江市の意宇平野・持田平野、安来市の能義平野などの広大な沖積平野が存在している。大規模な遺跡はもちろんこうした沖積平野に集中しており、奈良時代の国府も本遺跡の西方約二キロの意宇平野に位置し、近年の発掘調査再開により礎石建物や溝群などの広がりがおさえられつつある。

二、集落の概要

調査では弥生時代から平安時代の集落跡を中心とし、

掘立柱建物跡だけでも四五棟が検出されている。とくに古墳時代終末期（六世紀末～七世紀代）の集落遺構が顕著に存在し、今回注目する二間×二間の総柱建物跡（以下では九本柱建物とも略称する）もこの時期に属している。以下では、この建物の建てられた時期とその前後の時期の集落変遷を概観したうえで、主題となる九本柱建物についての個別説明と検討を行い、その意味するところを考えてみたい。時期については、出土須恵器をもとにA～D期の四時期区分とした。参考とした須恵器編年は大谷晃二氏の出雲須恵器編年である。(1)

集落は北面する谷奥丘陵裾部の標高一六～二四メートルにひろがり、地形の特徴から東地区と西地区に大きく分かれる。東地区は平坦に近い緩斜面部で、建物に伴う敷地造成部分（以下、加工段と呼ぶ）の伴わないもの、あるいは平地造成が小規模で検出困難なものが多い。西地区では丘陵の傾斜が比較的きつく、建物に伴う加工段が大規模かつ顕著にみられる。このことは、平地式建物跡（以下では「柱穴のない、あるいはきわめて浅い加工段」を「平地式建物跡」と呼称する）の検出が地形に制約されることも意味しており、立地地形の制約により得られる情報に差があることを物語っている。こうした条件のもとであるが、集落変遷には興味深い点が多くみられ、各時期の集落構造が前後する時期とある程度比較可能であることは強調しておきたい。

三、集落の変遷

以下では、上記したように古墳時代終末期の集落を、出土須恵器をもとにA～D期の四期に分けて説明する。なお、各時期の遺構抽出作業は出土須恵器をもとに行っているが、出土状況に推論を加えて分離したり、類似遺構から同時期と推定したものも含まれている点をことわっておく。また、参考として隣接する渋山池古墳群の動向も加えている。これはある意味当然といえるかもしれないが、集落と古墳群の変遷が連動しており、両方の現象の背景を考えるうえで重要と思ったからである。

1 A期（出雲須恵器編年4期にほぼ対応、おおむね六世紀末頃）

遺跡内では直前の時期の遺構が存在しないことから、その意味でこの時期が集落の画期といえるだろう。当該期は他の時期より比較的明瞭に集落構造が読み取れる。検出された掘立柱建物跡や平地式建物跡は調査区内では比較的低位部に分布し、西地区のAグループと東地区西端のBグループとに大きく分離するように読み取れる。両グループとも、

掘立柱建物跡　二間×三間　一棟（建て替えなし）
一間×三間　一棟（建て替えなし）

. 遺跡の位置

島根県八束郡東出雲町揖屋（出雲国府跡の東方約３．６㎞）

. 調査内容

安来道路建設に伴い1995年に県埋文センターが調査、1997年に報告書刊行。

弥生時代から平安時代の集落、掘立柱建物跡４５棟、加工段１５カ所など。

. ９本総柱建物

ＳＢ－１７が１棟のみ。規模は2.9×2.9 m、柱穴掘方は方形を指向。

６世紀末～７世紀初の加工段廃絶後に建てられ、７世中頃の土器溜まりで埋没。

. 気になる点

７世紀前半に起きた集落変遷の画期（大型建物・鍛冶建物・道路の出現、柱穴堀方の方形指向）に連動して出現したものと推定。同時期に隣接の横穴墓群も築造停止。また、廃絶時期と同時期に出雲国庁で大造成か？

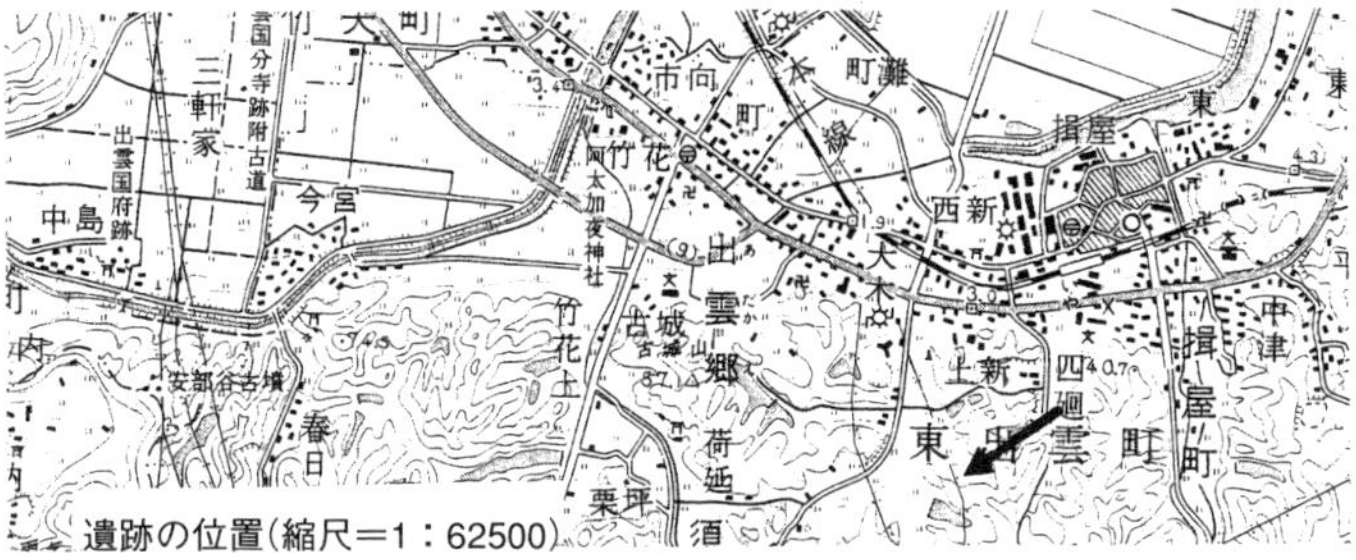

遺跡の位置(縮尺＝1：62500)

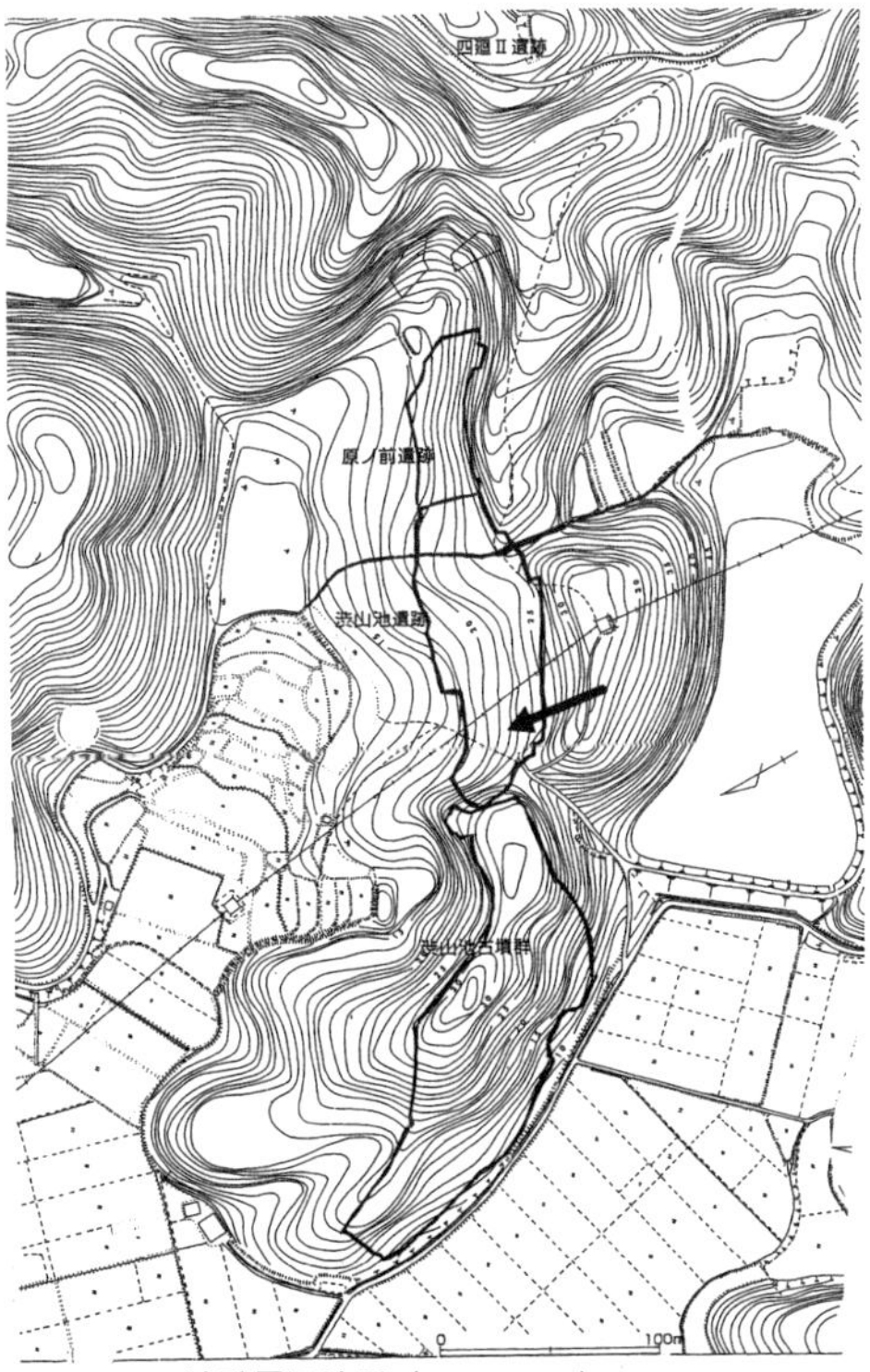

遺跡周辺地形（S＝1/6250）

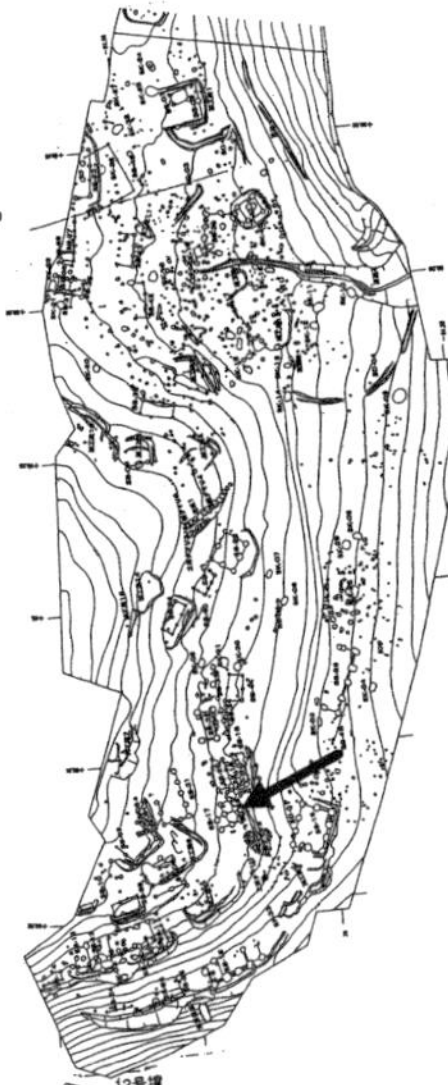

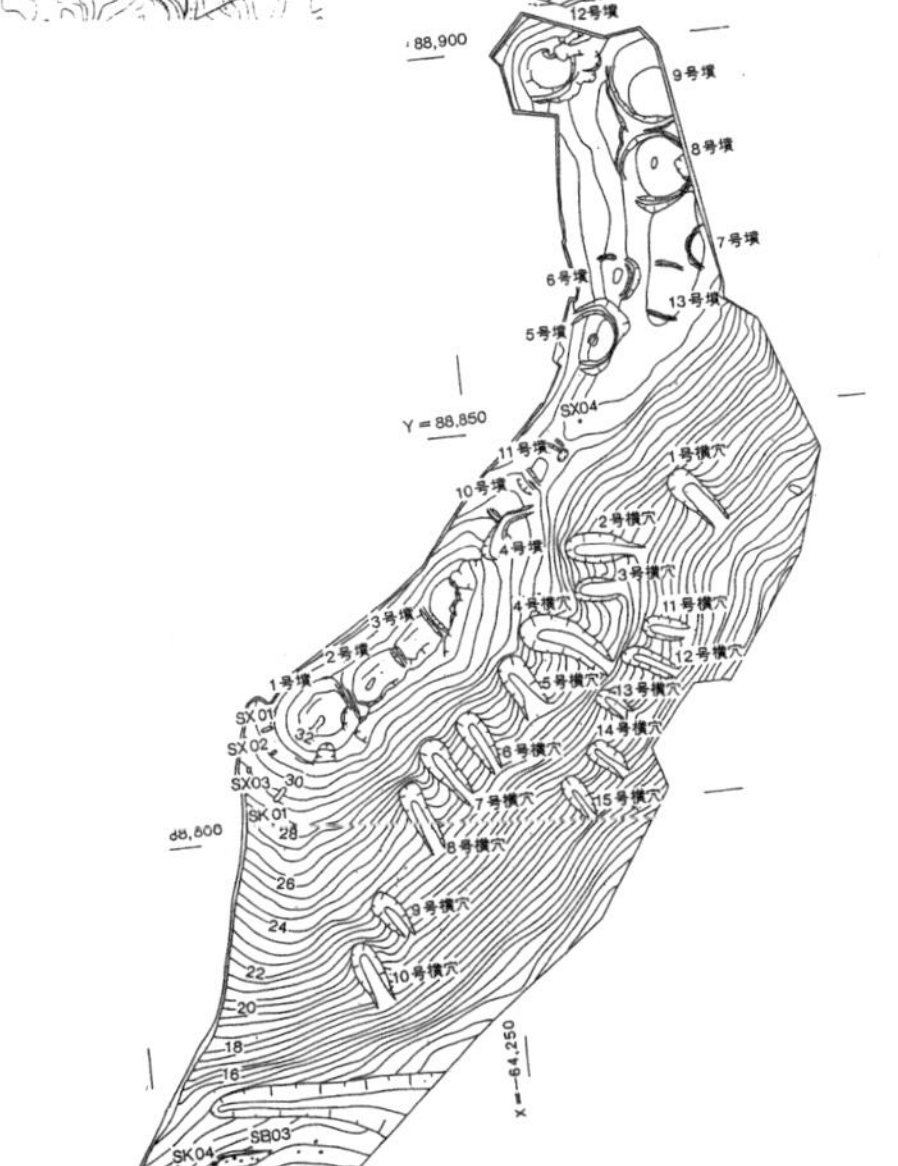

遺構全体図（上が渋山池遺跡、下が渋山池古墳群）

図１　渋山池遺跡の位置と遺構

平地式建物跡　三棟以上（一〜二回の建て替えを行う）

で構成される。この建物構成を一単位とすれば、少なくとも同時期の集落内に二単位が、周辺地形を考慮すれば調査区外にさらに一〜二単位を想定でき、当時の集落構成をある程度イメージできる。この建物群には、出雲沿岸部の他地域同様、竪穴建物が含まれておらず（大谷編年2〜3期の実態がいまひとつ明らかではないが）、竪穴建物の消失直後に近い状況を示していると考えられる。

なお、この時期に西に隣接する渋山池古墳群で横穴墓群も築造されはじめるようである。

2　B期（出雲須恵器編年5期にほぼ対応、おおむね七世紀第1四半期頃）

この時期の建物跡は、一部を除いて明確にしがたい点があるが、出土須恵器の分布からみても、ほとんどすべて東地区に移っているのは間違いないようであり、西地区では土器溜まりが検出されているのみである。東地区で検出された建物跡は、後の八世紀後半以降の建物跡と重複している点もあり明確な判断は避けているが、二間×三間や一間×三間の掘建柱建物、そして斜面部で検出された平地式建物など複数で構成されており、基本的にA期の構成を引き続き維持しているものと考えたい。ただし、A期でみられたグループ配置まで読み取ることは困難である。柱穴は方形指向のものはなく、この点もA期と同様といえるだろう。よってこの時期の集落は、A期と集落構造に大きな変化は見出せないが、移動自体には大きな意味があると理解しておきたい。

なお、渋山池横穴墓群では狭短な墓道をもつものはなくなり、広い前庭部をもつのみに変化して築造されているようである。また前代のような階層性がみえにくくなることが指摘されている。

3　C期（出雲須恵器編年6A・6B期にほぼ対応、おおむね七世紀第2〜3四半期頃）

調査でもっとも多くの遺構・遺物が検出された時期であり、厳密にいうと六A期に廃絶した建物と六B期に廃絶した建物があるが、分離が困難なものも多く、ここでは一括して一時期の集落として扱った。いずれにせよ全体としてみれば、集落はすべて西地区に移動しており、検出された建物跡はすべて掘建柱建物跡で、平地式建物跡はまったくみられないという大きな特徴が認められる。また、柱痕の直径はA・B期とほとんど差はないが、柱穴掘形は一回り大きく、隅丸方形あるいは隅丸方形プランを指向しているものが多数を占める点も前代と大きく異なる視覚的特徴である。建物の構成は、

掘建柱建物跡　三間×四間　一棟（建て替えなし）
二間×四間　一棟

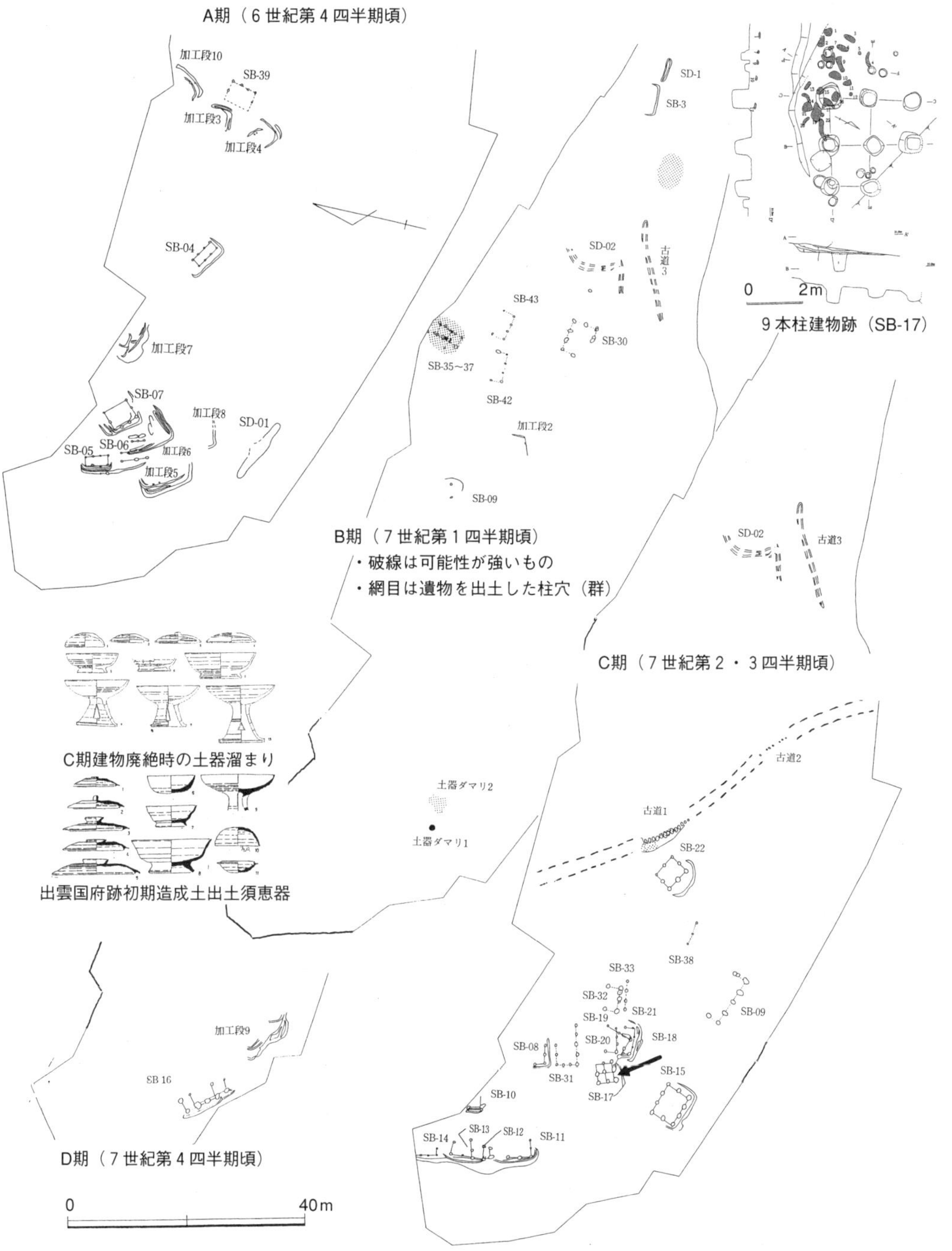

A期（6世紀第4四半期頃）
加工段10
SB-39
加工段3
加工段4
SB-04
加工段7
SB-07
加工段8
SD-01
SB-06
SB-05
加工段6
加工段5
SD-1
SB-3
SD-02
古道3
SB-43
SB-30
SB-35～37
SB-42
加工段2
SB-09
0 2m
9本柱建物跡（SB-17）
B期（7世紀第1四半期頃）
・破線は可能性が強いもの
・網目は遺物を出土した柱穴（群）
SD-02
古道3
C期（7世紀第2・3四半期頃）
C期建物廃絶時の土器溜まり
土器ダマリ2
土器ダマリ1
出雲国府跡初期造成土出土須恵器
古道2
古道1
SB-22
SB-38
SB-33
SB-32
SB-21
SB-19
SB-09
SB-20
SB-18
SB-08
SB-31
SB-15
SB-17
SB-10
SB-14
SB-13
SB-12
SB-11
加工段9
SB 16
D期（7世紀第4四半期頃）
0 40m

図2　渋山池遺跡と原ノ前遺跡建物変遷図

二間×三間　一棟（鍛冶工房、建て替えなし）以上

二間×二間　数棟（建て替え一回以上）

二間×二間総柱建物　一棟（ＳＢ-17、建て替えなし）

平地式建物跡　確認できない

となっており、Ａ・Ｂ期とはまったく異なる状況となっている。通常もっとも普遍的な二×三間の建物は上記した鍛冶工房以外には一部候補となるものあるが、方形指向の柱穴をもつ確実な例は見当たらない。また、平面的には二間×三間程度の規模であるが、三間×四間の特殊なもの[2]がみられるなど、全体的にも個別にも興味深い現象が起きている。二間×二間の建物のうち、主題となる九本総柱建物はＳＢ-17の一棟のみで、他は建て替えのあるものがほとんどである。中には床面に移動式竈用の被熱床が確認できるものもあり、他の時期の平地式建物に対応する可能性を考えている。ただし、ＳＢ-22については、後述するように付属する加工段の形状や床面の状況、建て替え痕跡がない点など、九本柱建物ＳＢ-17と共通する部分が多く、中央床柱が存在しないか、きわめて浅い柱穴であった高床建物と考えている。

これらの建物は比較的急斜面に造られ、付属する加工段の床面レベルは標高約一八メートル、一〇メートル、二二メートルの三段に揃うことから、このレベルにそれぞれ東西方向に走る集落内通路が存在した可能性を想定したい。実際に調査で検出された道路遺構は集落東端に南北方向に走るもので、これについては集落間道路と考えている。

このようにＣ期の集落出現は（調査区外の遺構の存在も十分考慮すべきであるが）、まさに一大画期ともいえ、建物構成のみならず集落構造、ひいては社会構造に再編成ともいうべき大きな変動が生じたことを物語っている。その中で九本柱建物も出現しているのである。

なお、隣接の横穴墓群では一基のみ築造されているが、出土須恵器には出雲須恵器編年5期の蓋坏もあり、この時期には造墓活動は停止した可能性が強い。また同編年6Ｂ期の須恵器はほとんどなく、追葬もこの時期の初期段階にのみ行われているようである。

4　Ｄ期（出雲須恵器編年7期にほぼ対応、おおむね七世紀第4四半期～八世紀初頭頃）

この時期の建物は西地区の高い部分にわずかに認められたのみである。よって調査区外の高所部分に移動しているものと理解している。同時期の須恵器が西地区の高位部を中心に散在して認められるが、大半は建物に付属する加工段の上層遺物として、斜面高所からの流れ込み

であることも傍証となろう。

検出できた建物の構成は、

掘立柱建物跡　二間×三間　一棟（建て替え二回）

平地式建物跡　　一棟（建て替え二回以上）

と、部分的で全体はみえないが、C期で衰退したかにみえた建物が再び出現するなど、大きな変化が生じているようである。平地式建物は、床面に移動式竈とそれを使用した痕跡が生々しく残っており、いわゆる柱穴の検出できない加工段の性格をよく物語っている。掘立柱建物の柱穴はやや退化しながらも方形指向を一部残している。

この時期の集落の全体像は不明と言わざるをえないが、近隣の遺跡資料を参考とすれば、丘陵高所に立地するものがみられる点、二×三間の比較的大型建物が出現している可能性が高い点などが注意され、今後とも注目すべき時期といえる。

四、九本柱建物

本遺跡で検出された唯一の総柱建物SB-17は、出土須恵器からC期の中でも古い時期（出雲須恵器編年6A期）と考えられ、これと同時期に併存していたと思われる建物には、南側高所約一五メートル離れた鍛冶工房SB-15、東側約二〇メートルに建物SB-32、西側約三五メートルにSB-10～14の建物群、北側約一八メートルに建物SB-08がある。さらに近接した箇所にもC期の建物がみられるが、これらはSB-17が廃絶した後の6B期のものの可能性が高い。よって、この建物は同時期の集落内の中心部といってもよい場所に位置しているといえる。各建物間の距離は一五メートル以上の間隔をもって建ち並んでいたことになろう。

建物は北側コーナーの柱穴を削平されているが、復元すると柱穴間距離で幅・奥行とも二・九メートルの規模をもち、面積は八・四平方メートルと小規模である。柱穴はほとんどが掘形を隅丸方形とし、上端部がやや開く形状をもつ点は同時期の方形柱建物と共通する手法と言える。各柱穴の深さは加工段床面（建物床面ではない）から計測して、隅柱が約六五センチともっとも深く、ついで中間の柱が六〇センチ前後とやや浅く、中心の柱は約五〇センチとさらに浅いものとなっている。付属する加工段の床面には、平面的にも土層断面でも壁体溝は確認できていない。また、加工段と建物の位置関係から、建物北西側に余分な空間が認められる。この建物が高床倉庫であれば入り口部分となるかもしれない。

SB-17が廃絶した後も引き続き集落は同じ場所で継続しているが、建て替え後に柱穴が退化する建物が多いようである。さらにC期の説明で指摘したように、SB-17が廃絶した後に建てられたと考えられる二間×二間の八本柱建物SB-22は、SB-17と同じ高床建物であった可能性が高く、だとすればこの建物は場所を変えての建て替えとみることが可能である。そして、このSB-22の廃絶（6B期の土器溜まりで埋没）と同時にC期の集落全体が移動するのである。

五、まとめ

以上、七世紀を中心とした集落の変遷を概観し、主題となる九本柱建物とそれに類似する八本建物について述べてみた。調査範囲の制約により集落の全体像を完全に把握できていないとはいえ、この建物がある限られた時期にのみみられる点は注意されよう。ここでは、重複する部分もあるが、あらためてこの九本柱建物の性格と出現・廃絶の意味を検討してまとめとしてみたい。

九本柱建物SB-17は、七世紀第2四半期頃と推定される集落変遷の画期に伴って出現し、一度の建て替えもないまま廃絶される。その後に類似建物SB-22が場所を変えて出現するが、これも建て替えのないまま次の画期には集落全体として廃絶してしまう。両者は付属する加工段の特徴や建て替えがない点などから、他の建物と異なる構造、すなわち高床建物と考えた。また、両者は集落間道路と推定される道路から西方向に分岐する、標高二〇メートル付近に想定される集落内通路沿いに建つ建物と想定した。その結果、当初は集落内にあり（SB-17）、ある時期に集落入口付近に建て替えられた（SB-22）ものと考えた。

以上から、本遺跡の九本柱建物（とその類似建物）は、こうした特徴を併せもつものとして、その性格を求めるべきであろう。調査担当者としては、「倉庫」ととらえて問題はないと思っている。その場合、集落入り口付近（集落縁辺部）への移動については、まだ十分検討していないが、何らかの意味があると考えている。さらにこの倉庫をもつ一集落の出現と廃絶が、出雲国府跡で一部確認されている初期官衙的建物のそれと同時期の可能性が高いことは大いに強調しておく必要がある。このことが確認されれば、より広域的かつ政治的現象としての意味を考える必要もあるだろう。また、集落廃絶後の次のD期（七世紀末から八世紀前半頃）には、一時的に九本柱建物がみえにくくなることも指摘され[3]、再び顕著に認められるのは八世紀後半以降となるようである。この点は大規模倉庫群をもつ正倉やそれに関連する官衙的集落の出現時期との関係が注目され、今後の大きな課題の一つといえるだろう。

さらに、この九本柱建物を含むC期集落の出現の背景について語るには、筆者の力量では遠く及ばない。しかし、この出来事は古墳時代から律令期へと向かう七世紀の社会変動の中でもっとも大きな画期であることは間違いないであろう。集落の姿をこれほどまでに画一的かつ大きく変貌させるほどの強制力が働いたのではないだろうか。その強制力は最終的には律令という目にみえる形になるのだろうが、その前段階の一つにこれに近い力が作用したと考えたい。隣接横穴墓群の築造停止も同じ強制力の中で起きた現象と思いたい。さらに、出雲国府跡で検出されている初期建物群の出現なども、同時期の現象かどうか検討すべき価値があるだろう。

六、おわりに

本報告は口頭で発表した報告内容に、一部積極的な推論を加えて書き下ろしたものである。よって、発表時の考え方に大きな変更はないが、結果的には遺跡の抱える問題をより鮮明化し、「九本柱建物＝倉庫」を強調しすぎた点があるかもしれない。なお、筆者は九本の総柱建物跡については、そのほとんどが本遺跡と同じ古墳時代終末期以降に普遍化するものと認識しており、松江市田和山遺跡や米子市妻木晩田遺跡の弥生時代九本柱建物などは、遺構認識自体に無理があると理解している。弥生時代の九本柱建物自体を否定するつもりはまったくないが、一般的に掘立柱建物の時期決定は難しく、特殊性・重要性を求めるならば、より慎重に検討すべき遺構と思っている。まして大社造建物の起源などはより新しい時期の遺構から順次検証していくべきであろうし、仮に古く求めるとしても古墳時代の形象埴輪など、全体として共通性の多い資料に注目した方が賢明と考える。

（二〇〇七年三月脱稿）

註

（1）大谷晃二「出雲地域の須恵器の編年と地域色」（『嶋根考古学会誌』第11集島根考古学会、一九九四）の編年案を参考とした。なお、同氏は「上石堂平古墳と出雲西部の横穴式石室」（『上石堂平古墳群』平田市教育委員会、二〇〇一）において、6A期を6a期に、6B期を6b・c期と6d期に二分して、より編年作業を進められているが、ここでは前稿区分によった。

（2）岩橋孝典「出雲地域における飛鳥・奈良時代集落について―嶋根郡朝酌郷の村落景観復元模型制作のための一考察」『古代文化研究』第13号、島根県古代文化センター、二〇〇五。

（3）註2に同じ。

第二節　三田谷Ｉ遺跡

熱田貴保

一、はじめに

三田谷《さんだだに》Ｉ遺跡は出雲市上塩冶《かみえんや》町半分《はんぶ》に所在する。斐伊川放水路建設事業に伴い、島根県教育委員会が一九九四～九八年に発掘調査を実施した。調査面積は遺跡の中心部の二万六六〇〇平方メートルで、遺跡の範囲は事業地外にひろがっている。この調査で小型の倉庫を中心とした掘立柱建物群が確認され、出土した木簡や墨書土器の記載から、奈良時代の神門郡衙の出先機関という性格が想定された（島根県ａ 二〇〇〇）。

遺跡の発掘調査が複数年次にわたったため、これまでに遺跡全体を総括する機会がなく、建物群の構成や特徴、性格など総合的に検討されていなかった。今回、古代の九本柱建物跡の事例報告の機会を得たので、三田谷Ｉ遺跡の建物群の性格について検討を行ってみたい。

二、遺跡の位置と地形発達史

遺跡は、神戸川が中国山地から出雲平野に流れ出た右岸の丘陵裾に位置する（**図１**）。斐伊川と神戸川に挟まれた山塊の西側にあたり、神戸川を下ると約六キロで日本海に出る。市の中心部から南へ二キロ弱の距離にあり、近年、遺跡周辺は街路整備の進展により宅地化が進んでいる。

出雲平野は、北の島根半島の山塊と南の中国山地から派生する丘陵に挟まれ、東西を宍道湖と日本海に区切られた南北約五キロ、東西約二〇キロの県内最大の沖積平野である。縄文時代前期の海進期にはそのほとんどが海域であったが、後晩期の海退と斐伊川・神戸川の沖積作用により陸化していったと考えられている。とくに平野西部では、約三六〇〇

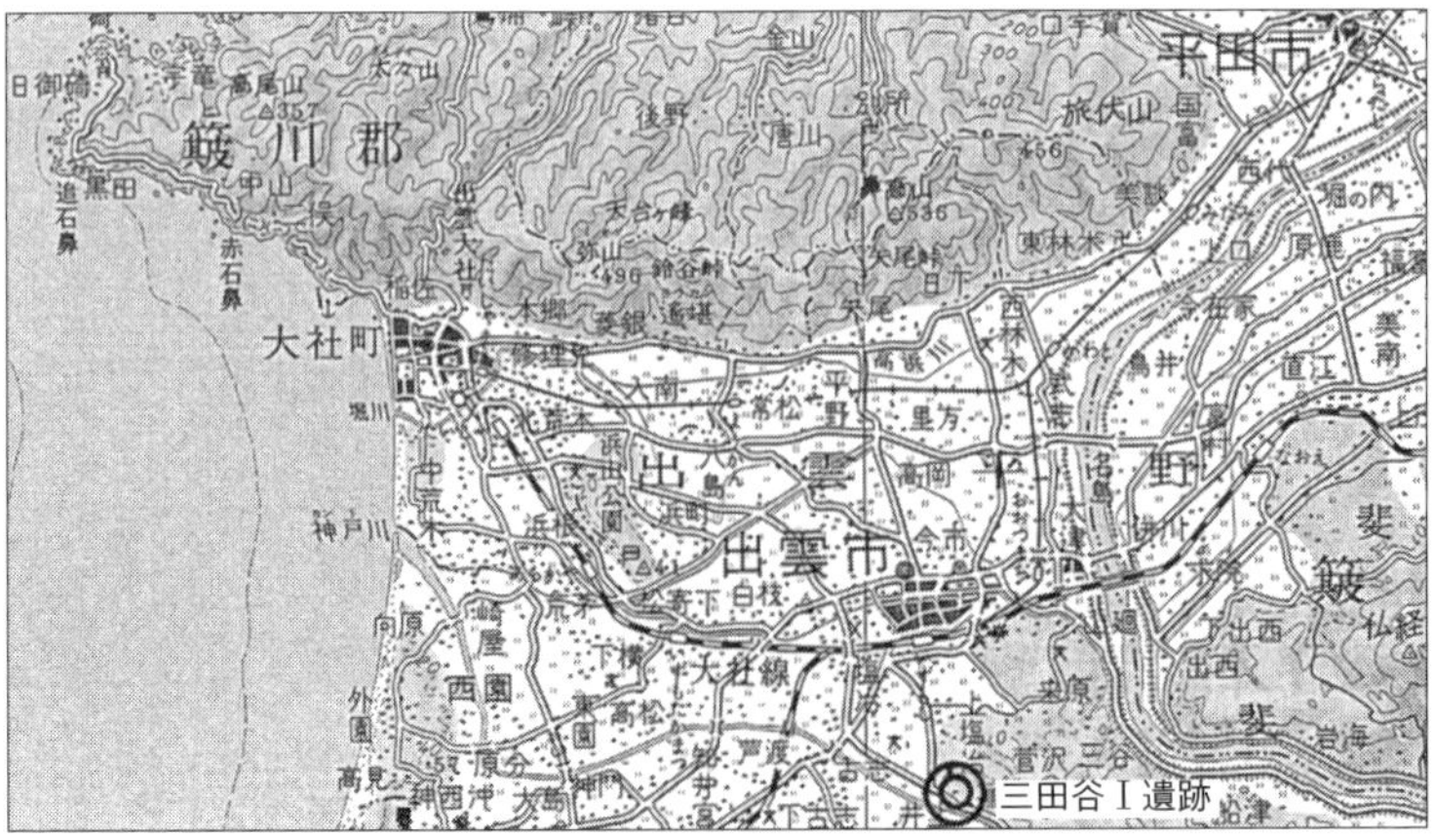

図１　三田谷Ｉ遺跡位置図

年前に噴火した三瓶山の噴出物の流下によって急激に陸化が進行し、弥生時代以降に展開する集落の基盤となる微高地が数多く形成された（島根県 二〇〇一）。三田谷Ⅰ遺跡の立地する低台地も、このときに谷が埋積されてできた地形である（島根県ａ 二〇〇〇）。

三、歴史的環境

弥生時代になると、平野部に大規模な集落が形成され、後期には西谷墳墓群にみる巨大な首長墓が丘陵上に造営される。一方、沖積地の中野清水遺跡、青木遺跡でも貼り石を伴う墳墓が確認され、三田谷Ⅰ遺跡では方形周溝墓が出現する。

古墳時代前・中期は、大寺古墳、北光寺古墳などが造られるが、弥生時代後期にくらべ造墓活動はやや低調に推移し、後期になると神戸川右岸を中心に大型古墳が相次いで築造されはじめる。今市大念寺古墳は六世紀中頃～後半に造られた全長九一メートルの前方後円墳で、長大な横穴式石室と全国最大級の家形

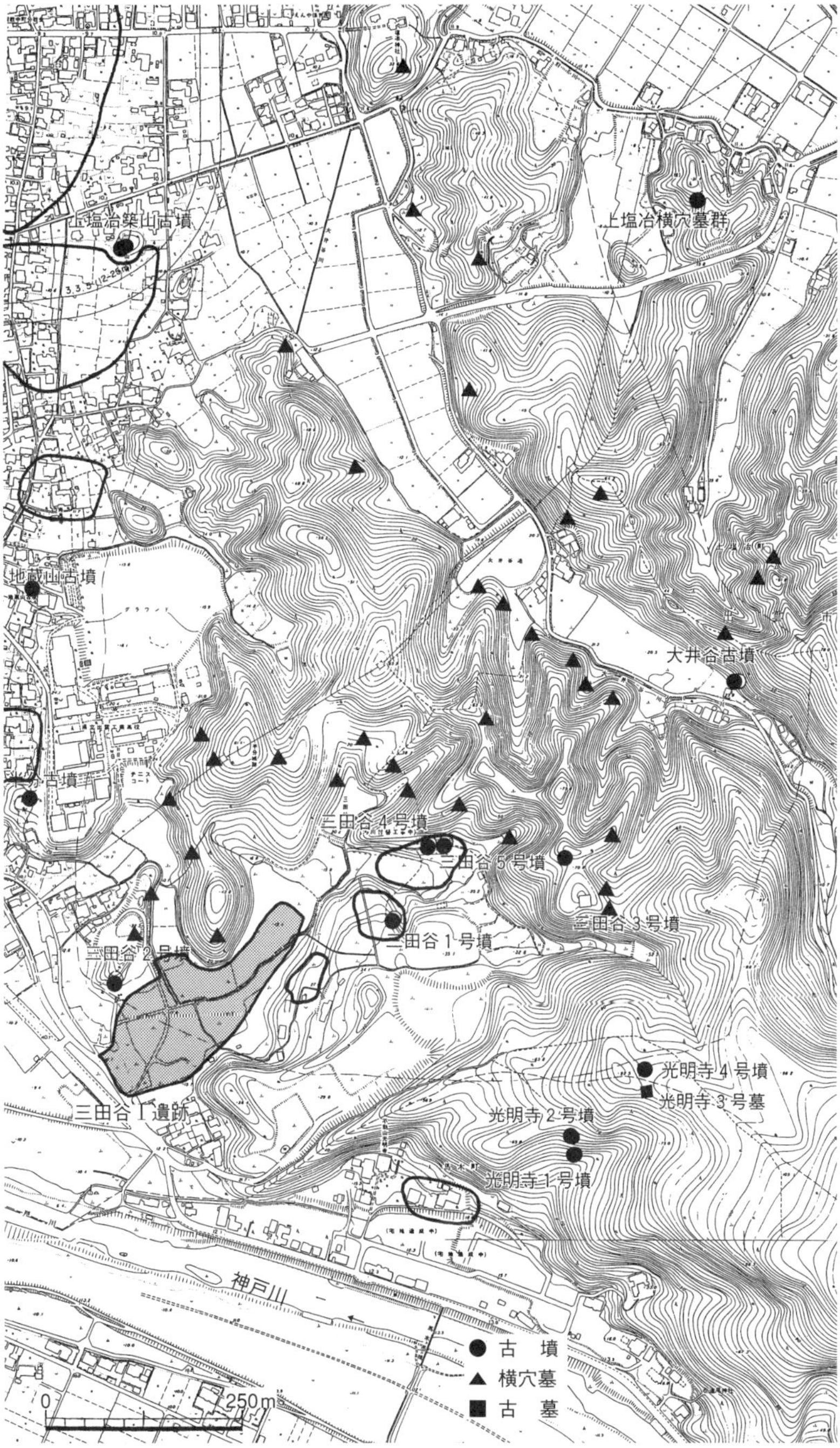

図２　三田谷Ⅰ遺跡の位置と周辺の遺跡

石棺をもつ。ほぼ同じ頃、出雲地方東部に全長九四メートルの県内最大の前方後方墳である山代二子塚古墳が築造され、出雲地域を二分する政治勢力が東西に出現する。三田谷Ⅰ遺跡のある神戸川右岸地域はこの西部勢力の本貫地で、大念寺古墳の首長系譜はその後上塩冶築山古墳、地蔵山古墳へと引き継がれるが、七世紀代、出雲地方の覇権は東部側の勢力が握ることとなった。

この頃、神戸川左岸に神門横穴墓群、右岸に上塩冶横穴墓群が形成される。後者は六世紀後半から七世紀中頃にかけて造られた三九支群一八七穴の県下最大級の横穴墓群で、三田谷Ⅰ遺跡はこの横穴墓群を擁する丘陵の眼下に位置している。

奈良時代、遺跡周辺は律令制下の行政区画の神門郡にあたり（**図3**）、神戸川左岸の古志本郷遺跡の一角に神門郡衙の政庁が置かれた(島根県　二〇〇三)。日置郷の領域に比定される三田谷Ⅰ遺跡には、後述するように郡衙の出先機関が置かれた。このほか天神遺跡にも大型の掘立柱建物が確認されており、郡衙との関係が指摘されている。古代寺院では『出雲国風土記』記載の新造院に比定される神門寺境内廃寺や長者原廃寺がある。古墓では三田谷Ⅰ遺跡の南丘陵で石櫃に火葬骨を納めた光明寺3号墓があるほか、周辺に小坂古墳（石櫃）、朝山古墳、菅沢古墳、築山遺跡、西谷古墓が確認されており、郡内の有力官人層たちの墓と考えられている。

四、三田谷Ⅰ遺跡の概要

1　概　要

遺跡は神戸川から北東に伸びる谷間にあたり、最奥部には三田谷Ⅲ遺跡、南の丘陵上に同Ⅱ遺跡、谷奥丘陵斜面には上塩冶横穴墓群がある（**図2**）。遺跡の立地する地形は、火山性砕屑物が堆積した水はけのよい低台地と、権現山を取り巻く幅三〇～五〇メートルの湿潤な谷に分かれる。低台地は標高八～一四メートルで神戸川の氾濫原とは比高差二～三メートルの小崖で接している。

谷部には流路が複雑に形成され、ここから縄文時代後期以降の遺物が多量に出土し、木簡を含む奈良時代の遺物はここに穿たれた溝や流路から出土した。一方、高燥な低台地上は時代を通じて良好な生活面となったようで、遺構の密度が高い（**写真1**）。遺構の分布をみると神

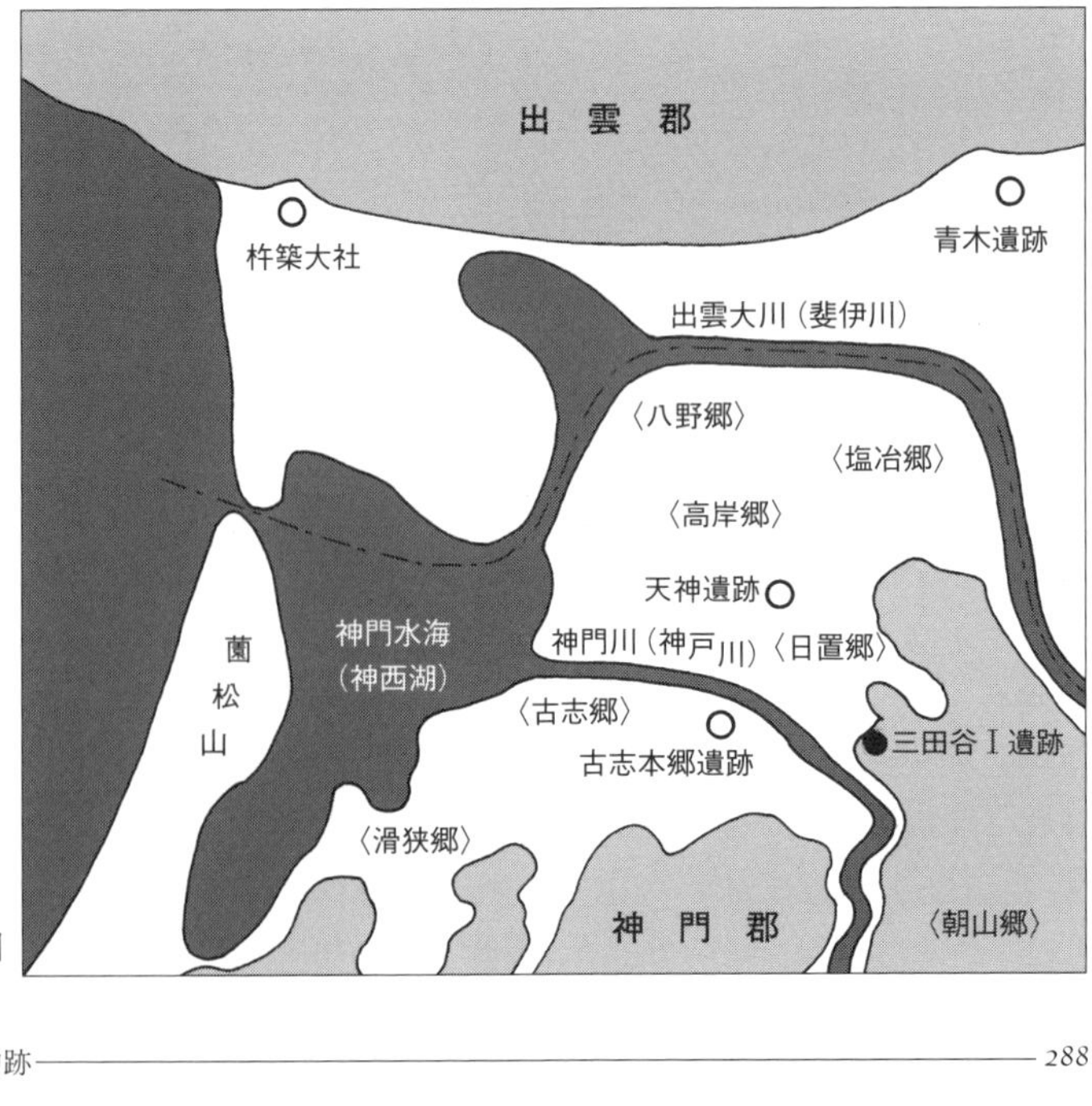

図3　奈良時代の神門郡周辺図

戸川に近い南西側と谷奥の北東側に集中し、その間は遺構の空白地帯となっている。なお、検出した竪穴建物跡は弥生時代中期～古墳時代後期の建物である。

2 官衙的な遺物群

建物群について述べる前に、奈良時代の三田谷Ⅰ遺跡の性格を端的に示す遺物について紹介したい(**図4**)。木簡は一〇点出土している。1は天平感寳元年銘の木簡である。015型式木簡を転用し両面に記載がある。2～5は歴名木簡で、2～4には「八野」、「高岸」の郷名が記載されている。このほかに付け札状の木製品、封緘木簡状木製品がある。墨書土器は四〇点出土しており、このうち八～九世紀代の須恵器に「神門」(**図4-6**)、「法」、「麻奈井」(**図4-7**)、「三田」、「□宅」、「荏原」

写真1 東区全景(東から)

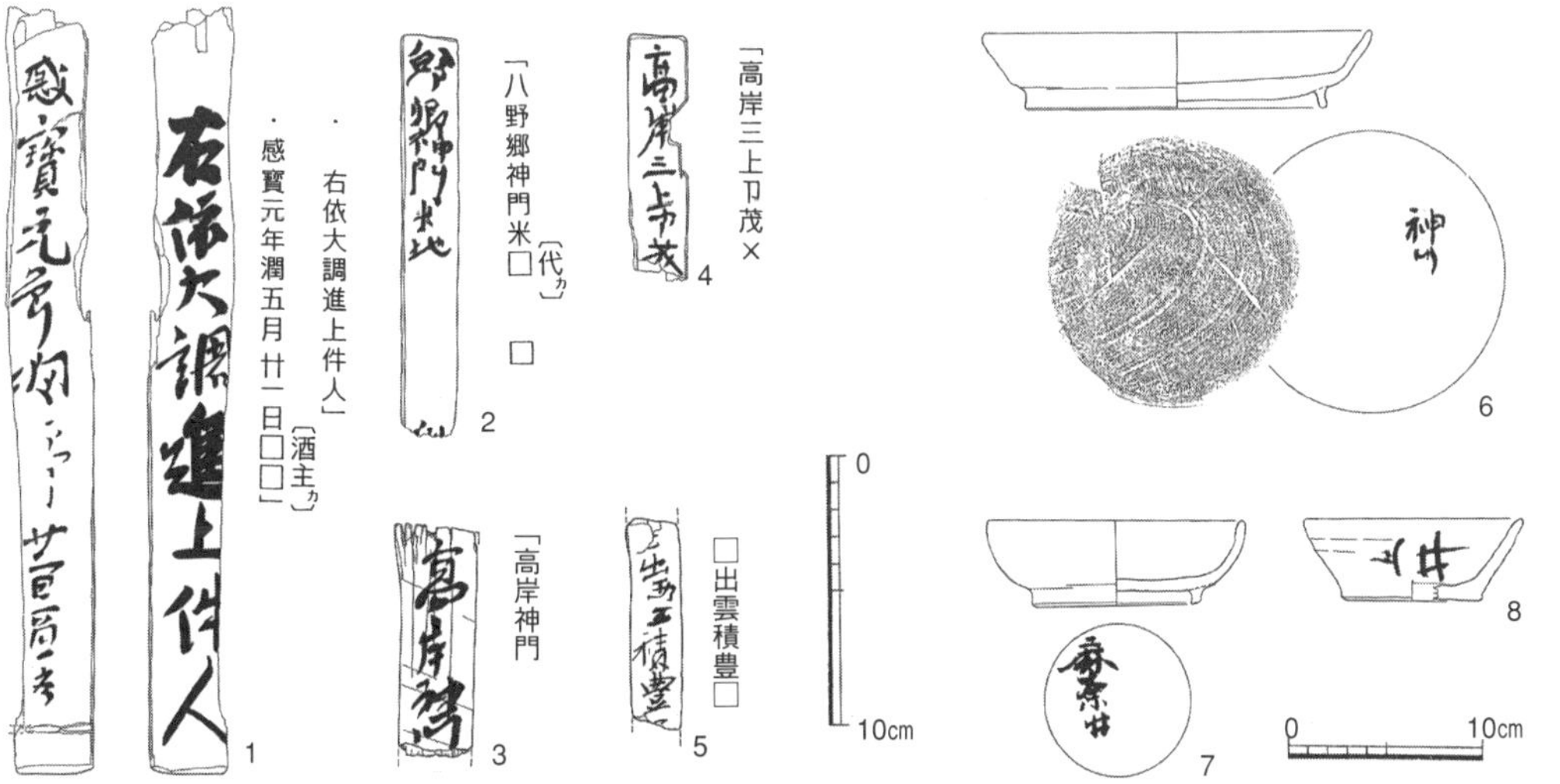

図4 三田谷Ⅰ遺跡出土文字資料

などがあり、刻書土器に「大止乃」がある。このほかに和同開珎、金属製巡方、石製丸鞆、円面硯、緑釉陶器があり、官衙的な性格を強く示している。

　木簡に記載された「八野」と「高岸」は、神門郡内の郷名で、郡名を書いた墨書土器の存在を考え合わせると、ここに神門郡衙の関連施設が存在し、さらに『出雲国風土記』の郷名の記載方法の検討により神門郡に東西二地域の区分が存在した可能性が指摘できることから、その性格が郡の東部地域を管轄する機関であったと考えられた（島根県a 二〇〇〇）。

3　信仰に関連する遺構・遺物

　この遺跡からは祭祀的な性格を示す遺構・遺物が確認されている。湧水坑ＳＫ62は低台地と谷が小崖をなす一角に位置し、風化岩盤を掘り込んだ二・三×二・一メートル、深さ一・三六メートルの不正形な土坑である（**写真2**）。土坑の縁が途切れる位置に水を堰き止めるための板材が仕込まれており、あふれた水は溝ＳＤ06へ流れ出す構造となっている。「麻奈井」と墨書された須恵器は溝ＳＤ06から出土しており、神聖視された井泉だった可能性が高い。県内で確認された井泉祭祀遺構の類例には、三田谷例と同様に水を簡単に堰き止めるもの[1]や祭儀を執り行うための施設が整備されたもの[2]がある。

　このほか灯明皿、鉄鉢形土器、托形土器など仏教色の強い遺物や、斎串、刀形、呪符木簡などの祭祀遺物があり、この地における信仰の様態が単純ではなかったことを物語っている。これらを含め「秀麗な山容」の権現山（島根県b 二〇〇〇）をめぐる特殊な空間としての性格も指摘できる。

五、掘立柱建物群

1　概　要

　検出された掘立柱建物は三六棟である（**表1**）。それぞれの建物の時期を特定できる材料は少ないが、建物や周辺の出土遺物の時期からおおよそ七世紀後葉から九世紀代の時期幅が想定される。

　総柱建物は一七棟、側柱建物は一九棟で、半数近くが総柱構造であることが特筆される。総柱建物の平面形式は桁行二間、梁行二間（「二間×二間」と表記。以下同様）の、いわゆる九本柱建物が一四棟（東側のＳＢ13は二間×二間の側柱建物であるが、規模や形態的特徴から

写真2　SK62(左)とSD06

表1　三田谷Ⅰ遺跡掘立柱建物一覧

時期	群	種類	地区	番号	平面形式	桁行(m)		梁行(m)		平面積
					(間)	全長	柱間	全長	柱間	(㎡)
1期	C群	総柱建物	東区	SB07	2×2	3.63	1.82	3.24	1.62	11.8
				SB10	2×2	3.35	1.68	3.26	1.63	10.9
				SB03	2×2	3.16	1.58	2.80	1.40	8.8
				SB12*	2×2	3.03	1.52	2.96	1.48	(9.0)
				SB01	2×2	3.86	1.93	3.23	1.62	12.5
		計								44.0
		側柱建物	東区	SB17	3×2	6.65	2.22	3.93	1.97	26.1
			西区	SB14	(2×1)	3.8	1.90	2.1	2.10	–
		計								(26.1)
2期	B群	総柱建物	東区	SB13**	2×2	2.93	1.47	2.64	1.32	7.7
				SB05	2×2	3.55	1.78	3.52	1.76	12.5
				SB11	2×2	3.37	1.69	3.28	1.64	11.1
				SB02	2×2	3.77	1.89	3.61	1.81	13.6
		計								44.9
		側柱建物	東区	SB08	3×2	4.82	1.61	4.06	2.03	19.6
				SB15	3×2	5.80	1.93	4.25	2.13	24.7
				SB16	3×？	8.23	2.06	–	–	–
			西区	SB11	(4×2)	7.4	1.85	4.3	2.15	–
		計								(44.3)
	D群	側柱建物	東区	SB09	3×2	5.63	1.88	4.13	2.07	23.3
				SB14	3×2	4.27	1.42	3.58	1.79	15.3
		計								38.6
3期	A群	総柱建物	東区	SB06	2×2	3.73	1.87	3.46	1.73	12.9
				SB04	3×2	3.75	1.25	3.53	1.77	13.2
			西区	SB07	3×2	4.2	1.40	3.8	1.90	16.0
		計								42.1
		側柱建物	西区	SB12	(3×1)	4	1.33	1.4	1.40	–
				SB17	(3×1)	4.6	1.53	1.8	1.80	–
		計								–
4期	E群	総柱建物	西区	SB01	3×2	4.5	1.50	3.67	1.84	16.5
		計								16.5
		側柱建物	東区	SB18	3×2	7.43	2.48	5.41	2.71	40.2
			西区	SB02	(3×1)	6.8	2.27	1.8	1.80	–
				SB08	(4×1)	8	2.00	1.8	1.80	–
				SB13	3×2	6.5	2.17	5.3	2.65	34.5
				SB10	(6×?)	12.8	2.13	–	–	–
				SB15	(2×?)	4	2.00	–	–	–
		計								(74.7)
	F群	総柱建物	西区	SB09	2×2	5.8	2.90	4.4	2.20	25.5
		計								25.5
		側柱建物	西区	SB16	(2×2)	4.1	2.05	4.1	2.05	–
				SB03	(2×2)	4	2	4	2	16.0
				SB06	4×2	8.2	2.05	4.2	2.1	34.4
		計								(50.4)
	G群	総柱建物	西区	SB05	2×2	4.6	2.3	3.7	1.85	17.0
				SB04	2×2	3.6	1.8	3.2	1.6	11.5
				SB18	2×2	3.7	1.85	3.1	1.55	11.5
		計								40.0

*SB12はB群内の建て替えとみなし、面積計から除いた。
**SB13は規模・形態から床束をもつ総柱建物と判断した。

総柱建物に含める)、三間×二間が三棟で、小規模な二間×二間の総柱建物が卓越している。側柱建物では柱穴を確認できないものがあるが、三間×二間がもっとも多く、確実なもの六棟、可能性の高いもの五棟、計一一棟である。これ以上の規模では四間×二間が一棟あるほか、桁行四間と六間が各一棟ずつあるが、梁行は不明である。

九本柱建物の柱穴を比較すると、中心の柱穴が特別深く掘り下げられた様子はなく、側柱の深さとほぼ同じである。柱穴の平面形は、後述する一棟を除き、総柱・側柱とも円~不正円形で、その規模は総柱建物の方が比較的に大きい。

2　建物群の構成・配置および変遷

建物は神戸川に近い南西側と谷奥の北東側に分かれて分布している。西側は総柱建物六棟、側柱建物一二棟で計一八棟、東側(**写真3**)は総柱建物一一棟、側柱建物七棟で計一八棟である。

三六棟の建物は主に柱列の軸方位の近似性からA~G(類型は島根県a　二〇〇〇に準拠・加筆)群に分けることができ、配置状況と位置関係および柱穴の出土遺物の年代を手がかりに検討すると四期の変遷(**表1**、**図5**)が想定できる。なお、記述の便宜上、神戸川に近い南西側を西区(掲載報告書は島根県　一九九九)、谷奥の北東側を東区(掲載報告書は島根県a　二〇〇〇)とし、建物の記番号の前に西、東をつけて表記する。

写真3　東区建物跡群(西から)

【1期】(七世紀後葉~八世紀初頭)

総柱建物五棟、側柱建物二棟で構成される。側柱建物一棟(西SB14)を除き東区に集中する。総柱建物はすべて二間×二間、面積は平均一〇・六平方メートルで、規模は各時期を通じてもっとも小さい。東区では、総柱建物が直列して接する三棟(東SB07、10、03)に建て替えの一棟（東ＳＢ12）を含む一群と、溝がめぐる総柱建物（東ＳＢ01）と、側柱建物一棟（東ＳＢ17）がそれぞれ離れて配置されている。

【2期】（八世紀初頭～中葉）

Ｂ群は総柱建物、側柱建物それぞれ四棟で構成され、側柱建物一棟（西ＳＢ11）以外はすべて東区に置かれる。西ＳＢ11は西区でも北東端に位置することから、東区中心の建物配置状況に変わりはない。総柱建物の形式は1期と同じく二間×二間で、面積は平均一一・二平方メートルである。東区の配置状況は大きく変わり、雁行する四棟の総柱建物群（東ＳＢ13、05、11、02）と側柱建物三棟（東ＳＢ08、15、16）で構成される。Ｄ群の側柱建物二棟（東ＳＢ09、14）は、東ＳＢ08と同15の位置と棟方向を入れ替えて建て替えたものと考え2期に含める。

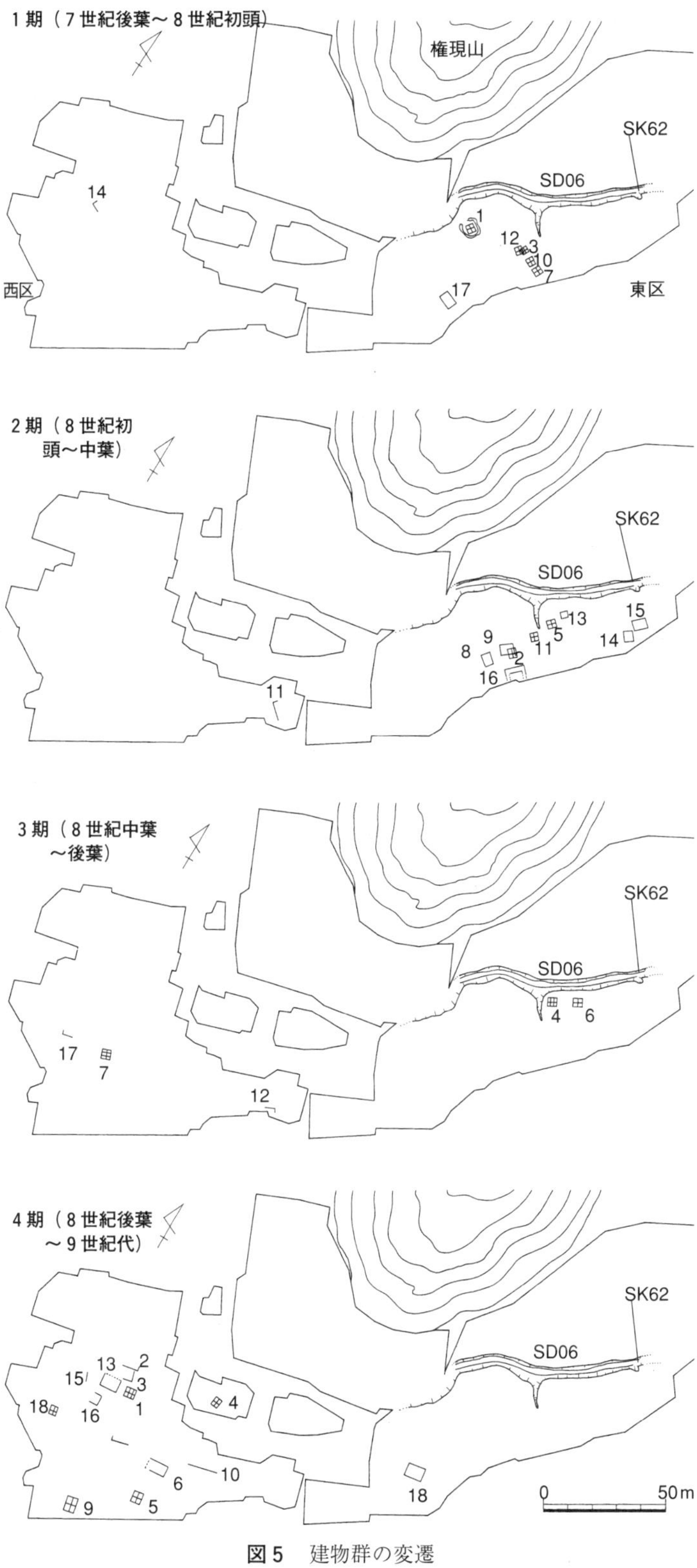

図5　建物群の変遷

【3期】（八世紀中葉〜後葉）

この段階になると建物の軸方位が正方位を指向しはじめる。総柱建物三棟、側柱建物二棟で構成され、東区に総柱建物二棟（東SB06、04）、西区に総柱建物一棟（西SB07）と側柱建物二棟（西SB12、17）があり、総柱建物が両区に分かれて配置される。東SB06と同04は二間×二間と三間×二間の総柱建物で、六メートルの間隔をあけ、棟通りを揃えて直列に配置されている。平面形式が異なる二棟の平面積は、約一三平方メートルでほぼ等しい。

【4期】（八世紀後葉〜九世紀代）

建物の軸方位によりE、F、Gの三群に分けられる。E群は総柱建物一棟（西SB01）、側柱建物六棟（東SB18、西SB02、08、10、13、15）で構成され、平面積がもっともひろい側柱建物の一棟（東SB18）が東区の南寄りにあるほかはすべて西区に立地する。このうち総柱建物西SB01と側柱建物西SB13は約三メートルの間隔を置き、南側の桁方向の柱筋を揃えて直列に配置される。F群は総柱建物一棟、側柱建物三棟で構成される。すべて西区に位置し散漫な配置状況を示している。この段階で四間×二間形式の側柱建物（西SB06）が新たに加わる。この西SB06は柱穴の平面形が方形であることが注目される。総柱建物西SB09の平面積は二五・五平方メートルで同形式の建物としてはもっともひろい。G群は二間×二間の総柱建物三棟（西SB04、05、18）で、西区でそれぞれ離れて位置する。建物の軸方位が正方位にもっとも近い一群である。なお、E、F、G群が同時に存在したとは考えにくいが、先後関係を決める手がかりに乏しいため、側柱建物はE群とF群の、総柱建物はE・F群とG群の建て替えの可能性を指摘するにとどめる。

3　変遷の特徴と画期

次に建物群の変遷について特徴を概観し、その画期について検討する。低台地上に展開する建物群は総柱建物を中核として谷奥側（東区）からはじまり、次第に谷出口側（西区）に立地場所を移動している。各期とも同一場所での建て替えは顕著でなく、建物配置も踏襲されない。東区では総柱建物同士が近接傾向なのに対し、西区では分散傾向にある。柱間距離と平面積は、同一形式の建物で比較すると、徐々に大きくなっている。

この過程で3期には、西区の棟数が東区を上回り、東区から側柱建物が消え、西区に総柱建物が出現する。そして総柱に三間×二間形式の建物が現れる。建物の軸方位は、それまで正方位から四五度前後振れる傾向にあったのに対し、より正方位を指向するようになる。また、東SB04、同06が棟通りをそろえているように、建物配置の企画性がより厳密になる。4期に顕著となる総柱建物の分散配置はこの時期にその端緒が認められる。4期には側柱建物が増加し、西SB06のように柱穴が方形の掘形プランをもつ大型の側柱建物が現れる。また、掘形の規模もやや大型になる。

以上のように、建物の立地や種類・規模の変化と、建物群の配置原理の変更や配置企画の顕在化が3期にはじまり、4期に至ったことがうかがえる。この遺跡で神門郡衙の文書行政の拠点施設を想定する根拠となった木簡は八世紀中葉の史料であることから、郡衙との関係がより緊密になったことを契機として3期以降の転換が図られた可能性が考えられる。

4　総柱建物群の性格

建物の上屋構造にかかわる資料(3)は乏しい。ここでは従来から指摘されている視点をふまえ、総柱建物の平面積から倉庫群としての性格について検討する。

二間×二間の総柱建物の平面積の平均値は、1期一〇・六平方メートル、2期一一・二平方メートル、3期一二・九平方メートル（東SB06のみ）、4期一六・四平方メートルで、時期が下るごとに建物規模は徐々に拡大している。ただし、上位二棟（西SB09、西SB05）を除けば平均一一平方メートル前後の小型の建物が各時期を通じ主体を占めている。

次に、総柱建物の平面積の合計をあげると、1期は四棟で四四平方メートル、2期は四棟で四四・九平方メートル、3期は三棟で四二・一平方メートル、4期はE・F群が二棟で四二平方メートル、G群が三棟で四〇平方メートルで、各期を通じ面積がほぼ一定していることがわかる。前後する時期の総柱建物の配置は互いに重複しないことから変遷過程に断絶は認められず、収納物の移し替えが連続的に行われた可能性を指摘できる。調査の範囲や精度の問題はあるが、建物群の変遷からは一定量の収納物を保管する施設として機能していたと考えられる。

「神殿」という意見がある九本柱建物東SB01（**写真4、図6**）について付言しておく。この建物は軒を連ねた三棟の総柱建物群から離れて位置するうえに、建物の周りに溝がめぐり、隔絶した存在として変遷過程の当初に出現する。遺構の状況をみると、他の同形式の建物と比較して規模に特段の違いは認められず、中央の柱穴の規模や深さは他の柱穴とあまり変わりはない。このことからこの建物に特殊な聖性を看取できる材料はなく、同種の建物と同様に倉庫と考えられる。東SB01の特異な状況は2期以降に引き継がれていないことから、郡衙との関連が密接になる以前の特異な存在形態と考えておきたい。

六、まとめ

小稿では神門郡衙の出先機関と考えられている三田谷Ⅰ遺跡の掘立柱建物群の変遷を示し、八世紀中頃に画期を認め、その背景に神門郡衙との関係の緊密化を想定した。さらに、総柱建物群の面積と配置を検討し、それらを継続して営まれた小型の倉庫群と考えた。

遺跡には官衙的性格以外に信仰関連の遺物・遺構が確認されているが、これまでの検討から九本柱建物に確実な信仰や祭祀の性格を見出すことはできなかった。

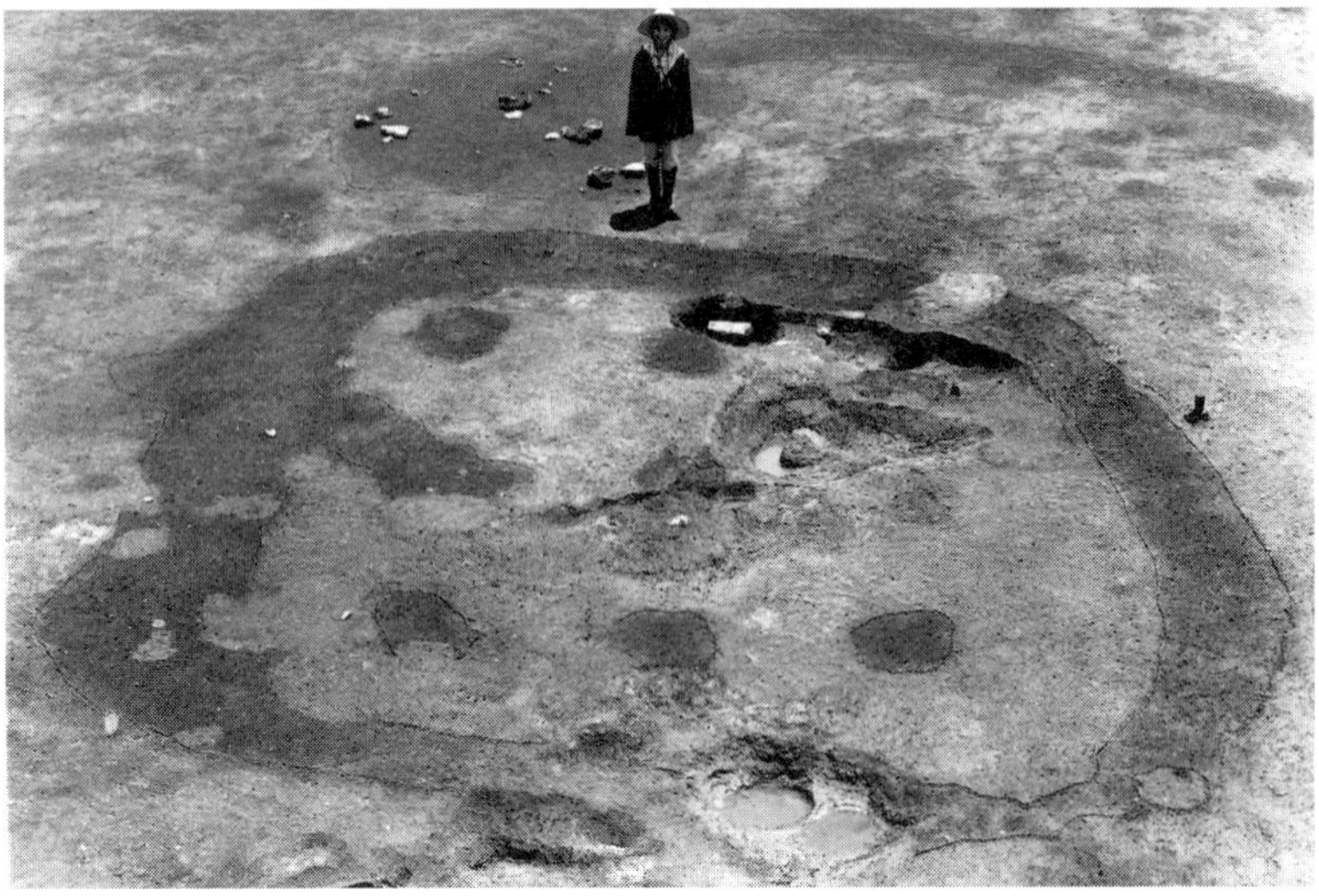

写真4　東SB01検出状況（西から）

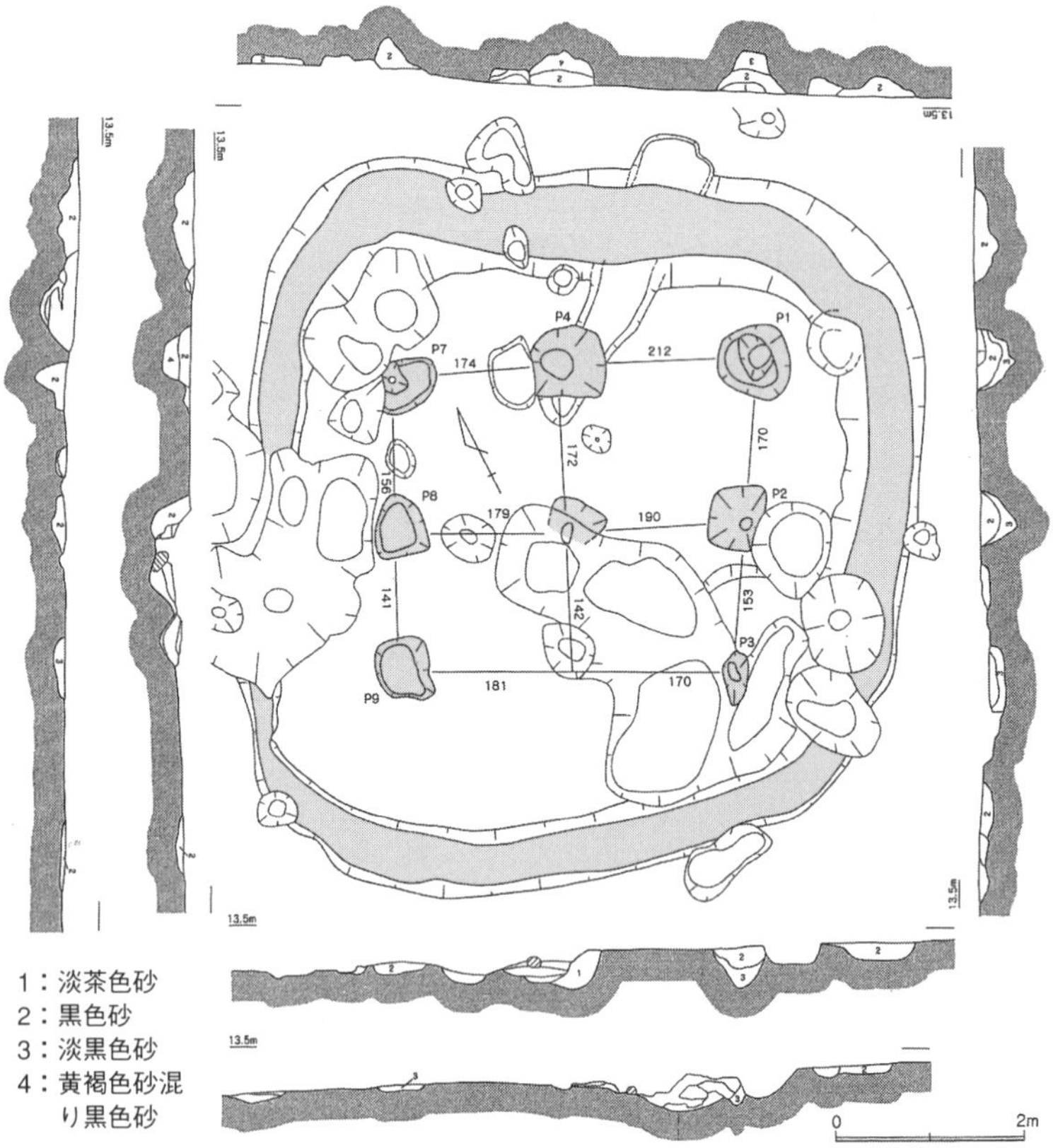

図6　東SB01実測図

註

（1）松江市塚山古墳の周溝の一角でみつかった水場遺構ＳＸ01（島根県 二〇〇二）。

（2）出雲市青木遺跡の石敷井泉ＳＸ08（島根県 二〇〇六）。

（3）柱材は柱根が残っていた例ではカヤ（東ＳＢ06）とスギ（東ＳＢ07）が確認されている。谷部からは建築部材が数多く出土していて、扉材や扉装置の部材、壁板材やほぞ穴加工した柱材などがある。扉装置には片開きの扉を想定できるものもある。また、門金具と思われる鎹状の鉄製品も出土しており、扉の施錠に使われたものと思われる（島根県ａ・ｂ 二〇〇〇）。

引用・参考文献

島根県教育委員会『三田谷Ⅰ遺跡（Vol. 1）』斐伊川放水路建設予定地内埋蔵文化財発掘調査報告書Ⅴ、一九九九。

島根県教育委員会ａ『三田谷Ⅰ遺跡（Vol. 2）』斐伊川放水路建設予定地内埋蔵文化財発掘調査報告書Ⅷ、二〇〇〇。

島根県教育委員会ｂ『三田谷Ⅰ遺跡（Vol. 3）』斐伊川放水路建設予定地内埋蔵文化財発掘調査報告書Ⅸ、二〇〇〇。

錦田剛志「島根県出雲市三田谷Ⅰ遺跡出土の墨書土器『麻奈井』と井泉の祭祀」『瑞垣』一八七、神宮司庁、二〇〇〇。

島根県教育委員会『古志本郷遺跡Ⅱ』斐伊川放水路建設予定地内埋蔵文化財発掘調査報告書Ⅺ、二〇〇一。

島根県教育委員会『田中谷遺跡　塚山古墳　下がり松遺跡　角谷遺跡』法吉団地建設に伴う埋蔵文化財発掘調査報告書、二〇〇二。

島根県教育委員会『古志本郷遺跡Ⅴ』斐伊川放水路建設予定地内埋蔵文化財発掘調査報告書XVI、二〇〇三。

島根県教育委員会『青木遺跡』二〇〇六。

追記

本稿は二〇〇七年月に初稿を提出しており、それ以後の知見等については補っていない。

第三節　杉沢Ⅲ遺跡

宍道年弘

一、遺跡の周辺

杉沢Ⅲ遺跡(1)は古代の行政単位では出雲国出雲郡漆沼郷に属し、現在は島根県簸川郡斐川町直江地内に所在している(図1)。遺跡の北側は、県内有数の穀倉地帯である簸川平野を望むことができる。現在のような簸川平野が形成されたのは、それまでは西流していた斐伊川（『出雲国風土記』では「出雲大川」に比定）が寛永年間の度重なる洪水と松江藩の治水対策により、宍道湖（『風土記』では「入海」）に流路を変え、さらに中国山地で発達したタタラ製鉄法に伴う鉄穴流しで多量の土砂が流出して、急速に平野化した江戸時代初期以降のことである。したがって、古代の簸川平野はいまだ湿地帯に近い状態であったろうと思われ、現在とはまったく異なる景観を示すことになる(2)。

本稿では、簸川平野南部の丘陵地に営まれた杉沢Ⅲ遺跡の九本柱建物を通して、この地域における祭祀形態の変遷をみていくことにしたい。

遺跡が存在する丘陵は、標高三六六メートルの仏経山（『風土記』では「神名火山」）から北へ派生するいくつかの支丘の一つに立地している。仏経山は『風土記』神名火山条に「曽伎能夜社に坐す伎比佐加美高日子命の社、即ち此の山の嶺にあり(3)」とあり、かつては神が宿る山として崇められていたが、戦国時代、中国地方に勢力をもっていた武将で広瀬の富田城主尼子経久が仏教に信心深いところから、自らの名の一字をとって「仏経山」に改名したといわれている。山号が神の山が仏の山に変わった珍しい例である(4)。

さて、周辺の丘陵や谷あいに目を移してみると、縄文時代から中世にかけての遺跡が密集している。とくにわが国最多を誇る大量の銅剣や同時埋納された銅鐸・銅矛の発見で全国を驚かせた荒神谷遺跡は、弥生時代における青銅器文化や流通、生産、祭祀など多くの課題を改めて考えさせる重要な遺跡として注目されている。古墳時代に入ると、神庭から学頭にかけての丘陵先端部で小丸子山古墳（円墳・径約三五メートル）、軍原古墳（前方後円墳か・径約三〇メートル）、神庭岩船山古墳（前方後円墳・現存長約四八メートル）など大型の古墳が半径二キロの比較的狭い地域に集中し連続して築かれる。古墳時代中期段階における簸川平野最大級の首長勢力の墓と位置づけられている。

　奈良時代、出雲郡の郡衙の所在地は斐川町出西地内に求められる。平成二年から五年にかけて調査された後谷遺跡[5]からは、奈良時代後期から平安時代初期にかけての総柱構造の礎石建物（五×三間）や掘立柱建物（四×三間）などの倉庫群や大量の炭化米、須恵器坏の墨書土器「□□倉」が発見された。『風土記』出雲郷条に「出雲郷即ち郡家に属けり」とあるところから、後谷遺跡はまさに出雲郡衙に付属する正倉跡ではないかと考えられている。杉沢Ⅲ遺跡が所在する出雲郡漆沼郷は出雲郷の東隣で、『風土記』によると、ここには郷に付属する正倉が置かれていることになるが、その所在はいまのところわかっていない。遺跡の南三三〇メートルのところに、いわゆる「筑紫街道」が敷設されたことが文政六年の「漆沼郷　下直江村繪図[6]」（図8）でわかる。平安時代、京から筑紫太宰府までの通路であった。なお、律令最盛期の山陰道（『風土記』では「正西道」）については、推定地はある

図1　杉沢Ⅲ遺跡の位置

もののいまのところ確かな道路跡は知られていない。

二、発掘調査の成果

1　丘陵上で発見された遺構

杉沢Ⅲ遺跡は標高二〇～三二メートルの丘陵尾根上に立地している。(図2) ただし、調査は試掘段階のため、斜面その他については未調査部分が多く、現時点ではほかにも遺跡が存在しないとは言えない状況である。同一丘陵上には平成四年に弥生時代中期の竪穴住居一棟や古墳時代前期から中期の土壙墓などが発見された杉沢Ⅰ遺跡(7)や平成六年に横穴墓三基からなる杉沢横穴墓群の調査が実施された。これらの調査で弥生時代から古墳時代にかけての杉沢地域の様子が少しずつ明らかになりつつある。今回取り上げる杉沢Ⅲ遺跡の調査は、斐川中央工業団地造成に伴う事前調査で、平成十一年四月に試掘調査、同年五月から平成十二年六月にかけて本調査が実施された。

遺構の概要を調査区ごとに示すと次のようになる。1区-3からは弥生時代中期末の土壙一基（報告書では竪穴住居の一部が削平されたのではないかと指摘している)、2区-1からは七世紀後半の土器棺墓一基、七世紀後半～八世紀後半の土壙四基、さらに後に詳しく述べるが、八世紀後半から九世紀初めに営まれた可能性がある総柱構造の掘立柱建物（九本柱建物）と側柱建物、そし

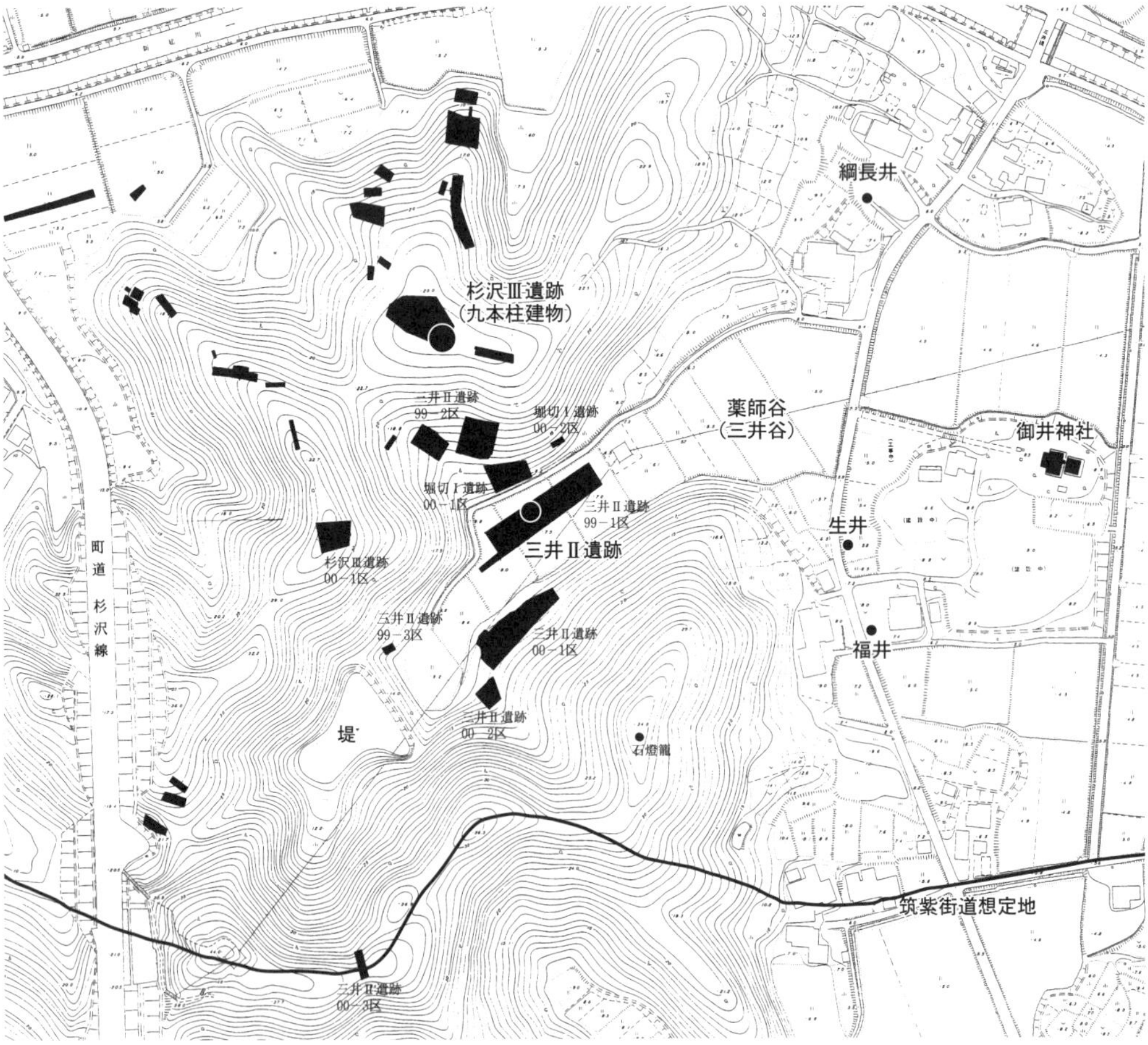

図2　杉沢Ⅲ遺跡周辺の歴史的環境

てL字状に建てられた柱穴列、また2区-2からは八世紀後半の溝状遺構一条、3区-1からは七世紀後半～八世紀後半の溝状遺構一条、3区-3からは弥生時代の土壙一基、4区-1からは九世紀初めの土壙墓一基が検出された。

これら弥生時代中期から平安時代前期に築かれた土壙や土壙墓、溝状遺構はすべて単体で認められ、小規模な施設として築かれた。一方、九本柱建物などの建物遺構は企画的・意図的な施設として認識されていたと理解することができる。

2 九本柱建物の概要

先述した建物群（2区-1）は、標高二九メートルの丘陵尾根上に近いところで検出された。建物群が築かれた時期は、周辺の出土遺物から奈良時代後期から平安時代前期に求めることができる。以下に概要を記す。

総柱構造をもつ掘立柱建物（SB01）は、東西二間（三・三二メートル）×南北二間（三・〇〇メートル）でほぼ正方形の九本柱建物である（図3）。柱間寸法は桁行一・四〇～一・八九メートル、梁行一・三〇～一・五二メートルを測り、床面積は九・九六平方メートルとなる。建物の主軸方向はN-16°-Wを示す。柱穴はいずれも不整形な円形の掘形をもち、掘形の径は三六～五二センチ、深さ一〇～三七センチを測る。柱痕は明瞭に検出することは

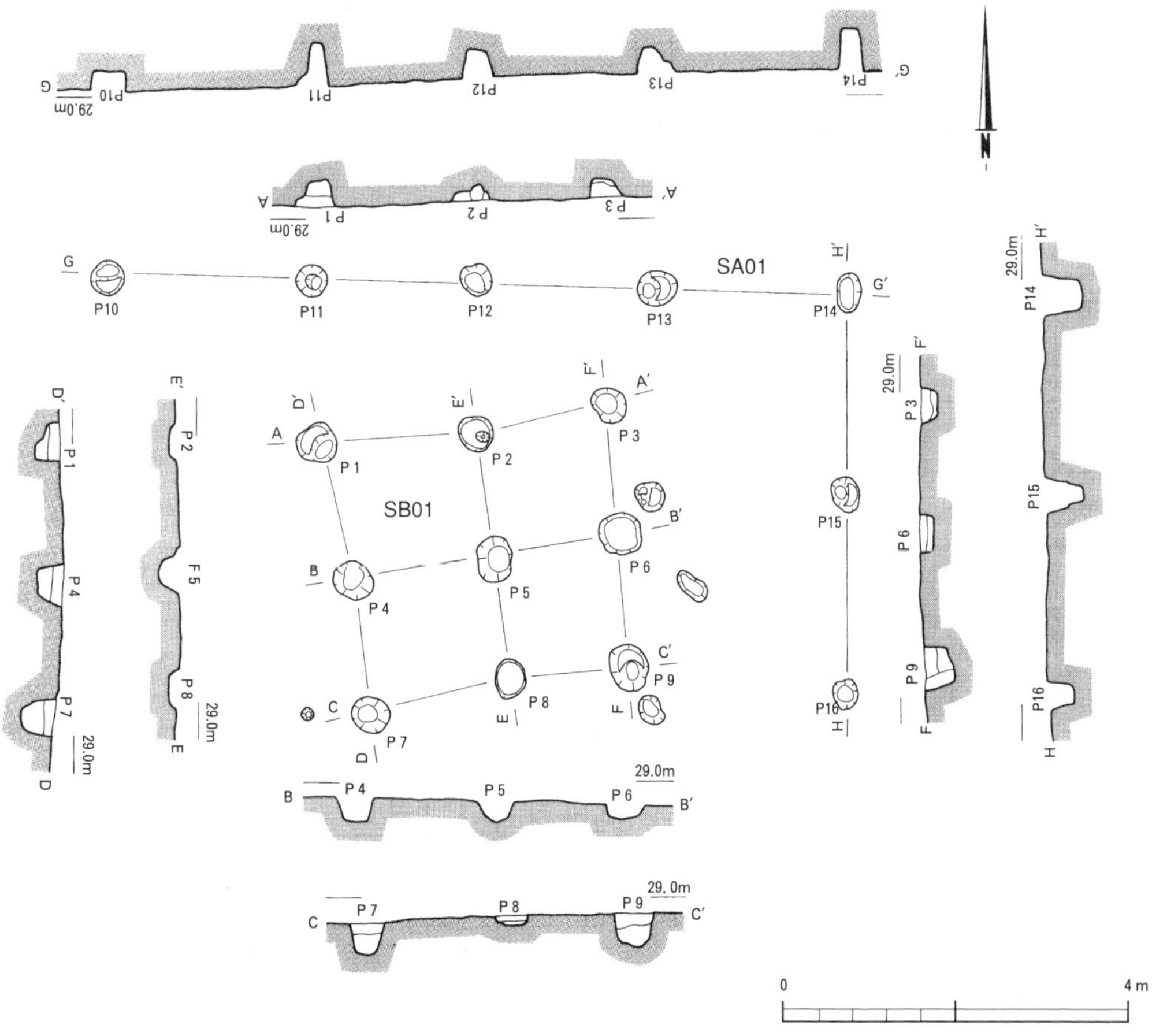

図3　杉沢Ⅲ遺跡（2区-1）SB01・SA01遺構図

できなかった。柱配置・規模を詳しくみると、四周の隅柱と中心柱は中間柱よりやや深く、中間柱は四周の辺に対して一五センチほど内側に位置していることがわかる。このことは、中心柱は床を支えるだけの床束柱で、四本の隅柱が梁までとどく構造の建物として設計されていたのではないかと考えられる。

L字状に建てられた柱穴列（SA01）は、東西四間（五穴）、南北二間（三穴）の柱穴群で、柱間寸法は一・八五～二・三〇メートルを測る。柱の掘形は径三〇～四五センチ、深さは三〇～四二センチを測り、SB01の柱穴にくらべいずれも深く掘り込まれている。主軸方向は東西柱穴列方向E-8°-N、南北柱穴列方向N-9°-Wを示す。SB01の北辺とは約一メートル、東辺とは約二メートル離れているが、SB01とは若干柱筋方向が違うものの、位置関係からSB01を取り囲むための柵列か塀のような遮蔽施設を想起することができよう。

SB01の西側で確認された側柱構造の掘立柱建物（SB02）は、東西三間（五・三〇メートル）×南北二間（三・六〇メートル）の東西方向に長い建物である。（図4）柱間寸法は桁行一・七四～一・八四メートル、梁行一・五四～一・九四メートルを測り、床面積は一九・〇八平方メートルを測る。主軸方向はN-18°-Wを示す。柱穴は不整形な円形や方形の掘形をもち、掘形の径は四三～一〇

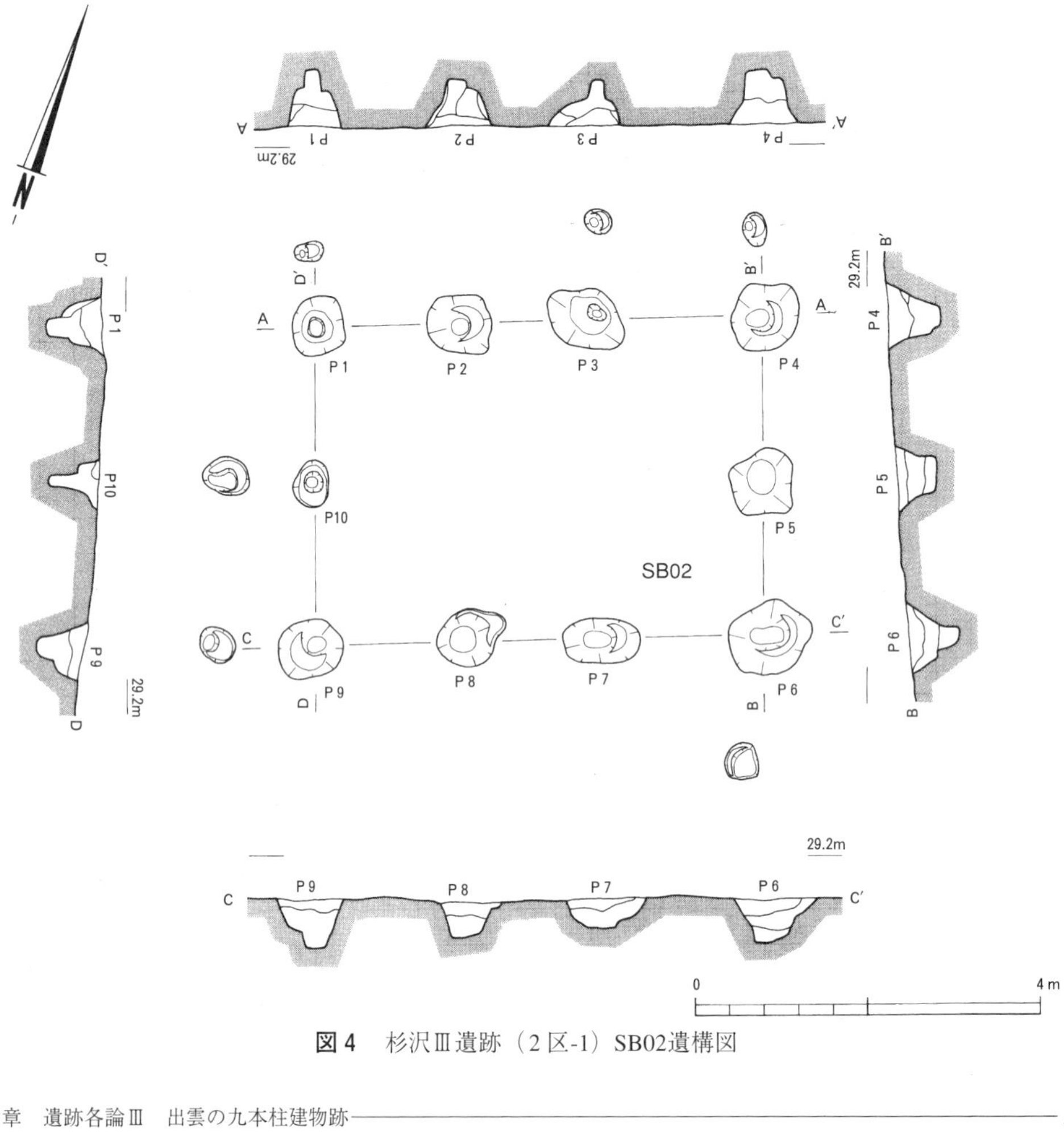

図4　杉沢Ⅲ遺跡（2区-1）SB02遺構図

〇センチ、深さ三四～六四センチを測る。とくに西辺の径が極端に小さい中間柱（P10）を除く他の柱はSB01よりもかなり大きく、しっかりとした建物を想定することができる。また北辺中間柱（P2・P3）と南辺中間柱（P7・P8）の柱間間隔が狭い事実は何を意味するであろうか。柱痕については、いずれも検出することはできなかったが、一部柱穴の底部で検出した凹は柱の位置を示す可能性も考えられる。なお、南辺柱穴列の西方には四穴の小規模な柱穴が認められ、西辺中間柱のすぐ西側の一穴さらにその先の一穴と合わせ、建物に付属する柱穴、たとえば階《きざはし》のような施設があったとみることもできる。

以上みてきたように、L字状の塀（SA01）で囲まれた九本柱建物（SB01）と五メートルの間隔をおいて西側に建てられた側柱建物（SB02）とは、北側柱筋方向をそろえほぼ東西に並べて建てられていることから、きわめて規則的な配置を示す同一施設の建物の一群とすることが言いえるのではないか。この遺構の性格を決定づける遺物が出土していないものの、建物の位置関係からみて古代における神社建築の一様相を示し、ここではSB01はまさに本殿、SB02は拝殿的な役割を担っていたのではないかと考えておきたい（図5）。

3　焼骨片が納められた坏と高坏

SB01の南側柱穴列の南二メートルのところで、奈良時代後期から平安時代初期の所産とみられる須恵器の高坏と坏が検出された（図6）。この二つの土器は坏を口径二五センチもある大きな高坏で蓋をするような状態で出土し、坏の内部には骨片一四点が納められていた。坏の内面は赤色顔料のベンガラが一面に塗られていた。寄り来る悪霊などを避ける魔除けの意味があったのかもしれない。これらに伴う遺構については、周辺の木の根により腐食しており、検出

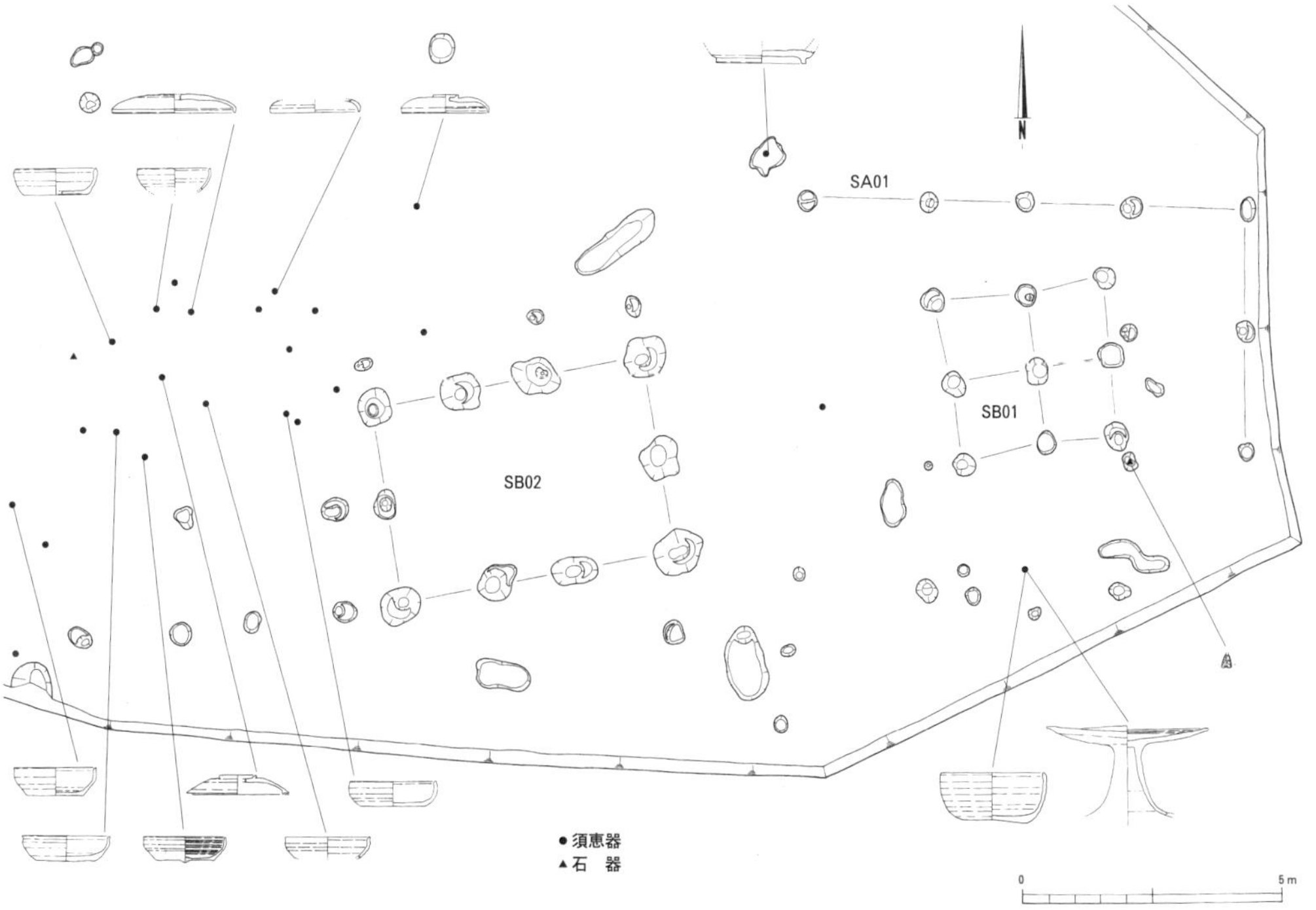

図5　杉沢Ⅲ遺跡（2区-1）遺構および出土遺物配置図

することはできなかった。

土器内充填土のリン濃度を分析したところ、比較試料の濃度の一〇倍以上の高い濃度が検出された。その原因は「糞」と「骨片」であろうと考えられる。「糞」は偶然に土器内で生育していた「イモムシ」の排泄物であり、当初から土器内に入っていたものではない。「骨片」は色調などから火災を受けていると推定される。「骨片」が表土から自然に混入したことを全否定することはできないが、出土状態や遺物の残存状況などにより埋納時に意図的に「骨片」を納めた可能性がはるかに高いと考えられる。

焼骨片の組織構造を動植物一五種類の骨組織標本と比較した場合、これらの骨片が一種類ひいては一個体に帰属するかどうかについて、少なくともヒト以外の動物が含まれている可能性を積極的に支持する証左は見出すことができず、ヒトにきわめて類似する骨片が含まれていることが明らかとなったが、ヒトと断定するには至らなかった。

焼骨片が納められた坏と高坏が埋納された意味については、祭祀的儀礼によるものなのか分骨による埋葬行為によるものなのか、今後の類例を待って検討する必要があると思われる。

4　三井Ⅱ遺跡出土の墨書土器

杉沢Ⅲ遺跡のすぐ南側の谷は、通常「薬師谷」と呼ばれ三井Ⅱ遺跡[8]が存在する。三井Ⅱ遺跡は平成十一年五月の試掘調査で新しく発見された遺跡で、最奥に堤がある東西長五〇〇メートル、南北幅五〇メートルの東西に細長い谷あいにある。「下直江村繪図」では「三井谷」と記されている。調査によって奈良時代後期から平安時代初期の墨書土器（須恵器）が出土した(図7)。墨書土器は全部で一五点が出土し、「三井」三点、「井」七点、「総」二点、「両か」三点を読み取ることができる。

遺構としては、土壙三基や溝状遺構五条以上が検出されているが、明確に墨書土器が伴う遺構を確認するには至らなかった。

三、特殊な九本柱建物とは

九本柱建物とは高床式の総柱建物のことで、四周の八本柱と中心柱で構成されている。多くの発掘調査の成果からいえば、九本柱建物は集落内に一棟ないし数棟が存在する場合

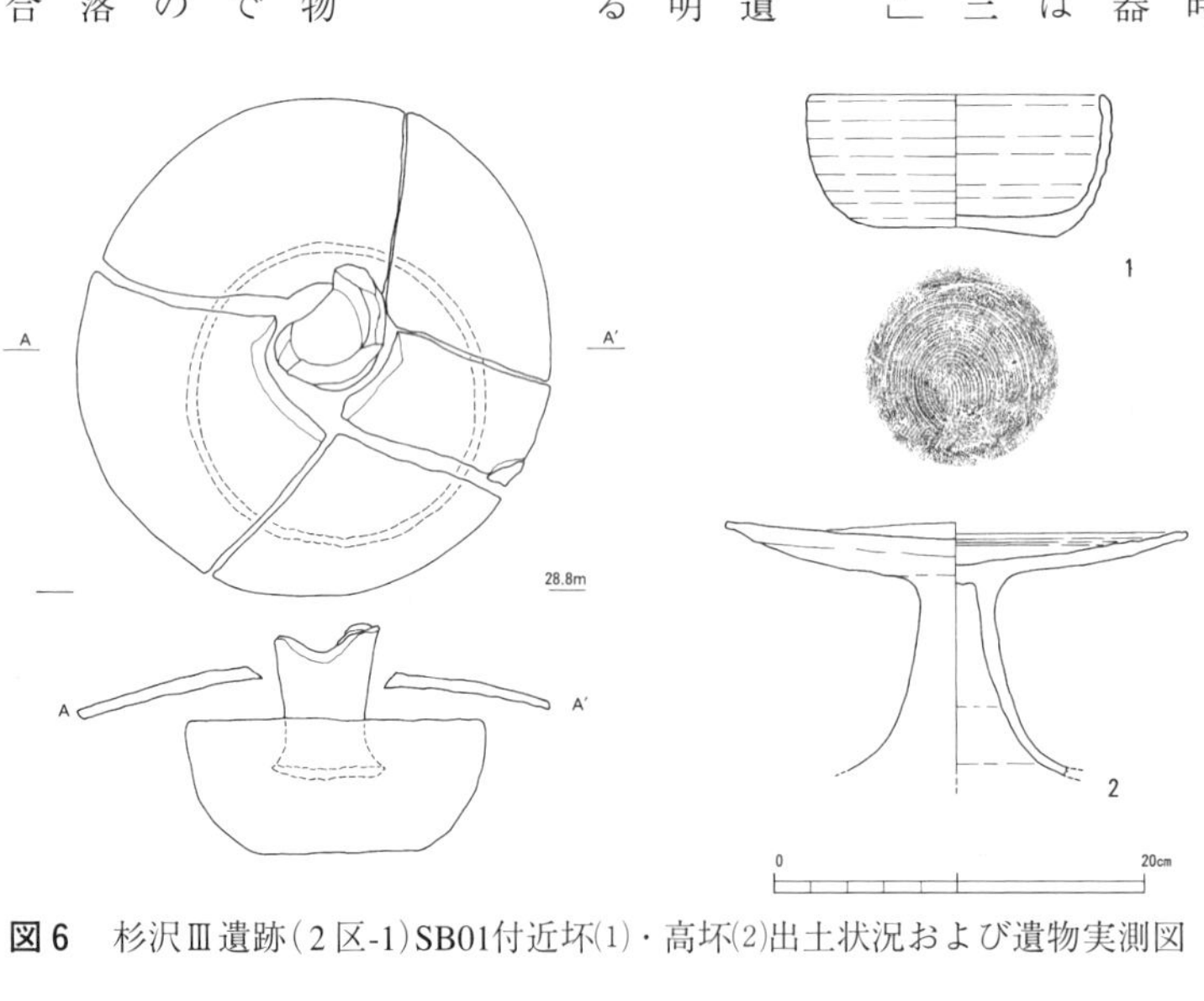

図6　杉沢Ⅲ遺跡（2区-1）SB01付近坏⑴・高坏⑵出土状況および遺物実測図

や、官衙の正倉院として複数棟が存在する場合などがある。その機能については集落においては食物の貯蔵用としての倉あるいは宝器や兵器の保管用の蔵や庫が考えられ、一方官衙に付属する場合は郡衙などの役所の施設に置かれ、穀稲を備蓄米や救済米として保管する不動倉や動用倉などが考えられる。倉が何らかの理由により焼失した場合、多量の炭化米が発見されることもある。

ここで取り上げる杉沢Ⅲ遺跡の九本柱建物は以下の点において特殊であり、前述の場合とは明らかに異なる様相を呈している。すなわち、建物は山頂部という高所に占地され、周辺にはこれといった集落や官衙施設が認められないこと、建物は際立って大きな規模ではなく、九本柱建物と側柱建物が規則的に配置されていること、九本柱建物の周囲にはL字状に塀が囲遶し外部とは別の空間を形成していることなどがあげられる。このような点から、杉沢Ⅲ遺跡の九本柱建物は一般的な集落や官衙で現れる

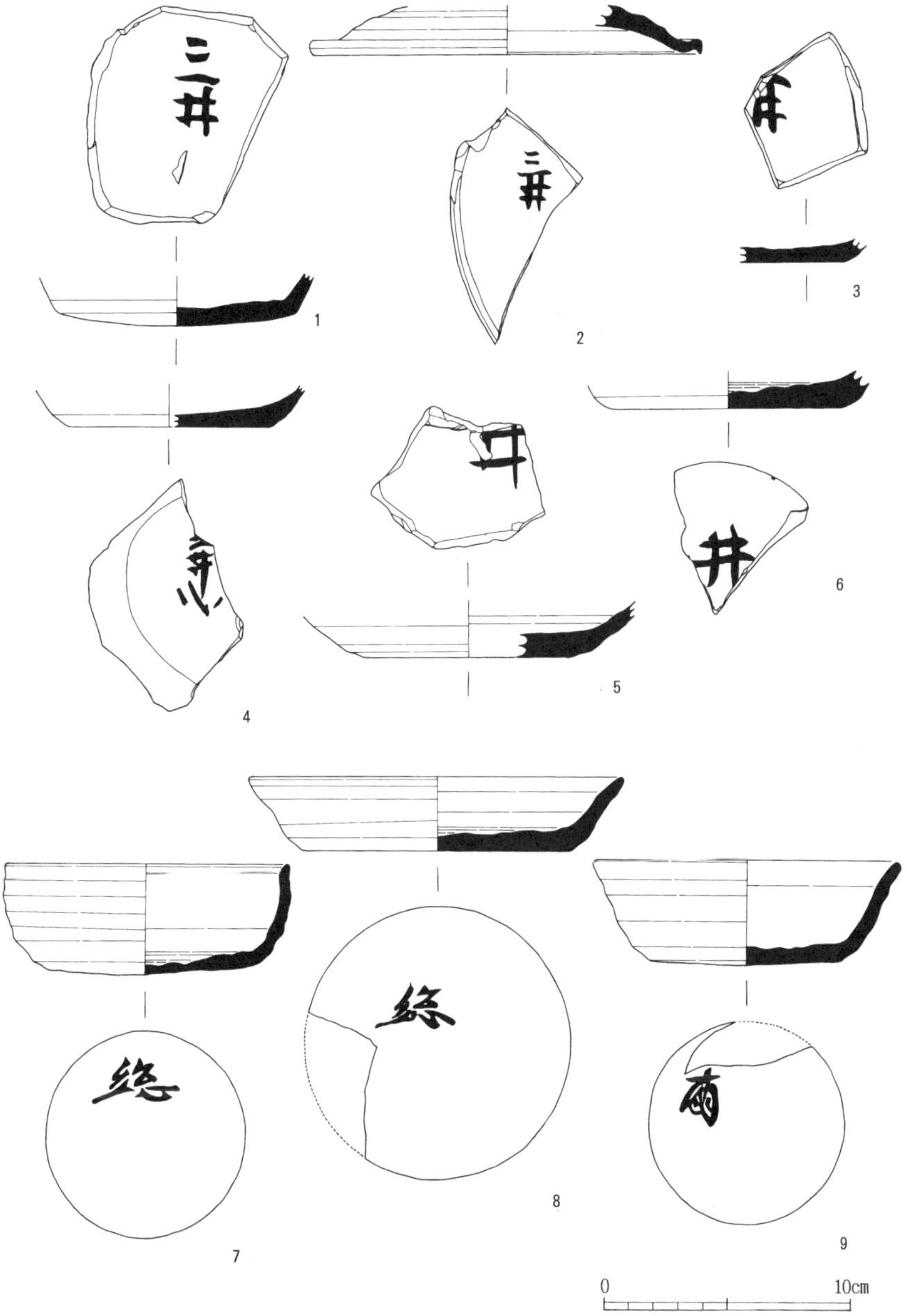

図7　三井Ⅱ遺跡出土墨書土器

九本柱建物とは区別するために、ここでは性格や機能が異なるという意味で「特殊な九本柱建物」と呼ぶこととする。

私見において杉沢Ⅲ遺跡と同様な特徴をもつ事例として、松江市の田和山遺跡(9)、出雲市三田谷Ⅰ遺跡(10)、同市青木遺跡(11)があげられる。以下概略を記すこととする。

1　田和山遺跡

松江市南郊の独立丘陵上に位置し、三重の環濠をめぐらした山頂部で九本柱建物と柱穴列、北と西斜面で竪穴住居や掘立柱建物が確認された。

山頂部は東西一〇メートル、南北三〇メートルの平坦地で、中央部で検出された九本柱建物（一二・五平方メートル）は二間×二間の総柱構造で、心柱は径三六センチ、深さ五〇センチを測り、側柱の八本柱よりやや深い。平面形はややいびつな長方形を呈している。東側には柱穴六本が並び、塀のような機能であったであろうか。また、平坦部を一周するように柵列がめぐっている。いずれも弥生時代中期後半頃の時期である。

これより古く弥生時代前期末には、五本柱建物（六平方メートル）が平坦部の南西傾斜地に建てられる。心柱は径三四センチ、深さ四一センチを測り、四本柱より径が小さいが、深く掘り込まれている。背の高い心柱が屹立していた可能性が言われている。

山頂部からは土玉、環濠から分銅形土製品、銅剣形石剣などの祭祀関係の遺物が出土している。

2　三田谷Ⅰ遺跡

出雲市の神戸川右岸に位置し、権現山と谷のほぼ中央を流れる大溝（SD06）の間の段丘上で掘立柱建物一八棟が確認された。束柱をもたない側柱建物八棟、束柱をもつ総柱建物（九本柱建物）一〇棟がある。建物のまとまりは三～四群が考えられ、A群（七世紀末以降）はSB04・06、B群（七世紀以降）はSB13・05・11・02・08、C群（六世紀後半以降）はSB07・10・03・12・01・17、D群（七世紀以降）はSB09・14とされる。

C群に属するSB01は、土壙などによりかなり攪乱を受

図8　漆沼郷下直江村繪図（部分、下が北）（原弘所蔵、斐川町教育委員会写真提供）

けており、柱穴や溝の一部が削平されているが、ＳＢ01（一一・五平方メートル）は二間×二間の総柱構造（九本柱建物）で、四周を溝で区画している。建物と溝の間隔がもっともひろい南西側が入り口と考えられる。A群からD群でみられる建物群はいずれも倉庫あるいは管理施設や作業施設とみられるが、C群ＳＢ01は周囲は浅い溝に囲まれていることや他の建物群とは占地が異なることから、特殊な建物と考えられている。なお、時期は溝内から糸切り底の碗が出土していることから奈良時代に下る可能性も残している。

ＳＤ06の上部に位置するＳＫ62から湧水があり、付近から八世紀前半の墨書土器「麻奈井」が出土している。

３　青木遺跡

出雲市林木町、北山山系の南麓、大寺谷の開口部に位置し、小扇状地の微高地上に形成されている。４区において奈良時代後半から平安時代初頭（八世紀後半～九世紀前半）にかけての掘立柱建物四棟が確認された。ＳＢ05は三間×二間の側柱建物、ＳＢ02・03・04はいずれも二間×二間の総柱建物（九本柱建物）である。中心的な建物であるＳＢ03（一〇平方メートル）は、一辺三・三メートルの方形の平面で規模はあまり大きくないが、心柱の柱穴は突出して深く、深さ一・二メートルもある。遺存している柱根は、他の八本柱はクリやケヤキであるのに対し、心柱のみ当時としては高貴な木材とされるカヤ材を使用している。ＳＢ03の周囲は外界との隔絶を示すかのように貼石基壇がめぐる。基壇の東側には舌状の張り出しがあり、さらに外側には目隠し塀状に柱穴列が並んでいる。これらからＳＢ03の正面は東側とみられている。

ＳＢ02（七・二平方メートル）およびＳＢ04（五・三平方メートル）は、中心柱筋を揃え南北に並ぶ九本柱建物で、周囲には張石がめぐらされている。土層関係からＳＢ03基壇より新しいとみられる。ＳＢ04には二つの心柱があり、東側一本が床束、西側一本が梁下まで立ち上がると考えられている。

ＳＢ03は神社本殿、ＳＢ02・ＳＢ04は摂社・末社相当の小社、ＳＢ05は管理施設という見方がある。付近から出土した遺物には、手捏土器や陽物木製品、斎串、木製刀子、火切臼、神像など多数の祭祀遺物がある。

以上、三つの遺跡にみられる特徴を以下にあげてみる。

・立地と占地：独立丘陵上あるいは集落とは離れた空間に占地
・規　　模：面積一〇平方メートル前後と小規模
・配　　列：複数棟の場合は、規則的な配置
・囲繞施設：溝や堀、柵列などの空間を画する施設
・出土遺物：祭祀遺物や文字資料

このように建物の立地や配列、囲繞施設などの面で「特殊な九本柱建物」に共通する特徴をみることができる。ただし、中心柱の構造についてみると、青木遺跡の例は四周の柱より太く深い特徴があることから床上あるいは梁・棟まで届いていた可能性があり、一方田和山遺跡と三田谷Ⅰ遺跡については床束を支える柱であろうと思われる。

なお、これらの例をすべて神社建築の一例とみているのではなく、弥生時代に遡る田和山遺跡や古墳時代とされる三田谷Ⅰ遺跡の場合は、単独の建物を中心とした祭祀的な空間、依り代としての象徴物として存在した可能性を指摘したい。しかし、九本柱建物という共通の概念は後の時代まで連続し、遅くとも奈良時代後期から平安時代初期の段階には複数の建物が、現在私たちが目にすることができる神社建築様の配置をとる、いわゆる構造物としての祭祀の場が確保されたものと理解するのである。

四、御井神社とゆかりの地

1　御井神社の由緒

御井神社は杉沢Ⅲ遺跡の東一〇〇メートルの「結之里」に所在し、祭神は大国主神の第一子木俣神《きまた》（またの名は御井神）である。古くは『風土記』の神祇官社「御井社」としてみえ、『延喜式』には式内社「御井神社」、江戸期の『雲陽誌』にも「御井社」として載せられるなど、多くの文献に登場している。

『御井神社由緒概略』[12]によると、「大国主神が国土を経営し給へる時稲羽の国に八上姫神あり大国主神姫神に求婚して木俣神を挙ぐ　然るに大国主神には嫡妻須勢理姫神ありて　甚だしく嫉妬し給ひしに據り　やむなく故国稲羽に帰り給はんとして　此の地に至り遂に産気づき給ひ最も安く御子を平産し給ひたるに依り木の俣に刺挟み置きて産湯の井、生井、福井、綱長井を穿ち水を求め給ひき　之本邦井の始めにして木俣神亦御井神と申す所以なり」と書かれている。『古事記』[13]上巻の「大国主神の事績」で大国主神が因幡の白兎を助けた物語の次に出てくる神話によるものである。身ごもられた八上姫神が大国主命を慕って出雲国までいらっしゃったが、正妻須勢理姫神の立場を気づかわれた。そこでお産みになった御子を木の俣に掛けたので、その神を木俣神と言ったという内容である。

中世以降の御井神社について、『由緒概略』は「建久二年に当時の神職稲田彦太郎が源頼朝の命によって上直江八幡宮に転住するまでは、方三〇〇間（一キロ強）の神苑を有し、豪壮な社殿がそびえたっていた」と伝えている。戦国期になって「尼子、毛利両氏が争奪戦の中心地とした高瀬城攻撃の際主要な陣地となって兵火にあい、古代の規模は悉く毀損され古器物古文書等は皆散逸した」とも記されている。残念ながら実物の古記録はほとんど残されていない状態である。

なお、御井神社の南約五〇〇メートルに実巽《じっそん》神社が祀られている。『雲陽誌』実巽神社条に「木俣神の御母稲葉八上姫を祭祠は松樹青々たる……」とあり、『由緒概略』には「結神社（現、実巽神社）あり稲羽八上姫を祀る」と記されている。御井神社の規模が大きかった頃の奥の院として信仰されていたと思われる。[14]

2　三つの井戸のこと

『古事記』によると、八上姫神が臨月の体で結之里まで帰られたとき、急に産気づき、生井・福井・綱長井の三つの井戸を掘り、湧き出る水で身を清め無事に安産された。また、御子木俣神も三つの井戸の水で産湯をなされ、健やかに成長されたという伝承がある。

三つの井戸は御井神社本社より一〇〇メートル離れたところにあって、かつては枯れることなく清水をたたえ、『由緒概略』によると中世の頃は御井神社の神域であったことは間違いないところである。「井」とは泉や流れから水を汲みとる所で、まさにその遺称が井戸跡である。現在「生井《いくい》」は安産と子育ての水神、「福井《さくい》」は母子の幸せを司る水神、「綱長井《つながい》」は母子の寿命を司る水神としてひっそりと祀られており、今日でも安産と育児の神として多くの人々に深く信仰されている。

3　八上姫神ゆかりの地

八上姫神ゆかりの地として因幡地方に伝承が残る二つの社をあげることにする。[15]

木俣神の母神である八上姫神は、鳥取市河原町（旧八頭郡河原町）が出自といわれ、八上比売命を祀る「売沼《めぬま》神社」[16]がいにしえを伝えている。梁瀬山東麓に位置し、南に八上姫神の墓と伝えられる嶽古墳がある。嶽古墳は五世紀後半から六世紀前半頃に築造された全長五〇メートルの前方後円墳で、因幡地方で大規模クラスの古墳である。

『延喜式』神名帳に「八上郡　売沼《ひめぬ》神社」、社伝の記録には「八上姫神社」、拝殿扁額には「稲羽八上姫命　売沼神社」、『鳥取県郷土史』には「売沼《めぬ》神社」と記され、読みも表記もいろいろであるが、現在は一般に「売沼《めぬま》」と呼ばれている。『式内社調査報告書』によると、以前は対岸の梁瀬山の中腹に鎮座していたと伝えられ、天正年間に現社地より一町ばかり小高い所に遷られ、さらに現鎮座地へ移られたものと考えられている。遷座時期は不明であるが、境内の杉の樹齢から中世末か近世初め頃と推定されている。國本堅磐宮司[17]によると現鎮座地は千代川と支流曳田川が合流するところで、低地帯が開けており、地形などから判断してかつては沼地ではなかったかと推測されている。「売沼」の名のおこりが想起される。また売沼神社の北東六キロに五世紀前葉とされる古郡家1号墳が築かれ、ここからヒスイ製勾玉が出土している。近隣の鳥取県八頭郡若桜町や兵庫県養父市大屋町でもヒスイが産出されることから「売沼」はメノウとも読め、メノウの姫という見方もされている。(18)

鳥取市の東隣岩美郡岩美町の「御湯《みゆ》神社」(19)は、大己貴命・御井神・八上姫命・猿田彦命が祭神として祀られている。『延喜式』神名帳に載る巨濃郡九座のうちの「御湯神社」に比定されている。御湯神社は現在は岩井集落から蒲生川を隔てた北東の山腹に鎮座しているが、もともとは対岸の岩井温泉の湯が湧き出る源で祀られていたのではないかと小田哲郎宮司(20)は伝えている。ここはちょうど蒲生川と長谷川が合流するところで、古くから低湿地の氾濫源であったであろう。神社が鎮座する丘陵の先端部には〝鬼の碗〟と呼ぶ塔の心礎があり、国指定史跡「岩井廃寺」の塔跡である。岩井廃寺は七世紀後半から九世紀初頭にかけての寺院跡で、法起寺式の伽藍配置をとっている。このあたりは古代の巨濃郡大野郷の中心地とされ、但馬国から蒲生峠を越えて因幡国府へ至る交通の要所であった。

ヤカミの語源については、「八（ヤ）」は弥とか谷（低湿地）に通じ、「弥上」や「谷上」と読み替え、川や谷の上流域、湿地帯など水源や水辺に関わる場所という意味があるのではないか。また旧八上郡では一九座もの式内社があるので、神々の多い地との意味があるともいわれている。

五、杉沢Ⅲ遺跡周辺の祭祀空間

これまで述べてきたことをいま一度整理してみると(表1)、杉沢Ⅲ遺跡で確認された九本柱建物を中心とした神社建築、三井Ⅱ遺跡から出土した「三井」「井」などの墨書土器などの考古学的事象、風土記社「御井社」と『古事記』に登場する神々と三つの井戸という神話・伝承があげられる。いずれも半径一五〇メートルの範囲内にあり、「三井」や「結《むすび》」などの地名も遺称として存在している。

さらに現御井神社の本殿・拝殿・参道を一直線に延長した先は、杉沢Ⅲ遺跡の九本柱建物と側柱建物の延長ラインと一致することになる。単なる偶然であろうか。遺跡の性格を決定づけるであろう祭祀遺物が多くは発見されていない現段階で早計なことは言えないが、杉沢Ⅲ遺跡周辺の事象は一定の祭祀空間としてとらえてもよいのではないか。考古学的事象として期待するのは、三井Ⅱ遺跡の今後の調査の進展である。現在は試掘調査なのでわずかな事実だけしか判明していないが、墨書土器「三井」の出土、「三井谷」という地名や谷最奥部にある「堤」の存在、これらから連想することは、低湿地や水辺、湧き水という水にかかわる祭祀対象の存在である。

一方、御井神社にかかわる問題であるが、風土記社「御井社」がどこに所在したのかである。直接的には不明と言わざるをえないが、『雲陽誌』御井社条に「本社は田間の小山にあり」とあることから、周辺の状況からみておそらく現鎮座地または付近の低丘陵地上に位置していたものであろう。三つの井戸については、『古事記』にもとづく神話から水が湧き出る場所、井戸または祭祀の場が神域のどこかにあったことを物語っている。すなわち先ほどの三井Ⅱ遺跡との関係から「薬師谷(三井谷)」の谷奥・谷頭、現在みられる「堤」あたりにその場を求めることができないであろうか。

表1　杉沢Ⅲ遺跡周辺の祭祀対象の変遷

時代(時期)	祭祀対象	文献・遺跡
近現代	現本殿「御井神社」 境外社「生井」「福井」「綱長井」	神社由緒概略
近世（江戸後期)	「御井社」	雲陽誌
中世末	「御井神社」現社地付近 境内社「生井」「福井」「綱長井」	神社由緒概略
中世（平安中期)	式内社「御井神社」	延喜式
古代(奈良後期～平安初期)	構造物内での祭祀 とくに九本柱建物内での祭祀	杉沢Ⅲ遺跡
	墨書土器「三井」「井」	三井Ⅱ遺跡
古代（奈良前期)	神祇官社「御井社」	出雲国風土記
	八上姫神話	古事記
古代以前	自然対象物への祭祀 とくに井戸・水辺に関わる祭祀	

六、若干のまとめ

古代以前においては、谷奥・谷頭の湧水地で執り行われていた水辺にかかわる祭祀、すなわち自然を対象としていた初源的な祭祀形態から、古代に入って施設を伴う祭祀形態として九本柱建物が現れたのではないだろうか。言い換えれば、自然対象物への祭祀から構造物内での祭祀への変化、その構造物が九本柱建物であった。九本柱建物のはじまりについては田和山遺跡にみられるように、弥生時代中期後半頃にはすでに依り代としての九本柱建物がみられるが、神社建築の様相が確立するのは杉沢Ⅲ遺跡周辺地域においては奈良時代後期から平安時代初期の段階になってからであると考えられる。

杉沢Ⅲ遺跡、三井Ⅱ遺跡、御井神社、三つの井戸、これらを対象とした祭祀は、祭祀形態や祭場を変えながら古代から現在まで連綿と続いているのである。今後のさらなる調査によって杉沢Ⅲ遺跡周辺の祭祀空間を復元することができれば、古代祭祀の実態をより明らかにすることができるであろう。

註

（1）斐川町教育委員会『杉沢Ⅲ遺跡』二〇〇一。
（2）斐川町史編纂委員会『斐川町史』一九七二。
（3）加藤義成校注『出雲國風土記』今井書店、一九六五。
（4）池田敏雄『斐川の地名散歩』斐川町役場、一九八七。
（5）斐川町教育委員会『後谷Ⅴ遺跡』一九九六。
（6）フォト直江刊行委員会『フォト直江［一〇〇年］』一九九六。
（7）斐川町教育委員会『町道杉沢線改良工事に伴う埋蔵文化財発掘調査概報（杉沢遺跡）』一九九五。
（8）斐川町教育委員会『杉沢Ⅲ・堀切Ⅰ・三井Ⅱ遺跡発掘調査報告書』二〇〇一。
（9）松江市教育委員会『田和山遺跡』二〇〇一。
（10）島根県教育委員会『三田谷Ⅰ遺跡（Vol.2）』二〇〇〇。
（11）松尾充晶「奈良・平安初期の神社遺構―島根県青木遺跡―」『季刊考古学』第87号、雄山閣、二〇〇四。
（12）郷社御井神社社務所『式内郷社　御井神社由緒概略』一九三六。
（13）次田真幸『古事記（上）』講談社、一九七七。
（14）御井神社の由来や昔の姿について、宮司稲田真二氏の母美代子氏から詳しくご教示いただいた。
（15）『日本歴史地名大系32　鳥取県の地名』平凡社、一九九二。
（16）河原町役場『河原町誌』一九八六。
（17）売沼神社の由来や八上姫伝承について、宮司國本堅磐氏と神社総代長鳥越菅雄氏からご教示いただいた。
（18）川島芙美子「古代における「御井社」の位置づけ」『講演記録集Ⅱ』ふるさと史研究会　二〇〇五。
（19）岩美町『岩美町誌』一九六八。『日本歴史地名大系32　鳥取県の地名』平凡社、一九九二。
（20）御湯神社の由来について、宮司小田哲郎氏からご教示いただいた。岩井温泉の源泉との関係を指摘されている。

弥生時代の九本柱

松本　ディスカッションをはじめたいと思います。

浅川　昨年の第一回シンポジウムにご参加いただいていない先生方はあまりよく知られないと思いますが、濵田竜彦さんの「空間A／空間Bに分ける弥生集落空間論」は山陰では大変有名です。空間Aは竪穴住居と梁間一間の高床倉庫からなる居住域、空間Bは大型掘立柱建物で構成される特殊な空間領域です。中期では両者がはっきりとゾーニングされるのですが、後期になると大型建物がぽつりぽつりと空間Bに包含されていき、ゾーニングは不明瞭になっていくのです。この中で、じつは九本柱だけが宙に浮いていました。典型的なのが妻木晩田遺跡の九本柱建物なんです。まず建物なのかどうかわかりませんし、何となく後期の遺構とみなしていますが、時期も判定しにくい。今回高田さんが「田和山類型」「妻木晩田類型」「百塚類型」などと分類して下さって、大変意義がある分析をなされたわけですが、機能・性格がよくわかりませんね。これを「倉庫」とみたらよいのか、祭祀系の施設とみたらよいのか、という点から高田さんにお聞きしたいのです。

高田　九本柱の遺構は約一二〇例集めました。それらは居住域の近くにあるものが多いんです。ただ、通常の高床倉庫と考えられる梁間一間×桁行二間の遺構に比べると、数は極端に少ないんです。ということのみが、ちょっと特殊な取り扱いをしている根拠でしかないわけなんですが、独立した丘陵の頂部など、特殊な空間にある例は、弥生時代では本当に田和山だけです。

浅川　妻木晩田中期環濠の中の遺構はどうですか。

高田　あれは古墳の下にあって、九本柱かどうか確定できません。多くの時期を通じて竪穴住居を中心とする居住域に近接して九本柱があるという状態で、しかも中央の「心柱」は浅いものの方がじつは多い。やはり高床倉庫と考えるべきじゃないかと思うのです。ただその中でも、古墳時代の菅原Ⅲ遺跡や五反田遺跡など、通常の居住域とは離れた場所にあるものとか区画施設で遮蔽されているものもありますので、ただ九本柱遺構というだけで、ずっと同じ性格のものが続いているというよりは、そうした総柱の高床倉庫が祭祀的な空間に取り入れられていくのではなかろうかと思うわけです。もともと祭祀的な神様がいます建物として通ってきているのではなくて、ある段階で、そういう施設に採択されていく。七～八世紀に非日常建物の規模が画一化していく傾向も読み取れますので、あるいは古墳時代の後期にその建物の特殊なあり方が出てくるのかもしれません。その辺に端緒があるんじゃないかなと考えているところです。

浅川　妻木晩田遺跡で梁間一間の高床倉庫があれだけいっぱいあるのに、何で二間×二間の別の構築物が点々とあるのでしょうか。小さな倉庫は魏志高句麗伝にみえる「桴椋」で、大型の倉庫は魏志倭人伝にみえる「邸閣」なのかもしれませんが、租税を納める「邸閣」の場合、平塚川添（福岡県朝倉市）のように集中している方がイメージとしては望ましい気がします。点々として存在する妻木晩田の九本柱が大型の高床倉庫だといい切れるのでしょうか。その段階から高床倉庫とはちょっと違う性格のものがあったのかもしれません。いくつかの居住単位を包括するような構築物としてね。もちろん、それが神社の起源だといいたいわけではありませんが。

高田　確かに妻木晩田とか、こしき山とかもそうですけども、ごく一般的にある高床倉庫と考えられる梁間一間の掘立柱建物にくらべて、九本柱ははるかに数が少ないです。「複数の集団を取りまとめる建物」といった可能性はあるでしょうけれども、ただ何か特殊な遺物を伴う例は古墳時代通じてほとんどないですね。奈良時代の青木遺跡くらいでしか、自信をもって祭祀的といえるものはありません。

林　私は高田さんの解釈が普通じゃないかなと思います。九本柱を祭祀的にみる根拠が、少なくとも考古学的にも何もない状況で、神社側からそういうふうに遡っていくのは大変危険だと思います。集落にこれだけ隣接した形である場合、わざわざ祭祀的な施設と考えるのはどうかなと思うのです。高田さんがおっしゃったように、倉庫にもいろいろなタイプがあって、たまたま九本柱の倉庫もあったとした方がよいのではないでしょうか。七世紀中期以前に、こういう特殊なものが考古学的にあるのかどうかお聞きしたい。

高田　私が調べた範囲で気になるのは菅原Ⅲ遺跡の建物2ですね。谷の奥の狭いところに九本柱と六本柱が建っています。古墳時代後期以前、六世紀後半以前の遺構です。渋沢Ⅲ遺跡の話とかうかがっておりますと、どうも「水」と九本柱が複合的に存在した可能性があるようでして、菅原Ⅲ遺跡も谷奥で調査中も湧水が多かったということが報告書に書かれています。遺構としてはそんなに多くないんですが、人目につきにくいところに立地するという点では候補にあがるのではと思っています。田和山と菅原Ⅲを結ぶ間の資料はほとんどありませんので、これを同一の系譜の中で考えるべきなのか、いったん途切れていると考えるべきなのかが問題になりますが、私はいったん途切れたのだろうと考えています。古墳時代後期ごろに百塚のような柵囲いの例が出てくる。三田谷の溝で囲まれた例も、その系譜上にあると判断した方がいいんじゃないでしょうか。

松本　こういった考古学的な資料をどう解釈するか非常に難しいわけなんですが、あるものは倉庫になる可能性が高い。床束とかそういったものもあるし、そうでないものもある。両方あるんじゃないかということのようなんですが、中原さんが二間×二間の総柱で集落全体に帰属するような建物というような性格づけをされているんですが、これはどういった内容を考えていらっしゃるんでしょうか。

中原　基本的に、最後に申し上げましたように、いまの考古学的な知見からすれば、二間×二間の遺構は高床倉庫と考えるのが一番妥当ではないかと思います。ただ、さきほどの高田さんの話にもあったんですが、仮に倉庫だとしても、集落全体を管理するような倉としての性格を考えた方がいいのかなと思っています。

浅川　やはり「邸閣」なのかな？

松本　竪穴住居があって、梁間一間の倉庫がある。そういう小さな単位としての倉庫ではなく、もう少し広い地域の中でも二×二間の総柱型倉庫的な施設があったということですね。

錦田　あんまり二間×二間にこだわってしまうと、たしかに古いものがあるかもしれないけど、途中で断絶してしまうので、むしろ逆に二間×二間にだんだんと収斂されていって「大社造」として整備されていくような傾向になっていくというのが正しいんじゃないかなと思うんですが。

浅川　弥生時代の九本柱が倉庫かどうかついては慎重に考えないといけませんが、私も基本的にはそういう考えですよ。

独立棟持柱をもつ建物

松本　弥生～古墳時代では、山陰地方でも「独立棟持柱」をもつ建物がみつかっています。古墳時代以降では鳥取、島根ではどうなんでしょうか。

中原　鳥取県で最初に出てくるのは弥生時代中期中葉くらいでしょうか。その後、弥生後期にはほとんど大型の建物がなくって、古墳時代で独立棟持柱をもつ可能性があるのは長瀬高浜の一棟のみです。ただ、「独立棟持柱」といっていいのかどうか。棟持柱が妻壁に非常に近接しておりますので。百塚でも古墳時代中期後半から後期にかけての建物に独立棟持柱が認められますが、これも本当にそうなのか、検討を要します。

中川　鳥取県でしかみつかってないと思います。

松本　独立棟持柱を伴う建物は島根ではないということですね。非常に特殊な建物ではないかといわれているわけですが、独立棟持柱だから全部特殊だとはいえないし、それがすべて祭祀的なものに結びつくかどうか非常に疑問なところももちろんあるわけです。弥生時代の例は非常に大型で、何らかの集会所的機能とか、共同作業場的な機能、あるいはまた祭祀的な性格を想定されたりしていますが、弥生～古墳時代の伯耆にはあるにしても、それもずっと後世に続いていくわけではない。古墳時代の百塚は基本的に九本柱の建物で棟持柱をもつということなんですかね。浅川さんはどういう上屋を考えられますか。

浅川　上屋はわかりませんが、独立棟持柱が九本柱と複合するのはずっと後のことだと推定しています。百塚の場合、方形区画の柵の中に竪穴住居と九本柱が併存しているというような矛盾だらけの報告をみるにつけ、独立棟持柱は掘り間違いではないかと思っています。

藤澤　独立棟持柱じゃなくて近接棟持柱を示唆する遺構はあるんですか。とくに九本柱と複合する近接棟持柱が気になっています。

高田　九本柱と複合する近接棟持柱が明確に出てるということはないですね。菅原Ⅲ遺跡では一辺だけが斜め方向に出ていますけど。

浅川　弥生時代中期の「長棟建物」は基本的に近接棟持柱の構造です。伯耆に多いんですが、田和山の加工段の建物もこのタイプですね。たぶん在地系の平屋建物なんでしょう。これに百年ばかり遅れて、おそらく近畿から伯耆に独立棟持柱付の高床建物がもたらされます。

床束か通柱か

松本　引き続き遺跡各論に関するディスカッションをお願いいたします。

藤澤　九本柱と言われているのは、じつは柱ではなくて束柱という可能性がかなりあると思うのです。束柱と柱の区別というのをしていかないと、議論がごちゃごちゃになってしまう。しかも、九本柱をイメージしていると、無意識的に大社造がイメージされてしまいます。棟持柱が出てるか出ていないかがかなり重要な要素になってくると思うのですが、今日お示しいただいた資料は大社造につながるのかなという懸念の方が大きいですね。

松本　掘立柱建物を遺構としてみても、柱がどこまで上がっていて、どうなっているのかまったくわかりません。しかし、とりあえず発掘調査で柱の掘形が九つ配置されているものをまず集成してみようとしたのです。そういったところを具体的な考古学的資料でたどってみようといったところでして、なかなか束柱になるのか通杆になるのかを判定するのは難しいと思いますね。それは遺構を一つずつ検証していく必要があるでしょう。たとえば青木遺跡のＳＢ04では、ちょうど心柱のところに二本柱があって。そのうち一本は床束で、もう一本が床上にあがるというのが浅川さんの説です。その説が正しいかどうかわかりませんが、これから検討していく必要があるかなと思っております。

浅川　束柱か通柱かを遺構から判断するのは難しいですね。今日重要だったのは、青木遺跡以外の九本柱で、心柱の柱穴が側柱と同程度かそれ以下、また、深さも心柱の柱穴の方が浅くて小さいという指摘です。ということは、仮に床があったとすれば、心柱は床束であって、床より上にあがっていなかった可能性が高いでしょう。それは古墳時代でも、奈良時代でも感じとれました。唯一違ったのが青木遺跡ＳＢ02です。心柱が太くて、穴が深い。側柱より大きな心柱が床上に立ち上がっていたと強くイメージされました。一方、ＳＢ04では、心柱が二本ある。九本柱については、さきほどから「高床倉庫」が自然な理解だという主張が優勢なわけですが、そういう土着的な倉庫建築が格式化して、いまの神殿に一歩ずつ近づいていく。格式化するにあたって重要なお化粧の要素が独立棟持柱と心御柱じゃないか、と私は思っているんです。元は倉庫なのか何だかわかりませんが、九本柱の建物が母体としてあって、それが荘厳されて、いまの「大社造」の本殿が成立するんだろうと私は思っているんです。

松尾　やっぱり青木遺跡のこの建物は心柱の真ん中の象徴性、特殊な意図を考えざるをえないというふうに思っています。時期的には整理すると、杉沢Ⅲとどのくらい違うのでしょうか。

宍道　直接伴う遺物がないので、周辺の土器からみますと、七世紀末からあることはあるんですが、主体は八世紀後半だろうと思います。近辺に出ている高坏などはもうちょっと新しいということです。ですから八世紀後半～九世紀初の遺構と考えています。

松尾　杉沢Ⅲと青木は平野を挟んで北と南にあり、ほぼ併行する時期であっても（報告書刊行後、青木遺跡九本柱の年代は八世紀前半に修正された）、やはり立地がこれだけ違うと建物の構造も違っていますね。杉沢Ⅲの心柱の穴は小さくて浅いので、やはり束柱と考えるのがよさそうです。そういう違いを一つ認識できると思います。青木遺跡は基本的に「精神的」といっていいのかわかりませんが、公的権力が直接働く官衙でないにもかかわらず、どういった思想かわかりませんが、何らかの精神的な総合性というものが祭祀に対してうかがえるのではないか。ちょっと時期が下りますけども、神像の出土にしても、山の上に建てられて独立した杉沢Ⅲの建物とは別の性格があって、青木遺跡が早い段階で「大社造」としての素地をもっていても理解できるかなという気がします。

材種からみた上屋構造

松本　青木遺跡SB03を建築史の方々がご覧になって、どうみられのか、非常に気になります。九本柱だからただちに神社建築とみなすのは非常に危ないなと思いますけども、ご意見をお聞かせください。

藤澤　SB03で驚いたのは、材種がケヤキとクリなんですね。八～九世紀だと、常識的には柱にクリは使わないんです。クリは大雑把な加工の部材に使われますが、これを上まで立ち上げると、横板落込（サクリはめ）の板壁の溝を加工するのは大変困難だと思うのですね、木が暴れる。ですから、さきほどの浅川さんの意見を使えば、これは「お化粧の前」だったらわかるのですけども、「お化粧の後」には使いにくい。この辺の柱は全部束柱じゃないかと思うのですが。

林　クリばかりの材なら、常識的には床上まで上げないんじゃないかな。建築部材でこんなにクリを柱に使っちゃって高床だと、壁はきついだろうなと思います。一部の柱根は転用材とおっしゃってますけれども、他も全部転用かもしれないですよね。小さなSB02・04なんかは全部転用材とみた方がいいんじゃないかな。クリのもっている強靭さでいくと、ますます束柱かなという気がします。

三浦　みなさんと同意見です。これは校倉の下が出てるんじゃないかと思います。だから、みんな束柱ではないでしょうか。しかも、小さな方の遺構は柱間が二メートル以下ですね。非常に小さな建物で総柱になってますので、これを上まであげるとうるさい。とても神殿とは思えません。大社造の巨大な神殿と、平面形式が一緒だからといって同じと思ってはいけない。やはり大きさの差というのは十分考えなくてはいけない。クリを使っているのと総柱の柱間が狭いと、大社造の特徴の宇豆柱が飛び出してないということを考えますと、校倉の床下と思います。

和田　柱間が若干それぞれ違うようですけど、そのあたりどうなってるのでしょうか。いまみなさんが言われたような見解で考えていくべきかなと思いました。

西山　私は少し違う考えをもっています。たとえば、すべてが加工しにくいクリ材という点が気になりますが、真ん中の柱にあえて違う材種を使っているということと、あえて太い材料を使っている。それ以外はほぼ直径三〇センチ前後なのに、真ん中は四〇センチぐらいある。広葉樹じゃなくて針葉樹を使っているというところからいくと、やはり中央の柱とそれ以外の柱というのは、意味合いとして違うようにみた方がよいんじゃないでしょうか。そういうところからみますと、九本すべてを床束と考えるのはちょっとどうなのかなと思います。

浅川　あとで考古学の方に応援していただきたいんですが、縄文の建築材は日本全国ほぼ一〇〇％クリに特化されています。弥生～古墳時代の山陰では、まだ縄文の伝統をひきずっていて、クリとかスダジイが主要建材です。そういう伝統が奈良時代あたりまで継承されていても何もおかしくないと私は思っています。クリが通柱であっても全然おかしくない。板壁にしたって別に「サクリはめ」でなくたっていいわけでして、サクリはめ以前の板の合わせ方もいろいろ明らかになってきていいます。山陰の人間からしてみれば、材種がクリだから床束だと断言されることに対しては納得できません。

松本　出雲の国府でも、ちゃんとした建物でクリを使っているんです。だいたい八～九世紀の柱材をみると、結構クリ材が多いんですね。

中川　弥生時代でもスギを使った例はもちろんあるんですけども、クリが多かったですね。近世に入るまでクリを使う地域が多いですね。もちろんクリだけではなくて、ムクノキやシイノキとかいろいろあるのですが、青木Ⅳ区のSB03のようにいろんな材を使って一棟の建物を建てる例というのはいままでわりといっぱいあるんです。

松本　青木SB03の側柱は六本がクリ材で二本がケヤキ材ですが、真ん中はカヤ材。しかも太くて深いということなんで、柱の可能性も考えてもいいのかなと思うのですが、いかがでしょう。

藤澤　そういう地域性があるのなら、たしかにそのとおりなんでしょう。

林　一番大きいSB03ですけれども、私も全部が床束とみる必要はないと思っています。真ん中の柱が相当強調されていますから。

鎌倉時代の神社本殿跡

錦田　岩橋さんの報告にありました渡橋沖遺跡や福富Ⅰ遺跡は、二間×二間の建物に庇がついたタイプとして紹介されました。これの建物はどういうふうな上屋構造を想定したらいいのでしょうか。決して棟持柱が突出して出ているわけでもありませんし、特異な平面だと思いますので、この上屋構造について建築の方々のご意見をぜひおうかがいしたいと思います。

三浦　年代が十三世紀中期ですから鎌倉時代ですね。鎌倉時代で一般的に考えますと、大社造から派生した新型の本殿、大社造より新しい形式だと思います。大社境内から出てきている本殿跡と年代は近いかもしれないけど、大社の方は伝統的に古めかしく造っていて、こちらの方は新型ではないですか。大社造の正面に見世棚の庇を造って、周りは縁束で縁を張ったりと、近世につながる最新型の本殿じゃないかと判断してかまわないと思います。

松本　本当に神社建築と考えてよろしいでしょうか。

林　こういう類例がもうちょっと揃わないと判断しかねますね。要は、大社造がどの時代から変種が出てくるのか、私たちが知っている神魂神社より遡る例がないわけですからね。単なる住宅の一種かもしれません。

韓国の倉庫

松本　今日は考古学的な資料、とりわけ掘立柱建物からみてどういうことが考えられるかということで議論してきました。最後に工楽さんに昨年の状況、今年の掘立柱の状況を聞いていただいてコメントいただければと思います。

工楽　高田さんの倉庫についての理解ですが、住宅から少し離れたクラとなると中身が何かということが問題になりますね。私はあくまで「稲倉」で、容量の違いだと思うんです。四～六本の柱のクラから九本の柱のクラでは容量が違います。律令の時代になると、二間×二間が三間×三間になっていく。個人のクラから共同体管理のクラに変わっていく、ということでしょう。

韓国では、たくさん倉の須恵器が出ております。それは二間×二間の九本柱ですが、あくまでクラとして表現されています。やはり稲倉を表現しているものです。

松本　広い視野からコメントをいただきましてありがとうございました。大社造本殿の九本柱がどういう形で出現してきたのかを考えるうえで、考古学的な資料と比較していこうという試みを昨年から続けてきました。九本柱の遺構を大社造に安易につなげるというのは非常に危険なことなんですけれども、今日は膨大な資料を提示していただきましたので、また明日、これを踏まえて議論していただければと思います。今日はこれで終了したいと思います。

（二〇〇五年九月二十日　於松江）

島根県の家形埴輪

中川　寧

島根県の家形埴輪は、山内氏の検討によると八例が報告されている（山内　一九九九）。破片の例が多いが、その中で安来市大谷1号墳、同市小馬木2号墳、松江市平所遺跡の三例四点が検討を行うことのできる例である。

大谷1号墳出土例（**図1**）は、屋根を欠き壁体部・基部が約半分程度遺存している。遺存部分には入口や窓などの部分は見当たらず、楕円形の透かし穴がある。裾廻突帯は高さ約四センチと高く、若干「へ」字に下へ屈曲する。山内氏の検討では、平入りの平屋建物を表現しているとしているが、基部に半円形の透かしがあること、基部の高さがあることから、高床建物の可能性もある。

小馬木2号墳出土例（**図2**）は、切妻の平屋建物で、平入りである。入口の外側には下部を除く三方に「コ」字に線が描かれている。線はやや雑でゆがんでいる。断面楕円形の棟木を粘土で貼り付けて表現している。壁の中ほどに横に一周する突帯がある。屋根には堅魚木がある。

平所遺跡では二例の家形埴輪が出土している。一例は入母屋造りのもの（**図3**）で、高さ約七七センチと大形である。入口が平側に各一つある。妻側は無文で半円形の透かし穴があく。平側の壁には山形文や斜格子文、綾杉文などの幾何学文様が描かれている。屋根にも文様が描かれており、下屋根部と上屋根部の境に羽状文、上屋根部は全面を四角で区画し、その中にL字や逆L字の鍵手状の文様を施す。下屋根の軒のすぐ上に低い段が表現されている。棟には火炎状の棟飾りがあり、その内部も鱗状の文様が描かれている。棟木は断面半円形で表現されている。裾廻突帯の出は低い。もう一例の寄棟造りのもの（**図4**）は、平側に入

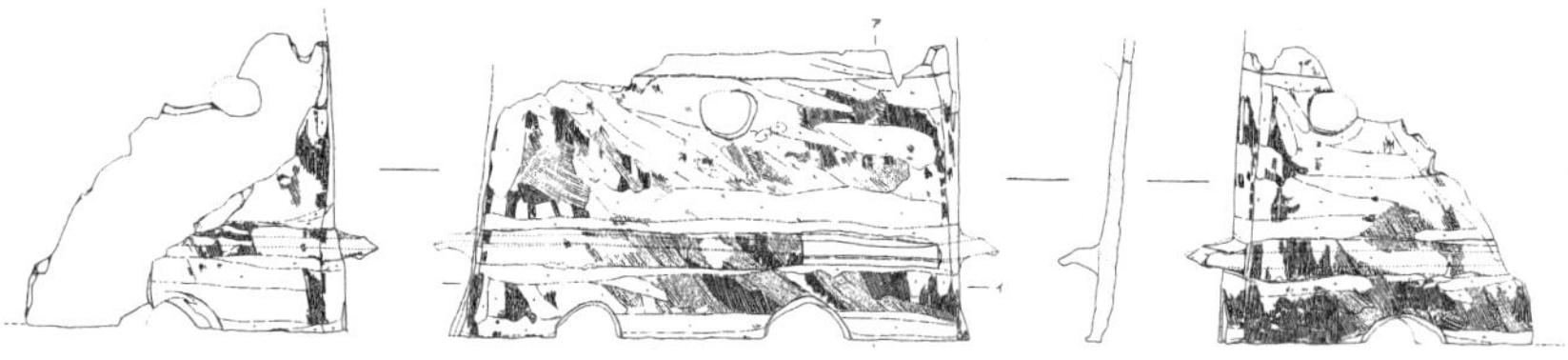

図1　安来市大谷1号墳（S＝1/15）

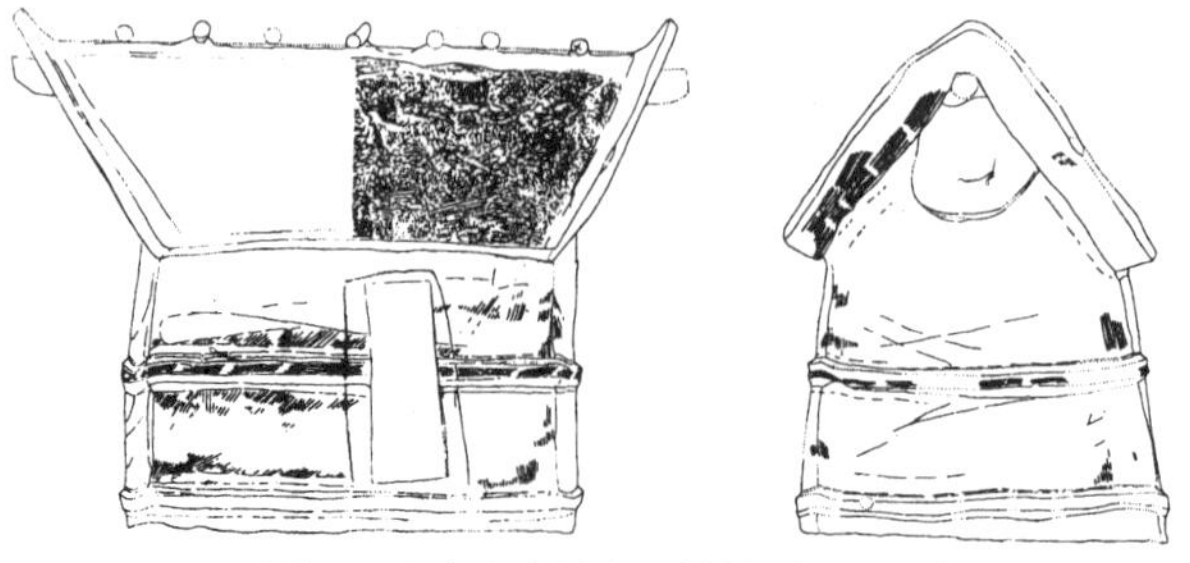

図2　安来市小馬木2号墳（S＝1/10）

口と窓が表現されている。入口の周囲を線で囲っている。妻側には楕円形の透かし穴がある。軒には堅魚木がある。軒に粘土を貼り、屋根の境を粘土の段で表現している。

以上が遺存状態のよい家形埴輪であるが、平所遺跡の入母屋造りの家形埴輪**図3**は、高さが**図4**にくらべて倍以上あること、手の込んだ文様表現があることから、首長の居館を表現した可能性がある。**図2**と平所遺跡の**図4**はともに堅魚木があることから、首長居館を構成する建物の可能性がある。**図1**は幅が**図3**とほぼ同程度であり、大型の家形埴輪の可能性がある。

なお、山内氏によると、島根県の家形埴輪は五世紀中葉から六世紀前半の間に収まるので、家形埴輪は古墳時代中期から後期の掘立柱建物の建築部材に関連があることになるが、現状では建築部材との間に関連を見出すことはできなかった。

（S＝1/10）

図3　松江市平所遺跡（斜線部分は復元部）（島根県教育委員会提供）

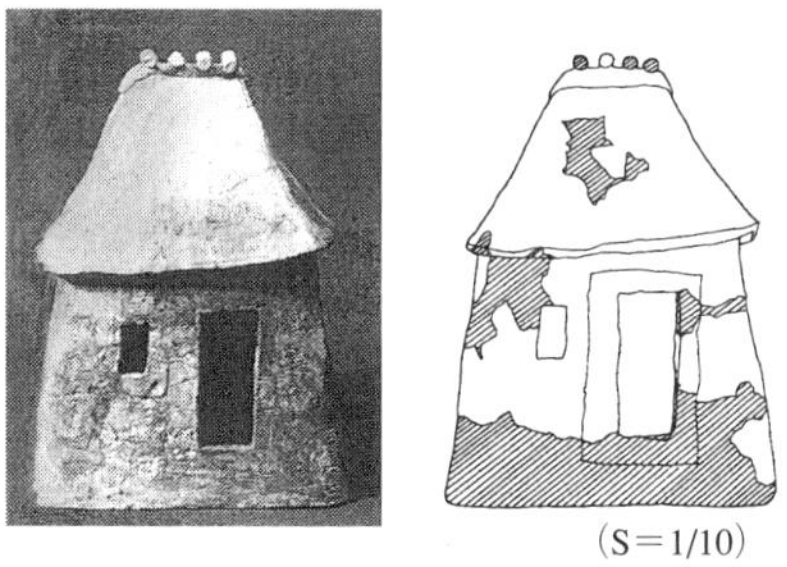

（S＝1/10）

図4　松江市平所遺跡（斜線部分は復元部）（島根県教育委員会提供）

参考文献

島根県教育委員会編『重要文化財平所遺跡埴輪窯跡出土品復元修理報告書』一九八一。
三輪嘉六・宮本長二郎編『日本の美術』No.348、一九九五。
安来市教育委員会編『小馬木古墳群』安来市埋蔵文化財調査報告書第26集、一九九八。
山内英樹「安来市大谷1号墳出土の家形埴輪」『島根考古学会誌』第16集、五三〜六一頁、一九九九。

第三部　出雲大社と大社造の神社本殿

第七章　大社の創建と大社造の成立をめぐって——

錦田剛志

第一節　「神社」の成立をめぐる研究視座

かかる課題については、大問題として「神社」とは何か、いかに定義して語るのか、という懸案が常に横たわる。さらに、研究対象資料の相違、そこに起因する研究方法の相違をいかにして乗りこえるのか、という課題もある。

本稿は、シンポジウムにおける報告内容に基づき、まず、〈総論〉として、戦後の研究動向全般にかかる発表の要旨を掲げる。次いで、〈各論〉として最近の研究動向、とりわけ考古資料の評価を中心とする研究動向と課題を整理したものである。

なお、各論については、拙稿「「古代神殿論」をめぐる研究動向と課題—考古資料の解釈とその周辺—」(『古代出雲大社の祭儀と神殿』学生社刊、二〇〇五)の一部を、加筆修正のうえ改題したものである。

一、総論—「神社」の創立過程をめぐる研究動向

1　主たる従来の説

戦後の研究を率先してきたのは建築史学の福山敏男氏である。福山氏は議論の前提として神社を「神を祭るための地域、あるいはその地域と建築的施設」と広汎にとらえた。そして「上代の神社建築」として「1. 神籬・磐境　2. 神殿のない神社　3. 仮設の神殿　4. 常設の神殿」を列記し神社建築成立の発展段階を推察する。さらに神社本殿諸形式が成立する背景に仏教建築の影響、寺院への強い意識を看取している。[(1)] 文献史学[(2)]、考古学[(3)]もこれに追随するように大同小異の変遷過程を論じてきた。

これらの諸説には、稲作農耕文化の進展の中で、神の去来する建物を伴わない祭場から、仮設の臨時的社殿が生まれ、やがては恒常的な常設社殿が発展するという共通性が認められる。

2　最近の研究動向

主たる動向として次の二点があげられる。

(1)建築史学による従来説の再検討

福山敏男氏らの従来説[4]に対して、その批判的検証と新たな思考的枠組の模索が林一馬氏、黒田龍二氏、丸山茂氏、山岸常人氏ら[5]によってなされている。簡約すれば、常設化された社殿を有する「神社」について、農耕祭祀などから自然発生的に成立したもの、もしくは在地社会の信仰から自然に成立したものと広義にとらえるのではなく、天武朝を一大画期とする官社制の成立[6]に特化される律令制祭祀、国家祭祀の側から与えられたものなどと限定的にとらえるべきではないか、という問題提起である。

(2)「古代神殿論」をめぐる論争の展開

近年、国内各地で古代の掘立柱建物跡の発掘事例が相次ぐ。特殊な遺構配置やのちの神社建築と類似する平面構造を有する遺構、とくに弥生時代の独立棟持柱付建物について、神殿や祭殿としての性格や後代の神社建築との系譜関係を積極的に認める見解（いわゆる「古代神殿論」）が建築史学の宮本長二郎氏、考古学の広瀬和雄氏等によって論じられている。これについて、主に古代史の立場から岡田精司氏等の批判があり、今日までその論争に決着をみていない。詳細は各論に譲る。

3　問題の所在

主たる問題の所在として次の事柄があげられる。

まず、神殿、祭殿、神社などの多様な用語が研究者ごとに十分な概念規定を経ることなく安易に語られている点である。最大の難題は「神社」という用語である。神社、神社建築をどう定義づけて語るのか。一般名詞のごとく広義にとらえるのか、古代史上の律令祭祀に表出した法律上の用語として狭義にとらえるのか。弥生・古墳時代以前の特殊もしくは大型の掘立柱建物跡と神社建築の系譜関係をいかにとらえるのか。いずれも何をもって神社および神社の成立・創立とするのか、という究極の問題に行き着く。近年の研究動向をふまえ、「神社創立論」への視座をあらためて定立せねばなるまい。

次に、近年の発掘調査例の蓄積にもとづき、古墳時代以前の祭祀関係遺跡の立地・環境と後代のいわゆる「神社」の立地・環境を十分比較検討すべき余地が残されている点である。

こうした視点での研究は少なく、両者の連続性、非連続性を今後見極める必要がある。

その他、残された課題としては、古代祭祀を物語る古語の再検討、律令祭祀成立期前後の祭祀関係遺跡・「神社」推定跡・関連出土文字資料（木簡、墨書土器）の集成と分析、神社創祀・創建にかかる神話伝承および史料記事の再検討などがあげられよう。これらを総合的に推進する必要がある。

なお、予見として神社の成立過程は決して一様ではなかったととらえている。(7)それは、祭祀遺跡、神話、律令祭祀にうかがえる古代祭祀の多様性はもとより、今日の神道祭祀、神社建築様式にも底流する基層文化としての重層的かつ多様な信仰対象、神観念の存在、祭場の立地、構造、形態、祭祀具、祭式などのあり方がそれを傍証するのではないかという見通しによる。

二 各論―いわゆる「古代神殿論」をめぐる研究動向
―主として弥生・古墳時代の考古資料の解釈とその周辺―

1 はじめに

近年の発掘調査の増加に伴う考古資料の蓄積は膨大である。そうしたなか、古墳時代、弥生時代、さらには縄文時代にまで遡るという特殊もしくは大型建物と想定される掘立柱建物跡（遺構）の発見が各地で相次いでいる。古墳時代の家形埴輪、家屋紋鏡、弥生時代の家形土器、建物を画材とする土器絵画、銅鐸絵画などの関連遺物も同様にその種類と数を増し、考古学研究の深化をみせている。

それらの遺構・遺物が物語る建物の機能や性格をめぐっては、住居や倉庫などの日常的な使途よりも、「神殿」「祭殿」「儀礼殿」あるいは「神社」「神社建築」の祖型的な建物などという祭祀儀礼の場、神々を祭る特殊な建築、非日常的な空間を構成する施設といった推定がなされる場合が少なくない。

とくに近年、大阪府和泉市池上曽根遺跡の環濠集落のおよそ中心付近から検出された弥生時代中期の独立棟持柱をもつ大型掘立柱建物跡をめぐっては、建築構造をはじめ、その性格をめぐって学際的な見地による活発な議論が生じている。一部の建築史学者、考古学者の立場からは、後の神宮の神明造をはじめとする神社建築との系譜関係も言及され、弥生・古墳時代以前に神々を祭る常設の建造物が存在したとする《いわゆる「古代神殿論」》とでも称すべき大胆な仮設が提示された。一方、これに対して、「弥生時代に神殿はなかった」「神社の祖型は遡らない」「他の使途を想定すべきだ」と異を唱える文献史学者や建築史学者の反論もある。

特殊もしくは大型の建物跡は、近年も各地で発見されており、考古学、文献史学、建築史学者を巻き込んだ活発な論争がいまも続いている。

こうした状況をふまえ、本稿では、とくに弥生・古墳時代の考古学的な成果をめぐる前述の論争内容に焦点を当てつつ、表題に関する議論が本格的に提起される近年（およそ一九八三年以降）の研究動向・論点を改めて整理する。そのうえで、今後解明すべき問題の所在を明らかにし、筆者なりの展望を披瀝するものである。

2 近年の動向と論点

一九八三年以後の主要な研究論考を解題し、研究史を概括する。

(1)一九八〇年代（一九八三〜一九八九）

〈建築史学による研究〉

古墳時代の家形埴輪や家屋紋鏡、弥生時代の土器絵画、銅鐸絵画の画材の研究に伴う諸論考を除き、発掘された掘立柱建物跡について神殿という用語を用いたのは、建築史学者である宮本長二郎氏が最初であろう（宮本 一九八三）。宮本氏は、神戸市松野遺跡で出土した総柱の掘立柱建物跡（SB05、五世紀末）について、その類例の稀少性から特殊な性格を導き、「現時点では、棟持柱を持った高床建築と確認できる唯一の遺構であり、また建築的に伊勢神宮本殿の祖型とも云える形式をもつ点から（出土遺物の点では問題はあるが）、神殿的な性格の建物である可能性を与えても良いであろう」と推察している（**図1**）。

宮本氏は続いて、群馬県前橋市鳥羽遺跡の二重の濠と柵で四周が囲まれた掘立柱建物跡（九世紀）を、柵と濠をもつ切妻造妻入りの高床神殿建築と推定復元し、「古代の神殿建築遺構は近年、ようやくその姿を現しはじめたのであるが、鳥羽遺跡はなかでも最も神殿らしい遺構である」と評価している（宮本 一九八六）。その推定根拠は松野遺跡とほぼ同様に、類例遺構との比較検討、古式の神社建築様式との類似性などを掲げている（**図2**）。

以上、二つの論考は、いずれも発掘調査報告書における短文中においてではあるが、遺構から「神殿」のごとき建物を推定復元した端緒であり、後に開花する「古代神殿論」の出発点と言えよう。

なお、宮本氏の見解や考古学の状況に触れたものではないが、同じ建築史学の立場から、神社の創立について

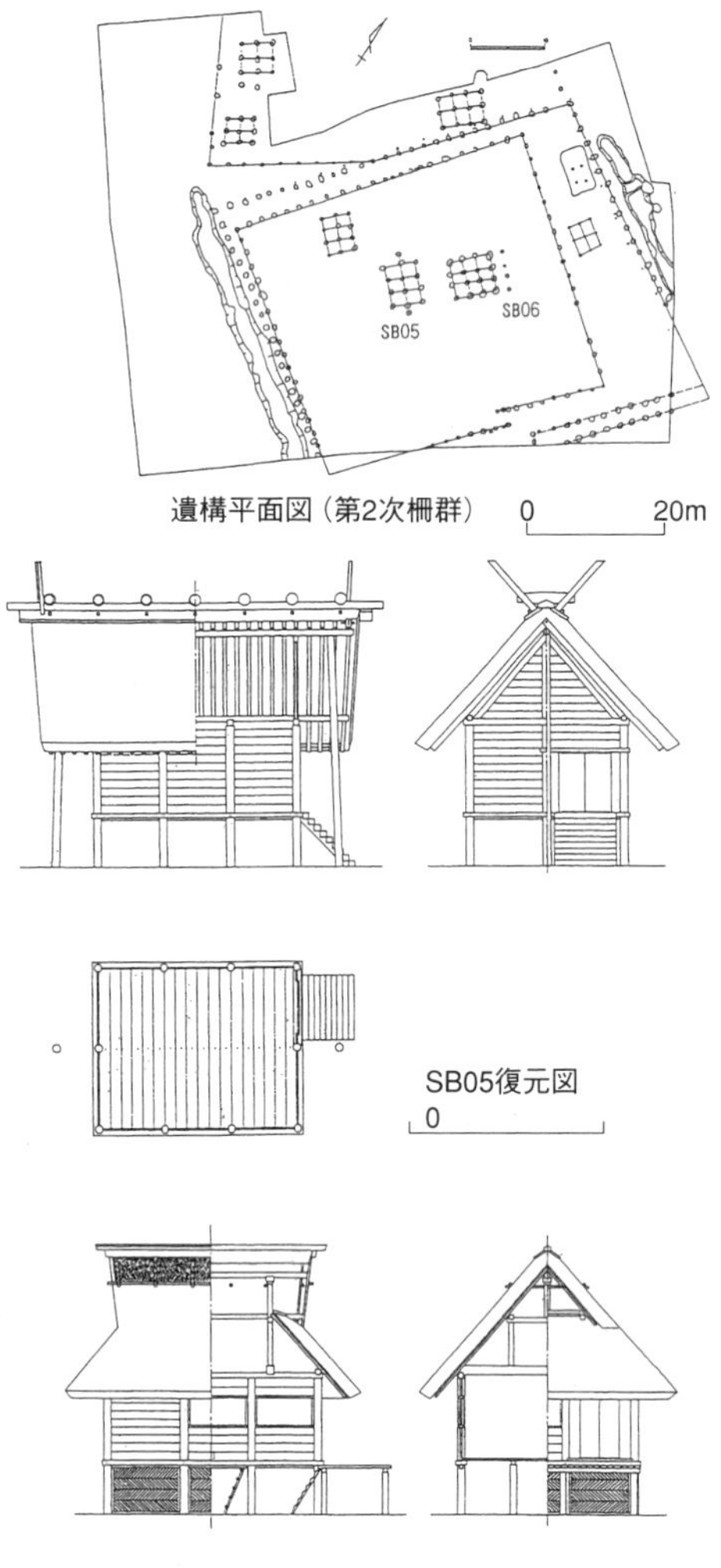

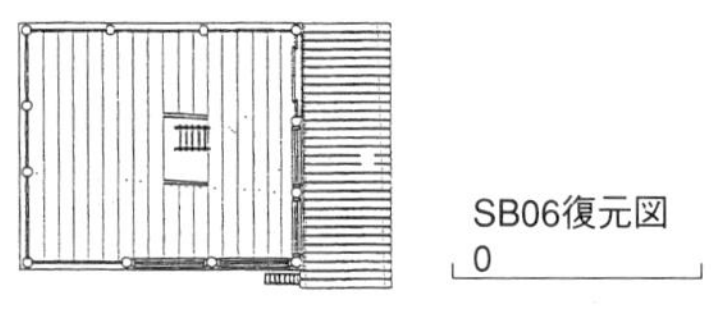

図1 兵庫県松野遺跡の高床建築（宮本長二郎「松野遺跡の高床建物について」『松野遺跡発掘調査概報』神戸市教育委員会より一部抜粋・改変して転載）

考察した林一馬氏の論考がある（林　一九八九）。この論考は、古代人にとって神社の創立がいかなる事態であったのか、記紀の記述から検討することを目的にしている。林氏は、神社起源にかかる記述を分析し、神社の創立とは、「祭神と祭る人の関係・祭祀圏の定立、祭場及び施設・祭器の固定化、祭式儀礼の定常化」に約言できるものとする。また、記紀において、諸社の社殿造立に言及する記事が稀少であることに着目し、「神社神殿成立の歴史の一般的な新しさ」や「諸社における神殿常設化の不徹底性」を反映するものする。そして、伊勢、出雲、石上、大神などの特別視された有力社が社殿の造立もしくは存在について明記されていることと対照的な扱いにあることを指摘する。その研究の資料対象、方法論の違いからか宮本氏とは異なる見解として注目される。

〈考古学による研究〉

　金関恕氏は、弥生土器の絵画にみられる家屋の表現を集成・分析し、描かれた建物の性格・意味を考察している（金関　一九八五）。金関氏によれば、描かれた家屋は、大多数が切妻式風の高床式建物で、他の図像（稲作と象徴的にかかわる鹿が多い）との組み合わせ表現が顕著であるとする。そして、祭場と祭儀の場面を描いたと推定される絵画に登場すること、稲籾の貯蔵用とされる壺形土器に顕著に描かれることなどを論拠に、「穀倉として建てられたものであろうが、同時に男女一対の祖霊神像を祀った神殿でもあった」ものも存在したと推察する。また、銅鐸の高床式家屋の表現についても「神殿の描写だと考えられないことはない」と述べ、考古学の立場から、弥生時代における神殿の存在に論及している。

〈文献史学による研究〉

　この時点における考古学上の発見をふまえた論考か否か定かではないが、古代史学の立場から、神社および社殿建築の成立に関する論考が認められる。

　岡田精司氏は、従来の建築史学、歴史学、民俗学、神道考古学の成果にもとづきつつ、古代の祭場と神社の成立過程について総合的に述べている（岡田　一九八五）。その後の神殿論批判の基調をなす論旨であり、詳細に述べておこう。岡田氏は、古代の祭場について、「はじめ

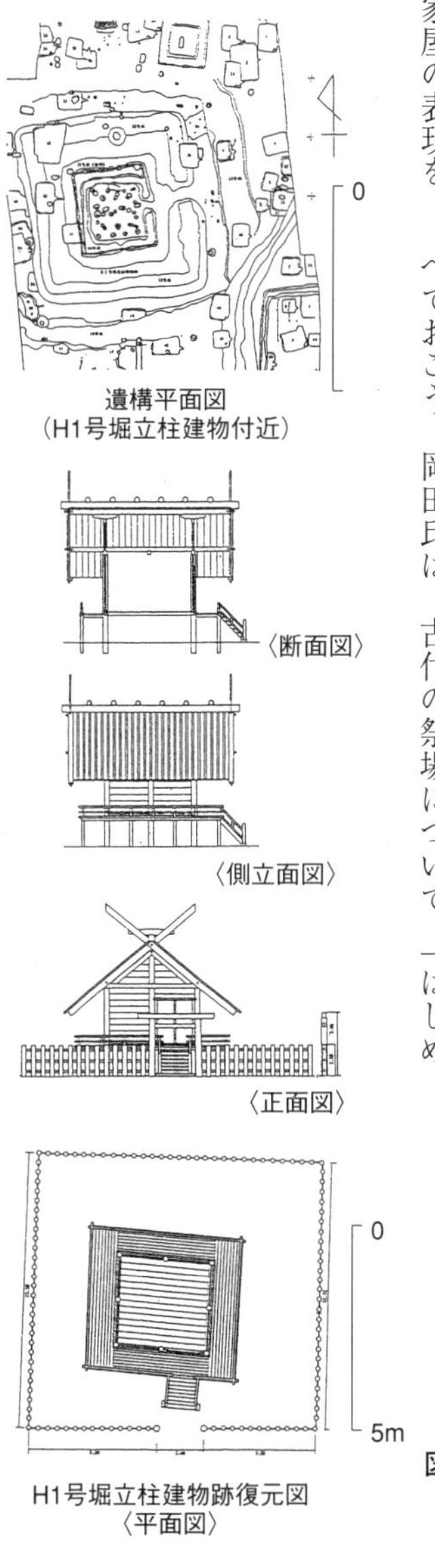

図2　群馬県鳥羽遺跡の高床建築（宮本長二郎「鳥羽遺跡の神殿建築について」『鳥羽遺跡G・H・I区』より一部抜粋・改変して転載）

は特に建造物は作らず、祭場の一角に神霊をむかえるための磐座やヒモロギ＝神木があるだけの、簡素なもの（中略）古墳時代の祭祀遺跡の多くは、この段階のものと思われます。やがて、祭りの日だけ、神を迎えるための何らかの構造物（中略）を建てるものへ発展し、さらにその社殿が立派になると共に常設化」していくと推察する。そして、神社とは、①一定の祭場と祭祀対象、②祭る人の組織、③祭りのための常設の建造物の成立、という三条件を満たすものとして定義し、その成立時期を「古墳時代の間に徐々に熟してゆき、古墳時代の終り頃―六、七世紀のころに神社が生まれる基盤が整ったのであろう」と論じる。また、この三条件のうちとくに決定的な要因として位置づける常設の建造物としての社殿の成立時期は、「王権に直属する伊勢・住吉などの大社では六世紀段階で成立していたと見られますが、民衆の祭る村村の社の場合などでは、このような条件がそろうのは非常に新しい場合も少なくなかった」「社殿が成立したのちでも、神がそこに常住すると信じられるまでには仏教寺院の仏を常に祭る形の影響などを考えるべき」として、古く弥生時代や古墳時代一般には遡りえないことを述べている。

高島弘志氏もまた、ほぼ同様の見地から祭場の展開と神社の成立過程について述べている（高島　一九八七）。常設的な「社」建立の開始を六世紀初頭頃と推測し、それ以前には常設の社殿建築は存在しないと予察している。

〈当該期の概括〉

宮本長二郎氏が建築史学の立場から、発掘された特殊な掘立柱建物跡について、いち早く神殿としての性格を推定している。また、ほぼ同時期に金関恕氏が考古学の立場から、弥生土器絵画に描かれた特殊な高床建物について神殿としての存在もあったことを予察している。

一方、建築史学の立場から林一馬氏が、また文献史学の視点から岡田精司氏などが、一般的に常設の神社建築の成立は新しく、古くは遡りえないと相対する論説を発表している。

いわゆる「古代神殿論」をめぐる論争の兆しが看取される時期と言えよう。

(2)一九九〇年代前半（一九九〇～一九九四）

〈建築史学による研究〉

古代遺跡における掘立柱建物跡の発掘例が急増するのに合わせ、全国的な規模で類例の集成作業が図られる。

建築史学の立場から精力的にその分析作業を進め、建築構造の復元・変遷過程を論じたのは宮本長二郎氏の研究である（宮本　一九九一）。

そこでは、当該期の独立棟持柱をもつ掘立柱建物について、梁間一間型の高床建築に復元できる事例が多いことを指摘する。そして、神宮の神明造との構造上の類似性、遺構の類例が少ないという特殊性、集落遺跡の中心に位置する傾向が認められること、銅鐸絵画などに描かれることなどを根拠に、「祭式儀礼に関わる建物であった可能性が高く、当初から神殿として成立していたか否かはともかく、のちの神殿につながるものとすることができる」と推定している。また、独立棟持柱の意図として、建物の軒を張り出し、切妻軒先の転びを大きくとって意匠上の効果を高めるとともに、建物の祭式儀礼のための象徴性を高めることに注目している。

櫻井敏雄氏には一連の論考が知られる（櫻井 一九九一・一九九二・一九九三）。これらにおいて櫻井氏は、福山敏男氏らによる建築史学の通説（以下「従来説」とする）[8]に従いながら、神殿成立以前の神の奉遷の聖地、依代としての神奈備、神籬、磐座、磐境、磯堅城、三諸、さらには御柱の系譜の検討を行っている。そして、古代的な祭祀から社殿祭祀への展開を述べたうえで、後の神殿にホクラ系神殿と神籬系神殿の系譜が存在すること、神殿成立に人格神を祭るという人々の観念が強い影響を与えたことを改めて指摘している。また、絵画土器・銅鐸、家形埴輪、家屋紋鏡、掘立柱建物跡の発掘例など考古学上の成果（遺構・遺物）にも触れ、それらの示唆する高床建築に神殿の祖型となる構造があったことを類推し、考古学的な成果への強い関心をうかがうことができる。

発掘事例に触れたものではないが、山野義郎氏は、神社建築に連なるような荘厳な神殿の設立契機について述べている（山野 一九九一）。山野氏は、自然崇拝から自然発生的に神殿が生まれたとする「従来説」について検討を要する見方を示し、「社会秩序の安定をはかることを目的としたマツリが、神殿の成立を促した可能性が高い」と推測する。「神が住まうための神殿を大規模に立派にしつらえ、その威風を通して『神殿に住まうものとしての神』が厳然と人々のまえに立ちあらわれること、それによって霊的な側面から支配秩序の安定を強化すること、神殿はそうした役割を与えられたのではないか」と、建築史学として新たな視点から考察している。

また黒田龍二氏は、神社の発生・成立を問題化するならば、何を神社と呼ぶべきか、どういう状態をもって神社が成立したかを明確化したうえで論じるべきとする（黒田 一九九四）。そして神社を「縄文時代以来の悠久の存在、かつ宗教的に無限定な存在とすること」はできず、「歴史的存在、宗教的組織体」ととらえるべきことを重視している。そのうえで、神社の存立条件を①経済基盤を含む人的組織、②信仰内容、③祭祀施設、の三点に整理し、神社の成立を論じている。黒田氏は、「律令制以前の祭りが全国的に一律のものであった筈がない」

として、神社信仰の最初の枠組みは、天武・持統朝から奈良時代にかけて国家的政策として伊勢神宮を頂点に形成されたとする。その時点における神宮の「神社としての自覚」「原初の状態の保存と再生」「模倣の拒否」という三つの強い姿勢によって、神社としての自己同一性が信仰ではなく、あくまで形式によって固定化していく過程を論じている。すなわち、七世紀以後にこうした神宮の動きに触発されながら各社の個性も定まりゆく、ここに神社の誕生をみるのである。先の山野氏の認識ともども、建築史学において「従来説」に対する思考の転換を促す気運がうかがえる論考として注目される。

〈考古学による研究〉

蓄積された掘立柱建物跡の発掘調査例の増加に呼応し、神社建築、神殿の成立に論及する研究がその数を増す。

代表的な論考に辰巳和弘氏の『高殿の古代学—豪族の居館と王権祭儀—』がある（辰巳 一九九〇）。辰巳氏は、群馬県三ツ寺Ⅰ遺跡、兵庫県松野遺跡、鳥取県長瀬高浜遺跡など八〇年代に相次いで発見された特殊な掘立柱建物跡、豪族居館と称される集落遺跡の諸相の比較分析を行う。そして、家屋紋鏡の図解、大阪府美園古墳出土の高床式家形埴輪をはじめとする家形埴輪の詳細な分析、記紀神話の検討を通じて、古墳時代の居館におけるマツリゴト（祭事・政事）、すなわち首長権執行の場（「ハレの空間」）の様相解明を試みている。その結果、その空間の中心的な建物には大型の掘立柱高床建物が顕著に認められ、首長による祭儀に用いられる建物として機能したことを論証する。その大型高床建物にふさわしい呼称として、記紀等にみられるタカドノ（高殿、高台、楼、楼閣ほか）を当て、そこでは国見や鹿鳴聴聞、ウケヒ寝による神託の授受、夢占い、新嘗、首長権継承などの王権祭儀が斎行されたものと推定している。また、弥生土器絵画の分析などを通じて弥生時代の農耕祭祀にその建物と祭儀の淵源を求めている。さらに豪族居館にまつわる遺構のうちには、玉垣に通じる囲繞施設の存在、祭儀用建物の造替、想定される建築構造と神社建築様式との類似性などがうかがえることから、後世の神社建築と密接なつながりをもつことを推察している。

なお、辰巳和弘氏の「豪族居館と祭祀」（辰巳 一九九一）は前著（辰巳 一九九〇）の豪族居館に関する要点を整理したものである。

春成秀爾氏は弥生土器絵画を分析し、「建物の図像・絵画のもつ象徴的意味」を考察している（春成 一九九一）。春成氏は、モチーフの建築構造上の分類を行い、独立棟持柱をもつ事例を含む転びの強い切妻屋根の建物を高床倉庫に比定し、「後に神社本殿の形式になったように、稲倉であってもきわめて神聖な建物」と推測している。さらに、この高床倉庫は角を生やした鹿とともに描かれることが顕著であり、各々稲と土地を象徴し、秋の収穫儀礼を想起させるものと解釈している。また、寄棟屋根の高い柱をもつ建物は、神話や儀礼を表現したとみられる土器絵画に認められることから、神の宿る祠と想定している。他に平地式建物をモチーフとする土器絵画や家形土製品については大部分を住居とするが、中には祭儀用建物もあったと類推している。春成氏の理解に従えば、神社や神殿の直接的な起源とは言わないまでも、弥生時代には高床倉庫が時に神聖な建物へと転化することになる。先の金関氏の論考（金関　一九八五）を引き継ぎ、さらに踏み込んだ解釈論と言える。

このような考古資料が増加する中で、椙山林継氏は、「従来説」にもとづく社殿成立の過程を述べる一方で、「最近の資料から社殿の成立を古く遡らせて考える説も増加している。つまり社殿（短期間のみ設けられた例も多いであろうが）を中心とした祭祀と屋外の祭祀は並行して行なわれて来たと見られる」との見解を示す（椙山　一九九一）。とくに家形埴輪や家屋紋鏡などのモチーフとなった建物は神祭りにかかわる建物であったと積極的に評価している。また、相次ぐ古墳時代を中心とする時期の特殊もしくは大型建物遺構の類例から、「一般住居より大型か、小型か、どちらかに片寄って特殊な建造物があり、人間の住居とともに、神々の住居も当然の発想として考えられていくように思われる」と予察する。かつて大場磐雄氏が提唱した神道考古学を継承する立場としては、かなり踏み込んだ見解といえる。

〈文献史学による研究〉

上田正昭氏は、神社の成立に関するそれまでの自説を簡潔に整理している（上田　一九九〇）。上田氏は、『万葉集』などにおいて、「社」や「神社」の古訓に「もり」が認められることや、奈良県春日大社の「神地」からやがて常設社殿の造営へと至る歴史的経過などを論拠に、神社の原初的な姿としては、聖なる森林や山、巨石、樹木などがふさわしいとする。社殿建立の契機・時期には直接的に触れないが「神祭りの場に社殿や神饌殿、神楽殿などが造営されるのは、祭場の整備と固定化にともなうものであって、古代日本の社は、神地や神庭などの聖域にその淵源があった」と述べている。

下出積與氏は、神社を「神々を祭るために建てられた建造物」で「特定された地に常に存在」するものと位置づける（下出　一九九一）。そして、弥生・古墳時代に神社と断定しうる独立の建造物の遺跡は未確認であるとし、その存在を否定している。さらに神社建築の形成過程について、記紀神話などの記述から、神宮の鎮座・創建伝承にみられるがごとく、皇祖神の場合においても建造物を具備することをその祭祀の必須条件とはせず、祭場における仮設の建造物がのちに常設化されていく、という過程を重視する見解を示している。なお、神社建築の様式としては、六世紀以後の仏教寺院の建築様式に系譜をひく土台上に柱を組み立てる流造や春日造が古態をとどめるものと推定している。

岡田精司氏は、古代史学の立場からみた古墳時代後期頃の信仰について文献・民俗資料などを参考に考察し、神社の起源についても論じている（岡田　一九九二）。岡田氏は、まず前提として、古代の祭場をヤシロ（＝村落・氏族など共同体の祭場）とヤケ（＝豪族居館内などの邸宅内の祭場）に分類し、前者の祭りが神社に発展するものと理解する。前著作（岡田　一九八五）を踏襲しつつ神社成立の三条件を掲げ、常設社殿の形成過程を述べている。常設の社殿化は神に対する人々の意志変革を前提とし、王権に直属する神社からはじまり、「有力貴族の氏神をまつる大社でさえも、八世紀中葉になって」からで、地方ではさらに遅れたと改めて推測する。また、社殿建設後も庭上祭祀が基本で、殿内での祭祀は基本的にないこと、神社で祖霊を祭ることはなかったことも指摘している。そして、「古墳時代にはヤシロ」の段階で、山、イワクラ、ヒモロギの段階と仮設建造物の両者が混在し、常設の社殿をもつ神社は成立していなかったとする。さらに、「しばしば報ぜられる『神社建築の遺構』のうち、豪族居館内の祭場は、「ヤケの祭りに相当する」もので、集落内の社殿遺構とされるものは「いずれも古代祭祀の通念から著しく外れるもの」と批判を加えている。

岡田氏は続いて「神社の源流はどこまで遡れるのか？」（岡田　一九九三）において、前稿（岡田　一九九二）を引き継ぎ、神社の起源に論点を絞りさらに考察を加える。この中で、常設の神社建築が一般化する時代として九世紀から十二世紀の間に注目し、「寺院内の鎮守社や御法神の祠が神社建築に与えた影響は無視できない」と新たな知見を述べている。

関和彦氏は、古代史学の立場から『風土記』時代の社について考察している（関　一九九四）。関氏は、「古代の社殿の起源については明確な定説がなく混沌としている」と前置きしつつも、社殿の成立には古い場合もあったことを指摘する。それによると『風土記』には「設社」「立社」「造社」「竪社」「樹社」という表現がみられることなどを論拠に、当時の「『社』は磐座、神籬など多種多様な形態であったことは確実であるが（中略）、一般民衆レベルでも建造物としての『社』が成立、存在していたことが明らかになった」と推定している。

〈当該期の概括〉

建築史学の立場から、宮本長二郎氏が掘立柱建物跡の集成と分析作業を通じて、弥生・古墳時代の独立棟持柱をもつ高床建物とのちの神殿、神社の本殿建築との系譜を論述した点は注目される。

櫻井敏雄氏も間接的だが、考古資料にみる高床建築にのちの神社、神殿の祖型として高い関心を寄せていることがうかがえる。

一方、考古資料に直接言及しないものの、黒田龍二氏は神社を自然発生的な存在としてとらえるのではなく「歴史的存在、宗教的組織体」と再認識する必要性を説いた。そのうえで、神社の成立を天武・持統朝から奈良時代にかけての国家的政策の産物と推察するのである。「古代神殿論」の思考的枠組みを再検証するうえでも看過できない指摘である。

考古学からは、辰巳和弘氏による高殿論が提唱される。辰巳氏は、弥生・古墳時代における高床建物を示唆する特定の考古資料に神社建築との共通性を見出し、両者の系譜関係を積極的に評価する。考古学における「古代神殿論」の新たな展開である。

文献史学からは、岡田精司氏らがそれまでの古代史学の通説、自説をさらに補強する論説を発表する。とくに岡田氏は、建造物としての常設の社殿、神社建築の成立は古いものでも古墳時代後期以降のことと推定し、発掘される考古資料について「神社建築の遺構」と即断する学界の傾向に批判的見解を明示している。後に同氏を中心に文献史学の立場から展開される神殿論批判の端緒として位置づけることができよう。

発掘資料の増加と集成・分析作業の進展に呼応し、いわゆる「古代神殿論」とその「批判論」の二極分化が進むとともに、多視点からの研究の萌芽が認められる時期と位置づけておきたい。

(3)一九九〇年代後半以降(一九九五～二〇〇三)

〈考古学による研究〉

A.弥生時代の大型建物跡をめぐって

大阪府和泉市に所在する国史跡池上曽根遺跡における弥生時代の環濠集落は、最大時の面積が約十数万平方メートルを測る大集落跡である。一九九四年度から一九九七年度の発掘調査において、そのおよそ中央付近から、弥生時代中期後半の独立棟持柱をもつ大型掘立柱建物跡(最大面積約一三三平方メートル)をはじめ、直径二メートル以上の楠の巨木を刳り抜いた井戸、蛸壺と推定される土製品や磨製石器、石器の原材であるサヌカイトを多量に集積・埋納する特殊な遺構が検出された(**図3**)。件の大型建物跡から検出された柱根(ヒノキ材)の一つからは、年輪年代測定の結果、紀元前五二年に伐採されたとの数値も導かれ、弥生時代の実年代、土器編年の年代観を論じるうえでも大いに注目されるところとなった。この池上曽根遺跡の大型建物の評価をめぐって、いわゆる「古代神殿論」に関する多くの研究成果が発表されることになる。

広瀬和雄氏はその代表的論者であり、当該する建物跡の構造と性格の考察を基軸に、全国的に関連遺構を集成（**図4**）・分析し、いわば「弥生神殿論」と称すべき当時のカミ観念にも迫る考古学的仮説を相次いで発表する。

その中で「神殿と農耕祭祀―弥生宗教の成立と変遷―」（広瀬 一九九六）は、いわば「弥生神殿論」の端緒というべき論考である。池上曽根遺跡から検出された大型建物跡の性格を「神殿」と推定し、弥生時代の農耕祭祀の復元作業を試みている。当時のカミ観念、首長の性格、祭式の変遷過程を論じたものである。同氏はまず、独立棟持柱を備えた建物を次の三つの理由から「神殿」とみなす。①掘立柱建物の中でも特殊な構造をもつこと、②祭式の場面を画題としている弥生中期（Ⅳ期）の弥生土器絵画、伝香川県出土銅鐸の絵画などに描かれていること（**図5**）、③神宮の社殿に代表される神明造形式と相似しており、その祖型として位置づけられること、である。この「神殿」は、カミが常住するものではなく、「普段は稲穂が収納された倉」で、「春の蒔種から秋の収穫までの間、カミがそこによりつく場」（カミの依代には、建物内に置かれたであろう木偶を想定する）、「一過性の神殿」（神殿の第一段階）に位置づけられるとする。

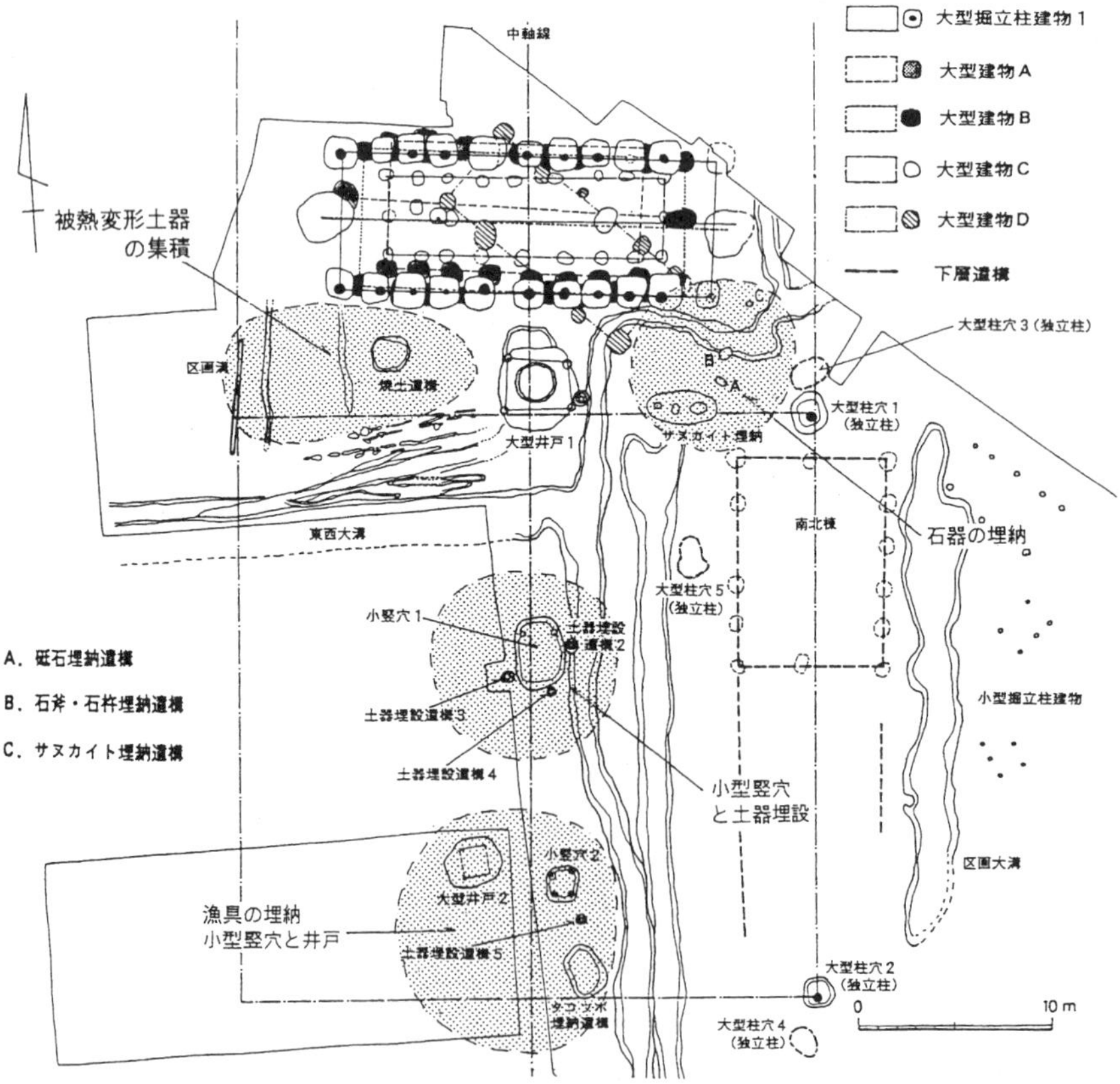

図3　池上曽根遺跡の大型建物・井戸・祭祀（？）の空間（乾哲也「池上環濠集落の特性」『日本古代史 都市と神殿の誕生』新人物往来社）

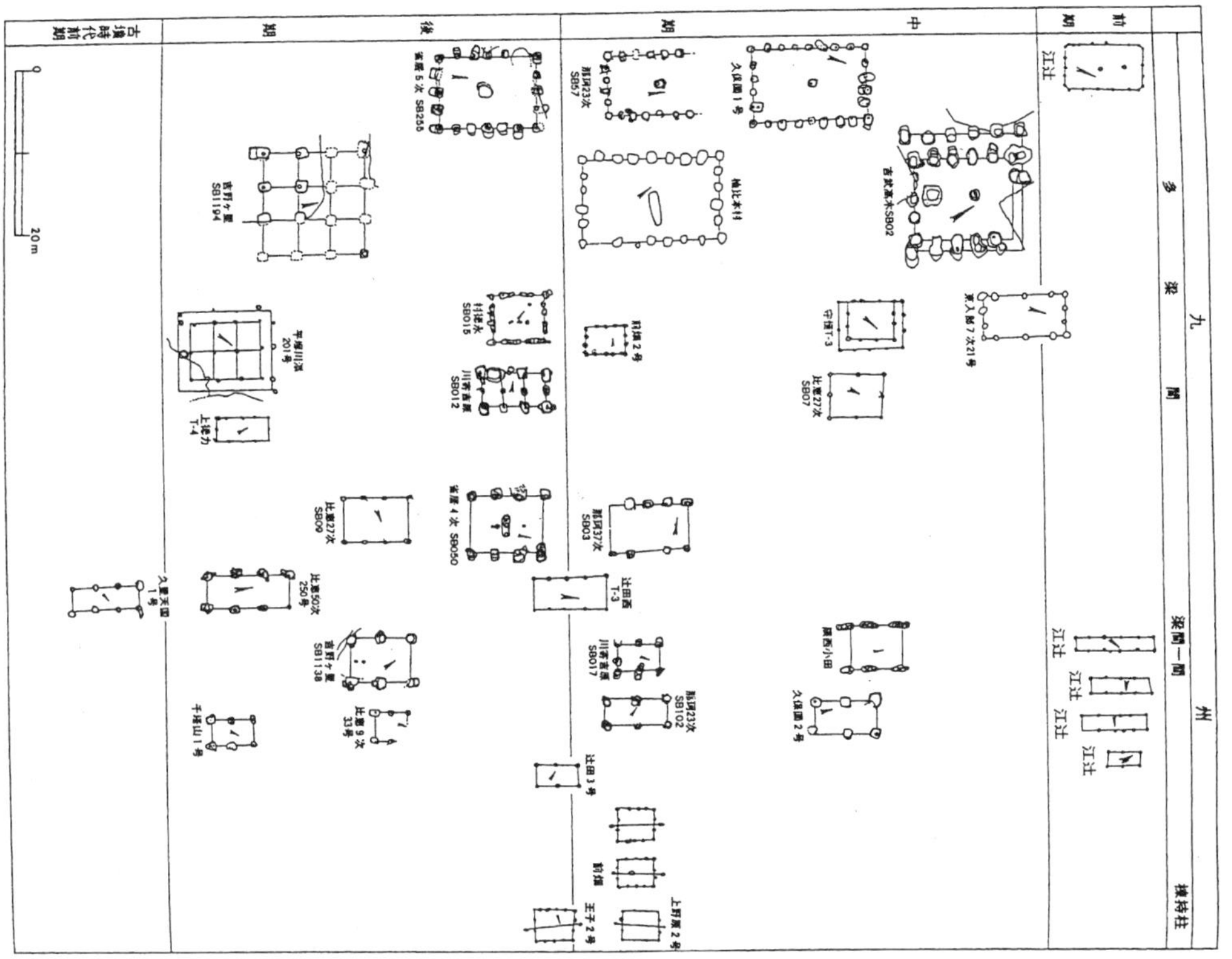

掘立柱建物集成図①

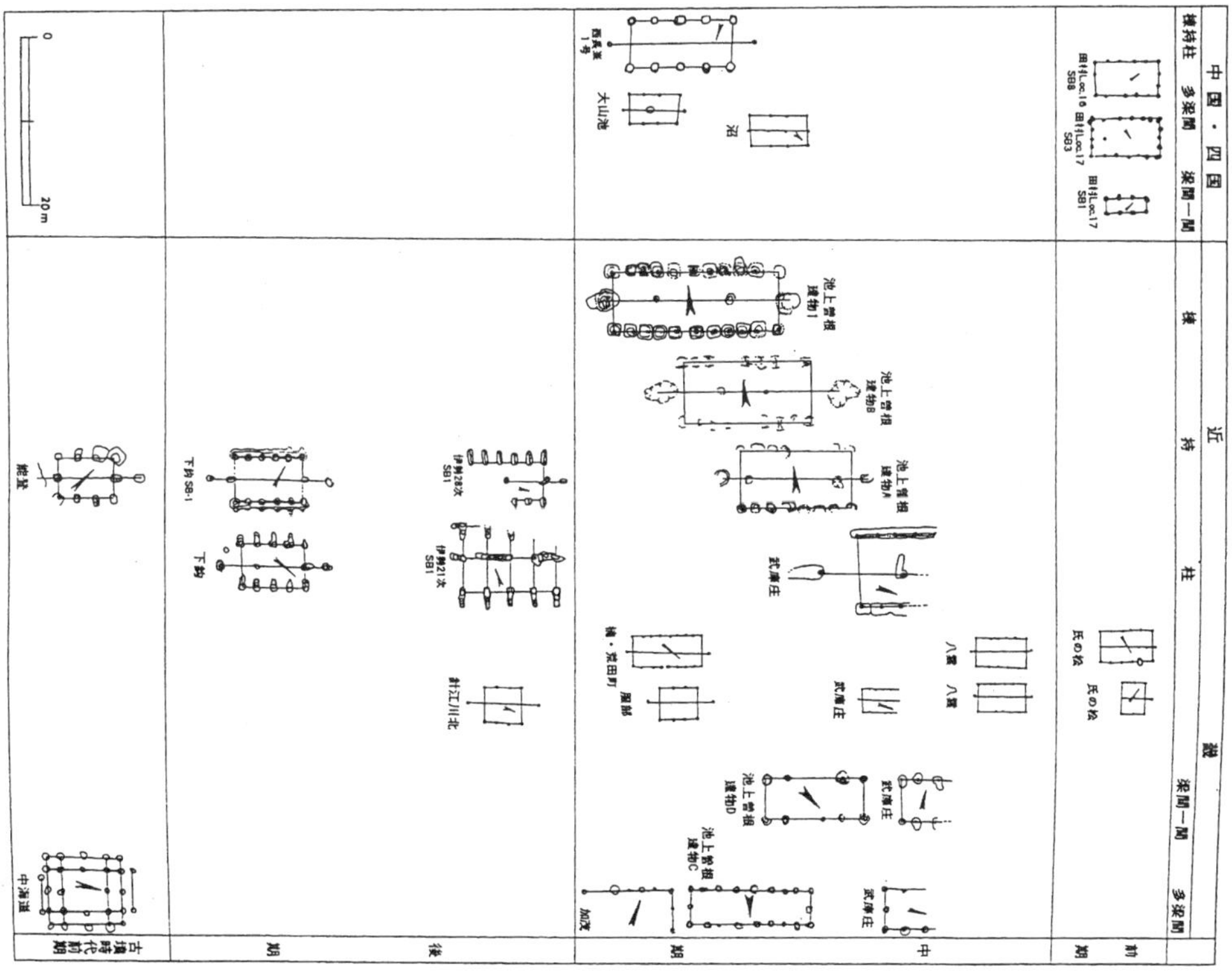

掘立柱建物集成図②

図 5　弥生土器・銅鐸の絵画にみる主な建物（広瀬和雄「弥生時代の「神殿」」（『日本古代史 都市と神殿の誕生』新人物往来社、一部加筆）

それはまた、首長の管轄下にある「農耕祭祀の場」として機能したという。やがて、弥生時代末から古墳時代初期頃、こうした「神殿」の性格に変質が生じ、神殿（神殿の第二段階）が登場する（**図6・図7**）。それは、農耕祭祀の変化に呼応するもので、神殿の意味を次の三点に要約している。①「神殿」の周囲を溝や柵が取り巻き、聖域の区画が確立する。これは、「去来していたカミを、三世紀の人々は神殿のなかに常に住まわせるようにした」ことを意味する。②神殿構造の多様化。すなわち独立棟持柱をもつ掘立柱建物とは異なるタイプの神殿が展開する。③祭祀遺物の大きな変化、である。そして、「神殿」は同じ空間を踏襲するが、神殿は踏襲しない傾向も指摘している。また同氏は、東南アジアの民族例を参考に、神殿の変質からカミ観念の変化を読み取り、「縄文時代から古墳時代へのカミ観念は、〈浮動するカミ〉から〈去来する〉カミへ、そして、〈常住するカミ〉へ」変遷したと推定する。弥生時代から古墳時代以降の「人びとカミの二元論的な関係」を論証したのである（**表**

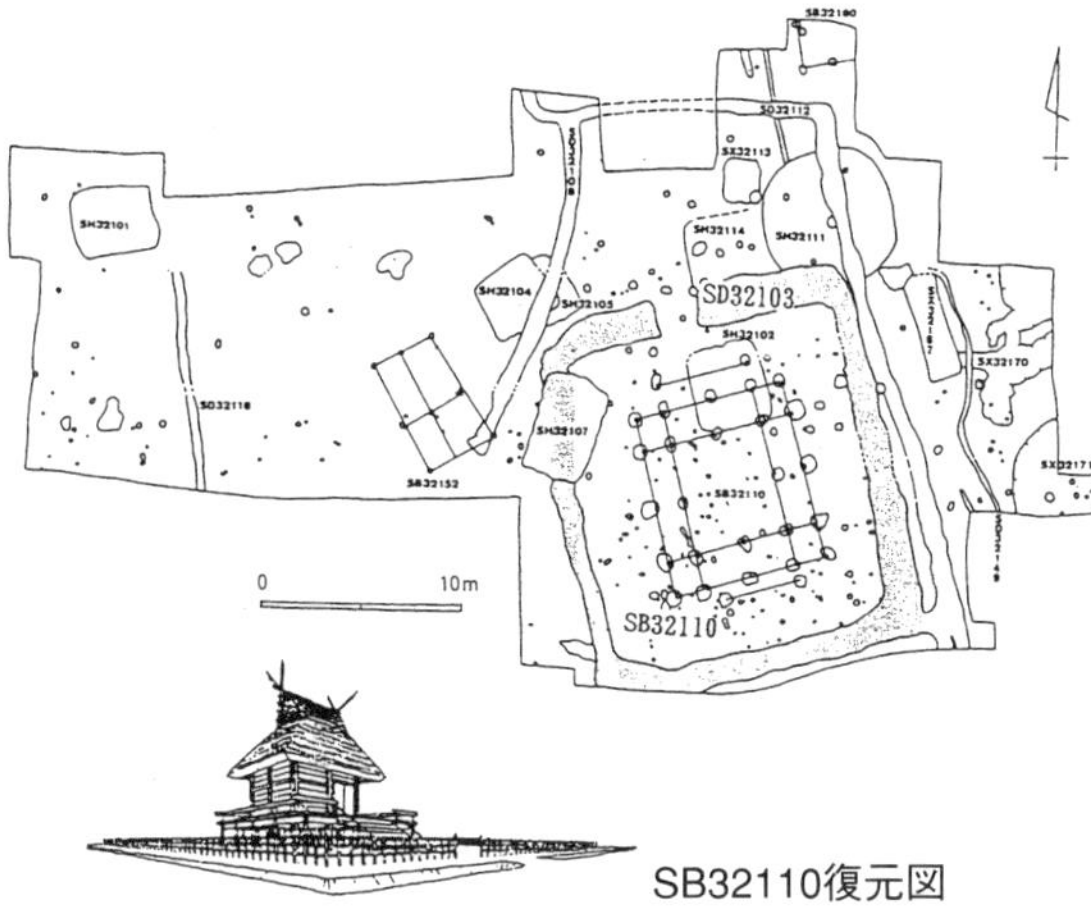

図6　京都府中街道遺跡（3世紀）（向日市埋蔵文化財センター、一部加筆）

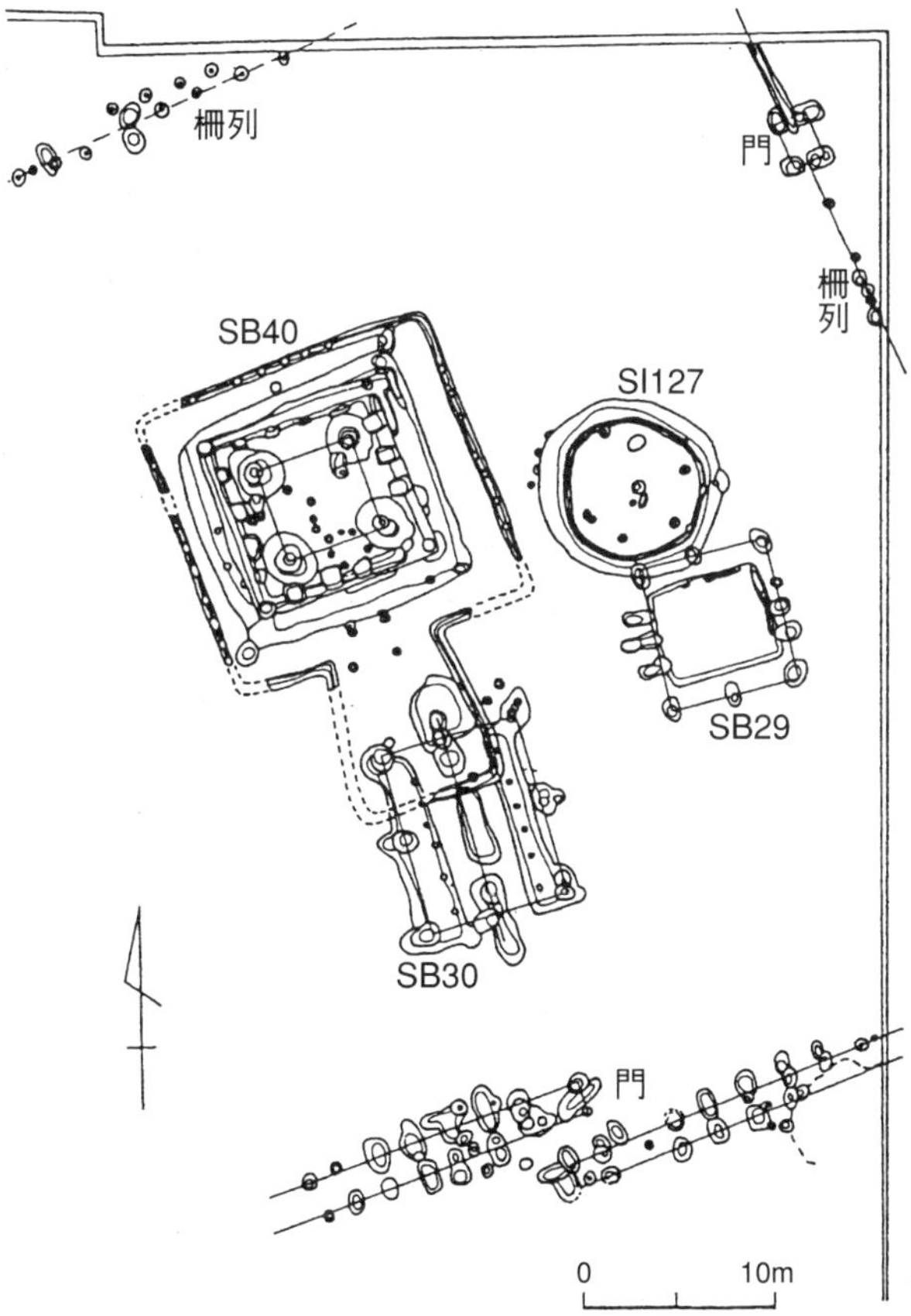

図7　鳥取県長瀬高浜遺跡（4世紀）（辰巳和弘『高殿の古代学』白水社、一部加筆）

1参照）。神社の成立についても論及し、「〈常住するカミ〉は、現代の神社に通じていくが、岡田精司のいう神社の概念（中略）からすれば、古墳時代はまだその前段階」にあるとする。そして、六世紀に「首長の数だけあったカミの上位に、それらを無化すべくあたらしい鎮護国家のイデオロギーとして普遍神である仏教が導入され」、一代限りではなく一ヵ所に世襲されていく神社（神殿の第三段階）も寺院に刺激され各地で誕生したと推測する。なお、こうしたカミ観念の変遷過程において、新生のカミ観念が前段階のそれを駆逐することなく「次々と重層しながら、そしてやがては分業化しながら現代社会にまで続いていく」とする、古代祭祀に留まらない日本のカミ観念全般への指摘も認められる。

「クラから神殿へ―古代カミ観念に関する一試論―」（広瀬　一九九八ａ）は、詳細な考古資料の分析を通じて前稿（広瀬　一九九六）をさらに深化させている。弥生時代における「神殿」の認定は、前稿にみた三点の根拠に加え、四点目として祭祀遺物を伴う例をあげている。また、弥生時代末から古墳時代初めにかけて、神殿に比定される建物の建築様式が多様化する点に注目する。そこに「神明造、住吉造、大社造などといった神社建築の出発点として」の可能性を見出すのである。一連の研究は、岡田精司氏のいう神社成立の三条件の一つ、祭りのための常設建造物の成立に関する考古学的な資料と方法にもとづく一試論であり、「神社の前史」を探究するものであるとの認識もあらためて示している。

「弥生時代の「神殿」」（広瀬　一九九八ｂ）は、前掲（広瀬　一九九六・一九九八ａ）の内容を一般向けに解説したものである。

続く「「神殿論批判」への反論」（広瀬　一九九九ａ）は、後述する古代史学の岡田精司氏による批判（岡田　一九九九）への反論である。これについての詳細は後述する。

金関恕氏もまた、池上曽根遺跡の大型建物跡に焦点を当てた諸論を発表する。

「池上曽根遺跡で見いだされた大型建物の宗教的性格について」（金関　一九九六）は、確実な論拠にもとづくものではないと断りながらも、当該建物の性格について論じている。金関氏は弥生時代から古墳時代頃の宗教史的段階を、R・ベラ『宗教進化論』（一九六四）を引用し、「宗教的古拙」（カミは人の世に常駐しない、人はカミを招来・返送する、祭司が存在し犠牲を伴うこともある祭儀が展開することを指標とする）に位置づける。当該建物はカミと人の非日常的な目的、政治的・宗教的な用途に当てられたものとし、「この時代の非日常的建物は、一つ一つがそれぞれ特定の機能」をもたず、多様な機能

表1　広瀬和雄にみるカミ観念の変化とその特徴（広瀬 1996）

	カミの性格	カミの属性	神殿の構造	神殿の性格	存続期間
前2世紀～	祖　霊	去来する	高床式建物	倉＝神殿	短　期
3世紀	首長霊	常在する	高床式建物＋溝・柵	神　殿	短　期

を兼ね備えていたと推測する。そのうえで、信仰対象として祖霊を想定し、当該建物を周辺地域における「共同の宗教センターともいうべき」施設に位置づけている。

「弥生時代の大型建物と祭祀」（金関 一九九七）は、前稿（金関 一九九六）を引き継ぎつつ、中東の考古事例と比較検討し、池上曽根遺跡などにみられる大型建物の性格、弥生時代の祖霊信仰を再び論じている。いわゆる「弥生神殿論」に対する批判的見解については、稲の穂を保存する倉つまり穂倉が神を祭る祠でその語源であろうとする八幡一郎氏の説[9]を引き、「弥生時代の建物は倉であって神殿ではないと解釈しても、当時、倉が神聖視されなかったと言い切ることはできない」と反論する。また、佐賀県吉野ヶ里遺跡（**図8**）など北部九州における弥生時代の大型建物跡には、中国の影響を受け、墓域付近において常住する祖霊神を祭る機能・性格を有したものもあったと推測する。ほかに、「去来する神を祭る古代の神社建築の伝統の基礎となったものは、近畿地方の弥生中期の習俗であった」との見通しも述べている。

「弥生時代の大型建物と祭祀空間」（金関 一九九九）は講演録で、これまでの自説を一般向けに解説したものである。

また、岸本道昭氏は、広瀬和雄氏の研究成果を受けて、近畿地方における弥生時代の掘立柱建物跡の集成と分析をさらに進めている（岸本 一九九八）。同氏は、弥生時代の掘立柱建物は規模のうえでその大多数を占める小型、一割程度の大型、まれに超大型の三類別が可能と追認する。そして建物の大型化と独立棟持柱の存在は相関性をもち、独立棟持柱付掘立柱建物は、首長の管轄下にある倉庫かつ祭儀用建物であった可能性を推定している。

武末純一氏は、近畿地方に対応する北部九州地方の弥生時代の大型掘立柱建物跡の集成・分析を試みている（武末 一九九八）。そこでは近畿地方のそれとは、柱の配置が明確に異なる建築構造上の相違（いわゆる総柱系統の遺構が顕著である点など）を明らかにしている。さ

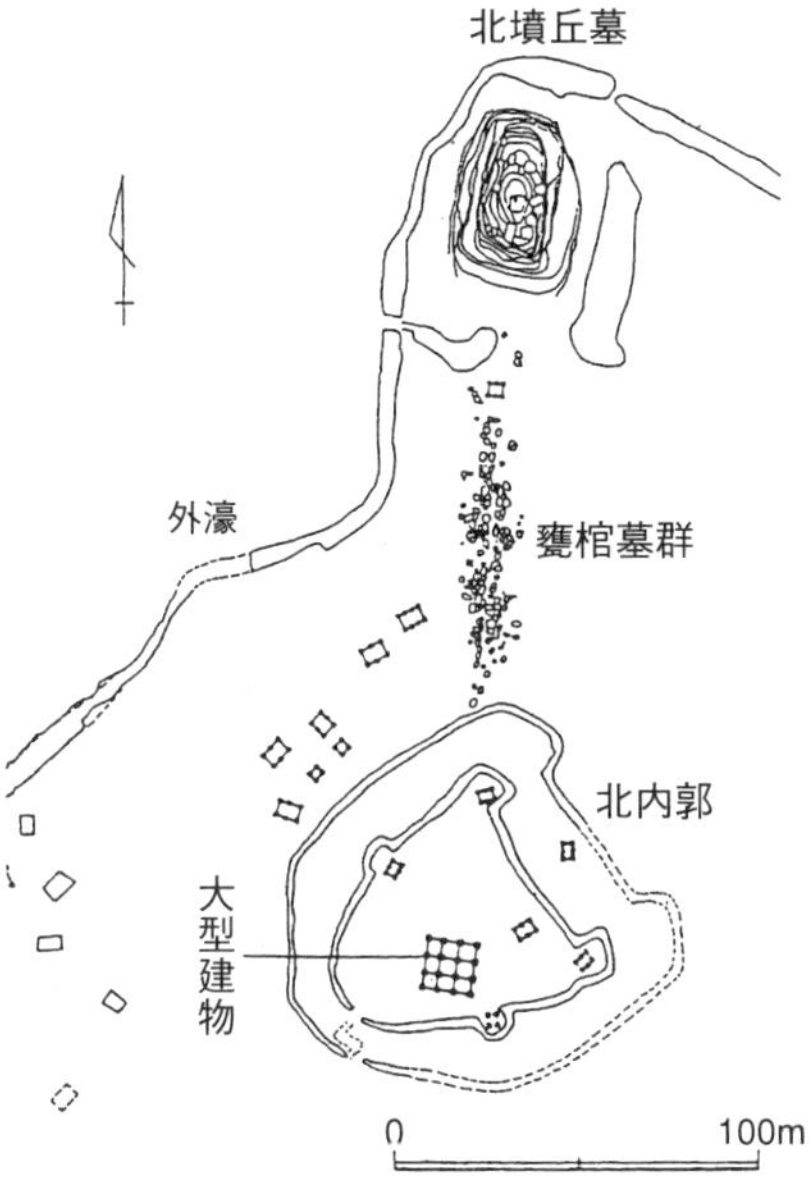

北内郭大型建物と北墳丘墓
（七田忠昭氏作成）

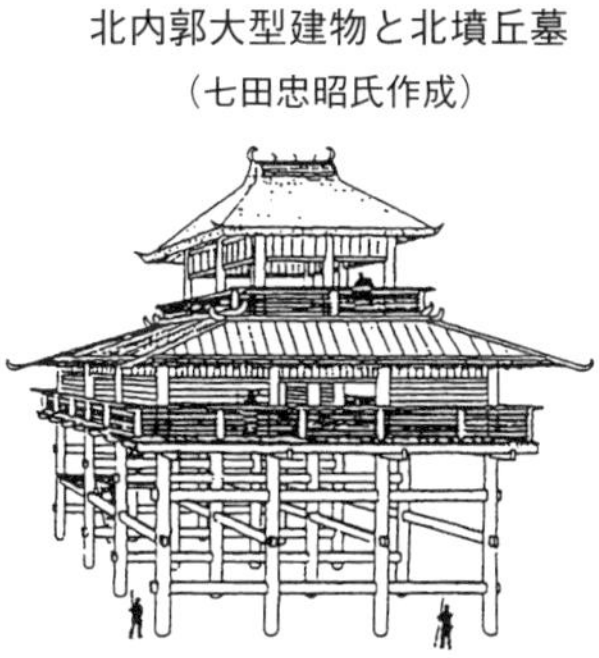

同上 大型建物推定復原
（宮本長二郎氏監修）

図8 佐賀県吉野ヶ里遺跡

らに、建物の性格についても論及し、それぞれの遺跡における個々の機能のあり方をいかに把握するかが重要との認識を示している。金関氏らと同じく、吉野ヶ里遺跡例など、墓前での祖霊祭祀を通じて首長権が執行される建物が存在したと推定する。また、集落における日常生活の場の中心的機能（政治、祭祀、首長の住まい、集会所など多様なもの）を果たす超大型建物の存在も推定している。そして、「時として一つの建物の機能を、こうした政治、祭祀、首長の住まい、集会所のどれか一つに無理やり限定しようとする論もみられるが、筆者は弥生時代にはこれらの機能はまだあまり分化していなかったと考えており、墓前建物でも祖霊の力を借りながら首長権が行使された」と推測している。

さらに、池上曽根遺跡の発掘調査担当者の見解も複数発表されている。

乾哲也氏は池上曽根遺跡の調査成果の中間的な総括と再検討を行っている（乾 一九九九）。同氏は同遺跡の大型建物跡の性格について、首長の居住空間であることは否定するものの、「その性格を端的に言い表すことが困難」であるとする。同時に文中からは、神殿や祭殿、倉などの多機能を類推せざるをえないという、困惑のほどもうかがえる。そのうえで、「多数の人間が一時に集合できる施設」、あるいは「必要に応じて集団的に祭祀を執り行う施設＝祭殿」としての性格を重視すべきか、と推論している。神よりもむしろ人のための建物としての性格を重視する立場が読み取れる。

一方、秋山浩三氏は同遺跡の当該建物跡とその周辺遺構のさらに詳細な分析を試み（秋山 一九九九a・b・c）、「『祭祀』的とされてきた諸遺構（空間）のほとんどが実利的機能を持つ施設として解釈できる」、あるいは「大形建物の機能を『祭祀』的なもの以外にあてうる余地は十分にある」（いずれも秋山 一九九九c）と乾氏とはやや異なる見解を述べている。具体的に、大型井戸には手工業生産などに必要な大量の水を恒常的に確保する共同取水場的施設、大型建物には同じく共同作業場的施設や貯蔵倉庫としての可能性を推測している。発掘調査担当者の問題意識により遺構の性格をめぐる評価が異なる点は注目される。

このほか、藤田三郎氏は「大型建物の成立と展開」（藤田 二〇〇二）において、奈良県唐古・鍵遺跡の発掘調査成果を基軸として、弥生時代の近畿地方における大型建物の規模と性格、成立と系譜、築造期間、絵画土器モチーフとの比較などを、最新の研究動向をふまえて概括している。このうち、築造期間をめぐっては、「大型建物築造の共同体的作業自身に大きな意味があるわけで、環濠掘削とともに拠点集落の維持管理機能としての役割を果たしていた」との斬新な指摘がみられる。まとめとしては、まず「近畿地方の大型建物はムラの中枢部に存在」し、その構造に寄棟造と切妻造の二類型があること、また「楼閣状の重層（高層）建築が存在する可能性」があることを述べている。そして、それらが「環濠集落の成熟とともに整備・顕在化」し「最も形態的に整った段階」（中期後半）において、寄棟造は「首長層の館」、切妻造は「倉庫」、「楼閣状建物は宗教的施設」とそれぞれにその機能、性格を限定しうると推察している。

B.古墳時代の豪族・首長居館をめぐって

ところで、この時期、弥生時代の大型掘立柱建物跡と並び、古墳時代の豪族居館、首長居館と呼称されてきた大規模あるいは特殊な構造をもつ遺構の発掘例もその数を増していく。それに呼応するように、豪族居館、首長居館を考察する際、古代の神殿や神社の成立に論及する研究も顕著にみられるようになる。

広瀬和雄氏は、前述した弥生時代の「神殿」に関する一連の論考に先駆けて「古墳時代首長居館論」（広瀬 一九九五）を発表している。古墳時代の居館跡とされる遺跡について詳細な分析を試み、首長居館の構造、首長の性格、その特質について論証したものである。神社や神殿建築そのものについての言及は少ない。しかし、兵庫県松野遺跡の首長居館にみられる独立棟持柱付掘立柱建物に触れ、宮本長二郎氏、辰巳和弘氏の研究成果を参照しつつ、「この問題は、稲作農耕社会におけるカミ観念の変化と、首長に託された祭祀権のありかたを一体的にとらえていかねばならないが、鳥取県長瀬高浜遺跡・長野県石川条里遺跡・奈良県櫟本高塚遺跡などとともに、弥生時代の棟持柱建物からの流れに整合し、原始的な神社の可能性が高い」と推察する。さらにその祭祀の内容としては、豊饒を願う「『農耕共同体』の再生産を願った祭祀」と「『支配共同体』としての首長層の再生産を願っての祭祀」があったと論じている。

辰巳和弘氏は、その前著（辰巳 一九九〇・一九九一）以後の発掘調査の成果などを加味し、持説をさらに発展させた諸論を発表する。

「古墳時代首長祭儀の空間について」（辰巳 一九九八）は、首長居館を「首長権を執行する祭儀の場とともに、首長の生活の場、さらには余剰の富を蓄積する場や工房、そして首長の生活を支える従者たちの生活の場などから構成」されるものとあらためて意味づける。そして、「首長権執行の場、すなわち祭儀の空間＝「ハレの空間」がごく短期間で更新」される特徴を追認する。それは、祭儀用建物の造替に端的に表れ、そうした行為が弥生時代に遡りうることを池上曽根遺跡の大型掘立柱建物跡を例に推察している。また、首長居館では「『ハレの空間』

の聖域視」があったことを、各地の遺構における「目隠し塀」や「鉤の手状門構造」の遺構から、あらためて推定している。首長居館での王権祭儀の内容については、基本的に前著を踏襲するが、遺構例や神話伝承に認められる井泉を「首長権の永遠性を象徴する」祭祀の空間として一層注目している。なお、池上曽根遺跡の当該建物については、その「巨大性と建築様式に加え、前面に展開する諸遺構」の存在から、「食糧確保のための豊饒を目的」とする祭儀用建物であったと推測する。

「卑弥呼の館とその祭りとは—邪馬台国時代の高殿—」(辰巳　一九九九)は、高殿と祭祀空間の視点からあらためて「古墳時代の王権祭儀が弥生時代の首長祭儀の発展、延長線上」にあることを追認している。弥生時代の池上曽根遺跡の当該建物についても再び言及し、「このような開放的空間に建つ大型高床式建物は(中略)人々が祭りに際して聖なる巨大な井戸に湧き溢れでる水を飲み、かけあい、また日々の生産の祈りなどをはじめ、裁判や富の分配など、集落全体にかかわる集会所的な施設」「政事の場」であると、より具体的な推論を深めている。また、先述の金関氏、武末氏と同じく、弥生時代の北部九州には、近畿地方と異なり墓地と密接な関係をもつ祭儀用の大型建物が存在したことを指摘し、祖霊すなわち鬼神への祭祀が大型建物を伴う形で執行されたことを推察している。

「高殿と王権」(辰巳　二〇〇一)は講演録で、弥生・古墳時代の特定の高床建物に関して「高殿は神と首長が交感する場」という辰巳氏独自のいわば高殿論を一般向けに解説している。弥生土器絵画や家屋紋鏡(**図9**)、神話伝承の建物に散見される梯子にもあらためて注目し、「梯子を昇ることは神の世界に近づくこと」として、当時の梯子を有する建物についてとりわけ「神の在所」であった可能性を強調している。

寺沢薫氏の「古墳時代の首長居館—階級と権力行使の場としての居館—」(寺沢　一九九八)は、いわゆる「古代神殿論」が本旨ではないが、弥生時代から古墳時代の首長居館の成立と展開を考古資料を中核として総合的に論じた代表的論考である。関連遺構の詳細な分析にもとづき「古墳時代の方形を基調とする環壕・区画居宅遺構の共同体内での階級的隔絶性とその首長権の行使の場としての整備度の大きさを手がかりに、弥生時代の特定区画(首長の居宅を含む)から古墳時代になって誕生したと考える『首長居館』の階級的位相のあり方、そして『首長居館』とは何か」を論証している。同氏は、首長

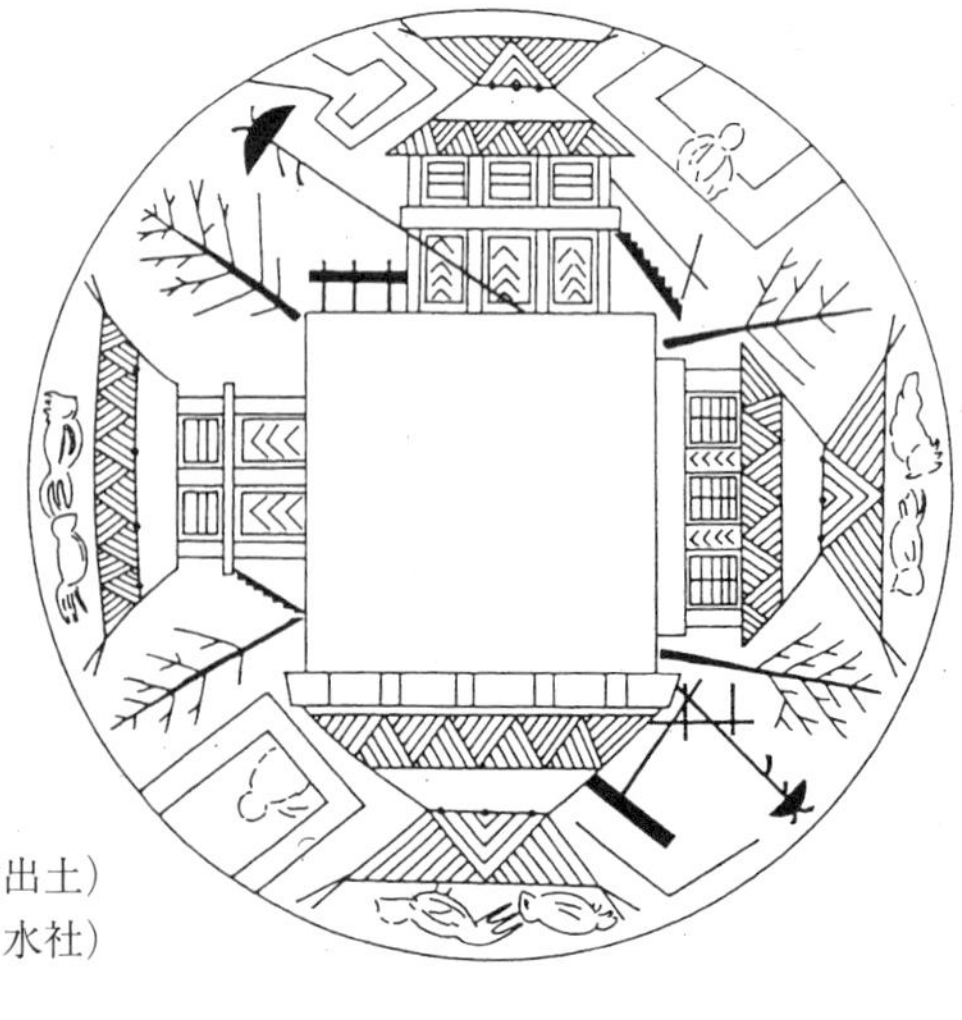

図9　家屋紋様(奈良県佐味田宝塚古墳出土)
(辰巳和弘『埴輪と絵画の古代学』白水社)

居館の諸類型を論じる際、例外的に極小区画を有する特殊な事例に注目する。京都府中海道遺跡の例（前掲図6）などがその代表で、「極めて小規模な区画内に一棟の特徴的な建物ないしは対称的な小規模な付属建物をもつものは神殿」と推定している。また、「首長居館内の祭祀的建物が明確に分離独立して、一定の聖域と特定の独立祭祀建物をもつことが神殿（神社）と呼ぶにふさわしい」とも推測する。そして「その初源は確実に奈良県桜井市纏向遺跡二〇次の庄内式段階に遡る。天理市櫟本高塚遺跡（六世紀後半）、天理市石上平尾山遺跡（六世紀～七世紀前半）なども立地からみて神殿と考えるべきであろう」と推論し、神殿（神社）の成立についてもかなり踏み込んで論じている。

なお、この論考（寺沢　一九九八）および辰巳氏の前掲（辰巳　一九九八）が載る『古代学研究』第一四一号（一九九八）は、「特集　古墳時代の首長居館」として、ほかに坂靖氏の「古墳時代の階層別にみた居宅―「豪族居館」の再検討―」（坂　一九九八）、青柳泰介氏の「家形埴輪配置考―「首長居館」との関連を中心に―」（青柳　一九九八）を掲載する。両者とも、直接的に「古代神殿論」に言及するものではないが、古墳時代の首長居館と祭祀空間を検討するうえで参考となる。

また、小笠原好彦氏の「首長居館遺跡からみた家屋文鏡と囲形埴輪」（小笠原　二〇〇二）は、古墳時代の家屋紋鏡に描かれた建物と囲形埴輪の性格を首長居館遺跡などの比較検討から分析したものである。「古代神殿論」を論じる際、傍証として扱われることの多いこれらの考古資料を本格的に分析・考証した最新の論考として参考となる。

このほか、上原真人氏の「発掘された巨大建物」（上原　二〇〇一）は一般向けの講演録であるが、弥生時代、古墳時代を含む先史・古代の住居構造および巨大建物（大型倉庫群、豪族居館、弥生環濠集落の巨大建物）の発見に関する研究史を簡明にまとめたものとして有益な内容を含む。同氏は、巨大建物の研究史を語る前提として、大型建物に「収容能力という実用性よりも、居住者や所有者の政治権力や経済力を誇示したり、何かを記念・象徴する意味が強」く、「見せびらかす」ために建てられたものという認識を示している。そのうえで、古墳時代の豪族居館にみる大型建物については、軍事的・居宅的性格を重視する立場と祭祀的性格を強調する立場があるが、「祭政未分化の時代ならば両説は不倶戴天ではない」との見解を述べている。また、弥生環濠集落における巨大建物については、広瀬和雄氏らのいわゆる「弥生神殿論」を念頭に、「神殿・祭殿・神社・正殿などの各種の用語が、おのおのの論者のイメージでしか語られていない」こと、いわゆる独立棟持柱建物が古墳時代の豪族居館に多くみられないこと、後の神社建築が概して小規模でありその後の系譜を跡づけるうえで矛盾が大きいこと、などを問題の所在として指摘している。

〈建築史学による研究〉

宮本長二郎氏は、これまでの持説をさらに発展させ、発掘された建物遺構を核に据えて、建物構造の復元から神社建築の成立過程にまで論究する諸論を発表する。

「大型建物と祭祀」（宮本 一九九六）では、明確な根拠は不詳ながら、大阪府池上曽根遺跡、滋賀県伊勢遺跡などにおける弥生時代の大型建物跡の構造・配置・形式をもとに、「弥生時代中期の祭政一致の祭殿から、同後期には神殿が独立して伊勢神宮正殿に近い形式の神殿が成立した」と推論している。

「神宮本殿形式の成立」（宮本 一九九九）は、古代の信仰は自然崇拝の段階で、常設の建物はなかったとする通説的な理解をふまえながらも、「この二十数年来の全国的な発掘調査により、縄文時代、弥生時代にも各地方を統括する拠点集落遺跡や祭祀遺跡には、祖霊信仰や自然崇拝のための祭殿と考えられる掘立柱建物遺構例が増加」しているとあらためて指摘する。そして、当該する遺構例の一形式として独立棟持柱建物に焦点をあて、縄文時代、弥生時代以降、果ては神宮の神明造へと至る、その建築構造上の系譜関係を考証している。また、神宮の式年造替の伝統は、弥生時代後期後半頃の遺跡に認められる「二棟連立祭殿形式」の建物遺構に遡りうると推察する。そこから「弥生時代後期後半における祭祀儀礼の転換期において、伊勢神宮や住吉大社に継承される神道の社殿建築と配置形式の骨格が形成された」と推測し、「狭義には祭殿即神殿とは云えないであろうが、律令時代以後の神道に継承される意味では、神殿は古く縄文時代まで遡る」という祭殿建築から神殿建築への変遷過程にかかる大胆な説を披瀝している。

「伊勢神宮本殿形式の成立」（宮本 二〇〇一）は講演録で、前掲（宮本 一九九九）の内容を解説したものである。

一方、浅川滋男氏は、宮本氏とは異なる視点から、池上曽根遺跡の件の大型建物跡に対する評価や、いわゆる「古代神殿論」への批判的見解を論じている。

「池上曽根遺跡の大型掘立柱建物をめぐる諸説の批判と解釈」（浅川 一九九六）は、当該建物の発掘成果をめぐり「『空間構造』に関する『脇殿』の存在、『正殿』の南面性、絶対方位、漢尺の採用などについては、いずれも批判的な論評をくださざるをえない」とする。さらに、安易に中国大陸の建築物に系譜を求めることなどを戒め、あらためて遺構・遺物の出土状況を尊重して「慎重な検討を繰り返す」べきと指摘している。

また、「「神殿論」に対するコメント」(浅川 一九九八)では、前述の広瀬和雄氏(広瀬 一九九八)などのいわば「弥生神殿論」について、まず神殿という用語の概念規定が曖昧であることを批評する。建築学からすれば、神殿とは西洋建築史の分野で常用される『神の家』すなわち神像の安置施設をさす」とし、「日本建築に敷衍すれば「神殿に相当するのは神社本殿にほかならない」という。しかし、「近年の考古学的成果に基づく弥生・古墳時代の神殿論では、神殿という用語そのものの概念規定がじつにあいまいで、必ずしも『神の家』すなわち神像の安置施設だけをさすのではなく、カミ祭りに関わる施設なら何でも、神殿の範疇におさめている」と批判し、十分な用語定義の必要性を説いている。次に、独立棟持柱の性格を象徴性のみならず、「反屋根の胸木を支える為には、不可欠の構造材」と指摘し、独立棟持柱の機能に関する一元的理解を批判している。ここに派生し、広瀬氏の集成する独立棟持柱付掘立柱建物遺構を神殿として一律にとらえるべきではなく、「集落全体の構造および出土遺物などを総合的に検討することによって、神殿もしくは『神殿』の有力候補をさらに煮詰めていく」作業の必要性を指摘している。

池上曽根遺跡の件の大型建物については、後述のごとく、その性格を広瀬氏が説く「神殿」ではないとする。建築構造についても、宮本長二郎氏が復元する神明造の社殿を大型化したかの高床建物としての復元案を批判し、「平地土間式で四面解放の型式がふさわしい」と推定する。また、神社本殿を例に「人が上がって儀式をおこなえるだけの規模を有するのは、出雲大社と住吉大社ぐらいであり、全国的にひろく分布する春日造および流造の本殿をみても、一間社と称する極小の社殿が最多数を占め(中略)神の住まう神殿、すなわち御神体や御神宝の収納施設とは、本来(中略)人を排除した小規模の建物であった」と指摘する。したがって、当該する大型掘立柱建物の性格についても、神の住まいよりも人間の行動の場としての意義が大きいものと推定している。また広瀬氏のいうクラと神殿の関係については、「単なる収蔵庫ではなく、穀霊の祭場としての性格を担った」とする点には同意する。しかし、「去来する田の神の依代が、クラの中に安置された木偶であったという点」は、「首肯しがたい」とし、「去来するカミから常住するカミへの進化という図式を、クラを媒介にして推定するのが適切かどうか」と疑問視している。倉の形式を継承するとされる神宮の神明造についても、神社建築形式の中で占める割合からするとマイナーな存在であることなどをあげ、のちの神社建築が「必ずしも普遍的に穀物倉庫の建築様式をうけついでいない」とも批評する。そして、広瀬氏の説く「神社の前史」という視点について、「常識的には八世紀以後展開したとされる神社本殿の歴史と（中略）弥生～古墳時代における神殿すなわち独立棟持柱建物の展開は、一つの道筋におさまるのか」との疑問を呈して結んでいる。

また、丸山茂氏は必ずしもいわゆる「古代神殿論」にかかる考古資料の解釈に論及するものばかりではないが、神社および神社建築の成立に関する建築史学の通説に真正面から批判を加え、既成概念に再考を促す諸論を発表している。

「飛鳥、奈良、平安時代の神社建築」（丸山　一九九九a）は概説書であるが、次掲の論考（丸山　一九九九b）に重複する見解を述べているので詳細は後述する。

なお、「本地垂迹系の神社が史料によってその成立と変化をある程度たどれるのに対して、従来古代の神社本殿形式の代表となっている、出雲大社の大社造、住吉大社の住吉造についてはその形式の成立が古代であることを示す史料がない」ことをあらためて指摘している。つまり、神明造、大社造、住吉造が奈良時代以前に成立し、その後さまざまな本殿形式が平安時代の末までに成立したとする通説、いわば「仏教の影響を受けない神社本殿の基本的な形式がまずさきに成立した」との思考的枠組みは、「僅かな数の神社で支えているにすぎず」、それらの神社も「史料上の根拠を持たない」と疑義を呈する。神宮や出雲大社を除外すれば「神社建築の問題は平安時代以降の歴史として記述することも可能であろう」とし、「問題設定は宮寺の建築に対して神社建築としての自覚がどのように形成されるかということになるのではないか」と「神社建築史のこれから」に新たな問題提起をしている。

「神社建築の形成過程における官社制の意義について」（丸山　一九九九b）では、前掲（丸山　一九九九a）を受け継ぎ、神観念の問題、律令的祭祀の問題、記紀、風土記など文献史料等の分析を通じ、戦後の通説となっている福山敏男氏による神社建築の形成過程に関する「従来説」に対して詳細な批判論を展開する。すなわち神社および神社建築は農耕の季節的儀礼の中から自然発生的に次第に形成されたものではなく、天武朝において創始される官社制というあくまで国家的な政策を契機として形成された可能性が高いことを論証している。したがって、一般的に官社制以前つまり奈良時代前半以前には「神社」の存在は想定しなくてもよいことになる。それ以前における在地の宗教施設には、在地首長が忌み籠もって神の託宣を受け憑依して祭る「『祭殿』と、都とその周辺および国の境などにあるであろう祝のいる『祠』」

が存在した可能性を推察している。神社および神社建築形成の具体的展開については、まず国家が「軍事的な理由から、住吉神、鹿嶋神を祭る社殿を立て、出雲などの有力首長が帰服する証として社殿を立て与えた」とする。「これら、官社制に先行する数少ない社殿の建設には、仏寺の影響や渡来の廟や祠などの宗教施設の影響を考えるべき」とも言う。また、国家の神として早くに伊勢神宮が成立していたことを認めるが、その初源的な祭祀形態は「本殿を持たず、天皇の身代わりの斎王が天皇の替わりに『祭殿』に籠もって憑依を待つものであった」とも推測している。そして、天武朝において各国に官社制が実施されるに至り、「在地の直接支配を信仰においても徹底」し「在地首長の持つ『祭殿』を破却させ、本殿を新たに与えることで、神と一体化する施設から神を敬い仕える施設へと改めた」という大胆な推論に至るのである。すなわち、官社制による神社成立の意義とは、「在地の信仰が『自然に』結実したものではなく、在地の宗教伝統を国家が創始した官社という形式に合うように誘導した」結果であると結論づける。加えて、そこに国家による大量な社殿の建設や「統一的な祭祀」の要求に応じた「統一的な形式や大きさ」にもとづく本殿建設を想定し、神社建築史上における多様な本殿形式が形成される契機、画期としても大きな意義を見出すのである。

また、「研究ノート　近年の「祭殿（神殿）説」について—主として宮本長二郎説に対する検討—」（丸山　二〇〇〇）では、「独立棟持柱付掘立柱建物という形式のみによって、『祭殿（神殿）』という建物用途が確定できるのか」という主旨により宮本氏の「神宮本殿形式の成立」（宮本　一九九九）を批判している。丸山氏は、縄文時代から古墳時代の独立棟持柱をもつ建物について、必ずしも墓域や信仰関連遺跡独自の構造とは言えないこと、その希少性は建築形式の特殊性を示すもので「祭殿」を必ずしも立証するものではないことなど、宮本説の論証が不十分であることを批評する。そして当該遺構について、すぐさま「祭殿」と結びつけるのではなく、「建物構造の問題として考察する余地」があり、今後、「遺構の逐一についてその性格を検討決定して、『祭殿（神殿）』論を帰納的に構築すべき段階」と研究の深化を期している。同時に、「世にもし独立棟持柱付き高床建物＝『祭殿（神殿）』説のような先験的な仮説が存在しているようであれば、建築史とは無関係の想像の産物」と、厳しい批判で結んでいる。

丸山氏ともいくつかの共通する問題意識がうかがえるのは、山岸常人氏の「研究動向　神社建築史研究の課題」（山岸　二〇〇〇）である。山岸氏は建築学の立場から、近年の神社建築史研究を概観し、「神社建築は仏教建築が導入される以前の日本古来の建築形式を伝えるもの」という「日本人の多くが信じている虚構」を批判的に検証し、なぜ虚構と言えるのか、それを乗り越えるためいかなる視点が必要か、という主旨にもとづいて、いくつかの考察を試みている。いわゆる「古代神殿論」を直接論じたものではない。しかし、「神社本殿の成立と流布」について述べる中で、発掘調査で検出される大規模な掘立柱建物や棟持柱付建物と神社本殿との関係に触れている。そこでは、広瀬和雄氏の議論をあげて「極めて有意義であると同時に多くの問題を孕」むとし、神社との歴史的連続性を認める論拠が明確であるか、あるいは当該建物が政治的・行政的機能（たとえば、蔵などの共同施設、葬送儀礼にかかわる建物）を有した可能性を認めるべきではないか、との視点から批評を加えている。結論部では、今後、神社建築史研究の方法や視点を再構築していくうえで、「古代における神社の概念規定」「祭祀組織の形成」「祭祀組織の実態」という「三つの有効な方法」を近年の研究動向の中から抽出し検討を加えている。いわゆる「古代神殿論」に関する考古資料の解釈にも有効な論点といえよう。

　このほか、櫻井敏雄氏の「神社建築はどこまで遡るか」（櫻井　二〇〇一）は、おおむねこれまでの持説（前掲一九九一・一九九二・一九九三）に従い、いわゆる神殿の後発性を一般向けに論じている。

　この中で、各種神社の「『造』自体の成立は古いものの、その成立の時期についても必ずしも明確には特定できず、特に古いと考えられる伊勢・出雲・住吉の『造』としての定着は現段階ではそれ以前の信仰形態や形式を総合化、意匠化したもので、律令制以後のことと考えた方が良い」と指摘している。

〈文献史学による研究〉

　考古学の広瀬和雄氏、建築史学の宮本長二郎氏らが展開する、いわゆる「古代神殿論」に対する批判論が古代史学者から一層盛んに発表される。

　既に前掲の複数の論考（岡田　一九八五・一九九二・一九九三）でその先陣を切った岡田精司氏は、批判の矛先をさらに強めている。

　「大型建物遺構と神社の起源」（岡田　一九九八）は一般向けであるが、神殿説への疑問と古代史学からみた問題の所在を簡明に述べたものである。まず、前稿（岡田一九九二・一九九三）を継承しつつ、日本の神観念や祭場の条件（「祭場の占地」「祭祀の対象」「祭場の空間」「祭場の周囲」「祭場における仮設建築の性格」「社殿の用途」「禊ぎの場」のあり方）から古代祭祀を概論する。そのうえで、池上曽根遺跡例をはじめ当該する大型建物の祭祀性に複数の疑問を投げかけ次の四点から批評している。

①「いずれも同時期に住居址が付近に密集」しており、神迎えにふさわしい清浄な地あるいは祭祀遺跡の立地と大いに異なること、②「神体山、磐座などの祭祀対象となるべき存在の有無」についての検討が欠如していること、③神殿建築の復元案では「四周に塀や柵を廻らす形になっているが、祭祀遺跡においても、古代以来の姿を留める古社においても」類例がない（神宮を除く）こと、④同じく復元案が伊勢神宮内宮正殿に極似する形式となっていること、つまり神明造は「より原初的な様式が外宮の御饌殿」にあり、また古代の神社建築では一般的な様式ではなく「神宮だけの独占的、かつ特殊」なものであったこと、などである。

また、神社建築の源流についても、地域ごとに多様な様式が生まれ継承されたもので「多元的な成立過程」をもつこと、常設の神社建築の出現時期は、「国家的祭祀の場においては七～八世紀に遡るものも少なくないが、地方のレベルでは平安時代中期以降に下がるもの」と前稿を踏襲しつつ論じている。まとめでは、弥生時代に仮に「神殿」建築が存在した場合、なぜ古墳時代に明確な系譜が遡られず、自然崇拝を基調とする祭祀遺跡すなわち屋外の祭場に戻ってしまうのか、神祭りにおいてはその後も屋外祭場の伝統が現代まで続くのに対して、なぜ「神殿」の系譜は断絶するのか、などの点から再び批評している。そして「祭場の遺構として、誰もが納得できるだけの実証的根拠が提示されるべき」とし、自らは弥生時代の大型建物の用途に、集会所のような共同体の施設を想定しうることを述べて結んでいる。

「神社建築の源流―古代日本に神殿建築はあったか―」（岡田　一九九九）は、持説をさらに補強し、いわゆる「古代神殿論」への否定論を総合的に展開したものである。重複する点も多くいささか長くなるが、批判の要点を「まとめ」から抜粋しておく。

①古代日本の祭祀には祭りの時だけ、清浄な祭場（ニワ）に設けた臨時の施設＝オカリヤに神迎えをするのが基本であったこと。祭祀は庭上で執行するのが基本であり、建物は必要としなかったこと（だから今でも本殿のない神社は珍しくない）。したがって古代日本における「神殿」の存在は考えられない。

②古代の祭場として、「神殿」と同時期に並行して神体山や磐座の祭祀が行なわれていたことになる。両者は祭場の在り方からして、全く相反する性格のもので両立は不可能である。どちらか片方が否定されねばならないだろう。ことに祭場においては最も重視されねばならぬ「清浄」の感覚が、集落内に立地する「神殿」においては欠落している。

③神社建築における常設社殿の成立自体が、非常に新しく、古いものでも七世紀後半がやっとであり、一般化するのは平安時代に入ってからのことである。弥生・古墳時代の「神殿」の存在との矛盾は大きい。

④神社の起源は「神殿」論者のいうように古いものではないし、神社建築は地域ごとに様々な個性ある様式を展開させてきた。九州から関東までの広域に、画一的な神明造に似た「神殿」が成立することは、あり得ない。神社や古代祭祀の実態を無視したものである。

⑤棟持柱建築を「神殿」とみたのは、この説の核心であろうが、七世紀末ごろに成立した伊勢神宮の正殿をもって復元の基準としたことには、疑問が多い。なぜ、「棟持柱」の機能を考えて御饌殿の板校倉を採用しなかったのか。さらには、従来穀倉と考えられてきた、棟持柱建築を祭祀施設と考えること、その考え自体に基本的な矛盾がある。

こうした点から「神殿」遺構とされるものはすべて祭祀関係の遺構ではないと断言し、明確な根拠は示さないが、「弥生時代のものには、集会所の性格を持つもの（池上曽根遺跡）や、二重に柱を持ち『魏志倭人伝』の『楼観』に対比されるかと思われるもの（京都府中海道遺跡）などがあるが、古墳時代のものは、大部分が穀物倉庫」との推察をあらためて加えている。

さてここで、この岡田氏の論考を射程とする考古学者広瀬和雄氏の前掲「「神殿論批判」への反論」（広瀬 一九九九）について述べておく。広瀬氏はまず、『万葉集』などの古典の記述内容からどうして弥生・古墳時代に神殿がなかったと断言できるのかと反論する。また、すべての「神殿」が神宮の神明造の系譜につながるとは考えていないこと、祭祀遺跡を残した祭祀と神殿や神社で行われた祭祀とは信仰の対象や性格、役割なりが違っていた可能性があり、同時に存在しても何ら不思議ではないこと、などの視点からも反論している。さらに、岡田氏による神社成立の三要件を整える神社の成立は、神殿が同一空間を世襲的に占有する段階（神殿の「第三段階」）に該当し、「普遍神としての仏教の導入と寺院の急増」に伴うカミ観念の変化の中で、それを契機に自らを変容させた「神殿祭祀のひとつの方向ではなかったか」との考えをあらためて説いている。続いて、「そこに古代カミ観念の断絶があったことを認めねばならないが、神殿祭祀はわが国のカミ観念が神社としての体系に収斂されるまえの、もっとひろがりをもった共同体そのものの再生産に深くかかわったもの」との考えを示している。結論部分で強調する「七世紀以降の祭祀関係の史料で、それ以前のカミ観念の変化を律しきれるのか、なぜ考古資料で復元された神殿、それに表出されたカミ観念のありようが否定されるのか」との反論は、まさしく考古学と古代史学における取り扱う資料と方法論の相違に起因する学際的な研究の困難さを象徴するかのような議論である。

岡田精司氏のいわゆる「古代神殿論」批判と相前後して、古代史学専攻の諸氏から同様の批判論が相次いで発表される。

榎村寛之氏は「古代日本の「信仰」」（榎村　一九九六）において、まず古墳時代の祭祀遺跡と神社の初源形態について論じている。四、五世紀頃の開発地と自然界の境界に立地する祭祀遺跡の諸相ならびに文献史料の記述から、「里と山の境界、簡単に言えば、『野』に成立する祭りの場こそ、『ヤシロ』の原型」で、その祭祀の中身は露天祭祀を基本とするが、自然条件に規制され地域ごとに多様な祭りがあったことを推定している。神社建築の発生についても、神宮の様式と似た棟持柱付建物をただちに神社建築と関連させるのは、神宮の様式確立期における特殊な事情、つまり「儀式次第を意識してレイアウトされた神社」で、「その意味では非常に『寺院』的な」「特殊なもの」であることを察すると無理ではないかと批判する。また、社殿建築の本格的普及は、人が入ることのできない小型建築の「賀茂神社の様式が定着した九世紀以降で、八世紀の神社建築は、特定の神社―伊勢、出雲、住吉、鹿島、香取など、政治的な性格の強い、記紀神話で重要な役割を果たし、律令国家イデオロギー支配の一翼を担う『権力神』とも言える神を祭る神社―に限られていた可能性が高い」と岡田精司氏の説をおおむね追認している。なお、日本の古代都市の形成と基層信仰に触れ、藤原京や平城京では成立段階から京城内に神社が存在していなかったことに着目し（神祇官内の諸祭祀施設を除く）、「神社の、人工都市と馴染まない性格に由来する」との指摘は弥生・古墳時代のいわゆる「古代神殿論」を検証するうえでも看過できない視点である[10]。

続いて榎村氏は「伊勢神宮の建築と儀礼―棟持柱は神社建築か？―」（榎村　一九九七）を発表する。ここでは、主として神宮の独立棟持柱が建築の荘厳性を強調するための巨大化した屋根を支える構造上必要な補助材であって、その祭祀において特別の意味・役割をもたないことを重ねて論証している。そのうえで、いわゆる「古代神殿論」を射程におき「棟持柱（筆者註：いわゆる独立棟持柱のことを示すと思われる）の出土をもって神社建築、あるいは神宮と同様式の建築とは軽々しく考えられない」、あるいは「棟持柱とは、神社建築ではなく、権威を表現するための建築になら、どのような建物にでも採用される可能性があった」と批評している。

三宅和朗氏は『古代の神社と祭り』（三宅　二〇〇一）

において、古代史学の立場からする先行研究をふまえ、「基層信仰では神社が常設の神殿をもつこと自体がけっして当たり前のことではなかった」と、あらためて論じている。いわゆる「古代神殿論」批判の論拠としては、先述の岡田、榎村両氏とほぼ同様に、神話伝承、文献史料、絵図、祭祀遺跡の様相から導かれる古代祭祀の自然界との密接なかかわりや庭上祭祀の伝統性、小規模かつ仮設性の濃厚な古代の神社建築のあり方およびその清浄性を重視する立地条件などを列挙する。ただし、『神殿』説を批判する場合、当該遺構の機能、性格をどう位置づけるかの問題が残る」とも述べている。常設神殿のはじまりについても詳細に論及し、官社制の成立する天武朝（七世紀末）を神殿成立の画期としてとらえ、「神殿成立の諸段階」をおよそ次のように結論づける。この問題に関する古代史学からの通説に近い視点が簡明に記されていると判断されたので、以下引用しつつその要点を列記しておく。

第一段階　常設神殿造営以前。神々の自然界からの季節的来臨、祭日における仮設の神殿が造営される。

第二段階　七、八世紀頃、伊勢、石上など、王権と関係深い神社で大神殿が造営される。特定の神が常設神殿に常住することが求められたのである。七世紀後半には、律令国家は官社に対しても、常設神殿造営を義務付ける。定期的に来臨していた神は「神殿に封じ込め」られる。ただしその建築は仮設神殿の系譜をひく井桁土台の小規模な神殿であったと推察される。神宮の定期造替、官社の修理は、「国家による神威更新策」でもあった。

第三段階　九世紀以降。九世紀中ごろ官社制と別に神階社制が展開する。これは一面では、村落首長や富豪層の神々まで統制する手段で、神殿造営拡大の有力契機と推定される。官社制、神階社制および神仏集合を媒介に常設社殿化が一層進展したものと推定される。

このほか、和田萃氏の論考「『神殿』をめぐって」（和田　二〇〇三）は一般向けであるが、これまでの神殿論争を概観し、古代史学からみた問題の所在を簡明に述べている。同氏は、他の古代史学者とほぼ同様に、日本古代の神観念、神祭りの発展段階的な系譜を証左にして、池上曽根遺跡をはじめとする弥生時代中期から古墳時代にかけて認められる大型建物跡の性格について、「神殿という概念でとらえるのは時期尚早」、「今後、いろいろな事例を集めて、その機能を考えていく方向の方がよい」とする。また、「常設の建物を建て、社とする事例」で最古のものとして、奈良県天理市の櫟本高塚遺跡で検出された六世紀後半に比定される二重の柵列で囲繞された一間×二間の小型掘立柱建物とその遺構に注目する（**図10**）。考古学者の寺澤氏が前掲（寺澤　一九九八）で述べた考察とも共通し、看過できない指摘である。

〈当該期の概括〉

大阪府和泉市池上曽根遺跡で検出された弥生時代中期後半の独立棟持柱付大型掘立柱建物跡の構造と性格の評価を端緒に、いわゆる「古代神殿論」とその「批判論」が活発に提起され議論がいよいよ本格化する。賛否両論の研究論考が多数発表されるとともに、問題の所在も多極化し、一部では顕著な論争も生じている。

考古学の立場から、広瀬和雄氏、金関恕氏らは、池上曽根遺跡の件の建物跡など弥生時代における特殊もしくは大型の建物跡の集成と分析作業を基軸に、「神殿」もしくは神殿、あるいは祭殿の存在を積極的に肯定する諸論を発表する。彼らはそれを「神社の前史」として位置づける。

一方、古墳時代の豪族居館、首長居館と呼称される特殊な遺跡の評価を基軸に、往時の特定の建物遺構に神殿や神社の成立を看取したのは辰巳和弘氏、寺沢薫氏である。

辰巳氏はすでに高殿論と称すべき独自の首長権、王権祭儀にかかる議論を展開していたが、その後の発掘調査成果をふまえ、自論を一層発展させている。寺澤氏は論

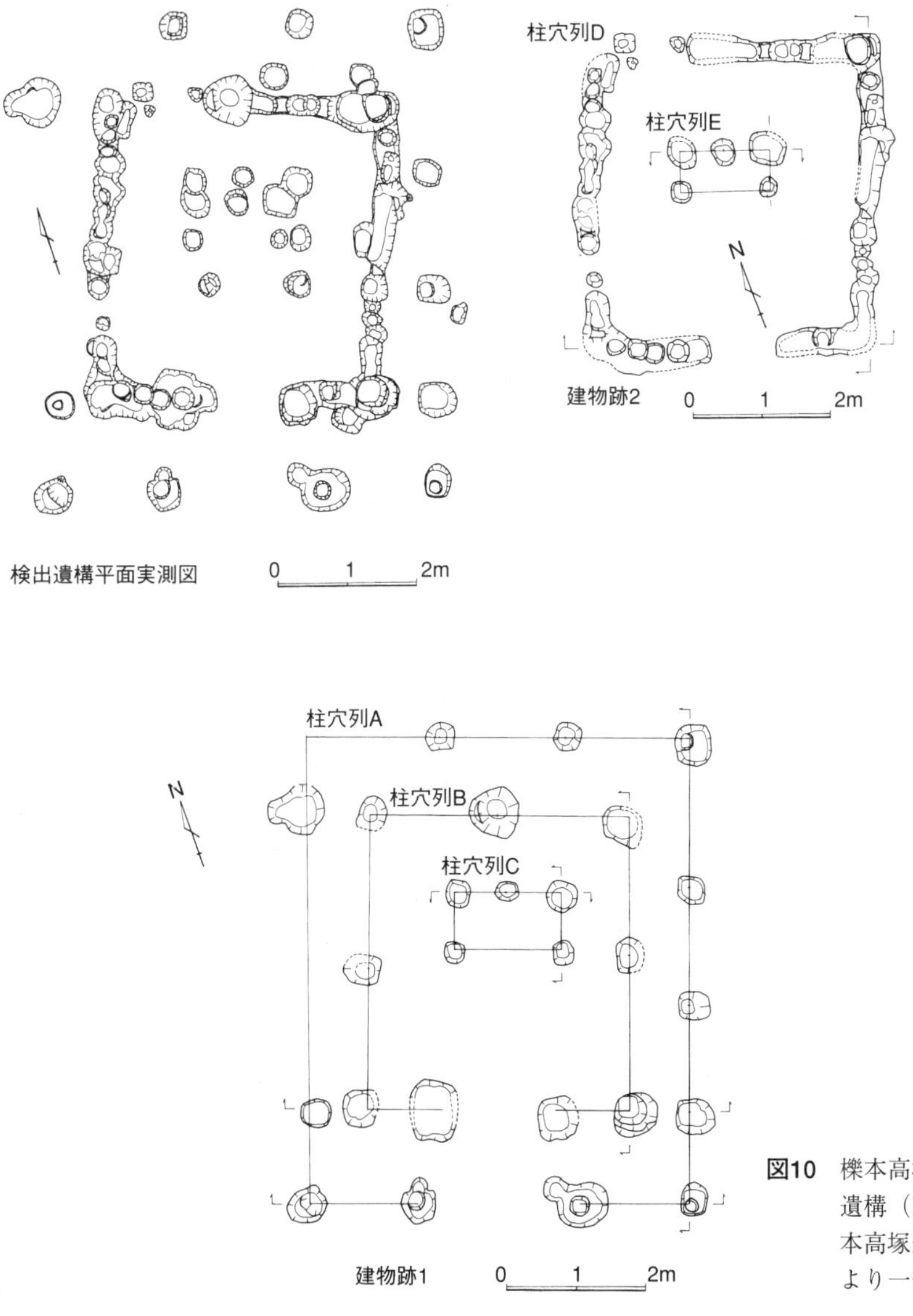

図10　櫟本高塚遺跡小型掘立柱建物遺構（天理市教育委員会『櫟本高塚遺跡発掘調査報告書』より一部抜粋・改変して転載）

説の主旨ではないが、当該する建物遺構のうちに神殿や神社の成立過程を積極的に見出す姿勢がうかがえ注目される。

考古学者からは、いわゆる「古代神殿論」を積極的に肯定もしくは可能性を認める立場の論考が多数著され、否定的に検証したものは僅少といえる。

建築史学の立場からは、宮本長二郎氏が自説をさらに発展させ、発掘された独立棟持柱付建物遺構に焦点をあてながら、縄文時代、弥生時代の高床建物の一部に祭殿建築、神殿建築が存在したことを積極的に論じている。これに対して、浅川滋男氏、丸山茂氏は宮本氏および考古学の立場からする広瀬氏らの論に対する批判論を展開している。批判の矛先は、主として用語の概念、当該する建物跡と後の神社建築との系譜関係、独立棟持柱の存在がはたして神殿なり祭殿を特定しうるものか、といった点に向けられている。

また、丸山氏および山岸常人氏は、福山敏男氏らが唱えてきた神社および神社建築の成立に関する「従来説」に根本的な見直しを迫る批判論を展開する。かかる考古資料に直接論及するものではない。しかし、いわゆる「古代神殿論」の思考的枠組みを再検証するうえでも、重要な問題提起である。

建築史学では、宮本氏のみがいわゆる「古代神殿論」を積極的に推進する論考を著し、他の研究者はほぼ同様の視点から総じて批判的ないしは慎重な姿勢をとっている。

文献史学の立場からは、岡田精司氏、榎村寛之氏、三宅和朗氏という古代祭祀を専攻する研究者が一致して、広瀬氏、宮本氏らの論考を射程に神殿論批判を展開している。批判の論拠は、詳述したとおり、古代の祭祀遺跡および律令祭祀の様相、神話など古典の記述内容、後世の神社および神社建築の様相や神祇祭祀、民俗行事のあり方などから導かれるものである。とくに岡田氏（古代史）と広瀬氏（考古学）の論争には、取り扱う資料と研究方法の相違に起因する解釈上の大きな隔たりが露見しており、学際的研究の難しさを象徴している。

簡約すれば、かかる考古資料の急増に応じるように、いわゆる「古代神殿論」に対する研究の方向性、議論の内容が多様化・複雑化し、まさしく百家争鳴の状況に至ったと言える。しかし、考古学、建築史学、文献史学の各分野にとって、この問題が抱えるそれぞれの歴史像に与える影響は甚大なものがあり、新たな考古資料の発見の有無にかかわらず今後もその関心と議論は暫時衰えることはないと思われる。

なお、本稿では割愛したが、主に各地の発掘調査成果に触発されるかたちで、関係する博物館展示、各種団体による学際的な学術討論会、研究会などが盛んに開催されていることも付言しておく。

3 おわりに―主たる課題と展望―

いわゆる「古代神殿論」をめぐる近年の研究動向は、既述のとおり多様化・複雑化の一途にある。しかし、諸論を整理する過程で、問題の所在がいくつか垣間みえてきた。その主たる課題を採り上げ、筆者なりの展望を披瀝し結びにかえる。

論点1　神殿、祭殿、神社などの用語定義について

議論の根幹にかかわる大問題として、縦覧してきたように、これらの用語が十分な概念規定つまり定義を経ることなく、各研究者個々人の理解に応じて用いられる場合が少なくない点があげられよう。すなわち、厳密な意味で共通の学術用語となりえていない。したがって、このことが研究者のよって立つ専攻分野の方法論および対象とする資料の相違を凌駕して、現象面を解釈する段に至りいよいよ噛み合わない議論として露見するのである。そうであるならば、今後は各研究者が論証過程で自らの使用する用語の概念・定義を明確にしておくとともに、一定程度普遍的に使用しうる共通の用語を選択していく必要があるだろう。

筆者の見解をいささか述べるとすれば、神殿とはやはり神の常に住まうところ、もっぱら神の居場所として造作され機能した建造物と理解するのが妥当ではなかろうか。今日の神社建築に比定するならば、さながら本殿にあたるべきものと理解できよう。

一方、祭殿とは、読んで字のごとく、人が祭りを行うところ、主として人間の祭場として造作され機能した建造物、今日の神社建築では、拝殿や幣殿などにあたるべきものと理解するのが妥当であろう。ただし、神と人が同居する、いわば「同床共殿」の状態にあった施設も含めるべきと考えている。

さて、最大の難題は神社という用語である。神社をどう定義づけて語るのか。それは取りも直さず、「神社および神社建築とは何か」、「何をもって神社および神社建築の成立とするのか」、という考古学・文献史学・建築史学などの専門分野を問わず、その歴史像・歴史観に直結する究極の問題意識にかかわってくる。本稿で述べた研究動向においても、これを普遍化し広義な意にとらえる立場をとるのか、律令祭祀における官社制の成立に直結させて狭義な意にとらえる立場をとるのかにより論旨に甚大な相違が生じる。たとえば、発掘された独立棟持柱付掘立柱建物跡などの構造や性格を評価する際、後世の神社および神社建築との系譜関係の認識に多大な影響が及ぶのである。

事は慎重を要するが、古代史上、いわゆる神社という

言葉自体は、やはり天武朝を一画期とする律令祭祀における官社制の施行に伴う法制上の用語として定着するものと認識される。そして、いわゆる本格的な社殿建築を有する神社は、具体的には官社制の進展の中で普遍化していくものと想定して大過ないであろう。それはまた、神祭りのための常設の施設ないしは建造物として、現状では岡田精司氏もしくは黒田龍二氏が掲げた神社存立の三条件（岡田 一九八五、黒田 一九九四参照）を充足するものであったと理解しておきたい。

論点2 弥生・古墳時代以前の特殊もしくは大型の掘立柱建物跡をいかにとらえるか

さて、神社をこのようにとらえるならば、律令制祭祀以前に神社はまったく存在しないのか。極論すれば、丸山茂氏のような理解が妥当性を帯びてくる（丸山 一九九九b）。しかし、問題は実際の遺構・遺物という考古学上の現象面に、宮本長二郎氏、広瀬和雄氏らが例示する後の神宮の建築と系譜上のつながりを有するような独立棟持柱付建物が存在するのである。また、辰巳和弘氏らが指摘するように、発掘された建物遺構や遺物にみる高床建物の絵画表現などのうちに、後の神社建築に連なるような建築形態・様式の存在が読み取れる。当然ながら、想定される建築形態・様式が後の神社建築と類似もしくは同等だからといって、それが果たした社会的・宗教的機能や性格も後世の神社と同じだとは断言できない。ただし、この物理上の共通性や系譜関係をどう理解していくべきなのか。「古代神殿論」をめぐる大きな論点であり、課題と言えよう。

筆者は、かかる考古資料に見出しうる後世の神社建築との系譜関係を等閑視すべきではないと考える。それらを神社と定義することはできないまでも、その建築形態・様式、むろん祭祀形態を含む広い意味での共通性に、広瀬氏が説く「神社の前史」の一端は十分探究することが可能ではないかと推察するのである。したがって、当該する建物跡すべてを祭祀・信仰に関する建物とはとらえていないし、逆にすべてをそれらと無関係の建物ともとらえるつもりもない。

考古学的研究法に立てば、いみじくも浅川滋男氏や丸山茂氏が指摘したように、広瀬氏、宮本氏らの演繹的な仮説を、関連する遺構・遺物に立ち返り、その逐一について詳細な分析と評価を経て、帰納論的に再構築すべき段階にあると言える。

また、文献史学的研究法に立てば、かつて広瀬氏が岡田氏に反論したように、奈良時代以後の古典の記述やその後の神社や神社建築のあり方などから、いわゆる神殿の存在を完全に否定することができるのか、あるいは仮に神殿ではないとしても、弥生・古墳時代の当該建物に対してその性格なり役割は何か、という主たる疑問に対して、より具体的に答えなければならないだろう。すなわち、史料や神話など古典の記述に立ち返るとともに、考古資料をふまえた律令制祭祀以前の神社成立前史をあらためて描く段階にあると言えるのではなかろうか。

なお、筆者は辰巳和弘氏とほぼ同様に、当該する建物のうちには、共同体首長層の祭儀空間もしくは祭政空間、いわば首長権、王権祭儀の場としての高床建物が存在した可能性を積極的に評価すべきと考えている。豪族居館、首長居館あるいは宮殿（古典にみえる「宮《ミヤ》」）と称すべき空間における首長と神の同居する施設・建造物の存在を重視しておきたい。

岡田精司氏の解釈に依拠すれば、これは「ヤケ」（邸宅内の祭場）の問題であり、「ヤシロ」（村落・氏族などの共同体の祭場）の問題ということにはなり難い（岡田一九九二）。しかし、神祭りのための常設化された建造物もしくは神社建築の成立にもかかわる一要因として、大いに検討の余地があるのではなかろうか。

ここで、文献史料や神話のうちに具体例を探ってみよう。たとえば、『魏志倭人伝』にみる卑弥呼の「鬼道」と「居所」「宮室」「楼観」の関係、『日本書紀』巻第二、神代下第九段、一書第二にみえる天照大神による宝鏡授与と同床共殿の神勅伝承、『同』崇神天皇六年条にみえる天皇の大殿内における天照大神、倭大国魂二神の祭祀と、その後に、それら二神の威勢を恐れての殿外・宮外へと遷座するに至る伝承、また、『同』崇神天皇七年条にみえる天皇が沐浴斎戒、殿内潔浄したうえで殿内において祈念する伝承などが想起される。これらの事例から首長層が執行したであろう「殿内祭祀」とその祭儀上の重要性が推測されるのではなかろうか。

また、関連して、記紀神話にみえる神宮の鎮座伝承もあらためて重視すべきであろう。すなわち、まずは天皇の宮居における天照大神との同床共殿による殿内祭祀を否定し、続いて宮外（屋外か）への遷座を経て、やがては伊勢の地へと鎮座する、という伝承である。この伝承は、王権における祭と政の場所の分離というある史実を間接的に反映したものではないだろうか。そのことを一つの契機として、神宮の成立過程が跡づけられているようで看過できない。つまり、神話伝承上の問題とは言え、神々と人間の同床共殿とその否定、すなわちある意味における祭政分離と神々のための住まい、「宮《ミヤ》」の成立が一つの画期的な事柄として意識的に伝承・描写された可能性が指摘しうるのである。

同様に、出雲大社の創建伝承も注目に値する。そこには、あくまでも神が住まうための「宮《ミヤ》」もしくは「御舎《ミアラカ》」として大神殿が建立される経緯が特筆されている。これは、記紀神話に他社の社殿創建伝承あるいはその姿形の描写記事が僅少であることとも併せて大いに注目される。神社建築の祖形に特異な事例として、宮殿形式を象徴化した存在がありえたことを示すものとして重視すべきであろう。

論点3 「古代神殿論」への視座

建造物としての神社すなわち神社建築の成立過程をどう考えるのか。「古代神殿論」をめぐる議論の核心はまさしくこの問題にあるのだろう。

近年、建築史学の立場から、長くその通説的な理解とされてきた福山敏男氏のいわゆる「従来説」に対して、丸山茂氏ら建築史学者から、いわば根拠の薄い「仮説」であるとの批判論が提起されるに至ったことは詳述したとおりである。

広瀬氏、宮本氏らのいわゆる「古代神殿論」には、程度の差こそあれ、この福山氏の「従来説」が基調に流れている。また、岡田氏らをはじめとする古代史学の研究者は、明らかにこの福山氏の「仮説」のうえに神社もしくは神社建築の成立史を構築している。いわば根本的には同様の発想が横たわっているのだ。今後は、その批判論の是非を含めて、他の学問分野からも「従来説」にもとづく思考的枠組みそれ自体の再検討が求められている。

その意味では、昨今、黒田氏、丸山氏、山岸氏ら建築史学者から提起されている神社建築史研究の再検証と新たな視座の模索が、「古代神殿論」ひいては神社の成立をめぐる一連の研究に与える影響は大きく、今後の動向を注視すべきである。

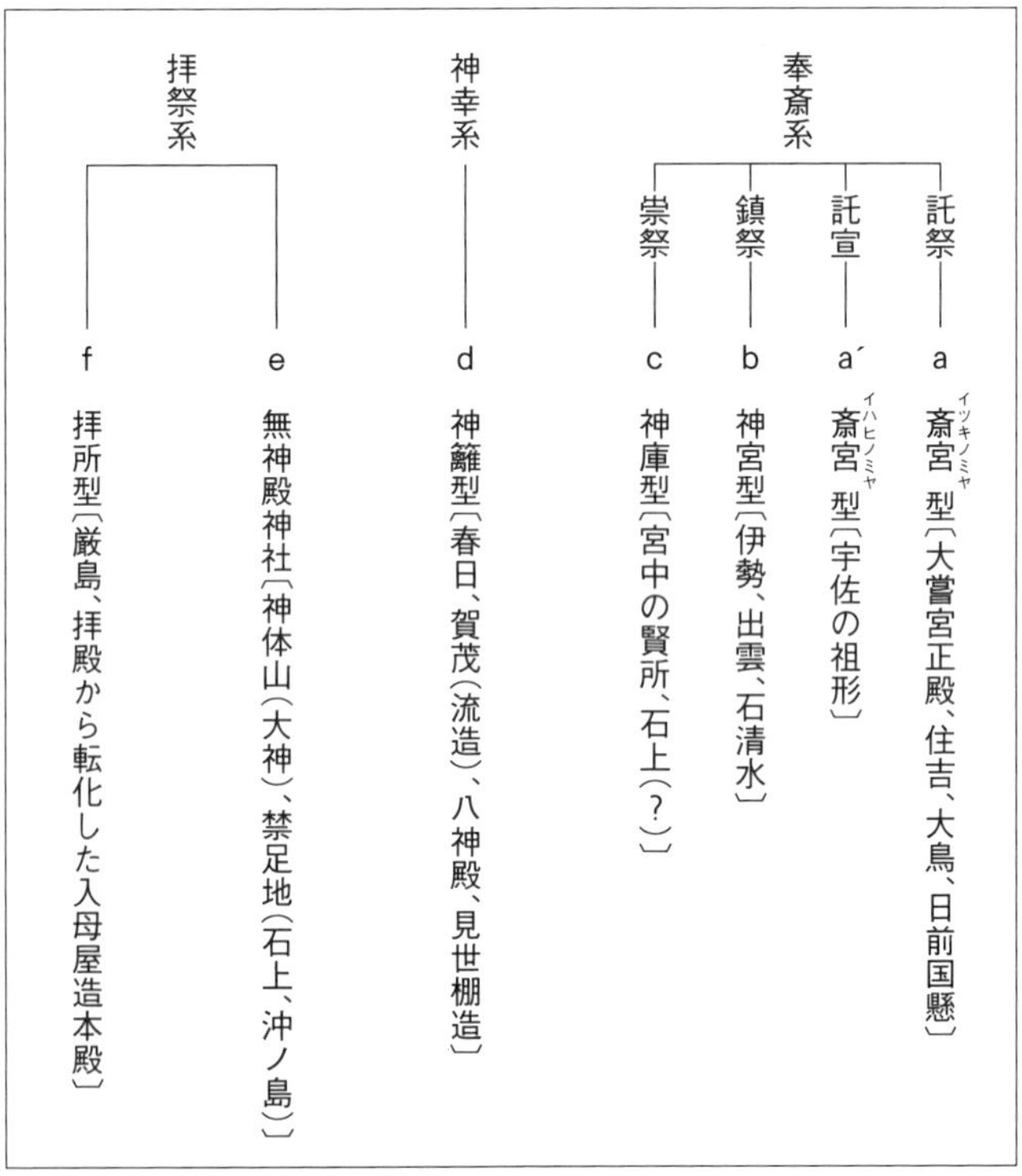

図11 林一馬氏の祭式的契機による神殿形式の類型的大別（林一馬1981を一部修正）

なお、こうした視点に立つ研究は、林一馬氏「神社神殿の成立とその契機」（林 一九八一）において、既にその萌芽が認められていた。そこで述べられる神社建築の成立根拠やその契機、「祭式的契機による神殿形式の類型的大別」（**図11**）、「原初への帰還こそが第一義的な要請」としてあったとする「神社建築の指向性」をめぐる理解には首肯すべき点が多く、先駆的な業績として注目に値する。とりわけ、個々の正否には十分な検証が必要であるが、神社建築の成立過程を多様な系統の中で、多元的にとらえる理解はまったく同感である。筆者も、常設化された社殿をもつ神社の成立過程は決して一様ではなかったと考える。それは、祭祀遺跡、神話伝承、律令祭祀にうかがえる古代祭祀の多様な状況はもとより、今日の神道祭祀をも貫く基層文化としての重層的かつ多様な信仰対象、神観念の存在、そこに起因する多種多様な祭場の立地、構造、形態、祭祀具、祭式などのあり方がそれ物語るのではないか、という一つの見通しによる。

以上、雑駁ではあるが主な課題と展望を例示した。本稿の管見に漏れた論考があれば、ご寛恕願うとともに、ぜひともご教示賜りたい(11)。

自身の「古代神殿論」への視座は、いまだ暗中模索であるが、いずれ稿をあらためて論じることにしたい。

〔附〕

いわゆる「古代神殿論」を考えるうえで、いま一つ重要な視座がある。それは、『記紀』『風土記』『万葉集』といった古典に登場する「モリ」「ヤシロ」「ミヤ」など、古代における祭祀空間を示唆する古語の解釈に重きを置いて、建造物としての神社の成立を解釈するという研究視角である。

かつて、民俗学の立場から論じられた柳田国男氏、折口信夫氏らの論説は割愛するが、近年の主要な論考としては、次のものがあげられる。

文献史学の立場からは、直木孝次郎「森と社と宮―神観念の変遷と社殿の形成―」(直木　一九五八)、池邊彌「社から神社へ」(池邊　一九七四)、上田正昭「古代の祭祀と儀礼」(上田　一九七五)などがある。いずれも、建築史学の福山敏男氏による「従来説」と相似する論旨である。社殿設備のない祭場いわば「モリ」から、建造物としての「ヤシロ」へ、さらには天皇の宮居を模したかの常設の本格的社殿「ミヤ」へと進化していく、との見方である。本稿で取り上げた文献史学の研究もこれと同様の論調にあることは重ねていうまでもない。

また、国文学の立場からは、西宮一民「ヤシロ(社)考―言葉と文字―」(西宮　一九八七)が著名である。ヤシロ(社)とは、ヤ(屋)+シロ(代)の意であり、つまるところ「屋を建てるために設けられた特別地」という解釈を導いており、ヤシロの語義における現在の通説的理解となっている。

建築史学の立場からは、木村徳国「ヤシロの基礎的考察」(『上代語にもとづく日本建築史の研究』一九八八)などが、古代の社と宮の語義を本格的に考察した成果として特筆されよう。木村氏は、古典に登場するモリ、ホクラ、ヤシロ、ミヤなど関連する古語を全語・全文形抽出し、その件数、用字、関連する問題を詳述している。古代における神社の実態を解明するに際し、文献研究から導かれる結論の限定性をふまえて、前出の言葉そのものの解釈に意を注ぎ、そのイメージ、概念を確定すべく考察したものである。

その結果、「ヤシロは、人間の側が主体的に参加して、ある神のために、『立てる』もの」すなわち「人間の側の積極的・意志的な参加によって、はじめて定め立てられたもの」に位置づけられるとする。そして、ヤシロの範疇とイメージの概念を三角形の図式に例え、「底辺の二極には、一は、極めて自然的ななり立ちと姿を示すモリ(モロ)を、一は、きわめて人工的な高床建造物であるホクラを置き、三角形の頂点には、両者の止揚としてのミヤをいただく」と述べている。ヤシロをモリやホクラやミヤを含むきわめて広範な神祇祭祀の空間ととらえている。早い段階の研究成果ではあるが、文献史学、国文学の成果を総覧した網羅的な研究として評価すべきであろう。

筆者もこの研究に触発され、『出雲国風土記』にみえるヤシロとミヤの姿形を中核として、当時の神祇祭祀の空間について考察を試みたことがある（参考・拙稿「覚書『出雲国風土記』にみる神祇祭祀の空間―神の社を中心として―」二〇〇四）。その結果は、木村氏の結論を追認するところが多かったが、よりいっそう多様性と重層性に富む古代祭祀の空間を明らかにすることができたと考えている。結論の一部を概念図化すれば、図（第十一章の図2、六三五頁）のとおりである。

本稿では、考古資料の解釈をめぐる論点整理に主旨を置き、これ以上の語義にかかる検討は避けたが、今後は多様な祭祀遺跡や特殊もしくは大型の建物遺構などの考古資料が示す現象面の諸相とこれらの古語がどのように相関するのか、という研究も進めていく必要がある。はたして神社建築の成立過程を単純な発展段階の図式のうちにおさめきることができるのであろうか。この仮説を再検証すべき時期が到来していることは間違いない。

註

（1） 建築学者による従来の通説的な理解は、次の論考に詳しい。

福山敏男「神社建築概説」『神社建築』一九四九（『神社建築の研究』福山敏男著作集4所収、一九八四）。

稲垣栄三「古代の神社建築」『文化財講座日本の建築① 古代Ⅰ』一九七七。

櫻井敏雄「伊勢神宮の創祀と現像―神宮の祭祀と配置―」『伊勢と日光』一九九二。

（2） 古代史の立場による従来の通説的な理解は、次の論考に詳しい。

直木孝次郎「森と社と宮―神観念の変遷と社殿の形成―」『難波宮址の研究』研究予察報告第2、一九五八（『古代史の窓』一九八二所収）。

上田正昭「古代の祭祀と儀礼」『岩波講座 日本歴史1』一九七五。

岡田精司「第一章 日本の神と社」『神社の古代史』一九八五。

池邊彌「第一編 古代の神社とその実態」「第二編 古代神社の原初形態」『古代神社史論攷』一九九一。

（3） いわゆる神道考古学の立場による従来の通説的な理解は、次の論考にうかがえる。

大場磐雄「考古学から見た神社の起源」『月刊若木』第176・178号、一九六三（『祭祀遺跡―神道考古学の基礎的研究―』一九七〇所収）。

景山春樹「自然神道から社殿神道へ」『月刊歴史手帖6』一九八四。

（4） 註1に同じ。

（5） 代表的な論考に次の論考などが知られる。

林一馬「神社神殿の成立とその契機」『建築雑誌』Vol.96、No.1175、一九八一（『伊勢神宮・大嘗宮建築史論』二〇〇一所収）。

林一馬「古事記・日本書紀にみる神社の創立」『日本建築学会九州支部研究報告』第31号、一九八九（『伊勢神宮・大嘗宮建築史論』二〇〇一所収）。

黒田龍二「神のやしろの曙」『原始の造形―縄文、弥生、古墳時代の美術』一九九四（『中世寺社信仰の場』一九九九所収）。

丸山茂「飛鳥、奈良、平安時代の神社建築」『日本建築様式史』一九九九（『神社建築史論―古代王権と祭祀―』二〇〇一所収）。

丸山茂「神社建築の形成過程における官社制の意義について」『建築史学』第33号、建築史学会、一九九九（『神社建築史論―古代王権と祭祀―』二〇〇一所収）。

山岸常人「研究動向 神社建築史研究の課題」『TRAVERSE』Vol.1、同編集委員会、二〇〇〇。

（6）いわゆる官社の成立、展開に関して、近年、文献史学の立場から追究した主要成果には、次の論考がある。

川原秀夫「律令官社制の成立過程と特質」『日本古代の政治と制度』一九八五。

小倉慈司「古代在地祭祀の再検討」『ヒストリア』第144号、一九九四。

大関邦男「官社制の再検討―奉斎制度の側面から―」『歴史学研究』第702号、一九九七。

小林宣彦「古代の官社と名神に関する一試考」『國學院大學大學院紀要―文学研究科―』第32輯、二〇〇一。

小林宣彦「八・九世紀における神社と神主の性格について」『神道宗教』第195号、二〇〇四。

（7）これに関する筆者の見解は次の拙稿を参照されたい。

錦田剛志「覚書『出雲国風土記』にみる神祇祭祀の空間―神の社を中心として―」『古代文化研究』第12号、島根県古代文化センター、二〇〇四。

錦田剛志ほか「I 出雲大社―神祭りの源流と出雲大社―」『日本の神々と祭り―神社とは何か―』国立歴史民俗博物館展示図録、二〇〇六。

（8）本稿でいう建築史学の通説「従来説」とは、近年、丸山茂氏が「神社建築の形成過程における官社制の意義について」（『建築史学』第33号、建築史学会、一九九九）の論文中において、「従来説」と定義し批判的に検証した、福山敏男氏らによる「戦後の神社建築史が通説としている、農耕儀礼から神社建築が『自然に』成立したとする見解」（丸山氏、前掲論文）にほぼ等しい意味で用いている。すなわち、福山敏男氏が「神社建築概説」（『神社建築』一九四九）において、「上代の神社建築」の章を設け、「一 神籬・磐境、二 神殿のない神社、三 仮設の神殿、四 常設の神殿」と節を組み、その発展段階を推察した学説とほぼ同義である。

（9）引用文献が明記されていないが、八幡一郎『稲倉考』（慶友社、一九七八）がそれにあたると判断される。

（10）この指摘は、榎村寛之「都城と神社の関係について」（『律令天皇制祭祀の研究』塙書房、一九九六所収）に詳しい。

（11）二〇〇〇年代に入って、奈良時代から平安時代にかけて、いわゆる律令制祭祀に関連すると推察される神社境内遺跡や神社跡と推定可能な遺跡の発掘調査と報告が相次いでいる。代表的な遺跡としては、東京都府中市武蔵国府関連遺跡一〇六七次調査（府中市教育委員会『武蔵国府の調査22―平成十一年度府中市内発掘調査概報―』二〇〇二）、奈良県吉野郡の宮の平遺跡（丹生川上神社上社旧境内地）（奈良県立橿原考古学研究所編『宮の平遺跡I』二〇〇三）、本書でも検討する島根県簸川郡斐川町の杉沢Ⅲ遺跡、同県出雲市の青木遺跡などがあげられる。これら律令期以後の神社関連遺跡の発掘調査成果についても「古代神殿論」を論じるうえで不可欠なことはいうまでもないが、本稿ではやむなく割愛した。以下、当該の代表的な研究論考を掲げるにとどめ、近い将来論じることにしたい。


井上尚明「考古学から見た古代の神社—もう一つの律令祭祀—」『埼玉県立博物館紀要』25、埼玉県立博物館、二〇〇〇。

井上尚明「古代神社遺構の再検討」『研究紀要』第16号、財団法人埼玉県埋蔵文化財調査事業団、二〇〇一。

篠原祐一「『杉沢Ⅲ遺跡』に見る律令初期『社』の存在について」『情報祭祀考古』第24号、祭祀考古学会、二〇〇三。

篠原祐一「律令神祇制における「社」検証のための一視点」『栃木県考古学会誌』第25号、栃木県考古学会、二〇〇四。

江口桂「古代地方官衙における「社」に関する一考察—武蔵国府跡発掘の方形区画遺構の検討から—」『白門考古論叢 稲生典太郎先生追悼考古学論集』二〇〇四。

内田律雄「出雲の神社遺構と神祇制度」『古代の信仰と社会』国士舘大学考古学会編、二〇〇六。

引用文権・参考文献

青柳泰介氏「家形埴輪配置考—「首長居館」との関連を中心に—」『古代学研究』第141号、古代学研究会、一九九八。

秋山浩三「近畿における弥生「神殿」「都市」論の行方」『ヒストリア』第163号、大阪歴史学会、一九九九a。

秋山浩三「池上曽根遺跡中枢部における大形建物・井戸の変遷（上）」『みずほ』第28号、大和弥生文化の会、一九九九b。

秋山浩三「池上曽根遺跡中枢部における大形建物・井戸の変遷（下）」『みずほ』第31号、大和弥生文化の会、一九九九c。

浅川滋男「池上曽根遺跡の大型掘立柱建物をめぐる諸説の批判と解釈」『ヒストリア』第152号、大阪歴史学会、一九九六。

浅川滋男「『神殿論』に対するコメント」『奈良国立文化財研究所シンポジウム報告 先史日本の住居とその周辺』浅川滋男編、同成社、一九九八。

池邊彌「社から神社へ」『成城大学創立二〇周年記念論文集』一九七四（『古代神社史論攷』吉川弘文館、一九九一所収）。

乾哲也「池上曽根遺跡の調査成果の再検討」『よみがえる弥生の都市と神殿—池上曽根遺跡～巨大建築の構造と分析—』摂河泉地域史研究会・乾哲也編、批評社、一九九九。

上田正昭「古代の祭祀と儀礼」『岩波講座 日本歴史1』一九七五。

上田正昭「歴史学からみた神社」『日本「神社」総覧』新人物往来社、一九九〇。

上原真人「発掘された巨大建物」『歴博フォーラム高きを求めた昔の日本人—巨大建造物をさぐる—』国立歴史民俗博物館編、山川出版社、二〇〇一。

榎村寛之「古代日本の「信仰」」『日本の美術』第360号、まじないの世界Ⅰ、金子裕之編、至文堂、一九九六。

榎村寛之「伊勢神宮の建築と儀礼—棟持柱は神社建築か？—」『古代の日本と渡来の文化』上田正昭編、学生社、一九九七。

小笠原好彦「首長居館遺跡からみた家屋文鏡と囲形埴輪」『日本考古学』第13号、日本考古学協会、二〇〇二。

岡田精司「日本の神と社」『神社の古代史』大阪書籍、一九八五。

岡田精司「神と神まつり」『古墳時代の研究12 古墳の造られた時代』、雄山閣、一九九二。

岡田精司「神社の源流はどこまで遡れるのか？」『別冊宝島EX 神道を知る本』一九九三。

岡田精司「大型建物遺構と神社の起源」『日本古代史 都市と神殿の誕生』広瀬和雄編、新人物往来社、一九九八。

岡田精司「神社建築の源流―古代日本に神殿建築はあったか―」『考古学研究』第46巻第2号、考古学研究会、一九九九。

岸本道昭「研究ノート 掘立柱建物からみた弥生集落と首長―兵庫県と周辺の事例から―」『考古学研究』第44巻第4号、考古学研究会、一九九八。

木村徳国「ヤシロの基礎的考察」『上代語にもとづく日本建築史の研究』中央公論美術出版、一九八八。

金関恕「弥生土器絵画における家屋の表現」『国立歴史民俗博物館研究報告』第七集、一九八五。

金関恕「池上曽根遺跡で見いだされた大型建物の宗教的性格について」『ヒストリア』第152号、大阪歴史学会、一九九六。

金関恕「弥生時代の大型建物と祭祀」『卑弥呼誕生―邪馬台国は畿内にあった?―』大阪府立弥生文化博物館平成九年秋季特別展図録、一九九七。

金関恕「弥生時代の大型建物と祭祀空間」『祭祀空間・儀礼空間』國學院大學日本文化研究所編、雄山閣、一九九九。

黒田龍二「神のやしろの曙」『原始の造形～縄文、弥生、古墳時代の美術』日本美術全集第一巻、講談社、一九九四。

櫻井敏雄「神殿成立以前の原初的空間形態」『神道文化』第3号、一九九一。

櫻井敏雄「伊勢神宮の創始と原像―神宮の祭祀と配置―」『伊勢と日光』新編小学館ギャラリー名宝日本の美術第31巻、一九九二。

櫻井敏雄「神社と神殿の成立と系譜」『別冊宝島EX 神道を知る本』一九九三。

櫻井敏雄「神社建築はどこまで遡るか」『歴史読本』二〇〇一年十月号、新人物往来社。

下出積與「総論として―祭祀と神社の成立―」『神々の誕生と展開』講座神道第一巻、桜楓社、一九九一。

椙山林継「神社の起源」『日本「神社」総覧』新人物往来社、一九九一。

関和彦氏『日本古代社会生活史の研究』「第四章 古代社会の諸様相―宗教・生活編」校倉書房、一九九四。

高島弘志「古代人と神祇」『古代史研究の最前線』第三巻 文化編上、雄山閣、一九八七。

武末純一「北部九州の大型掘立柱建物―集落の中で―」『先史日本の住居とその周辺』奈良国立文化財研究所シンポジウム報告、浅川滋男編、同成社、一九九八。

辰巳和弘『高殿の古代学―豪族の居館と王権祭儀―』白水社、一九九〇。

辰巳和弘「豪族居館と祭祀」『季刊考古学』第36号、雄山閣、一九九一。

辰巳和弘「古墳時代首長祭儀の空間について」『古代学研究』第141号、古代学研究会、一九九八。

辰巳和弘「卑弥呼の館とその祭りとは―邪馬台国時代の高殿―」『卑弥呼は大和に眠るか』大庭脩編、文英社、一九九九。

辰巳和弘「高殿と王権」『歴博フォーラム高きを求めた昔の日本人―巨大建造物をさぐる』国立歴史民俗博物館編、山川出版社、二〇〇一。

寺沢薫「古墳時代の首長居館―階級と権力行使の場としての居館―」(『古代学研究』第141号、古代学研究会、一九九八。

直木孝次郎「森と社と宮―神観念の変遷と社殿の形成―」『難波宮址の研究』研究予察報告第2、一九五八(『古代史の窓』一九八三所収)。

錦田剛志「覚書『出雲国風土記』にみる神祇祭祀の空間―神の社を中心として―」『古代文化研究』第12号、島根県古代文化センター、二〇〇四。

西宮一民「ヤシロ（社）考―言葉と文字―」『鈴屋学会報』3号、一九八七（『上代祭祀と言語』桜楓社、一九九〇所収）。

林一馬「古事記・日本書紀にみる神社の創立」『日本建築学会九州支部研究報告』第31号、一九八九。

林一馬氏「神社神殿の成立とその契機」『建築雑誌』Vol. 96、№1175、一九八一（『伊勢神宮・大嘗宮建築史論』中央公論美術出版、二〇〇一所収）

春成秀爾「描かれた建物」『弥生時代の掘立柱建物』埋蔵文化財研究会、一九九一。

坂靖「古墳時代の階層別にみた居宅―「豪族居館」の再検討―」『古代学研究』第141号、古代学研究会、一九九八。

広瀬和雄「古墳時代首長居館論」『展望考古学』考古学研究会四〇周年記念論集、一九九五。

広瀬和雄「神殿と農耕祭祀―弥生宗教の成立と変遷―」『弥生の環濠都市と巨大神殿』池上曽根遺跡史跡指定二〇周年記念事業実行委員会、一九九六。

広瀬和雄「クラから神殿へ―古代カミ観念に関する一試論―」『奈良国立文化財研究所シンポジウム報告 先史日本の住居とその周辺』浅川滋男編、同成社、一九九八a。

広瀬和雄「弥生時代の「神殿」」『日本古代史 都市と神殿の誕生』広瀬和雄編、新人物往来社、一九九八b。

広瀬和雄「「神殿論批判」への反論」『考古学研究』第四六巻第三号、考古学研究会、一九九九）

藤田三郎「大型建物の成立と展開」『季刊考古学』第80号、雄山閣、二〇〇二。

丸山茂「飛鳥、奈良、平安時代の神社建築」『日本建築様式史』美術出版社、一九九九年a。

丸山茂「神社建築の形成過程における官社制の意義について」『建築史学』第33号、建築史学会、一九九九b。

丸山茂『神社建築史論―古代王権と祭祀―』中央公論美術出版、二〇〇一。

丸山茂「研究ノート 近年の「祭殿（神殿）」説について―主として宮本長二郎説に対する検討―」『建築史学』第35号、建築史学会、二〇〇〇（『神社建築史論―古代王権と祭祀―』中央公論美術出版、二〇〇一所収）。

三宅和朗『古代の神社と祭り』歴史文化ライブラリー111、吉川弘文館、二〇〇一。

宮本長二郎「松野遺跡の高床建築について」『松野遺跡発掘調査概報』神戸市教育委員会、一九八三。

宮本長二郎「鳥羽遺跡の神殿建築について」『鳥羽遺跡G・H・I区』群馬県教育委員会、一九八六。

宮本長二郎「弥生時代、古墳時代の掘立柱建物」『弥生時代の掘立柱建物』埋蔵文化財研究会、一九九一。

宮本長二郎「大型建物と祭祀」『情報祭祀考古』第5号、祭祀考古学会、一九九六。

宮本長二郎「神宮本殿形式の成立」『瑞垣』第183号、神宮司庁、一九九九。

宮本長二郎「伊勢神宮本殿形式の成立」『神道史研究』第49巻3号、神道史学会、二〇〇一。

山岸常人「研究動向 神社建築史研究の課題」『TRAVERSE』Vol. 1、同編集委員会、二〇〇〇。

山野義郎「信仰と建築」『すみのえ』199号、住吉大社、一九九一。

和田萃「「神殿」をめぐって」『三輪山の神々』学生社、二〇〇三。

第二節　記紀にみる神社の創立伝承と出雲の特殊性

林　一馬

はじめに

『古事記』と『日本書紀』には、神社の創立についてどのように記しているか。この点について、筆者はすでに拙著『伊勢神宮・大嘗宮建築史論』において伊勢神宮については詳細に、自余の他社については概観的な考察を試みたところである。(1) ここではそれをふまえつつ、若干の整理と敷衍を行っておくことにする。また後半では、本書の主題とかかわって出雲大社の起源伝承そのものを取り上げ、いま少し詳しい分析を付加することにしたい。なお、本稿で「出雲大社」と記すのは、とくに断らない限り「杵築大社」を指すものとする。

一、記紀中の神社起源伝承

下掲の**表1**、**表2**は、上記拙著からの転載（一部誤植は訂正）である。この表では、それぞれ『古事記』と『日本書紀』にみえる神社の起源伝承記事ならびに関係記事を初出順に並べている。もしかするとここにはなお二、三社の漏れがあるかもしれないが、みられるとおり『古事記』に一八社、『日本書紀』に三一社を数えることができる。

「むろんここに出てくる神社は記紀という文献の性格上、中央の宮廷からみた著名社に限定されている」（上記拙著からの引用。以下も同様）ことは、改めて言うまでもない。また「その関連記事の精粗さが、記紀編纂当時における当該社の朝廷からする重要度をほぼ表示する形となっている」ことも、当然想定されるところであろう。がしかし、もう少し詳しくみてみると、まず両者におけるその数字の多寡は、両書のヴォリュームに比例するというよりも、むしろ『古事記』の方が分量に比しては多いという傾向にあると言える。すなわちこれは『古事記』の方が元来、神祇・祭祀に関する記事が多くかつ詳しいという性向からもたらされたところとみてよいであろう。しかも両者における重複のあり方をみると、両

表1① 『古事記』における神社の起源伝承記事

	国名	神社名	出所	祭神	祭る人	祭場・鎮座地	施設・祭器	祭儀	祭祀圏
1	摂津	住吉大社	神代	其の底筒之男命，中筒之男命，上筒之男命の三柱の神は，墨江の三前の大神なり					
2	近江	多賀神社	同	伊邪那岐大神		淡海の多賀に坐す			
3	筑前	宗像神社	同	多紀理毘売命		胸形の奥津宮に坐す			
				市寸島比売命		胸形の中津宮に坐す			
				田寸津比売命		胸形の辺津宮に坐す			
				三柱の神	胸形君等			以ちイツク	
4	出雲	?	同	八千矛神・須勢理毘売命		宇迦野山の山本に……今に至るまで鎮まり坐す			
5	大和	大神神社	同	御諸山の上に坐す神		倭の青垣の東の山の上に		イツキ奉る	
			崇神	大物主大神（オホミワの大神）	神主：意富多多泥子	御諸山		大神の前を拝祭	
6	近江	日吉神社	神代	大山咋神（山末之大主神）		近淡海国の日枝の山に坐す			
7	山城	松尾神社	同	同上		葛野の松尾に坐す	鳴鏑を用つ		
8	信濃	諏訪神社	同	建御名方神		科野国の洲羽の海			此の地を除きては他処に行かじ
9	出雲	出雲神社（杵築大社）	同	大国主神	八重事代主神・子等百八十神	百足らず八十坰手に隠りて侍ひなむ	僕が住所をば，天の神の御子の天津日継知らしめすトダル天の御巣如して，底津石根に宮柱フトシリ，高天の原に氷木タカシリて治め賜はば		
			垂仁	出雲の大神			宮を天皇の御舎の如修理めたまはば 神の宮を造らしめたまひき		
		（前身か）	同	葦原色許男大神	祝	出雲の石坰の曽宮に坐す	大廷	以ちイツク	
10	伊勢	伊勢神宮	神代	天照大御神			此れの鏡は，専ら我が御魂として，吾が前を拝みしが如イツキ奉れ		
					此の二柱の神 サルタヒコ 思兼神		サククシロイスズノ宮を拝み祭る	政為す	
		外宮		登由宇気神		外宮に坐す			
				天石戸別神（櫛石窓神，豊石窓神）		御門			
				手力男神		佐那那県に坐す			

表1② 『古事記』における神社の起源伝承記事（続き）

	国名	神社名	出所	祭神	祭る人	祭場・鎮座地	施設・祭器	祭儀	祭祀圏
			崇神	伊勢の大神	豊鉏比売命（斎王）				
11	大和	石上神宮	神武	佐土布都神（甕布都神，布都御魂）		此の刀は石上神宮に坐す			
			垂仁				横刀一千口	奉納	
12	近江	御上神社	開花	天之御影神	御上の祝			以ちイツク	
13	大和	宇陀水分神社？	崇神	墨坂神			赤色の楯矛を祭る		
14	大和	大坂山口神社	同	大坂神			黒色の楯矛を祭る		
15	新羅	？	仲哀	墨江大神の荒御魂					国守神と為て祭り鎮む
16	越前	気比神社	同	伊奢沙和気大神（今は気比大神と謂う）		其地（角鹿）に坐す			
17	但馬	伊豆志坐神社	応神	伊豆志の八前の大神			天之日矛の持ち来し物八種		
18	大和	葛城坐一言主神社	雄略	葛城の一言主大神		葛城，彼の時に顕れたまひし	大御刀及弓矢，衣服（捧げ物）	を拝み献る	

書に共通するのは摂津国・住吉大社、筑前国・宗像神社、大和国・大神神社、出雲国・出雲大社、伊勢国・伊勢神宮、大和国・石上神宮、大和国・宇陀水分神社？、大和国・大坂山口神社、越前国・気比神社、但馬国・伊豆志坐神社の一〇社に限られていることが知られる。

これに対し、『古事記』だけに出てくるのは、2近江国・多賀神社、4出雲国・？、6近江国・日吉神社、7山城国・松尾神社、8信濃国・諏訪神社、12近江国・御上神社、15新羅国・？、18大和国・葛城坐一言主神社の八社であり、他方『日本書紀』にのみ出てくるのは、2淡路国・淡路伊佐奈伎神社、4紀伊国・日前神社、6尾張国・熱田社、8備前国・石上布都之魂神社、9紀伊国・伊太祁曾神社、11下総国・香取神宮？、13宮中八神殿？、14大和国・大倭神社、17摂津国・比売杵曾神社、18豊後国・姫島？、20淡路国・？、21筑前国・於保奈牟智神社、22長門国・住吉神社、23摂津国・広田神社、24摂津国・生田神社、25摂津国・長田神社、27山城国・葛野坐月読神社、28大和国・目原坐高御魂神社、29出雲国・熊野大社か、30大和国・龍田神社、31大和国・広瀬神社の計二一社という多さになっている。

表2①『日本書紀』における神社の起源伝承記事

	国名	神社名	出所	祭神	祭る人	祭場・鎮座地	施設・祭器	祭儀	祭祀圏
1	摂津	住吉大社	神代上	住吉大神（底筒男命・中筒男命・表筒男命）					
			神功1	同上・三の神の和魂		大津の渟中倉の長峡		神の教の随に鎮め坐えまつる	
2	淡路	淡路伊佐奈伎神社	神代上	伊奘諾尊		幽宮を淡路の洲に構りて，寂然に長く隠れましき			
3	筑前	宗像神社	同	田心姫・端津姫・市杵嶋姫の三の女神	筑紫の胸肩君等			祭る	
			同	三の女神	筑紫の胸肩君等	（筑紫洲に降りまさしむ）		祭る	
			同	同上（道主貴）	筑紫の水沼君等	葦原中国の宇佐嶋に降り居さしむ			
						今，海の北の道の中に在す		祭る	
4	紀伊	日前神社	同	日前神			日矛（神の象）		紀伊国に所坐す
5	伊勢	伊勢神宮	同	伊勢に崇秘る大神			鏡（瑕，今に猶存）	崇秘る	
		（前史）	神代下		天忍穂耳尊→ホノニニギ		此の宝鏡を視まさむこと，当に吾を視るがごとくすべし。与に床を同くし殿を共にして，斎鏡とすべし		
			崇神6	天照大神	豊鍬入姫命	倭の笠縫邑に祭る	乃りて磯堅城の神籬を立つ		
			垂仁25	天照大神	倭姫命	因りて斎宮を五十鈴の川上に興つ。是を磯宮といふ 則ち天照大神の始めて天より降ります処なり			是の神風の伊勢国は，……傍国のウマシ国なり。是の国に居らむと欲ふ。……故，大神の教の随に，其の祠を伊勢国に立てたまふ
			同一云	天照大神	倭姫命	伊勢国の渡遇宮に遷しまつる			
6	尾張	熱田社	神代上	草薙剱	熱田の祝部	此は今，尾張国の吾湯市村に存す			
			同	草薙剱		今は尾張国に在り			

表2②『日本書紀』における神社の起源伝承記事（続き）

	国名	神社名	出所	祭神	祭る人	祭場・鎮座地	施設・祭器	祭儀	祭祀圏
			神代下	天照大神，乃ち天津彦彦火瓊瓊杵尊に，八坂瓊の曲玉及び八咫鏡・草薙劒，三種の宝物を賜ふ					
			景行40	草薙横刀		剣を解きて宮簀媛が家に置きて……			
			同 51	同上		初め日本武尊の佩せる草薙横刀は，是今年魚市郡の熱田社に在り			
			天武6			天皇の病を卜ふに草薙劒に祟れり。即日に尾張国の熱田社に送り置く			
7	大和	石上神宮	神代上	蛇の麁正		此は今，石上に在す			
			垂仁39		物部首（是の時に，神，乞して言はく「春日臣の族，名は市河をして治めしめよ」とのたまふ。…是，今の物部首の始祖なり）		太刀一千口を作らしむ……忍坂より移して石上神宮に蔵む		
			垂仁87		物部連等（故，物部連等，今に至るまで，石上の神宝を治むるは，是其の縁なり。）		神庫 八尺瓊の勾玉（今石上神宮に有り）		
8	備前	石上布都之魂神社	神代上	蛇の韓鋤の剣	今，吉備の神部の許に在り				
9	紀伊	伊太祁曾神社	同	五十猛命		紀伊国に所坐す大神是なり			
10	大和	大神神社	同	大三輪の神（大己貴神の幸魂奇魂）		日本国の三諸山に住まむと欲ふ	宮を彼処に営りて，就きて居しまさしむ		
			崇神7	大物主神	大田田根子を以て祭主とす 太田田根子は，今の三輪君等が始祖なり			神の語を得て，教の随に祭祀る	
			同 8		高橋邑の人活日を以て，大神の掌酒とす 天皇，大田田根子を以て，大神を祭らしむ			神の宮に宴す	
11	下総	香取神宮？	神代下	斎の大人		今東国の檝取の地に在す			
12	出雲	出雲大社（杵築大社）	同	大己貴神		百足らず八十隈に隠去れなむ……遂に隠りましぬ			

表2③『日本書紀』における神社の起源伝承記事（続き）

	国名	神社名	出所	祭神	祭る人	祭場・鎮座地	施設・祭器	祭儀	祭祀圏
			神代下	大己貴神	祭祀を主らむは天穂日命	躬に八坂瓊を被ひて，長に隠れましき	汝は以て神事を治むべし。又汝が住むべき天日隅宮は，今供造りまつらむこと，即ち千尋の栲縄を以て，結ひて百八十紐にせむ。其の宮を造る制は，柱は高く大し。板は広く厚くせむ 往来ひて海に遊ぶ具の為には，高橋・浮橋及び天鳥船，亦供造りまつらむ。又天安河に，亦打橋造らむ。又百八十縫の白楯供造らむ 武日照命の，天より持ち来れる神宝を，出雲大神の宮に蔵む	又田供佃らむ	
			崇神60	出雲大神	出雲臣の遠祖出雲振根，神宝を主れり 出雲臣等…大神を祭らずして間有り。…勅して祭らしめたまふ				
13		宮中八神殿？	神代下	高皇産霊神？	天児屋命・太玉命は，天津神籬を持ちて，葦原中国に降りて，亦吾孫の為に斎ひ奉れ				
14	大和	大倭神社	崇神6	倭大国魂神	渟名城入姫命に託けて祭らしむ。然るに…祭ること能はず				
			崇神7	倭大国魂神	長尾市を以て，……祭る主とす				
			垂仁25一云	大倭大神	渟名城稚姫命に命せて，然るに是の渟名城稚姫命……祭ひまつること能はず。是を以て，大倭直の祖長尾市宿禰に命せて，祭らしむといふ	大市の長岡岬に祠ひまつる			神地を穴磯邑に定め
15	大和	宇陀水分神社？	崇神9	墨坂神			赤盾八枚・赤矛八竿を以て……祠れ	夢の教の依に…祭りたまふ	
16	大和	大坂山口神社	同上	大坂神			黒盾八枚・黒矛八竿を以て……祠れ	同上	
17	摂津	比売杵曾神社	垂仁2一云	白き石・神石		難波に詣りて，比売杵曽社の神と為る			
18	豊後	姫島　？	同	同		豊後の国前郡に至りて，複比売語曽社の神と為る 並に二処に祭ひまつられたまふ			

表２④　『日本書紀』における神社の起源伝承記事（続き）

	国名	神社名	出所	祭神	祭る人	祭場・鎮座地	施設・祭器	祭儀	祭祀圏
19	但馬	出豆志坐神社	垂仁３				天日槍……持て来る物は……并わせて七物あり 則ち但馬国に蔵めて，常に神の物とす		
20	淡路		垂仁88	出石の刀子	淡路島の人			祠を立つ	
				（自然に淡路嶋に至れり，其の嶋人，神なりと謂ひて，刀子の為に祠を立つ。是今に祠らる。）					
21	筑前	於保奈牟智神社	神功前			則ち大三輪社を立てて，刀矛を奉りたまふ			
22	長門	住吉神社	同	住吉三神の荒魂	穴門直：神主				山田邑
				（三の神，皇后に誨へて曰はく，「我が荒魂をば，穴門の山田邑に祭はしめよとのたまふ。時に穴門直の祖践立……啓して曰さく，「神の居しまさ欲しくしたまふ地をば，必ず定め奉るべし」とまうす。即ち践立を以て，荒魂を祭ひたてまつる神主とす。仍りて祠を穴門の山田邑に立つ。）					
23	摂津	広田神社	神功１	天照大神の荒魂	葉山媛を以て祭はしむ	御心の広田国に居らしむべし			
24		生田神社		稚日女尊	海上五十狭茅を以て祭はしむ	活田長狭国に居らむとす			
25		長田神社		事代主尊	葉山媛の弟長媛を以て祭はしむ	御心の長田国に祠れ		神の教の随に鎮め坐ゑまつる	
26	越前	気比神社	神功13	笥飯大神	武内宿禰に命せて……拝みまつらしむ				
			応神前	同上	初め天皇，太子と為りて……拝祭みたてまつりたまふ				
27	山城	葛野坐月読神社	顕宗３	月神	壱岐県主の先祖押見宿禰，祠に侍ふ				民地を以て……奉れ。奉るに歌荒樔田を以てす。
28	大和	目原坐高御魂神社	同	日神	対馬下県直，祠に侍ふ				磐余の田を以て，我が祖高皇産霊にたてまつれ 神の乞の依に，田十四町をたてまつる
29	出雲	熊野大社か	斉明５		出雲国造に命せて，神の宮を修厳はしむ				
30	大和	龍田神社	天武４	風神	天皇遣使	龍田の立野		に祠はしむ	
31	大和	広瀬神社	同	大忌神	同上	広瀬の河曲		に祭らしむ	

このことから差しあたって注意されるのは、次のような各点であろう。

①両者に共通する神社は、みられるとおりまさに「中央の宮廷からみた著名社」中の著名社であること。同時に、その著名さは朝廷にとっての重要性、とりわけその支配が確実に及ぶ領域をほぼ示すと言ってよいこと。すなわちそれはおおよそ西は筑前から東は越前にかけての範囲だったということである。またその中に大和国の宇陀水分神社?と同国の大坂山口神社が入っていることは、これらの神社の重要性が認識されていた時代が、飛鳥・藤原の地に宮都が営まれていた頃にはじまることを示唆すると言ってよいだろう。

②『古事記』にだけ出てくる神社として近江国の多賀・日吉・御上の三社が入っていることは、『古事記』の制作者がその国に親近感を覚える人物であることを示しているのかもしれない。またここに併せて信濃国の諏訪神社が入っていることは、近江国や信濃国の政治的な位置づけよりかはかえってその地方の宗教的な意義を感得せしめるところでもあろう。

③一方、『日本書紀』の方では、大和より西方で紀伊国の日前神社・伊太祁曾神社、摂津国の比売杵曾・広田・長田・生田の四社、淡路国の淡路伊佐奈伎神社、備前国の石上布都之魂神社、長門国の住吉神社、豊後国の姫島?、筑前国の於保奈牟智神社などと南海道から山陽道・西海道にかけての瀬戸内海沿岸地方と、東方では尾張国の熱田社や下総国の香取神宮?にかけての東海道地方、この二つに目配りしていたことが注意される。これらは上述の『古事記』の場合とは相違して、そうした神社の宗教的勢威から出たところというよりかは、むしろほとんどは当該地方の政治的ないしは軍事的重要性を反映しているとみておいてよいであろう。

④記紀中における当該記事の年代的な新旧が、そのままその神社の創立時期の新旧を示すわけでないのは言うまでもない。しかしそうした中で、『日本書紀』の「天武天皇四年条」に初出する龍田・広瀬の両神社は、まさにその年にそれに対する朝廷側の祭祀が創始されたにとどまらず、おそらくはその神社自体がそのときに創立されたことが歴史的にほぼ確実視される唯一の例だといえよう。

⑤『古事記』中にはその祭神たる倭大国魂神でさえまったくみえないにもかかわらず、『日本書紀』では特大筆されている大倭神社と、ヤマトタケル伝説にかかわって草ナギの剣の行方として記では暗示されるにすぎないが、紀では「熱田社」として明記され

る熱田神社（『延喜式』）の二社は、「両社の創建の存外な新しさが原因か推考される」ところである。これらはむしろ七世紀後半の天武・持統朝から記紀が成書された八世紀初頭にかけて、宮廷の神祇体系が最終的な変革をなされたことに伴って生じた結果であろうことは、前記拙著で考察したところである(2)。

⑥『日本書紀』にのみみえる紀伊国の日前神社や伊太祁曾神社、そして記紀に共通して特筆されていた伊勢神宮と出雲大社についても、じつは上述と同様な事情がうかがえるのだが、これについても私見の概要は前記拙著で述べたところである(3)。

二、創立伝承と神社の構成契機

さて、一般に神社にとっては、どういう神を、誰が、どこで、どのようにして、またどういう裏づけを得て、その神祭りごとを遂行し維持していくか、ということがきわめて大切な事柄だと言えよう。そこで上掲の**表1**、**表2**では、それに見合うべく、

①祭神（祭られる神）
②祭る人（々）
③祭場（祭りを行う場所）や鎮座地
④祭儀執行に必要な施設・装置や祭器・奉幣・神宝の類
⑤祭式儀礼そのもの
⑥神社が成立しうるための社会的・経済的基盤としての祭祀圏または神祇祭祀に関する社会的慣習や法的制度

といった、神社の構成契機として考えられる六つの要素を識別しつつ、各起源伝承の文面で該当する記述をおおまかに分別して掲載しておいた（ただし、表中の引用は関連記事のすべてを網羅しているわけではない）。

しかしこの表のままではなかなか比較しにくい面もあるので、その記述の精粗さを段階別に整理してみると、おおよそ以下のような四つのタイプに分類することができる。ただし、①祭神は本来特定の神社にとって不可欠な存在だから、これらの起源伝承でも明記されるのが常であるが、それが文面上不明または不詳なものとして『日本書紀』の19但馬・伊豆志坐神社と28熊野大社か、の二つがある。このうちとくに後者は、はたして神社の起源伝承として扱うべきかどうか不確定な部分があるので、ここでは一応除外しておいた。

A　①～⑥の全項目をほぼ完備するもの
記：5大神神社、9出雲大社、10伊勢神宮
紀：5伊勢神宮、10大神神社、12出雲大社、14大倭神社

B　②祭る人（々）に重点を置くもの

B-1　同時に③祭場・鎮座地や、または⑥祭祀圏を明記するもの

記：3宗像神社

紀：3宗像神社、7石上神宮、8備前・石上布都之魂神社、22長門・住吉神社、23広田神社、24生田神社、25長田神社、30龍田神社、31広瀬神社

B-2　文面に③祭場・鎮座地や、または神社名が省略されているもの

記：12御上神社

紀：13宮中八神殿?、20淡路・?、26気比神社、27葛野坐月読神社、28目原坐高御魂神社

C　③祭場・鎮座地を特定することに重点があり、②祭る人は明記しないもの

記：1住吉大社、2多賀神社、4出雲・?、6日吉神社、7松尾神社、8諏訪神社、11石上神宮、15新羅の某神社、16気比神社、18葛城坐一言主神社

紀：1住吉大社、2淡路伊佐奈伎神社、4日前神社、6熱田社、9紀伊・伊太祁曾神社、11香取神宮?、17摂津・比売杵曾神社、18豊後・姫島?、21筑前・於保奈牟智神社

D　その他（ほぼ祭器や神宝に限定されるもの）

記：13宇陀水分神社?、14大坂山口神社、17但馬・伊豆志坐神社

紀：15宇陀水分神社?、16大坂山口神社、19但馬・伊豆志坐神社

まずAタイプのように、記述が詳しくほぼ全項目が言及されているものは『古事記』で三社、『日本書紀』では四社とすこぶる限定されていたことが改めて注意される。このうち記紀に重複する伊勢神宮、出雲大社、大神神社の三社はきわめて特別な神社であることが再確認されるとともに、『日本書紀』だけにあって『古事記』には一言も触れるところがない大倭神社の特異性はまたしても浮かび上がるところである。後者が何ゆえかは前述したところのなので再説しないが、一つだけ付言しておくと、この大倭神社の場合はほぼ全項目を具備しているのだが、④施設・祭器とりわけ社殿についてはまったく言及していない点が気がかりとなる。おそらくこれはその創建の新しさとともに、国つ神のあり方として当初は社殿がない状態が意図的に設定されていたのではないか、と推測されなくもない。

これに対して、一方の前者の場合では、大神神社については『日本書紀』の記事中に「宮を彼処に営りて」[4]とか「神の宮に宴す」などと明記されていたにもかかわらず、現実の大神神社では社殿をもたない、むしろ神体山

の代表格として著名であることが矛盾として残る。これもおそらくは、前述した記紀の成書直前における朝廷の神祇体系の変革にもとづくところだったと考えられることは、やはり前記拙著で述べたところである。というよりは、その神祇体系の変革とはまさに伊勢・出雲・大神・大倭の四社を中心に、ここに出る石上・日前・諏訪・葛城・熱田などの主要社を巻き込んだ朝廷の神祇体制そのものの一大革命というべきものだったと考えられるのである。

次にAタイプはもちろんのこと、Bタイプのように②祭る人（々）を特記する例が多いことは、やはり注目しておくべきところであろう。この中には、宗像神社のように「胸方君等の以ちイツク三前の大神なり」（記）として、すでにそうであることを追認するに過ぎないものもあるが、石上神宮では「是の時に、神、乞して言はく『春日臣の族、名は市河をして治めしめよ』とのたまふ。……是、今の物部首の始祖なり」（紀）とあり、大神神社では「太田田根子を以て祭主とす。太田田根子は、今の三輪君等が始祖なり」（同）、長門・住吉神社では「則ち（穴門直の祖）践立を以て、荒魂を祭ひたてまつる神主とす」（同）などとあるように、祭祀者を朝廷側からある特定の氏族に任命したり、または固定化しようとする意思が看取される場合が少なくない。ここには地域の有力氏族にその祭祀を委ねたり、それを承認するだけでなく、石上や大神のように上述した神祇革命にもとづいてその神社の性格そのものの改変を行い、そのことを明確に告示しようとする意図をもっていた場合さえあったかと推考されるのである。

もちろんB-2やCのように、項目の一部が明記されていない場合といえども、それらが不定だったからではない。多くはそれらが自明だったからこそ省略されているにすぎないであろう。しかしそうした中で、『日本書紀』の方には「神地を穴磯邑に定め」（大倭神社）とか、「奉るに歌荒樔田を以てす」（葛野坐月読神社）、「神の乞の依に、田十四町をたてまつる」（目原坐高御魂神社）と散見されるように、神社祭祀を維持していくに必要な神地・神田への言及があることも留意される。まさに律令体制下での神社のあり方が垣間みられるところと言えよう。

同様に、「其の祠を伊勢国に立てたまふ」（伊勢神宮）、「刀子の為に祠を立つ。是今に祠らる」（淡路・某社）、「祠を穴門の山田邑に立つ」（長門・住吉神社）などとある「祠」字は、決してヤシロやホコラなどではなく、そうした神地や神田あるいは神戸を念頭にした神マツリゴトの全体を指す鍵語であったことは、これまた前記拙著で論じたところである。そしてこれらを含めて、そのようにすることが「神の教の随に」や「神の乞の依に」なるということ、つまり神の意思に沿うのだという意識が少なくとも表面上は貫徹されていること、またそれがそのまま現今の神社祭祀につながっていて、そのあり方の由来ないし根拠がそこにあったと説かれているところにこそ、こうした起源伝承の核心があることについても、前記拙著ですでに指摘したところである。(5)

三、出雲大社の特殊性

ところで以上では、神社の起源伝承といい創立伝承というのを取り立てて区別することなく用語してきた。すなわち、ある神社の淵源や由来がそこにあったことが示されていれば、それでもって神社の起源または創立伝承は成立しているとみなしてきたのである。だが、ややくどくなるのを承知で、以下には神社の意図的な創立・創建を説くものをあえて探っておくことにしたい。まずこれに該当するものとしては、『古事記』では、

9出雲大社、15新羅・?

の二社しかないが、他方『日本書紀』では、

1住吉大社、5伊勢神宮、7石上神宮、12出雲大社、14大倭神社、19出豆志坐神社、20淡路・?、22長門・住吉神社、23広田神社、24生田神社、25長田神社、27葛野坐月読神社、28目原坐高御魂神社、30龍田神社、31広瀬神社

と一五社を数えることができる。

この違いは、たとえば伊勢神宮について『古事記』ではその天孫降臨段において「此の二柱の神は、サククシロ・イスズノ宮を拝み祭る」とか「次に登由宇気神、此は外宮に坐す度相の神ぞ」と記して、(6)内宮・外宮とも一見既在であるかのような表現をとるのに対し、『日本書紀』では例の大和からの遷祀と伊勢での神宮創立を説く仕儀となっていたことに端的に現れている。つまりこれからわかるように、『古事記』は物事の神話的な起源を重視する姿勢が強く、他方『日本書紀』は歴史的由来を強調する傾向が顕著であるという、両書の根本的な差異にもとづくとみてよいであろう。

したがって『日本書紀』の場合は、その創立は出雲大社を除いて他はいずれも人代に属し、そしてその主体はすべて天皇かそれの代理者（倭姫命や神功皇后）に限られることになっていた。すなわちこれは、元来、各地方や各氏族においていわば自然発生的な神祭りがなされていたものを神社の創立として再定義し、しかも同時にそれを天皇の事績としてとらえなおすという、まさに律令的な神祇体制に見合った再編成の結果であり、そのことの確認であることが留意されるであろう。『古事記』の場合は、たとえ人代に置かれていても、たとえば気比神

社の由来について「其地（高志の前の角鹿）に坐す伊奢沙和気大神の命、夜の夢に見えて云りたまひしく、……故、亦其の御名を称へて、御食津大神と号けき。故、今に気比大神と謂ふ」といった具合に、説話的に物語ることと著しい対照をなすところだと言えよう。

そうした中で、『日本書紀』では唯一の例外であった出雲大社、そして『古事記』でも神社の意図的な創立をいう二例としてあった出雲大社と新羅の某社は、それゆえきわめて特異な位置づけを担っていたことが想像される。出雲大社のことは後まわしにして、新羅の某社に関する記事をみておけば、次のとおりであった。

> 故是を以ちて新羅国は御馬甘と定め、百済国は渡の屯家と定めたまひき。爾に其の御杖を、新羅の国主の門に衝き立てて、即ち墨江大神の荒御魂を、国守ります神と為て祭り鎮めて還り渡りたまひき。

『古事記』にしては珍しく人為的な神社の創建を説くものであるが、これ以外のもう一社であった出雲大社もその内実はこれに類する側面のあることが予測されるところと言えようか。

そこで次に、それが一見既在であるか、それともその時点での造立であるかを問わず、起源伝承の文面において社殿のことが言及されていたり、「宮」と記してそれが実在するかのような表現をとっているものを拾い出してみると以下のようになる。ただし『日本書紀』の6熱田社や20淡路・某社のように、神体または神宝としての刀剣を納めるために何らかの社殿が必要だと想定される場合でも、文面にみえないものは除外した。

記：3宗像神社、4出雲・?、9出雲大社、10伊勢神宮、11石上神宮

紀：2淡路伊佐奈伎神社、5伊勢神宮、10大神神社、12出雲大社、29熊野大社か

このうち『古事記』の3宗像神社の場合は、その三女神に対してそれぞれ「胸形の奥津宮（中津宮、辺津宮）に坐す」と記すにすぎず、本当に社殿を有していたかどうかはわからない。がしかし、じつはこの点は先にみた伊勢神宮とて同様であって、イスズノ宮や外宮という表記だけからは社殿の建築的な存在を完全に立証するものではなかったと言わざるをえない。『古事記』にいう11石上神宮もほぼ同じで、その文面には「此の刀は石上神宮に坐す（也）」とあるばかりであった。

一方、『日本書紀』の場合は、2淡路伊佐奈伎神社では「是の後に、伊奘諾尊、神功既に畢へたまひて、……幽宮を淡路の洲に構りて、寂然に長く隠れましき」とあり、10大神神社では「（大己貴神の幸魂奇魂）対へて曰はく、『吾は日本国の三諸山に住まむと欲ふ』といふ。故、即ち宮を彼処に営りて、就きて居しまさしむ。此、

大三輪の神なり」とあるように、祭神みずからが自身の宮をつくる場合（『古事記』の4出雲・?も造られたとすれば、これに該当しよう）と、5伊勢神宮や29熊野大社か、のように祭る人の側が造る場合の二通りがあるが、それでも社殿としての宮を営造したことは明白である記述となっていた。

そうした中で、『古事記』の9出雲大社は他の四例とは異なって唯一社殿の建造が明示されており、一方『日本書紀』の12出雲大社でもそれが明記されていることは他の事例と同様だが、しかしそのつくり手は祭神自身でも直接に祭る側の人でもないというはなはだ特異な所伝となっていたのである。すなわちここに出雲大社の創立伝承の際立った特殊性をいうことができるのだが、この点は上にみた意図的な創立をいう伝承と社殿的な表現をするものという二つの視角を重ねてみた場合に、一層はっきりとする。すなわちこの双方に出るのは、『古事記』では9出雲大社だけであり、『日本書紀』でも5伊勢神宮と12出雲大社の二つに限られるということから、改めて追認されるところだったわけである。

それゆえに出雲大社の創立伝承は、上述では意識的にその文面についての言及を避けてきたのだが、いま一度その中身を参看し詳しく検討すべき必要性が出てきたと言えようか。これについては節を改めて考えてみることにする。

四、『古事記』および『日本書紀』の出雲大社起源伝承にみえる諸殿舎

『古事記』や『日本書紀』に語られた出雲大社の起源伝承をどう読解するか、この点についても筆者は前記拙著において私見の概要は述べたところである(7)。そしてそこに示した解釈には基本的にいまもって大きな変化はない。それゆえ、そのことをここで再説するつもりはない。本節ではそこにおいて示した私見の要点を再確認しつつも、むしろいまだ十分な考察が及ばなかったところ、とくに関連記事中に頻出するその社殿にかかわる部分について整理し、新たな検討を加えておくとしたい。ここでも前回と同様、記述の詳しい『古事記』の所伝を軸にみていくとする。

まず『古事記』の神話では、出雲大社に直接または間接にかかわるかと思われる社殿的なものとして、順にたどれば次の四つが出ていた。

①スサノヲが「根の堅州国」から逃亡する大穴牟遅神に呼びかけた言葉として「オレ大国主神と為り、亦宇都志国玉神と為りて、其の我が女須世理毘売を嫡妻と為て、ウカノ山の山本に、底津石根に宮柱フトシリ、高天の原に氷椽タカシリて居れ。是奴」と記

していた「ウカノ山の山本の宮」

②その大国主神が別名の八千矛神として高志国の沼河比売に求婚し、それが嫡后の須世理毘売の嫉妬を招くが、歌の応答を通して和解し、「即ちウケユヒ為て、ウナガケリテ、今に至るまで鎮まり坐す」とした「ウナガケリの遺跡」

③大国主神が国譲りの最後の条件として高天の原からの遣使・建御雷神に要求した「唯僕が住所をば、天つ神の御子の天津日継知らしめすトダル天の御巣如して、底津石根に宮柱フトシリ、高天の原に氷木タカシリて治め賜はば、僕は百足らず八十坰手に隠りて侍ひなむ。……」という「僕が住所となるべき宮」

④上に続けて「如此白して、出雲国のタギシの小浜に、天の御舎を造りて、水戸神の孫、櫛八玉神、膳夫と為りて、天の御饗を獻りし時に……」とある「タギシ小浜の天の御舎」

このうちまず①「ウカノ山の山本の宮」については、本居宣長の「杵築大社とは別なるべし。大国主神天下をウシハキいませるほどは、此ウカノ山本ノ宮にぞ住ミ坐シけむ」という説に従うべきで、「それは強いていえば神話上の物語的虚構に属すると判断される」こと、「したがって『ウカノ山』とはどこかといった詮索は無用に近く、ましてや現在の大社周辺の地理を前提にして、付近の山の古称をそこに求めたりするのは、本末転倒も甚だしい読み方だといわねばならない」こと、この点は再度強調しておくことにする。すなわち神話の読み方としてはまさにそう理解すべきだと考えるのだが、しかしここでは、この私見を敷衍して考察するためにあえてこの宮に着目し、これをひとまず「A社（または社殿A）」と呼んでおくことにする。

次に、②「ウナガケリの遺跡」は、文面に「今に至るまで鎮まり坐す」とあったことからして、福山敏男氏の説かれたとおり、それは「神社とみるのが至当」で、「出雲大社の境内社として御向社があるのは恐らくこの記述と密接に関連するに違いない」こと、「そして延喜式にいう『大神大后神社』がそれに該当しようことも、まず疑えないところだと思われる」と述べたところである。いまこれについて追加すべきこともないのだが、ただ一点、前記拙著ではこの神社の主体を素直に「大国主とスセリビメの夫婦神」としていたのだが、これは文脈的にはいずれとも決しがたいものの、あるいはスセリビメに重点をおく方がよいかもしれないことを付言しておく。大国主神には「ウカノ山の山本の宮」が別にあったとしえなくもないからである。しかしそれはともあれ、ここではこの「ウナガケリの遺跡」を仮に「B社（または社殿B）」と称することにする。

他方、③「僕が住所となるべき宮」は、じつはこのときにはまだ実現されず、それゆえに垂仁天皇の代になってもう一度蒸し返されるというのが『古事記』独自の筋書きであって、この点が『日本書紀』の所伝とは大きく相違するところであった。このように読解すべきだというのが私見である。もちろんこれこそが出雲大社の本殿となることは言うまでもない。垂仁天皇代の話はのちにみるとするが、ここではこの宮をあらかじめ「C社（または社殿C）」と呼んでおくことにする。

そして最後の④「タギシ小浜の天の御舎」については、一見文章が連続していることから、従来はこれをただちに出雲大社本殿と解するのが支配的で、それがほぼ定説化していた感があった。しかしこれはとんでもない誤解で、この御舎はあくまで遣使・建御雷神らの帰還にあたって歓送の「御饗」をする、そのために大国主神自身が仮設した殿舎だと理解すべきこと、しかしその際には「元来その地方や氏族に固有の神事の形式を以て対処するのは望ましい方法と考えられるので」、既設の〈神殿〉を「転用」したり、その形式を踏襲する可能性は否定できないというにすぎなかったのである。つまりそれは、たとえば神武天皇の東征の途次、宇佐の地でウサツヒコとウサツヒメが造って、そこで「大御饗」を献じた「足一騰宮」と同類だと考えるべきこと、こうした点を前記拙著では指摘したのであった。それゆえもはやこれは除外してよいのだが、ここでの意を汲んで一応「A′社（または社殿A′）」と称しておく。

さて、以上のように区別されたA、B、Cの社（または社殿）はその後どうなったか、これを追跡するのが次なる課題となる。そこでさっそくこの神話の後日譚ともいうべき同書の垂仁天皇段をみることにする。

ここにも社殿らしき記述が頻出するのだが、まず天皇の御子ホムチワケが唖であったことを憂慮していたところで、以下のように話が展開する。

> 是に天皇患ひ賜ひて、御寝しませる時、御夢に覚して曰りたまひけらく、「我が宮を天皇の御舎の如修理めたまはば、御子必ず真事トハム」とのりたまひき。如此覚したまふ時、布斗摩邇邇占相ひて、何れの神の心ぞと求めしに、爾の祟は出雲の大神の御心なりき。故、其の御子をして其の大神の宮を拝ましめに遣はさむとせし時、誰人を副へしめば吉けむとうらなひき。爾に曙立王トに食ひき。……即ち曙立王、菟上王の二王を其の御子に副へて遣はしし時、……
>
> 故、出雲に到りて、大神を拝み訖へて還り上ります時に、肥河の中に黒き巣橋を作り、仮宮を仕へ奉りて坐さしめき。爾に出雲国造の祖、名は岐比佐都美、青葉の山を餝りて、其の河下に立てて、大御食

獻らむとする時に、其の御子詔言りたまひしく、「是の河下に、青葉の山の如きは、山と見えて山に非ず。若し出雲の石垌の曾宮の坐す葦原色許男大神を以ちイツク祝の大廷か。」と問ひ賜ひき。爾に御伴に遣はさえし王等、聞き歓び見喜びて、……駅使を貢上りき。……覆奏言ししく、「大神を拝みたまひしに因りて、大御子物詔りたまひき。故、参上り来つ。」とまをしき。故、天皇歓喜ばして、即ち菟上王を返して、神の宮を造らしめたまひき。

やや長く関係記事を引いたが、この部分は前記拙著ではほとんど検討を加えなかったところなのでお許しいただきたい。さて、ここに出てくる社殿らしき語句を順次みていくと、まず冒頭に「我が宮を天皇の御舎の如修理めたまはば」として出雲大神の御心が天皇の夢で告げられるが、これは先に述べたように国譲りに際して大国主神が提示した条件が不履行であったために、ここにきて再度、要求を繰り返しているとみてよいであろう。

この点、神話ではよく相似の事柄が繰り返し登場することが多いから、神代で造られていたものが人代でも引き続き造られたにすぎない、と解する向きがあるやもしれない。たしかに社殿のように、一般に造替という概念が普遍的な場合にはなおさらであろう。しかし、この神話はもともと造替や祭祀といった繰り返しを主題としたものではなく、むしろ国譲りに際しての最終的な要望に見合うべく、元初の記念碑的な造営をこそ説いているとみるべきところであろう。すでに定期的な造替が神代で確立していたならば、何もわざわざ夢の中で神の御心を告げることもないだろうからだ。むしろここは、積年の恨みがこもった願望だったとさえみるべきところであろう。そしてそう解釈するときにはじめて『古事記』のこの話の奥行が感じられ、また同時にその造営工事の尋常でない困難さが想像されるのではないかと思われるのである。

さてともあれ、このように解釈してよいとすれば、これは前に「C社（または社殿C）」と名づけておいたものに相当することは、まず間違いないところであろう。上引の末尾に「神の宮を造らしめたまひき」とあったのは、ようやくその念願がここに成就されたというにほかならない。すなわち『古事記』では、ここに至ってはじめて出雲大社の本殿が実現されたということである。

では次に、それならばホムチワケらが拝んだという「出雲大神の宮」とは何だったのであろうか。文脈上、「C社（または社殿C）」はまだ着工されていないから、むろんそれではない。しかし一方、下文にみえる「葦原色許男大神」とは大国主神の別名であったから、その神が坐す「出雲の石垌の曾宮」とは同一だったとしえよう。

そしてこのように出雲大社の本殿たる「C社（または社殿C）」が未成立だった状態では、出雲大神＝葦原色許男大神＝大国主神が住む宮としては先にみた「A社（または社殿A）」か「B社（または社殿B）」、あるいは少なくともこれらの遺制がそれであったとするほかはないと思われる。そしてこの宮の祭儀に祝《ハフリ》として仕えるのが出雲国造の祖先であり、またその祭り方は御子に献ろうとする「大御食」と同様に、おそらくは宮の前にあったと推定される「大廷」と呼ばれたところに青葉を山のように飾り立て、そこで神への御饌を奉献する方式、要するに神殿前でのいわゆる庭上祭儀であったろうことがここからうかがえもする。

これに対して、肥河の中に黒い巣橋を造って仕え奉った「仮宮」とは、むろん御子の行宮にほかならない。原文に「肥河之中、作黒巣橋、仕奉仮宮而坐」とある点は、もしかすると巣橋が仮宮への渡りではなく、巣橋そのものを仮宮として仕え奉ったとの意かもしれないが、いまは深く追求しないでおく。

ところで、この『古事記』の所伝に対し、『日本書紀』ではその神代巻の第九段一書第二に次のような所伝が記されていた。

時に高皇産霊尊、乃ち二の神〔経津主神と武甕槌神〕を還し遣して、大己貴神に勅して曰はく、「今、汝が所言を聞くに、深く其の理有り。故、更に条にして勅したまふ。夫れ汝が治す顕露の事は、是吾孫治すべし。汝は以て神事を治すべし。又汝が住むべき天日隅宮は、今供造りまつらむこと、即ち千尋の栲縄を以て、結ひて百八十紐にせむ。其の宮を造る制は、柱は高く大し。板は広く厚くせむ。又田供佃らむ。又汝が往来ひて海に遊ぶ具の為には、高橋・浮橋及び天鳥船、亦供造りまつらむ。又天安河に、亦打橋造らむ。又百八十縫の白楯供造らむ。又汝が祭祀を主らむは、天穂日命、是なり」とのたまふ。

是に、大己貴神報へて曰さく、「天神の勅教、如此慇懃なり。敢へて命に従はざらむや。吾が治す顕露の事は、皇孫当に治めたまふべし。吾は退りて幽事を治めむ」とまうす。乃ち岐神を二の神に薦めて曰さく、「是、当に我に代りて従へ奉るべし。吾、将に此より避去りなむ」とまうして、即ち躬に瑞の八坂瓊を被ひて、長に隠れましき。

ここにいう大己貴神が住むべき天日隅宮とは、むろん『古事記』にいう「C社（または社殿C）」つまり出雲大社本殿に該当することは改めて確認するまでもなかろう。そして、このときにそれが建造されたという筋書きゆえに、同書の崇神天皇六十年七月条には、

群臣に詔して曰はく、「武日照命（割注略）の、天よ

り将ち来れる神宝を出雲大神の宮に蔵む。是を見欲し」とのたまふ。……是の時に当りて、出雲臣の遠祖出雲振根、神宝を主れり。……

とあるように、C社（または社殿C）としての出雲大神の宮は既に存在したとして記されていたのであった。また、さらに下って垂仁天皇の二十六年八月条には、

天皇、物部十千根大連に勅して曰はく、「屢使者を出雲国に遣して、其の国の神宝を検校へしむと雖も、分明しく申言す者も無し。汝親ら出雲に行りて、検校へ定むべし」とのたまふ。則ち十千根大連、神宝を校へ定めて、分明しく奏言す。仍りて神宝を掌らしむ。

とあって、今度はその神宝が検校の対象となっていたことが知られもするのである。

ここに出る「出雲大神の宮」を、「通証・記伝以下みな出雲郡の杵築大社とするが、祖神から伝えた神宝だから、出雲臣がいた意宇郡の熊野大社（島根県八束郡八雲村熊野）ということもありうる」（引用底本、岩波版日本古典文学大系本頭注）などと歴史主義的に解したのでは、出雲大社の存立意義を見失ってしまうばかりであろう。これは現実に、出雲大社が創立される以前の歴史的事実がどうであれ、必ずや杵築大社としての「出雲大神の宮」すなわち『古事記』にいう「C社（または社殿C）」と解さないのでは、『日本書紀』の筋書きが首尾一貫しないと言わねばなるまい。『日本書紀』には『日本書紀』の、あくまで『古事記』とは別のだが、しかしそれ自体で完結した所伝があったことを見誤ってはならないであろう。

五、出雲大社の起源伝承と現実とのつながり

最後に、以上にみてきた出雲大社の起源伝承にいわれていたことが、現実とどう連繫しているのか、そして前者の究極の意味とは何であったのか、この点について考えてみることにする。

まず前節で分析した諸殿舎が、現実世界ではどのように引き継がれていたか、これをみておくことにしよう。

そこで『出雲国風土記』の「出雲郡の条」をみれば、そこには同郡内の神社として、

杵築大社、御魂社、御向社、出雲社……

と並べられている。一方、『延喜式』の神名帳では、「出雲郡五十八座」としてその冒頭部分には、

大穴持神社、杵築大社、同社・大神大后神社、同社坐伊能知比売神社……

とあって、風土記にいう出雲社の名は同郡中にもみられない。

ところで、もしこの出雲社が出雲郡を代表するような

神社だったり、あるいは同郡の出雲郷に実在した神社だとすると、これはかなり不審だと言わねばならない。おそらくこれは、『日本書紀』にみえた「出雲大神の宮」を杵築大社とは別物としたうえでの、机上の創作に近いかと考えておきたい。

しかしこれに対して、双方とも他の三社は比較的容易にその来歴を想定することができよう。まず『延喜式』にいう大穴持神社、杵築大社、同社・(坐カ)大神大后神社の三社とは、それぞれ前節に分類したA・C・Bの各社に対応するものであることは、前述からしてほぼ異議なく首肯されるところだと言えよう。むろんA社の場合は、本当ならば「大国主神社」とでもすべきところだが、大国主神に対してはすでにC社＝杵築大社本殿が実現されていて、それの祭神として確定されていたところだから、その神名は避けたというところであろう。

そして一方の、風土記にいう杵築大社、御魂社、御向社の場合は、それぞれC・A・Bの各社に該当するとみれよう。ただしこの場合、「御魂社」の訓み方としては、『延喜式』祝詞などで「魂」字をムスビと読むことに倣ってか「ミムスビの社」とするのが通例だが、これはむしろ「ミタマの社」と解すべきところかと思う。すなわちそれは、大国主神の別名としてあった「ウツシ国玉神」に対応した名称だと推測されるからである。また、この風土記の時点では、B社つまり「ウナガケリの鎮座地」は「御向社」として和解した夫婦神にふさわしい名称が与えられていたのに対し、『延喜式』の段階では夫神・大国主神はC社の祭神として固定化されたことに伴い、御向社も大神の大后たるスセリビメのみを祭神とするかたちに変容していたことが知られもする。

さてこのA社＝御魂社＝大穴持神社、B社＝御向社＝大神大后神社、C社＝杵築大社という三社を現在の出雲大社に比定するとすれば、B社はそのまま境内摂社の御向社で、C社は出雲大社の本殿に該当するのは言うまでもない。問題はA社であろうが、これは本殿の背後にある摂社素鵞社に当てはめてよいのではないかと考えておきたい。この素鵞社は現在、スサノヲノミコトを祭神としているが、これは中世以降、出雲大社では大国主神に代えてスサノヲノミコトを祭神として混同していたらしいことから憶測するに、いつのまにか転換されたのではないかと思われるからである。

むろんここで、起源伝承にいう殿舎と歴史上の社殿の関連性をみてきたのは、決して起源伝承が歴史的事実をそのまま採録しているなどというつもりではない。おそらくは、大穴持神社というのは起源伝承に引かれて後に社殿として建造された、というのがかえって真相ではないか推察される。さらには、大社背後の八雲山のことを別名ウカ山とも呼ばれるらしいのは、後世の付会を出るものではないだろう。

しかしこれに対して、B社やC社については必ずしもそうとばかりは言えない。ここにはかえってぜひともそう語るべき歴史的にしてかつ神話祭式的な必然性があったと考えられるのである。この点に関する現時点での私見の要点を摘記しておけば、以下のとおりである。

(1)まず大国主神を祭神とする出雲大社がその地に存立するのは、天孫としての歴代天皇がその神から国譲りを受けた葦原中つ国の王として君臨するための、その具体的な証拠にほかならないと理解される。それゆえにもそれの、とりわけ最初の建造は地元の国造らではなく、高天の原つまり朝廷側からなされたのだとみてよい。またしかし、そこでその場所をして出雲の地を選定しているのは、その地が大和からみての「日隅」、すなわち太陽が没する西方の果てに位置し、根の国や黄泉の国に近いと神話地理的に観想されていたからであって、決してそこに歴史的に強大な勢力がかつて実在していたからではない。少なくともそれを直接に反映したものでは決してない。この意味で、出雲は大和を中心にして伊勢の対極としての位置づけを担わされていたとみるべきものだったのである。この点は、前記拙著でもう少し詳しく述べたところゆえ、それを参照願いたい。

(2)C社が語られるべき根本的な理由は以上のとおりだが、他方のB社についてはじつのところよくわからない面がある。一つには「今に至るまで鎮り坐す」とあったように、『古事記』成書当時それが現実に存在したからではあろうが、いま一つの理由としては大国主神の豊穣神としての性格をそこに込めてであろうかと推測しておきたい。すなわち神話学者デュメジルがいう王権の三機能体系における第三機能としての「生産・豊穣」の象徴として、[8]大国主神と嫡后スセリビメの対偶神が選ばれていたかということである。そしてそこにはもしかすると、出雲国造による聖婚儀礼の実習があるいは前提とされていたのかもしれないと思う。現在、出雲大社の境内には、御向社のほかにタギリビメノミコト(宗像奥津宮の女神)を祭神とする筑紫社、キサガイヒメノミコトとウムギヒメノミコトを祭神とする天前社の計三社殿が本殿の両脇に並立するが、この筑紫社などは大国主神のそういう多産性・豊穣性を強調するために、御向社からさらに分化して祭られるようになったのではないかと考えたい。いずれにせよこういう境内社のあり方が、出雲大社をして今日縁結びの神社として著名にしている謂われではあろう。

(3)一方、当時の出雲大社本殿がことのほか高大で特異な建造物であったからこそ、『日本書紀』の起源伝承はその社殿の存在にとどまらず、それの造営の方法にまで言及していたとみられる。文面にある「千尋の栲縄を以て、結ひて百八十紐にせむ」からは、造営に際して大量の楮縄を必要とするような工事であったこと、また「其の宮を造る制は、柱は高く大し。板は広く厚くせむ」からは太い柱材を用いた高床で、各部材も桁外れに大きかったということは、十分想定してよいところと考える。他方、『古事記』にいう「トダル天の御巣如して」からは、心の御柱に支えられて空中に浮かぶような神殿をイメージしても、決して荒唐無稽ではあるまい。しかもその造立が記紀成書の間際であったからこそ、今後ともそうあるべきことを告知する目的で、そういう具体的な叙述がなされていたのではないかと思われる。

(4)だが、それにしても『古事記』にだけ繰り返し説かれていた「天つ神の御子の天津日継知らしめす（ここは「知ろしめさむ」の方がよいかもしれない）……如して」とか「我が宮を天皇の御舎の如修理めたまはば」というのは、一体どういうことを意味しているのであろうか。一つには天皇の宮殿のごとくに立派で、その形態においてもどこかを似せてということが一応は考えられるかもしれない。しかし出雲大社の本殿、すなわち先の社殿Cが造立されるに先立って建てられたとみなされる社殿Aについても、『古事記』の文面ではまったく同様に「底津石根に宮柱フトシリ、高天の原にヒギ・タカシリて」と形容されていた以上、またこの表現は「竺紫の日向の高千穂のクジフルタケに天降した」天孫の宮においても同じく使用されていたからには、社殿Aがそうした宮殿にくらべて特段劣っていたとは想像しにくい。

この点で、おそらく唯一正当な解釈は社殿の造形的なことではなく、むしろその特異な性格についてではなかろうか。すなわちここでいわれている天皇の御舎とは、単に天皇の住居としてのそれではなく、伊勢神宮の起源譚からも推測されるように、そこで神との同床共殿がなされているような祭祀所としての機能を併せもつ、そういう天皇宮ではなかったかと考えられるのである。換言すれば、「天つ日継ぎ」を行うための大嘗宮としての側面を有していた頃の天皇宮ということである。そしてそれであればこそ、神の専有する神殿としての社殿Aとその前の大廷という組み合わせでなく、国造によるその中での親祭儀が許容されていたらしい出雲大社本殿が造立されたのではないか、と考量されるのである。『日本書紀』がいう「汝が治す顕露の事〔政治〕は、是吾孫〔天皇〕治すべし。汝は以て神事を治すべし」とは、そういう古式な神事の場として常設化された出雲大社本殿と、そこでの奉仕に専念すべく位置づけられた出雲国造に対する中央政府の考え方が、かなり露骨に表現されたものでもあろう。

なお、かくみてくれば、後には宮褒めの常套句化した感のある「底津石根に宮柱フトシリ、高天の原にヒギ・タカシリて」という形容も、もとはと言えば神聖さを具有していた王の宮、とりわけ天皇宮から発生したところだったか、と思われなくもない。少なくともそれからは、掘立柱で屋根上にはヒ木（これは単に千木の古称ではなく、千木や堅魚木を総称するものだったのかもしれない）を頂く古神殿的な姿を想起することは許されるであろう。また、『日本書紀』以下の文献では、ヒ木は千木となること多く、「宮柱フトシリ」は「宮柱太知り立て」とするのが通例となるが、後者は柱によって大地を領有する意から次第に立柱に力点をおいた表現へと変化したものと言えようか。さらに、『延喜式』祝詞では春日神社や平野神社に対しては「宮柱広知り立て」とか「宮柱広敷立て」という言い方も出てくるが、これはのちには伊勢神宮にも用いられるものの、元来は掘立柱でなく土台上に柱を立てるその社殿形式に適合した表現として考慮されたものかと推測されなくもない。
(5)さて一方、仮に上述のとおりだとしても、そもそも出雲大社本殿は何ゆえに異常なまでの高さを指向したのであろうか。このことを認めない立場も一部にあるが、筆者は同調しえない。やはり平安時代以前には、東大寺大仏殿よりも高い神殿が実現されていたとみてよいと考える。しかしそれは、単に天皇の御舎のごとくあろうとしたことから素直に出てくるところとはとても思われない。それだけならば相応な高床で、むしろ巨大さの方を追求するのがはるかに理に適っていようからである。他にも理由はあるのかもしれないが、しかし究極的には出雲の地の根の国への近接性、逆に言えば高天の原への遠さなのではないだろうか。すなわちその高さとは、神殿であるがために克服すべき天上世界への隔たりを超えようとしたその具象化、そういう建築的表現だったのではないか、ということである。神話にいう「黄泉つヒラ坂」が暗示するように、異界への入り口は坂になっていて、大地が東から西へと大きく傾斜しているというような独特な感覚が裏打ちしていたのではないか、と思われる。

〔補記〕
本稿は、二〇〇五年九月に開催された第二回大社造シンポジウムに報告用として提出した原稿をほぼそのままに再録したものだが、その直後に発刊された『古代出雲大社の祭儀と神殿』（学生社、二〇〇五年十月）に収める岡田荘司氏の講演論文「国家祭祀からみた古代の大社と出雲國造」において、本稿で述べた「タギシ小浜の天の御舎」は出雲大社本殿と解すべきでないとする見解は、加藤義成氏が「天之御舎と出雲大社の創建」（『出雲学論攷』神道学会、一九七七）の中でつとに説かれていることを知りえたので、ここにお断りしておく。

と同時に、岡田荘司氏は同論文において、既述の拙著で出雲大社の創建年代は『古事記』が成書された和銅五年（七一二）の直前であったとした私見に対して批判を加えておられるので、これについて以下に少し反論を試みておくことにしたい。

まず岡田氏の主たる論拠は、次の二点にあると整理できよう。すなわちその一は、『出雲国風土記』に「天の下造らし大神の宮を奉へまつらむとして、諸の皇神等、宮処に参り集ひて杵築きたまひき。故れ、寸付と云ふ」とあったように、「杵築」という地名の起こりは出雲（杵築）大社本殿の創建に深くかかわっていたとみなされるが、近年発見された藤原宮出土の木簡には「出雲評　支豆支里」とみえるので、キツキ（またはキヅキ）という地名は藤原宮以前のものであることが立証されること、その二は記紀神話にも出雲大社の祭神・大国主神（大己貴神）と大和の三輪山の神・大物主神との一体化は語られていたところだが、出雲國造神賀事に「皇孫の命の近き守り神」として列挙されていた四神を祭る四社すなわち大神大物主神社、高鴨阿治須伎託彦根命神社、高市御県坐鴨事代主神社、加夜奈留命神社の位置はいずれも大和盆地南部にあるから、この観念が成立したのは平城京遷都以後ではなく藤原京か飛鳥の宮都の時代だったと考えられること、つまり神賀事奏上の開始も正史上に初出する霊亀二年（七一六）よりも遡り藤原京以前であったと解されること、この二点である。しかしながらこの二点は、私見を否定する根拠となりえていないのではないかと思われる。というのは、次のような理由からである。

後者からみていくと、神賀事の当該詞章が大国主神と大物主神を結びつけ、国つ神の代表格として位置づけるというのみならず、全体として記紀神話にいう「高天の原―葦原中国―根の国（黄泉国）」という最終的な神話世界の体系に呼応したものであることは確実であろうが、こうした記紀神話の体系と律令的な神祇体制が確立したのは私見でも藤原京の時代と推定しているので、何ら矛盾することではないと考える。言い換えれば、神賀事はもとから平城京時代の守護神を説明しようとしているのではなく、その詞章の趣意が構想された時代を示唆しているのみで、それが藤原京時代だったとしてよいというだけのことである。それに、もしも神賀事が奏上される時代に応じて、その時々の宮都の守護神をいうのであれば、現在残るその詞章は『延喜式』以降のものであるから、平安京における守護神に差し替えられていなければならないが、もちろんそうはなっておらず当初のままに引き継がれている。それゆえいずれにせよ、現在に伝わる神賀事の詞章の構想が平城京遷都以前であったことはそこからうかがえるが、その奏上の開始が史料初見よりも遡るかどうかは保証の限りではないということである。

次に前者についてだが、藤原京出土の木簡が証明するのは「キツキ」もしくは「キヅキ」という地名の成立が藤原京以前だったということのみで、出雲大社の創建時期までさらに遡るという証拠にはならないと考える。というのも、これを言いうるためには、『出雲風土記』にいう上述の地名起源が史実であったことが前提となるが、これはとても従いうるところではないからである。むしろその地名起源は、同『風土記』にもたとえば意宇の地名は八束水臣津野命という神が国引きを終えたあとで、その地において「オヱ」と詔りたもうたからだとする話と同様で、地名起源説話によく見受けられるいわば語呂合わせから出たものとみるべきであろう。したがってこれと木簡にみえる地名の史実性を連結させて、出雲大社を築いたのも藤原京以前だと推定することはできないと考えられるのである。それよりかは、この地名起源説話そのものの形成が出雲大社創建後であることをうかがわせる、と解する方が穏当なのではないだろうか。そしてそのときに、同『風土記』の同条には「神亀三年、字を杵築と改む」と注記されていたことが一層留意されてよいと思う。すなわち出雲国では、同『風土記』の意宇郡の冒頭に「霊亀元年の式に依りて、里を改めて郷となせり。其の郷の名の字は、神亀三年の民部省の口宣を被りて、改めぬ」とあるように、神亀三年（七二六）に多くの地名表記が改変されたことが知られるが、「寸付」または「支豆支」と表記されていたものを「杵築」の用字に改めたのは、同『風土記』にいうその地名起源説話ともども、現実の出雲大社の創建がまだ記憶に新しい近い過去の出来事だったからではないか、と推量されなくもないからである。

　このように岡田氏が私見批判の論拠とされた主要点は、その解釈において少なからず疑問があり、したがってこれによって私見が否認されたとは理解されないのであった。私見に論及いただいたことに感謝しつつも、あえて反論を開陳した次第である。

　なお、岡田氏は出雲大社の創建年代としては『日本書紀』の斉明天皇五年（六五九）条に「是歳、出雲國造に命せて、神の宮を修厳はしむ」とみえることをもって、その時であったと推定されている。この記事をどう解釈するかについての私見は、すでに拙著において述べたとおり「そのまま史実と受け取る必要」はなく、むしろ『日本書紀』編者による仮託的な「挿話の一種」と理解してよいと考えるものである。

註

（1）拙著『伊勢神宮・大嘗宮建築史論』中央公論美術出版、第Ⅰ部第一・二章（一三一～一三四頁）および第Ⅱ部第二章第一節（三七〇～三七九頁）、二〇〇一。
（2）上掲拙著、一四五～一五一頁、三〇一～三〇五頁参照。
（3）同上、四二一～四二八頁。
（4）以下本文中での記紀の引用は、表1、表2と同様に岩波版日本古典文学大系本による。
（5）註1に同じ。
（6）この訓み下し方についても、前掲拙著第Ⅰ部第一章を参照されたい。
（7）前掲拙著、四一七～四二三頁。
（8）同上、三〇三頁参照。

第三節　出雲地域の古代の神社

松尾充晶

一、はじめに―神社建築の成立と官社制―

在地社会において一般神社が常設の建築物として成立するのはいつか。これについては官社制の成立と進展過程に大きな画期と飛躍を見出す見解がひろく受け入れられている。川原秀夫氏がその過程を「孝徳朝以前に国造が一身に体現していた在地の行政的支配権と祭祀的支配権とを如何に切り離していくかという過程でもある」と述べるように[1]、あくまで国家側に眼目を置いた視点が強調される。これは、かつて福山敏男氏が説いた、神社が農耕にかかわる季節行事の中から自然発生的かつ発展的に形成されていくという説[2]、およびその説をひいて神社が日本独自に成立した民族的宗教たる神道の宗教施設とする論へのアンチテーゼとして示されるものであった。このような視点は、官社の指定に際して国家から神社の建築が「与えられる」と述べる丸山茂氏の立論に端的に示されていよう[3]。

その後の古代神社史研究においては、祈年祭班幣制度の移行と官社制の問題などに力点が移されていき、神社成立、とくに建築については議論されていない現状がある。依然として、建築を含めた空間構造論に関する課題としては、①官社制成立以前の宗教施設の実態がどのようなものか、②神社（官社）建築化が進む際に、伝統的祭祀空間はどのように変質したのか、という点が未解決のまま残る。この点については、福山従来説への批判的展開をみた諸論においても若干の相違がみられるように、定説があるとは言えない。たとえば丸山茂氏は、在地首長が神を祀る「祭殿」がもともと存在し、これを破却して国家が国家神の社殿を与える図式が官社制以前に存在したこと、官社制の中で地方神の宗教施設が国家に掌握され神社になったこと、「在地」には「祠」とされるさまざまな形態が存在するのみで、統合的な祭祀施設は存在しないだろうこと、を想定している[4]。また②の問題については官社制による強制力を大きくみており、神社の構造上の画一性、統一性が存在したとする一方で、祓や漢神崇拝や仏教思想の浸透により、「磐座などの原始的な祭祀はすでに人々の記憶から消滅していたのではないか」と述べる。(5)これに対して、三宅和朗氏は天武十年(六八一)正月条の「修理」＝建造命令後に一般の神社が常設の建築物として出現し、「基層信仰」においては常設の建築物を必要としない自然信仰が根強く存在した、と述べ、(6)①②のいずれの点においても丸山氏とは見解が異なる。また官社での祭祀目的自体も、一つには国家による祈請を受け天皇・国家を加護する神としての性格と、他方には奉斎集団の守護神としての性格がともに備えられるとした見解があるなど、異論が多いところである。(7)

官社制の進展を神社建築成立の契機とみる主要な論者においてもさまざまな立論が成り立ちうるように、七世紀後葉から八世紀にかけての神社制度の形成・展開によって、地域社会での祭祀がどのように変容したか、という命題を文献資料のみから結論づけることは難しいであろう。以下の本論では、近年の考古資料を含めた視点でとくに出雲地域を見直し、古代の神社の具体的なあり方について考察を試みるものである。

二、国家的宗教政策と出雲の地域性

出雲国造神賀詞奏上儀礼、『出雲国風土記』にみる官社化の早さと神社数の多さ、杵築大社の創建に関する神話世界の象徴性等々、神祇祭祀面で出雲の特殊性や特質を論じる研究に厚い蓄積があることは言うまでもない。その特殊性を把握するには神祇に関する異質性のみを強調するのではなく、古代における宗教的枠組み全体像の中でどのような特徴が見出せるかを把握する必要があると考える。こうした観点から、まずは仏教寺院や律令祭祀を含めた出雲の地域性について整理する。

1　律令祭祀具と出雲

人形・馬形などの薄板製形代や斎串、土馬、人面墨書土器などは、大祓をはじめとする律令にみえる祭祀に使用されたものと考えられ、一般に律令祭祀具と称される。律令祭祀具の成立と地方への伝播過程については諸論あるが、宮都では難波宮で孝徳朝に成立し、地方においても七世紀第3四半期の長野県屋代遺跡群をはじめ、ほぼ同時期に出現することが近年の理解である。(8)山陰道でも但馬の袴狭遺跡群で七世紀後半以降に多量の木製祭祀具が出土しているのをはじめ、鳥取県域では因幡の岩吉遺跡、善田傍示ヶ崎遺跡、大坪イカウ松遺跡などで、複数タイプの木製祭祀具を多量に使用する定型的な祭祀が行われていたことが確かめられる。その受容時期は、東伯耆の大御堂廃寺の溜枡遺構SE01が八世紀前半ともっとも古く、九世紀前半とみられる岩吉遺跡まで認められ

る。(9)

注意されるのは、こうした木製祭祀具使用の分布が地理的に偏在することである。八世紀代と想定される資料に限れば、鳥取県東部にあたる伯耆東部（倉吉平野）から因幡地域に限定されており、伯耆西部から出雲にかけて前記の定型的な祭祀が行われていた痕跡が確認されていない。出雲地域では三田谷Ⅰ遺跡で斎串や舟形の出土がわずかにあるものの、定型・複数形式・多量という使用形態ではない。また調査が比較的進んでいる平野部でまったく確認されていないことは特筆される。木製祭祀具は遺存環境に大きく左右されるため、今後新たに出土することは十分考えられるが、現時点で出雲において分布の空白が認められることだけは指摘しうる。律令祭祀具が宮都と同時期に地方伝播する背景には国司（国宰）の関与があり、さらに地域内では官衙施設周辺に展開すると考えられていて、画一性が重視されるあまり地域ごとの相違が充分に検討されているとは言えない。仮に出雲において、国衙を離れた社会に律令祭祀具が受容されないことが確かめられれば、大きな意味をもつと考える。

2　出雲の仏教寺院の展開時期

『出雲国風土記』には教昊寺のほか一一ヵ所の「新造院」の記載があり、寺院跡もしくは推定地とこれらの新造院の比定関係などについて研究が重ねられてきた。一方で近年では、『続日本紀』霊亀二年の「寺院併合令」と「新造院」とのかかわりについての議論も行われている。考古学的研究においては、遺構の構造が明らかな事例が少ないこともあって、瓦を対象にした研究が行われてきたが、これについては三舟隆之氏が的確に総括している。(10)三舟氏は出雲における造寺活動が時期的に遅れたことを述べる中で、全国的に造寺活動が盛んな七世紀後半に出雲において確実な寺跡がなく、八世紀前半に成立した寺院もきわめて限られ、(11)多くが八世紀後半以降に成立したとする。そのうえで、『出雲国風土記』に記載される一一ヵ所の「新造院」は天平五年（七三三）には存在せず、後からつけ足されたものである可能性を指摘した。「新造院」の実態と造立年代については異論があろうし、七世紀後半の出雲の寺院は伽藍配置が不規則で規模が小さかっただけで、存在したとする推定(12)も成り立ちうるものの、造寺活動において出雲が後進的

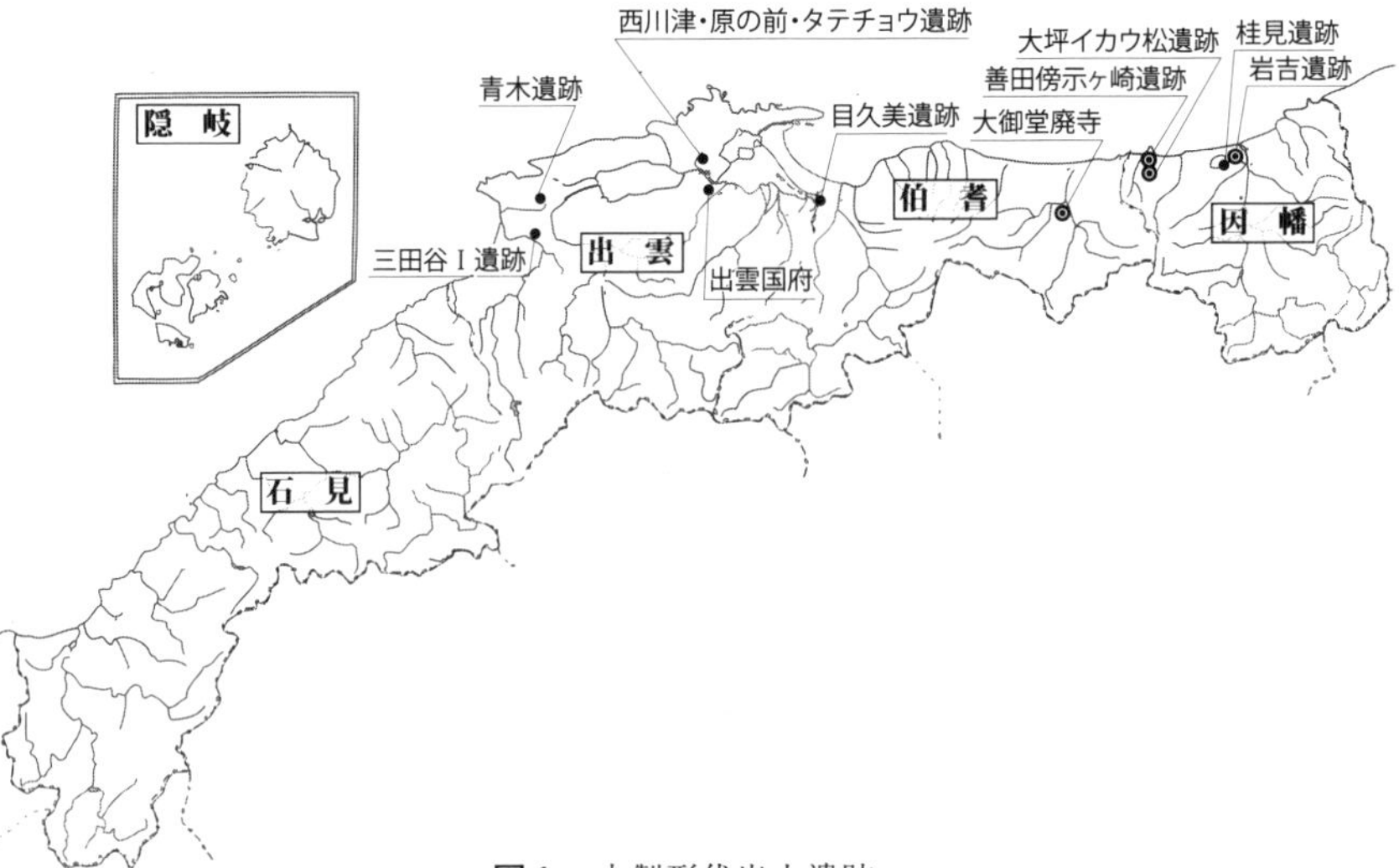

図1　木製形代出土遺跡

であった点は認めうる。調査事例の制約が背景にある可能性は、前記の律令祭祀具と同様に考慮されるが、大勢として三舟氏が指摘する傾向に誤りはないであろう。

3　信仰関連資料にみる出雲の地域性

以上、律令祭祀具の使用、仏教寺院の造寺の二つの側面から、八世紀前半以前の出雲地域が全国的傾向と異なる特徴を有し、地理的には少なくとも伯耆の様相と明確な区別がなされることが明らかになった。こうした事象が神祇祭祀とどのような相関性をもつかが問題となろう。菱田哲郎氏は孝徳朝期を画期として天武朝期にかけて、金光明経の諸国頒布などの仏教施策と寺院建立、さらに四方祓や官社制と祈年祭班幣といった神祇施策と神社の建築化、そして新たな祭祀具を用いる、いわゆる「律令祭祀」の展開、といった国家的な宗教政策が軌を一にして進められることを強調し、「七、八世紀の在地貴族層の活動として、寺院建立と神社祭祀とがともに重要な位置を占めていた。このような点から、両者の整備が車の両輪のごとくに進められた可能性が考えられる」と述べる(13)。このように神祇政策と仏教政策が、地域統合を目指した国家的要求にもとづき呼応するように進められたという視点に立てば、出雲の特質は両者（律令祭祀を含めれば三者）がアンバランスにみえて一種補完的な均衡を取っている現象と理解できる。出雲で造寺が遅れる背景について、前記三舟氏は「在地での伝統的な祭祀の影響の方が強かったのかもしれない」と述べているのも、寺院建立が盛行しなくともよい別の論理の存在を想定しているからにほかならない。いまだ「伝統的な祭祀」や神社の面から出雲広域の地域性を見出すことは困難なままであるが、仏教寺院や律令祭祀の面から裏返しにその存在を知ることができる。

三、官衙、首長と出雲の神社の特質

前節では出雲国全体にかかわる広域な地域性をどのように認めうるか、考古資料を中心に概観した。大局的にみて、神社に現れる神祇政策に呼応する事象があることは推定できたが、近年資料が増えているとはいえ比較分析できるほどの状況にはない。本節では杵築大社が鎮座し、特徴的な神社遺跡が確認されている出雲郡にその本質が現れていると想定し、さらに細かく検討を加える。

1　「坐郷中」神と社について

神社とのかかわりで『出雲国風土記』をみると、出雲郡には他郡にみられない特徴がある。郷中に坐す神の名を、郷名の由来にあげて説く郷が八郷中三郷と目立つことである。漆治郷と美談郷では「神」、伊努郷では「神の社」という差があるものの、いずれも郷中に祭祀対象が存在するという点がきわめて注意される。『出雲国風土記』は他国の風土記と比較して、地名に対する関心顧慮がとくに深く払われていることが指摘されていることからも理解されるように(14)、郷名の由来を「郷中に坐す」神の名で語ることには、特別な現実的状況なり意識なりが反映されたものとみることができる。

【史料1】（加藤義成『出雲国風土記参究』）

漆治郷。郡家の正東五里二百七十歩なり。神魂命の御子、天津枳値可美高日子命の御名を、又、薦枕志都治値と云しき。此の神、郷中に坐せり。故、志丑治と云ふ。〔神亀三年に、字を漆治と改む。〕即ち正倉あり。

【史料2】

伊努郷。郡家の西北八里七十二歩なり。国引き坐しし意美豆努命の御子、赤衾伊努意保須美比古佐委気能命の社、即ち郷の中に坐せり。故、伊農と云ふ。〔神亀三年に、字を伊努と改む。〕

【史料3】

美談郷。郡家の西北九里二百四十歩なり。所造天下大神の御子、和加布都努志命、天地初めて判れし後、天御領田の長と供へ奉り坐しき。即ち彼の神、郷の中に坐せり。故、三太三と云ふ。〔神亀三年に、字を美談と改む。〕即ち正倉あり。

『出雲国風土記』には神に関する多くの記載があり、直接的に神あるいは神の社の坐すことを述べるだけでなく、神の動きに仮託して地名その他の伝承が語られる。神の坐す空間の立地環境を直接述べるものでは山野や岩石が中心で、間接的に神に関するものを含めても、明らかに山と神との関係が深い。神が自然的信仰対象を介して認知されていることが背景としてうかがえよう(15)。

そこで「郷中に坐す」という特別な記述がどのような状態を指すかが問題になる。一般には郷は貢納や封戸に関する場合は人的集団を示し、地域の生業、生活空間の場としての土地や口分田の班給、社会空間としての領域性をもつ村とのかかわりの中に限れば郷名が領域を指す場合もまれにはある。一方、『出雲国風土記』の記載文法上の「郷」は、郡家からの里程が示されていることからも明らかなように特定の地点として示されるもので、人的集団とその生活空間を指すものでない。当然ながら実社会においてはその空間内に山川原野や岩石が含まれているけれども、少なくとも『風土記』の文法で「郷中」という表現は空間内に存在する泉や岩塊や叢林などを指す余地はないと理解される。したがって、漆治郷、伊努郷、美談郷の郷名起源とされる神、神の社の環境は、生活空間の只中にあり、かつ自然信仰対象との連続性がないものと考えるべきであろう。郷中に神が祀られるという、『風土記』上記の状況は、生活空間に内包あるいは接した地点に人工的に設置された常設建築物として神社が存在する事象が語られたものと考える。さらに踏み込めば、『風土記』編纂時において神の社を建築化するという事象は近い過去の重要な出来事であって、『風土記』

編纂と神社の建築化の両者に深くかかわった出雲郡の郡司にとって大きく強調されるべきことであったことも推測できる。[16]

2　北山南麓の神社群

『出雲国風土記』編纂は各郡で郡司の責によって進められており、記載に郡ごとの差異もないわけではない。そうした要素を加味しても、神が「郷中に坐す」ことを強調する出雲郡の特質には注意が必要である。郡内に杵築大社があり、現時点で神社遺跡と目される青木遺跡、杉沢Ⅲ遺跡も含まれている出雲郡は、他郡と異なる性格を帯びたものであろうか。

出雲郡は現斐伊川流路となる低地を挟み、地勢により南北に大きく二分される。「坐郷中」の伊努郷と美談郷は郡域北半に位置し、北山山系沿いに連なる。島根半島に沿っては東から島根郡家、秋鹿郡家、楯縫郡家を結ぶ枉北道から、美談郷あたりで分岐して杵築郷へ至る交通路「郷道」が想定されており、[17] 地勢上も交通上も、ある面閉じた空間を形成していたといえる。

出雲郡は『風土記』記載の社数がとりわけて多く、官社五八所、非官社六四所が記載される。このうち同一の固有名詞を冠する同名社あるいは「同社」が非常に多いことが出雲郡の際だった特徴で、かつ出雲郡北部に集中することが注意される。出雲郡の社で「同社」「同○○社」は官社五八社中一七社、非官社では六四社中四七社ときわめて多い。その多くは美談郷から伊努郷、さらに杵築郷へと至る北山沿いに想定される社である。表1で明らかなように、同名社等が四〇社もあるアズキ社をはじめとして、同名社をもつ七七社がこの地域に集中していることはきわめて異彩を放つ。この数は出雲郡内の社全体の六割にも及ぶ。

北山山系は山体が非常に急峻で、かつ斐伊川氾濫原の低湿地が山裾に近くにせまることから、生活域となる平地が非常に狭いことを勘案すると、その密度の高さが一層際立つだろう。近年、国道のバイパス工事に伴って発掘調査が進み、北山山系南麓の景観変化の様子が明らかになってきているが、基本的に谷開口部に形成された扇状地状の小台地ごとに遺跡が展開しており、居住域および可耕地それぞれの面積は狭い。旧斐伊川流路の北側にあたる山裾に、出雲郡の社奉斎集団人口の六割が居住していることはまったく考えられず、このような社（同名社）の集中は特殊な事情によるものと理解するほかない。

このような特殊な事情について関和彦氏の論考があり、「『同社』の成立が杵築大社と深い係わりを持ち、以後も出雲国造が係わる特殊な意味合いをもつ神社であったことを物語っている」と述べる。背後

表1　『出雲国風土記』出雲郡北部（北山山麓）の同名社数一覧

	キヅキ社（7）	アズキ社（40）	クサカ社（2）	イヌ社（12）	ミダミ社（13）	アガタ社（3）
官　社	(6) 企豆伎社、 同社 5	(11) 阿受伎社 阿受枳社 2 同阿受枳社、同社 7	(2) 久佐加社 来坂社	(7) 伊努社 2 伊農社 同社 4	(2) 弥太弥社 弥多弥社	(2) 阿我多社 県社
非官社	(1) 支豆支社	(29) 阿受支社、同社25 同阿受支社 3		(5) 伊努社 同社 3 同伊努社	(11) 弥陀弥社 同社 9 同弥陀弥社	(1) 県社

に日下部氏の働きかけを想定し、この地を舞台とした「本牟智和気」伝承にかかわることで、出雲大神の神威を背景とした大和政権側が負う大社築造の主体責任との関係下において「出雲大社参拝の道に多くの『同社』が集中的に出雲大神の『摂社』として設けられ、『出雲国風土記』にみる社名帳の現象を生み出したのであろう」とまとめる(18)。

ここで、関氏の述べるような「出雲国造が係わる特殊な意味合い」とは具体的に何を指すかが核心と考えられるが、分布する有力氏族が出雲国造の祭祀権管掌のもとで「摂社」のような祭祀対象を多数管理・奉斎していて、それが杵築大社との地理空間上の一体性を形成し、国造側の論理において官社として存立した結果が『風土記』の記載とみれば説得力をもつ。こうした祭祀対象は必ずしも建築物として存在する必然性が求められるだろうか。丸山茂氏は『風土記』段階での神社数が多いこととの現実性について疑問視し、出雲国の官社指定に何らかの作為を想像し、「配置する予定の、まだ存在していない」神社が官社申請の過程において含められていたと想定する(19)。丸山氏が想定する規格性をもつ建築物という意味においては存在していないし、それは配置する予定というようなものではなく、あくまで七世紀以前に系譜が求められる存在ではなかったかと考えたい。異常ともいえる多数の官社が存在する一方で、郷名起源を郷中に坐す神の名で語り、あえて歴史的連続性を飛躍した人工物としての神社の存在を強調する点は、人工的神社施設が一般性をもたないもので、少なくとも『風土記』段階では他に先行する形態であったためであろう。逆にみれば『風土記』記載のすべての官社がそのような存在ではないことを物語っていると理解され、『風土記』の官社が神社建築としてあるものを一部に含みながらも、全体としては国家的要求にもとづく官社理念とは異なる形態であったと言える。

3　青木遺跡と杉沢Ⅲ遺跡

以上の検討にもとづけば、神社あるいは神社祭祀に関する施設とされる青木遺跡（出雲市東林木町）と杉沢Ⅲ遺跡（簸川郡斐川町直江）は、出雲国造の世界が色濃く展開する出雲郡の中でも、限定的な先行する可能性をもつ神社ということになろう。そのような神社が成立する背景なり原理をどう考えればよいだろうか。

図2　青木遺跡と北山山系、出雲大社の位置

結論を急ぐが、これらの神社施設は首長層による権力組織に帰属し、その拠点に隣接して設置されるものとみたい。以下その根拠を述べるが、まずは両遺跡に共通する諸要素の検討を試みる。

まず①庇付きの大型建物を中心とした建物群が、遺跡に含まれることが重要な共通点である。青木遺跡はⅠ区SB04、SB05が礎石建物で、後者は片面庇付き、版築状の地行を伴う。杉沢Ⅲ遺跡[20]は堀切Ⅰ遺跡00-1区SB01が片面庇付きの五間×二間の大型掘立柱建物で、このほかにも同00-2区SB05や三井Ⅱ遺跡00-1区SB03など、大型の方形掘方をもつ掘立柱建物が複数確認されている。青木遺跡について国衙の関与を推定する榎村寛之氏は、八世紀段階では郡庁正殿でも礎石立てではないことをあげ、Ⅰ区SB05を郡衙以上の機構とみなす[21]。杉沢Ⅲ遺跡の方形掘方をもつ大型建物も、一般に官衙関連遺跡に認められる要素である。ただし両遺跡ともに建物の群構造、配置の規則性が認められず、少なくとも郡衙遺跡との構造上の共通点は見出せない。

次に②威信財消費や官人層の存在が遺物からうかがえることがあげられる。青木遺跡の場合は漆器、施釉陶器などの高級食器や、檜扇のような装身具、腰帯具が一定量出土していて、こうした威信財消費の主体となった有力者の存在を暗示する。杉沢Ⅲ遺跡の場合、報告されている限りではあまり明確でないが、銅製容器の蓋などは一義的に仏教関連遺物の可能性があるものの、階層の高さを反映した遺物ではある。

4　手工業生産と首長

さらに、③多種複数の手工業生産活動が遺跡内もしくは隣接地で行われていることが指摘できる。青木遺跡では製糸段階から織機までの木製紡織具が出土し、一連の完結した布帛生産が行われていた。また鍛冶滓や銅製品の鋳造を示す銅滴が出土し、製品化段階の金工が行われていた。さらに漆運搬容器とパレットとして使用された須恵器や木製漆刷毛が出土し、漆の集積から製品化までの漆工が行われていたことが確実である。一方の杉沢Ⅲ遺跡では炉壁・鉱滓が出土して金工が確認でき、遺跡と同一丘陵上にある横口式炭窯はそれとの関連が想定される。また炭窯と近接して、瓦窯も操業されている。水田耕作以外の生業が、地域社会においてどのように首長によって掌握されているかという点は課題が多いが、少なくとも郡衙の公的収取活動を背景として、郡司が在地社会の生産と再分配にかかる流通機構に対して実質的な影響力を行使したことは指摘されるところである[22]。

首長の管掌する生産活動には、郡に集約される貢納体制を離れ、首長間の関係下において技術や製品が動く部分があったことは、たとえば出雲地域の須恵器生産や鉄

表2　青木遺跡と杉沢Ⅲ遺跡の諸要素比較表

遺跡の要素	青木遺跡	杉沢Ⅲ遺跡
①大型建物	Ⅰ区SB04・SB05	堀切Ⅰ00-1区SB01 〃　00-2区SB05 三井Ⅱ00-1区SB03
②威信財・官人装具	高級食器（漆器・施釉陶器） 装身具（檜扇）・腰帯具・刀装具	銅製容器蓋
③手工業生産	紡織・鍛冶・銅鋳造・漆工	金工・製炭・瓦窯

生産のあり方からもみてとれる。郡司層にあたる首長が直接に掌握しうる生産活動を行う一方で、他の首長の行う生産活動との交通・交易の結節として流通管理機能を果たし、それによって地域における補完的な分業関係がなりたっている、というモデルを想定したい(23)。

以上の諸要素のほかに、両遺跡では祭祀に直接かかわる墨書土器が出土しており、さらに定形硯があることなどからこれらが遺跡内で墨書されたと考えられる(24)。

5　官衙といわゆる豪族居宅について

①②の要素や文字資料の存在などは、いずれも官衙関連遺跡の要件の一部とされる。また③の手工業生産機能についても、官衙機能とされる側面がある。このように、遺跡を総体として官衙施設とみるか、あるいは豪族居宅とみるか、見解の相違が想定されよう。豪族居宅の構造論に関しては九〇年代以降多くの研究が発表され議論されているところで、その構成要素や類型化が試みられている。総じて、居宅における官衙的機能が整理しえない以上、末端官衙や館と居宅の異同を容易に識別することはできず、また居宅とされる中にも規模などの階層差が存在し、「豪族」概念規定の不安定さと伴っていよいよ官衙とは（認知上）不可分な状態にあると認識している。また畿内、東国、九州といった地域ごとの分析が一定の有効性を示しているように、地域性を超越した画一性を想定すること自体が不合理という面もある。出雲地域も他地域と同様、官衙関連と目される遺跡が増加しているが、郡衙別院・郡家出先機関か、それとも豪族居宅か、と二元的に問うことには有意性がないと考える。

青木遺跡は八六点の木簡をはじめ文字資料に恵まれている。しかし木簡の分析からは文書木簡がなく多くが記録木簡であること、またその内容に対外的要素が希薄で、遺跡内で完結する組織内事務の傾向があること、そして郡および就中郡司にかかわるものがないことなどが注意される。現時点での出土資料からみる限り、青木遺跡に郡家機能を直接示す資料はない。出雲郡は地勢上南北に分かれ、『風土記』には美談郷に郡倉が置かれるなど、青木遺跡は郡家別院が置かれる条件に適っていることは疑いないが、そこでの祭祀

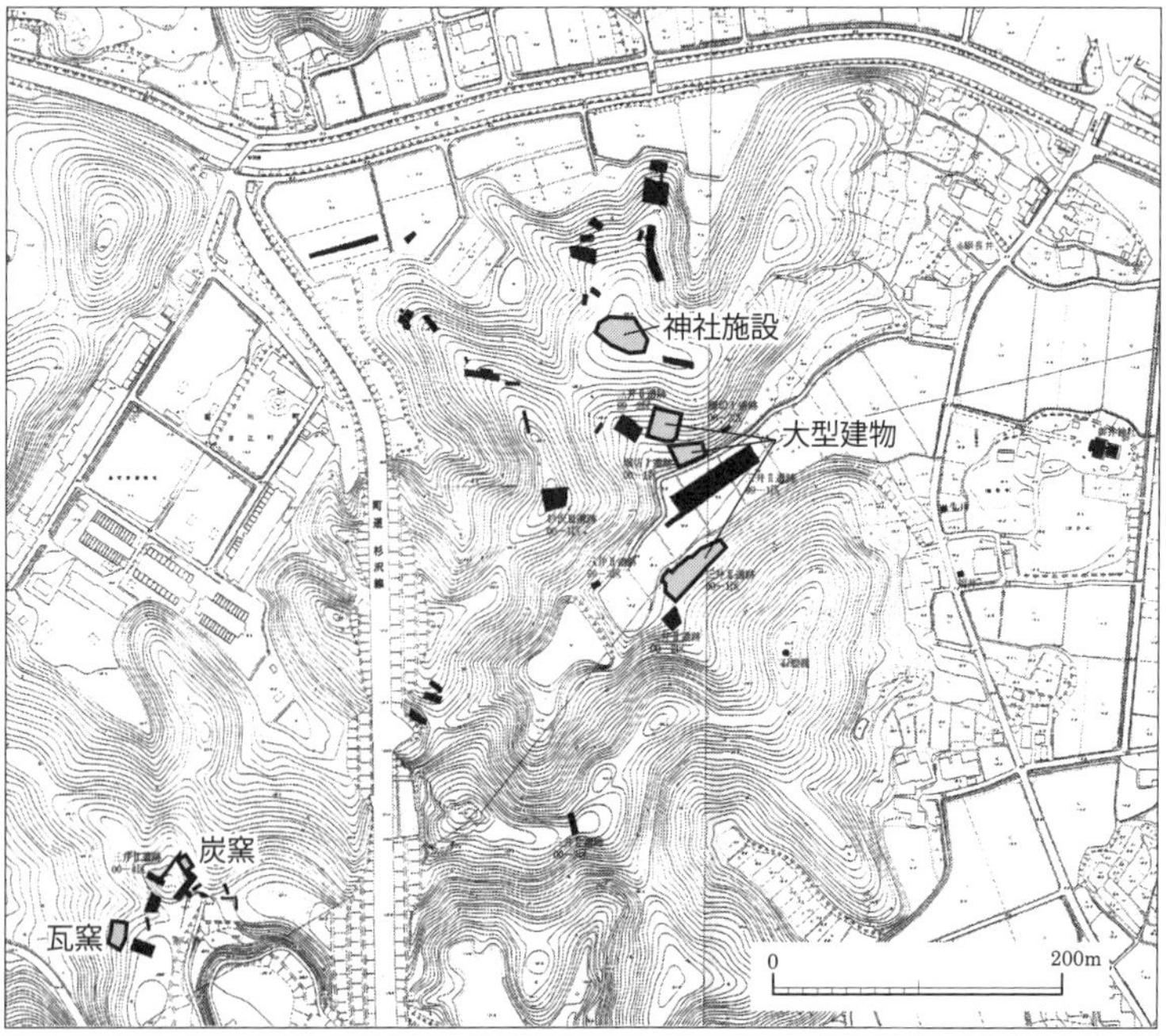

図3　杉沢Ⅲ遺跡の全体像

に関して郡家機能が関与している可能性はないと考える。

一方、杉沢Ⅲ遺跡についても、出雲郡の郡家推定地からは二・五キロほどの距離を隔てた、地理的に別空間の施設であり、遺跡自体に郡家機能を見出す要素が含まれないことは同様である。

6　官衙と神社・郡寺について

以上、二遺跡について必ずしも官衙としての性格を重視する必要がないことを述べた。一方、国府・郡家の敷地内もしくは近隣に神が祀られることがあったことは平川南氏が整理しており(25)、発掘事例でも武蔵国府国庁の北西七〇〇メートルの地点で確認された遺構や、上野国府の南西隅と目される鳥羽遺跡などがある。平川氏は「諸官衙の西北隅に神を祀ることは時期的に郡家が先行し、しかも郡家のそれは式内社相当の神社であるのに対して、中央官司や国府の内神は規模の小さい、簡素な神殿に安置されたと考えられる」と述べるが、一方、郡家に神を祀ることが制度的にあるわけでなく、すべての郡家にあったとみる必然性がないこと、また郡家の神社が、平川氏が述べる「式内社クラスの比較的規模の大きな神社」とは断定できないことについては荒井秀規氏が述べるとおりである(26)。郡家に付随して設けられた神社が制度的なものでなく構造規模に規範性がなくて多様であったとすれば、どのような目的要求のもとで設置されたのか、究極的にはなぜ官衙の近くに置かれたと理解されるであろうか。

この点について神社からのアプローチは難しいため、仏教寺院に関するさまざまな研究が参考になろう。全国的な考古学的調査例の増加により、郡衙遺跡の周辺に近接する寺院跡が存在する事例が近年多く確認されている。共通する要素としては、郡衙と寺院の距離が近く、郡衙成立時期と寺院建立時期が近く、文献や墨書土器など文字資料から郡名寺院との関係が明らかであることなどがあげられる。こうした郡衙に近接する寺院の性格について、評・郡衙の公の寺「郡寺」としての公的機能が付加されたものとする指摘がある。諸説あるが「公的機能」の意味する実態については国家権力を背景とした民衆支配の手段、という理解が一般的に示されている。たとえば「国衙に伴う形で国分寺が造営されたことと同様、郡レベルにおいても、官衙と寺院が両輪になって民衆支配が達成されていたのである」と述べる山中敏史氏の説などが知られる(27)。山中氏の論拠としては郷に対して瓦製作が課される例があること、郡名寺院の存在、逆に郡衙遺跡から仏教遺物が出土し官衙と仏教の密接な関係があることなどが示されている。こうした公的機関としての「郡寺論」に対しては、文献上「郡寺」の存在を裏づける資料が存在しないことや、実際に寺院建立を介してどのような活動が行われたかが問題となる。この点について山中敏史氏は「新たな祖先祭祀の成立を示し、その祭祀を通じて自らの譜代性を示し、郡司に任用される正当性を主張する手段としての意味を持っていた」と述べる。同様の見解は、たとえば辻本和美氏による「国家的祭祀としての地位を獲得した仏教を受容することは国家との結合を強め、その機構の中でより有利な地位（たとえば授位）を得ることが出来たものと想像される」という叙述[28]にもみることができる。つまるところ、評・郡司たる地方豪族にとって、伝統的な（もしくは新たに任官されたことによる）在地地域支配権の認証が重要であったという点が重視されている。

以上みてきたように、「公的機能」とされる内実は造立者たる豪族の希求と考えられているのであって、それが結果的に国家的な目的を果たす役割を負ったとしても、地域支配の装置としての郡家機能とは無関係ということができる。こうした見方は郡寺論に反論する三舟隆之氏が述べる、寺院建立はあくまで祖先信仰を基層に族縁的共同体の結合強化を目的とした地方豪族の氏寺（私寺）であって、郡衙と近接することを本質とするのは本末が逆転するという視点[29]に通じるものである。

「郡寺」と郡家の関係が、神社と郡家の関係の理解にどのように援用できるかは吟味が必要であるけれども、以下のような推論が可能になろう。すなわち、神社が郡家に付随して整備されることは資料上確認できるが、それは必ずしも郡家の本質機能に規制されるものではなく、それと無関係の、地域における郡司層の主体的な働きかけの帰結である。当然ながら郡家を離れて、首長の求心的施設がおかれる空間（それは居宅隣接地などを想定するわけだが）においても同様の活動があると考える。こうした見方にもとづけば、遺構としては青木遺跡や杉沢Ⅲ遺跡で確認されているような、規模が大きく先行する神社建築の整備は公権力としての郡衙とは無関係の存在であって、地域内の論理によって郡司層が主体的に進めた活動と理解しうる。本稿前半をまとめれば、こうした地域内の論理は出雲国造による祭祀管掌と関係する可能性が高く、出雲全体としては造寺活動の停滞や律令祭祀具の空白に表出するような地域性と相関しているとみられる。すなわち七世紀後半から八世紀前半において、伝統的祭祀対象を再編整理して多数の官社化を推し進めることが、国家的要求と地域内秩序の両面で造寺活動などと補完性のある効果を果たした。こうした出雲の特質は、資料上は出雲郡にもっとも顕著に表れていることが確認され、とりわけて杵築大社に至る北山南麓はその中核的な性格をもつ空間と位置づけられる。出雲郡の多数の「同社」と「坐郷中」記載からうかがえるように、出雲での官社化の実態は必ずしも建築物の設置を意味しないが、一定数の建築化した神社が含まれており、中でも郡司層にあたる有力首長の拠点（居宅）付近に設けられたものは、規模が大きく周辺施設が付随する可能性がある。郡家に隣接したり、官衙関連遺跡に付随したりするケースも当然想定できるが、その立地要因は本質的・必然的なものでない。青木遺跡、杉沢Ⅲ遺跡はそのような事例ではなく、豪族居宅に隣接して設置されたと考える。

四、九本柱建物の意味

出雲地域で神社施設の可能性が指摘されている青木遺跡と杉沢Ⅲ遺跡をとくに取り上げて、どのような環境・背景を負う遺跡であるかを検証する手続きを前節まで行った。ここであらためて、両遺跡の構造、とくに九本柱建物の検討を加えたい[30]。

1　青木遺跡の祭祀構造

青木遺跡Ⅳ区には三棟の二×二間総柱建物（以下「九本柱建物」）が建てられていた。この三棟は貼石などによる区画内にまとめて建つ位置関係から何らかの関連性をもつと考えられ、九本柱建物という基本構造や、遺跡の中でこの三棟だけ柱材の抜き取りが加えられていない点など共通点がみられる[31]。これに隣接する三間×二間の側柱建物ＳＢ05やⅠ区の九本柱二棟はいずれも柱材の抜き取りが行われていて、建物廃絶時に人為的な造作が加わったことが明らかである。東側のＳＢ03がひとまわり大きく区画の中央に位置し、層位関係から西側のＳＢ02、ＳＢ04より先行して建てられていることなどから、ＳＢ03が施設設置時に建てられた主要な建物で、ＳＢ02、ＳＢ04は後で加えられた副次的な建物と考えた。なおＳＢ02、03、04の建設時期は神亀三年（七二六）～天平八年（七三六）である。

ＳＢ02と04の二棟は柱材に転用痕があり、古材を再利用して建築されていることから、ＳＢ03とは異なる、神社（神殿）以外の倉などの性格を考慮すべきとして報告書に述べた。しかし逆に、青木遺跡の掘立柱建物六棟の中で転用痕があるのはこの二棟のみという点に積極的な意味をみようとすれば、わざわざ古材を再利用したという見方も可能ではある。残されていたほぞ孔などの痕跡は最終的な構造とは無関係の状態であったため、わざわざ柱材を掘り出して正確に移築した、というような状況は考えられないものの、別所にあった神社建築を解体して部材を再利用して建築されたという可能性（八世紀前半の神社建築物の移転を裏づける資料はなく荒唐無稽な感はあるが）を否定はできない。

内田律雄氏、浅川滋男氏は以前からこの二棟を含めて神社建築である可能性を指摘している[33]。このように複数の祭祀対象が複合している状況は、祭祀に参加する集団単位の構造にも現れる。共同飲食儀礼に使用された墨書土器の字形と時期の分析（**図4**）の結果、八世紀中頃では「伊」に限定されるが、八世紀後葉〜九世紀前葉にかけては「廣方」「秋永」「家永」など複数単位の墨書土器群が出現し、儀礼実施段階では複数単位が併存していたことを推定する。一方で必要な物資調達段階にかかわる付札木簡が時代を通じて一元的であり、全体としては一元的な管理下にあったと考えられる[34]。報告書では、文字資料記載にもとづく限り、美談社との関係性が想定できると述べたが、その後指摘があるように、県社ほかとの関係を念頭におく必要はあろう[35]。

　榎村寛之氏は青木遺跡を総体として、国府主導により置かれた初期荘園型の開発拠点となる出先機関で、結盟儀礼を行う場や精神的紐帯として付設された祭祀施設からなると評価する[36]。結盟の主体となる国府側の関与については、実際の資料に鑑みて積極的に言及することが難しいが、水田開発の拠点に自然神的類型ではとらえにくい神社が成立していくことなど、榎村氏の論には重要な指摘が含まれる。青木遺跡の神社についても、「この施設には、祭祀の際には、ある社から祝部が派遣されてきていた可能性が高いと思われる。つまり、美談の神を仮にこの建物に移し、美談社の祝を召喚して祭祀を行わせた可能性の方が高いのである。つまりこれは美談社ではないが、国府関係施設の中に『勧請』された『分社』のごときものではなかったかと思われる」と重要な指摘を行っている[37]。

　榎村氏が指摘するように、青木遺跡の立地は自然神的類型では説明がつかず、本稿で検討した「坐郷中」という伊努郷、美談郷の表現と対応するものとして理解しうる。このよ

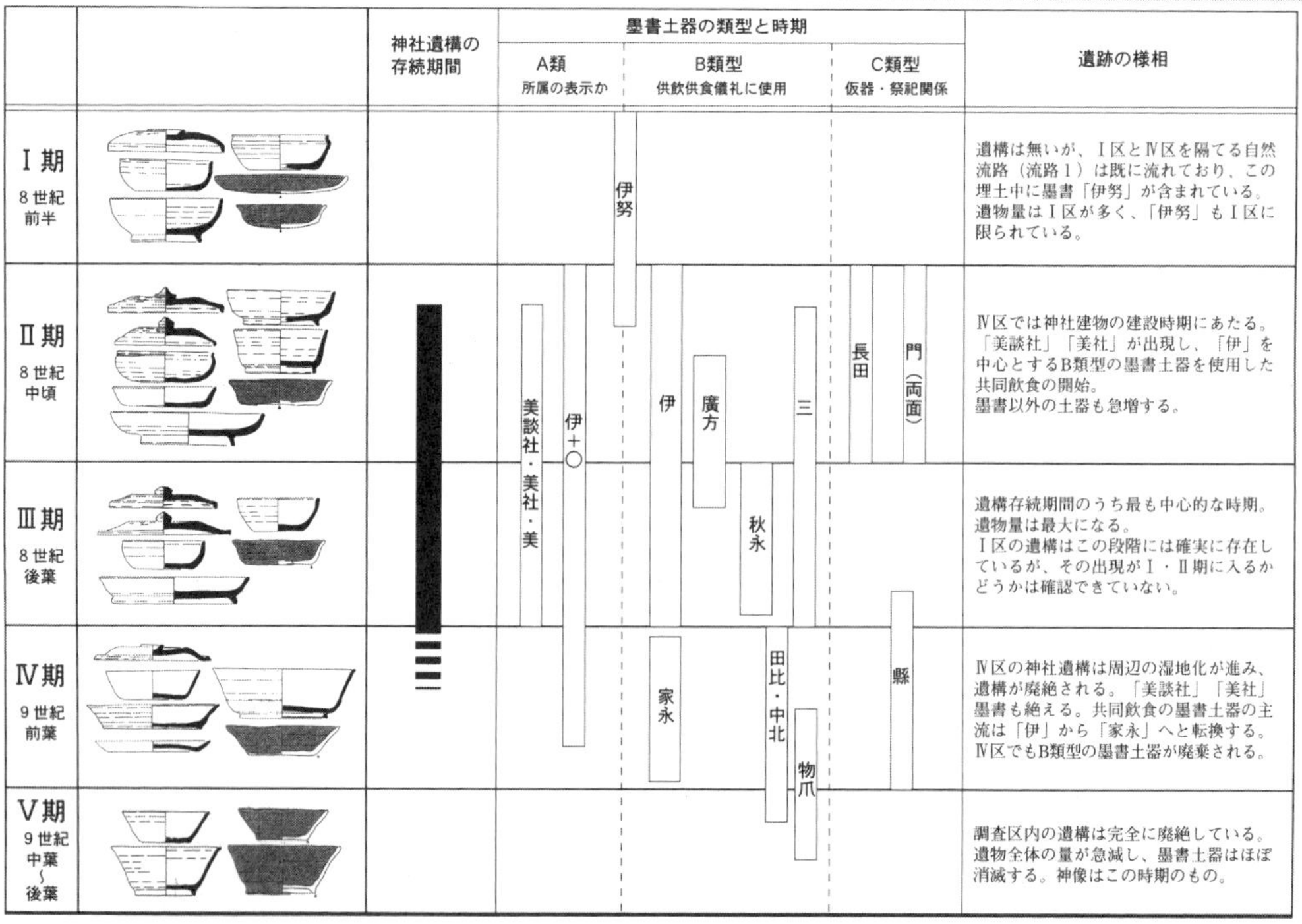
神社遺構の存続期間
墨書土器の類型と時期
A類 所属の表示か
B類型 供飲供食儀礼に使用
C類型 仮器・祭祀関係
遺跡の様相
Ⅰ期 8世紀前半
Ⅱ期 8世紀中頃
Ⅲ期 8世紀後葉
Ⅳ期 9世紀前葉
Ⅴ期 9世紀中葉〜後葉
伊努
美談社・美社・美
伊＋○
伊
廣方
秋永
家永
三
田比・中北
物爪
長田
門（両面）
縣
遺構は無いが、Ⅰ区とⅣ区を隔てる自然流路（流路1）は既に流れており、この埋土中に墨書「伊努」が含まれている。遺物量はⅠ区が多く、「伊努」もⅠ区に限られている。
Ⅳ区では神社建物の建設時期にあたる。「美談社」「美社」が出現し、「伊」を中心とするB類型の墨書土器を使用した共同飲食の開始。墨書以外の土器も急増する。
遺構存続期間のうち最も中心的な時期。遺物量は最大になる。Ⅰ区の遺構はこの段階には確実に存在しているが、その出現がⅠ・Ⅱ期に入るかどうかは確認できていない。
Ⅳ区の神社遺構は周辺の湿地化が進み、遺構が廃絶される。「美談社」「美社」墨書も絶える。共同飲食の墨書土器の主流は「伊」から「家永」へと転換する。Ⅳ区でもB類型の墨書土器が廃棄される。
調査区内の遺構は完全に廃絶している。遺物全体の量が急減し、墨書土器はほぼ消滅する。神像はこの時期のもの。

図4　青木遺跡の墨書土器の消長

図5　青木遺跡Ⅰ区 遺構全体図

図6　青木遺跡Ⅳ区遺構全体図

うにそれ以前の祭祀空間から「勧請」式に祭祀対象が分離・移動・新設され、場合によっては祝の召喚を含む祭祀が重層化していった結果が、北山南麓に多数の「同社」が分布する現象の一要因となったのではないだろうか。付札木簡の分析から青木遺跡の祭祀にかかる物資貢進の対象は伊努郷、美談郷、神戸郷に及んでおり[38]、それぞれの奉斎対象が人工的に併設され、一元的に複合体となるという想定は墨書土器にみた複数の基礎単位の併存や、神社建物が三棟併存するという想定に合致するものである。

ここで、青木遺跡Ⅳ区のSB02、03、04の三棟すべてが神社建物と仮定して、建物自体の構造を検討したい。施設全体（貼石方形区画およびSB03）は東側に向かって正面観が意識されているのに対し、SB02とSB04は二棟の棟筋を一直線上にそろえて南北にとっていることから、平入りと想定される。これはSB03とは異質な点である。また平面規模が三棟それぞれ異なるだけでなく、SB04

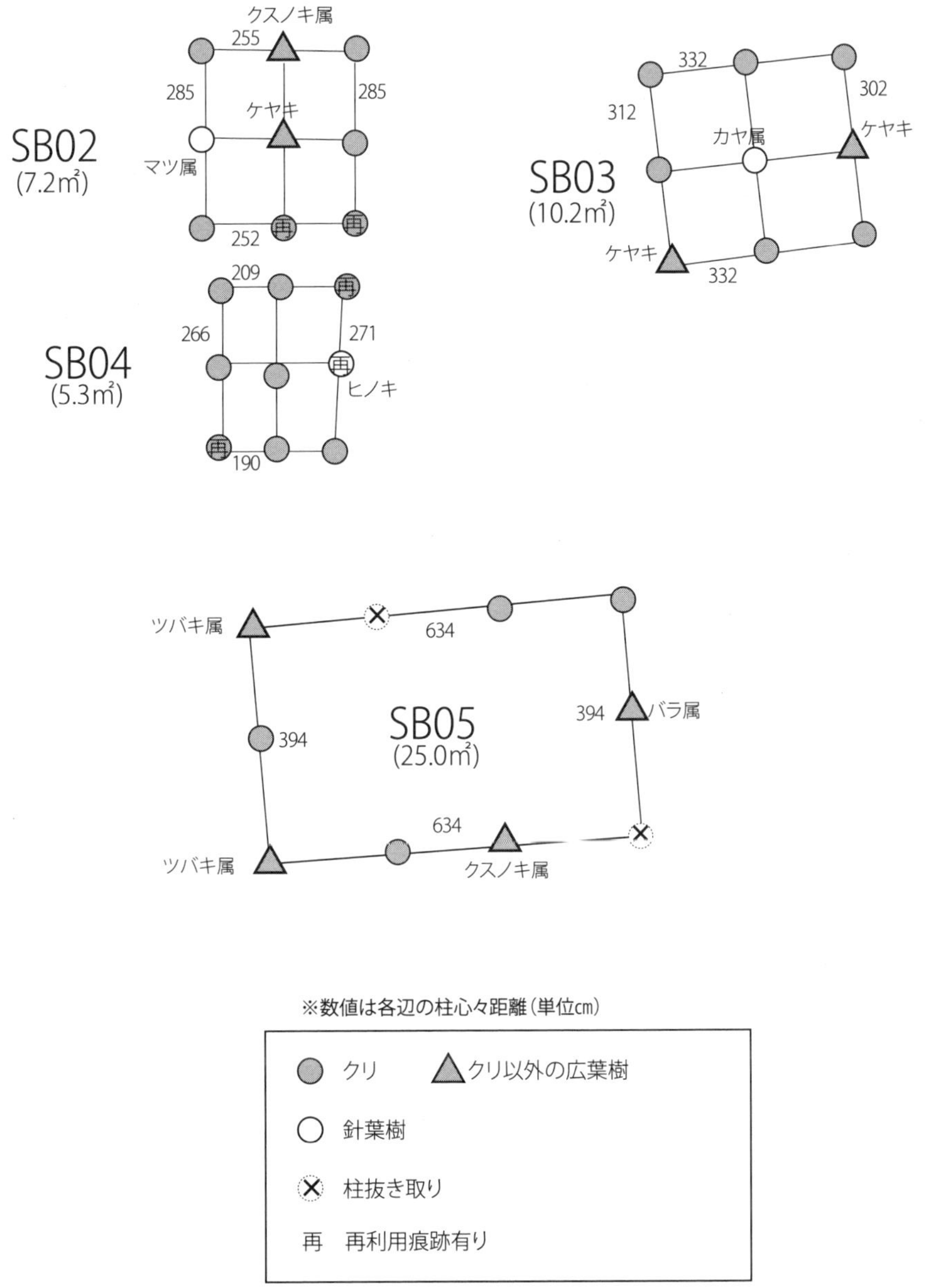

図7　青木遺跡Ⅳ区建物規模と柱材の樹種

は柱間距離が不均衡で平面形や柱位置が不正確という明確な差がある。さらに中心の柱については、ＳＢ03のみ明らかに太く埋め込みが深いのに対して、他の二棟はそのような意図はみられず、平面位置もＳＢ04のみ柱筋交点を外して二本の柱材があるなど差異が大きい。このように三棟には規模や妻入り・平入りの構造差、さらには施工精度差が存在する。青木遺跡の三棟を検討する限り、この時期の神社に規模や構造上の厳密な規範は存在せず、ただ共通点としては高床で倉の形態を取っているという一点ではなかったか。

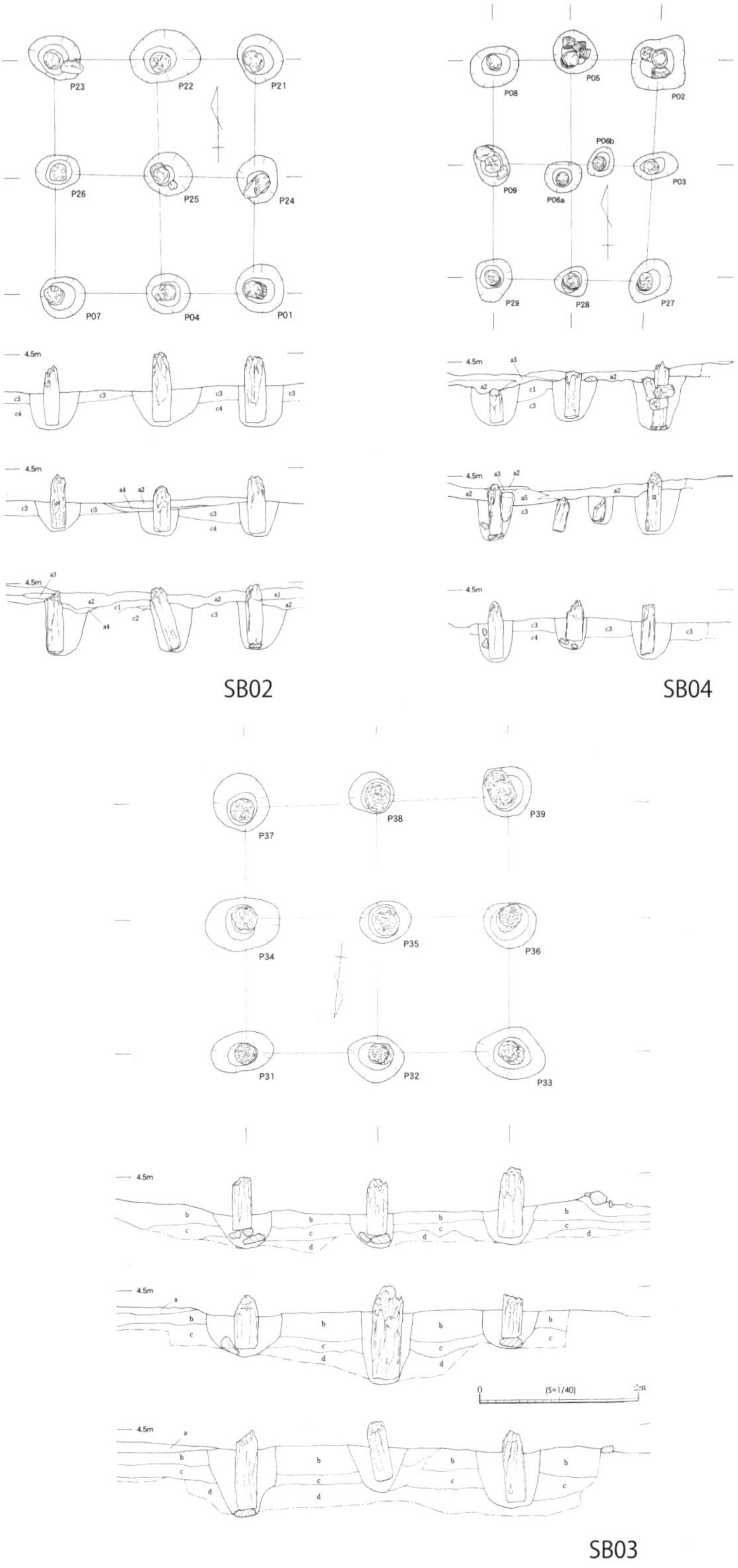

図８　青木遺跡Ⅳ区９本柱建物

2　官社の規模について

一方、官社に一定の規範が存在したとする見解もある。丸山茂氏は、官社制により神社の建築が「与えられる」ものであり、建築施設の統一性が存在すると想定する。したがって、統一的な形式や大きさにもとづく本殿形式が形成されたとみる。丸山氏が検討資料とした「延暦儀式帳」には「内宮儀式帳」と「外宮儀式帳」があり、前者は国郡司造立社であっても形式・規模が多様であるが、後者には画一性がみられることから、前者の記載を時代が下るものと推定し、「外宮儀式帳」に記載される正面五尺、奥行三尺五寸、高さ三尺の社殿を一般官社の形式とみる。構造は切妻造平入りで、「高さ三尺ほどなのでわざわざ掘立柱で建てるほどの規模ではない。土台を組んで基壇を築いた上に載せたものであろう」と述べている。[39] また関和彦氏は「一般民衆レベル」の「社」の大きさとして滝原神社の「長六尺。弘四尺。高七尺」を示す。[40] 統一性の有無はひとまず置き、規模についてみれば、丸山氏が官社の規模と考えたものより青木遺跡の三棟の建物は格段に平面規模が大きい。また高さについても、SB03の地下の柱埋め込みが一一三センチに及ぶものがある点からも、相当の規模が想定できる。

青木遺跡Ⅳ区SB03と杉沢Ⅲ遺跡SB01は桁行方向の柱間距離三三二センチと同一で、これが規模の一定の基準としてあった可能性はある。ただし、そのような基準が存在したとすれば、造立主体である首長間に情報として共有されている要素のごく一部であり、実際には大小さまざまな規模のものが存在したと考えるのが自然である。首長層の直接管理による神社建築としては、梁間二〇〇~三一〇センチ、桁行二七〇~三三〇センチ程度の規模をもつ、実用的な倉庫と遺構としては構造上の差がない建物が採用されたという点がいえるにすぎず、それ以外の造立背景においてははるかに小さな建造物があった可能性が高く、また逆に大型の物も想定しうる。この場合、九本柱の構造が本質にかかわるかという問題が残る。

例として、古志本郷遺跡の神門郡家にかかわる遺構を取り上げる。[41] ロの字形あるいはコの字形に長舎連結したSB11、SB12は規模と構造からみて郡家郡庁の可能性がきわめて高い（Ⅰ期郡庁）。この遺構廃絶直後に方位軸に主軸をそろえ直して、Ⅱ期とされる溝SD32とSD33、さらに、その内側に柵列をめぐらせた方形区画が構築される。[42] この区画が郡庁施設であるかどうかは、調査範囲の制約もあり確定していないが、同段階の周辺遺構から官衙関連遺物が多く出土しており、遺跡としては神門郡家の機能を引き続きもっていた。注意したいのは同遺跡のG区SB13とされた三間×三間の総柱建物である。平面規模五・四×六・三メートル。ＳＢ13は郡庁区画の北東隅にあり、区画の方位主軸とあえて四五度振って配置される。倉庫群として複数並置される可能性はなく、区画の角に一棟単独で設けられる事実は、郡家の隅神との関連を強く想起させるものである。このⅡ期の遺構は、交通路に規制された前段階の遺構主軸を正方位に改めており、方位観に関して強い関心が置かれていることからも、あえて区画の北東隅に建てられている建物に特別の目的があったことがみてとれる。区画との位置関係や配置以外に、この建物を神社建築と考える根拠があるわけではない。したがって、あくまで視点がひろがる可能性を述べるにとどまるが、この時期の神社に規模や構造上の厳密な規範は存在せず、ただ共通点としては高床で倉の形態を取っているという一点ではなかったか、と述べた前記の想定にもとづけば、たとえば郡家に置かれた神社がこのような規模をとる可能性、そして規模や格式に応じて九本柱以外の構造であった可能性をも視野に置くべきではないだろうか。

3　中心柱の象徴性

信仰上、出雲大社の中心の柱「岩根御柱」が特別な性格をもつことは知られるとおりであり、これが建築物としては小規模な古代の諸官社に対しても、時空を超越して普遍性をもちうるのかどうか、問題となるところである。

中央の柱が信仰上の主体であり、それを守り覆うために覆屋や屋根架けが副次的に発生したという経過の想定は、櫻井敏雄氏や稲垣栄三氏などにより提示され、出雲大社は神宮とともにその古制を伝えるものとして理解されてきた経緯がある。また千家和比古氏は、『日本書紀』『万葉集』『風土記』にみる表現の中から、「ハシ」に天地往来の媒介としての象徴性が含められている点に着目し、古代より「ハシラ」が形而上の存在価値を付与されていたことを説く(43)。

そのうえで、近世の

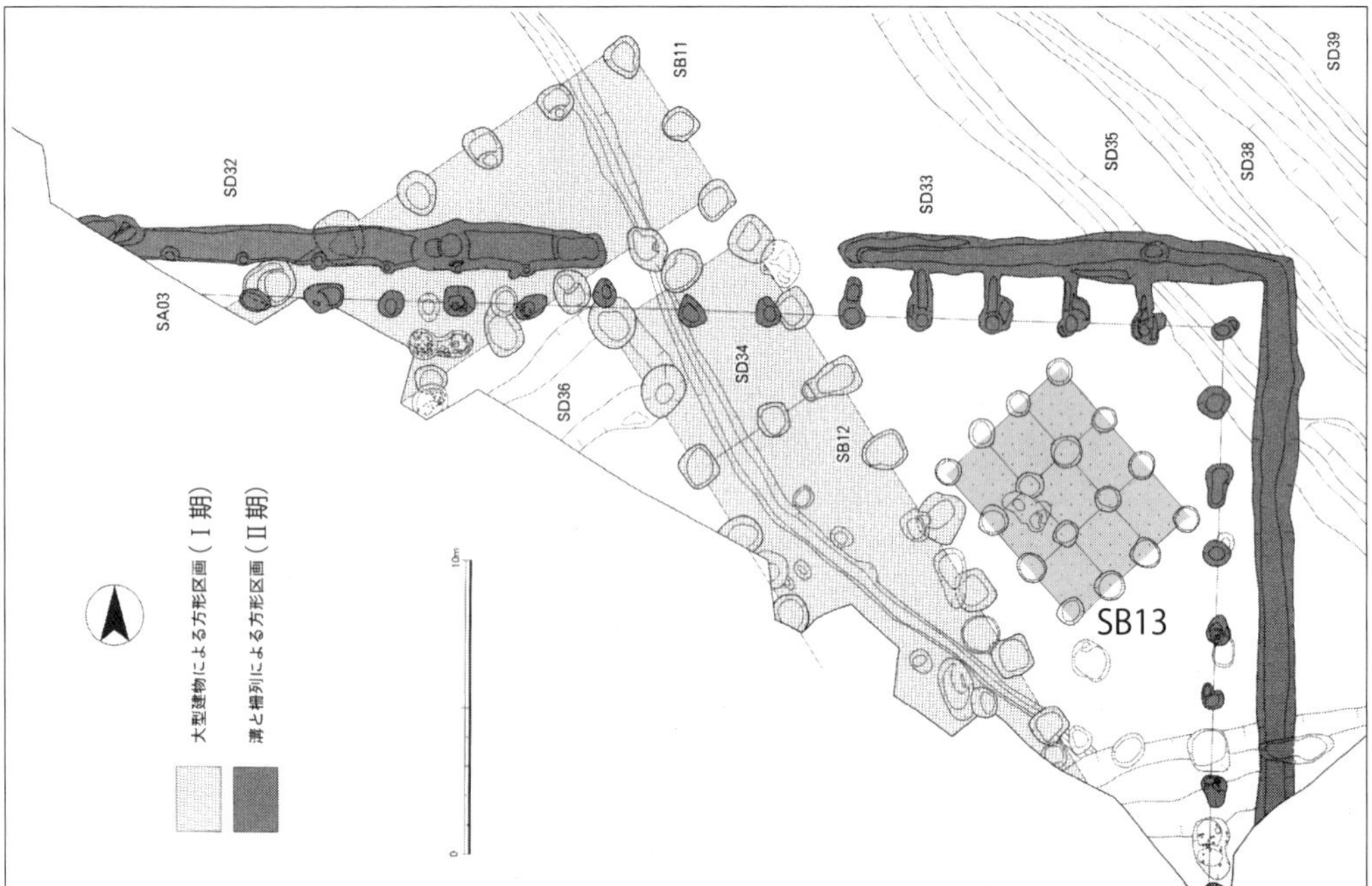

図9　古志本郷遺跡方形区画とSB13

造営関係資料や殿内天井板絵の「八雲図」などを例にあげて、出雲大社でも中心の柱（「岩根御柱」）をとくに信仰上重要視する思念が存在していたことを示し、天正八年の『杵築大社旧記御遷宮次第』を資料上の年代上限としながらも、中心の柱に観念的な宗教感情が収斂されることが古代から出雲大社においてもあっただろうと推論している。一方、牟禮仁氏は出雲大社の建築の本質について「宮であることが何よりも基本的な性格としてあり、その壮大な宮を支えるものとして柱はあるのではないでしょうか」と述べ、柱自身に創建時以来の特別な意義を見出すことに否定的な立場をとる。[44]牟禮氏の重要な指摘は、出雲大社本殿の神座が正面（南）ではなく横（西）を向くというきわめて特徴的な構造を国造の神格化と関連づける点にある。①近世の「本殿内および座拝の図」では、殿内で国造は神座でなく正面に向かって座して描かれ、神職が国造に仕える形を取ること、②元禄七年（一六九四）の御供の図において、国造の座が神饌と御内殿の間に置かれ、国造と御内殿に（あるいは国造を介して御内殿へ）献饌される図式となることなどを根拠に、神そのもの、あるいは神を体現した国造が横から奉仕することに、神座が横向きである構造の根本的な意味が示されていると推論する。中心の柱は信仰上の存在である以上に、間仕切りを嵌める構造上の役割を果たし、結果として神座への直視を遮るとともに、限られた殿内の空間に奥行を設けて扉から神座への距離を遠ざける。このような構造は国造の神格と一体的に機能してこそ有意であり、杵築大社を離れて大社造一般に普遍化することはできないだろう。

正面のどちらかに偏った位置に扉がつくという梁間二間社の構造と、中心の柱を廻るように設定された殿内空間の遮断は大社造の系譜の中で時代と対象が限定され、古代には必ずしも不可欠な要素ではない。むしろこのような構造上の規範よりも、たとえば青木遺跡などの建物がそうであるように、実用的な一般の建物と同規模であり、建物内に入り殿内祭祀を行うことが可能である点にこそ意味があるのではないだろうか。つまり、既存としてある杵築大社と祭祀形態が共通すること、一般的な官社と社殿の目的が原理的に異なることに意味があって、それゆえにある意味隔絶した大型（実用規模）の建物であるという規範のみが首長層が主導する以上の神社には存在したと考えたい。出雲大社本殿は鎌倉時代の宝治度造営では大きく突出した独立棟持柱があることが確定し、古代からの系譜をもつことが十分推定できるのに対して、神社の可能性を指摘される遺構に同様の構造がまったく確認されないことも、本質的な差異と考えなくともよい。[45]

五、おわりに

古代の地域社会において神社がどのような形態であったのか。考古学的に認知しにくい存在である以上、今後も事例の蓄積によってしか進展は望めないであろう。本稿では、現時点で得られているごく限られた資料を手がかりに、出雲地域での神社のあり方に考察を試みた。以下、あらためて論点をまとめることにする。

出雲での八世紀以前の官社化は必ずしも建築物の設置を意味しないが、『風土記』出雲郡条にみる「坐郷中」神の記述にうかがえるように、人為的な要因と立地による神社建築の新たな設置が一部で行われた。遺構からは八世紀第2四半期の建設が確認できるものの、それ以前の状況は不明である。郡司層にあたる有力首長の直接関与する場合には、実用的な倉と同等の規模をもつ神社建築の造立・整備が行われた。その構造には殿内に人が入れる倉型の建物という以上の統一性や規範があったわけでなく、たとえば中心柱に代表されるような大社造の要素をもつ場合もあるが、地域の神社にとって必ずしもそれは本質的なものではない。また建築化された神社においても規模の大小があり、「毎村在社神」の実態は建築物でないものを含めて多様であった。

こうした神社のあり方は、杵築大社が存在し、北山南麓に多数の「同社」が分布する出雲郡に特徴的に見出すことができるが、さらに広域に影響する国造の神祇祭祀権が、たとえば出雲国内の仏教寺院や律令祭祀具のあり方に反映している可能性がある。こうした活動の実質の主体となる郡司層にとっては、国家的宗教政策の要求を果たすこと、および基盤とする地域内の秩序を維持することの両面において、神社造立によって期待される効果があった。出雲地域では七世紀後半から八世紀前半において、伝統的祭祀対象が再編整理され多数の官社化が推し進められた。その背景には、律令国家の中に存立し、その特異な祭祀性を備えた出雲国造の特質があった。

以上、不十分な部分が多いが、現状における検討のまとめとし、ご叱正を仰ぎたい。

註

(1) 川原秀夫「律令官社制の成立過程と特質」『日本古代の政治と制度』続群書類従完成会、一九八五。

(2) 福山敏男『神社建築』小山書店、一九四九。「神社建築概説」『神社建築の研究 福山敏男著作集四』中央公論美術出版、一九八四。

(3) 丸山茂「神社建築の形成過程における官社制の意義について」『建築史学』33、一九九九(『神社建築史論—古代王権と祭祀』中央公論美術出版に再録、二〇〇一)。

(4) 註3、丸山茂 二〇〇一、八五頁。

(5) 註3、丸山茂 二〇〇一、八八頁。

(6) 三宅和朗『古代の神社と祭り』吉川弘文館、二〇〇一。
(7) 大関邦男「官社制の再検討—奉斎制度の側面から—」『歴史学研究』702、一九九七。
(8) 菱田哲郎『古代日本国家形成の考古学』京都大学学術出版会、二二八頁〜、二〇〇七。
(9) 松尾充晶「山陰地方における古代祭祀と木製祭祀具」『石川県埋蔵文化財情報』第19号、財団法人石川県埋蔵文化財センター、二〇〇八。
(10) 三舟隆之「『出雲国風土記』における「新造院」の成立」『出雲古代史研究』第4号、出雲古代史研究会、一九九四（『日本古代地方寺院の成立』吉川弘文館に再録、二〇〇三）。
(11) 八世紀初頭の教昊寺跡、神門寺境内廃寺、八世紀前半の来美廃寺、四王寺跡、古市遺跡などの年代が示されている。
(12) 林健亮「灯明皿型土器から見た仏教関係遺跡」『出雲古代史研究』第10号、出雲古代史研究会、二〇〇〇。
(13) 註8、菱田 二〇〇七、二二七頁。
(14) 秋本吉郎校注『風土記』日本古典文学大系2、岩波書店、一九五八。
(15) 『出雲国風土記』記載における祭祀空間や神の坐す空間立地については諸論あり、近年では錦田剛志氏による整理が行われている。錦田剛志「覚書『出雲国風土記』にみる神祇祭祀の空間—神の社を中心として—」『古代文化研究』第12号、島根県古代文化センター、二〇〇四。
(16) 飯石郷の伊毗志都幣命の坐す様態をどのように理解するかが問題として残る。『風土記抄』以来、「川辺の磐石」との関係が指摘され、「飯石」の文字採択や、現在につながる飯石神社の社殿形態などから、『風土記』記載の「郷中に坐す」=磐石と想定されている。あえてこれに否定的な材料をあげれば、『風土記』記載「郷中に坐す」があくまで郡名の項で出雲郡の各郷の記述位置と異なること、飯石社には非官社の同名社があり、岩石・建造物との対応関係がさまざまに想定可能であることが指摘しうるか。出雲郡での「郷」概念と矛盾を孕むが、川辺の石は交通や人的生活空間に密接に接し、人口空間に包摂されていることから、自然物である石であっても「郷中に坐す」と表現されたことも想定できる。この場合、山峯にある石神などの石とは概念上区別された存在と考えなければなるまい。

【史料4】

飯石と号くる所以は、飯石郷の中に伊毗志都幣命坐せり。故、飯石と云ふ。

【史料5】

飯石郷。郡家の正東一十二里なり。伊毗志都幣命、天降り坐しし処なり。故、伊鼻志と云ふ。〔神亀三年に、字を飯石と改む。〕

(17) 関和彦「青木遺跡と古代出雲」『國史學』第194号、国史学会、二〇〇八。
(18) 註17。
(19) 註3、丸山茂 二〇〇一、六一頁。
(20) 杉沢Ⅲ遺跡は丘陵頂部の遺跡で、斜面から谷部にかけて展開する堀切Ⅰ遺跡、三井Ⅱ遺跡と本来は一体の遺跡である。複数の遺跡名が付されていてきわめて煩雑で混乱を招くため、本稿ではこれらの遺跡群全体を指して杉沢Ⅲ遺跡の名称を用いる。
(21) 榎村寛之「律令祭祀の地域的展開と地方支配—島根県青木遺跡の史的展開—」『祭祀研究』第4号、祭祀史料研究会、三二頁、二〇〇五。

(22) 調庸収取過程へ郡司層が介在するが、調庸物の貢納は一般の公民では困難なものが多いため、調庸の実物を貢納するのではなく、代わりの物をいったん郡なり国なりに貢能することが行われた。郡司層が在地の手工業生産とその再分配にかかわる流通機構に実質的な力を及ぼしていたであろうと指摘されている。堀部猛「地方諸国における「官営工房」をめぐって—東国の事例をてがかりに—」『官営工房研究会会報7』奈良文化財研究所、二〇〇一。

(23) 平石充・松尾充晶「青木遺跡と地域社会」『國史學』第194号、国史学会、二〇〇八。この論考において平石充氏が「若倭部臣」の生産活動の類型構造から検討を行っている。

(24) 前記のほか、不詳ながら両遺跡とも隣接地に寺院が建立される点も共通する。

(25) 平川南氏は宝亀三年(七七二)官符(天理善本叢書『古文書集』所収)や『土佐国風土記』逸文(吉田家旧蔵文書所引)にみえる郡家内神の記載などから、遅くとも八世紀には郡家で戌亥の隅に神社が設けられ、さらに九世紀以降、形式化された形で中央官司や国府、貴族邸宅などで簡素な神殿が設けられるようになったと分析する。平川南「古代の内神について—胆沢城跡出土木簡から発して—」『国立歴史民俗博物館研究報告』第45集、一九九二(『古代の内神』『古代地方木簡の研究』吉川弘文館に再録、二〇〇三)

(26) 荒井秀規「武蔵国入間郡家の神火と二つの太政官符」『論叢古代武蔵國入間郡家—多角的視点からの考察—』古代の入間を考える会、二〇〇八。

(27) 山中敏史「評・郡衙の成立とその意義」『文化財論叢』奈良国立文化財研究所創立30周年記念論文集、一九八二。

(28) 辻本和美「地方における仏教受容の一側面—郡司層と寺院建立について—」『京都府埋蔵文化財論集』1、京都府埋蔵文化財研究センター、一九八七。

(29) 三舟隆之「郡衙と寺院」『古代国家の歴史と伝承』吉川弘文館、一九九二(「郡衙と地方寺院—「郡寺」について—」『日本古代地方寺院の成立』吉川弘文館に改稿再録、二〇〇三)

(30) 本来は神社施設とみる蓋然性の検証を個別に行うことが前提である。この点について両遺跡はすでに一定の手続きが踏まれているという認識で、本稿ではあえて言及しない。島根県教育委員会「遺跡のもつ要素と「社」である蓋然性」『青木遺跡Ⅱ(弥生～平安時代編)』第三分冊、五八八頁、二〇〇六。篠原祐一「「杉沢Ⅲ遺跡」に見る律令初期『社』の存在について—研究基本資料となる報告書の紹介と分析—」『情報 祭祀考古』第24号、祭祀考古学会、二〇〇三。

(31) 青木遺跡では、地下の柱材が地下水位のため腐朽せずに残存していたおかげで、正確な柱位置が把握できただけでなく、柱材樹種、古材の再利用や抜き取りの有無について正確に確認することが可能であった。註30の報告書ではSB05のP110を転用材としているが、その後の観察により製材時の工具痕であることが判明したため、転用材からは除外している。

(32) SB04の柱穴内P02とp05に、柱材をわざわざ短く切断したものが複数充填されている点も、報告書段階では施工の雑さを示すものと理解したが、古材に対する観念的な目的にもとづくものであったかもしれない。

(33) 内田律雄「出雲の神社遺構と神祇制度」『古代の信仰を考える』第71回日本考古学協会総会、国士舘大学実行委員会、二〇〇五。浅川滋男『出雲大社』日本の美術、476号、至文堂、二〇〇六。

(34) 註23、一〇頁～。

(35) あくまで墨書土器の字形をみる限り、もっとも数的に多い「伊」は「伊努」の略であることが確実視されるものの、「伊努社」あるいは「伊社」と墨書するものがない。墨書内容の中心となるのは、(やや時期が下ると)「家永」「秋永」「廣方」など集団名などを示すとみられる固有名詞であり、「伊」についても必ずしも社名(あるいは郷名)記載と単純には理解できない。一方、美談については「美談社」「美社」が一定量あることから、固有名詞と社の対応関係が明確である。このことから、報告書段階では墨書内容と社名の関係性が確実なものとして「美談社」をあげた。一方、「県」墨書は社名以外の表示が想定しにくいものではあるし、このほか関和彦氏が指摘した「土屋」墨書も、『風土記』記載の宮社、鳥屋社(神戸郷に比定)との対応関係が注意される。なお木簡については売田券木簡に「佐位宮」があり、これがⅠ区にある井泉を祭祀対象とした呼称にあたる可能性を指摘する見解があるが、それ以外に『風土記』記載社との関係を示す木簡などは出土していない。

(36) 註21、榎村寛之二〇〇五。また小倉慈司氏も「『分社』その他の可能性も含めて考えた方が良いように思っている」と述べている。小倉慈司「古代在地社会における「神社」の存在形態と青木遺跡」『國史學』第194号、国史学会、二〇〇八。

(37) なおその根拠ともされた「社」木簡については、その後、釈文が変更されている(報告書第57号木簡)。

(38) 青木遺跡に特徴的な固有名詞＋人名記載の付札木簡は、祭祀に要する物資調達を目的とした貢進者名を記載したもので、物品名・数量が記載されないこと、女性名がみられることが特徴である。記載される氏族名は出雲国大税賑給歴名帳などから出雲郡域に所在が確認でき、特定氏族の偏りはみられない。また固有名詞の部分にみられる「伊」「美」「神」「海」「久」はそれぞれ「伊努」「美談」「神戸、神代」「海部」「久佐加」の略と考えられる。海部以外は古代の地名として遺跡を中心とした半径二キロ程度の範囲に確認できるもので、これは郡郷制下の二～三郷程度に相当する。

(39) 丸山茂「皇太神宮儀式帳についての一考察」『神社建築史論―古代王権と祭祀―』中央公論美術出版、二〇〇一。

(40) 関和彦「在地の神祇信仰」『日本古代社会生活史の研究』校倉書房、一九九四。

(41) 島根県教育委員会『古志本郷遺跡Ⅴ　出雲国神門郡家関連遺跡の調査』二〇〇三。

(42) 遺構の年代については報告書刊行後の再検討により変更されている。Ⅰ期が七世紀末?～八世紀前葉?、Ⅱ期が八世紀前葉?～八世紀中葉。条里制・古代都市研究会編『日本古代の郡衙遺跡』雄山閣、二〇〇九。

(43) 千家和比古「高屋神殿をめぐる象徴性」『神道宗教』第182号、神道宗教学会、二〇〇一。

(44) 牟禮仁「大社造りの特性」『古代出雲大社の祭儀と神殿』学生社、二〇〇五。

(45) このような論理に立てば、実証できないながら青木遺跡SB03の殿内に中心柱があってもよいし、仮になくとも本質的な問題ではない。ただSB03は正面右側の延長上に貼り石の小区画(報告書では区画B)があることから、扉位置が推定できるし、中心柱が樹種・径・埋め込み深さの点で他と区別されているので、厳密に大社と近い構造であったことは考えられる。

出雲大社と大社造の前後関係

野々村　これからディスカッションに入っていきたいと思います。まず錦田さんの報告につきまして、何かございましたらお願いいたします。

藤澤　ここ二〇年くらいの神社の発生・成立の研究史を大変丹念にまとめていただいて、問題点はほぼ網羅されていたのですが、やはり官社の成立が鍵を握りますね。官社とは言えない「神の社（かみのやしろ）」について錦田さんは指摘されまして、それが同時に林さんの発表にも関係してくるんですが、出雲大社の成立と大社造の成立は別に考える必要があると思っています。

林　出雲大社の成立と大社造の成立は別だという大変大事なご指摘をいただいたのですが、どういう意味でおっしゃっているのでしょうか。この地方にたくさん分布している「大社造」が、ひょっとして出雲大社よりも遡るのか、あるいはそうでなくて出雲大社がうんと古くに成立して、その中で大社造がいつの時点かで実現したという意味なのでしょうか。

藤澤　前の方の話です。

流造と春日造の問題

藤澤　錦田さんが第七章第一節（三五八頁）でに林さんの図表を引用されていますが、神社の発生を分類されて本殿形式に分類されているわけです。考古学や文献史学で扱っている神社の本殿形式は、この分類の用語を借用しますと、「伊勢」「出雲」「住吉」が大変著名で、そこから遡るような建築遺構を対象としている。ところが、いまに残る神社本殿建築は、ご承知のとおり、七割以上が「流造」であって、その次に多いのが「春日造」です。この現状をやっぱり看過できない。流造と春日造は古い土台建でして、考古学的にみれば遺構面に痕跡を残しにくい建物なんですね。ですから私が感じるところでは、今日これからの議論というのは、じつはかなり重要な流造と春日造に連なるような資料を欠いているわけです。だから、あくまで限定的な範囲での議論だということを頭の片隅にいれておいた方がいいと思うんです。もっとはっきりいうと、私は流造とか春日造の方が大社造の大きなものより起源が古いと考えております。福山敏男さんの古い理論を進化論的に解釈するのは間違いだけれども、神社の起源にいろいろあるということを示す論としては十分有効性をもっていると考えています。わざわざ議論をかき回して申し訳ないのですが、そういうことを感じました。

錦田　流造・春日造の問題はまさしくそのとおりでして、私も言いそびれましたけども、本当にこういったシンポジウムで議論するのは、独立棟持柱をもつ建物、すなわち後の時代の神明造（伊勢神宮正殿の様式）に特化されるような社殿建築を型式学的に追うという作業に終始してしまいがちです。そして今回は、大社造という様式に限定化された議論であることは十分にふまえなければなりませんが、問題はさきほど指摘されたような「土居桁にのって遷座可能な」様式を無視するわけにはいきません。言ってみれば、御神輿のような神殿ですね。どこにでも遷座できて仮設も撤去もできる形式の本殿の存在を軽んじてはいけないだろうと思っています。ただし、管見では考古学の資料において、そういった遺構がみつかっていない。たしかに遺構はみつかりにくいですが、あるいはそういう証拠を考古学者が見落としているのではないか。だから、土台（土居桁）の存在には十分注意して考古学は神社の建築様式の成立を考えていかなければならないと思いました。ご指摘いただいたとおりで同感しております。

林　土台の問題は、稲垣栄三さんが最初にご指摘なさったんじゃないかと思いますけども、土台と掘立でどちらが起源が古いかというのはなかなか決め手がない。ただ流造、春日造があれだけ分布するということは、そういう祭祀形態が非常にひろくあったのに対して、掘立柱で鎮座ということを非常に強くいう伊勢、出雲というのはある特殊な政治的背景の中から成立してきたと考えた方がいいんじゃないかと思います。

浅川　土台遺構の検出はたしかに困難を極めますが、流造に似た平面をもつ建物跡なら七～八世紀の都城遺跡でたくさんみつかっています。いわゆる平入一面庇の掘立柱建物でして、上屋を常識的に復元すると、屋根が「へ」の字になる。都城内の住宅系建築でたくさん出ていますよ。春日造の場合、妻入の一面庇建物ですが、こういう遺構はあまり多くはありません。ただし、春日の場合、庇柱のついた一間×一間の高床倉庫がその原型として想定できます。この場合、起源は弥生時代まで遡ってしまいますね。要するに、流造は都城遺跡で発見される平入一面庇建物（住宅）をミニチュア化して土台にのせたものであり、流造は一間×一間の小型高床倉庫をミニチュア化して土台にのせたものだと思っています。問題は土台の出現期なんですが、たしかによくわかりません。しかし、土台建ちの神殿が掘立柱の神殿に先行するという変化は読み取りにくいですね。むしろ、その逆なんじゃないでしょうか。

神社研究の両輪

山野善郎　錦田さんがおまとめになった中でちょっと内容矛盾が起こっているのではないかと感じられるところがありました。要するに、祭儀研究ですね。神祭りというのは、林さんがお示しになりました六つの構成予想の中で、これまで非常に物理的要素だけが重視されてきて、祭儀そのものの研究がかなり軽んじられてきたのではないかというようなことが一方で言われていて、それに対して最後の結論のところでは、もうちょっと九本柱の実態を追っていくことが発展的な方向なんじゃないかとおっしゃる。異なった二つのことが主張されているように感じまして、ちょっとうかがっていて、そこのとこをどうやって整理なさるんだろうと思いました。もちろん資料的な限界があります。祭儀について遡れる限界というのはせいぜい八世紀後半～九世紀ぐらいまでですから。それもきわめて限られた特殊な祭りの記録しか残っていなくて、一般の神社建築でどういうふうな祭りをしていて、われわれが神社の本殿とか拝殿とかいう後世の概念で語っているものがいったいいつまで遡っていくのかということですね。そのことを明らかにするのは大変難しいのですが、それを疑わない限りこの議論というのはじつははじまらない。いま、最初から神殿とか神社本殿とか、そういう言葉があたかも自明のことであるかのように使われている点に違和感を覚えました。福山敏男さんが書かれているのは、非常にそういう意味では、気配りの行き届いた言葉でして、「建築的施設」という用語を使っておられます。われわれが現在目にするような神社本殿であるとか拝殿であるとかその他さまざまな付属施設ですね、そういうふうなもののみを神社、あるいは神祭りの施設として必ずしも想定しているわけではないんだよ、ということを福山さんは出発点のところで押さえておられるわけで、そのことをやっぱりよく考えておかないといけないだろうというふうに思うわけです。

錦田　常々これは両方が大事だということはわかっていて、ご指摘の点をまとめながら、おそらく言われるだろうなと思いながら力が足りなかったところです。とにかく両輪として必要です。祭儀の研究だけ先に行ってしまうと、地道な考古学の遺構分析がおろそかになってしまいます。一方、遺構の分析ばかりやっていると、最終的には「神社とは何か」という根本的な課題が消えてしまいます。両方が必要だということを、もう少しその必要性を訴えるような論理立てにすべきであったと反省しております。

社殿A・B・Cの理解をめぐって

山野　林さんにお尋ねしたいのは、三七九頁以降に展開されているA・B・C・A´の分類についてです。この分類のされ方は林さんの以前からの持論だと私は理解しています。『古事記』とか『日本書紀』に書かれているこういう記述は、それが書かれた時点におけるある社会情勢・政治情勢・身分階層などを反映する形で、それを神話という形に変換して語られるということを林さんは前々から述べておられると思うのですが、そういうこともふまえて、なお、このA・B・C・A′と分けるということにどういうふうに意味があるのか、私は少し疑問に思ったりしています。

林　『古事記』の神話テキストを分析的に読んでいくと、三つの建物が別々の建物として描かれている。従来、すべてを出雲大社本殿だと解釈していたものを誤りだろうということを指摘したいがために分類したのです。それを現在までつなげてきたのは、たまたまAは別にして、まずBについては「今に至るまでしずまります」と『古事記』にみえる。『古事記』清書の時点で、執筆者たちも「この神社にも起源がある」と言いたかったんだろうと思っています。Cの方は「まさに出雲大社の本殿はここに実現する」ということを執筆者たちは述べたかったんでしょう。Aはあくまで神話の中の話で、たまたまそれを受けた形で神話を現実化していくという形をとっていて、しいていえば『風土記』と『延喜式』に出てくる建物がこれにあたります。現代でいえば素鵞社がその遺制になるんじゃないかということをいってみたまでです。

出雲大社和銅創立説をめぐって

浅川　林さんは出雲大社の創立を和銅に想定されていますね。なぜ和銅の創立とみられているのでしょうか。さらにさきほどの山野さんのコメントとも関係しますが、杵築大社ができる以前に社が二つあった可能性があるというご指摘ですよね。官社制成立以前から社があって、それは社殿建築を伴うものを想定されているのですね。

林　現在私どもが出雲大社と呼んでいる神社の本殿を和銅の成立だとみているんです。官社制というのは大事な要素ではありますが、それがすべてではないと考えております。ある人の論文を批判したときに言ったんですけども、神社というのは必ずしも「公立小学校ができるから小学校というものができる」というようなものじゃないんですね。小学校が前にある。それが公立だろうが私立だろうがありうるんですね。神社もたぶんそうであろうと思います。しかし、神社の起源がそんなに古く遡るとは考えていませんし、社殿をもつものだけが神社じゃないと思っています。神社というものは、定義次第ですけれども、何らかの自覚的な意識をもってこれを神社と考えた、その時点がいつかということで判断するしかない。そうすると仏教伝来以降の成立とみなければ難しいんじゃないかと思います。それ以前は、後々の神社につながるというよりも、全世界的・人類史的祭りごとの祭祀施設だと考えていいんじゃないかと思っています。

さきほど述べたように、出雲の場合、A社、B社、C社と分けて、Aを大国主神が最終的に大社本殿に移るまでの社殿としたというのは、私はありえていいと思います。たまたまここの場合、大社本殿というすごいものが後から出てきますので、それ以外の神社も「宮」的な表現があるもののうち若干は社殿をもっていた。

浅川　垂仁天皇のときに「我が宮を天皇の御舎の如修理めたまはば」とあるのは、神代の国譲りに際して大国主命が提示した条件が不履行であったために、ここに再度要求したもので、成就したと発言なさいましたね。それと和銅との関係がよくわからないんです。

林　『古事記』の出雲大社の起源伝承というのは神代に国譲りの代償として求めたものです。しかし現実には、そのときには造られなくて長年の怨念となった。それが祟りとなって、垂仁天皇の御子ホムチワケがおしになった原因になっているというのが、『古事記』の言い方ですね。それは現実とは何の関係もありません。

浅川　関係ないんですか。

林　はい。『古事記』がそういう起源伝承を作っている。そういう起源伝承、もう一つは、『日本書紀』の場合は完全に神代で完結しています。だから、うんと新しく実際の創建がなされたとみる方がよいというのが私の考えです。

七世紀の出雲大社

松本　斉明記の「出雲大神の宮」というのは、杵築という考えと熊野と両方あるのですが、熊野ではなくて杵築の方だと林さんはおっしゃいました。理由をちょっとお聞かせいただければと思いますが。

林　『古事記』『日本書紀』には熊野なんてまったく意識はない。それは出雲に住んでいて『風土記』をすでにみているからそう思っちゃうわけですけども、中央の人にとっては出雲といえば出雲大社しかない。というふうに考えております。

錦田　藤原宮木簡杵築評の問題についてなんですが、今日の杵築《きづき》の表現が木簡に七世紀末にあるということで、『風土記』の伝承より遡ってこの杵築の地には大きな社殿が築かれていたという論証を神道史の岡田荘司さんが論じておられますが、そのあたりについて島根県古代文化センターの平石充さんに補足いただいて、林さんにお答えいただければありがたいと思います。

平石　藤原宮の荷札木簡に杵築評からスズキが貢進されたことがわかっているので、風土記伝承は七世紀末の直前まで遡るんだろうと思われるのですが。

林　地盤を固めることを「きづく」といい、その名詞形が「きづき（杵築）」になったという『風土記』の説は信用できない。『風土記』の説話になぜ引かれなくちゃならないんですか。杵築の評《こおり》という地名がたまたまあって、それに大社の造立をひっかけただけであって、それが事実であるという何の保証もないわけでしょう。では、杵築というところは大社以前は杵築じゃなかったんですか。そんなことはないですね。ああいう古代人のごろ合わせは山ほどあるわけで、それにいちいち従う必要はないと私は思います。

浅川　「杵築」の地名説話は奈良時代の出雲大社が巨大であったことの根拠の一つになっているわけですが、いまそれを否定されました。その一方で、林さんは出雲大社が奈良時代からとんでもなく大きかったとかなり踏み込んで発言していらっしゃいますけど、再確認させてください。

林　それを否定される方がいらっしゃいますけど、私はなぜそれが否定されるかわからないですね。これだけいろんなものがそろっていながら、その可能性を追求しない方が私はおかしいと思います。一六丈という説がございますけれども、私はもっと高かった可能性だってありえると思います。

野々村　衝撃的な発言を頂戴したところで、このセッションも時間となりました。ありがとうございました。

（二〇〇五年九月二十日　於松江）

第八章　出雲大社境内遺跡出土本殿遺構の復元

第一節　出雲大社境内遺跡Ⅰ「大型本殿跡の建築的基礎情報」

石原　聡

一、遺跡の立地について

出雲大社境内遺跡は、出雲市大社町杵築東、出雲大社の境内に立地している。

境内地は、境内の北側を八雲山、東側を亀山、西側を鶴山に囲まれる扇状地の中にある。山と山の間、境内地の東側に吉野川、西側に素鵞川という川が流れ、ちょうど二つの川が合流する地点に境内が立地している（**写真1・図1**）。

写真1　出雲大社周辺の地形（南から）

図1　出雲大社周辺の地形図

平成十一年から十四年まで境内地にて発掘調査を継続して実施しており、大型本殿遺構を検出した地点は、出雲大社本殿と拝殿の間にあたる。大型柱材の上面検出の状況では、地下水が絶え間なく湧出していた。地下水面がかなり高く、水に浸かっていた部分の遺構については遺存状態が良好であった。

二、発掘調査の概要

平成十一年九月より、出雲大社の地下祭礼準備室の建設に先立つ調査として発掘調査を実施したところ、驚嘆すべき遺構・遺物の出土が相次ぎ、出雲大社のご理解により、地下室建設工事は中止となり、国庫補助による内容確認調査が平成十二年四月から実施された。そして、この年の四月には宇豆柱が、また十月には心御柱・南東側柱が発見された（**写真2**）。

大型本殿跡として考えられる柱穴遺構は、正面中央の宇豆柱（棟持柱）、中心の心御柱、南東の側柱のポイントから三本の柱材を束ねた巨大柱を確認した。宇豆柱と心御柱の中心間距離が五・八メートル、宇豆柱と南東側柱の中心間距離が六・七メートルを測る（**図2**）。それぞれ柱材の配置としては、宇豆柱が北側に二本、南側に一本、心御柱は南側に二本と北側に一本、それから南東側柱については南側に二本、北側に一本という配列になる。出雲大社の宮司、千家家に残る「金輪御造営差図」と今回確認した柱とはすべての点で合致しているわけではないが、それぞれ柱材が三本束ねである点は共通している。また、柱の配置は、宇豆柱がおよそ「金輪御造営差図」のとおりだが、心御柱、南東側柱については配置が若干違っており、「金輪御造営差図」にあるそのままの本殿遺構ではない。議論があるところであろうが、今回確認された本殿と同時期か否か慎重に検

写真2　大型本殿跡 柱3ヵ所の位置

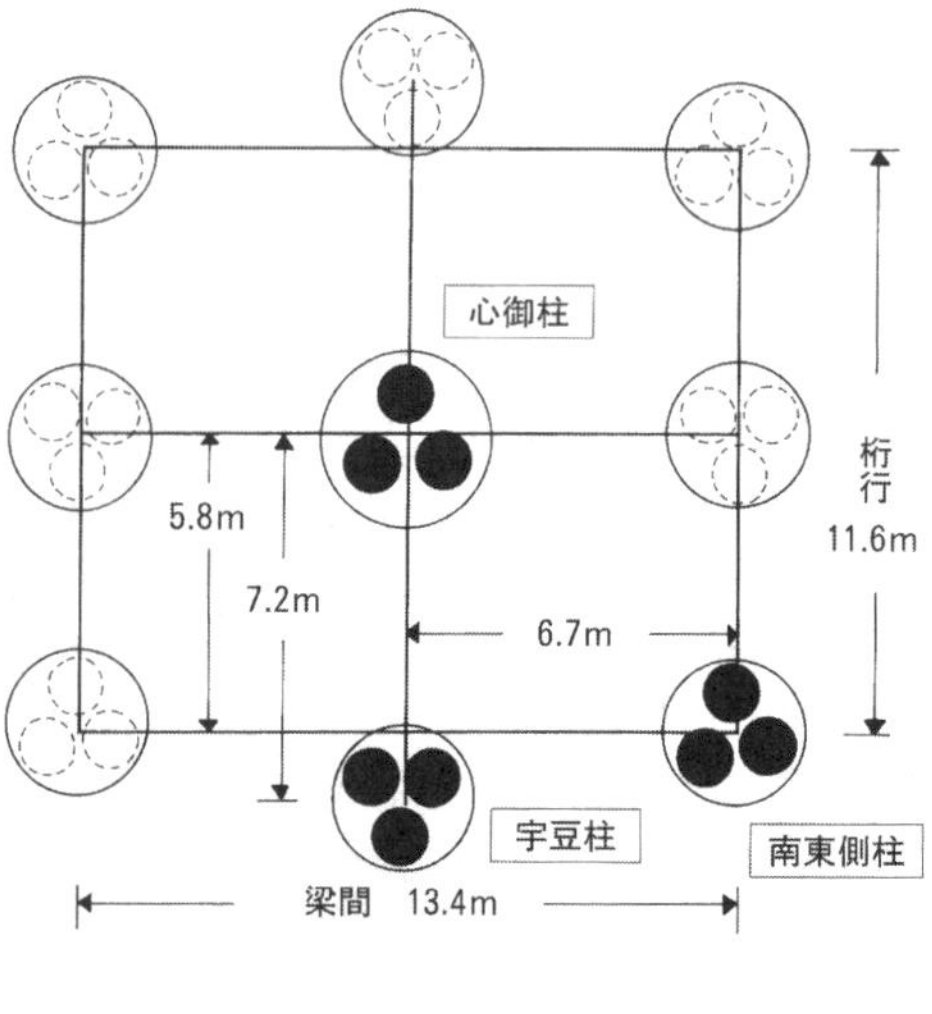

図2　大型本殿跡 柱間の距離

討すべきであろう。（**図3・図4**）。

三、宇豆柱について

宇豆柱の柱穴は、地下室の建設工事予定地内に矢板（鉄の板）を打ち込んで発掘調査を実施しているため、全体の構造は確認できていない。柱穴は、南から北に向かってゆるく傾斜しており、北側の傾斜最下面に柱が立てられている。柱は、この傾斜（スロープ）を利用して立てられたのであろう。宇豆柱の南柱材の底面では、角の部分が斜めにカットされている。柱材相互を近接して立てる際にエッジをカットして、密接させる目的があったのではないかと考えられる。また柱材は三本同時に立てられたと考えるよりも、一本ずつ立てていった可能性が高い（**写真4**）。部分的に矢板に区切られているため、完全な形状の柱材は出土していないが、一番大きな柱材で直径約一三八センチの杉材を使用している。

柱穴には礫をつめこんでいる。出土した礫の円磨度を調査したところ、角礫から亜円礫が充填されており、出雲大社周辺の素鵞川や吉野川に転石したものを運んで用いた可能性が高い。柱穴に充填された礫のうちもっとも大きいもので約一四〇キロの石も投入されている。

柱材の側面には、それぞれえつり穴が開いており、そのほぼ反対側にも開いている。おそらくロープ状のものを括りつけて柱穴に柱

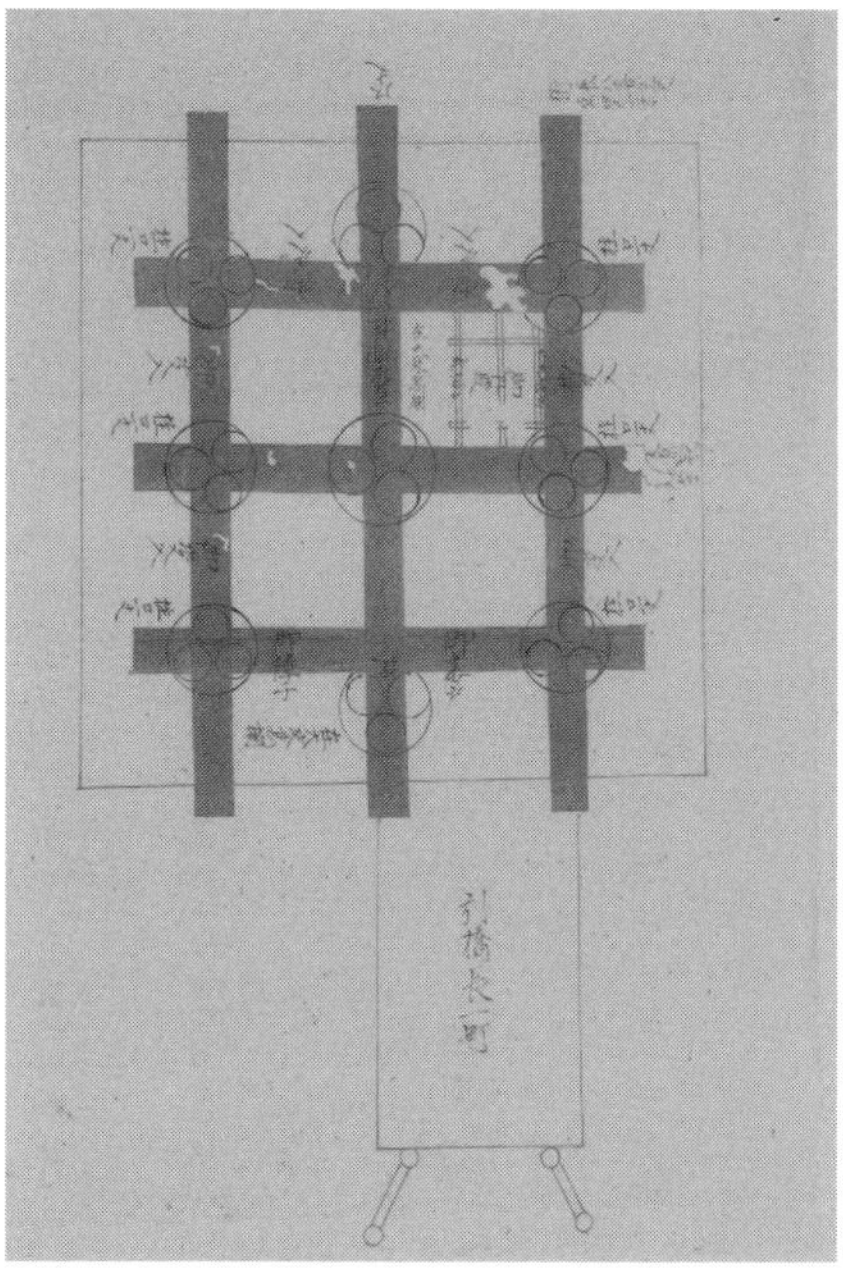

図3　「金輪御造営差図」（千家尊祐氏所蔵）

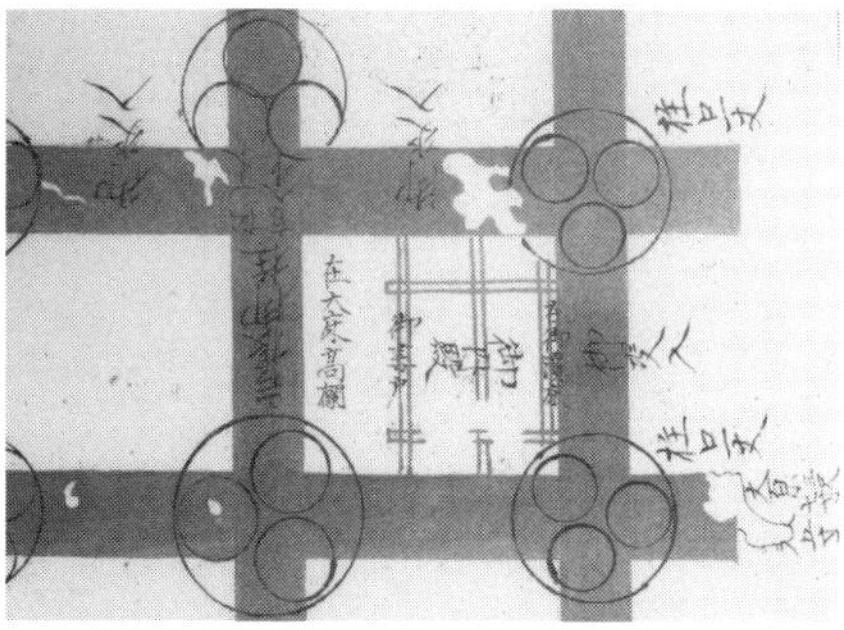

図4　「金輪御造営差図」部分（千家尊祐氏所蔵）

写真4　宇豆柱（南柱材）

写真3　宇豆柱（上面より）

を導入したのではないかと思われる。

柱を取り上げた後の状況では、矢板北側の近接する場所に木の柵列状の遺構を確認している。木の柵列状遺構の上に柱材がのっていたという状況で、その下から何本か柵状のものを確認した。

さらに、柱の底面から鉄製の釿が出土した（**写真5**）。鋳造により製作された釿一点、鍛造により製作された釿一点と計二点である。柱の側面や底面には、およそ刃幅が合うという釿痕もあるため、最終的に何らかの儀礼行為で用いられたのではないかと考えられる（**写真6**）。

また、赤色の顔料（ベンガラ）が柱の周辺から出土している。これは、柱に完全に付着しているわけではない。柱の周辺から赤色の顔料が出てきているということから、地上部分で塗られたものが、滴下していくらか出土したとみなすべきだろう。

四、南東側柱について

南東側柱は宇豆柱から心々距離で東へ六・七メートル、直線距離で七メートル東北東側に位置している。柱材が三本束ねであるというところまで確認し（**写真7**）、そのまま埋め戻した。柱の最大径とか残存している長さというような情報は得られていない。柱穴の断面では、宇豆柱・心御柱と同様に礫のみを充填している（**図5**）。

五、心御柱について

心御柱は平成十二年度に上面検出まで行い、翌年の平成十三年に約五〇平方メートルという狭い調査区で、柱穴を掘り下げる発掘調査を実施した。上面検出の状況から、すべての石の形状、石材、それらの重量を面的に確認しながら掘り下げていった（**写真8**）。柱穴に入れられた礫をすべて取り除いた状況で判明したのは、柱の埋め込まれた深さの違いであった。つまり、宇豆柱同様、心御柱についても、一本ずつ埋め込まれて一番深いものから立てられ、ある程度の固定をしながら一本、二本、三本と立てていったのではないかと想定できる（**写真9**）。なお、さらに掘り下げて掘形の底面を確認している。非常に平坦な底面

写真5　宇豆柱出土の釿

写真7　南東側柱（北から）

写真6　宇豆柱柱材側面の釿痕

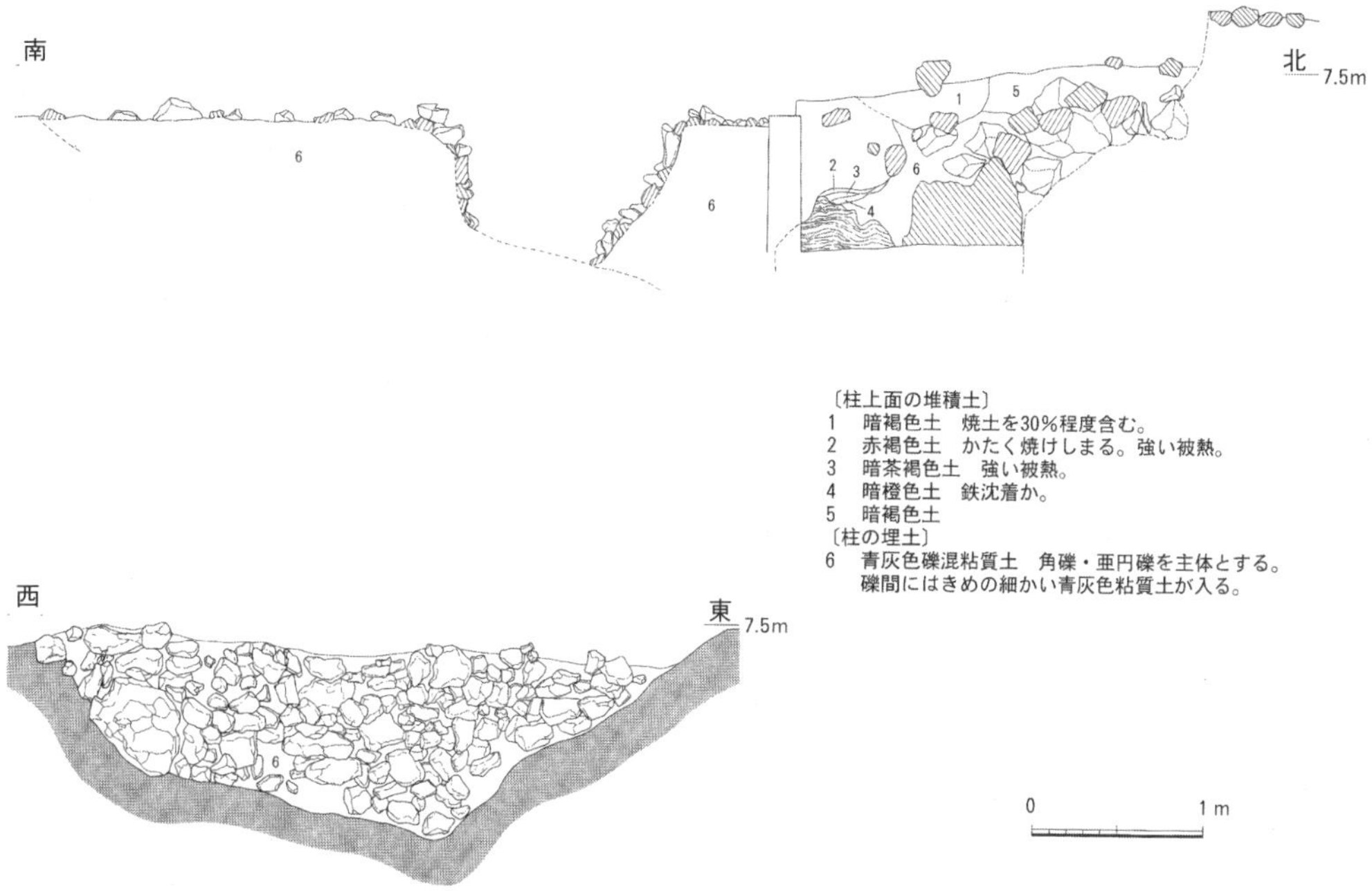

図5　南東側柱断面図

になっている。心御柱の掘形とそれ以前の遺構が重複しており、心御柱の柱穴が掘られていることがわかる。**図6**の模式図で言えば、まず図中1の遺構があって、次に図中2の遺構がある、そして最後に、図中3の遺構が心御柱の柱穴になる。この図中1の遺構について、心御柱の掘形の横に溝状に確認をしている（**写真10**）。遺構はやはり礫のみを充填して

写真9　心御柱柱穴を掘り下げた状況

写真8　心御柱上面検出状況

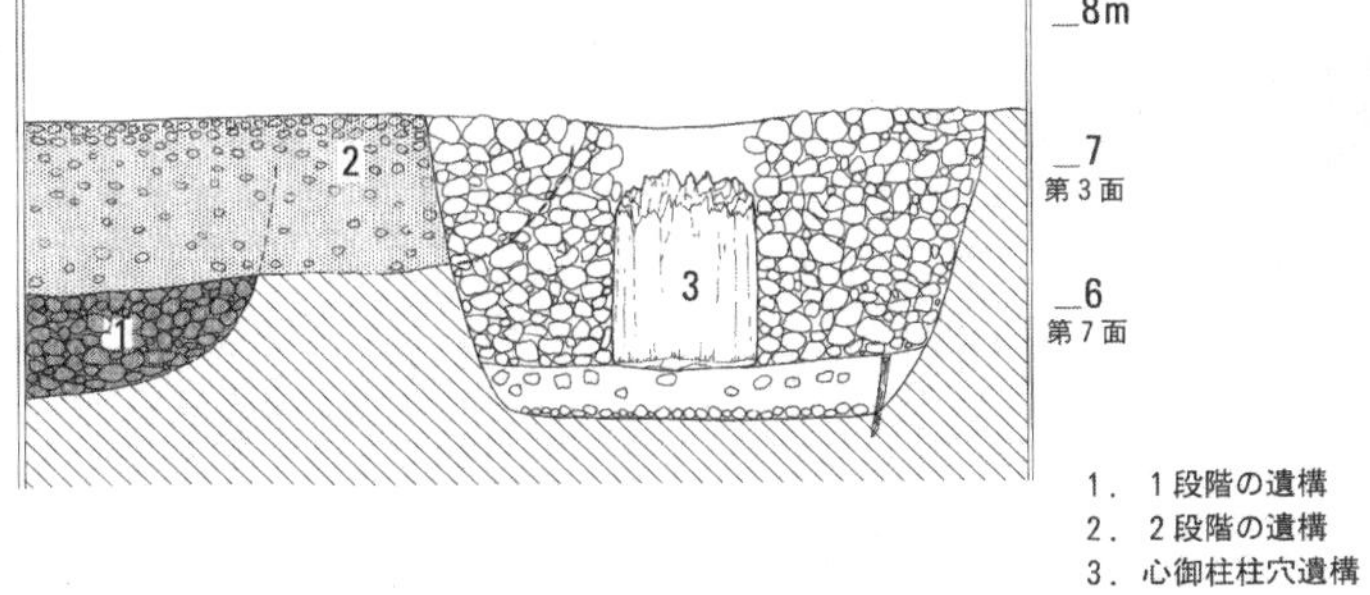

図6　心御柱柱穴周辺の土層模式図

おり、大型本殿の柱穴と同様の性格をもっているので、今回確認した大型本殿遺構よりもさらに以前の本殿に関係する遺構の可能性がある。

六、大型本殿の柱材について

それぞれの柱材のデータについては、**表1**に示した。すべての樹種が杉であり、柱材の直径や年輪数から考えるとかなり成長速度の速い木を用いているということがわかる。柱材の上端の検出時点の標高は約七メートル前後であるが、おそらくこれは地下水流によって、上端部の腐食が進み、残存した上端面がこの標高を示していると考えられる。問題は柱材の下端部分の標高である。心御柱と宇豆柱をくらべると、心御柱の方が深いのか浅いのかという議論がなされており、**表1**の数値が低いほど深く埋まっているということになる。心御柱で一番低いものが五・七四メートル、それから宇豆柱の方では五・六二メートルということで、心御柱がそれほど深く埋まっているというわけではないということが読み取れる。

七、大型本殿の年代について

柱の周辺から柱状高台付坏が出土している。十二世紀後半から十三世紀に製作されたとされる土器である。また、心御柱の直下から出土した礎板の年輪年代測定を実施している。その測定結果によると、一二二七年が残存最外年輪であり、この年代から数年後に伐採されたと考えられる。さらに柱穴から出土した木の葉についてC14年代測定を行っている。柱材についても宇豆柱・心御柱それぞれC14年代測定を行っている。宇豆柱のC14年代測定結果では一二一五年～一二四〇年、それから心御柱については一二一二年～一二一五年という結果が示された。この結果と一二二九年に木の伐採をしたと記す文献史料とを対比すると、宝治二年（一二四八）に正殿式遷宮が行われた本殿の柱である可能性が高いと言えるだろう。

一方、『出雲大社幷神郷図』が宝治度の境内の様子を描いたとされており、神郷図にみえる本殿のなれの果てが今回出土した本殿の遺構な

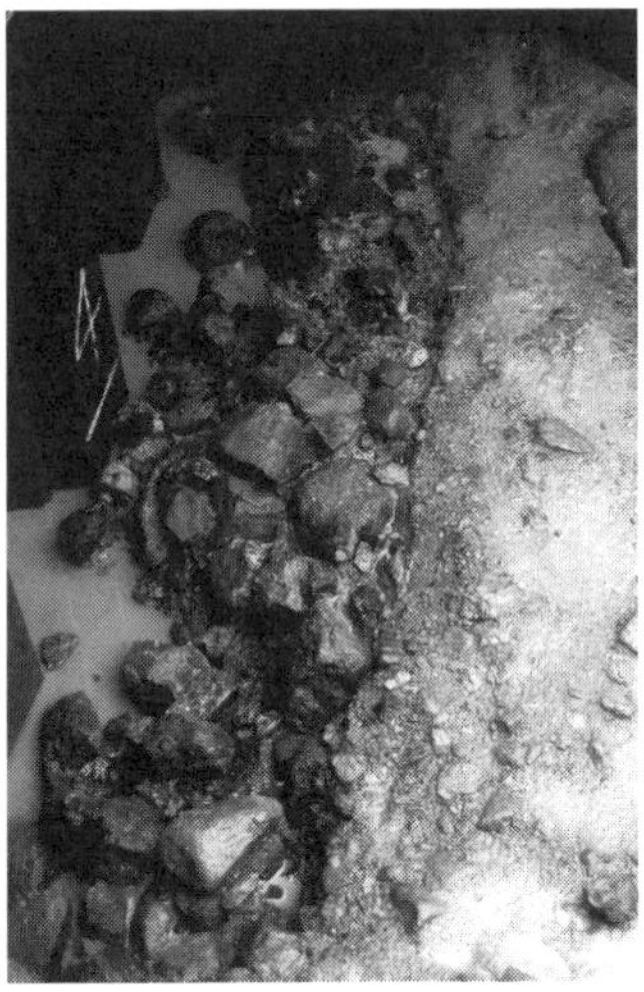

写真10　図6中の1の遺構

表1　心御柱・宇豆柱基本データ

		樹種	直径（m）	年輪（本）	残存長（m）	上端（標高値：m）	下端（標高値：m）	備考
心御柱	北柱材	杉	1.4	105	0.86	7.06	6.2	
	南東柱材	杉	1.25	168	1.32	7.06	5.74	
	南西柱材	杉	1.23	144	0.78	7.03	6.25	
宇豆柱	北東柱材	杉	1.32	121	1.32	6.97	5.65	
	北西柱材	杉	1.1	144	1.05	7.05	6	矢板に切られており最大径不明。
	南柱材	杉	1.35	195	1.43	7.05	5.62	

※樹種については奈良文化財研究所・光谷氏の観察による。

表2　出雲大社境内遺跡年代測定について

調査項目＼年代(西暦)	1150　1160　1170　1180　1190　1200　1210　1220　1230　1240　1250　1260　1270　1280　1290　1300
考古学的年代(土器)	(柱状高台付坏)12世紀後半〜13世紀
文献史学的年代	【正殿式遷宮：建久元(1190)年】　【正殿式遷宮：宝治2(1248)年】 【杣山始木作始事：寛喜元(1229年)11月2日とあり】
C14年代(宇豆柱)	(1215〜1240年)
C14年代(心御柱)	(1212±15年)
C14年代(宇豆柱木の葉)	(1242〜1280年)
心御柱下板材の年輪年代測定	(1227年)

のかもしれない。「金輪御造営差図」との対比については、「引橋一町」の階段遺構があると想定されたため、心御柱、宇豆柱の主軸ラインをねらって、拝殿の南側で調査を実施したが、大型本殿遺構に近いと考えられる遺構面を検出したものの、その面から引橋遺構に関する遺構や遺物は確認できなかった。

以上、出雲大社の大型本殿跡の建築的基礎情報を述べさせていただいた。

（写真2〜10は出雲大社提供）

第二節　遺構から復元される本殿の上屋構造

藤澤　彰

一、はじめに

発掘された建築遺構から上屋構造を復元するのは、よほど大量の建築部材が検出されることでもない限り困難をきわめるといってよい。発掘で得られる情報は、地下および地表での建築の規模、柱径、材質、柱の建て方などで、上屋構造を解明する資料の検出はきわめて少ない。復元にあたっては、類似の建築、世界の民族事例、絵画資料、ときには家形埴輪などあらゆる資料を駆使し、さらにその上に推測を重ねて復元を進めることになる。

今回、出雲大社境内遺跡から出土した柱根は三本一組の束ね柱で、一本の径は最大で一・四メートルもあり、柱穴内にはおびただしい数の人頭大の石が隙間なく充填されていた。他にまったく類例のない形式と規模をもっており、上屋構造を復元するにあたって、資料不足を補う参考事例を他の建築、類例に求めることがほとんどできないものだった。

ここに示す復元案は、発掘成果から得られる情報、文献から得られる情報、絵画資料から得られる情報、さらに出雲大社に伝わる伝承および信仰までも斟酌して、それらのデータを取捨選択し構築した一試案である。

二、復元の基礎となる資料

上屋構造を復元するにあたって基礎資料となるのは、発掘成果、文献資料、絵画資料である。それら三者のもたらすデータが相互に矛盾することなく、整合性をもつものであればよいが、ひとたび矛盾をきたすと復元作業は困難なものになる。今回の事例はまさに後者にあたる。以下、発掘成果、文献資料、絵画資料から、上屋構造復元に必要なデータを抽出し、必要があれば解釈を示し、情報の取捨選択を行う。

最初に発掘から得られたデータを整理すると以下のようになる。(1)

三、発掘成果からのデータ

柱の状況：三本の丸太を束ねて一組とする（三本丸太の束ね柱）。一本の径は最大で一・四メートル、最小で一・二三メートル、地中の埋め込み深さは推定で二メートル程度。材質は杉、一部に赤色顔料（ベンガラ）が付着。三本の柱は地表であらかじめ束ねて一度に立てたのではなく、一本ずつ立ててから束ねた。

柱穴の構造：柱穴の形状は卵形、底面はゆるやかな傾斜をもつスロープ状、柱穴内は多数の人頭大の石を隙間なく充填。

平面の形式と規模：出土した三組の束ね柱は、南宇豆柱、南東側柱、心御柱と推定される。宇豆柱は建物外側に突出、二間×二間のやや横長平面、束ね柱三本の中心を柱の中心とすると、梁行心々一三・四メートル、桁行心々一一・六メートル。

柱の年代：炭素一四ウイッグルマッチ法、年輪年代測定法による調査結果に従えば、出土した柱は宝治二年（一二四八）造営のものと推定される。

四、平面について

1　柱心をどこに求めるか

三本の束ね柱の心をどこに求めるかによって、構造と平面規模が変わってくる。次の二つの可能性が考えられる。

①三本を同等の柱と考えて、三本の中心を束ね柱の心とする。

②三本のうち一本を梁桁までのびる柱、二本を束柱と考え、梁桁までのびる一本の柱の心を束ね柱の心とする。

①は三本の柱を同等とみる考え方であり、②は一本の柱と二本の束柱に分ける考え方である。(2)

遺構をみると、三本の柱の扱いは立てる順序、それに伴う加工痕などを除いてとくに大きな差異はなく、三本を同じように扱っている。とりわけ心御柱において、一本の柱（すなわち心御柱）と二本の束柱に分けて扱っている形跡はまったくみられない。心御柱か束柱かでは信仰上大きな違いがあるだろうから、扱いに差異がみられないということは、三本で心御柱を形成していたことを示すのであろう。

束柱は、床面を構成する水平材を架すために主柱に添えて立ち、主柱と二本一組で機能を発揮することができ、主柱より小型小規模で十分である。したがって水平材を架すために、主柱と同じ規模の巨大な柱をわざわざ二本添え、膨大な労力をかけて計三本の束ね柱とするとは考えにくい。

以上から、三本の束ね柱の心は三本の柱の中心と考えるべきである。

2　遺構検出面における柱配置

三ヵ所から検出された束ね柱が、現本殿と同様の柱配置をもつとするならば、それぞれ南宇豆柱、南東側柱、心御柱に相当し、未発掘のものを含めて、遺構検出面レベルでの柱配置は**図1**のようになるだろう。柱間寸法は梁行六・七メートル、桁行五・八メートル、宇豆柱は妻の柱筋から外に一・五メートル突出する。桁行より梁行の方が少し長い横長の矩形となり、正方形平面とならない。

3　床レベルでの平面規模

柱が垂直に立ち上がっていない限り、発掘成果だけから床レベルの平面規模を決めることはできない。しかし、出土遺構が宝治度造営本殿ならば、宝治度本殿の内部調度の寸法を記した「出雲杵築社遷宮神宝注記」（鎌倉遺文7112　北島家譜一）から、本殿の柱間寸法を推測することができる。[3]

本殿の柱間寸法を推定する資料となるのは以下の部分である。

一御内殿之外御壁代三間
〈但各平絹錬文松皮〉
西間一間
〈長一丈五尺五寸弘一丈一尺五寸〉
北方二間
〈長一丈五尺五寸弘一丈二尺五寸〉
一御殿御帳三間
中間御帳一帖
〈長一丈五尺弘一丈一尺五寸白浮文織物〉
御隔子間一帖
〈長一丈一尺二寸弘一丈五寸紅梅織物〉
御妻戸間一帖
〈長一丈一尺弘八尺紅梅織物〉
一御簾三枚
〈各金物子栗形総丸緒懸緒、已上如常〉
御隔子間二枚
〈各長一丈一尺二寸弘各五尺七寸五分〉
御妻戸間一枚
〈長一丈一尺弘八尺〉

福山敏男の研究によれば、御壁代の広さが西間で「一丈一尺五寸」、御帳の広さが中間で「一丈一尺五寸」とあることから、柱内法はおよそ一丈一尺五寸で、柱径を仮に二尺五寸と定めると、柱間は心々で一丈四尺となり、二間四方だから平面は柱心々二丈八尺の正方形となる。「出雲杵築社遷宮神宝注記」に示されている各調度の部

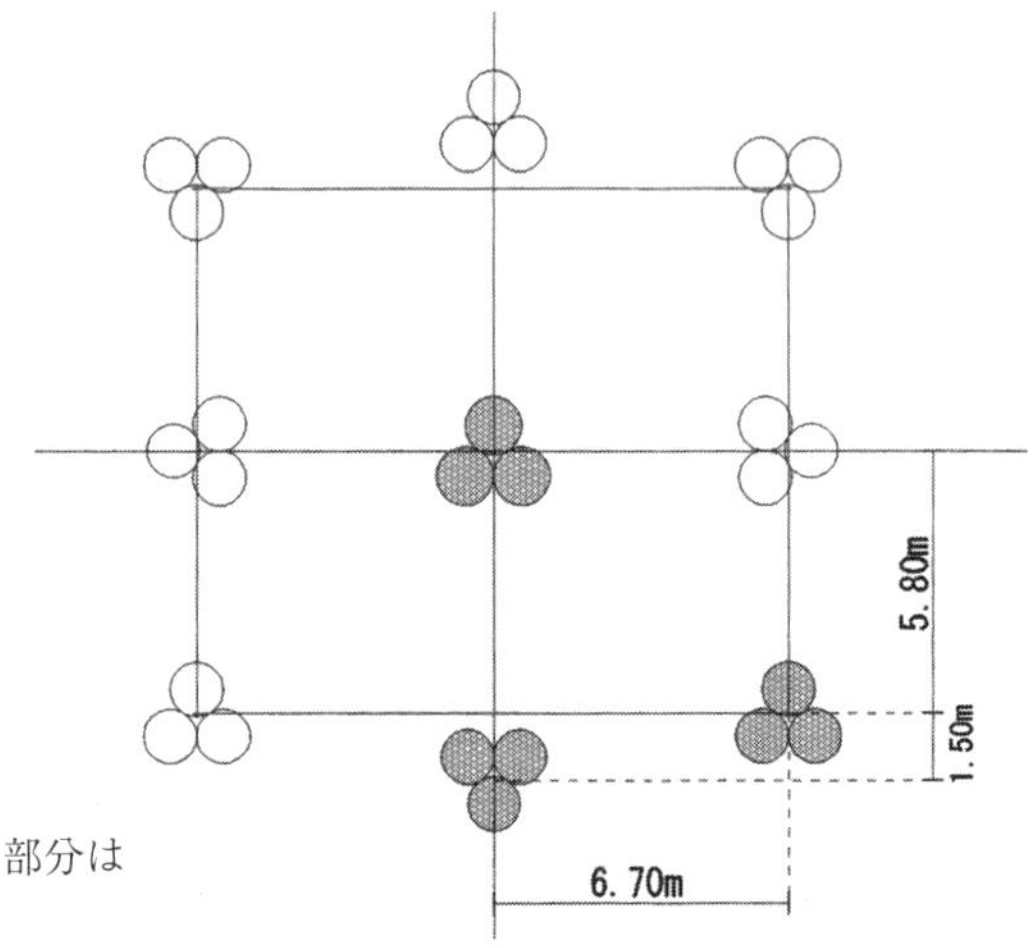

図1　遺構検出面の柱配置（アミ部分は出土遺構、他は推定）

位と寸法を、略平面図にあてはめると図2のようになるだろう。

ここで問題になるのは、福山が「北方二間」の「弘一丈二尺五寸」の数値を採用せず、各柱間の内法を一丈一尺五寸とし、結果として正方形平面としたことである。福山は本殿平面が正方形であるという大前提のもとに、「西間」と「中間」の一丈一尺五寸の寸法を、ちょうど桁行・梁行に相当するとしてこれを採用し、「北方二間」の「弘一丈二尺五寸」という数値を採用しなかったのであろう。しかし、前項でみたように遺構検出面における柱配置は、桁行より梁行が長い横長の矩形平面であるから、床面での柱配置も横長の矩形となる可能性が十分考えられる。

つまり、柱径を二尺五寸と仮定すれば、梁行は「北方二間」の「弘一丈二尺五寸」を採用して柱心々一丈五尺（四・五五メートル）、桁行は柱心々一丈四尺（四・二四メートル）となる。

しかし、この寸法は遺構検出面での柱心々梁行六・七メートル、桁行五・八メートルとは大きくかけ離れている（図3）。

「出雲杵築社遷宮神宝注記」に記載される内部調度からの本殿規模の推定は、かなり有力なデータと考えられる。遺構検出面と床面での平面規模の懸隔は、柱が垂直に立っているのではなく、内転びに立っていることを示唆するものであろう。

4　金輪造営図の検討

出雲大社本殿の復元を考えるときに常に問題となってきたのが金輪造営図である。この図に信をおくのか、おかないのかによって、復元は大きく異なってくる。

現在知られている千家家所蔵の図、本居宣長の『玉勝間』掲載の図、佐草自清の『出雲国造系譜考』掲載の図は、いずれも江戸時代の写本と考えられている。

福山は千家家所蔵図、『玉勝間』掲載図の書入れにある「御決入」などの用語が古式であることから、原本は上代から建久元年（一一九〇）造営までの神殿にかかわるものと判断した。記述内容にも信

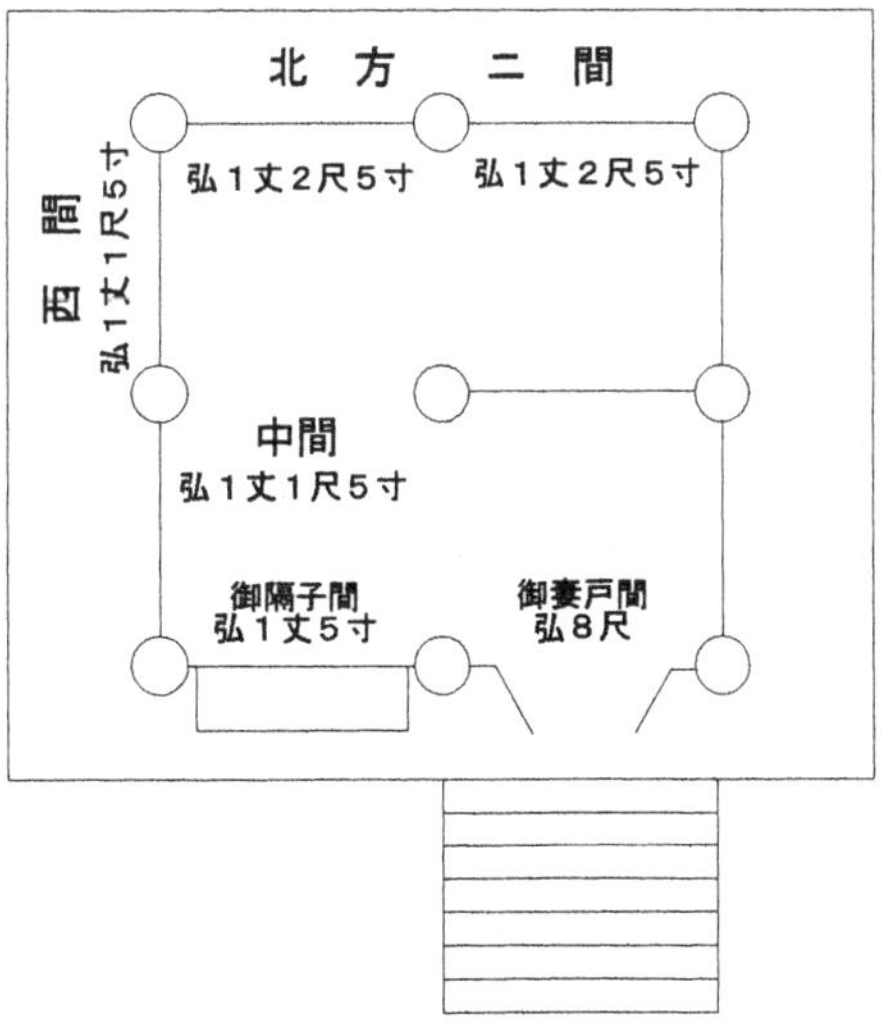

図2　「出雲杵築社遷宮神宝注記」による調度の部位と寸法

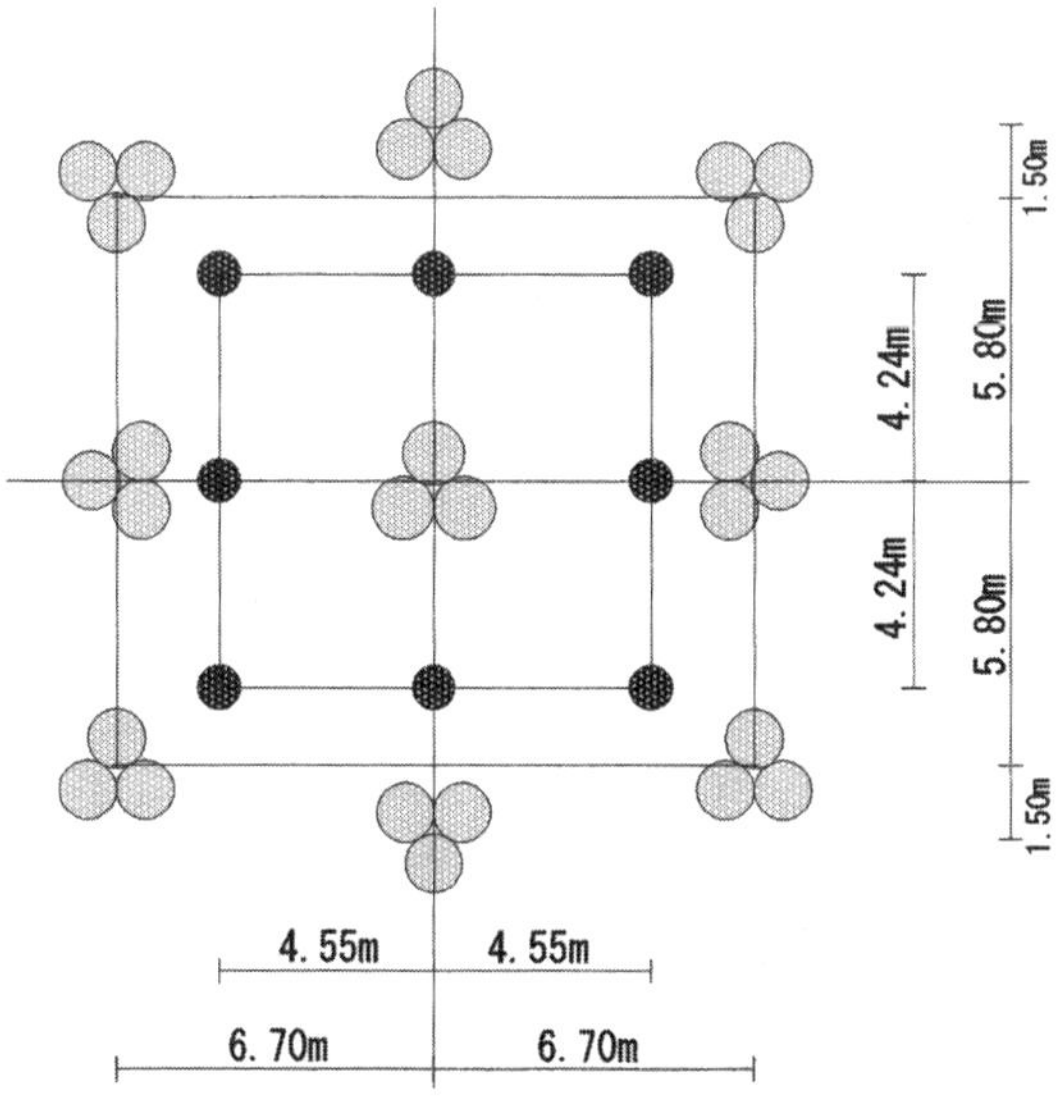

図3　遺構検出面と床面の柱配置（アミ部分が遺構検出面、黒色が床面）

をおき、復元の最重要資料とした。

これに対し、近年、山岸常人は出雲国造家の国造職譲状にみえる造営関係史料と差図の存在に着目して、十三世紀後期頃に造営関係資料が重視されるようになり、そこへ差図が加わったのが遅くとも十四世紀中期であり、この十四世紀中期にみられる差図こそ金輪造営図であるとした。そして、金輪造営図は建久度以前の本殿を描いたものではなく、宝治度本殿も存在しない状態で作成された「確度の低い史料」と位置づけた(4)。

山岸のいうように、十三世紀後期頃になって造営関係資料が重視されるようになり、十四世紀中期頃に差図が出現したとしても、その差図が金輪造営図である確証はどこにもない。また、仮に金輪造営図の原本が十四世紀中期頃に描かれたとしても、そこにそれ以前の情報が盛り込まれていることも十分考えられる。

金輪造営図の原本の成立年代を明らかにすることは難しい。今回の発掘まで三本の束ね柱の存在を示す資料は皆無に近く、唯一、金輪造営図だけが束ね柱の存在を主張してきた。金輪造営図だけが主張してきた他に類例のない巨大な柱が、実際に地中から出現した事実は重く、金輪造営図と出現した巨大な三本の束ね柱は、密接な関連があると考えるのが自然である。金輪造営図に描かれた三本束ねの柱構造が存在したことは紛れもない事実であり、絵図は高大な本殿であることを誇張するために絵空事を描いたものではないと思われる。金輪造営図には荒唐無稽として退けられ認められていない事実がまだ隠されているかもしれない。

福山が指摘したように用語が古いこと、そして他のどの史料も明かさなかった三本の束ね柱の存在を示していることから、金輪造営図を「確度の低い史料」と退けるのではなく、内容を十分吟味して復元に必要な情報をできるかぎり読み取ることが必要である。

5　金輪造営図の記載内容の検討

図4は千家家所蔵の「金輪御造営差図」の読取り図である。ほとんど福山の研究(5)に従っている。ただし、一ヵ所①のところだけ、福山は「以丈」と読み「八丈」の誤りとしたが、ここでは「玖丈」と読み「九丈」の意と解釈した。『玉勝間』掲載図では、「不知○丈」とある。

金輪造営図には大きくわけて（イ）部位・部材の名称と部材の寸法などの文字情報、（ロ）図で示される形状・形式、さらに比例関係から推測される寸法の情報が込められている。

部材寸法は次のように記されている。平側の六ヵ所の柱径は一丈。「桁」と記されている右側の桁行方向の部材は、長さ八丈厚さ三尺広さ四尺三寸。中央の棟とおりの部材は長さ九丈で、断面寸法の記載はない。梁行方向三本のうち中央の部材寸法は、虫食いのため一部判読できないが、福山によれば長さ六丈、厚さ三尺七寸、広さ四尺五寸である。これらはいずれも他に例をみない長大かつ大断面の部材というほかない。また、これらの部材は断面がわかるものは厚さよりも横幅のひろい材として使われていることも注目してよい。さらに正面の引橋は長さが一町と記す。

ここに描かれている六本の部材を、福山は屋根を構成する梁・桁・棟木と解釈した。これに対して宮本長二郎は、梁行方向の三本の部材を屋根を構成する梁と解釈すると側柱からの出が大きくなり切妻屋根がかからないことから、これらを土居桁と解釈した。また、断面寸法が梁桁としては大きすぎて、平たく使うのも梁桁にふさわしくないことから、六本の部材をいずれも床面を構成する土居桁と解釈した。

六本の部材を土居桁と解釈する見解は、かつて山本信哉が発表している。宮本は建築的解釈を深め、土居桁説を復元案の構想の中心にすえ、束ね柱の上に土居桁を縦横に組んで床面を構成し、その上に別途本殿を構築する基台式建築案を発表した(6)。

縦横の部材が屋根を構成する梁桁ではないという見解は説得力に富む。しかし宮本案では三本の束ね柱が一度床面ですべて切れ、床上で別の一本の柱となってのびる。大社造の特色である宇豆柱が本来的な意味での棟持柱となっていない。また、心御柱も床下で一度切れていて、心御柱は地下世界と天上を結ぶという観念からほど遠い。

棟とおりの部材の長さが八丈ではなく、九（玖）丈と記載されていることは最初に指摘した。この棟とおりの部材が宮本のいうように土居桁だとすると、左右の側柱とおりの部材より一丈長くなり、中央だけが前後に突出して納まりが悪い。また、中央の部材と左右の部材の断面寸法は同一と考える必要はなく、中央と左右は性格が

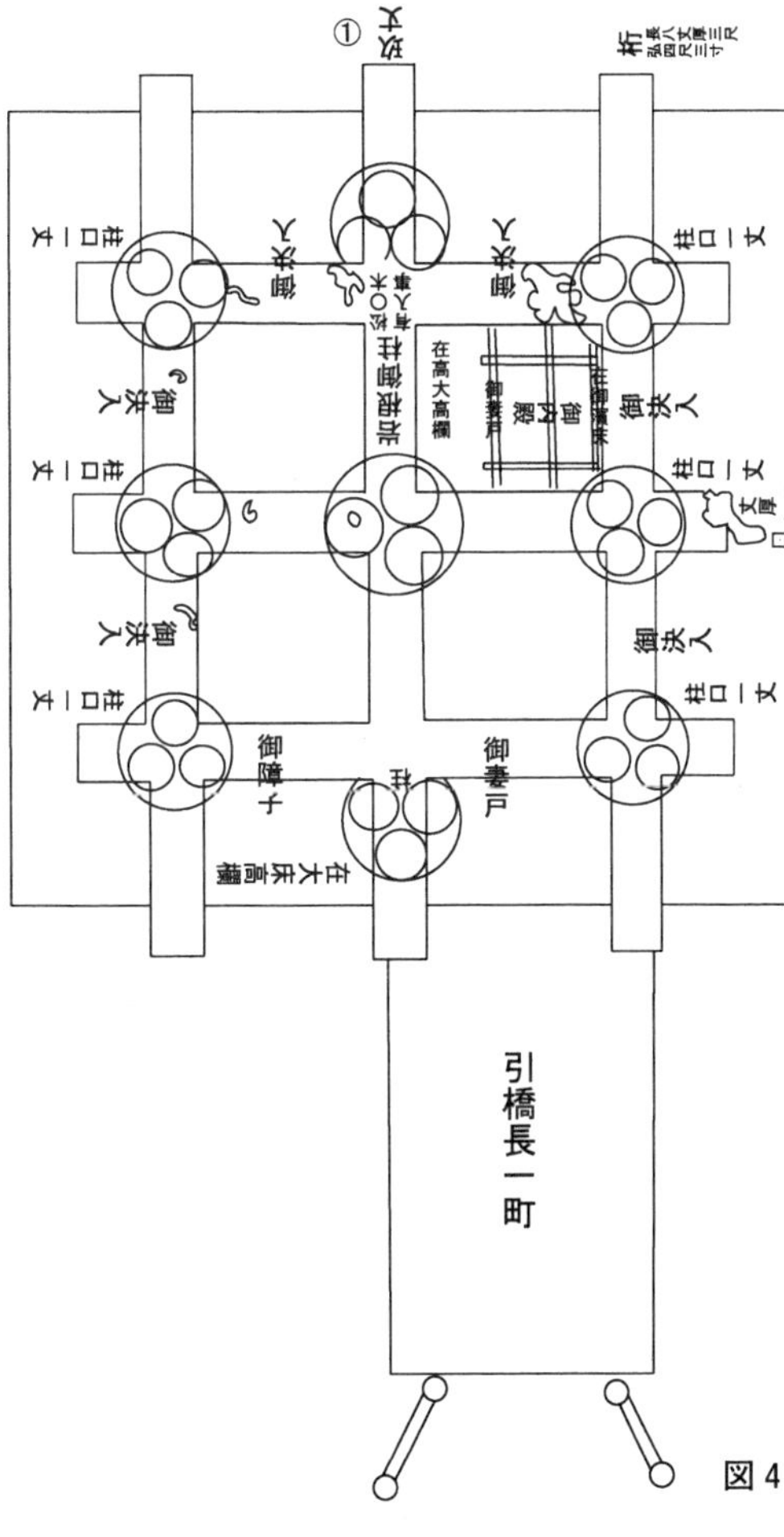

図４　「金輪御造営差図」読み取り図（千家家所蔵）

違う材と考えることも可能である。つまり、棟とおりの部材は土居桁ではなく棟木に相当し九丈の長さで、左右の側柱とおりの部材が土居桁で長さは八丈、心御柱と宇豆柱は棟木までのびる棟持柱になっていると読み解くことができる。また、梁行の三本の部材はいずれも土居桁で、中央のものは心御柱にほぞ差しとなっているのだろう。要するに、金輪造営図に描かれている六本の直材は棟とおりの一本が棟木で、他の五本が土居桁であると推定したい。

しかし、八丈（二四メートル）の土居桁、九丈（二七メートル）の棟木は実在しうるだろうか。**図3**のように遺構検出面での桁行柱心々長さは一一・六メートル、その上に二四メートルの土居桁がのるとすると（柱が直立すると仮定）、両端は六・二メートルの片持梁となり、また、床面での桁行柱心々長さは八・五メートルで、両端は七・八メートルの片持梁となる。九丈の棟木では、遺構検出面での南北宇豆柱間は一四・六メートルだから、その上に二七メートルの棟木がのると（柱が直立すると仮定）、両端は六・二メートルの片持梁となる。これらの片持梁としての出はいずれも現実性にとぼしく、土居桁、棟木の八丈、九丈という実長はどちらも採用しがたい。

もう一点、金輪造営図で気になる点がある。それは南宇豆柱の内側にある「柱」と、北宇豆柱の内側にある「松○木有入事」という書入れである。

南宇豆柱の「柱」はここだけに記されており、他の六本の側柱は「柱口一丈」と記載され柱の存在が示されている。『玉勝間』掲載図では、同じ位置に「柱」とあり、さらに内側に千家家所蔵図にはない「有文字不知」の書入れがある。

また、北宇豆柱の内側に記されている「松○木有入事」は、これまで岩根御柱についての割註で、岩根御柱の材質が松であることを示していると解釈されてきたが(7)、疑問である。この文言は「松○木、入ル事有リ」と読むべきで、岩根御柱の割註ではなく、ここに松材の○木が入っているという意味であろう。

想像をたくましくすれば、「○木」は「柱木」ではなかろうか。『玉勝間』掲載図では、北宇豆柱の所に「松○木有入事」の書入れはなく、そこには「有六字不知」とあり、南宇豆柱には「柱」と「有文字不知」の書入れがある。千家家所蔵図、『玉勝間』掲載図の南北宇豆柱内側計四ヵ所の記載を総合して考えると、この位置に松材の柱が立っていた可能性が指摘できる。

6　材木注文と柱の数

「杵築大社造営遷宮旧記注進」（鎌倉遺文7017　北島家文書）に、康治二年（一一四三）七月二十六日付の次のような材木注文がある。

　木三十五本　口五尺木三本　四尺木十八本　三尺木
　七本　二尺五寸木七本

　径五尺を三本、径四尺を一八本、径三尺を七本、径二尺五寸を七本、合計三五本の注文である。単なる数字あわせにすぎないが、これらの材木の利用箇所を次のように考えることはできないだろうか。

　径五尺三本は心御柱、径四尺一八本は南北宇豆柱と四隅の柱、径三尺七本のうち六本は平側中央の柱、残る八本（径三尺一本、径二尺五寸七本）は、床上に立つ平側の柱六本と妻側中央に立つ二本である。

五、高さについて

1　『口遊』の解釈

　出雲大社本殿復元のもう一つの大きな問題は本殿の高さであろう。高大な建築であったことは誰しもが認めるところであるが、いったいどのくらいの高さがあったかは議論がわかれている。論点の第一は『口遊』の「雲太、和二、京三」の解釈であり、これを高さの順を表したものと考えるのか、高さの順を表したものではないと考えるのか、にかかわっている。

『口遊』には次のようにある。

　雲太。和二。京三。〈謂大屋誦。〉
今案。雲太。謂出雲国城築明神神殿。〈在出雲郡。〉
和二。謂大和国東大寺大仏殿。〈在添上郡。〉京三。
謂大極殿八省。

（〈〉内は割注）

　この記述が高さの順を表していると考える立場からは、出雲大社本殿、東大寺大仏殿、大極殿の順に高い建物を列挙したという。いわば高さという一定の基準によってくらべた順位を記したものという理解である。また、高さの順を単純に表したものではないと考える立場からは、最大の神社、最大の仏殿、最大の宮殿をあげたもので、いわば建築ビルディングタイプ別の第一位を記しているという理解である。

　いうまでもなく「雲太、和二、京三」の「太」「二」「三」は「太郎」「二郎」「三郎」で、一番、二番、三番を意味する。これと同じ表現を用いた記事が『口遊』の中には他に二ヵ所ある。一つは大橋についての記述で、

　山太。近二。宇三。〈謂之大橋。〉
　今案。山太山埼橋。近二勢多橋。宇三宇治橋。

とある。もう一つは大仏についての記述で、

　和太。河二。近三。〈謂之大仏。〉
　今案。和太。謂東大寺仏。〈在添上郡。〉
　河二。謂河内国知識寺仏。〈在大縣郡。〉
　近三。謂近江国関寺仏。〈在志賀郡。〉

とある。

まず、大橋については以下のように考えられる。古来、山崎橋、勢多橋、宇治橋は日本三大橋に数えられる名橋ではあるが、いずれも古い時代の長さはよくわからない。山崎橋は、天正二十年（一五九二）秀吉が長さ一八〇間、幅五間の橋を架けたという。(8) 勢多橋はルイス・フロイスの「日本史」に、長さ一八〇畳、幅四畳とある（長さ一八〇間、幅四間を意味するのだろう）。あるいは、勢多橋は大橋小橋の双橋からなり、大橋は長さ九一間、幅四間、小橋は長さ二六間、幅四間という。(9) 宇治橋は長さ八三間四尺、幅四間一尺という。(10)

山崎橋と勢多橋はどちらが長いのか何とも言いがたいが、勢多橋は大橋小橋の双橋であるから、長さくらべの面からは不利であっただろう。そうすると山崎橋が一番長く、勢多橋、宇治橋と続く。いずれにしても『口遊』の記述は、大きな橋として長さという価値基準を設定し一番、二番、三番を列挙したと考えられる。

次の大仏はどうであろうか。東大寺の大仏は高さ五丈三尺五寸の盧舎那仏の坐像、知識寺は高さ六丈の観音立像、関寺は高さ五丈の弥勒像でこれを日本三大仏と称している。(11) ここでの基準は高さではなく、大仏、すなわち大型の仏像かどうかの基準が、姿かたちの大きさ、つまり容積にあったと考えられる。高さ五丈三尺五寸の東大寺の大仏が、高さ六丈の知識寺観音立像の上位にあげられているのは、東大寺盧舎那仏の坐像と知識寺観音立像の、姿かたちの大きさ、つまり高さではなく容積を比較した結果と考えられる。

大橋にしても大仏にしても、『口遊』の記述は部門別の第一位をあげたものではなく、ある共通の価値基準を設定して、そのものさしで一番、二番、三番を列挙したものになっている。しかもその価値基準は単純明快で、大橋、大きな橋を比べるものさしは長さで、大仏、大きな仏を比べる基準は容積であったと考えられる。

「雲太。和二。京三。〈謂大屋誦。〉」は、大屋、つまり大きな建物を比較したものであるから、価値基準として高さ、面積、容積などの可能性が考えられる。しかし、出雲大社本殿、東大寺大仏殿、大極殿をこの順位で列挙しているのであるから、ものさしは高さであり、高さの順に記したと考えられる。決して部門別一位を列挙したものではない。『口遊』は部門別一位を列挙するような表現形式をとっていないのである。

出雲大社本殿は東大寺大仏殿より高かった。百歩譲っても東大寺大仏殿に匹敵する高さの建物であったことは間違いない。肝心の大仏殿の高さは、一二丈六尺（「大仏殿碑文」）、一五丈（「延暦僧録」）、一五丈六尺（「朝野群載」）と各説あるが、福山は一五丈をとる。このうち「大仏殿碑文」の一二丈六尺は一五丈六尺の誤りの可能性があり、結果としてはいずれを採用しても大仏殿の高さは一五丈ほどということになる。

『口遊』の記事と大仏殿の高さが一五丈ほどであったことから言えるのは、出雲大社本殿は一五丈ほどあった東大寺大仏殿より「大屋」と認識されていたということであり、具体的数値を明らかにすることはできないが、東大寺大仏殿より高いか、少なくとも東大寺大仏殿に匹敵するような高さの建築であったということである。

2　十六丈説について

出雲大社本殿の高さを具体的な数値をあげて記した史料でもっとも古いのは、「杵築大社旧記御遷宮次第」（鰐淵寺旧蔵文書）所収の康応三年（一三九一）の記文で、

杵築大社三十二丈ト申ハ仁王十二代景行天皇ノ御時御造立也、其後十六丈ニナリ、次ニ八丈ニナリ、今ハ四丈五尺也

とある。『玉勝間』にも同様の記述があり、

出雲大社、神殿の高さ、上古のは三十二丈あり、中古には十六丈あり、今の世のは八丈也

と記す。伊東忠太はこれに対して、現本殿の高さ八丈をもとにして古代を神秘的にするために、二倍して中古は一六丈、さらに二倍して太古は三二丈としたものと解釈した(12)。一六丈説を否定するときは伊東の解釈を踏襲することが多い。

この伝承を単独で解釈すれば、あるいは伊東の論は正鵠を射ているかもしれない。しかし、『口遊』の「雲太。和二。京三。」、東大寺大仏殿の高さ一五丈と合わせて考えると、事情は異なってくる。つまり、出雲大社本殿の高さは一五丈の東大寺大仏殿より高いか、あるいは匹敵する高さがあったことを前提に考えると、高さ一六丈というこの伝承は有力なよりどころとなる。少なくとも絵画資料によって高さを推測するよりは、説得力がある数値であろう。一六丈は、一五丈以上の高さというときの一つの目安になる数値と考えられるのである。

六、出雲大社本殿の復元案

復元の基本的な方針は、発掘成果、文献資料、絵画資料から得られるデータをできるだけ生かし、かつ大社造の伝統的な形式と出雲大社の信仰からかけ離れないような復元とすることにある。資料の解釈、情報の取捨選択についてはこれまで述べたとおりである。

1　基本形式

基本的には大社造に近似する形態で、切妻造、妻入、桁行二間、梁行二間、四方に高欄つきの縁をまわし、正面に長さ一〇九メートルの木階がつく。柱は掘立柱で、宇豆柱、心御柱は棟までのびる棟持柱となり、他の六組は床下の土居桁でとまる。

2 平面形式

地表での柱配置は**図1**のとおりで、梁行一三・四メートル、桁行一一・六メートル、宇豆柱は妻柱筋から外側に一・五メートル突出する。心御柱は垂直に立ち、他の柱は内転びに立つ。

床面での柱配置は**図5**（復元図）とおりで、梁行九・一メートル、桁行八・四八メートル。妻面の中央にも柱が立つが、棟木までは伸びず梁でとまる。

3 高さ

地表から千木の先端までの高さが四八メートル。地表から床面まで三〇メートル、床面から千木先端まで一八メートル。基壇の高さ三メートル。

以上を図示すると**図5**～**図9**（復元図）のようになる。

註

（1）『大社町史 史料編』民俗・考古資料、大社町、二〇〇二他による。

（2）黒田龍二は、三本の束ね柱を一本の柱と二本の束柱に別けて考え、復元案を発表している。黒田「出雲大社境内遺跡と出雲大社本殿の復元」『佛教藝術』270号、二〇〇三。

（3）福山敏男「出雲大社の金輪造営図」『出雲』6号、一九四〇（『神社建築の研究』福山敏男著作集4、中央公論美術出版、一九八四に収録）他による。

（4）山岸常人「杵築大社出土遺構の解釈―杵築大社本殿十

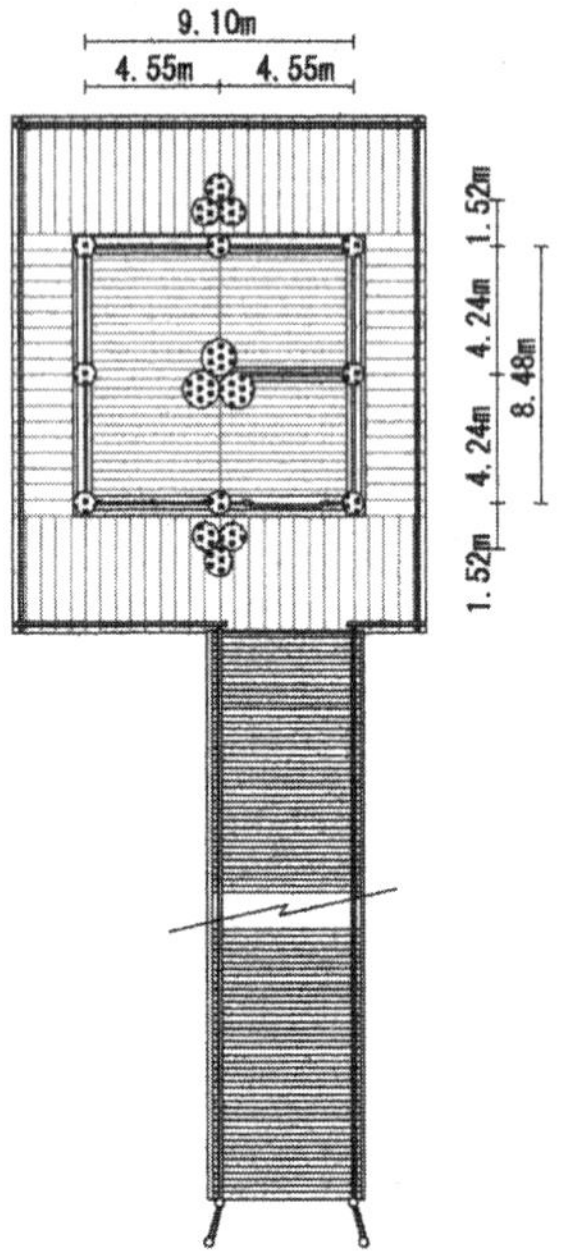

図5 復元平面図

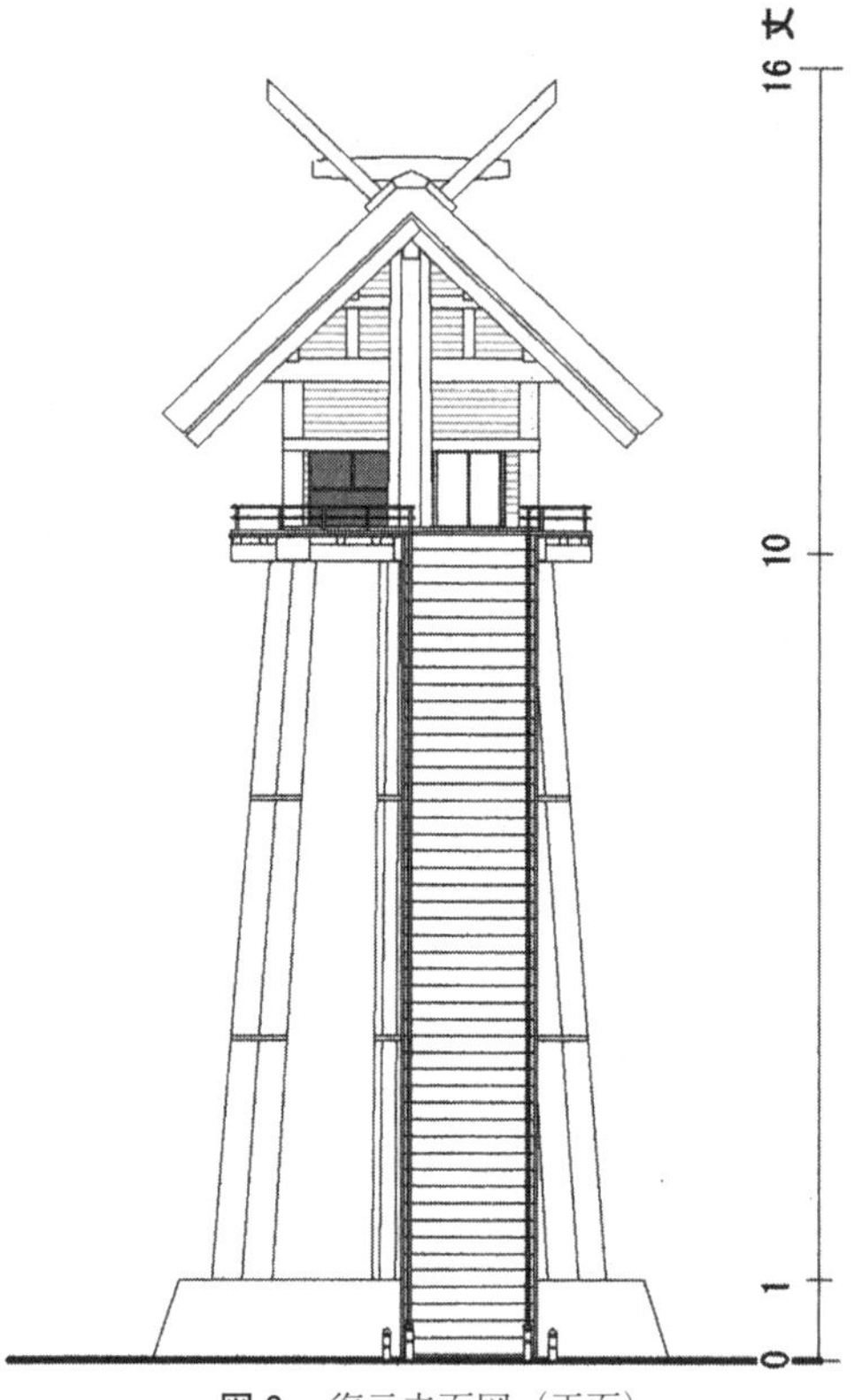

図6 復元立面図（正面）

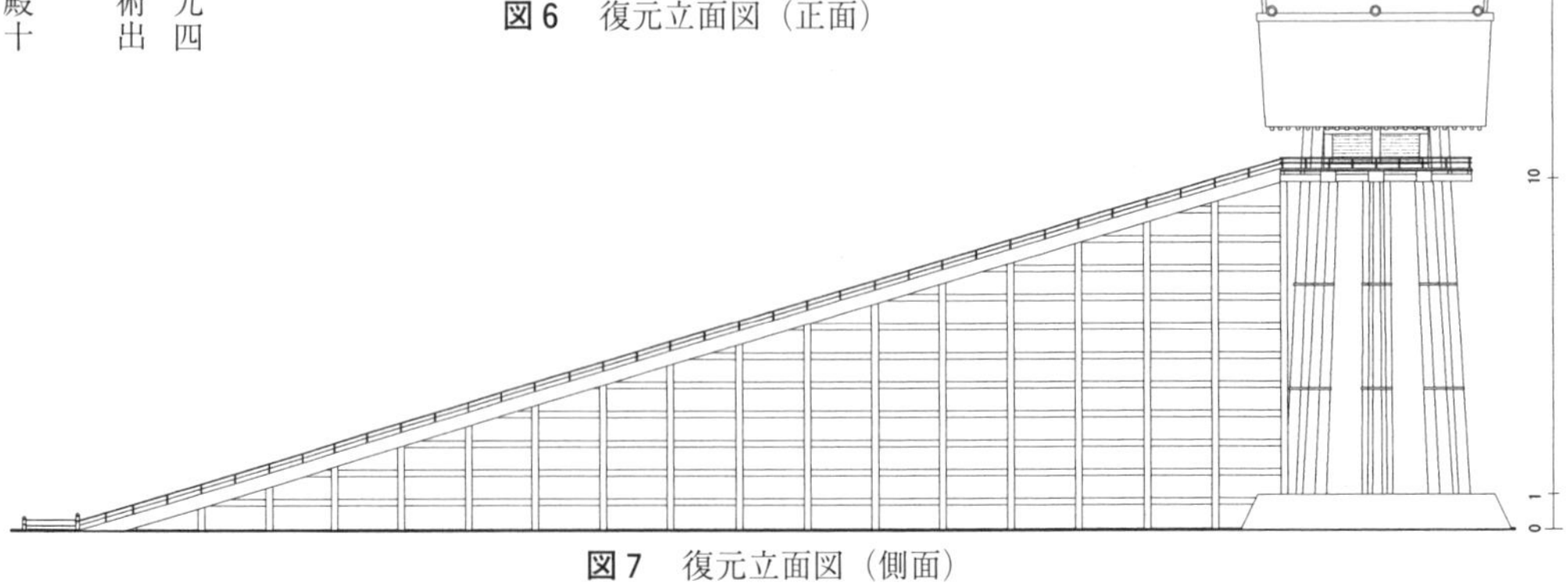

図7 復元立面図（側面）

六丈説批判―」『traverse』2号、二〇〇一。
(5) 註3に同じ。
(6) 宮本長二郎「出雲大社古代本殿の建築構造」『東アジアの古代文化』106号　二〇〇一他。
(7) 三浦正幸「出雲大社本殿」『日本建築史基礎資料集成―社殿Ⅰ』中央公論美術出版、一九九八。福山も「出雲大社の金輪造営図」で同様の見解を述べている。
(8) 「惺窩文集」による。『京都府の地名』(平凡社、一九八一)参照。
(9) 「京都御役所向大概覚書」による。
(10) 「上林家前代記録」による。『京都府の地名』平凡社、一九八一参照。
(11) 『国史大辞典』(吉川弘文館)による。
(12) 伊東忠太「山本信哉君の『出雲大社の建築に就いて』に就いて」『神社協会雑誌』第八年二号、一九〇九。

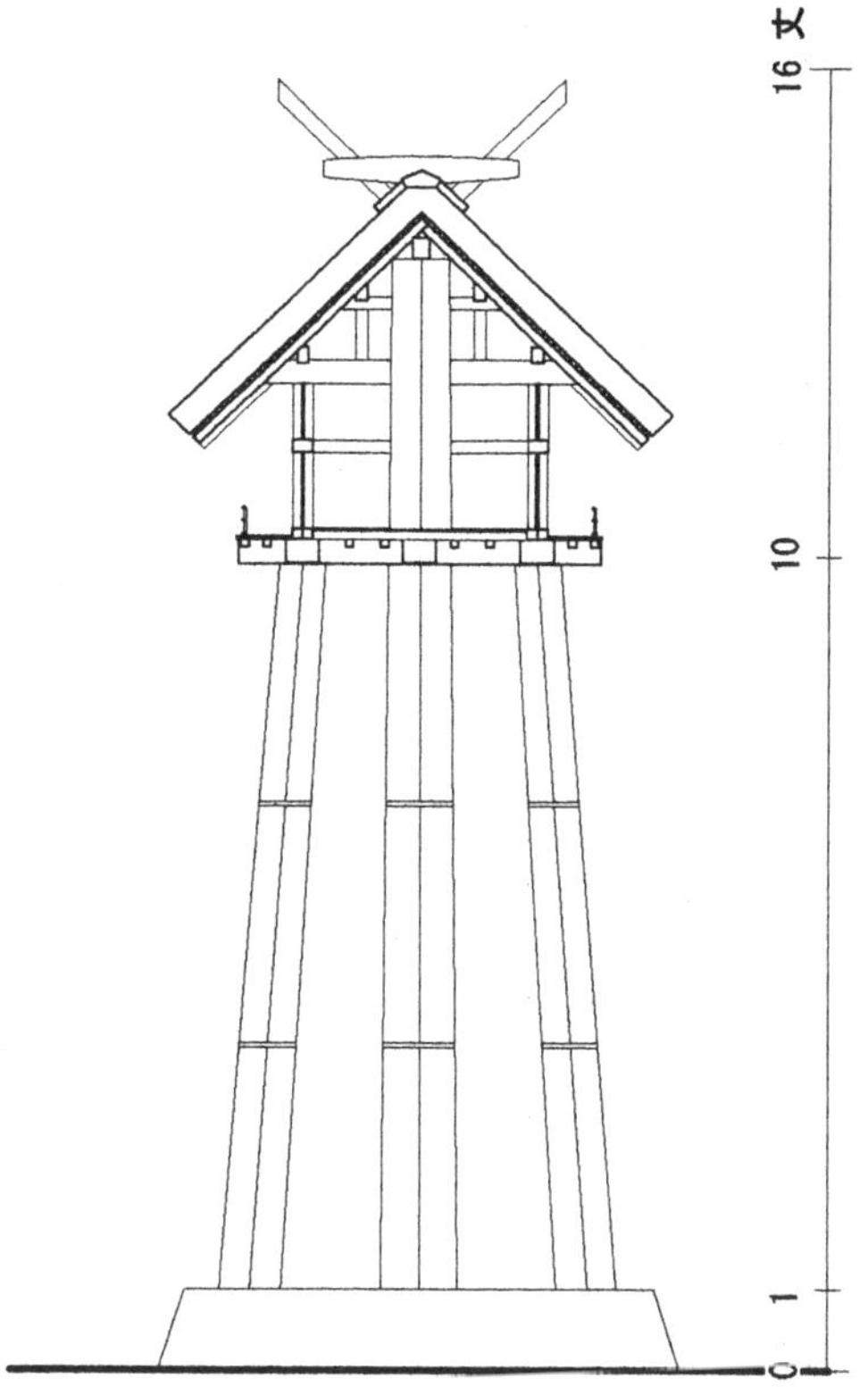

図8　復元梁行断面図

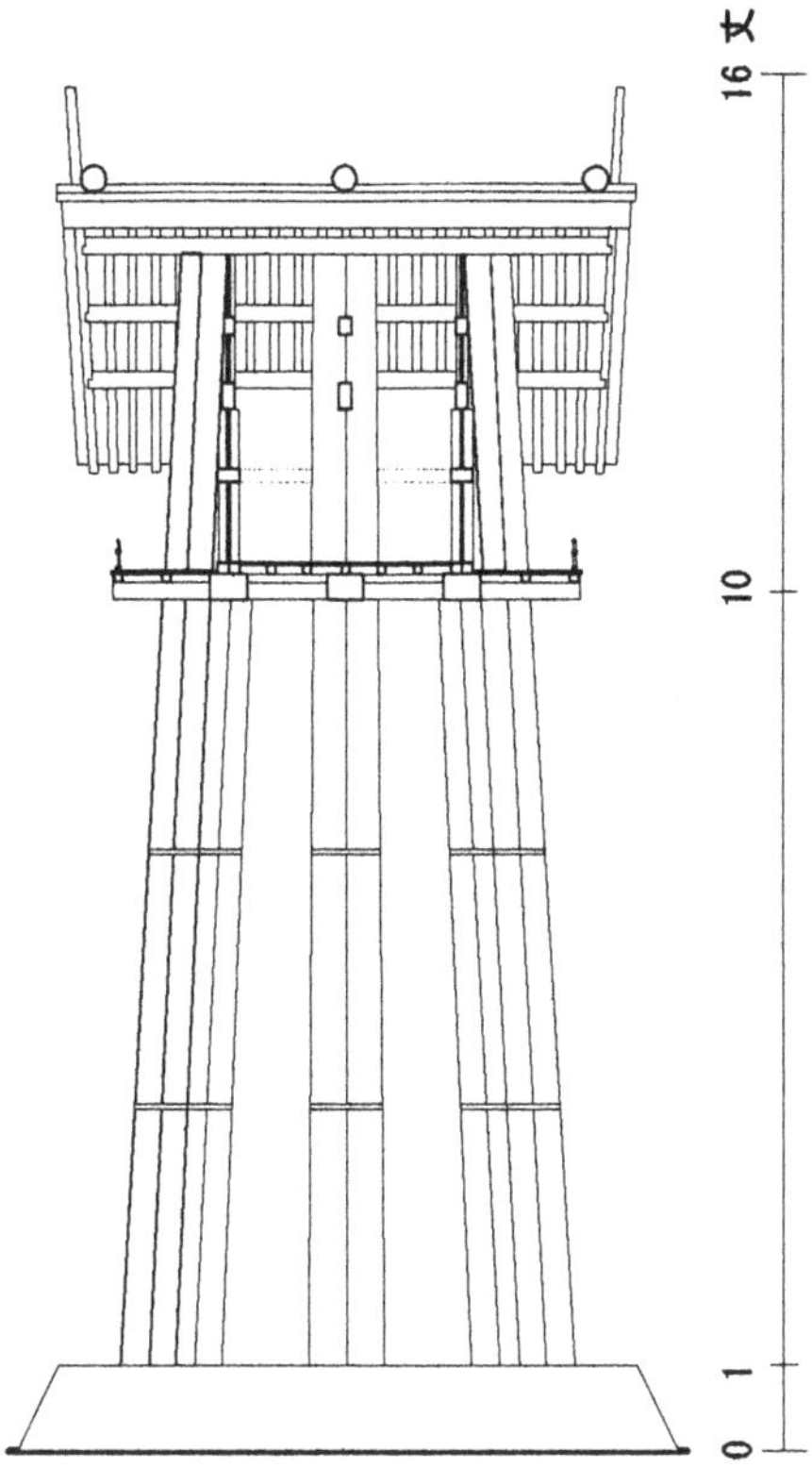

図9　復元桁行断面図

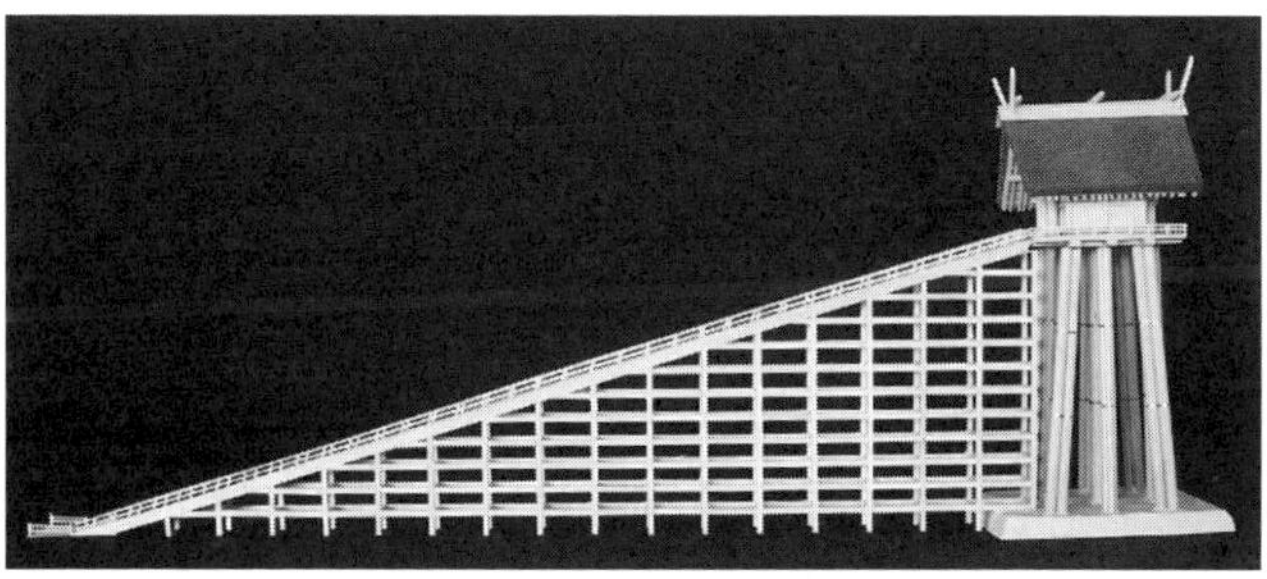
写真-1　復元模型①

写真-2　復元模型②

第三節　出雲大社境内遺跡本殿遺構の復元

浅川滋男

一、社伝をめぐる論争と復元案

「上古は三十二丈、中古は十六丈、その後は八丈」という社伝が、出雲大社で語りつがれてきた。ここにいう三十二丈、十六丈、八丈とは、言うまでもなく本殿の高さを示す寸法である。『杵築大社舊記御遷宮次第』におさめられた康応三年（一三九一）の記文にも「杵築大社三十二丈ト申ハ仁王十二代景行天皇ノ御時造立也、其後十六丈ニナリ、次に八丈ニナリ、今は四丈五尺也」とみえるから、遅くとも南北朝時代には棟高に関する伝承が体系づけられていたことになろう。

問題は「中古は十六丈」の部分である。「上古は三十二丈」という伝承に従うならば、遠い遠いはるかな昔に総高九六メートルの本殿があったことになって、国譲り神話の中の「天御巣」「天御舎」のイメージと重なり合うのだけれども、技術的にみた場合、実現は不可能というって大過なく、神話と連鎖した伝承にすぎない、というのが常識的な理解となっている。一方、中古における十六丈（四八メートル）については、技術的な困難さを伴うのはたしかだが、三十二丈にくらべれば不可能と断言できるほどでもないから、ここで議論が分かれた。早くも明治末に伊東忠太と山本信哉の論争が繰り返され、十六丈を否定する伊東の見解が優勢にたったが、戦前～戦後にわたって福山敏男が十六丈本殿の可能性を考証しつつ具体的な復元案を二度描き、太田博太郎が『日本建築史序説』（一九四七）に福山の復元図を掲載したあたりから、形勢は逆転した。ところがその一方で、堀口捨巳は福山説を批判して、総高十丈の復元案を示し、その後も福山説に対する批判が絶えることはなかった。ところが、平成十一年（一九九九）から二年半にわたる出雲大社境内遺跡の発掘調査が行われて、平安末～鎌倉初と目される大型本殿跡が発見され、福山の復元案が一気に再評価されたことは記憶に新しい。

その本殿跡の発見から、すでに一〇年の歳月が経過している。大型本殿の復元については、発見後まもなく宮本長二郎が十六丈案を示し（宮本 二〇〇二）、ついで黒田龍二が研究史を細かく振り返りながら総高四〇メートル余りの復元案を示した（黒田 二〇〇三）。さらに、発掘調査報告書の特論として、藤澤彰が十六丈の復元案（藤澤 二〇〇四）、浅川が大・中・小三つの復元案を披露した（浅川 二〇〇四・二〇〇六）。さらに、平成十九年三月十日に開館した島根県立出雲古代歴史博物館に宮本・藤澤・黒田・浅川・三浦の五名が復元設計した百分の一スケール模型が展示されている。本章にはこのうち藤澤（第二節）・三浦（第四節）・浅川（第三節）の復元に関する論文を含めている。

二、出雲大社境内遺跡と大型本殿遺構の発見

大型本殿遺構は、八足門と拝殿にはさまれた調査区（約六五〇平方メートル）の南西隅でみつかった。三本の柱材（スギ）を結束して一柱とする様は、金輪造営図にみえる「柱口一丈」の平面表記とそっくりであり、「宇豆柱」（独立棟持柱）、「心御柱」、「南東側柱」が続々と発見された（**図1**）。柱の埋められた柱穴は特大で、宇豆柱を例にとると、平面は南北約八・五メートル、東西約六メートルの倒卵形を呈しており、南側は約二〇度のスロープをなす（**図2**）。柱根のおさまる底部はほぼ平坦であり（**図3**）、遺構検出面からの深さは二・一〜二・二メートルを計るが、旧地表面は遺構検出面より数十センチ高かったと推定される。柱穴には平均重量四・五キロの石（角礫もしくは亜円礫）をぎゅうぎゅう詰めにしている。土ではなく石を用いたのは、石詰めの方が柱の基礎を固められるのと、湧水処理のためであったものと推察される。柱穴の上面では厚さ約二〇センチの焼土層が確認されて

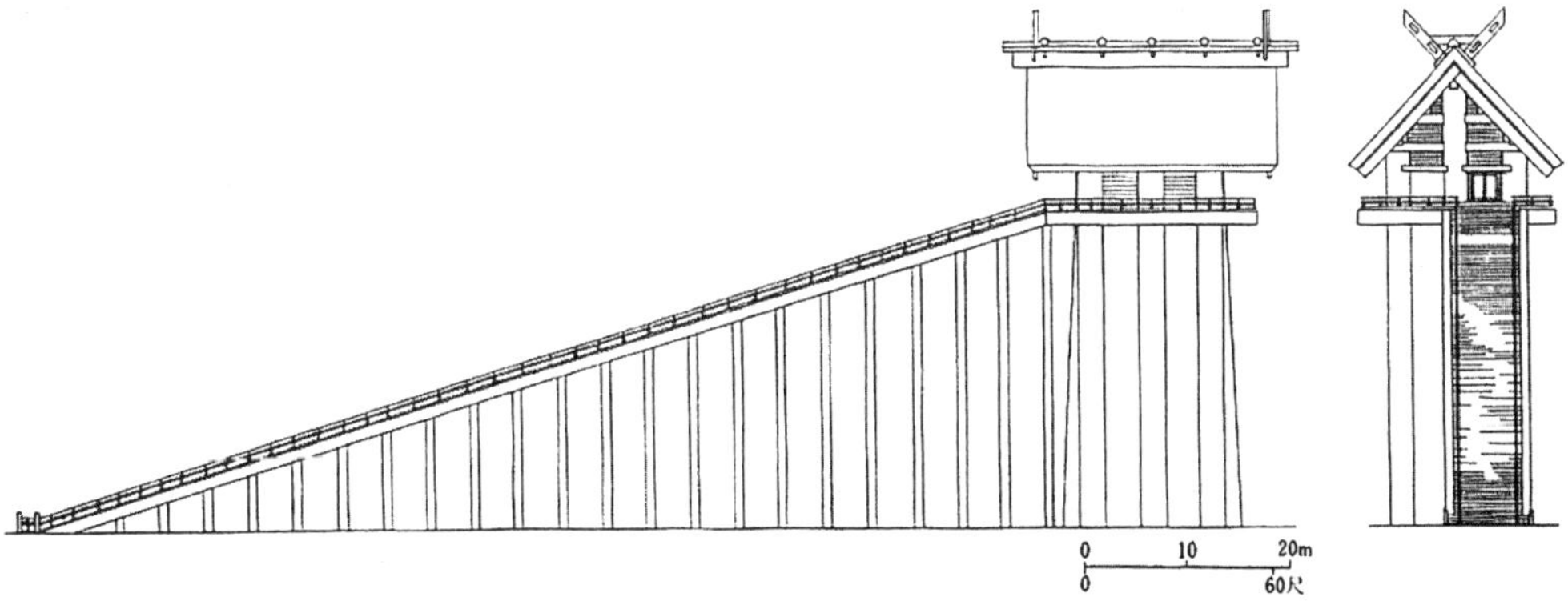

図1 福山敏男の戦後復元案（『日本建築史図集』より転載）

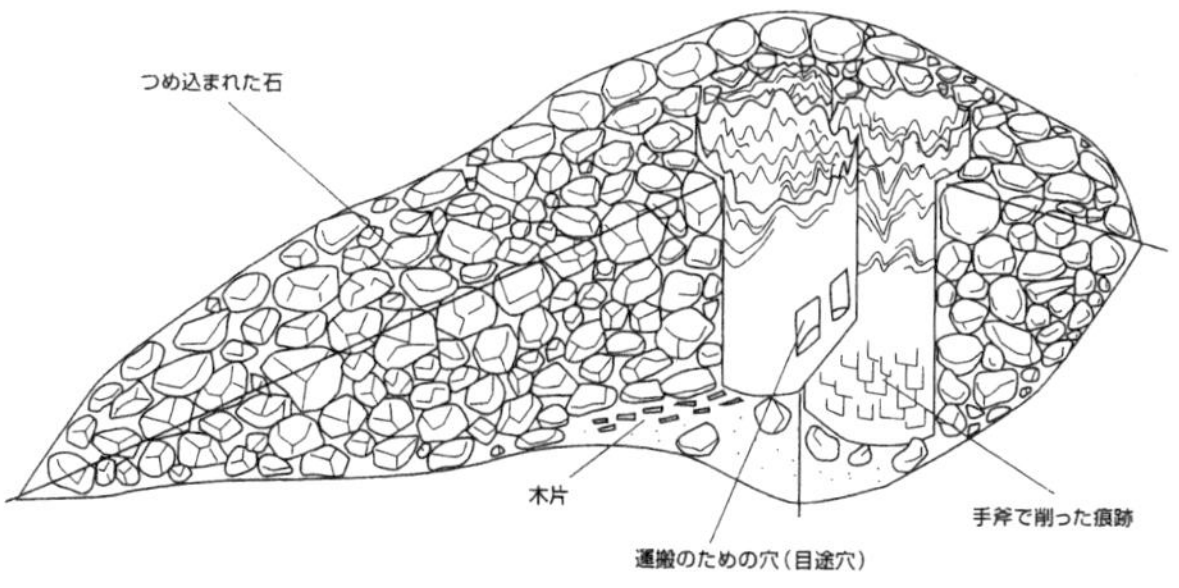

図2 出雲大社境内遺跡大型本殿遺構宇豆柱の柱穴模式図（「出雲大社境内遺跡緊急公開シンポジウム」予稿集より転載）

おり、火災との関係が指摘されている。

　宇豆柱南柱材の側面にはベンガラ（紅殻）が付着していた。焼土中の鉄製品にも付着しており、柱周辺の粘質土でも粒状になったベンガラを確認している。心御柱でも、焼土中の釘にベンガラが付着していた。以上から、本殿の地上部分は赤色に塗装されていたことがわかる。なお、宇豆柱柱根の直下から鉄製品のチョウナが二点、土師質土器の柱状高台付坏が出土しており、いずれも建築儀礼に伴う遺物の可能性がある。

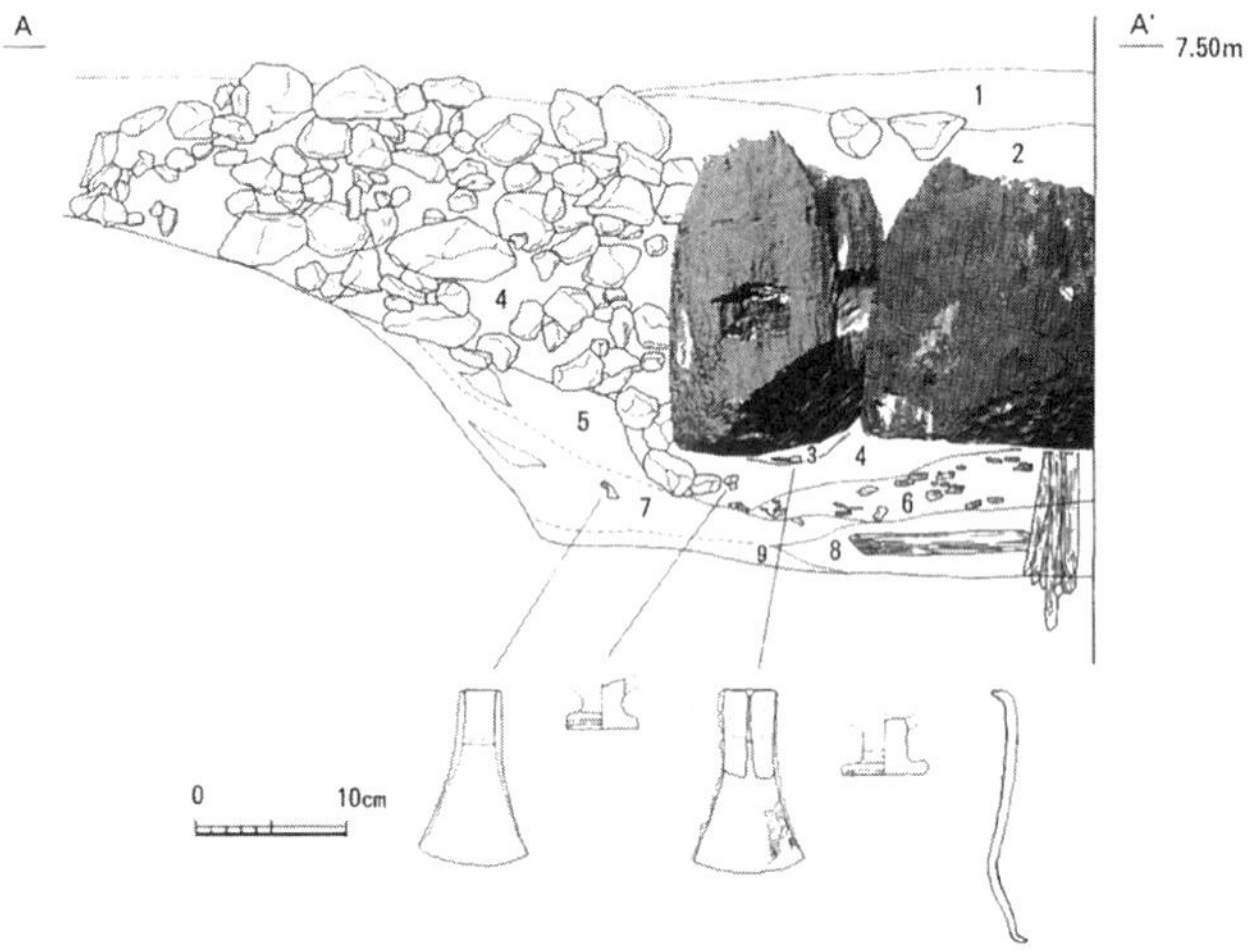

図3　出雲大社境内遺跡大型本殿遺構宇豆柱柱穴断面図（『出雲大社境内遺跡』より転載）

三、通柱・添束構造——掘立柱の基礎構法

　三材をもって一柱をなす構造は、発見された三ヵ所の柱穴で同一ではあるが、柱材の寸法に大小の差異が認められる。これがもっとも鮮明に看取できるのは心御柱で（**図4**）、発掘調査時の実測野帳を確認すると、北材の直径が一三五センチ、南西材と南東材の直径が一一〇センチを計る（**図5**）。宇豆柱は一部を矢板によって破壊されているが、南材が東西一三〇センチ、南北一一〇センチの楕円形を呈し、北東材は直径一二〇センチを計る（**図6**）。南材は直径一三〇セン

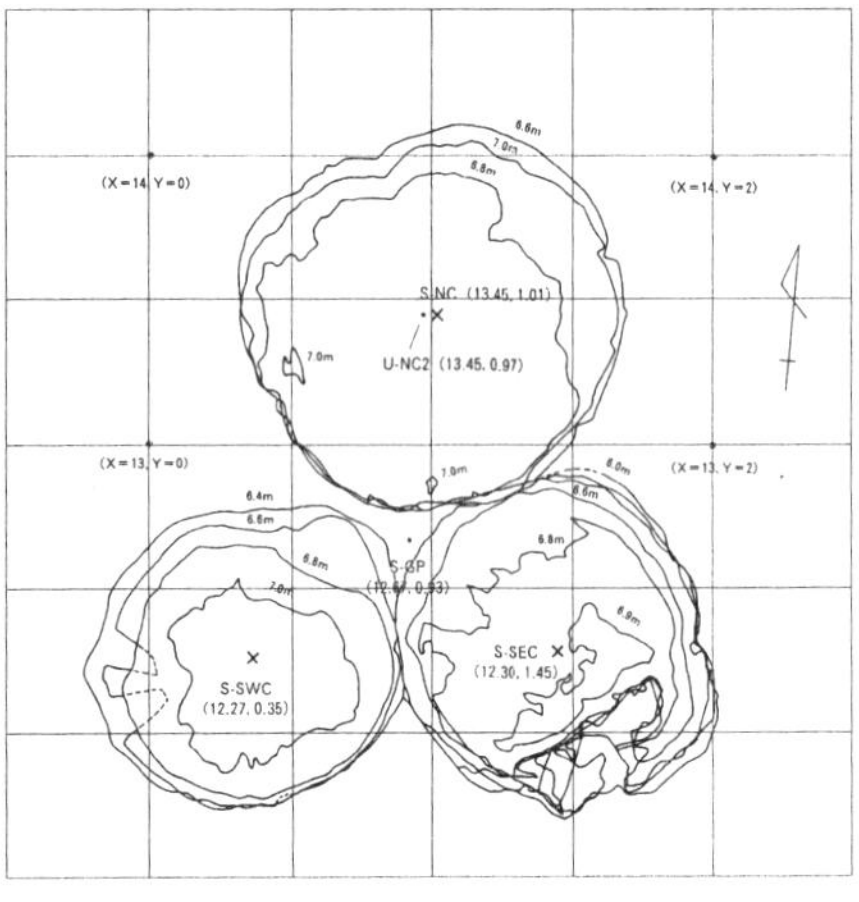

図5　出雲大社境内遺跡大型本殿遺構心御柱遺構図（野帳おこし、S＝1/50）

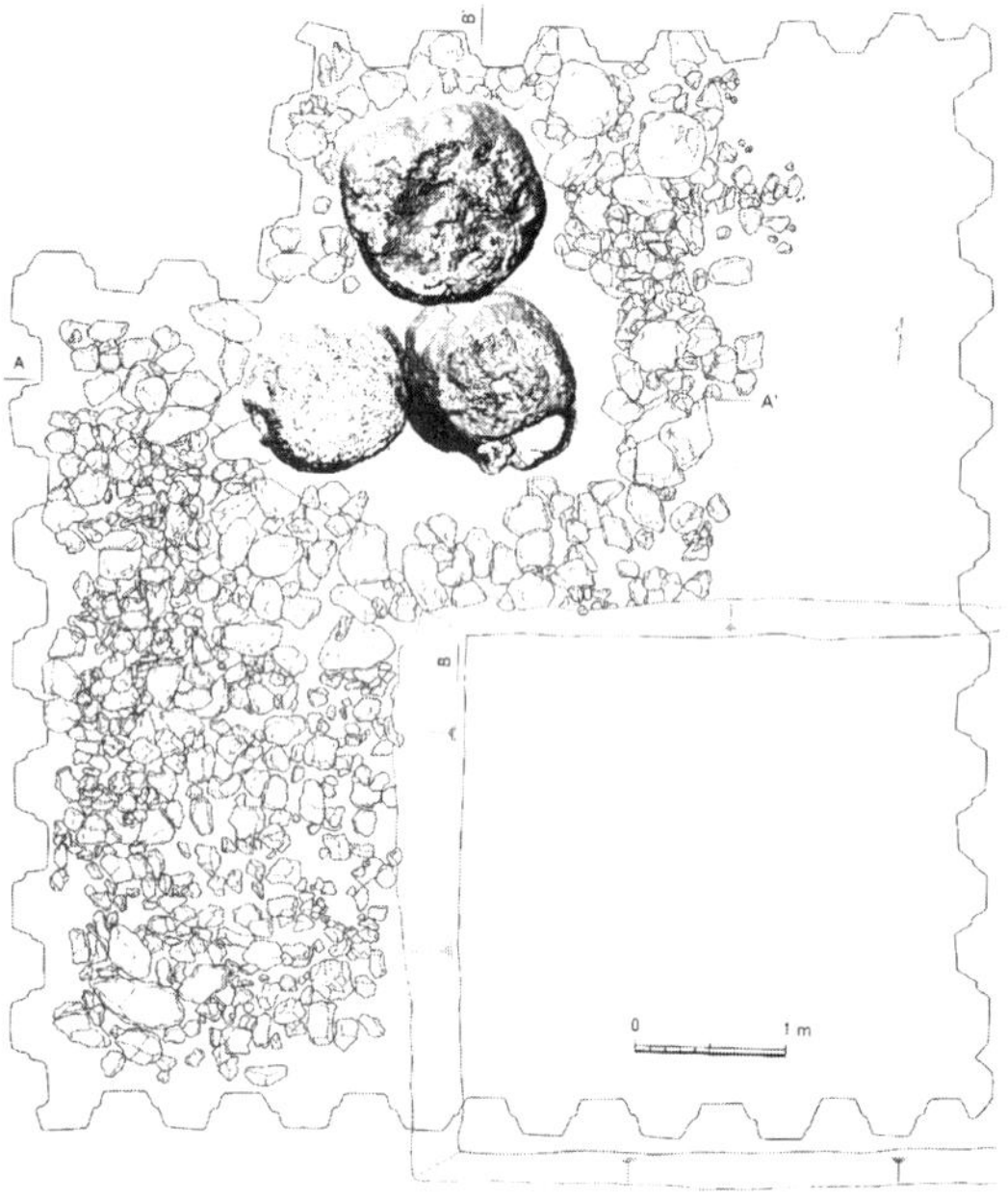

図4　出雲大社境内遺跡大型本殿遺構心御柱出土状況（『出雲大社境内遺跡』より転載、S＝1/100）

チの材であった可能性を否定できない。南東側柱については、柱穴を全掘しておらず、柱材の輪郭を確認できていない（**図7**）。直径一〇五センチ前後に復元できそうだが、材の大小関係は明らかではない。

ところで、三材の配列には一定の規則性を読み取れる。宇豆柱は南から一本＋二本、心御柱は反転して南から二本＋一本、南東の隅柱も南から二本＋一本と並んでいる。〈一＋二〉もしくは〈二＋一〉という規則性が認められるのである。しかも、心御柱にみるように、二本並列の材が一本の材より径が小さいとするならば、平行する二本の柱材と残りの大きな柱材で構造上担うべき役割を異にしたのではないか、という推論を禁じえない。以上から、私は三本の柱材のうち、大きな径の柱材一本を通柱、小さな径の柱材二本を床桁を受ける添束とみなしたい。このような掘立柱による通柱・添束構造は、遅くとも弥生時代に出発点をもち、奈良～平安時代の床張り建築に普遍化しており、それが大社造本殿に応用されたとしても何ら不思議ではなかろう。三本の柱材を通柱と添束に分解して遺構平面をとらえると、柱間寸法は梁行が一二尺、桁行が一〇尺、側柱筋からの宇豆柱の出八・五尺の寸法が得られる（**図8**）。

四、平面の復元――「金輪御造営差図」との比較

いわゆる金輪造営図には五種類の写しが残っている

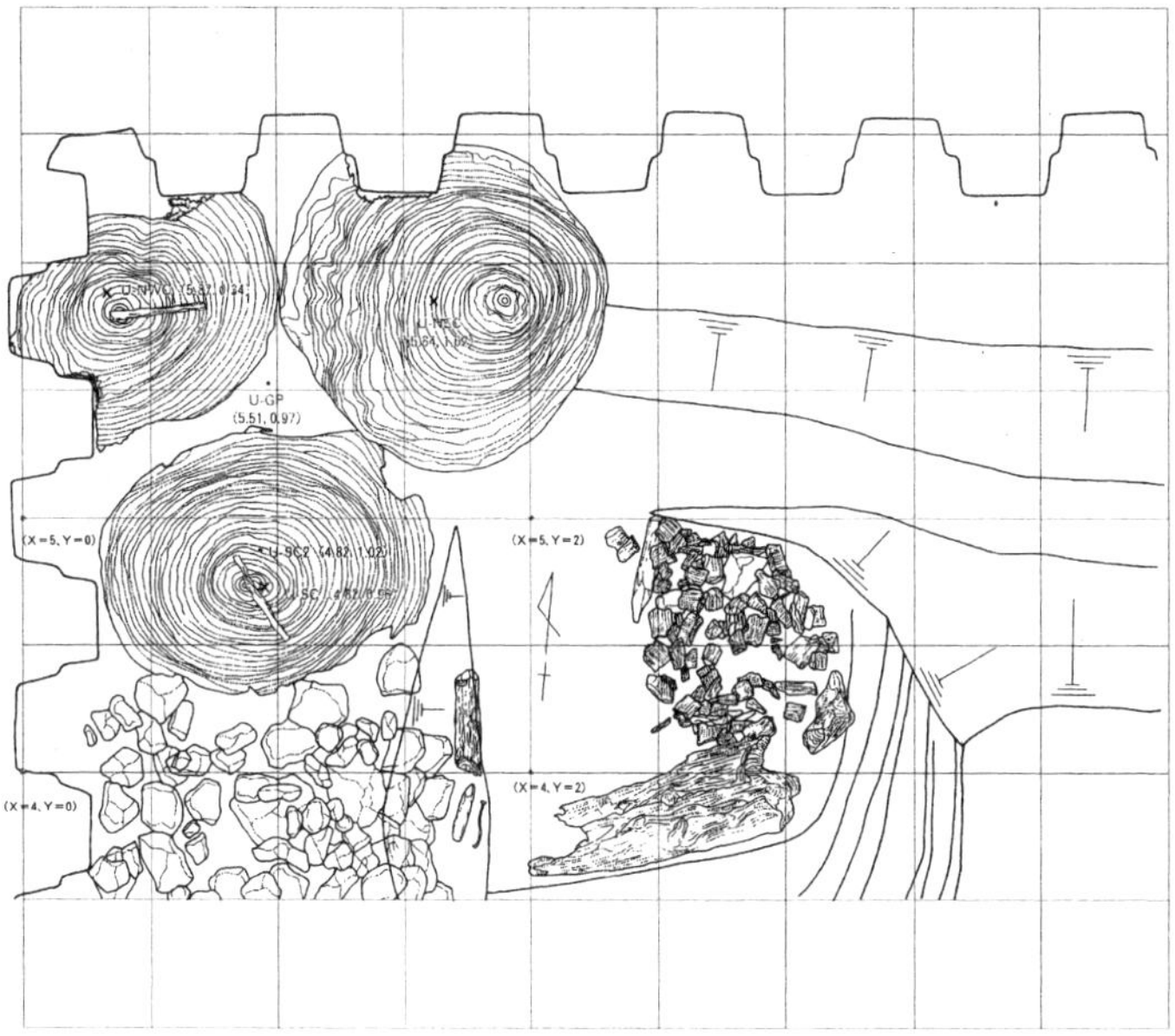

図6　出雲大社境内遺跡大型本殿遺構宇豆柱遺構図（野帳おこし、S＝1/50）

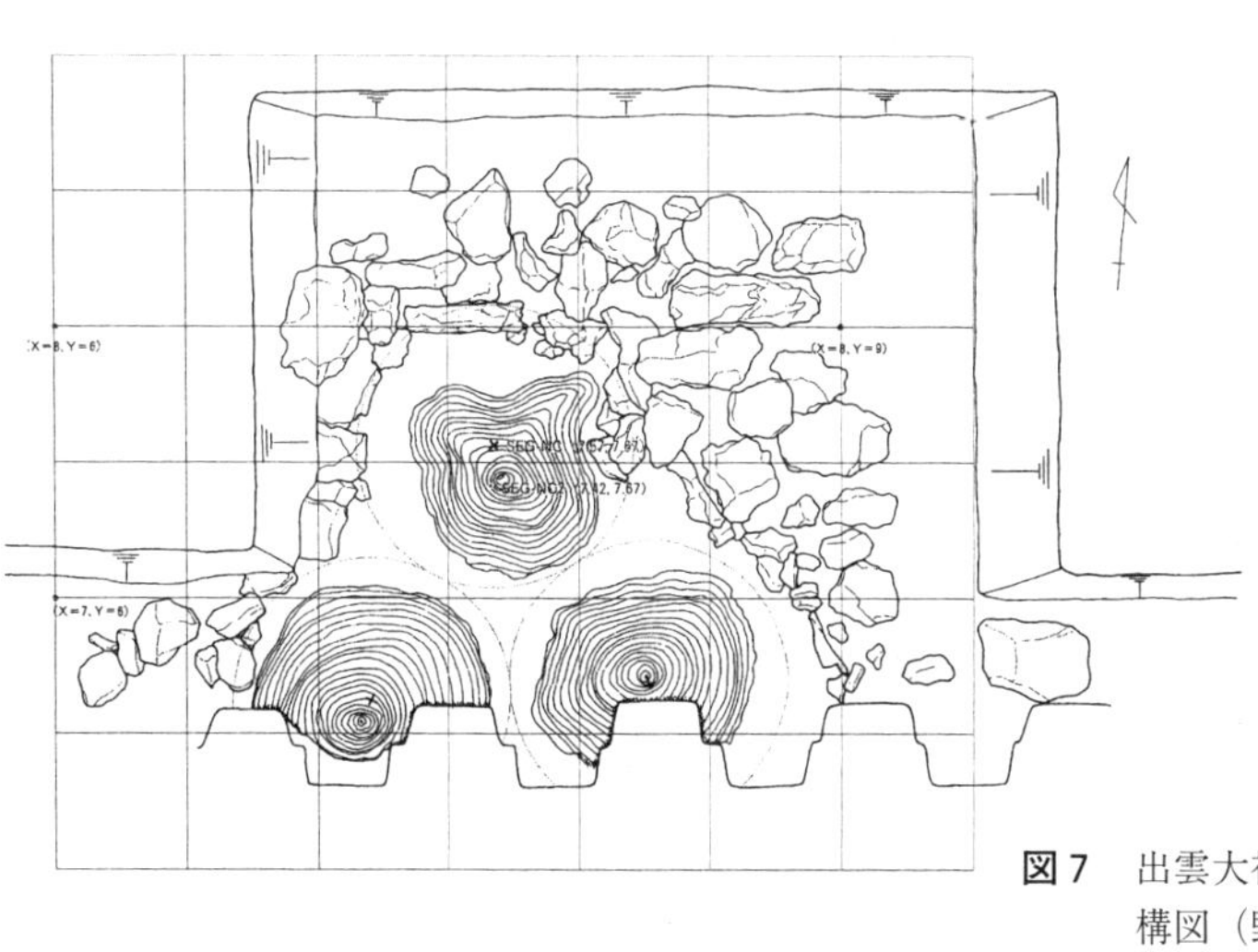

図7　出雲大社境内遺跡大型本殿遺構南東側遺構図（野帳おこし、S＝1/50）

が、（A）千家家所蔵「金輪御造営差図」と（B）『玉勝間』所載指図（千家俊信が本居宣長に写しを送付し描き写した図）がよく知られている（**図9**、**図10**）。本殿遺構復元にあたってもっとも参考となるのは、もちろん（A）であるけれども、指図の制作年代が鎌倉時代初期以前に遡るとは考え難く、宝治度造替の正殿が火災で焼失後、仮殿を本殿としていた時代に正殿の復興を請願するために制作された図とみる意見が有力になっている。とはいうものの、本体部分に関しては境内遺跡でみつかった大型本殿遺構と酷似しており、（A）（B）の要点を遺構と比較しつつ整理しておこう。

まず「大床」の形状は、（A）がほぼ正方形であるのに対して、（B）は縦長の長方形を呈していて、現本殿よりも神魂神社本殿に似ている。出土遺構と対比して明確な違いをみせるのは、心御柱の柱配列である。（A）（B）とも三本柱を西から東に向かって「一本＋二本」と配列しているが、遺構では北から南に向かって「一本＋二本」と配列する。なお、心御柱は「岩根御柱」と記され、（A）ではもっとも大きく描き、正背面の宇豆柱もわずかに大きく描く。注目すべきは四隅の柱配列で、〈一＋二〉もしくは〈二＋一〉の配列構造を四五度回転したようにみえる。黒田龍二の復元案は拙案と同じ通柱・添束構造を採用しているが、隅の一本を通柱とする点が拙案と異なる。黒田は指図の柱配列、私は遺構の出土状況を尊重した結果の相違といえよう。

「大床」の右手

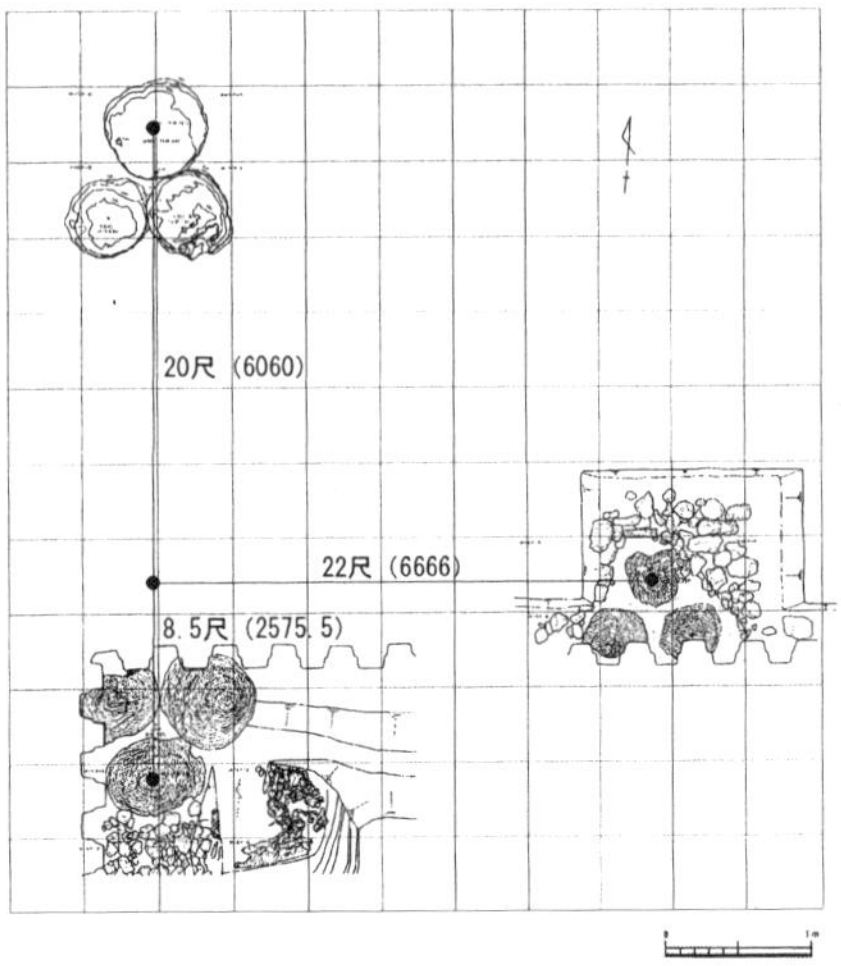

図8　出雲大社境内遺跡大型本殿遺構柱間寸法の復元（浅川研究室作図、S＝1/100）

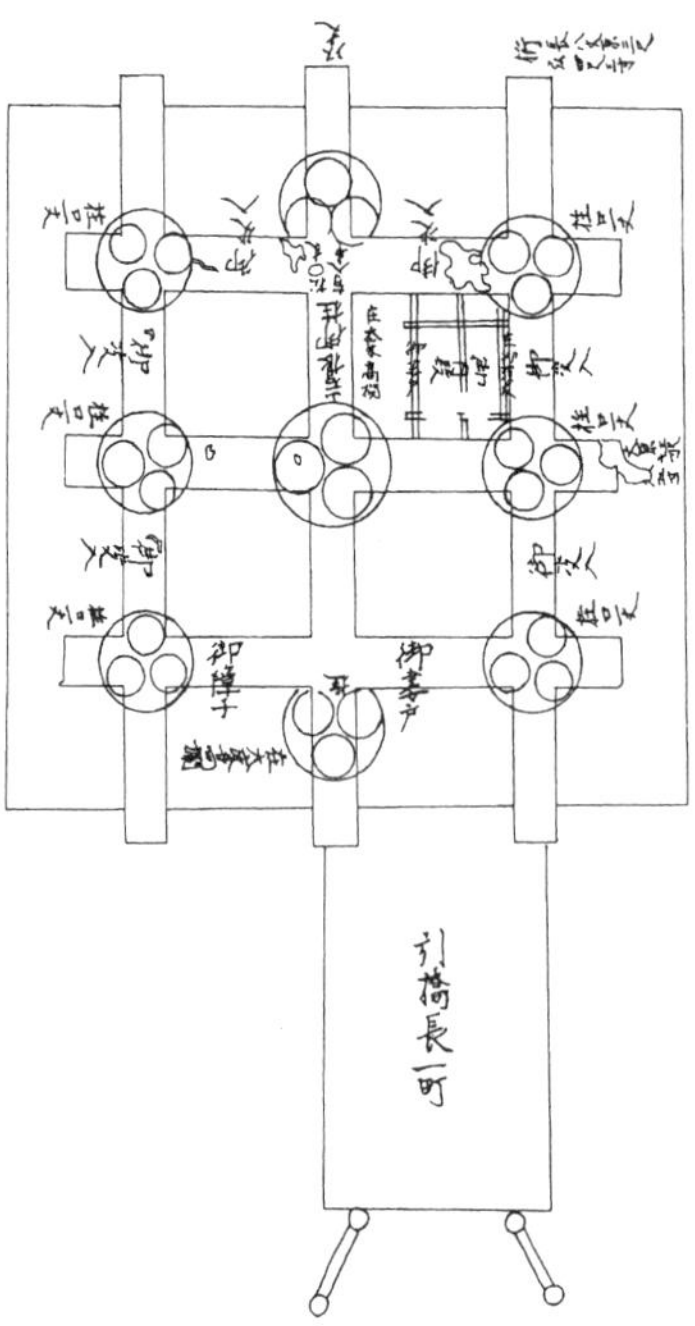

図9　「金輪御造営差図」（千家尊祐氏蔵）トレース（浅川研究室作図）

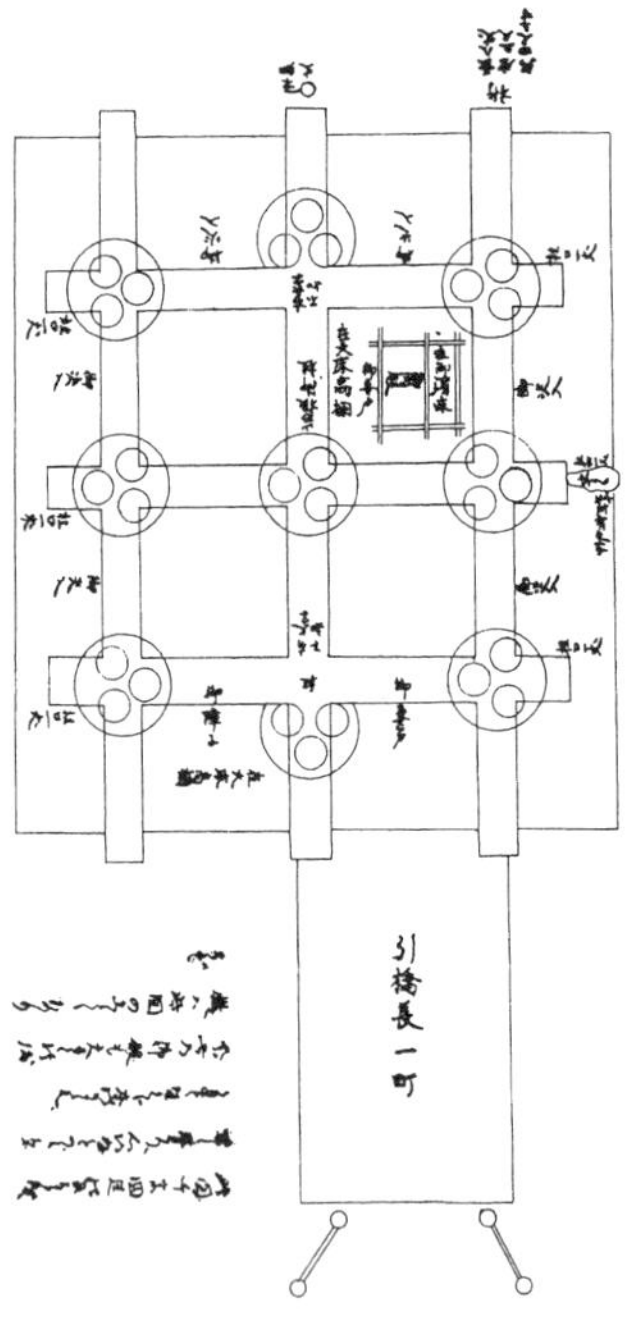

図10　『玉勝間』所載の金輪造営図トレース（浅川研究室作図）

下側には「引橋長一町」が描かれている。長さ一〇九メートルにおよぶ木階が存在したことを伝えるものだが、にわかには信じがたく、遺構とも一致しない。建具をみると、引橋正面の柱間を「御妻戸」、その西側の柱間を「御障子」とし、他の柱間はすべて「御決入《おんさくりはめ》」（横板落込）と記す。「御妻戸」の正面奥には「御内殿」が鎮座する。御内殿には土台のような表現がみられ、屋根は切妻造平入の流造を想像させるが、現本殿では流造ではなく、左右均等の切妻造としている。西側に「御妻戸」があり、東側に「在御濱床」とあるので、濱床の上に井桁を組んでいたのだろうか。また、「在大床高欄」の五文字が二ヵ所にみえる。縁の四周にめぐらせた高欄の存在を示すものである。

次に指図にみえる寸法を、(A)から拾いあげてみよう。

・桁　長八丈　厚三尺　弘四尺三寸
・(棟桁長)　玖丈
・梁　長□丈　厚三尺七寸　弘□尺五寸（□は虫食い／長さ五丈か？）

まず注目したいのは、桁の長さ八丈に対して、棟桁のそれを玖（九）丈としているところで、両材の寸法が異なるにもかかわらず、図に描く桁と棟桁の長さは一致している。指図で赤く塗られた井桁状の表現については、床を受ける土居桁とみる意見もあるけれども、土居桁ならば、その先端が「大床」の端部に一致しなければならない。ところが、梁行方向の材は「大床」の内側に納まり、桁行方向の材は「大床」よりも長く描いているから、桁・梁の表現とみるべきだろう。ここで桁の長さ＝八丈（八〇尺）とみれば、遺構より復元された桁行柱間寸法が二〇尺だから二間の柱間総長が四〇尺となるので、両妻面における桁の出は八〇尺−四〇尺＝四〇尺の1／2、すなわち二〇尺（約六メートル）となる。指図では桁の長さよりも正背面の縁の出が短くなっているので、とりあえず出土遺構における宇豆柱の出（八・五尺）の二倍＝一七尺（約五メートル）と仮定しておこう。

一方、延享度造替の現本殿では、正面の縁の出が約一二尺、側面および背面の縁の出が約九尺であり、この比例を本殿遺構に援用すると、側面の縁の出は一七尺×3／4＝一二・七五尺となる。復元寸法としては一二・七五尺の近似値として一三尺（約三・九メートル）を採用する。なお、背面については「金輪御造営差図」のプロポーションを尊重し、正面と同じ一七尺の出とする。以上の復元案にみられる特徴は、桁行柱間寸法二〇尺、桁行方向総長四〇尺、梁行方向総長七〇尺など完数による寸法値が得られることである。さらに、桁総長八〇尺（八丈）、棟桁総長九〇尺（九丈）という値も同類の完数値といえるが、梁両端の出を側柱心から三尺ずつとると、梁の総長も五〇尺（五丈）という完数値を得る。

ところで、「金輪御造営差図」に記された部材寸法のうち、桁の長さを尊重すると、螻羽の出が異常に大きくなる。側柱心からの桁の出は二〇尺だから、桁行柱間寸法に等しく、常識的にはありえない長さと思われる。しかも、棟桁の総長は九丈で、桁の八丈よりも一丈長い。この結果、側柱心からの棟桁の出は二五尺となる。この場合、当然のことながら螻羽は外転びとなって、屋根全体は船形を呈する。すでに述べたように、神郷図では正面右（東）側の屋根形と床上の宇豆柱を省略しており、切妻屋根の螻羽が直線だったのか、外側に転んでいたのかを判断できない。以上、判断を躊躇させる要素が錯綜としているが、遺構そのものが尋常ではないので、同じく尋常とは思われない「金輪御造営差図」に則った復元を試みる学術的意義があると判断した。以下、この復原案を「当初案」と呼ぶ（**図11**）。

当初案を図化し、模型を制作してみると、予想されたとおり、螻羽の出があまりにも長く、妻より外側の屋根が重くなりすぎている（**図12**）。このまま当初案を最終案とするのはためらわれるので、若干修正を加えることにした。修正案では、棟桁の出を宇豆柱の出（妻柱から八尺五寸）の二倍、すなわち一七尺とみる。この場合、棟桁の総長は七四尺で、桁は棟桁より短い完数値とした

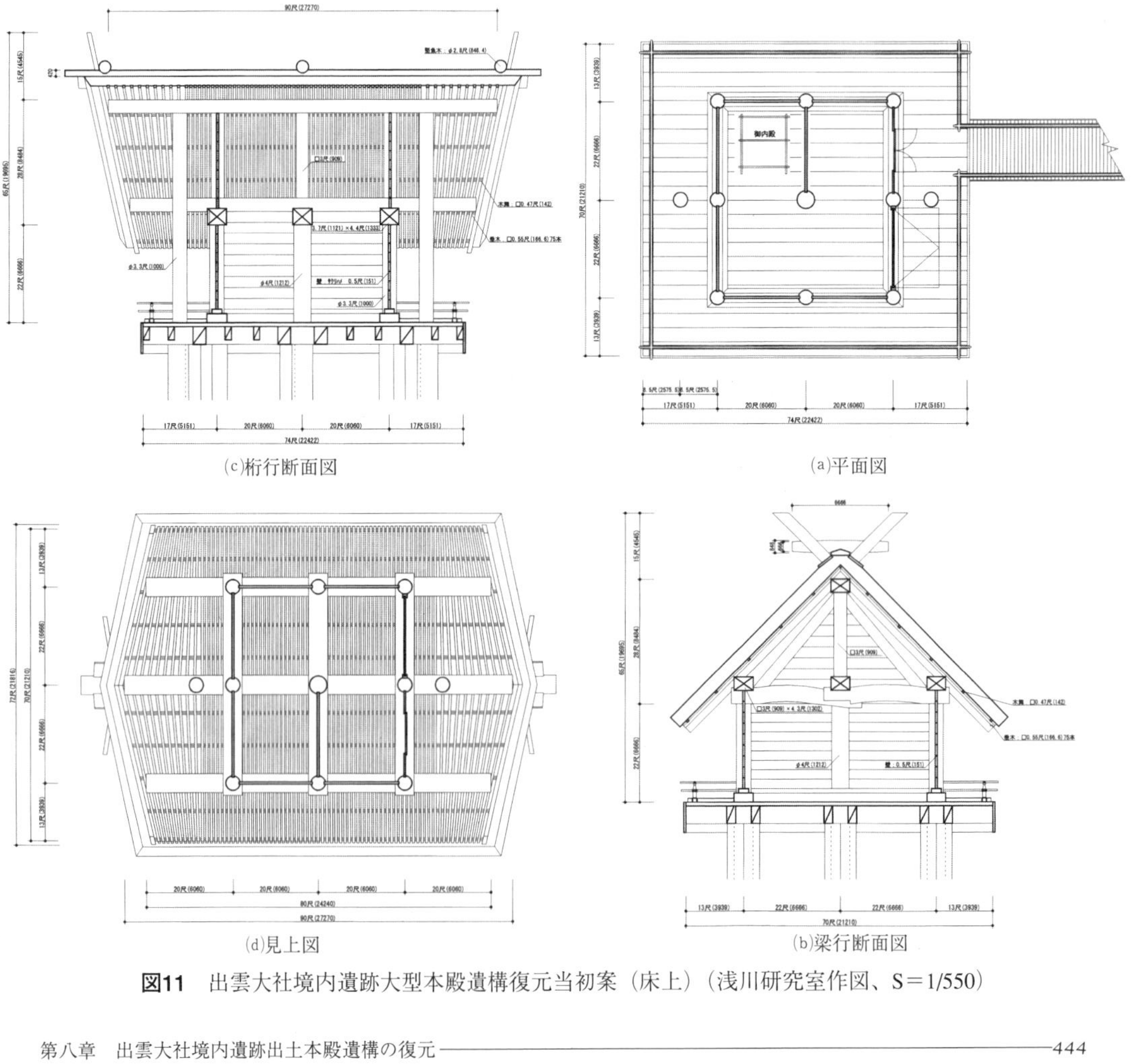

図11　出雲大社境内遺跡大型本殿遺構復元当初案（床上）（浅川研究室作図、S＝1/550）

いので、総長七〇尺とした。側柱からの桁の出は一五尺となるから、縁の出も一五尺に縮める。側面の縁の出は一三尺のままとする。こうすると、「大床」は東西・南北とも七丈（七〇尺）の正方形となる（**図13**）。

以上から、次の基本寸法が復元できる（傍線部分が遺構より復元した寸法）

一、桁行方向の柱間寸法　二〇尺（二間の総長　四〇尺）

二、梁行方向の柱間寸法　二二尺（二間の総長　四四尺）

三、宇豆柱の出　八尺五寸

四、縁の出　正背面十五尺　側面十三尺

五、床面梁行方向総長　七〇尺（十三尺＋二二尺＋二二尺＋十三尺）

六、床面桁行方向総長　七〇尺（十五尺＋二〇尺＋二〇尺＋十五尺）

五、モデルとしての神郷図

本殿遺構が発見された当初、柱状高台付坏の年代観（十二世紀後半～十三世紀）から、平安末～鎌倉初とい

図12　出雲大社境内遺跡大型本殿遺構復元当初案模型にみる螻羽の出（浅川研究室制作）

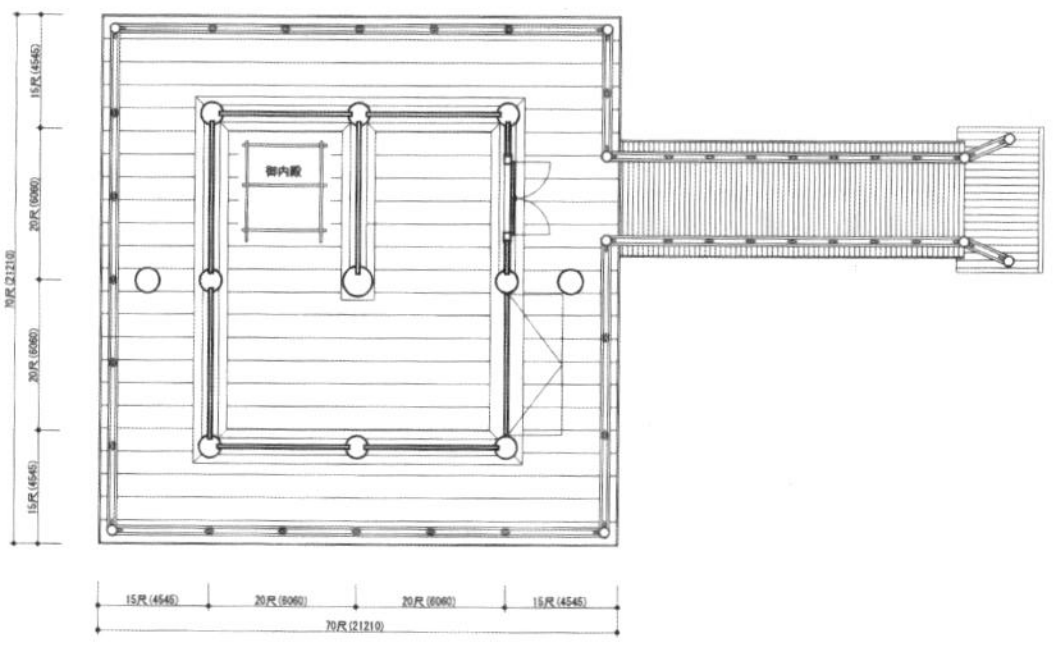

(a)平面図

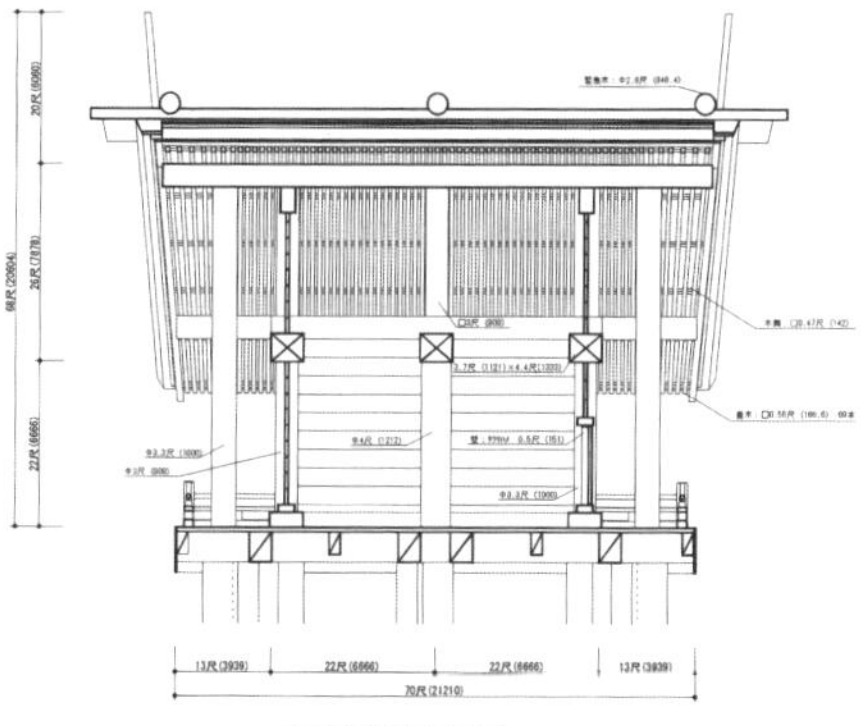

(b)桁行断面図

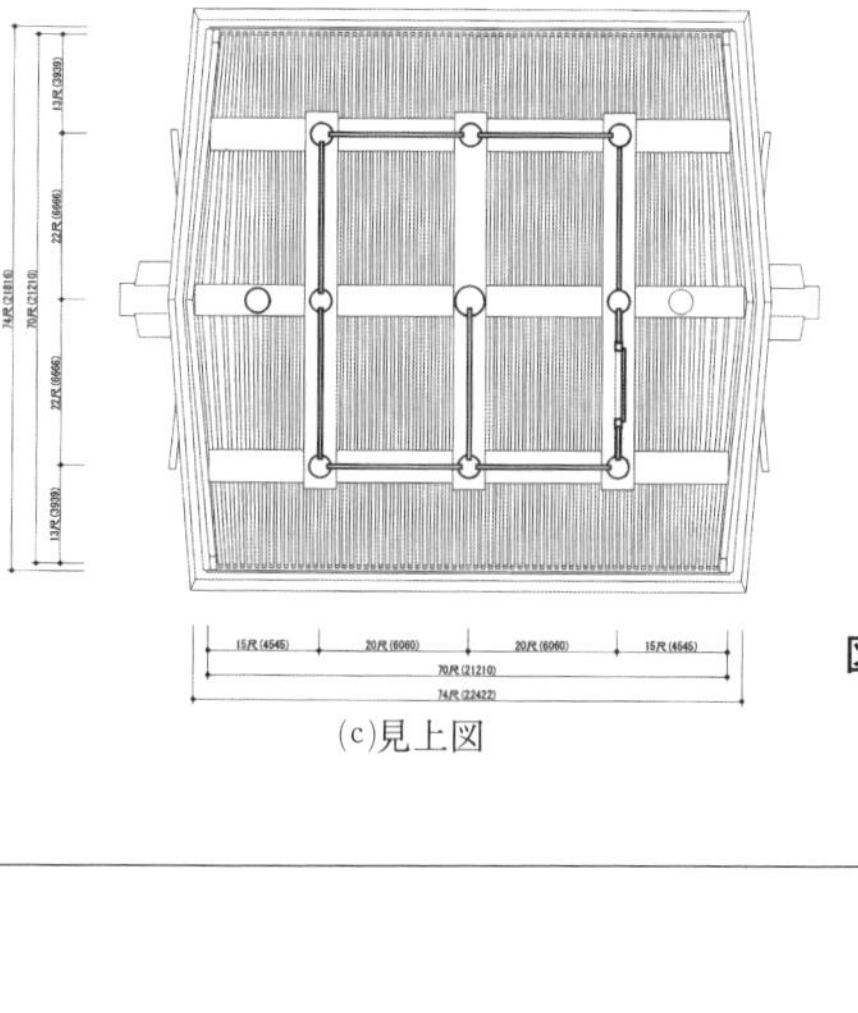

(c)見上図

図13　出雲大社境内遺跡大型本殿遺構復元修正案（床上）（浅川研究室作図、S＝1/550）

う漠然とした年代観が想定されていた。その後、宇豆柱南柱材のC14年代（一二一五〜一二四〇年）、心御柱北柱材のC14年代（一一九七〜一二二九年＋α）、宇豆柱直下で採集された木の葉の生育年代（一二四一〜一二八〇年）、心御柱南西材直下から出土したスギ板シラタの最外層年輪年代（一二二七年）が続々と判明し、遺構の年代観は十三世紀前半に収斂していった。これを文献史料と対比して検討すると、『杵築大社正殿造営日記目録』（千家家文書）に寛喜元年（一二二九）「杣山始木作始事」とみえるから、科学的年代測定値に対応するのは宝治二年（一二四八）に遷宮造替され、文永七年（一二七〇）に火災で焼失した本殿であり、いわゆる中世一宮時代最後の「正殿」とみなされる。

　とすれば、鎌倉時代初期の境内を描いたとされる「出雲大社並神郷図」（以下、神郷図と略称）とも年代観が重なり合う。神郷図にみえる本殿こそが発掘調査で出土した遺構の在りし日の姿の可能性が高いわけだが、神郷図の制作年代は「金輪御造営差図」と同じく、十四世紀に下る可能性があって、その絵画の写実性を全面的に信頼できるわけではない。しかしながら、本殿の外観復元にあたってもっとも尊重すべき画像資料であることは疑いなく、絵図に描かれた本殿の構造形式をまずは整理しておこう（**図14**）。

　本殿は、垂直に切り上がる白い基壇上に立っている。柱は赤く塗られており、出土したベンガラとみごとな一致をみせる。床下の柱は正面と東側面の五本を描く。礎石の表現は認められない。床下の柱は床上よりも明らかに太い。「大床」に上がる木階は急勾配で、階隠を伴わない（階隠は省略の可能性あり）。廻縁の高欄は低く、その下の幕板（雁歯）は長く描いている。幕板には剣巴らしい文様が描かれ、その色彩は白と黒に限られる。高欄と幕板は木階側桁の下側に連続する。縁板および木階の踏板は木肌に近い色彩としている。

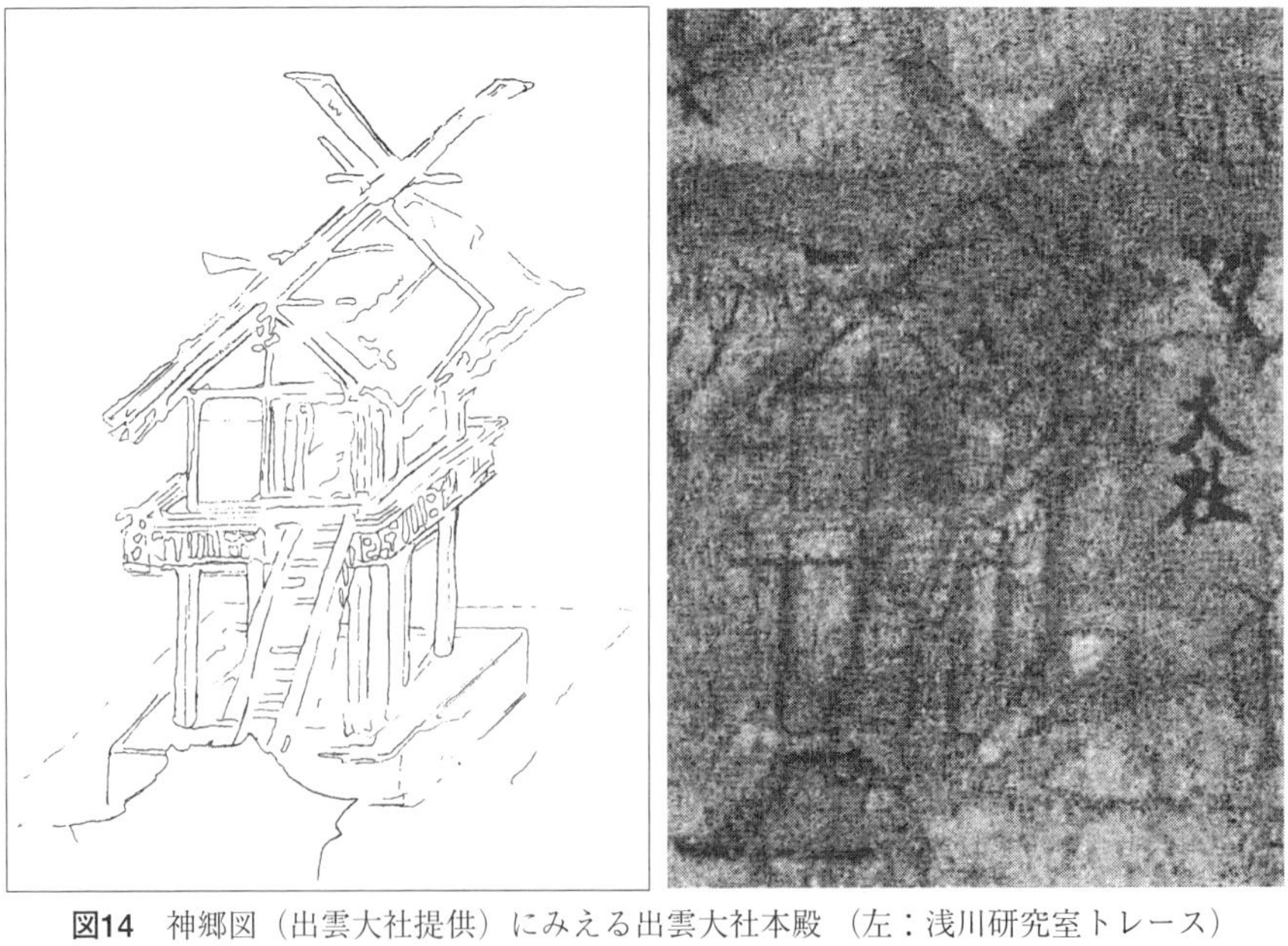

図14　神郷図（出雲大社提供）にみえる出雲大社本殿（左：浅川研究室トレース）

　床上の柱は床下の柱より明らかに細い。ただし、赤い柱をはっきりと確認できるのは西南の隅柱と妻柱のみである。木階の正面には赤い扉を描く。梁近くまで達する高い扉である。扉以外の柱間は白く塗る。屋根構造は二重に描いている。梁・桁・叉首・束らしき構造材を黒い線で描き、それとはやや異なる角度で屋根面を表現しているのである。背面の螻羽は出が大きい。屋頂部では、背面側に異様なほど大きな女千木を描き、堅魚木も三本確認できる。ところで、屋根面の右（東）側では屋根形が建物の背面側にしか認められない。すなわち、正面側の屋根形と宇豆柱の床上部分も省略されている。妻面の中央にみえるのは隅柱と筋をそろえる妻柱であり、その前方に存在したはずの宇豆柱が描かれていない。さらに正面側の女千木も描いていない。おそらく、神殿の正面、すなわち妻面の構成を鮮明に描くための省略であろう。

六、細部の処理

神郷図に描く細部について、実際の復元設計でどう対処したのかを示しておく。

基壇　平面規模は「大床」と一致させる。高さは根拠がないけれども、仮に七尺とした。遺構検出面から柱掘形底面までの深さは二メートルあまりだが、旧地表面はこれより高いので、当初の深さを仮に一〇尺とすると、基壇上面から柱掘形底面までの深さは一七尺となる。すなわち、柱の底部を五メートルばかり土中に埋め込む基礎とした。基壇の構造は不明ながら、柱掘形に詰め込まれていた人頭大の石を基壇では積み上げて粘土で固め、表面を白漆喰仕上げとしたのだろうか。

高欄　神魂神社本殿の擬宝珠高欄に倣う。

幕板　東大寺法華堂内陣の幕板に倣う。法華堂内陣の幕板は鎌倉再建の際の新補と理解されているので、境内遺跡大型本殿と年代的に近い。

木階　木階の勾配は通常四〇～四五度だが、神郷図の本殿木階はさらに急勾配にみえる。実際、勾配が緩いと木階の出も長くなり、正面の楼門を圧迫するので、やや急勾配（14／10）とした。木階の幅は扉に合わせた。

柱間装置　木階正面は板扉とする。正面西半の柱間は神郷図では壁とするが、省略と思われる。現本殿では蔀（「金輪御造営差図」では「御障子」）としているので、これに倣う。他の柱間は横板落込として胡粉を塗る。

妻飾　神郷図の黒い線が構造材を表現したものかどうか難しいところだが、独立棟持柱との複合性から伊勢神宮正殿に倣い、妻飾は豕叉首とする。

千木　現本殿は男千木だが、神郷図では女千木を異常に大きく描いて強調している。神社本殿にとってもっとも象徴的な部位を描き間違えたとは考え難いので、女千木を採用する。

屋根葺材　延応元年（一二三九）「御桧皮徴下事」（『杵築大社正殿造営日記目録』）の記載に従い、檜皮葺とする。赤い柱と複合した檜皮葺は「天皇之御舎」、すなわち内裏を彷彿とさせる。

ベンガラ　成分分析による色彩復元の成果に従う。なお、この色彩は当初のベンガラの色ではなく、倒壊間近の退色した色合いを復元したものである。

七、復元寸法

床上神殿部分の木割は現本殿をモデルとした。現存最古の大社造である神魂神社本殿をモデルとすべきという意見もあるだろうが、神魂は縦長平面であり、出土した横長の本殿遺構には不適合だと判断した。大型本殿跡と延享度造替の現本殿の柱間寸法を比較すると、前者は後者の一・二一倍となる。現本殿の寸法は、延享造営伝に詳述されており、その寸法を一・二一倍し、微修正を加えることにした。もちろん、すべての部材を単純に現本殿の一・二一倍して採用したわけではない。出土した柱材については、その寸法を尊重したが、出土状況が正円ではないので、床面より上ではわずかに削り出してやや小さめの正円にしている。また、「金輪御造営差図」に

表1　延享造営伝にみえる主要部材寸法と復元寸法（太字が採用した復元寸法を示す）

部　材	長さ/幅etc	尺	×1.21(尺)	復原寸法(尺)	×30.3(cm)	金輪造営図(ｃｍ)
心の柱(全長)	3丈1寸	30.1	36.421			
心の柱(床上長)	3丈1寸ー大床(高)	16.3	19.723	**20.0**	**606.0**	
心の柱(差渡し)	3尺6寸	3.6	4.356	**4.4**	**133.32**	
宇頭柱(全長)	4丈9尺1寸	49.1	59.411			
宇頭柱(床上長)	4丈9尺1寸ー大床(高)	35.3	42.713	**43.0**	**1302.9**	
宇頭柱(差渡し)	2尺8寸8歩	2.88	3.4848	**3.5**	**106.05**	
側柱(全長)	3丈1寸	30.1	36.421			
側柱(床上長)	3丈1寸ー大床(高)	16.3	19.723	**20.0**	**606.0**	
側柱(差渡し)	2尺6寸	2.6	3.146	**3.1**	**93.93**	
本桁　松(長)　①	5間4尺	30.4	36.784	**36.0**	**1090.8**	**9丈(2727)**
本桁　松(長)　②	5間2寸1歩	32.71	39.5791	**40.0**	**1212**	
本桁　(幅)	3尺	3.0	3.63	**3.6**	**109.08**	
本桁　(厚)	2尺8寸	2.8	3.388	**3.4**	**103.02**	
差梁(幅)	3尺	3.0	3.63	3.6	109.08	**4？尺4寸(134)**
差梁(厚)	2尺	2.0	2.42	2.4	72.72	**3尺7寸(112)**
桁(幅)	2尺	2.0	2.42	2.4	72.72	**4尺3寸(130)**
桁(厚)	2尺	2.0	2.42	2.4	72.72	**3尺(90.9)**
桁(長)	6間半	39	47.19	47.0	1424.1	**8丈(2424)**
垂木(長)	3丈8尺5寸6歩	38.56	46.6576	**47.0**	**1424.1**	
垂木(角)	4寸6歩	0.46	0.5566	**0.55**	**16.665**	
御戸板　杉(長)	8尺6寸	8.6	10.406	**10.4**	**315.12**	
御戸板　(幅)	4尺	4.0	4.84	**4.8**	**145.44**	
御戸板　(厚)	3寸8歩	0.38	0.4598	**0.46**	**13.938**	
上蔀　弐枚(横)	7尺7寸3歩	7.73	9.3533	**9.3**	**281.79**	
上蔀　(竪)	5尺9寸5歩宛	5.95	7.1995	**7.2**	**218.16**	
下蔀　壱枚(横)	1丈5尺4寸6歩	15.46	18.7066	**18.7**	**566.61**	
下蔀　(竪)	3尺6寸3歩	3.63	4.3923	**4.4**	**133.32**	

※延享度造営の現本殿では1間＝6尺(181.8㎝)

記された桁・棟桁・梁の寸法については、桁・棟桁の長さを参照した関係上、ここでは思い切って指図の寸法を取り入れた（**表1**）。

八、高さの検討――『口遊』、そして寄木造営

本殿十六丈説の真偽をめぐって、社伝とともにいつでも問題となるのが『口遊《くちずさみ》』（九七〇）の中の「大屋の誦《しょう》」である。そこには「雲太、和二、京三」という歌訣が引かれ、源為憲が「雲太は出雲国杵築大明神、和二は大和国東大寺大仏殿、京三は大極殿八省」と注釈している。ここにいう「大屋」が容量ではなく高さを指標とする格付けであるという福山敏男の見解については批判が少なくないけれども、十六丈説を唱えた福山敏男にしても、その主張は以下のように控えめである。

> 出雲大社の平面が大佛殿の平面より大きかったとは到底考えられないから、この太郎、二郎、三郎の順序はその高さを指す（略）ところが東大寺の大佛殿は古い記録（延暦僧録）によると、十五丈であったことが解りますから、それに擢んずる出雲大社本殿の棟高は（略）十五丈を超えるものであったか、あるいはそう信じられていたものでありましょう（福山一九五五）

福山が指摘するように、平安時代の出雲大社本殿の高さは「十五丈を超えるものであったか、あるいはそう信じられていたもの」にすぎないのであって、その実寸を伝える資料はまったく存在しないのである。唯一、高さを推定する資料たりうるのは、「寄木御造営」時の用材寸法であろう。「杵築大社造営旧記注進」（北島家文書）によると、天仁三年（一一〇八）七月四日、稲佐浦に大木百支が流れ着いた。四年後の永久二年（一一一四）、この流木を用いて正殿の遷宮が行われた。流木の中には大きな材が一八本あり、その長さは一〇丈、九丈、八丈、七丈、六丈で、直径は七尺、六尺、五尺、四尺だった。ここではもっとも長い一〇丈という材を柱材に使用したと仮定して、本殿の高さを考察してみたい。最長の材をどの柱に使うのかによって、本殿の高さは大きく変わる。以下に三つのケースを想定してみた（**図15**）。

A案：宇豆柱を長さ一〇丈とする復元案
B案：心御柱・側柱を長さ一〇丈とする復元案
C案：添束を長さ一〇丈とする復元案

さて、材の長さが一〇丈といっても、柱穴の深さを一丈と仮定すれば、地面から柱頭までの高さは九丈となる（**図16**）。したがって、A案は棟木の下端までの高さが九丈であり、試みに女千木の高さを一五尺とすれば、総高一〇八尺（三二・一メートル）となる（**図17**）。施工は困難ではなく、建設後も安定感があって倒れにくいだろ

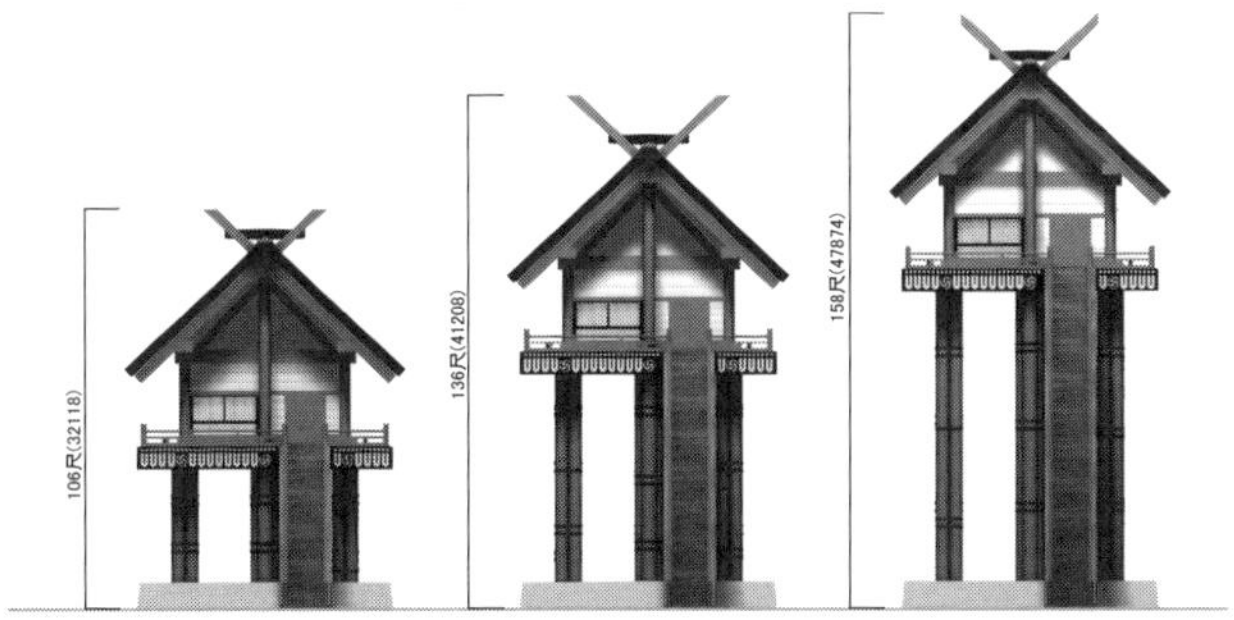

図15　A案・B案・C案の比較
（浅川研究室作図）

うが、神郷図にみえる本殿の外観ほど均整がとれていない。B案は梁の下端までの高さが九丈で、女千木の高さを二〇尺とすれば、総高一三八尺（四一・八メートル）となる（**図18**）。ほぼ同じアングルからとらえると、神郷図の本殿にもっとも近い印象を受ける。C案は床桁の下端までの高さが九丈となり、千木の高さ二〇尺とすれば、高さ十五八尺（四七・九メートル）となる（**図19**）。神郷図にみえる本

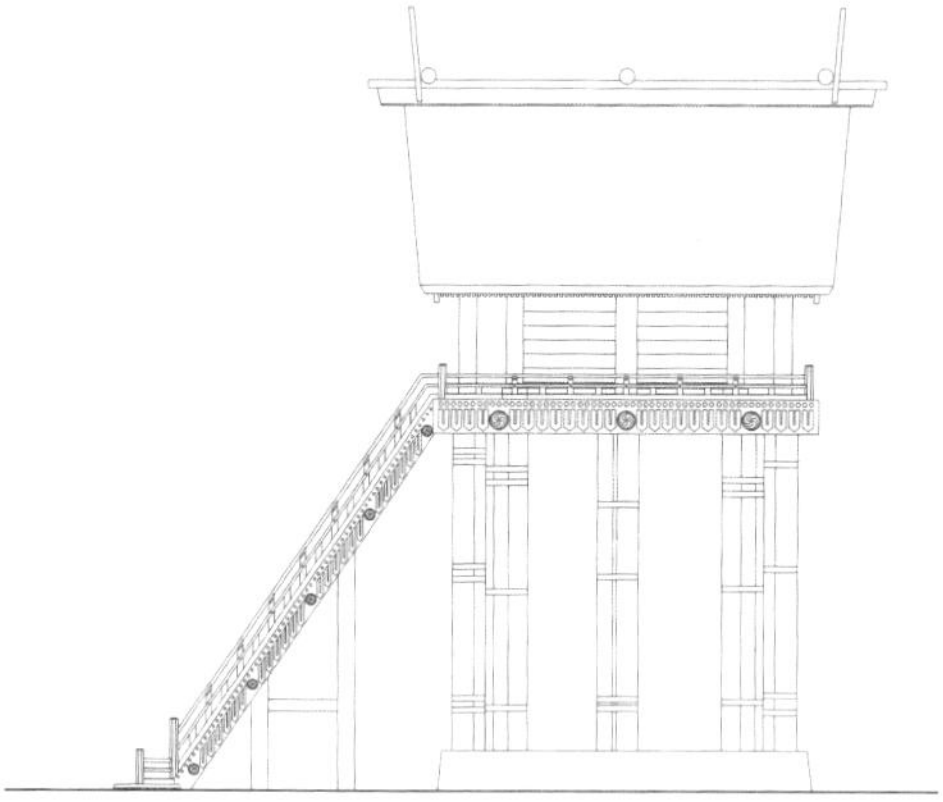

(b)側面図

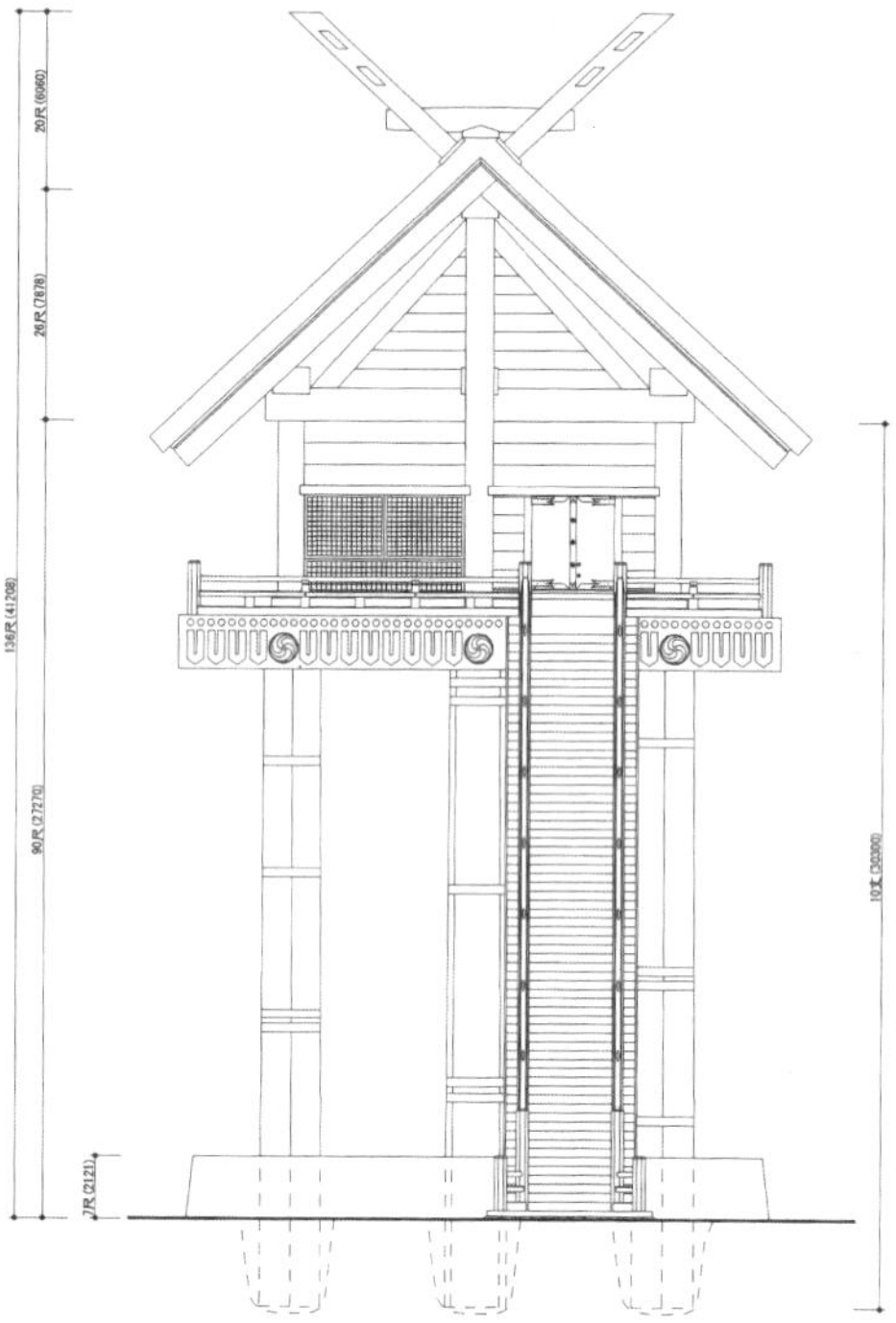

(a)正面図（1/500）

図16　心柱の長さを10丈とした場合の立面図（浅川研究室作図）

図19　神郷図とほぼ同じアングルからみたC案（浅川研究室作画）

図18　神郷図とほぼ同じアングルからみたB案（浅川研究室作画）

図17　神郷図とほぼ同じアングルからみたA案（浅川研究室作画）

殿との類似性に着目するならば、A案とB案の中間ぐらいの高さが適当かもしれないが、神郷図本殿の比例に傾斜しすぎるのも危険であり、ここではB案を採用する（**図20**）。

九、棟木に届かない心御柱の意味

よく知られているように、近世「大社造」本殿の心御柱は、宇豆柱と同じ中心軸に並びながら、棟木に届かない。梁の下端でとまっている。心御柱が高天原と底津岩根を結ぶ依代のような存在ならば、宇豆柱と同様に、棟木に達しても不自然ではないのに、梁の高さでとまるのはなぜだろうか。単に構造力学的な理解ですむのかどうか。大型本殿の復元を思考する中で、一つのアイデアが思い浮かんだ。

心御柱には集められた木材のうち最長のものを使う。そして、その心御柱で梁を受ける。仮にそういう前提があったとすれば、B案には、なおさら説得力が生まれるかもしれない。この場合、梁の上に束を立てれば棟木の支持に問題はない。一方、宇豆柱は屋外に独立しており、直接棟木を支えるしかない。しかし、宇豆柱は最長の材ではなかった、と考えておこう。その場合、二材をつないで棟木

図20　出雲大社境内遺跡大型本殿遺構復元のCG（木村安宏〈浅川研究室〉作画）

を受けるしか方法はない。しかし、二材を単純な継手で接合するだけでは容易に折れてしまうから、ギブスのような役割を果たす添木が必要だった。その添木の役割を果たしたのが、二本の添束（床束）である。まず、二本の添束に宇豆柱を縛りつける。宇豆柱は二材をつないでいるが、継手の上下を金輪でくくり、釘で打ってとめる。こうすれば、添束がギブスとなって宇豆柱は骨折しない。おそらく、この技術は宇豆柱だけではなく、側柱にも応用されたであろう。要するに、二本の添束は床を支えるだけではなく、一材では長さが足りない通柱をつなぎ材としながら立ち上げるための添木でもあったと思われる。通柱をつなぐ位置は一定ではなかったであろう。だから、柱材を上下につなぐ技術と金輪が相関しているのならば、金輪を巻く高さはつなぎの位置に則してランダムであったはずである。

仮説に仮説を継ぎ足す愚考だといわれるのを覚悟のうえで推論を続けよう。集められた木材のうち最長の材を用いて立てたのが心御柱であり、心御柱は屋内の中心にあって梁を支える通柱であった。なぜ棟木を支えなかったのかといえば、それは社殿が高大すぎたからである。最長の材一本で棟木を支えようにも届かなかったから、梁の位置でとめるしかなかったのではないか。棟木を支えるにはつなぎ材としなければならなかった。しかし、それでは心御柱の象徴的意味――おそらく「天と地をつなぐ媒体」という神話性を表現できない。心御柱はあくまで一材でなければならなかった。一材であることに意義のあるオブジェであった。一方、屋外に立つ宇豆柱は、構造上、棟木を支えなければならない。だから、ギブスで継ぎ接ぎにしてでも、棟木に達する長さを確保する必要があった。この伝統が、現在の大社造本殿に生きているのではないか。ほとんど妻柱に退化した宇豆柱は、屋外に身を置いているわけでもないのに、棟木を直接支えている。ところが、棟木まで届いてもおかしくない心御柱は、もっと長い材を確保できるにもかかわらず、梁の直下でとまっている。妻柱と心柱の立ち上げ方を同じ構造にしてもおかしくないと思うのだが、実際には違っていて、梁の上下で心柱の部分だけ分断されているのである。この不自然な構造形式は、本殿が巨大であった時代の伝統を継承しているからではないのか。

十、「金輪御造営差図」再考

以上の復元考察をふりかえると、「金輪御造営差図」と本殿遺構との相違が気にかかる。まず、岩根御柱（心御柱）の柱配列が両者ではっきりと異なっている。また、「引橋長一町」の記載についても、本殿の前には楼門が建っていたわけだから、一〇九メートルもの長い木階が存在したはずはない。加えて、「金輪御造営差図」に記された桁・棟桁・梁の寸法を積極的に取り入れて本殿を設計しようとした結果、その復元案は螻羽が長くなりすぎて、桁行方向の縮小修正を余儀なくされた。出土した柱の木割にくらべて、桁・棟桁・梁の断面が大きすぎるのもまた事実と言わざるをえない。

これらの相違からみて、「金輪御造営差図」は宝治度本殿を直写した指図でないことは明らかであり、宝治度本殿をひとまわり大きくした本殿の平面図としてふさわしいように思われる。そのような本殿が実在したという保証はどこにもないのだけれども、「金輪御造営差図」を史実にもとづかない偽造の集積だと決めつけることも危険である。平安時代の本殿を描く原図がかつては存在し、その原図を写し、さらに多くの情報を継ぎ足し、「金輪御造営差図」が制作された可能性も否定できない。

「金輪御造営差図」は、歴史的に正確な情報を伝える部分と、誇張や省略を伴う部分の両面を含む指図であるから、一定の指標によって篩にかけ、正確な情報のみを摘出する必要がある。本殿遺構およびそれに伴う発掘調査のデータこそが、篩にかける際の指標となる有力な媒体である。宝治度本殿遺構との相違が見極められたとはいえ、「金輪御造営差図」の最終的な評価は平安時代本殿遺構の発見を待つしかないだろう。

〔付記〕

本章は拙著『出雲大社』（『日本の美術』No.476、二〇〇六）所載の「出雲大社境内遺跡と本殿遺構の復元」（四六～五八頁）に加筆修正を施したものである。

参考文献

浅川滋男「鎌倉初期出雲大社本殿の復元」『出雲大社境内遺跡』大社町、二〇〇四。

浅川滋男「出雲大社境内遺跡と本殿遺構の復元」『出雲大社』（『日本の美術』No.476）、二〇〇六。

黒田龍二「出雲大社境内遺跡と出雲大社本殿の復元」『仏教芸術』二七〇号、二〇〇三。

福山敏男「古代の出雲大社本殿」『出雲大社の本殿』出雲大社社務所、一九五五。

藤澤彰「遺構から復元される本殿の上屋構造」『出雲大社境内遺跡』大社町、二〇〇四。

宮本長二郎「出雲大社本殿遺構の復元」『皇學館大学神道研究所紀要』第一八輯、二〇〇二。

第四節　宝治度出雲大社八丈本殿の復元

三浦正幸

一、復元の前提

大社造は上代に遡る本殿形式の一つであって、その根本となった出雲大社本殿の古い時代の姿を明らかにすることは、神社建築史上でもとくに重要な課題である。

現在の出雲大社本殿（**図1**）は、延享元年（一七四四）造替であって、その前代の本殿を寛文七年（一六六七）に造営した際、仏教色の濃かった慶長度本殿を取り壊し、古代の神社本殿の姿に復古した形式を受け継いだものである。したがって、その各部形式には、江戸時代の工匠による、古代本殿の復元考証と構造強化の創作が加えられているので、現代の研究者が古代の姿を復元する際にその形式を参考とするのには相当の注意を要する。

また、古代の出雲大社本殿は現在の高さ八丈よりはるかに高大な一六丈であったとする福山敏男博士の説があるが、その論拠としてあげられた文献史料はいずれも一六丈であったことを証するものではない(1)。

筆者は神社本殿の姿に対して、第一に、それを拝する者に深い感銘を与え、崇敬の気持ちを生じさせる美しくて洗練されたものであること、第二に、そこで行われる祭祀儀礼に差し障りのないように機能的に優れたものであることを必要条件と考えている。

その点で、福山博士が提示した一六丈本殿の復元案は、その異様な高大さが畏敬の念は生じさせようとも、方二間の平面規模に対してその床下が高大すぎて不安定な感は否めない。床下の高大さにくらべて小さすぎる床上部との不均衡は、もはや日本の社寺建築の範疇から大きく逸脱しており、まったく美しさが感じられない。本殿正面に連なる木階は長大にして高大であって、無味乾燥な土木構築物のようである。その木階の巨大さは本殿本体の量感を大きく上回り、本末転倒した不可解な造形で、神社本殿の崇高さを感じさせないばかりか、醜悪さをも感じさせるものである。

出雲大社本殿は、その内部に内殿（小内殿）を安置しており、それに対して殿内で祭祀儀礼を行う。殿内で祭祀儀礼を行わない伊勢神宮正殿とはまったく異質な空間構造を有しているといえる。伊勢神宮正殿では、殿内に神霊を遷宮した後は、人は殿内には入らず、祭祀儀礼上での実用性はきわめて乏しい。それに対して、出雲大社本殿では、人がしばしば殿内に入って祭祀儀礼が行われるのであって、きわめて実用的である。その点で伊勢神宮を超える古式古例を保っていると考えられる。出雲大社本殿が殿内での祭祀儀礼のために存在するのであれば、その本殿

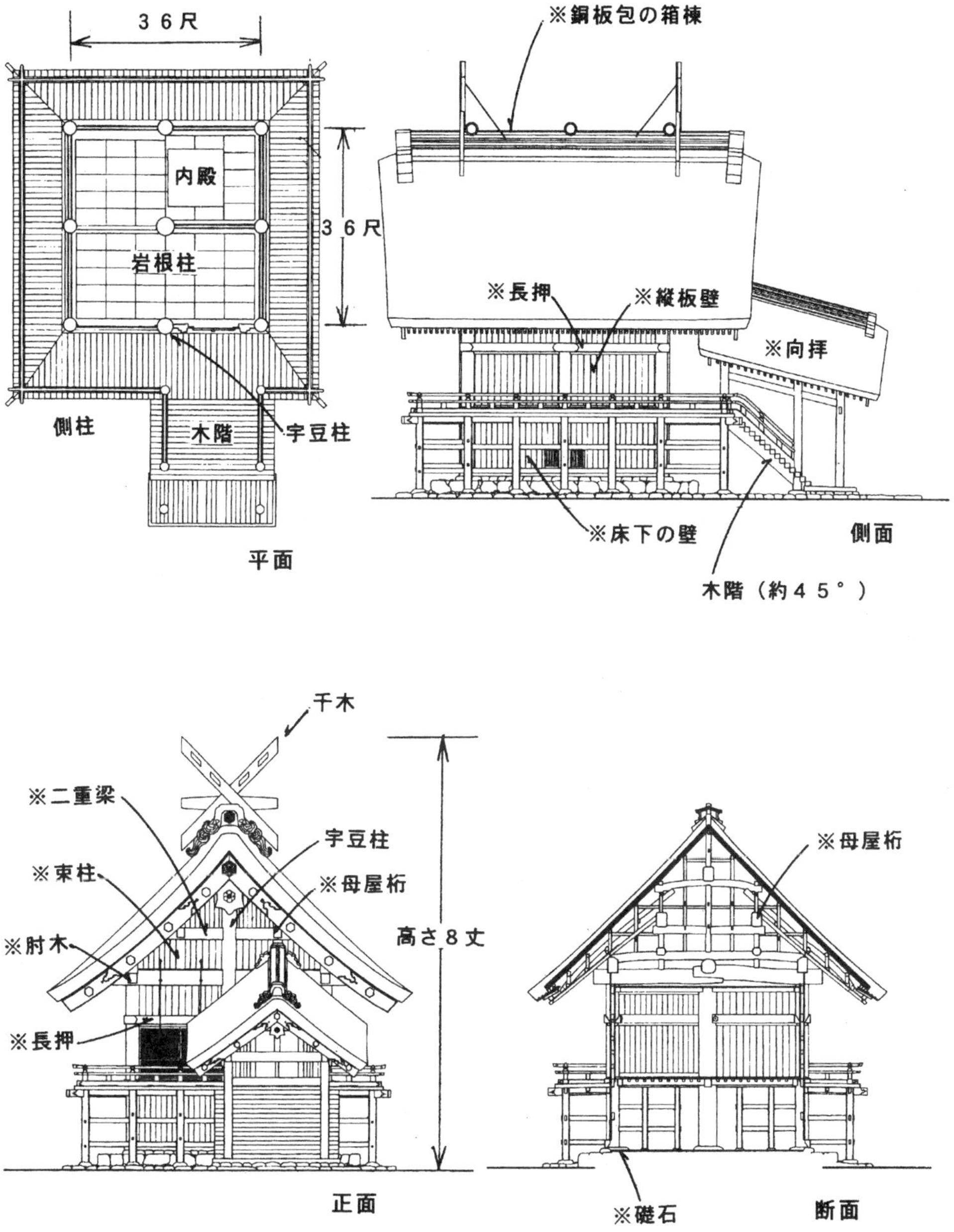

※は江戸時代の補加で、中世までないもの

図１　現在の出雲大社本殿

は殿内へ人が参入できなければならない。しかし、福山博士が復元した本殿の長大な木階は、出雲国造が昇ることを拒絶するようなものであって、容易には昇殿できず、ましてや高齢となった国造は決して昇殿することはできない。すなわち、出雲大社で連綿として守り続けられてきた国造による殿内祭祀は、一六丈の本殿では執行できないのであって、現在の八丈の高さがほぼ限界に近いものと言えよう。

以上のようなことから、福山博士がいうような一六丈本殿はありえず、宝治度本殿の復元にあたっては、発掘された遺構と文献史料の整合によって高さや構造を推定すべきであって、高大なものであったという先入観にとらわれてはいけない。

二、現在の本殿の各部形式

慶長十四年（一六〇九）に豊臣秀頼が造営した慶長度本殿は、外部を黒漆真塗とし、柱上には出組の組物を置くもので、妻壁には龍の彫刻があった。出組の組物をもつことは、その妻梁を外側へ一手先もち出すことを意味し、妻中央の宇豆柱が棟持柱であれば妻梁と完全に交差してしまうので、宇豆柱は他の側柱と同高に作られていたものと考えられる。したがって、宇豆柱を棟持柱とする大社造の特色の一つを失っていたことになる。(2)

寛文度の造替に際しては、棟高五丈七尺四寸、千木の先端までの高さ六丈五尺四寸であった慶長度本殿に「仮殿造（仮殿式）」といういわば濡れ衣の烙印を押して取り壊しの口実を設け、千木の先端までの高さ八丈の「正殿造（正殿式）」に復古することを当初の目的としていた。その造営計画の途中で、仏教色排除という新たな目的が付け加えられ、組物や彫刻を排除した復古的な細部形式が採用された。その過程で、構造上の補強として、古式な大社造にはなかった妻の二重梁とそれを受ける束柱、およびそれが支える中間の母屋桁を付加し、一重の横板壁を二重の縦板壁に改めるなどの形式変更がなされた。

八丈という高さについては、「杵築大社旧記御遷宮次第」（『鰐淵寺旧記』）において、康応三年（一三九一）の記文の後ろに載せる一つ書きに、「杵築大社三十二丈と申は、仁王十二代景行天皇の御時御造立也。其後十六丈になり、次に八丈になり、今は四丈五尺也」とあることによっている。この一つ書きの示す「今」の四丈五尺の本殿とは、天正八年（一五八〇）に毛利輝元が造営した本殿、あるいはその一代前の天文十九年（一五五〇）やもう一代前の永正十六年（一五一九）に造営された出雲国守護尼子氏による本殿のことと考えられる。この四丈五尺という高さは、建物の高さを示す際に通常用いられる棟高（地盤面から棟木天端までの高さ）であって、現在の出雲大社本殿だけに用いられている、千木先端までの高さ（以後、千木高という）ではないと考えられる。江戸時代になって、中世以前の古記録にみえる「正殿遷宮」と「仮殿遷宮」という語から「正殿造」と「仮殿造」という新語が作られたときに、棟高八丈の本殿を正規の「正殿造」とすると、造営上の財政的困難があるので、便宜的に千木高が八丈をもって「正殿造」としたと考えられる。出雲大社本殿のような平面規模の本殿では、千木高は棟高より一丈以上高くなるからである。(3)

なお、付言しておくなら、松江城天守は五階建てであって、石垣上から大棟上まで七丈四尺の堂々たる大天守であるが、現在の出雲大社本殿よりも低いのである。八丈の本殿がいかに高いものであるか、十分に認識しておくべきであろう。

現在の本殿の各部形式、すなわち寛文度造営の際に採用された形式には、古代の本殿の復古を目的として工匠が創作したものが加わっている。宇豆柱に妻梁が貫状に納まることのほか、妻の二重梁・二重梁下の束柱（円束）・棟と桁の中間に位置する母屋桁・桁下の肘木・縦板壁・床下の壁が新たに導入された。

また、慶長度から礎石が導入されたことが知られる。さらに現存最古かつ最古式を保つ大社造と評価されている神魂神社本殿(4)の形式と比較することによって、内法長押と繁垂木および太い野梁が新しい要素であることが知られ、それらは慶長度に加わった要素と思われる。銅板包の箱棟や向拝も慶長度に加わったものであろう。内部の後半の床高を一段高くすること、内部に畳を敷き詰めることも、近世的な手法と思われ、さほど古くは遡らないであろう(5)。多くの先学によって言及されているように、宇豆柱の中心が側柱の軸線より外側へ突出しないことや床下部分が比例的に低いことも、神魂神社本殿より新しい要素である。

現在の平面の寸法は六尺を一間とする六間四方、すなわち三六尺四方であるが、これは寛文度造営の際に新たに決められたものである(6)。それ以前は六尺五寸間の五間四方（三二尺五寸四方）であったと考えられる。神魂神社本殿やそれに次ぐ古さの真名井神社本殿（松江市）は、桁行寸法の方が梁間寸法よりやや大きく、それが大社造の古式である可能性が高い。

三、古代の出雲大社本殿の高さ

一六丈の高さがあった証左とする文献史料として福山博士があげたものについては、すでに否定的意見を述べておいたので(7)、ここではその概略を示しておくことにする。

『口遊』の「雲太、和二、京三」については、林野全孝博士は大屋を社・寺・宮室関係の順に並べたもの(8)とし、したがって東大寺大仏殿を超える高さを示したものではないとした。なお付言すれば、これは福山博士がいうような高さをくらべたものでもない。高さであれば、五重塔や七重塔が上位をすべて占めてしまうはずであろう。「天下無双の大廈」とは神社本殿としては考えも及ばないような巨大さを意味し、現在の八丈の本殿であっても、松江城天守を超えており、まさにその貫禄を保っているといえる。

平安時代から鎌倉時代前期における度重なる本殿の転倒については、史料上の疑問がある。その第一回の転倒である長元四年（一〇三一）の「無風転倒」は、出雲守橘俊孝が国司重任を得ようとして言上した虚偽の報告であって、それが露見して彼は佐渡へ流罪となっている。また、第三回の天仁元年（一一〇八）の転倒については、同時代の記録には「柱梁はいよいよ傾き、すでに転倒せんと欲す」という状態であったが、実際に転倒したと記す史料は後世に新たに記されたものしかない。また、三〇年から六〇年に一度のわりで六回もあったという転倒がたとえ事実であったとしても、それらは高大なものであったためというよりも掘立柱建築の耐用年限を越えたためと考えた方がよい。伊勢神宮でも室町時代に内宮と外宮の正殿を式年遷宮せずに放置したところ、三〇年から四〇年で倒れており、それを証している。

江戸時代の『懐橘談』に載せる天仁の寄木造営の余木が長一五丈、直径一丈五尺の大木であったことについては、その典拠となった国日記が「杵築大社造営遷宮旧記注進」(9)に収めてあって、出雲大社造営に実際に使用された百支の寄木の寸法が判明する。その大十八支は長一〇丈から六丈、直径七尺から四尺であって、それを用いて建てた本殿の高さが一六丈であったという証左にはならない。たとえば、八丈の本殿でも大きすぎるということはない。

『古事記』にみえる大国主命の宮殿について、「底つ岩根に宮柱太しり、高天の原に氷木（千木）高しりて」とあることにより、その後身であるともいえる出雲大社本殿が高大であったとする点については、『万葉集』で柿本人麻呂が草壁皇子の殯の宮の形容にも使っており、単に立派な宮殿を称える美辞麗句にすぎない。

福山博士が康応三年頃の記文とした、前掲の「三十二丈（中略）十六丈（中略）八丈」の記事は慶応三年の記文とは無関係なもので、室町時代後期頃まで年代が下ると考えられる。その時代になるまでに具体的な高さが記されたことがなかったのは、それほどの高さではなかったことの表れではないだろうか。最後の方にあげられた八丈のみがようやくのところ信頼できそうで、一六丈や三二丈は荒唐無稽な話で、通常の史学研究では、後世に作られた偽りの伝えであって、実証的な価値のない史料として扱われるべきものであろう。

最後に残る、いわゆる「金輪造営図」については、詳しくは後述することにするが、図中には高さに関する記述が一切ないことに注意すべきであろう。穿った見方をすれば、後世（おそらく十七世紀前期）に同図を書写した際に、意図的に脱漏させたものかもしれない。また、その木階部分に記された、引橋（橋は階と同じくハシと読み、木階のこと）の長さ「一町」（六〇間）は、木階の角度が現本殿のように四五度ほどであったとすれば、三二丈や三六丈の高さの本殿に相応であって、後世の書写の際にこの図の本殿を高大に思わせるために補筆されたものと考えられる。本殿本体とくらべて、長一町もある木橋が比例的にひどく短く描写されている点も、補筆を裏づけていよう。したがって、一町という数値を一六丈の本殿の復元に応用することは、まったく正しくないと言えよう。なお、後述するように、この「金輪造営図」の存在をはじめて記録した出雲大社の神官の佐草自清は、「三十二丈営構」のときの図と記しており、その補筆は自清によるものかもしれない。

四、「出雲大社並神郷図」の解釈

この絵図は絹本著色であって、鎌倉時代末から南北朝時代の制作と考えられる。宝治度本殿が文永八年（一二七一）に焼失した後に描かれたものらしいが、図中の出雲大社本殿は規模が大きいので、焼失後の仮殿を描いたものではなく、宝治度の本殿を思い起こして描いたものとしてよいであろう。

墨線による下絵に上彩色を施したものである。たとえば、本殿の柱は墨の細い単線を引き、その上に太い朱線を重ねて表現するが、上彩色が剥落した部位では下書の墨線がみえている。また、当時の普通の技法であるが、下塗として全面に白土が施してあり、その白土も上彩色の顔料とともに剥落した部位が目立つ。とくに本殿の床下部分の周囲をめぐる塀垣は、完全に上彩色がその下の白土とともに剥落し、上彩色のなかった塀垣内のみに白土が残っている。

なお、この塀垣を亀腹と解す向きもあるが、墨線の下書をみれば、垂直に立つこと、また上端が通常の亀腹のように丸みを帯びず、直角に曲がっていることからして、絶対に亀腹ではありえない。当時の記録に現れる塀垣と解釈すべきものである。(10)

この絵図から読み取れることは、廻縁を支える縁束がないこと、廻縁下には剣頭と巴文を刻した雁字板がつくこと、向拝がないこと、柱・高欄・扉・破風板などを朱色に塗り、壁面は白色らしいこと、千木が内殺ぎらしいことである。また、本殿の床下をめぐって塀垣があり、木階はその上を越えているらしい。本殿の高さについては、その正面に建つ楼門よりはるかに高いので、現在の本殿と同等の八丈くらいはあったとしてよいであろう。ただし、楼門の高さと比較をして、その比例値から本殿の高さを割り出そうとするのは、絵画というものの資料的限界を超えているので、無意味としかいいようがない。

五、「金輪造営図」の解釈

「金輪造営図」は、文永焼失後、本殿再建に備えて作られた指図がその原本であったと考えられる。先述したように、それを近世になって書写し、一部の文字「引橋長一町」などを加筆したものと思われる。出雲大社境内から出土した三本の大杉を束ねた柱は、この「金輪造営図」の柱の描写と一致し、また「桁、長八丈、厚三尺、弘四尺三寸」といった書き込みは、柱の「口一丈」などの太さに対して当を得ており、信頼できそうである。

図中の「岩根御柱」の註記に「松〇木有入事」とあるので、松の丸太を三本束ねて一本の太い柱とするものであるが、宝治度に実際に使われた樹種が杉であることと一致しない。これは、杉の大木が入手困難になってからの事情を反映しているものと考えられ、室町時代以降あるいは近世に補筆された可能性が高い。さもなければ、その原本の成立は室町時代まで下降するとみざるをえない。

この図においては、朱筆で太く引かれた「桁」の解釈が重要となる。通常、桁とは柱の天に置かれ、垂木を支える部材であるが、平面指図の柱に桁や梁を伏図の形で描くことはない。梁を指図に描く場合には記号的に図示し、その伏図や姿図は示さない。

百歩譲って、垂木を支える桁およびそれと交差する梁であると解釈した場合、梁尻が柱上より長く外へ出ており、これでは垂木にあたってしまう。また棟通りにわたる桁は、宇豆柱が棟持柱であるとすれば、棟木を表示したことになるが、棟木を平面指図に描く例はなく、いよいよ不自然である。

さて、ここで注目されるのは内殿の描写である。この内殿は神魂神社の例からすれば妻入（現在の出雲大社では平入）であるはずであるが、その桁と思われるものは平入の配置となっている。したがって、この内殿の桁のような部材は、その土台（土居桁）と考えられる。そうすれば、本殿本体の「桁」は、垂木を支える通常の桁を指すものではなく、床の位置、すなわち床を支える床組の桁であると解釈される。そうすると、この桁の上に墨書されている「御决入（横板壁）」「御障子（蔀のことか）」「御妻戸」といった柱間装置の記入の仕方も、それらが「桁」上に存在するものであるので、指図として理解しやすい。

校倉造や板倉では、総柱の束柱の上に桁（鼠返や台輪や梁という研究者もいる）をわたし、その上に校木や板壁を組む。そうした技法は寺院建築伝来以前のもので、出雲大社本殿のような上代に起源が遡る建築で使われていた可能性はむしろ高い。伊勢神宮の外宮御饌殿（**図2**）はそうした板倉の例であり、神明造の古い形式を伝えるものである可能性がすでに指摘されている。

また、古墳から出土する家形埴輪のうち高床造となっているもの[11]では、床組位置が太い帯状に大きく外側へ突出している。その厚みからすると単なる廻縁とも思えず、束柱上にわたした太

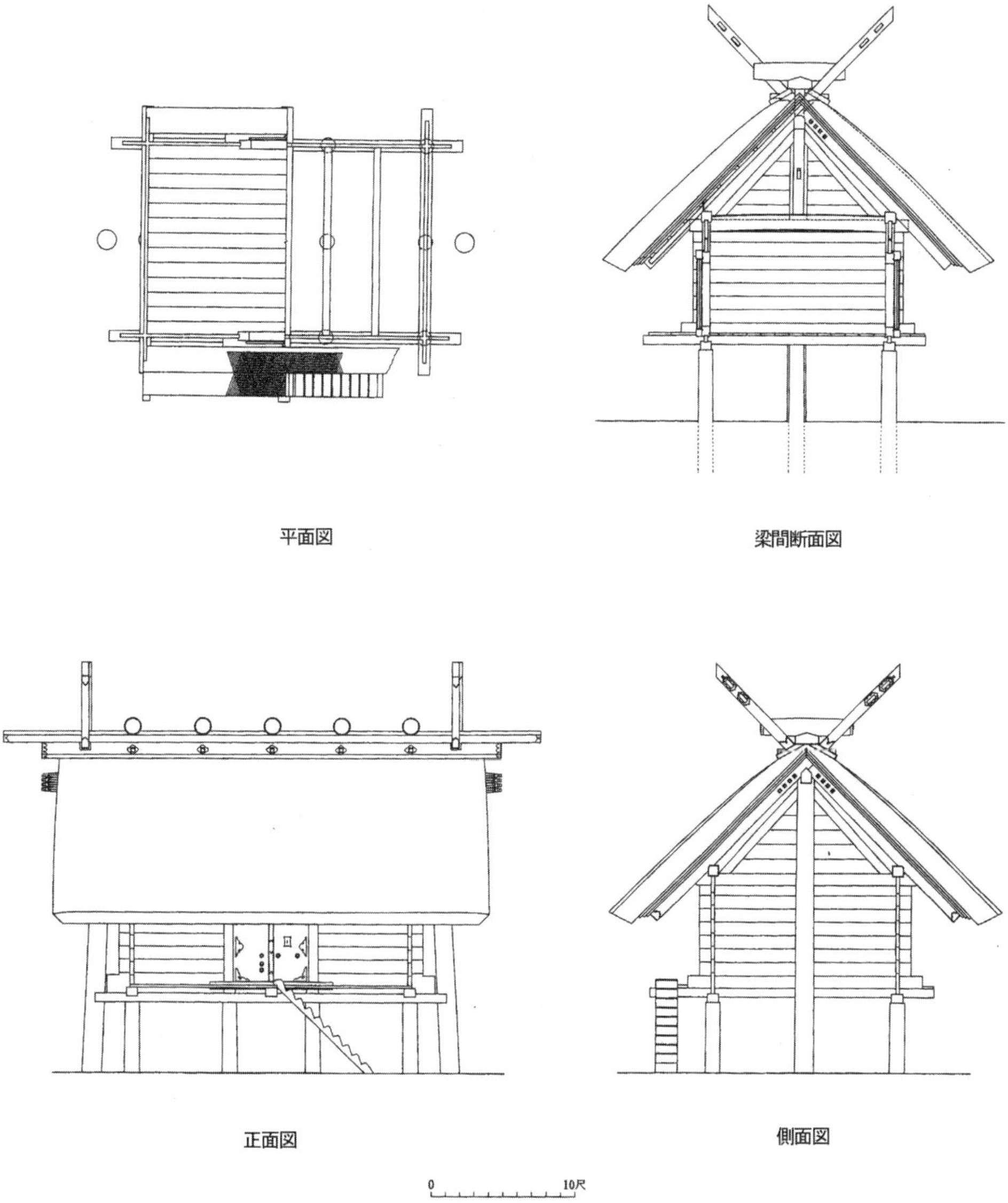

図2　伊勢神宮外宮（豊受大神宮）御饌殿（神宮司庁所蔵図）

い桁とそれに付随する廻縁を表現したものではなかろうか。

「金輪造営図」では、三本の円柱を束ねて一本の太い柱とし、その三本の円柱に外接する円を描き加える。その外接円を「金輪」すなわち鉄輪とするのは、貞享三年(一六八六)の序文のある佐草自清著『出雲国造系譜考』に「三輪の造営と号し、宮柱の図あり、時代を記さず、これ三十二丈営構の時、御柱の材木希れなるにより、而て木三本鉄輪をもってこれを合わせ、一本となす、故に三輪と号す」とあることによる。すなわち「この図は当時三十二丈本殿の図である」とこの記を書いた出雲大社神官の佐草自清は思っていたのであり、先述したように補筆とみられる木階の長さ一町と符合する。したがって、この外接円を鉄輪と解するのははなはだ根拠が乏しいばかりか、疑惑すら感じる。また直径が一メートルもある丸太を太い鉄輪で三本も束ねることは容易ではなく、もし束ねられたとしても、鉄輪が強度上有効となるには、この図に描かれたような正円ではなく、おにぎり形であるべきで、当を得ない。なお、三本の杉柱とともに出土した大きな鉄製の遺物をこの鉄輪の一部とする向きもあるが、それは巨大であった縁長押などを打ちつけた鉄釘とみるべきであろう。したがって、鉄輪はなかったとしてよいと考えられ、図中の外接円は三本の円柱から構成される一本の柱を表示するための記号であろう。

以上をまとめると、「金輪造営図」においては、「引橋長一町」は後世の補筆として採用しないこと、鉄輪は採用しないこと、「桁」は束柱上に組んだ床組であること、「桁」の寸法や図上におけるその比例的長さを採用すること、現状と一致する決入・障子(蔀)・妻戸の配置を採用することとする。

六、復元考察

1 高さ

境内より出土した掘立柱が、ほぼ当時の遺構面(発掘調査における第六遺構面)と考えられる焼土を含んだ地盤面からおよそ二メートルしか掘り込まれていないこと、また掘立柱の埋設固定に版築を使わず、強度の劣る礫詰めとしていることからして、柱根の埋設深さの一〇～一五倍程度である二〇～三〇メートルの高さの本殿しか安定して支持できないものと考えられる。先述した「三十二丈云々」の記事のうち、唯一信頼できそうな八丈が辛うじてその高さに相応であるので、高さ八丈を採用することにした。なお建築の高さは、通常は棟高を用いて千木高は用いないので、八丈は棟高とする。したがって、千木高は約九丈となるので、現在の本殿より少し高くなる。

先述したように、一六丈の高さについては、文献史料上は何の根拠もない。造形的な美しさや祭祀儀礼上での実用性からして八丈が限界である。また、八丈の高さであっても、近世の五階建ての天守を超える高大さであって、神社本殿としては異様な高さといえる。したがって、八丈の高さとすることは蓋然性が高いのである。なお、出土した掘立柱の掘り込みが浅いので、八丈を超える復元案を成立させるために「神郷図」に描かれている塀垣を亀腹と解釈して、柱の根元を強化する考えもあろうが、先述したようにそれは成立しない。また、文永の火災痕と思われる焼土層が掘立柱の上方に堆積しており、火災時には亀腹などの盛土がなかったことは明白である。

2 構　造

出土した三本束ねの柱は高床の床下を支える束柱とし、その上に「金輪造営図」に描かれている「桁」を梁間方向および桁行方向にそれぞれ三本ずつ架けわたす。

「桁」は柱間が長大であるので、その一間を超えないように配列されるべきである。したがって、桁行方向の「桁」を下木として束柱上に直に架け、その上に梁間方向の「桁」を上木としてわたす。その交差部は渡顎の仕口であろう。そうした場合、妻壁位置にわたる「桁」はその中央下部に柱がないが、その下に桁行方向の「桁」が通っているので、その中央部を支持されることになり、柱間二間をもち放つ「桁」は存在しない。もし逆に梁間方向の「桁」を下木とすると、それが二間のもち放ちとなって構造上で不利となる。なお、校倉造では梁間方向のものを一般的に下木とするが、伊勢神宮外宮御饌殿（**図2**）では、本稿の復元案のように桁行方向のものを下木としている。

「桁」の長さについては、「金輪造営図」の書込み寸法および図上の比例的長さによってもよいと考えられる。

「桁」上については、外宮御饌殿のような板倉の構造は規模がはるかに巨大な出雲大社本殿には応用できず、別に柱を立てたものと考えられる。「神郷図」において

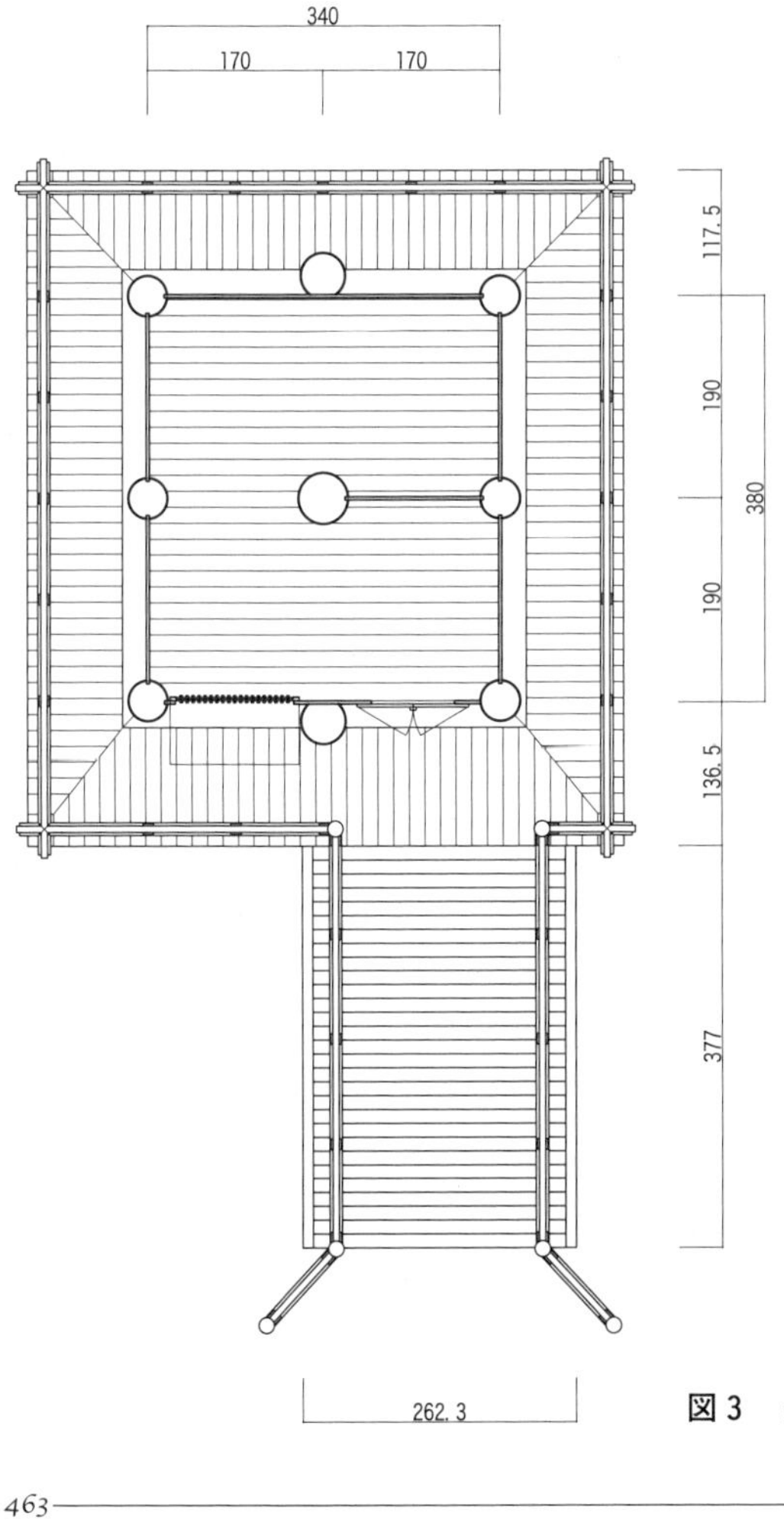

図3　出雲大社宝治度本殿平面図（単位：寸）

も、廻縁上に柱が描かれている。なお、廻縁は「神郷図」に倣って縁束を用いず、「桁」の先端で支持するものと考えられる。

「桁」上の構造については、現存最古の大社造である神魂神社本殿の形式に準拠することにし、出雲大社本殿において近世に生じた内法長押や二重梁その他を排除した。

3 柱間寸法

床下部分においては、発掘調査における成果をそのまま採用した。なお宝治度においては、このような巨大建築の柱間寸法は尺単位の完数値であったと考えられるので、床下束柱の真々間距離を桁行一九尺（実測値は一九尺一寸）、梁間二二尺（同二二尺三寸）と調整した。

床上部分においては、床下部分の寸法をそのまま採用した場合には、二つの大きな不都合が生じる。まず第一は、近世の建築はともかく、日本の社寺建築では身舎の桁行寸法より梁間寸法が長くなることはありえないこと、第二には側面において廻縁を支える「桁」の出が短すぎることである。とくに第一の点については、古式を守る大社造である神魂神社本殿や真名井神社本殿はどれも桁行の方が長いので、出雲大社本殿のみがその逆となるのはきわめて不自然なことである。

ところで、文永八年の宝治度本殿焼失後の仮殿再建にあたり、「阿式社寸法」をもって造立することが命じられており、(12) 出雲大社の仮殿が阿式社本殿の寸法に合わせ造立されたことが注目される。そして、古式を守る神魂神社本殿の寸法に着目してみると、その桁行一間の寸法は九尺五寸であって、宝治度本殿の床下桁行寸法のちょうど半分であることがわかる。神魂神社本殿は国造家の火継が行われたところであり、出雲大社との関係はとくに深いので、阿式社の寸法応用の例と考え合わせて、出雲大社の本殿の半分の寸法で建てられている可能性は否定できない。

神魂神社本殿の二倍の

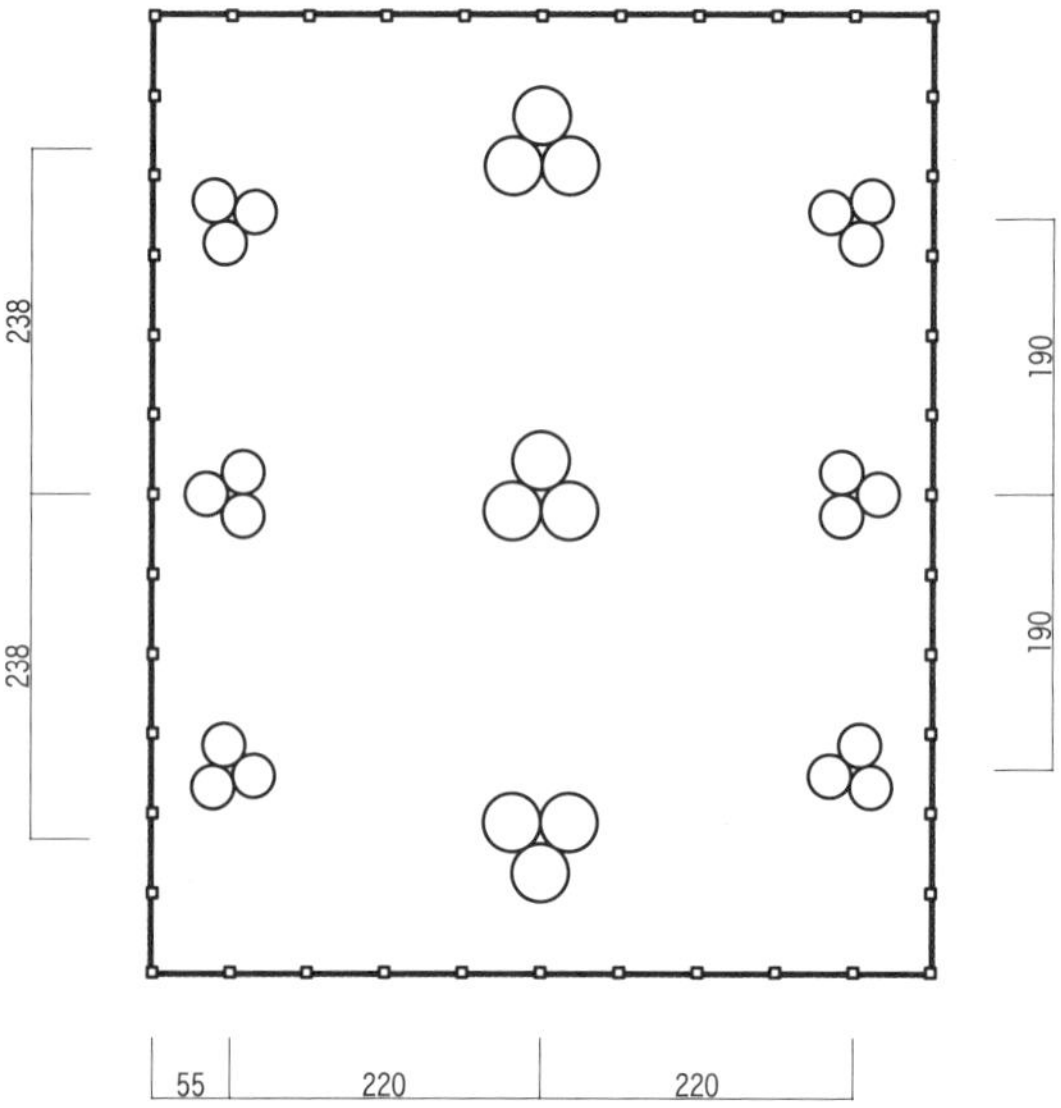

図 4 出雲大社宝治度本殿床下および塀垣平面図（単位：寸）

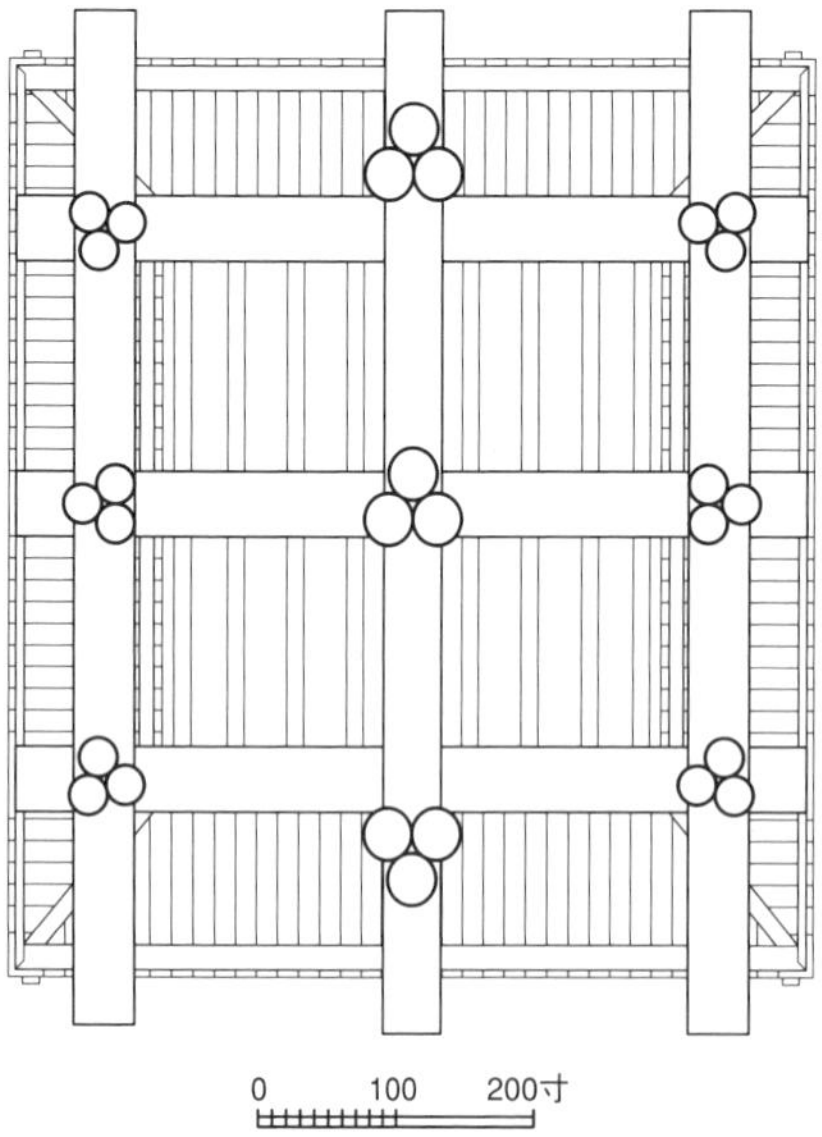

図 5 出雲大社宝治度本殿床見上図（S＝1/300）

寸法であったと仮定した場合、宝治度本殿の床上の柱間一間の寸法は桁行が一九尺、梁間が一七尺となる。そうすると、側柱六本は床下の束柱上には立たず、それより五尺ずつ内側へ移動することになる。先に考察したように、梁間方向に渡る「桁」が上木に組まれているので、その五尺の移動は上木の「桁」上で行われることになり、構造的に何ら支障はない。

以上のように考えると、桁行より梁間の長い問題が解決される。また、側柱が内側へ移動するので、側面の廻縁を「桁」の先端で支える際における桁先の出の短さも解消される。すなわち、「金輪造営図」における側柱上からの「桁」先の出が、桁行方向が長く、梁間方向が短いことの理由は、廻縁を支えるのに必要な分だけを伸ばしたからであろう。すなわち、梁間方向の「桁」の出は、桁行方向と比べて五尺短くてよいことになる。

4　各部の形式

屋根は檜皮葺であった。宝治度造営に関する「杵築大社御正殿日記目録」[13]に「檜皮縄徴下」とあるので明らかである。

また、千木については、現在のものは箱棟上に取り付けた置千木であるが、「神郷図」では破風板の先端が屋根を突き抜けて出る古式な千木として描かれている。前掲の「杵築大社御正殿日記目録」でも、「御千木上料縄麻徴下符案」が仁治二年（一二四一）で、「檜皮支配符案」と「檜皮縄徴下」が寛元元年（一二四三）となっており、檜皮葺に先行して千木を上げていたらしく、古式の千木であったと考えられる。[14]千木の先端は、「神郷図」では水平に切る内殺ぎである。絵図であるので信頼性はあまり高くないが、内殺ぎを採用したい。なお、内殺ぎを女神、外殺ぎを男神とするのは俗伝である。

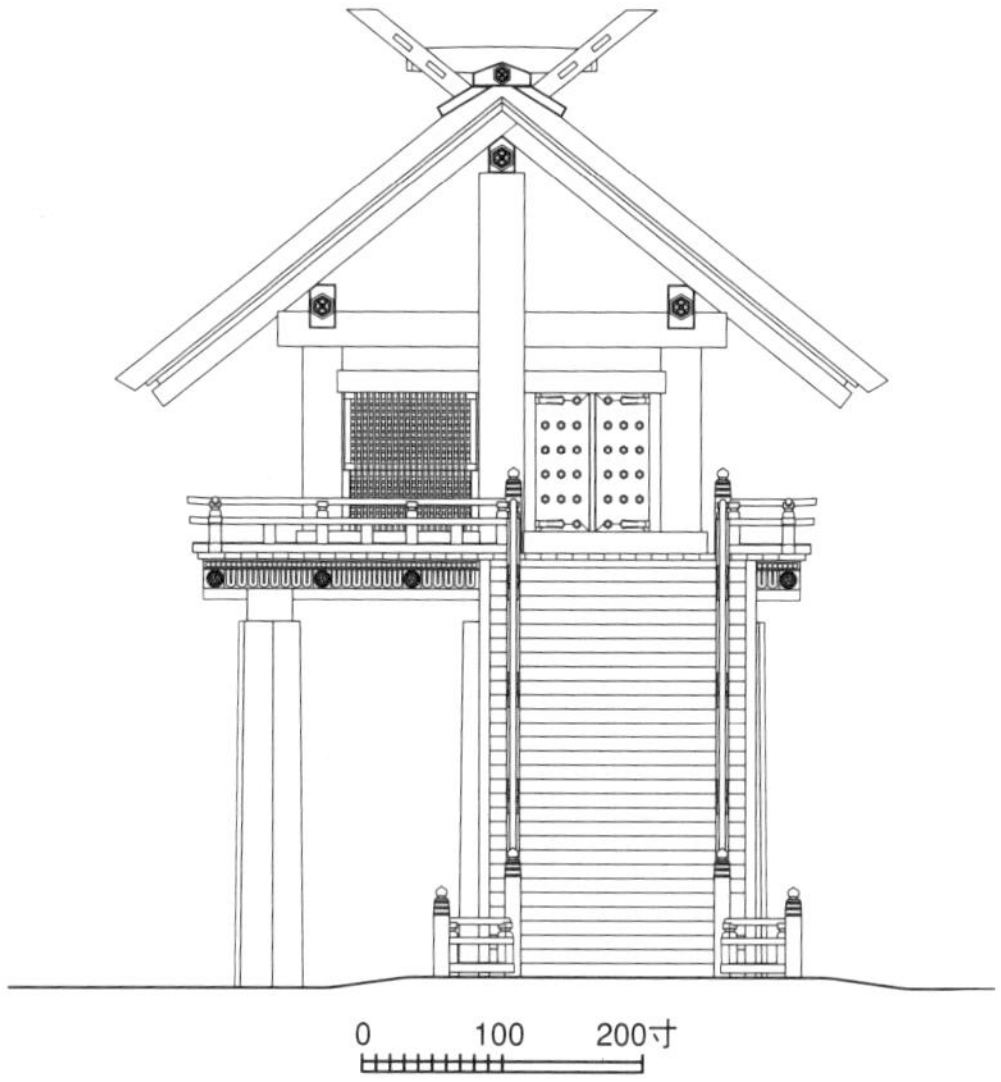

図6　出雲大社宝治度本殿正面図（S＝1/400）

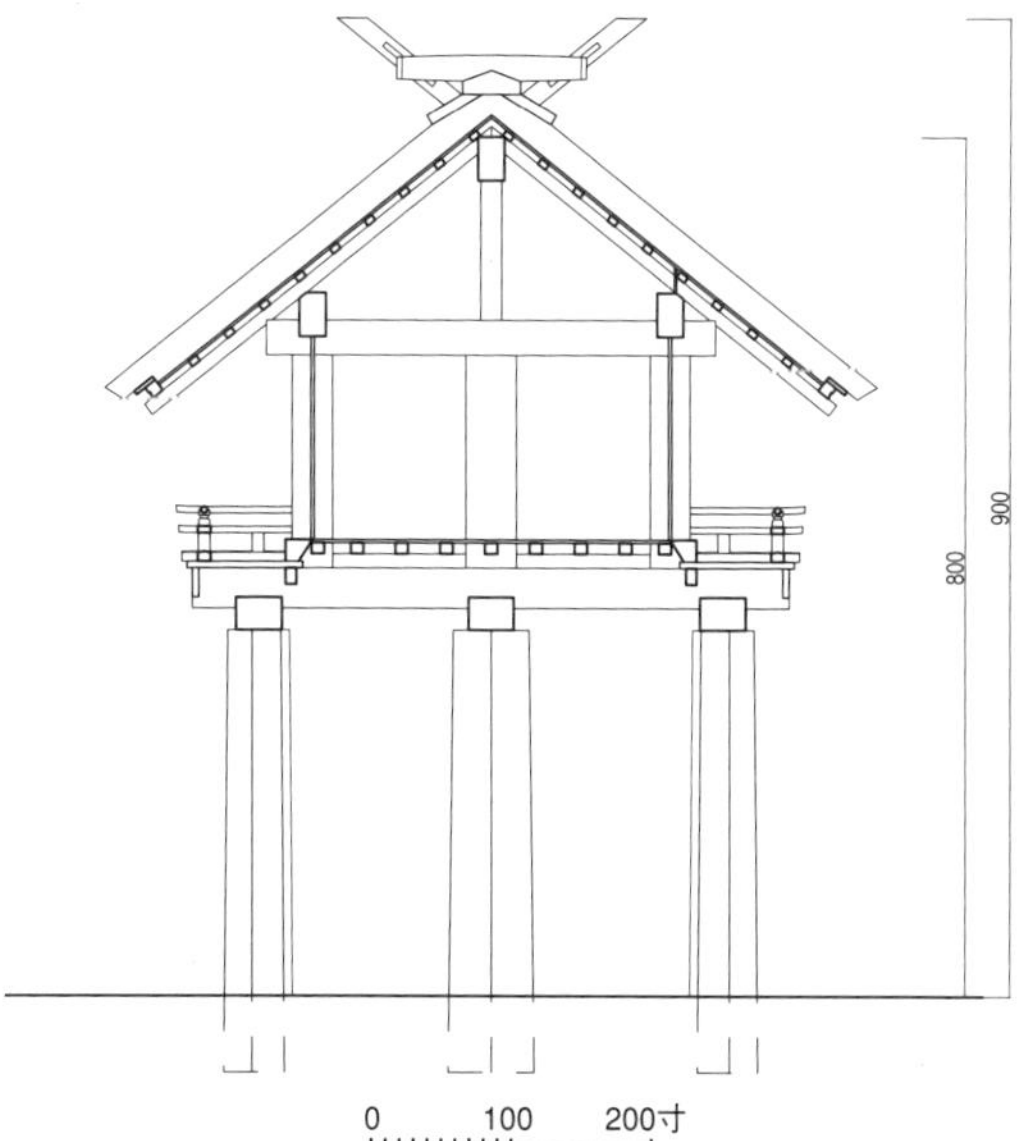

図7　出雲大社宝治度本殿梁間断面図（S＝1/400）

廻縁下には、「神郷図」によると、黒色の雁字板が取り付けてあったと考えられる。

彩色については、紅殻が出土しているので、「神郷図」に描かれているように、柱や桁や垂木などの主要部材は紅殻塗と考えられる。なお、その色調については化学的な分析も行われているが、火災にて焼失し長年にわたって土中に存したことを考えれば、その分析結果である、あまりにも黄色がかった色調をそのまま採用する必要はなく、むしろ通常の社寺建築の紅殻の色を採用したい。

5　復元結果

以上によって、棟高八丈、千木高九丈の本殿として復元を試みた。直径一メートルもの杉材を三本ずつ束ねた巨大な出土柱根からすれば、現在の本殿とほぼ同高の棟高八丈では、柱径に比して低すぎて、きわめて鈍重な姿となるかとも思ったが、復元図を作成してみると、柱径と高さの比例はきわめて心地よく、安定感がありながら、それでいて細身で高く聳えている感がある。現在の本殿とくらべて、かなり床の位置を高くしたため、古式な神魂神社本殿と比較しても一層古風にみえる。また、廻縁を支える縁束がないので細身にみえ、より高く感じられるのである。

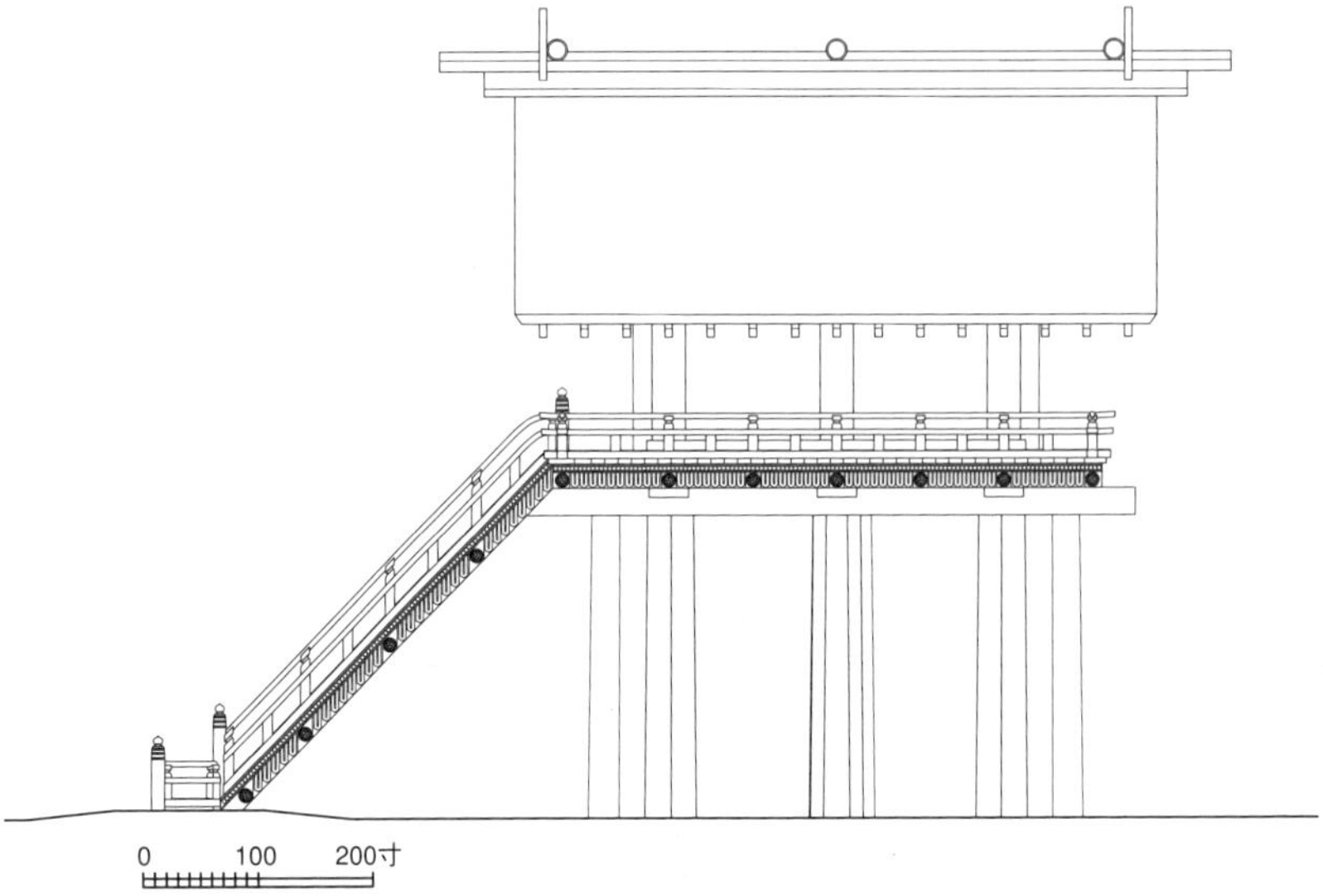

図8　出雲大社宝治度本殿側面図（S＝1/400）

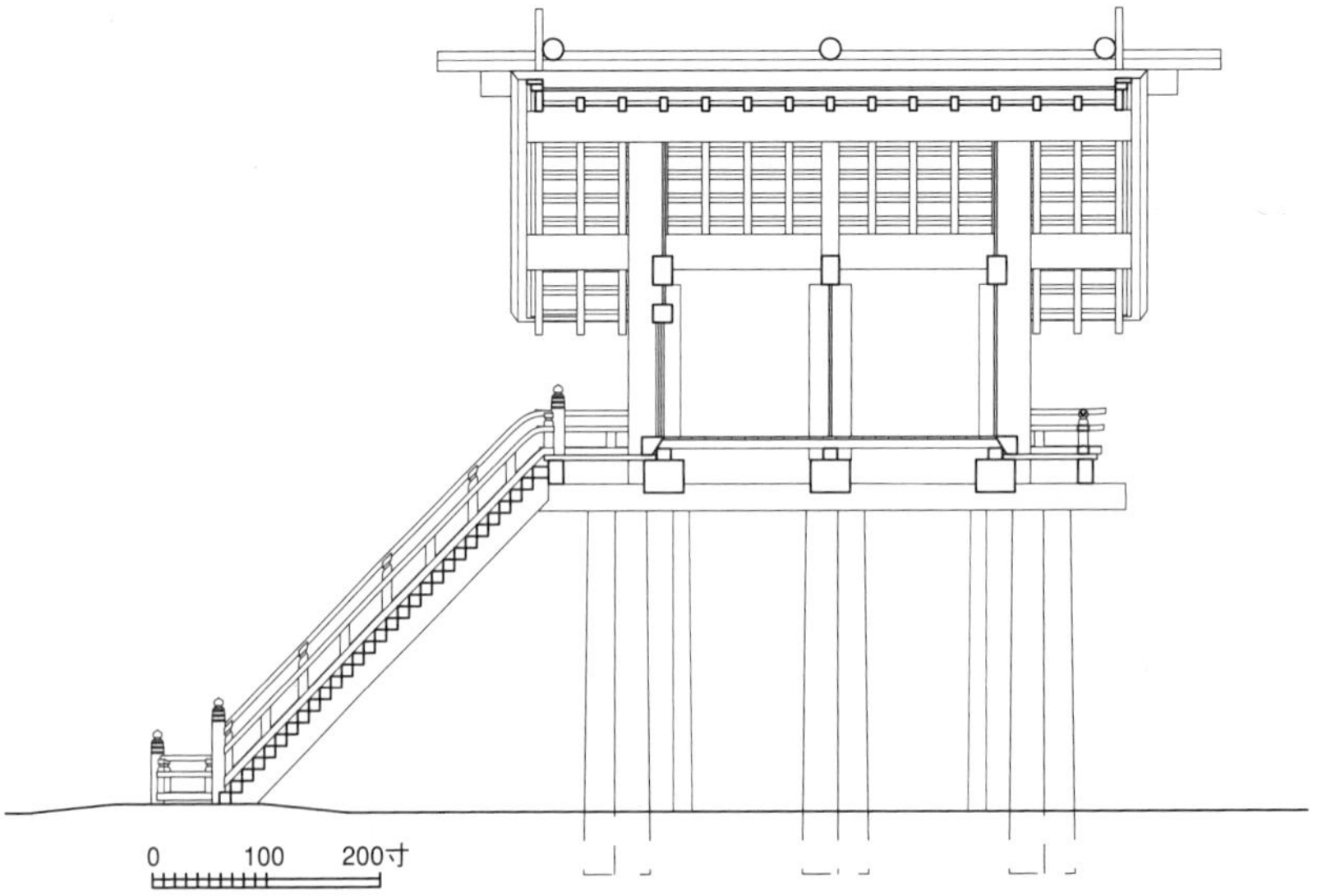

図9　出雲大社宝治度本殿桁行断面図（S＝1/400）

最後に復元図の作成に携わった広島大学大学院文学研究科文化財学研究室の山田岳晴・山口佳巳・川后のぞみの各氏に感謝の意を表したい。

註

（1）三浦正幸「出雲大社本殿」『日本建築史基礎資料集成』一、社殿Ⅰ、中央公論美術出版、一九九八。三浦正幸「古代の出雲大社本殿に関する資料解釈の疑問点」『日本建築学会大会学術講演梗概集』一九八七。三浦正幸「出雲大社本殿の十六丈説に対する反論」『日本建築学会大会学術講演梗概集』一九八八。

（2）註1参照。なお、慶長度本殿の復元史料およびその復元案については、三浦正幸「出雲大社慶長度本殿の復元史料―出雲大社本殿の復元研究（其一）」（『日本建築学会大会学術講演梗概集』一九九六）、福本健司「出雲大社慶長度本殿の復元案―出雲大社本殿の復元研究（其二）」（『日本建築学会大会学術講演梗概集』一九九六）に詳しく記してある。

（3）「正殿造」と「仮殿造」という語が江戸時代になって現れたことについては、松岡高弘・土田充義「出雲大社における中世の仮殿造について」（『日本建築学会計画系論文報告集』第385号、一九八八）を参照。なお正確には、「正殿造」は八丈以上の高さの本殿をいう語ではなく、出雲大社の本殿や摂社本殿の各々について、本来あるべき高さと形式を示すものであって、摂社本殿にあっては八丈よりはるかに低い高さを正殿造としている。

（4）神魂神社本殿の沿革や形式については、三浦正幸「神魂神社本殿」（『日本建築史基礎資料集成』一、社殿Ⅰ、中央公論美術出版、一九九八）を参照。

（5）三浦前掲書。註1参照。

（6）『千家家文書』四号の「雲州杵築大社御造営覚書」に「御本社正殿造、六間四面」とあり、『大社御造営日記』寛文元年十二月十九日条に「大社地割弥六尺間に仕候へと申談候」とある。

（7）註1参照。

（8）林野全孝『神社の建築』河原書店、一九七四。

（9）『出雲国造家文書』十五号。

（10）宝治度造営に関する「杵築大社御正殿日記目録」（『鎌倉遺文』11881号）に「一御神殿一宇、一同御内殿一宇、一筑紫社、一御向社、一雨崎社、一左右門客人、一中門一宇二蓋八足、一中門廊一宇、一供祭所一宇、一塀垣、一三面築垣、一舞殿一宇、（以下略）」とあり、このうちの「塀垣」が本殿床下を廻る塀垣と考えられる。その後ろにみえる「三面築垣」が現在の透塀の位置に相当する塀と考えられる。なお、現在の神魂神社本殿も簡単な柵を床下周囲にめぐらせている。

（11）大阪府の美園1号墳出土の家形埴輪ほか。

（12）『千家家文書』（『鎌倉遺文』11802号）

（13）『千家家文書』（『鎌倉遺文』11881号）

（14）三浦前掲書。註1参照。

討論　　司会・山野善郎

「出雲大社造営沿革社図」の史料価値

山野　藤澤さん、浅川さん、三浦さんの復元案は、文献を軸に迫るもの、遺構を軸に迫るものなど多様なアプローチがありました。それから、たとえば「長さ」の問題にしても、どこまでの高さを押さえているのかとか、金輪造営図の絵図に描かれている名称や寸法を「棟桁」「軒桁」とみるのか「床桁」とみるのか、さまざまな見方が示されました。浅川さんの場合は、とくに三本柱のうち一本だけが通柱で残りの二本は床束だという非常にユニークな発想で復元に挑んでいらっしゃいます。まずは和田さんからコメントをいただきたいと思います。

和田　今回、いくつかの同じ資料を扱いながらも、まったく違う復元案が提案されています。いま三人三様ですが、それはそれでとてもおもしろい提案がなされていると思います。ただ、今回利用された中世以前の資料に加えて、佐太神社の指図など近世の資料も含めた考察と提案があってもよかったのではないか、と思って聞いていました。そういった点からみれば、じつは「出雲大社造営沿革社図」という絵画資料がありまして、往古・寛永・寛文・明治の時代の境内図を集めているのですが、どの時代の本殿にも縁束が表現されています。絵図を描いた大工が山村氏となっていますから、出雲大社ではなくて松江藩作事方の大工ですけれども、多くの社殿をみますと、神郷図とほとんど同じ状態で描かれているのですが、必ず縁束を描いているのです。屋根はある程度反りがあったりしていますけれども、こういうものも参考になるのではないでしょうか。

三浦　その絵は史料価値ゼロです。鼻もひっかける必要はない。

岡宏三　「出雲大社造営沿革社図」についてですけれども、島根県立図書館だけでなく、県立博物館もじつは一枚所蔵しておりまして、たしか明治の銅版画だと思います。境内の下にもう一つ鳥居があって、その下に丘陵が二つ描いてあります。明らかに神郷図の影響ですね。まったく同じような描き方をしている掛軸が出雲大社の神祜殿にありまして、やはり神郷図を参考にしたものなんですが、そのわりに忠実な模写ではない。模写図は様式からみますと、江戸時代の後期くらいかなという気がします。たぶんそれを元に銅版画を起こしたんじゃないかなと思います。もう一つ補足で申し上げます。「出雲大社造営沿革社図」の上中央に金輪造営図が貼り付けてあります。説明文を読むと、虫食いなどで文字の消えているところがあるけれどもそのまま貼り付けたと書いてあります。「出雲大社造営沿革社図」と掛軸が一枚の紙になっていますが、この時点では、巻物に表装されていたらしいのかなと疑われているのです。一方で、元禄ぐらいの造営図には「三輪造営図」という名前で書いてある。いつからか「金輪御造営差図」と呼ばれるようになっているんですけれども、そういうふうに考えると、「金輪御造営差図」という名称もいつからかなと思うのですね。もともとこの名称はなかったんだけれども、こういった固有名詞が少しずつできあがって変化してきている。そういう変化についても、検証する必要があるのかなと思っています。

心柱と宇豆柱の意味

和田　心御柱を藤澤さんの復元案では棟木まで伸ばしてらっしゃる。これはちょっと気になりました。

藤澤　心御柱については悩みました。私も梁下で切ろうかと思ったのですが、とくに何も資料がないので、棟木まであげてしまいました。あとで構造力学の教員から棟木までいかない方が強いぞと言われまして、いまだったら、梁下で切ったかもしれません。

和田　大社造の近世本殿は心御柱が棟木まで伸びている例がない。確認されてはいませんが、三屋《みとや》神社の本殿だけが棟まで伸びていると報告がありました。どういうふうに心柱を扱うのか、私としては課題になっています。

浅川　三屋神社本殿の件は証拠はあるのでしょうか。

和田　『島根県近世社寺建築緊急調査報告書』（一九八〇）の中で、川上貢さんがご指摘なさっています。実際に中はみてないけれども、「柱は棟木まで伸びている」と伝承されているという記載がありました。

三浦　私が『日本建築史基礎資料集成』に書いた論文（一九九八）を読んでいただくとありがたいのですが、きわめて新しい時期になってから「心御柱」という用語になっています。それより前は、別に何とも呼んでいません。金輪造営図には「岩根御柱」という言葉が書かれていますけれども、造営図はどうせ一三九一年より後の制作ですから、『古事記』の修辞に倣って命名したんでしょう。真ん中の柱が神聖な柱だと言っているのは、稲垣栄三さんの説なんですが、私はあの説は正しくないと思っています。稲垣さんは「構造上必要ないのにあるから神聖な柱だ」とおっしゃっています。でも、現在の出雲大社本殿の図面をみれば明らかなように、梁を心柱の上で継いでますから、真ん中の柱がないと間違いなく木っ端微塵に倒れてしまいます。したがって、構造上ないと困る柱なんですね、真ん中の柱は。もちろん梁間三メートルくらいの小さな本殿でしたら大丈夫ですけれどもね。構造上必要ないという稲垣説はそもそも成り立たない。構造的に必要であることと、それから間仕切りの壁を受けている柱であるということで、解釈すればいいと思います。

浅川　構造力学的な意味はもちろんありますが、心柱だけ他よりも太くしている理由がそれだけでは説明できませんね。他の八本に比して断然太いということの意味を考えると、稲垣説を完全に無視できないと私は思います。

和田　藤沢さんの復元案の場合、三本柱の遺構に「転び」の痕跡があるのかどうかが問題になりますが、考古学の立場からみてどうなんでしょうか。

石原　宇豆柱については、周りが矢板で区切られてしまいましたので、実際に転びがあったかどうか判定しかねる状況です。南東側柱についても、上面検出で終わっているので、厳密にいうと、よくわかりません。心柱については、三次元計測をしていまして、転びがないという状況がうかがえると思います。

和田　他の柱は内転びがあったかもしれないけれども、それもわからないわけですね。

西山　出土した遺構からみると、宇豆柱は柱芯の筋から前に出ていますね。いわば独立棟持柱として出土したわけですが、独立棟持柱には何かしら特別な意味があるんではないかなと私は思うんですけれども、三浦さんの復元案をみますと、桁行方向に土居桁がわたっているから、この宇豆柱（独立棟持柱）が柱芯から前に出る必要はないのですね。復元された土居桁より上の柱位置や構造と発掘調査で出てきた柱位置などの遺構の状況がずれすぎているのではありませんか。桁行方向ではそれなりにそろっているんですけど、梁行ではその神魂神社の比例に倣ったばかりに出てきた遺構とちょっと隔たりがありますよね。この点について、どのような解釈をされているのかを教えていただきたいと思っております。

三浦　神魂神社の宇豆柱は壁面から随分飛び出しています。古いのは全部飛び出していて、出雲大社だけがあんまり飛び出していない。いまの大社本殿は新しい改変されたものだからです。したがって、この土居桁の上に立つ宇豆柱は必ず壁面から飛び出さなきゃいけない。ところが、両隅柱は土居桁（上木）の上にのっていますから、その筋から宇豆柱を前に出すと、宇豆柱は下木である土居桁の上にのっからざるをえない。桁行方向の土居桁にのっかりますと、片持梁（キャンチレバー）の上に柱が立つことになります。屋根を支える一番重要な柱がキャンチレバーの上にのるなんて、そんな恐ろしい構図はありえない。したがって、壁から飛び出した宇豆柱を支えるためには、下木のその下を柱で支えていかなくてはいけない。したがって、発掘調査で出てきたように宇豆柱が外に飛び出す。私の復元案では宇豆柱のところでは上木から半分、床上の柱が飛び出して、下木の桁の上にのっかっている。その直下に発掘調査で出てきた柱がのると、非常に安定した構造になっていると思います。

浅川　三浦さんの床下復元図の宇豆柱の位置と遺構図はかなりずれていますね。発掘遺構図では、宇豆柱はもっと前に出ていて、床上の近接棟持柱の直下にはありませんよ（これを受けて、三浦案は修正された。本書収録の復原図はシンポ当日の発表のものとは異なっている）。私は独立棟持柱（宇豆柱）をほとんどまっすぐ立ち上げました。金輪造営図の棟木九丈に対応するとみたのです。

檜皮葺の屋根勾配

和田　三浦さんの復元案ですけれども、これも一つの案かと思いますが、少し屋根勾配がゆるいのではないか。全体のバランスからして、もう少し屋根勾配がきついほうがよいのではないかという気がします。神魂神社本殿を参考にされてるんですが、どうなんでしょうか。

三浦　屋根勾配がゆるいとおっしゃいますけれども、これでも随分きついと思っています。伊勢神宮の矩勾配（茅葺）にくらべると、私の案はちょっとゆるくて、これは神魂神社本殿の化粧垂木の勾配なんです。なぜ神魂の化粧垂木の勾配にしたかというと、神魂には野屋根があって、野屋根の上に置千木をのせている。ところが、破風板がのびて屋根を貫き先端に千木が出ていたことを私は文献史料から明らかにしました。野屋根をつけると破風板の延長としての千木はつけられないから、野屋根のない状態で破風板の延長としての千木を作ったのです。神魂の野垂木の勾配にすると、きつすぎます。四五度を超えますので。化粧垂木の勾配にして、そのまま檜皮の屋根を葺くのが順当です。その結果、この勾配になるのですが、決してゆるいとは思いません。

木割をめぐって

林　藤澤さんの案ですけれども、鎌倉遺文の柱間を採用されているわけですが、柱間寸法はさておき、柱を太くしてしまえば遺構との整合性が生まれるのではないですか。内転びにしていく理由がつかないと思うんですね。もう一点は金輪造営図の解釈なんですが、一本だけ棟木とみるんですかね。そういう書き方をするのかなあ。私はちょっと支持できません。土居桁とみるべきか、桁・梁とみるべきかは検討を要しますが、こういう平面的な表現の記載に高さの違うものをそろえて書くかなぁと思いました。

藤澤　最初の質問は、現状では床上平面が小さくなるということですね。柱を太くすればそんなに小さくならなくてすむんじゃないかという意見でしたが、理屈としてはまったくそのとおりです。私が使った史料は、柱の内法寸法を示しているだけで、柱径をいくらにするかで平面はずいぶん変わってきます。ご指摘のとおりです。なぜこの小さな平面を引っ張っているのか、あんまり理由はないんですが、現状に近い柱間寸法を採用しています。答えにならなくてすみません。ご指摘のとおりです。それから、金輪造営図の九丈（棟木の寸法）ですけれども、これもご指摘のとおりでして、長さが違うというだけで、これだけ棟木というのは非常に自分でも苦しい解釈だと思っています。

山野　藤澤さんが復元時には平面の小さな案を採用したが、林先生のご指摘になった解釈というのも当然成り立ちうるというのが藤澤先生のお考えになっているということでよろしいでしょうか。柱間の内法しか表していない文献でもありますし、すべてが土居桁なら土居桁、屋根の桁なら桁を表しているというのも当然成り立つであろうというふうにお考えなんですね。

藤澤　土居桁で思い出しました。心御柱は土居桁で切りたくなかったんですね。どこまでかわからないけど、床上まで伸ばしたかったんです。

西山　側柱を床桁で止めたというのは何でかしらと思いました。

藤澤　土居桁をまわしたかったんです。

林　浅川さんの復元に対してですけれども、一つは現本殿とくらべられて木割的な解釈で一・二一倍という比率を出しておられて、それを復元の寸法の取り方として使われておりますが、現本殿はそれほど意味があるかなぁと思うのですが。それなら年代の古い神魂の方を大事にして柱間に対する木割を考えられた方がよいのではないか、と思いました。

浅川　一・二一倍という木割ですが、一応いまの本殿との大きさの比較というのが頭にあったものですから、これを採用しました。西山さんたちが建造物を調査している中で「延享造営伝」という史料が出てきて、部材の数や寸法が細かに記載されています。西岡和彦さんの史料批判でも、あるいは西山さんたちの検討でも、その寸法は信頼に値するものだと評価されていたので、寸法データとしては一番使いやすかったというのが実際のところです。神魂の方が年代的に古くて木柄も太いからこっちを使うべきだという考え方もあるでしょうが、神魂の平面は縦長で、境内遺跡から出た横長の大型本殿には使えないと思っています。

林　最後の三浦さんの案については、他の方と決定的に違うのは、神社本殿にある程度プロポーションの差とか美しさとか比例とかを強調されておりました。しかし、本当にそうかなぁ、比例を無視したような社殿が出雲にはありえていいんじゃないかと思いますが。それゆえに施工の難しい社殿でもあったんじゃないでしょうか。

西山　三浦さんが側柱四四尺という柱間総長で出ている遺構を、神魂の比例に倣って三四尺にされたというのは強引な解釈だと思えるのですが、そこまで神魂にこだわる理由は何なんでしょうか。

三浦　理由はちゃんと申し上げたんです。まず土居桁で廻縁を支えなくてはいけない。廻縁を支えるためには、遺構の柱の真上に柱を立てた場合、側面側の廻縁の幅がものすごく狭くなる。土居桁で廻縁を支えるときには廻縁の幅を確保しなければいけない。それからもう一つは梁間の方が長い建物は、少なくとも中世以前の日本建築では許せない。日本の常識において梁間の方は当然桁より短い。その二つの理由があります。なおかつ、神魂という現存最古の大社造本殿が縦長平面になっている。これはちゃんと踏襲しなければならないだろう。以上三点の理由から、上木と下木の解釈と柱位置の移動に関して非常にうまく合理的に解釈できるのです。

浅川　三浦さんのいわれる日本建築の常識というのは、いま残っている建物をもとにした理解ですよね。伊勢神宮を除けば礎石建物ばかりしかない現状で、一方の非常に長い伝統を有する掘立柱建物が頭から消えている。その頭から消えている遺構を礎石建物の常識で復元しようとしているのですから、方法そのものに大変疑問を覚えます。少なくとも二間×二間の掘立柱建物なら、正方形や横長のものはいくつも出土しています。

三浦　発掘調査で出てきた建物が正面側がはっきりわかるんでしたら話は別です。なおかつ上の梁がどっちにかかっていたか、ちゃんと示す資料があるのかどうか。少なくとも梁がかかる長さのほうが桁より短くなくてはいけない。しかも、日本建築といったって非常に古い時代からありまして、飛鳥時代の末期からずっと長い伝統があります。江戸時代になりますと、さすがに変なものがたくさん出てきますけれども、少なくとも飛鳥から室町の時代まででは梁間のほうが桁行より短い。それが普通の建物である、というふうに考えています。

浅川　だから、その普通の建物は「礎石建物」なんですよ。境内遺跡の大社本殿遺構は横長の掘立柱建物ですが、心柱の位置で梁をつなげば構造上何の問題もない。それを縦長礎石建の神魂本殿をモデルにして、床下と床上の柱配置を大きくずらしてしまうことの意味がわかりません。そもそもいまの大社本殿と同じ高さの建物なら、床下に三本束ねた柱は要らない。一本だけで十分たつことを現本殿が立証しています。それに、神魂を含む大社造の本殿で通柱を使わない例もない。床上と床下で柱は通っているのですよ、大社造の「常識」としては。だから、床上と床下でこれだけ柱配置のずれる復元を受け入れることはできませんね。

「引橋長一町」をめぐって

林　三浦さんは「金輪御造営差図」が文永の再建くらいとおっしゃったですかね。それと江戸初期に写されたときに「引橋長一町」が加えられていたといわれましたが、何か根拠があるんでしょうか。

三浦　出雲大社に古い指図があったという記録が鎌倉の早い時期の文献に出てきます。鎌倉末期に古い指図があったことはたしかですから、早くても文永再建時に造っただろうと推定しています。別に文永でなくて、もう少し下がってもかまいませんけれども、ただ、非常に細かい寸法が書いてある。それから桁行と梁間の比例間隔、部材の比例間隔が正確に描いてある。おかしいのは引橋長一町と廻縁。これは本当におかしい。少なくとも、その後の十七世紀になりましてから、佐草自清の日記に「金輪御造営図」と書いてありまして、その図はたぶん「写し」だったのでしょう。いま千家国造家に伝わっているのはその「写し」だろうと思うのですが、かなり信頼性はあると思います。それから書き込み寸法でおかしかったのは、藤澤さんが棟木と考えた「九丈」ですけれども、他の指図には八丈と書いてあります。八丈と九丈はほとんど差がないもんですから、あの九丈は間違いなく誤記です。書写したときに間違えたか、もしくは最初から間違っていたかわかりませんが、あれは八丈よりちょっと長いかもしれませんが、私の復元では八丈で復元してあります。

林　「造営図がおかしい」というのは、自分の案にとっておかしいのか、字体が違うということでおかしいのか、なぜそれが江戸の書き加えなのか、そこをはっきりしてほしいと思うんです。

三浦　「引橋長一町」というのは、明らかに絵空事でして、そんなものはありえない。引橋長一町にしますと、木階は楼門を超えて、はるか向こうにいってしまいますから。実際に発掘調査でも出てこなかったんですから明らかです。神郷図のプロポーションをみても、本体の長さと変わらないくらいにしか描いてない。本体の比例が非常に正しいのに対して、「引橋長一町」というのは非常に違和感がある。しかも本体は柱間寸法を一切書いてないんですけれども、引橋長だけ一町と書いている。他のところも部材寸法を入れればいいのに、そこだけしか書いてないというところをみると、どう考えても変ですよ。そういうところをみると、明らかに後で加えたものだと考えざるをえない。おそらく、江戸時代の初めに書き加えたときに、出雲大社の金輪造営図の示す本殿の高さを三二丈か三六丈だと誤解していたんじゃないでしょうか。三六丈本殿、もしくは三二丈本殿の図だと考えると、階段は約四五度の勾配になりますから、木階の長さは本当に長一町なんです。もちろん、この図が一六丈・三二丈・三六丈であることはありえませんので、そうすると、「引橋長一町」の文字を書いた人と本体の平面を描いた人はまったくの別人である。しかも、三二丈説や三六丈説を信じていた人は、どう考えても室町末期あたり、江戸時代に近い人が書いたと思います。

林　金輪造営図の原図は平安時代後半くらいまで遡っていいと考えています。いまの遺構はむしろ平安本殿が退化したものと私は解釈しています。木階の長さが一町なのかどうかは別にして、高さ三二丈とか三六丈まではないにしても、造営図にみえる本殿が平安時代にありうると考えてもよろしいんじゃないかと思うのです。

三浦　「引橋長一町」の解釈をちゃんとお答えになっていませんね。長一町というのはゆるい勾配で造らないといけませんが、そんなゆるい勾配の本殿は出雲地方にはありませんよ。したがって、出雲大社の当時の姿をみていた人は急勾配を上っていく階段を考えて、高さが三二丈あったら階段も三二丈なくちゃいけないだろうと考えた。そうすると、一町なんです。もう少しきちんとお答えしていただかないと、私は納得いかない。

林　ゆるやかな階段があるかないかは、現在の出雲地方における社殿を基準として判断されているのでしょ。四五度という理解は、現在の出雲大社社殿に倣っているだけのことではありませんか。ゆるやかな階段といっても、私は平安本殿が一六丈より高いだろうと考えていますので、結構勾配はきつくなる。さきほど三浦さんは出雲国造が上っていくのかどうかとおっしゃいましたが、まあこのくらいのゆるやかさじゃないとてもじゃないけど上がっていけない。急勾配だと、どう考えても昇降が怖いなという気がします。

三浦　それは仮説にすぎません。論理学ではおかしい。私は、三二丈か三六丈の本殿だと思っている人が「長一町」と勝手に書き加えたのであって、その数字自体が間違っているといっているんです。林さんは長さが一町ないと昇降できないとおっしゃいましたが、それは一六丈説だと思ってるからです。だから論理学的におかしい。

林　証拠がないんですよ。ですから、論理学的におかしいというのはどちらがおかしいのかわからない。

山野　ちょっと水掛け論になってきていますので、この辺で打ち切らせていただきます。

通柱・添束構造をめぐって

松本　金輪造営図が問題になっているんですけれども、浅川さんが添束と通柱ということで復元をされています。神戸大学の黒田龍二さんの復元案もよく似た考え方ですね。浅川さんは、柱の三つの並び方をあんまり意識せずにランダムに描かれてるんだと説明されましたが、私は造営図には柱の配列が規則的に描かれているのではないかとみております。仮に浅川さんと同じように一本ずつ通柱を立ち上げるにしても、宇豆柱は両方とも北と南の方に出ていてそろっています。それから隅柱も全部コーナー一本の柱が置かれています。側柱の一本の柱も外側にきているんですね。これを結べばきちんと一本の通柱は立ち上がっていくんじゃないかと読み取れるんです。実際に発掘調査で出た遺構とは配列は違うんだけれども、絵図は絵図なりにきちんとした柱配列を描いているのです。

浅川　言われてみれば、そのとおりですね。私と黒田龍二さんの案はよく似ているのですが、隅柱の立ち上げ方が違うんです。いまの松本さんの解釈だと、黒田説が有利だなぁ……。金輪造営図と境内遺跡本殿跡を比較すると、たしかに心御柱の出方が回転してしまっているというのが気になっているところです。私としては、とにかく配置全体をみると、金輪造営図と境内遺跡出土本殿遺構はよく似ているんですが、しかし、異なっているところも散見される。要するに、この指図には歴史的資料として評価できる側面とそうでない側面があるので、その違いを発掘調査データによってきちんと篩にかけなくてはいけない。そういう気持ちが強かったんですね。鵜呑みにしてもいけないし、全否定してもいけない。

三浦　金輪造営図はよくできている指図です。柱の方向は若干真ん中の柱がずれているというのは認めますが、これは再建計画図ですので、別に少しぐらいずれていてもかまわない。だから、発掘調査で出てきたとおりに復元されて、浅川さんの復元案には賛成しませんけれども、柱の立て方は発掘調査のとおりだと思います。

松本　もう一つお聞きしたいのは、今回藤澤さんがおっしゃった、宇豆柱のところに「柱」と書いてあって、それから松の材があるという書き込みがあるということです。他の方がたはどう理解されているのでしょうか。

三浦　「柱」についてですが、これは書き写しでしょう。下の宇豆柱に「口、何尺、何寸」と本来書いてあったところを、書き写したときに読めなかったもんだから書かなかったか、もしくは途中で書き忘れたか、どちらかで抜けているのだと思います。したがって、あそこに「柱」と書いてあるだけなのは、「口何尺、何寸」が抜けている脱漏だと思います。それから、『玉勝間』の方は二次的資料ですので、そんなものを信用する方がおかしい。「岩根御柱」の註とみるのが妥当でしょう。

藤澤　それは違う。私の解釈は正しいと思います。二ヵ所でペアになっている情報だと解釈しています。決して「岩根御柱」は割り柱ではないと思います。それと、浅川さんと黒田さんの復元案に反対なのは、金輪造営図から一本だけ長く柱がのびるという情報は絶対読み取れないんですが。この建物の柱の中心というのは三つの中心を柱の芯と考えざるをえないんですが、あの中でなぜ一本だけ上にのびて、こういう絵が描けるのか私には理解できない。

浅川　だから、金輪造営図を全面的に信じる方がおかしいんですよ。金輪造営図には信頼性の高い部分とそうでない部分がある。柱の配列はさきほどの松本さんの解釈で通柱の説明がつきますね。そもそも、私は金輪造営図より遺構を重視しています。境内遺跡本殿跡の場合、心柱の三本柱のうち一本が太くて二本が細いでしょ。その出土状況を尊重して、前者を通柱、後者を添束だと判断したのです。掘立柱建物の場合、飛鳥・奈良時代からずっと添束形式による高床の伝統があるじゃないですか。添束形式による高床建物が巨大化したものと考えればいい。建築史の研究者は礎石建物の構造で掘立柱建物まで復元しようとするから、矛盾がおきるんですよ。掘立柱建物の構造と礎石建物の構造は根本的に違うんだから。掘立柱建物は構造物を地面に引きつけているのに対して、礎石建物は地面に構造物をのせているだけ。だから、先史・古代考古学に浸った経験のない建築史の研究者は床や屋根があると、そこで上下の柱を切り分けたがる。これは明らかに礎石建物の構法です。掘立柱建物の場合、おそらくは縄文時代から、遅くとも弥生時代以降、通柱が原則なんです。それを理解しないと、境内遺跡本殿の復元はできません。

西山　浅川さんの復元案では、柱のペアが「一：二」もしくは「二：一」と配列されています。なるほどなあと思ったんですが、「一：二」「二：一」ときたその向こう側はどのように考えられるのか。奥側が「一：二」とくるのか「二：一」とくるのか。奥側の柱の三本の配列をどう想定されているのか、教えていただきたいと思いました。

浅川　前後左右対称でいいんですが、問題は心御柱を含む真ん中の列ですね。二：一ときていますが、その反転形はどこにも存在しないんです。だから、全体が完全な対称性をもつわけではない。たしかにそこが弱点かもしれません。さきほどの松本さんの理解の方がはるかに優れていますね、残念ですが……。

モデルとしての神郷図

林　浅川さんの復元についてもう一つお聞きしたいのは、神郷図の本殿と比較されていましたが、やはり絵というのはプロポーションを信じるべきじゃないと私は思っています。これにこだわるのはどういうことなのでしょうか。

浅川　実際に鎌倉時代初期の本殿を復元するにあたって、何かモデルにしないと絵は描けません。神郷図以外にモデルにできる材料がないですから、それと対比するのは自然の成り行きだと考えています。神郷図については、三浦さんがスピーチされたように、「剥落」の問題もたしかにありますが、私は「剥落」で全部割り切るのは危険だと思いますね。一部の材を省略的に描くことで、本殿正面の意匠を強調しているんじゃないかと思っています。

三浦　絹本着色の絵というのは剥落がひどいもんでして、ほとんど何も残らず、上が全部おちて下絵だけになってしまうものが随分あるんです。鎌倉期の仏画なんて結構そうです。みごとに全部はがれ落ちています。これは私がとやかくいうことではなく、美術史の常識であると思ってください。ぜひ美術史の研究史を勉強していただきたい。

浅川　美術史の常識で片がつくところとそうでないところがありますよね。三浦さんは神郷図の床下の白い基壇状の部分を「上彩色の剥落」だと断定するばかりか（四五九頁）、『杵築大社御正殿日録』の中の「塀垣」だと断定されていますが、この文献には「……一塀垣、一三面築垣……」とあって、本殿や楼門を含む境内を囲む区画施設のうち東西と北の三面が築垣（築地塀）で、南側の一面だけが木造の塀垣と読むべきでしょう。本殿床下を四方から囲む塀垣なら「一　四面塀垣」と書かれていたはずです。神郷図の床下の白い構造物は柱を安定させる基壇状のものと考えるべきでしょう。

棟梁がみた復元案

山野　実際に建物を造っておられる棟梁の田中文男（㈲真木）さんに今回来ていただいておりますので、実際建物を造るうえで今回の三つの復元案、どういうふうに評価できるか、ご意見お聞きしたいのですが。

田中文男　私も当時生まれていたわけじゃないんで、よくわかりませんけれどもね。それぞれが大変よい考えを出しておられるんじゃないかと思います。若干気づいたところは、藤澤さんの内転びですが、これはちょっと転びすぎているかなと。柱一本くらいの転びで納めないとね。浅川さんの案は妻飾に豕叉首を使っているところが素晴らしい。さすが浅川氏、やったなと思っていました。それから三浦さんですが、桁行の台輪を四分の一で組んでいる。これだけ大きな木を、大変なことやってるなと思いましたね。一丁の台輪に三本の柱をどのようにあわせるのかということも考えておかなくてはいけない。もう一つ気になるのは、床までの台輪のプロポーション。気になるのは梁が長方形の断面になっている。三浦さんも浅川さんの豕叉首を使うと妻が締まるんじゃないかと思います。ケラバが出てくればなおいいかなと。それと、桁行方向の土居桁を下に使うというのは、普通、逆なんですね。梁行の土居桁が下で、その上に桁行の台輪をのせる。まぁ自分が大工としてやるなら三浦さんの案かな。上の梁の長方形の断面、あれを平にして妻飾を豕叉首にしてくれればなと。

三浦　豕叉首をつけろとおっしゃいましたが、真ん中に宇豆柱が通ってまして、そうしますと、豕叉首が宇豆柱に刺さってしまいまして、古い形の豕叉首の納まり方にならない。出雲大社だけは後世の豕叉首の形にならない。それから台輪ですね。土居桁の上下関係ですが、普通はおっしゃるように、梁が下にきて桁が上になるんですけれども、宇豆柱が飛び出している特殊性により逆にしました。成り行きでこうなるしかない。そのかわり小屋組の梁・桁は正しく、梁が下で桁が上。これ当たり前です。ただ、上屋のほうの梁を平にしてという話ですが、これを平にしようかそれとも縦にしようかいろいろ悩んだあげくの結果です。たしかに古いのは平にした可能性があります。ただ、出雲大社のこの形は平安、鎌倉に至るあいだに、時代の変化とともに変わってきたんだと思います。おそらくはるか昔の七世紀に創建されたころとは違って、いろんなものがくっついて変わってきている。合理的に考えますと、鎌倉時代の初期ですから、このころになりますと、梁は縦長が普通でしてね。建物の強度を考えるのと、それから宇豆柱にどうしても梁が命中するんです。平の梁を入れますと、ものすごく宇豆柱にかかってしまいます。宇豆柱の断面欠損を少なくするためにはどうしても縦にするしかない。そういった諸般の事情であえて縦にさせていただきました。

山野　ありがとうございました。今回の討論によって、御三方の復元の結果と根拠が明らかになり、若干修正を加えなければいけないところもわかってきたように思います。藤澤さんの場合、田中棟梁からご指摘がありましたように、少し柱の転びが大きすぎるんじゃないかとか、転びを別につけなくていいという林さんからのご指摘もありました。それから浅川さんの復元案についても、神郷図を参考するときに美術史の方法からも検討する必要があるんじゃないかというご指摘もありました。それだけではなくて、西山さんの方からご指摘があったように、左右対称をどう考えるか。すなわち、柱配列の「二：一」「一：二」はよいけれども、宇図柱のところでどうするのかという課題もみえてきました。三浦さんの案につきましては一番議論が沸騰し、研究者サイドからは批判も少なくありませんでしたが、棟梁の立場から田中さんは「自分がやるならこれだ」と評価されました。三浦さんは美術史や建築史の「常識」を強調されましたが、出雲大社境内遺跡の本殿跡の場合、別の論理や常識が働いていることも十分考えなければなりません。

総括になったかどうかわかりませんけれども、今後もさらに復元の議論がより深まっていくことをお祈りしまして、このセッションの討論を閉じさせていただきたいと思います。

（二〇〇五年九月二十一日　於松江）

第九章　中近世の杵築大社造営をめぐって

第一節　出雲大社境内遺跡Ⅱ「室町～江戸時代の遺構変遷」

石原　聡

室町時代から江戸時代の出雲大社遺構の変遷について話を進めたい。現在の本殿は、延享元年（一七四四）に正殿遷宮された本殿であるが、それ以前の発掘調査によって遺構として確認された本殿は、推定宝治度の大型本殿、室町期の本殿、推定慶長度の本殿に限られる。調査した場所が限定されているということもあるかもしれないが、長い出雲大社の歴史の中で、本殿遺構として確認されたのはほんの数例しかない。

一、遺構の検出された位置

遺構が確認された位置（**図1**）は八足門付近に集中しており、室町期の本殿では本殿跡および本殿を囲む玉垣。慶長度本殿では本殿跡および本殿につながる階段状の礎石、楼門状の礎石、御供所。寛文度本殿では本殿跡は確認していないが、拝殿と推定される遺構を確認している。発掘調査で確認された遺構はかなり限定された情報しかもたらしてくれない。

二、室町期の遺構

写真1は、昭和三十二～三十三年発掘調査時の境内の

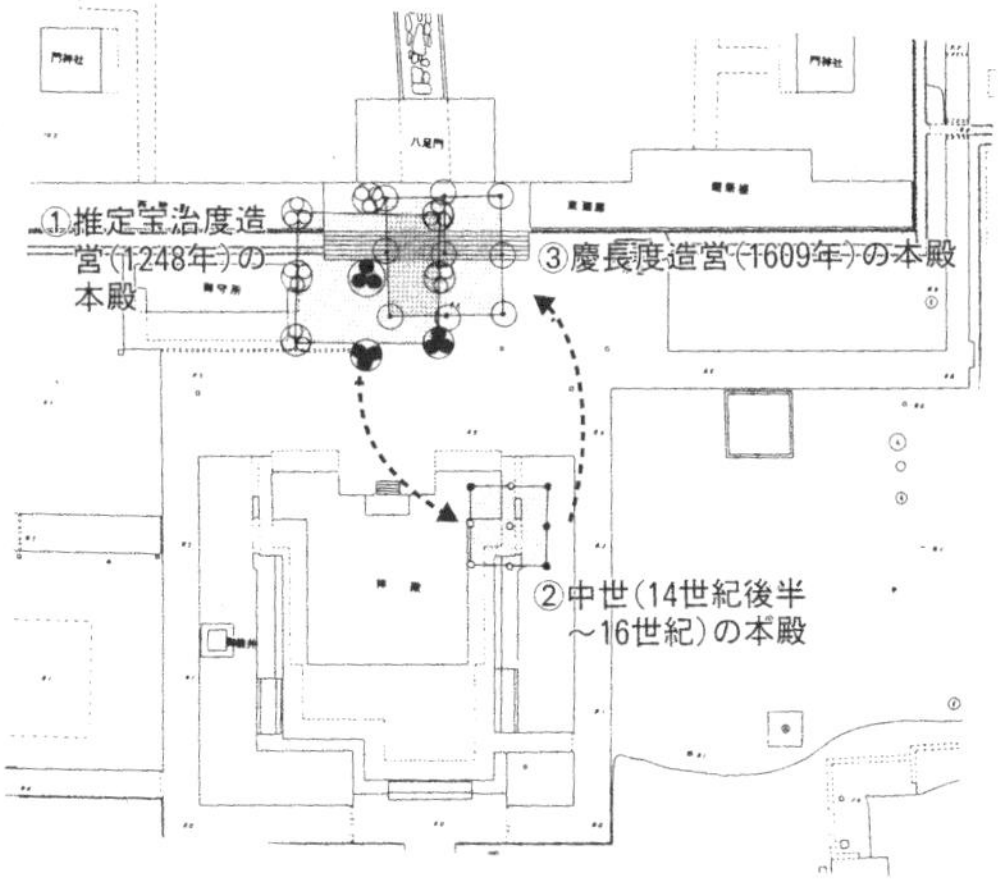

図1　本殿遺構の変遷

写真1　昭和32年・33年当時の境内

様子である。延享度に建てられたとされる拝殿が昭和二十八年に焼失しており、その後、新しい拝殿の建設に伴い発掘調査が実施された。確認されたのは合計五ヵ所で、八角形の柱が検出された。残念ながら宇豆柱（棟持柱）に相当する柱跡は発掘調査では確認されていない。平面規模は、東西六・五六メートル、南北が七・一〇メートルの掘立柱の建物であると考えられる（**図2**）。柱穴には礎板（石）が敷設されており、礎板（石）の上には八角柱の柱が立てられていた。

また、本殿を囲むように出土した柵列遺構については、約五尺間隔の掘立柱柵列を一七間分確認しており、柱根の樹種はクリ材であった（**写真3**）。本殿の柱については樹種の鑑定をしていないが、針葉樹であることがわかっている。

年代については、柱周辺から出土した銭貨が、初鋳年が一三六八年の洪武通宝であることから、十四世紀後半以降に造営された本殿だろうと推定される。5号柱は柱が残存しており、その下に礎板（石）が残っている。1号柱は八角形に成形されている。推定宝治度本殿の大型柱材と同じようにエツリ穴も残っている。5号柱の礎板（石）は、今回平成十一年からの発掘調査で再び確認した遺構であり、本来は柱穴があったと考えられるが、調査の段階でなくなっており、確認したのは

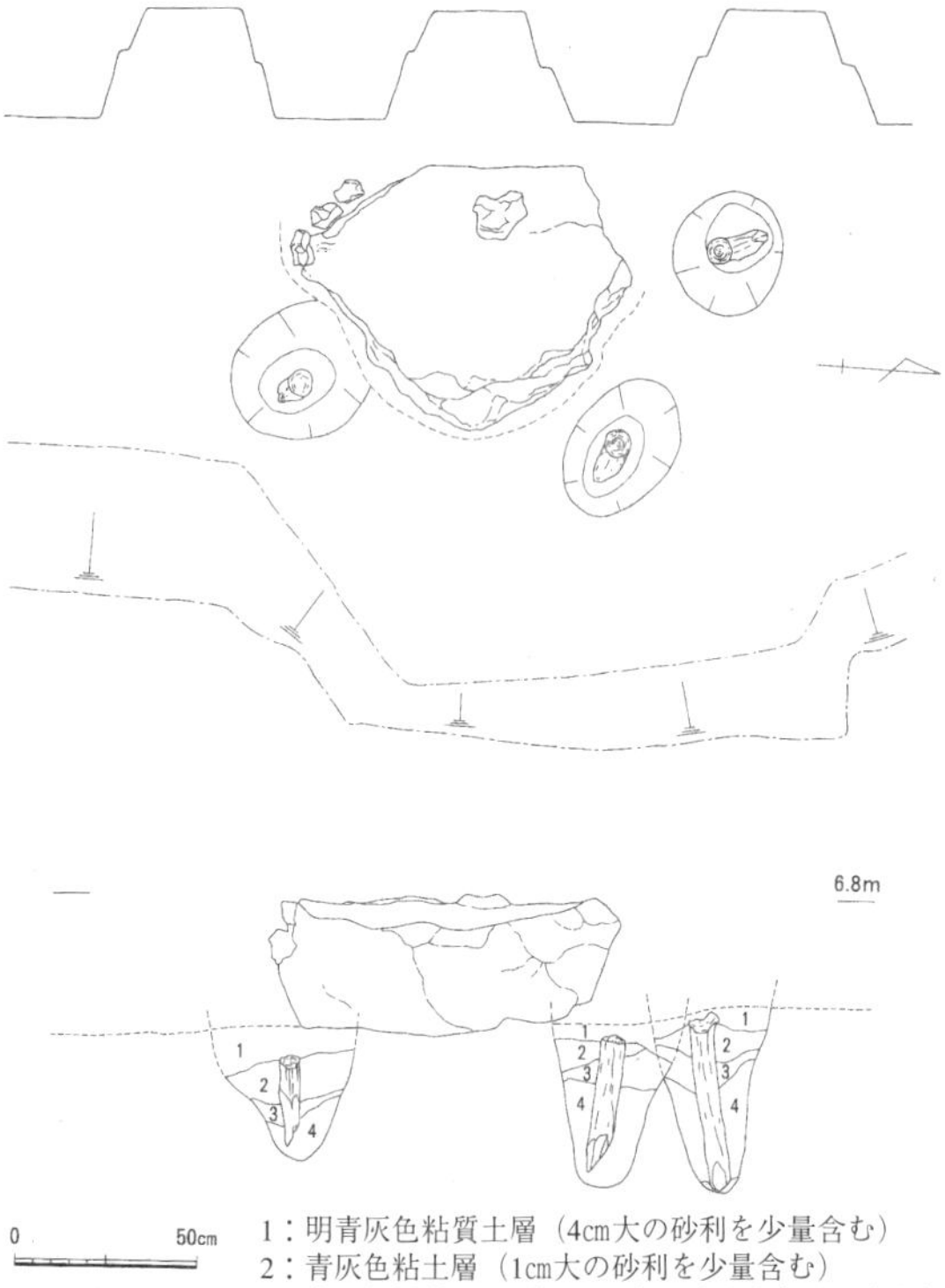

1：明青灰色粘質土層（4cm大の砂利を少量含む）
2：青灰色粘土層（1cm大の砂利を少量含む）
3：青灰色粘質土層（1～4cm大の砂利を多量に含む）
4：青灰色粘土層（1cm大の砂利を含む）

図3　室町期本殿礎板（石）

写真2　室町期本殿礎板（石）

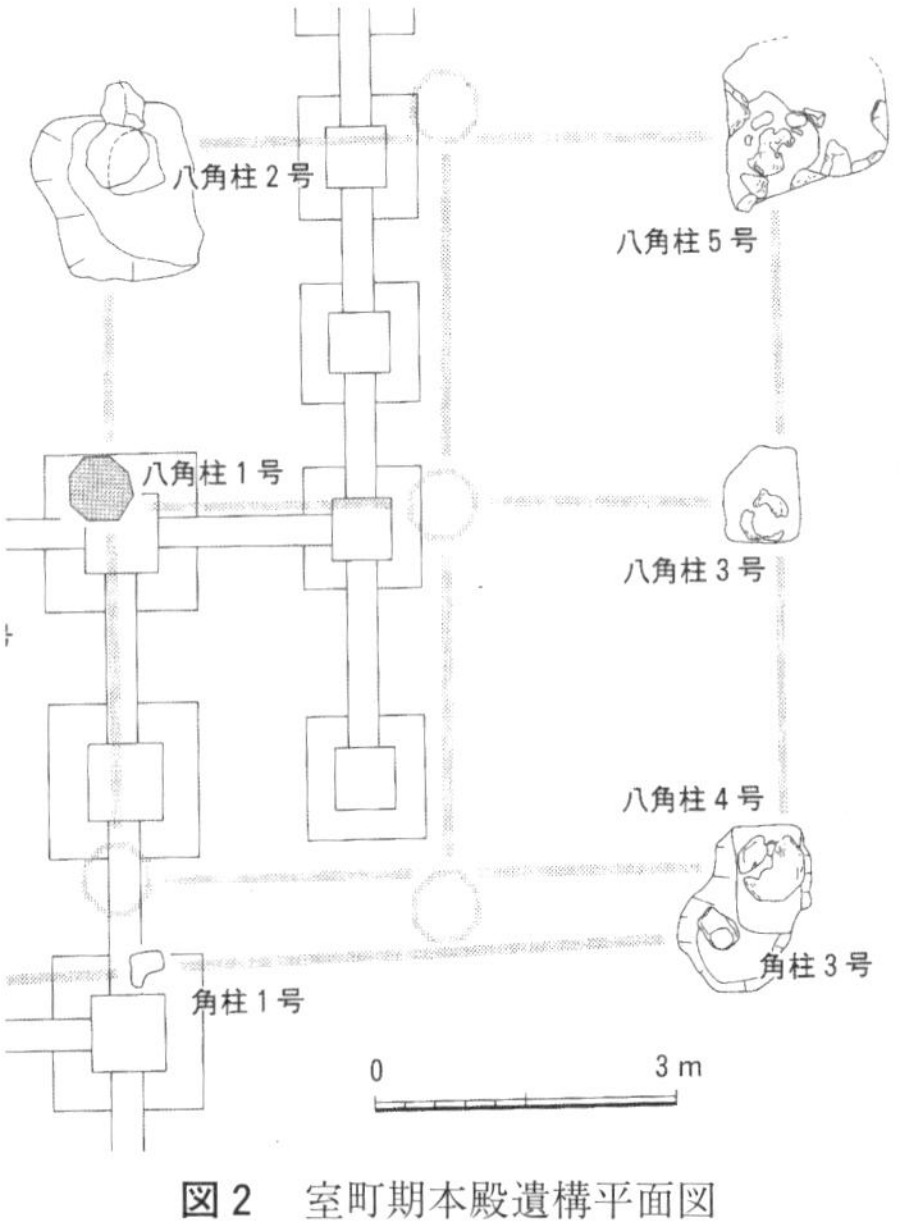

図2　室町期本殿遺構平面図

礎板（石）のみであった（**図3・写真2**）。

三、慶長度造営の遺構

慶長十四年（一六〇九）の造営とされる本殿の遺構については遺構面から遺物の出土がなく、年代判定が困難であるが、慶長度と考えられる遺構面の上層に分厚く寛文度の造成と思われる造成土が堆積している。寛文度の造成土の直下から遺構が出ており、礎石建物であることから、寛文度造営の直前にあたる慶長度造営であろうと推定している。

文献史料によれば、古来より掘立柱であった出雲大社本殿が礎石立てになるのは慶長度以降のことである。北島国造家の上官であった佐草自清が寛文造成について記録した『御造営日記』など複数からその事実が知られ、今回の発掘調査で確認した遺構を慶長度遺構と判定した。

慶長度の遺構は寛文度の造成により削平されており、基壇状の石も含め残りが悪い。本殿遺構としては、四ヵ所の柱跡とそれを取り囲む基壇の跡を確認している。礎石などは残っておらず、礎石下の集石遺構を確認した（**写真4**）。1号柱跡・2号柱跡とも、推定宝治度本殿の柱穴と同じように礫のみをぎっしりと詰め込んでいる。1号柱跡と2号柱跡の中心距離は五・一メートルであり、2号柱跡が宇豆柱、1号柱跡が南西の隅柱にあたると考えられる。柱跡部分から南側に延びる礎石状の石が出土しており、階段の跡ではないかと考えられる。また、雨落溝状の遺構を確認しており、ここには砂が少しではあるけれども堆積をしていた。

また、平成十四年度の拝殿南調査において御供所の跡と考えられる柱穴、基壇を確認した。上面を平滑にした石が基壇状に並んでおり、建物のコーナー部分（南東の端部）が確認されたと考えられる。また、基壇上から柱跡と考えられるピットを三ヵ所確認した（**写真5**）。本

写真3　推定室町期本殿玉垣

写真4　慶長度本殿遺構

殿跡との位置関係、絵図（『杵築大社近郷絵図』）からこの遺構を御供所跡と考えている。また、昭和三十二〜三十三年の調査の際、楼門ではないかと考えられる礎石建物跡が確認されている。

今後さらに検討が必要と思われるが、『杵築大社近郷絵図』に描かれた慶長度の本殿と御供所が今回の発掘調査によって確認されたと考えている。

四、寛文度造営の遺構

寛文七年（一六六七）の造営とされる寛文度の本殿遺構は、現在までのところ確認していない。ただし、出雲大社に残される『杵築大社宮中絵図面』から本殿・拝殿の位置が推定できる。延享度造営の現本殿から東へ六間、北へ一二間、配置を移して造営されたようであり、その記載から考えると、今回の発掘調査により拝殿の柱穴遺構を一ヵ所確認したと考えている。**図4**に『杵築大社宮中絵図面』の一部分を示しているが、寛文度の拝殿と昭和二十八年焼失の延享度拝殿が場所を変えて建てられていることがわかる。寛文度造営の拝殿と考えられる遺構（**写真6**）は、礎石などはすでに削平されてなくなっており、その下の集石（地業）を検出している。

また、寛文度の造成土中から瓦が出土しており、寛文度以前は瓦葺の建物が建っていたと想定される。寛文度の造営はそれまでの仏教的な色彩をもつすべての建物が排除され、境内が神

写真5　慶長度御供所跡

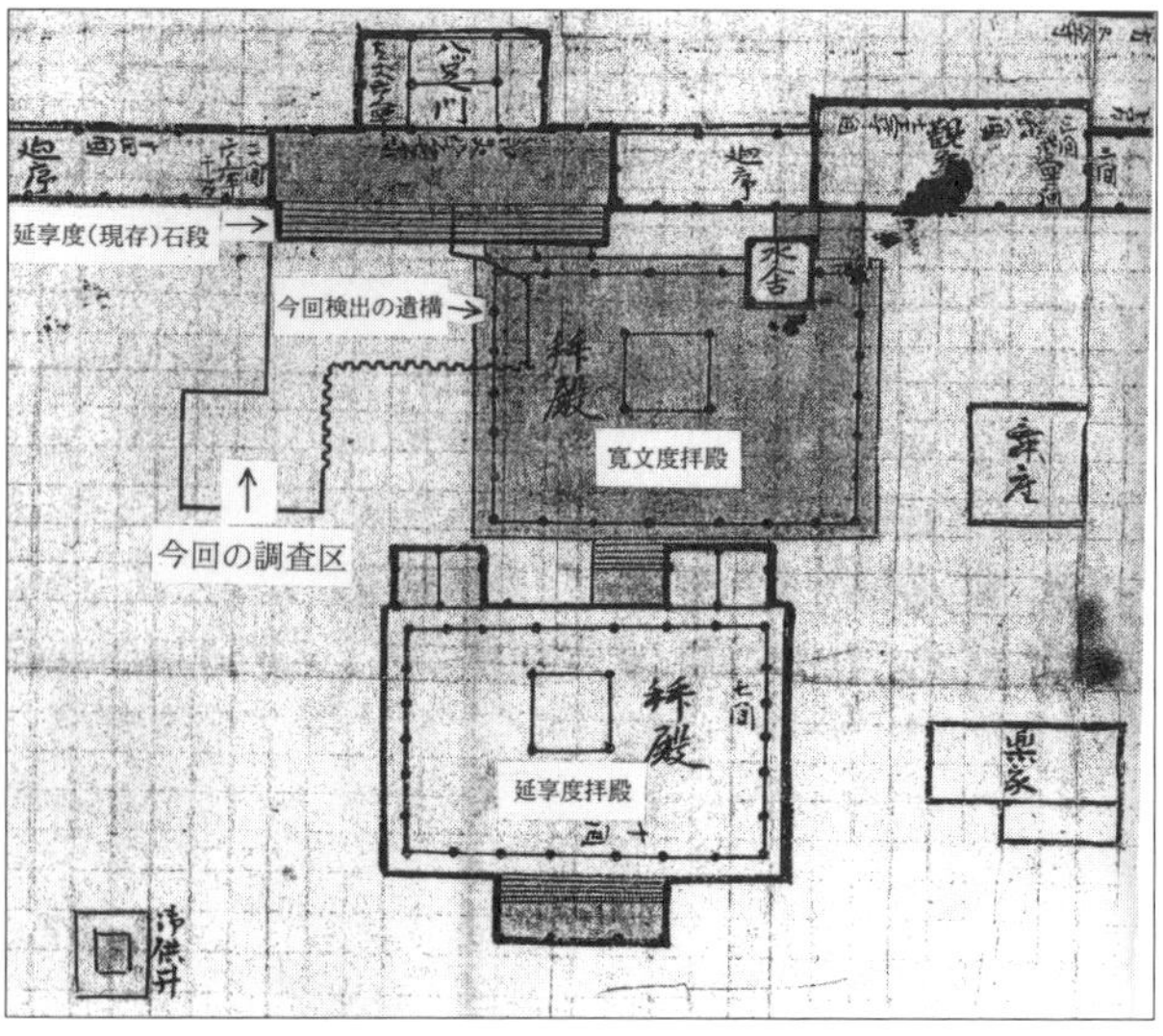

図4　慶長度拝殿遺構の位置

写真6　慶長度拝殿遺構

道一色に染めなおされたと言われている。その様子が出土遺物からも裏づけられる。

五、まとめ

以上みてきたように、推定も含めると五ヵ所で本殿の変遷が確認できる。

土層の関係から考えると、推定宝治度の大型本殿の遺構面の直上上面において慶長度造営と考えられる本殿遺構を確認しており、宝治度造営と慶長度造営との時期差は三五〇年以上あるにもかかわらず、堆積土の厚さは三〇センチ程度しかない。層の重複が少ないことからも、ほぼ同一の遺構面レベルにおいて造営が繰り返され、境内地として機能した結果ではないかと考えられる。

（写真１～６は出雲大社提供）

第二節　文献史料にみる中世杵築大社本殿造営

目次謙一

一、はじめに

中世以前の出雲大社（以下、杵築大社）本殿の建築とその復元に関しては、古くから数多くの論考が建築史の分野で著されている。ことに宝治度本殿については、出雲大社境内遺跡の発掘調査とその公開に前後して、建築史に加えて文献史学分野や関連絵画史料の分析などによる著述が発表されている。これら近年の諸成果もめざましいものがあると言えよう。

本稿は、杵築大社本殿建築とその変遷について、文献史学分野での概観を微力ながら試みるものである。

まず、先述のように近年充実してきている各研究成果に学びつつ、杵築大社本殿建築の造営とその変遷について概括する。対象年代は、後述する関連史料の状況などにより、十世紀の治暦度から十六世紀の天正度までの造営を取り扱う。このうち十三世紀の宝治度造営については関連史料が比較的豊富なことから、より詳しくまとめておきたい。

次に、杵築大社本殿建築を検討する際の特徴的な事項をいくつかあげる。これらは、大社造の継承と変遷を考察するうえでも直接的にかかわってくると考えられるため、造営の背景なども考慮に入れつつ検討を加える。以上の記述をもとに、杵築大社本殿建築の変遷の検討にかかる私見を述べて締めくくりとしたい。

二、中世の本殿造営の概要

1　関連文献史料の状況

中世杵築大社の本殿造営に関する文献史料について、基本となるのは社家である千家・北島両国造家の伝来文書である。合わせて、杵築大社と深い関係を有した鰐淵寺の文書や社家たる上官諸家文書の一部、古記録類があげられよう。

これら関連文献史料の伝存状況に、時代的な偏りが認められることは明らかである。すでに指摘されているように、後代の模範とされた鎌倉期の宝治度造営については関連史料がもっとも残っており、本殿建築に関する情報も多い。また、院政期から鎌倉期までの造営については、同時代史料や後の宝治度頃に作成されたと推定される史料からも知ることができる。これらと比較して、宝治度より後から天正度に至る造営については、史料自体が少ないため、本殿建築の具体像についてほとんど判明しないのは否めない。

また、周知のとおり、本殿建築の高さや平面規模を記した関連文献史料が社家の側に残されていないのも事実である。

2　本殿建築の時期区分

出雲大社本殿建築の各時代の造営年や典拠となる史料については、三浦正幸氏が後代の史料や社伝も含めて集成されている。このうち中世杵築大社の本殿造営と変遷について、本稿では、井上寛司氏が提示されたⅠ期からⅢ期までの三時期による区分に、おおむねもとづきながらまとめてゆきたい。

まずⅠ期は平安から鎌倉時代末に至る時期で、十一世紀中頃をそのはじまりとし、治暦三年（一〇六七）の治暦度から正中二年（一三二五）の正中度までとされる。この期間には、新本殿の建築に際してまず仮殿を造り、仮殿から完成した新本殿への遷宮を行う手順で造営事業が進められた。こうした正殿と仮殿を対にした造営は、治暦度から宝治度までの史料で確認でき、この期間の特徴である。

Ⅰ期のもう一つの特徴は、ほぼ式年造替といってもよいほどの年数間隔で造営が営まれたことである。承久二年（一二二〇）の「杵築大社造営遷宮勘例案」では、治暦三年以来の正殿と仮殿による遷宮が年を追って記されており、およそ三〇年から四〇年の間隔で次の本殿造営事業が行われている。「正殿遷宮之後、三十箇年内、必行仮殿遷宮」と述べられる社家側の認識からも、そのことはうかがえよう。

なお、宝治度本殿の焼失後は、正殿と仮殿を対にした造営が長く途絶えてしまう。こうした本殿建築工程の実質的な変化を重視して、浅川滋男氏はⅠ期の終わりを文永七年（一二七〇）までとする考えを示している。本稿では、正殿と仮殿を対にした造営が行われなくなった点もふまえ、浅川氏の区分に従っておきたい。

次にⅡ期は南北朝・室町時代にあたり、十五世紀末までが該当する。Ⅰ期において仮殿と呼称されたものをそのまま本殿とせざるをえなかった時期である。

そしてⅢ期は十六世紀にほぼ相当し、尼子氏による永正度・天文度本殿から毛利氏支配下での天正度本殿が含まれる。この時期の特徴として、諸建築の寺院化が進行したことや、常置された本願が造営事業に大きな役割を果たすようになったことが指摘されている。

3　造営体制の変遷

以上の三時期には、造営事業を推進した主体にもそれぞれ相違があり、各時期の本殿建築に大きく影響を及ぼしていると考えられる。

Ⅰ期については、造営遷宮の主体を出雲国の行政機関である国衙と、社家である国造出雲氏が共同で担っていた。造営にかかる神事において、国造家に加えて国衙の役人も参加していることからも明らかであろう。これは、杵築大社が中世出雲国一の宮として、一国を代表する神社に位置づけられていたことによる。

その造営事業に要する多大な財源の捻出のため、国内の公領・私領を問わずに国衙から賦課が課せられた。実質的な国家からの援助となる、中央からの命令（宣旨）にもとづく一国規模の負担をもとに、杵築大社本殿の造営は実現していたのである。この体制が効果的に機能した結果、仮殿遷宮から本殿遷宮までわずか三年という短期間を実現した天仁度の造営は、その後長く好例として社家側に記憶されることとなった。

しかし、鎌倉期の宝治度では、仮殿遷宮から本殿遷宮まで二一年という長い年月を要した。この理由としては、平家滅亡・鎌倉幕府創設から承久の乱に至る一連の出雲国内の争乱を経て、在庁官人の構成にも少なからず影響が及んだことが背景にあると考えられ、ゆえに国衙の造営事業執行能力が低下したことが推測される。この状況に対し国造家も手をこまねいていたわけではなく、新たに登場した幕府や守護へ接近し強力な援助を引き出すことによって、造営事業の完遂をめざした。宝治度造営の経過を記録した史料に「任関東二ヶ度御教書云々」とあるように、鎌倉幕府は暦仁二年（一二三九）以前から出雲国内の地頭に対し、費用負担の督促を繰り返し行い、造営事業を援助している。

また、衰えゆく国衙の祭祀機能を国造家が吸収していったことにより、造営に関する資料なども国衙から国造家へ移ったと推定されている。

次にⅡ期では、出雲国衙の衰えと南北朝期の実質的な消滅により、造営の主体は社家である千家・北島両国造家が担った。宝治度本殿炎上後の再建に際しての史料によれば、「出義孝所持云々」とある。造営事業においては国造家がもつ過去の「記録」が重要であったことと、それゆえに国造家が造営主体となることが読み取れよう。

この時期も引き続き杵築大社は出雲国を代表する神社に位置づけられており、造営事業は国家や出雲国の公権力が国造家へ命令することで執行された。鎌倉・室町幕府や守護は命令とともに直接的な支援を行っている。たとえば、鎌倉末期の元亨度の仮殿遷宮の次第がまとめられた史料では「仍注進如件」とあることから、史料作成前に、守護から造営遷宮の命令が国造家へ出されていたと推定できる。同じ例として応永度には、幕府から守護へ、守護から国造家へ、という経路で造営遷宮の命令が出されていることを確認できる。

そしてⅢ期の戦国期には、一国を支配する戦国大名尼子氏・毛利氏が幕府・守護に代わり造営主体である国造家を支援する。尼子氏支配下では永正度・天文度、毛利氏支配下では天正度と三回の造営が行われた。ことに永正度は戦国大名尼子経久の意図が反映されたとも考えられており、仏教色の導入が積極的に進められた。

この時期を特徴づける本願は、応仁度造営にはじめて登場し、勧進によって造営事業を側面から支援した。永正度の本願「現せん上人」は、さらに用材調達をも担っていたことが知られる。こうして本願は、造営事業で徐々に重要な位置を占めていったと推測され、天文年間以降常置された。

以上の造営体制の変遷からみた本殿造営の特質について、ここで一つ指摘しておきたい。社家が造営の主体となり、一国を支配する公権力が支援ないしともに主体となる点は、各時期を通じて継承されている。Ⅲ期において社家の側に本願が登場しても、この点は基本的に維持された。このように造営体制の大枠に変動がなかったことと合わせ、全時期を通じて国造家が社家であったことが、大社造の根本的な要素が踏襲・継承された背景に存在するのではないだろうか。この点は後述の第四項で詳しく検討したい。

三、宝治度造営について

1　造営事業の進行

千家家文書中の「杵築大社正殿造営日記目録」は、宝治度造営に関する発給文書を編年順に国衙がまとめたものである。成立は宝治度本殿炎上後の文永年間と推定されているが、本殿再建の基礎資料として作成されたものであるため、造営事業の進行を知りうる良好な史料である。すでに井上寛司氏が的確にその内容をまとめられており、以下はその成果に沿いつつ事業の進行を確認しておきたい。

造営事業の本格的な開始は寛喜元年（一二二九）十一月、用材の伐り出しが杵築大社北側の山中ではじまった。じつに七年後の嘉禎二年（一二三六）七月、杵穴を掘る人員が集められ、翌三年四月までには柱穴が掘り上がったようで、棟上げのための柱が立てられた。この柱の覆い板や種々の縄料・麻が徴収されたのは嘉禎四年（一二三八）五月のことである。

続いて、屋根についても数度にわたり材料や道具が徴収された。延応元年（一二三九）九月に桧皮、仁治二年（一二四一）七月に千木を上げるための縄・麻、同三年（一二四二）五月に尾縄、寛元元年（一二四三）閏七月に桧皮・縄と、徴収が繰り返されていることが確認できる。

およそ二〇年に及ぶ作業を経て、宝治二年（一二四八）十月に遷宮の儀式が行われた。この間、用材の調達に七年を費やしたほか、建屋にも相当の年数を要していることがうかがえる。すでに指摘されているとおり、造営事業にかかる費用の不足がこの遅延の大きな要因であった。同史料の仁治二年（一二四一）の部分に「作料米員数散用事云々」とあるように、途中で費用を集計し、不足額を確認した様子も推測されるのである。

こうした状況に立ち至る理由としては、先に述べた国衙の事業執行能力低下という本殿造営体制上の困難さだけでなく、やはり通常の神社建築に比較して破格といってもよい巨大な本殿建築そのものが、多大な費用と労力を必要とした点にあると考えられよう。

2　宝治度造営関連の文献史料

これまで、造営事業の進行にかかる史料の記述を通じて、宝治度の本殿建築の様相をみてきた。このほか、大社造に特徴的な要素については、三浦正幸氏により宝治度本殿までの史料が精査され集成されている。以下、簡潔にまとめておきたい。

まず大社造の形式では、杵築大社并神郷図にみえる宝治度本殿について、階隠・廻縁の縁束がない点、九本柱で上屋を高くもち上げる点、描写の比率は床上：床下＝一：一・二である点が指摘されている。同図が描く宝治度本殿の千木は、破風板の先端を延長した古式なものとされる。

ついで、屋根の桧皮葺は康治二年（一一四三）の記述に「造杵築社材木桧皮」とあることから、久安元年（一一四五）の久安度本殿ですでに採用されていたと推定できる。堅魚木は久安度本殿が初見である。内殿は、長元四年（一〇三一）に「七宝作宝殿」、久安元年（一一四五）に「内殿」とみえる。宝治度本殿炎上の際には「神体不焼失」とあることから、内殿は火災の難を逃れたと推測できる。蔀と板扉は、建長元年（一二四九）の宝治度本殿について「御隔子」「御妻戸」（「杵築大社遷宮神宝注記」）とあることが確認できる。このように、大社造の構成要素の多くは宝治度までに確められる。

四、中世杵築大社本殿建築の検討視角

1　高層本殿意識の維持

前章で取り上げた宝治度本殿は、古代以来続いた「正

殿」・「仮殿」を順序立てる造営事業による最後の本殿建築である。文永七年（一二七〇）の炎上後に再建が試みられる中で、この「正殿」・「仮殿」を順に建てる点が、守られるべき先例として社家側に強く意識されていったと考えられる。このことは、炎上後しばらくの間、「仮殿」造営を主張する文言が史料上にしばしばみられる点からも明白であろう。

その後、両国造家が分裂した南北朝期、康永二年（一三四三）「杵築大社紛失文書目録」では、国造職の相続をめぐる訴訟の関係文書に「差図」・「宝治造営旧記」が含まれていることが明らかになる。すなわち、造営事業を執り行うのは国造職の継承者であるとの論理から、造営事業に関する文書所持の重要性が高まった。その文書として「宝治造営旧記」が「差図」とともにみえることから、宝治度造営が「正殿」・「仮殿」造営方式による直近の先例として意識されていたことが明らかであろう。実際のところ「正殿」・「仮殿」造営方式は宝治度造営以後寛文度まで長く途絶えてしまうのだが、その間に本殿建築を「仮殿」とする認識が生じたのではないかと推測される。

室町期の「太子傳玉林追加抄」では、この「仮殿」認識を直接みて取れる。

一　大社ニハ御社ヲハ本ノ處ニハつくらす、よそへ引のけて社造リテ、假殿トたにもいはす、かり仮殿ト云也、本處ニ々ニ造ヲハ大社ノ背ロニ八カリ山トテ三十六丈ノ山アリ、其たけ造くるへし

本史料は、室町期における杵築大社の伝聞をまとめたものであり、必ずしも当時の杵築大社本殿建築の実態を正確に反映したものとはいい難い点に留意しておきたい。「仮殿」よりさらに仮設の本殿を指して「かり仮殿」と呼ぶ記述は、「正殿」・「仮殿」の関係認識をより徹底して反映させていると評価できよう。このように、現状の本殿建築を「仮殿」とみなす認識は、「正殿」の姿をかくあるべきと規定する思考とまさに表裏一体であり、「正殿」の姿の強調へつながると考えられる。本殿建築の高さを「三十六丈」とする記述については、他の史料でも確認できずそのまま信じることはできないものの、往古の本殿建築の高層性を主張する意識を、ここに読み取ることは可能ではないかと考える。

社家側の史料でも、高層本殿意識をみて取れる。貞治四年（一三六五）「国造北島資孝代時国支状案」は、北島国造家側が自らの正当性を訴えるために作成した文書である。本文中で、杵築大社の呼称として「大社」・「矢倉宮」があげられ、その理由として「此尊特為異国降伏・朝家泰平故、社壇高広而可奉安置神体之故」と述べられている。すなわち、祭神が異国の降伏や天下の静謐

などへ神威をなすために、高くひろい社殿でご神体をお祀りしていればこそ、社号が大社や矢倉宮になるとする。ここでは、祭神と社殿とを結びつける形で杵築大社のゆえんが語られており、本殿建築の高層性がその必要不可欠な要素として盛り込まれている。

こうした本殿建築の高層性についての意識を直接表している史料は、ごく少数ながらも存在する。そのうちの一つ「杵築大社旧記御遷宮次第」は、杵築大社と深い結びつきを有した鰐淵寺が所蔵する文書で、杵築大社内部での認識が知られる。標題に記す杵築大社造営については天正度まで記載していることから、天正年間（一五七三～一五九二）から慶長年間（一五九六～一六一五）にかけて成立したと推定されている。該当部分は次のとおりである。

一杵築大社三十二丈ト申ハ仁王十二代景行天皇ノ御時御造立也、其後十六丈ニナリ、次ニ八丈ニナリ、今ハ四丈五尺也

末尾の「今ハ四丈五尺也」の部分は、天正度本殿について述べたものと推定される。それ以前の一六丈・八丈とされる時期が本史料の限りでは明らかでないものの、天正度より古い時代の本殿はより高く、徐々に低くなったとする。十六世紀末から十七世紀初頭においても、かつての本殿建築の高層性が認識されていることがうかがえよう。

同様に本殿建築の高さを明示した史料として、「杵築社遷宮注文」がある。「杵築大社正殿式之方尺」と題し、「高サ八丈」・「柱　九本心御柱」・「御神殿」など主要な点が記されている。かつては宝治二年（一二四八）作成と年代推定されていた史料だが、本文中の「正殿式」・「心御柱」が近世以降に用いられる語句であることから、成立年代が下ることはたしかであろう。

ここで、北島国造家方上官である佐草家文書中には、寛文元年（一六六一）付け「出雲大社正殿造之方尺」の正文と写が存在する。「杵築社遷宮注文」と比較して項目の前後や字句の細かな違いはあるが、ほぼ同内容といってよい。また、佐草自清から幕府大工の鈴木修理へ差し出したものの控えということを示唆する記載もあることから、寛文度造営に合わせて作成された可能性も推測される。

仮に「杵築社遷宮注文」を近世初頭の成立とするならば、当時存在した慶長度本殿の高さ六丈五尺（約二〇メートル）と比較して、「正殿式」はより高く八丈であったと主張する史料と位置づけられる。この史料もまた、かつての本殿がより高い建築であったとする意識を示しているのである。

以上、中世杵築大社本殿に関する高層性の意識につい

て、断片的ながら浮かび上がらせることができたのではなかろうか。宝治度本殿炎上後は「正殿」・「仮殿」造営方式が中絶してしまい、「仮殿」の時代が長かったがゆえに、本来あるべき姿としての高層本殿がとりわけ社家の側で意識され続けていたと考えられる。出雲大社本殿建築の特徴の一つである巨大性は、こうした認識のもとで継承されてきたのであろう。しかし、残念ながら中世杵築大社本殿の高さは宝治度に限らず確定されていないと、現状では言わざるをえない。

2 大社造における柱祭祀

著名な諏訪大社の御柱祭をはじめとして、神社造営時の柱立てにかかる祭祀儀礼の存在は、ひろく知られているところであろう。本稿の主対象である中世杵築大社本殿建築についても、いくつかの史料で立柱儀礼を確認することができる。ここでは、立柱儀礼と大社造の構造上の特徴を関連づけて検討することとしたい。

まず、「杵築大社造営遷宮旧記注進」中の久安度造営にかかる記述がある。天養元年（一一四四）の柱立てでは、祭祀料として「布九段 柱纏料、内柱三本、小員九本之利一段」が支出されている。大社造の基本構造の一つには、縦横各三本ずつ合計九本の柱の配置がある。この柱一本を形作るやり方として、出雲大社境内遺跡の本殿遺構や「金輪造営図」の描写は、小さな柱三本を大きな柱一本に束ねた構造を示している。この点を念頭に置くならば、本史料の「小員九本」は小さな柱九本を意味し、一本につき布一段・合計布九段の支出となったと解釈できよう。「内柱三本」は小さな柱三本という意味にも読み取れるが、本殿正面からみて縦方向中央の通りにあたる大きな柱三本の並びとも考えられる。ここで想起されるのは、縦方向中央の通りの柱について「宇津柱」・「下津岩根御柱（心御柱）」という名称が存在する点であろう。「宇津柱」の史料上の初見は、宝治度造営にかかる史料である。いずれにせよ、立柱儀礼を執り行う社家が九本中主要な柱三本へ布で装飾を施すなど、九本の柱の配置を基底に据えた祭祀意識を形成している点に留意しておきたい。

九本の柱の中心に位置するのが、「下津岩根御柱（心御柱）」である。この柱を立てる折りの祭儀として、元亨度（一三二三ヵ）に「国造孝時立之、次誦文在之」とあるほか、天文度（一五四六）には「身柱之下へ慶勝納物候也」と記されるように、祝詞を唱えたり供物を柱の下へ納めていたことが知られる。すでに数多の指摘がなされているところではあるが、これらの祭儀を祭主である国造自らが執り行っていることからも、「下津岩根御柱（心御柱）」はもっとも重要視されていた柱と考えてよいであろう。

「下津岩根御柱（心御柱）」の柱立ての際に納められた、供物や「ふうし物」とは何だったのであろうか。鰐淵寺僧の記録によれば、「輪宝」を金ないし銅で作成し、紙に包んで柱の下に埋めたとある。柱の根本の切り口に釘で打ち付けたりもしたといい、「輪宝」の図柄を土器に書いたとも伝えている。

さらに、鰐淵寺僧は九本の柱それぞれに本地仏をあて、国家鎮護の論理を創出していた。大社造の基本構造である合計九本の柱の配置が、信仰と祭祀のうえでも重要な意味を付与されていた点を、佐伯徳哉氏は指摘されている。神仏習合のもと、鰐淵寺僧と社家は共同で宗教性を構築していたのである。

以上みてきたとおり、中世杵築大社本殿建築における立柱儀礼は、古く十二世紀から行われていることが確認でき、その後も継続されていたと推定できる。「下津岩根御柱（心御柱）」をはじめ、主要な柱に宗教上の意義づけがなされていたことは明らかであり、その根本が九本の柱の配置にあると考えられる。

十六世紀、境内には寺院建築が相次いで建てられるなど、杵築大社において神仏習合がより推し進められた。そうしたなか、立柱儀礼に用いられる「輪宝」を鰐淵寺僧が準備し、九本の柱自体にも本地仏が比定されるなど、大社造の構造を改変せずそれに沿った宗教行為がなされている点にも注目しておきたい。仏教色の強化という変化を経てもなお、九本柱で構成される大社造の基本構造は維持されたのである。

3　寺院建築要素の影響

Ⅲ期に進行した諸建築の寺院化は、尼子経久による永正度造営からはじまっている。後に移築され兵庫県養父市に現存する三重塔は、大永七年（一五二七）の竣工である。ほかにも鐘楼・経蔵・薬師堂などが建てられ、境内の仏教色が強まっていった。応仁度造営以降に登場する本願も天文年間以降は常置され、造営事業だけでなく平時にも大きな役割を果たすようになったと推測されている。こうした傾向は、戦国大名尼子氏の政策による面が大きいと評価されている。

諸建築の寺院化と戦国大名尼子氏の政策の関連について、長谷川博史氏による注目すべき研究成果にもとづき紹介しておきたい。

杵築大社の大工の初出史料は、永正十六年（一五一九）の「永正年中大社造営・遷宮次第」である。永正六年（一五〇九）に執り行われた釿始めの儀式で、千家国造家方の大工として吉川氏、北島国造家方大工として神門氏がみえる。

このような両国造家それぞれに異なる大工が所属する状況は、天文十四年（一五四五）に一変する。すなわち、同年五月、千家国造は吉川氏に代えて同氏方大工に神門氏当主の子息左衛門次郎を任命したのである。ここに大工職は神門氏に一本化されることとなった。

吉川氏から神門氏へ大工が代わった直接の理由は、大工吉川隼人佐が「不慮之子細にて就退転」ということのみで、すぐには判然としない。しかし、神門氏任命の前に、尼子氏から千家国造に対し大工の件が尋ねられていたのである。神門氏任命の約三ヵ月後になって、千家国造から尼子氏へ報告がなされた。長谷川氏はこの間の顛末について、尼子氏が千家国造へ働きかけたことにより大工職が交代したと推察し、吉川氏から神門氏への交代は尼子氏の意向を反映したものであって、千家国造の本意か疑わしいとされる。

一方の神門氏は、永正度造営時に「北島方大工塩冶神門」と記されている。また、天文十三年（一五四四）と推定される史料では、尼子国久から塩冶郷内に給地を与えられ、尼子氏に直接掌握されていることが明らかである。これらから、神門氏は杵築郷内に居住しておらず、出雲平野に位置する塩冶郷に拠点を置いていたと推測されている。天文二十四年（一五五五）には、尼子氏当主晴久が大檀那を務める須佐大明神の造営に際し、大工として携わった。須佐大明神は神戸川中流域の須佐郷にあり、神門氏は神戸川水系を介した材木切り出し・輸送にも関与しうる存在であったと考えられている。

以上のとおり、天文年間において、尼子氏の圧迫を受けて吉川氏が杵築大社の大工職を失う一方、神門氏はその跡を受けるのみならず、尼子氏との結びつきを強めているともいえよう。吉川氏と尼子氏が対立する状況は、すでに永正度造営時にその一端がうかがい知れる。永正度の釿始めの儀式では、「大工吉川平兵衛、多胡入道ト申事あって、子にて候才若御てうのはしめたてまつる」という事態が生じている。尼子氏の造営奉行多胡氏と吉川氏の対立が容易ならざるものと推測され、千家国造にも知られていたことが明らかであろう。

では、永正度造営以来、大工吉川氏が尼子氏と対立していたのはなぜであろうか。長谷川氏は、仏教色の濃い造営方針が両者の対立原因かと述べられる。この見解は可能性が高いものと考えられ、本稿もこれに従いたい。仮にそうであるならば、諸建築のさらなる寺院化に抗い従来からの建築を継承していく意識が、吉川氏に存在していたと考えられるのではなかろうか。このような意識や大工である吉川氏の立場が本殿建築自体にどの程度影響を及ぼしたかは、管見の限りでは史料に確認できず、定かでないと言わざるをえない。推論を重ねてしまったが、寺院建築要素を本格的に導入することが本殿建築に与えた影響については、今後の検討課題と考えられる。

ここではその必要性のみを指摘しておきたい。

五、おわりに

ここまで三項にわたり、関連する文献史料と先学諸賢の輝かしい成果を確かめることを通じて、中世杵築大社本殿造営についての概観とささやかな検討を行ってきた。

「中世の本殿造営の概要」では、本殿建築の時期区分と造営体制の変遷について、社家と共同、あるいは支援して造営事業を担う支配権力の推移と交替が、本殿建築の変遷と一定程度連動していることを確認した。

「宝治度造営について」では、宝治度造営関連の文献史料から、造営事業の進行と本殿建築における諸構造について一通り確かめた。

「中世杵築大社本殿建築の検討視角」では、次の三点を考察した。一つは、高層本殿意識が各時期を通じて維持されていること。次に、大社造における柱祭祀として、中世杵築大社本殿建築では九本柱の構造が祭祀上も重要な意味を付与されていたこと。そして、寺院建築要素の影響をうかがわせる一例としての、戦国期の永正から天文年間における千家国造方大工吉川氏の交代である。

以上のとおり、本稿では中世の本殿造営をまとめてきた。対象範囲の中では最後となる天正度に続いて、十七世紀初頭には慶長度の本殿造営事業が行われる。慶長度本殿は神仏習合の影響を受けた著しい装飾が特徴とされ、かつ桃山文化の影響を受けた近世的な要素が随所にみられると評価されている。これに対して寛文度造営時には、全国的にみてもいち早く神仏分離が実現され、現在の延享度本殿と同様に古色を旨とした本殿建築が実現することとなった。

今後、中世杵築大社本殿建築や大社造の検討に際しては、慶長度・寛文度との比較やその時期の史料の解析も方法の一つと考えられる。戦国期以降、大社造の継承意識と仏教色導入とのせめぎあいが生じていたとするならば、後代史料の検討・比較により浮かび上がる、中世的な特質もあるのではなかろうか。

また、これまで中世杵築大社本殿建築については、造営体制と連動するかのような本殿建築規模の変遷や、戦国期における仏教建築の影響の増大傾向がもっぱら指摘されてきた。本稿では、中世出雲大社本殿建築において大社造の基本構造が継承されていった点も、今後留意すべきということを述べておきたい。実証は困難かもしれないが、高層本殿の伝承、人々が描いたあるべき本殿建築の認識、時期別の造営形態、それらをふまえたうえで本殿造営事業の変遷、ひいては大社造の継承と変遷を理解してゆく必要があると考える。

冒頭に掲げた本稿の目的を充分に達成しえたか、筆者の能力でははなはだ心もとない限りである。諸賢のご海容を賜りたい。

参考文献一覧

浅川滋男「出雲大社」『日本の美術』四七六号、至文堂、二〇〇六。

井上寛司「第三章　中世」『大社町史 上巻』大社町、一九九一。

井上寛司「第二六章　文献史料から見た宝治二年の杵築大社造営」『出雲大社境内遺跡』大社町教育委員会、二〇〇四。

佐伯徳哉「調査報告　出雲大社造営をめぐる古文書・記録記事について」『しまねの古代文化』九号、島根県古代文化センター、二〇〇二。

佐伯徳哉「平安後末期・鎌倉時代の出雲大社造営と造営文書の伝来」『山陰史談』三〇号、山陰歴史研究会、二〇〇二。

佐伯徳哉「『杵築大社近郷絵図』と杵築大社の中世的景観―神仏分離期からの考察」『日本歴史』七〇三号、吉川弘文館、二〇〇六。

千家和比古「出雲大社の、いわゆる神仏習合を伝える絵図の検討」『古代文化研究』第四号、島根県古代文化センター、一九九六。

大社町教育委員会『大社町史　史料編　古代・中世』大社町、一九九七。

長谷川博史「杵築大社大工職と神門氏―新出「神門家旧蔵文書」の歴史的価値をめぐって―」『広島大学文学部紀要』第六〇巻、広島大学文学部、二〇〇〇。

藤澤彰「出雲大社の宝治・慶長・寛文度造営頃の境内建築の復元について」『古代文化研究』第六号、島根県古代文化センター、一九九八。

松岡高弘・土田充義「出雲大社における中世の仮殿造について」『日本建築学会計画系論文報告集』第三八五号、一九八八。

三浦正幸「出雲大社本殿」『日本建築史基礎資料集成 一 社殿Ⅰ』中央公論美術出版、一九九八。

山岸常人「杵築大社出土遺構の解釈―杵築大社本殿十六丈説批判」『Traverse』二〇〇一。

山崎裕二「杵築大社の本願」『大社町史研究紀要』三、大社町、一九八八。

第三節　『出雲大社延享造営傳』と出雲大社本殿

西山和宏

一、はじめに

出雲大社の境内には、国宝の本殿をはじめとして、寛文七年（一六六七）あるいは延享元年（一七四四）の遷宮に伴って建立された数多くの重要文化財が姿をとどめている。また、二〇〇〇年度に行われた発掘調査によって、鎌倉時代初期の本殿と想定される「三本柱」遺構が出土し、世間を賑わせたことはいまだ記憶に新しいであろう。この発掘調査が契機となり、境内に残る建造物などの調査が企画され、二〇〇一～二〇〇二年度に奈良文化財研究所によって出雲大社境内社殿等の調査（以下、建造物調査と略す）が行われた(1)。

この調査の際、これまで福山敏男によってその存在が紹介されていたものの(2)、内容については公表されていなかった延享度遷宮にまつわる文書『出雲大社延享造営傳』（以下、『延享造営傳』と略す）の読み下しが加納善子氏と松本美和子氏によって行われた。読み下しの詳細については、『出雲大社社殿等建造物調査報告』（以下、『報告』と略す）を参照していただくとして、本稿では建造物調査に際して得られた知見や『報告』の成果をもとに、『延享造営傳』の記載や現存遺構などから延享度遷宮の状況を明かにし、現本殿を含む近世における出雲大社本殿について若干の考察を加えてみたいと思う。

二、『出雲大社延享造営傳』

『延享造営傳』は、宮大工が延享度遷宮について記録したものであり、『延享造営傳 乾』と『延享造営傳（素鵞）坤』の計二冊からなる山村家旧蔵本（出雲大社蔵）と、その転写本と考えられている『延享造営傳 乾』からなる旧徳川家蔵本（東京国立博物館蔵）の二つが遺存している。なお、旧徳川家蔵本にはないが、山村家旧蔵本の『延享造営傳 乾』には挿図もあり、視覚的にも遷宮の状況について知ることができる。

その記述は宮大工の記録ゆえか、遷宮によって建立さ

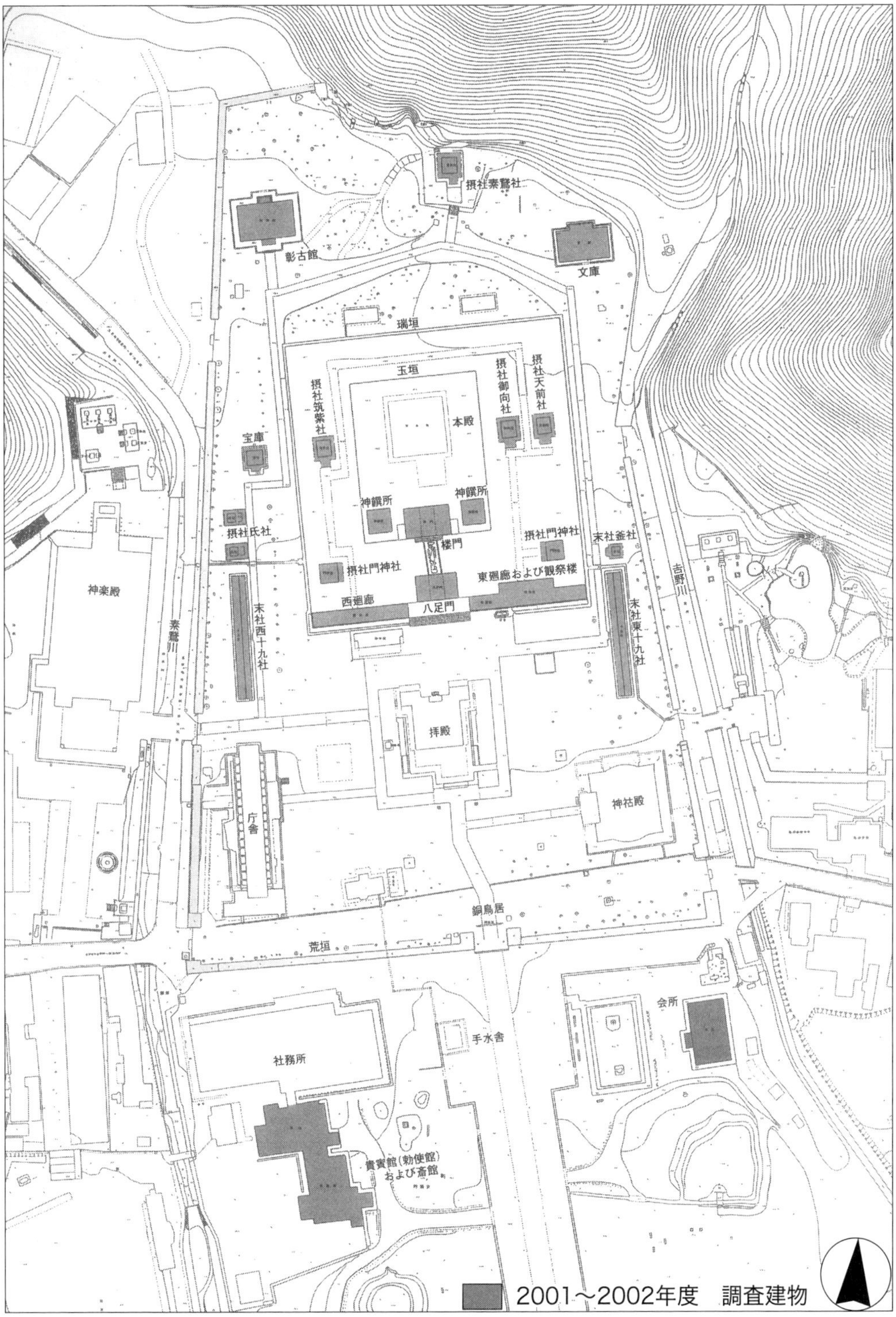

図１　出雲大社境内図（『出雲大社社殿等建造物調査報告』）

れた現在の本殿については建物規模だけにとどまらず、部材などの寸法や餝金具、購入先や材の仕上げなどについて詳細な記載があり、さらに遷宮の様子についても具体的に記されている。本殿以外の社殿や建物についても、祭神や建物の位置、規模、材の仕上げなどについて記されている。また、遷宮の際に建てられた用材置き場や檜皮小屋、木挽小屋などの木工所、大工小屋、長屋なども、その規模や配置について記されている。『報告』には掲載されていないが、『延享造営傳』には本殿の柱を立てる際の図や遷宮にまつわる小屋の配置などが具体的に記された挿図もあることから、建物だけではなく祭祀の方法など延享度遷宮の全体について詳しく知ることができるのである。

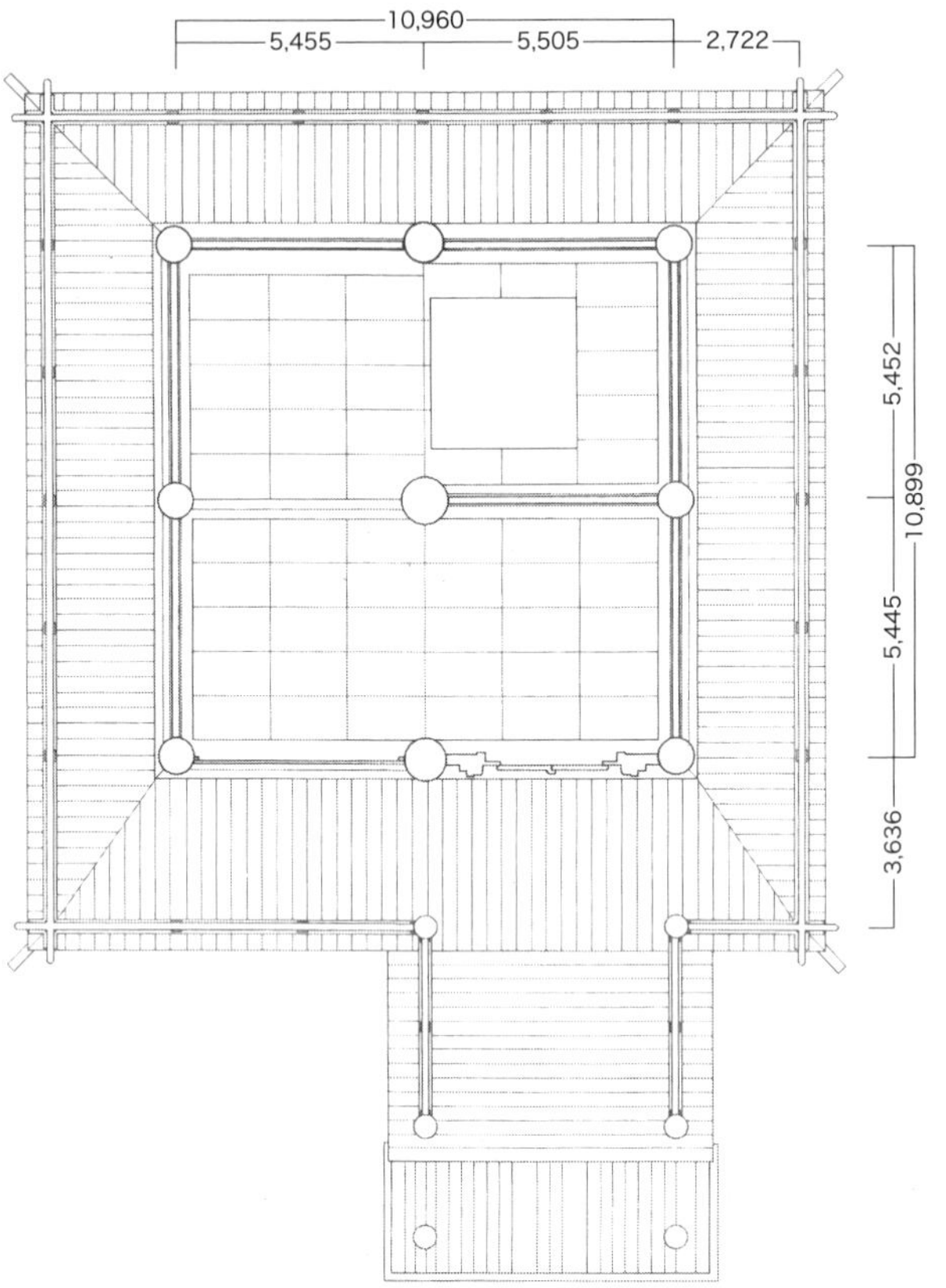

図2　出雲大社本殿平面図(『出雲大社社殿等建造物調査報告』)

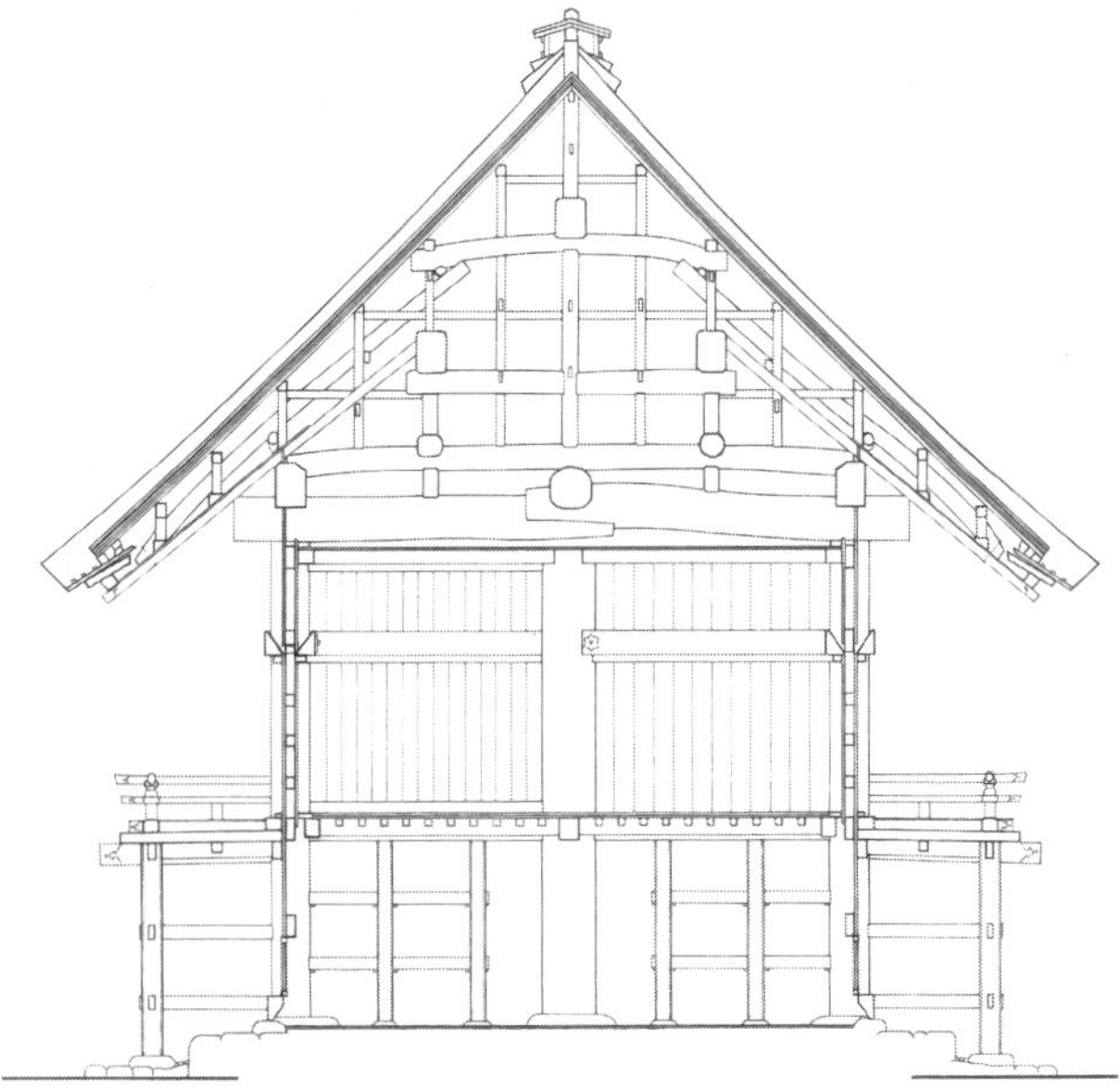
図3　出雲大社本殿梁行断面図(『出雲大社社殿等建造物調査報告』)

三、『延享造営傳』にみえる本殿および社殿等に関する記載

1　本　殿

『延享造営傳』には、本殿について建物規模にとどま

らず、部材一つ一つの寸法や材の仕上げなど詳細に記されている。本殿の部材に関する詳細なデータのない現在にあっては大変貴重な文書といえよう(3)。以下、『延享造營傳』にみえる本殿に関する記載のうち、建物規模および柱など主要な部材寸法と遷宮の状況について摘記する。

・建物規模

本社正殿式　高サ石口より千木まて八丈六尺間六間
　四方
大床高サ壱丈三尺八寸　齊明天皇五年庚寅正殿式
始よし　是より先き天神の御制法　尤慶長に至るま
　て
假殿式は拾余度　此式高サ六丈六尺間五間四方　大
　床高サ
八丈を唱よし　然るに寛文七丁未時の
将軍家綱公今の社正殿式に御造営御神威倍
此時に至て唯一に帰舊す

延享度遷宮の本殿は正殿式であり、桁行・梁行寸法ともに三六尺、礎石から床の高さまでが一丈三尺八寸、千木までが八丈であること、慶長度遷宮までの十数回に及ぶ遷宮では、桁行・梁行寸法ともに三〇尺、高さも六丈の仮殿式(4)の本殿であったが、寛文度遷宮のときに正殿式となった、などの記載がみられる。

・部材寸法

（心　柱）長三丈一寸　さし渡し三尺六寸の削立
　此杉見分
（宇津柱）各長四丈九尺壱寸　差渡し弐尺八寸八
　歩
（側　柱）各長三丈壱寸　差渡し弐尺六寸の杉丸
　柱　削立の間尺
（本　桁）松長五間四尺と五間弐寸一分　継目に
　して三尺に弐尺八寸角
（差　梁）幅三尺　厚弐尺　松長六間半
（大　床）高サ壱丈三尺八寸　同槻柱壱尺四寸四
　方　縁板厚七寸
　同幅南壱丈四尺　東西北方壱尺つゝ
　高欄高サ三尺六寸
（垂　木）百弐拾本　長三丈八尺五寸六歩に四寸
　六歩
（軒　先）萱負長五間九寸に七寸　裏甲切板長三
　尺　厚五寸
　蛇はら三千三百六拾四枚　厚壱寸　幅
　三寸弐歩　長弐尺五寸より三尺五寸
　也
　長弐尺五寸　厚弐歩の檜皮を以て三別
　足に葺立　軒口厚弐尺四寸

（階　隠）　三間に四間　杉丸柱六本差渡し壱尺八
　寸　破風表裏上下逆輪
桁梁鼻垂木木口金物共に金すり込　同
　破風に亀甲釵菱
金めつき打出し金物弐つ　此分臨時に
　野尻庄兵衛寄進也
同階拾五段　長弐丈三尺大サ八寸五歩
　角　左右登り高欄架木
笹金物煮黒目毛彫唐草なり　同下には
　まゆか有

心柱は径三尺六寸であり、二本の宇津柱(5)はそれぞれ径二尺八寸八分、六本の側柱は径二尺六寸の杉材であること、縁束は一尺四寸四分のケヤキの角柱で、縁板の厚さは七寸、縁の幅は正面の南と残りの三方では異なること、高欄の高さは三尺六寸であること、垂木は一二〇本、階隠の柱は径一尺八寸の杉材であり桁や梁、垂木の木口には金物があること、などの記載がみられる。現在の本殿については、柱間寸法などが記された平面・断面・立面などの図面は公となっているが(6)、詳細な部材のデータは明らかとなっていない。このような状況において上記のような『延享造営傳』の記載は大変貴重といえよう。

・遷宮の様相

当社往古より外遷宮是を禁め　舊社より新社え正遷
　宮の神例依之新社地縄はり
本社より西え六間南え拾弐間　樓閣共各順前の積
　宮中の地割并宮外末社ともに
新造営式は修復の品図畫を以て　関府の御下知ニま
　かせらる
（中　略）
浮橋高サ壱丈八尺余　幅弐間半　長サ四拾七間二尺
　余　惣板しき
大床高欄ほこ木上通りに是ヲ仕組　新殿前五間半の
　所は幅四間に作る
左右連臺高サ三尺八寸　貫弐通り　雲形白布壱幅
　通り左右に引地布ハ三幅通にして
新こもの上に是を用　戌の初刻両国造古殿へ社入夫
　より浮橋通り新殿へ被移
萬々見分の□　暫有て古殿へ帰宮也

延享度の遷宮にあたっては、本殿を含む瑞垣で囲まれた区域が寛文度遷宮の位置関係を保ったまま、西へ六間、南へ一二間移動し、伊勢神宮のように古い本殿と新しい本殿が並立した状態で、寛文度本殿から延享度本殿へ遷宮したこと、幅二間半、長さ約四二間の浮橋が地上から高さ約一八尺、縁の高欄架木の上を通る高さに、寛文度本殿と延享度本殿をつなぐように建てられて遷宮が行われたこと、などの記載がみえる。つまり、延享度遷宮は、新旧の本殿が並立し、それを地上五メートルもの空中廊下とも言える浮橋で新旧の本殿を連結して遷宮を行うなど、大掛かりであったといえよう。

上記の『延享造営傳』における本殿の記載について、信憑性を検証しておく必要があろう。まず延享度および寛文度本殿の規模については、図面などでも桁行・梁行寸法ともに約三六尺であり記載は正しいが(7)、慶長度本殿の規模を延享造営傳では桁行・梁行寸法ともに三〇尺とするが(8)、発掘調査で検出された慶長度本殿と想定される建物の礎石据付痕跡の中心間距離は約一七尺であり(9)、若干の誤りがみられる。本殿の縁板については、建造物調査のとき、神職の方にお願いして縁板の厚さを計測していただいたところ、『延享造営傳』の記載どおり七寸であった。また、垂木の本数や階段の級数なども現本殿のそれと一致している。遷宮については、「外遷宮是を禁め」と記載するが、近世までの遷宮は、仮殿を建て、古い本殿から仮殿へ遷宮し、新たに本殿を建立した後、仮殿から本殿へ遷宮していた(10)。

以上のように、誤った記載も若干みられるが、それらは延享度以前に関する記載においてのみであることから、『延享造営傳』における延享度遷宮に関する記載についてはおおむね信頼できるものと考える。

2 社殿等

『延享造営傳』には社殿等についても建物規模や祭神に関しての記載があり、社殿等の建立についても、次のように類別化して記載されている。摂社御向社・天前社・筑紫社および摂社門神社二宇については「新造」、楼門・玉垣・御棚所（神饌所）二棟・八足門・廻廊・観祭楼・摂社氏社二宇・末社釜社・宝庫については「白削建直し」、会所については「白削」と記している。また、摂社素鵞社については「尤古本社の材木ヲ以造営」と記され、瑞垣・末社十九社については建立に関する記載がない。福山敏男は「白削建直し」を解体修理あるいは修理と考え、楼門など「白削建直し」と記載される社殿等を寛文度のものと推定し(11)、それが通説とな

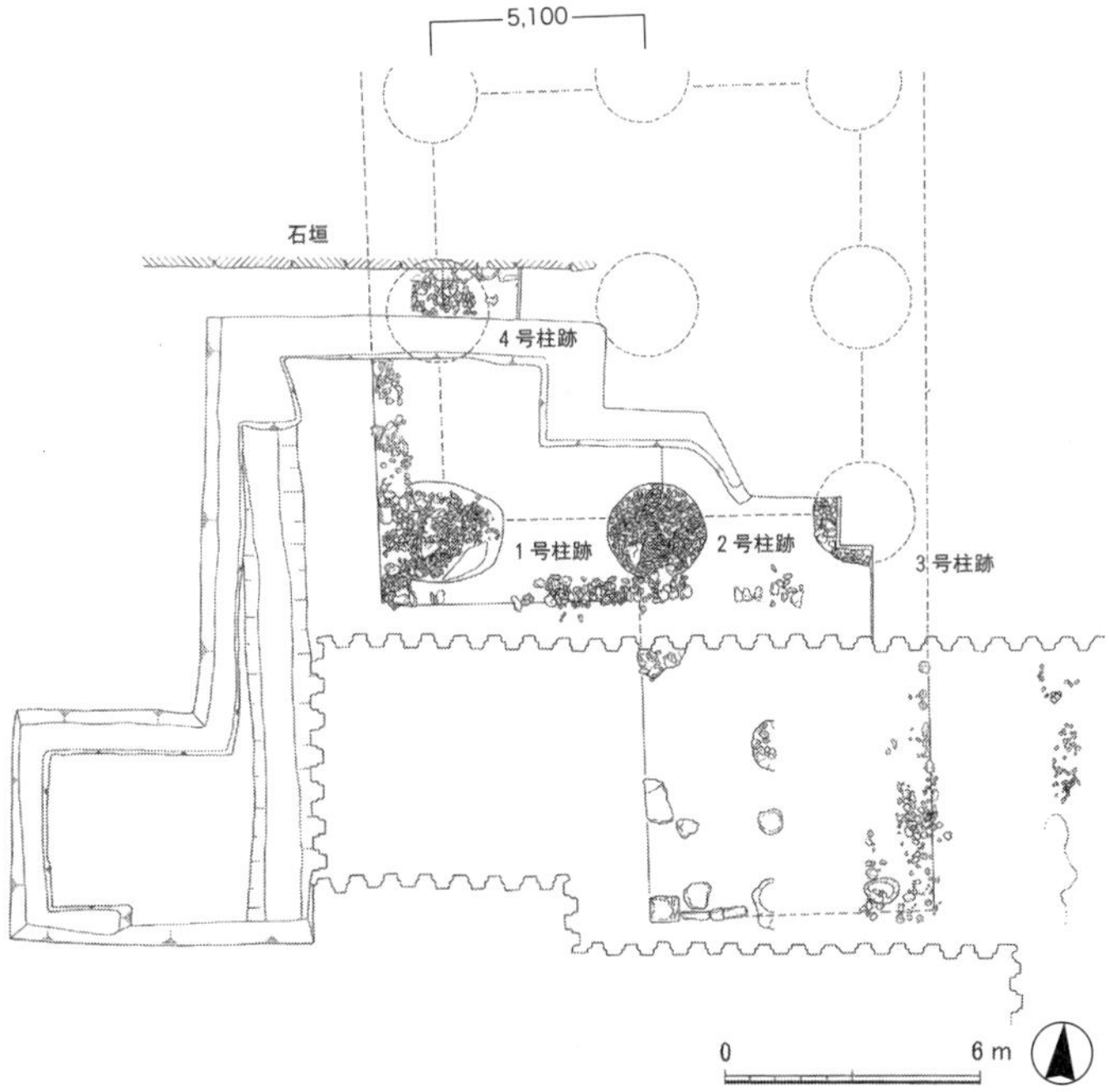

図4　慶長度本殿発掘遺構平面図（『出雲大社境内遺跡』に加筆）

っていた。しかしながら、建造物調査では寛文度における社殿等の建地割[12]（以下、「寛文造営指図」と記す）や現存する建物を詳細に調査し検討を行った結果、福山説とは異なる結果が導かれた。つまり、「白削建直し」の記載だけでは社殿等の建築年代を語れないことが明らかとなったのである。[13]社殿等の建築年代については『報告』を参照していただくとして、ここでは『延享造営傳』における主だった社殿等に関する記載について摘記し、現存建物との比較を行い、基準となる一間の寸法について若干の考察を行ってみたい。

・摂社御向社、筑紫社、天前社

天前社は脚魔乳手魔乳是也　稲田姫の御父母　御向
　社三保津姫
当社明神の御婦と承る　二宇共に本社東に御鎮座
　筑紫社思姫　端津姫　市杵嶋姫
此三神は素盞鳴尊の御子のよし　同西に合祭三社共
　に正殿造り六尺間弐間四方
　本社の式を小形に造る

摂社天前社・御向社は本殿の東に、摂社筑紫社は本殿の西に位置すること、それぞれの祭神、三社ともに桁行・梁行寸法が一二尺、本殿の形式を小型に造ること、などの記載がみられる。この記載と現存する三社とは、規模や社殿の形式などほぼ一致している。

・摂社素鵞社

素鵞社は大巳貴命　素盞鳴尊　稲田姫三神を合せ祭
るよし
七尺間弐間四方旧社假殿式故　今般正殿式　心の柱
は相除き
其外隔子間　大床通り階隠　銹金物共に本社の式に
造営

規模は桁行・梁行寸法ともに一四尺であり、寛文度遷

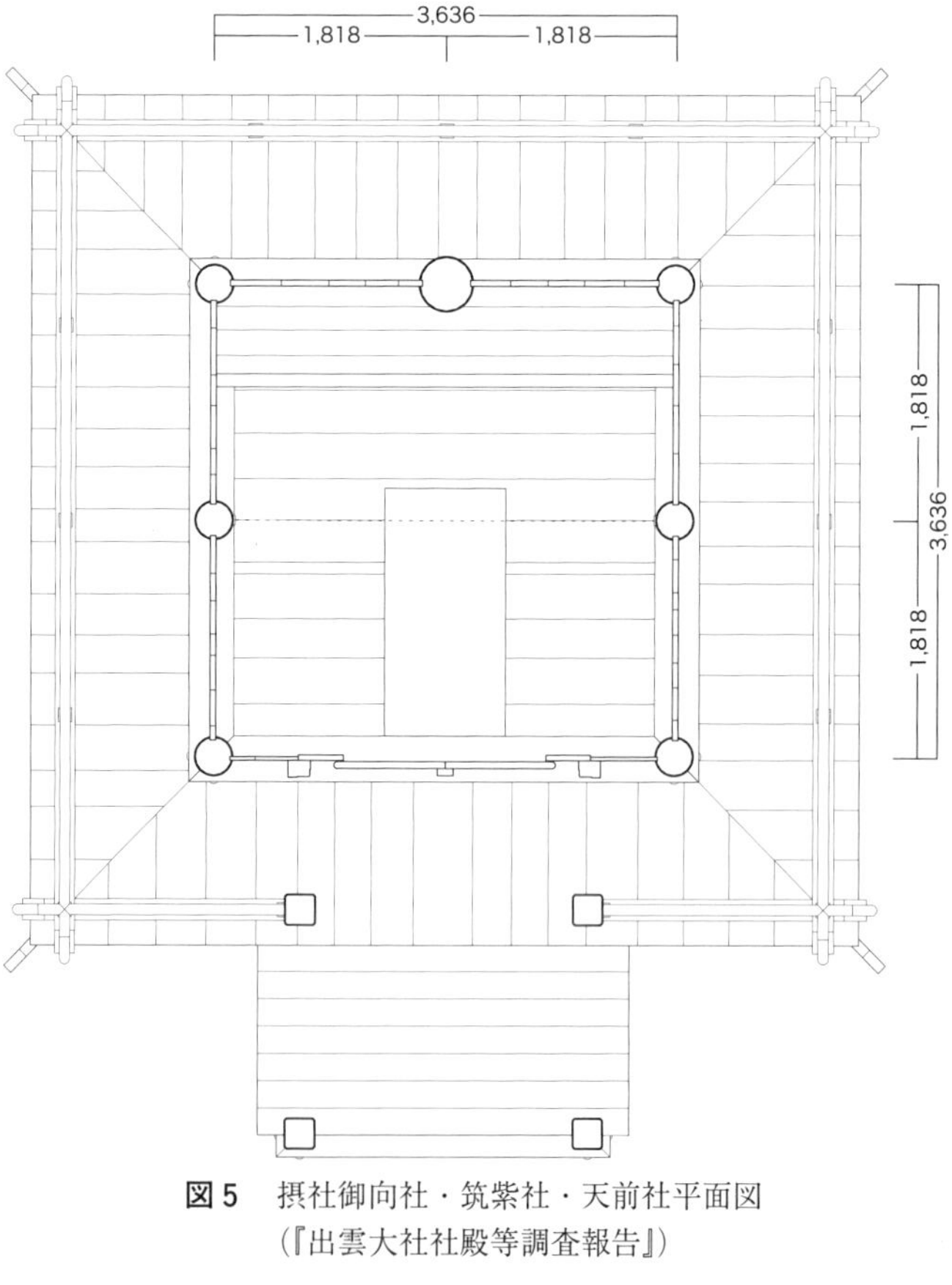

図5　摂社御向社・筑紫社・天前社平面図
（『出雲大社社殿等調査報告』）

宮の社殿は仮殿式であったが、延享度遷宮に際して正殿式としたこと、心柱はないが、障子などの柱間装置、階隠などについては本殿と同様の形式であること、などが記される。現存する社殿と規模や形式は一致し、「寛文造営指図」に描かれる素鵞社（素峨社）からも寛文度の社殿が仮殿式であり、延享度の社殿から現在の形式となったという記載を裏づけている。

・八足門

八足門壱丈六尺弐寸に弐丈八尺八寸　軒高サ壱丈七尺

軒長七尺惣槻造り　組物出組柱太サさし渡壱尺三寸

柱貫樋貫腰貫軒廻り弐間　しけ垂木南表四間槻羽目

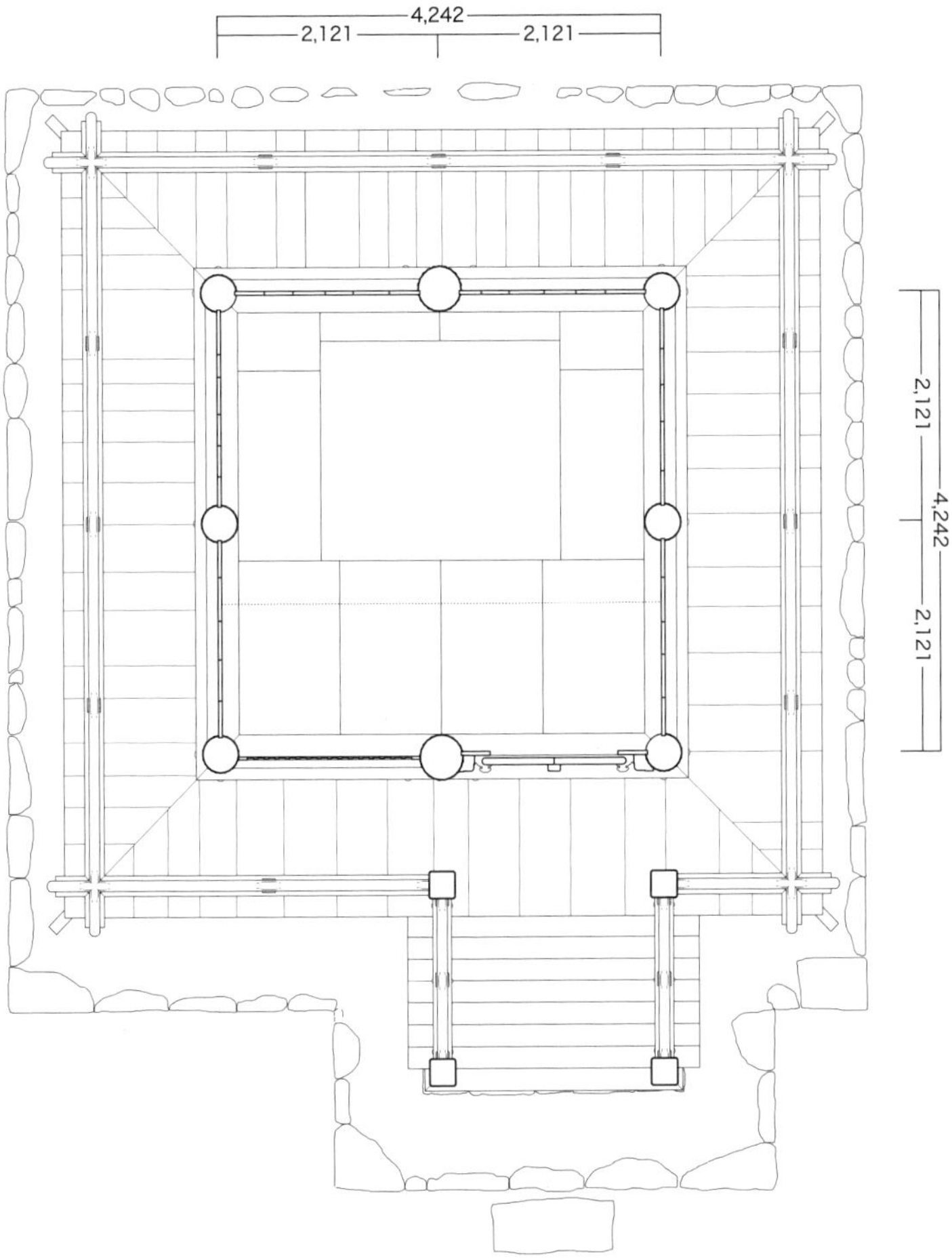

図6　摂社素鵞社平面図（『出雲大社社殿等調査報告』）

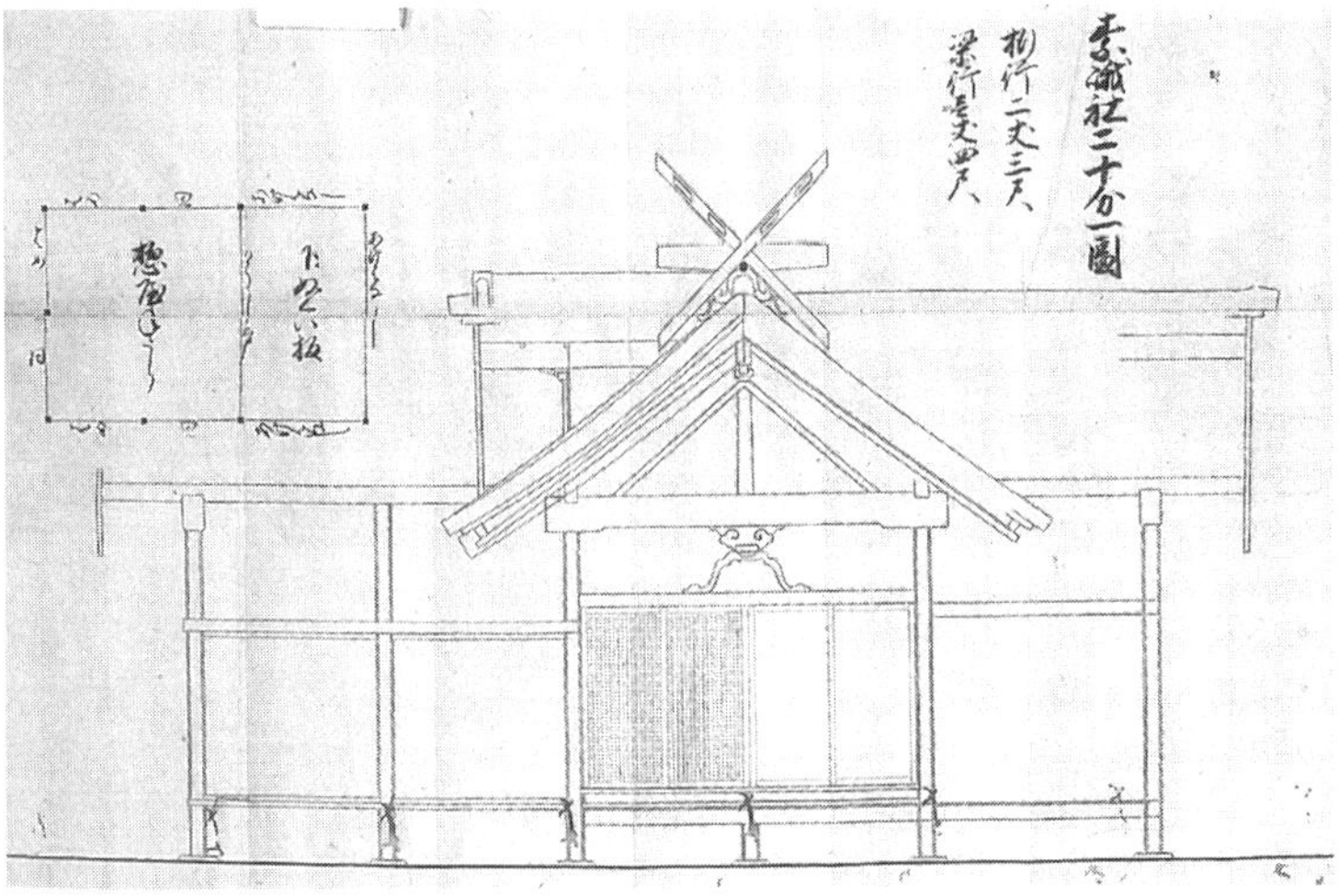

図7　寛文造営指図「素峨社」（『出雲大社社殿等調査報告』）

（中　略）

組物間蟇股拾六
波に飛龍　椿に
三光　波に犀
松にとしゆ□い
桃に鳩　葛蒲に
雲雀

桁行二八尺八寸、梁行一六尺二寸、軒高一七尺、軒の長さ七尺、総ケヤキ造、組物は出組、柱径は一尺三寸、中備の蟇股の絵様についても記述がみられる。現存する八足門は、桁行二八尺七寸、梁行一六尺四寸であるなど、『延享造営傳』(14)の記載とほぼ一致する。また、中備の蟇股も「波に飛龍、椿に三光、波に犀、松にとしゆ□い、桃に鳩、葛蒲に雲

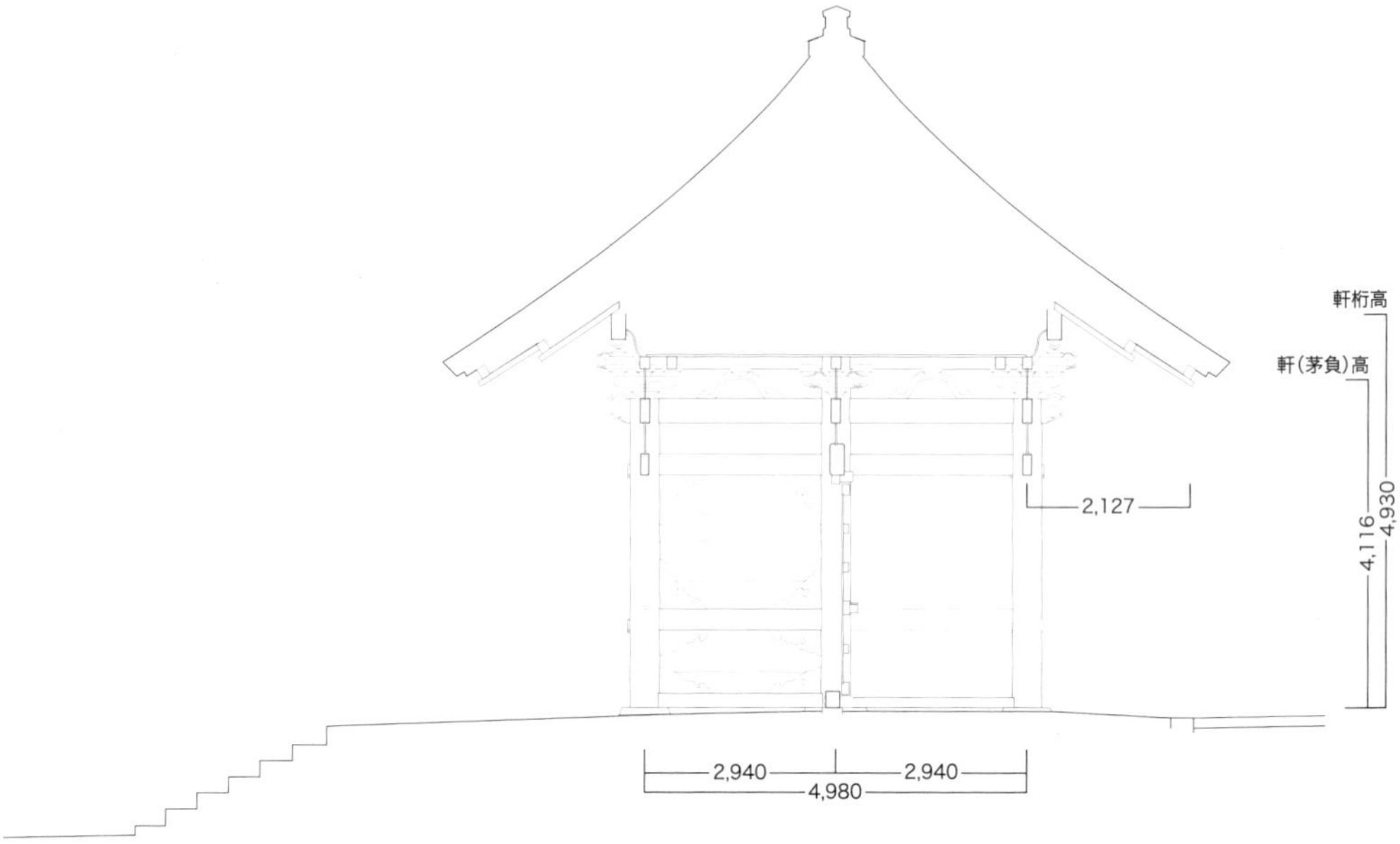

図8　八足門梁行断面図（『出雲大社社殿等調査報告』に加筆）

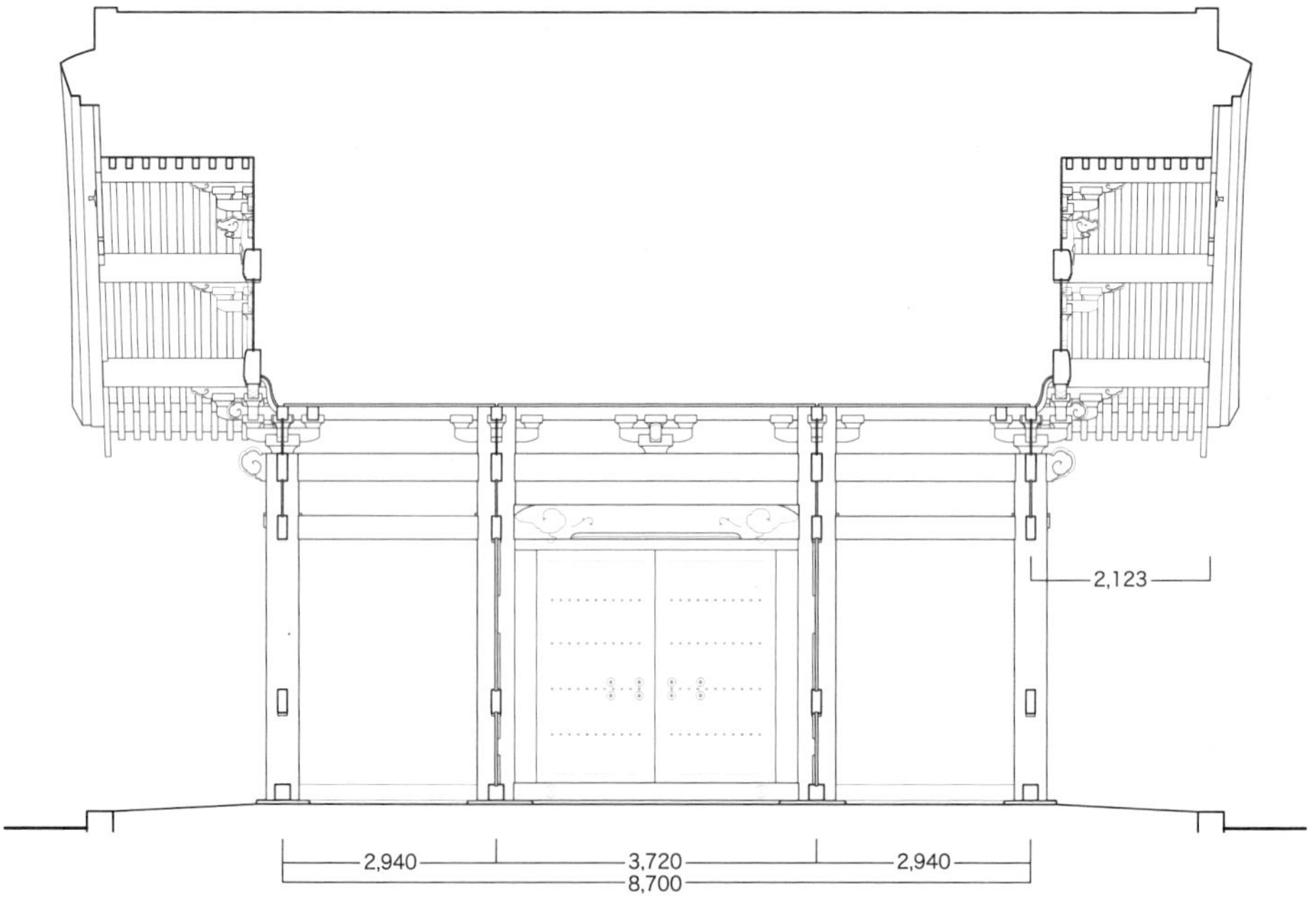

図9　八足門桁行断面図（『出雲大社社殿等調査報告』）

雀」のすべてを確認することができる。

・御棚所（神饌所）二棟

本社左右棚所二宇　六尺五寸間　三間四方つ、組物
　三つと造り
柱六寸角ニして四方中仕きり共ニ惣羽目
長三間の戸棚三尺ニ壱間半充の床共に檜造り　内外
　煮黒目の釘隠

本殿前方の左右に位置し、規模は桁行・梁行寸法ともに一九尺五寸、組物は平三斗、柱は六寸角、外壁・内部の間仕切り壁ともに板壁であることなどの記載がみられる。これらの記載と現存する神饌所とでは、「三尺ニ壱間半充の床」の部分については確認できないが、それ以外については一致している。

以上のように、現存する社殿等と『延享造営傳』の記載はほぼ一致しており、本殿の記載と同様にその信憑性は高いと考える。

一間の寸法についてみてみると、摂社御向社・筑紫社・天前社では六尺であるが、摂社素鵞社では七尺、神饌所は六尺五寸とそれぞれ異なっている。摂社氏社および末社釜社については、「七尺ニ壱丈三尺」と記載され一間の表記はない。しかし、現社殿の身舎は七尺間の一間四方であることから、摂社氏社および末社釜社については一間を七尺と考える。境内の社殿等における一間の寸法について整理すると次のようになる。

六尺……摂社御向社、筑紫社、天前社、摂社門
　神社、末社十九社
七尺……摂社素鵞社、摂社氏社、末社釜社
六尺五寸……神饌所（御棚所）、廻廊、観祭楼、瑞
　垣、玉垣、会所

これをみると、六尺および七尺は社殿で使用され、六尺五寸は社殿以外で用いられており、社殿とそれ以外の建物では、一間の寸法を区別していたことがわかる。ここで、社殿のみについて『延享造営傳』の記載に立ち返ってみると、一間が六尺の社殿は末社十九社を除き「新造」と

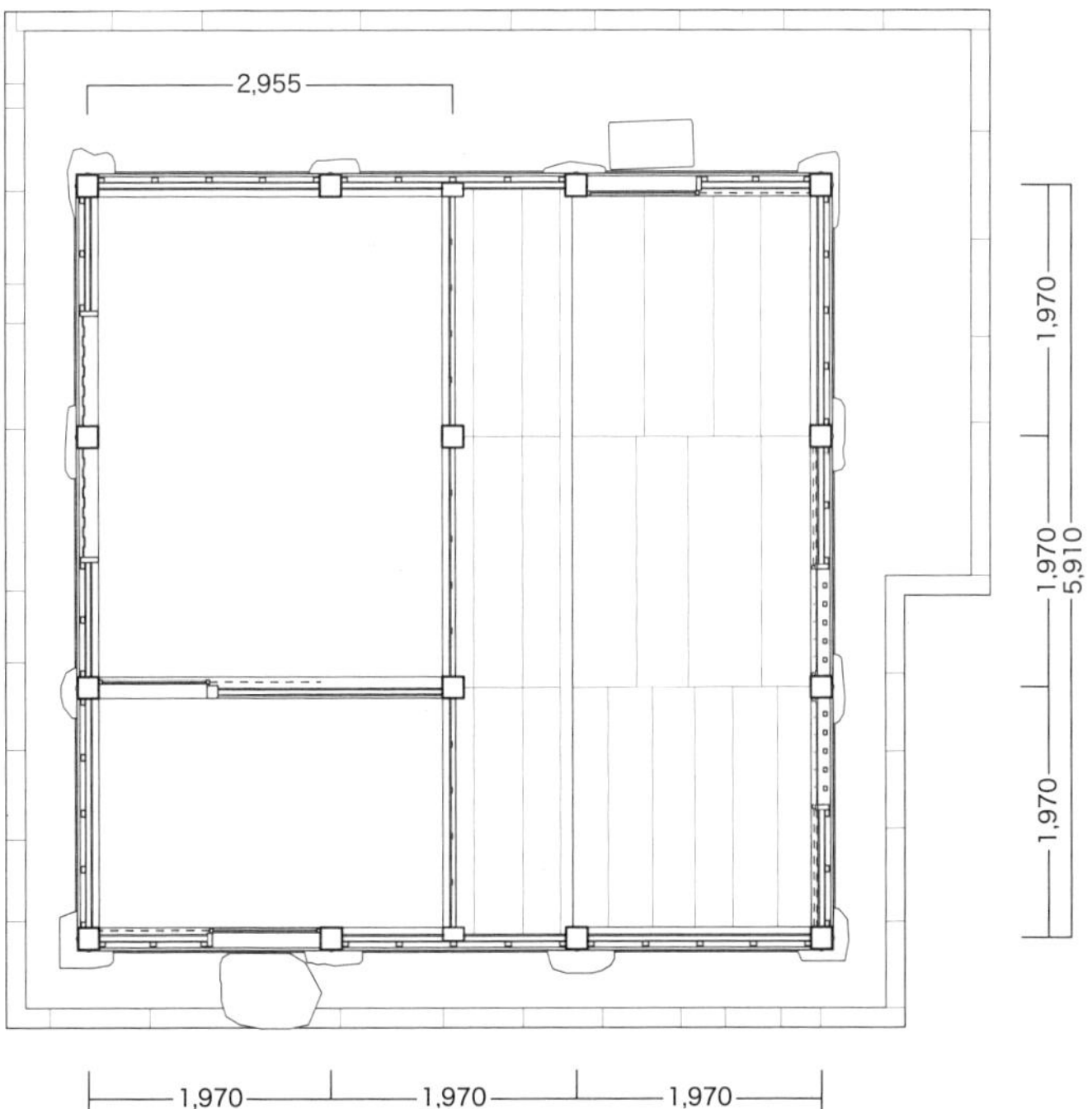

図10　西神饌所平面図（『出雲大社社殿等調査報告』）

記載され、七尺の社殿のうち摂社素鵞社を除き「白削建直し」と記載されている。末社十九社については、建築年代に関する記載が『延享造営傳』にはみられないが、「寛文造営指図」との比較などから延享度に新造されたと考えられている(15)。また、摂社素鵞社は「尤古本社の材木ヲ以造営」と記されるものの、本殿と摂社素鵞社の部材寸法は大きく異なることから、本殿の古材を利用して摂社素鵞社の部材を加工したと考えられ、語義としては「白削建直し」に近似するものと考えられる。

つまり、延享度遷宮に際して新築された社殿では本殿と同じ一間を六尺、寛文度の部材を再利用している社殿では一間が七尺となっている。楼門と八足門を除く社殿以外では一間を六尺五寸として社殿等とは明確に区別していることから、延享度に新築された社殿については一間を本殿と同じ六尺、寛文度の部材を再利用した社殿については一間を七尺と区別していたと考えられる。

四、近世における本殿について

近世の出雲大社では、現存する本殿が建立された延享度を含めて、慶長十四年（一六〇九）、寛文七年（一六

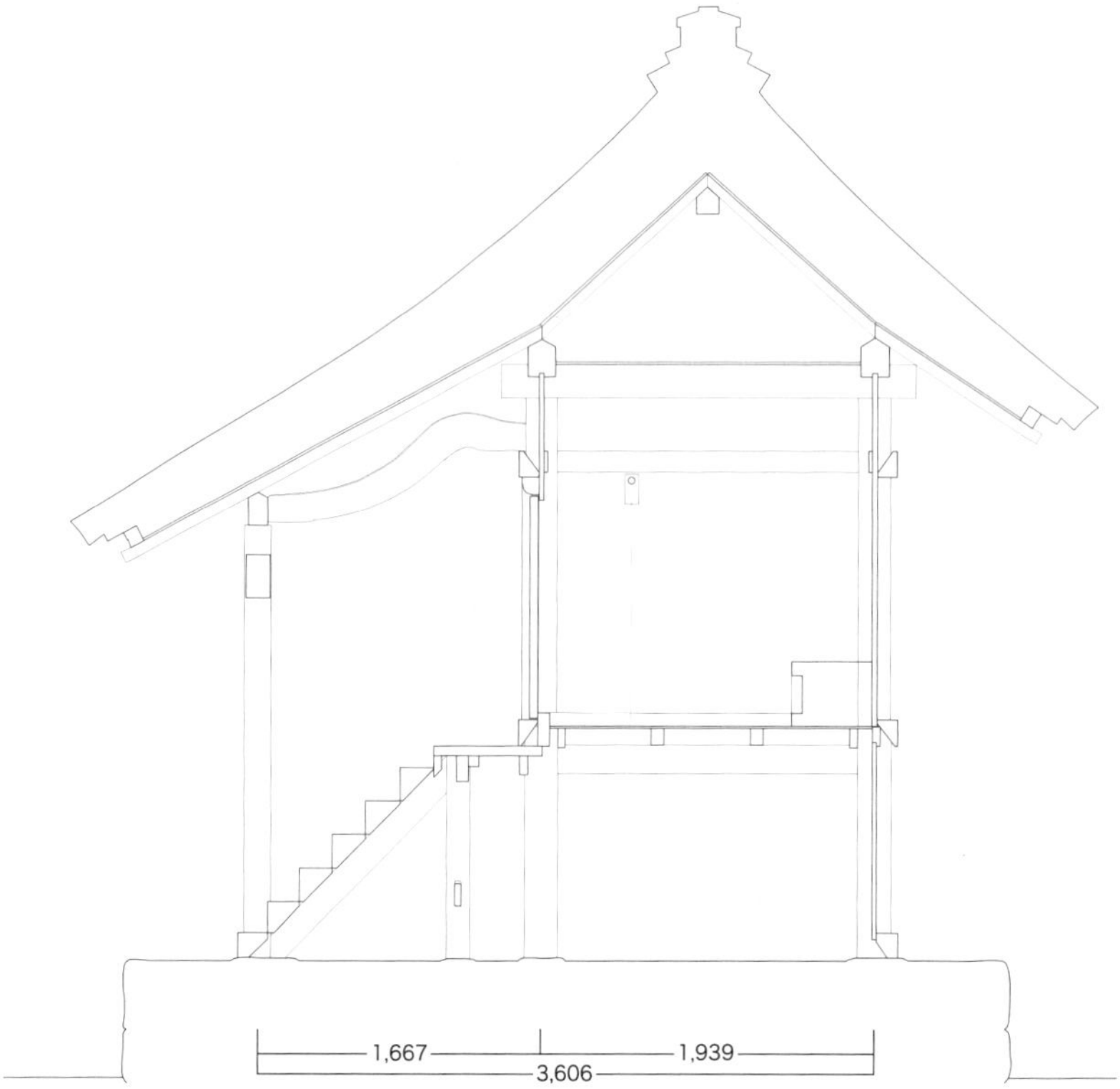

図11　末社十九社断面図（『出雲大社社殿等調査報告』）

図12　寛文造営指図「十九社」（『出雲大社社殿等調査報告』）

六七）、延享元年（一七四四）、文化六年（一八〇九）の四度、遷宮が行われている。本殿は、慶長度および寛文度、延享度の三度の遷宮で建て替えられたが、文化度遷宮では当初、本殿を建て替える計画であったが資金の調達が困難であったことから、実際には修理が行われた[16]。

慶長度本殿と想定される建物については、発掘調査で四つの礎石据付痕跡が検出され、柱間一間の寸法が約一七尺であることがわかっている[17]。また、慶長度および寛文度の本殿については、史料をもとにした先学による論考が数多く存在している[18]。それらによれば、慶長度は組物を出組とし妻面に龍の彫刻をあしらうなど、次の寛文度、延享度の本殿と比べれば装飾豊かな建物であったと考えられている。それに続く寛文度本殿は、「寛文造営指図」や本社木形（模型）[19]などから、現存する延享度本殿と規模・形式ともに同じ建物であったことがわかっている。ここでは、史料や発掘調査から判明する慶長度本殿について紹介し、延享度本殿と比較を行うことで、近世における出雲大社社殿の特徴について考察してみたい。

1　慶長度本殿

慶長度本殿に関する史料の中で、その規模や寸法などについてもっとも詳細な記載がなされているのは「慶長造営御宮立間尺〈佐草〉自清控」（出雲大社蔵）と「杵築大社只今御座候仮殿造御宮立間尺覚」（千家家所蔵）である。「慶長造営御宮立間尺〈佐草〉自清控」には正保三年（一六四六）十一月一日の年紀があるが、現在伝わるものは矢田豊雄氏（旧出雲大社職員）が戦後に筆写したものである。一方「杵築大社只今御座候仮殿造御宮立間尺覚」には年紀がない。これらの史料については、千家和比古氏によって詳細な史料批判が加えられた[20]。それによれば、内容の重なる部分の数値については心柱の径がわずか一寸異なるのみで、その他はすべて一致していることから、二つの史料が慶長度造営された本殿諸宇を伝えているとみて、まずよいのではないかと結論されている。

以下、それぞれの史料における慶長殿本殿の規模などに関する記載の一部を摘記する。

・「慶長造営御宮立間尺〈佐草〉自清控」

一、本社うちのり五間四方、但し京間ニ五寸

一、志ん柱さし渡し二尺六寸

一、がはの柱さし渡し二尺弐寸五分

一、石よりゆかまで高サ一丈三尺四寸

一、ゆかより貫ノけた迄一丈七尺

一、のきノけたより箱棟まで二丈七尺

　　三口〆五丈七尺四寸

一、えんの廣さ　両脇渡ハ八尺宛、前ハ一丈

一、ごはいノはしら一尺一寸四方

・「杵築大社只今御座候仮殿造御宮立間尺覚」

一、本社内のり五間四方
一、柱九本［心柱さし渡シ弐尺五寸、かわの柱さし渡シ弐尺弐寸五歩］
　　内ハ朱、外ハ黒漆真塗
一、縁ノ廣サ［両脇後ハ八尺宛、前ハ壱丈］
一、石口より箱棟迄高サ五丈七尺四寸　千木迄ノ高サ六丈五尺四寸
一、切妻破風板大金物掘物［龍二疋つれ、雲水彩色］

先述したように、二つの史料の記載は、心柱の径が一寸異なるのみで、それ以外の数値では一致している。これらをまとめると、慶長殿本殿の規模は桁行・梁行ともに三五尺（一間は七尺）、心柱の径は二つの史料の中間値をとって二尺五寸五分、側柱の径は二尺二寸五分、礎石から床まで一三尺、礎石から箱棟まで五七尺四寸、礎石から千木まで六五尺四寸、向拝の柱は一尺一寸の角柱であると記載されている。

慶長度本殿と想定される建物は、発掘調査によって礎石据付痕跡が検出されている。この礎石据付痕跡の中心間距離は約一七尺であるから(21)、桁行・梁行寸法は約三四尺となる。桁行・梁行ともに五間とすることは諸史料に一致しているから、一間は六尺八寸となる。ここで、仮に史料の記載どおり桁行・梁行寸法が三五尺であったすれば、礎石据付痕跡の中心から約一五センチ外側に柱が立つことになる。礎石据付痕跡は直径二メートルを超える円形あるいは楕円形をなしていること、基準となる一間を半端な数値にするとは考えにくいことから、「京間二五寸」の記載どおり一間は七尺、礎石据付痕跡の中心から若干ずれた位置に柱が立っていたと考えるべきであろう。本殿の規模だけではあるが、史料の記載と検出された遺構は一致しており、上記の史料における数値は信頼できるものと考える。

2　慶長度本殿と延享度本殿の比較

大社造の特徴として、心柱をもつこと、切妻造妻入であること、柱が太いこと、床が高いことなどがあげられる。ここでは、これら特徴のうち柱が太いこと、床が高いことに着目し、慶長度本殿と延享度本殿の比較を行ってみたい。史料の記載から判明する柱径や床の高さなどをもとに柱間寸法に対する柱径の比率（以下、木割と記す）や高さの比率を算出すると次のようになる。

側柱の径／柱間一間
慶長度本殿　二尺二寸五分／一七尺五寸
＝〇・一二九
延享度本殿　二尺六寸／一八尺＝〇・一四四
礎石から床までの高さ／千木までの高さ
慶長度本殿　一三尺四寸／六五尺四寸
＝〇・二〇五

延享度本殿　一三尺八寸／八〇尺＝〇・一七三

心柱の径／側柱の径

慶長度本殿　二尺五寸五分／二尺二寸五分

＝一・一三三

延享度本殿　三尺六寸／二尺六寸＝一・三八五

慶長殿本殿は、延享度本殿よりも木割が細く、全体に占める床の高さが高いことがわかる。また、心柱の側柱に対する比率は、延享度本殿の方が大きくなっている。通常、時代が下れば木割は細く、全体に占める床の高さも低く、心柱の側柱に対する比率は小さくなると思われるが、慶長度本殿と延享度本殿とでは全体に占める高さ以外はそのような関係となっていない。

出雲大社では寛文度遷宮に際して神仏分離を敢行している。寛文度本殿は、慶長度本殿まで保持していた中世的要素をもつ細部などを清算し、古代の形式と規模を意図的に復活しようとしたものの、細部については近世様式で建立されたと考えられている[22]。延享度本殿はこのような寛文度本殿とほぼ同じであることからも、細部は近世様式ではあるものの、出雲大社本殿のもつ本来の木割を伝えているのではなかろうか。心柱は信仰上の意味をもつと考えられているが、延享度本殿の心柱は慶長度本殿にくらべより一層太くしている。このことからも、延享度本殿、ひいては寛文度遷宮において古来の出雲大社本殿を復活させようとする強い意志が存在したのではないだろうか。

3　神魂神社本殿との比較

これまで慶長度本殿と延享度本殿について、木割や高さの比率などについて比較を行った。次に、大社造として現存最古の建物である神魂神社本殿と同様の比較を行

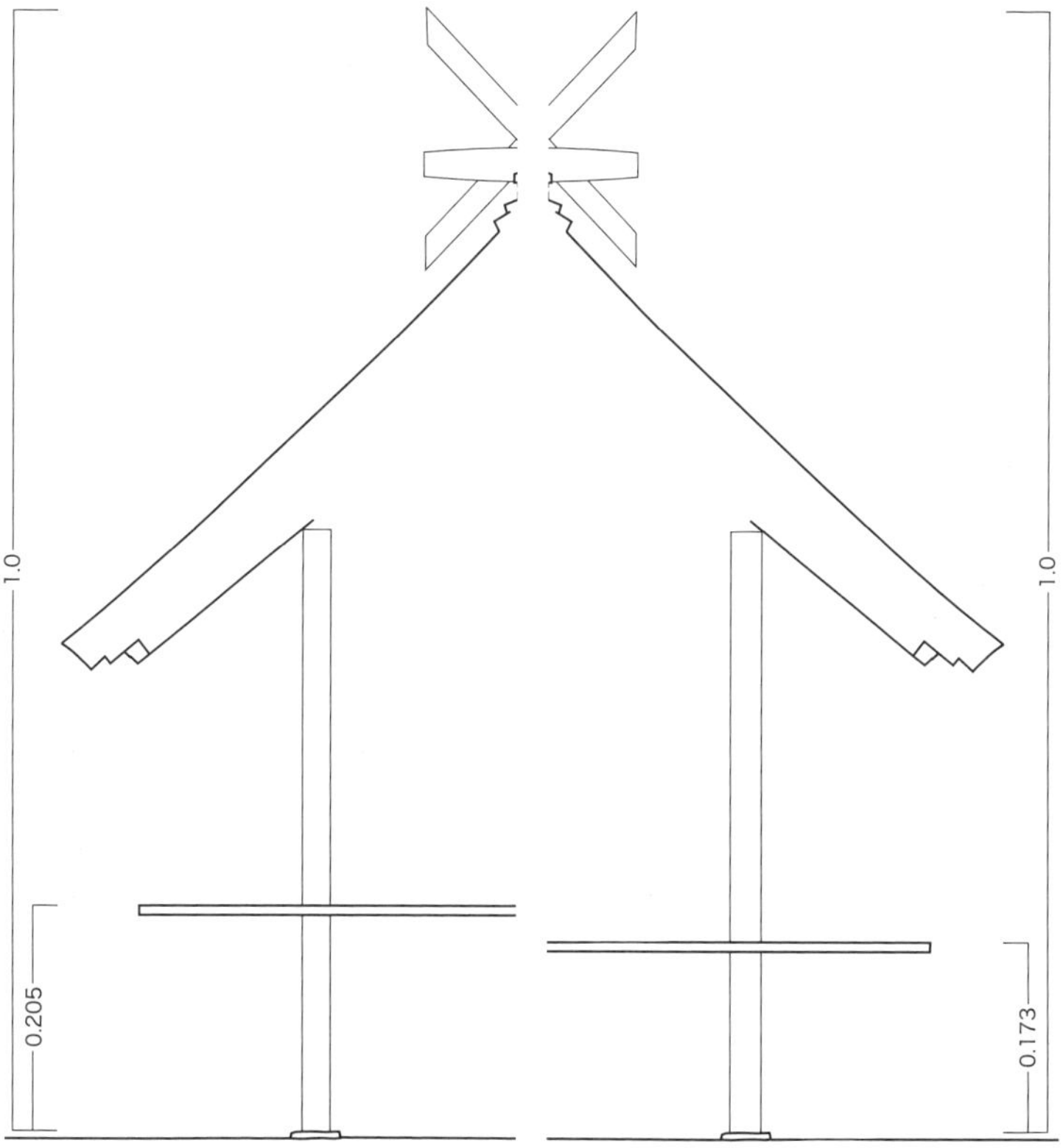

図13　慶長度本殿・延享度本殿比較模式図

ってみたい。

現存する神魂神社本殿は、天正十一年（一五八三）、落雷によって焼失した後に再建されたものであり、現在の出雲大社本殿よりも宇津柱が柱筋よりも外側に出ていること、木割が太いことなど現在の出雲大社本殿にくらべ古式を示しているとされている。(23)

まずは神魂神社本殿の規模や柱径についてその一部を摘記し、これらをもとに木割や高さの比率について慶長度本殿および延享度本殿と比較してみたい。

〈神魂神社本殿（天正十一年）〉

（規　模）　桁行一九尺、梁行一七尺
（心柱径）　差し渡し二尺四寸
（宇津柱）　差し渡し二尺一寸七分
（側柱径）　差し渡し一尺九寸
（床　高）　一〇尺七分
（棟　高）　三六尺八寸五分
側柱の径／柱間一間　一尺九寸／八尺五寸　＝〇・二二四

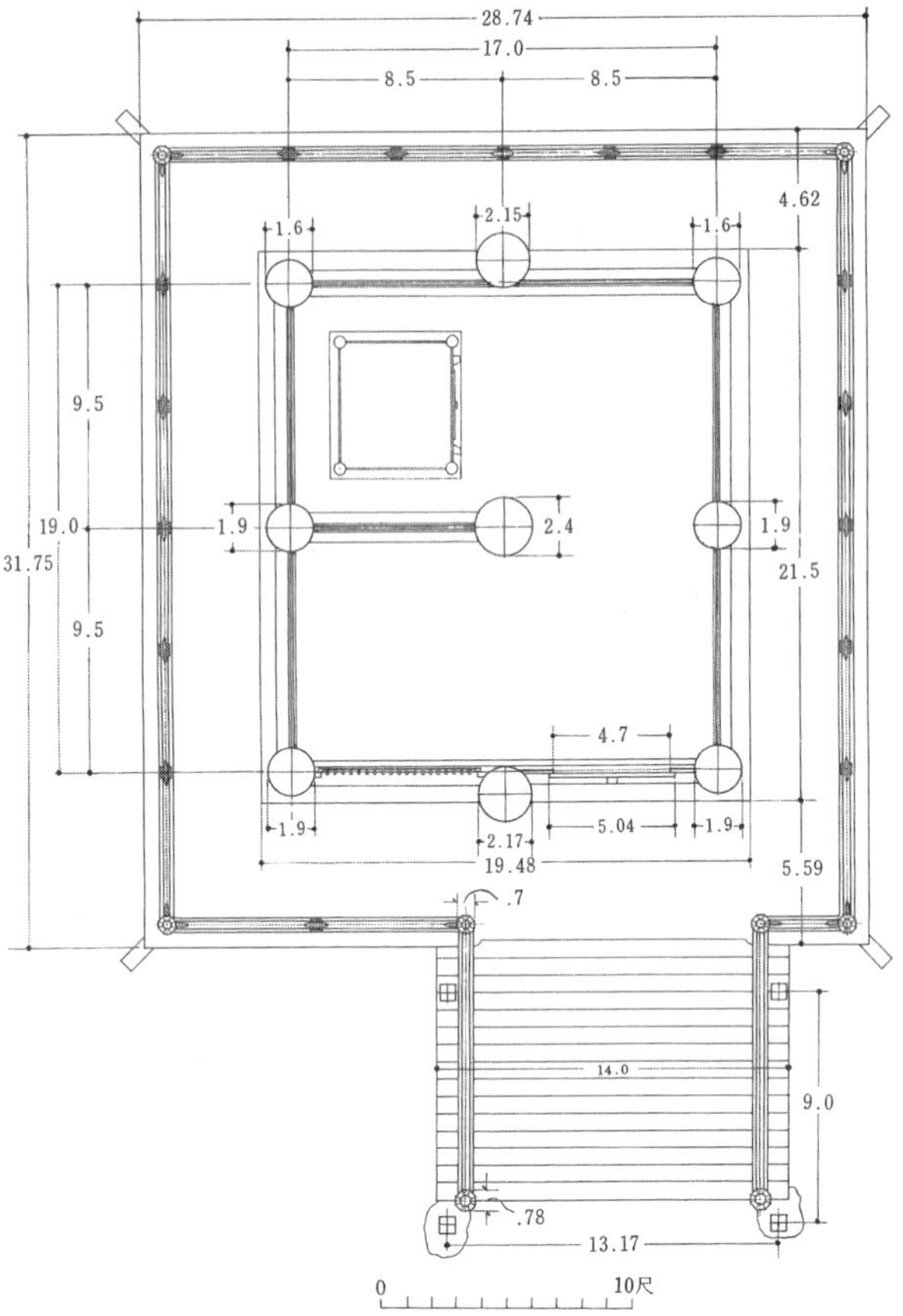

図14　神魂神社平面図（『日本建築史基礎史料集成１　社殿１』）

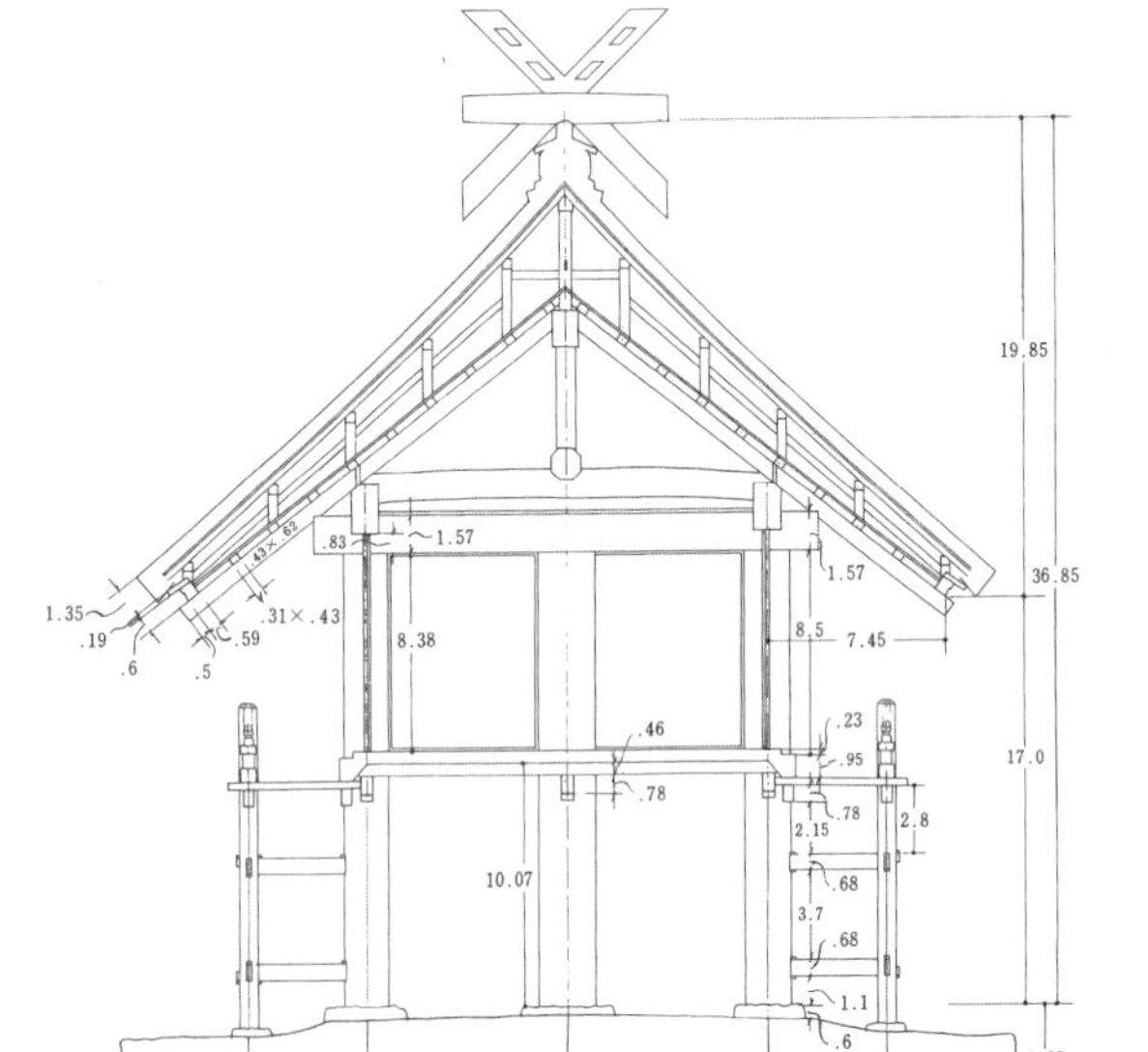

図15　神魂神社梁行断面図（『日本建築史基礎史料集成１　社殿１』）

礎石から床までの高さ／箱棟までの高さ
　一〇尺七分／三六尺八寸五分＝〇・二七三
心柱の径／側柱の径　二尺四寸／一尺九寸
　＝一・二六三

神魂神社本殿は、出雲大社本殿と異なり桁行方向が若干長い長方形平面であり、背面両端の側柱が一尺六寸とやや細くなっている。ここでは正面性を考慮し、正面の柱間について木割を算出した。また、礎石から千木までの高さが明確ではないため、箱棟までの高さで比率を算出した。なお、慶長度本殿は箱棟までの高さについて史料に記載があり、それをもとに比率を算出すると、一三尺四寸／五七尺四寸＝〇・二三三となる。

　以上を社殿の建築年代順に整理すると以下のようになる。

（側柱の径／柱間一間）
　神魂神社本殿〇・二二四　慶長度本殿〇・二二九
　延享度本殿〇・一四四
（礎石から床までの高さ／箱棟までの高さ）
　神魂神社本殿〇・二七三　慶長度本殿〇・二三三
（礎石から床までの高さ／千木までの高さ）
　慶長度本殿〇・二〇五　延享度本殿〇・一七三
（心柱の径／側柱の径）
　神魂神社本殿一・二六三　慶長度本殿一・二三三
　延享度本殿一・三八五

　木割については、神魂神社本殿が他にくらべかなり木太いことがわかる。また、高さの比率については、年代が下るとともに徐々に床の高さが低くなっていく様子が読み取れる。一方、側柱に対する心柱の比率は、延享度本殿の心柱が他にくらべ際立って側柱よりも太くしていることがわかる。

　慶長度本殿と延享度本殿の比較からもその一端がうかがえたように、神魂神社本殿との比較によって、慶長度本殿は平面や高さ関係は大社造としての伝統を保持しているが、木割は細くかつ側柱に対して心柱がそれほど太くなっていない。これは、慶長度本殿が出組であったことと無

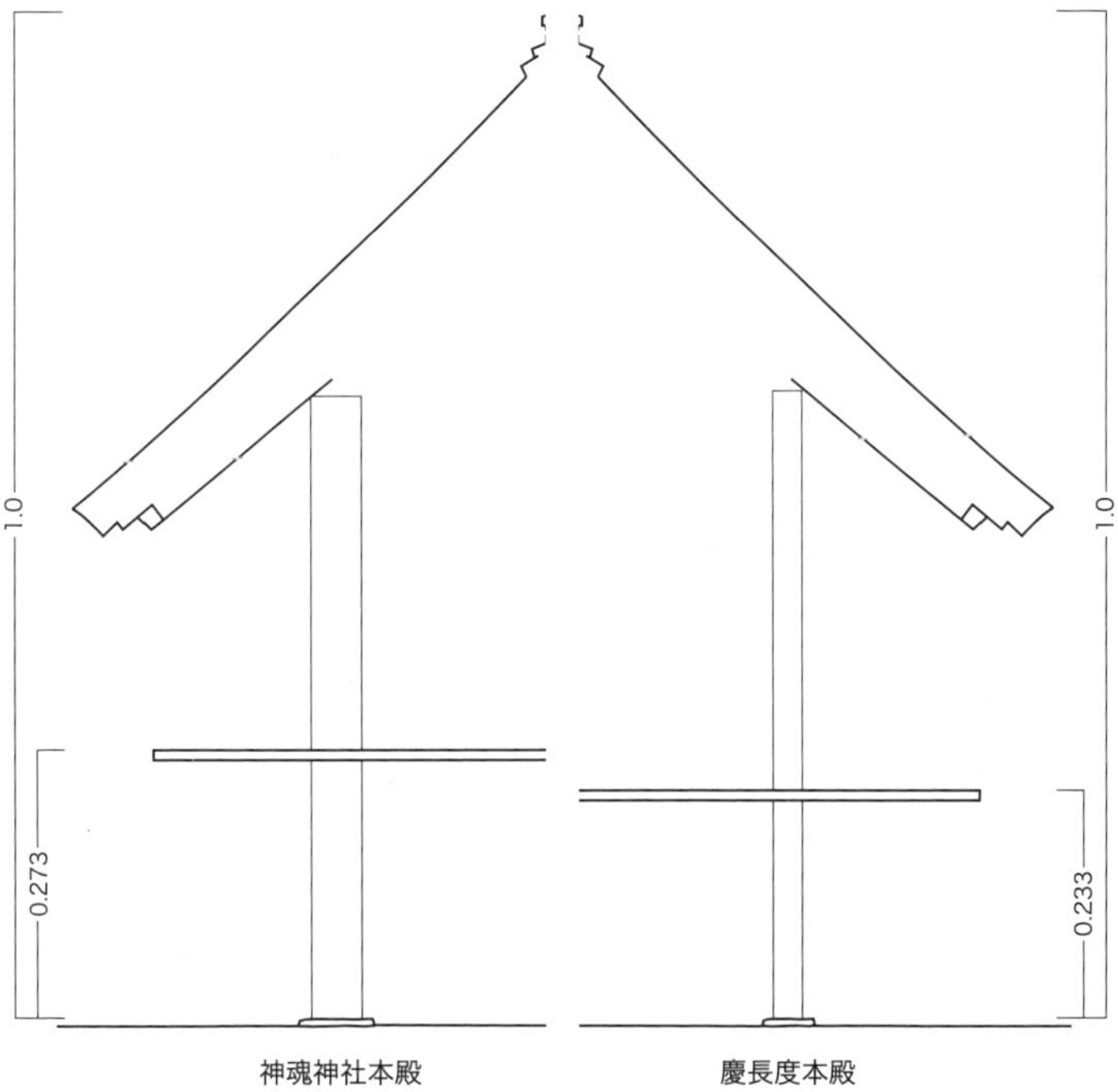

図16　神魂神社本殿・慶長年度本殿比較模式図

関係ではないであろう。つまり、神魂神社本殿などと同様に大社造の特徴を有しているとはいえ、本来の大社造とは系統が異なると考えるべきであろう。

延享度本殿は、床の高さは時代相応の姿を現し、慶長度本殿で細くなってしまった木割を復活させ、心柱を側柱にくらべて一段と太くしている。信仰上の意味をもつと考えられる心柱を、時代に逆行するほど太くしていることからも、復活にかける強い意志を感じざるをえない。延享度本殿は、時代相応に床の高さは低くなり、細部は近世様式となっているものの、木割の太さなど、二〇〇〇年に発掘された「三本柱」遺構などにみられる出雲大社本殿のもつ伝統を有しているのである。

五、おわりに

以上から、これまで近世における出雲大社について神仏分離が敢行された寛文度遷宮のみ注目されてきたが、現在の出雲大社を語るうえでは現存する社殿等および『延享造營傳』の記載をもとに延享度遷宮も含め、また境内社のみではなく境外社[24]についても視野に入れて検討を行っていく必要があろう。

また出雲大社本殿については、寛文度遷宮に際して本来もつ出雲大社本殿の姿を復活させようとした結果、細部については近世様式となってしまったものの、神仏習合化することで失いかけていた木太さを取り戻すことができたのではないだろうか。法隆寺金堂の初層中央間と柱径の比率が〇・一九七であり[25]、唐招提寺金堂の中央間と柱径との比率が〇・一二七であることからも[26]、延享度本殿の比率〇・一四四は、近世建築としては際立った木太さであるといえよう。現在の出雲大社本殿は、近世における復古的作品とはいえ、信仰上の意味をもつ心柱をはじめ、材の木太さ並びに床高さなど、出雲大社本殿としての伝統を受け継いだ建物なのである。

註

（1）『出雲大社社殿等建造物調査報告』大社町教育委員会、平成十五年。

（2）福山敏男「出雲大社の社殿」『日本建築史研究』墨水書房、昭和四十三年。『出雲大社延享造營傳』の記載などをもとに、現存する社殿等の建築年代を推定している。

（3）『出雲大社国宝防災施設工事報告書』（出雲大社、昭和三十一年）、『日本建築史基礎資料集成1　社殿1』（中央公論美術出版、平成十年）などに平面図・断面図・立面図は記載されているが、これらの図面からは柱間寸法などのみしか知ることができない。しかし、二〇〇八～二〇一五年度で本殿をはじめとする社殿等の保存修理が実施されており、保存修理完了時に刊行される修理工事報告書では本殿の部材寸法などのデータも明らかにされると思われる。

（4）仮殿式、正殿式の用語については、中世までは使用されておらず、近世から使用されるようになったという。松岡高弘・土田充義「出雲大社における中世の仮殿造について」(『日本建築学会計画系論文報告集』第385号、昭和六十三年)、山岸常人「中世杵築大社本殿造営の実態と背景」(『佛教芸術』第278号、平成十七年)など。

(5) 梁行中央の側柱を示す名称。他に宇豆柱などとも表記されるが、本稿では『延享造営傳』の記載に倣い、宇津柱の名称を用いる。

(6) 前掲註3。

(7) 延享度本殿については前掲註3。寛文度については、寛文度遷宮に際して作成された「建地割」(出雲大社蔵)の本殿を描いた図に「六尺間六間四方」と記載される。

(8) 慶長度本殿の規模について、藤沢彰氏は一間を七尺と考え、桁行・梁行ともに三五尺と推定。藤沢彰「出雲大社の慶長度造営本殿について」『日本建築学会計画系論文集』第506号、平成十年。一方、福山敏男は一間を六尺と考え、三〇尺と推定。前掲註2。また三浦正幸・福本健司両氏は、一間を六尺五寸と考え、三二尺五寸と推定している。三浦正幸「出雲大社慶長度本殿の復原史料—出雲大社本殿の復原研究(其一)—」、福本健司「出雲大社慶長度本殿の復原考察—出雲大社本殿の復原研究(其二)—」(ともに『日本建築学会大会学術講演梗概集(近畿)建築歴史・意匠』平成八年)。

(9)『出雲大社境内遺跡』(大社町教育委員会、平成十六年)によれば、慶長度本殿と想定される建物の礎石据付痕跡の中心間距離は約五・一メートルであり、尺に換算すると約一七尺となる。

(10) 三浦正幸「出雲大社本殿」『日本建築史基礎資料集成1 社殿1』中央公論美術出版、平成十年。

(11) 前掲註2。川上貢氏は福山敏男の作成した『延享造営傳』の調書を参考にし、社殿等の建立年代を福山説と同様に推定。川上貢「出雲大社の建築」上田正昭編『出雲の神々』筑摩書房、昭和六十二年。

(12) 出雲大社蔵。本殿を含む境内外の社殿等を縮尺二〇分の一あるいは一〇分の一で描いた建地割であり、本社を描く図に「寛文八戊申三月五日」の年紀がある。建造物調査を行った社殿等については、前掲註1に掲載している。

(13)「白削建直し」は、寛文度の部材が再利用されたことを表しているが、どの程度の部材が再利用されたかが明確でなく、再利用された部材が少量の可能性もあることから、「白削建直し」だけでは建立年代は語れない。拙稿「白削建直し—出雲大社社殿等建造物調査から—」『奈良文化財研究所紀要二〇〇三』奈良文化財研究所、平成十五年。

(14) 現存する八足門の軒の出は約七尺、軒高は約一四尺であり、『延享造営傳』の記載とくらべれば軒高に三尺の開きがみられる。一方、現存する八足門の軒桁の高さは約一六尺五寸、螻羽の出は約七尺であり、『延享造営傳』の「軒」を「軒桁」と考えれば、記載とほぼ一致している。

(15) 前掲註1。「寛文造営指図」に描かれる「十九社」は、組物は平三斗、妻飾を豕扠首とするなど、現存建物とは異なる意匠とする。また、これらの形態から改造を受けた痕跡を現存建物において確認できないことから、延享度の遷宮に際して新築されたものと推定されている。

(16) 西岡和彦「近世出雲大社の造替遷宮」『出雲大社社殿等建造物調査報告』大社町教育委員会、平成十五年。

(17) 前掲註9。

(18) 前掲註2および註8、註10、註11のほか、福山敏男「山陰の神社建築」（『神社建築の研究』福山敏男著作集4、中央公論美術出版、昭和五十九年）、藤沢彰「出雲大社の宝治・慶長・寛文度造営頃の境内建築の復元について」（『古代文化研究』第9号、島根県古代文化センター、平成十年）、和田嘉宥「寛文度の出雲大社造営について」（『日本建築学会中国支部研究報告集』平成九年）、千家和比古「出雲大社の、いわゆる神仏習合を伝える絵図の検討」（『古代文化研究』第4号、島根県古代文化センター、平成八年）など。

(19) 出雲大社蔵。寛文度の造営に際して作られた模型であり、現在、出雲大社境内の神祜殿に展示されている。

(20) 前掲註18の千家論文。同論文には、両史料について全文が翻刻され掲載されている。

(21) 前掲註9。

(22) 前掲註18の福山論文、稲垣栄三「神の常住する社—伊勢神宮と出雲大社—」伊藤ていじ・井上靖・鈴木嘉吉編『伊勢神宮・出雲大社』日本名建築写真選集 第14巻、新潮社、平成五年。

(23) 前掲註18の福山論文、三浦正幸「神魂神社本殿」（『日本建築史基礎資料集成1 社殿1』中央公論美術出版、平成十年）など。

(24) 出雲大社には一二の境外社が存在しているが、そのうちの命主社と乙見社が二〇〇五年に修理され、命主社から「御向」、乙見社からは「東門神」などの墨書が発見され、境内の社殿の部材が転用されていることが明らかとなった。大林潤「出雲大社境外社の調査」『奈良文化財研究所紀要二〇〇七』平成十九年、『出雲大社境外社建造物調査報告』奈良文化財研究所、平成二十一年。

(25) 法隆寺金堂の柱は、柱底から1／3ほどの位置がもっとも太くなっており、ここではもっとも太い位置での径（約二尺一寸）と中央間一〇尺六寸八分をもとに比率を算出。なお、両端間七尺一寸二分で算出すると〇・二九五となる。

(26) 唐招提寺金堂の柱径は約二尺であり、これと中央間一五尺七寸五分をもとに比率を算出。なお、両端間一〇尺八寸五分で算出すると〇・一八四となる。

討論

司会・藤沢　彰

中近世本殿の棟持柱

藤澤　まず、石原さんの報告に対する質疑からはじめましょう。室町から江戸にかけての遺構変遷についてです。

浅川　室町～戦国時代（十四～十六世紀）に、石の礎板を伴う掘立柱が出ているわけですが、出土遺構をみる限り、真ん中の棟どおりにある二本の棟持柱と心柱のところは検出されなかったということですか。独立棟持柱か近接棟持柱か、あるいは隅柱と揃いの妻柱だったのかもわからないし、心柱が太いのかどうか、何の情報もここにはないということですね。

石原　わからないということです。

浅川　一番知りたいところ三本が抜けたということですね。慶長度だと推定されている遺構については、独立棟持柱や近接棟持柱ではなく、妻柱の位置に礫が敷き詰められた柱穴がみつかっています。境内の建物全体が仏教化し、本殿から棟持柱が消えて、出組で棟木を受けたと言われている慶長度本殿の文献記載とよく合うわけです。

藤澤　文献には「出組」とありますね。出組だと棟持柱との併存は難しい。整合性のある結論だと思います。

三浦　私は「出組であるから宇豆柱が飛び出すと施工不能になる」と建築学会の論文で書いた覚えがあります。復元図の方も、柱三本が一直線になる。棟持柱にならない。これを確認できたということで大変うれしく思います。

浅川　逆に言うと、妻柱ではなくて、棟持柱がある段階の遺構がわからないわけです。棟持がちょっと出ているとか、大きく出ているのか。言い換えるならば、近接棟持柱なのか独立棟持柱なのかが全然確認できなかった。残念ですね。

室町時代本殿跡の八角柱と寸法

三浦　とくに質問ではないですけども、皆様方誤解するといけないので、注釈申し上げます。中世の八角柱が柱穴から出土していますね。室町時代になりますと、神社本殿の床下は円柱に仕上げずに八角柱でやめてしまうことが非常に多いわけです。それから、掘立の場合は地上面から円柱に仕上げる。円柱は八角形から削り出しますので、地下に埋めてしまう部分は八角のままとすることが室町時代には少なくないのです。したがって、八角形の柱が柱穴から出土したからといって、地上がどうだったのかはわからないということです。ぜひとも誤解しないで下さい。仮殿ですから八角柱で床上まであがっていた場合もあるかもしれませんが、常識的には床下だけ八角で床上は円柱であった可能性の方が高いと思います。

浅川　西山さん、平城宮でも八角形の柱根を散々調べましたね。

西山　平城宮東院庭園の復元事業を進める中で、中央建物は身舎では大面取の角柱、縁束に正八角形の柱根が出ていて、さらに隅楼はすべての柱根が正八角形をしていましたね。東院庭園の場合、正八角形の柱や束も地下部分の加工がすばらしく精巧でして、大面取角柱の一種として理解しましたから、地上も床上もすべて八角形に復元しました。一方、平城宮内では、加工の粗っぽい八角形の柱根も出ているのですよ。これは、とても正八角形と呼べない、少し歪んだ八角形でして、加工痕も杜撰です。こういういい加減な八角柱については、地上は円形に削り出しているのだと理解していました。

松本　その八角形の柱を立てた石の礎板が室町の本殿では柱穴の底にあって、そのまわりに三本の杭状の穴が残っていますが、これはどういったものになるのでしょうか。

西山　礎石を据えるときの足場と考えていいのではないかと私個人は思っています。遺構の切り合いからして礎石を据える前に掘形を掘っているということがわかりますので、石の礎板を据える前に先に三本の杭を入れたというふうに考えていいと思うのです。礎板を据えるときにもこれを使うし、なおかつ柱を据えるときにもこれを使って据えたんじゃないかなぁと思います。

三浦　室町時代の本殿の桁行と梁間の実測値が示されましたが、桁行七・一〇メートル×梁間六・五六メートルという寸法値は信用してよろしいでしょうか。なぜかと言うと、私は宝治度本殿を縦長と言っておりますので、私の復元案には有利なデータなんです。したがって、本当にこれが確信をもって正しいと言える寸法なのか、はたまた推定で怪しい寸法なのかを教えていただきたいのです。

松尾　これは一般の基礎工事がはじまっていて、その段階でさまざまな木柱などが出てきたものですから、「このまま工事してはまずいぞ」という認識のあとに調査しています。昭和三十二〜三十三年のことで、発掘調査したのは島根大学の山本清さん、調査団長は京都大学の福山敏男さんでした。建築復元という意識のもとで調査されていますので、それなりの精度をもった、ある程度信頼できる数値・図面だと私は認識してます。

慶長度本殿の根石と地業

岡　慶長度本殿の基壇はかなり削平されていますが、神魂神社本殿とからみますと、基壇はだいたい高さ一尺あまりでしょうか。今回出土した中近世本殿の基壇高さはどのくらいあったのでしょうか。ある程度の高さがあったとすると、柱の下にあった礫状の石という部分の積み重ねがかなりあったのかなぁという気がするんですね。こういった事例というのは当時の建築ではありふれていたんでしょうか。慶長度から礎石建になって、ここまで深く根石を埋めていたというのがよくわからないのです。

浅川　慶長度本殿遺構の柱穴の下に敷き詰められた礫状の石は根石じゃないですよ。これは地盤を固める「地業」だと私は思っています。この「地業」の上にのっている人頭大のいくつかの石が根石じゃないですか。たしか1号柱跡のほうが攪乱は少なくて、2号柱跡のほうが根石はほとんど残っていませんでした。

藤澤　人頭大の根石というのはいくつぐらい残っていたんですか。

浅川　1号柱跡は五〜六個。原位置を保っていた可能性が高いと思います。2号柱跡は一個だけだったんじゃないかな。礎石を据え付けるためには一〇個くらいあってしかるべきです。一般的に根石は礎石の据え付け穴の縁にめぐらせるだけなんですが、平城宮の大型礎石建物では柱筋全体を布掘りにして柱位置にだけ礫状の石を敷き詰めて根石を置く例がみられます。これなんか地業としては非常に丁寧な仕事ですよね。慶長度本殿の場合は、布掘りではなく壺掘りの掘形ですが、やはり集石による地業の上に根石を配しているわけですから、不同沈下を防ぐ効果はあったでしょうね。丁寧な仕事だと評価したいです。

旧地表面の復元

浅川　基壇の問題と関係して、気になってしかたないのが旧地表面のレベルなんです。旧地表面と遺構検出面のレベル差はどれくらいなんでしょうかね。江戸時代の旧地表面はどれくらいで、鎌倉時代の旧地表面はどれくらいだと調査担当者が考えられておられるのか、ぜひ教えていただきたい。

石原　一つは寛文の造成土というのがありまして、寛文度造成土はそれほど掘り下げされてないのかなと思いましたけど、他の遺構面については、情報がありませんのでよくわかりません。

浅川　松尾さんからお聞きした記憶があるのですが、池に礎石らしきものが捨てられていると言われてませんでしたか。根石付の掘形にその礎石をのっけた場合の上面が基壇上面にあたるわけでしょう。そういう考察があってもいいんじゃないかと思ったんです。旧地表面レベルの復元は建物復元の基本情報ですから、ぜひ教えていただきたい。私は柱穴の深さ一〇尺（約三メートル）にして基壇状の石積みを七尺（約二メートル）くらいにして宝治度本殿の足元を固めたんですけどね。

松尾　池に礎石を捨ててあるわけではなくて、庭石として使われていたか、あるいは慶長の前後の建物の礎石ではないかと思われる立派な石なんです。その辺を復元的に考慮して、石原さんは本殿の建っていたベース面を標高八・二メートルと報告書に書かれたのではないか、と私は邪推しております。あと、宝治度大型本殿の埋め込みの深さですけれども、以前の地表面が著しく高かったことは考えにくいんですが、あとは上にどれだけ盛って高くするかにかかっています。深さとしては、これ以上深かったとはみえないと思うのですが……。

浅川　では、旧地表面は遺構検出面に近いということですか。私は場合によっては、現在の地表面が旧地表面に近いのではないか、とも考えていました。

松尾　旧地表面は遺構検出面より多少高いぐらいだと推定しています。だいぶ低い面で検出していますので、そこから四〇～五〇センチ上にあたる標高八メートル弱が想定しうる地表面だと思います。

藤澤　宝治度本殿の柱穴の掘り込みはだいたい二メートルくらいという理解でいいですよね。

慶長度本殿の雨落溝

藤澤　慶長度本殿跡で雨落溝かもしれないという遺構が本殿の西側で南に向かってのびていますよね。反対側は検出できなかったのですか。本殿遺構と雨落溝の関係を教えていただきたい。

松尾　東側も雨落溝があります。私たちが掘ったのではなく、前担当者が掘られていて、どうも基壇端あたりの前端から溝が一段落ちる。段差がついていたようでして、石組は飛ばされているようですが、担当者の記憶では、その溝のような遺構に屋根材と思われるようなものが溜まっていたと言っております。このラインと西側の雨落溝が本殿の屋根の軒先に対応するんじゃないかと思うのです。南側がどうなるかというと、西側の雨落溝はきれいに南側の東西溝に合流するようです。

藤澤　L字形に曲がるんですか。

松尾　T字路になっています。流路の高低差がよくわからないのですが、全体が東西方向に流れていくと思います。さきほど石原さんがおっしゃったように、古い遺構面を壊すんじゃなくて、新しい寛文度造営時に土を盛り上げて古い遺構を壊さずにうまいことパックして残してくれた。そういうことで、この時期だけやたらと遺構の配置がよくわかるのです。

岡　慶長度の「御供所」と推定される遺構の周辺から瓦は出土していないでしょうか。「御供所の瓦が落ちたので本願とともに協議しなさい」という、当時の文書の写しが古代出雲歴史博物館に残っているんですが。

石原　発掘調査した面積が非常に狭いというのもあるが、遺構に伴って瓦が出ているということはありません。瓦は出土していないという状況です。

藤澤　文献記載と遺構が一致しない、ということでしょうか。

柱の祭祀と名称

藤澤　それでは、目次さんの発表についての質疑に移りたいと思います。

岡　出雲大社の場合、どうしても古代に重心をおく研究が主流を占めてしまい、中世以降については二の次、三の次というかたちで、研究の蓄積が多いとは言えません。とくに遺構のない室町期はやっかいですね。ですから、ちょっと視点を変えて質問します。心御柱と宇豆柱について「柱祭祀」というのが、一つの伝統として代々行われていて、これが出雲大社における一つの特色のようではないかというご指摘でした。はたして本当にそうなのか、という疑問が素朴にありまして、平安時代の場合、「寄木の造営」については、そういった伝承が同時期に同じような説話が他の寺社にないのか気にかかるところです。「寄木の造営」で、出雲大社が何か祭りをやったという記述があるのでしょうか。

目次　柱立てに関する祭儀は大社独自のものであったかということになりますけども、私も非常に不勉強でして、まだ他社の例というのは勉強しておりません。また、先生方にご教授いただければと思います。大社独特のものであったかについては、よくわからないということです。

岡　「岩根御柱」という表現の用例は鎌倉時代に遡るのでしょうか、むしろ室町以降に随分出てくるような気がします。「心御柱」については、天正以降、とくに江戸時代に出てくると思うんですけども、柱に対する意識は本当に一貫していたのかどうか。信仰が一貫していたのでしょうか。

目次　柱の呼び方が「岩根御柱」から「心御柱」に変わっていきます。そういう用語の使われ方から考えれば、柱祭祀の意識そのものに変化があった可能性はありますが、祭りそのものが継承して行われていたところから考えますと、やはり意識としては一貫したところがあったのだろうと思います。ただ、推論を重ねるような格好になりますが、その中身については言葉の変化に応じて変化していく部分も多分にあったんだろうとも考えております。

岡　たしかに、柱に対する祭祀というのは平安末とか鎌倉のころにやっていたみたいで、康治二年（一一四三）の「為求三前山材木於大社宝前、勤神願事」という「杵築大社造営遷宮旧記注進」（出雲国造家文書15号）の記載をみても、材木を伐り出すときに舞をやったりしています。「本殿の柱」といういい方で、さきほど柱祭祀を説明されました。用材の長さからみればそうなのかもしれませんが、厳密にいうと、「本殿の柱」とは特定できない。祭祀の仕方も同じなのかどうかという問題もあると思うんです。単純に「柱祭祀が一貫した」という言い方がほんとうに適当なのかどうか。祭祀の内容が違うんじゃないかという気がします。なかなか難しい問題で、他の寺社においてどういう儀式が行われてきたかという検証を全然やっておりませんので、私自身の発言自体、裏づけがとれていないんですが……。

建築儀礼と三本柱の意味

藤澤　三浦さんが話したくてしょうがないという顔をされていますので、手短にズバリと。

三浦　私、柱祭祀と聞きましたから、柱を立てた後に拝んでいることかと思ったのですが、これは単に建築儀礼ですね。要するに、建物を建てるときの儀礼ですから、これは日本中の有名諸社は全部やってます。出雲大社だけではなく、いろんな神社でやってます。したがって、これを「柱祭祀」といわないで下さい。「建築儀礼」です。

岡　一番古いのは「杵築大社造営遷宮旧記注進」にある「天養元年、布九段、柱纏料、内柱三本……」という記載になるのでしょうか。この「柱三本」をどう理解したらいいのか。建築の先生方にお聞きしたいのですが、土居桁の下のものでも柱という表現でいいのか、柱といった場合、梁とか棟ぐらいまで通ってるものを柱と表現するのか、その二点をお聞きしたいのですが。

目次　先に補足しておきますと、これは史料上もっとも古い「建築儀礼」の記述です。平安時代、天養元年（一一四四）の記録になります。

三浦　この「杵築大社造営遷宮旧記注進」はですね、文書のすべての分析をしたのですが、本当に天養元年なのかどうか自信がありません。ただ、立柱のときにこういう儀式をするのは、他の神社でしたら、天養ぐらいの時期でしたらごく当たり前のことでして、取り立てて注目するに値しない。それから「柱三本」の「柱」というのは、土居桁の上下で柱を継ぐのか継がないのか、復元案によって違いますので何とも言えませんが、私のように土居桁で継いだ場合、上は柱ですが、下は柱でない。なぜかと言うと、正倉院文書をみますと、高床式の建物で柱を継いだ例においては、縦の高さを表現するときに土居桁より上の柱を指しているんです。ですから、「縦の高さ一丈」と書いてある場合、床下の寸法は無視している。下は「足」であって「柱」じゃない。正倉院文書の用語の使い方に倣うなら、土居桁で継ぐ私の復元案の場合、柱は土居桁から上だけ。藤澤さんのように柱を継がない場合、柱の全長にあたります。このあたりは土居桁で柱を継ぐか継がないかで意味が変わるので何ともいえません。

大社境内仏教化のはじまり

藤澤　井上寛司さんがご指摘されていたのですが、大社の場合、仏教色が永正度から初めて入る。それ以前は仏教的な建築は一切ないということなんですが、これは確実ですか。

目次　仏教色にもとづく建物があったという点で永正度からというのは間違いないといえます。ところが、「杵築大社旧記御遷宮次第」（鰐淵寺旧蔵文書）をみると、本願による造営がその前の二回、応仁と文明のころすでに行われているのが確認できますので、可能性としては十五世紀中ごろまで遡ってもよいと思います。造営の主体が守護や社家であっても、時代の流行というか、様相として仏教的な要素がどんどん入ってくるということは可能性としては否定はできないですね。ただし、その実態はわかりませんが。

『延享造営傳』と出雲大社の造替

藤澤　最後に西山さんの発表について質疑・討論をお願いします。

岡　出雲大社の近世を研究しておりますと、「正殿式」「仮殿式」の意味するところが何なのかということで悩んでしまいます。正殿式というと「本殿の高さ八丈以上」という定義があるようですが、実はそうとも限らない。たとえば一六五〇年代の正殿式遷宮の場合、本殿の高さは七丈しかありません。とすれば、正殿式と呼ぶ基準は何なのかなというところです。

西山　『延享造営傳』では、いわゆる「大社造」を正殿式と呼んでいます。冒頭の本殿の規模のところで社殿の記載に飛んでしまうのです。このあたりは常識とは違う用語の使い方をしているとしか考えられません。近世における「正殿造」というのは六間四方で高さ八丈なんですが、『延享造営傳』では明らかにぶれています。

浅川　出雲大社本殿にくらべて神魂神社本殿の木柄が太くなっていることを強調されましたが、神魂以前はもっと太かったと言われたいわけですか。

西山　というふうに思っています。限度はありますが。

岡　確認したいのですが、寛文度と延享度で床高が違うのですか。

西山　寛文度と延享度の本殿の高さはほぼ同じです。違うのは慶長度です。

岡　かつて川上貢さんが延享度の造替は瑞垣の中だけ移動して造り直されたと書いておられたと思うんですが、『延享造営傳』はそうではなくて、瑞垣の外でもかなりの建造物も替えられたと記載されているわけですね。

西山　そうです。瑞垣の外だけでも、素鵞社と東西の十九社については延享度の新造とみていいんじゃないかと。

岡　経費的にはこれまで思われていたよりずっと額が大きくなるわけですよね。

西山　たしかに経費はかかっていると思うんですけれども、地割はほとんど手をつけていませんし、寛文度にくらべるとずいぶん安くすんでいるでしょうね。大社としては、寛文度と同じようにすべて新しくしたかったのではないかとも思うのです。というのは、「白削り建て直し」という用語が頻出しまして、経費的に新造できないので「白削り建て直し」をして新造にみせようにしたということだと思うんです。経費はそこそこかかったでしょうが、寛文より節約させられたというふうにみています。その辺は逆に岡さんの方が詳しいんじゃないですか。

岡　津和野の亀井家の史料だったと思うのですが、松江藩から出した遷宮のための決算報告が残っています。文化度の造替でも「白木削り」という表現があって、いったん解体して、部材の表外だけカンナがけして、あたかも新材で組み上げたようにみせたのでしょうね。こうなると、微妙に直径が小さくなっていきます。延享でも、そういうやり方でやっているのでしょうね。

山野　本筋から離れるんですけど、『延享造営傳』をみると、入札で工事業者とか材木の納品業者が決まっているようですが、これについて延享度以前の史料はありませんでしょうか。

西山　そのへんは不勉強でよく知らないんですが。

和田　寛文度造替ではいろんな業者を雇っていたと考えていいと思います。

山野　なぜ、そのようなことをお尋ねしたかというと、『延享造営傳』がなぜ松江藩お抱え大工の山村家に伝来するのか知りたかったのと、それ以前に山村家に相当するような存在があったのかどうか知りたいわけです。

和田　『延享造営傳』については山村氏が書いたとはどこにも記してありませんし、誰が書いたかはっきりわからないところもあります。ただ、山村氏が『延享造営傳』をもっているということは松江藩とある程度かかわってるかなと判断してます。まだ具体的にはわかりませんが、祭りごとなど大工仕事以外のさまざまなことが書いてあって、単に宮大工が書いたと思われないところがあります。もう少し勉強してみる必要があるかなと思います。

藤澤　時間も過ぎてきました。みなさん、お疲れさまでした。

（二〇〇五年九月二十一日　於松江）

神社本殿の類型と修辞

清水　拓生

山（神体山）、森（杜）、大樹（神籬木）、井泉・滝（神の産湯）、巨石（岩座・石境）などを御神体として祀り、本殿のない神社が存在する。三輪山を神体山とする大神神社（奈良県）や御室ヶ嶽を神体山とする金鑚神社（埼玉県）などがその代表であり、『出雲國風土記』に記された三九九の「社」の多くも、おそらくは建築物を伴わない祭場であったろう（第十一章第二節）。しかし、青木遺跡の九本柱遺構群が示すように、『出雲國風土記』真撰の天平五年（七三三）よりも早く本殿らしき建築物を有する祭場も存在している。自然物を崇拝する本殿のない社から本殿を中心に置く神社への脱皮がどのように展開したのかを明示することはできないが、出雲地方の場合、「大社造」と呼ばれる独特な本殿の地方様式が卓越している。神社本殿の形式分類には諸説あるけれども、ここでは、第十一章第一節の類型化に従い、神社本殿の五大類型である「春日造」「住吉造」「大社造」「流造」「神明造」の特徴を整理しておく。その目的は各様式の概要説明ではあるけれども、倉庫や一般住宅が「神殿」に格式化されるにあたって、とくに重要な意味をもつ「庇」と「縁」に注目して解説したい。

一、倉庫系本殿

春日造

奈良県の春日大社本殿（**図1**）を代表とする。平面は、方一間の身舎《もや》の妻側正面に木階を覆う片流れの向拝がつく。身舎は丸柱、向拝は角柱で間面記法に倣うなら「一間一面妻入」と表現できる。妻側正面のみ庇をもつことによって、正面は入母屋造に近い外観を獲得している。派手に彩色された色彩と檜皮葺入母屋の反り屋根により、まるで小型の宮殿のような雅な印象を与える。高欄付の縁は、正面のみ取り付く。このように庇と縁の存在により、正面側の外観を宮殿風にみせるが、御神体を納める身舎は方一間の高床倉庫であり、その原型として

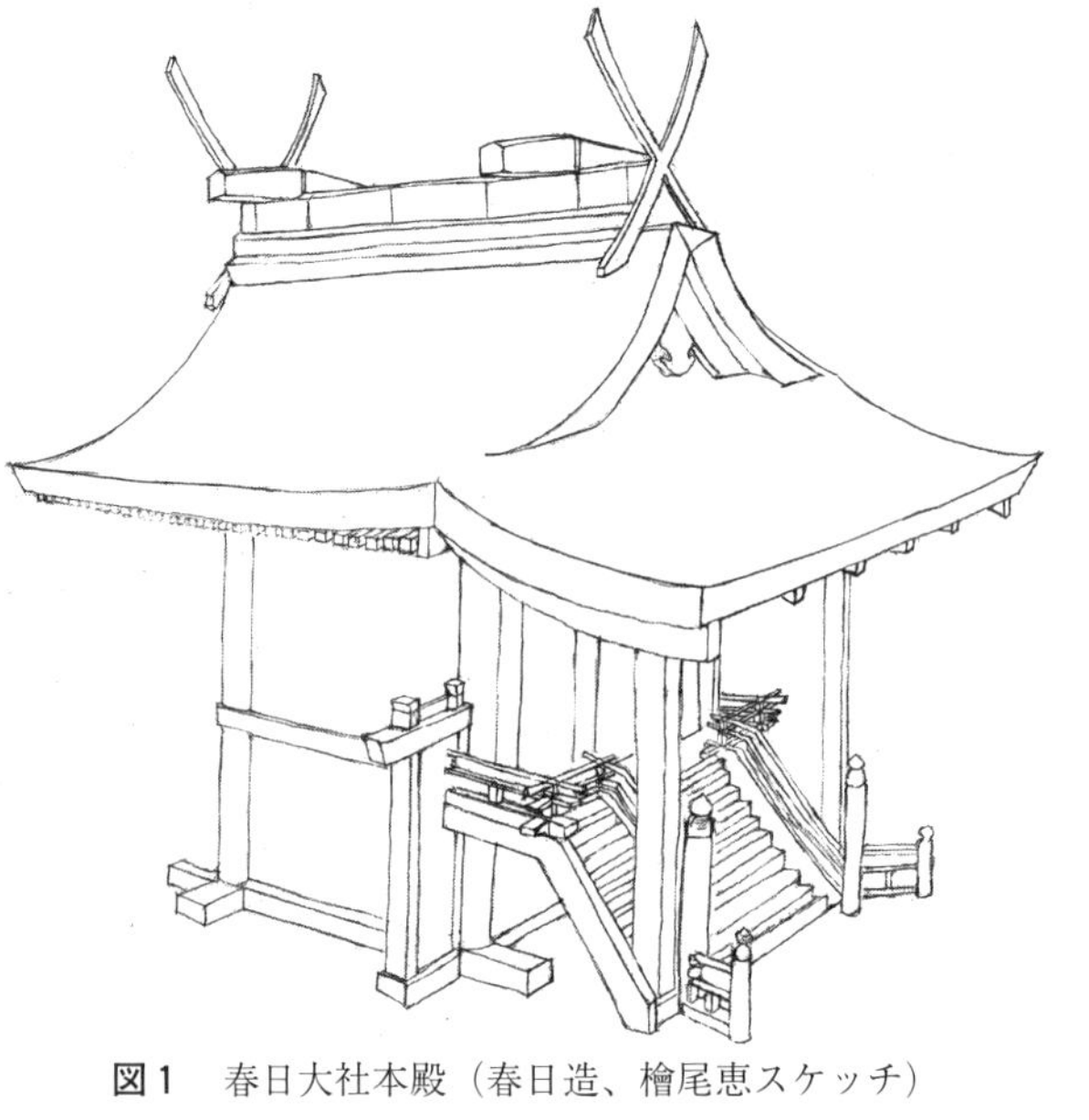

図1　春日大社本殿（春日造、檜尾恵スケッチ）

の姿を背面側によく留めている。基礎は土台建で、流造とともに小型に圧縮された可動式の神殿のようにみえる。春日造本殿最古の現存遺構は、奈良県の円成寺春日堂・白山堂（鎌倉時代初期）で、式年造替された春日大社本殿の旧社とも推定されているが、柱上に三斗系の組物を採用するなど仏教建築の影響を露骨に受けている。なお、近年、鳥取県三朝町の三仏寺納経堂の本体丸柱の最外層年代が一〇八二年と測定され、平安時代に遡る「春日造」の最古例であるとの報道があった。建築形式としてはたしかに春日造とよく似ているけれども、納経堂は神社本殿ではなく、千木も堅魚木も縁も付いていない。しかしながら、それが経典を納める方一間の高床倉庫である点は、春日造の起源を考えるうえで示唆的に富む。

図2　住吉大社本殿（住吉造、檜尾恵スケッチ）

住吉造

大阪府の住吉大社本殿（**図2**）を代表とする。桁行四間×梁間一間（背面は梁間二間）で、内部に間仕切りを設けて内外陣に分ける前後二室構成。切妻造妻入で、正面中央に入口を開いて木階を設ける。木階を覆う向拝はなく、また、四周に縁は一切ない。屋根は桧皮葺きで反りはない。主要部材には彩色が施されている。現在の住吉大社本殿は礎石建であるが、古くは掘立であった。前後二室の構成は大嘗宮正殿（主基殿・悠紀殿）や法隆寺伝法堂前身建物（古代貴族住宅脇殿）との類似性が指摘され、住宅系神殿の代表例のように扱われているが、大嘗宮正殿や伝法堂前身建物に特有な縁も露台も住吉造本殿には存在しない。外観をみる限り、住吉造の本殿もやはり倉庫を原型としているように思われる。すなわち、一間×二間の高床倉庫（**図3**）を二間×四間に拡大して内外陣を分けるが、「縁」も「庇」もなく、切妻造妻入型倉庫の面影をもっとも直截に残す神殿と解釈できるだろう。なお、遺構としての最古例は、福岡県に所在する住吉神社本殿（一六二三）である。

図3　妻木晩田遺跡SB-207（一間×二間）

大社造

出雲大社本殿（**図4**）に代表される。旧出

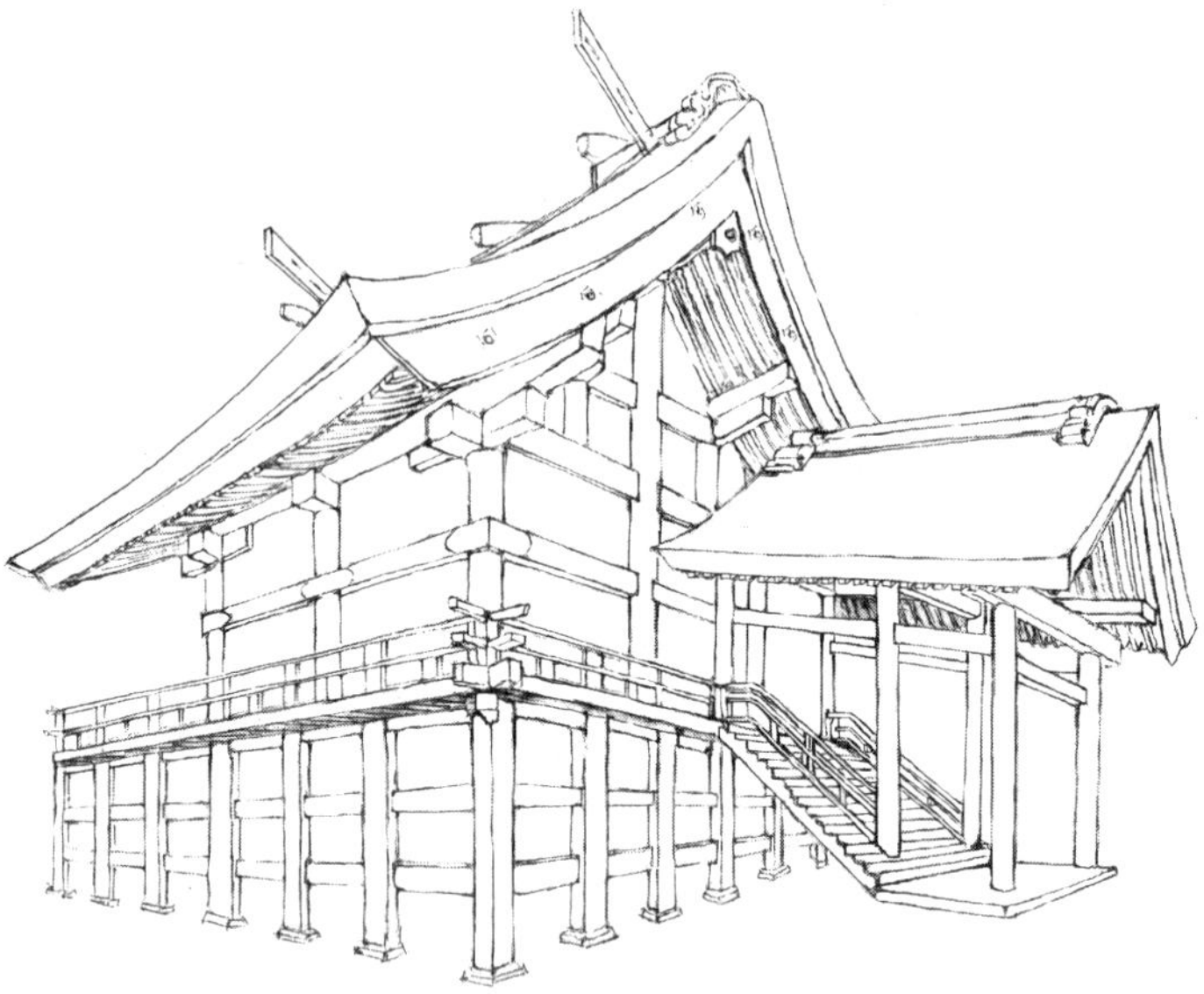

図4　出雲大社本殿（大社造、檜尾恵スケッチ）

雲国に集中分布している。方二間の檜皮葺切妻造妻入。壁は横板落込で、正面のみ板扉と蔀戸を設ける。四周に高欄付廻縁をめぐらせ、入口となる板扉の正面に木階と浜床を設けて、切妻造妻入の向拝で覆う。ただし、鎌倉初期の境内を描いたとされる「出雲大社并神郷図」の本殿に向拝の表現はない（省略の可能性あり）。両妻側に宇豆柱（棟持柱）を備え、神魂神社や真名井神社など古式の本殿では宇豆を前方にせり出している。中央の心御柱は他の柱とくらべてひとまわり径が大きく、大梁を支える。屋根には反りがみられる。延享度（一七四四）造替の現本殿は素木造であるが、慶長度造替以前は彩色が施されていた。基礎は二重基壇で礎石建である。

図5　賀茂御祖神社本殿（流造、檜尾恵スケッチ）

大社造本殿の最古例は、松江市の神魂神社（一五八三）で、出雲大社にくらべ規模は小さいが、全高に対する床高の比率が大きく、木柄が太い。また宇豆柱の出も顕著であり、これらの要素は大社造の古式を示すというのが定説である。大社造の原型については、コラム④でも述べているとおり、二間×二間の高床倉庫であり、四面に縁をめぐらせて宮殿風にみせているが、とくに背面の意匠は素朴であり、倉庫の面影をよく残している。

二、住宅系本殿

流造

賀茂別雷神社（上賀茂神社）・賀茂御祖神社（下鴨神社）の本殿（**図5**）に代表される。その分布は、春日造とともに全国に広がりをみせる。切妻造平入で、身舎の正面にのみ庇を設け、棟から反屋根を葺きおろして正面側を長くした「招き屋根」に特徴がある。また、高欄付の縁を四周に廻し、正面に木階が取り付く。賀茂別雷神社・賀茂御祖神社にみられる桁行三間×梁間二間の形式いわゆる「三間社流造」とともに、神社本殿の最古例とされる宇治上神社本殿（十一世紀中頃）の「一間社流造」が地方には非常に多い。古代建築の間面記法を用いれば、前者は「三間一面」、後者は「一間一面」の平入形式である。基礎は土台建。平入一面庇の掘立柱建物は平城京などの古代都城遺跡でごく一般的な住宅形式として知られている。三面庇や四面庇の建物は高位の住宅正殿であるのに対して、一面庇の建物は庶民的な住宅の正殿か、高位の住宅の脇殿に多用される。この点を重視するならば、「流造」本殿は都城の平入一面庇型住宅を高床化し、縮小して土台にのせた可動式の神殿といえよう。

図６　伊勢神宮外宮正殿（神明造、檜尾恵スケッチ）

三、祭殿系本殿

神明造

伊勢神宮系の社殿に特化される本殿様式。反りのない切妻造茅葺の平入形式で、素木造の掘立柱建物である。とくに伊勢神宮正殿（**図６**）の形式は、「唯一神明造」と呼ばれる。屋根は茅葺で、反りがないこと、また平面は桁行三間×梁間二間で、平側の中央間に入口を開いて木階を設け、四周に高欄付廻縁が取り付く。壁は横板落込。柱はすべて円柱で、両妻側には内転びの独立棟持柱、床下中央に心御柱を備える。また、基礎は掘立柱となっている。屋根には堅魚木が置かれ、破風板の先端が屋根を突き抜けて千木とする。また、宝珠や居玉など、装飾に仏教建築の影響が認められる。伊勢神宮は、現在でも二〇年ごとの式年造替を繰り返しているが、これらの様式は、延暦二三年（八〇四）の『皇大神宮儀式帳』により復元される本殿形式とほとんど変わっていない。神明造の最古例は、長野県大町市の仁科神明宮本殿（一六三六）である。伊勢神宮は御厨（神宮領）を各地に設けたが、古い社殿を残すのは仁科神明宮だけであり、礎石建・檜皮葺に変わる以外、よく古式を残している。神明造本殿と共通する独立棟持柱付高床建築は弥生時代に発生し、古墳時代にも受け継がれていく。それらの機能については不詳ながら、祭祀系施設とみる意見があり、少なくとも建築的には歴史時代の神明造本殿との系譜関係を否定するのは難しいだろう。注目したいのは、もっとも古式の神社本殿とされる神明造本殿にあっても、「縁」をつけて宮殿風にみせる配慮を欠いていないことである。

第四部　特論と結論

第十章　特　論

第一節　韓国における掘立柱建物の出現

上楽善通

一、はじめに

韓国における先史時代の住居跡研究は新石器時代の竪穴住居建築の考察にはじまったとしてよいだろう。それは、一九六〇年以後のソウル郊外にある岩寺洞遺跡の発掘調査により、櫛目文土器を伴う良好な集落跡がみつかったことにある。その後、松菊里遺跡や美沙里遺跡などの青銅器時代の無文土器を伴う集落が発掘されるようになったが、竪穴建物の出土が主流で掘立柱建物はほとんど注意されることはなかった。

しかし、一九九〇年以降、無文土器時代の集落跡の発掘件数が増えるにつれ、掘立柱建物の出土例も各地で増え続けている。いまのところ韓国での掘立柱建物の出現は無文土器時代の前期にはじまり、櫛目文土器時代にはまだないとみられている。しかも建物の柱間寸法が二メートル前後以下で、建物の平面規模も小さいものがほとんどであったが、一九九七年以降に慶南泗川市の梨琴洞遺跡で一〇〇平方メートルを越える長大な掘立柱建物がみつかり、掘立柱建物に関する研究が見直され、整理されつつある(1)(2)。これらを参考にしながら韓国における掘立柱建物の紹介をしようと思う（図1）。

韓国では一般に竪穴式の建物に対して掘立柱建物という名称

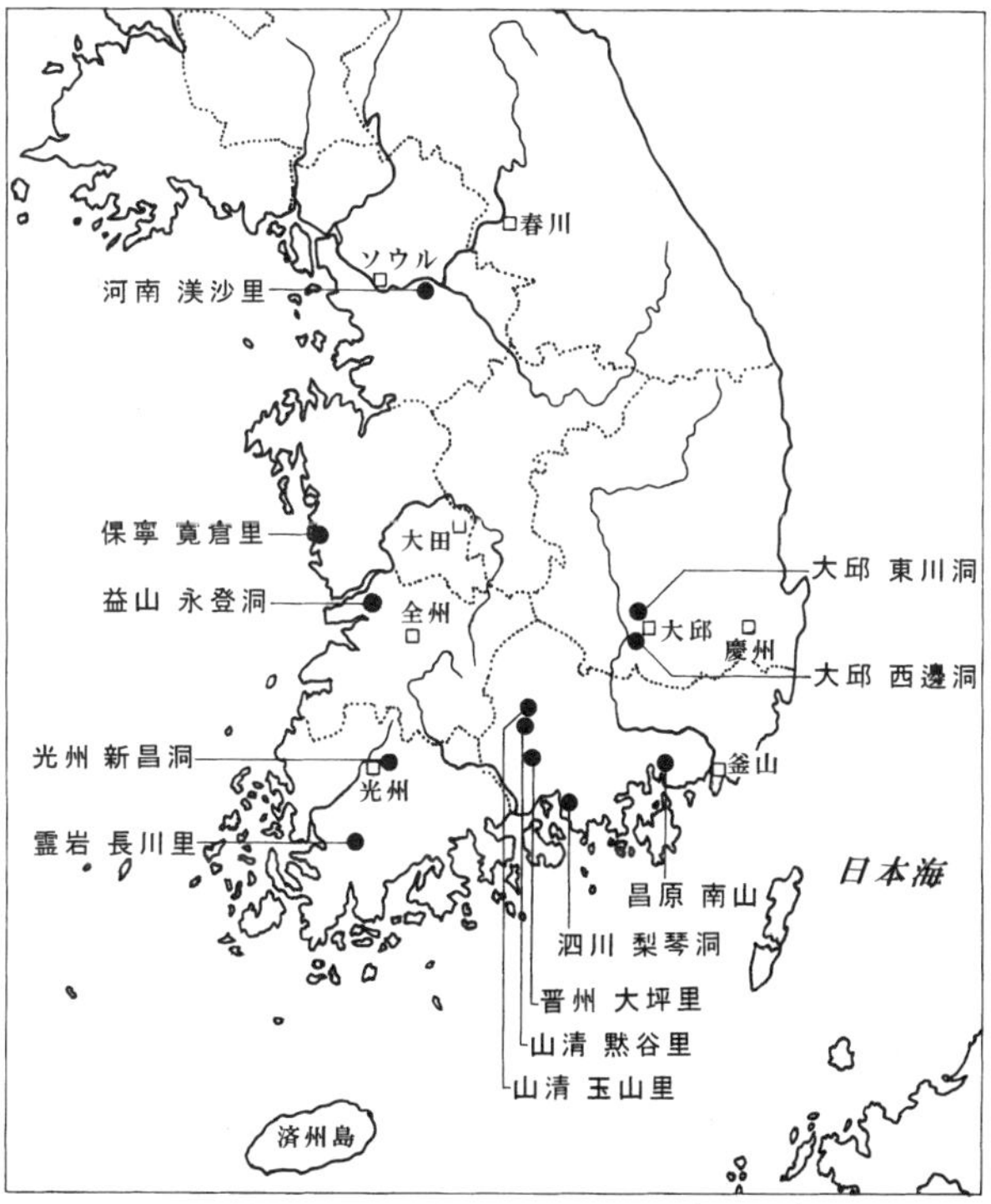

図1　韓国における掘立柱建物関連遺跡分布図

は使わず、地面を掘り込まずに建物の床を地表面に置くか、または床を地面よりも高い位置に置くものを地上式建物と呼んでいる。そして、この地上式建物を二分して、床を地表面に置くものを地面式または地床式とし、床を地面より高く離したものを高床式としている。しかし、この区分はわが国での遺構確認の場合と同様に、地面式は土間床や炉の存在などを発掘で確認し難い面があるとしている。いまのところ無文土器時代の集落からは地面式建物は確認できてないという。

二、無文土器時代前期の掘立柱建物

1 **渼沙里遺跡**[3][4]（京畿道河南市）

ソウルから漢江を約二五キロ遡った川沿い沖積地にあり、無文土器時代を代表する有名な農耕遺跡である。ここでは無文土器時代前期の掘立柱建物が一棟だけ確認されており、二間×三間（梁間一・九四メートル、二メートル×桁行二メートル前後）で二四平方メートル強という小規模なものである。渼沙里では原三国時代の掘立柱建物も二三棟みつかっている。これらにも若干の年代差があるが、一間×三間のものが多く、ほかに一間×一間、一間×二間、二間×二間、二間×三間のものがある。二間×三間の建物では総柱のものがあるが、二間×二間のものでは中央柱があるものはない。これらもいずれも小規模な建物である。

2 **西邊洞遺跡**[5]（大邱市）

無文土器時代前期の集落で竪穴住居四八棟と掘立柱建物が三棟ある。掘立柱建物は、長方形竪穴建物群域から一間×五間と一間×一間が並んで二棟みつかり、松菊里型竪穴住居群域から二間×四間で内部に間仕切りのある建物一棟がみつかっている。これらはすべて柱間寸法が二メートル前後以下の小規模なものである。

三、無文土器時代中～後期の掘立柱建物

1 **寛倉里遺跡**[6]（忠清南道保寧市）

平野を望む低丘陵上にあり、松菊里型の竪穴住居跡約一〇〇棟や周溝墓が発掘されている大集落で、四ヵ所に分かれて計二～四棟ずつ計一二棟ほどの掘立柱建物がみつかっている。他にたくさんの柱穴が分布しているので四〇棟くらいの建物があったと推定されている。二間×四間の建物で両棟持柱が外部へ独立したものが一棟あるほか、径約七メートルの円形平面の高床建物もあるという。いずれの建物も規模は小さいものである。

2 **永登洞遺跡**[7]（全羅北道益山市）

松菊里型竪穴住居一六棟を含む計二四棟の竪穴住居からなる低丘陵上の集落跡である。五棟の掘立柱建物が出土しており、四棟が高床式建物で、一棟が地上式建物で

ある。前者の方が規模が大きい。当遺跡からは無文土器時代前期の大型の長方形竪穴住居がみつかっており、その平面規模は一七・九メートル×七・八メートルあり、国内で最大級の大きさである。

3 長川里遺跡(8)（全羅南道霊岩邑）

竪穴住居一一棟に対して掘立柱建物が一棟発掘されており、三間×一間で面積は一一平方メートルで規模は小さい。

4 玉山里遺跡(9)（慶尚南道山清邑）

川辺の沖積地に位置する集落跡で、松菊里型竪穴建物に混じって二間×二間の規模の小さい掘立柱建物が多数発掘されている。竪穴とは重複しない。

5 黙谷里遺跡(10)（慶尚南道山清邑）

玉山里遺跡の南三・五キロ離れた沖積地にある集落跡で、松菊里型竪穴建物群の中央に九棟の掘立柱建物がある。平面規模は二間×一間が基本で高床の倉庫と考えられている。

6 大坪里遺跡(11)（慶尚南道晋州市）

晋州市の北方にあり、南江ダム建設に伴う発掘で無文土器時代の畑や農耕の跡がひろい範囲でみつかり、また環濠で囲まれた同時代の集落跡も確認されて有名になった。掘立柱建物は玉房一地区から七棟の高床式建物が松菊里型竪穴建物とともに発掘されている。

7 梨琴洞遺跡(1)（慶尚南道泗川市）

泗川湾沿岸より約一キロ入った丘陵の南側緩斜面にあり、支石墓を主とした無文土器時代の遺跡で、一九九七〜一九九九年に慶南考古学研究所が発掘調査した。

梨琴洞遺跡では約五万二〇〇〇平方メートルにわたる発掘地内から、無文土器時代の円形竪穴建物二二棟と掘立柱建物が二三棟がみつかり、これらの集落の南に接して土壙墓と石棺墓・支石墓などからなる墓地がひろがっていることが明らかとなっている。

集落と墓地の間にはほぼ平行する二棟の長大な大型掘立柱建物があり、この北側にはさらに南北に分かれて、ともに竪穴住居と掘立柱建物からなる住居域Ⅰ・Ⅱが空地を挟んで存在している（**図2**）。

住居域Ⅰには掘立柱建物一二棟があり、住居域Ⅱには八棟があって、後者は住居域がまだ西北部の未発掘地へひろがるとみられている。これらの掘立柱建物は一間×一間、二間×一間、三間×一間のものが大半で、各柱間寸法も二メートル前後という小規模なものである。他に各一棟だけが、四間×一間、六間×一間、八間×一間、二間×一〇間の建物があるが、規模は小さい。総柱の建物はない。

これらの建物は互いに重複するものがないから、ほぼ同一時期に建っていたものとしてよいとみられるが、建物の主軸方向は一致するものとそうでないものがあるようである。

二棟の大型掘立柱建物については後述する。

8 南山遺跡[12]（慶尚南道昌原市）

標高一〇〇メートル前後の独立丘陵上にある環濠をもった集落跡で、竪穴建物は丘の斜面にあって、その頂部には望楼と推定されている一間×一間の高床式建物がある。柱掘形は径八〇センチで、柱痕は径三〇センチあって太い。

9 東川洞遺跡[13]（大邱市）

八渓川の東方に開けた沖積平野にある集落跡で、発掘された六〇棟の竪穴建物のうち四七棟が松菊里型住居である。高床式建物は二〇棟あり、平面規模が一間×一間、一間×二間、二間×二間の小規模なものが一一棟で、一〇間×二間のものが最大で約三〇平方メートルである。これらの掘立柱建物は竪穴建物と重複するものは少な

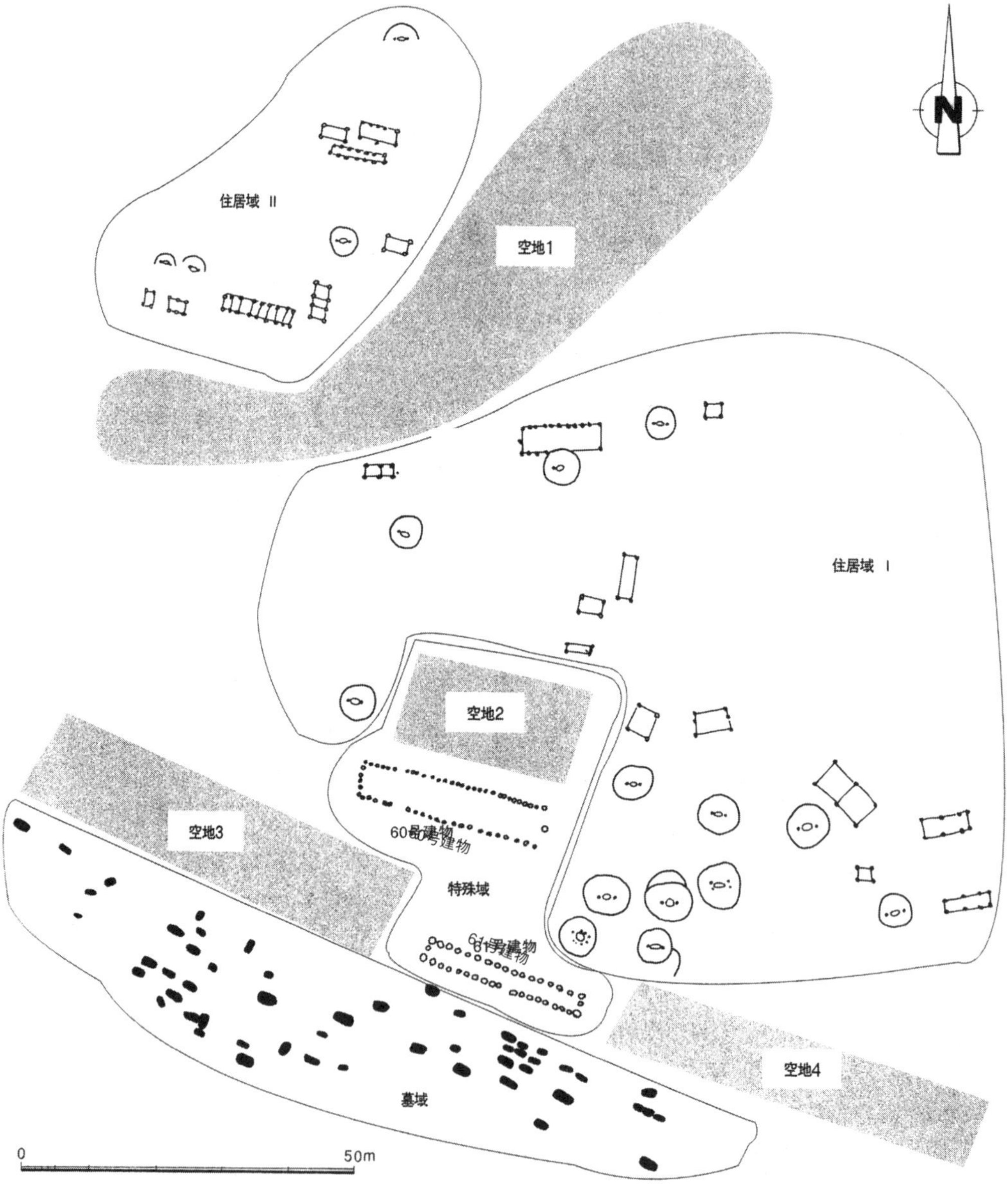

図2 梨琴洞遺跡集落の遺構配置図

く、両者は同時併存していたとみられる。掘立柱建物どうしは重複するものがあって、二時期あるようだ。

四、梨琴洞遺跡の大型掘立柱建物

この集落跡の住居域と南方にある墓域との間に二棟の長大な掘立柱建物がほぼ東西に平行して存在する。この二棟の建物の棟方向は東西方向よりも東で南へ少し偏った方位をとっている。

北側にあるものを六〇号建物、南側にあるものを六一号建物と呼んでいる。両建物の棟通り間の距離は、六一号建物の西妻延長部で約二一メートル余である。この二棟の建物はいまのところ韓国でみつかっている無文土器時代の最大規模のものである[14]（**図3**）。

1　60号建物

桁行二九メートル×梁間六メートル、面積一七四平方メートルで、側柱は径三〇センチほどの円形掘形中に径約二〇センチの柱を二〇～四〇センチ間隔で立て並べた構造で、壁は土壁または草壁であったと推定されている。中央棟通りには二～三メートル間隔で大きな柱が深く立てられ、棟木を支えていたと考えられている。各柱穴に補修の痕がある。棟通りの西端近くの柱穴からは赤色磨研小壺と鉢が埋納されていた。これと重複して中央部には五間×三間の建物があって、こちらの方が先に建って

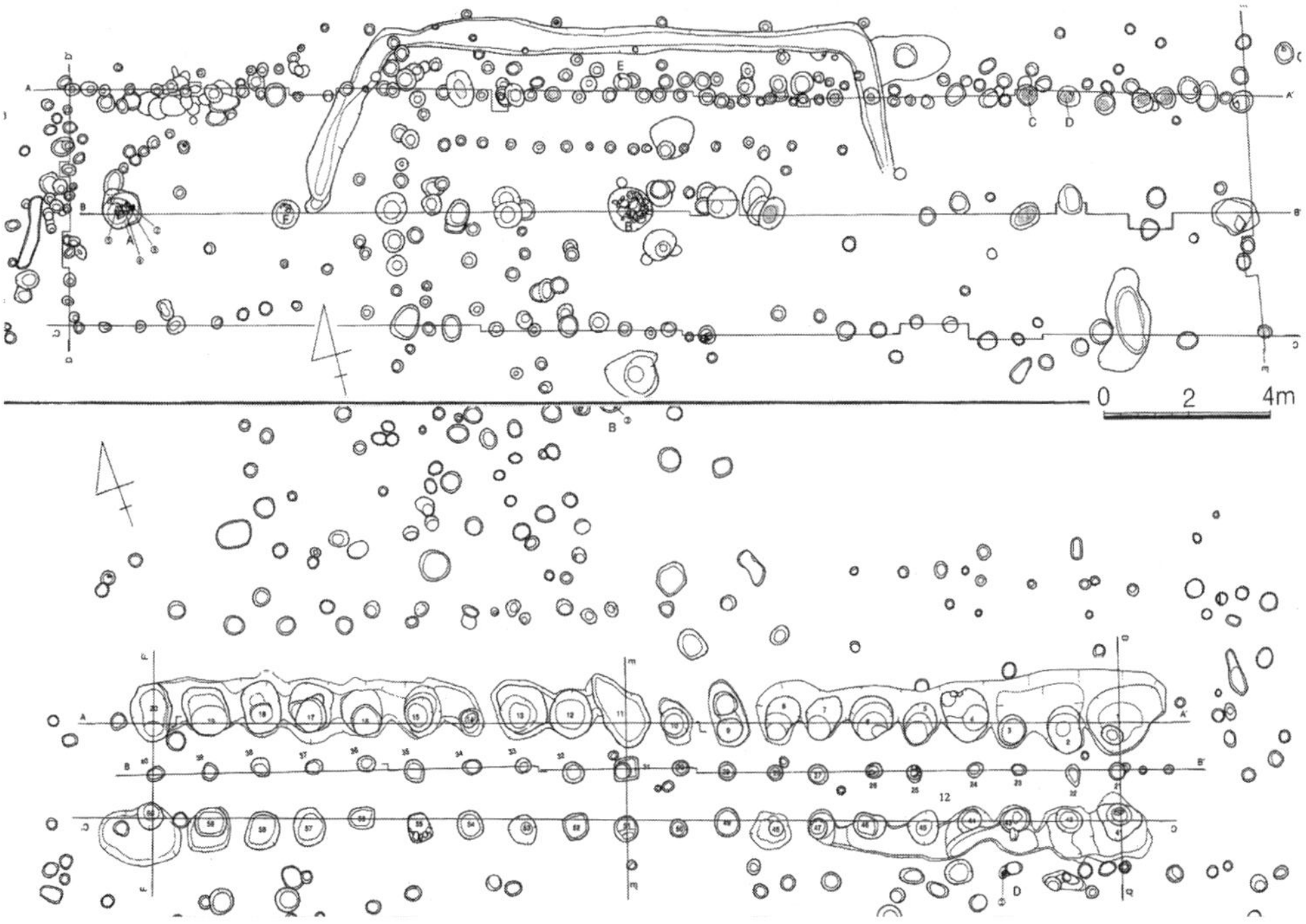

図3　梨琴洞遺跡60号（上）・61号（下）建物遺構図

いたもので、のちにこれを利用しながら東西に拡張して二九メートルの建物にしたと解釈している。この前身中央建物は桁行一一メートル、梁間四・五メートルで各柱穴は小さく、北から二列目の柱筋には小穴が並んでいる。この建物の北側には東西方向の小溝があって、両端で建物に沿って曲がっており建物と何らかの関係があるとみられている（**図4**の上）。

2　61号建物

桁行一九間（二六メートル）×梁間二間（五メートル）、面積一三〇平方メートルで、北側柱列はとくに大きな掘形（径一～一・五メートル）をもち、柱痕跡が径四五～六〇センチもあるが中央棟通りの柱穴は小さく束柱用であるとみている。その中央柱だけが方形の掘形をもっており、若干深い。建物中央の北側には馬蹄形状に円弧を描いて並んだ小柱穴群があって、ここが建物への入口の階段がつくのだろうと考えている。また、建物の周囲を取り囲むように小穴列があって、図に薄墨で塗りつぶした範囲に高床の縁が取りつくと考えられている（**図4**の下）。小穴の配列

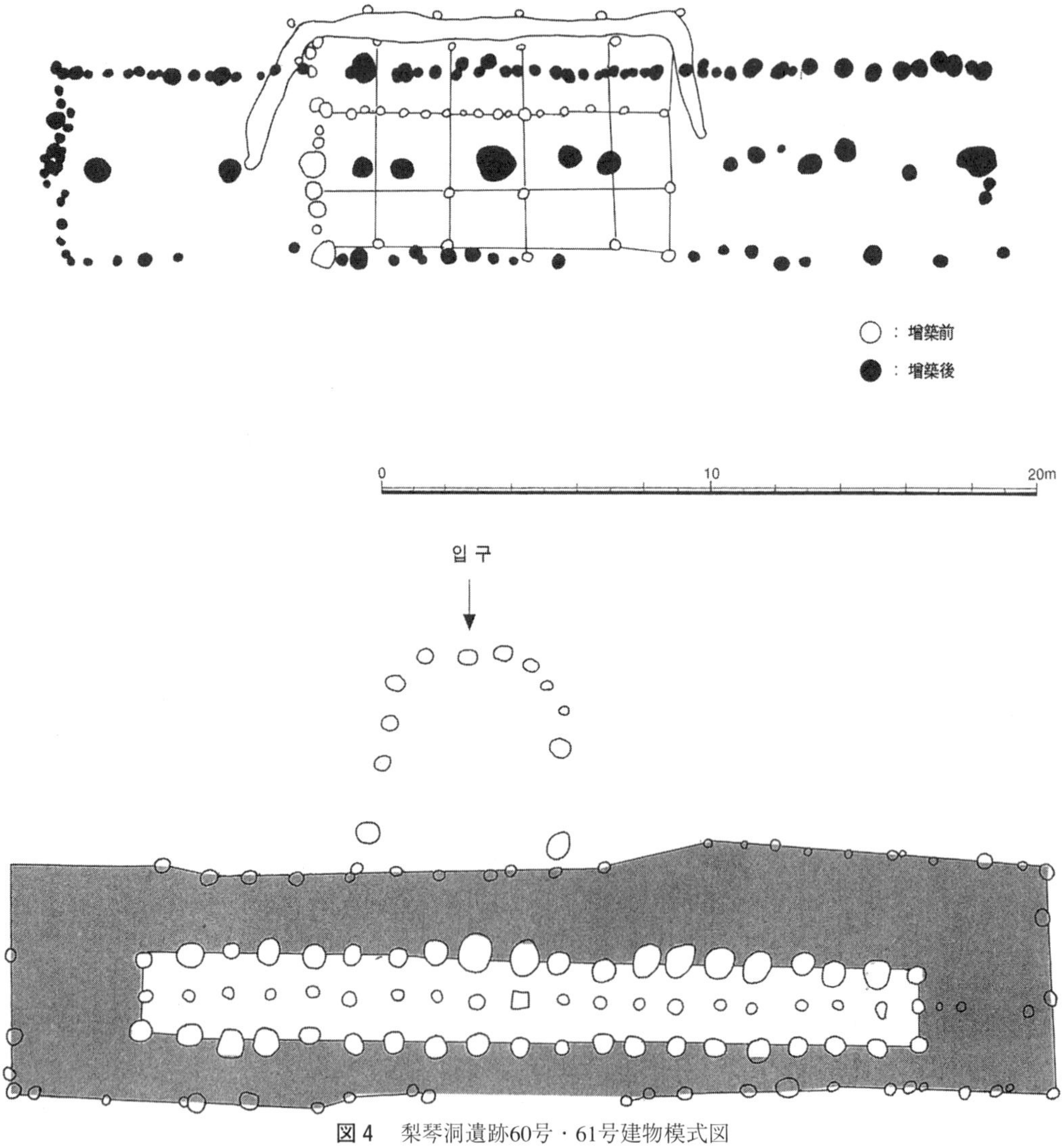

図4　梨琴洞遺跡60号・61号建物模式図

が直線的でないことや、その規模からみて縁とするよりも建物を取り囲む柵があったとみた方がよさそうである。報告者の趙賢庭氏は60号建物は集会所としての機能をもったものだろうとし、61号建物はすぐ背後に墓域があることから、何らかの祭祀を行うための建物だったのだろうと推定している。

五、紀元前二～一世紀の扉板の実例

光州市郊外にある無文土器時代後期の集落跡である新昌洞遺跡は、集落や墓地を含む広域に及ぶ遺跡で、一九九五年以来数度にわたって発掘された。低地からは稲籾が厚さ三〇センチ余も堆積している層が確認されて、そこから多数の容器や農具類の木製品とともに扉板が出土している。この扉板は長さ一〇八・五センチ、幅三七・二センチ、厚さ七・五センチあり、欅材を加工したもので、表面中央に閂を貫通させるための縦長の大きな突起を作り出し、その中央に閂用の方孔(一辺約六メートル)を水平位に開けている（**図5**）。この所属年代は紀元前二～一世紀である。この扉板の作りはわが国の弥生時代後期～古墳時代に用いられた扉板とまったく共通するものであり、そのルーツが半島にあることを想起させ、また、これを使用する建物の構造も近似するものだったことを物語っていよう。年代は下がるが韓国で出土した四～五世紀の家形土器六例を参考品としてあげた（**図6**）。

六、まとめ

韓国における掘立柱建物は青銅器文化の早い頃、すなわち無文土器時代の早期からはじまった。おそらく紀元前一千年～前五世紀ごろだろう。しかし、それらの掘立

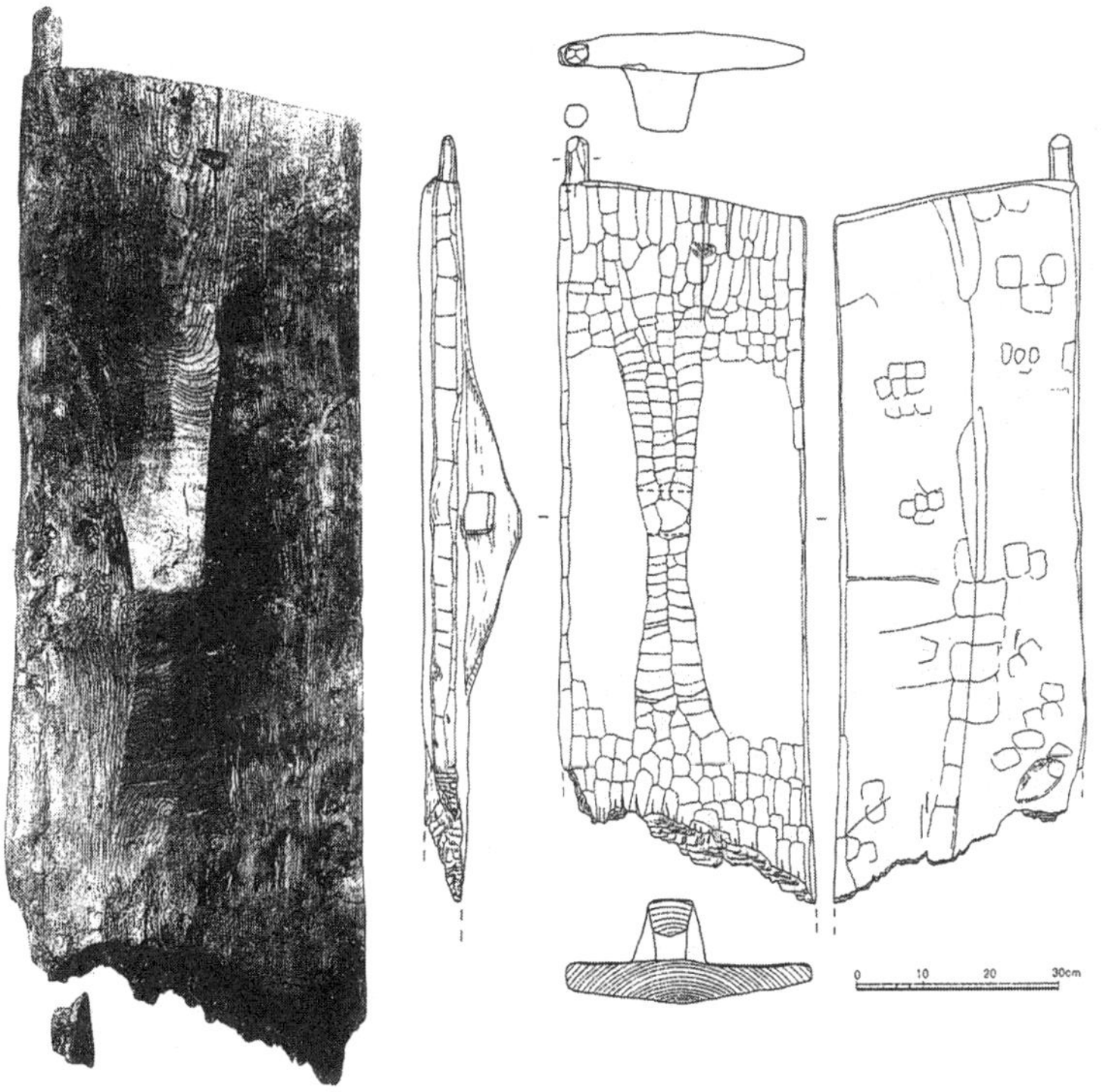

図5　光州市新昌洞遺跡出土の扉板

柱建物は、柱掘形穴の形状が方形で定形化したものではなく、また柱間寸法および建物の平面規模がきわめて小さいものばかりで、わが国で弥生時代以降に一般的にみられるものとずいぶん差がある。この様相は次の原三国時代になっても変わることなく、三国時代に入って寺院建築が造営されるようになっても同様な状況であったようである。このたび管見に触れたもののみの判断であるので、地方によっての地域色があるのかもしれない。

そして、このような小規模掘立柱建物は、各時代を通じて、主として竪穴住居で構成される集落の中で、あくまでも付属的な存在であり、主要建物にはなりえなかったようである。一間×一間、二間×二間などの規模を有する倉庫とみられる建物も大型化する傾向はなさそうである。掘立柱建物建造に対する建材の良否や思考に何らかの原因があるのであろうと思われる。しかし、いまのところ一例であるが、梨琴洞遺跡の大型掘立柱建物が存在するので、系譜とその後の動向に注意したい。

〔付記〕

脱稿後、韓国南部の伽倻地方の中心部である咸安で、二〇〇四年に三国時代（四～五世紀）の長軸四四メートル、短径約一五メートルもある韓国最大の長楕円形の建物跡が発掘されていたことを知った。この建物跡は長軸方向の中央に六本の棟持柱穴が並び、地表面を床とする掘立柱建物と理解されているようである。

図6　朝鮮半島出土家形土器（5のみ平壌出土、他は韓国出土。1～5は5世紀、6は6～7世紀）

韓国では伽倻の中心地でさえ、四～五世紀にもこのような大型建物が伝統的に存続していることを考えると、日本にあるような掘立柱建物は後世に至るまで造られなかったとみてよいだろう。

最近では日本と韓国の双方で「日韓集落研究会」が結成され、二〇〇九年秋には第五回が開催されている。このような場で、集落内における掘立柱建物の存在などの討議がされ、掘立柱建物の名称も共通用語として使われている。

註および参考文献

（1）　社団法人慶南考古学研究所編『泗川　梨琴洞遺蹟』二〇〇三。

(2) 裵徳煥「先史・古代の地上式建物」財団法人東亜文化研究院『東亜文化』創刊号、二〇〇五。
(3) 崇實大学校発掘調査団編『渼沙里』第三巻、一九九四。
(4) 高麗大学校発掘調査団編『渼沙里』第五巻、一九九四。
(5) 財団法人嶺南文化財研究院『大邱 西邊洞聚落遺蹟』二〇〇二。
(6) 高麗大学校埋蔵文化財研究所編『寛倉里遺蹟』二〇〇一。
(7) 圓光大学校馬韓・百済文化研究所編『益山 永登洞遺蹟』二〇〇〇。
(8) 木浦大学校博物館編『霊巌 長川里 住居址Ⅱ』一九八六。
(9) 慶尚大学校博物館編『山清 玉山里遺蹟—木槨墓—』二〇〇二。
(10) 慶南大学校博物館『山清 默谷里遺跡』一九九六。
(11) 社団法人慶南考古学研究所編『晋州 大坪 玉房 1・9地区無文時代集落』二〇〇二。
(12) 昌原大学校博物館編『昌原の先史・古代集落』一九九八。
(13) 財団法人嶺南文化財研究院『大邱 東川洞聚落遺蹟』二〇〇二。
(14) 趙賢庭「梨琴洞遺蹟の地上式建物について」『泗川 梨琴洞遺蹟』二〇〇三。
(15) 国立中央博物館編『韓国古代土器』特別展図録、一九九七。
(16) 社団法人慶南考古学研究所『泗川 徳谷里遺蹟(1)—丘陵—』二〇〇六。

第二節　青谷上寺地遺跡出土の建築部材

茶谷　満

一、はじめに

青谷上寺地遺跡は、鳥取県東部の鳥取市青谷町に所在する弥生時代から古墳時代前期にかけて隆盛した集落遺跡である。本遺跡の特徴は、膨大な遺物出土量とその多様性、良好な保存状態にあり、弥生人の脳の発見のほか、華麗な装飾をもつ木製容器やかごなど多くの話題を提供し、「地下の弥生博物館」と呼ばれている。

現在、鳥取県埋蔵文化財センターでは青谷上寺地遺跡の多種多様な出土遺物のうち、木製品の調査研究に力を入れており、その中でも膨大な出土量を占める「建築部材」の整理作業を進めている。現在の作業は、情報の普及や活用を目的とした「青谷上寺地遺跡出土建築部材データベース」の構築であるが、建築部材は転用品なども合わせておよそ七〇〇〇点にものぼり、これら大量の情報を一括して公開・活用に結びつけるには時間・費用などの面で難しい。そのため段階的に部分公開し、また随時更新することによって整理作業で確認された新知見を速やかに公表できるシステム作りを行っている。

本稿では、青谷上寺地遺跡から出土した建築部材の概観を述べるとともに、データベース構築の作業中に得られた新たな知見に触れ、青谷上寺地遺跡出土建築部材の特性について予察を行いたいと思う。

二、青谷上寺地遺跡の概要

青谷上寺地遺跡は、現海岸線から南へおよそ一キロ離れた平野部に位置する（**写真1**）。平野の東側を流れる日置川と西側を流れる勝部川は、平野の最北部で合流して日本海に注いでいる。縄文期には入江であったこの平野は、砂州

写真1　青谷上寺地遺跡周辺の地形

の発達によって日本海と遮断され、弥生時代には潟湖へと変化し、弥生時代前期末から中期前葉にはその潟湖西岸に集落が形成されたと考えられている。この時期にはすでに建物群が溝によって仕切られ、溝の方向がいずれも同じ向きであるなど、集落の形成に計画性があったことがわかっている（**図1**）。また、集落の形成当初から土坑やピットなどの遺構や遺物が集中するエリア（以下、中心域という）が存在し、中心域南西部には水田域が形成されていたことが確認されている。

弥生時代中期後葉には、この中心域が大きく変容し、中心域の東側への拡張や、板材と杭を用いて護岸された溝によって、周囲の潟湖や水田域などの低地と区画されていった。弥生時代後期に至ると、中心域とその周辺の差はさらに明確となり、径二百メートルの中心域は最大幅一〇メートルの、多数の矢板が打ち込まれた溝に囲まれる（**図2**）。この中心域東側の溝（ＳＤ38）の一画からは大量の人骨（約一〇〇体分）が出土し、脳を内部に残す頭蓋骨三点や殺傷痕のある人骨約一一〇点が含まれていた。この殺傷痕人骨の最小個体数は一〇体分であり、年齢性別構成には老若男女が含まれていたことが明らかとなっている。

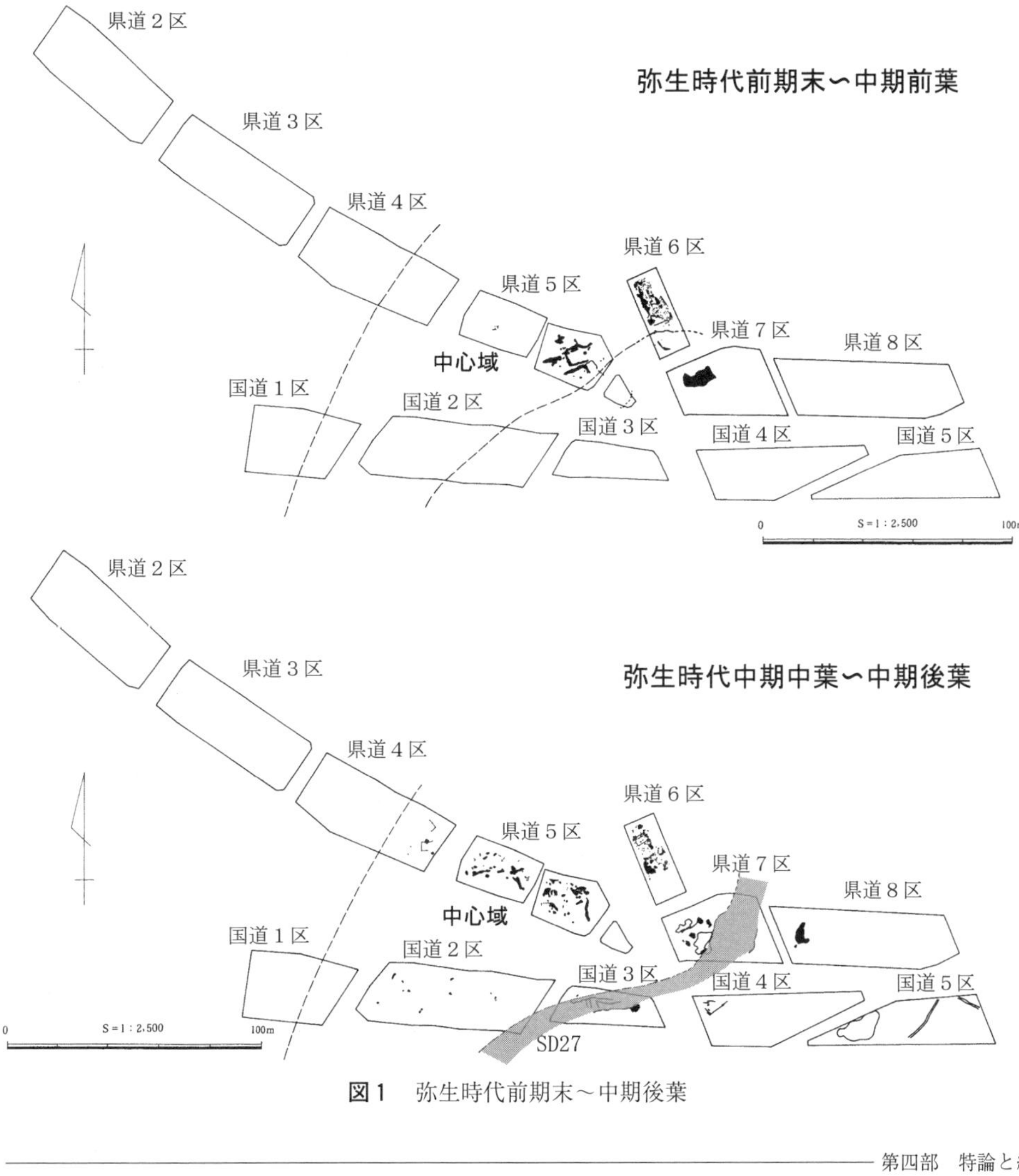

図１　弥生時代前期末～中期後葉

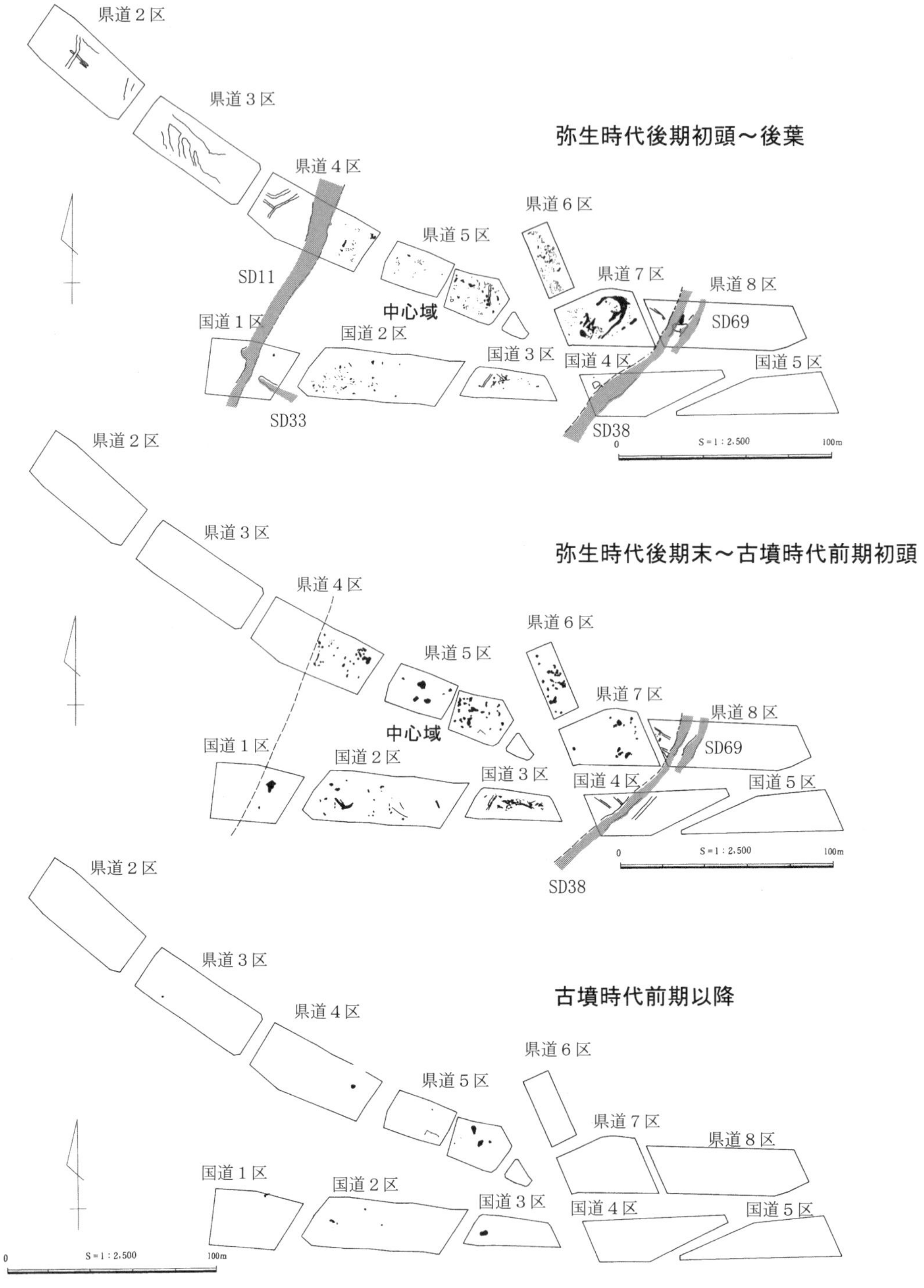

図２　弥生時代後期初頭～古墳時代前期以降

青谷上寺地遺跡の中心域の様相は、これまでのところ竪穴建物跡は確認されていないが、掘立柱建物跡は八棟確認されている。また、護岸施設として転用されている建築部材や柱根を残す遺構、低湿地という環境を考慮すると、さらに数棟の建物が存在した可能性は高い。

このほか、「もの作り」を支える当時の最新技術であった「鉄器」を積極的に導入し、木製品や骨角器などの未製品や素材、加工具などが出土することから「工房域」と考えられるエリアの存在や、卜骨や木製祭祀具などが出土する祭祀にかかわるエリアの存在などが想定できる。

出土遺物の中には各地との交易を示すものが多数あり、鋳造鉄斧や有肩鉄斧、素環頭刀子、貨泉、鏡片、ガラス小玉など朝鮮半島や中国産と考えられるものや、ヒスイや碧玉、サヌカイトの原石など国内で産地が限定されるものが出土している。また、丸木舟や櫂、骨角製ヤスなどの大量の漁撈具の出土および潟湖に面する立地環境を考慮すると港湾施設の存在が推定でき、青谷上寺地遺跡は環日本海地域をはじめとする各地との交流を積極的に行っていたと考えられる。

三、建築部材の出土状況

青谷上寺地遺跡からは、前述のように建築部材および建築部材からの転用品と、建築部材の可能性のある用途不明品合わせて約七〇〇〇点が出土している。建築部材のほとんどは中心域縁辺に存在する溝から出土しており、大半は護岸などの木造構造物として転用されたものと考えられる。杭と板の組み合わせや列状に打ち込んだ矢板は溝側壁の崩落を防ぐ土留めであり、木材を集積したものは構築物の「芯」と想定される。

こうした大型の建築部材などを転用したと考えられる木造構造物は、弥生時代中期後葉あたりから認められはじめ、遺跡中心域東側と南側を走るSD27で確認できる。ここで確認できた木造構造物はSD27と同じ主軸方向に築かれていることや、溝に水が流れていた痕跡が認められることから、中心域を河川の影響から守るために造られたものと考えられる（**図3**）。

弥生時代後期には、中心域

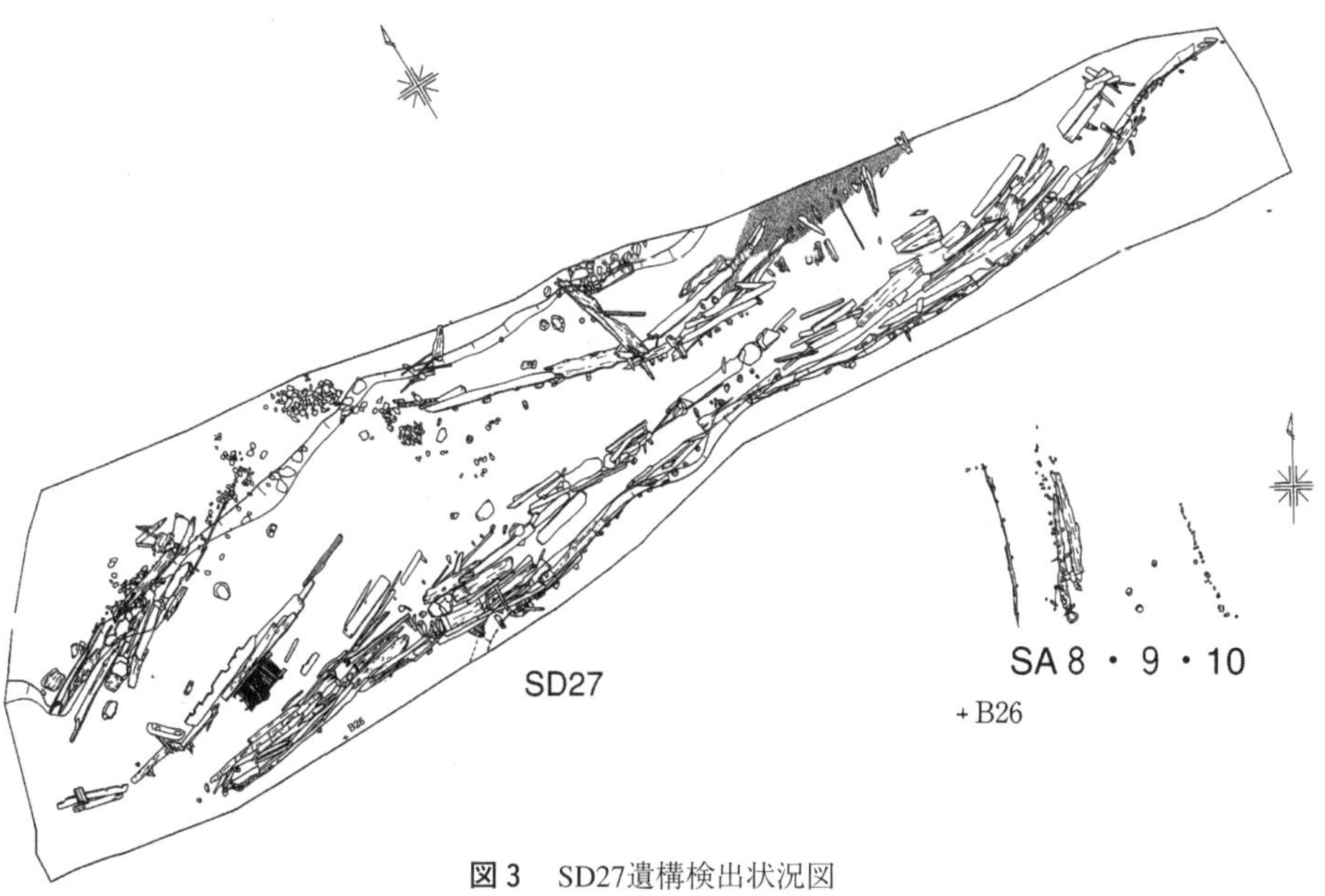

図3　SD27遺構検出状況図

周囲の護岸施設を伴う溝が東・西・南側で確認でき、中でも中心域東側のＳＤ38は埋没後も中心域の外側に土塁（ＳＤ69）をめぐらせて、中心域を保護していた状況が確認されている。この時期には自然災害から中心域を守るという目的のほか、中心域を区画する目的にも木造構造物を築いており、その根拠としてＳＤ33には護岸として用を成さない小型の矢板列が検出されている（**写真2**）。

四、青谷上寺地遺跡出土建築部材の特性

先述したように、青谷上寺地遺跡で出土した建築部材は膨大な量でかつ保存状態も良好なことから、多大な情報の取得が期待できる。構造や接合技術、加工技術などさまざまな角度からの検証を可能とするために、青谷上寺地遺跡出土の建築部材を整理するにあたり、以下の属性項目を設定してデータベースの構築を行っている。

①建築部材分類……建物部位による分類と細目
②木取り……断面形状と木取り
③樹種……針葉樹、広葉樹の大別と個々の樹種
④継手・仕口……継手・仕口の大別と個々の細目
⑤表面加工……手斧などによる木材表面の加工痕を分類
⑥転用……建築部材からの転用の情報
⑦年輪情報……三センチあたりの年輪本数を計測
⑧法量……基本的な長×幅×厚のほか、仕口等の寸法
⑨備考……風化の度合や年輪年代測定、線刻などの情報

以上九つの項目に沿って、現段階における青谷上寺地遺跡出土建築部材の特性について、事例にも触れながら述べていきたい。

1　建築部材分類

建築部材の分類項目として、まず柱材、水平構造材、床材、壁材など建築の各部ごとに大分類し、さらにそれを細分類した（**表1**）。この分類細目は青谷上寺地遺跡出土建築部材を分類した結果ではなく、存在の有無を含めて今後の整理作業における指針を示したものであり、他の遺跡での応用にも対応できるよう意図している。とくに気をつけなければならないのは、建築材から建築材への転用であり、古民家などでは建築材を再利用している事例があることから、弥生時代においての建築材→建築材への転用（再利用）の状況は十分予想でき、この分類の統計結果がただちに建築物の棟数などに適用できるとは限らないだろう。

写真2　SD33遺構検出状況

今回の整理作業において、柱の中で特殊なタイプのものが一点確認できた（**図4**）。全長は七二四センチ、直径一七センチの長大な柱であり、上部には二ヵ所の貫孔が加工されている。二ヵ所の孔の方向は九〇度で交わっており、高床式の建築物が想定できる。仮にこの柱が地面に埋まっている深さを二メートルとすると五メートル以上の高さとなり、しかも上部は欠損しているため、本来の形状であればさらに高くなると考えられる。表面には十分に発達した「節」が随所にみられるため、比較的日当たりのよい高さに成長していたものと考えられる。おそらく数十メートルはあったであろうスギの先端に近い部分ではないだろうか。節の多い建築部材は上等な材とは言えないが、こうして利用される例をみれば、一本の木を余すところなく利用する弥生時代の人々の精神を

表1　建築部材分類表

分　類	細　　目
柱　　材	柱（高床）
	柱（掘立）[高床／土間]
	柱（竪穴）
	柱（不明）
	床束
水平構造材	桁・梁
	根太
	大引
	貫
	台輪
壁　　材	壁板
	妻壁
	網代壁
床　　材	床板
	梯子
	鼠返し
小 屋 組	扠首
	小屋束
屋 根 材	垂木
	端垂木
	破風板
	小舞
	その他
扉　　口	扉板
	蹴放し
	楣
	軸受（方立・辺付）
窓	連子窓
	板蔀
	軸受
	框
接合部材	栓
基　　礎	礎板
不　　明	棒状（断面円形）
	棒状（断面方形）
	板状
	その他

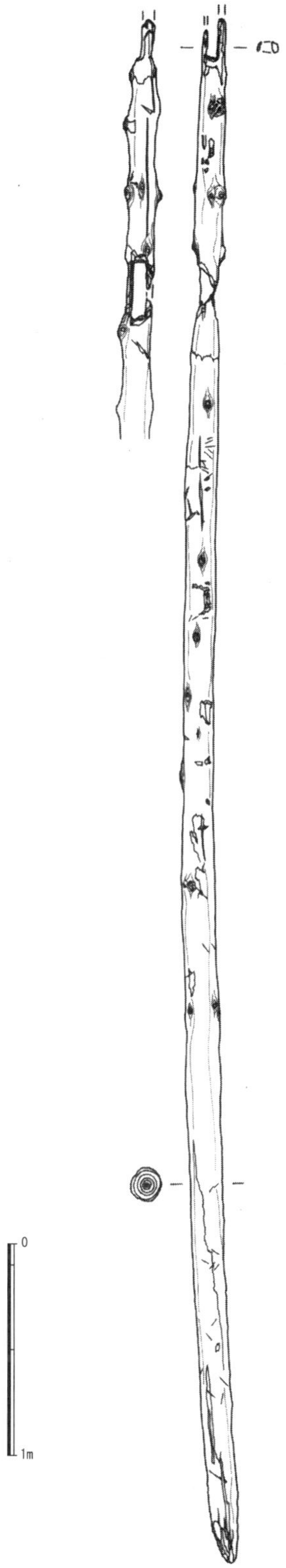

図4　特殊なタイプの柱

垣間みることができよう。

2 木取り

青谷上寺地遺跡出土の柱材における木取りの大きな特徴が「心去材」の多さである。一般に樹心を含まずに製材された建築材は割れにくく、きれいな木目が表面に現れる。『青谷上寺地遺跡8』で報告している柱材と考えられるものはいずれも心去材で、断面方形ないしは楕円形を呈している。

その一方で、図4のような心持材も存在する。強度の面で言えば、樹心はもっとも弱い部分であるが、断面の大きな材であれば強度のある外側の部分が周りを囲んでいること、樹心を中心に年輪が左右対称になっていて狂いにくいことなどから、現代でも心持材は柱や梁などに利用されている。

板材における木取りは、柾目・板目ともによくみられる。製材にミカン割りを用いれば柾目材が作られるが、出土している建築部材には板目材もしくはそれに近い柾目材も多い。おそらく丸太からある程度幅のある「板」を複数とろうと考えたときには板目を意識して木取りしていたと考えられる。

3 樹　種

これまでに樹種同定を行った建築部材は約五〇点にすぎず、全体の一%にも満たない。樹種同定を行い、樹種の詳細な検討を行うのは今後の課題であるが、概して青谷上寺地遺跡出土建築部材のほとんどは年輪幅や道管の有無などから、外観的に針葉樹ということができる。また、これまでの同定結果や晩材幅、割裂の状況などから、これら針葉樹のほとんどは「スギ」と考えられる。

青谷上寺地遺跡周辺の古環境復元のために行っているボーリング調査などの諸成果から、スギの生育に適した環境条件であったことや、実際にスギ花粉が多く検出されていることからも、当時の人々にとって身近な資源であったことは間違いない。

スギの特徴は、通直に伸びて成長が早く、大径木になること、割れやすく加工しやすいといったことがあげられ、大型で通直な材を大量生産するには非常に利用しやすい樹種である。また山陰地方で出土した建築部材の樹種にはスギが多く利用されていることが明らかとなっており、環境的にも利用しやすいものであったことがわかる。木製容器では、精巧な高杯などにはクワ属やケヤキなどの広葉樹が、刳物桶や槽などの日用品にはスギが多く、農具にはカシ類など用途によって利用される樹種の傾向がわかっている。

しかし、同じ鳥取県内の弥生時代集落遺跡である妻木晩田遺跡、笠見第3遺跡などでの焼失住居出土の建築部材の樹種はスダジイとクリ、クワ属が大部分を占め、針葉樹が大半を占める青谷上寺地遺跡とは異なる様相を示している。これら焼失住居は竪穴住居であり、青谷上寺地遺跡ではこれまでのところ竪穴住居跡が検出されておらず、掘立柱建物遺構しか検出されていないことから、青谷上寺地遺跡の建築部材は掘立柱建物に伴う部材である可能性が高い。逆に言えば、掘立柱建物は「スギ」、竪穴住居は「スダジイ」「クリ」などの意図的な樹種選択がなされていた可能性が高く、それゆえに遺跡中心域で出土した建築部材の樹種の傾向と遺構の検出状況（竪穴住居跡が確認できないこと）は結びついているのではないだろうか。

4　継手・仕口

継手・仕口は木造建築にとって重要な要素である。とくに垂直材である柱や水平材である桁・梁を継ぐ軸組みに大きく関連し、その種類を把握することは建物の復元に重要である。

渡邉晶氏の研究によれば、弥生時代においては股木、突付け、枘、欠込み、輪薙込、貫通しなど一〇種類ほどの部材接合法の存在が確認されているが、殺ぎ、留め、竿、蟻、略鎌などはこれまで出土しておらず、その存在が確認されていなかった。このたび、青谷上寺地遺跡出土建築部材の整理作業において、「蟻」が施された板材を確認することができた（**図5-1**）。

この板材は断面が逆台形を呈す形状で溝が彫られており、そこに別作りの断面台形の棒材が横から差し込まれている。原型はおそらく板を横に二枚並べ、そこに逆台形の溝を斜め方向に二枚を一直線に彫り込み、そこへ断面台形の別材を横から溝に挿入して二材を接合していたものと考えられる。この蟻は、建築部材の中ではここで紹介した資料以外にはいまのところ確認できない。ただし類例として、建築部材ではないが蟻に類似した加工が成されている木製容器が出土している（**図5-2**）。側面にシカの線刻が施されたこの刳物箱の横断面上部にはわずかながら段が彫り込まれており（蓋自体はいまのところ

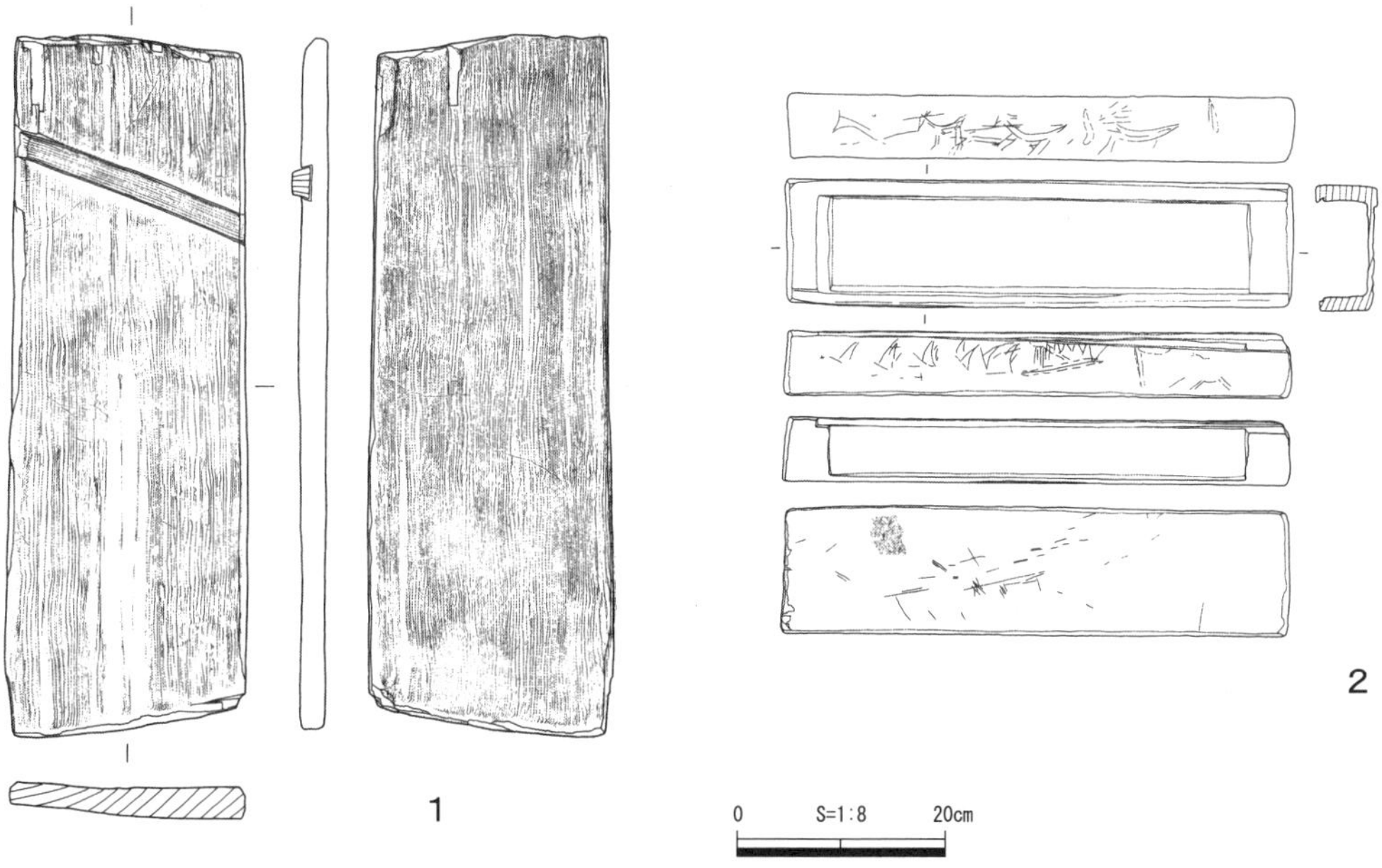

図5　蟻が施された板材（1）と蟻に類似した加工が成されている木製容器（2）

出土していないが）、断面台形の蓋が側面から差し込まれる差蓋構造となっている。これらいずれの資料も弥生時代中期に属するもので、青谷上寺地遺跡ではこの当時すでに「蟻」の技術が存在していたといえる。

5　表面加工

全般に風化や保存処理などによって表面の加工痕の確認は難しいが、柱や板材の一部には鉄製工具と思われる加工痕が顕著なものが認められる。管見では、横斧で木材繊維方向に沿って加工する「平行切削」が多く認められるが、木材繊維に斜めに交わる「斜交切削」の存在も認められる。

こうした加工痕が認められる建築部材を注意深く観察してみると、平行切削よりも斜交切削の方が丁寧に仕上げられている。部材によっては全面とも平行切削の場合や、一面が平行切削、もう一面が斜交切削となっているものもあり、建築部材として機能していた段階で表裏の推定をすることが可能と考えられる。また建築部材の加工段階でそうした使い分けがなされているのであれば、建築に対して相当な設計技術をもっていたとも考えられる。

その一方で、表面にほとんど加工を施していない板材も存在する。楔で打ち割ったそのままの状態であり、床もしくは壁に使用された可能性がある。この二つの状況からは、精製と粗製の差、つまり重要な建物と日用的な建物との区分があったことが想定できる。出土した建築部材からはほとんどが掘立柱建物だと考えられるが、その中でもさらに複数の建物のパターンというものがあることが考えられる。

6　転　用

先述したように、出土状況から建築部材のほとんどが木造構造物などへの転用がなされていたと考えられる。矢板や杭などは地面に刺し込みやすいように先端を加工しており、また柱などは縦にも分割して細い杭状にするなど、原型を留めないほどに改変している例も存在する。また建築材から建築材への転用も十分考えられ、これまでのところ確実な資料は把握していないが、今後の出土も含めて注意しておかなければならない。

そのほかに木造構造物に転用された部材の出土位置関係にも注意する必要がある。形状・法量ともに類似した垂木を転用した杭は出土した位置も近接しており、同一の構造物に利用されていた場合には、その転用時期や使用された元の建築も同一であったことが十分に考えられる。また板状の材であっても、同様にもとの建築物でのセット関係を推定できる可能性があり、転用と出土状況の関係が建築物としての関係にもつながることも十分考えられる。

7　年輪情報

建築部材における考古学的な研究の新たな視座として提案するのが、年輪情報の取得である。針葉樹、とくにスギでは現在でも一寸に二〇年以上の年輪をもつものが銘木とされており、年輪数の粗密によって適用される部位の差を検討するのが目的である。また、可能性の一つとして、年輪数や年輪パターンなどから同一材の推定ができる可能性もある。

青谷上寺地遺跡で出土している丸木舟は建築部材と同様にスギが多いが、年輪幅では舟の方が幅広い材が利用されている。おそらく舟には、舟底のカーブに合わせた径をもち、日照等環境のよい場所で育ったスギを利用していたと考えられる。建築材は緻密な年輪をもつ、径の非常にきいスギが好まれている。これは明らかに同じスギであったとしても、さらにその中でどの用途に適するか考えられて利用されていたことを示すことにつながっている。

一つの材においても年輪の密度はさまざまであり、年輪情報の取得には年輪数の平均化をするなどの工夫が必要であろうが、現状で概観してみると建築部材と年輪密度の高さには相関関係があると思われる。また表面加工の精密さと年輪密度にも相関関係が期待でき、年輪情報には大きな可能性が秘められている。

8　法量・備考

法量も重要な属性である。建築部材分類や木取りなどと相関して、建物強度やセット関係の推定が可能となろう。とくに根太は柱間寸法を示す部材であり、かつ複数のセットで構成されることから、相関関係を示す一根拠となりうる。

備考に掲げるのは、その他として風化の度合や年輪年代測定試料、線刻などの情報である。風化は、柱根の場合であれば地下と地上部分の差異が、板材の場合であれば建物の内と外の差異が推定できる可能性がある。年輪年代測定では、辺材型・樹皮型であれば伐採年が明らかとなり、木造構造物などの転用された年代ではなく「建築材」として機能していた年代推定に迫ることができよう。

以上、建築部材に多くの属性項目を設定し、「木製品」としての「建築部材」にさまざまな角度からアプローチすることを基礎としている。1～9の各属性について、分類や木取りなどそれぞれ単独では言及できる事象は少ない。各属性の中で述べたように、属性同士それぞれが結びつくことによって、より具体的な青谷上寺地遺跡における建物像が浮かび上がってくる。現状ではまだ踏み込んだ議論ができるほど情報の蓄積ができていないが、この情報の蓄積によって青谷上寺地遺跡出土建築部材の特性、ひいては遺跡全体の建物群像の復元に大きな可能性が期待できよう。

五、おわりに

前述したように、青谷上寺地遺跡から出土した建築部材は膨大な量であるため、データベースなど基礎整理にはまだ時間が必要であり、また青谷上寺地遺跡出土建築部材の考察を行うには情報を十分に引き出しきれていない。しかし弥生時代の建築を考えるうえで、これほど多大な情報を内包している遺跡は他に例をみず、青谷上寺地遺跡出土建築部材の調査研究は考古学や建築史など関係する諸分野の研究に大いに貢献する可能性を含んでいる。

建築部材は、容器をはじめとする他の木製品と異なり、単体では本来の用途を成さず、柱・屋根・床など各部材が集合してはじめて機能する。そのため建築部材の調査研究ではこうした基礎作業を丁寧に行うことの重要性を感じている。また基礎作業を丁寧に行うことで、今後さまざまな遺跡で出土する建築部材に対してもより多くの情報を得ることが可能となろう。

〔補遺〕

脱稿後、建築部材の調査研究が進展し、『青谷上寺地遺跡出土品調査研究報告3　建築部材（資料編）』『青谷上寺地遺跡出土品調査研究報告4　建築部材（考察編）』の二冊の報告書にまとめることができた（鳥取県埋蔵文化財センター　二〇〇八、二〇〇九）。ここでその内容を簡潔に示し、補遺としたい。

『建築部材（資料編）』においては、本稿で示した建築部材の各分類や属性について解説しながら、代表例の図示と六一二六点の部材データを収録したデータベースDVDを作成した。ここで作成したデータベースはインターネット上でも公開しており（http://db.pref.tottori.jp/aoya-iseki.nsf）、平成二十一年十二月現在で四万を件を超えるアクセスを数えている。部材データの中には「不明」建築部材も多く含まれているが、インターネット上で公開することにより、さまざまな意見・提案を受け入れることができ、新たな知見を迅速にデータベースに反映することが可能である。今後も常に研究の動向を見据え、データベースの改善を図っていく予定である。

『建築部材（考察編）』においては、データベースでまとめ上げた膨大な量のデータをもとに、考古学とともに建築史や自然科学分析などのさまざまな視点を取り入れた考察を行った。データベース化の中で、本稿で取り上げた七二四センチの柱材や蟻桟の板以外に長さ約四メートルの垂木材が二本確認されている（**補図1**）。これは出土した弥生時代の完形の垂木材の中で最長のものであり、鳥取環境大学浅川研究室により、梁間約四メートルの大型建物に復元された。青谷上寺地遺跡ではこのほかに長さ約四メートルの梁材や妻壁板も出土しており、出土地点はさまざまであるが、同一規格の建物が存在した可能性がきわめて高い。また、統計的に分析した結果、出土建築部材の垂木や梁などには複数の長さの規格があることがわかり、建築部材の出土量の多さとともに複数の建物類型が存在したことも明らかになった。

これら建築部材の考察とともに、建物遺構の再検討も行った。その結果、伏屋式の平地住居が存在した可能性が高いことがわかった。掘立柱建物跡については、梁間の短いものが多く、約四メートル規模のものは現在まで確認されていない。今後の発掘調査によって新たな建物跡の確認が期待される。

このように青谷上寺地遺跡出土建築部材の調査研究は大きく進展した。その復元研究については次節で紹介されるので、ここでは割愛したい。

参考文献

浅川滋男「「楼観」再考—青谷上寺地のながい柱材をめぐって—」鳥取県埋蔵文化財センター、二〇〇七。

浅川滋男「弥生時代「最長の垂木」の発見と復元」鳥取県埋蔵文化財センター、二〇〇八。

浅川滋男『山陰地域の弥生時代建築に関する実証的復元研究』2007年度とっとり「知の財産」活用推進事業成果報告書、二〇〇八。

浅川滋男編『先史日本の住居とその周辺』同成社、一九九八。

伊東隆夫「第2節　樹種の見分け方と利用」松井章編『環境考古学マニュアル』同成社、二〇〇三。

伊東隆夫「19　木材考古学」安田喜憲編『環境考古学ハンドブック』朝倉書店、二〇〇四。

馬路晃祥「妻木晩田遺跡の自然環境と人々の関わり」『第7回弥生文化シンポジウム　倭人の生きた環境』鳥取県教育委員会、二〇〇六。

岡本淳一郎「周溝を持つ建物」『下老子笹川遺跡』富山県埋蔵文化財調査センター、二〇〇八。

岡山県教育委員会『津島遺跡4』二〇〇三。

岡山市教育委員会『南方（済生会）遺跡—木器編—』二〇〇五。

小矢部市教育委員会『出土建築材資料集　縄文・弥生・古墳時代』二〇〇五。

「木の家」プロジェクト編『木の家に住むことを勉強する本』農文協、二〇〇一。

財団法人鳥取県教育文化財団『青谷上寺地遺跡1・2』二〇〇〇。

財団法人鳥取県教育文化財団『青谷上寺地遺跡3』二〇〇一。

財団法人鳥取県教育文化財団『青谷上寺地遺跡4』二〇〇二。

桜町遺跡発掘調査団『桜町遺跡シンポジウム　考古資料から建

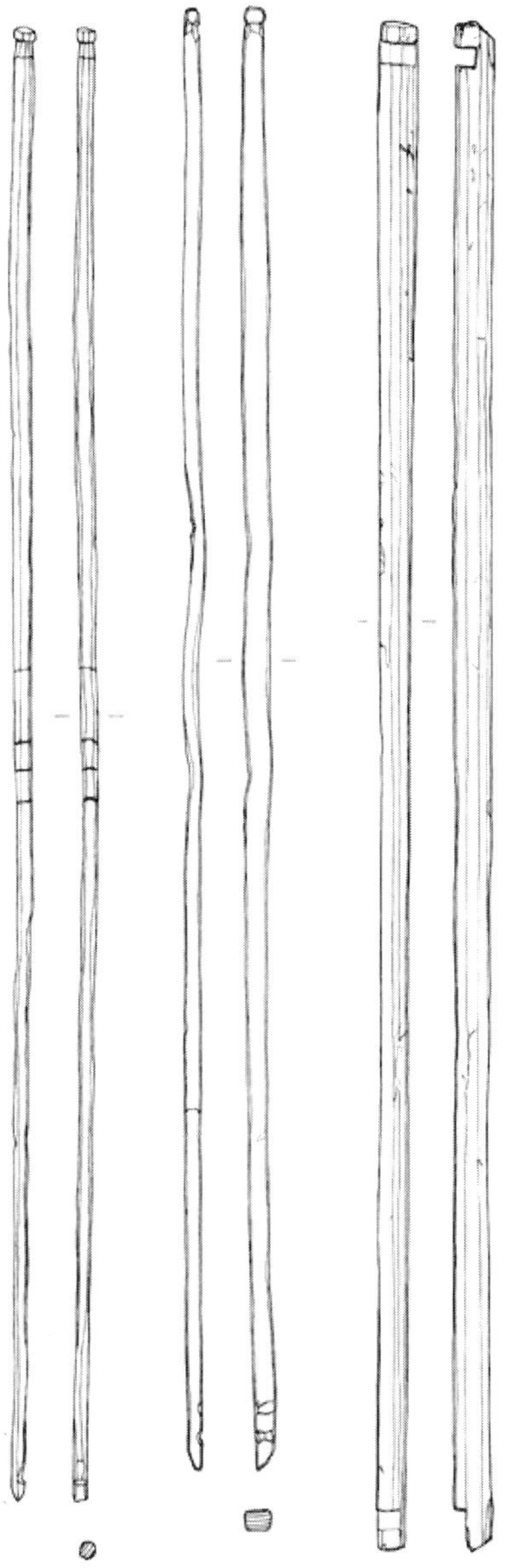

補図1　垂木材（左：丸垂木、中：角垂木）と梁材（S＝1/30）

築材・建築技術を考える』二〇〇六。

島根県教育庁古代文化センター・島根県埋蔵文化財調査センター『島根県における弥生時代・古墳時代の木製品集成』二〇〇六。

杉本尚次「民家・日本人の住居の知恵」『現代のエスプリ 民家・日本人の住居の知恵』No.221、至文堂、一九八五。

鳥取県教育委員会『第5回弥生文化シンポジウム 弥生のすまいを探る―建築技術と生活空間―』二〇〇四。

鳥取県埋蔵文化財センター『青谷上寺地遺跡出土品調査研究報告1 木製容器・かご』二〇〇五。

鳥取県埋蔵文化財センター『青谷上寺地遺跡出土品調査研究報告2 鉄製遺物の自然科学的研究』二〇〇六。

鳥取県埋蔵文化財センター『青谷上寺地遺跡8』二〇〇六。

鳥取県埋蔵文化財センター『青谷上寺地遺跡9』二〇〇八。

鳥取県埋蔵文化財センター『青谷上寺地遺跡出土品調査研究報告3 建築部材（資料編）』二〇〇八。

鳥取県埋蔵文化財センター『青谷上寺地遺跡出土品調査研究報告4 建築部材（考察編）』二〇〇九。

奈良文化財研究所編『木器集成図録（近畿原始篇）』一九九三。

深谷基弘・鈴木紘子『図解木造建築伝統技法事典』二〇〇一。

三重県埋蔵文化財センター『六大A遺跡発掘調査報告（木製品編）』二〇〇〇。

水村直人「青谷上寺地遺跡の自然環境と人々の関わり」『第7回弥生文化シンポジウム』鳥取県教育委員会、二〇〇六。

宮本長二郎『日本原始古代の住居建築』中央公論美術出版、一九九六。

宮本長二郎『日本の美術3 出土建築部材が解く古代建築』No.490、至文堂、二〇〇八。

山田昌久編『考古資料大観 8弥生・古墳時代 木・繊維製品』小学館、二〇〇三。

湯村功「鳥取県の概要」『出土建築部材資料集 縄文・弥生・古墳時代』小矢部市教育委員会、二〇〇五。

米子市教育委員会『池ノ内遺跡』一九八六。

渡邉晶『日本建築技術史の研究―大工道具の発達史―』二〇〇三。

第三節　纒向遺跡大型建物群の復元

――青谷上寺地建築部材による応用研究――

鳥取環境大学　浅川研究室

浅川滋男・岡垣頼和・清水拓生・今城愛・吉川友実

一、復元の手法――青谷から纒向へ

奈良県桜井市教育委員会が調査している纒向遺跡で、二〇〇九年に超大型建物（約二四〇平方メートル）が発見された。それ以前の調査成果と重ね合わせると四棟の大型建物が軸線を揃えつつ、ほぼ東西一直線に並ぶ配置も明らかになり（**図1**）、同年十一月の記者発表以来、大きな注目を集めている。纒向遺跡は多くの考古学者が魏志倭人伝にみえる「邪馬台国」の有力候補地として注目してきた遺跡であり、前方後円墳の出現期にあたる弥生時代終末期~古墳時代初期に超大型建物が存在したことで、さらに波紋をなげかけている。

浅川は記者発表直前の十一月二日に発掘調査現場を訪れ、調査担当の橋本輝彦技師から懇切丁寧な遺構の説明を受けるとともに、当時最新の遺構図をご提供いただいた。本節は、この基礎情報にもとづいて纒向遺跡大型建物群の復元に挑んだ成果であるが、その大胆な復元研究の土台となった鳥取市青谷上寺地遺跡出土建築部材（弥生時代中後期）の復元研究について、あらかじめ触れておかなければならない。

1　地下の弥生博物館

鳥取市青谷町の青谷上寺地遺跡は、青谷平野のほぼ中央部に位置し、北に日本海を臨んでいる（**図2**）。一九九一年、山陰自動車道と県道の建設に伴う事前発掘調査で遺跡の存在が確認され、二〇〇八年に国史跡指定された。環濠や旧河川と目される低湿地からは、数万点にのぼる弥生人の生活道具や木製品が発見されており、なかでも弥生人の脳や殺傷痕付人骨などの発見は世界を驚かせた。出土品には山陰地方以外の国内各地で生産されたものに加えて、海を隔てた中国大陸や朝鮮半島との交流を物語るものまで含まれている。

数万点におよぶ出土遺物の中でも、建築部材と目される木製品の総数は七〇〇〇点を超え、量・種類ともに全国でも突出した位置を占めている。後述する弥生時代

図1　空からみた纒向遺跡（朝日放送提供）

「最長の柱」、弥生時代「最長の垂木」などが大型掘立柱建物・高層建物の構成材とみなされ、長さ三メートル前後の板材なども同類の建物の一部であった可能性が高いであろう。これらの材は長さのわりに木柄が細く、繊細な加工がなされている点に特徴がある。また、材種はスギ材が九〇％以上を数える。加工痕は明らかに鉄器工具によるものであり、山陰では弥生時代前期末に導入された鉄の工具（高尾 二〇〇六）によるスギ材の加工により、高度な建築の施工技術が発展していったものと推察される。なお、前節でも述べたように、青谷上寺地出土建築部材は鳥取県埋蔵文化財センターによりデータベース化され、二〇〇六年度からインターネット上での公開が開始された（http://db.pref.tottori.jp/ aoya-iseki.nsf）。二〇〇九年一月現在、六一二八点のデータベースがネット上で閲覧でき、報告書も二冊刊行されている（鳥取県埋蔵文化財センター 二〇〇八・二〇〇九）。

2 青谷上寺地出土部材を用いた復元

青谷上寺地遺跡では、七〇〇〇点に及ぶ多種多様な部材が出土していることから、いくつかの部材をピックアップし複合化することにより、複数のタイプの掘立柱建物を復元することが可能である。弥生時代の掘立柱建物を復元しようとする場合、日本全国各地の遺跡から出土した部材をパッチワークのようにつなぎ合わせ、さらに近世民家などの細部を参照しつつ再構成するのが一般的だが、そういう手法を採用すると、部材相互の関係が必ずしも適切でない場合が少なくなく、全体としてみれば、整合性のとれた復元とは言えないのが実態であった。

ところが、青谷上寺地の場合、建物を構成する部材はほぼすべてそろっているので、青谷上寺地出土部材だけで一棟の建物を復元することが可能である。こういう復元手法が「パッチワーク型」の復元よりも、はるかに実証性の高いものであることは言うまでもなく、多様なタイプの建物に対して、同じ手法で復元研究を繰り返していくことによって、自ずと青谷上寺地型弥生建築の「文法」がみえてくる（浅川 二〇〇七・二〇〇八、浅川・嶋田 二〇〇九）。

ただし、青谷上寺地遺跡にも弱点はある。これまで環濠の内部で建物遺構があまりみつかっていないのである。今後、調査が及んでいない区域で発見される可能性はあるにせよ、現状ではわずかに小型掘立柱建物跡八棟が検出されたにすぎない。そこで青谷上寺地の大型建物の復元にあたっては、建築部材にふさわしい類例を県内の他遺跡から探し出す作業からはじめざるをえない。その類例遺構を平面モデルにして、条件の合う出土部材を組み合わせていけば、部材データに沿ったより実証性の高い建築復元が可能になる。

図2 青谷上寺地遺跡の位置

〈先行復元研究〉

青谷上寺地出土部材を用いた復元の試みは、二〇〇一年度からはじまった妻木晩田遺跡（弥生時代後期、鳥取県米子市・大山町）の初期整備に遡る。妻木晩田遺跡では、青谷上寺地遺跡とは逆に掘立柱建物跡の柱穴しかみつかっていない。建築部材は一点も出土していないので、できるだけ青谷上寺地の部材を採用するようにして復元設計を進め、二〇〇一〜〇三年度に三棟の高床倉庫が洞ノ原地区に竣工した。ただし、この段階では青谷上寺地建築部材の調査は場当たり的であり、体系的なものではなかった。

浅川研究室では二〇〇三年度に茶畑第1遺跡掘立柱建物12、二〇〇四年度に妻木晩田遺跡松尾頭地区MGSB-41などの大型掘立柱建物復元研究に取り組んだ（浅川・竹中 二〇〇四、浅川・藤井・坂本 二〇〇五）。青谷の部材については未参照というわけではないけれども、いまだ積極的に活用していない。後に弥生時代「最長の垂木」による復元モデルとなる茶畑第1遺跡掘立柱建物12については、柱穴の平行配列を重視して「折置組」を採用したこと、松尾頭MGSB-41については、屋根構造に「鳥居組」（後述）を用いる発想が生まれたことをここでは特記しておきたい。

〈弥生時代「最長の柱」による「楼観」復元〉

二〇〇五年度より、青谷上寺地遺跡出土建築部材検討会が定期的に開催されるようになり、建築部材報告書刊行に向けての本格的な活動が始動した。二〇〇六年の夏には、青谷上寺地遺跡で五本に分断されていた丸太材KJA21499（弥生時代後期）が、残存長七二四センチを測る弥生時代「最長の柱材」であることが明らかになった（**図3**）。上端から約一メートル下に大引を通す貫穴、上端にはそれに直交する貫穴が破断された状態で残っている。前者が大引の貫穴であるとすれば、約一メートル上にある貫穴は手摺りの貫穴と判断され、柱材はいわゆる「楼観」（物見櫓）の主柱だったのではないかと考え、高層建物の復元に取り組んだ（**図4**）（浅川 二〇〇七）。ちなみに、鳥取県では米子市淀江の稲吉角田遺跡で、高層建物を描く土器絵画（弥生時代中期）が発見されている。

先述のとおり、青谷では遺構がみつかっていないため、平面モデルに大山町茶畑第1遺跡の掘立柱建物11（**図5**）を採用することにした。茶畑第1遺跡の縁辺には環濠と推定される溝条遺構が走り、掘立柱建物11はその内側に近接している。さらに平側が溝と平行関係を保っていて、吉野ヶ里遺跡の「楼観」とも配置

図3　青谷上寺地遺跡で出土した弥生時代「最長の柱」KJA21499（鳥取県埋蔵文化財センター提供）

が似ている。また、柱穴も深さが一〇〇～一五〇センチと深い。ただ、「最長の柱材」の径が現状で直径一八センチ、復元径が直径二五～三〇センチであるのに対して、掘立柱建物11の柱穴に残る柱痕跡は直径三〇～四五センチと大きい。柱穴の比例関係を鑑みた結果、平面を八〇％縮小することにした。規模は桁行二間（総長四八〇センチ）×梁間一間（四〇〇センチ）である。

最長の柱材を含め、参考とした部材については**表1**

図4　青谷上寺地遺跡で出土した弥生時代「最長の柱」による楼観の復元CG（CG制作：鳥取環境大学浅川研究室）

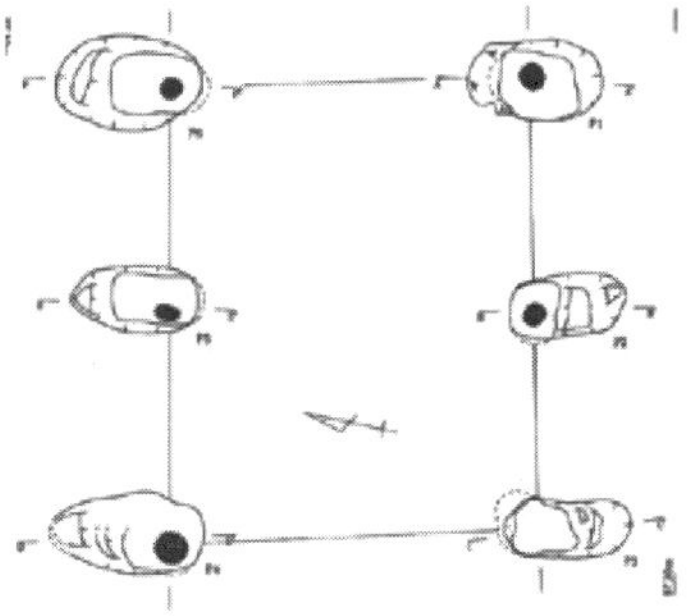

図5　茶畑第1遺跡掘立柱建物11遺構図（S＝1/200）

表1　楼観復元に用いた出土部材一覧

取り上げ番号	時期	分　類	長さ/幅/厚(㎝)	備　　考
KJA21499	A期	柱	724/17/16.7	弥生時代最長の柱
KJA28430	A期	小舞	83.3/2.5/2	
KJB13430	B期	小屋梁	279.5/11.3/7.5	両端部に斜めの切り取り
KJA44133	不明	垂木	275/4/4	方形断面をもつ
KJA43447	C期	根太	318/19/9	両端に桁をおさめる加工
KJA28902	A期	大引	343.4/13/5.3	
KJA43448	C期	床板	228.2/35/2.8	柾目の板材
—	D期	梯子	—	平城宮下層遺跡出土

時期…A期＝弥生時代後期初頭～後葉　B期＝弥生時代中期後葉
　　　C期＝弥生時代中期中葉～後葉　D期＝古墳時代前期

を参考されたい。すべての部材を原寸のまま採用したわけではなく、想定した平面との比例関係からしばしば縮小・拡大を施しているという憾みはあるけれども、組合わせ式の梯子以外、全構成材を青谷上寺地出土材によっていることがわかるだろう。

〈弥生時代「最長の垂木」による大型建物の復元〉

翌二〇〇七年度には、完形として全国でもっとも長い垂木材（弥生時代中期後葉）も確認された（浅川 二〇〇八、嶋田・浅川 二〇〇八）。弥生時代「最長の垂木」は二本ある。一本は角垂木ＫＪＢ１３８１３（**図６**）で、長さ三九七センチ、幅七・五センチ×厚六センチの長方形断面をもち、背面上端部から一四三センチの所に切込痕跡がある。もう一本は丸垂木ＫＪＢ１３８１０（**図７**）で、長さ三八八・五センチ、幅六センチ×厚五センチの

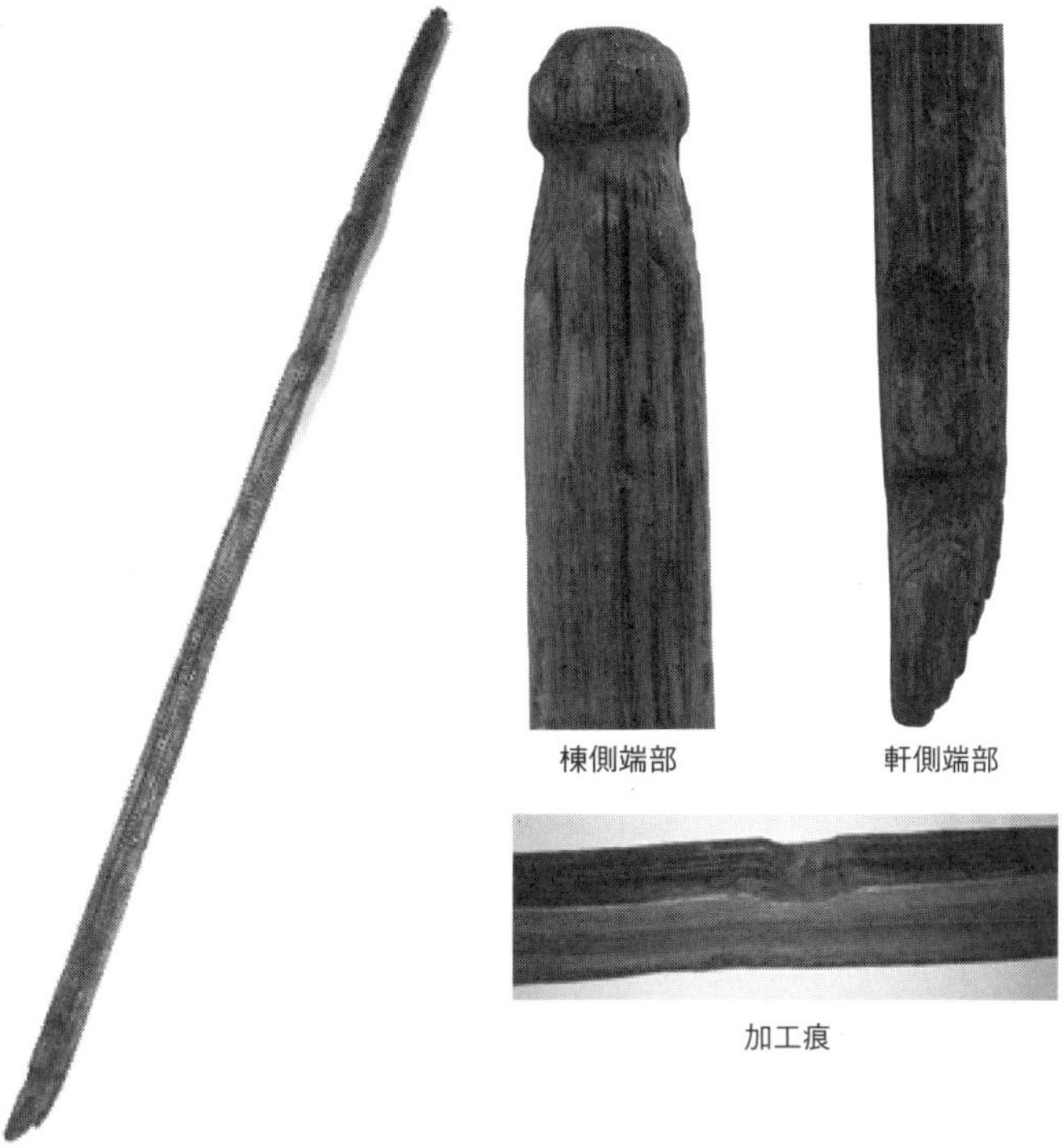

図６　青谷上寺地遺跡で出土した弥生時代「最長の角垂木」KJB13813
（鳥取県埋蔵文化財センター提供）

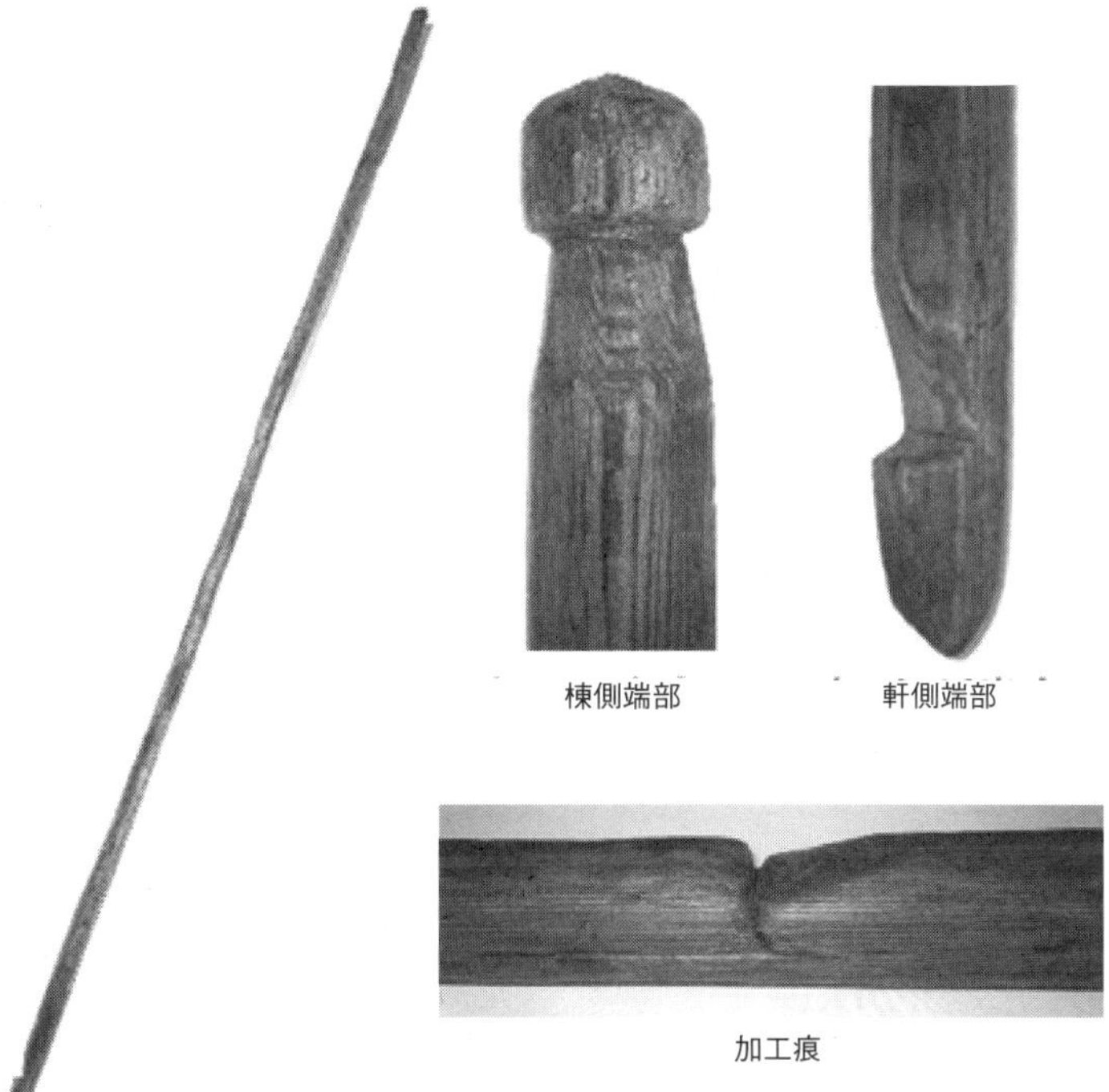

図７　青谷上寺地遺跡で出土した弥生時代「最長の丸垂木」KJB13810
（鳥取県埋蔵文化財センター提供）

楕円形断面を呈し、背面上端部から一〇八センチのところに切込痕跡を確認できる。

さて、青谷上寺地遺跡では小型高床倉庫の屋根構造材が出土している。小型高床倉庫の垂木と小舞が複合した状態で溝に倒れ込んでいたのである（**図8**）。この屋根構造材をみると、角材はケラバ、丸材は一般部の垂木として使われていたことがわかる（**図9**）。

完形の垂木が出土すれば、その垂木を載せていた建物の梁間寸法をほぼ復元できる（浅川編 二〇〇八）。**図10**に示したように、「三角形ABC」を、屋根構造の妻側断面を中心にして縦二分割した形に見立て、屋根勾配＝∠ABCをα、線AB＝垂木をℓとすると、線BCの長さはℓcosαとなる。ℓcosαから軒の出dを引いて二倍すると、梁間寸法となる。青谷上寺地で出土している妻壁の勾配が四四～五三度であるため、屋根勾配（α）は四五度と仮定した。次に軒の出（d）の算出方法だが、垂木下面に桁のアタリ痕跡が残っている場合、軒の出が判明する。しかし、「最長の垂木」の下端部にはアタリ痕が認められなかったため、ひとまず仮の値を与えて計算した。

計算式

d＝70cmの場合：梁間＝2（388.5×cos45°－60）≒429cm

d＝70cmの場合：梁間＝2（388.5×cos45°－70）≒409cm

図8　青谷上寺地遺跡屋根構造材の出土状況（鳥取県埋蔵文化財センター提供）

驚いたことに、青谷では長さ四〇七センチの梁材KJA43476と長さ四〇一センチの妻壁板KJA43416が出土しており、復元設計ではこの梁材と妻壁板の寸法を考慮し、軒の出七〇センチを採用した（実際にはこれほど長くないかもしれないが、あえて出土部材の寸法を重視した）。平面モデルとしたのは研究室が二〇〇三年に復元模型を試

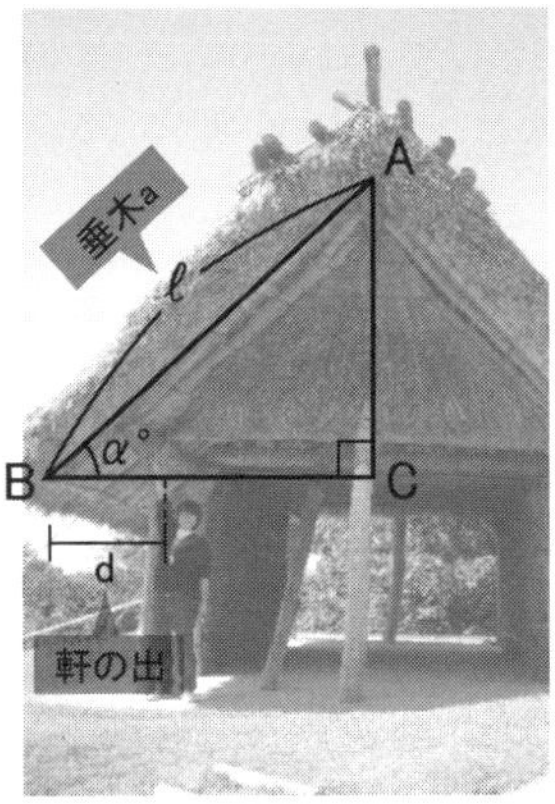

計算式

1）∠ABC＝屋根勾配、∠ACB＝90°、垂木aを斜辺にもつ三角形ABCがある

2）さらに、垂木aの長さ＝ℓ、屋根勾配＝αとおく

3）三角比を用いると、BC＝ℓ cos α

4）求める軒一軒の全幅は、2BC＝2ℓ cos α

5）軒の出をdとおくと、梁間寸法＝2ℓ cos α－2d ＝2(ℓ cos α－d)

チャック・ハリマーの定理

梁間寸法＝2(ℓ cos α－d)

図10　ピタゴラスの定理を使った梁間算出方法（チャック・ハリマーの定理）

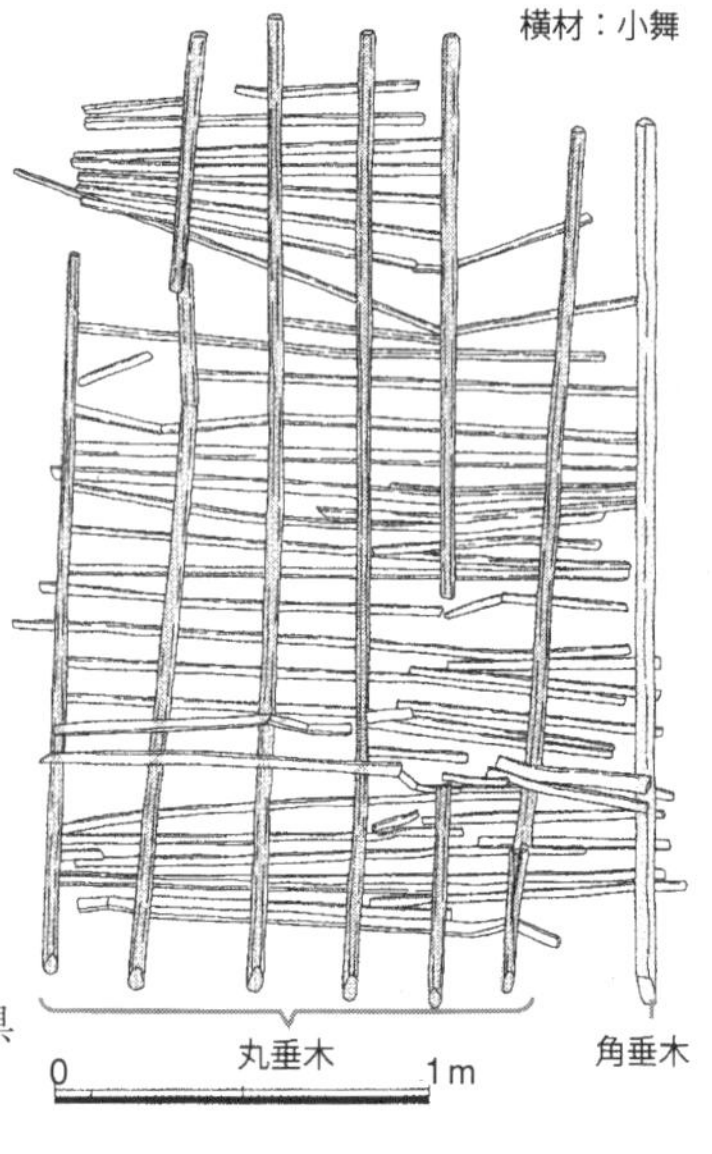

図9　屋根構造材実測図（鳥取県埋蔵文化財センター提供）

作した茶畑第1遺跡掘立柱建物12で、平面規模を梁間の比較から八〇%縮小した。復元設計にあたっては、全面的に青谷上寺地の部材を採用した。

①妻壁：青谷では妻壁と考えられる台形状の板材ＫＪＡ43472が出土している。妻壁端部の傾きから垂木の傾き＝屋根勾配が判明する。また、ＫＪＡ43472では片側の端部に角垂木のアタリ痕跡が確認できる。ほかにも、束・垂木・妻壁相互を緊縛するための小孔も複数残っている。

②鳥居組：山陰の在地系大型建物には近接棟持柱をもつものが多く、両妻側における棟木の支持は棟持柱が担ったものと思われるが、長い棟木を支えるにはさらに本格的な小屋組が必要であろう。私たちは中世末～近世初頭の民家の小屋組として知られる「鳥居組」を梁上に組むことにした。小屋梁の中央にオダチ（棟束）、その左右両側に鳥居束を立てて、それぞれ棟木と母屋桁を支え、鳥居束相互を天秤状の小梁でつなぐのである。「最長の垂木」を含む多くの垂木材の下面に切込加工痕が残っており、そこに母屋桁が通っていたと推定される。梁の上面にはサスなどの斜材を突き刺した痕跡はまったくなく、梁上に束を立てて母屋桁や棟木を支持した可能性が高く、自ずと鳥居組の存在が想定されるのである。

③輪薙込《わなぎこみ》：輪薙込の仕口は、青谷上寺地の柱材・束材の上端によく残っており、しばしば下側の貫穴と複合化している。輪薙込に板状の桁材、貫穴には板状の貫が接合する。梁・根太も多数出土しており、板状の桁材にはめ込むスリットが梁・根太の下面に必ずついている。二〇〇三年度の段階では、柱穴の平行関係から「折置組」に復元した茶畑第1遺跡掘立柱建物12であったが、青谷上寺地の建築部材を採用する限り、軸組は「京呂組」しかありえないことが判明した。

このほか、「最長の垂木」による復元で採用した部材を**図11**に示している。このように青谷上寺地の復元研究においては、必ず採用した部材とその部位を明示する部材対応図を作成している。一つの遺跡で出土した建築部材だけで部材対応図を作成できるということ自体が驚異であり、復元の実証性の高さを雄弁に物語っている。最後に、分析・復元の集大成として、復元模型およびＣＧを制作した（**図12**）。

3　弥生建築「文法」への接近

二〇〇六～〇七年の掘立柱建物復元研究で、青谷上寺地出土建築部材をほぼ一〇〇%用いた復元を実践した。以下、青谷の復元研究で得られた知見を整理しておく。

①鉄器による加工技術により、木柄の細い部材で大型

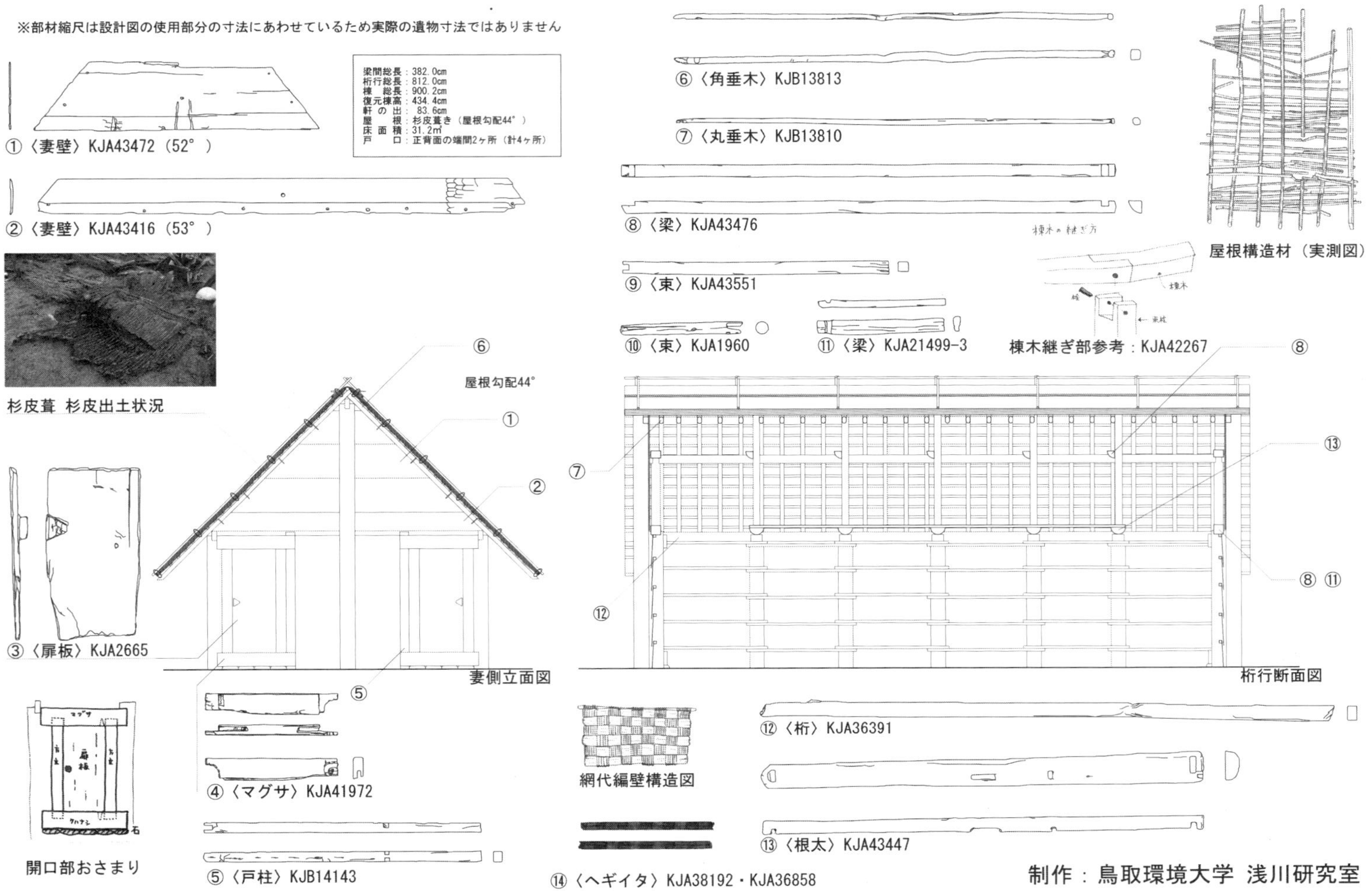

図11　弥生時代「最長の垂木」による大型建物の復元 部材対応図（青谷上寺地遺跡出土建築部材を用いて）

建物を建設していた。

②青谷上寺地の部材だけで一棟の建物の復元が可能であり、従来より実証性の高い復元が可能であることを示した。

③垂木材から梁間寸法を導き出す公式を提示した。

④このほか、(a)青谷の軸組は輪薙込の仕口による京呂組であること、(b)大量の妻壁板から屋根勾配・角垂木との接合方法が確認できること、(c)垂木下面に残る切込痕跡が「鳥居組」構法の存在を暗示することなど、さまざまな建築構造を解きあかした（浅川・嶋田 二〇〇九）。

4 青谷から纒向へ

青谷での試みによって、弥生建築の「姿」とそれを描き出すための「文法」が徐々に明らかになってきている。しかし、青谷上寺地出土部材の整理・分析はいまだ十分であるとは言えない。解明されていない木製品の用途などを明らかにするためには、さらなる復元研究の蓄積が必要不可欠である。

纒向遺跡大型建物の復元研究もまた、青谷上寺地建築部材による復元研究の応用として位置づけている。距離が遠く離れた二つの遺跡に強い文化の相関性があるわけではないけれども、鉄器導入後に木柄の細い大型建築を生み出した青谷上寺地（弥生時代中期末～後期）の建築技術は、纒向遺跡（弥生時代終末期～古墳時代初期）の大型建物群に応用可能かどうかがここでは焦点となる。時代的にはわずかに新しい時期の建物群ではあるが、超大型建物（建物D）を例にとると、柱径は約三〇センチに復元され、やはり「木柄の細い」ことが纒向遺跡大型建物の大きな特徴であり、その背景には鉄器による精巧な加工技術と接合技術があったと考えざるをえない。この共有特性を重視し、あえて青谷上寺地の建築部材による纒向遺跡大型建物群の復元に挑むことにした。以下はその具体的な復元研究の成果である。

二、纒向遺跡建物Dの復元

纒向遺跡では三世紀前半に比定される四棟の大型建物跡が中心軸をそろえて並列した状態でみつかっている。まず、もっとも東側に位置する正殿格の建物Dについて復元的な考察を試みる。

1 遺構の出土状況と平面の復元

纒向遺跡で二〇〇九年にみつかった建物Dは、桁行一九・二メートルの超大型掘立柱建物である。それ以前に検出された三棟の建物と中心軸を共有しつつ東西方向ほぼ一列に並

図12 弥生時代「最長の垂木」による大型建物の復元CG（CG制作：鳥取環境大学浅川研究室）

ぶ建物群の一番東側に位置する。調査主体である桜井市教育委員会は、二〇〇九年十一月十日の記者発表において、建物Dの桁行が八間であり、梁間は四間（一二・四メートル）に復元されると発表した（桜井市教育委員会二〇〇九）。ところが、残念なことに建物Dの西半分は六世紀後半の溝で削平されており、梁間規模は四間のほぼ半分にあたる六・四メートル分しか検出されていない。調査担当者の橋本輝彦によれば、北側妻柱列の東側二本の柱掘形が東西方向「横長」の隅丸長方形であるのに対して、もっとも西側の柱掘形は「縦長」のそれであることから、この柱を妻面の中央柱とみなし、ここに棟通りがあると判断して東側の桁行四間×梁間二間を左右対称に折り返し、桁行八間×梁間四間に復元したという（**図13**）。

たしかに、桁行四間×梁間二間とすれば、建物が異様に細長くなり、「豪族居館」正殿の平面としてふさわしいとは言えない。後述のように、古墳時代の家形埴輪にみえる入母屋造の屋根が覆う建物であったと仮定すれば、四面庇系の平面に復元されるべきであり、梁間を四間とみなす橋本の復元案は妥当であろう。問題は桁行の柱間である。私たちは建物Dの平面を桁行四間×梁間四間と考えている。桁行方向八間のうち柱間四・八メートル等間で大きな柱掘形が配列され、柱間の中間に直径二〇～三〇センチの小さな柱穴が並んでいて、両者の大小関係からみれば、前者は通柱、後者は床束の痕跡とみるのが自然な理解ではないだろうか。小さな柱穴が床束の痕跡であるとするならば、床上の平面は桁行四間×梁間四間ということになる。

纒向遺跡建物Dは、後世に整地・掘削が反復されたため、地表面からかなり深いレベルで検出された。その結果、柱や床束を立てた掘形の深さは二〇センチ程度しか残っていない。ただし、東南隅の柱穴のみ二段掘りにしていて深さ約七〇センチを測る。二段掘りの深い部分は直径三五センチ前後であり、この点から柱径は約三〇センチに復元される。以上みたように、建物Dは桁行四間×梁間四間の高床建物で、柱径は三〇センチ前後、床束の径は二〇センチ前後に復元できる。

さて、建物Dが桁行四間（一九・二メートル）×梁間

図13　空からみた纒向遺跡建物D（朝日放送提供）

四間（一二・四メートル）であるとするならば、その面積はじつに二三八平方メートルに及ぶ。これまで弥生時代終末期～古墳時代初期における最大の建物跡は、愛媛県の樽味四反地掘立柱建物101（三世紀後半、一六二平方メートル）であり、それと比較しても格段と大きな平面規模をもつ建物であることがわかるであろう。ちなみに、吉野ヶ里の総柱建物（二世紀）は一五六平方メートル、近隣にあたる大阪府池上曽根遺跡の大型建物（前一世紀）は一四〇平方メートルである。

2　外観モデル

上屋の外観については、もちろん不明である。ただし、古墳時代における「豪族居館」正殿の遺構がおしなべて四面庇をもち、纏向遺跡建物Dをその先駆例として位置づけるならば、「豪族居館」正殿を圧縮表現したであろう入母屋造の家形埴輪を外観のモデルとせざるをえない。この場合、三世紀代の家形埴輪を参照するのがもっとも適切ではあるけれども、管見の限り、そこまで古い家形埴輪は知られておらず、四世紀以降の大阪府美園1号墳（四世紀末、第十一章第一節図1：六一九頁）、奈良県寺口和田1号墳（五世紀前半、**図14**）、鳥取県長瀬高浜（五世紀前～中期）、岡山県法蓮37号墳（五世紀中期）、大阪府今城塚古墳（六世紀前半、**図15**）などで出土した入母屋造の家形埴輪をモデルとして復元考察した。

以上の家形埴輪に表現された錣葺《しころ》入母屋造は、急勾配の大屋根とゆるい勾配の庇屋根に分かれている。これを建物Dの平面にわりあてると、中央の二間×二間が身舎で茅葺、まわりの四面が木片葺（トチ葺）もしくは樹皮葺きの庇に復元できる。古代建築の間面記法を使うなら「二間四面」の平面である（**図16・17**）。

ここで御所市極楽寺ヒビキ遺跡の四面庇建物（建物1、五世紀）について、どうしても触れておかなければならない（第十一章第一節図2：六二〇ページ）。極楽寺ヒビキ遺跡建物1では身舎にあたる二間四方の領域を構成する八本の柱穴のうちの七本に板柱の柱根が残っており、その周辺を

図14　奈良県寺口和田1号墳出土家形埴輪（5世紀前半）
（奈良県立橿原考古学研究所提供）

図15　大阪府今城塚古墳出土家形埴輪（6世紀前半）
（高槻市埋蔵文化財センター提供）

丸柱で構成される柱間五間の四面庇が囲んでいた（橿原考古学研究所 二〇〇七）。これを入母屋造の家形埴輪と対比すると、板柱を一番外側の柱として使っている。埴輪の身舎は二間×二間か二間×三間のものが多く、その上に入母屋造の屋根をかけているのだが、この板柱で囲まれた小さな部分に入母屋造の屋根がかかっていたとは考え難い。極楽寺ヒビキ建物1のように四面庇をもつからこそ身舎と庇を複合することで入母屋造ができるのであり、形象埴輪においては四面庇の表現を省略しているとみるべきであろう。

身舎の板柱が出土したことで注目を集めた極楽寺ヒビキ遺跡ではあるけれども、四面庇の大型建物は各地の古墳時代遺跡で出土しており、その一番古く巨大な例として纒向遺跡の建物Dを位置づけることが可能であろう。ここでは、まず建物Dが正面・側面とも偶数間である点に注目したい。正面偶数間の建物は律令期になって少なくなるが、古墳時代の大型建物の場合、偶数間が主流を占めるようであり、とくに身舎を偶数間とする例が少なくない。

偶数間の場合、中央に柱が立つので、その位置に階段を設けることができない。また、建物Dの床上平面を「二間四面」に復元すると、妻側の庇が異様に大きくなる。これらの矛盾点を解消し、さらに後の紫宸殿などにみる「内裏の中枢建築」に倣って、四隅に切込階段を設けることにした。この結果、床上の板敷平面は十字形を呈する。なお、床高については、縁束の位置が妻側の柱から二・四メートル離れている点に着目した。古代建築における階段勾配は四五度が一般的であり、階段勾配を四五度と仮定すると、床高は二・四メートルとなる。高床としてはちょうどよ

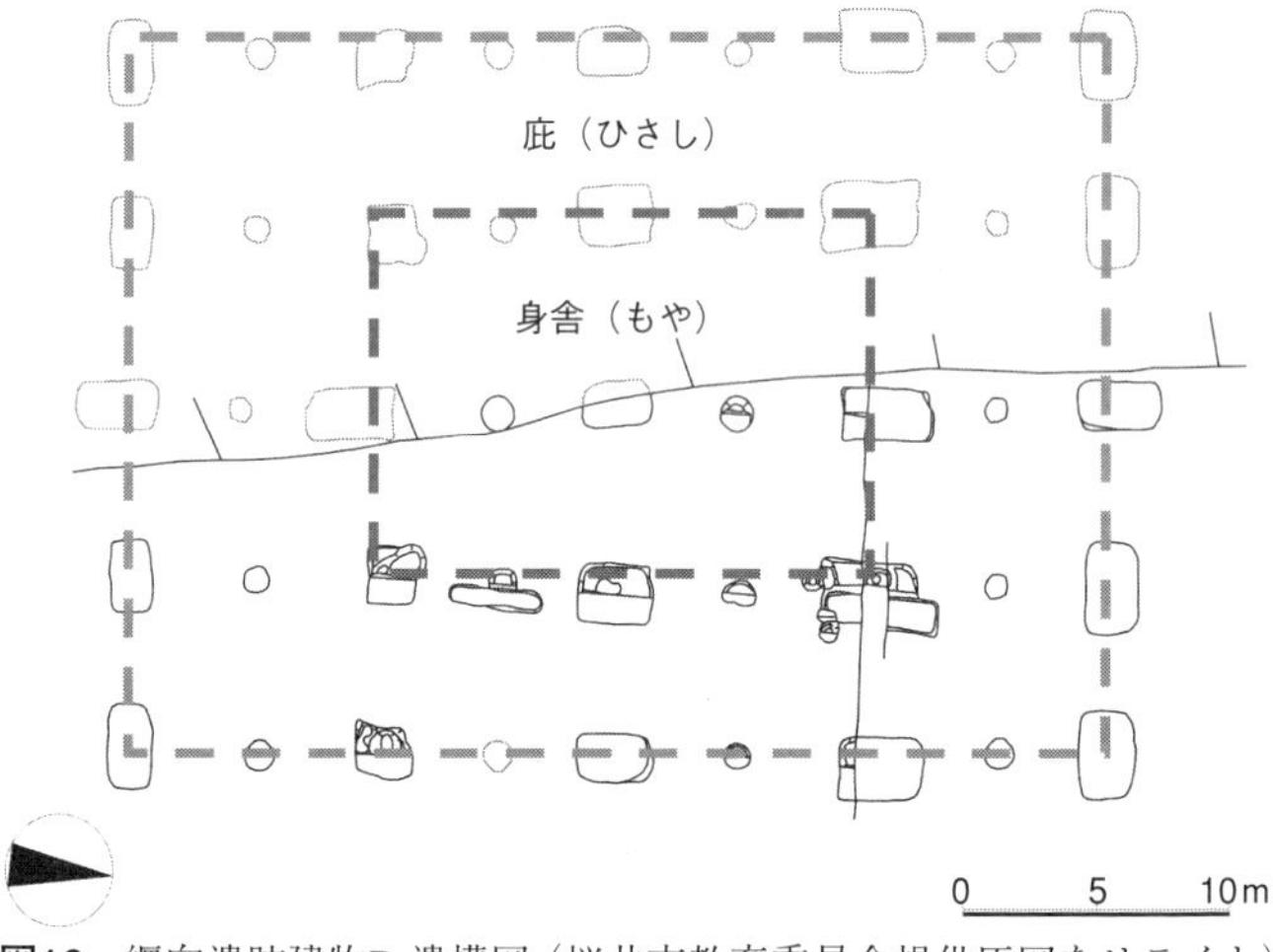

図16 纒向遺跡建物D 遺構図（桜井市教育委員会提供原図をリライト）

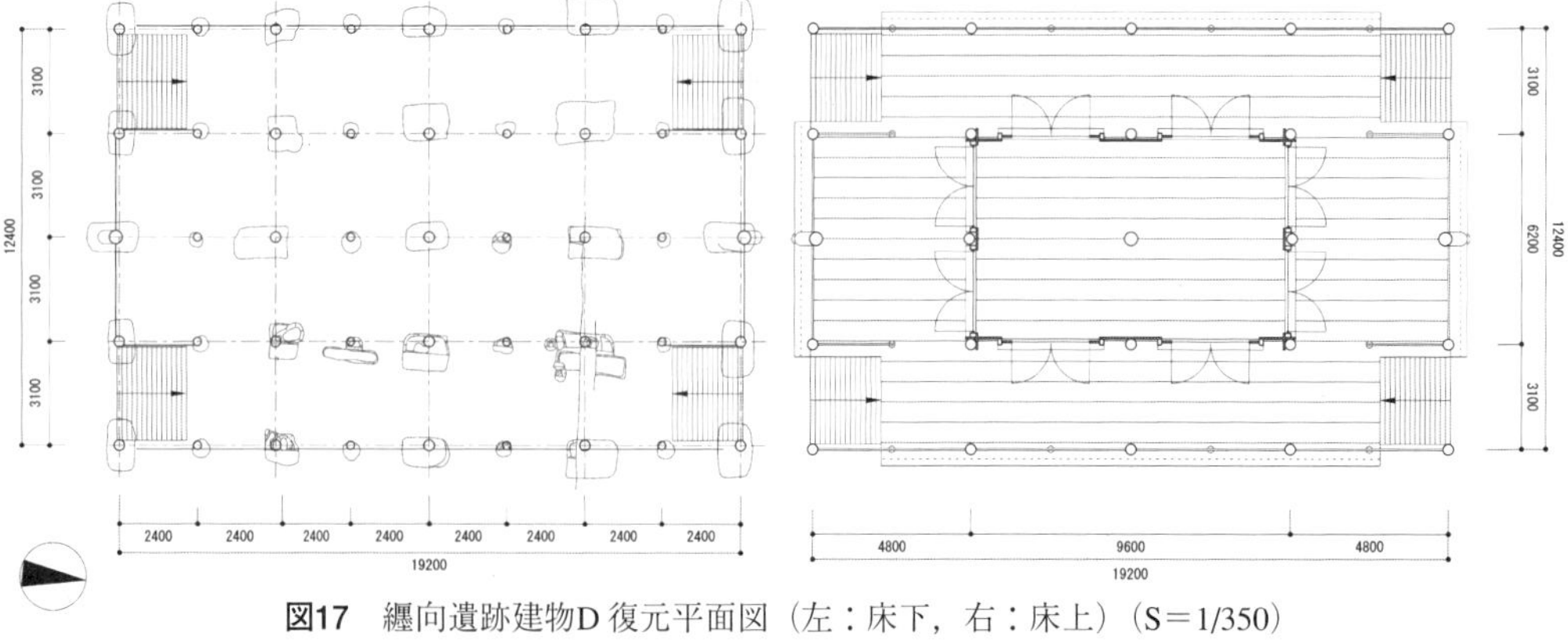

図17 纒向遺跡建物D 復元平面図（左：床下，右：床上）（S＝1/350）

い寸法と言えよう。
　また柱高については、やはり古代建築において柱間寸法と柱の高さがほぼ一致する傾向が認められる。今回は梁間方向の柱間寸法が三・一メートルなので、側柱（庇柱）の高さも三・一メートルに復元した。

3　屋根の復元

　家形埴輪をモデルとして錣葺入母屋造の屋根を復元しようとすると、「二間四面」の平面がふさわしいのだが、建物Dの場合、寸法的に大きな問題がある。すなわち、桁行柱間寸法（約四・八メートル）と梁間柱間寸法（約三・一メートル）が著しく異なっており、綺麗な納まりの入母屋造屋根を造ることができないのである。桁行と梁間で柱間寸法が一・七メートルも異なる建物の柱筋に合わせて垂木をまわすと、振隅になって庇屋根が不恰好きわまりない。そこで、妻側の柱筋から三・一メートルの桁上に大瓶束を立てることにした（**図18**参照）。青谷上寺地建築部材では、柱上端の仕口として輪薙込が普遍化しており、輪薙込を束の下側に作って貫材に落とし込めば大瓶束になる。そして、大瓶束上に梁・桁をのせれば四五度方向に隅垂木をわたせる。この構法により、妻側は全面扇垂木、平側は大瓶束よりも外側の隅間のみ扇垂木、中央二間は平行垂木になる。これで真隅（四五度）の綺麗な庇屋根ができあがる。

　庇屋根はトチ葺とした。青谷上寺地遺跡でおびただしい板材が出土しているが、これまで厚めの材を床板、薄めの材を壁板に採用したにとどまっている。今回、改めて板材を観察しなおしたところ、厚さ一センチで、長さ一・〇～一・六メートル、幅一九～二四センチの材を複数確認できた（**図19**）。木舞と結ぶ穿孔も残っている。こういう厚さの板でトチ葺きの庇屋根を造る。樹皮でも悪くはないが、建物の格式からみればトチ葺きの方がふさわしい。トチ葺庇の四隅にできる降棟については、寺口和田1号墳の家形埴輪にきわめて装飾的な表現がみられる。今回の復元では単純な箱棟とした。なお、トチ葺屋根の勾配は4.5／10とした。

　大屋根は家形埴輪に倣って外転びのある切妻造とする。茅葺屋根は、もっとも常識的な四五度勾配（10／10）とした。屋根形式は今城塚の大型埴輪（**図15**）をモデルにして、大きく張り出す棟木を内転びの近接棟持柱で支える。内転びの棟持柱は伊勢神宮正殿の例がよく知られているが、伊勢の場合、内転びはそう強くない。しかし、唐古・鍵遺跡などの土器絵画に表現された高床建物の棟持柱はしばしば内転びに描かれており、最近では静岡市登呂遺跡の大型掘立柱建物SB-2001（弥生時代後期）の独立棟持柱の掘形底で、内側に傾斜した礎板が確認されている。なにより、今城塚古墳の家形埴輪では斜めに

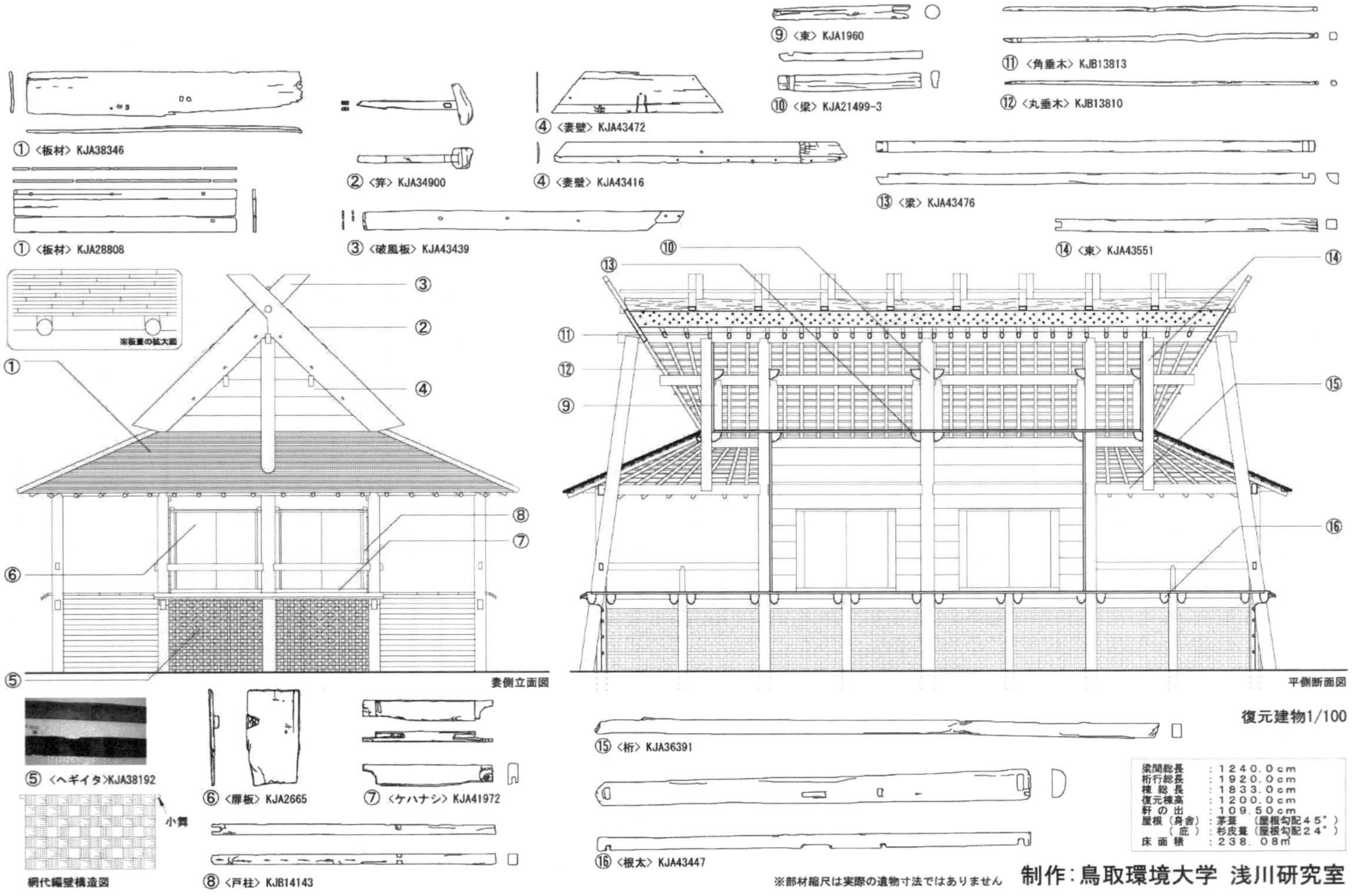

図18 纒向遺跡建物D部材対応図（青谷上寺地遺跡出土建築部材を用いて）

傾く棟持柱が、庇屋根をはっきり貫いて表現されている。この場合、雨仕舞いに難があるけれども、柱と屋根の接点で雨が漏っても柱を伝って水は外向きに流れる。あるいは庇に水が落ちてくるだろうが、床を簀子縁にしておけば地面に水が落ちる。

大屋根の棟は杉皮で覆い、千木で押さえる。千木の形状は群馬県駒形神社埴輪窯跡出土の家形埴輪（**図20**）を参考にした。その形をみると、笄《こうがい》にあたる材を板状千木の上側から刺し込んだ画鋲のような形をしている。こういう「蓋つきの栓」が青谷上寺地では多数出土しているが、これまでその用途は不明だった。今回、屋根勾配に合う傾斜をもった蓋付きの栓が確認されたため、笄として採用した（**図21**）。

破風板（**図22**）も青谷上寺地遺跡出土の板材を応用した。渡辺晶（二〇〇九）は青谷上寺地で出土した三枚の板材を破風とみる解釈を示している（**図23**）。渡辺の復元では屋根勾配がゆるく、板葺か樹皮葺の破風としか考えられないが、左右の破風の交差点に△の隙間ができている。これでは破風の役割を果たしえていない。しかし、今回、勾配を茅葺屋根に合わせて四五度以上にすると、交差点にできていた隙間はなくなった。これにより

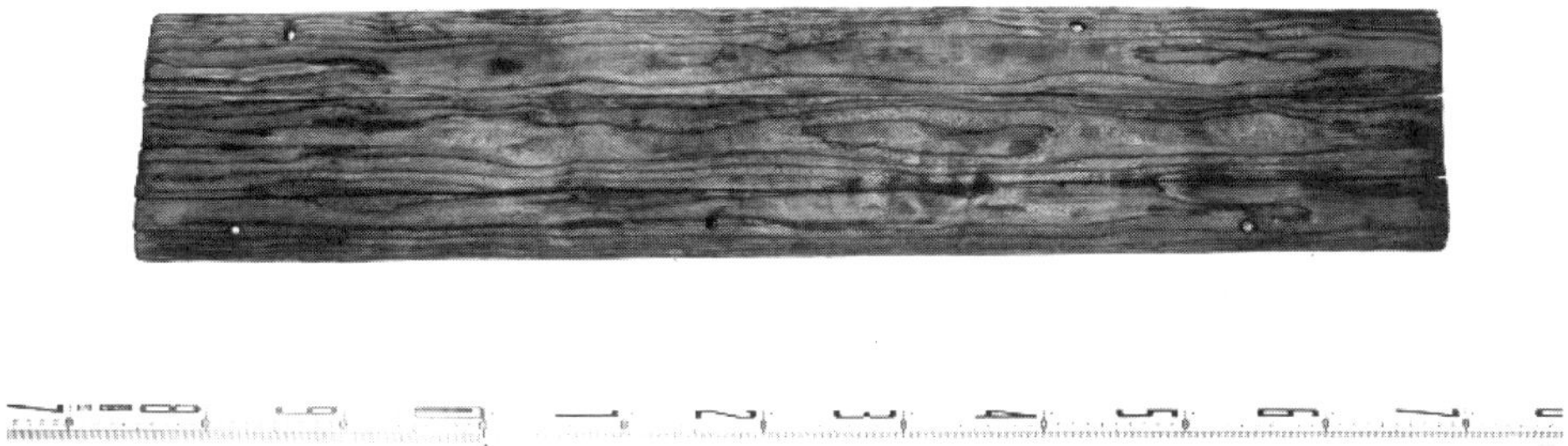

図19　屋根葺板材？（青谷上寺地遺跡KJA38346）（鳥取県埋蔵文化財センター提供）

図20　群馬県駒形神社埴輪窯跡出土家形埴輪（6世紀末頃）（太田市教育委員会提供）

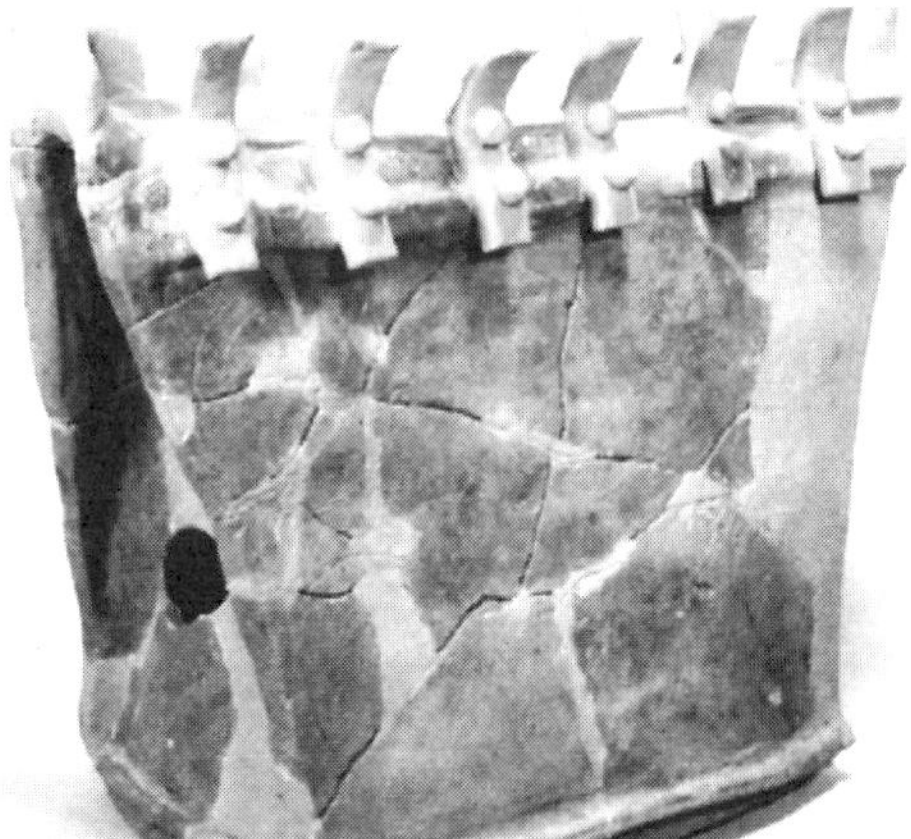

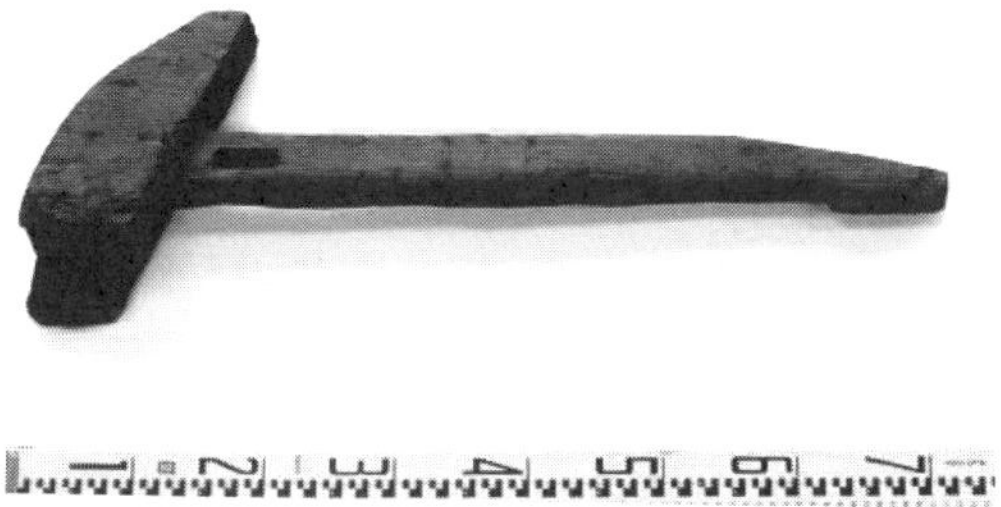

図21　笄（青谷上寺地遺跡 KJB16389-1）（鳥取県埋蔵文化財センター提供）

図22　破風板（青谷上寺地遺跡KJA43439）（鳥取県埋蔵文化財センター提供）

青谷上寺地出土の材が茅葺屋根の破風であることが実証されたといえるだろう。茅葺については、葺厚を四〇センチまでおさえた。以上より、地面から破風の先端までの高さは約一二メートルとなる。

4 軸組・小屋組・床など

柱は基本的に青谷上寺地遺跡出土の部材を参考にした。丸柱に貫穴をあけて貫を通し、上端は輪薙込にして桁を落とし込む。梁・根太も同様に青谷形式を採用し、桁幅に合わせてスリットを切り込み、桁に落とし込む。庇の縁もこの方式に倣い、縁束を床上まで立ち上げている。青谷型の角柱は大瓶束、棟束、鳥居束、戸柱に使った。小屋組は弥生時代「最長の垂木」による大型建物の復元に倣い、鳥居組とした。

さて、切込階段を採用したため、建物Dの床下には隅行四五度の根太が存在しない。このため、床を支える大引はどの場所でも桁行方向、根太は梁間方向になり、床板はすべて桁行方向となる。なお、庇の床は家形埴輪に倣い、一番外側を「へ」字状に折れ曲がらせた。この材は水切りと鼠返しの役割をもつものと考えられる。青谷でこの種の材は出土していないため、今回は唐招提寺宝蔵の台輪の形状を採用した。平側は床板と平行、妻側は床板と直交させて梁間方向にわたす。

身舎の壁は柱の内側に板材を積み上げたものとする。穿孔に縄を通して上下の材を積み上げていき、柱との接点は相欠とする。扉は青谷出土の縦長蹴放パターンを採用し、思い切って両開戸とした。床下を隠す網代網の壁も青谷で出土したヘギ板の編壁とした。なお、床下を隠す編壁については家屋文鏡の高床建物に表現されている。

5 建物D復元からみた青谷上寺地建築部材の新知見

以上のように、家形埴輪の外観をモデルとしつつ、建築部材や接合方法については、青谷上寺地の情報を積極的に吸収しつつ建物Dの復元に取り組んだ（**図24・25**）。復元建物に占める青谷上寺地出土部材の割合は九〇パーセントを超える。もっと纒向遺跡に近い遺跡で出土した部材を取り入れるべきだという意見もあるかもしれないが、前節でも述べたように、パッチワークとしての復元にも弱点は少なくなく、むしろ本研究では徹底して青谷上寺地の部材にこだわり、弥生建築に関する新たな知見を得ようと試みた。

今回、建物Dの復元研究に携わることによって、

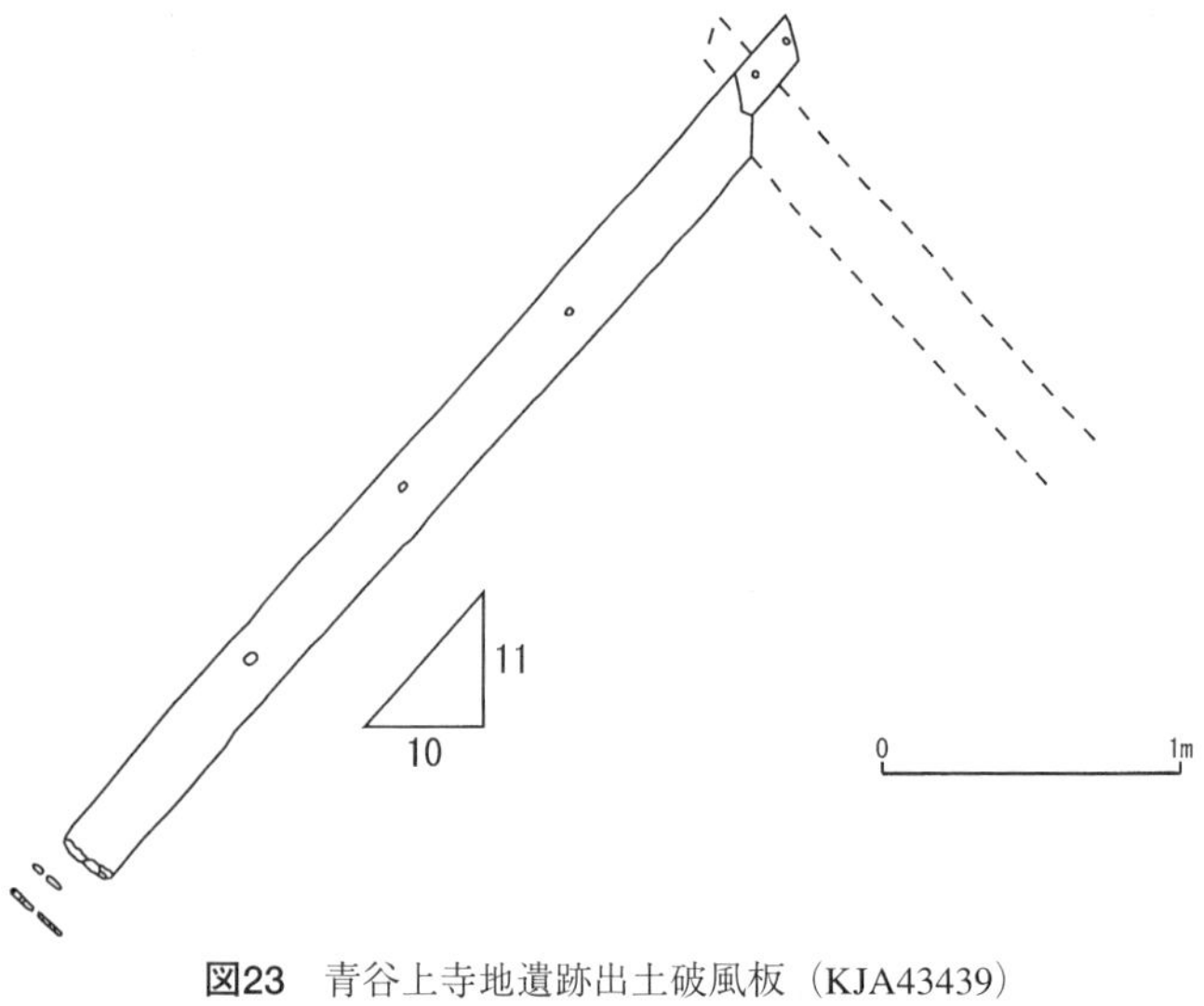

図23　青谷上寺地遺跡出土破風板（KJA43439）

①屋根葺き板材
②破風板
③栓状の笄

の存在が明らかとなった。これまで不明とされていた部材が、こうして県外の特殊な建物の復元を試みることにより、用途の同定が可能になったのである。青谷上寺地の出土部材の分析において新たな知見を得るためには、県内の遺構にこだわらず、大海に乗り出していく覚悟が必要だろう。

三、建物A・B・Cの復元

ついで、纒向遺跡の建物A・B・Cと門・塀について復元的な考察を試みる。

1　建物Aの復元

〈遺構解釈と平面の復元〉

建物Aは、建物B・C・Dを囲む方形区画の外側でみつかった。塀を境として東西のブロックに分けるとすれば、西側ブロックの遺構にあたる。試掘トレンチ調査によって五ヵ所の柱穴のみ確認されており、厳密にいうと三間×一間分しか検出されていない。

これらから建物の姿を推測するのは容易ではないが、建物群を通る中軸線と、柱穴五ヵ所のうち四ヵ所からなる柱通りがほぼ平行であることから、建物Aも中軸線上に位置すると推定されている。その場合、桁行総長はおよそ八メートルになり、端間が一・四メートルと狭いため、中央間をひろくとり（二・四メートル）、脇間を端間同様一・四メートルとする桁行五間に復元した（**図26**）。梁間については、出土状況

図24　纒向遺跡建物D 復元CG（全景）

図25　纒向遺跡建物D 復元CG（妻側）
（図24・25および29・35・38・52の纒向に関するCG制作はすべて鳥取環境大学浅川研究室＆朝日放送）

をみると三間で、身舎二間の西側に庇をつけた一面庇の建物とされているが、遺構東側に溝状遺構の攪乱が認められ、また、モデルとする家形埴輪に一面庇の類例を特定できなかったことから、今回は梁間四間の二面庇であった可能性を示したい。この場合、建物Dと同様の四面庇をもつ「三間四面」の平面であることも考えられたが、平面規模が小さく、入側筋に棟持柱となる柱穴がないので、桁行五間（八メートル）×梁間四間（六・二メートル）の二面庇に復元した（**図27**）。間面記法を用いれば「五間二面」の建物となる。桁行方向は、中央間に入口として両開き扉、その両側の脇間には窓を設けた。端間と、梁間の中央二間は壁として考察している。

〈上部構造の復元〉

五間二面の平面で、床束の痕跡が検出されていないことから、上屋は平屋の切妻造に復元されよう。外観のモデルとしたのは、大阪府岡山南遺跡（五世紀前期）、奈良県室大墓（五世紀前〜中期、**図28**）などで出土した家形埴輪である。モデルとした家形埴輪はいずれも平屋だが、床を土間とせず、低い床の四周に「へ」の字形の水切り兼鼠返しを表現している。建物Aの復元にあたっては、ころばし根太を通柱に挟み込む形で梁間方向にわたし、その上に低い板張りの床を設け、一番外側に「へ」の字形の材をつけた（**図29**）。

軸組・小屋組などの細部・構造は基本的に建物Dに倣う。身舎の壁も建物Dと同じ横板積上壁で柱との接

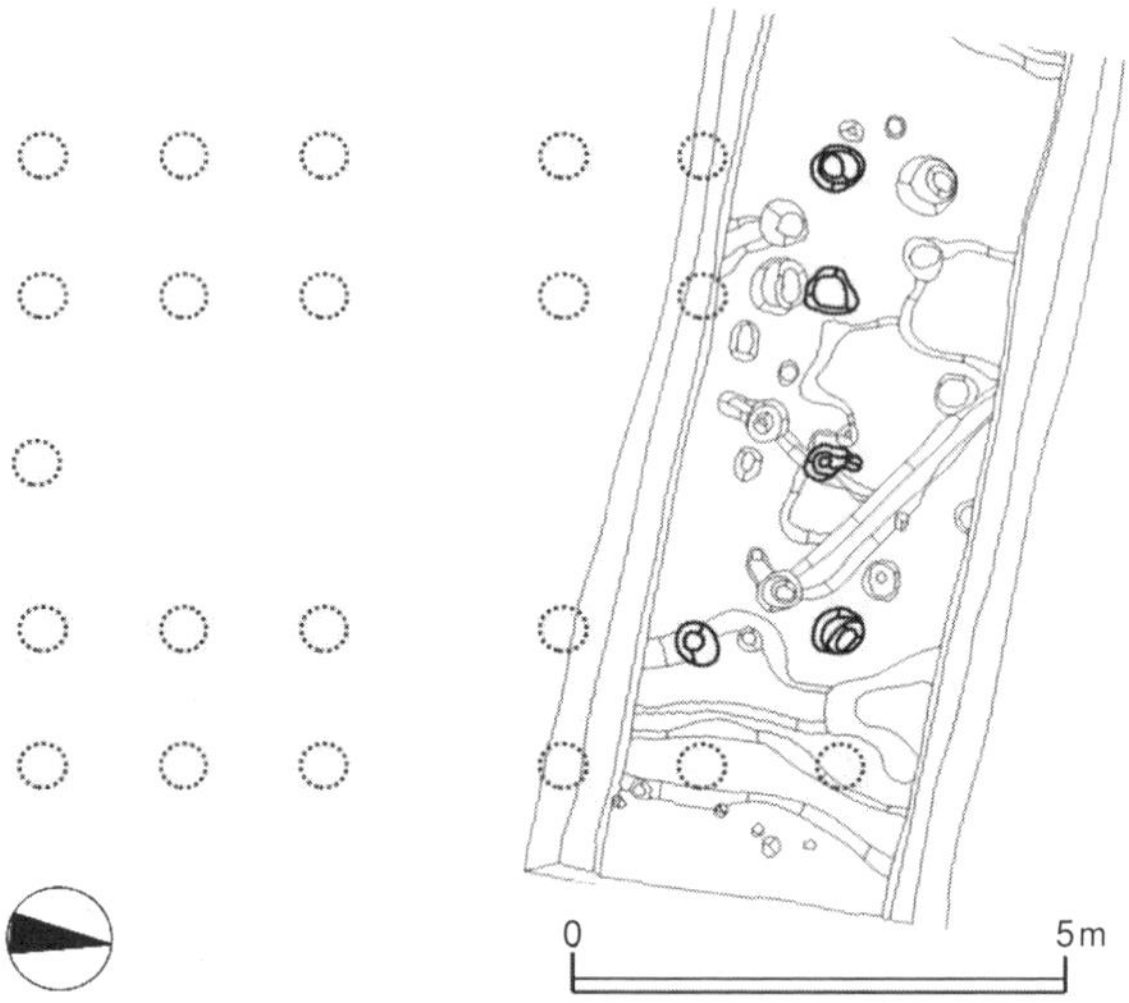

図26　纏向遺跡建物A遺構図：復元平面柱位置（S＝1/150）（桜井市教育委員会提供原図をリライト）

図28　奈良県室大墓出土の家形埴輪（5世紀前中期）（奈良県立橿原考古学研究所附属博物館提供）

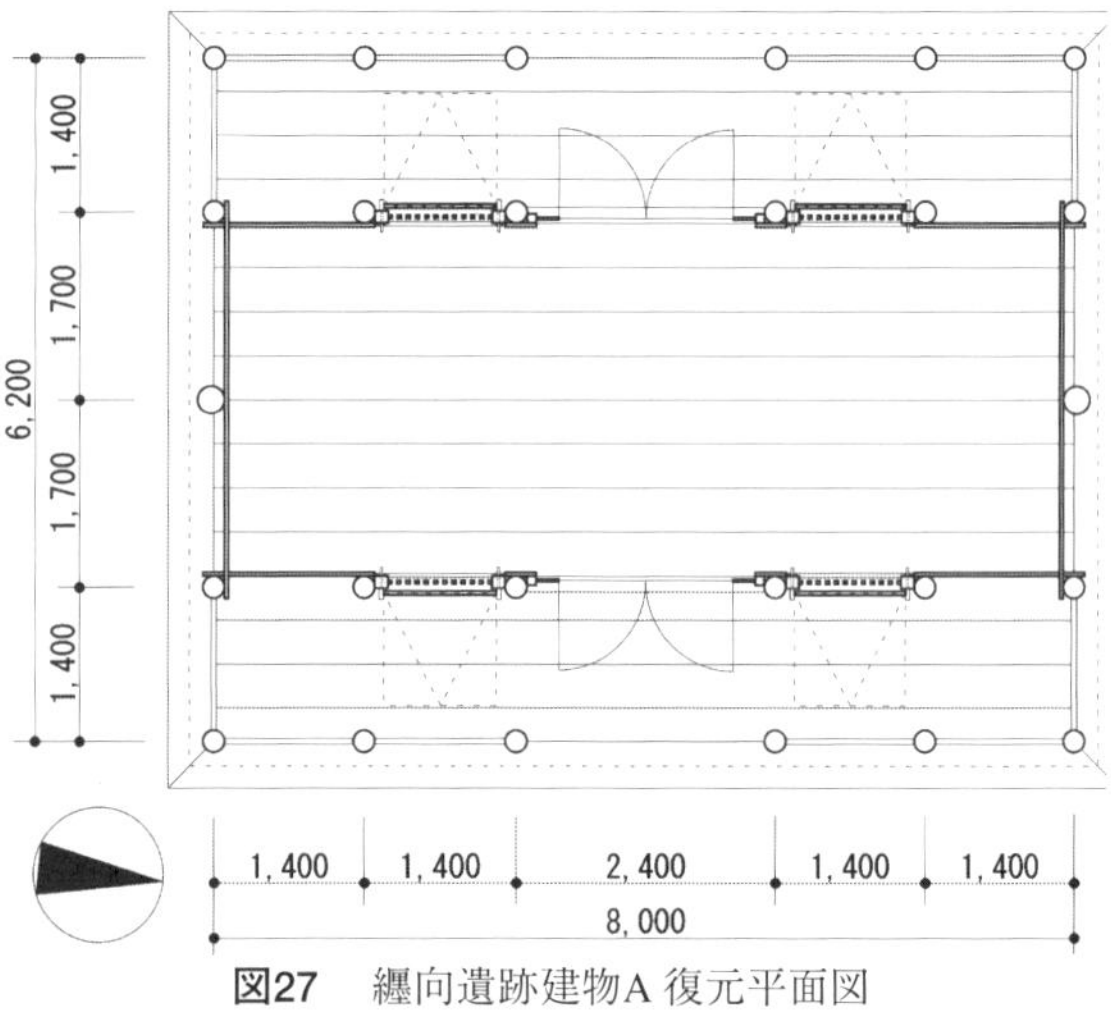

図27　纏向遺跡建物A 復元平面図

点は相欠とする。開口部廻りについては、扉はもちろんのこと、窓についても青谷上寺地出土部材を採用した。同遺跡では、窓枠状木製品ＫＪＢ１４３２２（図30）をはじめ、窓の一部とみられる部材が多数出土している。連子窓の外側には突上戸（板蔀）を併設する。板蔀は出雲市の三田谷Ｉ遺跡のディテールを参照した。奈良時代の材でやや進化しているが、同種の栓状軸受は青谷上寺地でも出土している。

棟持柱は妻壁の筋にそろっているようにもみえるが、今回は近接棟持柱とした。妻板壁に接し、その外側に立ち上げて棟木を支える。屋根は家形埴輪に倣って外転びのある切妻造とし、茅葺屋根は勾配四五度の茅葺。葺厚は三〇センチとした。棟も建物Ｄと同じ仕様。棟を杉皮で覆い、板状の千木で押さえてから栓状笄を横方向に突き刺す。破風・千木は桁行柱間が奇数であることから男千木とし、千木の数も奇数（七本）とした。地面より破風板先端までの高さは約七・二メートルとなる（図31）。

〈小　結〉

建物Ａは、他の三棟とは塀を隔てて位置している。その立地条件から、西側ブロックの中心施設をイメージして復元した。東側ブロックの正殿であろう建物Ｄと同様に、板壁・手摺りをもつ建物として格式をもたせたのである。ただ、出土遺構の範囲がせまく、復元根拠となりうる

図29　纒向遺跡建物A 復元CG

図30　窓枠状木製品（青谷上寺地遺跡KJB14322）
（鳥取県埋蔵文化財センター提供）

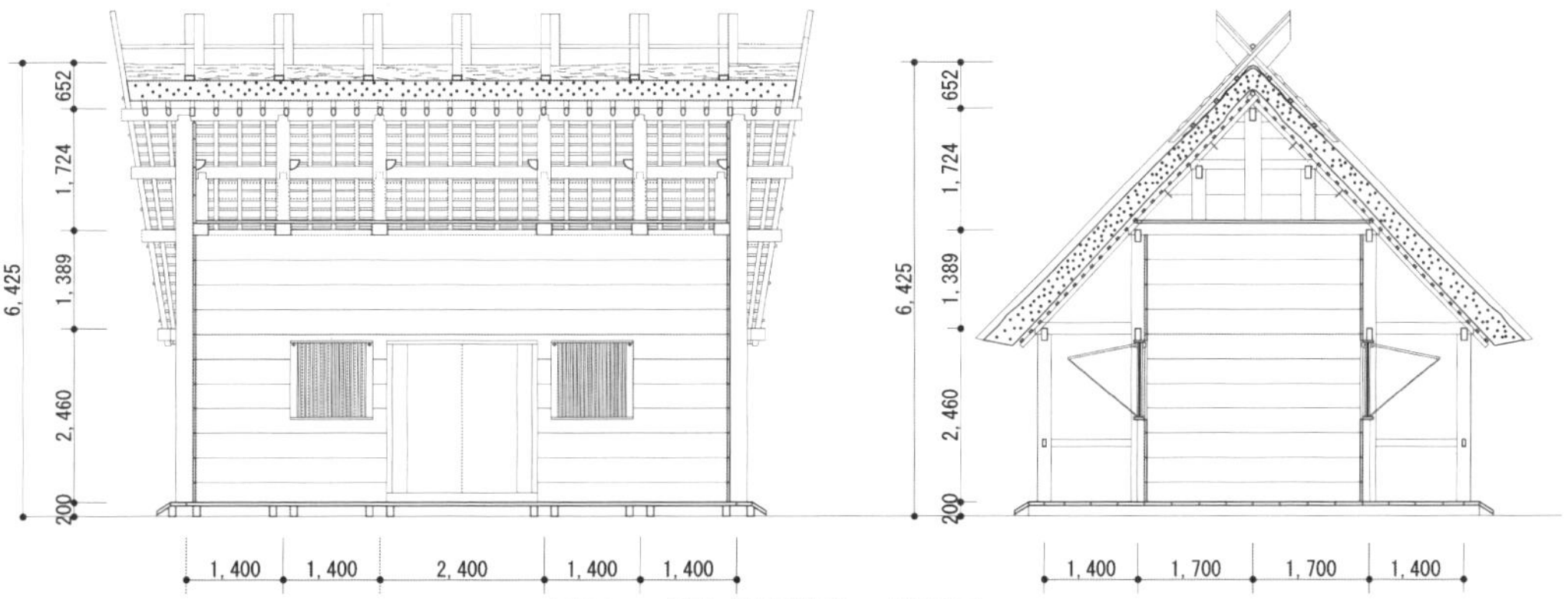

図31　纒向遺跡建物A 断面図

データが少ないことも否定できない。これから発掘調査が進められる中で、大幅な再検討が必要となるであろう。

２　建物Ｂの復元

〈遺構解釈と平面の復元〉

建物Ｂの遺構は東側ブロックに位置しており、東西にそれぞれ建物Ｃと建物Ａが隣接する。また、その立地は特異であり、凸型に張り出した塀の先端にあたる区画に立地している。遺構図によると、平面は三間（五メートル）×二間（四・八メートル）で南北に近接棟持柱を備える（**図32**）。桁行方向（南北）の柱間寸法は中央間約一・八メートル、両端間は約一・六メートルとなっており、梁間方向（東西）は棟持柱を中心に約二・四メートル等間となる。建物内に床束の痕跡は認められない。桁行の中央間は端間よりも長いので、ここに出入口を設け、端間には建物Ａと同形式の窓（連子窓＋板蔀）を左右対称に設ける（**図33**）。梁間二間については横板壁とした。

〈上部構造の復元〉

床束の痕跡が皆無であることから、高床建物ではなく、平屋の床張り建物に復元した。復元モデルとしたのは、大阪府岡山南遺跡（五世紀前半）、奈良県室大墓（五世紀前～中期）、奈良県杉山古墳（五世紀後期）などの家形埴輪である。いずれも平屋の切妻造。床組・開口部は建物Ａとまったく同じ仕様とする。壁は横板積み上げではなく、網代編壁にしている。その理由は後で述べる。ただ、梁より上の妻壁については青谷上寺地遺跡出土の妻壁板ＫＪＡ４３４７２などを尊重し、他の三棟と同様の横板壁とした。

軸組・小屋組も建物Ｄ・Ａと同じく、青谷上寺地方式を採用している。近接棟持柱は、転ばせずに壁に沿って

図32　纒向遺跡建物B遺構図：復元平面柱位置（S＝1/250）
（桜井市教育委員会提供原図をリライト）

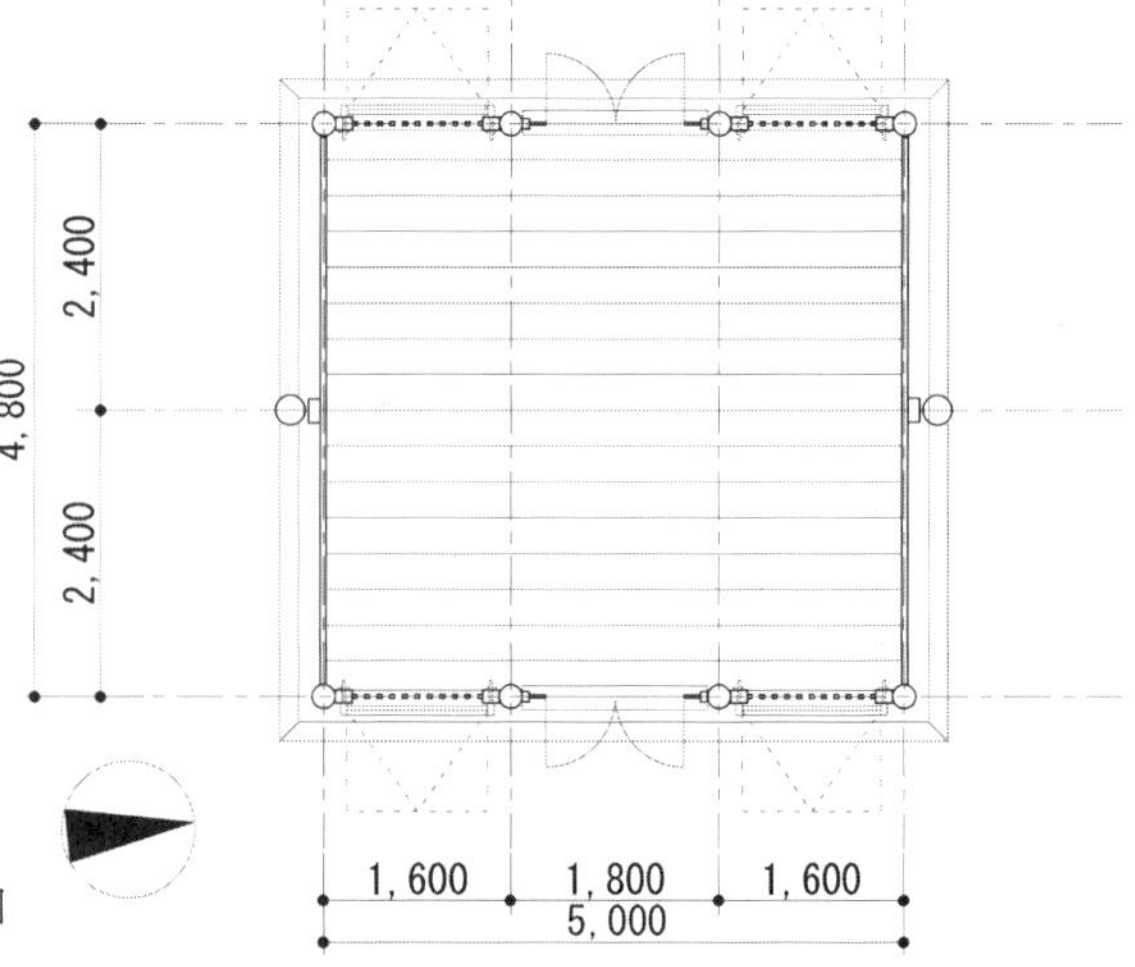

図33　纒向遺跡建物B 復元平面図

立ち上げ棟木を支える。屋根形式はモデルとした家形埴輪を参考にしてケラバや軒高さを調整し、前述の二棟に倣って勾配、棟飾などを設定した。桁行柱間が奇数であることから、破風・千木は男千木、千木の数は奇数（五本）とした。地面より破風板先端までの高さは約六・四メートルとなる（**図34・35**）。

〈小　結〉

建物Bは、すでに述べたように、塀が凸状に張り出した区画の内部にすっぽり納まっている。この立地性は「魏志倭人伝」にいう「居る処の宮室は楼観・城柵を厳かに設け」の「楼観」を彷彿とさせるものであるが、床束の痕跡がまったくないので高床構造に復元できない。そこで「楼観」ではないが、門や建物C・Dを護衛する「守衛棟」のイメージで設計した。儀式・居住などに供された他の三棟に比べると、ややランクの劣る建物であると判断し、壁を網代編とした。

3　建物Cの復元

〈遺構解釈と平面の復元〉

建物Cは建物Dの背面にあたる西側で検出された遺構である。トレンチ掘りのため、柱穴が部分的にしか確認されていないので、全体平面は不明だが、南北に近接棟持柱をもつ梁間二間の建物である点は確定している（**図36**）。中軸線に対して対称であったと仮定すると、桁行

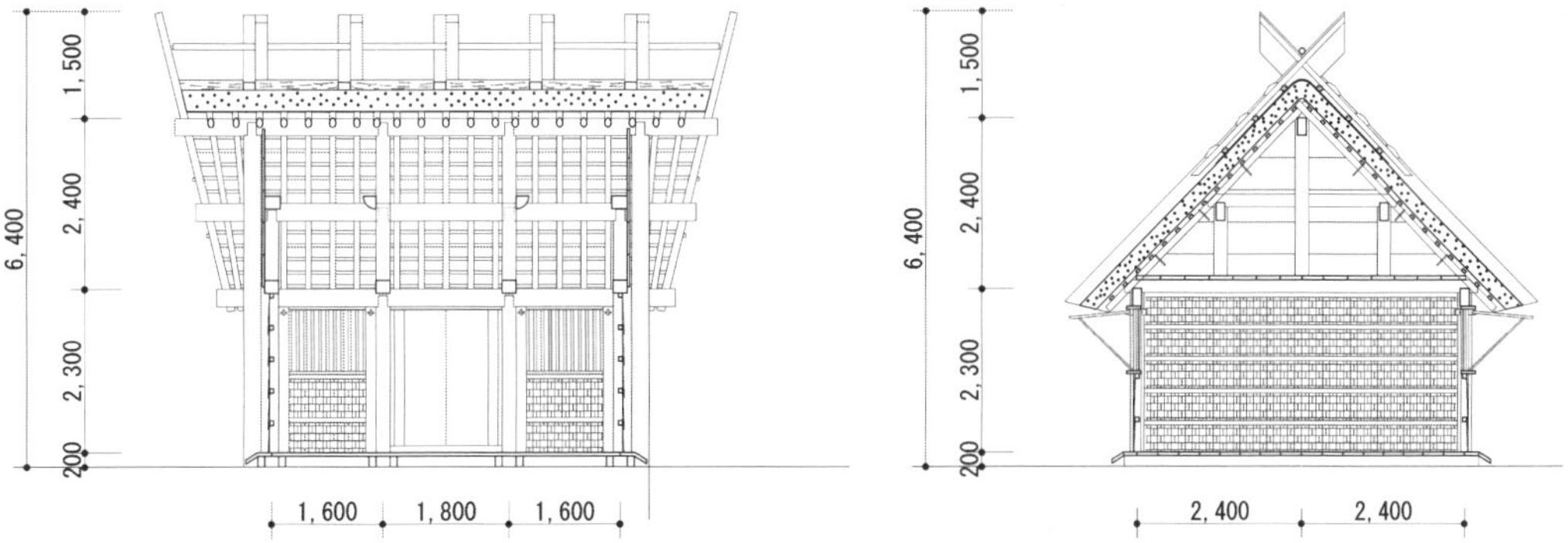

図34　纒向遺跡建物B 復元断面図

図36　纒向遺跡建物C遺構図：復元平面柱位置（S＝1/150）
（桜井市教育委員会提供原図をリライト）

図35　纒向遺跡建物B 復元CG

三間（七・八メートル）×梁間二間（五・三メートル）に復元できる。現状では中央部が発掘調査されていないので、床束の存否は明らかでない。よって高床か土間かの判断をしかねるが、今回は建物Dとほぼ同じ床高の高床建物と仮定して復元を進めた。平面については、中央間が二・四メートルと短く、脇間が二・七メートルと長いので、中央間に窓を配置した。入口は、南北妻側を出入口とする建物Dとの往来を重視し、両妻側に設けた。

〈上部構造の復元〉

外観のモデルとしたのは、大阪府玉手山1号墳（四世紀後期、**図37**）、大阪府美園1号墳（四世紀末、第十一章第一節図1：六一九頁）、兵庫県人見塚古墳（五世紀）などで出土した家形埴輪である。いずれも高床（二重）で「へ」字形の材をつけ、とくに玉手山古墳の埴輪は切妻造・妻入であることから、ケラバの出や妻飾を大いに参照した。構造・細部は、他の三棟と同じ仕様とする。床張りの構造、床下網代編壁は建物Dに倣う。窓は建物A・Bと同じ連子窓・板蔀複合型。破風・千木については、建物Dと同じ女千木とした。桁行柱間が三間と奇数だが、入口が両妻側の二ヵ所であり、この数に従って千木は偶数（六本）とし、破風・千木を女千木としたのである。地面より破風板先端までの高さは約八・八メートルとなる（**図38・39**）。

図38　纒向遺跡建物C 復元CG

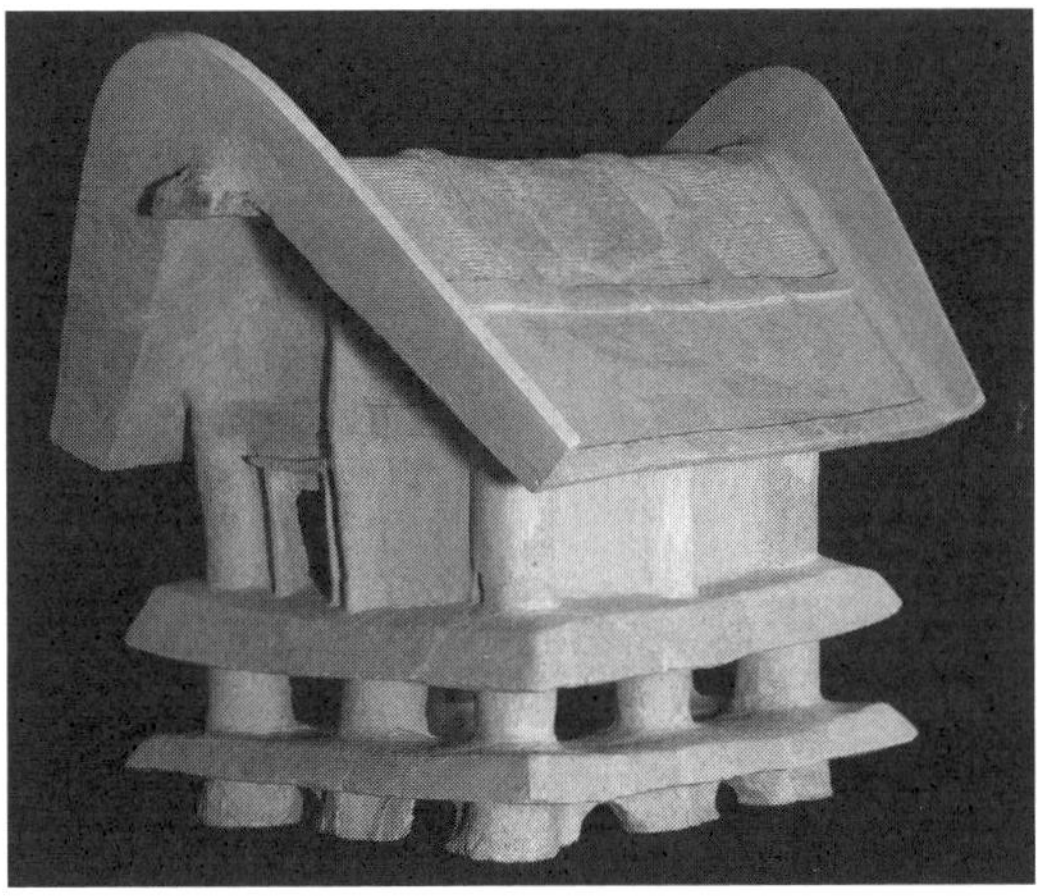

図37　大阪府 玉手山1号墳出土の家形埴輪（4世紀後期）（帝塚山大学提供）

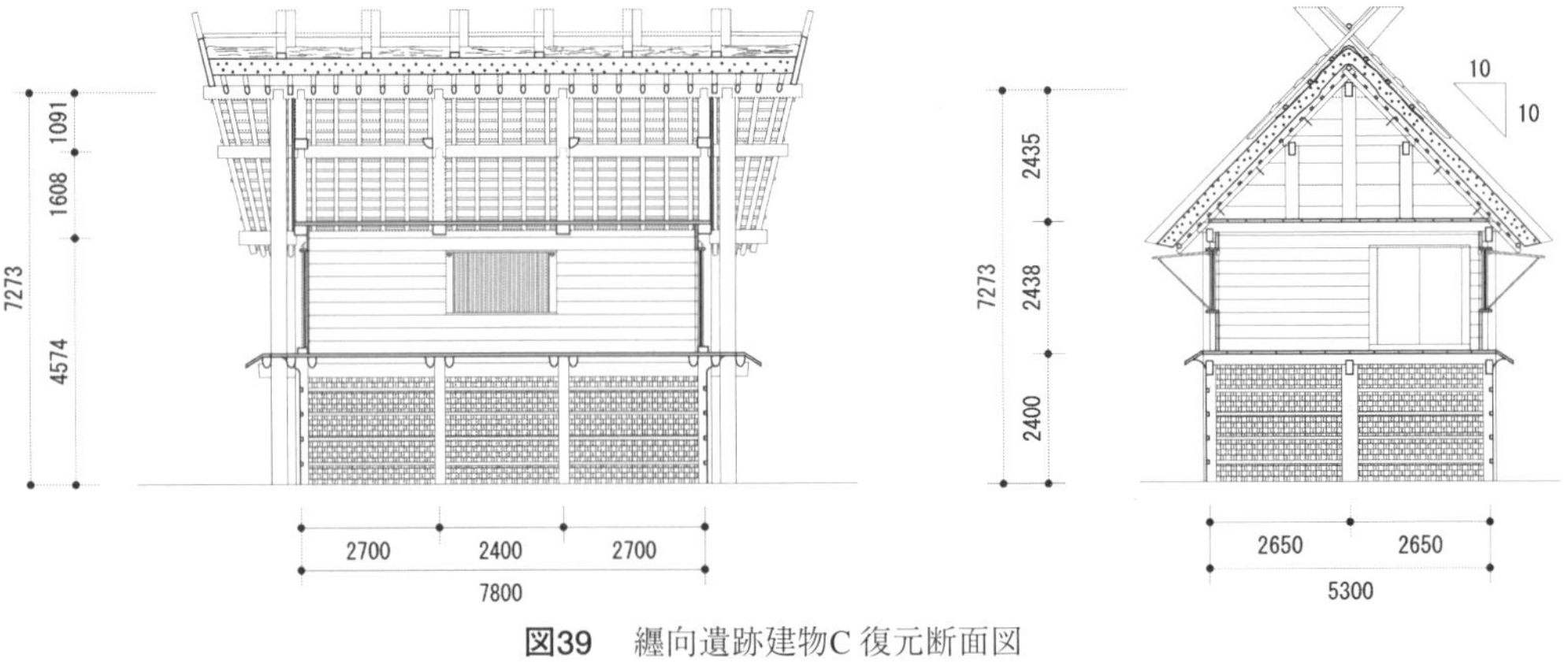

図39　纒向遺跡建物C 復元断面図

〈小　結〉

建物Cは、その立地から建物Dとの相関性を復元根拠の一つとして設計した。両棟が共存すると仮定し、建物Dとの連絡を考慮して、高床式の建物Cの両妻側に出入口を設けたのである。ただ、遺構図を観察する限り、建物Cの軸線は他の三棟にくらべわずかに方位がずれている。これは他の三棟と建物Cに時期差がある可能性を示唆するデータである。今後の発掘調査、整理分析の進展によって、共存関係か前後関係かがみえてくるだろう。

4　門・塀の復元

〈遺構解釈と平面の復元〉

建物B周辺のトレンチから、ほぼ一定の間隔をおいて列をなす柱穴列がみつかっており、塀の遺構と考えられる（**図40**）。建物B・C・Dと建物Aを東西に分けており、その配列をみる限り、東側を塀の内側としている。門の遺構については未確認だが、塀の柱間のどこかを門としていた可能性は十分ある。今回は凸状に張り出した「守衛棟（建物B）」エリアから二間おいて対称の位置に一門ずつ設けた。計二門となるが、それぞれ建物C・Dの両妻側に設けた階段の位置に対応させている。

〈意匠の復元〉

門・塀ともに、今城塚古墳で出土した門・塀の埴輪（六世紀前半、**図41**）を復元モデルとしている。塀の埴

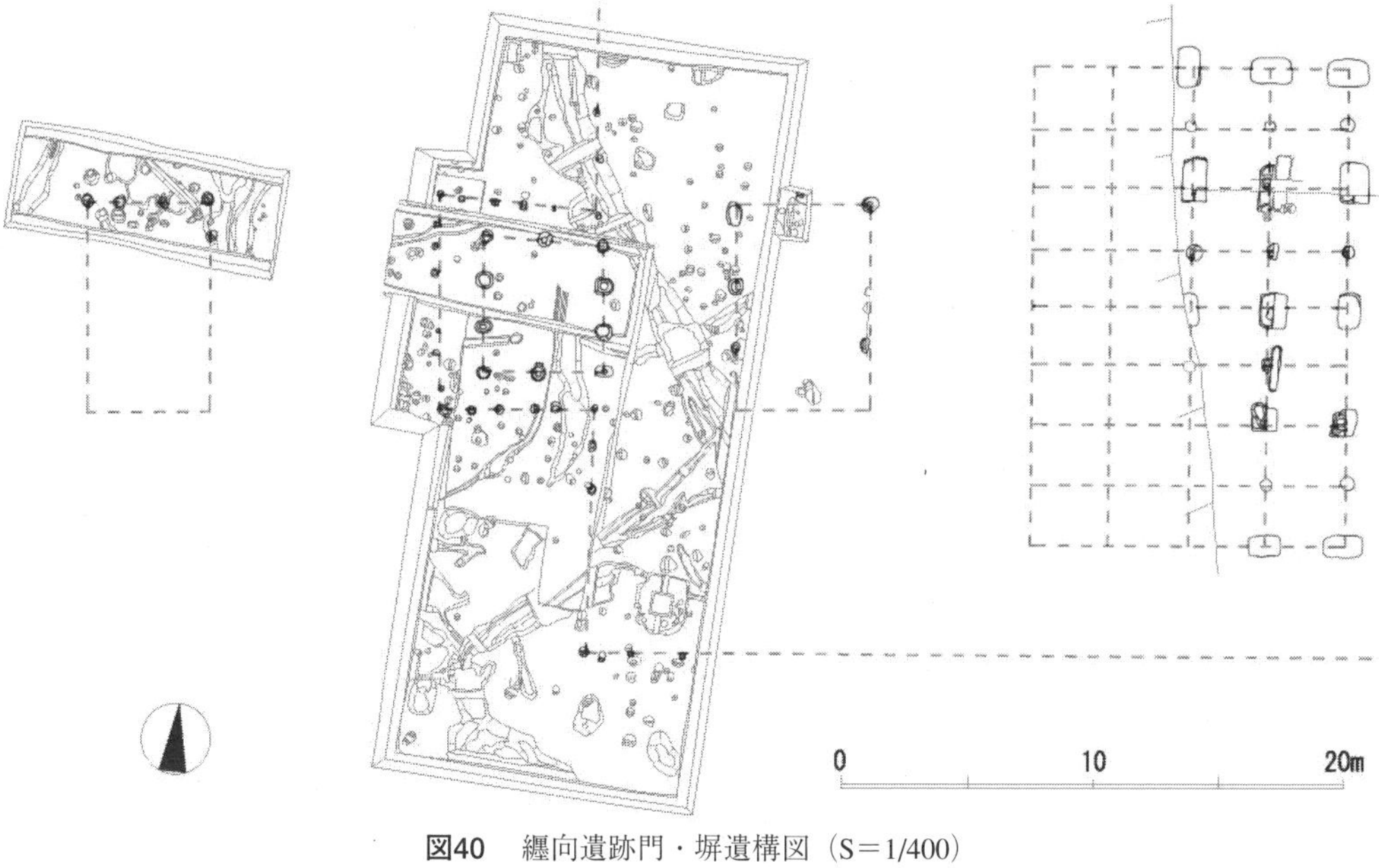

図40　纒向遺跡門・塀遺構図（S＝1/400）

図41　大阪府今城塚古墳出土 門・塀の埴輪（6世紀前半）（高槻市教育委員会提供）

輪を観察すると、矢板状の竪板を並べ、その表面に二本、線状の細長い表現が認められる。竪板状の材を横桟でつないでいるのであろう。これらの材を内側から柱で支える構造に復元した（**図42**）。柱を塀の内側に立てるか外側に立てるかで議論が分かれた。大阪府八尾市の心合寺山古墳で出土した「囲形埴輪」（五世紀前半）の外側には柱や横桟の表現があることから、柱を外側に立てるべきとも考えられるが、二〇一〇年一月に記者発表された御所市の池之内・條地区の方形区画（四世紀）では板塀を挟む双子柱の柱穴が並んでおり、心合寺山「囲形埴輪」のモデルとなった豪族居館の塀にも内側に柱が立っていた可能性がある。今回は外側からの景観の質を向上させる効果を狙って内側に柱を立てた。

一方、門については、今城塚のモデル埴輪をみる限り、上部の冠木状の材を二本柱に落とし込む素朴な構造をしている。一見、鳥居に似ているが、冠木状の材よりも柱が突き出ており、中国の烏頭門に近い構造と言えよう（**図43**）。ここでは、貫状の鴨居を通し、足元には蹴放を渡した。内法高は二・八メートルとした。

〈小　結〉

やや時代の下る今城塚古墳出土形象埴輪の造形に従って、塀と門の復元を進めたが、これは今城塚が継体天皇陵と推定される格の高い陵墓であったからである。五世

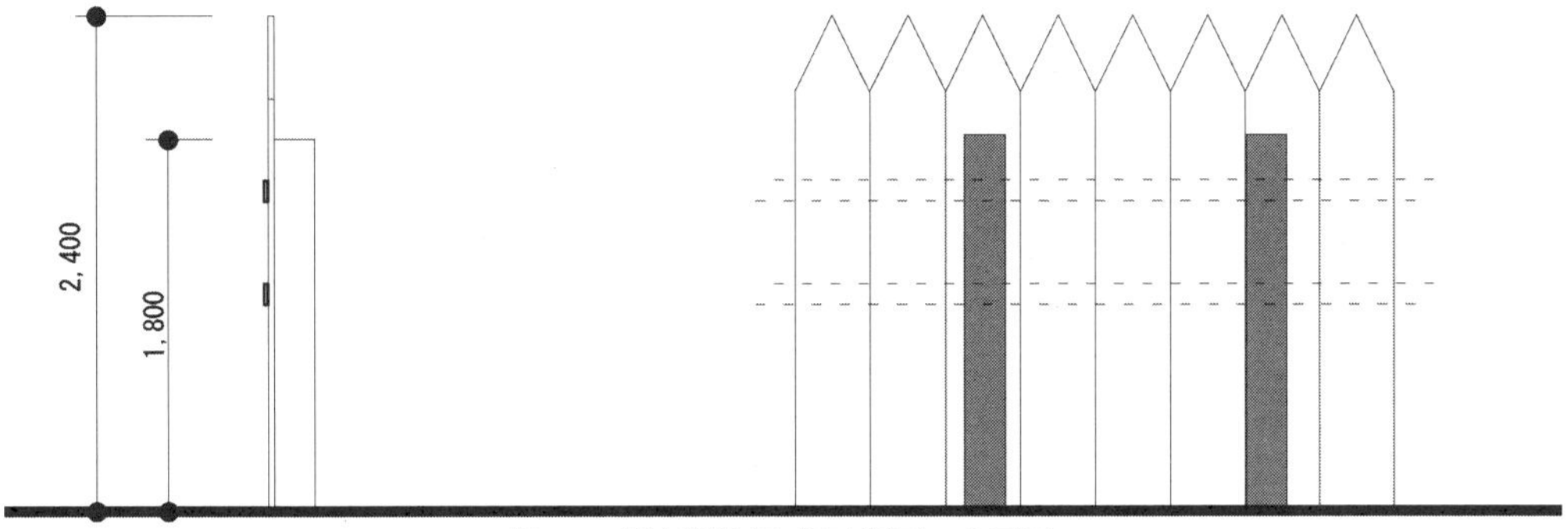

図42　纒向遺跡塀 復元断面・立面図

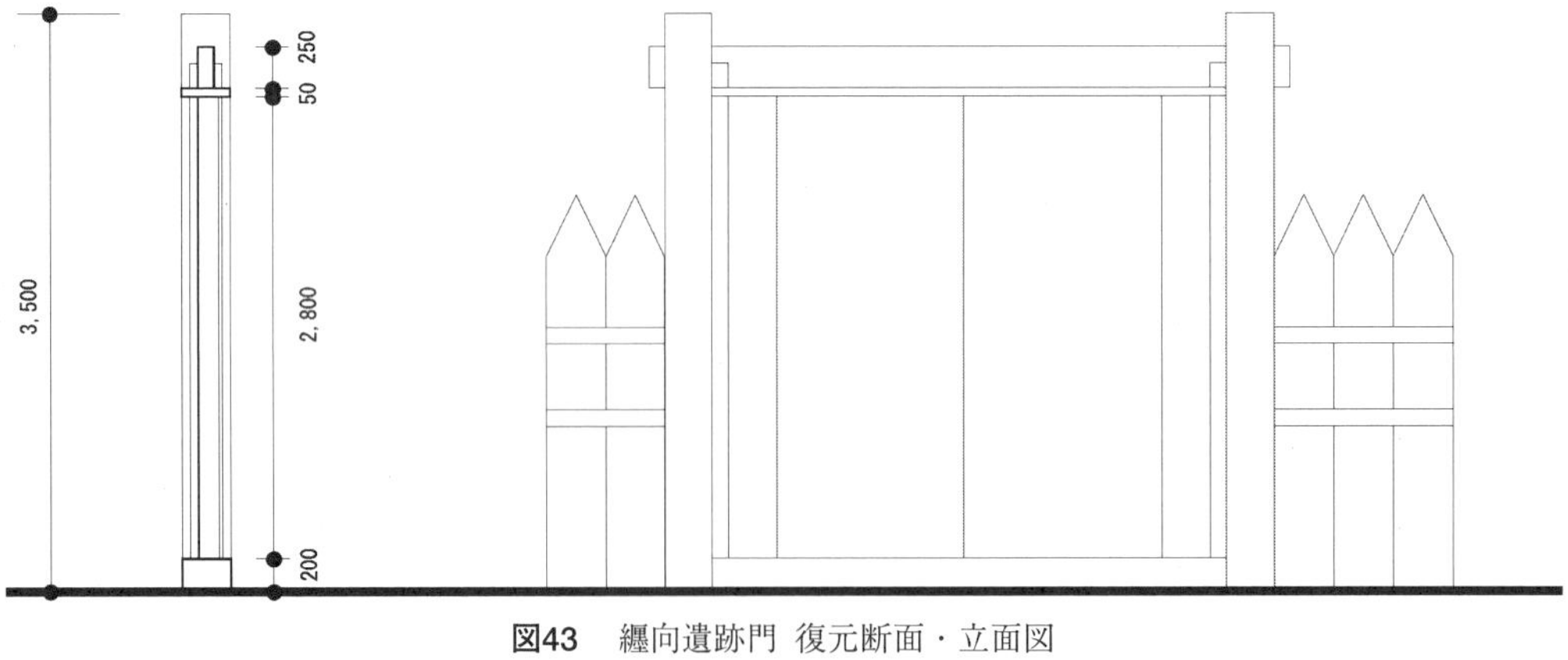

図43　纒向遺跡門 復元断面・立面図

紀代の心合寺山古墳「囲形埴輪」については豪族居館の匂いが強く、天皇陵よりも格式は落ちるが、塀・門の構造に関してはより写実的な表現がみられ、この両者を参照して塀・門の復元に取り組んだ。青谷上寺地の部材には矢板状のものが少なくない。大半は溝の堰板に転用された材で塀の材料とは思われない。しかし、部材を精査すれば、塀・門にかかわる材も含まれているかもしれず、今後の課題の一つと認識した。

以上、建物A～D四棟および門・塀の復元プロセスと成果について述べてきた。いまだ発掘調査中の遺跡の建物遺構を復元するのは「勇み足」だとの誇りを免れないかもしれないけれども、ここに示す復元案は不動の決定案では決してない。新たな情報・見解を貪欲に吸収し、今後とも復元の更新を繰り返していきたい。

四、建築の特質と景観の復元

「魏志倭人伝」によれば、景初二年（二三八）、倭を統率する邪馬台国の女王、卑弥呼は魏に使節を派遣し魏王明帝より「親魏倭王」の金印を授けられた。その前後が卑弥呼の活躍した時代である。このたび纒向遺跡で発見された大型建物群の年代は最新の土器編年から三世紀前半に比定され、卑弥呼の在位年代と重なり合う（三世紀後半から四世紀に下るという意見もある）。考古学的時期区分では「弥生時代終末期～古墳時代初期」と呼ばれる境界的な時代でもあり、纒向に近接するホケノ山や箸墓など最古の前方後円墳の出現期と接近する。これらの点から、このたび発見された大型建物群が考古学界に与えた衝撃は計り知れない。

私たちは今回、纒向遺跡が邪馬台国であることを建築史学的に論証しようとしたのではない。ただ纒向遺跡の大型建物群を、家形埴輪をモデルにしつつ、青谷上寺地遺跡出土建築部材をできるだけ活用して復元しようとしただけのことである。しかし、建築の構造と意匠を復元しただけではすまされない問題も残されているので、最後に、大型建物群の性格、時代相との関連、後続する大和朝廷の宮殿との系譜、さらにそれらを総括する意味での「景観」について考察を加え、まとめとしたい。

1　大型建物の構造と性格

〈切妻造から入母屋造へ〉

三世紀という時代相が弥生時代から古墳時代への転換点となる時代であることは周知のとおりである。まずは、この時代の変化を「大型建物」という視点から眺めてみたい。近畿地方における弥生時代の大型建物は、独立棟持柱をもつ一室空間の平面が主流を占める。これらの大型建物は、唐古・鍵遺跡や池上曽根遺跡などで出土した土器絵画の表現をみても、屋根が外に転んで船形切妻となり、独立棟持柱で棟木を支えるものである。伊勢神宮正殿との類似から、この種の建物跡を「神殿」もしくは「祭殿」として決めつける解釈が一時期流行したが、私たちは祭祀に特定した施設というよりも、集会・祭祀・作業・居住などが複合化した「多目的」施設とみる立場をとっている。

　一方、古墳時代の大型建物は四面庇をもつ複雑な平面をしており、いわゆる豪族居館の正殿にあたる遺構と考えられる。この場合、上屋を想像させるのは、何より錣葺入母屋造の屋根をもつ家形埴輪である。この種の家形埴輪は、大きく外側に転んだ大屋根の四周に庇屋根をめぐらせている。今回発見された纒向の建物Dは四間×四間の平面をもつ総柱系の高床建物であり、床上を二間四面の平面に復元した。その平面にふさわしい屋根形式は、言うまでもなく入母屋造である。これを近世民家のような素朴な入母屋造ではなく、形象埴輪の屋根形状に近づけようとする場合、身舎にかかる茅葺屋根の転びが異様に大きくなるので、両妻側に飛び出る棟木の先端を内転びの棟持柱で支えることにした。こういう内転びの棟持柱については、今城塚の家形埴輪（入母屋造二階建）に庇屋根を貫く表現が示されている。それは一見例外的な表現のようにも思われるが、むしろ多くの入母屋造の家形埴輪では棟持柱を省略している可能性があると私たちは考えている。それというのも、静岡市登呂遺跡で出土した大型建物（弥生時代後期）では、棟持柱掘形の底部で内側に傾いた礎板が残っており、独立棟持柱の内転びは伊勢神宮正殿などにくらべ、はるかにきつかったことが明らかになっているからである。

　興味深いことに、このような内転びの棟持柱をもつ弥生型の船形切妻造高床建物に四面庇を付加すれば、今城塚型の入母屋造大型建物に展開する（**図44**）。建物D復元案から四面庇を取り去れば、独立棟持柱をもつ弥生時代の大型建物に復元できると言い換えてもよいだろう。ここに弥生時代の切妻造から古墳時代の入母屋造への転換を読み取りうるのだが、構造的にみると、この進化は相当強引なものであり、自ずと破綻が露呈する。それが庇屋根を貫く内転びの近接棟持柱ではないだろうか。この矛盾を解消するために近接棟持柱は後に消滅し、船形屋根の外転びも小さくなっていったのだろう。

〈木柄の細さ〉

　建築技術的に注目したいのは、建物の規模がすさまじく大きいのに対して柱径が約三〇セン

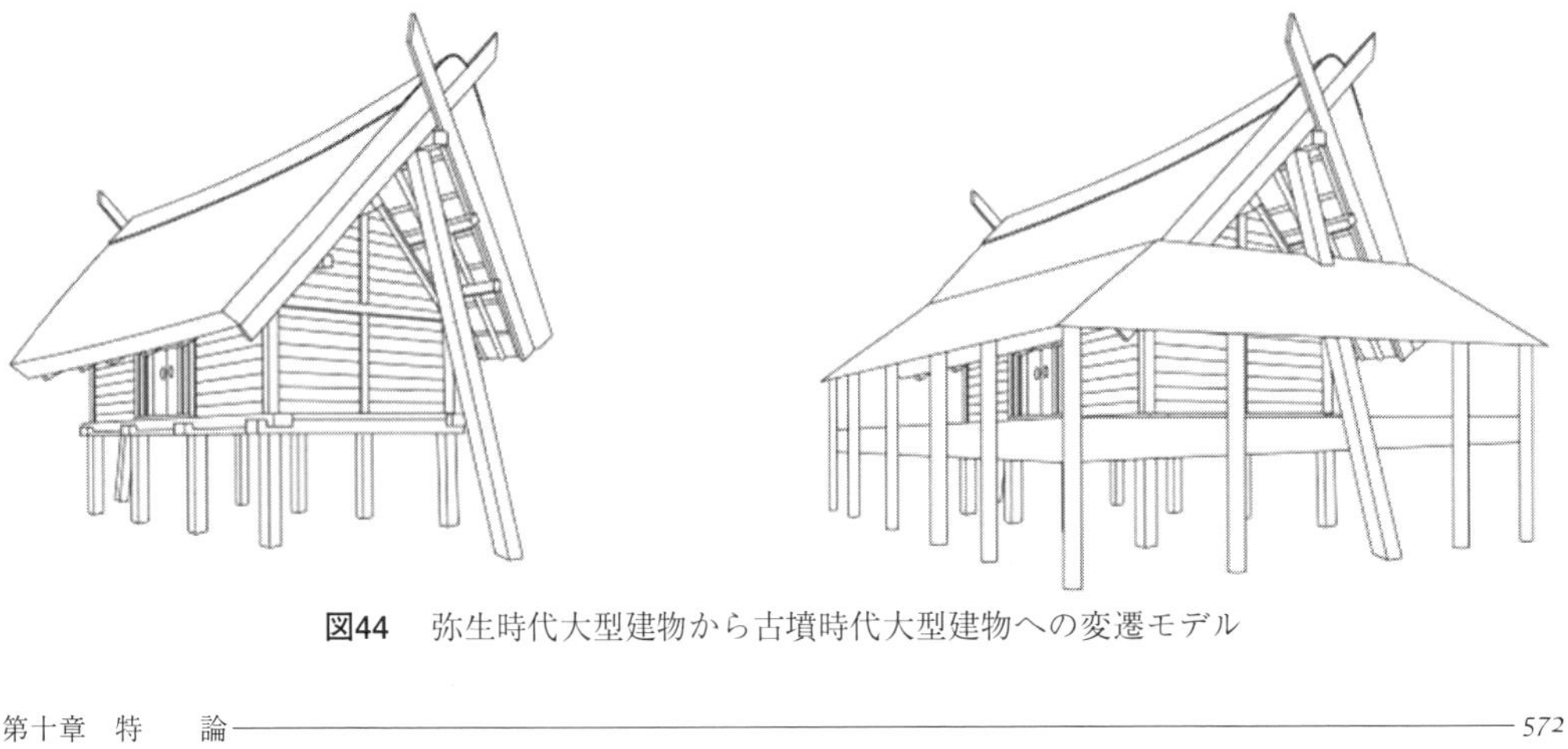

図44　弥生時代大型建物から古墳時代大型建物への変遷モデル

チと小さいことである。青谷出土建築材は全体的に木柄が細く、かぼそい部材で「楼観」や大型建物を築いていた。それは鋭利な金属器による繊細な加工が可能だったからである。纒向でも、細い柱で二四〇平方メートルに及ぶ超大型建物を築造している。上部構造が青谷の系譜をひくものであったというつもりはさらさらないけれども、やはり金属器による繊細な加工技術があったからこそなしえた技であろう。

〈紫宸殿との系譜関係〉

建物Dの平面を二間四面とみて、桁行・梁間とも中央に階段を設置できないため、四隅に切込階段を設けた。四隅の切込階段によって、床上平面は「十字形」を呈する。四隅の切込階段は年中行事絵巻に描かれる平安宮紫宸殿にみられ、京都御所の紫宸殿でも十字形平面と四隅の切込階段の伝統が受け継がれている。御所紫宸殿では屋根が錣葺風であるのも、何やら示唆的である。奈良時代における紫宸殿相当の建物は平城宮内裏正殿であり、細見啓三は四隅の階段を縁の外側に設けている。内裏正殿は桁行・梁間ともに柱間が一〇尺当間だから、この復元的理解も当然といえば当然なのかもしれない。ところが、内裏正殿と同じ身舎梁間三間の長屋王邸宅正殿では、桁行中央五間の柱間が一〇尺等間であるのに対して、両端間を一五尺と長くしている。この特性は鈴木亘が復元した平安宮紫宸殿の平面（鈴木 一九九一）と酷似しており、両者ともに四隅に切込階段をもつ床上十字形平面に復元されるべきではないだろうか（**図45**）。

なお、奈良時代における十字形平面住宅の例として藤原豊成板殿があり、それは後の寝殿造の正殿（寝殿）にあたる貴族住宅の一部とみられる（関野克 一九三六）。このように十字形平面は、後の紫宸殿（内裏正殿）の原型であり、貴族住宅における正殿（寝殿）の原型であるとも言える。ひるがえって、古墳時代の大型建物は偶数間のものが多く、正面に階段を設置できない。階段の位置は不明ながら、四隅の階段と床上十字形平面の可能性を視野におきながら、今後は発掘調査を行う必要があるだろう。纒向の建物Dについても四間×四間という偶数間であることから、四隅に階段を設置した。ただし、これはあくまで仮説であって、実証された結果ではない。また、二間四面の床上平面における中央二室を閉鎖的、四面庇を開放的に復元したのは、中央二間を後の塗籠（室）に相当する領域、両妻側にできる広庇を「堂」的な領域とイメ

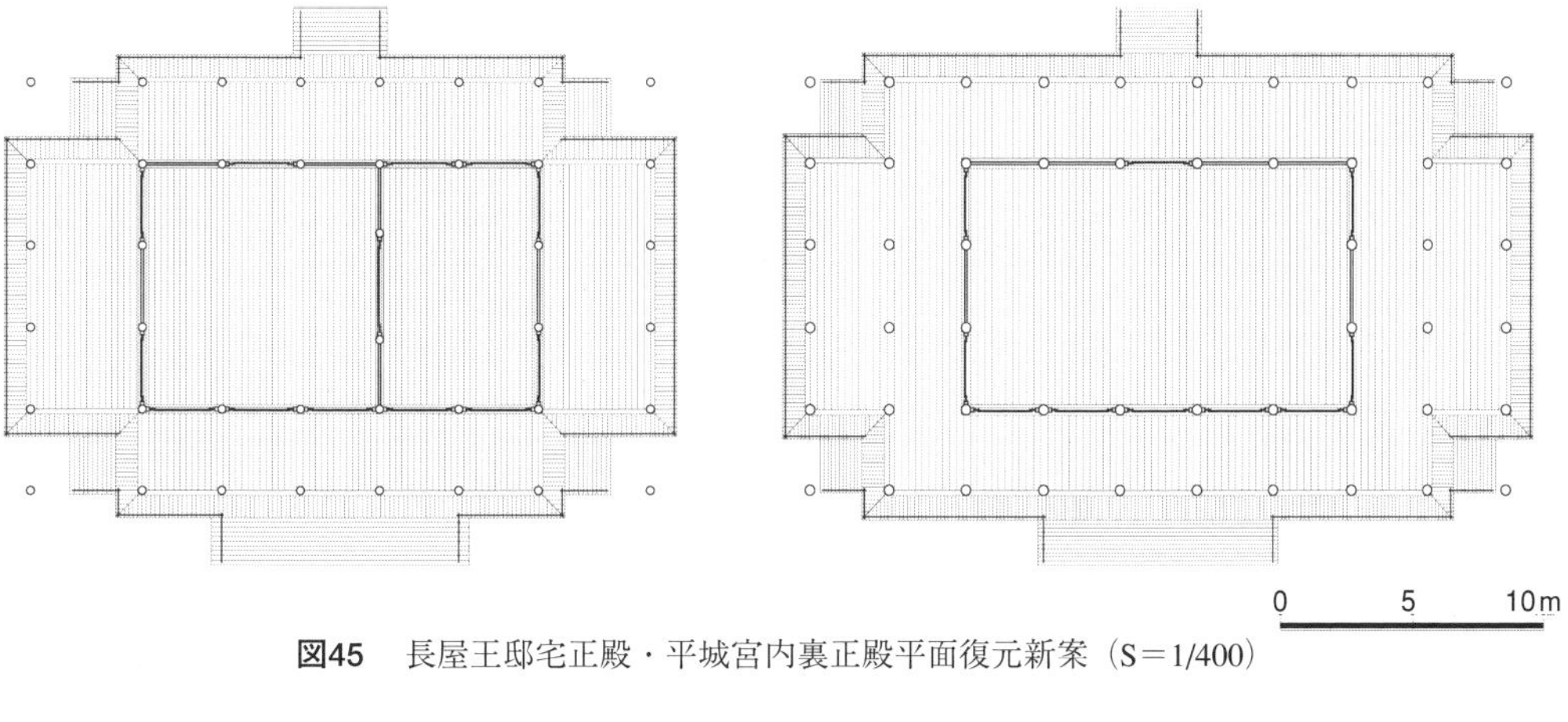

図45　長屋王邸宅正殿・平城宮内裏正殿平面復元新案（S＝1/400）

ージしたからである。

以上、建物Dの床上平面については想像の域を出ないものではあるけれども、後の紫宸殿に連続する復元のイメージを読み取りうる遺構であるとは言えるだろう。そして、建物Dの復元平面が紫宸殿と共通性をもつことが明らかになれば、それはまさしく「魏志倭人伝」にいうところの「宮室」にふさわしい建物ということになる。

なお、建物Dは日常の居住施設というよりも祭政（堂）と居住（室）の機能を合わせもつ「宮室」としてイメージされるのに対して、その後殿にあたる建物Cは日常の居住専用に使われた「室」専用の建物をイメージして復元した。「倭人伝」の用語を使うならば、「宮室」よりも「屋室」の方がふさわしいかもしれない。この場合、建物Cの面積（四一・三四平方メートル）と建物D中央二間×二間の面積（五九・五二平方メートル）が比較的近い点に注意する必要があるかもしれない（**図46**）。

2　方形区画と大型建物群

纒向遺跡の大型建物群は、ほぼ東西方向に軸線をそろえて配列されている。厳密に言うと、東向きの軸線は真東から北に五度ふれる。各建物の隣棟間隔は、凸型塀を跨ぐ建物A～建物Bが一〇・八メートル、凸型塀より内側の建物B～建物Cは五・二メートル、建物C～建物Dは六・四メートルを測る。また、凸型の塀から建物Bまでの距離は一・五メートル～一・七メートル、建物Dまでの距離は四メートルである（**図47**）。

東日本の縄文時代前中期に卓越する環状集落では、すべての建物が中央の墓域を指向する同心円構造によって成立しているが、弥生時代の環濠集落では、建物配置に関する一定の規則性を読み取りにくい。それに対して、纒向遺跡大型建物群は東西方向の軸線を共有し、方形区画の中心にあって塀で囲まれている（**図48**）。後の律令期における宮室、とりわけ内裏地区の平面構造の原型がここに出現しているという見方も許されるであろう。

ただ、纒向の軸線は東西軸であり、律令期の宮室における軸線は南北軸である。後者の軸線は、明らかに中国の「天子は南面す」（『易』説卦伝）を踏襲したものであろうが、纒向の東西軸はいったい何によるのであろうか。

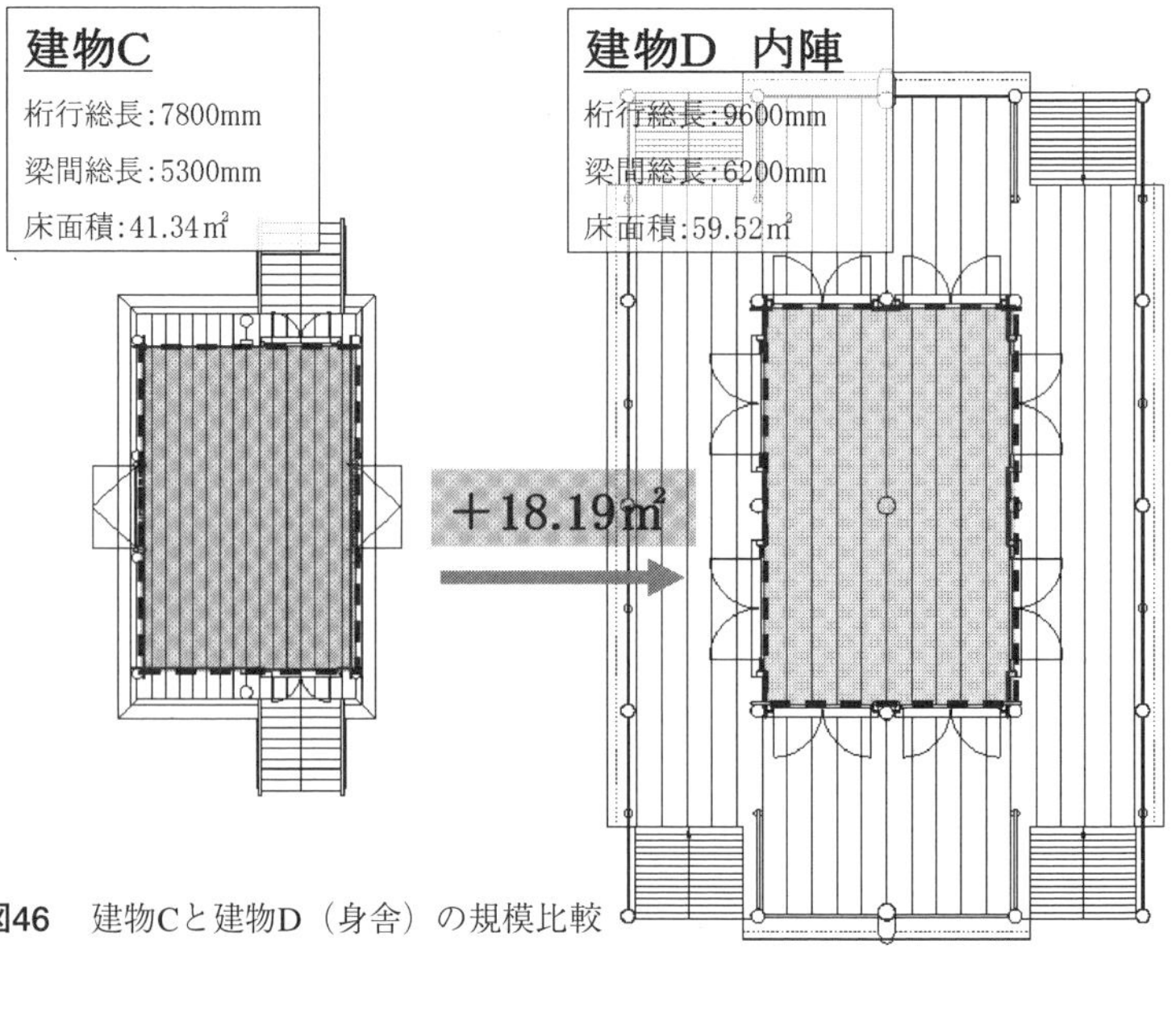

図46　建物Cと建物D（身舎）の規模比較

それはおそらく「太陽」であろう。

『周髀算経』という古代中国の数学・天文学書（前二世紀頃編纂）に「髀」についての記述がある（藪内編　一九七九）。「髀」とはノーモン（表）のこと。地面から垂直に立ち上げた棒をノーモンという。「周髀」とは周の時代の髀であり、高さ八尺の棒であった。この棒、すなわちノーモンを中心点として大きな円を描き、日の出と日の入の時刻に、ノーモンの影と円の交点に印をつける。この二つの交点をつなぐ直線を引くと、東西線となる（**図49**）。こういう方位測量技術は中国から導入されたのであろうが、卑弥呼は魏に二度使節を派遣しており、邪馬台国の時代にノーモンの技術があったとし

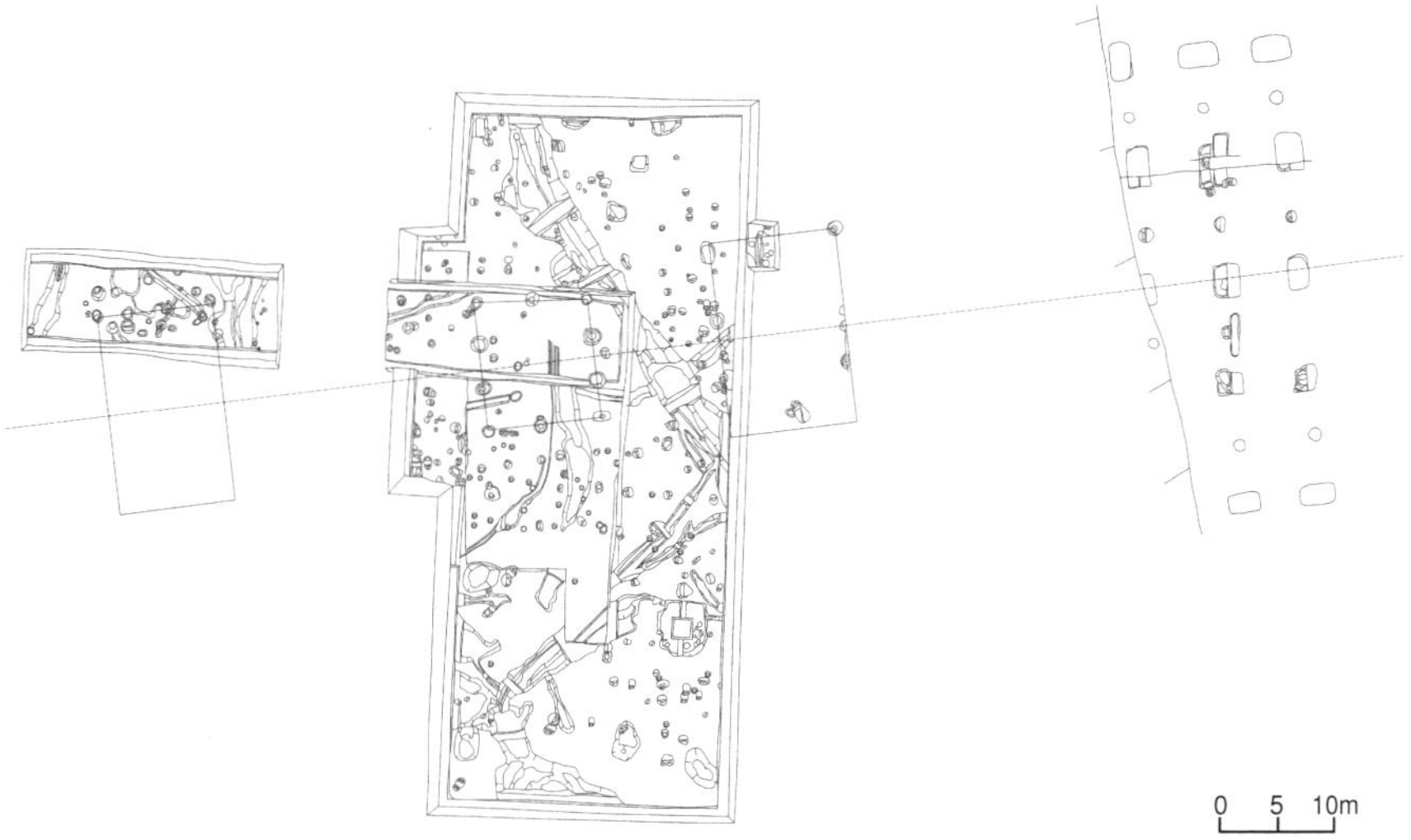

図47　纒向遺跡大型建物群遺構図（S＝1/1000）（桜井市教育委員会提供原図をリライト）

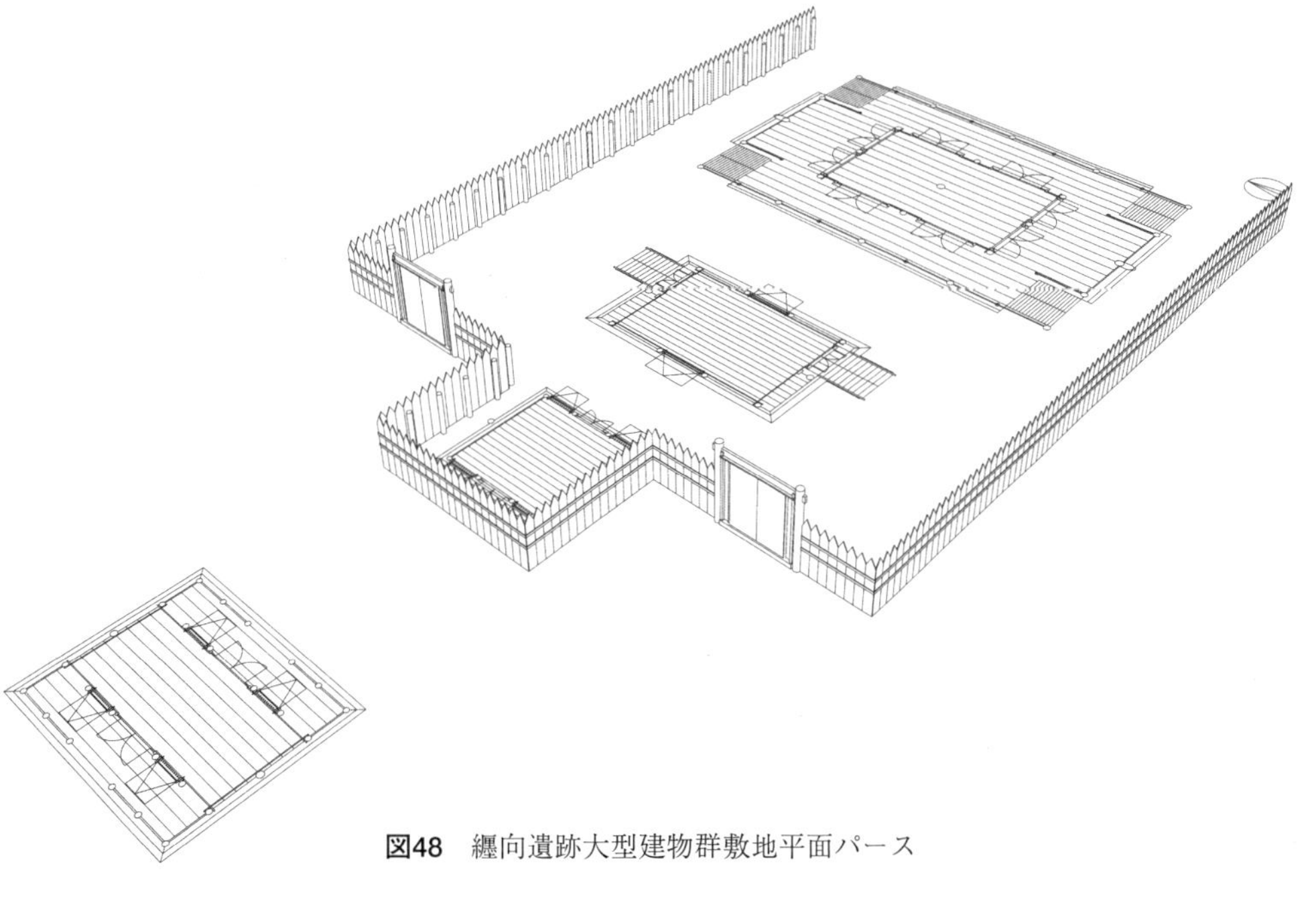

図48　纒向遺跡大型建物群敷地平面パース

てもなんら不自然ではない。なお、ノーモンによる方位測量はもちろん誤差が小さくはない。その点、纒向における五度のふれは、ありうるべき誤差のように思われる。

さて、南北の方位については、ノーモンによる東西軸をまずは確定し、さらに三平方（ピタゴラス）の定理で得られる直角三角形（三：四：五）から東西に直交する直線を求める必要がある。『周髀算経』に「句股弦の法」としてピタゴラスの定理も説明されているので、三世紀前半の日本に導入されていたとしてもおかしくはないが、ノーモンほど素朴な技術ではなく、建築・土木計画への実質的な導入がやや遅れたのかもしれない。しかし、三世紀代の日本においては、「天子は南面す」という南指向の世界観ではなく、あくまで東指向の世界観が重視されていた。それは繰り返すけれども、「太陽」を崇拝する信仰のあらわれとみるのが自然な解釈であろう。

3　周辺の環境と景観

視線を纒向遺跡の周辺にひろげてみたい。纒向の東には三輪山をはじめ、纒向（巻向）山、初瀬山の三山が連なっており、北は西門川、西は初瀬川、南は纒向川が流れている（**図50**）。纒向は山と川に囲まれた「宮殿」なのである（**図51**）。

大型建物群の東西軸を延長すると、東側は纒向（巻向）山と初瀬山に突きあたる。もちろん太陽は季節によって南北に動いているので、太陽の上がる位置は異なっている。**図52**のCGは、三輪山から日が昇り大型建物群を照らす朝焼けの雰囲気を表現したものである。

さて、清水眞一は、箸墓古墳の研究の中で、纒向遺跡は中国から伝来した神仙思想（三山思想）にもとづき、三輪山、纒向山、初瀬山を三山として集落を形成したのではないかと述べている（清水 二〇〇七）。この思想は七世紀以降も継承され、飛鳥の地でも甘樫丘、ハミ山と岡寺背後の山の三山で囲まれた宮室

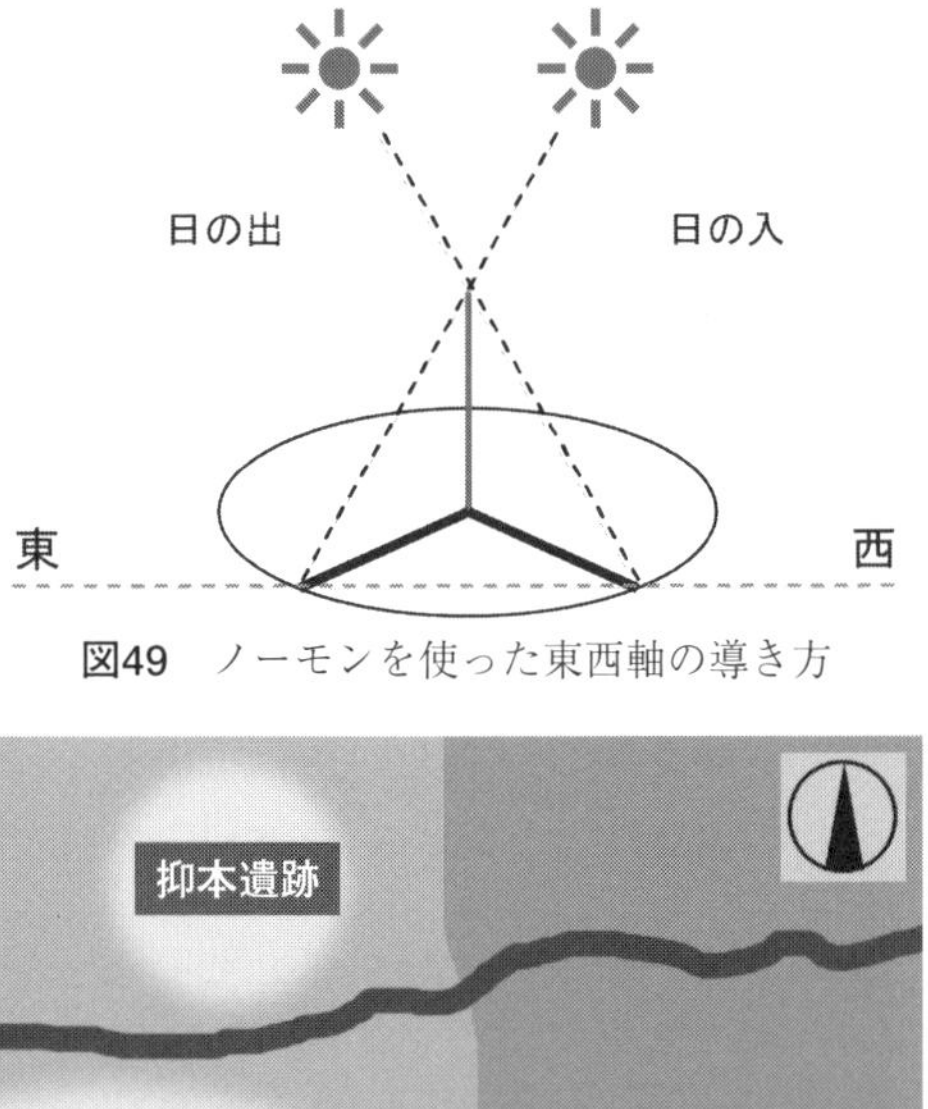

図49　ノーモンを使った東西軸の導き方

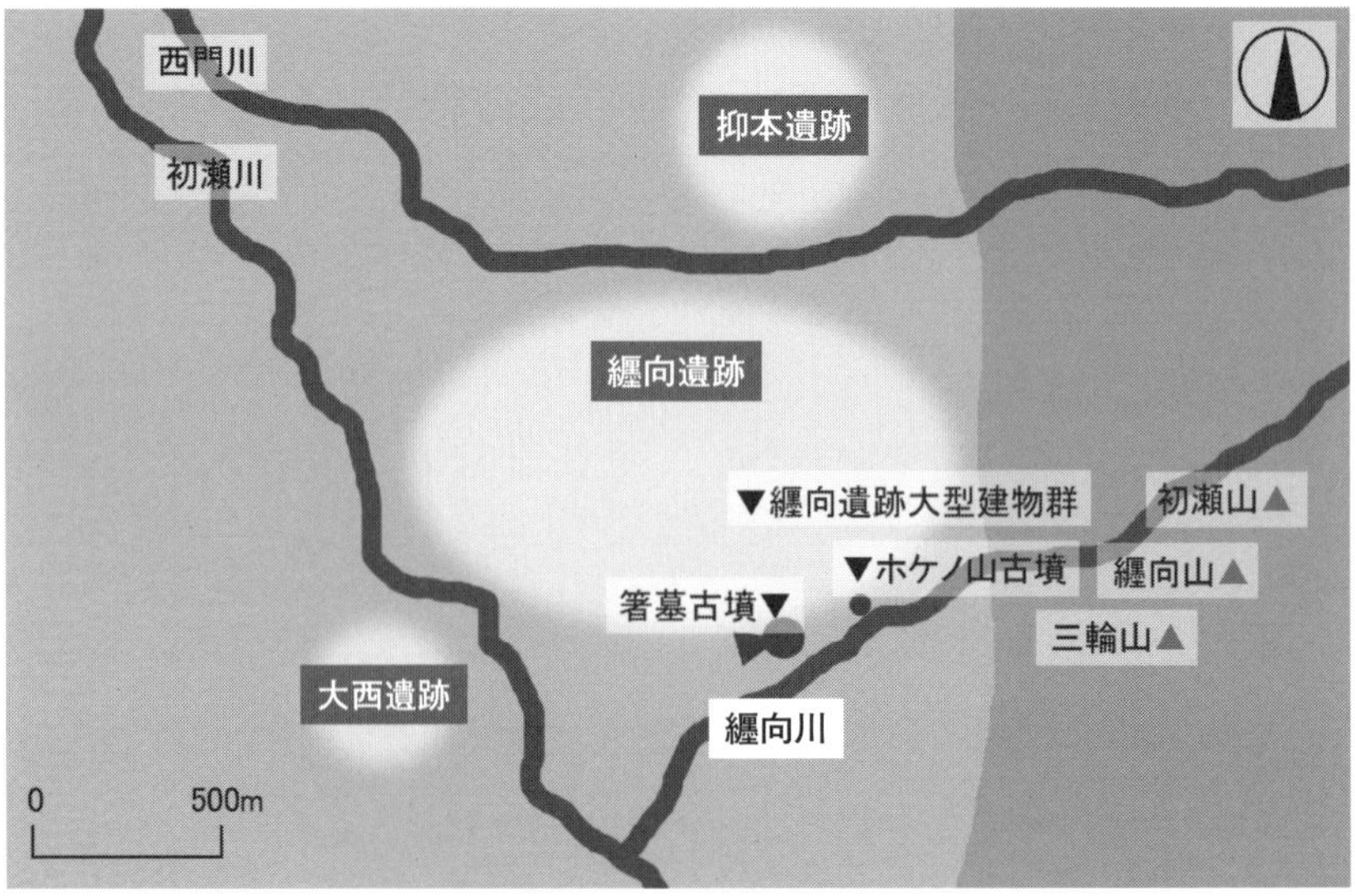

図50　纒向遺跡の周辺環境

が営まれた。いわゆる「飛鳥正宮」である。後続する日本最初の都城、藤原京の場合、飛鳥盆地の北にあって、飛鳥川と百済川（現・米川）によって形成された沖積平野に計画され、大和三山（畝傍・耳成・香久山）に囲まれている。続く第二の都城、平城京からは、三山思想よりも四神相応の風水思想にもとづいた都市計画に変わり、それは長岡京、平安京の原型となった。

飛鳥正宮から藤原京までの三山思想による宮都造営の源流に纏向が位置づけられるとすれば、この場所が大和朝廷発祥の地であることを暗示するものと言えよう。後代の宮都と唯一異なるのは、軸線の方位ではあるけれども、軸線そのものの存在が内裏空間の原型であり、太陽を指向する東西方向の軸線は後代の南北軸よりも、より神話的な世界を映し出しているようで、「倭人伝」と『古事記』の交錯する世界に私たちを導いてくれる。

［付記］

本章は二〇一〇年度日本建築学会中国支部大会（広島）で発表した以下の四論文を合体させたうえで、浅川が全篇にわたり大きく加筆・修正したものである。

①吉川・清水・岡垣・今城・浅川「纏向遺跡大型建物群の復

図51　空からみた三輪山と纏向遺跡（朝日放送提供）

図52　朝焼けに輝く纏向遺跡の大型建物群 復元CG

元研究（1）—青谷上寺地から纒向へ：復元の方法—」
②岡垣・今城・吉川・清水・浅川「纒向遺跡大型建物群の復元研究（2）—建物Dの復元—」
③清水・岡垣・今城・吉川・浅川「纒向遺跡大型建物群の復元研究（3）—建物A・B・Cの復元—」
④今城・岡垣・吉川・清水・浅川「纒向遺跡大型建物群の復元研究（4）—建物配置と景観の復元—」

参考文献

浅川滋男『「楼観」再考—青谷上寺地のながい柱材をめぐって—』青谷上寺地遺跡特別講演会記録集、鳥取県埋蔵文化財センター、二〇〇七。

浅川滋男「弥生時代「最長の垂木」の発見と復元—山陰地方の大型掘立柱建物—」青谷上寺地遺跡特別講演会記録集、鳥取県埋蔵文化財センター、二〇〇八。

浅川滋男編『山陰地域の弥生時代建築に関する実証的復元研究』平成一九年度とっとり「知の財産」活用推進事業成果報告書、鳥取環境大学、二〇〇八。

浅川滋男・嶋田喜朗「青谷上寺地遺跡出土建築部材による弥生建築の復元」『青谷上寺地遺跡出土品調査研究報告四　建築部材（考察編）』二〇〇九：一七—七二頁。

浅川滋男・竹中千恵「茶畑第一遺跡掘立柱建物12の復元設計—片側に独立棟持柱を伴う特殊な大型柱建物—」『茶畑遺跡群』第三分冊、鳥取県教育文化財団、二〇〇四。

浅川滋男・藤井利史・坂本和行「Re-thinking Reconstruction of MGSB-41 —24本柱の二面庇付掘立柱建物—」『仮説構法による巨大露出展示空間の創造』鳥取環境大学、二〇〇五：一〇—一六頁。

ＮＨＫ大阪「今城塚古墳」プロジェクト『ＮＨＫスペシャル 大王陵発掘！巨大はにわと継体天皇の謎』日本放送出版協会、二〇〇四。

岡村　渉「登呂遺跡の建物」、鳥取県埋蔵文化財センター編『全国公立埋蔵文化財センター連絡協議会 第二二回研修会 鳥取大会 発表要旨集 弥生建築研究の現在』二〇〇九：二五—三四頁。

橿原考古学研究所編『極楽寺ヒビキ遺跡』奈良県文化財調査報告書第122集、二〇〇七。

桜井市教育委員会「纒向遺跡第一六六次調査現地説明会資料」、二〇〇九。

関野克「在信楽藤原豊成殿板殿復原考」『建築学会論文集』3、一九三六：七六—八五頁。

嶋田喜朗・浅川滋男「青谷上寺地遺跡出土部材による弥生時代建築の復元」『山陰地域の弥生時代建築に関する実証的復元研究』二〇〇八：一三—三八頁。

清水眞一『最初の巨大古墳・箸墓古墳』新泉社、二〇〇七。

鈴木　亘『平安宮内裏の研究』中央公論美術出版、一九九一。

高尾浩司「鉄器文化の伝わった道」『とっとり県政だより』11月号、二〇〇六。

鳥取県埋蔵文化財センター編『青谷上寺地遺跡出土品調査研究報告三　建築部材（資料編）』二〇〇八。

鳥取県埋蔵文化財センター編『青谷上寺地遺跡出土品調査研究報告四　建築部材（考察編）』二〇〇九。

広瀬和雄・伊庭功編『弥生の大型建物とその展開』サンライズ出版、二〇〇六。

三輪嘉六・宮本長二郎『家形はにわ』日本の美術三四八号、至文堂、一九九五。

薮内清編『中国の科学』世界の名著12、中央公論社、一九七九。

渡辺晶「建築部材にみる工作技術」『青谷上寺地遺跡出土品調査研究報告四　建築部材（考察編）』二〇〇九：七三—九〇頁。

青谷上寺地の部材で復元した妻木晩田の九本柱倉庫

岡垣　頼和

一般的に、弥生時代の掘立柱建物を復元する場合、日本全国各地の遺跡から出土した部材をパッチワークのようにつなぎ合わせていく。その場合、部材相互の関係に不具合が生じることも少なくなく、整合性のある復元に必ずしもならない。ところが、鳥取市の青谷上寺地遺跡では七〇〇〇点もの建築部材が出土しており、同一の遺跡で出土した部材だけで、整合性のある建築復元が可能である（第十章三節）。これまで、弥生時代の高床倉庫については、梁間一間×桁行二間のSB-207および梁間一間×桁行三間のMKSB-34を復元してきた（嶋田・浅川 二〇〇八）。今回は梁間二間×桁行二間の九本柱建物を復元してみたい。妻木晩田遺跡では合わせて一二棟の九本柱建物が検出されているが、そのうち三棟は遺構として成立するか不安視されている。また、時期については漠然と弥生後期であろうと推定されているものが大半を占める。ここでは、遺構として比較的まとまりのよいMKSB-167を高床倉庫の遺構と仮定し、上部構造の復元を試みる。

MKSB-167の遺構分析

MKSB-167は、梁間二間×桁行二間の総柱式掘立柱建物である。標高一二二・九二メートルの妻木山2区東側の平坦地に位置しており、竪穴住居SI-94に切り込まれている。側柱の配置はほぼ正方形を呈し、梁間二間（四・五〇メートル）×桁行二間（四・九七メートル）、床面積は二二・四〇平方メートルを測る。主軸は北から東に六〇度ふれている。柱穴の規模はSI-94に切り込まれたP1を例にとると、上端の径が六六×五四センチ、深さが二〇センチ。遺構検出面においてはP3を例にとると、上端の径が七四×六二センチ、深さが七七センチである。P3・P4・P5・P7・P9においては、柱痕または抜き取り痕跡が確認できる。時期はSI-94との切り合い関係から妻木晩田九期と考えられる（大山スイス村埋蔵文化財発掘調査団・鳥取県大山町教育委員会 二〇〇〇）。

平面の復元

復元平面図では柱心を揃えるため、桁行を二・四八五メートル等間、梁間を二・二五〇メートル等間とした（図1）。心柱は側柱と

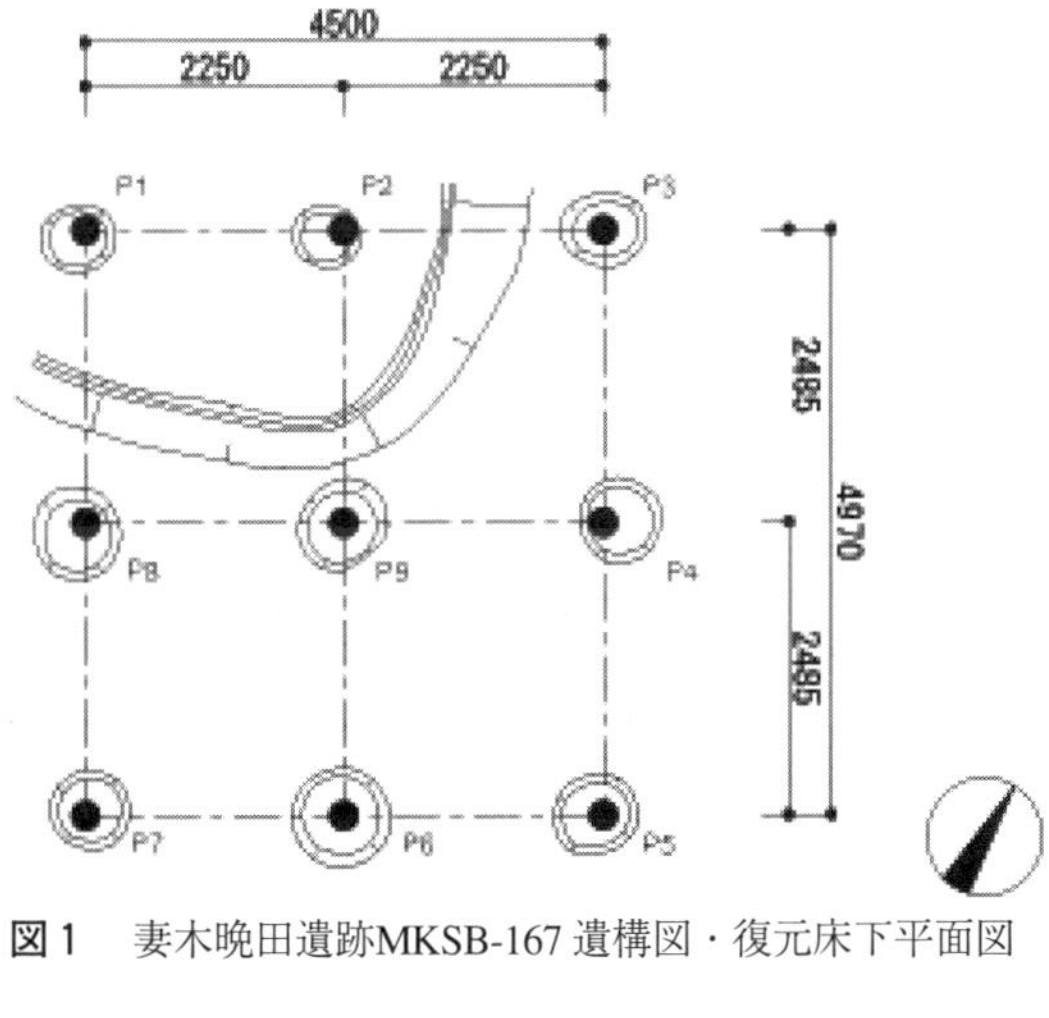

図1　妻木晩田遺跡MKSB-167 遺構図・復元床下平面図

ほぼ同規模であり、通柱か床束かの判断が難しいが、今回は高床倉庫として復元するため、床束の痕跡とみなした。戸口は一ヵ所とし、短手の南東側を正面とし妻入にした。なお、柱の直径は、柱穴P3・P4・P5・P7・P9に残る柱痕から二五センチとした（**図2**）。

上部構造の復元

軸組・小屋組・床構造は、もちろん青谷上寺地の部材を参考にした。青谷上寺地型の構法・細部については第十章第二〜三節を参照されたい。床高は梁間一間の柱間寸法に合わせて二・二五〇メートルとした。屋根の形式

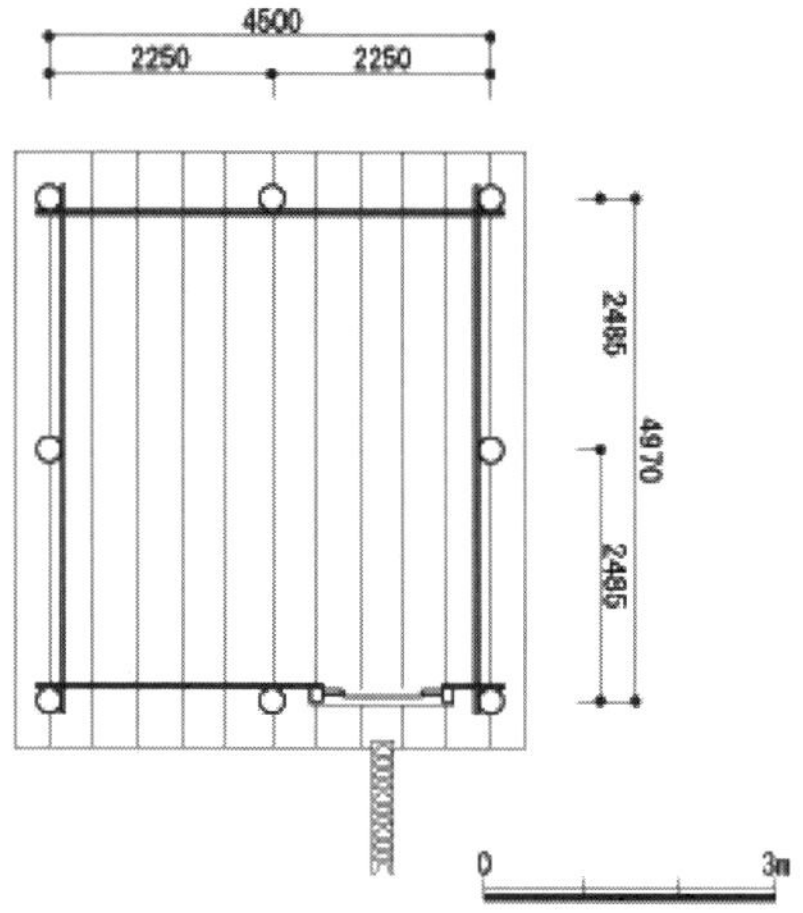

図2　妻木晩田遺跡MKSB-167復元床上平面図

は梁間一間型と共通する切妻造に復元した。今回の復元対象は梁間が二間で、妻側中央に棟持柱が立ち上がる。棟持柱を梁上の鳥居束と併用し、天秤梁でつなげば安定性のある鳥居組が組める。これもまた青谷上寺地型の小屋組である。

壁は柱の内側に板材を積み上げる井籠組にし、上下の横板を緊縛し、柱との接点は相欠とする。扉は青谷上寺地出土の縦長の蹴放を採用し、片開き戸とした。屋根は茅葺で、勾配四五度の逆葺にした。青谷上寺地型の掘立柱建物では、ケラバのもっとも外側にあたる垂木を角垂木として妻板壁と緊縛するが、今回は妻入の倉庫としたので、その使い勝手からケラバを深くした。棟は杉皮で覆う。纒向遺跡大型建物群の復元考察（第十章三節）により、青谷上寺地遺跡における用途不明の出土部材のうち、破風と笄を明らかにしたが、今回は「神殿」ではなく、「倉庫」であるので破風は付けず、笄および千木は簡素なものとした（**図3**）。地面から笄先端までの高さは約八・〇メート

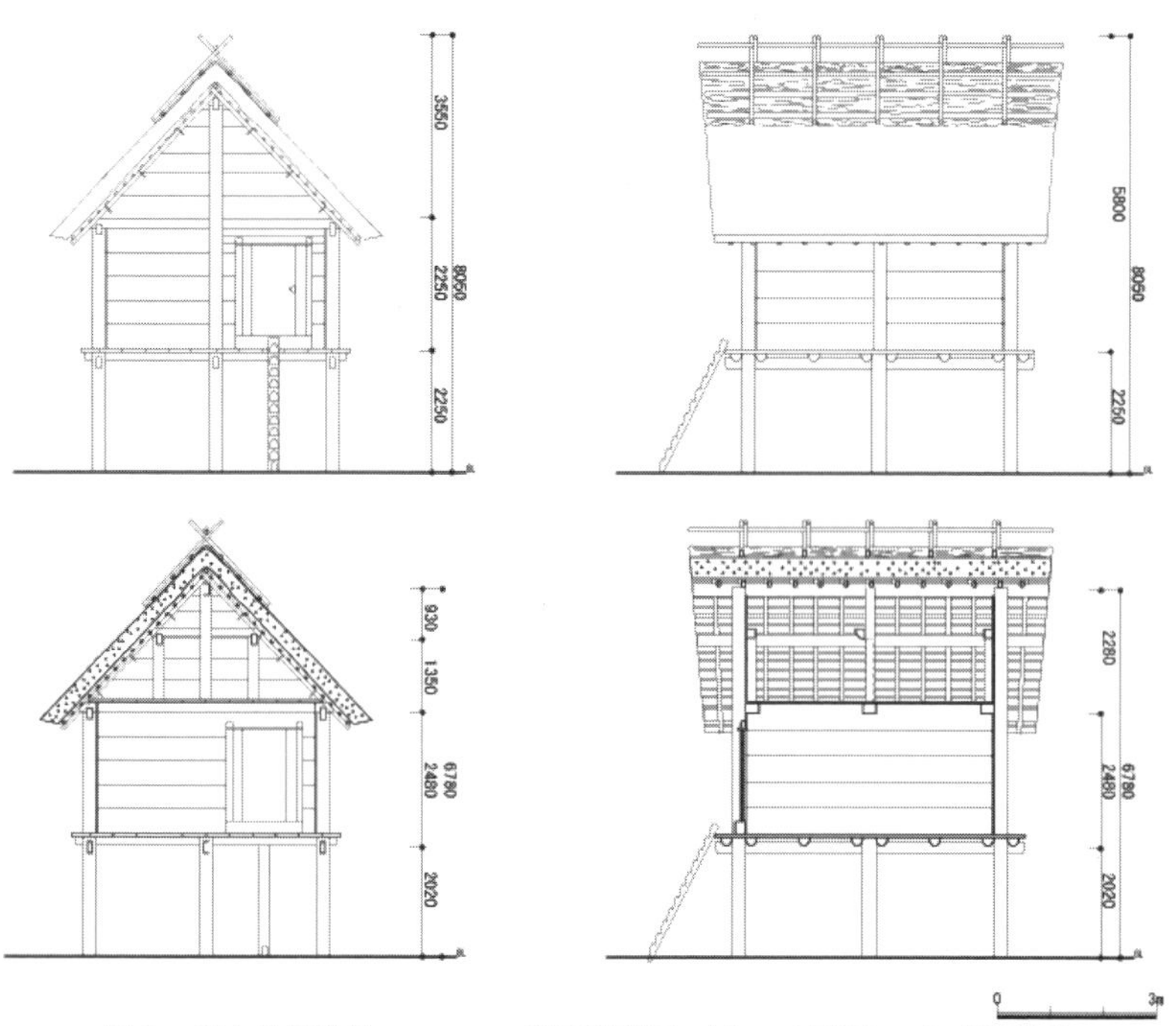

図3　妻木晩田遺跡MKSB-167復元設計図（上：立面図、下：断面図）

ルとなる。採用した部材を**表1**に記載する。

妻木晩田の九本柱倉庫を通して

以上の復元成果をコンピュータグラフィックス（CG）で表現すると**図4・図5**のようになる。第十一章第一節の見解に従うならば、神殿建築の源流は「住宅系」と「倉庫系」に大別され、このCGのような建物こそが大社造本殿の原型であった可能性があるだろう。ただし、倉庫が神殿に脱皮するためには、さまざまな意匠の格式化とともに「縁」の付加が重要な鍵を握っている。ところが、第二章第二節の九本柱系遺構集成をみれば明らかなように、古代の九本柱建物で縁束の痕跡をもつものは一棟も存在しない（中世になれば確認できる）。

奈良時代前半の神社本殿の可能性が指摘されている出雲市の青木遺跡SB-03をみても、大社造特有の「心柱の太さ」は確認されるものの、縁を支える添束・縁束などの遺構はまったく残っていない。よって、この時代の神社本殿は縁がなかったとみるべきかもしれない。な

表1　採用部材一覧

取り上げ番号	時期	分類	長さ(cm)	幅(cm)	厚み(cm)	備考
KJA28894	—	柱	277	21	14	貫穴をもつ丸柱
KJA34264	—	貫？	140	10	6.5	方形断面をもつ
KJA43447	弥生中期中葉～後葉	根太	318	19	9	半円形断面をもつ
KJA36391	弥生後期初頭～後葉	大引	502	18	8	
KJA43085	弥生中期中葉～後葉	梯子	211.7	13.6	8.2	7段
KJA43476	弥生中期後葉	梁	407	10	10.7	扇形断面をもつ
KJA21499	弥生後期初頭～後葉	梁	137	14	8	方形断面をもつ
KJA1960	律令期	束	103	9	10.5	端部に輪薙込あり
KJA2738	弥生後期初頭～後葉	笄	70	4.5	3.3	先端が尖っている
KJA2665	弥生後期初頭～後葉	扉板	58.3	31.3	4.8	
KJA41972	弥生中期中葉～後葉	蹴放	110.5	18	8	方形断面をもつ
KJA43551	弥生中期後葉	戸柱	207	9	9	正方形断面をもつ角柱
KJA42256	弥生中期中葉～後葉	丸垂木	260	5.7	4.5	
KJA44132	—	角垂木	267.5	6	6	
KJA44111	弥生中期後葉	床板	179.7	30	2.6	穿孔痕一ヶ所
KJA43472	弥生中期中葉～後葉	妻壁	237.5	57	1.6	端部角51～52°
KJA43416	弥生中期中葉～後葉	妻壁	407	30	2.2	端部角50～53°
KJA21553	弥生後期初頭～後葉	壁板	70	5	3	両端に相欠痕あり

※1　分類と備考については、復元にもちいる際の指標を示しており、データベース上の情報と必ずしも一致しない
※2　データベース上に記載のないものについては鳥取県埋蔵文化財センターの協力の下、実測をおこなった

図4　妻木晩田遺跡MKSB-167復元CG（全景）

図5　妻木晩田遺跡MKSB-167復元CG（妻側）

ぜならば、弥生時代のように貫が使えないからである。縄文から弥生時代にかけて常識のように使われてきた貫材は、いつのまにか消滅し、七世紀以降、大仏様の導入まで存在しなかったとされている。以下、貫を使わない古代の床構造をタイプ別に示してみよう（**図6**）。

タイプ1　縁なし、大引大入タイプ
タイプ2　縁あり、床束・板校倉タイプ
タイプ3　縁あり、縁束・大入タイプ
タイプ4　縁あり、添束・土井桁タイプ

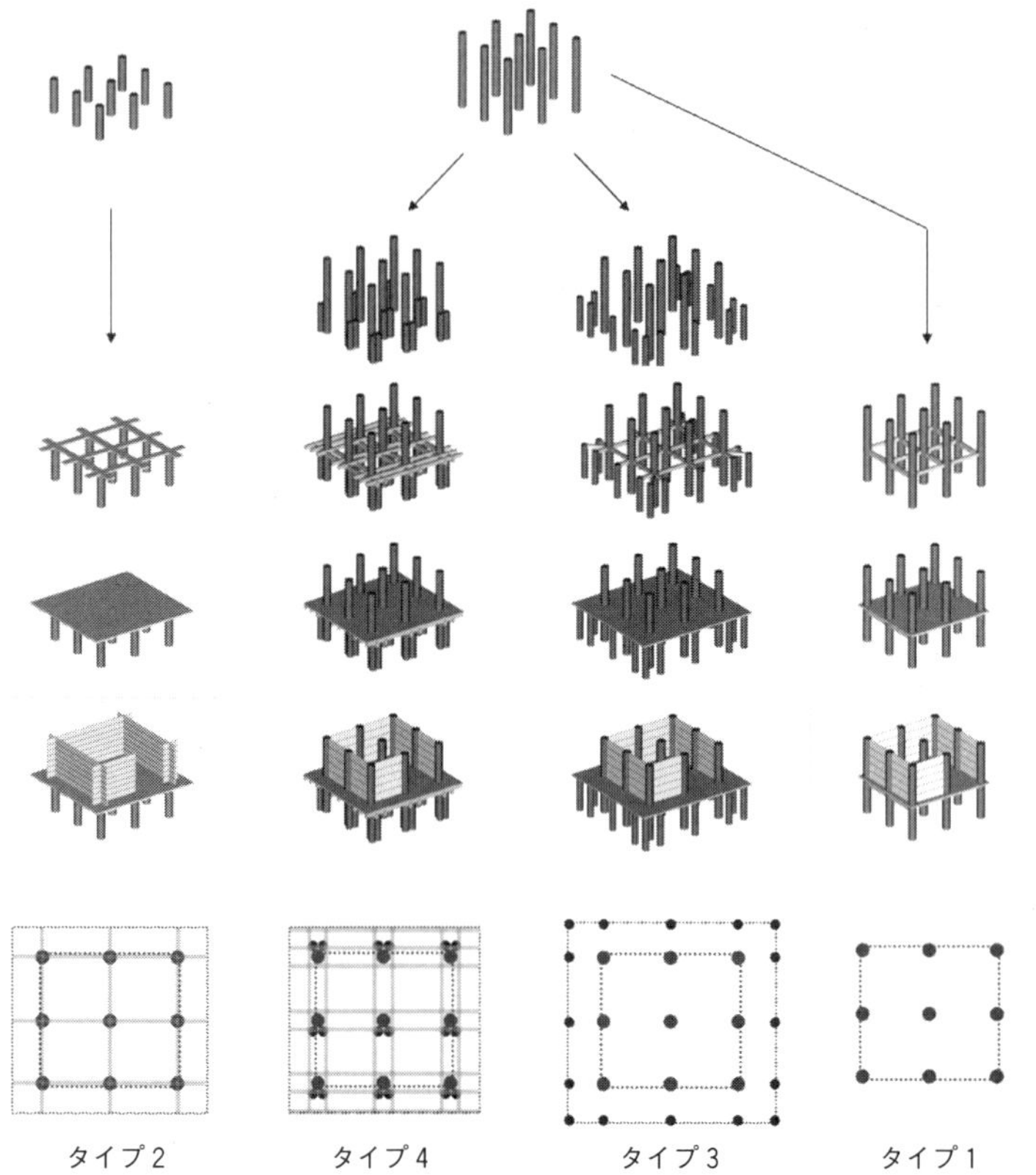

図6　縁の付加 平面・床構造タイプ別モデル

タイプ1は、もっとも単純な構造。大引を柱の左右から大入にして、楔で固定する。大入は貫のように柱をつらぬくわけではないので、縁は作れない。大入の大引に根太を半欠きにしてわたし、床をはって柱間に壁を落とし込む。住吉大社本殿がこのタイプで、縁のない神殿の代表例である。

タイプ2は、九本柱すべてを床束にして、その上に土井桁をのせる板倉タイプ。土井桁の上に床をはり、横板を積み重ねて壁面を作る。伊勢神宮外宮御饌殿がこの代表例であり、中世以前の伊勢神宮にこの形式の高床倉庫が多かったことはよく知られている。タイプ3は縁束を使うタイプである。伊勢神宮正殿や出雲大社の現本殿など、大半の神社本殿はこの形式で縁を作っている。しかし先述のように、古代の九本柱には縁束の痕跡が認められない。十二～十三世紀になると、渡橋沖遺跡（出雲市）、福富Ⅰ遺跡（松江市）で縁束の柱穴を確認できる。タイプ4は添束構造。九本柱すべてに添束を二～三本付設すれば、土井桁を通柱の外側までのばせるので、ひろい縁を作ることができる。

　大型の高床建物に縁を作ろうとするならば、タイプ4のような床構造をとるべきであり、出雲大社境内でみつかった三本柱の遺構が、通柱・添束構造に復元されうるゆえんである。

第四節　近世における出雲大社の正殿式造営事業

和田嘉宥

一、はじめに

出雲大社は、江戸時代に慶長度の造替、寛文度の造替、延享度の造替、文化度の修造と四度の造営遷宮が執行されている。

慶長度までの出雲大社は、中世以来の神仏習合色が濃く、境内には蔵輪・三重塔・大日堂・鐘楼などの仏教建築も多く、本社も朱塗で組物がついており、造営遷宮の管理運営も他の社寺と同じように本願があたっていたが、それまでの仮殿式から古式に倣って正殿式に建て替えられることになった寛文度の造営では、本願の追放を契機に、本社をはじめとする社殿は装飾性を排除した復古的な建物に建て替えられることになった。延享度の造営は社地を南西に移し、社殿も新しく建て替えられることを基本としたが、社殿の形態は寛文度の造替を踏襲するものであった。文化度の修造は、建て替える計画もあったとされるが、実際には社殿は基本的に建て替えないもので、本社は屋根の葺き替えだけの修造であった。なお、江戸時代には慶応度にも造営の計画があった。それは社地を拡張し、本社も建て替える予定で進行したが、大政奉還、王制復古と時期が重なりあって中断している。

寛文度造営は、将軍家綱が願主となり、松江藩主松平直政（および二代藩主綱隆）が造営惣奉行、松江藩士が造営奉行を勤めて行われ、出雲大社は四二〇年ぶりに正殿式遷宮を執行するが、以後の造営事業は、いずれも寛文度造営を範として計画されている。本稿では、寛文度の造替遷宮、延享度の造替遷宮、文化度の修造遷宮、慶応度の造営計画について、それぞれの特色を明らかにし、江戸時代における出雲大社の造営事業とその背景について考察してみたい。

二、寛文度造営の経緯と社殿の特長(1)

1　寛文度造営の経緯

寛文度造営の経緯を詳しく記す史料に佐草自清による

『御造営日記』[2]がある。この日記が書きはじめられたのは寛文元年（一六六一）八月十一日である。冒頭に「江戸より御造営が仰せ付けられた旨の知らせが首尾よく届いたので長谷、佐草両人は宮大工を連れて松江に参るようにとの飛脚状が届く」と記されているが、これが寛文度の造営事業のはじまりである。

出雲大社では、宝治二年（一二四八）の記録を重視して、正殿式による造替を行うことになるが、その正殿式を定めたものに「出雲大社御正殿之方尺」[3]がある。この奥書には「右者於江戸御大工鈴木修理殿相渡申扣　寛文元年神在月廿七日」とあり、次のように記されているが、高さ八丈の正殿式は造営事業当初から定められていたことがわかる。

小陰従下津磐根迄千木高サ八丈
天隅柱九本心御柱　亦名天御量柱　径三尺六寸
御本社　天陰四方　六間　周十四丈四尺
小陽雲　七ツ　天井ノ繪
従此方尺有高下広狭者非正殿造社矣

大社造替の正式決定が伝えられて、国造家ではさっそく宮内自清が中心となり、宮大工神門次郎左衛門・渡部勘兵衛らに地割（建物図面）・木割（部材の寸法、比例）をこしらえさせ、幕府に大社側の計画を示す。これを受けた幕府作事方では、地割を大工頭鈴木修理が、木割を同じく大工頭木原内匠が中心となって新たな計画を進め、寛文二年三月には本社、五社、若宮、一宮、拝殿、庁舎、鳥居五ツ、楼門、玉垣、廻廊、厩、鐘撞所、小内殿、八足門、客座、三十八社、御竈社、御蔵、舞台、常燈所、鷺宮、仮宮、門客人社の地割を福田徳兵衛以下、江戸の棟梁大工に作らせている。これらがどのようなものだったかはっきりしないが、当初の計画を物語る下絵図（写本）である「大社御本社」（元禄十五年〈一七〇二〉、東京国立博物館蔵）には二手先詰組や蟇股など、江戸時代の様式手法が随所にみられる。同年五月十二日には、幕府は造営料銀子二〇〇〇貫を下賜し、さらに同年七月、幕府はこのたびの造営事業が正殿式によることを正式決定したと大社側に伝える。ここに本殿だけの造営工事に留まらないで、脇宮ほか付属の諸施設の造営ならびに社域の後方にあった北島国造家を境内の東側（現在地）へ移築するなど、社域全体の造成整備を含む大規模な造営事業がはじまる。

造営物奉行は松江藩主松平直政がつとめるが、実際に現地で監督・指揮にあたるのは岡田半右衛門をはじめとする松江藩の役人であった。寛文三年（一六六三）三月には岡田半右衛門に加えて、新たに藩士松井半之助、岡田善兵衛（岡田半右衛門舎弟）らが造営奉行になり、資材の調達などもはじまる。造営奉行らは大社に詰めて造営事業全般にわたっていろいろ指示をし、材料入札のために大坂に出向いたりもし、造営事業の細かい点に至るまで監督・指揮にあたっている。一方、同年五月には「碁盤割」（配置図、別称「宮内物指図」）が杵築大社の宮大工によって作成されている。

入札方法による用材・資材の購入には困難をきたし、『御造営日記』には「九本の柱檜を杉に仕替候事」（寛文三年八月十五日）と、本殿の柱九本も当初考えていた檜から杉に替えざるをえなくなる。それにしても本殿に使用される柱材は巨木である。近在では本殿の柱に見合う杉材はなかなかみつからない。全国から情報を集め、同年十月になって、但馬妙見山で正殿式に符合する杉の大木があることが伝わり、さっそく杉の大木を所有する妙見山日光院と交渉を進め、大社本殿の間尺に合う杉材を購入することになる。見返りとして三重塔は日光院に寄贈されることになった（この三重塔は兵庫県養父郡八鹿町の名草神社に現存しており、重要文化財にも指定されている）。

杉の大材は翌寛文四年（一六六四）春に切り出され、八月末に宮中に運び込まれている。四月二日に本社の柱九本を注文し、同二十八日に杣取りされるが、妙見山から石原村（兵庫県養父市）までの山出しには、大材ゆえ「七十六日」もかかった。石原村から八鹿村（兵庫県養父市）までは谷川の水量が豊かになるのを待って搬送された。八鹿村からは円山川を使っていったん豊岡（兵庫県豊岡市）まで引き出され、豊岡からは漁船に大材を二、三本ずつ組み合わせたものを浦伝いに運ばせ、八月十九日に美保関に着岸し、二十一日に稲佐の浜の汀まで引き寄せ、二十三日に浜に引き上げ、二十八日に宮地に運び込まれるが、九本の柱の運搬には五ヵ月（閏五月も含む）ほどかかっている。

これより先、同四年閏五月十七日には社殿に使われる檜材の一部も大坂から宇龍に着岸しており、造営に伴う準備は着々と進み、寛文四年九月十六日には釿始めが行われている。

一方、旧社殿の後方にあった北島国造家を境内の東に移す移築作業は寛文四年に行われ、年内に旧邸宅はことごとく撤去されている（三月十六日に地形、四月二十三日に柱立て、十二月十三日北島家は新邸に移り、同月十七日旧邸撤去完了）。翌五年三月には境内の三重塔の解体が行われ、五月には境内ならびに大社周辺の仏閣関係の建造物の撤去作業が完了している。

以後、新たな境内整備が開始されることになる。この月に造営奉行立会いで「地割」「指図」の再検討が行われ、翌月には本殿の「木形」（模型）の製作ならびに社殿の「地割」の制作がはじまる。

『御造営日記』には「木形ノ木造りハ去ル廿六日より仕候、大工は神門長兵衛渡部内藏丞松井茂左衛門日向少助也、板引分ルハ宮木挽七郎兵衛、同仁左衛門仕候」（寛文四年六月朔日）とあるが、この「木形」（模型）は大社の宮木挽が製材し、江戸の大工松井茂左衛門、同日向少助、そして地元杵築の宮大工神門長兵衛、同渡部内藏丞が共同で制作にあたっていたことがわかる。

木作りには時間を要し、心御柱の立柱式は一九ヵ月後の寛文六年（一六六六）四月晦日に行われ、本社の上棟式が行われたのはそれから三〇ヵ月後の翌年三月二十六日、そして遷宮式は四月二十九日に執り行われた。上棟式は国造北島恒孝が執行し、遷宮式は国造千家尊光が執行している。

本社遷宮の後、四月五日には千家新国造家の棟上げが行われ、同月八日には旧本殿の解体がはじまっているが、末社などの造営にはさらに時間を要した。出雲大社の様相を大きく変える寛文度の造営事業は、六年の歳月を費やして行われたのである。

2　寛文度造営にみる社殿の特色

寛文度造営は仏教色を一掃するものであったが、一新された諸施設は「大社造営一紙目録」[4]に「右材木遣所」として次の諸施設が記されている。

御本社正殿造　同小内殿　客座之五社　階隠廊下　脇宮三社　門客人二社　玉垣　樓門　御棚所二ヶ所　八足門　両脇袖塀　廻廊　廻廊上段　塀　拝殿　拝殿向拝　神拝所　舞殿　廳屋　會所　御供所　一宮　若宮三社　拾九社二ヶ所　素蛾社　御蔵　文庫　神馬屋　鳥居二基　水屋　七口ノ門　橋五ヶ所　表門　番所　假宮御本社　拝殿　幣殿　門客人二社　下ノ宮　鷺宮御本社　階隠廊下　拝殿　御供所　門客人二社　鳥居一基　両國造作事　阿式社　出雲井社　命主社　乙見社　三歳社　稲佐社　湊之社　已上七拾弐ヶ所

寛文度の造営事業では、大社に関連するすべての施設を新たに造り変えるものであった。境内では、本社をはじめとする社殿のみならず、庁舎、会所、文庫などの関連建物が新たに建てられ、鳥居、塀、門、橋などの関連施設も一新される。そればかりでなく、仮宮、鷺宮、阿式社、出雲井社、命主社、乙見社、三歳社、稲佐社、湊之社などの境外社も新たに造り直され、さらに両国造家の建築も加わって、その数は「七拾弐ヶ所」にも及ぶものとなったのである。

これらの建物はどのような建築様式だったろうか。延享度造替の社殿が寛文度造替の姿を伝えるものであり、また会所など当時の建物も一部現存しており、江戸時代の建築技法を備えたものであることがわかる。また、当時の図面は本社から末社に至るまで現存している。それらをみると、本社はじめ主要な社殿は古法に帰り、組物も使わない簡素な造りである。それに対して、楼門、八足門、拝殿、庁舎などの付属施設は組物や彫刻も備わっている。本社をはじめとする社殿を復古的な形態に改めるという転換期となった寛文度造替ではあったが、多くの建物の建築様式や技法は慶長度造営の延長線上にあり、装飾豊かな建物を建直す事業でもあった。寛文度造営で新たに造られた出雲大社の諸施設は、復古的な造営思想と江戸時代の装飾的な建築様式や技法が共存し、杵築大社特有の建築形態を表すことになる。

なお、『御造営日記』には「慶長御造営より（中略）（御本社の）御床下迄はめ板在之候、あけはなしニ仕候ハバ、緒人御床へ入見物可仕も如何」（寛文四年閏五月二十四日）とあるが、当時、一般の参詣人も八足門や楼門を通って本殿に自由に近づくことができたことがわかる。出雲の大社《おおやしろ》は規模こそ大きいが、諸人が親しみやすい神社であったと思われる。高さ八丈の大社殿を間近にみた参詣者は、さぞや、すこぶる大きな感動を覚えたことだろう。

3　寛文度造営の経費と造営にかかわった人々

寛文度造営の経費の全容を記した史料としては前述の「大社造営一紙目録」がある。これは、本殿だけでなく末社などの建築も滞りなく終了したことを松江藩が江戸幕府に報告したもので、日付は寛文八年（一六六八）十一月二十七日となっている。冒頭には「出雲國大社御造営料被下候銀請取同佛一紙目録　銀弐千貫目　常是包」とあるが、幕府が寄付した造営料二〇〇〇貫（じつは二〇〇四貫）がどのよう使われたか記されたものである。経費とその内訳は**表1**のとおりである。造営料は造営事業全般にわたっていることがわかるが、主要材である木材の調達・運搬に伴う経費（「諸宮材木是代木共ニ」）が全経費の四五％と飛び抜けて多い。このたびの造営は、

表1　寛文度造営経費内訳（「大社造営一紙目録」より）

内訳	経費			
	貫	匁	分	厘
諸宮材木代足代木共ニ	898	359		3
大工木挽代	140	792	8	1
屋根之代	199	815		
鉄物之代	93	281	8	
錺金物代	51	983	7	
塗師方一色代	27	377	5	
日傭代	149	303		
石方之代	182	160	9	
諸宮御簾代	12	540		
繪之代	11	126		2
箔之代	1	820		
諸宮雕物代	6	932		
木口張ノ代	6			
畳之代	8	653	9	
諸材木炙申入用	11	761	4	
萬小買物代	24	232	5	
諸職人小屋損打代	17	292	5	5
唐かね神馬代	3	574	7	
御神賓御道具代	122	19	5	9
御遷宮入用	24	490		
文庫書物代	10	460		
合銀	2004 貫目			

本殿のみならず摂社・末社などすべての施設を新しく造り直すものであり、本社の柱材をはじめ大量の材木の調達が必要で、経費もかかったのである。「大工木挽代」はじめ職人の経費では、「屋根之代」がもっとも多い。ただし「屋根之代」には屋根材も含まれている。他には、建物の飾り金物代、絵画代、彫刻代、畳代、さらには神宝などの道具代、遷宮に伴う経費がある。

なお、「大社造営一紙目録」には項目ごとに、造営事業にかかわった職人の名前が記されている。「大工木挽」については「一　銀百四拾貫七百九拾弐匁八分壱厘　大工木挽代　右諸宮立前大工木挽并手傳人夫共ニ　入札前如此是御座候」の後に「京　綿屋吉左衛門　大社宮大工神門杢之丞　同　渡辺内蔵丞　同　次郎左衛門　日御崎大工　惣左衛門　松江大工　新左衛門　同　太郎兵衛　同　伊左衛門　同　金右衛門　日御崎大工　惣左衛門　大社宮木挽　仁左衛門　同　七郎兵衛　松江木挽　八左衛門」と職人の名前が列記されている。

京都の綿屋吉左衛門は惣請負であるが、他はすべて出雲国内の大工や職人である。当初は、たとえば「一本社五社　若宮　一宮　拝殿　廳屋　鳥居五ツ　右は福田徳兵衛鈴木三郎左衛門弟子也」（「御造営日記」寛文二年三月六日）と幕府作事方の指導により江戸大工が地割や木割を担当していたが、実際の造営事業は大半が宮大工はじめ杵築周辺の大工によっていることがわかる。一方、他の項目をみると、「繪の代」「箔之代」「御神寳御道具代」では江戸や京都、大坂の職人の名前がずいぶん多くみられる。このたびの造営は古法にもとづく復古的なものであったが、江戸時代という新たな時代の建築でもある。本社は装飾性を押さえて復古的に造られはしたが、八足門、楼門、拝殿、會所その他付属施設はすべて当時の建築技法を駆使して造られている。それまでの仮殿式でなく、正殿式での大事業であるゆえに金物、彫刻、絵画などはやはり相当の技量をもつ京大坂や江戸の職人にゆだねられることになったのである。

三、延享度造営による社殿等の特色(5)

1　延享度造営のはじまり

この造営については「日本勧化」も許可されるが、幕府から正式な許可が下されたのは、寛文度造営から七〇年後の元文元年（一七三六）であった。造営事業が実際にはじまるのは元文五年（一七四〇）十月に下された藩主の「隣近國再勧化五ヶ年中造畢之御筆裁」（後述の『出雲大社延享造営傳　乾』に記載）である。この「御筆裁」は次のように記している。

出雲大社大破付　先年御寄附金被下之其上日本勧化被仰付之得共右の分にては造営難相調由相聞候　領

国中之儀□之条御手傳之心得にて可被取計候　且又
出雲国ハ勿論隣国迄も又々勧化等いたし候様　世話
いたし五ヶ年の内には成就候様　可致旨被仰出候
十月十月

翌年四月十一日には、家老柳多四郎兵衛が造営惣奉行（後に香西太郎右衛門が交代）となり、松江藩御作事所の御役人・御大工、さらには小人に至るまで、二〇〇余人が「場所詰め」するなど、松江藩は経済的支援だけでなく造営事業そのものにも深くかかわることになる。「御作事所御役人帳」(6)によると、松江藩御作事所では元文六年（一七四一）には「杵築御造営」に伴い作事奉行を増員し、御大工頭渡部徳右衛門、同伊藤彦兵衛、同中村領助が杵築惣肝煎になり、さらに山門吉右衛門、同岡吉兵衛が御大工、伊藤与次兵衛、同井川吉兵衛が御大工並に、寛保二年（一七四二）には内藤領助、岡彦七、井上徳左衛門などが新たに御大工並に召し抱えられている。

延享度造営は松江藩御作事所にとってきわめて重要な普請事業であったが、この造営事業を大工職の目で詳細に記録する『出雲大社延享造営傳』(7)が現存している。「乾」本と「坤」本の二冊からなり、「乾」本には本社を中心とする本普請が記録され、「坤」本には境外社や付属施設の跡普請について記されている。翻刻は『出雲大社　社殿等建造物調査報告』(8)に掲載されている。

2 本普請

延享度造営は、本社をはじめ社殿の配置や敷地の整地も改めて行われる大掛かりなものだったが、「乾」本には「当社往古より外遷宮是を禁め　舊社より新社江正遷宮の神例依之新社地縄はり　本社より西え六間南え拾弐間樓閣共各順前の積　宮中の地割并宮外末社ともに新造営式は修復の品図畫を以て　関府の御下知ニまかせらる」と記され、さらに、「瑞籬通地形高サ五尺　東西四拾壱間　南北四拾弐間　玉垣下三尺　東西弐拾間　南北弐拾弐間」とある(9)。瑞垣の「東西四拾壱間　南北四拾弐間」、玉垣の「西弐拾間　南北弐拾弐間」は現状とほぼ一致する。寛文度造替にも匹敵する境内の新たな整備が行われるが、瑞垣や玉垣を高くするのは、社殿をよりシンボライズするものであり、一方、社殿を西に六間、南に一二間移動するのは、参詣者に本社をより身近にみせようとする意図があったとみられる。なお、境内の整地作業は三月中旬よりはじまり十一月下旬まで行われた。地形（地固め）を請負ったのは松江城下白潟堅町の油屋吉左衛門である。

「杵築大社宮中繪圖面」(10)は寛文度造営と延享度造営の社殿配置図の変化を描いた図である。本図の右肩に「黄墨引寛文之度御造営　白朱引延享之度御造営」と記されている。

本図は、寛文度造営の建物を黄色で着色して表示し、延享度造営の建物を寛文度の建物を引き移した建物も含めて白塗りで表示し、建物の輪郭ならびに瑞垣・玉垣などは赤線で強調されている。この図によって、延享度造営の殿宇配置が寛文度造営とどのように異なるかわかるが、その変化は『出雲大社延享造営傳』の記述とも合致している（**図1**、**図2**参照）。

寛文度では、本社の柱九本はすべて但馬国妙見山から運び込まれたが、今回は、「日本勧化」や松江藩の「御筆裁」もあったためだろう、大社の造営遷宮が知れわたり、近隣諸国でまかなうことが可能となった。すなわち、心柱は石見国邑智郡都賀村（邑智郡美郷町）八幡宮境内の大杉が選ばれ、宇頭柱二本は出雲国飯石郡古八幡宮（飯石郡飯南町）と出雲大社山王谷から、側柱六本は伯耆国舟上山（鳥取県東伯郡琴浦町）、美作国黒岩（岡山県苫田郡鏡野町か？）、石見国大麻山（浜田市）二本、隠岐国、そして出雲大社山王谷からそれぞれ選定され、心柱は寛保二年（一七四二）六月七日に大社に運び込ま

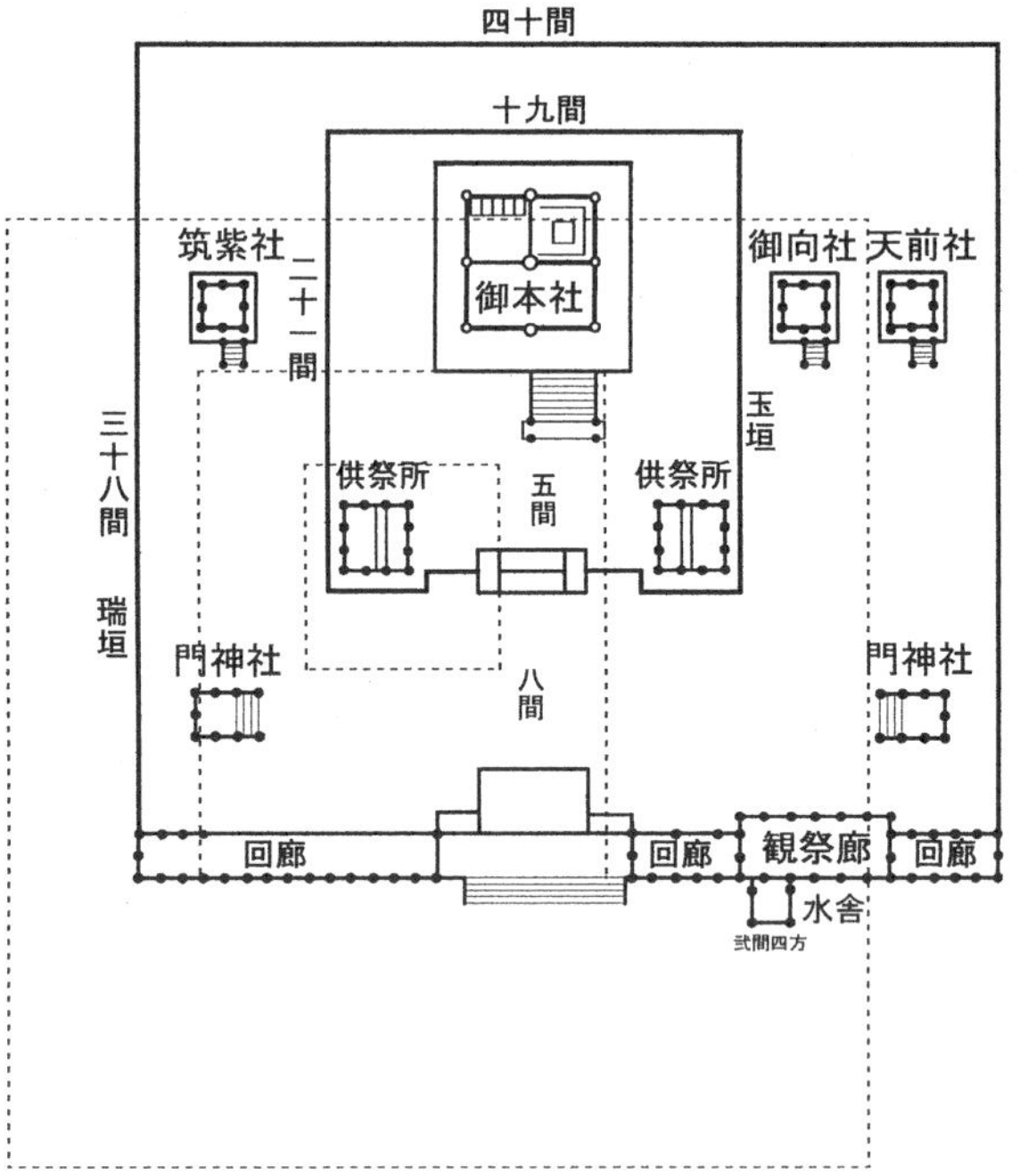

図1　寛文度の社殿配置（「杵築大社宮中繪圖面」より作成）

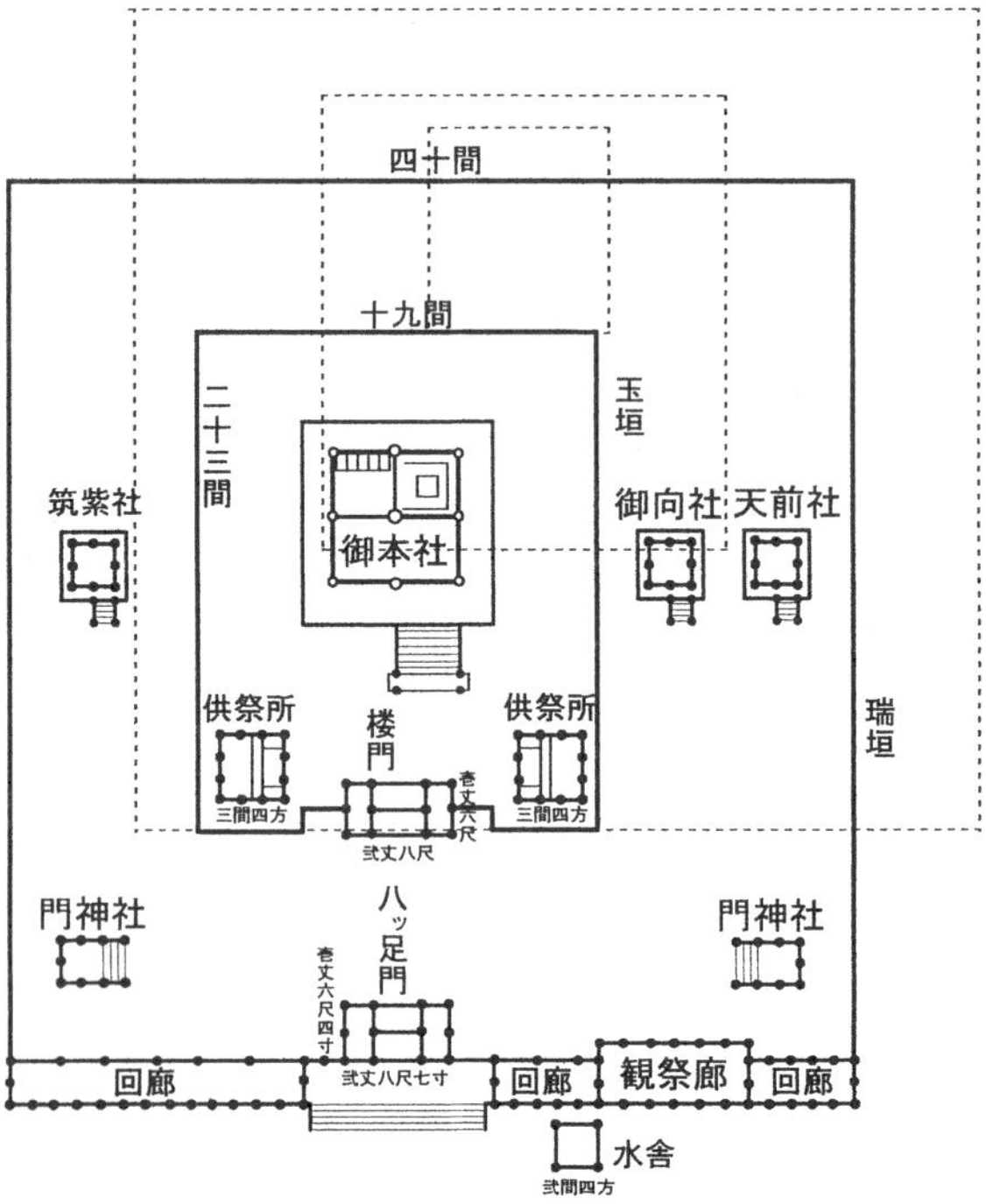

図2　延享度の社殿配置（「杵築大社宮中繪圖面」より作成）

れ、他の柱も逐次大社に運び込まれている。その他の木材は、本社の両破風の杉材は石見国安濃郡志学村（大田市）や美作国増場郡間屋村（岡山県真庭市か？）から、刷板は出雲国仁多郡横田村内黒漆（仁多郡奥出雲町）、勝男木は備後国と近隣諸国より調達されているが、檜材に限っては大坂から船で搬送されている。

一方、造営工事は藩の裁可によって進められ、釿始式は寛保二年（一七四二）十月七日に行われ、以後、柱立式は同三年七月二十三日に、上棟式執行は延享元年（一七四四）九月二十二日に執行され、遷宮式執行は同年十月七日に藩主宗衍の取り計らいもあって北嶋直孝によって行われている。なお、幕府は遷座の費用として新たに金五〇〇両を拠出している。

本社の造営遷宮が滞りなく完了した後、同年十二月朔日には、千家内膳と北嶋市正が両国造名代として江戸に登り、幕府に正殿式遷宮成就の報告を行い、造営事業は延享元年でひとまず終わる。

なお、この年に竣工したのは本社ならびに末社五社と楼門、八足門、拝殿の九ヵ所に留まっていた。また、この度の造営では、本社ならびに御向社、筑紫社、天前社、門神社二宇の五社は新しく造営されたが、楼門、八足門、拝殿は修復に留まるものであった。『出雲大社延享造営傳　乾』には「右本社并末社五社新造営、桜門・八足門・拝殿は白削建直し、九ケ所共江戸野尻庄兵衛受負」と記されている。主要な建物はいずれも江戸の野尻庄兵衛が請負い、工事が行われているが、地元の宮大工（神門・吉川氏）はもちろん、そのほか数十人の小工もかかわっていたことは明らかである。

3　跡普請

本社の造営遷宮は延享元年（一七四四）に終わったものの、境内および境外においては、なお「跡普請六十四ヶ所成就」が残っていた。境内境外の末社および付属施設の造営は延享二年（一七四五）の早春より改めてはじまり、延享三年（一七四六）までかかっているが、延享度の造営事業は、元文元年（一七三六）に幕府の許可が下されて以来、一二年の歳月を費やして完了したのである。幕府からの拠出金は限られており、前回より資金的には厳しかったことも影響しているだろう。前回は、すべての建物が新しくされたが、今回は、「白削り」による建直しが多い（**表2**）。古材を用いて造り替えられたものが少なくなかった。

跡普請は、本社左右の棚所（神饌所）二宇からはじまる。棚所、観祭楼、廻廊は「白削建直し」である。素鵞社は本社に倣って二間四方の社殿になるが、材は本社の古材を用いて建てられ、氏社二宇、会所も「白削建直し」である。文庫も修復であるが、三方に虫干し用の庇が新たにつけられた。

境外社も造り直されている。三歳社、命主社、出雲井社、乙見社、稲佐社は境内末社の古材を使っての「白削建直し」で、その他の末社はすべて新たな造営である。これら跡普請は、備後国の鉄屋兵三郎および石見国の萬屋与兵衛次が請負い、造営事業は延享三年にことごとく終わった。

4　延享度造営の特色

ところで、延享度造営の諸施設の造営・修復内容については『大社御造営日記（慶応二寅五月ヨリ同三卯年迄　元〆）』（山村氏寄贈、島根県立図書館蔵）の中に「寛保元　社中其外所々見分帳写」としても記されている。『出雲大社延享造度営傳』と『大社御造営日記』によって造営・修造内容をまとめたのが**表2**である。『大社御造営日記』では、たとえば御向社の場合「古来之通新造営」との表記があり、社殿は新しくなるが、従来と変わらない建築様式であり、建築形態である。また、『出雲大社延享造営傳』には、楼門をはじめとして「白削建直し」と記されている建物が多い。また、この「白削建直し」は境内社にあっては「御修造」「仕直し」「立直し」「垂木ヨリ上仕直し」などと記されているが、境外社には「宮中の末社を以て白削建直し」とある。これを『大社御造営日記』でみると、命主社だけは「仕直し」とあるが、他の社殿は「新造営」「大板屋根ニ〆新造営」などと記されている。「白削建直し」という言葉は、社殿を再建するときだけに用いられているのでなく、古材を利用して、新たに造り直されている場合にも使われていることがわかる。

『出雲大社　社殿等建造物調査報告』には、境内社についてのみ延享度造営の建物の見解が示されているが、御

表2　延享度造営時の境内諸建物

『出雲大社延享造営傳』		「大社御造営日記」「寛保元年社中見分」より	
建物名称	建築内容	建物名称	建築内容
本社	新造営	（記載なし）	（記載なし）
摂社御向社	新造営	御向社	古来之通新造営
摂社筑紫社	新造営	筑紫社	古来之通新造営
摂社天前社	新造営	天前社	古来之通新造営
摂社門神社二ヶ所	新造営	東門神、西門神	古来之通新造営
神饌所二ヶ所	白削建直し	御膳書二ヶ所	垂木ヨリ上仕直し
楼門	白削建直し	楼門	御修復
玉垣引扉二ヶ所	白削建直し	神垣	（記載なし）
八足門	白削建直し	八ツ足門	御修復
廻廊二ヶ所	白削建直し	廻廊三ヶ所	御修復
透塀	（記載なし）	*透垣*	仕直し
拝殿	白削建直し	（記載なし）	（記載なし）
御供井	新に造立	（記載なし）	（記載なし）
御手洗井	新に造立	（記載なし）	（記載なし）
御供所	白削建直し	（記載なし）	（記載なし）
御手水屋	白削建直し	御手水屋	立直し
観祭楼	白削建直し	観祭楼	御修復
摂社素鵞社	古本社の材木ヲ以造営	素鵞社	新造営
摂社氏社二ヶ所	白削建直し	氏社二宇	垂木ヨリ上仕直し
末社釜社	白削建直し	釜社	垂木ヨリ上仕直し
末社十九社二ヶ所	（記載なし）	十九社、十九社	新造営
神楽所	（白削建直し）	*神楽所*	御修復
廳舎	白削建直し	*廳舎*	御修復
神馬屋	白削建直し	*神馬屋*	御修復
宮番所	白削建直し	（記載なし）	（記載なし）
宝庫	白削建直し	御宝庫	御修復
文庫	庇は新造立	御文庫	御修復
会所	白削（建直し）	會所	御修復

正字は現存、斜字は存在せず

向社、筑紫社、天前社、瑞垣、十九社二棟が「新造」で、素鵞社、氏社二棟、釜社は新造であるが「寛文造替の古材を利用している可能性あり」と付記されている。

　延享度の造営は寛文度造営に倣い本社はじめ主要な殿宇が新造・修復されているが、本社をはじめとする諸施設は大半が寛文度と同じ様式、同じ形態で造られている。このことは、古制に重んじて計画された寛文度造営が、以後の造営の規範にふさわしい形式だったことをあらためて内外に周知することにもなった。

四、文化度修造と杵築大社御造営方[11]

1　文化度造営の経緯

出雲大社は、寛政六年（一七九四）頃からしきりに幕府に造営願いを出しているがなかなか許可されなかった。延享度造営から六〇年を経ており、造営が必要なことが理解され、日本勧化も許可され、幕府は金二〇〇〇両の寄付を決定するが、造営許可が下されるまでには、まだしばらく年月を要している。

　文化三年（一八〇六）になって、幕府はやっと杵築大社造営の許可を出すことになった。同四年三月二十八日に、松江藩主松平斉恒に手伝いを申し付け、四月には両国造名代中左近にその旨を記した書状を寺社奉行水野出羽守より渡している。造営事業は実際に動きはじめたものの、幕府や藩の寄付に勧化金を合わせても三〇〇〇両に満たなかった。造営を命じられた松平斉恒は領内に「五千俵割」を課税し、領民からも浄財を集めている。

　慶応度の造営事業を記す『大社御造営日記』[12]には「文化度ハ建白削」などの記載がいくつかみられる。この「建白削」は古材をそのまま使用しての修造である。江戸時代最後の造営事業、文化度の遷宮は修造にとどまったのである。

　文化四年八月二十一日に仮殿式遷宮が行われ、同年九月二十八日に釿始が行われている。新しい内殿は、その後、まもなくして両宮大工神門杢之助・吉川三太夫によって、これも先例に倣って造られている。

　そして文化六年（一八〇九）六月に上棟式、同年七月十八日には湯立神事が行われ、二十一日に遷宮式は行われた。遷宮式は、「出雲大社全図（文化七年）」[13]（**写真1**）にみ

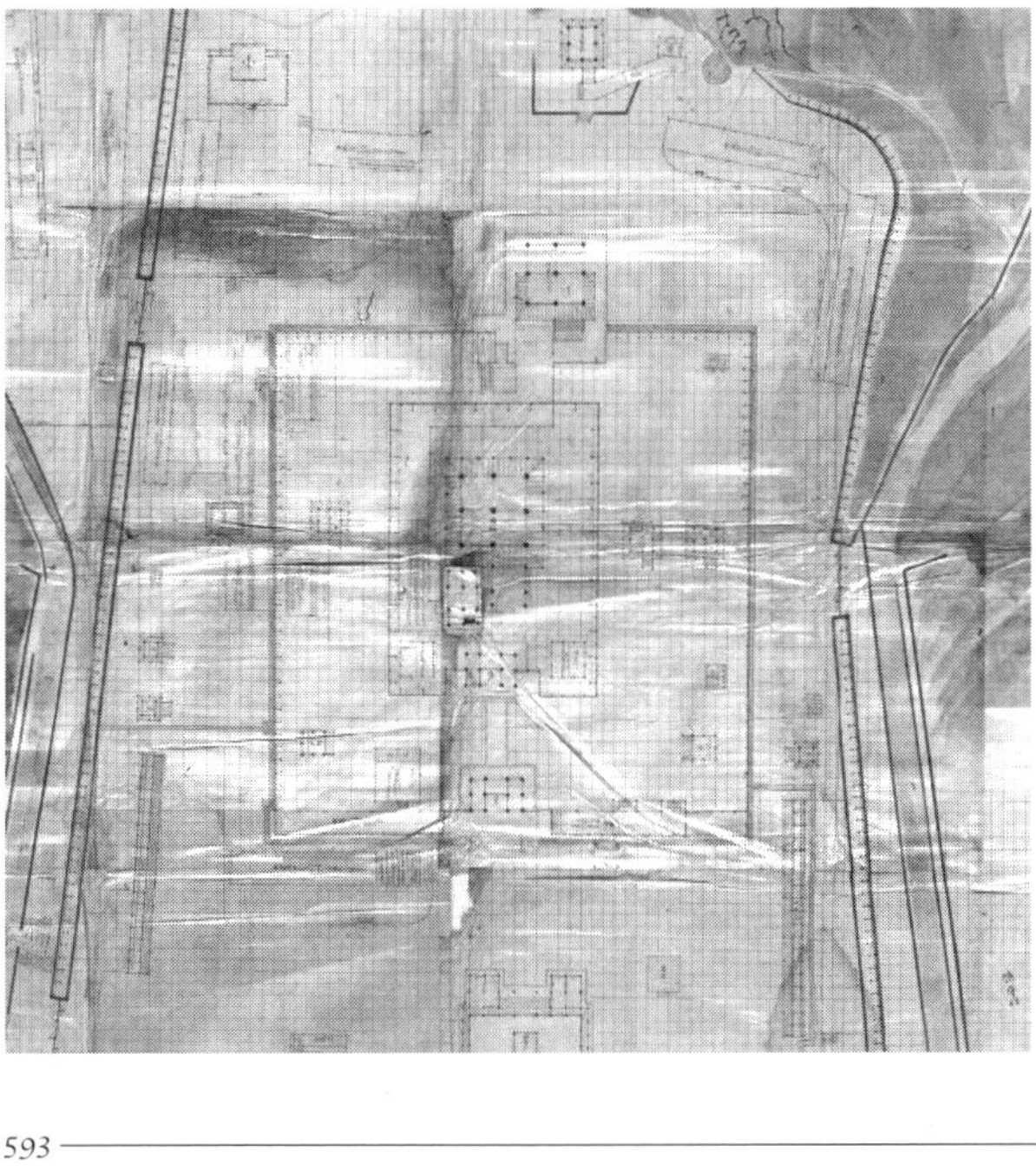

写真1「出雲大社全図（文化７年）」（部分）

られるように本社の後方に瑞垣をまたぐように「仮殿」（図には「御仮殿五間四方」と記されている）を設けて行われたのである。以後、湊社、速玉社、大歳社、仮宮、門神社、下宮、乙女社など末社の遷宮式は文化七年七月二十六日から八月十六日の間にそれぞれ執り行われ、同年十二月に末社神事所を含めすべての殿宇の修造遷宮が終わった。

2　文化度修造の様相

文化度造営にかかわった経費については「覚　杵築大社御修復惣入金用内訳金高（文化六年出雲大社造営費）」（山村家文書、島根県立図書館蔵）によって、その内訳がわかる。項目ごとにかかった金額がまとめられ、続いてたとえば「諸木材代」では用材ごとに金額が記されている。項目だけをまとめたのが**表3**である。総額は一五五一貫目である。修造とはいえ、その経費は寛文度造営費の二〇〇四貫目より四五三貫目低いだけである。「修復或は新建諸材木代」では「本社并末社神事所等七拾三ヶ所」[14]とあるが、造営事業は寛文度や延享度と同様に、本社だけでなく摂社や末社を含む全施設に及んでいる。江戸時代の造営事業は、このように大社に関係するすべての施設を一新あるいは修復する事業として計画され実行されたのである。

経費項目の中でとくに金額が多いのは「桧皮栩曽木縄竹筵類諸色」と「諸職人賃金」で、屋根の葺き替え材などとその仕事にあたった職人の経費である。修復遷宮は屋根材の葺き替えをもって行われたことがわかる。「桧皮栩曽木縄竹筵類諸色」のうちで大きな金額をみると、「杉栩葺板」の一五〇貫七四九匁七分が「檜ワタ」の六八貫八三匁九厘よりはるかに大きな金額になっている。屋根材はやはり前例に倣って本社など主施設は桧皮葺きであるが、摂社・末社に至っては杉栩葺・板葺で修復されていることがわかる。また「諸職人賃金」には、大工、檜皮師、大坂檜皮

表3　文化度造営経費内訳（「覚　杵築大社御修復惣御入用内訳金高」より）

内　　訳	経費 貫	匁	分	厘
本社并末社神事所等73ヶ所修復或は新建諸材木	276	787	1	3
本社并末社神事所等73ヶ所修復或は新建諸鉄具并銅代	82	771	9	8
桧皮栩曽木縄竹莚類諸諸色	348	261	9	9
諸職人賃金	363	862	5	3
鳶日雇66748人4分	133	497	4	
惣畳代	8	82	5	5
惣足場頃家道具其外作事向諸道具入用	25	899	5	9
絵師方塗師方入用并金箔代手間共	9	264	1	8
外遷宮并新始棟上式入用	33	965	4	8
正遷宮式諸入用	35	921	2	5
神宝神器神服両国造以下社家装束代	125	45	9	2
諸末社正外遷宮式入用	10	66	5	4
諸宮小買物	8	865	4	6
御修復中杵築諸役人扶持米	50	883	1	4
諸職人作事小屋所役人居小屋共45ヶ所出来入用雲州町人共受負高	37	790		4
合　　銀	1550	965	1	8

師、木挽、江戸銅師、銅師、石切、屋根葺、鳶日雇の手間賃が列記されている。大工は一九一貫九九匁六分七厘、延べ人数も六万四〇〇〇人ともっとも多い。修造とはいえ、部材の取り替えは各所で行われ、これらは大社御造営方の指示を受けて両宮大工が陣頭指揮をとったものと思われる。檜皮師九三貫二八四匁四分とともに大坂檜皮師五貫四三九匁四分とある。その延べ人数は檜皮師三万一九〇四人、大坂檜皮師一二六五人で地元の桧皮師がはるかに多い。しかし、一人宛の手当てをみると大坂檜皮師、江戸銅師が四匁三分、大工、檜皮師、銅師、石切が三匁、屋根葺が二匁五分、鳶日雇が二匁で、大坂や江戸の職人の手当ての方が多い。大坂や江戸の技術が高く買われていたことを裏づけるものである。

3 文化度修造の特色

この造営事業の一端を伝える史料に棟札の写し「奉納御本社棟札」(**写真2**)(15)がある。表紙(一頁目)中央に「奉納御本社棟札天下泰平国家安全」とあり、四頁目の末尾に「文化四丁卯九月ヨリ檜皮拵取掛り同五年辰九月初旬迄惣軒附相済」とあり、文化度造営の際の本社の屋根葺き替えに伴う棟札の写しであることがわかる。なお表紙の上段には松江藩の役人の名前が記され、三段目には「御大工頭格屋根方勤香川理左衛門　屋根方御大工并兼本半兵衛　同山村源左衛門　大社御用ニ付御取立」な

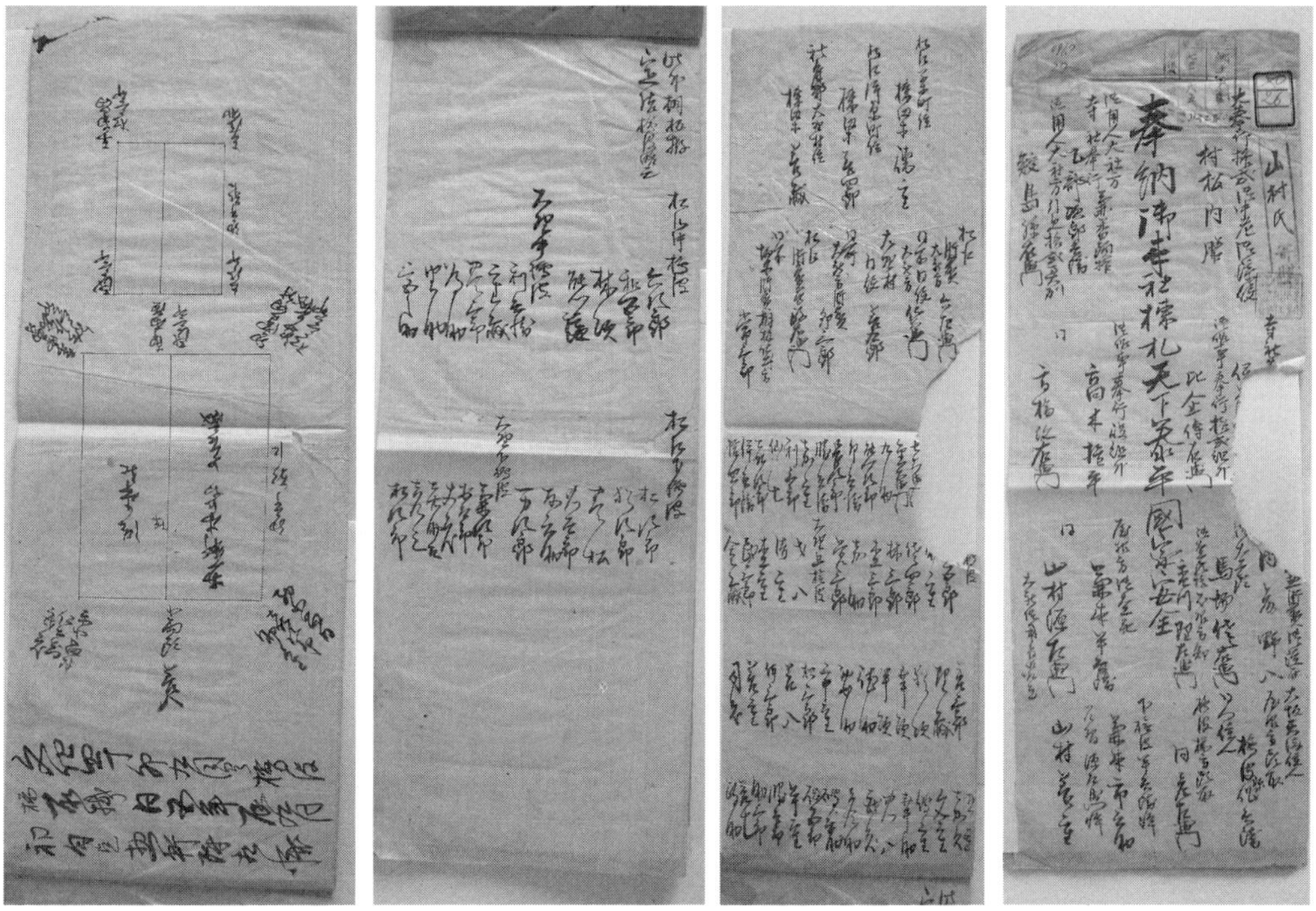

4頁　3頁　2頁　1頁

写真2　「奉納御本社棟札」

どと記されている。四段目には「大坂天満住人屋根方頭取檜皮師作兵衛　同　門住人檜皮揃方頭取同彦左衛門下檜皮半兵衛倅兼本市之助　見習源左衛門倅山村善重」とあり、以下二頁目、三頁目にわたって本殿の葺き替えにかかわった職人の名前が列記され、最後の四頁目に本社の屋根と向拝の屋根の略図が描かれ、それぞれ請負った檜皮師の棟梁の名前が記されている。これにより、本社の檜皮葺きを行ったのは松江の茶町、片原町や大野（現松江市）の桧皮職人であることがわかるが、その数は八〇人を越えている。本社修造の際、屋根の葺き替えを指導したのは大坂の檜皮師だったかもしれないが、実際には松江と大野の檜皮職人によって葺き替えが行われた。なお、この「奉納御本社棟札」に「御大工頭格屋根方勤香川理左衛門」と記されている香川理左衛門は、文化三年（一八〇六）に上棟式が行われた佐太神社（松江市）では「大工頭格」を務め、佐太神社の文化度造営では重要な役割を担っていた。香川家は現在も大野にあるが、同家に伝わる「代々履歴扣」を見ると、二代目理左衛門については、次のように記されている。

一　寛政六寅七月廿九日親理左衛門為跡式御給銀三百七拾五匁三人扶持被下置御譜代格御大工被仰付候
一　寛政六寅八月十二日御破損方勤被仰付候
一　享和元酉六月十七日佐陀社御造営御用被仰付候
一　文化二丑十二月九日佐陀社御造営中精出相勤候旨付為御褒美銀弐匁被下置候
一　同三寅三月二日杵築大社御作事方御用之節可相詰旨被仰付候
一　同四卯二月廿九日御大工頭格被仰付候
一　同五辰三月十二日御破損方御大工頭雇被仰付候
一　同年七月七日杵築大社御造営御用精出相勤ツツ旨付御褒美被成下候
一　同六巳十月六日杵築大社御造営中精出相勤候旨ニ付為御褒美金壱両被下置候
一　同年八月二日杵築大社御造営御用格別精出相勤候旨ニ付御給米拾石ニ被成下候（以下略）

理左衛門は佐太神社と杵築大社の造営事業に深くかかわっているが、文化三年三月には大社造営のため場所詰めしていることがわかる。棟札写しからもわかるように大野には檜皮職人が多く住んでいたこともあって、このたびの造営では「大工頭格屋根方」を務めることになったと思われる。

文化度造営にあたって、松江藩は新たに大社造営方を設けて造営事業を進めているが、役人の人名は『慶応二大社御造営日記』[16]のうち「御見合別帳ニ〆左之通申出文化三寅六月廿九日書抜」によってもわかる。惣奉行村松内膳以下四〇名以上氏名が記され、最後は「御用聞」

の「杵築町　藤間屋正太郎」で終わっている。

幕府の許可が下されて、松江藩は大社御造営方の役人を定めているが、その日付をみると「文化三寅六月廿九日」であり「文化三寅七月二日」である。これに対して香川家の「代々履歴扣」では理左衛門は「同（文化）三寅三月二日」には杵築大社御造営方に詰めるように仰せ付けられている。造営事業は、幕府の許可が下されると同時にはじまり、松江藩は即座に可能な人材を大社に詰めさせ、しばらくしてからまとめて任命したと考えられる。

文化度の造営事業を実際に指揮したのは大社造営方に配属された御作事所の役人や大工たちである。文化度の造営は、安定した藩経営を背景に寛文度、延享度以上に松江藩が尽力して執り行われた造営事業だったと思われる。

五、まぼろしの慶応度造替計画[17]

1　慶応度造替事業の動き

文化度修造遷宮から四〇年が経ち、社殿の傷みが随所にみられるようになったのだろう。嘉永元年（一八四八）暮、江戸年頭初礼のため上京した両国造名代平岡雅足は、翌二年、造営願のためしばらく江戸に留まる。しかし、時節柄、造営許可は容易に下されなかった。松平定安が藩主になった松江藩は、熊野大社の造営遷宮（嘉永七年）が終わったばかり、さらに安政三年（一八五六）には禁裏造営手伝を申し付けられ、領内に「五万割」を課すことになった。こうした状況もあっただろう。その後、引き続き造営願いが行われ、万延元年（一八六〇）一月十八日、江戸幕府は社寺奉行松平伯耆守によって、杵築大社の造営願いを許可し、文久二年（一八六二）までの三ヵ年に限って日本勧化が許可している。新たな造営事業が動き出したかに思われたが、世は幕末の動乱期である。造営事業は遅々として進まなかった。

『大社御造営日記』には「（慶応元年四月二十八日）御老中水野和泉守殿ヨリ御留守居御呼出しニ付伊藤孫兵衛罷出候処杵築大社御造営之儀御手伝之心得を以御造営相調候様可被成旨被仰渡候」とある。これによって慶応元年（一八六五）五月には幕府が松江藩に対して造営手伝いを命じていることがわかる。

松江藩はこうした動きを察知していたのだろう、元治元年（一八六四）の正月には大社造営のための材木見分けのために、御作事所御大工の山村藤蔵を隠岐に渡海させているし、翌年四月には但馬国妙見山にも同人を遣わしている。妙見山での見分けは先の寛文度造営が先例となっていたからである。

このように、元治元年には造営事業が本格的に動き出しているが、松江藩が村松内膳を惣奉行とする「大社御造営方」を正式に定めたのは慶応三年（一八六七）六月十日であった。『大社御造営日記』には大社御造営方の役人を定めるにあたって、「文化度ハ建白削故頭壱人此度ハ御造営ニ付壱人ニテハ御手薄ニ奉存候ニ付両人被仰付度」、「文化度ハ建白削　此度ハ御造営被仰出候ニ付御用件宜敷役様割仕本文元〆三人ト相直し杵築詰方ニハ不限自他国大木伐採等ニ而壱人宛為致出役御殿り合厳重取引仕度仰付度奉存候」、「文化之度ハ建白削ニ而両人此度ハ御造営ニ而大木伐採等之ヶ所へも壱人ハ為出役致ニ付本文之通三人相伺候事」などの添え書きがされている。

文化度の造営は延享度の古材を用いた「建白削」すなわち修復であったが、このたびは本社をはじめ殿宇の「御造営」（造替）を行うものとして事業が計画されたのである。造営事業は文化度より規模が大きくなり、「大社御造営方」に任命された役人の数も多くなっていることをこれらの添え書きがあらわしている。

「大社御造営方」では造営事業の具体的な内容について検討が進められているが、同年八月には作事奉行比企傳右衛門はじめ作事方の面々によって、九月には惣奉行などによって社殿等の見分が行われ、十月には造営事業の内容が具体的に決定された。「大社御造営日記」には「上書ニ　大社御造営被仰出候ニ付御見分ヶ所修造仕極帳　大社御造営方　覚」と記されて、それぞれの殿宇や付属施設の内容が**表4**のように記されている。

2　慶応度造営事業の特長

これをみると、本社は「所替御造営」、筑紫社・御向社・天前社の三社は「所替元御本社解立材木を以御造営」とあり、他の社殿はいずれも「修復」「白削直」「仕直し」「建直」などと記されているが、本社ならびに三社は造替、すなわち建て替えで、その他の大半の殿宇は修復が基本になっている。また同年十月二十八日の条には「大社御造営本社并左右三社斗ニテ其余不残御修復」と記されている。慶応度の造営事業は、本社と瑞垣内にある筑紫社、御向社、天前社の三社を造替し、他の社殿は修造を基本とする造営事業であったことがわかる。

ところで、本社ならびに筑紫社・御向社・天前社の三社については「所替」とも記し

表4　慶応度造営殿宇一覧（「大社御造営被仰出候ニ付御見分ヶ所修造仕扣帳」より）

一	桧皮葺	御本社所替御造営
一	松赤身栩	供祭所二タ棟所替湯洗御修復屋根葺直し
一	同	楼門大斗ヨリ取拂所替湯洗御修復組物損之分取替彫物彩色仕直屋根葺直し銅物付直し不足出来
一	同	玉垣建延古物宜敷分白削直相用
一	杉并栩	會所湯洗御修復金帳付繕銅物色付直し不足出来屋根葺直し
一	桧皮葺	御向社天前社筑紫社右三社所替元御本社解立材木を以御造営
一	同	門神社二宇御修復屋根葺直湯洗
一	杉赤身栩	廻廊御修復屋根葺直し湯洗并袖塀覆建直し
一	同	観祭楼御修復彫物仕直し銅物色付直し金帳付繕湯洗屋根葺直し
一	杉赤身栩	八ツ足門御修復彫物彩色仕直銅物色付直湯洗屋根葺直し
一	同	瑞籬建直し古物宜敷分白削直相用
一	杉并栩	水舎湯洗御修復彫物彩色仕直屋根葺直し
一	杉赤身栩	東西十九社湯洗御修復屋根葺直し
一	同	釜社右同断
一	同	素鵞社建白削屋根葺直し
一	杉并栩	文庫御修復屋根葺直し
一	同	宝庫湯洗御修復屋根葺直し

てある、つまり社殿の位置も変更する計画だったのである。ではどのような「所替」が計画されていたのだろうか。幸い、その計画内容を伝える絵図面が出雲大社には現存している。「杵築大社宮中繪圖面」(8)である。資料には製作年は書かれていないが、裏には「山村氏寄贈」とあり、さらに整理番号「や31」(山村氏寄贈番号)が記されており、『大社御造営日記』と書体も近似しているところから、慶応度造営事業に際して作られた図であることが確認されている。(18)この図には寛文度と延享度の殿宇が記されていることを「三、延享度造営による社殿等の特色」ですでに触れているが、これを本図として、その上に薄懸紙が貼り付けられている。この懸紙には本社と摂社三社、それに玉垣、瑞垣が描かれているが、この懸紙に描かれている図が、このたびの造営計画を具体的に示しているものである(**図3**参照)。

これを本図にみる延享度の社殿配置と比較してみると、本社が延享度の位置から北に一六間ほど北に移っており、同様に筑紫社、御向社、天前社も移動して描かれていることがわかる。玉垣や瑞垣の東西幅はそれぞれ一九間、四〇間と変わらないが、南北方向では玉垣が二三間から二七間に、瑞垣は四一間半から五一間半に拡幅されている。そして、本社と楼門の間には「六尺ヲ以九間五尺」、楼門と八足門の間は「同拾七間」と添え書きされている。本図にはこうした添え書きはみられないが、その幅を升目によって計算してみると、本社と楼門の間は四間、楼門と八足門の間は七間半ほどである。慶応度の造営計画の大きな特色は、本社と楼門の間、そして楼門と八足門の間を、それぞれ大幅にひろげているところにみられる。寛文度造替、延享度造替、慶応度造替計画の社殿配置をそれぞれ表したのが**図4**であるが、慶応度の造替計画は、本社を寛文造替のそれよりさらに北に後退させているのがわかる。

このように本社と楼門の間、楼門と八足門の間をひろげる計画になった理由を具体的に記す史料は見当たらな

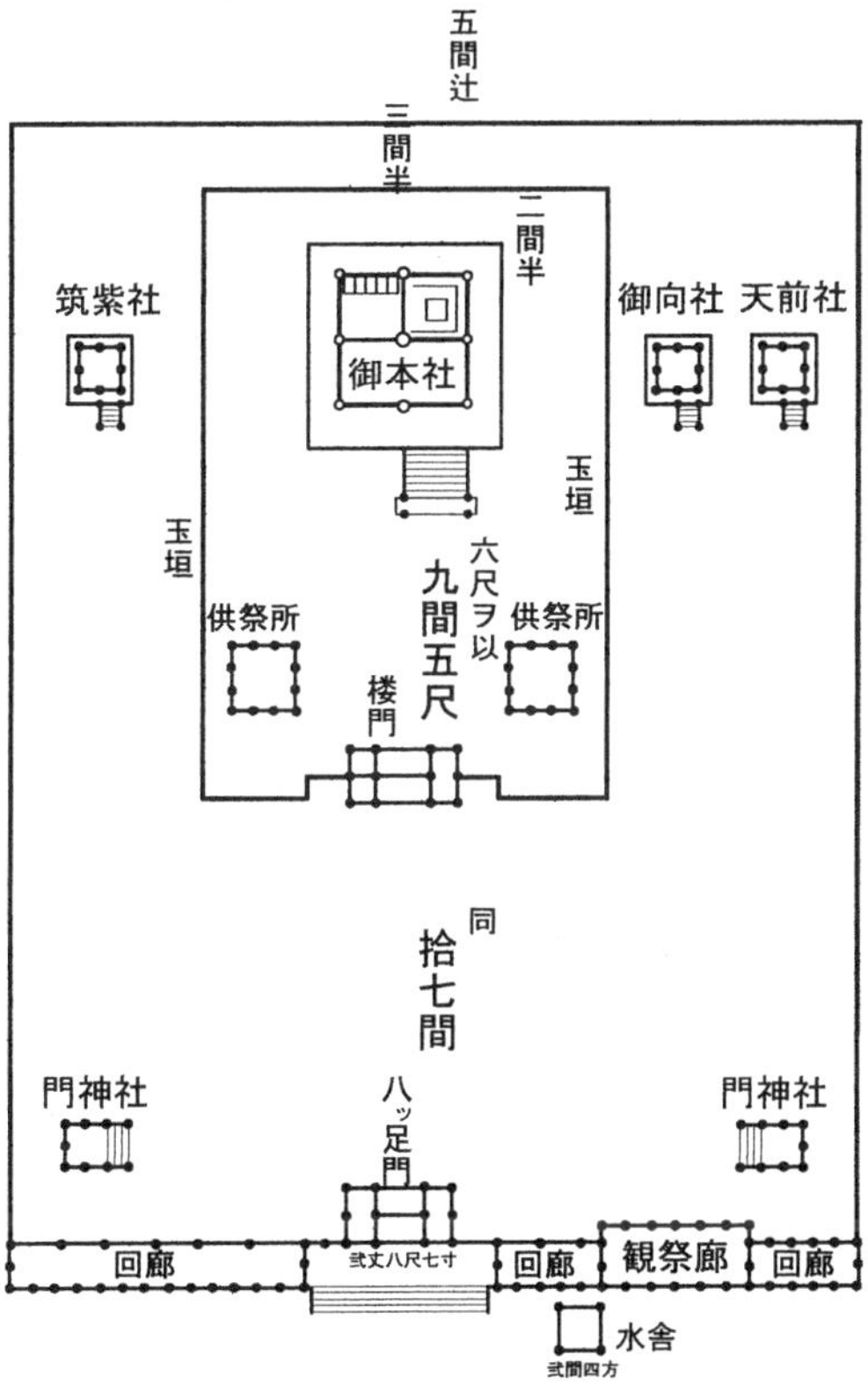

図3　慶応度造営計画の社殿配置(「杵築大社宮中繪圖面」の薄懸紙より作成)

いが、江戸時代には国造以下大半の神職が昇殿して祭祀を行うことがあり、ときには神職以外の昇殿もあった(19)。また、一般の参拝者も楼門までは容易に入ることができ、本社を間近にみることができた。こうした背景があって、本殿と楼門の間、楼門と八足門の間を大幅に拡張する計画がたてられたものと思われる。

また、『出雲大社御造営日記』には本社の規模について「大社御本社」として次の記述がある。

一　惣高サ八丈三寸　但シ土地ヨリ千木ノ上ハ迄
一　真ノ柱長三丈六尺二寸大サ三尺六寸　但シ石上ハヨリ棟引下タ迄　外ニ欄アリ
一　宇津柱長四丈九尺四寸　大サ二尺八寸八分　但シ石上ハヨリ棟桁下迄　外ニ欄アリ
一　側柱長三丈三寸　大サ二尺六寸　但シ石上ハヨリ梁下タ迄　外ニ欄アリ
一　大床柱長一丈三尺　大サ尺四寸　尤角之分ハ一尺四寸五分　但シ石上ハヨリ縁板下タ迄

本社は、従来の高さ八丈に三寸を加え、屋根勾配も少しきつくなる。社殿が後退したこともあって高さをやや強調する計画になったと思われる。

3　慶応度造営事業の結末

しかしながら、この新たな移築造替計画は実行されるまでには至らなかった。『出雲大社御造営日記』も慶応三年十二月二十五日で終わっている。その理由を具体的に伝える資料はないが、慶応三年十月十四日には大政奉還が行われ、十二月九日には王政復古の大号令が発せられている。大きく世の中が変わろうとする時代であった。造営事業は中止せざるをえなくなったのであろう。

とはいえ、遷宮造営事業は明治維新を迎えた後も継続していた。造営事業で「御用聞」を仰せつかった藤間寛左衛門は「慶応三　九月十三日　御造営日記　御用聞　藤間寛左衛門」(20)を書き留めているが、その奥書には「奉願演説之覚」として「四年以前卯（慶応三）年　大社御造営方御用聞被仰付難有仕合奉存候然処近来病身ニ罷成取引難相勤奉存候仍之恐多御儀御座候得共御用聞之儀倅穂左衛門江名替被仰付候様奉伺候此段宜敷御聞届被下置候様奉願候以上

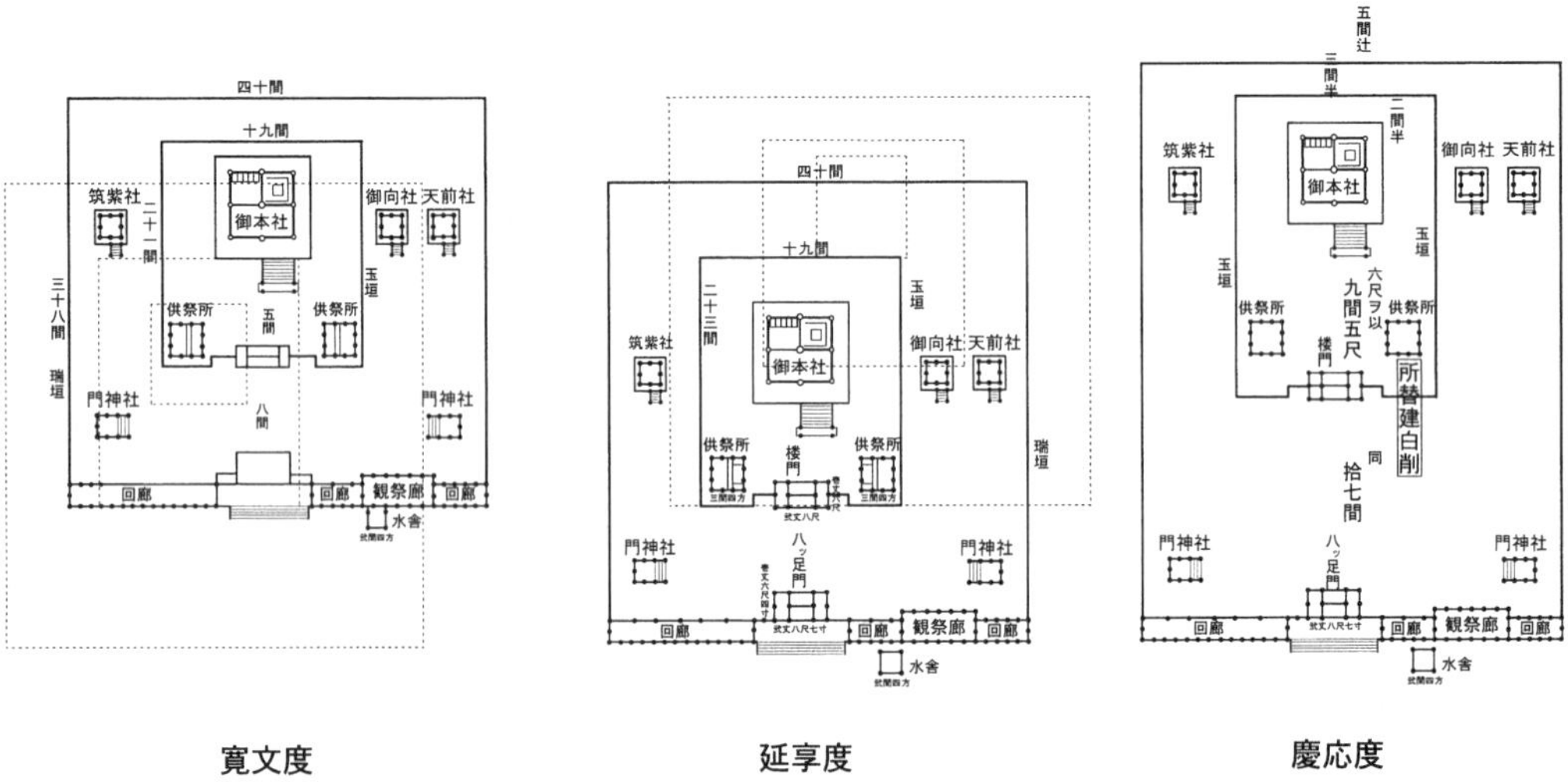

図4　社殿配置の変遷（「杵築大社宮中繪圖面」より作成）

午六月　藤間寛左衛門　民政御局」と記されている。造営事業は年号を明治と変えた後も、藩の組織であった大社御造営方から、新しい県の民政局が窓口となって継続していたのである。

明治維新を迎え、政治の仕組みも大きく変わったが、出雲大社の遷宮は、やはり重要な事業であった。明治十年（一八七七）には素鵞社を仮殿として遷座祭が執行され、同十四年（一八八一）に正遷宮式が執行されている。ただこのとき、本社は造替ではなく修造に留まっている。かくして、社殿は延享度造替時の姿のまま残った。慶応度の造営事業は、幸か不幸か、まぼろしの事業で終わったのである。

六、おわりに―江戸時代における出雲大社の造営事業とその背景

出雲大社造営事業は、文化度の修造を別にすると、社地の移動、本社の新造は寛文度、延享度、慶応度と三度計画されてきた。建築の形態は変わっていないが、延享度造替では、寛文度の本社から南に一〇間、西に六間ほど位置を移し、慶応度の造替計画では、延享度の本社を一六間ほど北に位置が移されている。本社の前の境内地が、延享度では狭くされたが、慶応度の計画では寛文度の境内地以上にひろげられている。近世以前では、本社の高さに変化がみられたが、江戸時代の正殿式の造替では、奥行に変化を求めていたことがわかる。出雲大社は、近世初期までは本社を間近に参拝することができたことがわかっているが、慶応度における本社前の拡張は、一般の参詣者が本社を間近にすることを想定して計画されたものと思われる。造替のたびに、規模の大きい社殿も参詣者により身近に参拝できるようにして、より大きな感銘を与えようとの計らいがあったのだろう。

江戸時代において、出雲大社では中断された慶応度も含めて四度の正殿式造営事業が進められたが、いずれも松江藩主が造営奉仕して行われてきた。

松平直政（および二代藩主綱隆）が造営惣奉行を勤めて執行された寛文度造営では、社殿そのものは大社の宮大工だけでなく、江戸・大坂・京都の職人が加わって造られているが、妙見神社から伐採されることになった本社の柱材の見分け・伐採・運搬を指揮したのは、松江藩造営奉行岡田善平衛であった。岡田半右衛門を中心に組織された松江藩の造営方の尽力は無視できない。

延享度造営は、松江藩家老柳多四郎兵衛が造営惣奉行（後に香西太郎右衛門が交代）となり、松江藩御作事所の御役人御大工、さらには小人に至るまで二百余人が場所詰めするなど、松江藩は経済的支援だけでなく造営事業そのものにも深くかかわっている。「御作事所御役人

帳」をみると、元文六年（一七四一）の欄には「杵築御造栄ニ付御奉行増／早川官兵衛、大塚弥市　御徒御大工頭杵築惣肝煎・伊藤彦兵衛　御徒並音大工頭杵築惣肝煎・渡部徳右衛門」などと記されているが、延享度造営が御作事所にとって新たな、そして大きな任務になっていたことがわかる。また、延享度造営について詳しく記されている『出雲大社延享造営傳』は松江藩御作事所の大工職の家柄である山村家に伝わる資料であった。このことからも杵築大社造営に松江藩御作事所の大工職が深くかかわっていたことが推察できるが、この『出雲大社延享造営傳　乾』の終わりには「出雲國杵築造宮の義元文五申年より五ヶ年（中略）依之延享元子年十一月七日　本社造営出来（中略）漸此節迄ニ末社造営悉相済候依之御届申達候　以上　（延享四卯）十二月六日　松平出羽守」と記された書状も添付されている。

文化度修造では、松江藩老中村松内膳が造営物奉行になり大社造営方が組織され、松江藩御作事所の御大工は、場所詰めを命じられ、造営事業が滞りなく終わるまで、事にあたっている。香川理左衛門の働きなどをみると、とくに松江藩御大工の活動は無視できない。修造にあたっての架設の建物を詳しく記している「出雲大社全図（文化七年）」、文化度造営の経費内訳を詳細に記す「覚杵築大社御修復惣御入用内訳金高」、本社の屋根の葺き替えにあたった役人や檜皮職人の名前を網羅する「奉納御本社棟札」などは、いずれも「山村氏寄贈資料」である。これら具体的な造営資料が、松江藩御大工の家柄である山村家に保存されていたことからも、松江藩御大工の働きが大きかったことは推察できる。

慶応度造営計画は実現こそしていないが、前例に倣った「大社造営方」は松江藩が「御作事所」とは別に臨時に組織した役所である。御大工頭山村藤蔵を妙見山に行かせたり隠岐にわたらせて、本社の柱材九本の見分けを行わせ、木取り・運搬の指揮にあたらせている。山村藤蔵は隠岐への渡航に際しては日誌録『公私頭書』も書き残している。『公私頭書』の冒頭には延享度造営の本社柱材の木取り寸法が一本一本記されているが、それらは延享度造営での資材の大きさを記している。このことから、慶応度造替計画は延享度造営に倣って計画されたことがわかる。

ところで、大工職の家柄であった山村家には出雲大社造営に関する資料が相当数伝わっている。これら「山村家寄贈資料」[21]は、延享度造営の計画図とみられている「出雲大社本社物絵図」、慶応度造営について記す『出雲大社御造営日記』、文化度修造時の本社の屋根替えの様子を記す「御本社棟札」をはじめ、多くが松江図書館（現島根県立図書館）に所蔵されているが、一部『出雲大社延享造営傳』、「杵築大社宮中繪圖面」などは出雲大社に保存されている。出雲大社造営にあたって松江藩御大工の働きがきわめて重要であったからこそ、松江藩御作事所の御大工頭の家柄である山村家に出雲大社造営に関する文書や絵図類が相当数保存されていたと考えられる。これらの資料をさらに追跡調査すれば、江戸時代の出雲大社造営の実態は、さらに具体的に明らかにできるだろう。

表5　出雲大社造営関連年表

西暦	和暦	年	月	日	事項	出典
1603	慶長	8	2	12	徳川家康、征夷大将軍となり、江戸に幕府を開く。	
1609		14	3	28	出雲大社仮殿式遷宮執行。願主豊臣秀頼、奉行堀尾吉晴、国造千家元勝が遷宮執行を奉仕。	年表２／出雲大神
1638		15	2	11	松平直政、信濃国松本を転じ出雲国に封じられ隠岐国を預けらる。	県史年表／徳川実紀
1644	正保	元	7	19	日御崎神社造営遷宮。	県史年表／日御崎神社文書
1646		3	4	15	直政幕命により出雲大社造営を奉行す。	県史年表／千家文書・北嶋文書
1664	寛文	4	9	16	出雲大社、釿始め。	年表２
1665		5	5	3	出雲大社、大坂町奉行より造営料２０００貫を受け取る。	「大社造営一紙目録」
1666		6	4	11	直政の長子信濃守綱隆、松江藩襲封。	県史年表
		6	4	30	出雲大社、柱立て。	年表２
1667		7	3	26	本社棟上げ、国造北島恒孝が上棟式を奉仕した。	年表２／出雲大神
			3	30	正殿式遷宮。国造千家尊光が遷宮執行を奉仕。	年表２／出雲大神
1675	延宝	3	5	30	甲斐守綱近松江藩襲封、出羽守と改む。	県史年表
1684	貞享	元	11	18	仮殿遷宮、国造北嶋兼孝斎行。	年表２
		2	11	24	正遷宮、国造千家直治斎行。	年表２
		4	6	28	松江藩主松平綱近、佐太神社造営。	重要文化財佐太神社、棟札
1704	宝永	元	5	30	綱近到仕、嗣吉透襲封出羽守となる。	県史年表
1705		2			再造営願始上官江戸え相詰ル。	造営傳
			12		宜維（庄五郎８才）松江藩主襲封。	県史年表
1725	享保	10			御寄附金千両其上日本勧化之御下知社家巡行ス。	造営傳
1731		16	10	13	松平宗衍、松江藩襲封。	県史年表
	元文	元	10		隣近国再勧化５ヶ年之中造畢之御箏裁。	造営傳
1742	寛保	2	10	7	出雲大社釿始め、神柱９本のうち２本を竹崎村で伐る。	年表２／島根県歴史大年表
		3	7	23	出雲大社、柱立て。	年表２
1744	延享	元	9		神服遷座為要金五百両再御寄附。	造営傳
			9	22	本社棟上げ。	年表２
			10	7	正殿式遷宮。現本殿造営成る。国造北嶋直孝が遷宮執行を奉仕。	年表２／出雲大神
1767	明和	4	11	27	宗衍到仕、世子信濃守治郷襲封、朝日丹波後見職兼仕置職となる。	県史年表
		6	11		「寛文年中指圖目録」再修復を被仰付役人中立会巻数相改候上御本社江納置者也。	出雲大社蔵資料
1795	寛政	7	11		幕府、出雲大社造営につき寄付金千両を下し、諸国勧下を許す。	年表２／御触書天保集成 4289
		9	3		幕府、出雲大社造営につき諸国勧化を許す旨、大目付に申達す。	年表２／御触書天保集成 4304
1806	文化	3	3	11	治郷到仕、世子出雲守斉恒、襲封出羽守と改む。	県史年表
			3		幕府は出雲大社修復につき松平出羽守に手伝心得を申付く。	年表２／御触書天保集成 4376
		4	3	19	松江藩主松平斉恒、佐太神社造営。	重要文化財佐太神社、棟札
			5		斉恒、出雲大社の造営を命じられ、領内５０００俵割を課税す。	年表２／島根県歴史大年表
1809		6	7		幕府、出雲大社遷座等の入用金として５００両を下す。	年表２／御触書天保集成 4398
			7	21	神殿修造遷宮。国造千家尊之が遷宮執行を奉仕。	年表２／出雲大神
1853	嘉永	6	9	4	斉恒到仕、養嗣済三郎襲封、11/23 定安と改名。	県史年表
1854	嘉永	7			この年、松平氏、熊野神社社殿を造営。	年表２／熊野大社
1860	万延	元	1	18	寺社奉行松平伯耆守、願い通り出雲大社の造営を承認する。	年表２／杵築大社上官森脇系図
			10	28	幕府、出雲大社造営のため、三カ年諸国勧下を許せし旨を布告。	年表２／続徳川実記
1863	文久	3	12	21	松江藩主定安、出雲大社に２００石を寄進す。	年表１／出雲大社蔵
1867	慶応	3	8	9	松江藩、出雲大社造営係を任命する。	県史年表
			10	14	大政奉還。	
			12	9	王制復古の大号令。	
		4	5	7	亀井隠岐守に出雲大社の古典を調査せしむ。	年表１／社教調
1868	明治	1	9	8	慶応４年を改めて明治元年とし、一世一元とす。	県史年表
1871	明治	4	5	14	出雲大社、官弊大社となる。	
		10	6	1	出雲大社神殿修理に付、素鵞社を仮殿として遷座祭を執行。	年表２／出雲大神
1881		14	3	17	出雲大社神殿修理終わる。	年表２／出雲大神
			5	14	出雲大社修繕遷宮。出雲国造兼出雲大社大宮司千家尊福遷宮執行。	年表２／出雲大神
1890		23	9	14	ラフカディオ・ハーン初めて出雲大社に正式参詣昇殿。	年表１／社教調

出典　年表１／出雲大社作成『出雲大社年表』
年表２／西岡和彦著『近世出雲大社の基礎的研究』所収「近世出雲大社関係年表」
県史年表／『新修島根県史年表』
造営伝／『出雲大社延享造営伝』

註

（1） 本節は『大社町史・中巻・近世近代編』（出雲市、二〇〇七年三月刊行）掲載の「第四章・第五節・第二項・第二目 寛文度造営の経緯と社殿の特長」に一部修正を加えたものである。

（2） 「佐草家文書」の一。全文が『名草神社三重塔と出雲大社』（八鹿町教育委員会、一九九七）に翻刻されている。

（3） 「佐草家文書」の一。

（4） 「佐草家文書」の一。『出雲大社 社殿等建造物調査報告』に全文が翻刻されている。なお、拙稿「寛文度造営について―「出雲大社一紙目録」を中心に」（『日本建築学会中国支部研究報告集』20、一九九七年）は、本史料の特色を明らかにし、寛文度造営について論考したものである。

（5） 本節は『大社町史・中巻・近世近代編』（出雲市、二〇〇七年三月刊行予定）掲載の「第九節・第三項・第二目 延享度造営による社殿等の特色」に一部修正を加えたものである。

（6） 野津隆氏（松江市雑賀町）所蔵。拙稿『松江藩御作事所と御大工に関する研究』（学位論文、二〇〇一）で、「御作事所御役人帳」を翻刻紹介している。

（7） 山村氏寄贈資料の一、出雲大社蔵。『出雲大社 社殿等建造物調査報告』に「出雲大社延享度造営傳 素鵞 坤」の翻刻文が掲載されている。

（8） 大社町教育委員会、二〇〇三。

（9） 『雲州大社御造営日記（延享御造営日記 9）』には「御本社立古宮ヨリ前へ十間出西へ六間寄申筈縄はり」、「地形高サ四尺三寸」と記されている。

（10） 山村氏寄贈資料の一、出雲大社蔵「出雲大社絵図面」の一。

（11） 本節は『大社町史・中巻・近世近代編』（出雲市、二〇〇七年三月刊行予定）掲載の「第九節・第三項・第二目 文化度修造と杵築大社御造営方」に一部修正を加えたものである。

（12） 表題「慶應二寅五月ヨリ同三卯迄 大社御造営日記 元〆」、山村氏寄贈資料の一、島根立図書館蔵。

（13） 島根県立図書館蔵。

（14） 寛文度造替の「大社造営一紙目録」には「七拾弐ヶ所」とある。

（15） 山村家寄贈資料 島根県立図書館蔵。

（16） 山村寄贈資料、島根県立図書館。

（17） 本節は『大社町史・中巻・近世近代編』（出雲市、二〇〇七年三月刊行予定）掲載の「第九節・第四項・第二目 まぼろしの慶応度造替計画」に一部修正を加えたものである。

（18） 『出雲大社 社殿等建造物調査報告』第二節 出雲大社関係指図に描かれた社殿」。

（19） 造営事業の際に松江藩役人が何度か社殿の見分をしているが、その際に本社への昇殿も実際に行われている。また時代が下るが、明治二十三年の小泉八雲の昇殿も記録に残る。

（20） 藤間家文書の一。表紙には「慶応三 九月十三日 御造営日記 御用聞 藤間寛左衛門」と記されている。

（21） 拙稿「島根県立図書館所蔵の「山村家寄贈資料」について」（『日本建築学会中国支部研究報告集』28、二〇〇五年）で「山村氏寄贈資料」の大要を紹介しているが、山村家寄贈資料には『出雲大社延享造営傳』「杵築大社宮中繪圖面」など出雲大社に保存されている資料もある。また、大社造営については「藤間家文書」に、文化度造営、慶応度造営の関する文書（日記類）が相当数ある。これの資料を総合的に検証すれば、文化度修造、慶応度造営計画の実態はさらに明らかになるだろう。

第十一章　結　論

第一節　大社造の起源と変容

浅川滋男

本書の第一～三部で多様な考察が示されてきたが、ここでは「掘立柱建物」という視点からそれらの論考を整理し、「大社造」本殿の起源と変容について私見をまとめておきたい。

一、弥生中後期の集落像と掘立柱建物

1　中期と後期の集落像

伯耆を中心にして、山陰地方の弥生時代集落の構造を分析した濵田竜彦（第一章第二節）によると、弥生時代中期の集落は、竪穴住居跡と小・中型掘立柱建物跡からなる「空間A」と中・大型掘立柱建物跡によって構成される「空間B」という領域区分が認められ、前者は竪穴住居と高床倉庫からなる居住空間、後者は祭儀的な側面をもつ空間であるという。弥生中期における空間Bの代表例は、鳥取県西伯郡名和町の茶畑山道遺跡である（第二章第一節〈辻〉図2）。茶畑山道遺跡では竪穴住居がみつかっておらず、空間Bがまるごと調査区の中に収まっているものと考えられる。ここでは高床式の独立棟持柱建物とともに、土間式の長棟建物がみつかっている。独立棟持柱建物の周辺からは、銅鉾型土製品、分銅型土製品など祭祀関連の遺物が出土しており、周辺の土壙に赤色顔料で彩られた土器や瀬戸内系の土器などが投棄されていた。こういった状況をみると、独立棟持柱建物は何らかの祭祀的な活動と関連をもつ可能性が高いであろう。一方、調査区では石斧、石包丁、砥石、石器、黒曜石、サヌカイトの原石なども出土している。したがって、空間Bは必ずしも祭祀に特化した領域ではなく、生業や居住をも包含した集落の中心ゾーンとみるのが妥当と思われる。

なお、長棟建物は弥生中期中葉から伯耆・出雲地域に拡散しはじめ、独立棟持柱付高床建物は弥生中期後葉以降、伯耆地方で出現するが、その数は多くない。筆者ら

は前者を「在地系」大型建物、後者を「近畿系」大型建物と呼び分け、青谷上寺地遺跡出土建築部材により復元を試みた（第十章第三節〈浅川〉図11）

弥生後期になると、居住域が大きく拡大していく反面、空間Aと空間Bのゾーニングがあいまいになる。数棟の竪穴住居とそれに付随する高床倉庫（梁間一間の掘立柱建物）からなる空間Aは、「居住単位」として後期に継承されるが、空間Aと一対になる空間Bが欠落してしまう。妻木晩田遺跡を例にとると、こういった居住単位（＝空間A）が三〇近く認められる（第一章第三節〈濵田〉図4）が、空間B的な様相を示す大型の掘立柱建物は松尾頭地区に一ヵ所存在するにすぎない。そのエリアでは二面庇付きの大型建物が二時期にわたってみつかっている。この建物が首長層と関係する可能性があって、その大型建物をもつ集団によって妻木晩田の集住が維持されていたと濵田は推定している。

2　九本柱と山頂環濠

さて、妻木晩田遺跡では「九本柱の遺構」もしくは「九本柱の可能性がある遺構」が、合わせて一二棟確認されている（第一章第二節〈濵田〉図8）。ただし、柱穴の配列や深さを考慮し厳密な見方をするならば、確実に「九本柱の遺構」と呼びうるものは九棟に絞られる。そして、その九棟の分布は妻木山地区と妻木新山地区に限られるのだが、この九棟にしても時期比定が非常に困難で、上に示した居住単位との関係が鮮明ではない。遺構の併存・前後関係も不明であり、機能・性格・存続時期について一定の解を得ていないのが現状と言えよう。

ここで問題となるのが、松江市の田和山遺跡である。田和山遺跡は、最盛期（弥生中期後半）において山頂域が三重の環濠に囲まれており、その内部に存在したのは九本柱と柵列だけで、環濠より低い中腹部のテラス（加工段）に掘立柱建物、さらに低い山裾に竪穴住居群がひろがっている（第三章第一節〈落合〉図2〜3）。環濠が守っているのは、集住のための竪穴住居や長棟建物ではなく、山頂の九本柱だけという特殊な空間構造をもつ集落である。九本柱の面積は一二・五平方メートルで、心柱が口径三六センチ／底径二二センチ、深さ五〇センチを計り、周辺の八本はやや浅い傾向を読みとれるのだが、平面がややいびつな長方形をしている。

田和山の類例として、妻木晩田遺跡洞ノ原地区先端の環濠を頭から消し去ってはいけないだろう。洞ノ原地区先端の丘陵頂部を囲む環濠は、妻木晩田集落群最初期（中期末）に営まれたもので、環濠の中には濠と併存しうる竪穴住居や高床倉庫が一棟も存在していなかった。だから、「環濠の内部には何もなかった」というのが発掘調査を担当した濵田の見解である。この場合、竪穴住居と環濠の併存関係は両者の出土遺物によって比較的理解しやすい。しかし、掘立柱建物となれば、また話は変わってくる。竪穴住居と複合する一間×一間の小型倉庫はよいとして、六本の柱穴によって構成されるやや大型の掘立柱建物ＳＢ11が検出されており、「九本柱の可能性のある遺構」の一つに数えられているのである。ＳＢ11の東側に古墳が隣接し、柱穴の有無を確認できないため、ＳＢ11が二間×二間の九本柱なのか、一間×二間の六本柱なのかの判別が不可能で、柱穴から遺物が出土していないため存続年代も不明であり、環濠との併存関係が明らかではない。このように、何もかも不明な遺構ではあるけれども、不明だからといって「環濠の内部には何もなかった」と即断できるわけでもなかろう。洞ノ原地区先端の丘陵頂部を囲む環濠の内部については、

ａ建物はまったく存在しなかった。

ｂ一間×二間の六本柱建物が一棟だけ建っていた。

ｃ二間×二間の九本柱建物が一棟だけ建っていた。

という三つの可能性を想定しておかなければならない。

ここで田和山に立ち戻ると、初年度の討論において、牧本哲雄が山頂部の九本柱があまりにいびつな形を呈し、柱間も均一でないことから「六本柱」ではないか、と疑義を示し、調査担当者の落合昭久が「それもたしかに否定できない」と答えている（二一〇頁）。とすれば、田和山山頂の三重環濠内側も上記のｂとｃの両方の可能性があるということになる。この場合、ｂかｃかはさほど大きな問題ではない。重要な点は、環濠が住居集落を囲い込むのではなく、それを外側に排除しつつ山頂のエリアを包囲している点であり、そこには何もなかったか、何かあったとしてもさほど大きくはない掘立柱の建築物もしくは工作物であったという点に尽きるであろう。

『出雲国風土記』が説くように、古代においては「山」こそが祭場であり、聖域であった。素朴な山の信仰は後に仏教・神道などの影響を受けて修験道と呼ばれる日本独特の宗教に変貌を遂げていくが、霊山の山頂部は「常寂光土（仏界）」と呼ばれる神仏のエリアであって、修行の場である「実報厳土（菩薩界）」はその下側に設定された（山本 二〇〇七）。こういう後世の自然認識を参照するならば、濠に囲まれた田和山や洞ノ原の丘陵頂部が超自然的存在のための「聖域」であった可能性は高いだろう。そこは環濠の外側に居た人びとの精神的支柱であり、天上世界との交流の場であったのかもしれない。仮に丘陵頂部がそのような「聖域」であったとするならば、そこに建っていた「六本柱」もしくは「九本柱」は人のための施設ではなく、超自然的存在のための施設とみなさざるをえない。しかしこの場合、「六本柱」もしくは「九本柱」の物理的実態は明らかでない。「建築」

と呼びうるものなのか否か。聖域に独立する建物であるとすれば、「倉庫」そのものとは考え難いが、「倉庫」を兼用した聖域施設なのか否か。現状では結論を下し難い問題である。

3　九本柱に先行する五本柱

田和山の山頂では、九本柱に先行する五本柱の遺構もみつかっている（第三章第一節〈落合〉図四）。弥生時代前期末頃、五本柱を不完全な一重の環濠が囲んでいた。五本柱（六平方メートル）は、心柱が口径三四センチ／底径三〇センチで、深さは四一センチを計るのに対し、四本の隅柱は口径が広くて浅い傾向が認められ、しかも段掘り状の建て替え痕跡が確認されている。心柱のみ径が小さく、深く掘り窪めているのである。山頂部の旧地表面は数十センチ削平されており、柱穴は深さが一メートル近くあったことになるから、背の高い心柱が屹立していた可能性を想定したくなる。柱穴の浅い四本の隅柱が標杭《しめぐい》、柱穴が細くて深い心柱が背の高い依代のようにイメージされるだろう。ところで、五本柱の四辺の中点に柱を立てれば九本柱になる。ここで、標杭に囲まれた依代が建築化した可能性もあるだろう。八本の側柱によって床板が張られ、その床板を心柱が突き抜けて立ち上がるのである。いわば、標杭と注連縄で囲まれた心柱から台の上に立つ心柱への変化である。しかし、繰り返すけれども、田和山の九本柱はいびつな平面をしており、仮に建築化していたとしても、どれだけしっかりした構造であったのかはわからない。また、先にも述べたように、「九本柱」ではなく「六本柱」だという見方もある。ただし、五本柱と九本柱の場合、「心柱」をもつという重要な共通点があるのに対し、六本柱にはそれがない。だから、私は中期三重環濠内部の遺構が九本柱であってほしいと願っている研究者の一人である。

さて、五本柱の遺構が検出されている遺跡がもう一つある。出雲市の下古志遺跡群では、環濠が併走する中間的なエリアで、五本柱の柱列ＳＢ04がみつかっている（第三章第二節〈米田〉図七）。ＳＢ04（弥生後期初頭～中葉）は、心柱に相当する柱穴が対称軸上に位置するものの、その中点ではなく、いくぶん奥に寄っているところに特徴がある。ＳＢ04の断面図をみると、隅柱は掘形が台形状で浅いのに対して、心柱は段掘りにして、深い部分を鋭角的に掘っている。やはり、四本の隅柱が標杭、心柱が背の高い依代のようにイメージされるのだが、これは私見であって、実際にはどのような上屋構造だったのかは不明である。

4　桴京と邸閣

田和山や妻木晩田洞ノ原の中期山頂環濠内部に存在したであろう「九本柱の（可能性がある）遺構」が超自然

的存在のための施設であるという推定はひとまず棚に上げて、妻木晩田遺跡で確実に「九本柱の遺構」であるとされる九棟についても考察をひろげておこう。先述のように、この九棟の分布は妻木山地区と妻木新山地区に限られる。

　これら九棟の九本柱遺構は、田和山のような心柱柱穴の特殊性が認められない。いわゆる二間×二間の平面で、心柱も他の柱穴とほぼ同規模のため「高床倉庫」説が自ずと浮上する。ただし、竪穴住居一棟に付属する梁間一間の掘立柱建物が無数に発見されている状況からすれば、二間×二間の総柱建物を梁間一間の「高床倉庫」と同様の施設とみなすこともまた危険と思われる。

　この問題を考える過程で、『三国志』「魏志東夷伝」における対照的なクラの表現を思い起こした。一つは「魏志倭人伝」にみえる「邸閣」である。

　　租賦を収むに邸閣あり。国々に市有り。
　　交易の有無は大倭監を使わせしむ。

　国々に市があって交易しており、交易の有無を確認するために「大倭」という役人を派遣した、というのである。日野開三郎（一九五二）が詳しく考証しているように、『三国志』には「邸閣」という用語が一一回出てくる。そのうち一〇例が軍用倉庫で、残る一例が倭人伝の例である。軍用倉庫の場合、「邸閣」の収納物は糧食を第一とするが、兵器や絹も含んでいた。ところが、「邸」「閣」という漢字には軍事とかかわる要素がない。倭人伝だけ収納物は不明なのだが、倭人伝の「邸閣」が倉庫であるのはほぼ疑いない。しかも、倭人伝の用法の方が「邸閣」の原義を示す可能性すらある。

　「邸」とは「やしき」のことであるが、「大きな建物」を表現していると考えればよい。「閣」は原義が「門を閉じること」であり、そこから「ものいれ」を意味する言葉となる。したがって、「邸閣」は「大倉庫」と訳すべき語であろう。日本の「邸閣」例としてまっさきに思い浮かぶのは、福岡県朝倉市の平塚川添遺跡でみつかった四棟の総柱式建物跡（桁行四間×梁間二間、弥生後期）である。

　一方、「魏志高句麗伝」には、

　　国中邑落……・無大倉庫、家家自有小倉、
　　名之為桴京。

とみえる。高句麗の国中の村落には大倉庫がなく、それぞれの家に付属する小さな倉がある。この小さな倉を「桴京」というと述べている。稲葉岩吉の『釈椋』（一九三六）によれば、「桴京」の「京」は高床倉庫の象形文字であり（後藤　一九一二）、「京」にキヘンをつけると「椋」という漢字になって「クラ」と訓読できる。「椋」はキヘンの漢字だから、木造の高床倉庫をさすのであろう。一方、日本語では「倉」をクラ（kula）と訓読するが、朝鮮半島各地の方言、満州語、女真古語などでは、クラをkulï khulï wulï kwulï huliなどと呼んでおり、これらと高句麗語には親縁性のある可能性が想定される。稲葉は、こういう言語学上の前提にたって、「桴」とはhuli（khuli）のhu（khu）ではないか、という卓見を示している。要するに、「桴京」の「桴」は高句麗語のクラ、「京」は漢語のクラをあらわす言葉であって、高句麗語と漢語の同義語を二つ並べた熟語だと稲葉は推定している。

　高句麗伝の「桴京」と倭人伝の「邸閣」は一対をなす概念であり、前者は家々が所有した「小さな倉庫」、後者はおそらく邑落が所有した「大きな倉庫」を意味する。妻木晩田遺跡における一間×一間の高床倉庫は「桴京」、二間×二間の九本柱建物は「邸閣」に対応しているようにもみえる。時代は下るけれども、第十章第一節で工楽善通が紹介しているように、四〜五世紀における朝鮮半島南部の家形土器には二間×二間の高床倉庫を表現するものが少なくない。

　ただし、「九本柱建物＝邸閣」説もなお決定的とは言えない。山頂環濠内部に存在したであろう九本柱と集落の中に混然と紛れ込んだ九本柱の相違について、立地や遺構の違いから、その性格や上屋構造に関する考察を煮詰めていかなければならない。

二、古墳時代の九本柱建物——伯耆から出雲へ

1　大型建物と豪族居館

弥生終末期以降、古墳時代に入って大型建物が再び集落の中心的位置を占めるようになり、高田健一（第一章第一節）や岡野雅則（第二章第二節）によれば、その典型的な様相を示すのが大山町の茶畑第1遺跡だということになっている。ただし、発掘調査報告書では茶畑第1遺跡の大型建物群には弥生中期〜古墳時代初期というきわめて大雑把な年代が与えられているだけであり、これらを古墳時代の建物として理解してよいのか、私自身はいくぶん疑問に思っていないわけではない。一部の大型建物は隣接する茶畑山道遺跡と年代の近い弥生中期の建物ではないか、という考えを捨て切れないでいたところ、岡野雅則が二〇〇九年になって第二章第二節を大改稿し、茶畑第1遺跡の大型建物群の年代を「弥生中期後葉以降」に修正した。

　さて、古墳時代の建物といえば「豪族居館」を避けて通ることはできないが、山陰地方ではそれらしい遺構がみつかっていないようである。纒向遺跡大型建物群の復元（第十章第三節）に取り組んだこともあって、古墳時代の「豪族居館正殿」と呼びうる大型建物跡の類例を近

織中心に探してみたのだが、その大半は四面庇をもつ平面をしている。当然のことながら、上屋構造は家形埴輪の造形と相関性があるだろう。とりわけ身舎《もや》と庇で屋根を切り分ける錣《しころ》葺き入母屋造は四面庇の平面にふさわしい屋根形式である。こういう建物が山陰に存在したことを長瀬高浜遺跡出土の家形埴輪が雄弁に物語っているのだが、それに相応する四面庇の大型建物が山陰の古墳時代にみられないことを不思議に思う。しかしながら、長瀬高浜遺跡で原始入母屋造の家形埴輪が出土しているからには、それに見合う遺構があってしかるべきであろう。これについては、いま漠然とではあるけれども、長瀬高浜遺跡ＳＢ40（第二章第四節）こそが原始入母屋造の屋根に覆われた高床構造の居館に復元できる唯一の遺構かもしれないという予感をもっている。第一章第四節で高田健一が遺構の詳細な検討しているので、これをうけて近い将来復元考察に取り組んでみたい。

2　百塚遺跡の九本柱建物

　上にみたように、弥生後期に数を減らしていた大型建物は終末期以降再び数を増していくのだが、九本柱の遺構はしばらく姿を消す。それが再び舞台に戻ってくるのは、古墳時代中期後半以降のことである。妻木晩田に近い百塚遺跡ではじつに二八棟の九本柱遺構が出土している。その遺構の特徴は、正方形に近い平面で、面積が一〇平方メートル前後、心柱は側柱と同大かやや小さく浅い傾向が認められる。以上は古墳時代から奈良時代の九本柱遺構にほぼ共通する特徴であり、心柱を床束とする高床構造に復元しうるであろう。常識的にこれらの九本柱は二間×二間の高床倉庫と考えるべき建物であり、竪穴住居に一～二棟が付属していたものと考えられている。弥生時代の妻木晩田においては「邸閣」の可能性があった大型の九本柱遺構が、古墳時代中期の百塚では家々に付属する「桴京」と化している点は興味深い。

　ところが、その中にやや特殊な遺構が含まれる。百塚第7遺跡の57号と60号の掘立柱建物は一辺約二五メートルの方形柵列の中に二棟並列で建っている（第五章第一節〈高田〉図6）。報告書では、柵列の中にこの二棟の建物と、さらに二棟の竪穴住居が共存したように図示しているが、遺構の重複関係などからみて竪穴住居との共存は考え難く、掘立柱建物二棟のみが柵内にあったとみるべきであろう。ここでは環濠に代わって柵列が九本柱建物を囲堯し、特殊な空間を形成している。なお、南側の60号には両側に独立棟持柱を伴うというが、側柱からの出は一・八メートルと異常に長く、竪穴住居跡と柱穴との重複関係からみても、建物とは無関係のピットである可能性が高いのではないだろうか。

　百塚第7遺跡では、「倉庫と思われる二間×二間の建物」と「方形区画に閉じこめられた二間×二間の〈特殊〉な建物」が併存しており、両者は遺構単独としてみた場合、「九本柱」という共通性だけがあって、差別化が難しい。両者の性格を差別化してとらええるのは、両者の「立地」の違いからだけであって、遺構そのものからではない、という点を見極められるだろう。これを反転してみるならば、「倉庫」と「特殊な建物」の建築的特性は大きく変わらないものであり、機能・性格の差異とは対照的に、建築的な系譜関係を想定してしかるべきものである。この点は、田和山や妻木晩田洞ノ原の「丘陵山頂環濠内部に存在した可能性のある弥生中期の九本柱」と妻木晩田の「各地に点在する九本柱建物」の関係とも似ていると言えるかもしれない。

3　九本柱建物の分布と年代

百塚で伯耆における九本柱の流れはほぼ途絶え、代わって出雲に出土例が多くなる（第五章第二節〈岩橋〉図3）。出雲での先駆例は古志本郷遺跡のA区SB05（四世紀／一一・五平方メートル）で、そこからしばらく途絶え、六世紀後半以前とされる菅原Ⅲ遺跡（出雲市／一三・三平方メートル）の建物1がこれに次ぐ（第五章第一節〈高田〉図6）。菅原Ⅲ遺跡の建物1（九本柱）と建物2（六本柱）は人里離れた山間部の湧水地に複合して建っている。一般集落から遠く離れた山間部にあるという点で、九本柱建物と六本柱建物は住居に付属する倉庫とはみなし難いが、だから「神社本殿」に類する建物だと断定できるわけでもない。この場合、湧水地こそが「聖域」であって、九本柱建物と六本柱建物は聖域に従属する倉庫系の付属施設とみることもできるだろう。しかしながら、「聖域」の内部に高床建築が存在したという事実を軽視できるわけでもない。後の神社本殿は、これらの倉庫系付属施設が格式化されたものという見方が可能だからである。

古墳時代終末期の渋山池遺跡（八束郡東出雲町）では、九本柱の建物跡SB17が土器溜まりの下から出土している（第六章第一節〈椿〉図2）。七世紀第2・3四半期にあたるC期では、一〇棟以上の掘立柱建物が確認されているにもかかわらず、総柱建物はSB17（八・四平方メートル）一棟のみであり、発掘調査を担当した椿真治は、これを「倉庫」と理解している。こういう集落内に一棟しかない建物の機能比定はじつに難しい。多くの九本柱建物が存在し、その立地状態によって「倉庫」と「特殊な建物」に差別化しえた妻木晩田や百塚の場合とは対照的に、集落内に一棟しか九本柱建物が存在しないのである。こういう九本柱建物の機能・性格については「倉庫」の可能性もあるし、「特殊な建物」の可能性もあるとしか言いようがないのではあるまいか。ちなみに、

SB17の南に隣接する三間×二間の側柱建物SB15は柱穴が唯一SB17と同規模であり、SB17と相関する施設のようにみえる。SB15・SB17の柱穴規模は同時期の他の建物跡とくらべると明らかに大きく、直径六〇センチのものを含む。SB17の場合、柱穴は心柱と側柱で同じような浅い掘形になっているので、心柱は床束とみるのが妥当であろう。

このほか、七世紀代前半の九本柱建物としては、斐川町の上ヶ谷遺跡SB17（九・九平方メートル）、尾田瀬Ⅱ遺跡92-1区SB01（一〇・二平方メートル）、同92-2区SB01（一七・六平方メートル）、松江市の原ノ後遺跡（二四・二平方メートル）、出雲市の古志本郷遺跡KⅡ区SB11（二一・六平方メートル）があり、七世紀代中後期の例としては松江市の田中谷遺跡Ⅰ区SB07（五平方メートル）、安来の五反田遺跡Ⅱ区建物（一二・六平方メートル）、同Ⅲ区建物（一四・七平方メートル）などがあげられる（第五章第二節〈岩橋〉図3）。

三、奈良・平安時代の九本柱建物

七世紀末以降、八世紀代におさまる出雲の九本柱建物としては、飯南町の森遺跡SB01（一三平方メートル）と門遺跡SB03（一六平方メートル）、松江市の折原上堤東遺跡Ⅰ区SB05（六平方メートル）、中野清水遺跡6区12層2号建物（一一・四平方メートル）などがあり（第五章第二節〈岩橋〉図3）、以下の三遺跡がとくに重要な位置を占める。

1　青木遺跡の九本柱建物群

出雲市の青木遺跡は北山山系の南麓、湯屋谷の開口部にあり、小扇状地形の微高地上に形成されている（第七章第三節〈松尾〉：四〇一～四〇八頁）。国郡郷制下の出雲郡伊努郷あるいは美談郷にあたり、両郷の境界に立地する施設であったのかもしれない。遺跡の東一キロのところに美談町の集落があって美談神社が鎮座し、西一キロのところに伊努谷開口部の集落があり、伊努神社が鎮座する。発掘調査では一〇〇〇点以上の墨書土器が出土しており、「伊」「伊努」「美社」「美談社」などの文字を含む。遺物として注目されるのは木彫の神像で、十世紀後半に制作された可能性が高い。このほか絵馬、土馬などの祭祀遺物が出土しており、「神財」「神□」「□新寺」「寺坏」など宗教施設関連の文字を記す墨書土器が出土している。二〇〇五年度シンポジウムの時点では八世紀後半～九世紀初頭にはじまり、十世紀に廃絶した遺跡とされていたが、報告書刊行後、七三〇年前後の建立と改められた。

青木遺跡では、Ⅰ区とⅣ区で建物群がみつかっている。掘立柱建物の大半の柱穴に柱根を残す。Ⅰ区の中心的施設は二棟の礎石建物ＳＢ04・ＳＢ05である。Ｉ区ＳＢ05は二間×三間の側柱建物で版築基壇土上に礎石を据え付ける。正面に庇を伴った可能性もある。Ｉ区ＳＢ04はＳＢ05の背面に建つ二間×四間の総柱建物で、揚床構造であったことがわかる。ＳＢ05の前方やや西寄りに石敷井泉があり、井戸枠全面に差し渡し八〇センチの平坦な踏み石を置く。井泉の湧水はＳＢ05の前方を流れてＳＸ50に注ぎ込む。ＳＢ05の西側には、二棟の掘立柱建物が建つ。いずれも二間×二間の九本柱建物で、ＳＢ05の方を向いているとすれば、東に正面性がある。南側のＳＢ16はほぼ正方形の平面（八・九平方メートル）で、柱根が七本残る。北側のＩ区ＳＢ06は横長の長方形平面（八・一平方メートル）で、柱根が六本残る。心柱と側柱で柱径の大小関係は顕著に認められず、心柱の柱穴も他とくらべてとくに深いわけではないが、側柱の大半はクリであるのに対し、心柱にマツを使っている。Ⅳ区の九本柱建物二棟については、礎石建物の付属施設と考えられるので「倉庫」とみるのが妥当だろうが、湧水（井戸）との複合性が気になるところである。

Ｉ区の東隣にあたるⅣ区では、比較的狭い範囲に掘立柱建物ばかり四棟が密集し、それらは方位もほぼ一致する。Ⅳ区ＳＢ05は二間×三間の側柱建物、他の三棟すなわちⅣ区ＳＢ02・ＳＢ03・ＳＢ04はいずれも二間×二間の九本柱建物であって、神社の建築群であった可能性が高いとされる。中心的な建物であるⅣ区ＳＢ03は一辺約三・三メートルの方形平面（一〇平方メートル）で、規模はあまり大きくないが、心柱の柱穴が突出して深く、地中埋め込みは一二〇センチを計る。側柱と比較して約七〇センチも深い。柱径は三六センチで、他の柱よりひとまわり太い。以上から、心柱は単なる床束ではなく、床上に立ち上がる通柱と推定され、近世「大社造」本殿の心御柱を彷彿とさせる。ただし、棟持柱の出は認められない。材料からみると、側柱は広葉樹（クリ、ケヤキ）だが、心柱のみ針葉樹（カヤ）とする。平安時代にあって、カヤは仏像の材料ともされた高貴な木材である。

ＳＢ05は方形の貼石基壇の中に単独で建てられている。基壇の東側には本殿を遮蔽する板塀を伴う。塀が途切れる地点で基壇に舌状の張り出しがみられ、階段の先端もしくは濱床の位置を示す可能性がある。板塀や舌状張り出しの位置からみて、ＳＢ05の正面は東側とみられる。ＳＢ05の西側に並列するⅣ区ＳＢ02（七・二平方メートル）・ＳＢ04（五・二平方メートル）は、土層関係からみてやや新しい九本柱建物で、五本の柱を転用材としている。ＳＢ03との位置関係からみて、やはり東に正面性があるとみられる。いずれも横長の長方形平面である。心柱と側柱に大小の差異はないが、ＳＢ04には二本の心柱が東西に並ぶ。

すでに述べたように、Ⅳ区の建物群については神社とみる見方が有力であり、その場合、本殿に相当するのがＳＢ03である。やや規模が小さい西側の二棟ＳＢ02・ＳＢ04については、建て増しされた倉庫ととらえる意見もあるようだが、これまでみてきたように、「倉庫」と「特殊な建物」に平面的な差異は認めがたく、両者は一定の規則性を共有している。ところが、ＳＢ02とＳＢ04の平面は変則的な長方形を呈している。とくに短辺に着目すると、二間の総長は二・〇〜二・五メートル程度にすぎない。長辺の総長はＳＢ03とさほど変わらないけれども、短辺側が異様に短く、常識的には柱間一間分の寸法をあえて二分割しているのである。一間×二間の六本柱建物でよいはずの建物を、あえて二間×二間としているのは「心柱」が必要だったからではないだろうか。実際、ＳＢ04には二本の心柱が残っていて、東側の一本が床束、西側の一本が梁下まで立ち上がる「心柱」であった可能性があるだろう。また、ＳＢ03の基壇がＳＢ02・ＳＢ04の前側で削り取られるように凹んでおり、ＳＢ02・ＳＢ04の床高が高く、木階が長く東側の「広場」にのびていたことを暗示させる。このように、ＳＢ02・ＳＢ04は同じ九本柱といっても、通常の「倉庫」とは異質な平面特性・立地特性が認められるので、私は摂社・末社の類と考えている（本章第二節六四二頁参照）。

2　三田谷Ⅰ遺跡と杉沢Ⅲ遺跡

出雲市の三田谷Ⅰ遺跡は神門川の右岸に位置し、権現山に挟まれた谷底から大量の遺物が出土した。木簡に「高岸郷」「八野郷」の記載があることから、奈良時代には神門郡衙の出先機関であったと考えられる。谷の入口から奥にかけて、平地土間式の側柱建物が八棟（三間×二間が六棟、二間×二間が一棟、全容不明一棟）、総柱建物が一〇棟（二間×二間が九棟、三×二間が一棟）確認されている（第六章第二節〈熱田〉図５）。総柱建物が集中式の高床倉庫群とすれば、側柱建物は倉庫の管理施設もしくは作業施設のようにみえる。九棟確認された九本柱建物は面積が一〇平方メートル前後で、ＳＢ01だけ溝で囲まれている。ＳＢ01は土壙などによってかなり攪乱を受けており、柱穴や溝の一部が削平されているが、溝と建物の間隔が長い南面東側の柱間に入口があったと推定されている。ＳＢ01を含むすべての九本柱遺構で、心柱と側柱の柱穴規模に大差はなく、心柱は床束と思われる。ただ、ＳＢ01だけが溝に囲まれて性格を異にしており、「特殊な建物」の匂いを漂わせている。三田谷Ⅰ遺跡においても複数の「倉庫」と唯一の「特殊な建物」の差別化が可能であり、その一方で両者の平面特性に差異のないことがわかる。

また、ＳＢ01と方位をほぼ同じにする建物として、九本柱建物が三棟、側柱建物が一棟あり（Ｃ群）、これらを同時期の建物配置としてみるならば、青木遺跡Ⅳ区の状況とよく似ている。建物のほかで注目されるのは、谷奥の岩盤の隙間から溢れる湧水ＳＫ62であり、出土木簡に記された「麻奈井」に対応する可能性が示唆されている。

斐川町の杉沢Ⅲ遺跡は御井神社近くの山中にあり、標高二九メートルの尾根上で八世紀後半～九世紀前半の掘立柱建物が二棟みつかった（第六章第三節〈宍道〉図５）。ＳＢ01は東西二間×南北二間の九本柱建物で、平面は一辺約三メートルの正方形に近い。心柱は隅柱よりも浅く、床束と考えられる。建物の北と東にＬ字状の塀を伴う。建物の南側二メートルの位置に焼骨片が納められた杯が土中に埋納され、高杯を反転させてそれを塞いでいた。杯の内側にはベンガラが塗られている。ＳＢ02はＳＢ01の西側に建つ東西三間×南北二間の側柱建物で、南側柱筋の西延長線上に柱列が並ぶ。両者の立地関係からみて、ＳＢ01が神社の本殿、ＳＢ02は拝殿に相当する可能性が高いとされる。杉沢Ⅲ遺跡の真南にあたる薬師谷には三井Ⅱ遺跡があり、「三井」「井」などの墨書土器が出土している。また、杉沢Ⅲ遺跡から一〇〇メートルほど離れた麓に御井神社がある。御井神社は『出雲國風土記』にみえる神祇官社「御井社」に比定されるが、杉沢Ⅲ遺跡でみつかった九本柱建物の年代は風土記の成立よりも新しく、「御井社」そのものではないようだ。むしろ注目されるのは現境内と墨書土器出土地点の中間に並ぶ「綱長井《つながい》」「福井《ふくい》」「生井《いくい》」という三つの井戸である。この「三井」から湧く水は、御井社の祭神「木俣神」の産湯とされる。宍道年弘は、「三井」こそが水にかかわる祭祀の源であり、のちにそれを祭る施設として杉沢Ⅲ遺跡の建築が設けられたとみている。

以上、三田谷Ｉ遺跡ＳＢ01と杉沢Ⅲ遺跡ＳＢ01を神社本殿の可能性がある「特殊な九本柱建物」と推定してみたわけだが、年代の古い青木遺跡ＳＢ03のように心柱の太さや深さは顕著に認められない。三田谷Ｉ遺跡ＳＢ01と杉沢Ⅲ遺跡ＳＢ01は仮に神社本殿だとしても、心柱が床上に立ち上がらない建物であった可能性が高いであろう。なお、「特殊な建物」として候補にあがった菅原Ⅲ遺跡、青木遺跡、三田谷Ｉ遺跡、杉沢Ⅲ遺跡がいずれも湧水と複合している点にも注目しておきたい。

３　平安時代の九本柱建物

平安時代の九本柱建物としては、出雲市の小山遺跡三次４地点ＳＢ01（九世紀初～、八・六平方メートル）、同ＳＢ04、松江市の角谷遺跡ＳＢ04（九世紀初～、一四平方メートル）、中野美保遺跡建物９（十～十二世紀、一四平方メートル）、松江市の角谷遺跡ＳＢ01（十二世紀、二一平方メートル）などがある。平安時代には平面にバリエーションが生まれ、出雲市の渡瀬沖遺跡ＳＢ21では九本柱建物の正面に外陣的な領域を設け、その全体を縁束で囲んでいる。松江市の福富遺跡３Ａ区ＳＢ04も、この平面に近似する。これらは、礎石建となった現在の出雲大社本殿の平面とよく似ており、神社本殿の遺構である可能性が高いであろう。最後の二例にみられる外陣的な空間が発展すると、石見一宮・物部神社本殿の形式となる。物部神社本殿は春日造の変種的な外観を呈するが、当初は大社造であったとみられ、床下に風蝕の激しい心柱を残している。

四、大社造本殿と出雲大社本殿

1　倉庫系神殿としての大社造

以上、弥生時代から平安時代までの九本柱建物を概観してきたが、青木遺跡Ⅳ区を例外として、遺構平面そのものから「倉庫」か「特殊な建物」かを識別するのは困難なことが明らかになってきた。平面形状は正方形に近くて、面積は一〇平方メートル前後、側柱と心柱の柱穴に大差はみられない。それが時代を超えて導かれた九本柱建物の特徴である。そして、九本柱建物の機能・性格を映し出す要素は、むしろ「立地」にあった。その代表が古墳時代中期の百塚第7遺跡である。竪穴住居に付属する九本柱建物が「倉庫」であり、方形区画の中にある九本柱建物が「特殊な建物」に差別化されるけれども、遺構平面は大差ないという事実により、「特殊な建物」は二間×二間の総柱型倉庫建築が格式化されたものであろうと推測できる。ここにいう格式化とは、家形埴輪にみられる千木・堅魚木・破風などによる装飾化を具体的には意味している。杉沢Ⅲ遺跡ＳＢ01に代表される律令期の神社本殿も、九本柱倉庫建築の格式化＝装飾化の延長線上にあるものとしてとらえうる。

このように、近世「大社造」本殿のプロトタイプと呼ぶべき建物は古墳時代後期から奈良時代にかけて存在した九本柱建物であり、それは倉庫とあまり変わらない建築物であったという想定が導き出せるであろう。ここで問題となるのは、神祇官社制施行以降に出現した神社本殿と古墳時代の「特殊な建物」との連続性もしくは断絶性である。

私は官社制施行前後における祭祀の変化について、なんら知識をもたない。だから、祭祀が「連続」的なのか「断絶」なのかに言及するのは控えたい。一方、建築的にみるならば、これまで示されたデータをみる限り、九本柱の倉庫がいきなり官社制神社本殿に変貌したというよりも、百塚や菅原Ⅲ遺跡などで想定される古墳時代の「特殊な建物」が官社制神社本殿のより近い母胎だと考えるべきではないだろうか。

2　「心御柱」の出現

山陰地方の弥生時代〜鎌倉時代で確認しうる約一二〇棟の九本柱建物で、心柱の柱穴が他の柱よりも大きく深いものは数例に限られる。九本柱建物の特徴を再度整理すると、平面が正方形に近くて、床面積は一〇平方メートル前後に平均化され、心柱は床束であった。これとまったく異質な様相を示すのが、出雲市の青木遺跡Ⅳ区のＳＢ03である。ＳＢ03では、側柱よりひとまわり太い心柱がの柱穴が地中深く埋め込まれていた。奈良時代前半には、床上まで立ち上がる通柱としての「心御柱」が一部の神社本殿に導入されていたことの証拠となる重要な遺構である。

さて、青木遺跡Ⅳ区ＳＢ03が心御柱の最古例であるのはたしかだが、出雲大社本殿がそれに遅れて心御柱を導入したとは考え難い。常識的には、出雲大社で導入された心御柱が、やや時間をずらしながら青木遺跡などの周辺神社に波及していったものと思われる。出雲大社の心御柱が伊勢神宮のそれとは異なって、床上まで立ち上がり梁を支えたのは、その巨大な構造を支える中心柱としての役割と、「底津石根」と「高天原」をつなぐ媒体としての神話的イメージを表現する役割の両方が期待されたからだろう。そのような巨大な「心御柱」は一般の小型本殿には必要ない。心柱を通柱として梁を受けなくとも、構造力学的に不具合は生じないはずだから、結果としてみれば、小型本殿における「心御柱」とは千木・堅魚木・破風などと同等の「格式化＝装飾化」の道具の一つと考えられる。

3　天之御巣―独立棟持柱の意味

心御柱について問題となるのは、独立棟持柱である。心御柱の最古例とされる青木遺跡の九本柱建物においても、宇豆柱（棟持柱）の出がまったく認められない。これはなぜだろうか。

ひるがえって出雲大社本殿の場合、八〜九世紀頃の状況は不明であるが、宝治度造営の正殿跡が発見されたことの意義は甚大である。これが出雲大社の姿を伝える最古の遺構であり、その取り扱い方は難しいところだが、たとえば独立棟持柱の場合、宝治度造営をもって出現期とみるのは誤りであろう。少なくとも「顛倒」の記録が残る長元四年（一〇三一）あたりまでは遡ると思われる。それが「八百丹杵築宮」と呼ばれた七世紀後半〜奈良時代の大社本殿に遡及するかどうかはひとまずおくとして、独立棟持柱が出雲大社本殿で他の「大社造」本殿に先行して採用された蓋然性はきわめて高い。なにより、発掘調査によって出土した古墳〜鎌倉時代の九本柱建物遺構を見渡しても、独立棟持柱の痕跡はまったく確認できないから、出雲大社以外の「大社造」本殿で独立棟持柱を採用していた気配が看取できない。とはいえ、奈良時代以前の出雲大社本殿に独立棟持柱が存在した証拠があるわけでもない。ただ、わたしは『古事記』国譲の条にみえる「天之御巣（アメノミス）」「天之御舎（アメノミアラカ）」という二つの表現を気にかけている。本書では、林一馬がこの問題に触れており、「タギシの小浜の天の御舎」を出雲大社本殿と解すべきではないという持論を繰り返し主張している（三八〇頁）。ここで、その議論はひとまずおくとして、字義的に二つの語を解するならば、天之御巣は「天上の住まい」、天之御舎は「天上の御殿」と訳せるであろう。ここにいう「天上の住まい」「天上の御殿」の居住者は天照大神であり、それを地上に現出させたものが伊勢神宮であるという理解も不可能ではない。林の主張にしたがって、天之御舎が出雲大社でなかったとしても、国譲りの交換条件に大国主命が造営を要求した天之御巣は「伊勢神宮のような建物」であったという理解が可能ではないか、とわたしは考えている。その場合、伊勢神宮の形式を出雲において直写したのではなく、伊勢のシンボルとしての独立棟持柱を在来の建築に取り入れた可能性を否定できないであろう。

以上、推測の域はでないけれども、多少の時間差があるとはいえ、独立棟持柱と心御柱は「八百丹杵築宮」の時代から複合化して大社本殿に導入されていたものとわたしは思っている。

4 「天皇之御舎」とは何か

いままでみてきたように、出雲大社本殿を倉庫系九本柱建物の巨大化・荘厳化の産物として、私は理解しているのだが、「そのような見方は意味がなく、むしろ豪族居館との関係でとらえたほうがはるかに生産的ではないか」という意見がシンポジウムの最後に林一馬より示された（本書では二年度目の「総合討論」を割愛している）。同様の意見を第六章第一節で椿真治が主張しており、第七章第三節における松尾充晶の論考にもそれと似たニュアンスを感じ取れなくはない。

出雲大社の起源を豪族居館と結びつける考え方は、『古事記』垂仁天皇条の有名なホムチワケ説話にみえる「天皇之御舎（スメラミコトノミアラカ）」に由来するものと思われる。つまり、大国主命が「天皇の御殿のような住まい」を建てて欲しいと請願した結果として出雲大社本殿が生まれたとすれば、それは当時の「天皇の住まい」に近いものであっ

図1 大阪府美園1号墳の「高殿埴輪」（4世紀末）

て、現実的には古墳時代の豪族居館の最高位の建物にあたるという理解である。しかしながら、現状の考古学的成果をみる限り、有力豪族の屋敷地に建つ正殿の遺構は、おしなべて四面庇をもつ平面であり、その上屋構造は家形埴輪に表現された原始入母屋造でなければならない。平面・屋根形式ともに切妻造妻入の出雲大社本殿とは大きく異なっている。第十章第三節でみたように、豪族居館正殿と想定される古墳時代の大型建物では身舎二間×二間の例が少なくないけれども、出雲大社本殿に四面庇はない。出雲大社本殿にあるのは四面の「縁」であって四面の「庇」ではない。だから、屋根は入母屋造ではなく切妻造となるのである。

　出雲大社本殿の古代の姿を想像させる例として、大阪府美園1号墳の「高殿埴輪」（四世紀末）が指摘される場合もある（**図1**）。その埴輪は、たしかに二間×二間の平面を二重に表現する二階建ての埴輪である。しかし、心柱と呼びうる材の表現はなく、屋根は入母屋造になっている。さらに注目するならば、二間×二間平面の側柱は板状のものである。板状の柱という点で想起されるのは、奈良県御所市の極楽寺ヒビキ遺跡で出土したは豪族居館正殿（建物1）の遺構であろう（**図2**）。五世紀とされる建物1は二間×二間の身舎を囲む側柱の柱根が板状の角材であった。これだけを取り上げるならば、美園1号墳の「高殿埴輪」とよく似ている。ところが、極楽寺ヒビキ遺跡の建物1には五間四方の庇柱（丸柱）がめぐっており、この四面庇があるから屋根は入母屋造に復元されるのである。私たちが自ら取り組んだ纏向遺跡の超大型建物（建物D）についても、平面は身舎が二間×二間の四面庇に復元され、その四面庇が

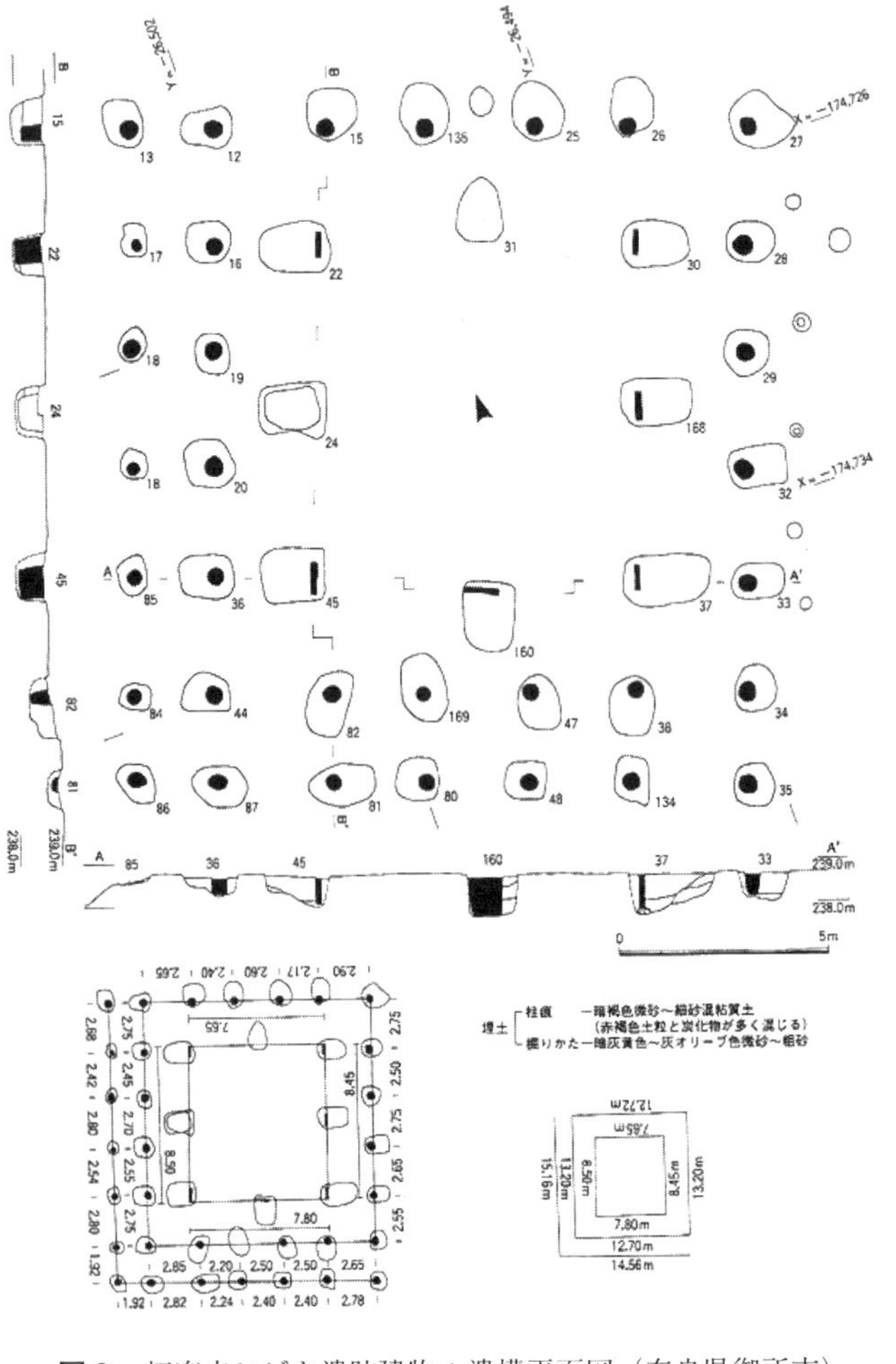

図2　極楽寺ヒビキ遺跡建物1遺構平面図（奈良県御所市）

存在することによって、家形埴輪の入母屋造に復元しえたのである。

美園1号墳の「高殿埴輪」も屋根は入母屋造になっている。しかし、四面庇の表現はない。ただ八本の板柱で構成される身舎のみが表現されているのだが、右にみたように、四面庇なくして入母屋造の屋根はつくれないのであって、美園1号墳の「高殿埴輪」には四面庇が省略されていると考えざるをえないだろう。換言するならば、板柱八本で構成される二間×二間の身舎のみならば、その屋根は切妻造がふさわしく、入母屋造の屋根を構築するのは困難だということである。

さらに反論があるかもしれない。切妻造の家形埴輪も少なくないからである。しかし、切妻造の建物は豪族居館の正殿としてふさわしい施設とはいえず、とりわけ低い高床形式のものは倉庫にみえる。それは脇殿や倉庫などの付属舎として豪族居館屋敷地の内部にあってもおかしくはないけれども、有力豪族の正殿としては考え難い建物であり、正殿でない建物を「天皇之御舎」と呼べるはずがないと私は思う。

出雲大社本殿は、規模は巨大ではあるにせよ、九本の柱によって構成された二間×二間の総柱型平面に切妻造妻入の屋根をかけた倉庫型の建築である。建築形式からみる限り、それは「住宅型の神殿」ではなく、「倉庫型の神殿」だという前提を受け入れざるをえないのである。とすれば、いったい何が「天皇之御舎」たる要素なのか。私は、以下の三点がとくに重要だと思っている。

①規模

②赤い塗装

③屋根葺材料

①についてはいうまでもない。多くの人間を収容して殿上祭祀を行うだけの規模が出雲大社本殿にはある。さきほど豪族居館正殿と大社本殿の平面・屋根形式の差異を強調したが、前者の身舎規模を二間四方とする例が少なくない点には注意する必要があるかもしれない。ただし、両者に相関性があるとするならば、出雲大社本殿の成立は律令期以前に遡ることになるので、大社の二間四方平面の起源を豪族居館正殿の身舎に求める解釈をただちに受け入れることもできない。この問題については、「縁」の解釈とも関連してくる。すでに述べたように、「縁」と「庇」は別物であるけれども、「縁」を「庇」の簡略形として理解することは不可能ではない。四面に「縁」を伴う九本柱建物は「縁」のない九本柱建物にくらべて「住宅」的な匂いが増すのである。この問題については、他の神社の本殿形式と合わせて再度考察したい。

②については、神郷図にみえる本殿や境内遺跡出土ベンガラによって中世段階の赤色塗装が知られている。古

代における塗装の有無については不明ながら、神賀詞に表現された「八百丹杵築宮」の「丹」がこの色彩をイメージさせる。

③は延応元年（一二三九）の「御桧皮徴下事」（「杵築大社正殿造営日記目録」）の記載で明らかなように「檜皮葺」であり、その伝統はいまも受け継がれている。葺材についても古代の状況は不明だという憾みはあるけれども、赤い塗装と複合した檜皮葺の建物は「天皇之御舎」としての内裏の建物を強く連想させる。茅葺と白木を放棄し、赤い柱と檜皮葺の屋根を獲得することで、「倉庫風」の神殿は「天皇の住まい」にわずかなりとも近づいたのである。

五、「大社造」本殿の変容

1　近世「大社造」本殿の類型

ここで、川上貢（一九八〇）の有名な類型化にしたがって（図3）、近世「大社造」本殿の平面パターンを再確認しておきたい（E形式および大社造変形は省略）。

A形式：大社造祖形。出雲大社本殿に代表される形式。平面は方二間で、中心に心御柱を備え、扉口正面の心柱—側柱間に間仕切り壁を設けて、その奥に神座を安置する。神座の軸線は本殿軸線と直交する。大社本殿のほか、佐太神社本殿、内神社本殿、須佐神社本殿、能義神社本殿、大社境外摂社・伊奈佐波岐社、同・阿須岐社など。

B1形式：殿内に間仕切りがなく、神座が奥の背壁に寄せて本殿中軸線上にあり、正面を向く。このほかはA形式と変わらない。六所神社本殿、佐太神社南殿（貞享板指図）など。

B2形式：B1形式から心柱を欠いたもの。大社境内摂社・素鵞社に代表される。

C1形式：木階を正面中心に配する。他はA形式と同じ。八重垣神社本殿。

C2形式：C1形式の変形で、正面柱間を一間とし、戸口のみ置く。大社境外摂社・命主社。C形式は外

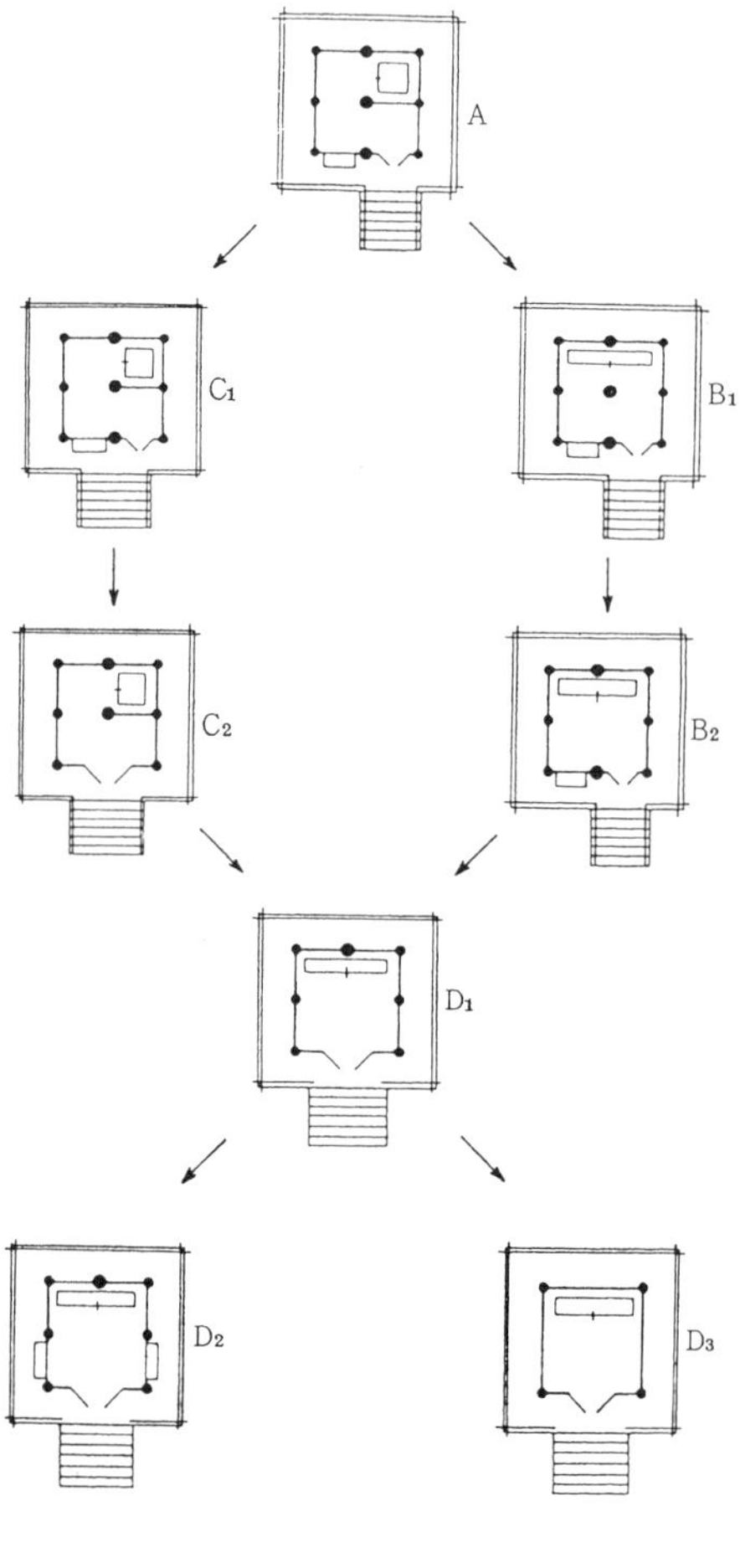

図3　川上貢による近世「大社造」本殿の類型と変遷模式図（『島根県近世社寺建築緊急報告書』1980より転載）

観上、大鳥造（1間×2間）とほとんど変わらない。

D1形式：外観はC2形式と同じだが、心柱と間仕切り壁を欠く。神座の位置をはじめとする殿内構成はB2形式に一致。阿羅波比神社本殿、許曽志神社本殿、大社境内摂社・御向社、同・天前社、同・筑紫社。

D2形式：D1形式の両側面正面よりの柱間一間を蔀戸とするもの。玉作湯神社本殿、須賀神社本殿、長浜神社本殿。

D3形式：D1平面の方二間平面を方一間に簡素化したもの。山代神社本殿、売布神社本殿。

以上の諸類型の中でとくに注目したいのは、二間×二間の平面でありながら心柱を欠くB2形式・D1形式・D2形式の本殿が数多く実在している事実である。これは、心柱の歴史的変遷を知るうえで重要な示唆を与えてくれる。

2　出雲大社本殿とは何か

川上の類型模式図には矢印がついている。その変化の大筋は、心柱をもつタイプからもたないタイプへの変化だと読み取ることができるだろう。しかし、そのような変遷モデルは考古学的証拠と一致しない。何度も繰り返すことになってしまうけれども、弥生時代から鎌倉時代の九本柱建物跡に残る心柱の柱穴は、側柱と同規模かやや小さいものが圧倒的に多く、基本的には「床束」に復元されるものであり、通柱としての「心御柱」とみなされる例は限られている。したがって、川上の類型を借用するならば、心柱をもつA形式やB1形式から心柱をもたない省略型としてのB2形式・D1形式・D2形式が派生したのではなく、その反対の変化が長い時間を通して波状的に進行し拡散していったとみるべきであり、心柱のない平面形式はむしろ古い時代の名残としてとらえるべきであろう。

同じような変化の図式が棟持柱（宇豆柱）にも読み取れる。「天之御舎」＝伊勢神宮の一要素として出雲大社本殿に導入された独立棟持柱ではあったけれども、古墳時代から江戸時代まで、大社本殿以外に独立棟持柱をもつ神社本殿が出雲に存在したという証拠は見当たらない。ただ、独立棟持柱の退化形式とおぼしき近接棟持柱が、大社造最古の本殿である神魂神社（一五八三）と二番目に古い真名井神社（一六六二）にみられることから、「古ければ古いほど棟持柱の出が大きい」という認識が定着しているのである。この変遷プロセスの正否について鍵を握る遺構は、大社境内遺跡で発見された室町時代の仮殿跡（第九章第一節）であるけれども、棟持柱二本と心柱の部分をみごとに削平されており、「棟持柱の出」を確認できない。現状では、神魂神社本殿と真名井神社本殿にのみ「棟持柱の出」があるだけで、それ以外のすべての近世「大社造」本殿においてその傾向は認められない。大社造本殿の中で三番目に古い三屋神社（一六八四）でも、あるいは延享度造替の現出雲大社本殿（一七四四）でも、棟持柱はまったく外側に出ていないのである。さらにまた、発掘調査によって検出された遺構を見渡しても、宝治度造営大社境内大型本殿遺構を除くすべての九本柱建物跡において独立棟持柱は皆無であり、近接棟持柱であると積極的に認定しうる遺構もない。

以上の事実は、出雲地域の大半の神社において本殿に独立棟持柱や近接棟持柱が必要不可欠の要素であったわけではないことを強く示唆している。中世一宮正殿としての出雲大社本殿にみられる独立棟持柱は、おそらく中世仮殿遷宮の時代から変容を余儀なくされ、神魂神社や真名井神社の本殿にみられる近接棟持柱に退化していくのであろう。これはたしかに誤った歴史認識ではないと思われるが、中世以前において近接棟持柱がひろく「大社造」本殿に普遍化していたとは考え難い。神魂や真名井は出雲大社とかかわりが深い神社であるから、独立棟持柱の名残としての近接棟持柱をいまにとどめているけれども、大半の神社はもとから独立棟持柱とは無縁であり、したがって、近接棟持柱を導入する意味がなかったという見方が可能ではないだろうか。

この問題はさらに「塗装彩色」とも関係している。神魂神社や真名井神社の本殿においては内部に派手な絵画が描かれ、いまでは白木造にみえる外観も当初は赤く塗られていた可能性が高いとされる。しかし、他の神社本殿は、少なくとも外観はみな白木造であり、寛文～延享度の出雲大社本殿までもがその素朴な色調を取り入れている。

以上を総括し要約するならば、出雲大社本殿は二間×二間（9本柱）の切妻妻入高床倉庫（掘立柱建物）の構造を母胎とし、それを拡大・荘厳したものだが、一部に伊勢神宮【天之御巣】の要素（宇豆柱）と内裏【天皇之御舎】の要素（丹塗・檜皮葺・縁）を取り入れて成立したとわたしは考えている。こうして、大和や伊勢との関係を訴える宝治度までの出雲大社本殿が、大社造本殿の中では突出して変異した「異端」の存在であることがわかるだろう。巨大であることはいうに及ばず、太い通柱としての心柱をもち、両妻側に独立棟持柱を立ち上げ、内外を塗装・絵画で彩る。一部の神社は「太い通柱としての心柱」を受け入れて変容していくが、それを拒否する神社も珍しくはなかった。独立棟持柱の退化形式である近接棟持柱や赤い外観塗装に至っては関心すら示さなかったといえば、いい過ぎだろうか。大社造本殿の古式の要素として必ず指摘される「木柄が太く、床が高く、棟持柱の出が大きい」という三条件は、出雲大社と関係の深い高位の神社にのみ限られたものであり、一般の神社本殿は倉庫から発展した素朴な姿を古くからもっていただろう。

要約するに、出雲大社本殿は大社造本殿の中の突出した「変異型」であり、近接棟持柱（とおそらく塗装彩色）をもつ神魂や真名井の本殿は「突出変異型の亜型」として位置づけるべき存在だと私は思っている。

六、掘立柱建物からみた神社本殿の様式

1　倉庫系神殿と住宅系神殿

本書の結論としてまず言っておきたいことは、繰り返しになるけれども、大社造の神社本殿が九本柱の高床倉庫を原型にしてそれを格式化したものであるという点である。「天皇御舎」であるべき出雲大社本殿にしても、大社造神社本殿の中の突出した「変異形」であるという見方はできるものの、柱の本数、四面庇のない二間×二間の平面、切妻造妻入の屋根形式などは、いずれも豪族居館正殿とは系統を異にし、建築的にみた場合、九本柱型（二間×二間）の倉庫が巨大化して神殿となったものと理解せざるをえない。

このほか倉庫が格式化した神殿としてとらえうるのは、「春日造」と「住吉造」の神社本殿だと私は思っている。いずれも切妻造妻入の本殿で、「春日造」は方一間平面の妻側正面に木階を覆う向拝（庇）がつく。神社本殿ではないけれども、鳥取県三朝町の三仏寺納経堂がこの形式をしており、本体丸柱の最外層年輪年代が一〇八二年を示したことから、春日造社殿最古の遺構とされてきた円成寺春日堂・白山堂（奈良県／鎌倉時代初期）を一〇〇年以上遡ることが明らかになった。三仏寺納経堂の場合も、経典を納める「倉庫」である点に注目したい。

一方、住吉大社本殿は二間×四間とも一間×四間ともとらえうる平面をしており（正面は梁間一間で背面は梁間二間）、向拝のない妻入型本殿である。周知のように、住吉大社本殿は大嘗宮の仮設神殿である主基《スキ》殿・悠紀《ユキ》殿との平面の類似が常々指摘されており、「室」と「堂」で二分される平面は法隆寺伝法堂前身建物ともよく似ている。『法隆寺東院資財帳』によれば、天平宝字五年（七六一）に橘夫人の住宅が奉納されて伝法堂に改装されたことが知られ、逆に解体修理の成果によって、伝法堂の前身は貴族住宅の脇殿（後の対屋）にあたる建物であることが復元的に示された。以上から、住吉大社本殿と奈良時代貴族住宅の平面的類似が指摘できるとし、同本殿は「住宅系神殿」の代表格として扱われる場合が少なくない。

私はこの定説に疑問をもっている。住吉大社本殿は、一間×二間の倉庫が大型化して桁行四間となり、その中間の位置に間仕切りを通して内陣と外陣に分けたものではないかと考えているのである。こういう一間×二間型倉庫の系列にある神殿としては、住吉造よりもさらに「大鳥造」が近いとも言えるが、大鳥造の場合、正面木階を切妻造妻入の大きな向拝で覆うので、川上貢の言う大社造C2形式とも近似する。

春日造・住吉造で注目したいのは、両者の代表格である春日大社本殿・住吉大社本殿がいずれも外観を赤く塗装し、屋根を檜皮葺としている点である。この二点は古代の出雲大社本殿と共通する要素であり、やはり内裏の建物を意識した結果と考えられるのではなかろうか。

2 「縁」のもつ意味

ここで再び「縁」の問題を取り上げたい。まず住吉造には縁がまったく存在しない。「縁」がないという点からみても、私は住吉造が住宅系神殿だという理解に納得できないのである。春日造の場合、妻入正面の向拝の下側にのみ「縁」と「庇」の両方がついている。春日造は正面のみ庇を伴う正面入母屋造、背面切妻の神殿である。これは、背面に倉庫、正面に住宅の意匠を採用しているということではないだろうか。こういう理解の延長で大社造本殿をとらえられないわけではない。九本柱切妻造の倉庫建築の四面に「庇」の省略たる「縁」をめぐらせて住宅の姿に近づけようとしているのだが、「縁」は「庇」ではないから、屋根を入母屋造にできないまま倉庫の切妻造が残ってしまったという理解である。こうして立体的にながめるならば、九本柱の倉庫と「特殊な建物」の違いは「縁」の有無が一つの大きな指標として浮かび上がる。

伊勢神宮の「神明造」は四面に「縁」をめぐらせて住宅化しているが、より単純に「倉庫」系の神殿としてとらえられがちであった。しかし、その源流の理解は、上の妻入系本殿よりもやっかいなように思われる。平面は梁間二間×桁行三間で、屋根は切妻造茅葺の平入。平側の中央に入口を開く。さらにやっかいなのは、両妻側に独立棟持柱を備えることである。独立棟持柱をもつ建物は、古墳時代よりもむしろ弥生時代の遺構や絵画によくみられる。弥生時代の独立棟持柱付掘立柱建物については機能・性格が不明瞭であり、神社本殿の直系祖先とみるのは困難だが、その建築形式が今日まで受け継がれているとすれば、それは神明造の本殿以外思いあたらない。白木造りの茅葺である点も上記諸社以上に古式である。あるいは、大和朝廷が伊勢に神宮を造営する以前から宮中のどこかに神明造と似た「特殊な建物」をもっていて、それが弥生時代の大型建物の建築的伝統を受け継ぐものであり、往古の建築様式を伝世していったのかもしれない。

住宅系本殿と呼びうるのは、おそらく「流造」であろう。第七章討論で述べたように（四一五頁）、流造に似た平面をもつ建物跡は律令期（七～八世紀）の都城遺跡で数多く検出されている。いわゆる平入一面庇の掘立柱建物であり、上屋構造は「へ」の字の招き屋根に復元できるので、流造によく似ている。さきほどから問題にしている「縁」も、四面もしくは背面を除く三面にめぐらせている。私見ながら、流造の神社本殿は、律令期の都城住宅を圧縮して土台にのせたものではないだろうか。土台建という点では、春日造も共通するが、流造は住宅系、春日造は倉庫系だと私は思っている。土台建の出現期は不明ながら、律令期の都城住宅のミニチュアとして流造の神社本殿が出現したとするならば、倉庫系神殿よりもやや新しいスタイルの神殿であり、都市から辺境へと拡散する強い普及力をもっていた可能性があると言えるだろう。

3　神社本殿と通柱

弥生時代の前期末から中期初頭にかけての時期に朝鮮半島から金属器の工具が日本列島にもたらされ、日本の木造建築は劇的な変化をとげてゆく。青谷上寺地遺跡から出土した約七〇〇〇点の建築部材（および建築部材と推定される材）をみれば明らかなように、金属器で加工された部材の木柄は細く、接合技術は繊細である。この段階から、細めの材によって大型の建物が建設可能になり、和風木造建築の礎が築かれるのだが、その代表が纏向遺跡の大型建物群であると私たちは思っている。

金属器工具導入以後における日本の高床建築の構造は以下の三類型に大別される。

A　通柱の中間部に貫穴をあけて大引貫を通して床を支え、桁を上端の輪薙込に落とし込むタイプ（青谷上寺地遺跡が代表）

B　通柱を中間の位置で削り出し、その面で鼠返しを落として床を受け、床上では削出柱に板倉風の壁を内接させるタイプ（登呂・山木遺跡が代表）

C　床上に立ち上がる通柱に密着して添束を設け、添束・床束で床を支え、通柱で桁・梁を承けるタイプ（律令期の建物が代表）

以上のように、掘立柱建物としての高床建築は基本的に「通柱」を用いる構造によって成立している。Aの通柱・貫複合型は縄文時代中期末の桜町遺跡（富山県小矢部市）ですでに出現しており、弥生時代に隆盛を極めるが、古墳時代後期あたりから姿を消し、Cの通柱・添束型に取って代わられる。Bの削出柱型は高床倉庫に用いられてきたものであり、大型建物の構築には向かない。

さて、倉庫を格式化して成立したと思われる「大社造」「春日造」「住吉造」「大鳥造」、古い時代の「特殊な建物」の伝統を受け継いだ可能性のある「神明造」、律令期の都城住宅のミニチュア化であろう「流造」のいずれの神社本殿も通柱を採用している。これを、私は掘立柱建物の伝統を継承したものと考えている。寺院建築の場合、楼門や二重仏堂などの二階建建築においては、原則として初重と二重で柱を切り分ける。二重部分に柱盤を配して初重の柱位置よりも内側に柱を立てるのが通例である。しかし、掘立柱建物では初重（床下）と二重（床上）で柱位置は変わらない。というか、通柱を使うので柱位置が変わることはない。これは不安定な上部構造を掘立柱によって地面にひきつけているからである。

神社本殿の場合、古い掘立柱から新しい礎石建に変貌を遂げても、古式の通柱構造が継承されていると考えられる。だから、床上と床下で構造を切り分け、上下の柱筋を変える復元案を私は認めない。いくら巨大化した本殿であっても、神社本殿の伝統に従うならば、床上と床下で柱筋は通っていなければならない。

唯一例外として想定されるのは、伊勢神宮外宮御饌殿にみられる「板倉」の構造であろう。福山敏男の考証で明らかになったように（福山 一九七七）、正殿以外の伊勢神宮の社殿は、中世以前において「板倉」の構造をしていた。この「板倉」についても私見を述べておこう。

伊勢神宮や春日大社に残る板倉の源流は、上記B型の高床建物であったろう。通柱を床から上で方形に削り出し、その内側に板倉風の横板壁を積み上げる。弥生時代のこの横板は必ず削出柱と複合していた。柱がなければ、板壁は崩れてしまうと思われていただろう。ところが、仏教伝来以降、とりわけ飛鳥寺建設以降に朝鮮半島から本格的な校倉の経蔵や宝蔵がもたらされる。そこで古代の日本人がみたのは、床上に柱のない横材積み上げの壁構造であった。柱がなくても横材を組み上げて壁を立ち上げることのできる技術を知った日本人は、B型の高床建物から床上の削出柱を外す工夫を考えた。その結果生まれたのが、御饌殿に代表される板倉ではないだろうか。

ここで仮に奈良時代の九本柱建物が板倉形式であったと仮定してみよう。この場合、九本柱はすべて床束（束柱）であったことになる。この構法を採用すると、四面に「縁」を造ることができる。繰り返し述べてきたように、「縁」は「庇」の省略形として、単なる倉庫を「神の住む」住宅に変貌させうる要素の一つとして機能している。倉庫の神殿化に貢献したに違いない。一方、通柱を使うとどうなるだろう。A型の大引貫タイプでは縁をつくることが可能である。しかし、これは弥生時代の構法であって、奈良時代に貫を使う技術は存在しなかったと言われている。貫を使わずに縁を四面にめぐらせようとするならば、大引を柱に大入れして下側に楔を打つしかない。柱間でこの技法は有効だが、柱筋から飛び出した縁を造る場合、大入の大引は片持梁となって不安定になる。この片持梁を安定させるためには、縁束もしくは添束が必要になる。

　鎌倉時代宝治度の出雲大社大型本殿の復元案では、藤沢彰氏が床上に板倉を組む復元案を提示している。小型の九本柱建物であれば、そういう復元の方法が当然あってもよいだろう、と私は思う。しかし、高さが三〇メートルを超えようかという高大な床の上に板倉を組んだとして、神殿部分は揺らがないのであろうか。板倉は何によって大床に固定されているのか。大風が吹いても、地震で横揺れしても、神殿の壁を動かさないようにするには通柱で地面に引き寄せるしかないではないか。

　原始・古代・中世の掘立柱建物に関する研究は、未だ進展のさなかにあり、掘立柱建物の「文法」というべきものが完全に見いだせているわけではない。しかし、礎石建物と掘立柱建物で、構造・意匠や細部の原理が異なることはすでに十分予想されている。出雲大社境内遺跡で出土した大型本殿跡は掘立柱建物であるのだから、礎石建物とは異なる掘立柱建物の「文法によってよって上部構造を復元しなければならない。

［付記］

　本節は拙著『出雲大社』（『日本の美術』476号、二〇〇六）所載の「大社造の起源と変容」（六九～七九頁）を全面的に改稿したものである。

参考文献

稲葉岩吉『釈椋』大阪屋号書店、一九三六。
川上貢編『島根県近世社寺建築緊急調査報告』島根県教育委員会、一九八〇。
後藤朝太郎「文字よりみたる支那古代建築（一）」『建築雑誌』二七、一九一二。
日野開三郎「邸閣　東夷伝用語解の二」『東洋史学』五、一九五二。
福山敏男「古代の出雲大社本殿」『出雲大社の本殿』一九五五。
福山敏男『伊勢神宮の建築と歴史』日本資料刊行会、一九七七。
山本義孝「三徳山の山岳修行とその遺跡」『山岳修験』四〇号、日本山岳修験学会。

［追記］

　本書の再校が終わった段階で、三浦正幸氏の論文「神社本殿の分類と起源」（『国立歴史民俗博物館研究報告』第一四八集：八五～一〇八頁、二〇〇八）の存在を知った。この論文は神社本殿を「分類したり、その起源を論じたりした先学の研究について、批判を加え」たものである。「神社本殿の起源については十分な文献史料がなく、それを補完する考古学的成果も遺構の性格の解釈に幅を生じて決定的なものとはならない」（九八頁）との前提にたっての起源論を展開しており、本節の考察と係わる側面がほとんどないことに少なからず安堵を覚えている。こんな段階になるまで、本書の執筆者の一人が神社本殿の起源論を発表していることを知らなかったのは、主編者たるわたしの怠慢以外のなにものでもなく、三浦氏には深くお詫び申し上げたい。ただ、ひと言だけ付け加えさせていただくならば、起源論を展開するからには、たとえ解釈に幅があり、決定的な解を導き出せないにしても、膨大な考古資料との格闘を排除することはできないとわたしは思っている。

第二節　座談会――出雲の神社と九本柱建物

司会・松本岩雄

〈座談会参加者〉（所属は当時）
松本　岩雄（島根県立古代出雲歴史博物館）
浅川　滋男（鳥取環境大学）
岩橋　孝典（島根県古代文化センター）
錦田　剛志（島根県古代文化センター）
松尾　充晶（島根県埋蔵文化財調査センター）
目次　謙一（島根県教育庁世界遺産室）

松本　このたびの共同研究は、「大社造の成立と変容」にかかわる実証的側面を新発見の考古資料によって検証しようとする試みです。これは、出雲大社境内で行われた発掘調査により、二〇〇〇年に本殿の柱と考えられる遺構が発見されたことが一つの契機となっております。寺院建築の場合は、基壇・礎石・瓦などの存在から、考古学的にも多くの調査事例があり、研究内容も深められていますが、神社建築となると、遺構を検出することもまれですし、仮にそれに類する遺構を検出したとしても、その遺構が「神社」であることを認定するのは容易ではありません。これまで、神戸市松野遺跡（五世紀末）や前橋市鳥羽遺跡（九世紀）や広島県西本遺跡などで、神社ではないかと類推される遺構が発見されていますが、いずれも単発的な存在であり、系統的に神社建築遺構について論じられたことはありません。

一方、いわゆる「大社造」社殿の平面プランと同じ九本柱を田の字形に配置した掘立柱遺構を拾い集めると、山陰地域には相当数存在しています。そこで、九本柱の遺構を集成し二〇〇四年と二〇〇五年の二回にわたりシンポジウム開催しましたが、その後、出雲大社本殿復元模型の制作や出雲市青木遺跡の報告書刊行など、さまざまな形で研究が深められてきました。今日はその到達点を確認する意味で、神社の成立あるいは九本柱建物の特殊性を考古学からどのように分析できるのかといった点を中心に議論したいと思います。

「神社」といっても広義で用いられる場合もあれば、狭義で用いる場合もあります。また、人それぞれに違う定義やイメージをもっているので、議論をはじめる前に「神社」という用語の定義を共通認識として確定しておく必要があると思います。ひとまず「天武朝を一画期とする律令祭祀における官社制施行に伴うもの」を神社とし、それ以前を「神社成立前史」として話を進めたい。ここでは祭儀や祭る人の組織など「神社」総体を議論するのではなく、神社本殿とされる建造物についてその成立と変容に関して議論していきたいと思います。

一、官社制と「大社造」本殿の成立

「社」の多様性

松尾　神社の定義を律令期の実社会に則して規定することはたいへん難しい問題だと思います。先ほどの前提に従うならば、一義的には国家による班幣の対象となる官社を指すのでしょうが、当然ながら実態はそのように明快に割り切れません。とくに出雲には『出雲国風土記』があり、三九九もの社名が記されているわけで、その数が全国でも突出する特異な地域であることは明らかです。『風土記』には不在神祇官社、いわゆる非官社名も記されていますが、物理的側面において官社と非官社の差異は何なのか、明快にされていない問題だと思います。また『風土記』編纂時に三九九社はどういう原理で選択されたのでしょうか。地域社会には雑多かつ多様な祭祀対象があることが想定されますが、『風土記』に社名が記載される神社と、それに漏れたであろう祭祀対象とはいったい何が違うのでしょうか。

錦田　前置きが長くなりますが、『出雲国風土記』を読むと、八世紀前半頃の多様な形態をもつ神祇祭祀の空間をうかがい知ることができます。かつて、同書にみえる祭祀の対象・場所・施設の実態を示唆する古語と神話伝承を抽出しました（錦田 二〇〇四）。そのうえで登場する条文数を比較分析しつつ、その諸相を**図1**のごとく整理したこ

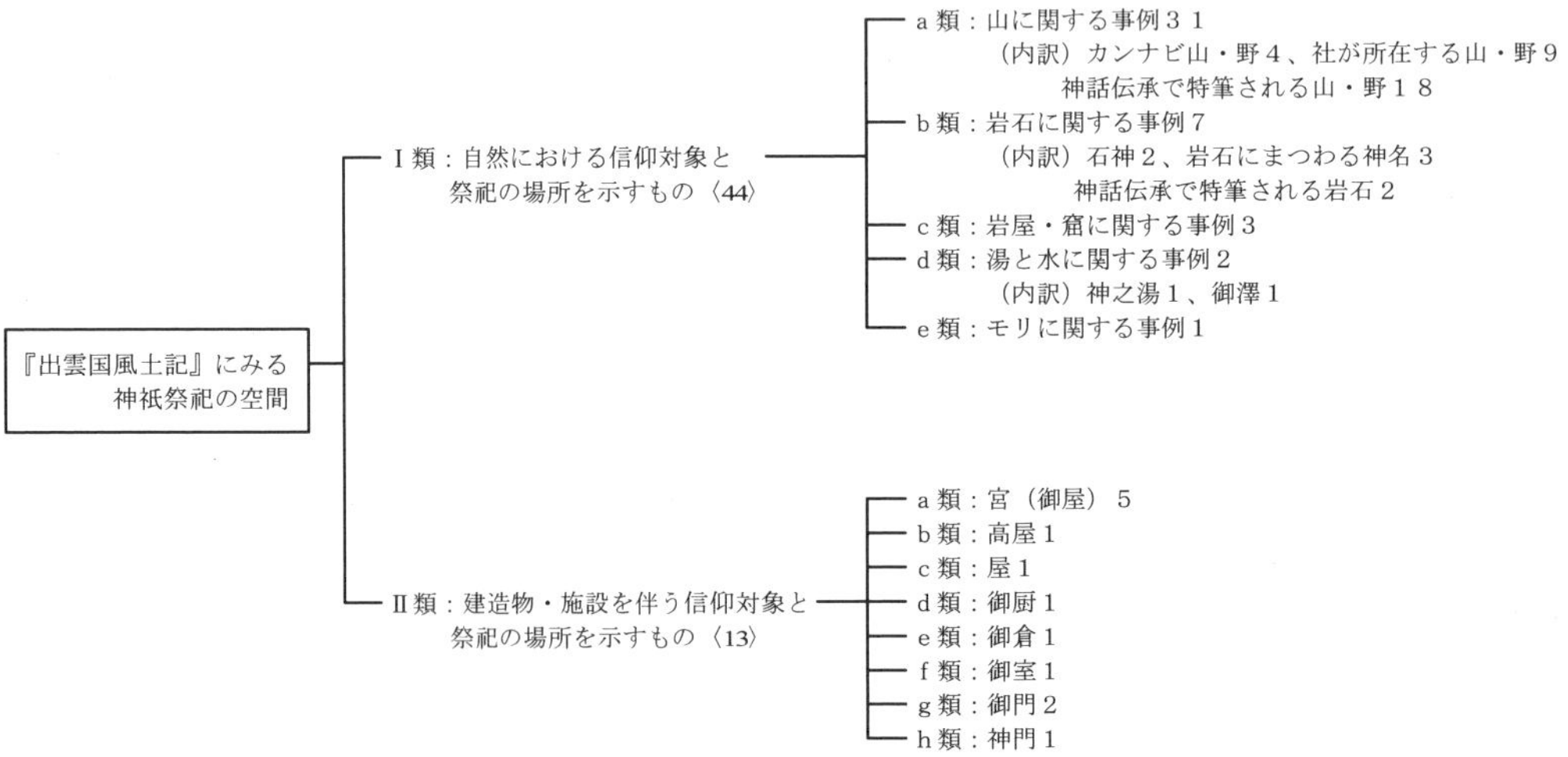

図1『出雲国風土記』にみる神祇祭祀の空間〈諸類型〉（数字は登場する条文数。重複を含む）。（錦田 2004による）

とがあります。ここからは、当時の祭祀対象について、主に二つの傾向が認められるようです。

一つは、Ⅰ類＝自然そのものを対象とする信仰、あるいは自然の中における祭場が顕著にうかがえるもの。いわば、建造物の存在を必須条件としないケースがかなり普遍的に認められました。考古学による発掘調査成果によれば、こうしたいわば「野辺の祭場」（野外の祭場）を示唆する「祭祀遺跡」は、比較的多数発見されているといえるのではないでしょうか。

もう一つは、Ⅱ類＝祭祀に何らかの建造物・施設を伴うもの。Ⅰ類にくらべるとその数は少ないですが、多様な施設が存在し祭祀が行われていた可能性がうかがえます。ただし、注意すべきは、何らの施設を有しても、信仰や祭祀の対象は、その周囲の自然界に包摂される事例も少なからずあったということでしょう。出雲市青木遺跡に代表されるような建造物を伴う祭場と推測される遺跡の類は、こちらに分類することができるでしょう。

以上をまとめますと、当時の神祇祭祀は、自然の中に神々を齋き祭ることに主体を置きつつ、Ⅰ類とⅡ類が並存するきわめて多種多様な形で展開していたと思われるのです。

次に、「社」の諸相について考えてみました。当然のことながら、前述した多様な神祇祭祀の空間に「社」も含まれます。

『出雲国風土記』の総記では、国の形勢、国名起源に続いて、神の社の総数が、「合、神社、参佰玖拾玖所」と記され、その優先的な取り扱いがうかがえます。ここで一瞥しておきたいのは社が「所」という語で数えられている点です。これは『風土記』にみる仏教寺院に関する施設の場合と同様です。「所」が「場所」の意をもち、どちらかと言えば空間領域としての概念を有していることは間違いないと言えるでしょう。私は、当時の「社」が、今日いうところの境内地や社地と称すべき、ある程度の広がりをもった空間としてとらえられていたことを反映するものと考えています。

さて、同書の意宇郡安来郷条には「当国静坐三百九十九社」とみえます。前述した総記の社数を傍証する記述です。自明ながら、社が神々の「静まり坐す」場所と認識されていたことが確認されます。これは意宇郡屋代郷条の「天津子命詔、『吾静将坐志社』詔。故云社」という記述からも明らかです。当時の人びとが神の意に従うかたちで、神を社に鎮め祭ったとの認識を有していたことを表徴します。

それでは神の鎮まり坐す「社」は、いったいどのような場所に立地し、いかなる形態で祭られていたのでしょうか。試みに記述内容から導かれる立地環境の視点にたって分類したところ次のとおりでした。

「社」の立地環境を示す事例：一七

a類：山（野）に関する事例　九

b類：嶋・海浜に関する事例　五

c類：窟に関する事例　一

d類：その他の事例　二

つまり、記述による限り、その立地環境について漠然と山（野）に所在するとしたり、「山岑」「山下」など山の中の特定の場所に所在するとした事例が多数を占めました。また、嶋・浜・浦・窟など海にまつわる場所も知られます。いずれも社が自然界と密接なかかわりを有する場所に立地していたことを端的に示しています。また、三三九社の社名一覧には、御井社、田中社、石坂社、河原社、出嶋社、御津社、山口社、葦原社など、社名から自然界と密接な関係性を有したことが容易にうかがえる事例も多数認められます。このことも社が自然界において存立したことの普遍性を傍証すると考えます。

しかし一方で、山や海浜などに所在しつつ、周辺の自然そのものには完全に埋没もしくは同化しない形態で存立していたことも描写のうちに読み取れました。社という祭祀性、象徴性の高い空間として認識されるべく、その存在は決して形而上にとどまることなく、形而下においても他者と峻別されるような状態にあることが常に求められたことが容易に推察されるのです。つまり、ありのままの自然とは相対的に異なる状態、すなわち周囲の人為の及ばぬ自然に埋没することなく、それらとは峻別される実態であったと想像されます。

以上のとおり、少なくとも当時の社はその立地環境が決して一律な状況にはなかったようです。むしろ、多様な自然環境の中でさまざまな様相を呈していたことがうかがえます。これは先に述べた神祇祭祀の空間にみる多様性と当然ながら矛盾しません。

水と社

浅川　『出雲国風土記』の注釈を読んでいたら、水と関係する社が七〇パーセントを占めると書いてあって、なるほどと思った記憶があるんですが。

錦田　いえ、『出雲国風土記』にみられる神や祭祀空間に関した記述を検討すると、山に関するものが多く、必ずしも湧水や泉との強い関係性を示す例は多くないです。

浅川　注釈がまちがっているということですか。

錦田　神の名前や社の名に「水」にかかわる文字を含む例が多いということを指摘されたのだと思います。

浅川　その事実だって、軽視できませんね。

錦田　もちろん軽視できません。古社の立地環境や鎮座地を考えても、水と社の成立には深い関係があるでしょう。ただし、『出雲国風土記』の条文にみる記述のみからは、水辺よりも山に関する神祇祭祀の条文数が相当上回っているということです。

松尾　以前、関和彦さんが説いておられましたが、川や水の流れは神の通り道、という認識が古代にはあったのかもしれないですね。祓えでは漢神・疫神は水を介して往来するわけで、水そのものの聖性とは別に通路としての要素にも注意が必要だと思います。錦田さんが述べられるように、神が依り憑く対象としては山に対する意識が『出雲国風土記』には強く認められます。谷を流れ下る川や山裾から湧く泉はその神性が発露する空間として扱われたのではないでしょうか。そういう点で、祭祀の場と水のかかわりは密接ですが、水にも複数の側面があるので、必ずしも水そのものが祭祀対象とは限らないと思います。

浅川　そもそも水は生命の根源ですから、水が神聖視されるのは全世界的にみられる民族宗教学的な傾向だとも言えるのではないですか。「神社」らしき遺構と「水」は深くかかわっている。この事実を無視するわけにはいきません。

松本　九本柱建物と湧水の複合性はたしかに認められますね。斐川町の杉沢Ⅲ遺跡と三井の関係、出雲市の三田谷Ⅰ遺跡や青木遺跡にも湧水があります。いずれも、律令期の「神社」とかかわる遺跡と推定されています。三田谷Ⅰ遺跡では「真奈井」と書かれた墨書土器も出土しています。

社の建築化

錦田　さて、ここで残された次の大きな課題に直面します。すなわち、当時の社に常設・仮設に限らず社殿建築などの何らかの建造物が存在したか否か、という問題です。と、同時に多様な古代の祭場において、何をもって社と認識されたか、という大問題です。いわば「社」とは何か、ですね。

「社」に関する記述をみる限り、建造物の実在性を示す事例はほとんどみられません。多くは「○○に『社坐』、『社有』」といったように漠然と社の所在地を示す程度です。これは、仏教に関する寺や新造院の記述と比較して明らかに対照的です。それらは、ほとんどが「建立○○」という表現を用いており、塔・厳堂などの建造物の建立が明白です。つまり寺院関係では建造物に関心が寄せられた表現がとられる。これに対して「社」には、建造物の存否に重きをおいている様子はほとんどみえないと言えるでしょう。ただ、一部に「神の宮（御屋）」、つまり明らかに本格的な建造物の存在を示唆する記述が五例あるのですが、このうち四例は、杵築大社に関する記述でして、神の「宮」は、当時きわめて限定的な用例であったことにも注意が必要です。

それでは、当時、多種多様な立地環境、形態で存在した神祇祭祀の空間のうち、「社」は、誰がどのように認定したものか。これについては、想像の域を出ませんが、出雲国造自らが編纂した『出雲国風土記』の特質を考えてみても、在地社会における神祇祭祀を伝統的に掌握・統括していたであろう出雲国造が、当時の律令祭祀の一画を担うかたちで定立・認知しえた「公の祭場」こそが、神の「社」と表記されたものと推察してみてはどうか、と考えます。そして、そのうち建造物としての社殿建築を有するかたちで存立したものが、きわめて限定的な存在としての神の「宮」であったのではないでしょうか。

『出雲国風土記』の記述からは、当時の「社」の性格はこのように推測され、概念化すれば、**図2**の多角錐形のごとくではないかと考えますがいかがでしょうか。

松尾　「公の祭場」の意味については少し踏み込んで考えてみたいと思います。ここでいう「公」とは国家が進めた中央集権的な宗教施策ではないわけで、むしろローカルな、地域内の秩序を指しています。『風土記』に不在神祇官社の記載があることや、そもそも出雲だけ『風土記』に神社リストがあることは、国家が意図した存在とは異なる、公的でない存在が含まれていることを示すでしょう。官社として扱われる部分と、そうでない部分を包括して各郡司層、さらには出雲国造が管掌している対象が『出雲国風土記』の社だと思います。こうした二重構造が成り立つ背景としては、出雲の中での論理、あるいは

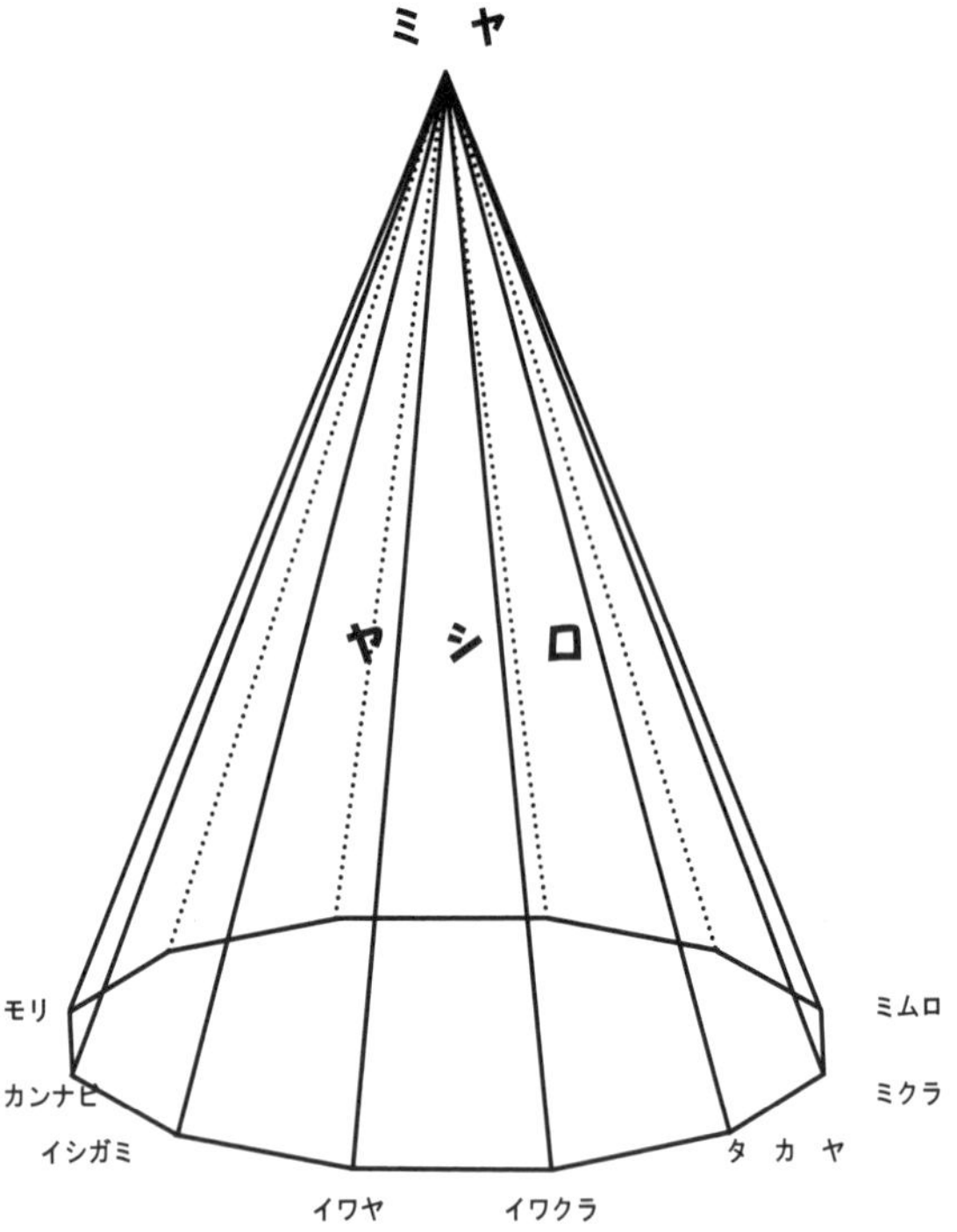

図2　『出雲国風土記』にみる社と宮の概念図
（錦田 2004による）

『風土記』を撰上することによる中央との関係上での必要性を重視すべきではないでしょうか。官社、非官社にかかわらず、それを包括している事実を『風土記』に明記されていることに意図を感じます。実社会においては、共同体成員に「社」と認知される祭祀対象以外にも多様な祭祀があったことでしょう。根拠はありませんが、郡別の神社数の多寡や、「同社」が地域的に偏在することなどからみて、『風土記』記載社は神祇祭祀にかかわる人的資源のあり方と対応する、という仮説なども成り立つかもしれません。たとえば、祝の人員数や奉斎集団としての共同体単位との対応などが想定されるわけですが……。

錦田　そのように考えてみるのがよいかもしれませんね。なお、神の「宮」の記述をめぐって、若干補足しておきます。

まず、一般に『古事記』『日本書紀』『風土記』など、上代の古典にみえる実在性の高い「宮」の描写は極端に少ないことに注目すべきでしょう。そこには造作的・仮想的な印象がつきまといます。このことは七～八世紀頃における現実の「神の宮」の少数性を示唆し、一般における建造物としての社殿の成立年代の新しさを傍証するものととらえることができるのではないでしょうか。

また、神の宮ならぬ人の場合のミヤは皇統者関係の住居にほぼ限定的に用いられています。「宮」の有する称号性・独占性・敬語法的性格の強さを裏づけるものでしょう。この視点に立てば、かつて建築史学者の木村徳国さんが説いたように、「現皇統者（人）の住居が『宮』であるならば、その尊ばれるべき祖先たる人格神の住居も、必然的・自動的に『宮』以外ではあり得」ないものとなり、「新しい観念としての『神の宮』の成立根拠」に特定の神々の完全なる人格神化を推察する見方には、一定の妥当性を認めるべきかと思います（木村　一九八八）。

さらに、木村さんは早く歴史的事実として「神の宮」の成立期を、『日本書紀』斉明紀五年の出雲の「修厳神之宮」、『常陸国風土記』にみえる天智朝における香島神宮の「造神之宮」、『日本書紀』天武紀十年正月詔にみる「詔畿内及諸国、修理天社地社神宮」の記述を重視しています。いずれも七世紀後半頃に一つの画期があると推定していました。これは、今日盛んに論じられる律令制度における官社制の成立時期をめぐる諸説とおおむね矛盾しないものでしょう。すでに触れた

『出雲国風土記』にみる「宮」の用例の稀少性、杵築大社への限定性をふまえても妥当な説と言えるのではないでしょうか。

浅川　昨今では、神社の建築化が官社制を契機に進んだという見方が有力視されているようにも思いますが、両者はイコールで結ばれるわけではありませんよね。少なくとも、錦田さんの話を聞いている限り、むしろその逆をイメージしてしまいます。在地の祭場が建築化せずに官社となっていたケースは出雲では少なくないと思いましたが、どうですか？

錦田　そのとおりです。

浅川　仮に官社制が建築と直結していたならば、全国的に神明造の建物がもっとたくさんあったっていいだろう、って思うんですよ。

錦田　そうですよね。

松本　官社制の施行にあたっては、中央から建築様式が与えられるという考えもあるようですが、そうであれば、たしかに出雲地域の神殿も九本柱ではなくて神明造とか流造を多く造ってもよいだろうと思います。しかし、九本柱のいわゆる大社造とされるものがこの地域に集中していることをみると、必ずしも中央から全部与えられて造られたものではなくて、地域にそれまであった建物の様式を象徴化させていくこともありえるのではないでしょうか。

浅川　松尾さんが第七章第三節で指摘されていますが、出雲では律令祭祀の遺構や仏教寺院の遺構が他地域にくらべて少ない、という特殊性とも結びつくのではありませんか。

松尾　官社数の多寡は国によって大きな開きがあり、官社化される時期もかなり前後があります。官社化＝建築化という図式にあたる地域もあれば、出雲のように必ずしもそうではない地域もありますが、全国的にみれば出雲がむしろ特殊な事例だと思います。律令祭祀具や仏教などを含めた国家的な祭祀体系が地域の新秩序としてもち込まれる中で、神社の建築化が進むのが一般的な図式ですが、出雲ではそのバランスが崩れています。その大きな要因が、伝統的祭祀対象の延長を「社」と位置づけえたことでしょう。これらがすべて古代に建築化した、と考える言説はこれまで聞いたことがありませんし、調査された遺跡の状況からも考えられません。

浅川　出雲では律令期にあっても「社」がいっぱいあったから、寺院や律令祭場はそんなに必要ではなかった。古墳時代から継承されてきた祭場、すなわち「社」の多くが中央から「官社にしてあげるよ」と言われてお墨付きを頂戴して存続している。しかし、それは名称のみの変更の場合もあって、必ずしも「社の建築化」と同義ではなかっただろう、と私も思います。

　突飛な比較になってしまいますが、中国の漢王朝を例にとると、地域の首長に対して「閩越王」とか「南越王」などの称号を与える。そこに中央から官吏を派遣して、その領土を管轄する。そうして、領土が中原の間接的な支配を受けるようになっても、在地の文化が大きく変わったはずはない。「倉」を例にとるならば、中原・華北では地面すれすれの揚床式のまるい「囷」であったのに対して、広東では完璧な高床式の「倉」だった。もちろん後者は、中原の勢力が南下してくる以前から華南に存在した倉庫の形式だと考えられます。そういう地域支配と在地系文化の継承が出雲とだぶってみえてくるのです。

松本　古代の文献をみると、大和朝廷が東北の方へ勢力をひろげていく際、地元で祭っている神を否定してしまうのではなく、きちんと祭りながら進軍している記録があります。たとえば、『日本書紀』の斉明天皇五年条には阿部臣が蝦夷国を討つ際に、船一隻と五色の綵帛とをもって彼の地の神を祭ると記されています。地域にもともとあるものをいかにうまく取り入れながら、在地の首長権力を取り込んでいくかが肝要なわけですね。国家権力としては、中央の理念を日本全国で展開したいという欲望があったとしても、各地域で実際そのとおりにできたかというと疑問であり、そうした実態が出雲においてはとくによくみえているのではないでしょうか。

二、九本柱建物の消長と性格

九本柱建物の出現

松本　それでは次に、最近の発掘調査によって山陰で多く発見されております九本柱建物について、その性格や具体的な変遷過程に関して議論していきたいと思います。

浅川　今回の二年にわたるシンポジウムでは、九本柱建物だけに照準を合わせたわけではなくて、まずは山陰地域における掘立柱建物遺構を弥生から中世まで網羅的にとらえることを一つの目的としていたんです。その点では、鳥取の中原さんと島根の岩橋さんに大変なご苦労をおかけしました。私は、―他の参加者の皆様には申しわけないんですが―このお二人の貢献度がいちばん高いんじゃないかって思ってるぐらいです。今日はその集成すべてについて議論する時間はありませんが、とりあえず出雲地域の九本柱建物について復習しておかないといけませんね。

岩橋　出雲地域で九本柱建物は、六世紀末～七世紀初頭に出現します。渋山池遺跡（東出雲町）、田中谷遺跡、福富Ⅰ遺跡（松江市）、岩屋口南遺跡、五反田遺跡（安来市）などをみると、集落内に一～二棟が点在するようなあり方です。六世紀末～七世紀に築造される横穴墓は、築造主体が首長クラスばかりでなく、有力農民層も多く含まれると考えられています。横穴墓がさかんに造墓される時期と一般的な集落内に倉庫が出現する時期が重なることから、このような九本柱建物は、この時期に台頭してきた有力農民層の私的な倉と解釈することも可能と考えられます

これが七世紀第４四半期～八世紀前半になると、集落遺跡内に九本柱建物がみられなくなる一方で、いわゆる官衙関連遺跡では倉庫としての九本柱建物が出現する状況がうかがえます。集落内から一時的に九本柱建物の倉庫がなくなるのは、横穴墓の築造停止と軌を一にすることから、律令体制の整備・進展とともに有力農民層などの私有財産がある程度制限された可能性が考えられます。そして、三世一身法・墾田永年私財法などにより「規制緩和」が公に行われる八世紀後半には、再び一般集落内に九本柱建物が出現してくることは示唆的です。

松尾　「倉」がなくなる原因についてですが、律令期の集落構成員が一律に規制されて同一階層化するとは考えられていないので、必ず

しも私有財産の制限、という説明では九本柱建物が集落から消える現象を説明仕切れないと思います。また三世一身法などを「公的な規制緩和」とする見解も今日否定的であり、一般集落成員が富裕化し倉を建てるという図式はもう少し個別にみていく必要を感じます。仮に九本柱建物が「倉」のままという前提に立つならば、別の説明が必要ではないでしょうか。

九本柱建物は「倉」だったのか

浅川 「倉がなくなる」とか「倉のまま」という言い方がとてもひっかかるんですね。その言い方だと、九本柱建物は弥生時代の出現期から律令期までずっと「倉」ということになる。ところが、妻木晩田の状況をみると、九本柱（建物）の機能は何だかわからない。梁間一間の建物が竪穴住居に付属する「倉」である可能性は非常に高いけれども、あの丘陵全体で十棟ばかりしか発見されていない九本柱（建物）が「倉」であったという証拠はありません。「倉」であることが立証されていないのに、一部の考古学者は「倉」だと言う。律令期の九本柱が「倉」だから弥生時代の同型平面の建物も「倉」だと主張したって説得力はありません。誤解していただきたくないんですけれども、私は九本柱（建物）が「倉ではない」と主張しようとしているのではありません。少なくとも弥生時代に関していえば、機能はわからない。倉だったのかもしれないし、「特殊な建物」だったのかもしれないし、その両方の機能を備えていたのかもしれないし、依代であったのかもしれないし、以上のものとはまったく別物であったのかもしれません。その機能を「特定できない」というところが重要だと思っています。時代が下って、たとえば渋山遺跡に一棟だけある九本柱建物が「倉」だと断定できる証拠があるのでしょうか。私は「ない」と思う。繰り返すけれども、「倉かもしれないし、そうでないかもしれない」というのが現状の正しい認識ではありませんか。その前提が成立しないのだから、「倉の消長」の社会的背景を議論したってはじまらない。

松本 たしかに、米子市の百塚第7遺跡では、一辺二五メートルの方形柵列の中に古墳時代中期後半以降の九本柱建物が二棟並列してみつかっていますが、通常の「倉」とは異質にみえますよね。ひょっとしたら、何らかの宗教的な性格をもった施設かもしれません。とすれば、官社制施行以前の段階に、後の神社本殿につながるような施設があったとみなければならなくなります。

浅川 百塚第7遺跡は明らかに特殊ですね。方形の柵に囲まれたあの二棟の九本柱建物にしても、「倉でない」と実証できるわけではありませんが、少なくとも一般の倉とは性格が異なっていたであろうと推定することは許されるでしょう。さらに注目したいのは、出雲市の菅原Ⅲ遺跡ですよね。

松本 出雲市の菅原Ⅲ遺跡の九本柱建物は丘陵頂部に位置しており、年代は六世紀後半以前のものとされています。湧水の近くに九本柱建物と六本柱建物が配置されています。

浅川 菅原Ⅲ遺跡の場合、私は湧水地こそが聖地であり、九本柱建物と六本柱建物はその付属施設だろうとみています。建物の機能はやはり特定できません。倉なのか、「特殊な建物」なのか、何だかわかりません。しかし、それらは湧水と複合化している。

「大社造」の成立

松本　出雲大社境内遺跡と青木遺跡を発掘調査した松尾さんは、大社造の成立についてどう考えているのですか。

松尾　古代の杵築大社がどのような姿形であったか、という最大の謎が解き明かされない以上は、結論は出ないと考えていますが、律令期の神社が建築物として結実するうえで、出雲では杵築大社の構造が大きな影響を与えたことだろうと想定しています。端的に言えば、杵築大社の創建時に高大な九本柱建物が突如現れ、その後、出雲国造と地域の郡司層氏族の関係性のうえで、構造に関する情報が共有されるのではないでしょうか。たとえば、寺院の建立は物理的な建築物や瓦などの物資に併せ、仏教という観念的なものを含んだ複合的コンプレックスとして存在しているわけで、そうした情報は首長層の交通によって媒介されるのだと思います。出雲各地に展開する集落末端にまで、九本柱の神社が自然発生的に成立するとは考えがたく、いち早く建築化し、かつ大型化を果たした杵築大社がまずありきだと思います。その意味で、杵築大社の高層神殿の成立が最大の画期なのではないでしょうか。それがなぜ九本柱建物だったのかは説明がつきませんが、古墳時代の出雲地域にその前史となるものがあるかと問われると、現時点は具体的に見出すことは難しいというしかないと思います。あるかもしれませんし、ないかもしれません、というのが実態です。

浅川　私の見方はまったく逆ですね。六世紀末の菅原Ⅲ遺跡には、祭祀施設か倉庫かはわからないにせよ、湧水の近くに九本柱建物が存在しています。この場合、律令期以前の祭祀にかかわる特殊空間がどのようなものであったのかが問題になりますね。出雲だけでなく、日本中そうだったのでしょうが、建物のない祭場もあれば、建物を含む祭場もあったでしょう。ただ後者の場合、建物が後の神社本殿に相当する中心施設であったという保証はなく、聖域に含まれる付属施設だったのかもしれません。これも、実際はどうなのかわからない。

ただ、建築学の立場からいっておきたいのは、新しい建物をデザインしようとするとき、何かモチーフが必要だということです。まっさらの状態で独創的な作品を創り出すことはできない。何かを元資料として、それを発展させる形で一つの作品が生まれるのです。また突飛な例になりますが、天理教の神殿は浄土真宗の本堂と平面が似ています。両者に直接的な系譜関係はないでしょう。しかし、浄土真宗本堂に代表される畳敷きの住宅系仏堂が日本全国に浸透しているからこそ、つまり、そういう建築的下地があるからこそ、畳敷きの大空間をもつ天理教の神殿が生まれたのではないですか。

それと同じで、律令期に入って「神社本殿」と呼びうる建物が誕生するとき、まっさらな状態から突然変異のように出現することなんてありえないと思うんです。その時代に、ル・コルビジェのような革新的かつ前衛的な建築家がいたのなら、突然変異もありえたのかもしれない。しかし、神社本殿を造った人たちは保守的な思想をもっていたはずです。そのような人たちが革新的で「突然変異」と呼ぶに値するような建築を構想したとは考えにくい。仏教寺院が導入される以前の古式の建物を格式化することを出発点としたとみるべきではありませんか。実際、現存する神社建築の細部をみても、千木・堅魚木・破風などの要素は古墳時代の家形埴輪にきっちり含まれているし、様式にしても、とりわけ神明造の本殿は土器・青銅器の家屋画とよく似ています。律令体制に伴う信仰上の変化はたしかに大きかったかもしれませんが、律令期以前の掘立柱建物と律令期以後の神社建築に系譜関係がないとは決して言えない。

松尾さんの場合、「はじめに出雲大社ありき」という発想ですが、私はそうではないと思っています。古墳時代の出雲には九本柱建物を含む祭場がぽつぽつあった。その九本柱建物は必ずしも祭祀の中心施設ではなかったかもしれない。しかし、建築的なモチーフとして出雲大社本殿の原型になった。この原型に伊勢神宮の影響で独立棟持柱を付加し、さらに「天皇御舎」としての内裏を模倣して、建物を丹塗り桧皮葺にした。これが神賀詞にいう「八尾丹杵築宮」じゃないでしょうか。こうして出雲大社本殿は成立したのだけれども、それは出雲の中でも特殊例で、周辺一般の社の本殿は単純な九本柱建物を継承していったのではないか、と推定しています。ところで、松尾さんは三間×三間の総柱である古志本郷遺跡SB13をあえて「隅神」神社の例として取り上げていますね。ここまで言えないでしょう?

松尾　出雲でみつかっている神社遺構の一つの特質は実用の倉と同規模で建物内に入れること、という点にあると個人的に考えていますので、構造面では必ずしも九本柱建物でない場合もあるのではないか、という想定をしてみました。その実例を示す目的で神門郡家郡庁と推定される古志本郷遺跡例をあげています。ただし、古志本郷遺跡Ⅱ期の遺構は正方位に配置されるのに対して、SB13は四五度振れて配置されるなど奇異な点はあります。さらに、この建物が祭祀施設であったことを示す根拠も皆無で、ただ郡庁施設との位置関係から郡家隅神との関係を連想したにすぎません。神社の根拠とするにはかなり危ないことは承知のうえですが、九本柱だけに視線が集まっている状況で少し視野をひろげる必要性を述べたくて例示してみました。

浅川　平城京下層でしばしば古墳時代の遺構がみつかりますが、必ずこういうふうに四五度ふれているんです。その例に照らすと、SB13は律令期よりも古いものじゃないですかね。郡庁に伴うか確実でないし、神社であるという根拠もない。

松尾　これが神社か否かを議論する意図はありません。遺跡の空間構造全体をとらえる必要性を述べる意図と、九本柱以外の神社を想定していない現状に注意を喚起するために、あえて叩いてもらおうと思って提示した仮説ですので、その意図をご理解いただければ幸いです。

青木遺跡の九本柱建物

松本　出雲市青木遺跡では、九本柱建物跡の周囲に方形の石囲いがめぐらされ、周辺から祭祀遺物とみられるものや墨書土器、木簡などが出土しています。最近、詳細な調査報告が刊行されたので青木遺跡の遺構を検討してみたいと思います。

浅川　青木遺跡の九本柱建物は、二〇〇四~二〇〇五シンポジウムの段階では八世紀末から九世紀初期ころの年代観でとらえられていたと思うのですが、今回の松尾さんの論文では八世紀前半のかなり早い時期になっていますね。この年代が変わった理由を教えていただけませんか。

松尾　以前、遺跡の存続年代は八世紀後半～九世紀前半としていました。報告書作成時に木簡の年紀や墨書字形の整理を進めた結果、今日ではさらに詳細な年代を絞り込んでいます。とくに施設の建設年代については、郷名が「三太三」から「美談」に改称される神亀三年（七二六）以降、売田券木簡の制作年である天平八年（七三六）以前であることが判明しています。

浅川　その年代観だと、『出雲国風土記』の編纂とほぼ同期か、やや早いぐらいですね。青木遺跡Ⅳ区が仮に神社境内の遺構だとすると、錦田さんのいう「社」には青木遺跡のような九本柱建物を含む例がちゃんと含まれていたことになりますね。

錦田　そうですね。

浅川　松尾さんは、Ⅳ区にある三棟の九本柱建物の前後関係をどうとらえているんですか（第七章第三節図6）。同時建設で併存したのか、時期差があるのか、あるいは工程差程度の時間差なのか。

松尾　SB03の西側に石列がありますが、これが整地土で埋め戻された後、SB02、SB04が建てられています。二間×三間の側柱建物SB05はSB03と建物主軸がそろうことから、当初この二棟が建てられ、後にSB02とSB04が建て増されたと解釈しています。

浅川　その石列ですが、SB03の正面（東側）に舌状の張り出しがあって、二〇〇五年のシンポジウムで松尾さんは、ここをSB03の木階の下端にあたる部分、いわゆる「浜床」にあたる部分と想定し、かなり床の高い復元パースを披露されましたね。それと関連して、前から気になっていたのは、SB02とSB04の正面にあたる部分の石列が入隅状にL字形をなしてへこんでいることです。これは、SB02とSB04の木階が前に張り出していて、その正面に小さな広場があったからじゃないですか。この石列はSB03の大きな基壇のようなものなのに、SB02とSB04の前だけ入隅になって、基壇全体が不整形を呈している。ということは、石列を埋め戻したあとにSB02とSB04を築いたのではなくて、石列とSB02・SB04は共存していたということじゃないですか。つまり、SB02・SB03・SB04は計画当初から併存を意図されていたものだと考えた方がよいと私は思います。

松本　たしかにSB02・SB04の前の石列は凹んでいますね。

浅川　SB02とSB04は似たような平面をした建物なんですが、よくみると規模も方位も若干異なっています。この差異は、ひょっとしたら短い時間差を表すものかもしれません。計画としては三棟併存なのだけれども、工程差があったのではないか。あとは心柱が個性的ですよね。SB03の心柱は明らかに他の柱より太い。SB04は心柱が二本残っている。私は、一本が床束で、他の一本は床上に抜けていたものであろうと推測しています。

松本　SB03の中心柱は九本のうちもっとも太い柱で、もっとも深く埋められています。さらに、側柱の六本はクリ材で二本がケヤキ材ですが、中心柱のみカヤ材を使っている。カヤ材は、二〇〇五年のシンポジウムで眞田廣幸さんが紹介されたように、仏像の用材としても用いられる材であることから、特別視されているとも考えられ、意図的に選別された柱とみることも不可能ではありません。ところが、SB02とSB04の中心柱には、ケヤキ材とクリ材が用いられているうえ、とくに太いとか深いという特徴がみられません。その点では、特別視されていたという傾向をうかがうことができないのです。

浅川　近世の大社造の社殿でも、すべてに心柱があったわけではないですよ。川上貢先生の有名な平面分類をみれば一目瞭然なんですが、床下が同じ九本柱の平面でも、床上の平面は多様です（第十一章第一節図3）。出雲大社の平面がそのまま「大社造」ではない、ということがこのタイポロジーをみるとよくわかります。心柱が床束で床上にあがらないものもあれば、入口が正面の片側ではなく、二間全面を占めるものもある。正面の戸口が間口全面に及び、心柱のない平面の場合、むしろ「大鳥造」に近いということもできます。こうなると六本柱と九本柱で床上平面の差がないことになります。このように、出雲地域に分布する「大社造」の床上平面は多彩であり、出雲大社からイメージされるほど強い規範をもつ様式とはいえません。ただ、「床下が九本柱で、切妻造妻入である」という特徴は共有しています。だから、心柱が太くなくて床束であったとしても、九本柱建物だから「倉」だと断定できるわけではありません。「神殿」であった可能性を否定できないのです。それに、何度も言いますが、SB04の心柱は二本残っているのですよ。そのうちの一本が床上まであがっていた可能性は十分あります。ところで、松尾さんは青木遺跡Ⅳ区のSB02、SB04は平入と書いておられますが、その根拠はあるのですか。

松尾　二棟が近接していて軒の干渉が想定されることと、平面プランが南北に長い長方形なので南北に棟を取る方が自然と考えられること、という程度しかなく、とくに確実な根拠があるわけではありません。

浅川　対面している二棟のケラバ側柱相互の心々距離はどれくらいありますか。

松尾　一・〇八メートルです。

浅川　軒の出を一尺五寸（約四五センチ）とみれば、二棟の軒は接することなく納まりますね。もう一つ気になっていることがありましてね。SB02とSB04の梁間全長はどれくらいですか？

松尾　SB02が二・五五メートル、SB04が二・〇九メートルです。

浅川　やっぱり、おかしい。妻木晩田をはじめとする弥生時代の高床倉庫跡のイメージが強いからなのかもしれないけれど、梁間総長が三メートル未満なら梁間は基本的に一間なんですよ。二間にする必要はありません。それをあえて二間にしているのはなぜかというと、SB03の平面に無理矢理合わせようとしているからとしか私には考えられない。つまり、SB02とSB04は規模は小さいけれども、「大社造」の正面ファサードと内部空間を表現しようとしたもので、奥行はあえてひろくとらなかった。そういう建物のように思うのです。だから、私はSB02とSB04も妻入の切妻造で正面（東側）片側の木階が入隅状に凹んだ小さな広場にかけられていたのだと推定しています。大社造の本殿は正方形平面が圧倒的に多いですが、横長平面のものも含まれていますよね。その代表が出雲大社境内遺跡の大型本殿にほかなりません。

松尾　じつは平面規模の規格性に注目しています。青木遺跡ＳＢ03と杉沢Ⅲ遺跡ＳＢ01は桁行規模が三・三二メートルと同一で、設計上の情報を共有した可能性があるかもしれないと考えています。両遺跡は同じ出雲郡ですし、郡司層にあたる有力氏族が直接かかわったことによって成立した可能性をもつ神社建築だという点でも共通していきます。床面積でみると、青木遺跡では最大のＳＢ03が十平方メートルほどで、最小のＳＢ04は五・三平方メートルとかなり格差が認められます。

松本　私は、青木遺跡でみつかっている規模の小さな九本柱建物（ＳＢ02・ＳＢ04）は「倉」であると考えていました。ＳＢ03とされる九本柱建物は、さきほどから話題になっているように、他の建物と距離を隔てて方形貼石区画の内側に単独で建てられ、中心の柱が太くて深く埋められ、材もこの柱のみはカヤを使用するなど、神社建築の可能性が高いものとみられます。これに対して、ＳＢ02とＳＢ04は古材を再利用して建てられているうえ、中心の柱もとくに太いとか特別な材を用いているものではなく、同じ九本柱建物といってもＳＢ03とは性格も自ずと異なるのではないかと考えています。中心の柱はとくに太いわけでもなく、浅く埋められているので束柱と考えて、神社建物とみられるＳＢ03に附属する倉庫とみた方がよいと思っております。またＳＢ02とＳＢ04の付近からは荷札の機能をもつとみられる付札木簡が比較的まとまって出土していることから、この周辺に物資が集積されていることが推測されますので、それらを収納する施設であったと思うのです。

浅川　床面積が小さいものであっても、あえて九本柱の構造を取っていることに大きな意味があると考えています。繰り返しになりますが、青木遺跡のＳＢ02とＳＢ04の場合、梁間総長からみれば、二間×二間ではなく、一間×二間の六本柱の方がふさわしいんです。ただの倉庫なら六本柱建物であればよいはずなのに、意識的に九本柱にしている。

三、宝治度大社本殿の復元をめぐって

建久度造営説

松本　それでは最後に二〇〇〇年に出雲大社境内遺跡でみつかった三本柱組の巨大柱本殿遺構について議論していきたいと思います。宝治度造営について、新たな知見は文献史学の分野で得られているのでしょうか。

目次　文献史学の分野では、発掘調査報告書や建造物調査報告書が刊行されて以後、とくに新史料が出たわけでもありませんので、取り立てて大きな展開はないといえます。建築史学の分野では、これらの報告書が刊行された後に、山岸常人さんが中世前半の造営・遷宮について再検討され、まとめておられます。宝治度造営についても、それまでとは異なる見解を複数示されています

浅川　山岸さんは、出雲大社境内遺跡の本殿遺構を宝治度の前にあたる建久度ととらえているようですが（山岸 二〇〇五）、これについ

てはどうなんでしょうか。

松本　二〇〇〇年の発掘調査により柱穴内から出土した土器は、十二世紀後半から十三世紀代の特徴をもつものでした。宇豆柱の炭素14年代は一二一五～一二四〇年（九五%信頼限度）、心柱礎板の残存最外年輪は一二二七年とされ、その数年後に伐採された可能性が高いものとされました。出雲大社に残されている古文書によれば、宝治度遷宮の木材の伐り出しがはじまったのが寛喜元年（一二二九）とされており、土器、炭素14、年輪による年代比定と合わせて考えると、今回発見された本殿が宝治度遷宮（一二四八）の遺構であるという従来の考え方は動かしがたいと思います。

松尾　発掘調査では、残存していた柱材の上面に堆積した被覆土中から焼土や炭化材が多数出土しています。巨大な釘などが混在していることからみても、焚き火の燃え残り程度ではなく、大規模な火災とみられていて、火災で焼失したと記録される宝治度の遺構であることを裏づけると思います。それ以前は「顛倒」ですが、宝治度は火災で倒壊しており、出土状況とよく一致しています。柱材の根本が大きな力を受けたり動いたりした痕跡はありませんから、あらゆる事実から実証的にみれば、「顛倒」したとされる建久度と理解するには無理があると思います。

「顛倒」とは何か

浅川　その「顛倒」という用語なんですが、山岸さんはこれを「人為的な引き倒し」だと理解されていますよね。中国建築史の田中淡さんが山岸さんの解釈をいたく評価されてまして、拙著『出雲大社』（至文堂、二〇〇六）を贈呈した後、学会論文の査読のようなコメントのついたお手紙を頂戴したんです。「顛倒」は自動詞ではなく他動詞であるから「意図的な引き倒し」という山岸説は正しい。しかるに、貴兄の『出雲大社』でその説を引用していないのはけしからん、というお叱りを頂戴したんです。

松本　どうお返事されたんですか。

浅川　私は、発掘調査当初から「本殿がまさに倒れんばかりの状態になってからの意図的な解体」だと解釈してきたんですね（浅川 二〇〇一）。理由は、さきほど松尾さんが述べたように、柱根の暴れ痕跡がまったく認められないからです。私は、いまでも「人為的な引き倒し」ではなく、「意図的な解体」だと思っています。というのは、神郷図の本殿のまわりには回廊はあるし、楼門もあるし、あんな大きな本殿を引き倒したら、境内中の他の建物まで損壊してしまうでしょう。周辺の施設を傷めないよう遷宮するためには、慎重な解体工事を行うしかないと思うんです。最後は地上の柱を切り取ったのかもしれませんね。

目次　「顛倒」という用語の解釈を結論づけるのは難しい、というのが正直な感想です。山岸さんは、「顛倒」と仮殿・正殿遷宮の前後関係に留意して記録を整理され、正殿遷宮が準備され仮殿へ遷宮した後に「顛倒」を確認できると指摘されました。その結果、「顛倒」をもっぱら人為的な引き倒しと理解されています。同様の表記に「御顛倒」もみられますが、それが人為的かどうか、要因までは史料に記してありません。「顛倒」の意味には倒すこと・倒れることの両方があり、文言のみでは断定が難しいと考えます。史料原本や写真などを閲覧し、「顛倒」を記す関連史料の年代比定や文言の表記確認を通じて、山岸さんの主張を検証することが必要だろうと思います。

神郷図の年代と写実性

浅川　出雲大社境内遺跡の大型本殿跡が宝治度の遷宮にあたるものであれば、「神郷図」との関係が無視できませんよね。そうなると、復元研究をする側からすれば、神郷図の制作年代・景観年代と写実性が何より重要な意味をもってきます。まず神郷図の制作年代・景観年代については、現時点でどのように理解されているのでしょうか。宝治度の造営と、神郷図作画の時期は近いのか、それともかけ離れているのか。

目次　「神郷図」が宝治度造営時の出雲大社境内を描いていることは、ほぼ定説としてよいでしょう。その理由の一つとして、千家家文書「杵築大社正殿造営日記目録」記載の本殿をはじめとする境内諸建築が、「神郷図」の描写と一致する点が指摘されています。その描写の写実性についてみると、この絵は宝治度本殿を実際に観察しながら描かれたのか、あるいは失われてしまった宝治度本殿を画面上で再現するように描いたのか。前者と後者では、宝治度本殿が炎上した文永七年（一二七〇）を境として制作年代がかけ離れるため、写実性が大きく異なる可能性が生じます。

まず、建築史学の福山敏男さんは、「神郷図」に残る障子の桟の跡や画面の大きさなどから、千家家文書「杵築社遷宮神宝注記」記載の調度品「御衝立障子一基」「面裏在絵」が「神郷図」にあたると推定されました（福山 一九六八）。この場合、宝治度遷宮時の制作ということになります。最近では、岡宏三さんも出雲大社関連の絵図を研究される中で、同じ見解を示されています（岡 二〇〇五）。

一方、美術史的な立場から年代を下らせる見解があります。宮島新一さんは、「神郷図」にごく一部ですが、水墨画の技法が用いられていることをあげ、宝治度遷宮時の宝治二年（一二四八）制作では古すぎるとされました。かつ国造家の屋敷の位置が一三四〇年代の分立以前の状況を描いているとして、制作年代を一三〇〇年前後、南北朝以前と述べられています（宮島 一九九三）。

しかし、絵画史料を研究されている東京大学史学編纂所の藤原重雄さんから、十三世紀後半に遡る可能性を視野に入れておいてよいのではないか、というご意見を以前にうかがったことがあります。おそらく、この絵の全体観にもとづくお考えかと、門外漢ながら推察します。年代を絞り込んで、宝治度本殿が炎上した文永七年（一二七〇）の前後どちらに位置づけられるかは、残念ながら断定できません。「神郷図」の描かれた目的や画面解釈について論文を書かれた佐伯徳哉さんは、年代について新旧両説をふまえつつも、どちらか一方を採用されているわけではありません（佐伯 二〇〇三）。したがって現時点では、新旧両説の一方が有力とは言い切れないように思います。「神郷図」の年代と宝治度遷宮の間に大きな時期差があると決まったわけではない、としてよいのではないでしょうか。

浅川　「神郷図」の景観年代は宝治度でよいが、制作年代の決め手がいまひとつないということですね。いずれにしても、境内遺跡本殿の意匠・構造を復元するにあたっては、神郷図をモデルにするしかないですよね。

四、おわりに

松本　神社本殿建築についてこれまでは考古資料によって系統的に議論されることはなかったのですが、今回神社建築のうち「大社造」とされるものについては、その成立と変容に関して一定の方向性を見出すことができたのではないかと思います。神社建築の成立と変容という問題は、日本列島の歴史文化の特色を明らかにするうえでとても重要なテーマであると思います。そうした検討がこれまで十分できなかったわけですが、山陰地域で近年蓄積されてきた考古学的資料をふまえて今回の研究会で検討できたことにより、新たな視点がみえてきたように思います。まだまだ議論の尽きない点や不十分な点も多く、課題も山積していますが、このたびの研究成果が今後さらに資料を深く分析して実体解明を行ううえでの礎になることを願っています。

浅川　私は近畿の考古学者が主張する「弥生都市論」とか「弥生神殿論」に真っ向から反対する立場をとってきた建築研究者の一人です。とくに後者については、弥生時代の「独立棟持柱付掘立柱建物」をすべて「神殿」とみなす解釈を強く否定してきました。あれは祭祀を含む多目的の施設だろうと思っています。結果として、他の建築史研究者と同様、主に天武朝以降に成立する「神社」と弥生の独立棟持柱付掘立柱建物には継続性がない、という側で発言をしてきたのは確かですが、勘違いしていただきたくないのは、建物の機能について断絶性を強調してきたのであって、両者に建築的な系譜関係がないとは言っていません。大社造の神社本殿についても同じでしてね。官社制の成立を主な契機として（おそらくは官社制施行よりも遅れて）、「社」における祭祀のあり方や境内施設の整備などが大きく変わったとしても、古墳時代までの祭祀と関係する建築（特殊施設もあれば倉庫もあったでしょう）と官社制施行以降の神社「本殿」が建築的にまったく無縁だとは言えない。官社制によって、新しい神道の建築規格が定められたかもしれませんが、本殿の建築形式として、仏教建築と対照的な在地系の掘立柱建物が選択され格式化された可能性は高いと思っています。六世紀末の菅原Ⅲ遺跡に含まれる九本柱建物と六本柱建物、八世紀前期の青木遺跡に含まれる九本柱建物は、建築形式の連続性を示す重要な例だと判断します。

青木遺跡ＳＢ03は近世の大社造本殿の平面的特徴をほぼ備えていますが、その一方で、出雲大社境内遺跡で出土した本殿跡とはまた異なっている。いちばん大きな違いは宇豆柱の存否ですが、建物の外側を丹か紅殻で赤く塗る点も本来は出雲大社だけに許されたものだったのではないか。繰り返しになりますが、独立棟持柱（宇豆柱）は伊勢神宮の模倣、赤い塗装と桧皮葺は内裏の模倣だと私はとらえていて、他の大社造本殿は宇豆柱のない九本柱だけの白木造だっただろうと思っています。だから、私は古代～中世初期の出雲大社本殿は大社造の中の特殊な「変異形」として位置づけているのです。しかし、神殿本体の部分はあくまで古墳時代に存在した九本柱建物の構造を継承している。くどいかもしれませんが、母胎は在地系の九本柱系の総柱型倉庫で、それに宇豆柱や赤い塗装を付加し荘厳した。これが神賀詞にいう「八百丹杵築宮」の実態ではないでしょうか。

これに対して、松尾さんは「まずは出雲大社ありき」という発想でした。斉明朝までに、突然変異のように出雲大社本殿が出現し、その影響で周辺の神社本殿が九本柱建物になっていったと主張されています。わたしは今回、岩橋さんや中原さんが集成してくださった山陰地域の掘立柱建物集成（弥生～鎌倉時代）をみるにつけ、松尾さんの主張を支持することはできません。出雲大社本殿が出現する下地には在地系の九本柱建物があった。その建物の大半は倉庫系の施設でしたが、一部に「特殊な建物」も含んでいた。そういう二間×二間の総柱型高床建築を格式化して出雲大社本殿が生まれた。その出雲大社本殿が周辺の社《やしろ》に影響を与え、各地に「大社造」の本殿が波及したのかもしれません。かりにそう考えたとしても、出雲大社と周辺の小社では本殿の意匠・構造・塗装・規模などに相当な格差があった。それら小社の本殿は出雲大社本殿よりも、古墳時代の在地系九本柱建物に近いものだったかもしれません。出雲大社本殿は必ずしも周辺の「大社造」本殿の造形規範ではなかったのではないか。大社本殿の意匠・構造・規模は最初から突出した位置を占めていたのだろうとわたしは推定しています。

以上がわたしの推論ですが、自分の説が絶対に正しいと思っているわけでもありません。今後の新しい発見を楽しみにしています。

（二〇〇九年三月一日　於島根県埋蔵文化財調査センター）

引用文献一覧

浅川滋男『出雲大社』至文堂、二〇〇六。

浅川滋男編『埋もれた中近世の住まい』同成社、四三〇頁、二〇〇一。

岡宏三「絵図を通してみた門前町杵築（大社）」『歴史地理学』47(1)、四三～六三頁、二〇〇五。

木村徳国『上代語にもとづく日本建築史の研究』中央公論美術出版、四三一～四六六頁、一九八八。

佐伯徳哉「「出雲大社并神郷図」は何を語るか―出雲国鎮守の主張―」『日本歴史』662、四二～五六頁、二〇〇三。

錦田剛志「覚書『出雲国風土記』にみる神祇祭祀の空間―神の社を中心として―」『古代文化研究』12、島根県古代文化センター、二〇〇四。

福山敏男『日本建築史研究』墨水書房、一九六八。

萩原千鶴『出雲国風土記 全訳注』講談社学術文庫1382、一九九九。

宮島新一「神が宿る土地の姿」『縁起絵と似絵―鎌倉の絵画・工芸― 日本美術全集第九巻』一九九三。

山岸常人「中世杵築大社本殿造営の実態と背景」『仏教藝術』278、七五～一〇六頁、二〇〇五。

あとがき

二〇一〇年度の鳥取環境大学入学式を翌日に控えた四月三日、島根県立古代出雲歴史博物館で「出雲大社境内遺跡出土品重要文化財答申記念・発見十周年記念講演会」が開催され、講師を務めた。演題は「出雲大社の建築考古学―掘立柱建物からみた神社本殿」である。その内容は本書の凝縮と言うべきものであった。あれから十年もの歳月が流れてしまったことが信じられない。ほんの少し前の出来事ではないのか、と十周年記念講演にかけつけてくださった知人はみな口にされた。

出雲大社の境内で、三本のスギ材が密着した状態で発見されたのは二〇〇〇年四月六日のことである。その一月ほど前、当時の島根県教育委員会文化財課長、勝部昭さんから奈良の研究所に電話が入った。「内容は詳しく言えないが、ともかく出雲に来てほしい」という依頼であった。そのとき私は平城宮第一次大極殿の再発掘調査を一人でおこなっていた。実施設計の進む第一次大極殿の正面階段部分を再調査し、地覆石の据付穴（溝）と抜取痕跡の識別に神経を尖らせていたころだったと記憶している。

金曜日に現場での仕事を終え、その夕方から、遺構調査室の西山和宏さん（現文化庁文化財部調査官）と二人で車に乗り、出雲の地まで移動した。翌日、私は出雲大社境内八脚門の前に開けられたトレンチの中に石敷の集中分布をみた。その現場を担当していたのが松尾光晶さん（現島根県教育庁文化財課主事）である。勝部さんや松尾さんは、この石敷の下に平安時代出雲大社本殿の柱が埋まっている可能性があるのではないか、と言われた。いわゆる「金輪造営図」に描かれた柱口一丈の三本柱が眠っているかもしれないという推測である。その段階では、ただ石敷がトレンチの西側に集中分布するだけで、柱根の先っぽすらみられない状態だったから、その推測を受け入れるべきか、否定すべきか、何とも言えない。掘ってみないことにはわからない、としか答えられなかった。

しかし、その現場には、すでに「地霊のオーラ」とでも呼ぶべき気配が充満していた。ここにはとてつもないものが眠っている。私も西山さんも、同じ感想をもって奈良に舞い戻っていった。そして、四月六日にその予感は現実のものとなる。三本柱の発見に日本中騒然となって、新聞各紙はその写真を一面に掲載し、松尾さんの笑顔の写真とコメントに紙面を割いた。それはまさに驚天動地の発見であり、私自身、地中からあらわれた三本の柱を目にして、素直に胸を打たれた。発掘調査に携わって十数年、出土したモノに「感動」を覚えたことなど一度もなかった。考古学とは味気ないモノ至上主義の学問だという諦めすら抱いていた私の心臓を三本柱が射抜いてみせたのである。

人間は肩書きで生きている。出雲大社境内遺跡で発掘調査が始まったころ、私は奈良国立文化財研究所（奈文研）平城宮跡発掘調査部の遺構調査室長をしていた。この肩書きが私と大社境内遺跡の大型本殿を結びつけた。ただ、それだけのことだと思っている。言いかえるならば、私は神社、あるいは神社建築の専門家では決してない。ただ、発掘調査に携わり続けている建築学者の一人として、大型本殿遺構の復元研究に関与させていただいた。だから立場を弁えなければいけない。自分の職責を活かすために、私がなすべきは「遺構」にこだわることであり、遺構から最大限の情報を引き出すことを目的として調査研究を進める必要があると考えた。そのスタンスは職を変えた今も変わっていない。

二〇〇一年四月、鳥取環境大学の開学とあわせて、故郷の新しい大学に着任した。出雲大社境内遺跡での発掘調査はなお続いていた。大社境内遺跡での調査が終わると、今度は出雲市の青木遺跡で神社と思しき九本柱の遺構が複数みつかった。青木遺跡の調査担当者もまた松尾さんだった。恐るべき強運をもって生まれた考古学者である。これら驚嘆すべき歴史考古学的発見と同時に、妻木晩田（米子市・大山町）、田和山（松江市）の整備も進んでいた。これら弥生集落遺跡でも九本柱の遺構が存在し、その解釈に関係者は四苦八苦していた。そこで私は、二〇〇三年秋に学術振興会科学研究費（基盤研究C）に「大社造の起源と変容に関する歴史考古学的研究」を申請した。さいわいその申請は採択され、二〇〇四～〇五年度の二年間で三五〇万円の助成を受けることが決定した。この科研費により、二〇〇四年十一月四日～五日には鳥取環境大学で第一回大社造シンポジウム（山陰地域の掘立柱建物―弥生・古墳時代）、二〇〇五年九月二十～二十一日には松江市のタウンプラザしまねで第二回大社造シンポジウムを開催した。「まえがき」でも述べているように、本書は、この二年度に跨るシンポジウムの成果報告書である。

シンポジウムの発表者に原稿執筆を依頼したのは二〇〇六年度のことであり、当初は二〇〇七年度の刊行をめざしていた。しかし、原稿はなかなか集まらない。共編者である島根県古代文化センター側は古代出雲歴史博物館の開館に向けて忙殺され、私の方も二〇〇六年度から二〇〇八年度にかけて、七〇〇〇点を超える青谷上寺地遺跡出土建築部材の分析と復元研究に研究の軸足をシフトするだけでなく、新たに科研費（挑戦的萌芽研究）に採択された「文化的景観としての水上集落論―世界自然遺産ハロン湾の地理情報と居住動態」などにも時間を削がれ、肝心の大社造シンポジウム報告書刊行の進捗に狂いを生じさせてしまったのである。

二〇〇九年三月一日、ようやく編集作業が再開する。島根県埋蔵文化財センターに主な関係者が集まって座談会を開催し（本書第十一章第二節）、新しい研究成果を取り込みながら問題点を整理するとともに、一年以内の出版をめざして編集方針を再確認したのである。その「一年以内」という目標もすでに反故になってしまった。まことに恥ずかしく情けない限りだが、ここまで遅延したことの責任はすべて主編者の私にあることを記し、関係者ご一同に対して深くお詫び申し上げたい。

それでもなお、この二〇一〇年という歳に本書が刊行の運びとなったことを喜びとしなければならないと思っている。はじめに述べたように、二〇一〇年は宇豆柱発見十周年にあたり、二〇〇七年開館の古代出雲歴史博物館に陳列された出雲大社境内遺跡出土品が重要文化財に指定された歳でもある。さらにまた、宇豆柱発見当時発掘調査に携わっていた平城宮第一次大極殿の復元建物が竣工して遷都一三〇〇年祭が挙行され、鳥取環境大学も六月に開学十周年式典を迎えた。何もかもが一段落した節目の歳に本書が刊行されることの喜びを多くの方々と分かちあえれば幸いである。

さて、同成社の山脇洋亮社長には、本書の編集実務を自らご担当いただくばかりか、三年以上の遅延を辛抱強くお待ちいただいた。『先史日本の住居とその周辺』（一九九八）、『埋もれた中近世の住まい』（二〇〇一）に続く掘立柱建物シリーズ三部作最後の一巻の刊行がここまで遅れるとは主編者本人も予想だにしていなかったが、出版事情が悪化の一途を辿るこの十数年にわたり、一貫してご支援をうけたことについては、どれほど感謝しても足りぬことであり、末筆ながら、繰り返し感謝の気持ちをあらわしたい。

二〇一〇年八月

浅川滋男

執筆者一覧（編者を除く、五十音順）

熱田貴保（あつた　たかやす）
一九六三年、島根県に生まれる。
岡山大学文学部考古学専攻卒業。
現在、島根県教育庁文化財課主幹。

石原　聡（いしはら　さとし）

一九七四年、島根県に生まれる。

立正大学大学院文学研究科史学専攻修士課程修了。

現在、出雲市文化環境部文化財課。

〈主要著作〉

大社町教育委員会編『出雲大社境内遺跡』（共著）、「出雲大社境内遺跡出土鉄製品に関する一考察」『考古学の諸相Ⅱ』

岩橋孝典（いわはし　たかのり）

一九七〇年、島根県に生まれる。

奈良大学文学部考古学専攻卒業。

現在、島根県教育庁埋蔵文化財調査センター文化財保護主任。

〈主要著作〉

「山陰地域の古墳時代後期～奈良時代の炊飯具について」『古代文化研究　第一一号』、「出雲地域における飛鳥・奈良時代集落について」『古代文化研究　第一三号』

岡垣頼和（おかがき　よりかず）
一九八七年、鳥取県に生まれる。
鳥取環境大学環境情報学部環境デザイン学科卒業。
現在、同大学院環境情報学研究科環境デザイン領域修士課程。

岡野雅則（おかの　まさのり）

一九七四年、兵庫県に生まれる。

静岡大学人文学部考古学専攻卒業。

現在、鳥取県教育委員会文化財主事。

〈主要著作〉

「山陰地方の焼失住居」『考古学ジャーナル　二〇〇三・一一』、「地床炉からみた竪穴住居の床面利用」『妻木晩田遺跡発掘調査研究年報二〇〇七』

落合昭久（おちあい　あきひさ）
一九六九年、島根県に生まれる。
現在、(財)松江市教育文化振興事業団。

工楽善通（くらく　よしゆき）

一九三九年、兵庫県に生まれる。

明治大学文学部大学院修了。

現在、大阪府立狭山池博物館長。

〈主要著作〉

文化財講座『日本の建築　古代Ⅰ』、『水田の考古学』、『古代史復元5―弥生人の造形』

清水拓生（しみず　たくお）
一九八二年、山口県に生まれる。
鳥取環境大学環境情報学部環境デザイン学科卒業。
現在、同大学院環境情報学研究科環境デザイン領域修士課程。

宍道年弘（しんじ　としひろ）

一九五七年、島根県に生まれる。

奈良大学文学部史学科考古学専攻卒業。

現在、斐川町教育委員会生涯学習課。

〈主要著作〉

「郡衙と正倉跡」『風土記の考古学③』、「山代郷正倉跡・後谷遺跡」『日本古代の郡衙遺跡』

高田健一（たかた　けんいち）

一九七〇年、鳥取県に生まれる。

大阪大学大学院文学研究科博士後期課程単位取得退学。

現在、鳥取大学地域学部准教授。

〈主要著作〉

『日本の遺跡16　妻木晩田遺跡』、「考古学からみた地域の歴史的環境」『地域環境学への招待』

茶谷　満（ちゃや　みつる）

一九七三年、愛知県に生まれる。

南山大学大学院博士前期課程修了。

現在、鳥取県埋蔵文化財センター。

〈主要著作〉

「漢代の木工技術について」『木・ひと・文化～出土木器研究会論集～』、「衛星画像等を用いた洛陽地域の墳墓分布について」『中国考古学　第六号』

辻 信広（つじ のぶひろ）
一九七〇年、京都府に生まれる。
同志社大学文学部文化史学卒業。
現在、大山町教育委員会社会教育課。
〈主要著作〉
『茶畑山道遺跡』（名和町教育委員会）

椿 真治（つばき しんじ）

一九六二年、島根県に生まれる。

神戸市立外国語大学英米学科中退。

現在、島根県古代文化センター専門研究員。

〈主要著作〉

『石棺式石室の研究』（出雲考古学研究会 共著）、「出雲東部地域における埴輪出土古墳・中期後半を中心として」『古代文化 第五九巻第四号』

中川 寧（なかがわ やすし）

一九六九年、北海道に生まれる。

京都大学大学院文学研究科考古学専攻（修士課程）修了。

現在、島根県教育庁埋蔵文化財調査センター企画員。

〈主要著作〉

「山陰における弥生墳墓の検討」『考古学リーダー10 墓制から弥生社会を考える』、「山陰の船～出雲市五反配遺跡の堅板と考えられる木製品～」『木・ひと・文化～出土木器研究会論集～』

中原 斉（なかはら ひとし）
一九五九年、鳥取県に生まれる。
國學院大學文学部史学科考古学専攻卒業
現在、鳥取県教育委員会文化財課歴史遺産室長。
〈主要著作〉
「鳥取県福部村蔵見三号墳出土の鴟尾付陶棺」『考古学雑誌 第八一巻第四号』、「山陰の石人・石馬」『島根考古学会誌 第一一集』（いずれも共著）

錦田剛志（にしきだ つよし）

一九六九年、島根県に生まれる。

國學院大學文学部史学科考古学専攻卒業。

現在、万九千社祢宜・大社國學館講師・島根県神社庁職員。

〈主要著作〉

『古代出雲大社の祭儀と神殿』（共著）、『神々の至宝～祈りのこころと美のかたち～』島根県立古代出雲歴史博物館開館記念展図録（共著）

西山和宏（にしやま かずひろ）

一九七一年、広島県に生まれる。

横浜国立大学大学院工学研究科博士課程前期修了。

現在、文化庁文化財部参事官（建造物担当）付文化財調査官。

〈主要著作〉

『出雲大社社殿等建造物調査報告』（編）、『木曾平沢―伝統的建造物群保存対策調査報告―』（共編）。

根鈴智津子（ねれい ちづこ）

一九六〇年、倉吉市に生まれる。

奈良大学文学部史学科卒業。

現在、倉吉市教育委員会文化財課主任。

〈主要著作〉

「長瀬高浜遺跡の埴輪」『季刊考古学 第二十号』、「弥生時代の宝石工場」「密集する古墳」『新編倉吉市史 第一巻 古代編』

濵田竜彦（はまだ たつひこ）

一九六九年、山口県に生まれる。

関西大学大学院文学研究科博士課程前期課程修了。

現在、鳥取県教育委員会文化財主事。

〈主要著作〉

「山陰地方における弥生時代集落の立地と動態―大山山麓・中海東岸地域を中心に―」『古代文化 第五八号第Ⅱ号』、「防塞的集落の展開と機能」『弥生時代の考古学6』

林 一馬（はやし かずま）
一九四三年、奈良県に生まれる。
京都大学大学院工学研究科博士課程修了。
現在、長崎総合科学大学環境・建築学部教授、博士（工学）。
〈主要著作〉
『伊勢神宮・大嘗宮建築史論』、『長崎の教会堂―聖なる文化遺産への誘い』

東方仁史（ひがしかた ひとし）

一九七三年、長野県に生まれる。

京都大学大学院文学研究科修士課程修了。

現在、鳥取県立博物館学芸員。

〈主要著作〉

「鳥取県国府町西浦山古墳の出土資料について」『鳥取県立博物館研究報告 第四三号』、『因幡・伯耆の王者たち』企画展展示図録

藤澤 彰（ふじさわ あきら）
一九五五年、東京都に生まれる。
京都大学大学院工学研究科博士課程修了。工学博士。
現在、芝浦工業大学工学部建築学科教授。

〈主要著作〉

『国宝の美　二二号　建築六』（共著）、『川越の寺院建築』（共著）

牧本哲雄（まきもと　てつお）

一九六二年、鳥取県に生まれる。

島根大学法文学部文学科考古学専攻卒業。

現在、鳥取県埋蔵文化財センター。

〈主要著作〉

「地域型横穴式石室とその背景―東伯耆地方を例として―」『地域に根ざして　田中義昭先生退官記念文集』、「鳥取県内弥生時代から古墳時代の焼失住居」『調査研究紀要　二』

増田浩太（ますだ　こうた）

一九七四年、神奈川県に生まれる。

岡山大学文学部史学科考古学専攻卒業。

現在、島根県教育庁文化財課古代文化センター主任研究員。

〈主要著作〉

「青銅祭器の対立構造」（共著）『弥生時代の考古学7』、「山陰地域における玉生産遺跡の展開―GIS解析による検証―」『出雲玉作の特質に関する研究』

松尾充晶（まつお　みつあき）
一九七三年、島根県に生まれる。
京都大学文学部史学科考古学専攻卒業。
現在、島根県教育庁文化財課文化財保護主任。
〈主要著作〉
「装飾付大刀」『考古資料大観　第七巻』、『古代出雲大社の祭儀と神殿』（共著）

松本岩雄（まつもと　いわお）

一九五二年、島根県に生まれる。

國學院大學文学部卒業。

現在、島根県教育庁文化財課課長。

〈主要著作〉

『弥生土器の様式と編年〈山陽・山陰〉』（編著）、「弥生青銅器の生産と流通」『古代文化　第五三巻第四号』

三浦正幸（みうら　まさゆき）

一九五四年、名古屋市に生まれる。

東京大学工学部建築学科卒業。工学博士。

現在、広島大学大学院文学研究科教授。

〈主要著作〉

『城の鑑賞基礎知識』、「神社本殿の分類と起源」『国立歴史民俗博物館研究報告　第一四八集』

目次謙一（めつぎ　けんいち）

一九七二年、島根県に生まれる。

広島大学文学部国史学専攻卒業。

現在、島根県教育庁文化財課主任研究員。

〈主要著作〉

「金屋子神縁起史料解題」『金屋子神信仰の基礎的研究』、「御柱祭の柱立と祇園祭の鉾立」『古代文化研究　第一三号』（共著）

森岡弘典（もりおか　ひろのり）

一九五三年、島根県に生まれる。

名城大学法学部卒業。

現在、島根県邑南町教育委員会。

〈主要著作〉

「島根県瑞穂町長尾原遺跡の特殊遺構内製鉄関連炉と長尾原三号墳の金床石について」『考古論集―河瀬正利先生退官記念論文集―』

米田美江子（よねだ　みえこ）

一九六〇年、島根県に生まれる。

中央大学文学部西洋史学専攻卒業。

現在、(有)庄司建築事務所。

〈主要著作〉

「出雲平野における弥生文化導入の一考察」『白門考古論叢』、「下古志遺跡の再検討―周辺集落との比較検討をとおして―」『島根考古学会誌　第二〇・二一合併集』

和田嘉宥（わだ　よしひろ）

一九四五年、島根県に生まれる。

京都工芸繊維大学工芸学部建築工芸学科卒業。

現在、米子工業高等専門学校名誉教授。

〈主要著作〉

『松江藩御作事書と御大工に関する研究』（私家版）、「高大な出雲大社の変遷」『別冊太陽　出雲大社　神々のふるさと』

出雲大社《いずもたいしゃ》の建築考古学《けんちくこうこがく》

編者略歴

浅川滋男（あさかわ　しげお）
1956年　鳥取県に生まれる。
1979年　京都大学工学部建築学科卒業。同大学院工学研究科修士過程修了後、中国に留学。同研究科博士過程、日本学術振興会特別研究員を経て、1987～2001年、奈良国立文化財研究所に勤務。
現在、鳥取環境大学大学院環境デザイン領域教授。大学院研究科長。工学博士。
〈主要著書・論文〉
『住まいの民族建築学―江南漢族と華南少数民族の住居論―』、『先史日本の住居とその周辺』（編著）、『離島の建築』、『生活技術の人類学』（共著）、『東洋建築史図集』（共著）、『住宅の近未来像』（共著）、『古都発掘』（共著）、『雲南省ナシ族母系社会の居住様式と建築技術に関する調査と研究』（編著）、『埋もれた中近世の住まい』（共編著）、『出雲大社』など。

2010年 9 月20日発行

編　者　浅　川　滋　男
　　　　島根県古代文化センター
発行者　山　脇　洋　亮
印　刷　モリモト印刷㈱
製　本　協　栄　製　本　㈱

発行所　東京都千代田区飯田橋 4-4-8 東京中央ビル内　㈱同　成　社
TEL 03-3239-1467　振替 00140-0-20618

ISBN978-4-88621-519-2 C3021